南昌年鉴

(2017)

南昌年鉴编辑委员会 编

方志出版社
Publishing House of Local Records

图书在版编目(CIP)数据

南昌年鉴.2017/南昌年鉴编辑委员会编. -- 北京：方志出版社,2017.9

ISBN 978-7-5144-2551-2

Ⅰ.①南… Ⅱ.①南… Ⅲ.①南昌市-2017-年鉴 Ⅳ.①Z525.61

中国版本图书馆CIP数据核字(2017)第244778号

南昌年鉴(2017)

编　　者：南昌年鉴编辑委员会
责任编辑：王　俊

出 版 人：冀祥德
出 版 者：方志出版社
地址　北京市朝阳区潘家园东里9号(国家方志馆4层)
邮编　100021
网址　http://www.fzph.org
发　　行：方志出版社图书经销中心
电话(010)67110500
经　　销：各地新华书店
印　　刷：江西龙莹印务有限公司

开　　本：889×1194　1/16
印　　张：37.375
字　　数：1514千字
版　　次：2017年9月第1版　2017年9月第1次印刷
印　　数：0001~1000册

ISBN 978-7-5144-2551-2　定价:260.00元

南昌市政区图

江西省测绘成果资料档案馆

审图号：赣S（2017）009号

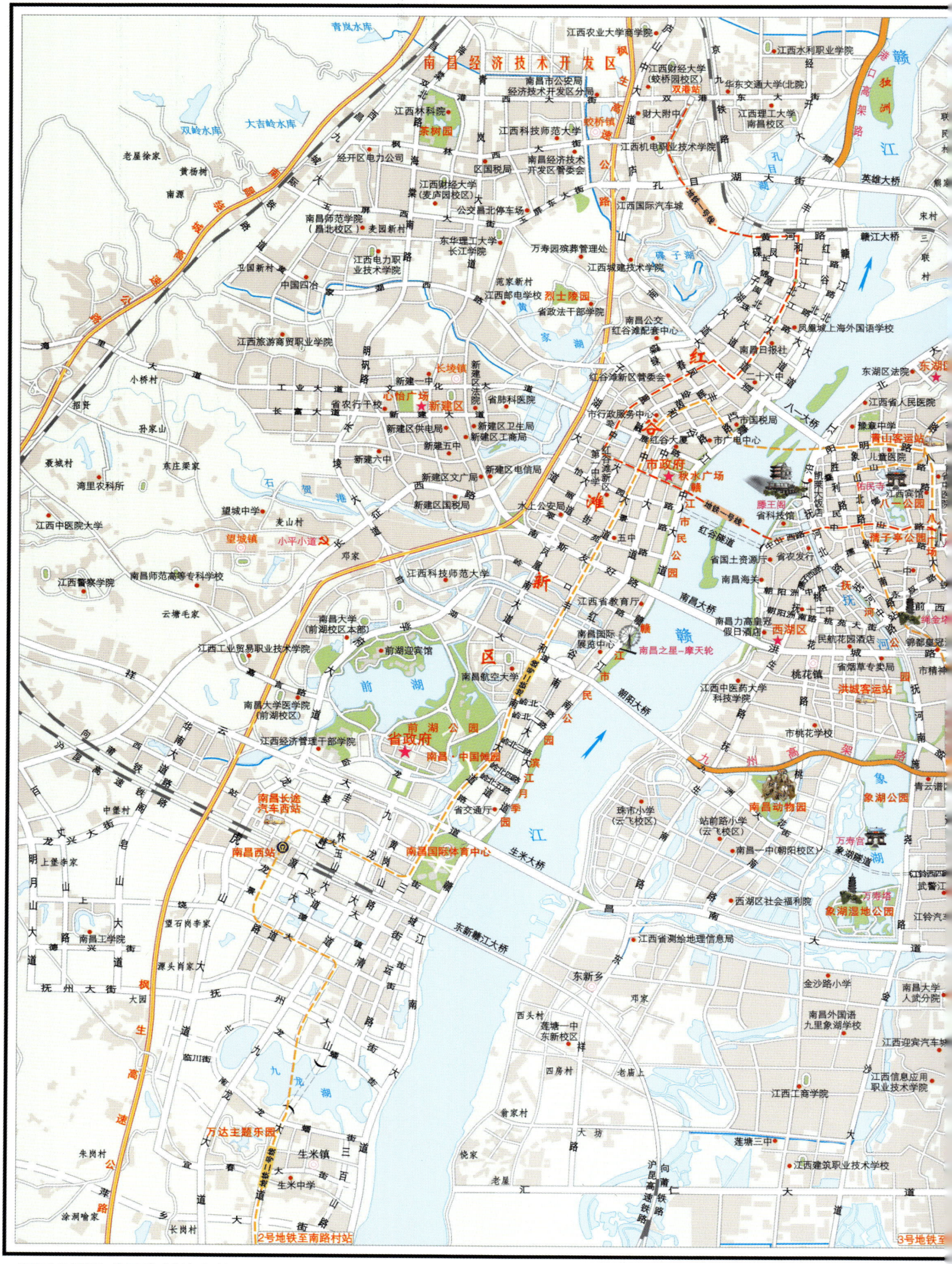

江西省测绘成果资料档案馆

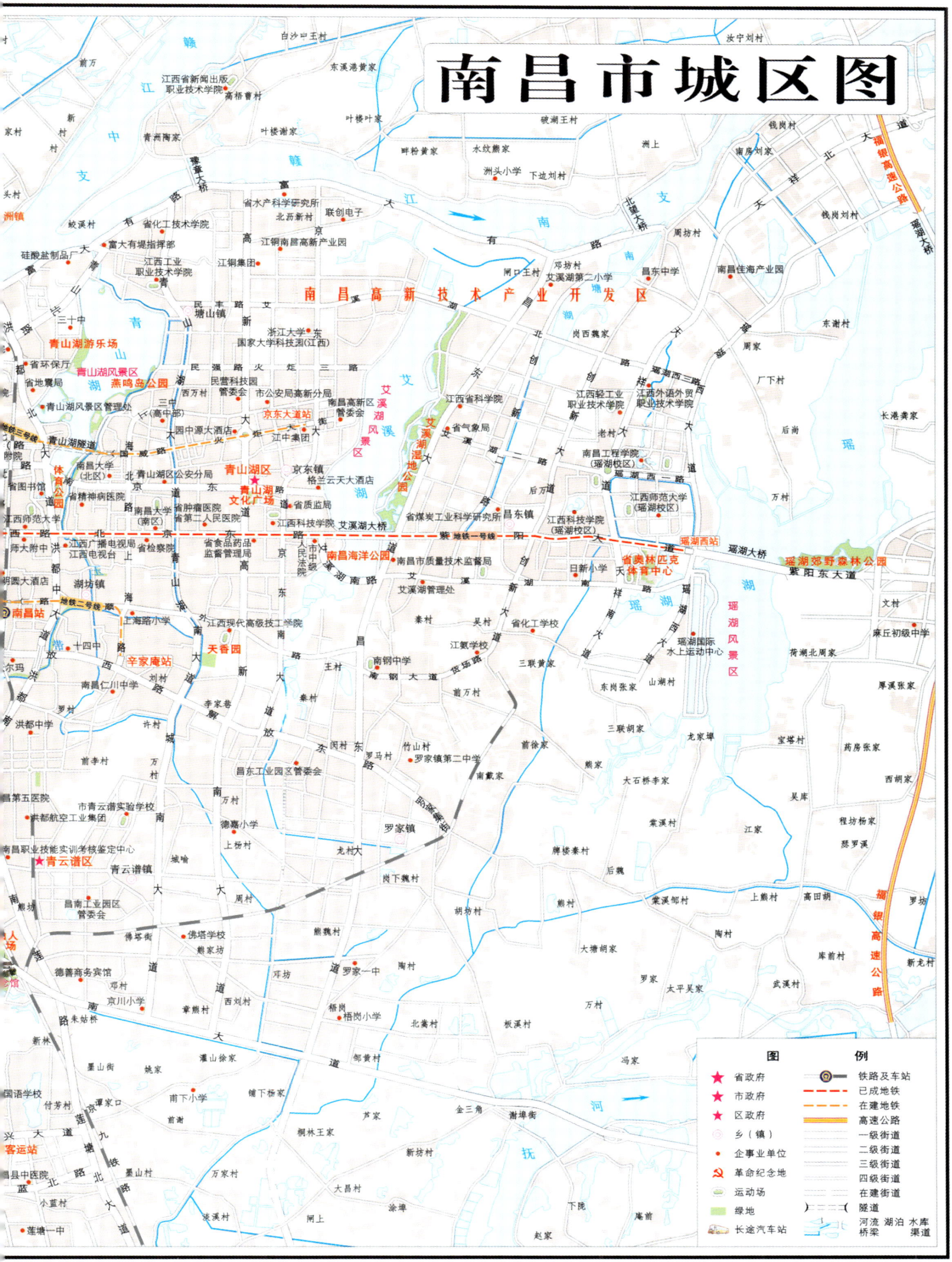

审图号：赣S（2017）010号

南昌数字

总面积：7402平方千米（行政划区）

年末常住人口：537.14万人

户籍人口（2016年11月末）：522.79万人

地区生产总值：4354.99亿元

第一产业：181.77亿元

第二产业：2307.24亿元

第三产业：1865.98亿元

第一、二、三产业构成：4.2:53.0:42.8

财政总收入：790.8亿元

人均地区生产总值：81598元

地方一般公共预算收入：402.18亿元

一般公共预算支出：587.69亿元

全社会固定资产投资：4540.26亿元

社会消费品零售总额：1868亿元

海关出口总值：57.84亿美元

海关进口总值：36.24亿美元

实际利用外资：30.65 亿美元

商品房施工面积：4982.72万平方米

商品房竣工面积：417.14万平方米

商品房销售面积：1244.65万平方米

货物运输量：1.24亿吨

旅客运输量：6127万人

旅游总人次：8310.1万人次

旅游综合收入：816.8亿元

普通高等学校: 53所

普通中等专业学校（不含技校）：33 所

职业高中：19所

医疗卫生机构床位数：30739张

执业（助理）医师：13139人

全社会用电量：185.18亿千瓦小时

城市供水总量：4.86亿立方米

人均公共绿地面积：11.8平方米

城区绿化覆盖率：40.84%

城市道路总长度：2148.01千米

城市道路总面积：4163.55万平方米

金融机构人民币存款余额：9503亿元

金融机构人民币贷款余额：8604.57亿元

住户存款：2770.05亿元

城市居民人均可支配收入：34619元

城市居民人均消费支出：22532元

农村居民人均可支配收入：14952元

农村居民人均消费支出：9460元

人均现住房建筑面积：35.42平方米

（资料来源于市统计局）

南昌荣誉

荣誉称号
获得荣誉单位（项目）
荣誉颁授部门

2011—2015年全国法治宣传教育先进城市
南昌市
中宣部、司法部、全国普法办公室

国家开放型经济新体制综合试点试验城市
南昌市
商务部、国家发改委、中国人民银行、
海关总署、国家质检总局

第一批国家级医养结合试点单位
南昌市
国家卫计委、民政部

第三批全国物流标准化试点城市
南昌市
财政部、商务部、国家标准委

全国少数民族流动人口服务管理示范城市
南昌市
国家民族事务委员会办公厅

第一批国家文化消费试点城市
南昌市
文化部、财政部

全国双拥模范城
南昌市
全国双拥工作领导小组、民政部、
中国人民解放军总政治部

第六届中国智慧城市建设50强城市
南昌市
中国社会科学院信息化研究中心、
国脉互联智慧城市研究中心

国家技术发明一等奖
硅衬底高光效GaN基蓝色发光二极管项目
国务院

国家科学技术进步一等奖
“前置前驱8挡自动变速器（8AT）”应用项目
国务院

2015年度全国十大考古新发现
南昌西汉海昏侯墓
国家文物局

全国妇联系统先进集体
南昌市妇女联合会
人力资源和社会保障部、全国妇女联合会

全国人民防空先进单位
南昌市人民防空办公室
国家人民防空办公室

2013—2015年度全国森林防火工作先进单位
南昌市林业局
国家森林防火指挥部、国家林业局

全国地市级防震减灾业务工作考核先进单位
南昌市防震减灾局
国家地震局

第26届中国新闻奖一等奖
南昌日报社“啄木鸟在行动”专栏
中华全国新闻工作者协会

2016城市新媒体传播优秀奖
“南昌发布”
人民网舆情监测室

国家生态区
湾里区
国家环保部

全国农村集体“三资”管理示范区
青山湖区
农业部

（市史志办年鉴处）

2016年4月19日，全市“两学一做”学习教育动员部署会召开

2016年5月13日，全市“两学一做”学习教育专题培训会举行

2016年6月1日，省委常委、市委书记龚建华（后排中）到“两学一做”学习教育联系点南昌县黄马乡罗渡村调研走访并上党课

2016年9月1日，南昌市“两学一做”学习教育暨庆祝中国共产党成立95周年知识竞赛表彰会召开

2016年10月17日，市委中心组举行“两学一做”学习教育第三次集体学习会

2016年2月22日，中国（南昌）虚拟现实VR产业基地全球发布与推介会举行

2016年10月20日，观致新能源汽车整车项目落户南昌高新区签约仪式举行

2016年11月22日，省委常委、副省长、市委书记殷美根（右一）在高新区调研晶能光电（江西）有限公司生产发展情况

2016年11月23日，江西宝群机器人与智能制造装备科技园开业庆典暨系列重大项目签约仪式举行

2016年11月24日，南昌航空城瑶湖机场开工仪式举行

2016年5月28日，南昌万达文化旅游城开始运营

2016年7月12日，腾讯青年众创空间（南昌）新闻发布会举行

2016年9月14日，溪霞国家农业综合开发现代农业园区项目签约仪式举行

2016年11月22日，南昌绿地国际博览中心开馆仪式举行

2016年11月26日，广发银行南昌分行开业仪式在红谷滩新区举行

2016年11月25—28日，第四届世界绿色发展投资贸易博览会暨第九届中国绿色食品博览会在南昌绿地国际博览中心举行

2016年3月1日，长江中游城市群省会城市第四届会商会在南昌市举行

2016年9月13日，中科院—南昌市院市合作座谈会召开

2016年10月16日，第十四届赣台（南昌）经贸文化合作交流大会举行

2016年11月24日，南昌市政府与苏宁控股集团签署战略合作框架协议

2016年12月13日，第十二届泛珠三角区域省会城市市长联席会议开幕式在南昌市举行

2016年2月6日，胜利路步行街地上街景提升工程基本完工

2016年4月18日，红谷滩新区绿茵路首个立体停车场对外试运营

2016年12月5日，万寿宫街区展示中心建成并投入使用，地下两层商业街及停车场主体结构施工基本完成

2016年12月10日，新洪城大市场项目市场交易区主体建筑封顶

2016年12月12日，全市"美丽南昌·幸福家园"环境综合整治动员大会召开

2016年4月1日，七里岗互通工程由南昌市区通往昌北国际机场方向开通试运营

2016年6月30日，九洲高架快速路全线通车

2016年5月1日，九龙湖隧道竣工通车

2016年10月2日，南昌地铁2号线学府大道东站至翠苑站区间下行线贯通，2号线首通段全面实现洞通

2016年10月21日，南昌轨道交通集团3号线银团贷款签约仪式举行

2016年10月24日，南昌市轨道交通4号线一期工程初步设计审查会举行

2016年2月25日，全市农村暨生态文明建设、"河湖长制"、河道采砂管理工作会召开

2016年3月3日，"花之媒·春之歌"2016江西（瑶湖）荷兰郁金香主题花卉展开展

2016年4月5日，湾里区获评"国家生态区"

2016年8月31日，2016年首批64辆新能源纯电动公交车上线投入运营

2016年12月24日，梅湖水系截污工程“洪城一号”矩形顶管机始发

2016年1月13日，全市率先实现全面小康动员暨扶贫开发工作会议召开

2016年1月30日，南昌市“兴家风、淳民风、正社风”榜样人物发布会举行

2016年10月11日，“惊世大发现——南昌汉代海昏侯国考古成果展”开幕式举行

2016年12月9日，义务教育均衡发展国家督导组一行4人，在副市长龙国英（左前排左二）等陪同下对红谷滩新区义务教育均衡发展情况进行评估认定

2016年12月19日，青山湖区城南公租房交付使用

2016年8月10日，南昌市人口健康信息化平台上线暨居民健康卡首发启动仪式举行

2016年10月16日，市第十六届运动会在昌南体育中心举行

2016年11月20日，江铃驭胜·2016南昌国际马拉松比赛举行

编 辑 说 明

一、《南昌年鉴》以马克思列宁主义、毛泽东思想、邓小平理论、"三个代表"重要思想和科学发展观为指导，贯彻落实习近平总书记系列重要讲话精神和治国理政新理念、新思想、新战略，坚持辩证唯物主义和历史唯物主义的立场、观点和方法，全面、真实地记录南昌市经济建设和社会发展的基本情况，为打造富裕美丽幸福江西"南昌样板"提供决策依据，为实现南昌市经济社会快速、协调、持续发展提供借鉴，为国内外读者了解南昌市提供资料和信息。

二、本年鉴采用分类编辑法，以"部类"为单元。"部类"划分在2016年卷的基础上略有调整。现设43个部类：(1)特载；(2)特辑；(3)大事记；(4)南昌概貌；(5)中国共产党南昌市委员会；(6)南昌市人民代表大会；(7)南昌市人民政府；(8)中国人民政治协商会议南昌市委员会；(9)纪检监察；(10)社会团体；(11)民主党派·工商联；(12)法治；(13)军事；(14)重大重点项目建设；(15)民生工程；(16)农、林、牧、渔业；(17)制造业；(18)开发区·新区建设；(19)开放型经济·进出口货物管理；(20)非公有制经济；(21)批发和零售业；(22)住宿和餐饮业；(23)旅游业；(24)房地产业；(25)财政·税务；(26)经济管理与监督；(27)金融业；(28)信息传输、软件和信息技术服务业；(29)科学研究和技术服务业；(30)社会科学；(31)交通运输、仓储和邮政业；(32)电力、燃气及水生产和供应业；(33)城乡建设和管理；(34)水利、环境管理业；(35)社会管理和服务；(36)教育；(37)卫生和计划生育；(38)文化·新闻；(39)体育；(40)县区概况；(41)人物；(42)重要文献；(43)经济社会统计资料。

三、"部类"由"分目"和有关"条目"组成。"条目"是本年鉴收录资料信息的主要形式，特约各县区、市直各部门及驻南昌市中央、省属单位熟悉情况的人员撰写，并经撰稿单位负责人审核，由本编辑部精选精编。为方便读者检索，本年鉴设有目录和索引两种检索方式，目录在卷首，索引在卷尾。

四、本年鉴中的综合性资料、数据，截至2016年12月31日。"统计资料"由南昌市统计局供稿。凡涉及南昌市国民经济和社会发展的主要数据，以南昌市统计局公布的数据为准。每个条目中的同比或比上年增长等一系列数据出现时，保留第一次出现的"同比或比上年"，其余均省略。

《南昌年鉴（2017）》编辑委员会

《南昌年鉴(2017)》编辑人员

主　　编：郭　毅　龙国英

副 主 编：谢晓亮　张永华　徐明生　谭小荣　张润生

执行副主编：邓水龙

编　　辑：揭淑琴　喻学辉　方尤莎

彩页编辑：揭淑琴

编　　务：涂俊彦　汪小平　邓　颖　匡　吟　邹　霞

李皓月　曹　欣　廖子君　刘文龙　邓国华

汤华宁　戴　怡

各撰稿单位审稿人名单

（按姓氏笔画为序）

丁国友	万先荣	万红玲	万继海	万　强	王　平
王　越	王国辉	王妮娜	王慧玲	尹　波	孔令源
甘为民	甘菊龙	甘裕红	左　清	龙世峰	龙国英
卢亮昊	帅　志	帅晓萍	叶寿祥	巩佳妮	巩跃芳
朱　旭	朱旺生	朱旺生	朱景新	伍秋平	刘　芳
刘　明	刘金林	刘胜银	刘　勇	江海竞	汤潇琼
许卫群	许　奕	许海霞	农小兵	孙　伟	严伟民
李广振	李　冰	李志超	李志强	李来平	李　峰
李　健	杨　伟	杨启棠	杨　春	杨　柳	杨剑波
杨碧丹	肖必凤	肖桂柱	吴卫平	吴云颖	吴光腾
吴庆和	吴涤明	何小波	何国山	余文华	余俊杰
邹忠华	邹重光	应　皓	汪亚飞	汪筱琼	张　萍
张　谦	张　霖	陈　姝	陈卫东	陈　丹	陈红成
陈　武	陈明远	陈和茂	陈　佳	陈俊奇	陈俊健
陈　瑛	陈雅铭	陈耀武	欧阳俊	易勤华	罗小琴
罗　冰	罗志俭	罗晓帆	罗凌寒	罗　慧	罗　鑫
金　伟	周友水	郑雄文	官　晋	宛继斌	赵　丰
赵刚平	赵国华	赵瑞群	胡　星	胡庄春	胡军锋
胡　彬	胡常发	胡耀辉	饶小敏	姚春英	贺龙茹
夏春雷	顾建军	钱　治	钱瑜琼	徐永立	徐伟民
徐志斌	凌相国	凌　勇	郭明玉	郭　艳	郭　翀
唐旭平	唐庆伟	谈　政	谈振华	谈振华	陶志海
陶学恩	陶建中	黄　文	黄邑华	黄诗健	黄素萍
黄祥斌	梅树华	曹绍俊	章　卫	梁　璐	彭　昊
蒋文波	喻凤林	喻凤林	喻远征	喻德琪	舒小华
曾庆荣	曾　辉	曾　皓	谢晓亮	赖慰冰	雷　雨
詹善平	鲍忠德	管建华	廖明哲	熊红文	熊佐宇
熊　勇	熊　斌	熊　熊	樊　滔	潘云平	潘　波
魏　伟	魏　彧				

目　　录

特　载

特　辑

大事记

南昌概貌

中国共产党南昌市委员会

南昌市人民代表大会

南昌市人民政府

中国人民政治协商会议南昌市委员会

纪检监察

社会团体

民主党派·工商联

法　治

军　事

重大重点项目建设

民生工程

农、林、牧、渔业

制造业

开放型经济·进出口货物管理

非公有制经济

批发和零售业

住宿和餐饮业

旅游业

房地产业

财政・税务

经济管理与监督

金融业

信息传输、软件和信息技术服务业

科学研究和技术服务业

社会科学

交通运输、仓储和邮政业

电力、燃气及水生产和供应业

城乡建设和管理

水利、环境管理业

社会管理和服务

教　育

卫生和计划生育

文化·新闻

体　育

县区概况

人 物

重要文献

经济社会统计资料

CONTENTS

Special Load

Features

A Chronicle of Major Events

General Situation of Nanchang

Nanchang Municipal Committee of the Communist Party of China

Nanchang Municipal People's Congress

Nanchang Municipal People's Government

Nanchang Municipal Committee of the Chinese People's Political Consultative Conference

Discipline Inspection and Supervision

Social Organization

The Democratic Parties and Federation of Industry and Commerce

Rule By Law

Local Military

Major Construction of Key Projects

Livelihood Projects

Agriculture、Forestry、Animal Husbandry and Fishery

Manufacturing Industry

Development Zone and the New City Construction

The Open Economy and Management of Import and Export Goods

Non – Public Sectors of the Economy

Wholesaling and Retailing

Hotels and Catering Service

Tourism

Real Estate

Finance and Tax

Economic Management and Supervision

Finance

Information Transmission、Software Industry and Information Technology Services

Scientific Research and Technical Services

Social Sciences

Transportation、Storage and Postal Service

Electric Power、Fuel Gas and Urban Water Production and Supply

Urban and Rural Construction and Management

Water Resources、Environment Management

Social Management and Services

Education

Health and Family Planning

Culture and News

Sports

County and District Profile

Figures

Important Documents

Economic and Social Statistics

Subject Index

特　载

在中国共产党南昌市第十一次代表大会上的报告

中共江西省委常委、南昌市委书记　龚建华

（2016 年 9 月 27 日）

中共江西省委常委、南昌市委书记　龚建华

中国共产党南昌市第十一次代表大会，是在南昌决胜全面小康、即将迈入现代化新征程的关键时期召开的一次重要会议。大会的主题是：高举中国特色社会主义伟大旗帜，深入贯彻落实以习近平同志为总书记的党中央治国理政新理念新思想新战略，动员全市广大党员和干部群众担当首位使命，率先全面小康，为建设工业文明、城市文明、生态文明融合发展的现代化城市而不懈奋斗！

现在，我代表中国共产党南昌市第十届委员会向大会作报告，请予审议。

一、过去五年砥砺奋进，奠定“三个文明”融合发展的坚实基础

市第十次党代会以来的五年，是南昌发展史上不平凡的五年。市委主动适应和把握经济发展新常态，团结带领全市广大干部群众开拓进取、真抓实干，圆满完成了市第十次党代会确定的目标任务。

五年来，我们咬定经济发展不动摇，综合实力显著提升。经济总量持续壮大，2015 年全市地区生产总值和固定资产投资均突破 4000 亿元，其中地区生产总值年均增长 11.11%，增速列全省设区市第一；财政总收入突破 700 亿元；人均生产总值突破 1 万美元。产业结构持续优化，工业主导地位不断夯实，汽车、食品等传统产业规模加速壮大，航空、新能源、电子信息等战略性新兴产业蓬勃发展，形成超千亿产业 1 个、超 500 亿产业 4 个；服务业发展明显加快，增速追平二产，全省金融商务区累计入驻各类金融机构 185 家；农业产业化、规模化、市场化水平不断提升，粮食生产实现“十二连丰”。区域协同能力稳步增强，三个国家级开发区工业主营业务收入均突破 1000 亿元，纺织服装、医疗器械、新型建材等特色产业基地做大做强，形成错位发展、协同并进的良好格局。

五年来，我们坚持建管并重不偏废，城乡面貌焕然一新。城市框架全面拉开，建成区面积由 2010 年的 227 平方千米增加到 2015 年的 280 平方千米，增长 23.3%，九龙湖新城引领新城开发建设浪潮，朝阳新城、瑶湖生态科技新城蓬勃兴起，新建县撤县设区，大南昌雏形基本形成。功能设施明显优化，开辟地铁新时代，轨道交通 1 号线开通运行，2、3 号线全面开工，城市快速路网建设加速推进，棚改旧改、“拆违拆临”成效显著，城市综合体等商业业态不断涌现，现代化气息日益浓厚。管理水平有效提升，逐步由“治标”转向“治本”，朝着精细化、扁平化、常态化迈进，顺利通过“国家卫生城市”复检，深入开展精神文明建设，成功夺取“全国文明城市”金牌[1]。村镇建设成效显著，特色小镇、“五位一体”综合示范村建设和通道“五化”、新农村村点整治扎实推进。生态建设深入推进，“蓝天、清流、净土”行动[2]成效显著，大气环境质量连续多年居中部省会城市第一，“河湖长制”全面推行，集中式饮用水源地水质达标率持续稳定在 100%，绿化覆盖面积达 1.2 万公顷，人均公园绿地面积大幅增加，荣获“国家森林城市”称号。

五年来，我们深化改革开放不停步，发展活力竞相迸发。改革攻坚成效显著，基本完成市级层面改革任务 342 项，“三单一网”建设[3]、户籍制度改革、农村土地流转和确权登记颁证工作、企业事中事后监管等走在全省乃至全国前列。创新创业如火如荼，实现国家技术发明一等奖“零突破”，建立创业孵化基地 35 个、创客空间 94 家，成功入选全国“两创示范”城市。对外开放硕果累累，主动融入长江经济带和“一带一路”等国家战略，携手武汉、长沙、合肥推进长江中游城市群崛起战略和区

域合作;昌九、昌抚一体化加快推进,国家级"赣江新区"和综合保税区等重要平台顺利获批,构建全国开放型经济新体制综合试点试验工作扎实推进,累计批准外资企业796家,实际利用外资138.11亿美元。

五年来,我们聚焦民生福祉不懈怠,社会事业全面进步。全面小康进程加速,2015年实现程度达94.93%,位列全省设区市第一。人民生活明显改善,2015年城镇居民和农村居民人均可支配收入分别突破3万元、1万元,贫困人口减少11.4万人,城乡居民就业率和社会保障覆盖面进一步提升。社会事业全面进步,基本公共服务均等化稳步推进,中小学和幼儿园网点建设扎实实施,教育部批准在南昌师专基础上筹建豫章师范学院,县级公立医院改革全部启动、基层医疗机构基本药物制度全覆盖,汉代海昏侯国考古遗址公园成功入选"2015年度全国十大考古新发现"。和谐局面持续巩固,深入推进平安南昌和法治南昌建设,不断完善"天网"工程,有序推进司法公开,全面落实普遍建立法律顾问制度,深入实施"两代表一委员"、律师等第三方介入信访工作机制,群众安全感、满意度持续提升,被评为"2011—2015年全国法治宣传教育先进城市"。

五年来,我们狠抓党的建设不松劲,政治生态不断优化。深入学习贯彻习近平总书记系列重要讲话精神,扎实开展党的群众路线教育实践活动、"三严三实"专题教育和"两学一做"学习教育。着力打造特色党建品牌,以"党建+"理念为引领,积极推行民情家访、基层协商民主等做法。坚持以"实在、实干、实绩"为导向,建立以"四看一听"[4]为主要内容的干部选任机制,健全领导班子和领导干部考核评价体系。严格落实中央八项规定,压紧压实"两个责任",扎实推进"把纪律挺在前面"先行先试工作,充分发挥巡察"利剑"作用,严肃查处违纪违法案件。支持人大及其常委会履行宪法和法律赋予的职责,人民代表大会制度不断发展完善;支持人民政协发挥协商民主重要渠道和专门协商机构作用,推动协商民主广泛多层制度化发展。爱国统一战线持续巩固,群团组织作用进一步强化,国防动员和后备力量建设得到强化,成功夺取全国双拥模范城"八连冠"。

过去五年取得的进步和成就,在南昌发展历程中留下了坚实足迹。这是在中央和省委的正确领导、亲切关怀下取得的,是在历届市委班子砥砺前行、接续奋斗中实现的,是在全市党员干部群众同心协力、开拓进取下创造的。我代表中共南昌市第十届委员会,向全市共产党员、广大干部群众,向各民主党派、工商联、人民团体和各界人士,向驻昌部队、武警官兵,向所有关心支持南昌发展的朋友,致以崇高的敬意和衷心的感谢!

五年的实践,我们在收获丰硕成果的同时,更得到许多深刻启示,凝练出的宝贵经验,正是我们继续前进的基本遵循:

一是,久久为功,一任接着一任干。行程万里,不忘初心。始终保持发展定力,不断增强发展自信,在方向上不摇摆、在战略上不折腾、在接续上不"掉链",以"钉钉子"精神一任接着一任干,既坚持传承又力求拓展,以厚重的历史责任感,弛而不息地谱写南昌发展的新篇章。

二是,解放思想无止境,向创新开放要活力。思想的先进是本质上的先进,理念的落后是根本上的落后。遭遇发展新常态的挑战,敢于冲破思想藩篱;面对发展新契机的考验,勇于革新传统体制;迎来发展新理念的指引,善于结合实际落地,坚持不懈地在改革开放中与时俱进,在创新创造中争先进位。

三是,自觉把"首位"意识内化于心、外化于行,担当"旗手"使命。省会城市的地位是既定的,但占据"首位"靠的是一任任的担当和一代代的拼搏。做好全省发展的"排头兵"是应尽之责,当好全省崛起的"火车头"是必尽使命,要把"提升首位度"始终体现在南昌站位的标尺上、贯穿于全部工作的追求中。

四是,遵循城市成长规律,走可持续发展道路。让生态建设与经济发展、城市繁荣相融并进,是各地城市现代化进程中用教训和经验得出的基本规律,是南昌长期实践得到的根本遵循,让人民群众共享"金山银山"与"绿水青山"相得益彰的红利,是任何时候都须坚守的定力。

五是,以人民为中心,端正一切工作的出发点和落脚点。人民群众对美好生活的向往,就是我们的奋斗目标。坚持一切为了人民,一切依靠人民,始终把人民群众新期待作为检验政绩观、责任心和成就感的砝码,把深切的赤子情怀化为增进人民福祉的实际行动,矢志不渝推动南昌各项事业不断向前发展。

六是,团结,是战胜困难、成就事业的力量和保证。团结就是大局,团结就是力量。我们之所以能够始终保持坚强的向心力,正确应对各种复杂局面,勇于战胜多重艰难险阻,就是市委以及各级党组织始终团结成坚不可摧、无往不胜的领导核心,致力把全市党员干部的意志、智慧和力量凝聚到共同的目标上来。用坚强的党性保证团结,用共同的事业促进团结,必须作为一以贯之的尊崇。

在看到成绩的同时,我们也清醒认识到工作中存在的问题和面临的挑战。突出的是:经济总量偏小,辐射带动能力较弱,推动经济转型发展任重道远;城市基础设施相对滞后,优质公共服务资源供给不足,城乡统筹发展还有"短板",管理现代化城市的能力亟待增强;部分环境质量指标有待提升,生态保护的基础还较薄弱;一些党员干部的思想、能力和作风跟不上新形势、新要求,深入推进反腐败斗争和党风廉政建设任务仍然繁重,等等。对此,我们必须增强忧患意识,采取有效措施,在新起点上寻求新突破。

二、落实"五大发展理念",谱写"三个文明"融合发展的壮丽篇章

今后五年,我们将完成第一个"百年目标",继而迈进第二个"百年目标"新征程。这五年,是南昌打造核心增长极基本成型和率先在全省全面建成小康社会的决胜期,也是南昌推动工业文明、城市文明、生态文明融合发展和率先在全省开启现代化新征程的关键期。全市广大党员干部群众务必坚定目标方向,主动担当使命,不断谱写南昌发展新篇章。推动"三个文明"融合发展,是落实中央和省委决策部署的紧迫要求。中央"五位一体"布局、"五大发展理念",省委打造美丽中国"江西样板",都对当前和今后的发展指明了方向、明晰了思路、提出了要求。具体到南昌实践中,必须更加注重改革创新、更加注重协调融合、更加注重持续稳健,不断开拓转型升级之路、内涵品质之路、生态绿色之路,切实开创"三个文明"融合发展新局面。推动"三个文明"融合发展,是推进现代化城市建设的应循规律。一座现代化的城市,必定是经济发达、生活富裕的城市,人文厚重、舒适宜居的城市,环境优美、生态良好的城市。实现这些愿景,必须遵循经济社会发展规律,正确把握工业文明、城市文明、生态文明的关系,通过相互融合、相互促进,不断提升工业文明的核心价值、增强城市文明的支撑地位、夯实生态文明的保障作用。推动"三个文明"融合发展,是发挥南昌特色和后发优势的必然选择。南昌长期倡导并践行绿色发展理念,持续建设了一大批生态环境项目,成为展示对外形象的重要窗口和竞合发展的特色优势。今后五年乃至更长时期,必须进一步扬优成势,大力彰显南昌独特发展优势,提升绿色发展的层次和水平,加速"三个文明"融合发展进程,在风起云涌的区域竞合中,抢先发力,率先作为,赢得南昌应有地位。

按照工业文明、城市文明、生态文明融合发展的要求，未来五年全市工作的指导思想是：高举中国特色社会主义伟大旗帜，以马列主义、毛泽东思想、邓小平理论、"三个代表"重要思想、科学发展观为指导，深入贯彻习近平总书记系列重要讲话精神特别是对江西工作提出的新的希望和"三个着力、四个坚持"的总体要求，深入贯彻"四个全面"战略布局，全面落实"五大发展理念"，坚定推进"四个一"总体布局[5]，担当首位使命，率先全面小康，不断开创"抢占制高点、聚焦增长极、提升首位度、共筑'四强'梦"新局面，努力把南昌建设成为工业文明、城市文明、生态文明融合发展的现代化城市。

未来五年发展的主要预期目标是："一个高于"，经济增速高于全省平均水平，主要经济指标在全省的首位度持续提升，实现打造带动全省发展的核心增长极基本成型；"一个前移"，城市综合竞争力排位在全国重点城市中位次前移，文明程度不断提升，基础功能更加完善，科技创新能力显著提高，城市集聚力、带动力、影响力明显增强；"一个领先"，生态环境质量综合评价在全国省会城市保持领先，空气质量优良率巩固在中部省会城市以及全国省会城市前列，绿色、循环、低碳发展理念进一步落实，自然生态环境和市民生活环境持续改善；"一个率先"，在全省率先全面建成小康社会，城乡居民收入增长快于经济增长，城乡居民收入差距不断缩小，基本公共服务均等化、优质公共服务资源均衡化稳步推进；"一个提升"，党的建设科学化水平全面提升，从严治党深入推进，党风廉政建设社会评价指数进入全省先进行列，基层软弱涣散党组织基本整顿到位。

切实贯彻以上指导思想，确保实现"五个一"目标，既是我们必须肩负的历史使命，是必须应对的严峻考验，更是必须担当的艰巨重任。面对新征程：

最重要的是，高举中国特色社会主义伟大旗帜。唯有方向正确，奋斗才有意义。我们必须保持坚强的政治定力，以习近平总书记系列重要讲话精神特别是视察南昌时的亲切嘱咐为指引，进一步强化"四种意识"、坚定"四个自信"，坚决把党中央、国务院和省委、省政府的决策部署落到实处，确保南昌发展始终在正确轨道上前行。尤其对于那些被实践证明是正确的理论和制度，毫不动摇地坚持好；对于那些与时代发展不相适应的政策和策略，坚决果敢地变革好；对于那些符合前进方向又切合本地实际的改革和创新，先行先试探索好。

最关键的是，拓展"三个文明"融合发展道路。必须把工业文明、城市文明、生态文明有机统一起来，努力实现"三个文明"相互融合、相得益彰。以工业文明为核心，着力培育一产"绿富美"、二产"高新集"、三产"多专特"[6]的比较优势，加速三次产业提档升级、提质增效；以城市文明为支撑，着力增强城市文化自信和文明素养，不断提升公共服务和社会保障水平，切实增强群众获得感、幸福感、自豪感；以生态文明为保障，大力倡导和践行绿色、低碳、环保理念，着力使"绿色"成为都市流行色彩、"环保"成为社会自觉行为、"低碳"成为市民生活方式。

最根本的是，弘扬"井冈山精神"和"八一精神"。"人是要有一点精神的"。井冈山革命斗争和八一南昌起义赋予英雄城人民跨越时空的最宝贵财富，就是伟大的"井冈山精神"和"八一精神"。今天及未来，全市各级党组织和广大党员必须争做"井冈山精神"和"八一精神"的弘扬者、传承人，把忠诚融入血液，时刻听党指挥；把担当扛在肩上，始终英勇无畏；把群众装在心中，永远为民奋斗，在干事创业中冲破一次又一次险阻、攻克一道又一道难关，誓以一往无前之势夺取一个又一个胜利。

三、强化工业文明核心，实现打造核心增长极的基本成型

实现"三个文明"融合发展，工业文明是核心，产业发展是关键。要围绕壮大经济实力，紧盯"打造核心增长极基本成型"目标，着力构建新型工业、现代服务业、现代农业协调发展的现代产业体系，为"三个文明"融合发展奠定坚实物质基础。

1. 扎实推进新型工业化。对接"中国制造2025"[7]，坚持走"特色鲜明、集约高效、环境友好、竞争力强"的新型工业化道路，唱响"南昌制造"品牌，建设工业强市。大力优化产业结构。全面实施战略性新兴产业倍增计划，以产业技术创新为核心、重大项目为带动、市场应用为重点，促进航空制造、智能装备等高端产业加快发展，实现产业规模和龙头企业数量翻番。做精做优传统优势产业，支持食品、纺织服装等产业运用新技术、新工艺、新材料，提升核心竞争力。推进"两化"深度融合，以信息化带动产业化，以产业化促进信息化，推动传统产业向战略性新兴产业升级。促进产业集群发展。以"南昌光谷"[8]、汽车与新能源汽车、生物医药三大产业为主导，加强与关联产业对接互动，不断延伸产业链，以"蛙跳式"发展构建千亿产业集群。深入实施"产业龙头扶持计划"，将政策、资源聚焦到主导产业中的龙头企业，以点带面推动产业集群化发展。创新产业发展机制。围绕产业链部署创新链，引导创新资源向重点产业、优质企业聚集；围绕创新链完善资金链，鼓励建立多元化的新兴产业投资基金，引导各类资本进入我市新兴产业，扩大投资效应，不断积蓄产业发展后劲。

2. 加快发展现代服务业。实施服务业升级行动，大力发展新经济、新服务，推动生产性服务业向专业化和价值链高端延伸、生活性服务业向精细化和高品质转变，不断提升服务业对全市经济的贡献度。增量扩容生产性服务业。重点发展现代物流、金融保险等产业，加快发展互联网平台经济，积极培育工业设计、大数据、VR虚拟现实技术等新兴产业和业态，打造"南昌慧谷"[9]；推进全省金融商务区由量的聚集向质的提升转变，设立并加快建设江西互联网金融产业园和江西基金产业园，构建与先进制造业相匹配的现代金融服务体系。提升优化生活性服务业。进一步扩大消费，提升家庭服务、文化旅游、批发零售、住宿餐饮等传统产业，对接"健康中国2030"[10]，积极发展大健康产业；大力引进培育消费龙头企业，科学布局建设一批商业网点设施特别是大型商贸综合体，形成一批特色鲜明、功能齐全、辐射力强的特色商业街，推动生活性服务业向专业化、集聚化、个性化方向升级。加快建设旅游强市，整合资源，完善配套，围绕历史文化、红色旅游、生态休闲、商务会展等领域，打造一批重点旅游项目；围绕"343"目标[11]加快推进南昌汉代海昏侯国考古遗址公园规划建设，打造全省旅游核心城市和国内重要、国际知名旅游目的地。

3. 稳步提升农业现代化。以"南昌绿谷"[12]建设为引领，积极发展现代都市农业，加快推动传统农业向现代农业转变。切实转变农业发展方式，大力推行农超对接、市场与产地挂钩等现代营销模式，借助"互联网+"，促进种养加一体化、产供销全链条的融合发展，实现农业"接二连三"；提高农业产业化程度，扎实推进"两区一廊"[13]示范工程建设，打造进贤富硒农业产业园等一批具有南昌特色的现代农业产业集群；发展多种形式的适度规模经营，扶持壮大一批产业化龙头企业与现代农业示范园，打造一批农业标准化生产基地和农产品知名品牌；加强以农田水利、高标准农田为重点的农业基础设施建设，进一步健全农业社会化服务体系。

4. 积极构建区域发展新格局。按照全域协同的要求，以差异化考核为导向，构建错位竞合、均衡协调的区域发展格局。做优城市经济，支持城区走集约发展、内涵发展的路子，重点培

育电商经济、总部经济、文创经济、时尚经济等现代服务业，吸引国内外企业在昌设立地区总部、研发中心、结算中心和采购中心，打造城市经济“高产田”，增强集聚带动力；支持各县发展特色主导产业，做强特色专业园区，更好地承接城区各类生产要素辐射溢出，提升与省会功能衔接匹配的经济实力；支持三大国家级开发区由追求速度向追求质量转变，由政府主导向市场主导转变，由同质化竞争向差异化发展转变，由硬环境见长向软环境取胜转变，构建高端产业聚集区，不断增强对全市经济的支撑和引领作用；主动担当赣江新区建设主体责任，加速形成区域发展新的增长极。

推动工业文明发展，事关打造全省经济核心增长极成败，事关全市“三个文明”融合发展全局，我们只有以咬定青山不放松的发展定力，坚持不懈地推动产业升级、实力提升，才能勇立全省“率先发展”的潮头！

四、筑牢城市文明支撑，打造宜居宜业的现代都市

实现“三个文明”融合发展，城市文明是支撑。必须遵循城市发展规律，大力推动城市功能完善、形象提升、品位彰显，努力建设宜居宜业的现代都市。

1. 深入推进南昌大都市区建设。紧紧抓住省委、省政府推进南昌大都市区建设的新机遇，乘势而上，主动作为，实现由大城市向大都市区转变，真正把南昌建设成为“一带一路”的节点城市和长江中游城市群的核心城市。积极推进区域协同。主动担负南昌大都市区建设主体责任，充分发挥领先领跑和辐射带动作用，以区域协同为路径，积极推进生态协同、产业协同、城乡协同，抱团融入“一带一路”战略和长江中游城市群发展。主动参与互联互通。充分发挥南昌在大都市区布局中承东启西、贯通南北的区位优势，以区域交通廊道为骨架、以交通时距圈层为依托，加快构建互联互通交通网络，串联大都市区内重要发展区、主要城镇和休闲旅游区，形成“一核、三组、七廊”[14]的大都市区发展格局，奠定大都市区协同发展的坚实基础。着力统筹城乡发展。以城镇组群建设为重点，探索大都市区组群化新型城镇化发展模式。推进扩权强镇改革，做大做强中心城镇，每年选择10个左右乡镇打造特色小镇、30个左右重点村打造“五位一体”综合示范村[15]。依托“镇村联动”，加快形成布局合理、产业协作互补、公共服务均等、基础设施共享、生态环境协调的大都市区城乡整体可持续发展格局。

2. 加快实施“揽山入城”战略[16]。整合提升西山山体在南昌发展中的战略地位，构建都市独特生态和形态。坚持基础设施先行，加快推进西外环外迁、铁路西环线调整、市区至湾里有轨电车、环梅岭交通网络等一批重大基础设施项目建设，打通山城联系廊道。推动山城一体发展，加快梅岭与周边区域整合，统筹“山上、山下、山前、山后”的城镇布局，分区管控，融合发展，加快形成山城一体的现代都市新格局。严守保护为主原则，按照“先保护、后利用”思路，尽快启动西山山体生态保护立法工作，划定基本生态控制线，预留发展空间。同时，大力发展休闲度假、健康养生、文化旅游等绿色产业，充分发挥“揽山入城”对“三个文明”融合发展的标志效应。

3. 大力丰富现代城市内涵。城市现代化是一项系统工程，必须统筹推进规划、建设、管理，全面提升城市品位、人文风貌和市民素养。建设要科学高效。加快推进“多规合一”[17]，高水平修编新一轮城市总体规划。以打造发展升级的“四个样板”[18]为目标，推动红谷滩新区“三次开发”尤其是九龙湖新城建设，并加快瑶湖生态科技新城、儒乐湖新城等建设，研究扬子洲片区规划定位，加速新建区、湾里区融入中心城区的步伐。全面完成棚户区改造任务，探索“城中村”改造新模式，积极推进旧城复兴[19]。功能要配套完善。持续实施城市“畅通工程”“良心工程”“优化工程”，加快轨道干线等城市快速交通体系建设，统筹推进“海绵城市”[20]和城市地下综合管廊建设[21]，注重城市地下空间的合理开发利用，促进地上地下空间的联系、渗透与融合，构建现代公共设施体系和运行管理体系，有效应对“城市病”。管理要规范有序。不断强化民本、省会、法治“三种意识”，持续深入开展治堵、治乱、治旧等专项行动，推动城市管理重心下移，向精细化、扁平化、常态化转变，努力实现城市环境更洁净、设施管养更精细、城管执法更有力、行业监管更规范、管理手段更智慧。文明要蔚然成风。坚持以德育人、以文化人，持续深化精神文明创建，深入推进“兴家风、淳民风、正社风”主题活动，全面提升市民文明素质和城市文明程度，不断巩固“全国文明城市”创建成果，大力倡导和践行社会主义核心价值观，让文明之花开得更加灿烂。

4. 精心打造城市品牌。特色就是品牌，品牌就是影响力和生命力。在城市化的共性发展中，南昌要脱颖而出，必须紧紧围绕特色资源做文章，全面唱响“红色基因”“历史文化”“山水特色”“时尚动感”四大城市品牌。积极筹备建军90周年纪念活动，策划开发一批红色精品工程，让“天下英雄城”闪耀全国。深入挖掘“十大南昌文化符号名单”[22]和“十大南昌文化符号提名名单”[23]的丰富内涵，让南昌深厚历史文化充分彰显。依托赣江“灯光秀”、万达文化旅游城、华侨城娱乐园等引领性项目，吸纳更多流行元素，让“时尚动感”成为城市标签。做活“水”文章，用好“山”资源，实现“山、水、人、文”融合发展，让“揽山入城、拥江抱湖、山水辉映、天人合一”的城市魅力沁人心脾。

城市是我们的共同家园。无论衣食住行还是安居乐业，无论优建善管还是“秀外惠中”，都离不开城市文明的养成与升华。我们必须为“城市，让生活更美好”而努力，不断增进市民热爱家园的归属感，担当呵护文明的主人翁。

五、彰显生态文明特色，创立“江西样板”的南昌标杆

实现“三个文明”融合发展，生态文明是保障。必须紧紧抓住江西被列为首批国家生态文明试验区的重大机遇，加强顶层设计与实践探索相结合，加快形成人与自然和谐发展的现代化城市新格局，为建设美丽中国的“江西样板”打开南昌“窗口”。

1. 大力发展绿色经济。积极推动生产方式绿色化，有效降低发展的资源环境代价，决不走先发展、后治理的老路。严格执行“先算、后审、再批”程序，坚决杜绝高污染、高能耗项目落户。深入推进全社会节能减排，在生产、流通、消费各环节大力发展循环经济；推进工业园区、大型企业循环化改造，推广应用清洁生产技术，建设清洁低碳、安全高效的现代能源体系；建设循环经济产业园区，充分发挥其示范带动作用，推动全市工业集中发展区逐步按照生态化园区标准进行改造；支持企业、科研院所等开展能源节约、资源循环利用、新能源开发、污染治理、生态修复等领域关键技术攻关；完善再生资源回收体系，全面节约和高效利用资源能源。

2. 提升生态环境质量。良好生态环境是最公平的公共产品和最普惠的民生福祉，要坚持建设、保护、治理并举，让人民群众呼吸新鲜的空气，喝上干净的水，在优质的环境中生活。严格源头预防，合理设定资源消耗“天花板”，加强能源、水、土地等战略性资源管控，建立生态保护红线监管平台，动态监控、综合评估，强化能源消耗强度控制，做好能源消费总量管理，确保生态红线区域功能不降、面积不减、性质不变。加强专项治理，扎实推进“大气、水、土壤”污染防治行动，实施重点行业脱硫脱硝、除尘设施改造升级、机动车尾气污染防治等工程，建立大气污染跨区域联防联控机制；严格落实“河湖长制”，加强重

点流域、区域水污染防治和良好湖泊生态环境保护，严格入河(湖)排污管理和地下水污染防治，建立从水源地到水龙头的安全屏障；优先保护耕地土壤环境，强化工业污染场地治理和农业面源污染防治，加大种养业特别是规模化畜禽养殖污染防治力度，开展土壤污染治理与修复试点。将“水安全、水生态、水景观、水经济、水文化”有机结合，打造一批水清岸绿、渠畅路通的亮点景观；加强国土绿化，筑牢林业生态屏障，因地制宜地建设一批城市综合性公园、小游园、街头绿地、湿地公园、郊野公园等，构建完整的城市绿色网络；加强市域范围内生态廊道建设，推动城镇、村庄、道路、水岸、工业园区绿化，扩充绿量、提高绿质、提升品位。

3. 健全环保制度体系。深化体制机制改革是加快推动生态文明建设的强大动力，要统筹谋划规划编制、政策制订、项目推进、检查考核等工作。把资源消耗、环境损害、生态效益等指标纳入经济社会发展综合评价体系，强化指标约束，根据区域主体功能定位，实行差别化考核；建立领导干部任期生态文明建设责任制，完善节能减排目标责任考核及问责制度，加大生态环境司法保护力度，探索环境资源审判工作，对违背科学发展要求、造成资源环境生态严重破坏的实行终身追责；加大对农产品主产区和重点生态功能区的转移支付力度，探索建立生态补偿机制；建立完善涵盖各要素、覆盖全区域、上下统一的环境质量监测网络，探索建立自然资源资产产权及产权交易制度，强化企业环保主体责任，鼓励公众和环保组织对政府环保工作、企业排污行为等进行监督评价，逐步形成政府主导、市场驱动、社会广泛参与的工作机制。

环境就是民生，青山就是美丽，蓝天也是幸福，确保英雄城的永续发展，我们责无旁贷。伴随着生态文明建设的坚实步伐，未来的南昌，定将天更蓝、水更清、山更绿，向世人展现人与自然和谐友好的秀美画卷。

六、大力推进动能转换，强化“三个文明”融合发展的促进机制

实现“三个文明”融合发展，“发展”是前提，“融合”是关键，“机制”是保证。要立足新旧动能转换，从创新、开放、改革、法治上激发出促进融合的无穷势能。

1. 着力打造创新型城市。把创新摆在融合发展的核心位置，破除制约创新的思想障碍和制度藩篱，不断焕发创新发展新活力。大力推进大众创业、万众创新，高水平建设南昌(国家)大学科技城，全力支持以南昌高新区为核心，打造环鄱阳湖区域国家自主创新示范区，依托“互联网+”等新技术新模式，加快推动“四众”[24]创业创新支撑平台发展；通过拓展科研人员双向流动机制、完善青年创业服务体系等方式，推动创业创新主体由小众向大众转变，形成多元化创业创新人才群落，营造勇于探索、敢为人先、鼓励创新、宽容失败的浓厚氛围。构建创新发展新格局，依法明晰政府、市场、社会责权利边界，建立健全产学研协同创新体制机制，构建知识研发体系、创新服务体系和创新保障体系，推动政府职能由研发管理向创新服务转变，促进新技术、新产业、新业态以及新的商业模式蓬勃发展，形成大众参与、各方协同的创新格局。发挥科技创新引领作用，以科技创新为核心，加大科技研发投入和引才引智力度，促进科技协同创新，打造一批协同创新平台、团队和成果转化基地，强化高校和科研院所的科研基础和引领作用，发挥我市高校集中、科研院所集聚优势，加强与中国科学院及所属科研机构合作，构筑全省科技研发高地。

2. 持续扩大对外开放。不断加快对外开放合作步伐，提高对外开放水平，为推动融合发展创造新空间、提供新资源。打造共进互利“生命共同体”，以“一带一路”、长江经济带、长江中游城市群、鄱阳湖生态经济区等国家战略为契机，强化对外交流合作，加速推进昌九和昌抚一体化建设，主动加强与周边市县区域合作，构建网络完善、高效便捷的一体化基础设施体系。做强对外开放新平台，以国家开放型经济新体制综合试点试验地区、国家物流标准化试点城市等建设为抓手，创新完善“大通关”[25]格局，着力打造国家级赣江新区、国家级综合保税区等一批新平台，支持向塘争取国家级口岸作业区，全面提升各开放平台建设水平。构建双向开放新格局，大力实施招商引资“一号工程”和“一把手”工程，全面优化营商环境，促进国内外资本、先进技术、管理经验和高素质人才向我市流动；鼓励本土企业积极参与国内外市场竞争，深度融入全球产业链、价值链、物流链。

3. 全面深化重点领域改革。坚持以问题为导向，用好改革先行先试权，为推动融合发展创造新动力。着力提高行政效率，通过进一步推进简政放权，深入推进“三单一网”建设，探索实施相对集中行政许可权改革，推进政务公开，用政府权力的“减法”换取市场活力的“加法”，真正把政府职能转到宏观调控、市场监管、公共服务、社会管理、环境保护上来，打造公开、透明的“阳光”政府。充分释放市场主体活力，以深化经济体制改革为重点，加快投融资体制改革，深化国资国企改革，积极稳妥发展混合所有制经济，毫不动摇鼓励、支持、引导非公有制经济发展，降低非公经济准入门槛，鼓励非公经济参与国企改革，激发非公有制经济活力和创造力；打好供给侧结构性改革攻坚战，着力推动“三去一降一补”[26]，大力推进消费升级和消费模式转变，努力形成供给与需求高效对接、消费与投资良性互动的增长动力新机制。进一步发挥市场配置资源的决定性作用，以建立统一的公共资源交易平台，深化农村供销合作社综合改革，推动农村土地所有权、农户承包权、土地经营权相分离和市级农村产权交易中心建设等领域为重点，进一步完善各类要素市场和规范公共资源交易，建立公平开放透明的市场规则，加快形成统一开放、竞争有序的现代市场体系。

4. 深入推进“法治南昌”建设。持续厚植“法治”元素，促进社会公平正义，让“法治”成为“三个文明”融合发展的重要基因。围绕“三个文明”建设等重点领域加强地方立法，完善地方立法专家顾问制度，建立法规、规章清理和评估机制，实现立、改、废、释有机结合。以深化执法规范化建设和行政执法体制改革为重点，优化行政决策程序和机制，提高政府行政决策质量。持续深化司法体制改革，加强司法人权保障，强化对司法活动监督，努力让人民群众在每一个司法案件中都感受到公平正义。通过健全领导干部学法用法制度和考评机制等措施，促进领导干部带头尊法学法守法用法，深入开展法治宣传教育，加强法治文化建设，扩大公民法治教育覆盖面，推动形成办事依法、遇事找法、解决问题用法、化解矛盾靠法的良好社会氛围。

创新、开放、改革、法治是推进“三个文明”融合发展的车之四轮，我们必须在创新发展上加力，在扩大开放上争先，在深化改革上先行，在法治建设上深化，让融合的活力竞相迸发、发展的源泉充分涌流！

七、率先实现全面小康，共享“三个文明”融合发展的实际成果

实现“三个文明”融合发展，最终目的在于增进民生福祉。必须紧紧围绕在全省率先全面建成小康社会的历史使命，努力使全市人民从“三个文明”融合发展中增强获得感、实现幸福梦。

1. 大力推动社会民生改善。坚持把扶贫攻坚作为头等大事，推进精准扶贫、精准脱贫，实施开发扶贫与救济扶贫“两项

驱动”,构建专项扶贫、行业扶贫、社会扶贫等多方力量互为支撑的“三位一体”大扶贫格局,健全扶贫脱贫保障机制,确保在全省率先实现全面脱贫。实施富民增收计划,逐步提高最低工资标准,着力增加中低收入者收入,推进各领域工资制度改革,力争我市总体工资水平在全国省会城市排名前移。实施更加积极的就业创业政策,多渠道开发就业岗位,完善创业扶持体系,重点解决好高校毕业生、农村转移劳动力、城镇就业困难人员就业创业问题,最大限度扩大就业、支持创业。健全劳动合同和劳动争议仲裁制度,维护劳动者合法权益。积极构建全面覆盖、分类保障的社会保障体系,不断扩大社会保障覆盖面;探索设立社保战略储备基金,提升困难人群的“造血自救”和长远发展能力。积极应对人口老龄化,完善老龄政策制度,落实渐进式延迟退休年龄政策,全面放开养老服务市场,健全养老服务标准、行业规范和管理制度,着力发展养老服务业和老龄产业,构建居家为基础、社区为依托、机构为补充、医养相结合的养老服务体系,重视解决经济困难的高龄、失能等老年人及失独家庭的养老保障问题。健全住房保障和供应体系,继续推进保障性安居工程建设,加强房地产市场运行监测和调控,确保房地产市场平稳健康发展。采取综合措施,加快缓解过江交通难和停车难矛盾。以“让人民群众满意”为出发点和落脚点,继续以年初承诺、年终践诺的方式,大力实施百项便民惠民利民工程,确保新增财力向民生倾斜。

2. 切实提高公共服务水平。推进基本公共服务均等化和优质公共资源均衡化,提高公共产品和公共服务保障水平,推动公共资源向农村和贫困地区倾斜,逐步缩小城乡、区域之间基本公共服务差距。整合面向市民的公共服务资源,加快构建集教育、医疗、人社、城管、交通等各领域于一体的智慧应用体系,大力推进“智慧南昌”建设,不断提升公共服务效能。有序推进农业转移人口市民化,全面实行居住证制度,逐步实现外来务工人员在公共服务方面享受市民待遇。切实加大教育投入,加快发展学前教育,加强城乡义务教育公办学校标准化建设,扩大优质教育资源覆盖面;支持和规范民办教育发展,积极构建现代职业教育体系,努力在全省率先基本实现教育现代化。继续深化文化管理体制改革,调整和优化文化产业结构和布局,积极培育新兴文化业态,促进文化消费,扶持文化精品创作,基本形成普惠性、均等化、覆盖广的公共文化服务体系,努力建设文化强市。加快推进健康南昌建设,优化医疗卫生资源配置,稳步推进公立医院改革,全面建设市级人口健康信息平台。大力发展体育事业,加快公共体育设施建设,普及全民健身运动。坚持计划生育基本国策,全面实施一对夫妻可生育两个孩子政策,促进人口长期均衡发展。重视红十字、残疾人等事业发展,保护妇女、未成年人的合法权益。

3. 改进创新社会治理模式。以全国综治“南昌会议”召开为契机,深入推进社会治理创新综合试点,进一步健全党委领导、政府负责、社会协同、公众参与、法治保障的社会治理格局,不断提高社会治理科学化水平。加快推进网格化服务管理体系建设,把社会治理任务落实到网格,提高社会治理信息化、智能化、规范化和精细化水平。突出做好流动人口、特殊人群的服务管理工作。深入开展平安创建系列活动,完善立体化社会治安防控体系,加快推进公共安全视频监控“天网”工程和居民小区、商业网点、经营场所、集贸市场“地网”工程建设,严密防范和依法打击各类违法犯罪活动,进一步强化治安、生产、消防、食品、药品等安全体系建设,确保人民安居乐业、社会安定有序,打造“平安江西”的“首善之区”。加强和改进信访工作,打造阳光信访、法治信访、责任信访,深入拓展网上信访,进一步畅通群众诉求表达渠道,健全完善“第三方”介入矛盾纠纷的调解机制,最大限度地把社会矛盾纠纷解决在基层、化解在萌芽状态。强化网络舆情实时监测发现、及时引导处置,不断提高网络社会管理水平。强化应急管理体系建设,完善重大工程项目建设和重大政策制定社会稳定风险评估机制,提升突发事件应急处置能力。深化国防教育,进一步加强国防动员和后备力量建设,扎实做好双拥共建工作,巩固和加强军政军民团结。

率先全面小康,是我们庄严承诺的限期目标;共享发展成果,是我们永无止境的为民追求。各级党组织务必立下愚公志,打好攻坚战,确保如期让全市人民共同沐浴在“小康”阳光下,携手奔向更加美好的未来!

八、全面推进从严治党,夯实“三个文明”融合发展的组织保证

新形势下落实党要管党、从严治党的任务,仍然繁重而紧迫,我们必须增强忧患意识、责任意识和使命意识,树立抓好党建是最大政绩的理念,全面推进党的建设新的伟大工程,不断提升凝聚力、创造力、战斗力,为推动“三个文明”融合发展提供坚强组织保证。

1. 全面加强思想政治建设,不断筑牢管党治党根基。把思想政治建设作为党的建设首要任务,推动各级领导班子和领导干部坚定履行管党治党重大责任。加强党性修养,始终坚定理想信念。坚持不懈开展党的理论、党性党史和理想信念教育,深入学习贯彻习近平总书记系列重要讲话精神,继续加强党委中心组和各级党员干部学习培训的制度化、规范化建设,贯彻落实意识形态工作责任制,引导广大党员干部不忘初心,坚定共产主义远大理想和中国特色社会主义共同理想,牢固树立正确的世界观、权力观、事业观。牢记党的宗旨,坚持践行群众路线。巩固和深化党的群众路线教育实践活动、“三严三实”专题教育和“两学一做”学习教育取得的成果。不断完善党员干部直接联系群众制度,始终保持党同人民群众的密切联系,努力提高做好新形势下群众工作的能力。支持工会、共青团、妇联等人民团体充分发挥桥梁纽带作用,更好地反映群众呼声,维护群众合法权益。恪守政治纪律,严肃党内政治生活。坚持党的领导不动摇,贯彻党的路线方针政策不含糊,确保与党中央意志统一、行动统一、步调一致。牢固树立党章意识,引导全体党员干部尊崇党章、遵守党章,用党章规范自己的一言一行,维护党章的权威性和严肃性。严格执行民主集中制和党内政治生活的各项规定,坚持开展批评和自我批评,完善落实“三会一课”、民主评议、谈心谈话等制度,过好双重组织生活。

2. 着力推进干部作风建设,打造坚强有力的班子队伍。把持之以恒抓好作风建设贯穿于领导班子建设和干部队伍建设始终,为各项事业发展提供坚强保证。改进作风确保长效常态。在改进作风取得初步成效基础上,坚持不懈贯彻落实中央八项规定,驰而不息纠正隐形变异的“四风”问题,坚决防止“四风”反弹回潮;健全改进作风常态化制度,完善领导干部作风考核评价机制,铁心硬手整治“为官不为”“慵懒散虚”等突出作风问题,引导全市党员干部传承英雄基因、弘扬“八一精神”,以优良的党风促政风带民风。教育监管务必从严从实。不断增强领导干部教育培养的针对性、实效性,切实提高党员干部队伍的综合能力素质,为改进作风提供重要保障;加强和改进对主要领导干部的监督制约,建立科学有效的“一把手”监督问责机制,健全完善领导班子议事决策和权力运行机制,坚持用制度管权、管事、管人。各级领导班子要加强自身建设,弘扬求真务实的工作作风,营造齐心协力的团结氛围,提升履职尽责的能力素养,提高科学民主的决策水平,努力成为推动南昌改革发展的中坚力量。选人用人坚持德才兼备。牢牢把

握改革方向,把完善干部选拔任用制度与完善干部考核评价、管理监督、激励保障等制度结合起来,构建系统完备、科学规范的干部人事制度体系。匡正选人用人风气,严格实行"四凡四必"[27],防止"带病提拔",推动干部能上能下,真正把好干部精心培养起来、及时发现出来、合理使用起来。探索建立澄清保护和容错免责机制,鼓励改革者、重用成功者、宽容试错者,为能创新、敢担当、有作为的干部消除后顾之忧。加大年轻干部、女干部、党外干部的培养储备选拔力度,全面做好老干部工作。坚持党管人才原则,建立健全广纳人才的体制机制,完善人才评价机制,深入推进重大重点人才引进工程,形成具有区域竞争力的人才制度优势。

3. 不断强化基层组织建设,充分发挥战斗堡垒作用。大力夯实党的执政基础,把基层组织建设成为团结带领广大群众贯彻市委决策部署、推进改革发展的坚强堡垒。切实筑牢基层基础。适应新形势下经济结构、组织形式、党员流向的变化,完善基层党组织设置形式,探索推进基层党组织标准化建设,深入推进非公有制经济组织、社会组织和农村社区等各领域党建工作,全面整治软弱涣散基层党组织。深入开展"第一书记"挂点帮扶工作,加强基层党员干部队伍建设,充分发挥基层党组织的作用。全面落实基层党建工作责任制,加强党建资源整合,为基层组织更好地服务群众提供有力的经费和用房保障。着力纯洁党员队伍。进一步把好党员入口关,规范发展程序,严格组织生活,优化党员结构,提高党员质量,永葆党的先进性和纯洁性。完善不合格党员认定制度,探索畅通党员出口渠道,健全党员能进能出机制,始终保持党的健康和活力。深化基层协商民主。继续推进以基层党组织为核心的基层协商,搭建协商平台、规范协商内容、健全协商程序、落实协商成果,推动基层协商民主健康有序深入发展。

4. 深入开展党风廉政建设,构建风清气正的政治生态。以猛药去疴的决心和刮骨疗毒的勇气,不断把党风廉政建设和反腐败斗争引向深入。坚持把纪律挺在前面。坚持纪严于法、纪在法前,堵住腐败滋生蔓延的源头。严格落实"两个责任",坚持"一案双查",既追究主体责任、又追究监督责任,既追究领导责任、也追究组织责任,实现问责常态化,解决好管党治党责任层层递减的问题。正确把握和运用监督执纪"四种形态"[28],将其贯穿于监督执纪问责全过程。保持惩治腐败高压态势。坚持有腐必反、有贪必肃,无论涉及到谁,都依纪依法严惩,决不姑息、决不手软。坚决查处领导干部违纪违法案件,切实解决发生在群众身边的不正之风和腐败问题,推动正风反腐向基层延伸。持续推进重点领域"红包"问题和领导干部违规插手工程项目问题专项治理,严肃惩治"小官大贪"和"窝案串案"。健全反腐倡廉制度体系。深化腐败问题多发领域和环节的改革,让权力在阳光下运行,构建不敢腐、不能腐、不想腐的体制机制。支持纪检机关进一步深化"三转",巩固市纪委派驻机构改革成果,全面推进县区纪委派驻机构改革。加强市委对巡察工作的领导,坚持深化政治巡察,扎实推进巡察工作制度化、规范化,实现巡察监督"全覆盖"。运用典型案例,加强反腐倡廉警示教育效果,深入推进廉政文化建设。

落实党要管党、从严治党,关键从市委常委会自身建设抓起。市委常委会要带头增强党性观念,严格遵守党的政治纪律、政治规矩,坚决维护中央权威,始终在思想上政治上行动上同党中央保持高度一致。带头强化理论武装,提高总揽全局、协调各方的水平,提高贯彻落实中央、省委、市委决策部署的能力。带头推进民主政治建设,坚持民主集中制,不断提高党委科学决策能力,推进人民代表大会制度和人大工作与时俱进,坚持中国共产党领导的多党合作和政治协商制度,支持政府在经济建设和社会事业发展中的主导地位,进一步加强和改进新形势下爱国统一战线工作,充分发挥民主党派、工商联和无党派人士作用,全面贯彻党的民族、宗教、对台和侨务政策。带头做到廉洁自律,坚持纪律面前人人平等、制度面前没有特权,严格遵守廉政准则,自觉接受各方监督,坚决执行领导干部个人有关事项报告制度,切实管好亲属和身边工作人员。带头维护班子团结,形成凝心聚力的良好局面,真正成为一支政治坚定、团结和谐、思想解放、开拓进取、务实为民、廉洁高效的坚强领导核心。

同志们,屹立全省经济社会发展首位的使命在肩,我们唯有坚强担当;率先全面建成小康社会的目标在前,我们只能拼搏进取。让我们高举中国特色社会主义伟大旗帜,紧密团结在以习近平同志为总书记的党中央周围,在省委、省政府的正确领导下,坚强地带领全市干部群众凝心聚力、开拓进取、真抓实干,为建设工业文明、城市文明、生态文明融合发展的现代化城市而不懈奋斗!

注:1. 近五年来全市获得的荣誉主要有:2012 年 7 月入选首批"全国创业先进城市";2014 年 1 月入选"国家级文化和科技融合示范基地";2014 年 2 月入选"首批国家信息消费试点示范市";2014 年 4 月入选"国家智慧城市试点";2014 年 6 月列为"国家园林城市"免检城市;2014 年 10 月入选宽带中国示范城市;2015 年 1 月顺利通过"国家卫生城市"复检;2015 年 2 月获"全国文明城市"称号;2015 年 6 月入选"两创示范"城市;2015 年 11 月获"国家森林城市"称号;2016 年 5 月获"2011—2015 年全国法治宣传教育先进城市"称号;2016 年 3 月"赣江新区"正式获批;2016 年 6 月入选"国家开放型经济新体制综合试点试验城市";2016 年 6 月获"第一批国家级医养结合试点单位";2016 年 7 月入选"2016 国家物流标准化试点城市";2016 年 7 月获"全国少数民族流动人口服务管理示范城市"称号;2016 年 7 月入选"第一批国家文化消费试点城市"。

2. "蓝天、清流、净土"行动:2013 年至 2015 年,南昌市围绕建设全省空气质量综合整治先行区、全省生态文明建设示范区和全国重要的宜居都市"两区一市",开展"蓝天、清流、净土"三大行动。主要内容是推进污染综合防治、生态示范创建、基础能力建设,严格控制污染物的排放,坚决执行黄标车限行管理,下决心拆除市区范围的煤锅炉,切实加强对大气、水、土壤以及城市噪音的污染防治。

3. "三单一网"建设:即政府权力清单、责任清单、市场准入负面清单和南昌政务服务网建设。

4. "四看一听"干部选任机制:南昌市近年来探索建立的干部选任机制。"四看",即一看实绩,二看公论,三看关键时刻表现和组织部门了解掌握的一贯表现情况,四看巡视督导和纪检监察部门掌握情况;"一听",即充分听取单位党委和党委主要负责同志及分管领导的意见。

5. "四个一"总体布局:市委十届十二次全会提出,今后五年全市发展的总体布局为"四个一",即:一项任务,就是"率先全面建成小康社会";一根主线,就是"打造核心增长极基本成型";一个方略,就是"深入推进'二十字'总体任务";一条路径,就是"推动工业文明、城市文明、生态文明融合发展"。

6. "绿富美""高新集""多专特":"绿富美",就是要以绿色农业为引领,努力实现农民富、农村美的目标;"高新集",就是在工业发展上要注重培育壮大高端产业、战略性新兴产业,推动产业集群、集约和集成化发展;"多专特",就是要推动现代服务业向多样化、专业化、特色化方向发展。

7. "中国制造 2025":中国政府实施制造强国战略第一个

十年的行动纲领。《中国制造2025》提出通过“三步走”实现制造强国的战略目标:第一步,到2025年迈入制造强国行列;第二步,到2035年中国制造业整体达到世界制造强国阵营中等水平;第三步,到新中国成立一百年时,综合实力进入世界制造强国前列。

8.“南昌光谷”:市委、市政府提出的“三谷”之一。主要内容是充分发挥国家科学技术发明一等奖硅衬底LED技术优势,通过关键技术引领产业升级,重点发展LED产业、光电显示和移动通信终端产业、光伏产业和光电子器件等光电四大产业领域,形成以南昌经开区、高新区、临空经济区光电产业集群为主导,青山湖区、进贤县光电产业为补充的产业格局。

9.“南昌慧谷”:市委、市政府提出的“三谷”之一。主要内容是以创业创新为依托、文化底蕴为支撑,撬动来自社会各方面的资本、人才,发挥江西慧谷·红谷创意产业园、江西樟树林文创产业园、699文化创意园、小蓝创业创新基地等园区平台作用,全力打造文化创意、工业设计、大数据等一批现代服务业集群。

10.“健康中国2030”:即“健康中国2030”规划纲要,是今后15年推进健康中国建设的行动纲领。规划纲要提出坚持以人民为中心的发展思想,以提高人民健康水平为核心,以体制机制改革创新为动力,从广泛的健康影响因素入手,以普及健康生活、优化健康服务、完善健康保障、建设健康环境、发展健康产业为重点,把健康融入所有政策,全方位、全周期保障人民健康,大幅提高健康水平,显著改善健康公平。

11.“343”目标:省委、省政府对南昌汉代海昏侯国遗址公园建设的目标定位。即,“三个一流”:一流的考古水平、一流的文物保护水平和一流的展示水平;“四个结合”:坚持遗址公园建设与当地经济社会发展相结合,与当地群众生活水平相结合,与当地城乡基本建设相结合,与当地环境改善相结合;“三个目标”:将遗址公园建设成为全国旅游AAAAA级景区、国家考古遗址公园、世界文化遗产。

12.“南昌绿谷”:市委、市政府提出的“三谷”之一,主要内容是贯彻绿色生态发展理念,以“两区一廊”示范工程为依托,通过实施农业产业转型升级、秀美乡村建设管理、生态环境优化提升、农民增收致富脱贫、深化农业农村改革、乡村文化挖掘弘扬等六大示范工程,打造农业农村发展新亮点,加速推进农业农村转型升级发展。

13.“两区一廊”:规划范围东至昌九高速,西至昌铜高速,包括以南安公路—万赤公路为中轴的沿线两侧的7个乡(镇、场),即新建区溪霞镇,湾里区罗亭镇,安义县长均乡、万埠镇、石鼻镇和桑海集团四分场,总规划面积约403平方千米,其中核心区域规划建设面积约45.7平方千米,主要包括“两区一廊”即国家级溪霞现代农业示范区、石鼻现代农业示范区及罗亭—长埠都市现代农业休闲观光走廊。未来一个时期,努力将其打造成农业转型升级的新高地、秀美乡村建设的新亮点、农民增收致富的新引擎、农业农村改革的新标杆,使之成为全省乃至全国的示范样板区。

14.“一核、三组、七廊”:《南昌大都市区规划(2016－2030)》对大都市区域空间所作的结构性统筹安排。规划形成“一核、三组、七廊”的空间结构。其中,“一核”是指包括南昌市辖区、南昌县和安义县部分地区的大都市区核心区;“三组”是指在大都市区东南部、西南部和北部分别形成三大城镇组群,分别是抚州城镇组群(抚州中心城区、云山、唱凯、李渡等)、丰樟城镇组群(丰城中心城区、樟树中心城区、八景、临江等)和昌北城镇组群(桑海、永修县城、马口、艾城等);“七廊”是指以南昌中心城区为核心向外形成放射状的七条发展廊道,包括昌九廊道、昌景廊道、昌铜廊道、昌鹰廊道、昌宜廊道、向莆廊道、昌赣廊道,形成“夫”字形空间发展轴。

15.“五位一体”综合示范村:通过以村庄规建为先导、以特色产业为支撑、以生态优化为基础、以休闲农业为亮点、以乡风文明为根本的“五位一体”综合示范村建设,打造现代新型都市农村。

16.“揽山入城”:将梅岭纳入南昌大都市区核心区(中心城区)一体化发展,统筹配置梅岭及周边地区空间资源的战略举措。

17.“多规合一”:2014年8月,国家发改委等四部委下发的《关于开展市县“多规合一”试点工作的通知》提出,推动国民经济社会发展规划、城市规划、土地利用规划、生态环境保护规划等“多规合一”,形成一个市县一本规划、一张蓝图。“多规合一”工作把相关规划对空间布局、空间定位、空间界限的管控要求落到一张底图上,并在统一的空间信息平台上建立控制线体系,以实现深化改革完善空间规划管理体制、机制、优化空间布局、有效配置土地资源、提高政府空间管控水平和治理能力的目标。

18.“四个样板”:人与自然合一的样板,产业发展“强起来”与城市建管“强起来”并进的样板,改革与法治“双轮”联动的样板,物质文明、政治文明、社会文明融合的样板。

19.旧城复兴:精明增长背景下旧城改造的新途径和新方式。在落实旧城改造目标任务的同时,进一步改善居民生活环境和居住条件,促进土地高效利用和城市功能提升,更好地保护南昌历史文化名城,使旧城重新焕发生机,实现城市活力的复兴、实力的复兴、历史文化的复兴。

20.“海绵城市”:城市能够像海绵一样,在适应环境变化和应对自然灾害等方面具有良好的“弹性”,下雨时吸水、蓄水、渗水、净水,需要时将蓄存的水“释放”并加以利用。

21.城市地下综合管廊:在城市地下用于集中敷设电力、通信、广播电视、给水、排水、热力、燃气等市政管线的公共隧道。

22.“十大南昌文化符号名单”:八一起义纪念地、八大山人、万寿宫、小平小道、方志敏、西山(梅岭)、西汉海昏侯墓、绳金塔、新四军军部旧址、滕王阁(按首字笔画排序)。

23.“十大南昌文化符号提名名单”:安义古村、百花洲、李渡烧酒作坊遗址、汪山土库、佑民寺、秋水广场、南昌方言、南昌采茶戏、徐孺子、梅汝璈(按首字笔画排序)。

24.“四众”:是指众创、众包、众扶、众筹。

25.“大通关”:提高口岸工作效率工程的简称,是口岸各部门、单位、企业等,采取有效的手段,使口岸物流、单证流、资金流、信息流高效、顺畅地运转,同时实现口岸管理部门有效监管和高效服务地结合。

26.“三去一降一补”:是指去产能、去库存、去杠杆、降成本、补短板五大任务。

27.“四凡四必”:对考察对象的干部档案“凡提必审”,对个人有关事项报告“凡提必核”,对纪检监察机关意见“凡提必听”,对线索具体的信访举报“凡提必查”。

28.“四种形态”:党内关系要正常化,批评和自我批评要经常开展,让咬耳扯袖、红脸出汗成为常态;党纪轻处分和组织处理要成为大多数;对严重违纪的重处分、作出重大职务调整应当是少数;严重违纪涉嫌违法立案审查的只能是极少数。

在市委十一届二次全体(扩大)会议上的讲话

中共江西省委常委、南昌市委书记　殷美根

(2017 年 1 月 7 日)

中共江西省委常委、南昌市委书记　殷美根

这次市委全会的主要任务是,深入贯彻落实中央经济工作会议和省第十四次党代会、全省经济工作会议精神,全面部署今年乃至今后一个时期各项工作,动员全市上下强化首位担当、展现省会作为,为打造富裕美丽幸福江西"南昌样板"而不懈奋斗! 等一下,郭安同志将具体总结去年的经济工作,部署今年的经济工作,请大家认真抓好贯彻落实。

中央和全省经济工作会议,全面深刻地分析了当前经济形势,明确了今年经济工作的总体要求和重点任务,省第十四次党代会勾画了我省未来五年的发展蓝图,吹响了建设富裕美丽幸福江西的号角。全市各级党组织和广大干部群众要按照省市党代会确定的目标要求,深入贯彻落实中央、全省经济工作会议精神,进一步激发时不我待的责任感、昂然向上的精气神、拼争一流的事业心,着力保持经济平稳较快发展,全力推动省会做大做强,竭力为南昌在中部崛起中争得一席之地。

下面,受市委常委会委托,我重点讲三点意见,请予审议。

一、正视差距,切实增强加快发展的紧迫感

近年来,在省委、省政府的正确领导下,在历届历任市委班子的团结带领下,全市各领域工作都取得长足进步,经济增长平稳有序,城市框架快速拉开,民生福祉有效改善,为推动"十三五"时期发展、实现市第十一次党代会确定的各项目标任务,打下了坚实基础,提供了强大动能。但同时,我们也要清醒看到,比照全省兄弟设区市和中部省会城市的发展态势,南昌面临着首位动摇、地位下滑的极大风险,面临着提振信心、重新出发的转折关口,面临着不进则退、慢进掉队的重大挑战。全市上下必须坚持问题导向,以更强的信念、更高的要求、更硬的举措,持续深入打造带动全省发展的核心增长极,切实推动南昌抢先发展、负重发展、超常发展。

第一,面对新形势,唯有奋起直追,才能抢占战略高地。近年来,国家确定了推进中部崛起、"一带一路"、长江经济带、长江中游城市群等重大战略,这些战略的深度叠加,给中部地区尤其是中部省会城市带来了巨大发展机遇。但是,在抢抓发展机遇、加速城市崛起的区域竞争中,与其他中部省会城市相比,南昌不仅没有占得先机、走在前列,反而慢了半拍、落在后头。最近,国务院发布的《关于促进中部地区崛起"十三五"规划的批复》,明确将武汉、郑州定位为"国家中心城市"来建设;长沙、合肥与武汉、郑州一道被媒体称为"中部四小虎"。反映出南昌这座城市的综合实力已经被他们甩在了后面,南昌的产业支撑力、要素聚集力、人才吸引力相比落后。"十二五"期间,武汉、郑州、长沙、合肥 GDP 在全国省会城市的排位均有前移,南昌不仅止步不前,还有可能随时被昆明反超。特别是反映城市发展后劲的工业经济与上述四市相比,我们体量不大、龙头不强、集群不多,不仅没有追赶做强,反而是倒退下滑,比如我市工业增加值占全省比重由 2006 年的 25.6% 下降至 2015 年 20%;工业主营业务收入占全省比重由 2006 年的 23.5% 下降至 2015 年 16.9%;工业固投占全省比重由 2006 年的 23.3% 下降至 2015 年的 17.4%;规模以上工业企业户数占全省比重由 2006 年 17.4% 下降至 2015 年 13.1%。如此下去,不仅城市存在空心化的危机,在新一轮发展竞争中将会进一步被边缘化。为此,我们更须知往鉴今、知退后勇、知难而进,坚定地把加快发展摆在首位,把奋起追赶当作首责,努力争得南昌在中部地区尤其是长江中游城市群中的更高地位,坚决防止成为"塌陷的一角"。

第二,面对新要求,唯有奋发图强,才能无愧"省会"称号。近年来,省委、省政府始终高度重视南昌的发展,从全力支持南昌打造核心增长极,到加速推进南昌大都市区建设;从推动昌九一体、龙头昂起,到设立国家级赣江新区,无不浸透着省委、省政府对南昌的关心与厚爱。特别是最近以来,鹿心社书记、刘奇省长多次对南昌工作作出指示、提出要求,鹿书记强调南昌要发挥龙头、核心、引领、示范、表率"五大作用",刘奇省长要求南昌要增强集聚力、辐射力、带动力,这些既是对南昌过去发展的肯定和鼓励,也是对南昌作为省会城市的鞭策和期望。对照省委、省政府的要求,对标中部省会城市的发展,南昌还存在首位度不高、向心力不强、城市形象不优等差距。在长江中游城市群省会城市中,南昌对全省经济发展的辐射带动能力最弱,以经济总量为例,只有南昌地区生产总值在全省的占比没有达到 1/4,而武汉则超过 1/3。从人口来看,南昌市的户籍人口与常住人口数相差无几;从消费来看,南昌处于长三角、珠三角、闽东南三角洲的交汇处,既有可能接受辐射,但更可能面临虹吸,目前南昌对周边设区市市民的吸引力还不及省外发达城

市;从教育来看,南昌没有一所985高校,缺乏对高端人才的吸引力,这些都反映南昌作为省会城市缺少应有的“溢出效应”。这些警示我们,必须进一步强化省会意识、展现省会作为,牢固树立“省会兴则全省兴,省会强则全省强”的荣誉感,“干得好是应该、干不好是失职”的责任感,奋发图强,励精图治,不辱使命,推动全市发展再攀高峰,为全省发展作出更大贡献。

第三,面对新挑战,唯有奋勇当先,才能捍卫首位尊严。多年来,南昌一直是全省的核心,是其他兄弟设区市看齐的榜样、对比的标杆、追赶的目标。但随着各兄弟设区市赶超速度的加快,南昌在区域竞争中一家独大的单极地位,受到了越来越大的挑战。过去,南昌一些干部有时喜欢“在中部比增速、在省内比总量”,但现在一些总量指标已经被省内兄弟设区市追赶反超。比如工业,2015年,我市拥有规模以上工业企业户数省内第一的位置首次被九江取代,目前工业投资额也被九江超过,如果按现有增速,今年工业主营业务收入也有可能失去榜首位置。以财政收入为例,如果剔除因省会优势而产生的银行、烟草、电力等总部结算税收,近几年红火的房地产开发税收,我们的后劲税源在哪里?我们的支柱税源有哪些?它会不会成为下一个被反超的指标?面对兄弟设区市的强劲追赶,如果我们仍然无动于衷、按部就班、感觉良好,必将使越来越多的“第一”离南昌而去。因此,我们必须奋勇当先,全力甩开追兵,捍卫尊严。

第四,面对新期盼,唯有奋力拼搏,才能不负人民信任。南昌不仅是全省的“窗口”,也是享誉全国的“英雄城”,对南昌的发展,社会各界高度关注,全市人民翘首以盼。人民盼望的是,在这座城市越来越好的发展中,能够学习得更好、工作得更好、生活得更好。然而,南昌作为一个欠发达省会城市,由于发展不足、财力有限,民生领域还存在不少短板,收入增长不快、房价高位运行、生态环境污染、城市交通拥堵、入学就医困难等问题比较突出,不时会引起群众和社会各界的非议、责问甚至诟病。这些问题虽然大多是发展中的问题,需要靠发展的手段去解决,但也体现了人民群众对美好生活的向往,对南昌“爱之深、责之切”的关注。我们必须把人民对美好生活的向往作为奋斗目标,把人民关心关切的问题作为工作重点,尽最大力量推动发展再加速、再加力,尽最大力量让全市人民分享到发展成果,尽最大力量增强市民对这座城市的认同感、归属感和自豪感。

第五,面对新任务,唯有奋进开拓,才能交出优异答卷。到2018年,在全省率先全面建成小康社会,是市委、市政府对全市人民的庄严承诺,是新一届班子必须完成的任务、必须答好的“考卷”。目前来看,虽然我市小康社会进程超过90%,但越到后面任务越重。比如,第三产业增加值占GDP比重仍然偏低、科技对经济发展的支撑力还不强、文化产业发展与新时期要求不相适应、民主法治建设需进一步推进,等等,尤其是全市仍然有2.4万人口生活在贫困线以下,这些难题都需要我们下真功、下苦功、下深功去化解。我们注意到,在这个攻坚破难的关键时期,还有少数干部在“犯迷糊”“掉链子”,有的人只想当“裁判员”、不愿当“运动员”,有的人工作只求过得去、不求过得硬,有的人意志薄弱、信心不足,只想“弯下腰捡果实”、不愿“跳起来摘桃子”,等等。这些现象的存在将会影响率先全面小康的进程、影响全市加快发展的步伐。我们必须以坚定的态度、坚强的决心、坚决的行动,咬住目标不放松,不达目的不罢休,不见成果不休兵。

找出问题,是为了更好地阔步前行;认准方向,是为了更好地开展工作。为此,我们提出今后一段时期,要把握和遵循以下路径和原则:

最根本的出路是强产业。产业是城市发展的核心要素,产业强则城市强。没有强大的产业尤其是坚实的制造业,经济稳增长就失去根基,人民增收入就失去依托,提高首位度就失去支撑。产业不强,是我们的最大短板,要在中部争得一席之地,必须从强攻产业上发力,从强攻产业上追赶。

最紧迫的任务是兴城市。当前区域之间的竞争主要表现为城市之间的竞争,城市已经成为决定一个地方发展快慢的主导力量。加强城市建管,不仅能改善环境、美化形象、造福市民,更能强化资源聚集、拓展产业空间、带动经济发展。我们必须把城市作为最核心的平台来经营,不断增强城市对经济的承载力、要素的聚集力、对外的吸引力。

最关键的抓手是攻项目。千事万事,项目是大事;千招万招,项目是重招。说一千、道一万,无论强产业还是兴城市,最终都要落脚到项目上。缺少项目,经济增长就会成为无源之水,加快发展就会成为无本之木,提升首位度也就无从谈起。大家务必强化项目意识,一切为着项目想,一切围着项目转,一切盯着项目干。

最有力的保障是建机制。机制具有保障性、稳定性和约束力。机制不顺畅,操作就难到位。没有管用的机制,找不到解决问题的“船”和“桥”,很多事情看起来热热闹闹,但做起来就是不落地、不见效。我们必须进一步建立和完善各项机制,做到用机制管事、按机制办事、靠机制成事。

最基本的要求是抓落实。南昌与其他中部省会城市的差距,表面上是指标的差距,实际上却是理念的差距、行动的差距、操作的差距、作风的差距。面对白热化的区域竞争态势,如果我们还是以“只听楼梯响、不见人下来”的状态抓落实,不但在中部的差距不会缩小,而且在省内的“首位”也将受到严峻挑战。我们必须转作风、重行动,树立“狭路相逢勇者胜”的信念,以亮剑的精神、实战的状态、决胜的勇气,踏石留印、抓铁有痕,把工作一件一件做实,将难题一个一个攻克。

最宝贵的财富是有信心。信心比黄金更珍贵。越是遇到困难的时候越要坚定信心,越是跌入谷底的时候越要看到希望。当前,南昌既处于退无可退之地,也到了触底反弹之时。我相信,有省委、省政府的正确领导,有社会各界的大力支持,有历届历任打下的坚实基础,有四套班子的共识共为,有全市广大干群的奋力拼搏,南昌的明天一定会更加辉煌、更加灿烂。

二、明确目标,切实把握加快发展的着力点

当前,世界经济仍处于深度调整期,形势低迷,复苏乏力,周期性和结构性矛盾交织,传统动能和新动能接续不畅;国内经济伴随着进入新常态,一些新问题、新矛盾逐渐浮出水面,重大结构性失衡问题突出,供需两侧受到明显抑制。在经济下行压力仍然较大的情况下,中央审时度势,把稳中求进工作总基调上升为治国理政的重要原则,提出要着力促进经济保持中高速增长,产业迈向中高端水平。但是,我们还要充分认识到保持中高速增长是国家整体层面的基本要求,而不是对各地的统一标准,对我们欠发达地区省会城市来讲,还是可以变后发劣势为后发优势,通过盘活存量、引进增量、做大总量,推动发展速度高于全国、全省平均水平,发展层次向中高端跨越,实现发展速度和质量“双提升”。

基于上述研判,立足现实基础,结合当前实际,我们确定今年和今后一个时期的工作重点和奋斗目标是:按照省市党代会的既定部署,强攻产业、决战工业,繁荣新城、复兴老城,统筹兼顾、协调发展,加速追赶、全面进位,到2020年,财政总收入超越千亿,工业主营业务收入实现翻番,省会作为更加突出,首位优势更加明显,核心地位更加牢固,为建设工业文明、城市文明、生态文明融合发展的现代化城市,奠定坚实基础。围绕工

作重点和奋斗目标，要切实抓好“八大”主要工作：

（一）紧盯关键用劲，全力推动产业大发展。产业是提升综合实力的主引擎，工业是做大经济总量的顶梁柱。我们要始终坚持强攻产业、决战工业不动摇，全力实施“一核两重”，即以新型工业化为核心，重点发展现代服务业和现代农业的产业发展战略。

强化新型工业化核心地位。工业化是实现现代化的必经阶段和必由之路，推进南昌跨越发展，重点在工业，难点在工业，核心也在工业。我们要坚定不移地强化新型工业化核心地位，坚持各方力量向工业聚合，各种要素向工业聚集，各项服务向工业聚焦。一要达成高度共识。全市上下要深刻认识到，南昌能够取得今天的发展成就，工业的崛起至关重要；今后南昌要实现全面赶超，工业的强大仍是制胜一招。现阶段强化工业核心地位，既是由工业化发展的客观规律所决定，也是由南昌发展的实际现状所决定。与其他中部省会比，南昌弱就弱在工业，但潜力和希望也在工业。为此，必须以决战之势实施工业“四年倍增计划”，确保到2020年，工业“万亿目标”如期实现，撑起南昌经济的半壁江山。二要营造浓厚氛围。全市各级要把工业作为日常工作的头等大事来抓，特别是工业县区的党政主要领导要亲自研究部署工业工作，亲自调度工业经济运行，亲自推进工业项目建设，不仅要谋篇布局，还要挂帅出征。要坚持市四套班子会每季度听取一次工业经济工作汇报，市委常委会、市政府常务会每月听取一次工业经济工作汇报，分管副市长每半月召开一次调度会，并建立工业经济运行半年督查、年度考核等工作机制，在全市营造出抓工业、强工业的浓厚氛围。三要汇集要素资源。全力以赴保障重大工业项目用地需求，坚持在用地指标上优先保证、手续报批上优先安排、土地供应上优先保障，决不让好项目因用地问题流失，决不让企业因用地问题影响发展。进一步加大资金扶持力度，创新投融资机制，壮大产业发展基金，着力破解工业融资难题。同时，加大对用工难、用能难、物流成本高等瓶颈问题的破解力度，切实帮助企业减负。四要凝聚强大合力。树立工业发展“一盘棋”的思想，领导干部不管分不分管工业，都要关心关注工业，职能部门不管涉不涉及工业，都要力所能及支持工业。对汽车、电子信息、医药、航空等重大产业，要全面实行“六个一”产业项目推进机制，即一个产业一名领导、一个责任单位、一个研究团队、一支招商队伍、一套优惠政策、一张推进时间表，凝聚工业发展的强大合力。五要形成鲜明导向。尽快制定“工业倍增”的配套考核办法，对三县和青山湖区、新建区的目标考核要加大工业经济考核权重。坚持开展“三看”活动，即：“综合看、专门看、单项看”。“综合看”就是对照综合考核评价体系全面看；“专门看”就是专门看产业；“单项看”就是单项看城市。其中看产业的原则是“看大不看小、看新不看旧、看产不看城”。评看结果将作为领导干部政绩考核的重要内容。

发挥现代服务业支撑作用。现代服务业发展，是经济社会发展达到新阶段后的必然趋势。南昌作为省会，服务业发展在全省基础最好、条件最优、优势最大，但跳出全省看，我们的服务业无论是体量、业态，还是对经济发展的贡献度、支撑力，都存在一定差距，也与省会的地位不相匹配。为此，我们要找准努力方向，加速推进现代服务业发展。一要突出重点。充分利用和整合我市丰富的旅游资源，加快推进现代旅游业升级，特别是全力推进滕王阁景区、汉代海昏侯国考古遗址公园、万寿宫历史文化街区、佑民寺文化街区、万达文化旅游城、梅岭等景点创建5A级景区工作，努力实现我市5A级景区“保3争5”的目标，真正将我市建设成为国内重要、国际知名的旅游目的地。着眼于我市的区位和交通优势，以全国物流标准化试点为契机，充分依托昌北机场、综合保税区，加快临空港建设；充分利用向塘铁路公路优势，加快建设向塘铁路一级物流基地、一类口岸，实现集中、集聚、集成，把南昌打造成为全国有影响的区域性物流中心。深入挖掘利用我市文化资源，支持文化产业发展繁荣，着力培育一批具有核心竞争力的特色文化企业、产品和品牌。二要丰富业态。依托全省金融商务区的聚集效应，在继续发展银行、证券、保险等传统金融业同时，积极引进金融新业态，巩固和提升区域性金融中心的地位；根据科技和时代进步的要求，大力培育VR虚拟现实技术、工业设计、创意设计、电子商务、信息服务、健康养生等新兴服务业态；围绕满足群众多元、高端需要，全面做好城市综合体填满、填好、填出层级的文章，着力规划建设一批综合市场、打造一批特色商业街区。三要夯实基础。进一步做好现代服务业发展的顶层设计，以《南昌现代服务业发展总体规划》为指导，加快制定完善我市现代服务业重点行业专项规划，形成一整套系统性的规划体系。要进一步加强支持服务业发展的政策体系建设，使各类业态在南昌能够落得下、发展得好。

提升现代农业发展水平。南昌是一个农业大市，农业发展有着良好的产业基础，我们要顺应农业发展的趋势，加快推动南昌由传统农业大市向现代农业强市转变，全面构建现代农业发展体系。一要坚持多元化发展。充分运用互联网、物联网等先进信息技术，积极引进电商总部、智能物流、新零售流通等企业和项目，加快改造提升传统农业，推动农业生产方式由单一种植，向观光休闲、生态旅游、精深加工、商贸物流、电子商务等多种生产经营模式转变，不断拓展农业开发的广度和深度，延伸农业的价值链，提高农业产品的附加值，加快实现农业的多元化、智慧化、持续化发展。二要坚持规模化经营。按照农业“接二连三”的发展思路，努力提高农业产业化程度，促进种养加一体化、产供销全链条的融合发展，着力打造一批具有竞争力的现代农业产业集群。继续做精做强市级以上现代农业园区，做优做大加工经营型农业产业化龙头企业，积极申报和创建南昌县小蓝等国家级现代农业产业园区。同时，加大“财政惠农信贷通”、农业产业化“转贷资金”等金融支持农业力度，增强农科院、林科院等科技服务农业能力，提高农业经营效益，促进农业企业健康发展。三要坚持品牌化建设。继续下大力气推进“两区一廊”建设，全面唱响“南昌绿谷”品牌，形成辐射全市、影响全省、比肩江浙、领跑中部的示范工程。同时，集中资源扶持一批发展起点高、经营效益好、带动能力强的农业产业化龙头企业，加快培育一批省级、国家级著名商标和农业知名品牌，不断提升南昌现代农业的发展水平和发展效益。

（二）注重品质提升，强力推动城市大建管。一座城市就像一个生命体，空间框架是“体”，市容面貌是“形”，功能内涵是“核”。只有当这座城市体格健康、容貌整洁、功能完备，才是一座有品质的城市，才能够吸引人、留住人、改变人。

一是加快城市建设。将“揽山入城、跨江临湖”的城市愿景转变为现实，途径在建，抓手在建。要大力推进“四大新城”建设，重点围绕九龙湖新城、瑶湖新城、儒乐湖新城、望城新区四大区域，坚持高标准规划，科学定位，功能完善，刚起步的要优规划、建设中的要抓进度、成规模的要促繁荣，以高水准、强力度的实施和推动，切实将四大区域打造成为南昌城市建设的重大“引爆点”，南昌经济社会发展的重要“支撑点”。同时，统筹推进洪都新城、朝阳新城等的建设，加快湾里融入主城区步伐。要大力推进交通基础设施建设，坚持基础设施、功能服务设施“两个优先”，按照市级统筹、两级分建的原则，市级主抓重大交通设施建设，县区一级抓好配套交通设施建设，切实加快轨道交通、城市“三环”及“十纵十横”快速路网、揽山入城路网等重大基础设施建设,推进支路小道、断头路等微循环建设步伐,着力构建覆盖城区、环网结合、互联互通的快速交通环网,形成轨道、公交、高架为一体的立体交通体系。要大力推进城建机制体制建设,把项目建设作为城市建设的主抓手,加快建立一个项目、一名领导、一个责任人、一套工作班子、一个实施方案、一支好的施工队伍的“六个一”项目推进机制,倒排时间进度,倒逼城市建设。要大力提高城市建设水平,以城市总体规划修编为契机,进一步把规划做细、做精、做准;切实增强城市设计理念,做到统筹建筑布局、协调城市景观,进一步彰显地域特征、城市特色和时代特点;牢固树立系统理念,注重做到“五个不”,即“不吃后悔药、不唱空城计、不犯冷热病、不做复印机、不留子孙债”,把每个城建项目都打造成今天的精品、后人的财富。

二是加速老城复兴。随着新城的建设和繁荣,下一步我们要重点按照“新城反哺老城”的理念,在老城的提升和改造上下功夫,做到建好新城不忘老城,建好新城带动老城,建好新城提升老城,实现老城复兴,构建“新老协同、携手共进”的城市发展格局。要“拆”出空间。坚持政府主导、统一政策,有序操作、稳步推进的原则,深入推进棚改旧改、城中村改造,对老城分片区进行改造,尤其是要抢抓和用好国家政策支持期、金融服务窗口期最后一年的宝贵机遇,切实加快棚户区征迁速度。今年四个主城区棚户区征迁面积要确保不少于350万平方米、力争达到400万平方米,全市棚户区征迁面积确保不少于700万平方米,力争达到800万平方米。要“补”齐功能。把征地拆迁与补足老城功能短板结合起来,结合被征迁地块周边区域功能布局情况,将征地拆迁与完善功能一同规划、一同部署、一同推进,在老城区合理规划建设一批学校、医疗机构、农贸市场等公共设施,切实弥补城市发展的历史欠账,着力改善老城居民的工作生活条件。要“改”好品质。拆是天下第一难事,但比拆更难的是改。要在拆之前就想好如何改,始终坚持高标准、高质量、高要求,结合周边的城市风貌特征,把改造工作与城市的绿化、美化、亮化等工作统筹起来,不断提升改造的品质品味,推动市容市貌得到全面提升。要“留”住记忆。推进旧城改造不是一拆到底,要正确处理好“拆、改、留”的关系,在整个旧城改造过程中,综合考虑历史风貌和文化遗存等因素,做到开发与保护并重,延续历史文脉,留住乡愁记忆。

三是加强城市管理。城市管理工作不会一蹴而就,也不可能一劳永逸,而是一个循序渐进、逐步提升的过程。搞好城市管理工作,贵在坚持、重在建制,要不断推动城市管理迈上新台阶。目标上,要做到由近向远。着眼提升南昌的美誉度、环境的舒适度、市民的满意度,以全面实施“美丽南昌·幸福家园”环境综合整治为契机,按照“一年有变化、两年出形象、三年上台阶”的目标进行任务分解,做到措施逐步推进,目标逐个实现,一步一步把南昌建设成为“干净整齐、畅通有序、文明友善、和谐宜居”的美好城市家园。方式上,要做到由单转多。城市管理工作完全以行政推动为主导,因精力有限往往效果不佳。要坚持市场化、专业化、社会化的运行,按照“花钱买服务,不花钱养人”的原则,全面推广城市管理市场化运作机制,把专业的事交给专业的团队去做。要充分发挥广大群众的作用,坚持共治共管、共建共享,形成人人支持城市管理、人人参与城市管理的格局。要切实利用“啄木鸟”等曝光平台,对一些不爱卫生、不守规矩、不讲文明的现象及时抓拍,以曝光促改进。机制上,要做到由表及里。城市管理是一件难事,难就难在治标容易治本难,而治本的核心在建机制。要全面落实“两级政府、三级管理、四级网络”的城市管理架构,推动责、权、利相一致,让城市管理步入网络化、智慧化、人性化、精细化轨道,实现常态化管理,促进城市高效有序运行,推动城市管理走向城市治理。

(三)加速动能转换,竭力推动改革大突破。切实用好先行先试权,破除一切不利于科学发展的因素,着力在加速传统动能与新动能的接续转换上下功夫,不断释放发展新潜能,推动发展迈上中高端。

以改革激发市场活力。要大力推进供给侧结构性改革,落实好“三去一降一补”五大任务,大力发展战略性新兴产业,创新培育发展新动能,稳妥处置僵尸企业和空壳公司,持续抓好降成本优环境政策措施落地兑现,切实帮助企业化解存在的困难和制约。尤其是要以提高产品质量和核心竞争力为中心,进一步振兴我市实体经济。要大力推进农业供给侧结构性改革,着力优化资源配置,优化产品结构,优化经营体系,把增加绿色优质农产品供给放在突出位置,在保护产能、降低成本、消化库存、补齐短板、修复生态等方面下功夫,增强供给结构的适应性和灵活性,提高我市农业质量效益和竞争力。要大力推进国有企业改革,以市场化经营机制为导向,以混合所有制改革为突破口,大力实施市属企业优化重组,积极开展“一企一策”和国有资本投资运营公司试点,推动市属企业进一步完善体制、聚焦主业、提升效率。

以改革提升服务效率。坚持问题导向,全力推进“放管服”改革,确保“放”得下去、“管”得到位、“服”得优质。“放”得下去,就是要进一步加大简政放权力度,深入推进“三单一网”建设,积极探索“互联网+”政务模式,不断转变政府职能,做到该交给市场的交给市场,该交给社会的交给社会。“管”得到位,就是要按照“谁审批谁监管、谁主管谁监管”的原则,构建科学的监管职责体系,制定部门监管责任清单,明确监管主体,消除监管盲点,确保事有人管、责有人负。“服”得优质,就是要全面梳理涉及群众办事的政务服务事项,逐项梳理基本流程和办事依据,实施相对集中的行政许可权改革,切实做到“证件联用、信息联通、服务联动”,实现“一个部门一个窗口对外、一级政府‘一站式’服务、一枚印章管审批”。

以改革释放社会红利。坚持循序渐进,适应经济社会发展水平,分类分步、以点带面,统筹协调推进社会领域改革。要加大社会治理体制改革,努力形成党委领导、政府负责、社会协同、公众参与、法治保障的社会治理体制;要坚持政社分开、管办分离,进一步加快社会组织管理体制改革,加快培育经济、慈善、公益、服务等社会组织,不断完善群团组织社会服务管理职能,形成政社分开、权责明确、依法自治的社会组织体制。

(四)强化区域协作,加力推动双向大开放。在经济全球化和区域经济一体化的大潮中,加强区域交流、强化区域协作已经成为各地区尤其是经济欠发达地区加快经济发展的必然趋势、根本途径、唯一选择。

要实施更加积极的开放战略。把开放作为缩小与发达地区差距,推动发展升级的重要手段,紧紧抓住南昌纳入开放型经济新体制综合试点的机遇,积极融入“一带一路”、长江经济带和长江中游城市群等国家战略,加强与中部省会城市在基础设施上的对接合作,共同争取和统筹推进各种交通方式和综合枢纽建设,不断深化彼此之间在经贸、旅游、文化、生态、科技、教育、卫生等各领域合作交流,以交流合作的广度拓展融入区域发展的深度。

要搭建更加广阔的开放平台。充分依托赣江新区、高新区等国家级平台,加速形成昌九和昌抚一体发展格局;切实抓住“国家智慧城市试点”“两创示范”城市等机遇,积极探索对外经贸合作的新模式、新体制,鼓励支持南昌本土企业“走出去”,深度融入全球产业链、价值链、物流链;积极抓住出口加工区转型升级为综合保税区的契机，加大沟通和对接力度，全面融入长江大通关体系。

要营造更加浓厚的开放氛围。把招商引资作为扩大开放的重要抓手，坚持招商引资"一把手"工程不动摇，各级党政主要领导既要当好指挥员，又要当好战斗员，一年至少要把三分之一的时间、三分之一的精力用在外出招商和项目推进上，把客商请进来，把项目引进来。要坚持以商招商、产业链招商以及依托优势资源招引项目、资金、人才，敢于无中生有、筑巢引凤、借鸡生蛋、借船出海，尝试以情招商、用创意招商、用文化招商等方法，充分发扬"钉钉子精神""蚂蟥精神"，积极组织小分队招商，对认准的项目持之以恒、紧盯不放，把招商引资工作做得更有层次、更有内涵。

（五）激发活力潜能，大力推动创新大跨越。发挥科技创新在全面创新中的引领作用，推动大众创业、万众创新，激发全社会的创新活力和创造潜能。

要做好科技创新。以科技创新为核心，加大科技研发投入，全力打造以南昌国家高新区为龙头的鄱阳湖国家自主创新示范区，加快建设南昌国家大学科技城，加速科技创新要素向我市集聚；促进科技协同创新，建立健全产学研协同创新体制机制，打造一批协同创新平台、团队和成果转化基地，完善科技奖励体系，加大科技成果转化资助力度，提高科技成果转化率；支持企业加强技术研发能力建设，扶持和培育一批科技小巨人企业，发展一批国家级高新技术企业，力争今年新增国家级高新技术企业80家，到2020年高新技术产业增加值占地区生产总值比重达到15%。

要做活创新创业。为大众创业、万众创新开辟"绿色通道"，切实保护创业者权益，鼓励和扶持各类群体创新创业，健全创业服务体系，构建低成本、便利化、开放式的众创平台，打造一批科技企业孵化器、大学科技园和大学校园创新创业示范基地，鼓励和支持高校院所、大型企业、企业家等有创新基础的社会力量独立或共同创办专业化的众创空间。继续发挥红谷创意产业园、小蓝创业创新基地等园区平台作用，全力打造"南昌慧谷"；利用"互联网＋"，积极发展众创、众包、众扶、众筹等新模式，加快新兴服务业态集聚发展，推动大众创业、万众创新，激发全社会的创新活力和创造潜能，让创新在南昌大地蔚然成风。

要做强人才队伍。深入实施人才优先发展战略，推进人才发展体制改革和政策创新，突出"高精尖缺"导向，继续实施"洪城特聘专家"计划，大力引进国内外顶尖人才、领军人才带项目、带技术、带团队来昌创新创业。大胆探索灵活高效的人才激励政策、人才评价机制和服务保障体系，组建优势科技创新团队，积极推进人才管理改革试验区建设，大力加强院士工作站、博士后工作站建设。

（六）发挥绿色优势，着力推动生态大提升。南昌拥有丰富的山水资源，生态优势是南昌最大的优势，我们必须通过推进生态文明建设，充分发挥我市生态优势，使之成为我市跨越式发展的第一品牌、最具竞争力的第一优势。

要科学化防治。牢固树立保护生态就是保护生产力、保护我们的生活，改善生态就是发展生产力、提高我们生活质量的理念。坚持节约优先、保护优先、自然恢复为主的方针，以主体功能区规划为基础，将生态敏感区和重点生态要素划入生态红线保护控制范围，实施环境功能的分区、分类、分级、分期管理；加大对破坏生态环境、影响绿色发展等问题的专项治理，紧紧抓住水、气、土、绿化等关键环节，加大综合治理力度，深入推进大气污染综合治理工作，全面提升南昌空气质量。

要特色化建设。着眼南昌市情，着眼发展实际，因地制宜，依托南昌山水生态优势，坚持创新驱动、示范带动、制度推动，统筹推进水与山、水与绿、水与城的融合，构建完善的城市水系和生态景观系统，加快绿色旅游转型发展，闯出一条生态文明建设新路。

要高效化推进。进一步明确各方面保护生态、建设生态的责任，完善绿色发展综合考评指标体系，建立县区差异化的考核机制，落实环境保护"党政同责"和"一岗双责"。同时，探索建立"全市一盘棋"的生态补偿机制，激励社会力量参与生态环境建设，推动建立跨区域、跨部门、跨行业的重点领域、区域、流域生态环境联防联控机制。

（七）坚持协同兼顾，努力推动事业大统筹。要坚持统筹兼顾，激发县域经济活力，推进城乡一体化发展，实现各项事业统筹发展、协调推进、全面繁荣。

促进县区均衡发展。县域兴则市域兴，县域强则市域强。推动经济大发展，离不开县区经济的大支撑。要激发县区活力，按照多予、少取、放活的原则，放权、放手让县一级自主发展，深入落实《加快县域经济发展的20条政策措施》，尤其是几大国家级开发区，工业用地的审批要切实下放到位，赋予县域更多的自主权，支持发展较快的县区率先发展，推动长埁工业园区升格为国家级经济技术开发区，不断壮大区域经济主导产业和产业集群，形成各具特色的区域经济板块。要完善考评体系，大力推进考评方法逐步从偏重齐步走向分类指导转变，从偏重数字向定量与定性相结合转变，从偏重领导、部门评价向领导、部门与群众评价相结合转变。要强化奖惩措施，加重对县域经济发展的奖励，综合考评连续两年排前三名的县区，优先安排干部提拔使用职数，综合考评排后三名的，市委、市政府主要领导约谈其党政主要负责人，限期整改，连续两年排倒数后三名的，将采取组织措施。力争到2020年，所有县区财政收入过18亿元。

促进城乡一体发展。在大力推动城市大建管的同时，要统筹做好"三农"工作。扎实推进基本公共服务均等化和优质公共资源均衡化，提高公共产品和公共服务保障水平，推动公共资源向农村和贫困地区倾斜，以镇村联动建设为抓手，加快基础设施向农村延伸、基本公共服务向农村覆盖、城市文明向农村辐射，大力改善农村地区面貌，逐步缩小城乡、区域之间基本公共服务差距。全面推进新农村建设，以"整洁美丽，和谐宜居"为目标，以"精致建设、精美呈现、精心管理"为原则，按照成片建设、建一片成一片的要求，加强农村建房规划管理，推广特色农房设计应用，坚决整治农村违章建筑，力争3年内实现全市新农村建设全覆盖。以示范镇、特色小镇、"五位一体"综合示范村、中心村建设为重点，打造一批特色小镇、特色产业集镇、生态旅游集镇、农村区域商贸中心集镇，加快形成以工促农、以城带乡、工农互惠的城乡一体化发展格局。

促进事业协调发展。加大教育领域改革力度，优化教育资源布局，加强教师队伍建设，全面普及公平、有质量和包容发展的15年基本教育，努力在全省率先基本实现教育现代化。继续深化文化管理体制改革，调整和优化文化产业结构和布局，积极培育新兴文化业态，努力建设文化强市。加快推进健康南昌建设，将健康融入所有政策，优化医疗卫生资源配置，稳步推进公立医院改革，加强重大疾病防控，提高卫生应急能力。大力发展体育事业，加快公共体育设施建设，普及全民健身运动。坚持计划生育基本国策，促进人口长期均衡发展。重视红十字、残疾人等事业发展，保护妇女、未成年人的合法权益。

（八）瞄准率先小康，倾力推动民生大改善。坚持财力优先向民生集中，政策优先向民生倾斜，服务优先向民生覆盖，构建人人享有、人人参与、人人尽力的"大民生"工作格局。

要强攻精准扶贫。坚持把扶贫攻坚作为头等政治任务,围绕"七个全覆盖"的要求,夯实政策保障,加大资金投入,严明责任分工,严格督查考核,切实解决全市2.4万贫困人口、49个贫困村脱贫问题,真正做到断穷根、开富源,到今年底,在全省率先全面完成脱贫任务,确保全面小康路上"不让一个群众掉队"。

要办好民生实事。打扫百姓身边事,回应社会关切点,解决好人民最关心最直接最现实的利益问题,使改革发展成果惠及全体市民。要拓宽收入渠道,大力推动农村劳动力转移,让群众有事干、有钱挣、有盼头,使老百姓的腰包鼓起来;要建立和完善低收入农户就业援助机制,不断健全社会保险、社会救助、社会福利、社会慈善互为补充的社会保障体系,解决老百姓生活后顾之忧,为老百姓撑起一片晴天;要俯下身子倾听群众呼声,大力实施"背街小巷光明"全覆盖、菜篮子进社区、"厕所革命"等工程,着力解决人民群众反映强烈的民生热点问题,不断提高群众幸福感和获得感。

要维护社会和谐。全面推进依法治市,深入推进平安南昌建设,完善立体化社会治安防控体系,创新基层矛盾纠纷排查调处机制,持续化解信访积案,严厉打击缠访闹访,加强社会诚信制度建设,促进社会风气提升。抓好安全生产和公共安全管理不松劲,完善安全生产责任体系,深入推进食品安全、生产安全、网络安全等问题治理,切实提高社会公众安全感。深入贯彻习近平总书记在接见首届全国文明家庭代表时的重要讲话精神,以"兴家风、淳民风、正社风"活动为抓手,引导全市人民积极践行社会主义核心价值观,传承中华民族传统美德,筑牢社会和谐的群众基础。

三、筑牢根基,切实提高加快发展的保障力

做好南昌各项工作,实现率先全面小康目标,关键在党,关键在干部。我们要始终把党的建设摆在突出位置,以党的建设科学化水平的不断提升,为打造富裕美丽幸福江西"南昌样板"提供坚强保证。

1. 努力提高各级班子的领导能力。推动一个地方发展,成败在干部,关键在领导班子的战斗力。领导班子的战斗力强不强,直接关系一个地方事业的成与败,直接关系一个地方发展的快与慢。要以建设"核心党委、高效政府、合力班子"为目标,不断提升各级班子领导力,全面构建"一个决策中心、几套班子落实,齐抓共管、同心合力"的工作格局。打造核心党委,就是要按照宪法和党章的规定,以党委领导班子集体为核心,充分发挥常委会的核心领导作用,总揽全局,协调各方,依法决策、民主决策、科学决策,形成一个强有力、高效率的决策中心。同时,总揽不包揽,协调不替代,大力支持人大、政府、政协按照党委的决策和法律、章程开展工作,推动各项工作同心同力落实。打造高效政府,就是党委一旦作出决策,政府就要思想上保持高度统一,行动上保持高度一致,准确高效地把党委的决策转化为政令,主动担当、一抓到底,高效办事、一气呵成。打造合力班子,就是要按照"常委会是最高决策机构,四套班子会是最高层次的议事平台"的运行机制,做到"先说好再干",即决策前畅所欲言,落实中一个声音,使每项工作、每个项目在推进中无杂音、零障碍、快速度,决不能会上不说,会后乱说;会上赞成,会后不干。在此基础上,各套班子在党委统一领导下,不分一线二线,不分台前台后,都要扛起抓发展的责任、抓落实的任务,与党委思想上合心、工作上合力、行动上合拍,真正做到干事业一条心、抓工作一个调、谋发展一盘棋。

2. 努力提高干部队伍的执行能力。习总书记强调,"一分部署,九分落实"。只说不做不行,说了做了没有成效也不行。抓落实,发展就会充满生机,不抓落实,蓝图只能是空中楼阁。一要形成"一级带着一级干"的工作格局。各级领导干部肩负着带动一方发展的重任,必须时时、处处、事事以身作则,率先垂范,躬身执行,坚持少拿遥控器,离开位子、扑下身子、抓到点子,多到一线去了解情况,解决问题,对分管领域、分内之事、本职工作要心中有底、脑中有策、手中有方。在工作推进中,多人负责就可能会无人负责,要坚持"决策的权力在集体,落实的责任在个人",立足责任主体明确化、岗位职责具体化、责任层级清晰化,强化责任履行,落实责任担当,严格责任追究,形成级级负责、层层负责、人人负责的格局。二要树立"干好干坏不一样"的用人导向。执行力的强弱,关键在用人。坚持鼓励奋发有为者、问责无所作为者、严惩胆大妄为者,做到评价干部不看文凭看水平、检验干部不看唱功看做功、使用干部不看资历看能力,突出"以实干论英雄,凭德才用干部,看业绩给奖惩",注重在经济战线、基层一线、困难火线培养干部。对那些想干事的,给机会;对那些会干事的,给平台;对那些干成事的,给地位;给那些敢于担当、有本事、坚持原则不怕得罪人、个性鲜明的干部,给予客观公正的评价。谁在招商引资中干出实绩,谁在项目建设上立下战功,谁在财政税收上多做贡献,谁在破解难题上取得成果,就提拔重用谁,努力把一大批"信念坚定、为民服务、勤政务实、敢于担当、清正廉洁"的好干部选出来、用起来,真正让混日子的没市场、装样子的没收获、跑位子的没机会。同时,建立健全容错纠错机制,允许试错、宽容失败,把握好工作失误与严重失职渎职、一般性错误与严重违纪违法的界线,做到区别情况、不偏不倚,不能简单机械、生搬硬套。三要倡导"定了就干干就干好"的干部作风。做到目标面前不动摇,自我加压,敢想、敢干、敢比;责任面前不推诿,面对重点领域、难点工作、突出问题,不回避、不退缩,把抓落实作为一种政治自觉,将市委的决策部署转化为实际行动,坚决不做光说不练的"假把式",坚决不做嘴上一套、背后一套的"两面人";机遇面前不懈怠,面对发展过程中遇到的新情况、新问题、新机遇,咬定青山不放松,善做善成,善始善终,不达目的不罢休,以"钉钉子"精神推动决策落地见效,只要是为了南昌的发展,就要不讲条件、不计得失、不避不让地履行好职责、奉献出力量。

3. 努力提高基层组织的带动能力。党的基层组织是党的全部工作的基础。要注重抓基层、打基础,不断提升党的基层组织建设水平。一要以选优配强为关键。要继续加大机关驻村第一书记选派和大学生村官选拔等工作力度,使更多优秀人才投身到基层组织中。要切实提高村(居)干部的待遇,让优秀的人才稳定在村(居)干部队伍中。要着眼于基层事业长远发展,优化基层队伍年龄、知识结构,注重发展年轻党员、高学历党员,探索建立不合格党员退出机制,提升基层干部队伍整体战斗力。二要以融合党建为主线。进一步探索"党建+"的目标、内容、方式,将党建工作贯穿于每一项工作中、体现在每一个项目上,实现党建工作与中心工作融合发展。要在全市组织开展以"看面貌、看项目、看成效"为主题的党建"三看"活动,并将评价结果与领导政绩考核挂钩,以"项目化"考核检验基层党建的实际成果,确保基层党建不流于形式、不浮于表面。三要以夯实功能为保证。围绕各领域基层党组织的功能定位,找准薄弱环节,从突出硬件改造向注重软件提升转变,推动基层党组织全面进步、全面过硬,努力实现政治功能和服务功能的高度统一。进一步创新和优化基层服务的平台载体,推进党建服务网络化、智能化建设,不断提升基层组织推动发展、服务群众、促进和谐的素质和能力。

4. 努力提高党员干部的拒腐能力。要坚持全面从严治党永远在路上,认真贯彻落实《关于新形势下党内政治生活的若

干准则》和《中国共产党党内监督条例》，始终保持正风肃纪的强大气势，建设风清气正的政治生态，为南昌发展提供有力保障。一要把“两个责任”扛在肩上。今年，市委将制定出台《关于深化落实全面从严治党主体责任的工作意见》，各级党委要按照《意见》要求，严格落实主体责任，从建立健全以上率下、履责留痕、廉政约谈、评议评价、问效问责等机制入手，将责任层层压紧、级级压实；同时，要态度鲜明支持纪委工作，支持纪委“三转”，支持纪委执纪办案，做纪委履行监督责任的坚实后盾。二要把纪律规矩挺在前面。加强对纪律执行情况的监督检查，对党员违反“六大纪律”，特别是违反政治纪律和政治规矩、组织纪律的行为，动辄则咎、严肃处理，真正把纪律立起来、严起来、硬起来。同时，进一步加强干部教育监督管理，特别是围绕重大项目、市政建设等重点领域中的重要岗位，切实强化监督管理，坚决防止“经济搞上来，干部倒下去”。三要把反腐倡廉引向深入。以权力公开透明运行为中心，深入推进党务、政务、司法等各项公开，切实加强“一把手”权力监督制约，不断织密制度的笼子。要把握和运用“四种形态”，综合运用批评教育、诫勉谈话、组织调整、党纪处分等各种手段，对党员干部的违纪问题进行处理，形成震慑。要始终保持惩治腐败的高压态势，做到有案必查、有贪必治、有腐必惩，在坚决查处领导干部违纪违法等“硬腐败”的同时，又毫不手软地惩治“微腐败”“软腐败”。

最后，我再强调一下当前工作。今年是换届后的开篇之年，新的一年理当呈现新气象、展现新作为、打开新局面。为此，各地各部门：一要认真谋划和安排好全年工作，做到目标早确定，任务早分解，措施早出台，工作早到位；二要按照既定部署，着力抓好“美丽南昌·幸福家园”环境综合整治，尤其是各位市领导要按照指挥部统一部署，安排好春节前环境综合整治工作，让市民在年前感受到初步变化，同时还要及时研究并提出2017年工作计划和打算，按时上报指挥部；三要继续抓好招商引资，抓紧储备一批重大项目，力争有更多项目进入国家、省里的重大重点项目笼子；四要认真做好市“两会”各项筹备工作，确保“两会”顺利举行；五要做好春节期间走访慰问、市场供应、信访维稳等工作，特别是始终绷紧安全生产这根弦，深入细致地做好安全隐患排查，保障市民人身财产安全，营造祥和安乐的社会环境。这里也再次提醒大家，新春佳节将至，希望全市各级领导干部严守廉洁纪律，清清爽爽过新年。

同志们，强化首位担当，展现省会作为，是时代的召唤，也是历史的使命，更是上级的要求。让我们更加紧密地团结在以习近平同志为核心的党中央周围，在省委、省政府正确领导下，敢于担当，真抓实干，攻坚克难，为打造富裕美丽幸福江西“南昌样板”而不懈奋斗，以优异的成绩迎接党的十九大胜利召开！

政 府 工 作 报 告

——在南昌市第十五届人民代表大会第二次会议上

南昌市人民政府市长 郭 安

（2017年2月7日）

南昌市人民政府市长 郭 安

一、2016年工作回顾

刚刚过去的2016年，面对错综复杂的国内外形势和艰巨繁重的改革发展稳定任务，在省委、省政府和市委的坚强领导下，在全市人民的共同努力下，我们主动认识、顺应和引领经济发展新常态，不断开拓进取、真抓实干，顶住了经济下行的巨大压力，各项工作取得了明显成效，全市经济社会呈现良好发展势头。

一是“十三五”实现开门红。2016年，各项主要经济指标保持了平稳较快增长，实现地区生产总值4354.99亿元，增长9.0%；财政总收入790.8亿元，同口径增长12.9%；地方一般公共预算收入完成402.2亿元，同口径增长11.6%；500万元以上固定资产投资4540.26亿元，增长13.5%；规模以上工业增加值1611.50亿元，增长9.2%；社会消费品零售总额1868亿元，增长11.8%；实际利用外资30.65亿美元，增长13.3%；城镇居民人均可支配收入34619元，增长8.4%，农村居民人均可支配收入14952元，增长9.2%；居民消费价格指数同比上涨2.1%。

二是首位度稳中有升。财政总收入、地方一般公共预算收入等指标增速全省排位均较2015年底前移1位（2015年增速分别列全省第2、第3位),财政总收入、地方一般公共预算收入、规模以上工业增加值、实际利用外资等4项指标占全省比重分别较2015年底提高1.0、0.7、0.7、0.1个百分点(2015年在全省占比分别为20.8、18.0、20.0、27.6)。

三是质量效益明显提升。收入结构持续改善,全市财政总收入、地方一般公共预算收入税收占比分别达到86.5%(省口径)和79.2%,均排名全省第一,分别高于全省平均水平8.1和10.8个百分点。产业结构持续优化,三次产业结构比例调整为4.2:53.0:42.8。第三产业对经济增长贡献率为47.7%,拉动经济增长4.3个百分点。高新技术产业增加值占规模以上工业增加值的比重为27.9%。规模以上工业全员劳动生产率达到34.43万元/人,工业经济综合效益指数为330.2%;万元地区生产总值能耗下降2%。

一年来,我们主要做了以下工作:

1. 着力优平台强集群,产业层级加快提升。

一是现代制造业蓬勃发展。九大重点产业累计完成规模以上工业增加值1357.13亿元,同比增长9.1%;完成主营业务收入4755.81亿元,同比增长9.6%。其中,电子信息产业实现快速增长,食品、汽车等产业总量持续攀升,汽车产业突破800亿元。江铃集团成功拿到全国第七张纯电动汽车生产资质,开启了南昌新能源汽车新纪元;引进了华夏九州通航总部及运营基地、鸿鹄航空AC500等通用机型研发及制造、南方云天无人机制造3个航空产业项目,航空产业向全产业链延伸。南昌"光谷"建设成绩喜人,南昌LED产业创新示范园开工建设,市光电产业研究院和国家级检测中心筹备工作顺利推进。欧菲光2号产业园建设进展顺利,联思光电、鸿利光电建成投产,业际光电、东海蓝玉等项目密集开工建设,光电产业累计完成主营业务收入500亿元,同比增长30%。预计全市工业园区实现主营业务收入4800亿元,其中高新区1900亿元、经开区1110亿元、小蓝经开区1100亿元。县区产业平台不断提升,南昌县"一区带三园"产业升级模式全面推进,新建区长堎工业园入选长江经济带国家级转型升级示范开发区,进贤县经济技术开发区、临空经济区电子信息产业园获批省级产业园。

二是现代服务业快速增长。VR[1]产业基地创新孵化中心正式启用,50余家企业签约入驻,VR产业开始起步。全省金融商务区升级步伐加快,落户各类金融企业215家。胜利路步行街、新洪城大市场项目加速推进,绳金塔商业街被评为全国特色商业街。万达茂及主题乐园项目开业,南昌绿地国际博览中心正式投入运营。万寿宫历史文化街区项目加快建设,滕王阁景区通过5A级景区景观质量评审。物流业加快发展,南昌市获评为全国物流标准化试点城市。全市旅游接待总人数和旅游综合收入快速增长,分别达到8301.1万人次、816.8亿元,增长50%、51.8%。"慧谷"建设稳步推进,九次方大数据公司正式落户,百亿"中科心客众创基金"正式启动,中航长江设计师创意产业园受到李克强总理充分肯定,获赞"创意无限、市场无限"。

三是现代农业加速推进。粮食生产总体平稳,实现建国以来首次"十三连丰"。农业主体不断壮大,国家级龙头企业12家,省级龙头企业111家,分别占全省的1/3和1/7,发展各类农业专业大户7846家,家庭农场8349家,农村合作社4330家,分别占全省的1/5、1/3、1/4。安义县江西绿能公司实行的"公司+生产大队+种养合作社+家庭农场"经营模式,受到习近平总书记的充分肯定。"绿谷"建设有声有色,"两区一廊"示范工程强力推进,溪霞店前古驿风情村、罗亭岭南电商产业村等10个特色秀美示范村建设基本完成。溪霞、罗亭、万埠、石鼻4个特色小镇改造提升效果明显,怪石岭农业休闲观光长廊、南昌菜园等一批都市现代农业观光休闲景区建设顺利推进。

2. 着力抓改革促开放,发展动力明显增强。

一是改革红利加快释放。制定实施了《关于加快推进供给侧结构性改革的实施意见》《南昌市关于大力促进实体经济发展的若干措施》等政策。企业事中事后改革进展顺利,全市企业监管大数据中心全面建成。深化行政审批制度改革,持续开展项目涉审中介机构诚信管控平台建设工作。积极创新重点产业投融资体制机制,大力发展多元结构的产业引导基金,PPP模式融资改革试点加速推进。国资国企改革和"营改增"改革深入推进。

二是创新创业动力强劲。出台了《关于深入推进创新驱动发展战略　加快创新型城市建设的实施意见》,基本形成了"1+N"的科技创新政策体系[2]。资金保障力度加大,全市财政科学技术支出10.17亿元,增长25.56%。成功入围"国家第二批促进科技和金融结合试点城市"、"首批国家重点产业知识产权运营服务试点城市"。"璀璨计划"技术创新与研发成果转化基地、国家重点实验室、博士后工作站加快建设,与中科院、同济大学、天津大学技术创新合作加快推进。全年专利授权8592件,增长36.9%,占全省总量27.3%。

三是内联外融纵深推进。省内融合稳步实施。昌九一体化有新的突破,实现了住房公积金贷款一体化,两市户口迁移实现"一站式"办理;昌抚一体化有序推进,"1+8"系列合作协议[3]初见成效。省外协作加快开展。承办了长江中游城市群省会城市第四届会商会,共同签署了《南昌行动》;举办了第十二届泛珠三角区域省会城市市长联席会,加入了中英地方合作联合工作组、中德工业城市联盟;南昌至洛杉矶航线首飞,实现了全省洲际航线零的突破。

3. 着力抓统筹提水平,城市品位提档升级。

一是城市容貌更靓。城市规划更加完善。《〈南昌市城市总体规划(2016—2030)〉编制工作方案》《南昌市城市公共空间专项规划》《南昌市综合管廊规划》《南昌市燃气专项规划》等专项规划编制完成,启动了"多规合一"工作。建设力度不断加大。昌九高架一期工程、昌九大道、七里岗互通立交、南京东路道路改造和九洲高架全线通车。轨道交通2号线、3号线加快建设,4号线已经进入招投标阶段。棚户区改造投入110亿元,完成省里下达城市棚户区改造开工任务2.6万户。配套功能更加完善。南昌外国语学校新高中部已完成建设,即将投入使用。外国语学校初中部、九龙湖小学(南师附小)、腾龙学校、朝阳中学建设和南昌十二中扩建工程加快推进。省妇幼保健院红谷滩医院正在进行基础施工,省儿童医院红谷滩新院、省人民医院红谷新院主体施工已完成,正在进行室内外装修,南昌一附院象湖分院主体工程竣工封顶。停车场三年攻坚计划[4]大力实施,41个停车场顺利完工,投入使用泊位数7935个。地下综合管廊建设有序推进。管理水平不断提升。环境卫生"马路本色"行动、"五车六乱""十二大专项"整治行动深入开展,"美丽南昌·幸福家园"综合整治[5]全面启动,环卫保洁三级监督考评全覆盖监督机制已经建立,城市垃圾无害化处理率达到100%。

二是乡村面貌更美。26个"五位一体"综合示范村和46个中心村建设加快推进。全力打造18个特色小镇,进贤县文港镇被授予全国"特色小镇"称号。568个新农村点"七改三网"建设[6]和通道"五化"整治[7]成效明显。农村水环境治理试点工作顺利推进,乡村及农业企业污水处理站达到47个,梅岭、西山等8个乡镇的污水处理厂投入使用。村民建房管理进一步规范。全市农村生活垃圾无害化处理率达到了90%,高于全省平均水平。

三是生态环境更优。深入实施“蓝天、清流、净土”行动。“黄标车”加速淘汰，扬尘污染综合防治有序推进。“河湖长制”[8]全面推开、成效显著，面源污染防治工作力度加大。全市空气质量优良天数达到318天，优良率为86.9%，在中部省会城市排名第一。集中式饮用水源地和赣江、抚河14个监测断面水质达标率均为100%。

4. 着力增投入补短板，幸福指数持续攀升。

一是民生投入力度不断加大。全年共筹集资金约385亿元用于教育、医疗、社保、保障性住房、城乡社区事务等民生工程，筹集资金约220亿元用于28类510项惠民便民利民工程，切实解决了人民群众关心、关注的痛点、难点问题。

二是社会保障网全面织牢。就业规模不断扩大，城镇新增就业人数8.6万人，完成全年目标的125.2%；新增转移农村劳动力4.69万人，完成全年目标的141.1%。社会保障更加完善，五大保险超额完成，在全省率先启动机关事业单位养老保险基金运行工作，城乡居民医疗保险统筹力度加大。加强房地产调控，一手去库存，一手防过热，连续出台了《关于促进我市房地产市场持续平稳健康发展的若干意见》《关于促进南昌市房地产市场持续平稳健康发展有关工作的通知》等政策文件，房价上涨得到明显遏制，从准热点城市逐步退出。打响了“产业、保障、安居”三大精准扶贫攻坚战，全市贫困人口由4.65万人减少到2.4万人，贫困村由80个减少到49个，贫困发生率由1.8%下降到0.95%，圆满完成了年度扶贫任务。

三是社会事业健康发展。医疗健康方面。县级公立医院综合改革深入推进，村卫生计生服务室标准化建设全面启动，全科医生（乡村医生）签约服务人数达170余万人，社区卫生服务中心业务用房国有化、固定化率达到100%，市直8家医院门诊“先诊疗后付费”流程改造全面完成。市第三医院朝阳院区、市第九医院重大疾病防控体系等一批重大项目加快推进。全面两孩政策稳步实施，计生服务水平进一步提高。市老年福利院等项目加快建设，全力打造了一批精品社区、精品居家养老服务点、精品敬老院，养老服务水平加快提升。教育方面。新增公办幼儿园34所，69所转办为普惠性民办幼儿园，新增学位1万余个，公办和普惠性民办幼儿园占比提高到82%。全市新增中小学用地面积620亩，新改扩建校舍20万平方米。全市民办学校发展到65所、在校生7.8万人。义务教育非政策性“零择校”成果进一步巩固。湾里、经开、红谷滩义务教育均衡发展通过国家专家组认定。文化体育方面。全市街道综合文化活动中心实现全覆盖，全面完成了有线电视“户户通”工程。南昌汉代海昏侯国遗址管理局挂牌成立，遗址保护利用工作有序推进。唱响城市名片，“天下英雄城”品牌深入人心。城市15分钟体育健身圈更加完善，2016年首届南昌国际马拉松、南昌市第十六届运动会成功举办。海军“南昌舰”退役返昌，军事主题公园项目加快推进，国防后备力量建设取得新的进步。

四是社会保持和谐稳定。积极开展信访积案化解攻坚和第三方参与信访工作，全力打造“阳光信访”“责任信访”“法治信访”。紧紧围绕“双提升”[9]总目标，扎实开展打击“盗抢骗”等专项行动和综治工作“百日攻坚战”，全市发案数持续下降，破案率继续上升，公众安全感指数持续上升。全国综治“南昌会议”协助筹备工作获得充分肯定。积极推进律师制度改革，实现了市县乡三级法律顾问制度全覆盖。深入推进“六五”普法，荣获全国法治宣传教育先进城市。安全生产、消防安全、食品药品安全、道路交通安全、应急管理工作扎实推进，全市没有发生大规模群体性事件、重大治安案件、重特大火灾和安全生产事故。

五是政府自身建设得到加强。政府决策更加科学，行政行为全面规范。自觉接受各方监督，认真做好了人大代表建议和政协委员提案办理工作，媒体“啄木鸟”行动广受好评。“12345”政府服务热线平台顺利上线运行，政务公开力度加大。“两学一做”学习教育扎实开展，作风改进成效明显。“红包”“小金库”和领导干部违规插手干预工程项目等问题专项整治深入开展，全市党政机关公务用车改革任务顺利完成，“三公”经费支出下降33.68%。

与此同时，统计、审计、物价、粮食、科普、人民防空、防灾减灾、民族宗教、外事侨务、对台事务、参事、史志、档案、保密、老龄、青少年、妇女儿童、爱国卫生、残疾人、消费者权益保护等工作，都取得喜人成绩。

各位代表，成绩来之不易。事实再次证明，有党中央、国务院，省委、省政府和市委的坚强领导，南昌人民有能力有信心战胜任何困难和挑战，不断夺取经济社会发展新的胜利！在此，我代表市人民政府，向全市人民，向所有关心、支持南昌发展的同志们、朋友们，表示衷心的感谢并致以崇高的敬意！

回顾过去一年的工作，我们清醒地看到，经济社会发展还存在不少的问题和不足，主要是：经济总量不大，主导产业不强，创新能力不足，转型升级任务艰巨；制约发展的一些体制机制障碍依然存在，深化改革面临不少难啃的“硬骨头”；民生事业有不少短板，基本公共服务与人民群众期待还有差距；部分干部作风不硬，政府行政效能还有待提升，等等。对于这些问题，我们将以高度负责的态度，采取更加有效的措施，切实加以解决。

二、2017年主要工作

各位代表，2017年是实施“十三五”规划的重要之年，是供给侧结构性改革的深化之年，也是在全省率先全面建成小康社会的关键之年，做好政府各项工作至关重要。今年政府工作的总体要求是：全面贯彻党的十八大、十八届三中、四中、五中、六中全会和中央经济工作会议精神，深入贯彻习近平总书记系列重要讲话精神和治国理政新理念新思想新战略，特别是对江西工作的重要要求，认真落实省第十四次党代会、市第十一次党代会和市委十一届二次全会决策部署，紧紧围绕“打造核心增长极基本成型”目标，坚持稳中求进总基调，牢固树立和贯彻新发展理念，主动适应经济发展新常态，坚持推进供给侧结构性改革这一主线，全力主攻产业发展，加快打造城市品牌，不断强化辐射带动，持续提升民生福祉，全力保持经济社会持续健康较快发展，不断强化首位担当、展现省会作为，努力打造富裕美丽幸福江西的“南昌样板”，为把南昌建设成为工业文明、城市文明、生态文明融合发展的现代化城市奠定坚实基础。

今年经济社会发展的主要预期目标是：地区生产总值增长9%左右；财政总收入增长6%左右；地方一般公共预算收入同口径增长6%左右；全社会固定资产投资增长13.5%左右；规模以上工业增加值增长9%左右；社会消费品零售总额增长12%左右；实际利用外资增长10%左右；实际利用内资增长10%左右；出口总额与2016年持平；城镇居民人均可支配收入增长9%左右；农村居民人均可支配收入增长9.5%左右；居民消费价格总水平涨幅控制在3.5%左右。

今年政府将重点抓好以下几方面工作：

（一）围绕做强做大经济体量，突出抓聚焦强实力

一是坚持产业聚焦，进一步推转型促升级。

坚定不移推动工业转型升级。坚持新型工业化核心战略，以工业园区为主战场，围绕九大重点产业，[10]注重谋篇布局，补链强基，集群发展，围绕产业链，推动技术链、人才链、政策链、

资金链、平台链的深度融合。大力实施工业倍增计划。力争到2020年，工业主营业务收入突破11600亿元，高新区、经开区(含临空经济区)、小蓝经开区主营业务收入分别超过4000亿元、3000亿元和2000亿元，汽车及零部件产业、食品产业超过2000亿元，电子信息、生物医药、纺织服装、机电制造产业产值超过1000亿元。加快发展战略性新兴产业，力争到2019年，战略性新兴产业主营业务收入占全市工业总量比重提高10个百分点以上；战略性新兴产业增加值占全市工业增加值比重超过50%。大力发展电子信息产业，充分发挥高新区、经开区、临空经济区、青山湖区集聚效应，加快打造“南昌光谷”，将南昌打造成为全国有重要影响力的LED产业基地和移动通讯终端产业基地；大力发展航空制造产业，加快中航工业洪都商用飞机、瑶湖机场项目、通用航空制造及运营、无人机制造等相关产业项目建设；大力发展新能源汽车产业，加快实施保利协鑫新能源汽车生产基地、观致新能源汽车整车、江铃新能源汽车三个重大产业项目。大力发展生物医药产业，充分发挥济民可信、汇仁制药、江中制药等龙头企业的引领作用，着力引进一批生物医药重大项目，加快打造国家生物医药高技术产业基地。注重新旧融合发展，加快传统产业转型升级，不断巩固和提升纺织服装、机电制造、食品加工、新型建材等传统产业优势。着力完善工业功能平台。完善工业发展组织架构，健全产业发展推进机制。整合企业、高校等力量，成立产业发展研究院；加快建设高水平研发、检测、设计、展销、物流等公共服务平台；加快工业标准化厂房建设，力争2017年新建400万平方米；大力提升园区公建配套，加大供水、供电、供气、通信等强弱电管网建设。

坚定不移推动服务业转型升级。突出抓好生产性服务业。加快发展金融服务业，推动银行机构改善和创新服务，支持我市重点龙头企业建立资源要素交易市场。大力推进国家服务业综合改革试点建设，加快工业设计中心和工业设计基地申报工作。大力推动向塘铁路物流枢纽和陆路口岸、昌北多种交通方式衔接的物流枢纽建设，积极推进全国物流标准化试点项目建设，全面完成省级城市配送试点项目建设，稳步实施八大省级物流产业集群[11]建设。加快打造“南昌慧谷”，积极推动中航长江设计师创意产业园、江西慧谷·红谷创意产业园、中国(南昌)虚拟现实VR产业基地、699文化创意产业园等产业项目建设，集中力量打造数字创意、文化创意产业集聚区。继续加快电子商务、总部楼宇等现代服务业发展步伐。突出抓好生活性服务业。加快红谷滩中央商务区和八一广场中山路市级商业中心建设，打造2至3条特色商业街；大力推进引导城乡居民扩大文化消费试点工作，加快南昌汉代海昏侯国遗址公园和华侨城大型综合文化旅游等项目建设，推进滕王阁、万达文化旅游城、万寿宫历史文化街区创建国家5A级景区和梅岭创建国家级旅游度假区；推出一批精品旅游线路，力争接待旅游总人次突破1亿人次，旅游总收入突破1000亿元。

坚定不移推动农业转型升级。调整农业产业结构。坚持“稳粮、优供、增效”[12]，不断优化农业生产结构，提升农业发展效益。依托农产品物流等七大特色产业集群，[13]加快建设现代农业加工产业体系。推动农业产业化加速发展。充分挖掘农业生态观光资源、立足农村传统文化特色，大力发展都市型休闲旅游农业。激活农业产业发展动力。深化农村产权制度改革，统筹推进农村土地征收、集体经营性建设用地入市、宅基地制度改革试点。充分利用“财政惠农信贷通”、农业产业化“转贷资金”，扶持龙头企业做大做强。持续大力培植农业种养大户、农民家庭农场、农民合作社等新兴经营组织。加快农业科技创新，积极实施“互联网+农业”行动，推动“123+N”的南昌智慧农业建设，[14]大力培育一批电商村、淘宝村和涉农电商企业。持续推进“南昌绿谷”建设。推进24个市级以上都市现代农业示范园区优化提升。按照“一乡一园”的思路，大力推进各种适度规模的农业园区建设。大力推进农业招商引资，引进一批大企业、大集团落户“南昌绿谷”。加快梅湖景区花博园项目建设，确保省第四届花博会今年4月如期举行。

二是坚持区域聚焦，进一步优布局扩开放。

全面优化产业布局。鼓励各县、区依托原有基础、发挥自身优势，发展壮大各具特色的区域经济主导产业和产业集群，着力形成错位发展、相互促进的区域经济板块。

大力开展招商引资。充分利用赣港赣台、中英地方合作联合工作组、中德工业城市联盟、世界赣商大会、洪商大会等重要平台，创新招商理念和模式，开展精准招商，通过招大引强、增资扩股等，大力推动全产业链招商，力争引进一批有品牌、有品质的龙头企业，引导外部资金和先进技术更多投向高端制造业、现代服务业和都市农。

构建完善开放平台。确保实现南昌综合保税区[15]封关运行，加快打造南昌开放型经济新平台；运用向塘铁路枢纽、龙头港国际码头、昌北国际机场等功能平台，努力拓展铁路、公路、水运、航空互联互通的开放通道。积极推进中欧(南昌—鹿特丹)国际铁路货运班列和海铁联运健康发展。

着力优化开放体制。积极推进构建开放型经济新体制综合试点试验工作，主动对接、借鉴复制现有国家级自贸区试点经验，力争形成一批可复制、可引领、可推广的经验和模式。

全面加强区域合作。深入对接“一带一路”战略，积极融入长江经济带，深度融入长江中游城市群，着力加强与闽浙赣皖福州经济协作区、泛珠三角省会城市等协作区的经贸合作和高层互动；全力支持和配合赣江新区建设，推进昌九、昌抚在更高层次、更宽领域开展合作。加大“走出去”力度，组织引导龙头企业开拓“一带一路”沿线国家和地区工程市场，着力打响“南昌建设”品牌。

三是坚持资源聚焦，进一步强平台优配置。

将资金、土地、人才等要素资源，更加有效地配置到重点领域、重大项目上来。

集聚金融资源。持续做大金融平台，稳步推进全省金融商务区做大做强，加快建设江西金融发展研究院、江西互联网金融产业园和江西基金产业园，加快建设金融服务平台和金融控股平台，加快组建千亿发展基金。千方百计破解企业融资难题，推动符合条件的企业在主板、创业板、新三板上市、挂牌、融资，支持上市公司再融资、并购重组；支持企业发行企业债、公司债、中期票据、私募债等债券，不断扩大金融直接融资规模。

整合土地资源。科学编制年度土地供应计划，结合旧城、旧厂、旧村(城中村)“三旧”改造，加大征迁收储和规划调整等工作力度，加快“净地”出让进度；加强新增用地计划指标精细化管理，提高指标使用效益，继续加强闲置土地清理，盘活用好存量土地资源，全力保障重点领域、重大项目用地需求。

激活人力资源。创新人才引进理念，大力推动人才引进理念由单纯的政策留人向事业留人与政策留人“双轮驱动”转变，不断增强人才的向心力和凝聚力。创新人才引进模式，着力推进国家级人力资源服务产业园建设，助推人力资源产业化。充分发挥企业主体性优势，通过政府购买服务的方式，鼓励企业、中介、猎头公司市场化引进人才。深入实施“洪城特聘专家”“洪城计划”[16]“海鸥计划”等重点人才引进培训计划，探索灵活高效的人才激励政策和人才公寓等精准化人才服务，着力推动人才服务从单一的“报酬化”向“个性化”和“精细化”转变，着力引进一批“高精尖缺”人才。继续实施“211”培训计划[17]、首席技师培养计划和"洪城工匠"评选活动，提升本地人才水平，为我市产业发展提供经营管理和高级技能人才支撑。

四是坚持政策聚焦，进一步抓改革促创新。

突出提升改革成效。以促进实体经济发展的120条政策措施为具体抓手，全面推进供给侧结构性改革，持续推进"三去一降一补"，深入推进"放管服"改革，持续深化"三单一网"改革，加快流程再造，提高审批效能，推动政务服务网向乡镇（街道）、村（社区）延伸；坚持"房子是用来住的、不是用来炒的"的定位，加强房地产市场运行监测和供需双侧调控，建立健全房地产市场平稳健康发展的长效机制。进一步深化国资国企改革，稳妥开展职业经理人、混合所有制改革及员工持股等改革试点工作。大力推动中心镇扩权强镇改革。积极争取创建国家社会信用体系建设示范城市，加大失信惩戒力度，进一步增强全社会诚信意识，不断改善提升发展软环境。积极稳妥发展混合所有制经济，鼓励、支持、引导非公有制经济发展，支持非公企业做大做强。

全面激发"双创"活力。顺应新经济发展的时代潮流，大力实施创新驱动发展战略，集中力量和资源，加快开发新技术、发展新产业、创造新模式，不断催生经济发展新动能。优化"双创"服务。健全创业服务体系，为"双创"开辟"绿色通道"，扶持各类群体创新创业。通过"互联网+"，积极发展众创、众包、众扶、众筹等新模式。加大创新成果转化政策支持力度，提升科技保险和知识产权质押融资效益。以入围首批全国重点产业知识产权运营服务试点城市为契机，采取市场化运作模式，促进知识产权转化运用。加快科技创新。全力打造以南昌高新区为龙头的"1+4"鄱阳湖国家自主创新示范区[18]，全面推进南昌（国家）大学科技城建设，加快科技创新步伐，突出企业科技创新和转化主体地位，积极打造以工程技术研究中心、重点实验室为代表的企业创新平台，着力推动企业协同创新，探索以项目带动创新的体制机制，力争新增国家级高新技术企业80家。强化资金保障。以成功入围国家第二批促进科技和金融结合试点城市为契机，充分发挥财政科技投入的引导作用，鼓励支持具备条件的商业银行设立科技支行，设立"南昌市科技信贷风险补偿资金池"，启动"洪城科贷通"业务。营造良好氛围。完善青年创业服务体系，继续开展青年创新创业大赛等各类创业活动。培育勇于探索的创业家精神和敢为人先的创新创业文化，在全市形成鼓励创新、宽松容错的浓厚氛围。

（二）围绕建设宜居宜业现代化城市，突出抓统筹创品牌

一是优化城市空间布局。加快总体规划修编，推进"多规合一"和南昌市总体城市设计。大力推进九龙湖新城、儒乐湖新城、瑶湖新城、望城新区建设，统筹推进洪都新城、朝阳新城建设，加快湾里融入主城区步伐。深入推进棚改旧改、城中村改造，对老城分片区进行改造，推进青山湖西岸、临江商务区、洪都文化创意区、坛子口服务业繁华区建设，规划建设一批城市交通枢纽型服务业集聚区。

二是完善城市综合功能。加强城市基础设施建设。切实加快城市"三环"[19]及"十纵十横"快速路网[20]、揽山入城路网等重大基础设施建设。全力推进洪都大道高架、昌南大道改造、昌九大道改造二期等项目，完成沿江南北大道快速路、红谷隧道、绕城高速公路南外环建设工程，力争开工建设西外环绕城高速公路、二七过江通道项目，形成"覆盖城区、环网结合、互联互通"的城市快速路网系统。加快推进轨道交通建设，力争2号线8月份首通段建成通车，完成3号线所有站点一期主体围护结构施工，4号线开工建设。积极推进"海绵城市""地下综合管廊"建设和装配式建筑发展。优先发展城市、城际公共交通，加快推进"公交都市"创建工作，切实提高城市公共交通分担率。深入开展停车场建设三年攻坚计划，加快推进公共停车场建设。加快推进师大附中滨江分校二期、九龙湖小学、腾龙学校、红谷二中等项目建设。打造"小而全、小而美、小而绿（再生资源回收）"的社区商业服务平台。

三是加快城市品质提升。积极探索城市管理的长效机制，完善城市综合管理各项法制保障，提升城市综合管理水平，重点推进"美丽南昌·幸福家园"环境综合整治行动。大力实施市容环境整治工程。重点治理农贸市场、背街小巷等八大场所，整治摊点乱摆、垃圾乱扔等七种乱象，推进老旧社区改造、城市积水点改造等五大项目，全面提升环卫保洁水平，净化城市空间。大力实施城市交通畅通工程。积极稳妥推进南昌市出租汽车行业改革，开展超限超载车辆运输集中整治，加大对整治机动车、非机动车、行人等交通乱象整治力度，重点加强对非机动车的行驶管理，深入开展"五车六乱"违法专项整治，确保各项整治取得明显效果。大力实施城市文明提升工程。深入开展"三风"活动[21]，不断加强文明引导，积极开展志愿服务等活动，努力营造未成年人健康成长的社会文化环境，全面推进协商民主，不断提升市民文明素质和城市文明程度。

四是加快新农村建设。按照"整洁美丽，和谐宜居"的目标，突出"精致建设、精美呈现、精细管理"的要求，坚持全域规划、沿线连片、建一片成一片的思路，2017年，着力推进2000个左右新农村村点的"七改三网"建设，建设一批中心村"8+4"公共服务项目[22]，重点推进南昌绿谷"两区一廊"沿线以及贫困村新农村建设全覆盖，力争用三年时间实现新农村建设"扫一遍"。同时坚持"镇村园联动、农文旅结合"，着力打造建设一批特色小镇、"五位一体"综合示范村、新户型示范村，全面提升新农村建设整体水平。

五是大力彰显生态优势。倍加珍惜一流的生态环境，坚定不移地走绿色崛起之路。深入推进蓝天行动，大力推进工业废气治理、限燃区高污染燃料锅炉淘汰改造，全面完成年度化学需氧量、氨氮、二氧化硫、氮氧化物四项指标减排任务，努力保持空气质量优良率在中部省会城市排名第一。深入推进清流行动，全力推进"河湖长制"工作，加强河湖水域岸线管理，推进区域性水系连贯，切实加强饮用水水源地环境监管，加强工业企业水污染防治监管、农村饮用水源环境监管、污水处理厂建设与管理和鄱阳湖环境保护，大力开展沿湖沿线村镇生活污水、畜禽养殖污染、农业面源污染和工业污染整治，力争主要江河（赣江、抚河）断面水质达标率高于92%，城市集中式饮用水源地水质达标率达到100%。加大赣抚尾闾综合整治工程推进力度，续建赣东大堤风光带、梅湖景区花博园改造提升、乌沙河综合整治、抚河故道末端蓑衣荚水生态治理等工程建设。深入推进净土行动，大力推进土壤环境质量监测、土壤质量风险评价、新增土壤污染防控、重金属行业企业污染防治等工作，严格新建项目环保准入条件、严格执行环保"三同时"制度，避免新建项目对土壤造成污染。定期对涉重金属生产企业周边土壤例行监测，严密监控土壤环境质量。深化生态文明体制机制改革，严格遵守《南昌市生态保护红线区划》，建立生态保护红线监管平台，开展国家重点生态功能区县域生态环境质量监测与评估，实现生态保护红线以及环境容量红线、产业准入标准等动态监控与综合评估。

（三）围绕实现全面小康社会目标，突出惠民生增福祉

坚持为民服务宗旨，更加注重民生改善，更加注重公平正义，大力发展各项事业，大力推进民主法治，持续实施百项惠民便民利民工程，不断增强百姓的获得感和幸福感。

一是大力实施富民增收计划。进一步提高城乡低保标准，

提高企业未参保退休职工人均养老生活补助标准、企业退休人员养老金和城镇居民基本医疗保险补助标准,努力提高我市一线职工特别是农民工及其他普通职工的工资水平。加快推进各领域工资制度改革,积极稳妥推进县以下机关建立公务员职务与职级并行制度,加快形成橄榄型分配格局,力争我市总体工资水平在全国省会城市进位,人才报酬全省第一,城乡居民人均可支配收入全省第一,城镇和农村居民人均可支配收入分别达到37730元和16370元。

二是深入实施就业优先战略。全面落实和完善就业创业政策,抓好特殊群体的就业工作,千方百计吸纳高校毕业生就业。深入实施就业精准扶贫计划,全面开展贫困人员就业情况调查,建立台账动态管理。大力开展公共就业和人才专项服务活动,加强区域一体化用工招聘求职平台建设,不断完善市场化合作培训机制。大力推进我市公共就业和人才服务机构改革以及劳动力市场整合工作,努力促进各类群体的高质量就业。

三是着力强化社会保障。建立健全统筹城乡、更加公平、可持续发展的社会保障制度,积极推进全市机关事业单位五险统征制度改革,启动建立机关事业单位职业年金制度。继续做好我市城乡居民医保统筹工作,稳步推进扩面征缴工作,创新经办管理体制机制,扩大医疗保险异地就医即时结算范围和区域。大力推进居家养老服务工作,推进"五个统一"[23]的居家养老服务中心规范化建设。运用"互联网+"技术,推进"智慧养老"[24]试点工作,让老年人足不出户就能享受养老服务。进一步加强社区养老服务平台建设,提升农村敬老院建设水平,积极推进医养融合发展,全年新增养老床位5000张以上。采取"公建民营""民办公助"、服务外包等形式,鼓励引导社会资本参与养老事业,构建多层次、多样化的养老服务供给体系。

四是确保完成脱贫攻坚。坚持把脱贫攻坚作为头等大事和最重要的政治任务,大力实施精准扶贫,全力推动光伏扶贫、保障扶贫、安居扶贫、结对帮扶、村庄环境整治、主要基础设施建设、公共服务等七个全覆盖,实施光伏扶贫54个村站和1760个户站建设,确保全市2.4万贫困人口全面脱贫、49个贫困村全部退出,实现率先在全省全面脱贫的目标。同时,健全脱贫长效管理机制,构筑精准脱贫大数据平台体系,积极建立第三方评估监督机制,建立健全结对长效帮扶机制,确保稳定脱贫不返贫。

五是加快发展各项社会事业。制定实施第三期学前教育行动计划,加大小区配套幼儿园回收转普力度,扩大普惠性幼儿园覆盖面;加快推进学校新改扩建及维修改造各类建设,坚持实行义务教育划片区入学管理,确保非政策性"零择校";深入推进教育集团发展带动战略,推进城乡义务教育一体发展;加快普通高中教育特色发展,积极构建现代职业教育体系;切实加强特殊教育和民族教育;扎实推进社区教育和学习型城市建设;加快推进校长教师交流轮岗,积极探索教师编制管理和人事制度改革,确保我市教育综合实力全省领先。全面启动市级公立医院改革,建立现代医院管理制度;加快推进市第一医院九龙湖医院、老年病医院、市卫生职业学院新校园项目建设;健全农村医疗卫生服务网络和城市社区医疗卫生服务体系;提高突发公共卫生事件应急处置能力,全面开展全市慢性病检测工作,加快推进居民健康卡发行工作;大力开展爱国卫生运动,巩固国家卫生城市成果;积极引导社会资本进入医疗卫生领域,大力推进中医药健康服务业发展。深化计划生育登记服务制度改革,抓好优生优育政策落实,切实提升我市妇女儿童健康水平。大力弘扬人文关怀,加强对残疾人的关心关爱。进一步挖掘整合历史文化资源,唱响南昌文化品牌,不断繁荣发展文化事业,统筹谋划好"省三馆"(省科技馆、省博物馆、省图书馆)现有场馆的接收、改造提升和运营管理等。认真贯彻实施《南昌市全民健身实施计划(2016—2020)》,编制公共体育健身服务设施规划,积极推进场馆场地建设;着力办好2017南昌国际马拉松赛事。持续巩固全国双拥模范城"八连冠"的优秀成果,全力做好建军90周年纪念活动,加快军事主题公园建设。

六是改进创新社会治理水平。加快推进市应急联动指挥平台(二期)、天网工程、数据警务、智能化手段等科技强警和基础项目建设,建立立体化、现代化治安防控体系。全力推进信访积案化解,加快信访信息化建设进程,创新"阳光信访"新模式,及时回应群众诉求。大力实施食品安全战略,深入开展食品药品安全专项整治和质量提升行动,完善食品安全治理体系,积极创建食品安全示范城市。加强河道采砂管理工作,确保河道采砂安全、稳定、科学、有序,保障省市重大重点工程用砂。全力推动"双提升"工作,继续加强安全生产管理和应急管理,持续推进"平安南昌""法治南昌"建设,全力维护社会和谐稳定,切实增强群众安全感和幸福感。广泛开展"兴家风、淳民风、正社风"活动,不断提升市民文明素养和城市文明程度。

新的目标、新的任务,对政府自身建设提出了新的更高要求。在新的一年里,我们将全面提升政府治理现代化水平。坚持依法行政。不断加强和改进政府立法制度建设,健全依法决策机制,抓好行政决策合法性审查和政府法律顾问工作,不断加强政府智库建设,提高决策科学化水平。强化规范性文件备案审查制度和能力建设,不断深化行政执法体制改革,严格规范公正文明执法,强化政府法制监督,自觉接受市人大及其常委会法律和工作监督、市政协民主监督,切实做好建议、提案办理工作,着力提高政府法治工作水平。坚持阳光理政。深入推进政务公开,加强政策解读,主动回应社会关切,完善在线访谈、网络问政、12345政府服务热线等公众参与平台,扩大"两微一端"等政务新媒体信息发布受众面,推动政务决策、执行、管理、服务和结果全过程公开,主动接受群众监督和媒体监督。坚持实干施政。大力发扬苦干实干作风,树立"实在、实绩、实干"导向,狠抓重大任务落实,突出重点项目落地。不断健全问责机制,优化完善绩效考核体系,以铁的纪律抓落实,做到真抓实干、为民担当,切实打通政策落实的"最后一公里"。坚持勤政廉政。加强机关作风建设,大力开展懒政怠政、为官不为整治活动,不断提高政府行政效能。坚持把纪律和规矩挺在前面,坚决贯彻党内政治生活准则和党内监督条例,认真落实中央八项规定,持之以恒正风肃纪,坚定不移反腐倡廉,倾力塑造风清气正的政府良好形象。

各位代表,新的征程已经开启,伟大事业催人奋进。让我们紧密团结在以习近平同志为核心的党中央周围,在省委、省政府和市委的坚强领导下,同心同德、开拓创新、积极作为,为打造富裕美丽幸福江西"南昌样板"而努力奋斗,以优异成绩迎接党的十九大胜利召开!

注:1. VR:即虚拟现实,也称灵境技术或人工环境,是利用电脑模拟产生一个三维空间的虚拟世界,提供使用者关于视觉、听觉、触觉等感官的模拟,让使用者如同身历其境一般,可以及时、没有限制地观察三维空间内的事物。

2. "1+N"的科技创新政策体系:"1"即《关于深入推进创新驱动发展战略加快创新型城市建设的实施意见》,该文件明确了我市"十三五"期间科技创新发展总目标;"N"即一系列配套文件,主要是为落实《实施意见》及推动科技创新具体工作提出的具体办法和相应的财政扶持措施。

3."1+8"系列合作协议:南昌市和抚州市政府以及两地有关单位签署的《关于进一步推进昌抚联动发展合作协议》,以及宣传、文化、卫生、旅游、农业、教育、公交客运、共同打造昌抚合作示范区等8个方面的合作协议。

4. 停车场三年攻坚计划:从2016年开始,力争用三年时间,在全市各城区新建停车场123处,新增泊位数29062个。

5."美丽南昌·幸福家园"环境综合整治:从2016年12月起,全市开展三年整治,重点实施"市容环境整治工程、城市交通畅通工程、城市文明提升工程"三大工程,最终基本实现"干净整齐、畅通有序、文明友善、和谐宜居"的目标,呈现"美丽南昌·幸福家园"的新面貌。其中,实施市容环境整治工程包括治理八大场所、整治七种乱象、提升五大项目等重点工作;实施城市交通畅通工程包括治理五类交通乱象、治理五类重点车辆、治理五类交通堵点等重点工作;实施城市文明提升工程包括深入开展"三风"活动、引导提升市民素质、大力开展志愿服务、营造未成年人成长环境、全面推进协商民主等重点工作。

6."七改三网"建设:"七改"即改路、改水、改厕、改房、改沟、改塘、改环境;"三网"即电网、广电网络、互联网络。

7."五化"整治:对高速公路、国省道及景区沿线环境开展以"房屋美化、管线优化、村庄绿化、卫生净化、产业强化"为主要内容的综合整治工作。

8. 河湖长制:由各级党政主要负责人担任"河湖长",负责辖区内河流、湖泊的污染治理。

9. 双提升:人民群众安全感和满意度提升。

10. 九大重点产业:电子信息、汽车及零部件、食品、新材料、生物医药、航空制造、纺织服装、新能源、机电制造产业九大重点工业产业。

11. 八大省级物流产业集群:南昌城市配送物流产业集群、南昌汽车物流产业集群、向塘综合物流产业集群、南昌保税物流产业集群、南昌冷链物流产业集群、南昌临空物流产业集群、昌西南商贸物流产业集群、南昌高新物流产业集群。

12. 稳粮、优供、增效:着力稳定粮食生产,巩固粮食主产区地位;着力优化农业供给,加快调整农业结构;着力增强农业效益,提高现代农业竞争力。

13. 七大特色产业集群:粮食加工、畜禽加工、水产养殖加工、特色经济作物与花卉苗木、中药材加工、油茶、农产品物流产业七大特色农业产业集群。

14."123+N"智慧农业建设:"1"即建设"1个数据云"——农业数据云;"2"即建设"2个中心"——农业指挥调度中心、12316资讯服务中心;"3"即建设"3个平台"——农业物联网平台、农产品质量安全追溯监管平台、农产品电子商务平台;"N"即建设"N个系统"——涉及种植业、养殖业及农业综合执法、农业技术服务等各部门子系统。

15. 南昌综合保税区:2016年2月9日,经国务院批复成立,总规划面积为2平方千米,东至金山大道、南至福银高速、西至空港大道、北至新昌电厂铁路专线,是以昌北国际机场、龙头岗综合码头、福银高速、金山大道为依托,具有口岸物流、保税物流、保税加工和服务贸易等多种功能,配套服务完善的综合保税区。

16. 洪城计划:按照经济社会发展需求,面向海外引进一批带项目、带技术、带资金、带团队的领军型创新创业人才来昌创业。创业项目经项目可行性、技术水平、市场前景、团队实力、财务评价等综合评审,可评定为A、B、C三类,由南昌市政府按A、B、C三类分别给予创业启动资金100万元、70万元、50万元。

17."211"培训计划:根据《南昌市"211"企业经营管理人才培训工程实施方案》,在南昌市现有企业经营管理人才中选拔400名高级经营管理人才,分三个层次实施重点培训,其中成长型经营管理人才(第三层次)人选200名,骨干企业领军人才(第二层次)人选100名,重点企业领军人才(第一层次)人选100名,故培训项目为"211"企业经营管理人才培训工程。

18."1+4"鄱阳湖国家自主创新示范区:以南昌高新区为龙头,以新余、鹰潭、景德镇、抚州4个国家高新区为依托,整合区域资源,致力打造环鄱阳湖国家自主创新示范区。

19. 城市"三环":南昌市全力打造"半小时"主城区,加速推进城市主干道、跨江通道、高架路网、城市快速路等城市道路建设,用3-5年时间,基本建成城市"三环"。主要包括加快洪都大道改造,力争2018年底全面建成由英雄大桥、昌九高架、前湖快速路、朝阳大桥、九洲高架、洪都大道高架等构成的城市第一环,同时积极打通断头路、畅通微循环;加快推进昌西大道建设,尽快启动莘洲大道、昌南大道建设改造,努力形成莘洲大道、英雄大道、昌西大道、祥云大道、生米大桥、昌南大道、高新大道等构成的城市第二环;加快南外环高速建设,实施西外环高速西移工程,形成乐温高速、乐开高速、南外环高速等构成的城市第三环。

20."十横十纵"快速路网:南昌市规划中心城区干线路网总体呈"十横十纵"方格网布局,总里程571千米,总投资约731亿元。其中,"五横三纵"快速路,里程254千米,"五横"自北向南依次为北二环快速路(英雄大道)、北环快速路(玉屏大道—英雄大桥—民丰、东元路—艾溪湖北路)、南环快速路(昌湾大道—前湖大道—九州大街—广州路)、南二环快速路(昌南大道)、小蓝大道—澄湖北大道,"三纵"自西向东依次为西环快速路(昌九大道—昌樟大道)、东环快速路(临港大道—高新大道)、东二环快速路(天祥大道);"五横七纵"干线性主干道,里程317千米,"五横"自北向南依次为志敏大道—梅林大街、黄家湖路—八一大桥—阳明路—火炬大道、红湾路—南斯友好路—南昌大桥—洪城路—解放路、新鸿大道—东莲路、汽车大道—莲武路,"七纵"自西向东依次为昌西大道、机场路—丰和大道(南延)、富大有路—沿江大道、桃花路、洪都大道北延—洪都大道—井冈山大道、昌东大道(南延)、航空路。

21."三风"活动:"兴家风、淳民风、正社风"主题履职活动。

22."8+4"公共服务项目:是指中心村建设需配置的公共服务设施,"8"即综合公共服务平台、卫生室、便民超市、农家书屋、文体活动场所、垃圾处理设施、污水处理设施、公厕;"4"即小学、幼儿园、金融网点和公交站。

23. 五个统一:统一服务标准、统一建设标准、统一标牌标识、统一管理制度、统一保障监管。

24. 智慧养老:即信息化养老服务,一是依托国家养老服务信息系统和南昌市电子政务外网统一网络平台,建立全市统一的养老服务信息系统,规范收集养老服务行业基层数据,为政府管理决策、公众信息查询提供支持;二是支持养老机构建立以采集老年人信息、服务缴费、日常管理的信息系统,以紧急呼叫器为载体的联系平台,以摄像头为载体的监控平台,提高服务的便捷化和可及性;三是在社区普遍建立以养老服务热线12349和"一键通"紧急呼叫为主要内容的居家养老呼叫服务网络。

特　　辑

“两学一做”学习教育

2016年,全省“两学一做”学习教育动员部署视频会后,南昌市随即对全市开展学习教育进行动员部署,迅速成立“两学一做”学习教育协调小组,制定下发“两学一做”学习教育实施方案,明确学习教育推进时间节点和总体安排,开展软弱涣散基层党组织集中整顿和基层党支部书记业务培训,为学习教育提供有力的组织保障。部署上抢先、谋划上抢先、推进上抢先,做到动员部署有序、示范带动有方、分类指导有法、创新载体有成、问题导向有恒、宣传报道有效。

一、狠抓规定动作,确保有序落实

全市10792个各级党组织普遍制定“两学一做”学习教育工作方案和学习教育计划,并确定每月第一周周五为党员活动日,集中开展学习教育。全市各级党组织围绕习近平总书记对“弘扬井冈山精神”提出的“坚定执着追理想、实事求是创新路、艰苦奋斗攻难关、依靠群众求胜利”四个专题,开展各类学习5.7万余次。各级党组织建立学习教育微信群9914个,31名市级党员领导干部带头到基层“两学一做”学习教育联系点开展调研指导和讲专题党课活动。围绕“四讲四有”合格党员标准,全市各级党组织结合党员工作生活实际,对照党章党规、对照先进典型,制定细化、标准化合格党员标准,引导党员立足岗位做贡献。结合党员年龄、文化、职业特点,分类别、分层次、差异化设置党员创绩指标,广泛开展党员承诺践诺、党员志愿服务和点亮“微心愿”活动,建设党员示范岗、党员责任区等载体。加强“先锋创绩”考评,把考评结果作为评议党员的重要依据,推动广大党员勇于担当作为,做到“四个合格”。严格落实专题组织生活会和民主评议党员工作要求,细化标准要求、严格步骤规程,丰富评议内容、提高评议质量、强化结果运用。党员领导干部以普通党员身份参加所在党支部的专题组织生活会,带头开展批评和自我批评,示范引导广大党员增强“四个意识”特别是核心意识、看齐意识。全市87.35%的基层党支部完成专题组织生活会和开展民主评议党员工作。全市共查找突出问题24388个,完成问题整改21266个,整顿软弱涣散基层党组织215个,实现规定动作不走样。

二、创新自选动作,突出南昌特色

5.7万余名党员参与“两学一做”学习教育网络知识竞赛;七一前夕,集中宣传报道党员创新创业风采9篇;学习教育采用“1名带队领导+1名理论骨干+2名党员先进模范人物”模式宣讲团在全市进行15个专场巡回宣讲。开展“党课进基层”“基层选党课”活动,累计开展“党课进基层”活动共送课28场,选派讲师84人次,各单位自主邀请老师上党课150余次,受教育党员2.3万余人。“党课微视频”征集和书记讲党课评选展播活动有条不紊推进。自9月25日起,南昌市以市第十一次党代会和市人大第十五届一次会议为契机,将遴选出的《特别的爱给特别的你》《小修补大情怀》等5部微视频,通过电视、新闻、公交视频、微信、网络等100余家新闻媒体在全市范围内进行同时集中展播,累计播放8000余轮次,近7万分钟,得到广大市民广泛好评,点赞不断,达到“线上”学与“线下”学相结合的学习效果和鼓励先进、升华思想、见贤思齐、共谋发展的教育宣传目的。各县区、各单位结合自己实际,在完成规定动作基础上,不断创新自选动作,涌现出一批典型经验做法。如:青山湖区“五巡”工作法、西湖区“十个一”和安义县“五讲”活动等一批典型经验做法,树立起带动全市学习教育深入开展的示范标杆,形成上行下效、比学赶超、整体联动的总体效应,营造起全市学习教育的浓厚氛围。人民网、求是杂志、江西电视台多次以不同角度报道南昌市“两学一做”学习教育经验做法。此外,青山湖区、青云谱区还先后接受中组部领导“两学一做”学习教育的专题调研督导,得到充分肯定。

三、突出专项整治,务求学教实效

市委组织部进行专门部署,将党员交纳党费专项检查和“三不”党员清查工作作为学习教育专项整治工作重点。7月29日,举办全市交纳党费专项检查培训会,对党费政策依据和技术核定标准进行明确。开展收受红包、领导干部违规插手工程项目问题和侵害基层群众利益不正之风和腐败问题进行专项治理,制定下发《关于集中整治和查处基层侵害群众利益不正之风和腐败问题的实施意见》,进一步强化查处问责,向群众公布举报投诉电话和电子邮箱,建立信息报告制度,确保集中整治工作扎实有效推进。结合学习教育扎实推进党员组织关系排查、党代会代表和党员违纪违法未给予相应处理情况排查清理、基层党组织按期换届专项检查等7项基层党建重点任务,取得明显成效。全市共排查出失联党员2181名,已取得联系1279名,限期改正722名;排查党代会代表和党员违纪违法未给予相应处理761名,已全部处理到位;除4家党委因人事原因不能按期换届外,其余未按期换届党组织全部完成换届。

四、强化督导检查,及时传导压力

按照《全市“两学一做”学习教育督导工作方案》《党支部书记教育考核督查工作方案》和中组部《关于落实七项基层党建重点任务的通知》要求,先后组织两轮调研督导工作,采取面上督导与重点督导相结合、日常督导与集中督导相结合、巡查与抽查相结合的方式,把握日常教育特点,围绕督导“两学一做”及七项基层党建重点任务工作要点,突出重点对象、重点领域、重要节点,聚焦重点解决的问题,有针对性地加强督促指导。此外,把党支部书记作为重点,按照党支部书记“两学一做”学习教育考核指标要求,科学设置考核督查内容,出炉“责任清单”,健全倒逼机制,推动党支部书记从严从实抓好学习教育,落实好基层党建重点任务,让支部书记明职责、促发展。（罗峰鸣）

大　事　记

2016 年大事记

1　月

1 日

全国新年登高健身活动江西省分会场——南昌市湾里区第二届新春登高节在梅岭风景区开幕。

4 日

南昌市不动产登记发证工作正式启动。上午 9 时 30 分，市委常委、常务副市长刘建洋在市房管局大楼不动产登记（转让）发证窗口颁发南昌市第一本不动产权证书。

6 日

市委常委班子“三严三实”专题民主生活会在市委第二会议室召开。会议以“严以修身、严以用权、严以律己，谋事要实、创业要实、做人要实”为主题，围绕对党忠诚、个人干净、敢于担当等要求，查摆市委常委班子及其成员存在的“不严不实”问题，开展批评和自我批评，通报 2014 年度市委常委班子专题民主生活会整改落实情况。

6—7 日

国务院国资委副主任张喜武一行到江铃汽车小蓝分公司、洪都集团公司等地，就企业发展情况进行调研。

7 日

南昌市深化巩固全国文明城市创建成果动员部署大会在市委第一会议室召开。

8 日

国家科学技术奖励大会在北京人民大会堂举行。由南昌大学、晶能光电（江西）有限公司、中节能晶和照明有限公司共同完成的“硅衬底高光效 GaN 基蓝色发光二极管项目”获国家技术发明一等奖。这是江西省首个获得国家技术发明一等奖的项目，也是 2015 年度国家科学技术奖励大会颁发的唯一一个技术发明一等奖。江铃汽车股份有限公司参与的“汽车制造中的高质高效激光焊接、切割关键工艺及成套装备”项目获国家科技进步一等奖。

8—9 日

国务委员、公安部部长郭声琨一行到南昌航空城、晶能光电有限公司、高新区规划展示馆、市公安局、绿地中心 303 观光厅等地参观考察。

9 日

《大道自然——黄本贵画展》在南昌美术馆开展。展览共展出黄本贵 130 余件不同时期代表性作品。

11 日

南昌市离退休干部形势报告会在红谷滩会议中心召开。

12 日

南昌市小微企业创业创新基地城市示范工作现场推进会召开。

▲由市委宣传部、南昌日报社联合主办，南昌新闻网发起的“江西省地市新闻网联盟成立大会暨‘网眼看新城·魅力红谷滩’”活动启动仪式举行。活动至 1 月 14 日结束，共 12 家地市新闻门户网站参加。

13 日

全市率先实现全面小康动员暨扶贫开发工作会议在红谷滩会议中心召开。会议贯彻中央和全省有关精神，总结全市“十二五”小康建设和扶贫开发工作成果，部署“十三五”率先实现全面小康和脱贫攻坚各项任务，通报表扬“十二五”全市扶贫开发工作先进单位和先进个人。

14 日

全市首届中小学生“诵经典、品书香、扬美德”朗诵大赛颁奖暨优秀节目展演活动在南昌一中朝阳校区举行。

15 日

第四届江西省道德模范故事巡演首场演出在南昌举办。

▲由市社科联、南昌日报社共同打造的江西省首家理论网站——南昌理论网上线。网站设权威声音、社科动态、理论前沿、专家访谈、洪城讲坛、学习交流、研究成果等 7 个频道。

16 日

政协南昌市第十三届委员会第六次会议在红谷滩会议中心开幕。20 日闭幕。

17 日

南昌市第十四届人民代表大会第六次会议在前湖迎宾馆会议中心开幕。21 日闭幕。

▲由市商务局、进贤县政府主办的“2016 中国互联网＋县域产业”峰会在进贤县举行。峰会邀请商务部电子商务专家组成员、国家电子商务研究院常务副院长李鸣涛，中国社科院评价中心主任荆林波，国务院发展研究中心研究员魏际刚，中国旅游研究院博士战冬梅等互联网经济专家，围绕论坛主题发表演讲。

21 日

交通运输部检查组一行到徐坊客运站、地铁 1 号线丁公路北站等地，就春运组织保障、综合运输服务衔接等情况进行考察。

▲南昌市各界劳模迎新座谈会在前湖迎宾馆召开。

26 日

全市松材线虫病防治和森林防火工作会议在湾里区召开。

▲“南昌绿谷”罗亭都市现代农业休闲观光走廊项目建设现场办公会召开。与会人员现场察看罗亭镇岭南村“五位一体”示范村、“三位一体”服务中心建设现场及扶贫产业园选址情况。

30 日

南昌市“兴家风、淳民风、正社风”榜样人物发布会在南昌广播电视台举行。发布会颁布 30 位(组)“家风、民风、社风”榜样人物。

2　月

1—3 日

中共中央总书记、国家主席、中央军委主席习近平在中共中央政治局委员、中央政策研究室主任王沪宁,中共中央政治局委员、中央军委副主席范长龙,中共中央政治局委员、中央书记处书记、中央办公厅主任栗战书等陪同下,到江西考察指导,看望慰问广大干部群众和驻赣部队。2 日,习近平在南昌接见驻赣部队师以上领导干部和建制团单位主官,代表党和中央军委,向驻赣部队全体官兵致以诚挚问候,向全体解放军指导员、武警部队官兵、民兵预备役人员致以新春祝福。3 日,习近平在南昌市考察企业、高校和社区。在江中集团江中药谷制造基地,习近平察看产品展示,视察自动化生产线和质量检测中心,并听取江西省生物医药产业发展总体情况介绍。在南昌大学,习近平视察国家硅基 LED 工程技术研究中心实验室,听取实验室研究成果介绍,视察芯片制作流程,了解实验室科技创新、人才培养、产学研结合等情况,并视察南昌光谷展厅。在东湖区彭家桥街道光明社区,习近平视察社区宣传栏和社区服务站办事大厅,了解社区党建工作、便民服务、创建和谐等情况。

2 日

江西汉昀孵化器“侨梦苑”港澳青年创业创新基地授牌仪式举行。

3 日

江西省首家汽车穿梭西式餐厅——肯德基汽车穿梭餐厅在高新区开业。

4 日

2016 首届新建区望城“南昌之光”超级艺术灯会在新建区望城公园举行。3 月 20 日结束。

▲全省首个园区流动党员服务中心——昌东工业区流动党员之家揭牌启用。

▲市政府、临空经济区与博看科技(北京)有限公司合作协议签署仪式举行。

9 日

国务院下发《国务院关于南昌出口加工区整合优化为综合保税区的批复》。这标志着经过全市上下三年多的努力,南昌综合保税区申报工作取得成功。

14 日

市委中心组(扩大)法制讲座在红谷滩会议中心召开。中国政法大学法学院院长、教授、博士生导师薛刚凌应邀作题为《推进依法行政,建设法治政府》的讲座。

15 日

全市开放型经济工作会议在红谷滩会议中心召开。会议通报 2015 年全市开放型经济工作情况和省市重点调度重点督办招商引资项目推进情况,以及 2015 年第四季度“六个跟踪”情况。高新区、小蓝经开区、进贤县、西湖区在会上作表态发言。

17 日

全市公务用车制度改革动员大会在市政府小礼堂召开。南昌市公务用车制度改革方案于 2 月 5 日获省公务用车制度改革领导小组批复,除保留必要的机要通信、应急特种专业技术用车和符合规定的一线执法执勤车辆及其他车辆外,全市其余公务用车将一律取消。

▲市纪委十届六次全会在红谷滩会议中心开幕。18 日闭幕。

▲市人社局、市总工会、市妇联、市扶贫办 2016 年“春风行动”新春招聘会在市就业大厦举办。招聘会共组织用工单位 151 家,提供岗位 12809 个,涵盖 73 个工种专业。进场人数达 1.2 万人次,应聘人数 5237 人,达成就业意向 1908 人,现场录用 754 人。

18 日

省委副书记、省长鹿心社一行到位于高新区的中科院(江西)移动医疗暨分子影像应用创新研究院、江钨浩运科技公司等地考察调研。

▲由市文化广电新闻出版局主办的“春暖花开新飞跃 · 欢天喜地闹元宵”南昌市 2016 年元宵市民欢乐汇活动在樟树林文化生活广场举行。

22 日

中国(南昌)虚拟现实 VR 产业基地全球发布与推介会在前湖迎宾馆举行,标志全球首个城市级 VR 产业基地诞生。

24 日

省市领导龚建华、江晓斌、龙和南、姚燕平一行就全市教育工作进行调研,并召开座谈会就全市教育工作和提高教育教学质量、加强教师队伍建设、加大教育发展投入等问题,听取市教育系统、中小学校、幼儿园、民办学校、职业教育学校负责人和教师代表的意见和建议。

▲西湖区“阿里云创客 +”项目在杭州正式签约,标志“阿里云创客 +”孵化基地项目正式落户西湖区。

25 日

全市城市工作会议在红谷滩会议中心召开。会议传达学习国务院和省政府关于深入推进新型城镇化建设电视电话会议精神;通报表扬全市创建“国家森林城市”以及地铁 1 号线运营工作先进集体和个人;组织收看专题片学习国内外旧城复兴及停车场规划建设经验做法。

▲全市农村暨生态文明建设、“河湖长制”、河道采砂管理工作会议在红谷滩会议中心召开。

25—26 日

九江市委副书记占勇率九江市学习考察团一行到艾溪湖湿地公园、瑶湖郊野公园等地,就南昌、九江两市经济社会发展情况特别是城市棚户区改造、生态规划建设、CBD 打造等方面进行考察交流。

26 日

全省首家知识产权仲裁中心——南昌仲裁委员会知识产权仲裁中心授牌成立仪式在南昌举行。

29 日

2016 年新春义务植树活动在新建区溪霞国家农业综合开发现代农业园区举行。

▲2016 长江中游城市群省会城市会商会旅游交流展示活动在绿地广场举行。来自武汉、长沙、合肥、南昌四市的旅游部门向游客展示各自城市的旅游特色和传统美食。副市长张根水为四地旅游局长授旗。

▲湖北省委常委、武汉市委书记阮成发和市长万勇率武汉代表团,安徽省委常委、合肥市委书记吴存荣率合肥代表团分别到南昌瓷板画艺术博物馆展厅、江中集团江中药谷等地,就南昌经济社会发展和城市建设情况进行考察调研。

3　月

1 日

长江中游城市群省会城市第四届会商会在前湖迎宾馆召开。会议以“优势互补，立足实干开创长江中游城市群省会城市合作新局面”为主题，共谋长江中游城市群一体化发展。会议签署《长江中游城市群省会城市第四届会商会合作协议(南昌行动)》《2016年长江中游城市群省会城市旅游合作协议——南昌行动》，明确四省会城市合作新目标。

▲国务院教育督导组一行到东湖区，就2016年春季开学工作进行专项督导。

▲全市扶贫助困对接活动动员会在市工人文化宫文体中心举行。

2日

南昌汉代海昏侯国考古新闻发布会和考古成果展在北京首都博物馆举行。省委常委、秘书长、南昌汉代海昏侯国遗址文物保护领导小组组长朱虹，国家文物局局长刘玉珠出席并讲话。副省长殷美根主持新闻发布会。

▲“关注儿童听力健康”第十七次全国“爱耳日”宣传教育活动在青云谱区灌婴小学举行。

3日

江西省“春季爱国卫生运动”启动仪式在西湖区象山文化广场举行。

▲2016年江西(瑶湖)荷兰郁金香主题花卉展在高新区正式开展。此次花展以“花为媒·春之歌”为主题，为期38天，是全省历史上规模最大的郁金香花展。

▲全市县乡领导班子换届工作会在红谷滩会议中心召开。

4日

省市领导强卫、刘奇、朱虹、毛伟明、龚建华、郭安、江晓斌、龙和南、肖玉文一行前往北京首都博物馆，察看南昌汉代海昏侯国考古成果展示情况。

▲南昌市“最美地铁志愿服务队”“最美地铁志愿者”表彰大会在市文明办召开。大会表彰140余名地铁志愿者代表。

5日

全市“小手拉大手，文明齐步走之‘文明出行’——学雷锋，公益小天使在行动”主题教育活动正式启动。

▲全市第十三届女性专场招聘会举行。本次招聘会用工企业182家，提供累计73个工种的岗位12809个，5700余人进场求职，1987人达成就业意向，现场录用602人。

▲省市领导龚建华、江晓斌、肖玉文在北京经济技术开发区考察，听取嘉捷无线充电、平安微创肿瘤精准化诊疗等项目介绍，并就落户南昌进行洽谈和交流。

6日

南昌市各界妇女庆祝三八国际妇女节106周年纪念大会在市妇女儿童活动中心举行。大会表彰2015年度市级三八红旗手45名、市级三八红旗集体22个、巾帼志愿者之星10名、优秀巾帼志愿服务队10支、优秀“妇女儿童之家”30个、优秀“妇女儿童之家”专管员50名和优秀妇委会主任20名。

6—8日

全市领导干部学习贯彻中共十八届五中全会精神专题研讨班在市委党校举行。7日，研讨班分别围绕“创新发展与中国宏观经济”“绿色发展与生态文明建设”主题举行两场专题辅导讲座。

7日

省市妇联纪念“三八”国际妇女节106周年暨全省绿色家庭创建现场推进会在新建区朱坊村举行。

11日

南昌市特色示范镇村建设现场推进会在进贤县召开。与会人员察看进贤县温圳镇东岗岗前中心村、文港文房四宝交易市场、白圩乡白圩赵家中心村及白圩乡特色小镇建设情况。

▲珠海市副市长潘明率考察团到南昌，并与南昌市政府签署《旅游合作框架协议》。

15日

省侨联侨青创新创业示范基地在小蓝创新创业基地揭牌成立。

16日

南昌市启动统一平面测绘基准建设工作会议在市政府第一会议室召开。

17日

全市关心下一代工作委员会全体成员会在市委第一会议室召开。会议传达中央、省、市领导对关工委工作的批示，审议通过《南昌市关工委工作报告》。

▲南昌市设立分会场，组织收听收看2016年全国打击侵权假冒工作电视电话会议。

18日

接中共江西省委赣委〔2016〕106号通知，省委决定：华清任中共南昌市委委员、常委(正厅级，挂职两年)。

18—19日

全省首届国际房车露营高峰论坛在安义县东方港湾度假村举办。

19日

瑞金市委书记、瑞金经开区党工委书记许锐率瑞金市党政考察团到南昌县，考察汽车零部件、生物医药、食品产业发展以及创新创业等工作。

21日

江西广播电视台《党风政风热线》户外直播节目在南昌市举行。市领导郭安、刘建洋等出席直播，就党风政风建设、民生发展等问题与听众、网友及现场群众进行交流。

22日

全省大众创业万众创新现场推进会在南昌市召开。

▲由“百名画家画安义”大型采风活动在安义县东方港湾度假村举行。全省100余名画家参加此次活动。

24日

全省首家工会工资集体协商工作室在市总工会挂牌成立。

26日

全市政法工作暨社会治安防控体系建设会议在红谷滩会议中心召开。会议通报表扬2015年度全市综治目标管理考核成绩突出单位。

27日

2016第三届环鄱阳湖国际骑游大会在新建区汪山土库开幕。来自30多个国家500余名骑友参加活动。

28日

中国科学院院士许厚泽、中国科学院研究员刘成恕、华中科技大学教授王雪峰一行到位于南昌县的南昌永祺科技发展有限公司，参观考察院士工作站建站情况。

▲南昌市在市政府小礼堂设立分会场，组织收听收看国务院、省政府第四次廉政工作电视电话会议。会议结束后召开市政府第四次廉政工作会议，总结2015年全市政府系统廉政建设和反腐败工作情况，部署2016年工作。

29日

2016年全市食品安全工作暨食品药品监管体系建设推进会在市食品药品监督管理局召开。

30日

青云谱区“全国青少年校园足球试点区揭牌仪式暨首届校园足球文化节启动仪式”在洪都小学举行。

4　月

1日

市政府与同济大学战略合作恳谈会暨签约仪式举行。副市长肖玉文代表市政府与同济大学签署产学研合作协议书。恳谈会上，经开区与同济大学、上海同济城市规划设计研究院签署新能源汽车产业基地概念规划设计合同，江铃汽车集团公司与同济大学汽车学院签署新能源汽车技术研发和应用合作意向书。

▲2016第五届南昌“休闲农业·秀美乡村”活动月启动仪式在南昌菜园举行。

▲全省第35届“爱鸟周”宣传活动启动仪式在安义二中举行。

2日

2016年首届湾里洗药湖春季梅岭古道穿越集结赛举行。全市100多个代表队1600余人参加活动。

8—9日

九江市市委书记杨伟东、市长林彬杨率九江市党政代表团到高新区综合规划展示馆、江铃控股有限公司、万达文化旅游城、南昌人才大厦等地考察，就经济社会发展经验进行交流，寻求抢抓重大战略机遇契合点，共促南昌、九江一体化发展。

9—10日

文化部部长雒树刚率文化部调研组一行到南昌汉代海昏侯国遗址、南昌八一起义纪念馆等地，就文化建设工作进行调研。

▲2016年首届江西安义“鼎湖杯”场地越野挑战赛在鼎湖家园度假村举行。来自湖南、湖北、广东、安徽等7个省市的12个车队，60余名赛车手参赛。

10日

“安义金花·品味城乡”2016年南昌市谷雨诗会在安义县东方港湾度假村举行。此次诗会共收到北京、香港等13个省份386位作者的1635首诗作。

12日

俄罗斯彼尔姆州州长巴萨尔金·维克多·费多罗维奇率政府代表团到高新区参观考察。

13日

全市农村生活垃圾治理现场推进会在新建区联圩镇召开。

14—15日

中央农村工作领导小组副组长袁纯清率中央农村工作调研组一行到江西人之初营养科技股份有限公司、绿滋肴实业有限公司等地，就涉农领域投资情况进行专题调研。

15日

全市“百企帮百村”精准扶贫行动启动仪式举行。全市69个民营企业、基层商会与全市63个贫困村现场签订帮扶协议。

16日

2016年促就业惠民生暨“牵手毕业生”南昌万达城专场大型招聘会在红谷滩会议中心举办。招聘会现场，800余名求职者与用人单位达成就业意向。

19日

南昌市在红谷滩会议中心设立分会场，组织收听收看全省“两学一做”学习教育动员部署电视电话会议。会议结束后召开全市“两学一做”学习教育动员部署会。

19—21日

交通运输部城市轨道交通运营安全检查组到南昌，对全市轨道交通运营安全进行督导检查。交通运输部检查组听取市交通运输局及南昌市轨道集团对安全管理工作开展的汇报，并实地检查城市轨道交通管理部门和运营单位应急能力建设、公共安全防范落实情况。

20日

南昌市6个教育集团成立授牌仪式在南昌二中教育集团青山湖校区举行。

21日

江西省“扫黄打非”工作领导小组和南昌市“扫黄打非”工作领导小组2016年侵权盗版及非法出版物集中销毁活动江西分会场启动仪式在南昌举行。现场集中销毁侵权盗版及非法出版物29.57万件，其中盗版及非法音像制品9.1万件，盗版软件及非法电子出版物3.75万件，盗版及非法书报刊16.72万件。

▲2016国际轨道交通产业合作峰会在南昌举行。副市长肖玉文作主题演讲。美国驻武汉总领事馆总领事周重山、中国中小企业协会副秘书长李鲁阳、商务部投资促进事务局副局长易旸、中国国际铁路公司总经理黄弟福、国家发改委城市中心综合交通规划院院长张国华等出席。

▲省市“我爱我家·同悦书香”亲子阅读活动启动仪式在红谷滩育新分校举行。此次活动主题为“书香飘万家”。

22日

南昌市设立分会场，组织收听收看全省防汛工作电视电话会议。会议结束后召开全市防汛工作电视电话会议。

▲全市“教师全员优质阅读行动”启动会暨阅读高峰论坛开幕式举行。

25日

市委中心组（扩大）专题学习会在红谷滩会议中心举行。会议以文化经济与文化产业发展为主题进行学习。省市领导龚建华、郭安参加学习并在会前会见主讲人——北京大学文化产业研究院研究员沈望舒。

25—26日

国务委员、国务院党组成员王勇一行到经开区、湾里区、高新区等地，就国有企业提质增效和深化改革情况进行调研。国务院副秘书长孟扬、国务院国资委副主任张喜武随同调研。

▲青岛市第四期港澳台海外代表人士国情研修班一行到南昌学习考察。

28日

全市劳动模范和先进工作者表彰大会在红谷滩会议中心召开。省委常委、市委书记龚建华出席并为获表彰的劳动模范和先进工作者代表颁奖。

▲南昌市第五届全民健身运动会启动仪式暨2016“五一杯”南昌市第二届足球、羽毛球锦标赛颁奖仪式在青云谱区实验学校举行。

▲全市外事侨务港澳工作会议在市政府小礼堂召开。会议传达贯彻全国外办主任会议和全省外事侨务港澳工作会议精神，总结部署工作。

29日

南昌地铁1号线“校站共建”志愿服务活动签约暨授牌仪式在地铁大厦会议室举行。

▲“兴家风、淳民风、正社风”——“爱心捐赠墙，关爱进社区”公益活动在东湖区章江园广场启动。

▲南昌市第十中学经开区校区授牌仪式暨高中部董事会成立和初中部委托办学签约仪式举行。

▲接中共江西省委赣委〔2016〕138号通知，省委决定：肖玉文任中共南昌市委常委。

30日

“红谷滩杯”2016年南昌市棋类项目（个人）锦标赛在红谷滩会议中心开幕。本次大赛以“提倡全民健身，推行素质教育”为主题，共有680余位棋手参赛。

5月

1日

华夏文房四宝交易博览会在南昌市古玩城开幕。

4日

全市“总河湖长”会议在市政府小礼堂召开。会议总结回顾前一阶段工作，安排部署下一阶段工作。会前，与会人员现场察看新建区乌沙河“河湖长制”开展情况、经开区龙潭水综合整治工程。

▲南昌市“兴家风、淳民风、正社风”青年榜样第五届“南昌青年五四奖章”事迹发布会暨奋斗的青春最美丽巡回宣讲启动仪式在红谷滩会议中心举行。

▲南昌市残疾人自强模范和优秀残疾人工作者先进事迹首场巡回演讲报告会在东湖区文化活动中心举行。报告团

成员等300余人参加报告会。

6日

“天下英雄城·南昌”移动新媒体宣传推广活动记者见面会召开。9日至16日，19家主流移动新媒体（微信公众号）联合推出“天下英雄城·南昌”旅游品牌和城市形象宣传活动。

▲2016年全国射击冠军赛（步枪项目）在南昌湾里射击中心开幕。来自全国32支代表队共392名运动员参加比赛。

8日

国家卫生和计划生育委员会副主任、国家中医药管理局局长王国强一行到市洪都中医院，就中医药特色技术应用工作进行调研。

9日

第15届赣港经贸合作活动——“金融·资本·绿色发展”合作交流会在香港会展中心举行。省委书记强卫发表主旨演讲。香港特区政府财政司司长曾俊华、香港贸易发展局副总裁叶泽恩等分别致辞。会上举行重大合作项目签约仪式。南昌市共签约项目11个，投资总额25.31亿美元。

9—10日

济南市委常委、秘书长杨峰率济南市考察团一行到新建区农民工综合服务中心、市农民工综合服务中心等地，就两市经济社会发展情况特别是被征地农民社会保障工作进行考察交流。

10日

陕西省委常委、延安市委书记徐新荣率延安市党政代表团到小平小道、南昌新四军军部旧址陈列馆等地参观考察。

11日

市领导郭安、肖玉文前往香港大学医学院，考察调研香港凯普生物科技有限公司。

▲市委中心组“两学一做”专题学习会在市委第二会议室召开。会议以“坚定执着追理想”主题开展集体学习。市委中心组成员集中观看警示教育片《镜鉴》，听取省委党校党史党建教研部主任杨会清所作辅导报告，并进行集中学习研讨。

12日

全市降低企业成本优化发展环境专项行动入企帮扶动员大会在红谷滩会议中心召开。

▲国民党名誉副主席蒋孝严一行到湾里区参观考察。

13日

市政府与国家开发银行江西省分行“十三五”全面深化合作开发性金融合作备忘录签约仪式举行。市委副书记、市长郭安出席签约仪式并会见国家开发银行江西省分行行长吴守华一行。

14日

全市科技活动周启动暨“五星社区”赠书仪式举行。

▲全市县乡领导班子换届工作领导小组（扩大）会议在市委第一会议室召开。

15日

省、市庆祝第二十六次“全国助残日”活动启动仪式举行。活动以“关爱孤残儿童，让爱洒满人间”为主题，设置轮椅发放、助听器验配、康复知识和法规政策宣传、就业招聘、产品义卖和文艺演出等环节。

16日

2015年度十大考古新发现终评新闻发布会在北京举行。南昌西汉海昏侯墓入选“2015年度全国十大考古新发现”。

17日

清华大学教授熊澄宇一行到红谷滩新区，参观考察中国（南昌）虚拟现实VR产业基地，并召开研讨会，围绕南昌市VR产业如何在教育平台、研发平台、资金平台、创新平台、政策平台上起步发展进行讨论。

▲澳门真善妇女协会会长何美娥一行到市社会福利院和南昌SOS儿童村，就妇幼慈善福利机构发展情况进行调研。

18日

市委全面深化改革领导小组全体会议和法治南昌建设领导小组全体会议在市委第二会议室召开。会议听取全市2015年全面深化改革工作总结、重大改革事项专项督察“回头看”工作汇报，审议2016年改革工作要点、重点改革举措、各专项小组工作计划；听取2015年法治南昌建设工作总结和年度考评汇报，审议2016年法治南昌建设工作要点和工作计划。

19日

国家土地督察南京局副专员刘兴广率督察组一行到南昌，对全市开展土地例行督察。召开全市土地例行督察启动会，就全市2015年度土地利用和管理情况进行汇报。会议宣读《督察通知书》《工作纪律告知书》，送达《廉政跟踪卡》。

▲全市综治工作“百日攻坚战”活动动员大会在市委第一会议室召开。

20日

中意产业园战略合作协议暨3D裸眼显示项目签约仪式在经开区举行。

▲全市县区领导班子换届考察工作动员暨业务培训会召开。会议对相关工作进行动员部署。市委考察组全体成员观看警示教育片《镜鉴》并签订《换届风气监督保证书》。

21日

“江西风景独好”南昌、九江、景德镇、抚州联合旅游宣传推广活动在武汉举行。副市长张根水、武汉市副市长刘英姿等出席并致辞。

22日

“南昌绿谷”十公里江西跑友邀请赛暨南昌国际马拉松选拔赛在安义县斐然生态园举行。来自全省11个地市1000余名跑步爱好者及部分外籍跑友参加比赛。

23日

全市深入开展货运车辆超限超载运输治理工作动员部署会召开。

23—24日

中共中央政治局常委、国务院副总理张高丽在江西调研并在南昌召开供给侧结构性改革座谈会，听取江西经济社会发展、供给侧结构性改革情况汇报，听取江铃集团、晶能光电等企业负责人对推进“三去一降一补”的意见建议。张高丽一行在南昌考察赣江生态环境整治示范工程、隆祥苑小区等地，察看水资源生态保护、房地产去库存等情况，了解江西推进“三去一降一补”工作进展。财政部部长楼继伟、国土资源部部长姜大明、国务院副秘书长丁向阳、国家发改委副主任胡祖才、工信部副部长陈肇雄、环境保护部副部长赵英民、国务院研究室副主任韩文秀随同调研。

23—27日

住建部质量安全司副司长曾宪新率全国工程质量治理两年行动监督执法检查第一检查组到南昌，对全市开展工程质量治理两年行动工作进行监督执法检查。

24日

全市首个女性创客社会组织——南昌市巾帼创客协会成立大会在江西淘鑫电子商务有限公司举行。

25日

全国首届“万步有约”职业人群健走奖励大奖赛西湖赛区启动仪式举行。

25—26日

参加全省城市工作会议暨城市工作现场推进会与会人员利用两个半天时间先后到进贤县电子产业园、青岚湖森林公园、医疗产业园、白圩九龙湾公园等项目现场，考察产城融合、园区建设、城乡建设等工作情况。

26日

全市首届家庭教育节开幕式暨

2016年家庭教育百场公益巡讲首场讲座在红谷滩会议中心举行。

26—27日

西班牙商务考察团在南昌市考察。

27—28日

国家发改委副秘书长、投资司司长许昆林率国务院促进民间投资专项督查组到同心谷·商联中心、欧菲生物识别技术有限公司、联创电子有限公司、江联重工股份有限公司、雄宇钢构集团等地,就促进民间投资政策落实和有关工作情况开展专项督查。

28日

南昌万达文化旅游城正式启动运营。省政协主席黄跃金宣布启动运营。省委常委、市委书记龚建华,国家旅游局副局长王晓峰致辞。南昌万达文化旅游城项目位于红谷滩新区九龙湖新城,总投资400亿元,项目占地266.67公顷,总建筑面积约470万平方米,可同时容纳3万名游客。

▲全市"点亮未来,相约金彩"——庆六一文艺演出暨颁奖仪式在市少年宫举行。

29日

南昌博看新经济产业发展基金设立发布暨首批示范项目签约仪式举行。燕南科技指静脉生物识别、博瑞智能终端、莱特兄弟飞行模拟器开发制造等3个首批落户示范项目签约。签约仪式发布南昌新经济产业发展创新、创业宣言。省委常委、市委书记龚建华为基金揭牌。

30日

全市降低企业成本、优化发展环境专项行动政策集中宣讲会在红谷滩会议中心举行。

▲南昌汉代海昏侯国遗址博物馆网上博物馆上线发布会在市政府小礼堂举行。

▲市委中心组(扩大)暨南昌政协大讲堂"适应经济发展新常态,推进供给侧结构性改革"专题报告会在红谷滩会议中心举行。民建中央经济委员会副主任、中央电视台财经频道评论员马光远以《供给侧改革与中国经济的未来》为题作专题报告。

31日

全市"两创"企业政策宣讲会暨座谈会在南昌国际展览中心举行。会议介绍挂点帮扶"两创"企业活动实施方案,就全市"两创"示范政策进行具体解读,并对有关问题进行现场解答。

▲南昌火车站东站房正式启用。市委副书记、市长郭安一行到南昌火车站东广场察看现场情况,了解车站卫生环境、路牌标识、志愿者服务、旅客出行等相关工作情况,并试乘免费接驳车。

▲南昌市"培育好家教,传承好家训"家风建设巡讲首场报告会在红谷滩会议中心举行。

▲江西省戒烟大赛启动仪式在象南文化广场举行。

6　月

1日

全市电子信息产业企业政策宣讲会暨企业座谈会在高新区举行。

▲华侨城项目签约仪式在西湖区举行。

2日

红谷创新论坛首届峰会在红谷滩新区九龙湖新城举行。峰会以"新城崛起与产业提升新战略"为主题,邀请全球经济、制造、城市建设等多个领域的权威专家与政界代表,共同探讨红谷滩新区创新驱动发展战略。峰会上,"美国创客学院江西分院(筹)"和"江西现代服务业产业基地"举行揭牌仪式并正式落户红谷滩新区。

3日

南昌绿谷溪霞国家现代农业示范区招商项目签约暨政策扶持对接会召开。

4日

菏泽市市委书记、市人大常委会主任孙爱军率菏泽市党政代表团到小平小道、江中药谷、南昌欧菲光科技有限公司等地,就两市经济社会发展情况进行调研。

6日

第五届中国创新创业大赛江西赛区暨第一届"洪城之星"创新创业大赛正式启动。

7日

南昌汉代海昏侯国遗址管理局挂牌仪式在南昌市公交集团大厦举行。

▲宜春市委书记邓保生、市长蒋斌率宜春市党政代表团到红谷滩新区九龙湖新城、进贤县、绿地中心303观光厅等地,就经济社会发展和城市建设管理经验进行考察交流。

8日

全市县乡两级人大换届选举工作会暨业务培训会在红谷滩会议中心召开。会议传达学习中央、省委关于县乡两级人大换届选举工作相关要求,并就全市县乡两级人大换届选举工作进行部署。

▲全市"跨越时空的井冈山精神"庆祝中国共产党成立95周年大型群众歌咏比赛决赛在南昌广电中心演播大厅举行。

▲市委中心组(扩大)专题报告会在红谷滩会议中心召开。会议邀请中国考古学会秦汉考古专业委员会主任、国家文物局驻海昏侯墓考古专家组组长信立祥作专题报告,解读南昌汉代海昏侯国遗址的价值和意义。

11日

2016年江西省非遗展演、展示、展览暨文化遗产日邮票首发仪式在南昌古玩城举行。

12—14日

2016年全市招商引资"小三看"活动举行。省市领导龚建华、郭安等分别到各县区,察看招商引资项目推进情况,督促各地比学赶超狠抓产业发展。

14日

"南昌—成都书画交流展"在南昌365艺术馆开展。

15日

省市领导龚建华、刘建洋、江晓斌、刘家富一行到市信访局接待来访人员,听取相关反映问题,依法依规研究诉求解决办法。

16日

全省安全生产月宣传咨询日活动在红谷滩会议中心南广场举行。此次活动以"强化安全发展观念,提升全民安全素质"为主题,旨在最大限度地消除事故隐患,遏制重特大事故发生,促进安全生产形势稳定。

17日

2016中国·南昌新媒体发展报告会举行。开幕式后,来自清华大学、东方网、今日头条、乐视网等单位的专家学者分别以《区域新媒体的微观与宏景》《信息碎片化时代的新兴媒体盈利模式》《如何反哺媒体增强融合》《探索VR在新闻领域的应用》《VR作为体验媒体的未来》《媒体进化与媒体再造》为题作专题报告,分享媒体融合经验,阐述VR发展前景。此次报告会以"融合·跨界,赢市场见未来"为主题,旨在研讨互联网新媒体现状、发展趋势以及融合跨界的发展路径。

18日

南昌绳金塔书画院揭牌成立仪式举行。

20日

全省现代农业示范园区建设现场推进会在南昌召开。与会代表到南昌溪霞国家现代农业示范园、斐然生态园、春晖生态蓝莓基地和绿能农业发展有限公司,察看南昌打造"绿谷"示范园区工作。

▲南昌市与中国科学院科技合作会谈会在北京召开。会议深入贯彻落实全

国科技创新大会精神特别是习近平总书记重要讲话精神，就深化院地合作、推动创新发展进行会谈交流。

21 日

国家发改委副主任兼国家统计局局长宁吉喆率调研组到晶能光电（江西）有限公司、江西省国家级大学生创新创业示范基地等地，就全市经济运行情况进行调研，并主持召开企业家座谈会，听取意见建议，了解企业在发展中的实际困难。

▲省市领导龚建华、江晓斌、肖玉文一行赴天津市，参观天津市规划展览馆、海河意式风情区、泰安道五大院英式风情区等地，就城市建设管理、国家级新区开发建设、改革发展等工作进行考察学习。

22 日

“中国现代漆画文献展（全国巡展—南昌站）暨历届全国美展江西优秀漆画展”开幕式在江西省美术馆举行。

▲省市领导龚建华、江晓斌、肖玉文在北京走访中国中车股份有限公司，并召开座谈会，就进一步深化双方合作进行交流。

25 日

长江中游城市群四省会城市第四届人社工作一体化发展会商会在南昌国际展览中心召开。此次会商会以“融才汇智、互惠共赢——互联网 + 人才共享机制”为主题，南昌、武汉、长沙、合肥 4 市共同签订长江中游城市群四省会城市“互联网 + 人才信息”共享机制合作建议。长江中游城市群四省会城市人才共享服务平台分别在南昌、武汉、长沙、合肥四市人社局专业人才网同步上线。

26 日

中国（南昌）VR 产业基地新闻发布暨创新孵化中心签约仪式举行。50 余家 VR/AR 相关企业与中国（南昌）虚拟现实 VR 产业基地签订入驻协议。

▲南昌市新生代企业家商会成立暨第一次会员大会在南昌喜来登酒店召开。

▲“天下英雄城、休闲在湾里”万人徒步行活动在湾里区梅岭景区举行。活动设置线上“为奥运精神助跑”游戏和线下“万人徒步行，喜迎奥运日”活动，吸引户外运动爱好者近万人参加。

27—28 日

国家病媒生物控制标准专业委员会工作会议在市疾控中心召开。国家疾控局副局长白呼群等出席。与会人员对南昌市病媒生物防制和爱国卫生工作进行考察，并参观南昌市疾控中心病媒生物展览厅和病媒实验室等地。

28 日

在赣全国人大代表调研组到绿地国际博览城三期卢塞恩风情小镇、万达茂、味粽创客空间、海立电器、南昌欧菲光科技有限公司等地，就“降成本、优环境”工作进行调研，并召开汇报会听取相关情况汇报。

▲“行善了”互联网 + 大型科技助残平台启动仪式暨新闻发布会召开。

30 日

南昌市庆祝中国共产党成立 95 周年大会在红谷滩会议中心举行。

7　月

1 日

全市“庆祝中国共产党成立 95 周年书画摄影作品展”在南昌美术馆开幕。此次书画摄影展共展出 200 多幅作品，展期 7 天。

2 日

南昌市首届“八一杯”全国青少年校园足球邀请赛在市第五中学正式开幕。此次比赛赛程共 4 天。

6 日

重庆猪八戒网江西省区域总部项目签约仪式在经开区管委会举行。

8—9 日

惠州市市委书记、市人大常委会主任陈奕威率惠州市党政代表团到南昌，开展经贸交流及考察活动。

11 日

南昌市妇幼保健院落户市第三医院挂牌仪式举行。

▲小蓝经开区投资环境推介会暨重大项目签约会在深圳举行。现场签约 5 个重大新项目，投资额达 38.5 亿元。

12 日

腾讯青年众创空间（南昌）新闻发布会在经开区举行。市委常委、副市长肖玉文出席并宣布开园。腾讯青年众创空间（南昌）是江西省规模最大的众创空间。该空间于 2016 年 2 月底试运营，目前已有 33 家创业团队入驻，涉及移动互联网、智能硬件、文化创意等领域。

15 日

全市“十百千万”工作暨工会干部“进园区”行动经验交流会在青云谱区召开。

16 日

江西绿色生态发展推介会在高新区举行。省人大常委会副主任、省侨联主席马志武致辞。中国侨联副主席、福建省侨联主席王亚君，中国侨联组织人事部部长李杰，省侨联党组书记张知明等出席。市委常委、副市长肖玉文就全市投资环境进行宣传推介。

▲2016 年赣陶两地青少年儿童“手拉手·心连心”融情实践夏令营在青山湖区京东学校开营。副省长殷美根宣布开营并授营旗。省政协副主席郑小燕出席并讲话。此次夏令营活动共有 160 余名两地青少年儿童参加，江西分营 125 名新疆青少年代表于 7 月 16—22 日在南昌、井冈山、宜春等地开展学习参观和民俗交流等活动；新疆分营 40 名江西青少年儿童代表将于 8 月赴新疆阿克陶县学习交流。

▲2016 年“卓尔杯”全国中学生足球挑战赛（东部片区赛）在南昌二中开赛。共有来自山东、浙江、江西等 6 个省份的 20 支中学生足球队参赛。

20 日

全市“六五”普法总结暨“七五”普法动员大会在红谷滩会议中心召开。

▲南昌市设立分会场，组织收听收看全国安全生产电视电话会议。

21—22 日

萍乡市委书记李小豹、市长李江河率萍乡市党政代表团到高新区规划展示馆、南昌航空工业城等地考察，就两市经济社会发展经验进行交流。

23 日

市政协“三风伴我行，送法进社区”系列活动启动仪式在胜利路步行街明秀广场举行。

24 日

深圳市南昌商会成立大会暨“南昌光谷”产业推介会在深圳举行。

25 日

八一南昌起义暨建军 89 周年纪念座谈会在红谷滩会议中心召开。座谈会围绕“不忘初心、继续前进”，回顾总结八一南昌起义的历史贡献和伟大意义；阐述剖析“八一精神”的科学内涵和时代价值；研讨新的历史条件下传承“英雄基因”、弘扬“八一精神”的时代要求和战略举措，并为做好迎接八一南昌起义暨建军 90 周年有关工作提出意见建议。

▲全市征兵工作电视电话会议召开。会议贯彻落实全省征兵工作视频会议精神，总结部署全市征兵工作。会前南昌市组织收听收看 2016 年全省征兵工作视频会议，市委常委、常务副市长刘建洋代表南昌市作相关汇报。

26—27 日

墨西哥梅里达市副市长维克多·雨果·洛萨诺·波韦达率墨西哥梅里达市政府代表团一行到南昌访问。

27 日

长江中游城市群(南昌)四省会城市商会合作交流会在南昌市召开。会上,武汉、长沙、合肥、南昌四省会城市工商联共同签署《长江中游城市群(南昌)四省会城市暨相关城市圈民间商会合作备忘录》。

28 日

“2016 首届中德(南昌)啤酒音乐节暨第五届湾里纳凉节”在湾里区太平镇开幕。

29 日

临空经济区北京产业园重大项目签约仪式举行。

▲第 13 届中国东南地区数学奥林匹克竞赛在南昌县文化会展中心开幕。

30 日

省领导刘奇、龚建华,省军区政委杨笑祥一行到新建区铁河乡铁河小学、铁河乡赣西联圩方洲段等地,察看防汛工作情况,并走访慰问入赣支援抗洪救灾火箭军某部官兵,并代表省委、省政府向驻赣人民解放军全体指战员、武警部队官兵和民兵预备役人员,以及入赣支援抗洪救灾部队全体官兵致以节日问候,向全省军队离退休干部、革命伤残军人、转业复员退伍军人和烈军属致以崇高敬意。

8 月

1 日

《建军大业》在北京正式开机。国家新闻出版广电总局电影局副巡视员周建东,中国电影股份有限公司董事长喇培康,八一电影制片厂政委张方军,市委常委、宣传部部长龙和南,博纳影业集团董事长于冬及部分主创人员、主要演员等出席开机发布会。

▲中国东南地区奥数比赛在南昌县莲塘一中举行。

2 日

市委常委、宣传部部长龙和南一行在北京考察北奥国际盛典文化发展公司,并召开协调会推进第五届南昌国际军乐节筹备工作。

3—4 日

2016 年人大代表集中视察全市重大重点项目活动开展。共 59 名全国、省、市人大代表分成“工业、服务业、农业和城乡统筹”“城市建设和管理”“社会和民生事业”三组,到全市部分重大重点项目建设现场进行集中视察,并召开视察情况沟通会,听取项目实施情况汇报,给项目推进提建议、献良策。

8 日

全市土地例行督察整改和永久基本农田划定工作部署会召开。

▲2016 年南昌市“全民健身日”健身项目大展示活动在南昌县举行。

▲市委中心组“创新发展与城市竞争力”专题学习报告会在红谷滩会议中心召开。清华大学教授、新闻与传播学院学术委员会主任、国家文化产业研究中心主任熊澄宇作主题演讲。同日,市委副书记、市长郭安会见熊澄宇,并为其受聘南昌市人民政府经济顾问颁发证书。

9 日

全市首届残障人士相亲交友大会在滨江宾馆举行。此次残障人士相亲交友大会以“七夕相会、为爱牵手”为主题,共 400 余名男女嘉宾参加。

10 日

南昌市人口健康信息化平台上线暨居民健康卡首发启动仪式举行。

11 日

清华大学教授、新闻与传播学院学术委员会主任、国家文化产业研究中心主任熊澄宇率专家调研组到南昌瓷板画艺术博物馆、699 文化创意产业园等地,就南昌市文化建设情况进行调研,并召开座谈会听取南昌市文化建设相关情况汇报。

▲南昌市设立分会场,组织收听收看全省安全生产电视电话会议。

11—15 日

市委常委、统战部部长乐文红率学习考察团赴重庆、贵州毕节开展“暑期谈心活动”。

14 日

公安部反恐怖局局长安卫星一行到市公安局,检查指导 G20 峰会安保反恐工作。

16 日

全省“降成本、优环境”专项行动暨“百家银行进千企”政银企对接会在南昌召开。南昌市 61 户企业与 20 家银行机构现场签约,签约金额达 1851 亿元。本次对接活动共对接企业 1801 家,达成意向金额 5002.4 亿元。

▲全市农村“兴家风、淳民风、正社风”活动现场会在安义县召开。会议总结交流各地农村“三风”活动工作经验,并对下一步工作进行部署。

▲2016 年“星星的孩子——自闭症和智障儿童”夏令营南昌站开营仪式在西湖区举行。中国残疾人福利基金会副理事长费薇出席并授旗。来自西湖区现代特殊儿童康复中心的 40 位自闭症及智障儿童、家长及社会各界的爱心志愿者共 110 余人参加活动。

19 日

2016 年全市“双百工程”帮扶助学金发放仪式举行。此次帮扶助学活动共筹集助学金 350 万元,资助品学兼优的贫困中小学生 2533 名,2016 年考取大学的贫困学生 20 名,特困帮扶对象 36 名。

20 日

第五届中国创新创业大赛(江西赛区)暨第一届“洪城之星”创新创业大赛颁奖典礼在南昌市举行。市委副书记、市长郭安出席并为新聘“南昌市‘双创’工作顾问”颁发聘书。此届大赛共征集项目 308 个,涉及互联网、电子信息、新材料等领域,共达成意向投资额超 5000 万元。

22 日

2016 年全市开放型经济干部秋季培训班在市委党校开班。此次培训班为期三天,围绕开放型经济发展主题,邀请经济领域专家、在南昌市投资企业家、招商一线干部等进行授课和互动交流。

22—24 日

中共中央政治局常委、国务院总理李克强在省委书记鹿心社、代省长刘奇陪同下,在南昌、赣州就推动经济社会发展进行考察。23 日,李克强在南昌市考察防洪工程、企业和产业园。在昌北城区防洪工程欣悦湖段工地,李克强看望慰问施工人员,并听取江西防汛抗洪和水利工程修复建设汇报。在晶能光电有限公司,李克强进车间、看生产,询研发、问市场,鼓励公司乘势而上,借势而为。在中航长江设计师创意产业园,李克强到各个设计中心,与年轻设计师团队进行交流。国务院常务副秘书长肖捷、国家发展改革委主任徐绍史、工业和信息化部部长苗圩、财政部部长楼继伟、水利部部长陈雷、国务院研究室主任黄守宏、国家行政学院常务副院长马建堂、国家林业局局长张建龙、总理办公室主任石刚等随同考察。

23—24 日

全国人大常委会副委员长吉炳轩率执法检查组到徐家坊客运站、三志物流、江铃小蓝分公司等地,就全市实施《中华人民共和国道路交通安全法》开展执法检查,并召开座谈会听取相关情况汇报。全国人大内司委副主任委员秦光荣,全国人大常委会委员、法律委员会副主任委员李连宁参加执法检查。

24 日

监察部副部长王令浚一行到南昌,就贯彻落实中央八项规定精神、扶贫领域执纪问责、“两个责任”落实情况等开展调研座谈，并乘坐南昌地铁“清廉文化主题列车”，考察全市廉政文化建设工作。

25 日

市委副书记、市长郭安就南昌市推行“河湖长制”工作主要做法、成功经验及已取得成效，接受《人民日报》、新华社、《经济日报》、中央人民广播电台、《农民日报》、新华网、澎湃新闻等多家中央媒体联合采访。

26 日

2016 南昌工会金秋助学资金发放启动仪式在红谷滩会议中心举行。活动共为 223 名特困职工家庭子女和 69 名贫困家庭职工子女发放 132.2 万元助学金。

31 日

南昌市首届“绿地杯”老年文化艺术节启动仪式在绿地中心举行。2016 年，市老年大学招生突破 1.4 万人次，列全国各大城市老年大学“万人学校”前列。

9 月

1 日

全国公安监管场所医疗卫生专业化建设工作推进会在南昌召开。

2 日

最高人民法院立案庭庭长姜启波率中央政法委调研检查组到新建区，就涉法涉诉信访改革工作情况进行调研检查。

3 日

2016 年全国东西南北中羽毛球大赛南昌大区赛在南昌国体中心开幕。副市长姚燕平出席并宣布开幕。本次比赛设有男子单打、女子单打、男子双打、女子双打、混合双打五个项目，共有 400 人报名参赛。

3—4 日

中共中央政治局委员、国务院副总理刘延东一行到南昌、赣州、抚州等地，就科技、医疗、教育、文化等方面工作进行调研，并看望慰问老区干部群众和两位百岁老红军。3 日，刘延东一行到南昌大学国家硅基 LED 工程技术研究中心等地考察，听取实验室研究成果介绍，了解实验室科技创新、人才培养、产学研结合等情况。省领导鹿心社、刘奇、殷美根等分别陪同。

5 日

第三次总河湖长工作会议在市政府小礼堂召开。会议传达贯彻落实李克强总理视察南昌市时对加快水利建设，加强以“河湖长制”为核心的河湖管护的重要指示精神，总结 2016 年全市“河湖长”制工作，研究部署下一阶段工作。

▲市领导蔡社宝、李福如、朱志群一行到南昌县蒋巷镇高梧贾家村污水处理站、高新区瑶湖东截污工程等地，就农村水环境治理试点工作进行视察，并召开座谈会听取相关工作汇报。

6 日

“南昌光谷”青山湖区 LED 产业项目集中签约仪式在青山湖区会议中心举行。此次集中签约共签约 10 个项目，总投资约 22.45 亿元。

7 日

省市领导龚建华、江晓斌、龙和南、姚燕平一行到进贤县泉岭乡前溪小学，走访慰问乡村教师，向他们致以节日问候，并祝全市广大教师和教育工作者节日快乐。

▲全市 2016 年新兵入伍前传统教育启动仪式在南昌八一起义纪念馆举行。

▲接中共江西省委组织部赣组干字〔2016〕275 号通知，省委组织部决定：江晓斌任中共南昌市委组织部部长；免去陈德寿的中共南昌市委组织部部长职务。

8 日

全国政协副主席王家瑞率全国政协教科文卫体委员会联合调研组一行到南昌市育智学校等地，就相关问题听取基层学校教师、家长意见建议，并向江西教育战线特别是特殊教育战线教师们致以节日问候。

▲海军南昌舰退役降旗暨交接仪式举行。北海舰队政治工作部副主任郭宏伟讲话。市委副书记、市长郭安讲话并向南昌舰官兵赠送慰问金。市委常委、副市长华清代表市政府在《南昌舰交接书》上签字。

9 日

省领导鹿心社、朱虹、龚建华一行到经开区英雄学校、江西财经大学、江西农业大学等地，看望慰问教师，代表省委、省政府向全省教育工作者致以节日祝贺。

▲纪念八大山人诞辰 390 周年美术创作活动在八大山人纪念馆举行。

9—10 日

2016 湾里区第二届中秋民俗文化旅游节举行。活动设置手工制作月饼等传统民俗体验项目，吸引游客近万人。

10 日

南昌博看新经济产业发展基金第二批项目签约仪式举行。市委副书记、市长郭安出席并致辞。市委常委、副市长肖玉文代表市政府签约。

▲接中共江西省委赣委〔2016〕242 号通知，省委决定：谢一平任中共南昌市委委员、常委、副书记（正厅长级），吴伟柱任中共南昌市委委员、常委、纪律检查委员会书记；免去欧阳海泉的中共南昌市委副书记、常委、委员职务，卢作全的中共南昌市委常委、委员、纪律检查委员会书记职务。

10—17 日

红谷滩 · 2016 南昌国际男子网球挑战赛在南昌国际体育中心网球馆举行。共有来自 30 个国家和地区的 88 名选手参赛。17 日，比赛结束，副市长姚燕平为获奖选手颁奖。

11 日

省委副书记、代省长刘奇一行到进贤县白圩九龙湾公园、文港特色小镇、青岚湖森林公园等地，就环境整治和保护情况进行调研。

12 日

全市城市建成区违法建设专项治理工作部署会在市政府小礼堂召开。

▲南昌市第六届残疾人健身周暨第十个特奥日活动在新建区特殊学校举行。

13 日

中国科学院党组成员、秘书长邓麦村率中科院调研组一行到南昌市调研。中科院—南昌市院市合作座谈会召开。市委副书记、市长郭安致辞。副市长姚燕平代表市政府与中国科学院南京分院签署加强全面合作协议。调研期间，调研组一行到晶能光电（江西）有限公司、中科院苏州纳米所南昌研究院等地考察。

14 日

市委十届十四次全体（扩大）会议在市委第一会议室召开。全会审议通过《南昌市出席省第十四次党代会代表候选人预备人选圈选办法》，圈选全市出席省第十四次党代会代表候选人预备人选，听取十一届市委委员、候补委员和新一届市纪委委员候选人初步人选说明，全额定向推荐十一届市委委员、候补委员和新一届市纪委委员候选人初步人选。省委常委、市委书记龚建华出席并讲话。出席全会的市委委员应到 46 人，实到 42 人，符合党章有关规定。

▲第七届环鄱阳湖国际自行车大赛南昌艾溪湖站在艾溪湖湿地公园开赛。副市长姚燕平出席开幕式并宣布开赛。

▲南昌溪霞国家农业综合开发现代农业园区第二批入园企业签约仪式在新建区举行。

15—16 日

“第七届海外华侨华人专业协会会长联席会江西考察团”一行 29 人和“第 23 期敬贤观光团”一行 32 人分别到红谷滩新区丰和新城社区、红谷滩新区侨梦苑等地参观。

18 日

市委副书记、市长郭安一行到安义县、湾里区、新建区等地，察看南昌绿谷有关工程项目建设情况，并召开南昌绿谷建设领导小组会议暨“两区一廊”示范工程项目现场推进调度会，协调解决项目推进过程中遇到的困难和问题。

▲市领导周关、肖玉文等一行到青云谱区三家店街道昌南社区卫生服务中心、西湖区南柴社区综合整治及排水管网整治、老动物园地下停车场建设等“三民”工程项目现场进行调研，并召开相关座谈会。

▲全省村卫生计生服务室建设暨赣商爱心项目捐赠签约开工仪式在南昌县黄马乡罗渡村举行。

▲南昌市在城区、开发区、新区、南昌县县城、进贤县县城、安义县县城统一进行防空警报试鸣，并组织开展人员疏散演练活动。

19 日

第五届全国道德模范故事汇基层巡演(南昌专场)在江西中医药大学举行。

▲2016 年南昌市秋季残疾人就业招聘会举行。此次招聘会主题为“就业帮扶、共奔小康”，共有 24 家用人单位进场招聘，提供 140 多个就业岗位。

20 日

南昌市“全国科普日”启动仪式在南昌县举行。

21 日

市纪委十届七次全会在市委第一会议室召开。会议听取《市纪委向市第十一次党代会工作报告的起草说明》，审议、表决并原则通过市纪委向市第十一次党代会所作工作报告，授权市纪委常委会对工作报告进行修改完善。市委常委、市纪委书记吴伟柱主持。

22 日

国家知识产权局局长申长雨率调研组一行到南昌欧菲光科技有限公司、江中药谷、味粽创客空间等地，就全市企业知识产权工作进行调研。

▲全市绿色生态农业十大行动暨农产品质量安全监管工作会议召开。

23 日

中共南昌市委十届十五次全体会议召开。全会听取市委工作报告稿和市纪委工作报告稿说明；审议通过市委工作报告(草案)、市纪委工作报告(草案)；听取十一届市委委员、候补委员和新一届市纪委委员候选人预备人选说明；酝酿并审议通过十一届市委委员、候补委员和新一届市纪委委员候选人预备人选。省委常委、市委书记龚建华讲话。出席全会的市委委员应到 46 人，实到 41 人，符合党章有关规定。

▲市领导周关、李广振等一行到江西洪大集团、南昌公交运输集团等企业，就“兴家风、淳民风、正社风”活动开展情况进行调研并召开现场会部署有关工作。

▲2016 南昌市第八届 CBO 篮球俱乐部锦标赛在红谷滩新区灯光球场举行。副市长姚燕平出席开幕式并宣布开赛。

▲南昌市依法文明养犬主题宣传活动在红谷滩会展中心广场举行。

23—25 日

南昌市组织参加江西省旅游产业博览会。省市领导朱虹、殷美根、张根水等参观南昌馆。博览会上，南昌市 7 项旅游商品、2 项旅游演艺节目、1 项美食获奖。

24—26 日

南昌警备区某预备役高炮团在省军区某靶场进行实弹战术演习。26 日，市领导郭安、刘瑄，省军区副参谋长苏明宗等到场观摩战术演练。

25 日

中央统战部副部长、全国工商联党组书记全哲洙率中央第六调研检查组到红谷滩清真寺、滕王阁、南昌八一起义纪念馆等地，就全市民族宗教工作进行调研。

26 日

“2016 年南昌市质量月宣传咨询活动日”活动在秋水广场开展。

27 日

中国共产党南昌市第十一次代表大会在前湖迎宾馆会议中心大厅开幕。30 日，大会闭幕。会议听取、审议省委常委、市委书记龚建华代表中共南昌市第十届委员会所作题为《担当首位使命，率先全面小康，为建设工业文明、城市文明、生态文明融合发展的现代化城市而不懈奋斗》的工作报告；审议中共南昌市第十届纪律检查委员会工作报告；表决通过关于中共南昌市第十届委员会报告的决议、中共南昌市第十届纪律检查委员会工作报告的决议；选举产生中共南昌市第十一届委员会委员、候补委员，中共南昌市第十一届纪律检查委员会委员和南昌市出席省第十四次党代会代表。

▲中央综治委副主任、中央政法委副秘书长、中央综治办主任陈训秋一行到市综治中心、红谷滩新区世纪中央城社区、红谷滩新区综治中心等地，就基层综治管理工作进行调研。

28 日

“庆祝祖国华诞・相约溪霞田园”喜乐汇主题活动在新建区溪霞国家农业综合开发现代园区启动。市政协主席周关宣布活动开幕。

30 日

中共南昌市第十一届委员会第一次全体会议在市委第一会议室召开。会议通过《中共南昌市第十一届委员会第一次全体会议选举办法》、监票人名单、中共南昌市第十一届纪律检查委员会第一次全体会议选举结果的报告；选举产生中共南昌市第十一届市委常委、书记、副书记，选举龚建华、郭安、谢一平、吴伟柱、江晓斌、龙和南、刘瑄、刘家富、乐文红、肖玉文、邱向军、郭毅为市委常委，龚建华为市委书记，郭安、谢一平为市委副书记。受中共南昌市第十一次代表大会主席团委托，龚建华主持会议。会议后一阶段由市委副书记郭安主持。出席会议市委委员应到 62 人，实到 60 人；候补委员应到 12 人，实到 12 人，符合规定人数。

▲中共南昌市第十一届纪律检查委员会第一次全体会议在市政协会议室举行。会议选举产生中共南昌市第十一届纪律检查委员会常务委员会委员、书记、副书记，(以下按照姓氏笔画为序)朱斌、刘峥、吴伟柱、汪军伟、夏清平、晏青、徐强、寇立群、戴闽为常务委员会委员，吴伟柱为书记，朱斌、寇立群、徐强为副书记。受中共南昌市第十一次代表大会主席团委托，吴伟柱主持会议。出席会议的市纪委委员应到 35 人，实到 35 人，符合规定人数。

▲全市职工“迎国庆”文艺汇演在市广播电视台演播大厅举行。

10 月

1 日

市委常委、宣传部部长龙和南一行到南昌国际展览中心，参观 2016 艺术江西国际博览会南昌展区。此届博览会，南昌展区以“艺术南昌”为主题，集中展现洪州窑瓷器、南昌瓷板画、豫章绣、桐青金属工艺品等具有南昌特色传统工艺。

9 日

首届滕王阁九九重阳“爱您一生一世”金婚盛典活动在滕王阁景区主阁广

场举办。市委常委、宣传部部长龙和南出席并宣布活动开幕。

▲首届“绿地杯”老年文化艺术节以及“天下英雄城”主题摄影展在市老年大学举行。主题摄影展以“天下英雄城”为创作主题，按照红色印记、老城记忆、赣江之美、城市地标、生态健康、美丽乡村6个专题，展出作品160幅。

▲由“魅力夕阳红，浓浓敬老情”南昌市第二届重阳节孝老敬亲活动在市妇女儿童活动中心举行。活动囊括切菜大赛、舞台表演、手工课堂、默契比拼、称菜比赛等多项体验项目，吸引全市300余组中老年朋友家庭参加。

10—11日

全国社会治安综合治理创新工作会议在南昌召开。中共中央政治局委员、中央政法委书记、中央综治委主任孟建柱出席并讲话。国务委员、中央政法委副书记、公安部部长郭声琨作总结讲话。最高人民法院院长、中央政法委委员周强，最高人民检察院检察长、中央政法委委员曹建明，中央政法委委员汪永清、耿惠昌、吴爱英、陈训秋、王宁、李晓峰、黄明出席会议。省委书记鹿心社发言，省长刘奇出席会议。中央综治委委员，中央和国家机关有关部门负责人，各省（区、市）和新疆生产建设兵团党委政法委书记、综治委主任、党委政法委常务副书记、综治办主任、维稳办主任、信访局长、公安厅（局）长和分管治安工作的副厅（局）长，各省会城市（自治区首府）和计划单列市党委政法委书记、综治委主任，有关企业代表参加会议。全国省市县和乡镇四级政法干警和综治干部约200万人在各分会场通过电视电话会议系统收听收看会议。

11日

“惊世大发现——南昌汉代海昏侯国考古成果展”在江西省博物馆开展。省委常委、秘书长、南昌汉代海昏侯国遗址文物保护领导小组组长朱虹致开幕辞并宣布展览开展。省委常委、市委书记龚建华致辞。省委常委、宣传部部长陈俊卿主持开幕式。省市领导殷美根、郭安、龙和南、姚燕平等出席。

▲全市科技创新大会在红谷滩会议中心召开。省委常委、市委书记龚建华出席并讲话。市委副书记、市长郭安主持。中国工程院院士张文海，中国科学院院士黄路生等出席。

12日

全国妇联书记处书记谭琳一行到新建区长堎工业园区璜溪村民委员会，就基层妇女维权工作进行调研。省市领导谢茹、姚燕平等陪同。

▲南昌文化产业“创新创业、跨界发展、金融互联”主题论坛在中国银行江西省分行举行。市委常委、宣传部部长龙和南出席并讲话。

12—15日

中共中央政治局委员、中央书记处书记、中宣部部长刘奇葆一行到南昌市和井冈山、瑞金、寻乌、于都等市县，就革命文化保护、新闻宣传、文化扶贫等工作情况进行调研。中宣部副部长孙志军，文化部党组成员、国家文物局局长刘玉珠等随同调研；省领导鹿心社、刘奇、李炳军、朱虹、龚建华、陈俊卿、姚亚平等分别陪同。

14日

司法部部长吴爱英一行到市强制隔离戒毒所等地，就全市司法行政工作进行调研。

▲“庆祝祖国华诞，相约南昌绿谷”万人健步行活动在新建区南昌溪霞国家农业综合开发现代农业园区举行。活动全程步行3千米，参与人数近万人。市委常委邱向军下达出发令。

▲省政协港澳委员、海外特邀代表返赣视察团一行到高新区规划展示馆、晶能光电（江西）有限公司、江西东海蓝玉光电技术有限公司等地，就高新产业发展情况进行调研，并召开相关座谈会。

15日

全市大学生电子商务创业孵化基地大学生创业人才公寓签约发布仪式在华南城举行。全市已建立各类创业孵化基地14家，其中省级孵化基地4家。

▲庆祝第33个“国际盲人节”暨南昌盲人按摩发展55周年大会在南昌国际展览中心举行。大会表彰“南昌盲人按摩”十大突出贡献人物、十大领军名师和十大名师，并开展“百名技师大展演，千名市民大体验”活动。

▲2016“迎中秋·庆国庆”南昌市职工谜语团体竞猜比赛在市工人文化宫文体中心举行。

16日

第十四届赣台（南昌）经贸文化合作交流大会开幕式在南昌市举行。全国政协副主席、台盟中央主席林文漪，省委书记鹿心社出席。省委副书记、省长刘奇，国民党副主席林政则，国民党荣誉主席蒋孝严，中共中央台办、国务院台办副主任龙明彪，省委常委、市委书记龚建华致辞。副省长刘昌林主持。会上共签约台资入赣项目61个、金额达36.6亿美元。其中，南昌市签约项目18个，投资总额为8.76亿美元，投资总额比上年增加0.16亿美元，列全省第一。签约仪式后，与会代表还参观“赣台农业合作成果展”。

▲全市第十六届运动会开幕式在昌南体育中心举行。省委常委、市委书记龚建华宣布开幕。市委副书记、市长郭安致开幕辞。29日运动会闭幕。副市长姚燕平致闭幕辞。此届市运会是全市第一次由县区承办的市运会，来自全市各县区、各部门及体育社团组织的66个代表队的1.2万名运动员参加19大项目角逐，共决出584枚金牌。

▲第十四届赣台会赣江新区及承接台资产业转移项目推介会举行。省委常委、常务副省长毛伟明出席并致辞。市委常委、常务副市长肖玉文为南昌市作推介。台湾商业总会理事长赖正镒等台湾客商及其他与会代表近200人出席。

▲第十四届赣台会赣台农业合作暨南昌“绿谷”推介会举行。省政协副主席胡幼桃致辞。市领导邱向军、朱志群等出席。中国国民党荣誉副主席蒋孝严及200余名台湾嘉宾、与会代表出席。推介会上，赣台双方现场签约农业合作项目9个，签约金额达4.59亿美元。

▲首届万寿宫庙会文化研讨会召开。市委常委、统战部部长乐文红会见有关专家学者和与会代表，并就庙会文化等方面事宜进行座谈。

17日

“健康中国行，律动赣鄱地”——2016年健康江西主题宣传活动周启动仪式在西湖区举行。

18日

全市农村精神文明建设推进会召开。会议传达全省农村精神文明建设工作推进会精神，并就全市推进农村精神文明建设工作进行安排部署。市委常委、宣传部部长龙和南出席并讲话。

19日

2016中国南昌（经开区）海外高层次人才创新创业洽谈会召开。市委常委、组织部部长江晓斌出席并致辞。会上，海外高层次人才分别就各自创业项目进行推介，并与经开区企业代表进行对接洽谈。

20日

赣江新区成立大会在儒乐湖新城举行。省委书记鹿心社、省长刘奇为赣江新区成立揭牌。省委常委、常务副省长、赣江新区领导小组副组长毛伟明宣读《国务院关于同意设立江西赣江新区的批复》。省委常委、市委书记、赣江新区党工委书记龚建华主持。南昌市市长郭安、九江市市长林彬杨、赣江新区管委会主任刘建洋发言。大会举行项目签约仪式，共有24个产业项目，12个金融机构、总部经济项目，7个基础设施建设战略合作协议集中签约。

▲省委副书记、省长刘奇在南昌走访慰问老红军贾光，并为其发放纪念红军长征胜利80周年纪念章和慰问金。市领导谢一平、江晓斌等陪同。

▲“弘扬长征精神，决胜全面小康”省市县离退休干部纪念中国工农红军长征胜利80周年文艺汇演在南昌市举行。

21日

纪念红军长征胜利80周年大会在北京人民大会堂举行。市委、市人大、市政府、市政协分别组织机关干部收听收看大会实况直播。省市领导龚建华、郭安、谢一平、陈德寿、周关以及市四套班子其他领导参加收听收看。

▲2016年全市旅游产业发展大会在万达文华酒店召开。会议深入学习贯彻全省旅游产业发展大会精神，研究部署下一阶段全市旅游产业发展工作。省委常委、市委书记龚建华出席并为各县区颁发旅游产业发展责任状。市委副书记、市长郭安部署有关工作。

▲全市2016年“南昌慈善日”暨“慈善一日捐”活动在市委第一会议室举行。省市领导龚建华、郭安、谢一平、陈德寿、周关以及市四套班子其他领导参加捐款、奉献爱心。

▲民进南昌市委会“1%工程放飞足球梦想”活动在青山湖区胡家小学举行。省政协副主席汤建人出席并讲话。此次活动共向青山湖区胡家小学、豫东学校和南昌县富山中学捐赠标准足球100个。

▲南昌轨道交通集团地铁3号线银团贷款签约仪式举行。

23日

江西太酷云介时尚产业园签约仪式在青山湖区举行。市委常委、常务副市长肖玉文出席并致辞。

24日

海军南昌舰“回家”欢迎仪式在红谷滩新区凤凰洲市民公园举行。省委常委、市委书记龚建华，海军北海舰队副政委李桦出席并讲话。市委副书记、市长郭安主持。市领导龙和南、刘瑄、郭毅、华清，海军北海舰队、市有关单位负责人和驻昌部队官兵、南昌舰退役官兵、学生、群众代表等参加欢迎仪式。欢迎仪式上宣读中国人民解放军海军装备部《关于提供退役163驱逐舰用于国防教育事》，南昌舰退役官兵代表发言。欢迎仪式结束后，省市领导龚建华、郭安等与各界群众代表一同登舰参观。

▲全市贯彻落实党委（党组）意识形态责任制工作座谈会在红谷滩会议中心召开。会议传达全省贯彻落实党委（党组）意识形态责任制工作座谈会会议精神。省委常委、市委书记龚建华出席并讲话。市委常委、宣传部部长龙和南主持。

▲南昌市冬春火灾防控工作电视电话会议在市政府小礼堂召开。会议贯彻落实省政府会议和副省长郑为文讲话精神，并就推进全市冬春火灾防控工作进行部署。

25日

第四届“洪城杯”职业技能竞赛暨“我能出彩”竞技节开幕仪式在南昌第一中等专业学校举行。市委常委、常务副市长肖玉文出席并宣布活动开幕。本届大赛共设置数控车工、数控铣工、汽车故障诊断、汽车营销、平面设计、电子商务、美容美发、母婴护理等八大竞赛工种，吸引45个代表队、460名选手参赛。

26日

长江中游四省会城市市场监管联席工作会在南昌市召开。会上，南昌、武汉、长沙、合肥达成长江中游四省会城市市场监管（质监）工作合作框架协议。

26—27日

全市建设占用耕地耕作层土壤剥离与再利用试点工作现场会暨耕地占补平衡工作推进会召开。市委副书记、市长郭安出席并讲话。市委常委、常务副市长肖玉文部署相关工作，并代表市政府与有耕地保护任务的相关县区签订《南昌市农村土地综合整治与耕地占补平衡工作责任状》。副市长宋铀主持。26日，与会人员到高新区、南昌县、进贤县等地，对全市占用耕地耕作层土壤剥离与再利用试点、耕地占补平衡、高标准基本农田建设三项工作进行实地考察。

28日

第四届2016南昌市青英创业挑战赛——“高新杯”青年互联网创新创业大赛启动。来自全市企业导师代表、创业者参赛选手代表共计100余人参加启动仪式。此次活动以“互联网+”为主题，分启动、初赛、青年创客公益行、决赛四个阶段，设一等奖、二等奖、三等奖各1名，优秀奖7名，奖金总额为10.4万元。当天启动仪式还发布全市首张《南昌创客地图》。

29日

全市领导干部会议在红谷滩会议中心召开。会议传达中共十八届六中全会和全省领导干部会议精神，动员全市上下认真学习、宣传、贯彻六中全会精神。省委常委、市委书记龚建华主持并讲话。市委副书记、市长郭安传达中共十八届六中全会和全省领导干部会议精神。

▲全国综治“南昌会议”协助筹备工作总结暨社会治安综合治理工作部署会在红谷滩会议中心召开。省委常委、市委书记龚建华出席并讲话。市委副书记、市长郭安主持会议并宣读省委、省政府《慰问电》。市委常委、政法委书记刘家富宣读市委、市政府表扬通报。

▲全市第八届社科普及宣传周活动在青云谱区八大山人文化广场举行。

11　月

1日

政协南昌市第十四届委员会第一次会议在红谷滩会议中心开幕。4日，大会闭幕。会议期间，与会人员列席南昌市第十五届人民代表大会第一次会议。

2日

南昌市第十五届人民代表大会第一次会议在前湖迎宾馆会议中心开幕。5日，大会闭幕。

4日

“共享芬芳”中西部地区百县百场巡演展览之中国残疾人艺术团“我的梦”首场公益演出在南昌广播电视演播大厅举行。省残联党组书记、理事长陈卫华，市领导谢一平，中国残联宣传文化部副主任邹柏林等共同启动活动并观看演出。

5日

国家卫计委流动认可管理司司长王谦、家庭发展司司长王海东一行到西湖区，就流动人口服务均等化、基础信息核查、动态监测等工作进行调研，并督查计划生育家庭扶助关怀和出生人口性别比综合治理工作。

7日

接中共江西省委赣委〔2016〕391号通知，省委决定：殷美根任中共南昌市委委员、常委、书记；免去龚建华的中共南昌市委书记、常委、委员职务。

▲巴勒斯坦法塔赫革命委员会委员法塔希阿布阿拉法特率考察团到市妇女儿童活动中心，就妇女儿童事业发展情况进行调研。

▲中国记协第九届理事会第一次会议开幕式暨中国新闻奖、长江韬奋奖颁奖大会在北京举行。南昌日报社“啄木鸟在行动”等40件作品获中国新闻奖一等奖。这是南昌新闻界首个中国新闻奖一等奖，也是江西地市媒体首个中国新闻名专栏。

8日

市委全会（扩大）会议在市委第一会议室召开。省委常委、组织部部长赵爱明出席并讲话。省委组织部常务副部长赵力平主持会议并宣读省委关于南昌市委主要领导职务调整的决定:殷美根任南昌市委书记,免去龚建华的南昌市委书记职务。市委、市人大、市政府、市政协领导班子成员和市委委员、候补委员出席会议。

▲2016年省市"119"消防宣传暨首届消防文艺展演活动启动仪式在南昌万达茂举行。启动仪式上,与会领导向全国119消防奖获得者代表颁奖,向江西消防博物馆自愿捐赠艺术作品的作者代表颁发收藏证书,并签订消防宣传教育合作协议,共同触摸水晶球启动活动仪式。

▲南昌第28届菊花展在红谷滩新区风筝广场开展。此届菊花展展期一个月,以"菊韵洪城,美丽南昌"为主题,展出100万盆菊花、21个景观造型,展出面积达3.6万平方米。

9日

中央宣讲团中共十八届六中全会精神报告会在南昌召开。南昌市在市委第一会议室设立分会场组织收听收看。市领导郭安、谢一平、陈德寿、周关以及市四套班子其他领导参加收听收看。

▲"黄丝带在行动"大型帮教活动举行。市委常委、统战部部长乐文红出席。"黄丝带"帮教计划是由司法部、民盟中央共同组织的社会公益活动,旨在联合政府、社会、家庭三方力量,加强对特殊人群的关怀帮教和服务管理。

9—11日

长江中游城市群省会城市第四届科技合作联席会在南昌市召开。南昌、武汉、合肥、长沙四市围绕"协同创新,共谋发展"主题举办科技创新发展论坛,共商科技合作大计。会议审议通过《长江中游城市群省会城市第四届科技合作联席会会议纪要(讨论稿)》。

10日

《新四军统战工作图片展》在南昌新四军军部旧址陈列馆展出。此次图片展包括"国共合作、铁军诞生;众志成城、团结抗战;又统又战、联合斗争;海外侨胞、倾力支持;铁军精神、彪炳史册"五个部分,展出图片100余幅、实物70余件。

11日

"纪念孙中山先生诞辰150周年图片展"在南昌市老年大学开幕。省委书记鹿心社、省长刘奇等领导观看展览。市领导郭安、谢一平、陈德寿、周关等陪同。

▲2016年度全国火炬统计工作会在南昌召开。来自全国45个省、自治区、直辖市、计划单列市、副省级城市的科技部门和147家国家级高新区的相关负责人共550人出席会议。

▲第三届新药研发协同合作前沿论坛在高新区举行。省市领导李华栋、李广振出席并共同为尚华医药科技(江西)有限公司揭牌。此次论坛以生物医药创新、投资和跨界发展为主题,旨在进一步促进南昌乃至江西新药研发。论坛吸引国内外生物医药界数百名专家学者出席,来自国内外的几名科学家分别作主题演讲。

▲2016年南昌市全民终身学习活动周开幕式在彭家桥街道光明社区举行。

▲九江市委常委、常务副市长董金寿率九江市考察组到南昌中小微企业创业孵化基地等地,就全市融资筹资办法及管理等方面工作进行考察,并与相关部门进行交流座谈。

▲长沙—南昌老年书画展在南昌画院开展。同时,第四届耄耋会员优秀书画作品展在南昌画院同步展出。

11—13日

2016江西省首届"大美湾里·筝筝日上"大型风筝节在湾里区领秀湖市民公园举办。活动包括开幕式晚会、单身PARTY、新奇特风筝表演、专业风筝比赛等环节,展出全国仅有的两个火车风筝、2800米长串风筝等。全国22支专业风筝队百余只大型风筝参赛。

14日

省民政厅副巡视员李小荣率省综合应急救援工作考评组到市应急救援支队指挥中心、南昌县蒋巷镇政府专职队等单位,对南昌市2016年综合性应急救援工作进行考评验收。

16日

江西宁波商会在南昌市正式成立。

17日

全市"洪大杯—兴家风、淳民风、正社风"书画大赛获奖作品展开展仪式在南昌美术馆举行。

18日

全市领导干部大会在红谷滩会议中心召开。会议传达学习省第十四次党代会精神和省委书记鹿心社在参加南昌市代表团讨论时的讲话精神,全面部署全市贯彻落实意见。省委常委、副省长、市委书记殷美根主持并讲话。市领导郭安、谢一平、吴伟柱分别传达省第十四次党代会、鹿心社参加南昌市代表团讨论时的讲话和省纪委工作报告精神。

▲"土巴兔"江西区域总部项目签约仪式在西湖区政府举行。

▲全市第二届社团文化展示节举行。

▲全市首家村级侨胞侨属联谊会在南昌县武阳镇前进村成立。

18—19日

第三届中美友城大会暨中美健康城市论坛在南昌举行。这是中美友好城市大会首次在中国举行。

19日

第十四届全国地基处理学术讨论会在南昌市开幕。400余名教授、专家、学者及企业负责人出席。

20日

江铃驭胜2016南昌国际马拉松赛在秋水广场开跑。中国田径协会主席段世杰,省领导殷美根、谢茹出席起跑仪式并共同为此届马拉松赛鸣枪发令。市委副书记、市长郭安出席起跑仪式并致辞。市委副书记谢一平主持。此届国际马拉松赛全程42.2千米,设有全程、半程(21.1千米)、迷你(5千米)三个项目。全程马拉松赛起点和终点均设在秋水广场,比赛路线经过秋水广场、滕王阁、八一广场、青山湖、摩天轮等城市景观地标。本次比赛是南昌市举办的首次国际马拉松赛事,共有来自英国、美国、德国、意大利、法国等41个国家和地区的1.5万名选手参赛,还特别邀请来自肯尼亚、埃塞俄比亚等国的50余位马拉松运动员参赛。男子组"全马"冠军为肯尼亚选手托马斯埃斯托埃克鲁,女子组"全马"冠军为埃塞俄比亚选手阿彦图阿比拉德密斯。

21日

第十三届华东六省一市戏剧小品大赛在市群艺馆群星剧场开幕。省文化厅厅长池红讲话并宣布开幕。市委常委、副市长华清出席并讲话。大赛以"群星耀洪城"为主题,来自华东六省一市共32个戏剧小品参赛。25日大赛闭幕。

22日

省委宣讲团十八届六中全会和省第十四次党代会精神宣讲报告会在红谷滩会议中心召开。省委常委、副省长、市委书记殷美根主持宣讲报告会并在报告会前会见省委宣讲团成员、副秘书长、政研室主任、改革办副主任沈谦芳。市领导郭安、谢一平、陈德寿、周关以及市委、市人大、市政府、市政协领导班子其他成员,市法检"两长"等出席报告会。

23日

2016年第四届"长江中游城市群建设研讨会"在南昌市召开。来自武汉、长沙、合肥、南昌社科院的专家学者围绕"贯彻落实五大发展理念,加快长江中游城市群建设"主题进行交流。

▲住建部违法建设治理工作督查组一行到南昌,就全市城市建成区违法建

设治理工作进行督查，并召开相关座谈会。

▲江西宝群机器人与智能制造装备科技园开业及系列重大项目签约仪式在高新区举行。

▲全市农地确权扫尾与验收暨森林防火、湿地候鸟保护、松材线虫病防控工作会议举行。

24日

全国政协副主席王正伟一行到南昌绿地国际博览中心，就第四届世界绿色发展投资贸易博览会和第九届中国绿色食品博览会进行巡馆参观。省市领导姚增科、黄跃金、毛伟明、尹建业、殷美根、陈兴超、赵力平、马志武、郭安等陪同巡馆。本届世界绿发会以“绿色发展让世界更美好”为主题，展览面积2万平方米，共设生态江西、国际交流、低碳循环、新型能源、智能工业等五大展区，并在生态江西展区设立江西主题展和“江西百年经典商品展”，共200余家企业参展，其中世界500强企业16家。

▲全市扶贫领域专项巡察工作动员部署会议召开。会议传达学习2016年省委第三轮巡视工作动员部署会议精神，并就全市扶贫领域专项巡察工作进行动员部署。市委常委、市纪委书记吴伟柱出席并讲话。

▲全国厂务公开协调小组成员、全国工商联副主席谢经荣率第九次全国企事业单位厂务公开调研检查组到南昌经开区调研检查。

▲南昌瑶湖机场建设项目开工仪式在航空工业城南区举行。

25日

南昌市在市委第一会议室设立分会场，组织收听收看全省安全生产电视电话会议。会议结束后，召开全市安全生产电视电话会议，对当前安全生产工作进行部署。省委常委、副省长、市委书记殷美根出席会议并讲话。市委副书记、市长郭安主持。市人大常委会主任陈德寿以及市委、市人大、市政府、市政协班子其他领导出席并参加收听收看。

▲电影《建军大业》封镜仪式在南昌八一起义纪念馆举行。省委常委赵力平致辞，并与国家新闻出版广电总局副局长童刚等共同揭幕《建军大业》首款海报。八一电影制片厂政委张方军，省委宣传部副部长、省新闻出版广电局局长杨六华，国家新闻出版广电总局电影局副局长李国奇，市委常委、宣传部部长龙和南等出席。

▲“俊采星驰”昌南七彦书画印提名展在南昌美术馆开幕。市委常委、宣传部部长龙和南宣布开幕并参观展览。此次展览时间为25日至27日，展出昌南七彦创作的书画、篆刻作品共119幅。

▲2016中国南昌“军山湖杯”第十五届鄱阳湖螃蟹节启动仪式在南昌绿地国际博览中心举行。市委常委邱向军出席启动仪式并讲话。仪式上现场签约项目10个，总签约资金7.66亿元，签约项目主要涉及生态旅游、生态种植、农产品深加工等。

▲全市“三农大讲堂”第一讲在红谷滩会议中心开讲。省委副秘书长、农工部部长毛祖逊以《贯彻新理念，引领新常态，奋力开创“三农”工作新境界》为题作专题讲座。市委常委邱向军主持。

25—28日

第四届世界绿色发展投资贸易博览会在南昌绿地国际博览中心举行。25日，第四届世界绿色发展投资贸易博览会绿色发展主旨论坛召开。全国政协副主席王正伟出席并致辞。国际行动理事会主席、爱尔兰前总理伯蒂埃亨，新西兰前总理珍妮玛丽希普利发表演讲。玻利维亚前总统豪尔赫基罗加，哥伦比亚前总统安德烈帕斯特拉纳出席。省委书记鹿心社作主旨演讲。会上，来自世界各地800余名与会嘉宾向江西丰城发电厂“11·24”特别重大事故罹难者默哀。世界自然保护联盟总裁兼理事会主席、中国教育国际交流协会会长章新胜，国家发改委副秘书长程建林，苏宁控股集团董事长张近东等嘉宾发表演讲。来自国际行动理事会、世界自然保护联盟、博鳌亚洲论坛等国际组织，纳米比亚、赤道几内亚、吉尔吉斯斯坦、埃塞俄比亚、泰国、柬埔寨等国家政府部门或地方官员；农业部、商务部、国家旅游局等部委，吉林、黑龙江、福建、广东、四川、甘肃、青海、宁夏等省区政府以及江西省委、省人大、省政府、省政协有关领导；中国工程院、中国科学院有关院士出席论坛。本次博览会共签约项目165个，签约合同金额达2428亿元。

▲第九届中国(南昌)绿色食品博览会在南昌绿地国际博览中心举行。本届“绿发会”突出江西特色，设置生态江西区、国际交流区、低碳循环区、新型能源区和智能工业区等5个展区。

26日

“赣港澳台”青少年生态环保交流活动在南昌举行。省委副书记姚增科代表省委、省政府对嘉宾和青少年代表来赣表示欢迎。省市领导殷美根、郭毅等出席。此次活动以“加强青少年环保实践，探索区域化合作”为主题，共邀请赣港澳台四地50余名青少年环保社团代表、学生和环保专家学者参加。

▲第四届世界绿色发展投资贸易博览会“南昌光谷”发展大会召开。市委副书记、市长郭安出席并致辞。市委常委、常务副市长肖玉文主持。副市长杨文斌介绍“南昌光谷”发展情况。会上，中国半导体照明－LED产业与应用联盟秘书长关白玉、国际半导体照明联盟主席吴玲出席并作主旨发言。

27日

全市安全生产电视电话会议召开。市委副书记、市长郭安出席并对当前安全生产工作进行再部署。

▲赤道几内亚农业、畜牧和食品部部长维克托格兰赫梅莱一行到小蓝经济开发区和桑海产业园区参观。

28日

全市经济新常态与民营企业发展策略报告会暨第七次民营经济大讲堂开讲。

29—30日

国家旅游局局长李金早、副局长魏洪涛一行到南昌调研旅游产业发展情况，先后察看南昌汉代海昏侯墓出土文物展览、“一江两岸”灯光亮化提升改造工程、南昌八一起义纪念馆等。省市领导殷美根、谢茹、郭安等陪同。

30日

2016年南昌市外国专家“滕王阁友谊奖”颁奖仪式举行。市委副书记、市长郭安出席颁奖仪式并为获奖外国专家颁奖。市人大常委会副主任朱敏华宣读《南昌市人民政府关于同意2016年南昌市外国专家“滕王阁友谊奖”人选的批复》。市政协副主席朱东主持。颁奖仪式向来自7个国家8名外国专家颁发南昌市外国专家“滕王阁友谊奖”。

▲全市县乡镇(街办)开展正能量活动推进会在南昌县举行。

▲驻昌省属国有企业社区移交接收签约仪式在市政府小礼堂举行。全市9个县区(开发区)与10个省属企业及主管部门签署74个社区的移交接收协议。

12　月

1日

南昌市在市委第一会议室设立分会场，组织收听收看全省深化落实全面从严治党“两个责任”视频培训会。省市领导殷美根、郭安、谢一平、陈德寿、周关等市委、市人大、市政府、市政协班子成员，市法检“两长”参加收听收看。

▲南昌市组织收听收看全国、全省第三次全国农业普查电视电话会议，并

就全市农业普查工作进行安排部署。市委常委、常务副市长肖玉文出席并讲话。

▲2016“欧非智慧杯”第三届全市职工男子篮球赛在南昌国体中心落幕。全市20支代表队参加此次比赛。欧菲光科技有限公司代表队获得冠军。

2日

省委副书记、省长刘奇一行到南昌小蓝经济技术开发区,就佳时特数控有限公司、汇仁集团等企业发展情况进行调研。

▲“庆祝第25个‘国际残疾人日’暨南昌市2016年冬季残疾人就业招聘大会”在滨江宾馆举行。招聘现场共36家用人单位和6家培训机构提供就业岗位及培训名额共1000余个。

▲全市2016“12·2”全国交通安全日主题活动在东湖区光明社区举行。

4日

“弘扬宪法精神,凝聚法治力量,推进富裕美丽幸福江西建设”“12·4”国家宪法日主题宣传活动在南昌法治文化公园举行。

▲全国首批志愿令——“小鲜鹭”志愿令在南昌地铁1号线八一馆站举行首发仪式。近百名“小鲜鹭”志愿者以及部分市民参加。

5日

2016年南昌市志愿服务宣传展示暨四个“十佳”典型发布仪式在红谷滩会议中心举行。发布仪式上向南昌市最美志愿者、南昌市最佳志愿服务组织、南昌市最佳志愿服务项目、南昌市最美志愿服务社区的四类共40个志愿服务先进典型授予奖牌和荣誉证书。南昌市崛美行动公益发展中心、“小鲜鹭”志愿服务项目等6个志愿服务先进典型代表介绍经验。市委常委、宣传部部长龙和南出席并为典型代表颁奖。

▲“普及卫生应急知识,提高公众应急素养”宣传咨询活动在八一广场举行。

▲由全球跨境电商光谷论坛(南昌)峰会在青云谱区举行。来自国内外共200余位电商从业者参会。

6日

全省道德模范与“身边好人”先进事迹大型图片巡展活动在八一广场正式启动。此次展览共分为助人为乐、见义勇为、诚实守信、敬业奉献、孝老爱亲5个类别,讲述全省2016年当选的道德模范和“身边好人”的感人事迹。

6—7日

全市政府专职消防队伍比武竞赛在市消防支队特勤大队举行。7日,比武竞赛闭幕。市委常委、副市长华清出席闭幕式并讲话。

7日

市纪委派驻纪检组工作会在市委第一会议室召开。会议宣布派驻机构调配人员到位,进一步部署派驻机构全覆盖有关工作。市委常委、市纪委书记吴伟柱出席并讲话。

8日

2016年中国南昌(青云谱)老工业城市转型升级发展论坛开幕式暨全国城区老工业区搬迁改造工作培训会开班式在青云谱区举行。省委常委、常务副省长毛伟明出席并讲话。国家发改委有关司局负责人和部分省市代表、专家学者、企业家参加。论坛期间,青云谱区共签约5个重点项目,签约额达110亿元,并签订区域基础设施建设与旧城改造战略合作协议。

▲省市领导殷美根、龙和南会见学习贯彻中共十八届六中全会精神市委宣讲团成员。同日,学习贯彻中共十八届六中全会精神市委宣讲团首场报告会在南昌县文化会展中心一楼会议室举行。南昌县各单位共700余名领导干部参加报告会。

▲省文化厅公示“江西省第五批省级非物质文化遗产代表性项目名录推荐名单”。南昌7个非遗项目上榜,即民间文学类有南昌市申报的滕王阁传说和西湖区申报的绳金塔传说;传统音乐类有青山湖区申报的江西古琴艺术;传统体育、游艺与杂技类有安义县申报的安义硬门拳入选;传统美术类有东湖区申报的豫章绣;传统技艺类有东湖区申报的南昌瓦罐煨汤制作技艺和东湖胎发毛笔制作技艺。

10日

2016中国旅游小姐全球大赛南昌赛区“共赏佳丽美,乐游万达城”总决赛暨颁奖典礼在南昌万达乐园青花剧场举行。总决赛活动现场邀请专家评审团、摄影家联盟等代表共300余人及60余家广播电视、报刊杂志、网络媒体记者参加。

11日

第五届“洪城杯”家庭服务行业技能竞赛总决赛在市妇女儿童活动中心举行。大赛设母婴护理、家政服务、养老护理3个大项。来自86个家庭服务企业和社区的2000余名家庭服务从业人员报名参加,90人进入决赛。经过激烈角逐,3个项目的一等奖获得者被授予“金牌月嫂”“金牌大嫂”“金牌护嫂”荣誉称号。

12日

市委、市政府在红谷滩会议中心召开“美丽南昌·幸福家园”环境综合整治千人动员大会。省委常委、副省长、市委书记殷美根出席并讲话强调,全市上下要狠下一条心、铆足一股劲、拧成一股绳,按照“一年有变化、两年出形象、三年上台阶”的总体要求,着力实施“三四五六”路径图(即三大重点:实施市容环境整治工程、城市交通畅通工程、城市文明提升工程;四大目标:南昌城“干净整齐、畅通有序、文明礼让、和谐宜居”;五大原则:标本兼治、建管并重、点面结合、疏堵兼顾、政社联手;六大措施:“建、改、拆、治、管、优”六大举措),坚决打赢环境综合整治的攻坚战、整体战、决胜战,以“干净整齐、畅通有序、文明礼让、和谐宜居”的城乡面貌,奋力书写富裕美丽幸福江西的“南昌篇章”。市委副书记、市长郭安主持。市委副书记谢一平宣读《关于成立“美丽南昌? 幸福家园”环境综合整治指挥部的通知》,并就整治实施方案作说明。市容环境整治工程指挥部、南昌县、东湖区、红谷滩新区分别作表态发言。市领导陈德寿、周关等市委、市人大、市政府、市政协班子成员,市“法检”两长等出席。省直机关工委副书记李跃进到会指导。

▲第一届全国文明家庭表彰大会在北京举行。南昌市邹德凤家庭和肖莉芬家庭获表彰。

▲重庆市公安局常务副局长王延彦一行到南昌市公安局,就公安机关全面深化改革、基础信息化建设以及推进社会治理创新经验做法等工作进行考察交流。

13日

第十二届泛珠三角区域省会城市市长联席会议在南昌市开幕。省委常委、副省长、市委书记殷美根出席开幕式并致辞。中国市长协会秘书长崔衡德致辞。省商务厅厅长王水平,广州市副市长黎明,福州市政协副主席林治良,长沙市委常委、副市长张迎春,南宁市副市长眭国华,海口市副市长孙世文,成都市政府党组成员刘烈东,贵阳市副市长王玉祥,昆明市委常委、常务副市长保建彬,香港特区政府商务及经济发展局副局长梁敬国,澳门特区政府贸易投资促进局主席张祖荣出席。市委副书记、市长郭安主持。开幕式后,举行第十二届泛珠三角区域省会城市市长联席会。会议紧扣全面融入“一带一路”国家战略,以“适应经济新常态,推动区域产业转型升级”为主题展开探讨,共商区域合作发展大计。会议审议通过《关于确定第十三届泛珠三角区域省会城市市长联席会承办城市的决议》,决定由湖南省长沙市承办第十三届泛珠三角区域省会城市市长联席会。中国市长协会秘书长崔衡德出席。市委副书记、市长郭安作主题发言。市委常委、常务副市长肖玉文主持。副市长杨文斌通报泛珠三角区域省会城市合作2015年以来工作情况。会上,泛珠三角区域省会城市代表团其他团长分别发言。

▲南昌市投资环境暨产业发展推介会在前湖迎宾馆举行。副市长杨文斌作南昌市情及投资环境推介。

▲东湖区人民法院依法宣判"毒油条"案,4家早餐店店主因在油条、糖果饼中违法超限量添加明矾,以生产、销售不符合安全标准的食品罪分别被判处拘役5个月,并各处罚金1万元。

14日

全市深化落实全面从严治党主体责任专修班在红谷滩会议中心举行。省委常委、副省长、市委书记殷美根出席并授课。市委副书记、市长郭安主持。在全市深化落实全面从严治党主体责任专修班第二阶段,市委常委、市纪委书记吴伟柱围绕深化落实全面从严治党主体责任,从为何抓、抓什么、怎么抓和抓当前四个方面进行专题授课。

▲"南昌—济南—长沙—包头书画交流展"在365艺术馆开幕。本次展出四地书画精品130余幅。其中,南昌书画家代表作品40余幅。展览至12月18日结束。

▲"技能中国行2016——走进江西"展示交流活动在洪都体育馆开展。活动为期2天。

▲23:30至15日凌晨,南昌地铁应急综合演练在地铁大厦站至卫东站轨行区间开展。演练过程中,设置列车上人为纵火、蓄意破坏车辆设备等环节,全真模拟恐怖袭击和火灾等场景。依据《南昌市轨道交通运营突发事件应急预案》细则规定,本次模拟演练启动南昌市一般突发事件Ⅳ级响应,出动消防车4辆、公交车2辆、救护车1辆、抢险车2辆、警车4辆,参演人员共410余人。

15日

南昌警备区党委第一书记任职大会召开。会议宣读省军区党委决定:殷美根任南昌警备区党委委员、常委、第一书记。省委常委、副省长、市委书记、南昌警备区党委第一书记殷美根讲话。省军区政委杨笑祥宣读决定、颁发任职通知书并讲话。市委常委、南昌警备区司令员刘瑄主持。任职大会后,殷美根听取南昌警备区全面建设工作汇报。

▲全市城市总体规划、"多规合一"编制工作动员会举行。市委副书记、市长郭安出席并作动员讲话。市委常委、常务副市长肖玉文主持。郭安在作动员讲话时说,此次动员大会标志着两个规划编制工作进入具体操作阶段。各级各部门要统一思想,提高认识,坚决落实好中央、省、市关于城市工作的决策部署,充分认识好规划是"城市财富"、规划是"城市灵魂"、规划是"历史责任"。要精心组织、科学编制,紧密结合南昌山水人文特色和城市发展定位,坚持问题导向,基于要素考量,把握好当前现状和长远发展、生产与生活、保护与开发的三大关系。在规划理念上,要更加重视让全市人民更多更公平享受改革成果,拥有更好的生活,在编制总体规划时明确未来发展不可逾越的底线,保护好不可复制的资源,让规划充分留有余地,为未来发展留足空间。

16日

全市脱贫攻坚现场推进会在新建区象山镇召开。市委副书记、市长郭安出席并讲话。市委常委邱向军通报全市精准扶贫推进情况。市人大常委会副主任朱敏华主持。会上,新建区介绍脱贫攻坚工作情况,南昌县、进贤县、安义县、湾里区作表态发言。会前,郭安一行到新建区象山镇河林村督导脱贫攻坚工作。

▲新媒体大数据趋势下传统企业转型变革与创新发展高峰论坛在南昌市举行。论坛以"新媒体经济""大数据时代""传统企业的变革与发展"为主题,邀请300余位政商界和国内专家、学者出席,交流共享最新政经资讯。

17—18日

全市首届曲艺大赛决赛在东湖区文化传承中心举行。比赛包括相声、小品、课本剧、快板、评书、魔术、双簧等多种形式,分为儿童组(3~8岁)、少年组(8~14岁)、青少年组(15~18岁)、成人组(19岁及以上),共60余个节目、100余名选手参加决赛。

▲南昌市外埠商会联谊座谈会和海南省南昌商会成立大会在海口市召开。

18日

全市首部党建题材微电影《小杨热线》在南昌市开机拍摄。

19日

全市重点货运源头监管工作部署会在市政府小礼堂举行。省公安厅党委委员、副市长、市公安局局长涂建生出席,并就重点货运源头监管下一阶段工作进行部署。

▲昌湾大道正式通车。该路属于城市主干道,双向10车道,起于红湾大道、磨盘山南路和招贤中路交会处,直通九洲高架,总投资4500万元,全长1026米。

20日

全市"全民清洁家园"大行动开始。此次大行动至2017年1月20日结束。其间,由市、区(县)、街道、社区层级发动,全民参与,包括"二次大行动""十项大整治",为广大市民营造干净整洁、喜庆祥和的节日环境。

▲重庆市食品药品监督管理局党组成员、食品安全总监李小平率国务院食安办督查组到安义县,开展农村食品专项整治督查工作。

▲全市首个政府与企业共建,集食宿、教育、救助一体化的社区服刑人员和刑满释放人员安置帮教基地在青云谱区成立。

21日

2016中国虚拟现实产业创新大会暨中国虚拟现实产业展览会在南昌国际展览中心主馆会议厅举行。会上由南昌日报传媒集团和红谷滩新区合作的VR基地线上平台等六大平台正式发布。市委副书记、市长郭安出席并致辞。工业和信息化部电子信息司司长刁石京、副市长杨文斌出席。市委常委、常务副市长肖玉文就中国(南昌)虚拟现实VR产业基地六大平台作发布。会前,与会人员参观中国(南昌)虚拟现实产业展。

▲中国振华集团智能终端设备生产基地落户南昌高新区签约仪式举行。该项目落户将填补全市智能终端产品(含手机、平板整机套料)制造方面的空白,具备完整的供应链和整机制造交付能力,丰富和完善全市手机产业链,契合南昌重点打造智能终端的配套需求。市领导郭安、肖玉文等出席签约仪式。

▲"江西红谷滩新区侨梦苑"联络处揭牌仪式暨"为侨公共服务体系建设示范单位"授牌仪式在南昌留学人员创业园红谷滩分园举行。江西慧谷产业园被授予"为侨公共服务体系建设示范单位"。

21—25日

南昌市第九届新闻发言人培训班在复旦大学举办。培训班邀请新闻领域资深专家、学者、教授授课。市委常委、宣传部部长龙和南出席开班仪式。来自市直各部门和各县区(开发区、新区)党委、政府90余名新闻发言人参加培训。

22日

"江西妇幼育儿问一问"微信平台启动仪式暨业务培训会在南昌春都商务酒店召开。省卫计委有关负责人、市直相关单位和各县区卫计委有关人员等共150余人参加会议。

24日

全市开展首次"全民清洁家园"大

行动。全市机关企事业单位干部职工、社区居民和志愿者参加义务清洁劳动。100余家省直单位的7000余名干部职工和1200余名驻昌部队官兵参加活动。全市统一行动之前和行动当天，省市领导殷美根、郭安、谢一平、陈德寿、周关等市委、市人大、市政府、市政协领导班子成员以及市法检“两长”，分别到各自挂点联系街道(乡镇)，与干部群众一道参加义务劳动。

▲“江西电竞动漫VR互动娱乐博览会”在南昌国际展览中心开幕。博览会主要以电子竞技运动和动漫展示为主题，辅以VR高科技互动娱乐体验，是江西首次举办电竞与动漫主题文化相结合的博览会。博览会分为电子竞技主题区、同人动漫展示区、动漫COSPLAY活动区、动漫周边展示区、VR科技体验区、IT产品展示区。博览会期间还举办“江西省REC电子竞技大赛总决赛”，来自全省各地市的选手角逐《英雄联盟》《炉石传说》电子竞技比赛江西总冠军。

25日

2017“元旦杯”南昌市第三届篮球、乒乓球锦标赛在南昌国体中心开赛。31日，锦标赛闭幕。

26日

南昌市首批公共自行车慢行交通系统启动仪式在红谷滩行政广场举行。

▲南昌市万安商会成立大会暨第一次会员大会在南昌市召开。大会选举南昌市万安商会第一届理事会，并分别选举第一届理事会会长、执行会长、常务副会长和副会长。180余位民营企业家出席。

▲南昌市第二届书法篆刻作品展在保利半山365艺术馆开展。经评审，评选出“佳作奖”3名、“优秀奖”7名、“获奖提名”10名、入展60名。作品展特邀展出市书协主席团、常务理事等精品作品28件，市书协“书法艺术沙龙集训营”优秀学员作品18件，共计展出作品126件。

27日

“千亿产业转型升级基金”之“百亿双创基金”——中科心客众创基金启动仪式在前湖迎宾馆举行。市委常委、常务副市长肖玉文出席。“千亿产业转型升级基金”包括医药基金、通用航空基金、旅游基金、文化基金、双创基金等五大板块。此次设立的中科心客众创基金总规模为100亿元，是截至目前国内最大的双创基金。

▲2016南昌服务外包技能创业大赛暨首届“青云杯”江西高校大学生创业创新大赛决赛及颁奖典礼在青云谱区政府文化综合大楼一楼大礼堂举行。

28日

南昌市“12345”政府服务热线平台正式上线运行。市委副书记、市长郭安出席上线仪式并宣布南昌市“12345”政府服务热线平台正式上线。此次“12345”政府服务热线整合力度较大，除110、119、122、120等紧急类热线以及纪委、组织等党委部门的举报投诉热线以外，将市场监管、食药监管、价格举报等政府职能范围内的各类咨询、投诉、举报热线全部纳入整合范围。

▲第四届全国漆画作品展在江西美术馆开幕。中国美协秘书长徐里，省文联主席叶青出席开幕仪式。市委常委、宣传部部长龙和南宣布展览开幕。副市长龙国英致辞。此次展览共展出202件作品。

▲西湖区朝阳新城真君路以西、子羽路以东、昌南大道以北、水厂路以南范围内总出让面积为100.05公顷的六宗地块由香港华侨城有限公司成功摘牌，成交总额为71.29亿元。这标志着“华侨城娱乐园”项目正式落户西湖区。“华侨城娱乐园”项目规划总建筑面积约150万平方米，计划投资200亿元，其中文化旅游设施投资不低于30亿元。

29日

市四套班子联席会议在市委第二会议室召开。会议传达学习全省经济工作会议精神，研究探讨全市贯彻落实意见；听取市财政局关于全市2016年度预算执行情况、市发改委关于全市2016年度主要经济指标完成情况和2017年度主要经济指标计划情况的汇报，以及南昌大都市区规划情况、九龙大道(北段)城市设计方案的汇报。省委常委、副省长、市委书记殷美根主持并讲话。市领导郭安、陈德寿、周关以及市委、市人大、市政府、市政协领导班子其他成员等出席。

▲南昌市“三风”理论研讨会暨专家讲座在红谷滩会议中心和南昌日报社举行。研讨会邀请中宣部思想政治工作研究所、北京大学、复旦大学、中国人民大学、南昌大学、江西师大、江西省文联等单位的11名专家学者，围绕“三风”与社会主义核心价值观、文化自信、文明城市创建等内容，探讨新形势下培育和践行社会主义核心价值观的意义、方法、路径，为南昌市开展“三风”活动、引领全社会形成崇德向善的良好氛围提供理论支撑。

▲南昌市“平安家庭”创建活动现场推进会在红谷滩新区世纪中央城社区召开。会议表彰全市“平安家庭”创建活动先进集体、示范社区和示范户，宣读并向居民发放“汇聚巾帼力量，共建幸福家园”倡议书近千份。

▲南昌英雄交响乐团“美丽南昌”2017新年音乐会在红谷滩会议中心举行。

30日

新能源汽车产业与智能网联发展论坛在南昌举行。民盟中央副主席欧阳明高，中国工程院院士李培根出席并分别作主旨演讲。市委副书记、市长郭安出席并致辞。省工信委副主任刘煜主持。国内外汽车行业权威学者、专家200余人参加。

▲南昌市第二届女红节颁奖典礼暨优秀女红作品展在市妇女儿童活动中心举行。此届女红节涵盖女红大赛、设计手稿比赛、旧物改造、免费手工课堂等系列活动。其中，女红大赛、设计手稿大赛搜集300余件作品，包括传统刺绣、布艺、剪纸、编结、钩织及少见的纸雕、衍纸、不织布等工艺在内的30余种作品。最终59件作品获奖，《鸟语花香》夺得女红大赛金奖。

30—31日

主题为“情归故里、共建家乡”的第四届中国爱故乡大会暨2016爱故乡年度人物颁奖典礼在中国农业大学举行。南昌市原市长李豆罗当选2016爱故乡特殊贡献人物。

31日

“美丽南昌·幸福家园”南昌市第六届迎新万人健步行活动举行。市委副书记、市长郭安宣布活动开始并鸣枪发令。市领导及各县区、市直各单位、各人民团体的30个方阵，近1万名代表参加。此次健步行全程5千米，从南昌国际展览中心出发，沿着赣江南大道进入南昌市国际体育中心2号门，最后到达主火炬塔。

▲“2016南昌民营企业30强”发布会召开。会上发布“2016南昌民营企业30强”榜单，并为入围企业授牌。

(市史志办年鉴处)

南昌概貌

概　述

【概况】　南昌市，是江西省省会城市，全省政治、经济、文化、科技和交通中心，鄱阳湖生态经济区核心城市，长江中游城市群重要城市，中国重要的综合交通枢纽和现代制造业基地。辖3个县（南昌、进贤、安义）、6个区（东湖、西湖、青云谱、湾里、青山湖、新建）、3个国家级开发区（南昌国家高新技术产业开发区、南昌国家经济技术开发区、南昌小蓝经济技术开发区）和1个新区（红谷滩新区），总面积7402平方千米，常住总人口537.14万人（截至2016年12月）。2016年，全市地区生产总值4354.99亿元，财政总收入790.8亿元，全市经济社会发展再上新台阶。

地　理

【概况】　南昌市具有承东启西、沟通南北的枢纽性区位优势，是唯一与全国经济最活跃的长江三角洲、珠江三角洲、海峡西岸经济区相毗邻的省会城市，京九、浙赣、皖赣、向莆四条铁路线交汇于此，是京九线上唯一的省会城市。特别是沪昆高铁的开通，使南昌快速迈进“高铁时代”，与周边城市互联成为一小时高铁经济圈；轨道交通一号线的开通运营，使南昌正式迈入“地铁时代”；105、320、316国道纵贯南昌市；昌北国际机场可达全国各大城市；水运经赣江入长江出东海。

【地理位置】　地处江西省中部偏北，北纬28°10′—29°11′，东经115°27′—116°35′之间，赣江、抚河下游，濒临鄱阳湖。

【地貌特征】　辖区内地势以平原为主，东南区域地势平坦，西北区域丘陵起伏，主要山脉是西山山脉。全市最高点是海拔841.1米的梅岭洗药湖。在全市土地面积构成中，平原占35.8%，水域占29.78%，岗地、低丘占34.4%。

【江河湖泊】　辖区内有赣江、抚河、锦河和潦河。其中，赣江穿城而过。湖泊有军山湖、金溪湖、青岚湖、瑶湖等数百个大小湖泊。其中，老城区内有4湖，即东湖、西湖、南湖、北湖；老城区外有4湖，即青山湖、艾溪湖、象湖、黄家湖（含礼步湖、蝶子湖），称之“城在湖中，湖在城中”。

（市史志办年鉴处）

自然资源

【概况】　南昌市可开发利用的丘陵、岗地较多，地表水、地下水资源丰富，植物种类1000余种，沙石是优势矿产品种。

【土地资源】　南昌市土地面积7402平方千米。全市耕地面积27.82万公顷。

【水资源】　南昌市年均产水量为65.98亿立方米，地表水资源为58.7亿立方米，地表径流量为61.53亿立方米，还原水量为4.07亿立方米，地下水资源为14.65亿立方米。水力资源蕴藏量为7.18万千瓦，可供开发的资源3.45万千瓦，占蕴藏量的47.6%。

【森林资源】　南昌市有林面积为14.24万公顷，森林覆盖率22.88%。当地树种主要有樟树、马尾松、毛竹、油茶等。引进树种主要有水杉、池杉、美国落地松等。野生树种主要勾樟、山苍子、乌药等。

【矿藏资源】　南昌市矿产以非金属建材矿为主，兼有燃料、矿泉水等各类矿产28种。其中，有工业开采价值的8处。已发现矿点、矿化点100余处。其中，建筑用沙、砖瓦黏土、饰面石材、石灰石和矿泉水等具有较好的开发前景。花岗岩、砂卵石储量巨大，开采历史悠久。

（市史志办年鉴处）

青山湖景色

历史文化

【概况】 南昌始建于公元前202年，是历代郡、府、州治所在地。古代南昌以“襟三江而带五湖，控蛮荆而引瓯越”的地理环境，成为中国东南的交通枢纽和政治、经济、文化重镇，不仅造就了“舟车不息、商贾云集”的繁荣和富饶，而且引领无数文人名士流连忘返，吟咏不已。初唐王勃的《滕王阁序》描绘了南昌“落霞与孤鹜齐飞，秋水共长天一色”绝妙景致，使南昌“物华天宝、人杰地灵”的美誉流传古今。明末清初的八大山人书画作品向外界展现了南昌博大从容的人文风度。1986年，南昌市被国务院批准为中国历史文化名城。2016年，全市拥有各类博物馆（纪念馆）18个，全国重点文物保护单位9个，市级以上非遗保护示范基地11个、传承基地（传习所）6个、传播基地9个。

【历史沿革】 早在5000多年前，原始先民在此生产、生活。至3000年前，南起青云谱、北至艾溪湖，这一弧形地带形成古代南昌居民的聚集区。汉高祖五年（公元前202年），汉将灌婴定豫章郡，次年筑南昌城，城址在今南昌火车站东南约4000米的黄城寺，城周长10里84步、辟6门，称为“灌城”或“灌婴城”，为南昌建城之开始，并置南昌县为豫章郡之附廓，寓“南方昌盛”“昌大南疆”之意。南昌是历代郡、府、州治所在地。汉设豫章郡；隋废豫章郡，设洪州总管府；唐废洪州总管府，设洪州都督府；南唐废洪州都督府，设南昌府；宋废南昌府，设洪州府，后改为隆兴府；元废隆兴府，设龙兴路；元末废龙兴路，设洪都府，后改为南昌府；明、清为南昌府。民国15年（1926年）正式设南昌市。1927年8月1日，周恩来、朱德、贺龙、叶挺、刘伯承等人在南昌市领导和指挥了震撼世界的武装起义，南昌市成为中国人民解放军的诞生地，被誉为“英雄城”，是“军旗升起的地方”。1949年5月22日，南昌市解放。在中国共产党和人民政府的领导下，南昌人民继承和发扬光荣的革命传统，艰苦创业，开拓进取，在“一穷二白”的废墟上建设社会主义的新型城市。中华人民共和国的第一架飞机、第一辆轮式拖拉机、第一辆摩托车和第一枚海防导弹都诞生在南昌市。中共十一届三中全会以来，南昌市社会主义建设更是突飞猛进，先后荣获“全国卫生先进城市”“中国优秀旅游城市”“全国双拥模范城”称号。进入新世纪，南昌市迎来新的发展机遇。市委、市政府围绕“富民强市”的目标，全力做好建设“现代区域中心城市和现代文明花园英雄城市”两篇文章，竭力把南昌打造成带动全省发展的核心增长极。2006年，南昌市荣获“国家卫生城”“中国人居环境奖——水环境治理优秀范例城市”称号等。2015年，先后荣获“全国文明城市”“国家森林城市”称号。2016年，南昌市城市建成区面积317.3平方千米（含各区，不含南昌县、进贤县、安义县）。

【文化传承】 早在5万～6万年前，原始先民创造了远古文明。春秋战国时期，孔丘弟子澹台灭明（字子羽）“南游至江”，中原文化开始传入。西汉时期程曾，在南昌讲学写作，著书立说，声望很高，“会稽顾奉等数百人常居门下”；徐稚（徐孺子）被推之为“江南卑薄之域而角立杰出”的人，人称“南州高士”。魏晋南北朝时期范宣、范宁兴办学堂，讲授、传播儒家经学文化；雷次宗著《豫章记》是最早的江西省地方志书之一，唐宋史家的著作，多有征引；许逊传播道教，建立道观，并率民治水，成了治水的神话人物。唐朝时期建造的滕王阁，因王勃《滕王阁序》蜚声四海，历代的人们，未见其阁，已先读其序，闻其名，慕名而来，留名而去，积得雄文百篇，名诗千首。五代南唐的山水画家董源，誉为文人画之祖。元代民间航海家汪大渊撰写的《岛夷志略》，涉及国家和地区220余个，清同治六年（1867年）后，西方将该书译成多种文字。明末清初“四大画僧”之一的八大山人（朱耷），以其“画风和精神开启和风靡了中国画三百年之画运”。清代末期胡思敬校辑《豫章丛书》1部，共收唐宋以来江西历代名人著作经、史、子、集103种、694卷、266册，丰富了中国的文化宝库。现代山水画家黄秋园，自学成才，业余作画，山水、花卉、人物、界画无所不工，去世后作品逐渐被人们认识，并得到艺术界的承认。五四运动后，赵醒侬、方志敏、袁玉冰开办南昌文化书社，销售《新青年》《共产主义ABC》等书刊，并创办《红灯》《新江西》等期刊，传播马克思主义。1935年，方志敏在狱中著有《可爱的中国》等文著，表达了对祖国、对人民的深厚情感，成为爱国主义的千古绝唱。

（市史志办年鉴处）

南昌民俗

【概况】 南昌民俗属于长江流域民俗文化圈，民俗事项丰富多样，主要民俗在节日习俗、衣食住行、人生礼仪、婚嫁习俗、生产习俗、商业习俗、民间俗信、游艺竞技等方面体现。随着历史发展和社会变革，南昌民俗中向往美好生活、寄托美好愿望的习俗得到传承，传播封建迷信，反映愚昧落后的习俗陆续摒去。

【节日习俗】 南昌百姓的节日习俗主要有：春节（拜年、换茶、上七大似年）、闹元宵、春龙节、花朝节、清明节、端午节、划龙舟、斗力和送扇、立夏节、六月六“晒龙袍”、七夕、中元节、中秋节、龙岗登高、冬至节。其中，春节是一年中最隆重的传统节日。百姓多自冬至后开始筹办年货，如腌制腊肉、腊鸡，做年糕、印花米果、辗糖块等。“过了二十四，天天都是年”（南昌话）。南昌人过小年的日子各家不同，同时时辰也不一。二十四、二十五、二十六、二十七都有过年的，有的早上过年，有的是中午、晚上过年。春节期间主要习俗，一是拜年。正月初一，幼辈依次向尊长拜年，尊长又率幼辈向左右邻居贺年。南昌有句俗话：“初一的崽，初二的郎，初三初四老姑丈”（南昌话），初三、初四也有专为亡亲祭拜的。二是“上七大似年”。南昌人重视上七（初七），这天要好好地吃一顿，还要吃“糊羹”，象征步步高。三是闹元宵。南昌百姓过元宵叫闹元宵，闹了十五还要闹十六。南昌百姓吃元宵，象征全家团圆、幸福。吃好元宵之后，便开始闹灯。元宵节的龙灯，各式各样，有龙灯、板凳灯、关公灯、采莲灯等。板凳灯最长由1000余条板凳组成，有1000余人操作。板凳灯起舞时整齐统一，十分壮观。其中，进贤县西湖李村“同吃一桌席、同舞一条板凳龙”的节庆活动更是场面壮观，传统文化得到很好的传承。2009年11月，进贤县西湖李村的“板灯文化节”在中华文化促进会等单位主办的第二届“节庆中华奖”颁奖盛典上获得“最佳文化传承奖”。南昌百姓把端午节、中秋节、春节“一年三节”，视为一年内最重要的节日。定好亲事未结婚的送礼，已婚女婿送丈母娘、外甥送舅舅等，一年三节绝对不能缺。南昌人过端午节要吃粽子，插艾枝，吃红蛋、茶蛋、包子，喝雄黄酒，赛龙舟。划龙船从4月开始筹备，“初一划、初二歇、初三初四划到节”。

"六月六晒龙袍",南昌的气候温暖湿润,每年六月六之前,都是梅雨季节。故此六月六日晒衣裳的习俗,实际上也应是对太阳的一种崇拜。随着互联网的发展,南昌人在沿袭传统节日祝贺方式之外,逐步兴起短信、邮箱、QQ、微信等方式,向亲戚、朋友表示节日的祝贺。

【南昌菜】 南昌菜是赣菜菜系的主要组成部分,为江西的三大地方菜之一。它用料广泛,主料突出,刀工精细,分色配菜。制法上以烧、焖、炖、蒸见长,注重维持原汁原味,在质地上讲究辣、烂、脆、嫩。主要特点是量大、油厚、酱油色偏浓、偏咸、香、辣。代表菜有三杯鸡、干烧猪脚、米粉肉、藜蒿炒腊肉、炒鱼丝、空心鱼丸汤等。特色菜有"四星望月"、匡庐石鸡腿、豫章酥鸡、虫草炖麻雀、五元龙凤汤,煌上煌烤卤等。地方风味小吃有牛肉炒粉、韭菜合子、白糖糕、大麻圆、馓子、糯米油糕、蛋黄麻花、二来子、春卷等。

【人生礼仪】 南昌百姓人生礼仪主要体现在求子、出生、过百岁、起名、摸周、成年、寿庆丧葬等方面。出生礼仪:妇女怀孕叫"有喜",婴儿降生叫"添喜"。婴儿生下的第三天,给孩子"洗三"。婴儿出生到一个月即"满月",行满月礼;出生满一年整,是婴儿第一个生日,称"过周岁",为孩子举行"摸周"。寿庆礼仪:按南昌传统习俗,祝寿活动年龄进入五十岁以后才举行,越到老年,祝寿活动的仪式也就越是隆重。南昌有句俗语:"三十无人晓,四十无人知,五十做一做,六十摆宴席,七十大庆贺,八十无信息,九十、百岁大摆席。"丧葬礼仪:南昌民间对死者进行吊唁,叫作"白喜事"。吊唁者都穿白衣,以志悲哀。丧葬礼仪一般有举丧、守灵、入殓、出殡、安葬、关山、接七等。

【婚嫁习俗】 南昌地区婚姻习俗除"父母之命,媒妁之言"外,还有许多礼节。一是"托媒"。一般由男家采取主动,并请媒人张罗。二是订婚。双方同意后,男家向女家下聘礼。三是送日子。双方缔结婚约后,男家确定吉日后(南昌民间称"腊八结婚不用拣日子"),要向女家通报,南昌地区将此日称为"送日子"。四是迎娶。婚期确定后,女家准备嫁妆,择日发送。举行婚礼这天,男家请花轿到女家迎亲。婚宴开始前新郎、新娘一拜天地、二拜高堂、三拜父母,夫妻对拜后喝交杯酒。五是闹洞房。南昌民间风俗认为,"闹房三日无大小"。除取乐、闹笑外,亲朋来宾用各种方法逗趣,以营造一种和谐的氛围。

(梅联华)

风景名胜

【概况】 南昌市具有深厚的历史文化底蕴,拥有文化遗址600余处,人文景观18处,自然景观26处。其中,国家级、省级、市级的文物保护单位共70余处。与城市融为一体的瑶湖水上娱乐区、"八大山人"纪念馆文化游览区、梅岭度假旅游区、"滕王阁"景区构成特有的旅游资源。南昌市又是一座红色城市。1927年8月1日,周恩来等共产党领导人在南昌市组织举行武装起义,标志着中国共产党独立地领导革命战争、创建人民军队和武装夺取政权的开始,因此称为"英雄城",被喻为"军旗升起的地方"。当年举行武装起义的革命旧址,如起义总指挥部旧址、军官教育团旧址、朱德旧居等,经市政府的维修保护,成为革命传统教育基地。

【滕王阁】 位于南昌市东湖区。唐永徽四年(653年),唐太宗之弟滕王李元婴任洪州都督时所创建,因初唐诗人王勃所作《滕王阁序》而名传千古。文学家韩愈曾赞美"江南多临观之美,而滕王阁独为第一,有瑰伟绝特之称",故又素享"西江第一楼"之美誉。物换星移,人世沧桑,历代滕王阁迭废迭兴达29次之多。现阁于1989年10月8日第29次重建落成。主阁碧瓦重檐,画栋丹柱。登阁远眺,纵览山川秀色。阁内古朴典雅,琳琅满目。步入殿堂,尽享璀璨文化。2001年元月核准为首批国家AAAA级旅游景区。

【绳金塔】 位于南昌市西湖区。始建于唐天祐年间。相传建塔时,掘地得铁函1只,内有金绳4匝,古剑3把,舍利子300粒,绳金塔因此而得名。该塔为江南典型的砖木结构楼阁式塔,塔高50.86米,塔身7层八面,青砖砌筑,平面为内正八边形。塔内设步梯直通顶层,"直视湖山千里道,下窥城郭万人家"。现该塔为南昌市仅存的高层古建筑。一年一度的绳金塔庙会,成为具有浓郁地方特色的旅游经贸盛会。2014年,绳金塔引进3D裸眼技术,以实景绳金塔为背景,通过3D灯光秀讲述老南昌的千年传奇。

【八大山人纪念馆】 位于南昌市青云谱区,1959年建馆。八大山人,姓朱名耷,明皇后裔,世居南昌。明朝灭亡后,隐姓埋名,为僧为道。八大山人为清初画坛革新"四大画僧"之一,作品幽深玄远,宁静纯洁,超凡脱俗,浑然天成。其画风影响中国画坛三百年。馆内现存有八大山人的代表作《双鹰图》《荷花图》《松鹤图》《山水图》《七绝草书法轴》等。

【象湖风景区】 位于市区西南面,呈楔形状,全长3.7千米,总面积约52公顷。湖面波光碧影,堤上杨柳依依,构成江南水乡意境的景观。象湖不仅有美丽的景色,且包含有深厚的文化。坐落在象湖湖畔的南昌万寿宫,为纪念道教净明派祖师许逊"诛蛟治水"而建。

2016年10月25日,滕王阁景区被列入全国创建AAAAA级旅游景区预备名单

【安义古村群】 位于南昌市安义县城南面约10千米的西山梅岭之麓。由京台、罗田和水南三大古村落组成,面积近3平方千米。古村群至今保存着明清宅院古屋120余栋,古戏台、寺庙、祠堂、香火堂、祖宗堂10余处。

【佑民寺】 位于南昌市东湖区民德路中段。始建于南朝梁代,初称为大佛寺,唐初奉敕改称开元寺,禅宗八祖马祖道一在此开创洪州宗。唐末改为上蓝寺。宋以后又改为承天寺、能仁寺、永宁寺、佑清寺等。1929年起称为佑民寺,1997年重建。寺内供奉的巨大铜佛高9.8米,重1.8万千克,是一座享誉东南亚的古刹。

【西山万寿宫】 位于南昌市区西南30千米的西山逍遥山下。又名玉隆万寿宫,为纪念道家著名人物"净明派"始祖许逊而建,距今有1600余年的历史。

【汪山土库】 位于南昌市新建区大塘乡,迄今有180余年历史,是座典型的江南民居与皇家建筑相结合的清代建筑。其建筑风格、规模和建筑艺术在江南实属罕见,享有"江南小朝廷"的美誉。

【梅岭风景区】 位于南昌市湾里区,面积约150平方千米。景区有江南最大的"飞来峰",是著名的避暑胜地,中国古典音律和道教净明宗的发源地。梅岭主峰洗药湖海拔841米,共有大小山峰99座,天然和人工湖泊50余个,岩洞、奇石、泉瀑、幽谷、云海佛光、古树名木处处皆景,融雄、秀、奇、幽于一体。自古以来,"洪崖丹井""西山积翠""神龙飞瀑""雄狮天吼""铜源六群"是文人骚客争相题咏的著名景观。

【青山湖风景区】 位于南昌市区东部。青山湖湖面宽阔,波光摇曳,满湖青青。风景区建有湖滨、相思林、燕鸣岛3个公园,总面积400公顷,是集游乐、垂钓、水上运动为一体的综合旅游区。

【秋水广场】 位于南昌市赣江北岸,与滕王阁隔江相望。该广场以喷泉设计为题,并具有旅游、购物、休闲等功能。整个广场占地8万平方米。其中,喷水池面积1.2万平方米,主喷高度达128米,成为南昌市居民休闲娱乐的好去处。

【天香园】 位于南昌市区。园内野生鸟群众多,共32个品种,10万余只。经联合国教科文组织专家考察后指出,这里鸟类密度之大、之美,堪称世界城市第一,被收入吉尼斯纪录。

【象山森林公园】 位于赣江中下游鄱阳湖之滨,与著名的旅游胜地庐山隔湖相望,和世界候鸟保护区鄱阳湖紧连一体,接壤南昌市昌北国际机场、昌九高速公路。公园总面积1666.67公顷,森林面积1200公顷。在茂密葱郁的森林里,每年都有几十万羽各种不同种类的鹭鸟在林间栖息、繁衍。

【南昌八一起义纪念馆】 位于南昌市中山路中段380号,原为"江西大旅社"。始建于1922年,1924年建成,采用中西合璧的建筑风格,外观呈银灰色,坐南朝北,楼高四层的回字形建筑。1927年7月,贺龙部队二十军进驻南昌后,其第一师将江西大旅社整个包租下来,把师部设在这里。7月27日,参加起义的部队负责人在旅社喜庆厅召开会议,成立了以周恩来为书记的中共前敌委员会。8月1日,中国共产党领导南昌起义,先后多次在此举行会议,成为领导起义的指挥中心。1957年,江西大旅社改为南昌八一起义纪念馆,鎏金馆额由元帅陈毅手书。1961年,经国务院批准,南昌八一起义纪念馆列为全国重点文物保护单位。1997年,南昌八一起义纪念馆被中宣部命名为全国百家爱国主义教育示范基地。中共中央原总书记江泽民亲笔为该馆题词"军旗升起的地方"。八一南昌起义纪念馆改扩建工程自2006年5月动工,筹资1.53亿元,在起义指挥部旧址南侧兴建新陈列馆,2007年7月28日竣工对外开放。新陈列馆大楼4层,外立柱由8支"汉阳造"步枪造型组成,屋檐是"八一"字体组成的长城图案,外墙采取镂空造型,所有玻璃窗方框都印有八一军徽图案。新陈列馆采用声光电幻影成像、多媒体同步地台模型、120度多通道环幕投影等多项先进陈列手段,除重点展示南昌起义这段历史外,还新增中国人民解放军光辉历程和英雄城南昌形象展示的陈列内容。2016年12月,南昌八一起义纪念馆入选《全国红色旅游景点景区名录》。

【八一广场】 位于南昌市中心,是一座集纪念性、标志性、群众性、休闲性为一体的综合广场。为纪念八一南昌起义50周年,1977年在此建八一起义纪念塔。2002年对广场进行全面改造,突出"八一"历史文化主题,设有南部纪念区、中部中央文化区和北部休闲区。改造后的广场更加通透。"八一恒辉"的主题设计丰富了广场空间,提升了城市文化品位,拓宽了历史内涵的表述。

【小平小道】 位于南昌市新建区望城岗。一头连着原新建县拖拉机配件修造厂,一头连着原南昌步兵学校,全长1500米。1969年10月至1973年2月,居住在原南昌步兵学校的邓小平顺着小道前去原新建县拖拉机配件修造厂劳动。后被人称为"小平小道"。2002年5月,"小平小道"初步修复后对外开放。2004年8月22日,在小平小道纪念馆区竖立邓小平铜像。2007年11月,新建县启动小平小道纪念馆改扩建工作。2008年12月18日,小平小道陈列馆开馆。"小平小道"纪念馆建筑面积2134.5平方米,陈展面积1720平方米。全馆共分为"文化大革命"初期、"疏散"到江西、工厂劳动、"小平小道"、"情系新建"和"永远的怀念"六个部分,从不同角度反映了邓小平在江西3年零5个月的工作生活。

【方志敏烈士陵园】 位于南昌市昌北梅岭山下。始建于1962年,1965年竣工,占地面积9.07公顷,设有烈士陵、台阶、碑石、纪念碑、灵堂。2001年6月,被中共中央宣传部批准为第二批全国爱国主义教育示范基地。

【南昌新四军军部旧址陈列馆】 位于南昌市友竹路7号。南昌新四军军部旧址原为北洋军阀张勋的公馆,建于1915年,内有2栋2层楼的楼房和1栋平房,属中西合璧砖木结构的建筑。1938年1月6日,国民革命军陆军新编第四军军部从汉口迁驻南昌,开始在该旧址正式对外办公。1987年7月,省市政府拨出专款按原貌恢复整修旧址。1988年1月5日对外开放。2月,南昌新四军军部旧址陈列馆成立。2009年5月启动旧址改扩建工程,总投资约8000万元,占地约2.34公顷,总建筑面积约1.16万平方米,分旧址保护区、新陈列展示馆、纪念广场、绿化园林四大功能区,2010年底完工。新陈列馆位于旧址的南侧,建筑面积4833平方米,采用声光电高科技、历史图片等多种方式,分多个展厅展示新四军当年的风采。1987年12月,南昌新四军军部旧址被列为省级文物保护单位。2001年被列为江西省爱国主义教育基地。2006年国务院公布被列为第六批全国重点文物保护单位。

【凤凰沟】 位于南昌县黄马乡。凤凰

沟是集采摘、观光、休闲与会议为一体的农业生态示范园,拥有茶叶、蚕桑、绿化苗木、果业等成熟生态产业体系。其中,生态茶园143.33公顷,标准化高产示范桑园6.66公顷,生态旅游果园43.33公顷,生态景观花卉苗木基地33.33公顷,水面66.66公顷。

【艾溪湖森林湿地公园】 位于高新开发区,是江西省南昌市唯一的一块典型城市天然湿地。公园占地166.66余公顷,北起城东一路、南至北京东路、东起长堤路、西至艾溪湖东堤,与4.5平方千米艾溪湖相邻。

【南昌一江两岸建筑灯光秀】 2013年12月26日,南昌一江两岸景观照明提升改造工程项目建成正式亮灯。2014年12月24日晚,由60万个光源组成,长达16分钟的一江两岸第五次升级版灯光秀"Fromhometohome",以"微电影"的崭新面貌首次展现在南昌市民眼前。2015年10月22日晚,江西南昌一江两岸建筑灯光秀成功挑战吉尼斯世界纪录,成为世界上"最多建筑参与固定性声光秀"。其覆盖了赣江两岸296栋建筑,远超上个吉尼斯纪录保持者——维多利亚港的幻彩咏香江镭射灯光音乐秀。这一"世界之最"囊括了8千米的灯光带,通过一江两岸的"阁""塔"将南昌历史与现代衔接起来,营造出白天有滕王高阁美景,晚上有景观灯光靓景的"一江两岸、阁塔相辉"的独特景观。

(市史志办年鉴处)

行政区划

【概况】 2016年,南昌市辖南昌、进贤、安义3个县,东湖、西湖、青云谱、湾里、青山湖、新建6个区,及南昌经济技术开发区、南昌高新技术产业开发区、红谷滩新区。全市共设30个街道办事处,28个乡,52个镇;669个社区居民委员会,1157个村民委员会。

【南昌县】 辖9个镇(莲塘镇、向塘镇、蒋巷镇、幽兰镇、塘南镇、武阳镇、冈上镇、广福镇、三江镇),7个乡(泾口乡、南新乡、八一乡、黄马乡、塔城乡、富山乡、东新乡),1个国家级开发区(江西南昌小蓝经济技术开发区),1个省级开发区(向塘开发区),1个管委会(银三角管委会);77个社区居民委员会,263个村民委员会。

【进贤县】 辖9个镇(民和镇、李渡镇、温圳镇、文港镇、梅庄镇、张公镇、罗溪镇、架桥镇、前坊镇),12个乡(三里乡、二塘乡、钟陵乡、池溪乡、南台乡、三阳集乡、七里乡、下埠集乡、衙前乡、白圩乡、长山晏乡、泉岭乡);39个社区居民委员会,263个村民委员会。

【安义县】 辖7个镇(龙津镇、鼎湖镇、万埠镇、石鼻镇、东阳镇、长埠镇、黄洲镇),3个乡(乔乐乡、新民乡、长均乡),1个场(万埠场);19个社区居民委员会,104个村民委员会。

【东湖区】 辖1个镇(扬子洲镇),9个街道办事处(公园街道办事处、滕王阁街道办事处、百花洲街道办事处、八一桥街道办事处、墩子塘街道办事处、豫章街道办事处、大院街道办事处、董家窑街道办事处、彭家桥街道办事处),2个管理处(贤士湖管理处、扬农管理处);93个社区居民委员会、12个家属委员会、21个村民委员会。

【西湖区】 辖1个镇(桃花镇),10个街道办事处(南站街道办事处、南浦街道办事处、西湖街道办事处、朝阳洲街道办事处、十字街街道办事处、桃源街道办事处、广润门街道办事处、系马桩街道办事处、丁公路街道办事处、绳金塔街道办事处),1个管理处(朝农管理处);121个社区居委会,18个家属委员会,13个村民委员会。

【青云谱区】 辖1个镇(青云谱镇),5个街道办事处(三家店街道办事处、洪都街道办事处、徐家坊街道办事处、京山街道办事处、岱山街道办事处),1个省级工业园区(昌南工业园);69个社区居民委员会,12个村民委员会。

【湾里区】 辖4个镇(招贤镇、梅岭镇、罗亭镇、太平镇),2个街道办事处(站前街道办事处、幸福街道办事处),1个管理处(洗药湖管理处);12个社区居民委员会,35个村民委员会。

【青山湖区】 辖4个镇(湖坊镇、塘山镇、京东镇、罗家镇),3个街道办事处(上海路街道办事处、青山路街道办事处、南钢街道办事处),1个省级工业园区(昌东工业区);105个社区居民委员会,20个家属委员会,60个村民委员会。

【新建区】 辖12个镇(松湖镇、石岗镇、西山镇、石埠镇、流湖镇、望城镇、长埈镇、乐化镇、溪霞镇、樵舍镇、象山镇、联圩镇),6个乡(厚田乡、大塘乡、金桥乡、铁河乡、昌邑乡、南矶乡),1个省级开发区(长埈工业园区);62个社区居民委员会,276个村民委员会。

【红谷滩新区】 辖1个镇(生米镇),1个街道办事处(沙井街道办事处),3个管理处(红角洲管理处、凤凰洲管理处、九龙湖管理处);41个社区居民委员会,33个村民委员会,3个管理站,1个农场。

【南昌高新技术产业开发区】 辖2个镇(昌东镇、麻丘镇),1个管理处(艾溪湖管理处);14个社区居民委员会,48个村民委员会。

【南昌经济技术开发区】 辖1个镇(蛟桥镇),3个管理处(白水湖管理处、冠山管理处、新祺周管理处),1个产业园(桑海医药产业园);17个社区居民委员会,29个村民委员会。

(市史志办年鉴处)

人口发展

【概况】 2016年底,据公安户籍统计,全市户籍总人口522.79万人。其中,城镇人口289.5万人,乡村人口233.29万人。根据人口变动情况抽样调查统计,年末常住人口537.14万人,比上年末增加6.85万人。全年出生人口7万人,出生率13.12‰;死亡人口3.3万人,死亡率6.19‰;自然增长率6.93‰,比上年上升0.18个千分点。

全市人口分布:市辖区总户数95.78万户,人口总数302.22万人。其中,乡村人口82.66万人,城镇人口219.56万人。市辖县总户数66.76万户,人口总数220.57万人。其中,乡村人口150.62万人,城镇人口69.95万人。

2016 年南昌市人口及其变动情况一览表

公安单位	年末总户数（户）	年末总人口（人）									本年度人口变动（人）									
		合计	城镇人口	乡村人口	性别		年龄				出生			死亡			迁入		迁出	
					男	女	0—17岁	18—34岁	35—59岁	60岁及以上	合计	男	女	合计	男	女	省内迁入	省外迁入	迁往省内	迁往省外
甲	1	2	3	4	5	6	7	8	9	10	11	12	13	14	15	16	17	18	19	20
南昌市公安局	1625387	5227879	2895037	2332842	2714542	2513337	1179506	1303456	1832458	912459	69959	37141	32818	15589	9473	6116	27383	9443	23371	20708
东湖分局	146966	473689	445470	28219	236554	237135	75130	107704	190418	100437	5336	2872	2464	1492	859	633	1791	1005	1481	2894
西湖分局	152472	452590	452590	0	225944	226646	76558	94821	183230	97981	5294	2781	2513	1978	1110	868	2213	854	663	1617
青云谱分局	63695	192254	192254	0	99022	93232	31170	39896	76781	44407	2153	1178	975	561	339	222	2261	316	2838	711
湾里分局	30148	79145	39346	39799	41917	37228	18514	19746	28886	11999	1053	587	466	247	157	90	212	148	159	511
青山湖分局	128774	410312	353192	57120	209647	200665	80041	94652	139931	95688	5246	2687	2559	999	585	414	1777	675	664	1201
高新分局	79385	249841	106483	143358	134190	115651	60126	74363	82116	33236	4092	2196	1896	454	273	181	4412	748	1251	2319
经开分局	37869	117471	113179	4292	61624	55847	24089	32032	40859	20491	1639	885	754	192	126	66	815	685	1419	2720
红谷滩分局	80063	227587	174191	53396	115065	112522	64814	61029	77758	23986	4695	2532	2163	331	197	134	2281	834	779	2051
洪都分局	18031	63329	63329	0	32055	31274	9929	10830	25096	17474	628	319	309	185	109	76	146	127	136	358
江铃分局	3821	14264	14264	0	7914	6350	2244	3297	5307	3416	194	95	99	34	20	14	40	69	23	74
齐城岗分局	7988	23119	23119	0	12592	10527	3461	3834	10714	5110	193	102	91	82	46	36	47	19	79	31
桑海分局	9955	26109	26109	0	13372	12737	5166	5720	10420	4803	302	163	139	72	46	26	109	27	331	129
南昌县局	301624	1049077	321176	727901	551392	497685	243232	267902	357373	180570	14343	7596	6747	3820	2335	1485	5943	1231	4674	1881
新建分局	198633	692435	191992	500443	364019	328416	191844	188450	220340	91801	9255	4819	4436	2393	1493	900	3017	1389	5247	1015
安义县局	97694	304843	96246	208597	162492	142351	82746	81914	100928	39255	5121	2756	2365	645	441	204	486	478	588	624
进贤县局	268269	851814	282097	569717	446743	405071	210442	217266	282301	141805	10415	5573	4842	2104	1337	767	1833	838	3039	2572

（市公安局）

民族·宗教

【概况】 南昌市是一个少数民族散居城市。2016 年，有 52 个少数民族，世居少数民族人口约 2 万人。少数民族人口主要分布在东湖区、西湖区、青山湖区和青云谱区，其他县区也有少量分布，从事各行各业。进贤县池溪乡兰家畲族村是南昌市唯一的少数民族自然村，人口不到百人。在南昌流动少数民族约 2 万人，以回族、维吾尔族、藏族居多，主要从事经营拉面馆、民族风味食品等。进贤一中、南昌十七中、南昌县莲塘一中分别设有西藏高中班、初中班和新疆克孜勒苏柯尔克孜自治州高中班，南昌工学院招收少数民族预科班。少数民族组织为南昌市少数民族联谊会。全市性宗教团体有佛教、道教、天主教、基督教、伊斯兰教五大宗教团体。至年底，全市登记宗教活动场所 585 处，教职人员 1273 人。佛教场所 222 处（寺观教堂类 144 处，固定处所类 78 处），佛教教职人员 219 人。道教场所 136 处（寺观教堂类 40 处，固定处所类 96 处），道教教职人员 781 人。伊斯兰教场所 2 处（寺观教堂类 2 处），伊斯兰教教职人员 2 人。天主教场所 10 处（寺观教堂类 3 处，固定处所类 7 处），天主教教职人员 9 人。基督教场所 215 处（寺观教堂类 45 处，固定处所类 170 处），基督教教职人员 262 人。

（张　楚）

气　候

【概况】 2016 年，南昌市气候主要特点为：气温偏高，降水明显偏多，日照偏少；年降水量 1869 毫米，比常年（1613.5 毫米）偏多约 16%；年平均气温 19℃，比常年（18℃）偏高 1℃。年日照时数 1799.3 小时，较历年同期偏少 33.6 小时。1 月下旬出现明显寒潮雨雪冰冻天气，南昌地区普降大雪、局部暴雪，气温出现 1992 年以来新低；汛期开始早、结束晚；汛期降水偏多，局部洪涝灾害重；盛夏阶段性高温持续时间长、强度大；11 月出现罕见回南天和平流雾现象。总体上，年内出现寒潮、强降水、高温及台风等阶段性灾害天气，对全市农业生产造成一定影响，总体评价农业气候年景为持平略减。

【主要气象灾害】 2016 年，南昌市主要气象灾害有：①1 月下旬出现 25 年来最严寒天气；②汛期长，降水多，局部洪涝严重；③夏季高温日数多，持续高温少雨导致农作物受灾；④影响台风多、台风降水强；⑤11 月天气异常，出现罕见“回南天”与“平流雾”现象。

1. 1 月下旬出现 25 年来最严寒天气。受强冷空气影响，1 月 20 日晚—25 日全市出现一次明显寒潮雨雪冰冻天气。此次过程极端最低气温在－8(℃)(安义县)—－4.2(℃)(新建区)之间。全市除新建区外，其余4个县、市(南昌县、进贤县、安义县、南昌市)日最低气温均创近25年以来新低。其中1月21—23日南昌地区普降大雪，局部暴雪；过程最大积雪深度2—6厘米，以安义县6.5厘米为最大。据农业部门了解，截至8月29日，全市共有5200公顷农作物受灾，其中水稻4480公顷、蔬菜280公顷、其他作物440公顷。其他作物出现灾情的县区主要有安义县、进贤县和南昌县。另外市郊区部分水果、蔬菜、莲藕种植也受到影响。

2. 汛期长，降水多，局部洪涝严重。3月23日入汛，7月19日出汛，汛期比常年偏多24天，汛期降水1253毫米，比历史同期偏多33%。其中7月降水偏多明显，超出1.4倍。全市范围有12次暴雨过程，为近5年最多，有3次暴雨过程致灾明显，分别为6月初、7月初和7月中旬。6月初暴雨全市范围灾情明显，为南昌汛期最强降雨，全市普降暴雨，部分大暴雨；7月两次暴雨过程分别导致安义县和南昌县受灾明显。6月1—3日暴雨过程累计雨量全市平均173.0毫米，其中以进贤县三里335.2毫米为最大，其次是青山湖北大道284.4毫米，第三为扬子洲277.6毫米。受此次暴雨影响，南昌城区多个低洼路段出现积水内涝、车辆被淹等情况，市民出行受到很大程度影响，农作物受淹，基础设施损坏等。

3. 夏季高温日数多，持续高温少雨导致农作物受灾。夏季(7—9月)月平均气温均高于历史同期，其中8月平均气温30.9℃，有气象记录以来第三高值。全年超35℃以上的高温日数35天，较历史同期偏多10.6天，为有气象记录以来第三多值。7月下旬、8月中下旬分别出现持续长时间的晴热高温天气，持续天数达14—15天。

4. 影响台风多、台风降水强。年内共有4个台风影响全市，并带来大风和强降水天气过程。尤其是台风“莫兰蒂”和“鲇鱼”，先后都造成全市范围内的暴雨、大暴雨天气过程，为近年少见。受第17号台风“鲇鱼”外围和地面冷空气共同影响，9月28—29日出现一次强降雨、大风和降温天气过程。受其影响，全市普降大雨，部分地区暴雨。强降雨主要集中在西部山区，以梅岭洗药坞99.4毫米为最大，其次是安义县长均乡85.7毫米，再次是湾里区梅岭镇84.1毫米。另外，9月27日20时至29日8时，全市大部分平均风力4—5级，阵风7—8级，新建区、南昌县、进贤县部分地区出现9级(大于20.7米/秒)以上阵风。据初步统计，新建区有40484人受灾，4047公顷农作物受灾，成灾2873公顷，直接经济损失2200万元。

5. 11月天气异常，出现罕见“回南天”与“平流雾”现象。11月，全市多阴雨天气，雨日15天，较历史同期偏多76%；月降水量131.2毫米，较常年偏多72%；相对湿度均值达83%(历史同期均值71%)，中旬日均湿度更是持续9天达90%以上。雨日多、湿度大，导致立冬后，楼道、家里到处都湿漉漉，像是遇上早春时节的“回南天”。这种天气对二晚收割晾晒、柑橘采摘贮存产生不利影响。

2016年南昌市主要气象要素一览表

		1月	2月	3月	4月	5月	6月	7月	8月	9月	10月	11月	12月	全年
降水	累计值	113	47	90	290	263	386	302	55	114	47	131	30	1869
(毫米)	距平值	34.1	－57.5	－86.7	69.6	40.1	86.8	162.7	－70	44	－8.9	54.8	－13.7	255.5
气温	平均值	6.3	9.3	13.1	19.4	22.3	26.7	30.3	30.9	25.7	20.8	13.6	10	19
(℃)	距平值	0.8	1.6	1.7	1.7	－0.5	0.8	0.8	2	0.6	0.9	－0.1	2.1	1
降水日数	累计值	18	7	19	24	20	16	13	9	9	10	17	10	172
(天)	距平值	4.7	－6.6	1.7	6.8	4.3	1	2.5	－1.3	2.1	2.4	8.5	1.8	28
相对湿度	平均值	77	64	71	83	79	78	75	67	71	80	83	74	75
(%)	距平值	1	－13	－8	4	1	－4	－1	－9	－4	9	12	3	－1
日照	累计值	68.3	158.8	133.7	94.5	142.3	200.5	228.6	269.3	174	80.2	86.8	162.3	1799.3
(小时)	距平值	－20.7	75.7	39.5	－30.7	－19.1	41	－20	36.1	－15.5	－88.2	－56.2	24.5	－33.6
蒸发量	累计值	37	50.8	54.4	53.7	77.7	98.2	124.9	160.7	119	78.3	46.7	51.8	953.2
(毫米)	距平值	1.1	12	5.7	－14.8	－12.7	9.7	－19.3	22.1	－0.2	－20.2	－17.7	2.2	－31.9
气压	平均值	1020.6	1020.6	1014.3	1006	1004.7	1000.9	999.4	998.9	1004.5	1010.5	1016.5	1019.6	1009.7
(百帕)	距平值	0.5	3.4	1	－2.4	0.6	1	0.7	－0.9	－1.6	－2.2	－0.6	－0.8	－0.1

(陈丽红)

城市环境

【概况】 2016年，全市环保部门全力推进生态环境建设，切实抓好治气、治水、治土等工作，空气优良率继续提高，赣江、抚河等水质状况持续满足功能区要求，噪声达标率不断提升，酸雨频率基本持平，全市环境质量得到进一步改善。

【大气环境质量】 2016年，全市空气质量优良天数318天，在第一批实施新标准74个城市中综合排名第28位，优良率为86.9%，比上年提高0.6个百分点，列中部6个省会城市第一名。超标天数比例为13.1%，其中轻度污染占9.56%、中度污染占2.19%、重度污染占1.09%、严重污染占0.27%，首要污染物为细颗粒物(PM2.5)。省政府考核项目的可吸入颗粒物年平均浓度为78微克/立方米，远低于省政府《目标责任书》核定的109微克/立方米目标要求，年平均浓度比上年下降4%。

【水环境质量】 2016年，全市水厂共取水约3.26亿吨，水质达标率为100%。青云水厂、朝阳水厂、下正街水厂、长堎水厂、牛行水厂、双港水厂6个水厂水源

青云饮用水源水质自动监测站

地水质均保持与上年相同的良好水质，各水源地水质均达到国家地表水（GB3838－2002）Ⅲ类标准。全市主要河流水质断面达标率为100%，与上年持平。赣江、抚河南昌段共14个监测断面中，赣江南昌段Ⅱ—Ⅲ类水质断面比例为100%，水质状况优；抚河南昌段断面为Ⅲ类水质，水质状况良好。

【声环境质量】 2016年，全市功能区噪声昼间达标率为100%，夜间达标率为75%，与上年同期相比，昼间达标率持平，夜间达标率上升25个百分点。全市区域环境噪声昼间等效声级为53.6分贝（A），达标率为96.8%，达标率比上年同时段上升8.3个百分点，按《城市区域声环境质量总体水平等级划分》为“二级”，属“较好”水平等级。全市道路交通噪声等效声级路段长度加权均值67.6分贝（A），路段达标率91.9%，达标率比上年同时段上升11.3个百分点，按《道路交通噪声强度等级划分》为“一级”，属“优”水平等级。

【酸雨污染】 2016年，全市城区和郊区降水pH均值分别为4.45和4.41，均低于酸雨限值（5.6），酸雨频率均为100%。与上年同期相比，城区、郊区降水酸度均有所增强，pH值分别下降5.12%和5.57%，酸雨频率均持平。

（王帮起）

经济运行概述

【概况】 2016年，南昌市深入贯彻落实中央、国务院和省委、省政府各项决策部署，主动适应经济发展新常态，顶住经济下行的巨大压力，坚持稳中求进、绿色崛起，扎实推进供给侧结构性改革，加快调结构转方式促升级，经济运行保持稳中有进、稳中向好的态势，实现了“十三五”良好开局。全市完成地区生产总值4354.99亿元，同比增长9%；农林牧渔业总产值319.06亿元，增长4%；规模以上工业增加值1611.5亿元，增长9.2%；500万元及以上固定资产投资4540.26亿元，增长13.5%；社会消费品零售总额1868亿元，增长11.8%；海关出口总值379.75亿元，下降27.9%；实际利用外资28.9亿美元，增长10.4%；财政总收入790.8亿元，增长8.7%；地方一般公共预算收入402.18亿元，增长3.3%；城镇居民人均可支配收入34619元，增长8.4%；农村居民人均可支配收入14952元，增长9.2%。

【经济运行的主要特点】 2016年，全市实现地区生产总值4354.99亿元，同比增长9%，增速与全省持平，高于全国2.3个百分点。

（一）三次产业协调推进

农业生产形势向好。2016年，全市积极推进农业和农村经济结构调整，农业综合效益不断提升。全年实现农林牧渔业总产值319.06亿元，同比增长4%。其中，农业产值126.22亿元，增长5%；林业产值4.05亿元，增长7.7%；牧业产值108.27亿元，增长2.7%；渔业产值73.62亿元，增长3.4%；农林牧渔服务业产值6.9亿元，增长8.6%。

工业经济增势稳健。2016年，全市实现规模以上工业增加值1611.5亿元，同比增长9.2%，总量占全省的比重达到20.7%，较上年同期提高0.7个百分点。其中，制造业完成工业增加值1482.79亿元，增长9.4%，增速高于全市平均水平0.2个百分点，制造业增加值占规模以上工业增加值的比重达到92%。29个制造业行业大类中有23个行业增加值总量超过10亿元，19个行业增加值实现同比增长。

服务业比重不断攀升。初步核算，2016年，全市三次产业结构比例为4.2:53.0:42.8。其中，第一产业实现增加值181.77亿元，同比增长3.9%；第二产业实现增加值2307.24亿元，增长8.3%；第三产业实现增加值1865.98亿元，增长10.3%，增速快于第二产业2个百分点，呈现出稳步加快的态势。

（二）需求活力不断增强

民间投资持续活跃。2016年，全市实现500万元以上固定资产投资4540.26亿元，同比增长13.5%，增速较上半年加快2个百分点。其中，民间投资继续发挥主力军作用，累计完成3364.87亿元，增长11.9%，占固定资产投资的比重为74.1%，对全部投资增长的贡献率高达66.3%，拉动投资增长8.9个百分点；第三产业投资2843亿元，增长20.1%，增速高于第二产业16.2个百分点；房地产开发投资674.6亿元，同比增长39%，增速较上年同期提高21.8个百分点。

市场消费保持平稳。2016年，全市实现社会消费品零售总额1868亿元，同比增长11.8%。从地域看，城镇消费品零售额1745.9亿元，增长11.6%；乡村消费品零售额122.1亿元，增长13.8%，增速快于城镇消费品零售额2.2个百分点。全市限额以上消费品零售额突破千亿元大关，累计实现1103.63亿元，同比增长11.3%。分行业看，零售业增速最快，同比增长11.7%；批发业、餐饮业分别增长10.8%、6%，增速较上年同期分别提高4.6、5个百分点。

对外经济有所好转。2016年，全市实际利用外资28.9亿美元，同比增长10.4%，增速高于全省平均水平0.2个百分点，总量占全省的比重达到27.7%，较上年同期提高0.1个百分点。全年实现海关出口总值379.75亿元，同比下降 27.9%。

(三)发展质量稳步提升

工业转型成绩斐然。2016 年,全市工业向中高端迈进的步伐不断加快,符合转型升级方向的新兴行业增势良好。高技术产业增加值同比增长 25.1%,战略性新兴产业增加值同比增长 22.6%,增速分别高于全市工业平均水平 15.9、13.4 个百分点。其中,新一代信息技术产业高速发展,完成工业增加值 154.06 亿元,增长 54.2%,增速高于全市工业平均水平 45 个百分点。绿色发展成效初显,全市六大高耗能行业完成增加值 167.91 亿元,同比下降 4.1%,较上年回落 14.3 个百分点。

新兴消费加快成长。"互联网 +"促进新业态孕育成长,新的商业模式带动物流、快递业务快速发展。2016 年,全市快递服务企业业务量累计完成 17149.65 万件,同比增长 61.1%;业务收入累计完成 19.44 亿元,同比增长 43.9%。

(四)、运行环境持续改善

民生保障持续增强。2016 年,全市实现财政总收入 790.8 亿元,同比增长 8.7%;地方一般公共预算收入突破 400 亿元关口,达到 402.18 亿元,同比增长 3.3%。税收收入占财政总收入的比重达到 86.5%,在全省设区市中稳居第一。财政支出不断向民生倾斜,其中教育、社会保障和就业、医疗卫生和计划生育、城乡社区事务、农林水事务等民生领域共支出 356.23 亿元,占全市一般公共预算支出的比重达到 60.6%。

金融信贷运行良好。2016 年 12 月末,全市金融机构本外币各项存款余额 9627.56 亿元,比年初增长 12.8%。其中,住户存款 2770.05 亿元,比年初增长 10%;全市金融机构本外币各项贷款余额 8707.23 亿元,比年初增长 15.2%。

收入水平不断提高。2016 年,全市城镇居民人均可支配收入达到 34619 元,分别高于全国、全省 1003、5946 元,同比增长 8.4%,增速高于全国、全省平均水平 0.6、0.2 个百分点;农村居民人均可支配收入 14952 元,分别高于全国、全省 2589、2814 元,同比增长 9.2%,增速高于全国、全省平均水平 1、0.2 个百分点,高于城镇居民人均可支配收入 0.8 个百分点,城乡收入差距逐步缩小。

(曹全康)

城乡居民生活水平

【概况】 2016 年,南昌市加速推进全面建设小康社会进程,民生投入继续加大,就业规模日益扩大,社会保障更加完善,经济社会呈现良好发展势头,城乡环境面貌更优更美,人民群众幸福指数持续攀升,城乡居民生活水平不断提高。全年城镇居民人均可支配收入 34619 元,比上年增长 8.4%;人均消费性支出 22532 元,增长 5.3%。农村居民年人均可支配收入 14952 元,比上年增长 9.2%;人均生活消费支出 9460 元,增长 7.6%。城市居民家庭恩格尔系数 32.4%,农村居民家庭恩格尔系数 36.5%。

【城镇居民收入特点】 2016 年,城镇居民人均可支配收入中,工资性收入人均 20793 元,比上年增长 5.5%,占可支配收入比重为 60.1%;经营净收入人均 2150 元,下降 4.8%;转移净收入人均 8069 元,增长 25.7%;财产净收入人均 3607 元,增长 1.6%。收入增长的主要原因:一是近年来,南昌市投资环境趋好,开放性经济健康发展,企业经济运行趋好,确保企业工资、奖金足额发放,带动工资性收入的稳步增长;二是调整企业和机关事业单位退休人员基本养老金,此项措施在 2016 年底已落实到位。

【城市居民消费特点】 2016 年,城市居民家庭消费水平不断提高,居民的消费水平继续保持增长的态势,恩格尔系数为 32.4%。居民的消费支出中,医疗保健、交通通信、居住、食品烟酒支出同比增长,分别比上年同期增长 7.3%、26.5%、13%、6.7%。城市居民消费的主要特点:一是食品消费结构优化。人均食品烟酒支出增长 6.7%。其中,蔬菜和食用菌支出人均 1043 元,同比增长 6.6%;肉类支出人均 1242 元,增长 6.8%;薯类支出人均 32 元,增长 23.2%;奶类支出人均 384 元,增长 5%。此外,随着居民生活水平的不断提高,外出用餐逐渐受到城镇居民的青睐。南昌市城镇居民人均在外用餐消费 998 元,同比增长 27.2%。二是交通通信为沟通提供方便。人均交通通信支出 2559 元,增长 26.5%。其中,人均交通支出 1598 元,增长 42.4%。三是居住消费支出较快增长。近年来,南昌市城镇居民家庭居住条件得到较大的改善,生活品位不断提升,居民在住房上舍得花钱装潢,追求美观、舒适,装潢档次不断提升,相关支出不断增加。2016 年,南昌市城镇居民人均居住支出 5623 元,同比增长 13%。人均住房建筑面积达到 35.42 平方米。移动电话每百户 204.09 部;每百户彩色电视 212.21 台;每百户接入互联网的计算机 62.9 台;每百户接入互联网的移动电话 111.3 部。

【农民收入特点】 2016 年,南昌市农村居民人均可支配收入为 14952 元,比上年增加 1259 元,增长 9.2%。收入增长主要有以下特点:一是工资性收入助推南昌市农村居民稳步增收。全市农村居民工资性收入人均 6645 元,较上年同期增加 977 元,同比增长 17.2%,拉动农村居民可支配收入增长 7.1 个百分点,是农民增加收入的主要动力。工资收入快速增长,主要原因是随着劳动力成本不断上升,农村居民务工收入不断增加,使得工资性收入不断增长。另外,在惠农政策的不断实施及落实下,农村居民就业更充分,创收渠道不断拓宽,使得农村居民收入稳步增长。二是经营净收入是农村居民增收的重要渠道。全市农村居民家庭经营净收入人均 5948 元,同比增加 280 元,增长 5%,占农村居民可支配收入比重 39.8%,拉动农村居民可支配收入增长 2 个百分点。其中,来自第三产业人均经营净收入 2002 元,同比增长 24.8%。近年来,南昌市不断出台扶持创业和小微企业新政策,使得个体工商户和小微企业的经营环境和经营效益得到明显改善和提高,也使得从事加工业、批零贸易业和饮食业的农村居民不断增多,拓宽农村居民增收的渠道,带动从事二、三产业的农村居民增收,使得农村居民经营净收入明显增加,成为农村居民增收的重要渠道,促进农村居民经营净收入的稳步增长。

【农民生产和消费支出特点】 2016 年,农民生产和消费支出有如下特点:生产投入支出继续增长。农民家庭经营费用支出人均 7543 元,比上年增加 1221 元,同比增长 19.3%。其中,第一产业生产费用支出人均 5175 元,增加 455 元,增长 9.6%;第二产业生产费用支出人均 137 元,增长 6.1%;第三产业经营费用支出人均 2231 元,增长 51.6%。农民消费支出人均 9460 元,增长 7.6%。从结构看,居住支出人均 2389 元,增长 6.5%;交通通信支出人均 1107 元,增长 31.6%;生活用品及服务消费支出人均 470 元,增长 7.6%;教育文化娱乐消费支出人均 779 元,增长 27.7%;医疗保健消费支出人均599元,增长26.2%;其他用品和服务支出人均143元,同比增长24.7%。

(钟　莎)

发展民主政治

政务公开

【概况】　2016年,市委、市政府不断推进民主政治建设,积极扩大人民群众有序参与政治,扎实推进社会主义民主政治制度化、规范化、程序化建设,为实现南昌市经济社会又好又快发展创造和谐稳定的政治局面。

【坚持科学决策】　2016年,坚持推进依法、科学、民主决策,在制定公共政策时越来越多地注重采取听证方式听取社会公众意见,广纳民智、听取民意,作为决策的重要依据。1月22日,南昌公交票价调整听证会召开,来自社会各界的24名听证代表对市物价局公布的两套公共汽车票价听证方案进行讨论。新公交票价方案经市政府常务会议审议通过,于4月1日起正式执行。6月13日,市环保局、市公安交管局联合举行"无标车或黄标车实施全天禁行听证会"。8月12日,市公安交管局就"红谷滩新区万达广场周边、岭口路周边、飞虹路周边、翠林路周边4个区域的23条支路实施机动车单向通行是否适当"召开听证会。11月4日,市教育局就"全市小学生拟8:30上课"举行听证会。12月9日,市物价局对"南昌市城市生活垃圾处理收费改革听证方案"进行公开听证。这些听证会的召开既为行政相对人充分表达自己的意见和主张提供平台和机会,也有助于决策机关正确作出决策。

【坚持民主立法】　2016年,以提高政府立法质量为中心,坚持科学立法、民主立法,按照突出重点、统筹兼顾的原则,切实解决人民群众关注的热点、难点问题。坚持推行项目化管理,做到早计划、早安排。将全年的各项具体工作任务既考虑分工又兼顾均衡的原则落实到人,同时明确工作时限和工作责任,在计划规定的时间内打提前量,规定具体完成时限。全年所有的立法项目均通过书面征求意见和上网征求意见等形式,广泛听取意见,做到阳光透明,扩大公众参与度。在立法过程中,注重深入调研、广开言路,广纳民智,注意发挥专家学者的作用,提高审查质量。在审查过程中,提前邀请市人大有关专委会参与法规审查修改,就重要问题及时与市人大有关委员会沟通协调。完成《南昌市禁止燃放烟花爆竹规定》《南昌市燃气管理条例(修订)》《南昌市劳动力市场管理条例(废止)》《南昌市城市房屋拆迁管理办法(废止)》4件法规和《南昌市公共安全视频图像信息系统管理办法》《南昌市城市桥梁隧道安全管理办法》2件政府规章项目的审查修改工作,经市政府常务会议讨论通过,已按期提交市人大常委会审议。

【坚持阳光理政】　2016年,深入推进政务公开,加强政策解读,主动回应社会关切,完善在线访谈、网络问政、"12345"政府服务热线等公众参与平台,扩大"两微一端"等政务新媒体信息发布受众面,推动政务决策、执行、管理、服务和结果全过程公开,主动接受群众监督和媒体监督。制定并印发《关于做好行政处罚案件信息公开工作的指导意见》,明确行政处罚案件信息公开工作的指导思想、工作要求,以及公开的内容、程序和方式。印发《关于进一步做好重大行政执法决定备案及网上公布工作的通知》,对重大行政执法决定的备案范围、报备时间和要求、网上公布的内容作进一步明确,对执法部门的法制机构提出更高要求,要严格审查报备的范围和网上公开的内容,并认真做好重大行政执法决定的备案和网上公布工作。全年政府公报公开政府信息1295条,政府网站公开政府信息32.47万条,政务微博公开政府信息5.73万条,政务微信公开政府信息1.48万条,其他方式公开政府信息1.54万条;召开新闻发布会175次,政府网站在线访谈64次。主动公开的政府信息未涉及国家秘密、商业秘密和个人隐私,未因信息公开不当,出现危及国家安全、公共安全、经济安全和影响社会稳定的情况。

【提升法治能力】　2016年,制定市政府常务会议学法计划,推行行政执法部门负责人常务会讲法。至年底,已完成《中华人民共和国安全生产法》《中华人民共和国审计法》《中华人民共和国节约能源法》《突发公共卫生事件应急条例》学习。2月14日,连续第13年春节假期后第一个工作日举行领导干部集中学法,邀请中国政法大学法学院院长、教授、博士生导师薛刚凌作题为《推进依法行政,建设法治政府》的专题讲座。市领导等近1000人参加学习。举办依法行政专题研讨班。8月,在井冈山江西干部学院举办全市领导干部依法行政专题研讨班,培训全市副县级以上领导干部共70余人。

(谭梦阳)

厂务公开民主管理

【概况】　2016年,南昌市厂务公开办公室主动适应新形势新任务新要求,以非公有制企业为重点,以维护职工权益为核心,以标准化建设为主线,以培育典型为引领,以深化主题活动为载体,以提升能力为保障,切实做好民主管理工作,取得积极成效。市总工会在迎接全国第九次企事业民主管理调研检查工作中受到好评。

【制定民主管理工作标准】　2016年,为抓好职工代表大会制度的落实,促进《江西省职工代表大会条例》《江西省厂务公开条例》全面实施,市厂务公开办公室编发《厂务公开民主管理文件汇编》《职工代表大会制度文件汇编》《职工民主管理工作文件选编》,为基层企事业单位做好民主管理工作提供实用工具。结合开展"十百千万"行动,将民主管理工作标准纳入"定十项工作标准"的重要内容,推动全市企事业单位民主管理工作制度化、规范化、标准化。至年底,全市建成市级"标准工会"194家,实现60%的基层工会达标。

【开展民主管理业务培训】　2016年,建立健全市、县(区)、企业三级职工代表培训制度,分级负责培训职工代表。以工业园区和非公有制企业职工代表为重点培训对象,组织开展业务培训,使工会干部、职工代表全面了解厂务公开、职代会相关法律法规及文件,掌握开展厂务公开民主管理工作的基本技能。至年底,全市共组织培训民主管理干部和职工代表290余人。

【开展"公开解难题、民主促发展"主题活动】　2016年,在全市广泛开展"公开解难题、民主促发展"主题活动,制订《关于深入推进南昌市"公开解难题、民主促发展"主题活动的实施方案》,加强分类指导,创新民主形式,支持职工参与企事业单位日常管理,集思广益解难题,提高企事业单位民主管理工作的能力和水平。举办征文评比活动,38篇征文获奖。

【维护职工民主权益】　2016年,参与涉及职工利益的法律法规政策的制定,严格落实职工(代表)大会职权把职工(代表)大会审议通过企业重大事项作为法定程序,凡未经职工(代表)大会审议通过的改革改制方案、职工分流安置方案等重大事项不得实施,既未公开又未经职工(代表)大会审议通过的决议无效。在深化改革中切实维护职工合法权益,反映职工诉求。市总工会在参与调处沃尔玛南昌店职工停工事件,指出公司存在变更劳动合同、变更工资工时制度等未经过职工(代表)大会审议通过的问题,督促其纠正错误做法,并积极向市委、市政府及省总工会汇报有关情况,协调市人社局作出要求沃尔玛公司纠正错误做法、维护职工民主权益的决议。成功调处"腾达电器"嫁"国美"导致员工"被下岗"等劳动争议案件,维护职工队伍和社会和谐稳定。

【检查厂务公开民主管理工作】 2016年8月,省委组织部组织一处带领省调研检查组,到南昌县、西湖区及南昌县供电有限责任公司、核工业二七0研究所、方大特钢科技股份有限公司、江西三鑫医疗科技股份有限公司、南昌仁爱妇产医院,调研检查厂务公开民主管理工作。9月22日,甘肃省厂务公开领导小组办公室主任、省总工会副主席张弘强带领全国第九次厂务公开民主管理工作省际互检组一行7人,到南昌县、江西三鑫医疗科技股份有限公司、格特拉克(江西)传动系统有限公司,检查厂务公开民主管理工作。11月24日,全国厂务公开协调小组成员、全国工商联副主席谢经荣带领全国第九次企事业单位厂务公开调研检查组一行6人,到格特拉克(江西)传动系统有限公司厂区、南昌奥克斯电气制造有限公司、江西三鑫医疗科技股份有限公司,调研检查厂务公开民主管理工作。

(黄若颖)

国家及省部级领导人到南昌市考察

【概况】 2016年,部分党和国家领导及国家部委领导等到南昌市考察指导,充分肯定南昌市在科技发展、信访工作、创业创新、政策落实、城市建设、企业投资情况等方面取得的进步,并提出新任务、新要求,指明进一步发展的方向。

【郭声琨到南昌市考察】 2016年1月8—9日,国务委员、公安部部长郭声琨一行到南昌航空城、晶能光电有限公司、高新区规划展示馆、市公安局、绿地中心303观光厅等地考察。并在指挥中心大楼与南昌公安模范代表、部分群众代表进行座谈。

【强卫到高新区调研】 2016年1月14日,省市领导强卫、龚建华、朱虹、郭安一行到699文化创意产业园、小蓝创新创业基地、中科院苏州纳米所南昌育成中心、北科集团、德瑞光电有限公司等地,就全市"大众创业、万众创新"推进工作进行调研。

【习近平到南昌市考察】 2016年2月1—3日,中共中央总书记、国家主席、中央军委主席习近平在中共中央政治局委员、中央政策研究室主任王沪宁,中共中央政治局委员、中央军委副主席范长龙,中共中央政治局委员、中央书记处书记、中央办公厅主任栗战书等陪同下,到江西考察指导,看望慰问广大干部群众和驻赣部队。2日,习近平在南昌接见驻赣部队师以上领导干部和建制团单位主官,代表党和中央军委,向驻赣部队全体官兵致以诚挚问候,向全体解放军指导员、武警部队官兵、民兵预备役人员致以新春祝福。3日,习近平在南昌市考察企业、高校和社区。在江中集团江中药谷制造基地,习近平察看产品展示,视察自动化生产线和质量检测中心,并听取江西省生物医药产业发展总体情况介绍。在南昌大学,习近平视察国家硅基LED工程技术研究中心实验室,听取实验室研究成果介绍,视察芯片制作流程,了解实验室科技创新、人才培养、产学研结合等情况,并视察南昌光谷展厅。在东湖区彭家桥街道光明社区,习近平视察社区宣传栏和社区服务站办事大厅,了解社区党建工作、便民服务、创建和谐等情况。

【强卫到安义县调研】 2016年2月6日,省委书记强卫一行到安义县古村群石鼻镇罗田村,就古村旅游开发情况进行调研并走访慰问村民。

【鹿心社到南昌市调研】 2016年2月14日,省市领导鹿心社、郭安,省政府秘书长张勇一行到江铃集团、小蓝创新创业基地等地,就企业发展情况进行调研并慰问一线职工。

【鹿心社到南昌市考察调研】 2016年2月18日,省委副书记、省长鹿心社一行到位于高新区的中科院(江西)移动医疗暨分子影像应用创新研究院、江钨浩运科技公司、浩佰迪生物协同创新科技公司等地考察调研。

【强卫到南昌市考察】 2016年3月19日,省市领导强卫、龚建华、郭安、刘建洋、江晓斌一行到全省"双创"示范点——江西汉昀孵化器有限公司,察看公司运营情况。

【强卫到高新区调研】 2016年4月6日,省委书记强卫一行到高新区,就生物医药产业发展情况进行调研。省领导朱虹、龚建华陪同调研或出席座谈会。

【雒树刚到南昌市调研】 2016年4月9—10日,文化部部长雒树刚率文化部调研组一行到南昌汉代海昏侯国遗址、南昌八一起义纪念馆等地,就文化建设工作进行调研。

【强卫到南昌市调研】 2016年4月11日,省市领导强卫、朱虹、龚建华、郭安、江晓斌一行到红谷滩新区凤凰洲管理处,就便民服务中心建设工作情况进行调研。

【强卫到进贤县调研】 2016年4月21日,省领导强卫、朱虹、龚建华一行到位于进贤县的深圳宝安电子产业园、江西正泰低压电器产业园、进贤海关保税库、国检海关监管区、青岚湖森林公园、白圩乡九龙湾公园等地,就城乡建设、产业发展工作情况进行调研。

【王勇到南昌市调研】 2016年4月25—26日,国务委员、国务院党组成员王勇一行到经开区、湾里区、高新区等地,就国有企业提质增效和深化改革情况进行调研。国务院副秘书长孟扬、国务院国资委副主任张喜武随同调研。

【鹿心社到红谷滩新区调研】 2016年5月3日,省委副书记、省长鹿心社一行到位于红谷滩新区的顶易科技发展有限公司、江西腾威科技有限公司等地,就大学生创业示范基地味粽空间建设情况进行调研。

【鹿心社到安义县调研】 2016年5月4日,省委副书记、省长鹿心社,省委农工部部长毛祖逊,省农业厅厅长胡汉平一行到安义县,就推进"三农"工作进行专题调研。

【王侠到安义县调研】 2016年5月20日，中华全国供销合作总社理事会主任王侠一行到安义县，就供销工作进行调研指导。

【张高丽到南昌市调研】 2016年5月23—24日，中共中央政治局常委、国务院副总理张高丽在江西调研并在南昌召开供给侧结构性改革座谈会，听取江西经济社会发展、供给侧结构性改革情况汇报，听取江铃集团、晶能光电等企业负责人对推进“三去一降一补”的意见和建议。张高丽一行在南昌考察赣江生态环境整治示范工程、隆祥苑小区等地，察看水资源生态保护、房地产去库存等情况，了解江西推进“三去一降一补”工作进展。财政部部长楼继伟、国土资源部部长姜大明、国务院副秘书长丁向阳、国家发改委副主任胡祖才、工信部副部长陈肇雄、环境保护部副部长赵英民、国务院研究室副主任韩文秀随同调研。

【鹿心社到高新区调研】 2016年6月7日，省委副书记、省长鹿心社一行到位于高新区的江西东海蓝玉光电科技有限公司、江西联思触控技术有限公司、江西瑞曼增材科技有限公司、南昌（国家）大学科技城、高新区综合规划展示馆等地，就园区发展和降成本优环境专项行动开展等情况进行调研，并召开座谈会听取意见和建议。

【刘奇到中航工业洪都集团公司调研】 2016年8月8日，省委副书记、代省长刘奇一行到中航工业洪都集团公司调研，并看望慰问一线干部职工。

【李克强到南昌市考察】 2016年8月22—24日，中共中央政治局常委、国务院总理李克强在省委书记鹿心社、代省长刘奇陪同下，在南昌、赣州就推动经济社会发展进行考察。23日，李克强在南昌市考察防洪工程、企业和产业园。在昌北城区防洪工程欣悦湖段工地，李克强看望慰问施工人员，并听取江西防汛抗洪和水利工程修复建设汇报。在晶能光电有限公司，李克强进车间、看生产，询研发、问市场，鼓励公司乘势而上，借势而为。在中航长江设计师创意产业园，李克强到各个设计中心，与年轻设计师团队进行交流。国务院常务副秘书长肖捷、国家发展改革委主任徐绍史、工业和信息化部部长苗圩、财政部部长楼继伟、水利部部长陈雷、国务院研究室主任黄守宏、国家行政学院常务副院长马建堂、国家林业局局长张建龙、总理办公室主任石刚等随同考察。

【刘延东到南昌市考察】 2016年9月3—4日，中共中央政治局委员、国务院副总理刘延东一行到南昌、赣州、抚州等地，就科技、医疗、教育、文化等方面工作进行调研，并看望慰问老区干部群众和2位百岁老红军。3日，刘延东一行到南昌大学国家硅基LED工程技术研究中心等地考察，听取实验室研究成果介绍，了解实验室科技创新、人才培养、产学研结合等情况。国务院副秘书长江小涓、科技部副部长徐南平、国家卫生计生委有关负责人随同。

【王家瑞到南昌市调研】 2016年9月5—9日，全国政协副主席王家瑞率全国政协教科文卫体委员会联合调研组，就特殊教育和留守儿童教育相关情况在江西省进行专题调研，并在南昌召开座谈会，听取全省特殊教育发展和留守儿童教育工作情况介绍。全国政协委员李卫红、马德秀、丛兵、朱和平、钟秉林、甘晓华、杨玉学等参加调研。省领导鹿心社、刘奇、黄跃金、殷美根、姚亚平、汤建人等看望调研组成员或参加座谈会和陪同调研。市领导周关、姚燕平等陪同调研组在南昌调研。8日，王家瑞一行到南昌市育智学校等地，就相关问题听取基层学校教师、家长意见和建议，并向江西教育战线特别是特殊教育战线教师们致以节日问候。

【刘奇到进贤县调研】 2016年9月11日，省委副书记、代省长刘奇一行到进贤县白圩九龙湾公园、文港特色小镇、青岚湖森林公园等地，就环境整治和保护情况进行调研。

【申长雨到南昌市调研】 2016年9月22日，国家知识产权局局长申长雨率调研组一行到南昌欧菲光科技有限公司、江中药谷、味粽创客空间等地，就全市企业知识产权工作进行调研。

【刘奇葆到南昌市调研】 2016年10月12—15日，中共中央政治局委员、中央书记处书记、中宣部部长刘奇葆一行到南昌市和井冈山、瑞金、寻乌、于都等市县，就革命文化保护、新闻宣传、文化扶贫等工作情况进行调研。刘奇葆强调，革命文化凝结着中国共产党的价值理念和精神追求，是社会主义核心价值观建设的丰厚滋养。要深入开展革命文化宣传教育，大力传承弘扬井冈山精神、长征精神，唱响爱党爱国爱社会主义的时代主旋律，引导激励广大党员干部坚定执着追理想、实事求是闯新路、艰苦奋斗攻难关、依靠群众求胜利，用改革发展新成就告慰革命先烈，续写时代的光荣与梦想。要旗帜鲜明反对历史虚无主义，坚决回击那些抹黑党的历史、诋毁英雄的言行，捍卫革命英雄。要切实加强革命文化资源的保护利用，加大投入、强化管理，使各类纪念设施维修得力、保护得体、利用得当。中宣部副部长孙志军，文化部党组成员、国家文物局局长刘玉珠等随同调研。

【吴爱英到南昌市调研】 2016年10月14日，司法部部长吴爱英一行到市强制隔离戒毒所等地，就全市司法行政工作进行调研。吴爱英强调，要切实转变工作职能、工作理念、工作方法、管理方式，进一步创新戒毒工作管理服务，将强制隔离戒毒、社区戒毒、社区康复和家庭戒毒紧密结合，广泛动员社会力量参与，不断提高戒断率、降低复吸率，形成科学有效、特色鲜明的戒毒模式。

【李金早到南昌市调研】 2016年11月29—30日，国家旅游局局长李金早一行到南昌调研旅游产业发展情况，先后察看南昌汉代海昏侯墓出土文物展览、“一江两岸”灯光亮化提升改造工程、南昌八一起义纪念馆、江中药谷、江西明清古民居博览园、小平小道、万达文化旅游城等。

【刘奇到南昌小蓝经济技术开发区调研】 2016年12月2日，省委副书记、省长刘奇一行到南昌小蓝经济技术开发区，就佳时特数控有限公司、汇仁集团、飞尚科技、江铃控股有限公司、江铃汽车股份有限公司等企业发展情况进行调研。

（市史志办年鉴处）

中国共产党南昌市委员会

概　述

【概况】 2016年,在省委、省政府的正确领导下,全市上下牢固树立和贯彻落实创新、协调、绿色、开放、共享发展理念,主动适应和把握经济新常态,扎实推进供给侧结构性改革,不断开拓进取、真抓实干,全面落实国家稳增长、促改革、调结构、惠民生、防风险各项政策措施,全市各领域工作取得长足进步,经济增长平稳有序,城市框架快速拉开,民生福祉有效改善,为推动"十三五"时期发展、实现市第十一次党代会确定的各项目标任务,打下了坚实基础,提供了强大动能。

市委常委会工作

【概况】 2016年,中共南昌市委常务委员会充分发挥集体的智慧和力量,深入贯彻习近平总书记系列重要讲话精神,全面落实中央和省委一系列重大决策部署,坚定按照"四个全面"战略布局,认真践行"五大发展理念",积极抢抓长江经济带、长江中游城市群、"一带一路"等重大战略机遇,实现"十三五"时期发展的良好开局。

牢固树立"四个意识",始终与习近平同志为核心的党中央保持高度一致,坚持总揽全局、协调各方,注重从思想上、组织上、制度上来思考、谋划和推动全市改革发展稳定各项工作。思想理论学习注重抓常抓长,始终把学习贯彻习近平总书记系列重要讲话精神作为重大政治任务,强调端正学风、通读原文、把握要旨,做到真学真懂、真信真用。坚持以"四个全面"战略布局为统领,以"五大发展理念"为主线,以习近平总书记视察江西提出的新的希望和"三个着力、四个坚持"总体要求及李克强总理在江西提出的"三个希望"为指引,对南昌今后的发展定位、发展路径、发展目标进行系统谋划,明确当前和今后一个时期要突出抓好"产业大发展、城市大建管、改革大突破、双向大开放、创新大跨越、生态大提升、民生大改善、事业大统筹"八大工作重点,全面启动"美丽南昌·幸福家园"环境综合整治,确保政策更加精准、措施更加有力、工作更加高效。

主动适应经济新常态,牢牢把握阶段性特征和趋势性变化,保持发展定力,提振发展信心,以打造"南昌光谷""南昌慧谷""南昌绿谷"为主抓手,推动三次产业协同发展,促使经济保持持续稳健的发展态势。全年实现地区生产总值4354亿元,同比增长9%;完成规模以上工业增加值1611亿元,增长9.2%;完成500万元以上固定资产投资4540亿元,增长13.5%;完成社会消费品零售总额1868亿元,增长11.8%;实际利用外资28.9亿美元,增长10.4%;完成财政总收入790.8亿元,增长8.7%,其中,地方一般公共预算收入402.18亿元,同口径增长11.6%;城镇居民人均可支配收入34619元,增长8.4%;农村居民人均可支配收入14952元,增长9.2%。

把科学有序建设、管理和发展城市作为重中之重,全面提升城市建设和管理水平,努力建设宜居宜业的现代都市。遵从城市发展规律,扎实做好城建顶层设计,城市总体规划修编正式启动,"揽山入城"工作统筹推进,规划的引领作用更加凸显。按照高起点规划、高标准建设、高质量配套的原则,持续实施城市"畅通工程""良心工程""优化工程"。以"市容环境整治工程、城市交通畅通工程、城市文明提升工程"为重点,全面启动并扎实推进"美丽南昌·幸福家园"环境综合整治工作,极大地提升城市管理水平,改善城市形象。坚持把生态文明建设贯穿各项工作始终,不断巩固和加强生态建设,生态文明理念深入人心。围绕特色资源做文章,充分利用城市的资源禀赋,唱响城市品牌,提高城市知名度和美誉度。始终按照城乡一体、镇村联动的理念,积极推动城乡统筹发展、协调发展。

始终把抓改革、促开放、强创新作为重要法宝,注重用改革创新的办法来破除对外开放中遇到的体制机制障碍,坚持向结构性创新和体制机制改革创新获取新动力,以更活的市场、更实的创新、更优的政策,推动新技术、新产业、新业态、新模式发展。始终坚持在经济发展过程中同步提高民生福祉的理念,把工作重心和财力重点投入到保基本、保公平上,努力使人民群众共享改革发展的成果。

坚持将民主法治作为推动经济社会发展的"压舱石",统筹推进"平安南昌""法治南昌"建设,切实维护社会大局和谐稳定。坚持把法治建设成效纳入各级领导班子和领导干部政绩考核内容,引导广大领导干部自觉提高运用法治思维和法治方式破解难题、推动发展、维护稳定的能力,推动形成"法治+"的治市理政理念。以提高公众安全感为动力,持续深化"平安南昌"建设。持续巩固"全国文明城市"创建成果,以核心价值体系建设为根本,进一步深化中国梦和社会主义核心价值观宣传教育。始终坚持党的领导、人民当家作主、依法治国有机统一,支持市人大及其常委会依法履职,推进科学、民主立法,依法行使监督权,发挥代表主体作用。

贯彻落实中央和省委关于全面从严治党的要求和部署,切实做到党建内容全覆盖、党建主体全动员、党建责任全落实。队伍建设打开新局面,配强各级领导班子,以市县乡换届为契机,选拔48名40岁左右的干部充实到新一届县区党政班子,109名"三类人员"进乡镇(街道)领导班子,干部结构更趋合理,班子队伍更加坚强有力。作风整治取得新进展,继续抓好中央八项规定精神的贯彻落实,以解决突出问题带动作风全面好转,防止"四风"反弹。基层党建实现新突破,以"党建+"为引领,把基层党建工作融入经济社会发展各方面、全过程。

压紧压实“两个责任”，举办落实全面从严治党主体责任专修班，组织各级党委（党组）、纪委（纪检组）主要负责人层层签订党风廉政建设责任书，实行“签字背书”。自身建设彰显新气象，牢记“打铁还需自身硬”的道理，始终坚持正确的政治立场和政治方向，在思想上、政治上、行动上同党中央、省委保持高度一致。

市委会议

【概况】 2016年，中共南昌十届、十一届市委深入贯彻中共十八大和十八届三中、四中、五中、六中全会以及习近平总书记系列重要讲话精神，通过召开市委会议，总结情况，明确任务，提出要求，正确回答推动经济社会发展、全面加强党的建设、改善民生福祉等干部群众关心的问题，带领和团结全市干部群众“抢占制高点、聚焦增长极、提升首位度、共筑‘四强’梦”。

【市委十届十三次全体会议召开】 8月10日，市委十届十三次全体会议在市委第一会议室召开。会议审议通过《关于召开中国共产党南昌市第十一次代表大会的决议》。市委常委会主持。省委常委、市委书记龚建华讲话。市委常委、组织部部长陈德寿就《决议（草案）》作说明。

【市委十届十四次全体（扩大）会议召开】 9月14日，市委十届十四次全体（扩大）会议在市委第一会议室召开。全会审议通过《南昌市出席省第十四次党代会代表候选人预备人选圈选办法》，圈选全市出席省第十四次党代会代表候选人预备人选，听取十一届市委委员、候补委员和新一届市纪委委员候选人初步人选说明，全额定向推荐十一届市委委员、候补委员和新一届市纪委委员候选人初步人选。全会由市委常委会主持。省委常委、市委书记龚建华出席并讲话。出席全会的市委委员应到46人，实到42人，符合党章有关规定。

【市委十届十五次全体会议召开】 9月23日，市委十届十五次全体会议召开。会议听取市委工作报告稿和市纪委工作报告稿说明；审议通过市委工作报告（草案）、市纪委工作报告（草案）；听取十一届市委委员、候补委员和新一届市纪委委员候选人预备人选说明；酝酿并审议通过十一届市委委员、候补委员和新一届市纪委委员候选人预备人选。市委常委会主持。省委常委、市委书记龚建华讲话。出席全会的市委委员应到46人，实到41人，符合党章有关规定。

【市第十一次党代会召开】 9月27日，中国共产党南昌市第十一次代表大会在前湖迎宾馆会议中心大厅开幕。30日，大会闭幕。会议听取、审议省委常委、市委书记龚建华代表中共南昌市第十届委员会所作题为《担当首位使命，率先全面小康，为建设工业文明、城市文明、生态文明融合发展的现代化城市而不懈奋斗》的工作报告；审议中共南昌市第十届纪律检查委员会工作报告；表决通过关于中共南昌市第十届委员会报告的决议、中共南昌市第十届纪律检查委员会工作报告的决议；选举产生中共南昌市第十一届委员会委员、候补委员，中共南昌市第十一届纪律检查委员会委员和南昌市出席省第十四次党代会代表。龚建华在主持闭幕大会时强调，今后五年，是南昌打造核心增长极基本成型和率先在全省全面建成小康社会的决胜期，也是全市推动工业文明、城市文明、生态文明融合发展和率先在全省开启现代化新征程的关键期。一定要高举中国特色社会主义伟大旗帜，以马列主义、毛泽东思想、邓小平理论、“三个代表”重要思想、科学发展观为指导，深入贯彻习近平总书记系列重要讲话精神特别是对江西工作提出的新的希望和“三个着力、四个坚持”的总体要求，深入贯彻“四个全面”战略布局，全面落实“五大发展理念”，坚定推进“四个一”总体布局，不断开创“抢占制高点、聚焦增长极、提升首位度、共筑‘四强’梦”新局面，努力把南昌建设成为工业文明、城市文明、生态文明融合发展的现代化城市，为打造美丽中国的“江西样板”作出更大贡献。

【市委十一届一次全体会议召开】 9月30日，中共南昌市第十一届委员会第一次全体会议在市委第一会议室召开。会议通过《中共南昌市第十一届委员会第一次全体会议选举办法》、监票人名单、中共南昌市第十一届纪律检查委员会第一次全体会议选举结果的报告；选举产生中共南昌市第十一届市委常委、书记、副书记，选举龚建华、郭安、谢一平、吴伟柱、江晓斌、龙和南、刘瑄、刘家富、乐文红、肖玉文、邱向军、郭毅为市委常委，龚建华为市委书记，郭安、谢一平为市委副书记。受中共南昌市第十一次代表大会主席团委托，龚建华主持会议。会议后一阶段由市委副书记郭安主持。出席会议市委委员应到62人，实到60人；候补委员应到12人，实到12人，符合规定人数。

【中共南昌十、十一届市委常委会】 2016年，中共南昌十届市委共召开26次常委会会议，即第115—140次会议由省委常委、市委书记龚建华主持；中共南昌十一届市委召开8次常委会会议，其中第1—3次会议由省委常委、市委书记龚建华主持，第4—8次由省委常委、副省长、市委书记殷美根主持。

2016年中共南昌十、十一届市委常委会一览表

时间	次数	内容
1月9日	十届市委常委会第115次	会议研究市委组织部报送的干部人事议题 研究市纪委报送的有关请示意见 传达学习全省经济工作会议精神并研究南昌市贯彻落实意见 审议市“两会”有关材料 听取市人大常委会关于畅通城区道路交通的调研报告的汇报 审议市人大常委会报送的《南昌市人大常委会2016年立法计划（草案）》

续表

时间	次数	内　　容
2月5日	第116次	会议审议市纪委报送的《关于对万晓鸣违纪问题立案的请示》 研究部署深入学习、宣传、贯彻习近平总书记在视察我省我市时的重要讲话精神有关工作 传达学习习近平总书记在中央政治局"三严三实"专题民主生活会上的讲话精神 传达学习习近平总书记在省部级主要领导干部学习贯彻十八届五中全会精神专题研讨班开班式上的重要讲话精神 传达学习省十二届人大五次会议和省政协十一届四次会议精神 传达学习十八届中央纪委六次全会和省纪委十三届六次全会精神 审议《市纪委十届六次全会日程表(讨论稿)》《龚建华同志在市纪委十届六次全会上的讲话(讨论稿)》《卢作全同志在市纪委十届六次全会上的工作报告(讨论稿)》 听取市委政法委关于中央、全省政法工作会议精神及我市贯彻意见的汇报 审议市政府党组报送的《南昌市党政机关境内举办展会活动管理实施细则(讨论稿)》 审议市政府党组报送的《关于深化市属企业负责人薪酬制度改革的意见(讨论稿)》 审议市编委报送的《南昌市控编减编工作方案(讨论稿)》 审议市政府党组报送的《关于呈请审定〈2014年度县区科学发展目标绩效考核奖励办法和奖金基数〉的请示》 审议市委办公厅报送的《中共南昌市委常委会2016年工作要点(讨论稿)》《2016年中共南昌市委常委会会议议题计划(讨论稿)》
2月16日	第117次	会议审议市委改革办报送的《关于加强南昌特色新型智库建设的实施意见(讨论稿)》 研究市委组织部报送的有关机构更名和重新任命等事项 审议市委办公厅报送的《学习宣传贯彻习近平总书记在江西考察工作时重要讲话的分工方案(讨论稿)》 听取市委农工部关于中央、全省农村工作会议主要精神及我市贯彻意见的汇报 审议市政府党组报送的《关于落实发展新理念加快农业现代化率先在全省实现全面脱贫和全面小康目标的实施意见(讨论稿)》 听取市信访局关于全国、全省信访局长会议精神及我市贯彻意见的汇报
3月1日	第118次	会议传达学习习近平总书记在党的新闻舆论工作座谈会上的重要讲话精神,听取关于全省宣传部长会议精神的汇报,研究我市贯彻落实意见 审议市委组织部报送的《关于认真学习贯彻习近平总书记视察我市重要讲话精神进一步加强农村和社区党建工作的通知(讨论稿)》 听取市委统战部关于全省统战部长会议精神及我市贯彻意见的汇报 听取市委组织部关于全省组织部长会议和全省县乡领导班子换届工作暨业务培训会议精神及我市贯彻意见的汇报 研究市委组织部报送的干部人事议题 审议市纪委报送的关于给予刘雪峰、熊一明党纪政纪处分的请示
3月18日	第119次	会议传达学习全国"两会"精神和全省领导干部会议精神,研究我市贯彻落实意见 听取全市政法工作、公安工作、反恐工作、法院工作、检察工作、隐蔽斗争工作、司法行政工作等政法口工作情况汇报 审议市综治办报送的《2015年度全市综治目标管理考核成绩突出单位名单(讨论稿)》 审议市人大常委会党组报送的《关于加强县(区)乡镇(街道)人大建设若干意见(讨论稿)》 审议市政协党组报送的《2016年度市政协协商工作计划(讨论稿)》 听取市直机关工委关于全市机关党建工作情况的汇报 传达学习2016年省委第一轮巡视工作动员部署会议精神,研究我市贯彻落实意见 审议市委宣传部报送的《中共南昌市委中心组2016年度理论学习计划(讨论稿)》
3月31日	第120次	会议传达学习《中共中央关于郭伯雄严重违纪违法案及其教训的通报》《省委办公厅关于以苏荣"造绿工程"为反面教材进一步树立正确政绩观的通知》 审议市委组织部报送的《关于建议设立南昌市城市综合管理协调领导小组办公室党组的请示》 研究有关挂职干部任免及新成立党组单位任命党内职务等事宜 审议市政府党组报送的《2016年南昌市民生工程和百项惠民便民利民工程安排意见(讨论稿)》 审议市政府党组报送的《关于深化国资国企改革的实施意见(讨论稿)》 听取市委台办关于中央、全省对台工作会议精神及我市贯彻意见的汇报

续表

时间	次数	内　　容
4月13日	第121次	会议审议市政府党组报送的《关于打造“南昌光谷”的决定(讨论稿)》 审议市政府党组报送的《关于加快生物医药产业发展的决定(讨论稿)》 审议市政府党组报送的《2016年南昌市劳动模范表彰大会筹备工作方案(讨论稿)》《2016年南昌市劳动模范和先进工作者推荐人选(讨论稿)》 审议市政府党组报送的《2016年南昌市重大重点项目投资计划(讨论稿)》 审议市委政法委报送的《全国综治工作“南昌会议”筹备工作方案(讨论稿)》 审议市委办公厅报送的《省委常委会2016年工作要点涉昌事项和市委常委会2016年工作要点任务分工方案(讨论稿)》 听取市委组织部关于2015年度市直单位领导班子和领导干部年度考核情况的汇报
4月27日	第122次	会议审议市纪委报送的《关于对梅梅违纪问题立案的请示》《关于给予万晓鸣党内严重警告处分的请示》《关于给予李新开除党籍处分的请示》 传达学习习近平总书记在网络安全和信息化工作座谈会上的重要讲话精神 审议市委组织部报送的《关于在全市党员中开展“学党章党规、学系列讲话,做合格党员”学习教育实施方案(讨论稿)》及有关工作安排 审议市纪委报送的《中共南昌市委关于落实把纪律挺在前面要求的实施办法(讨论稿)》 听取市政府党组关于全市一季度经济运行暨重大重点项目推进情况的汇报 听取一季度全市招商引资情况汇报,研究部署了下一阶段招商引资工作
5月12日	第123次	会议研究市委组织部报送的干部人事议题 审议市纪委报送的关于给予朱敏开除党籍处分的请示 传达学习《中共江西省委江西省人民政府关于开展降低企业成本优化发展环境专项行动的通知》精神和全省降低企业成本优化发展环境专项行动电视电话动员大会精神,研究我市贯彻意见 审议市委政法委报送的《全国综治工作“南昌会议”百日攻坚战活动实施方案(讨论稿)》 审议市委组织部报送的《关于设立、调整和撤销部分市管党委的请示》 审议市编委报送的《南昌汉代海昏侯国遗址管理局主要职责、内设机构和人员编制规定(讨论稿)》和《关于成立南昌汉代海昏侯国遗址博物馆(南昌市文物考古研究院)的通知(讨论稿)》
6月2日	第124次	会议审议市委组织部报送的《关于设立中共南昌汉代海昏侯国遗址管理局工作委员会和纪律检查委员会的请示》 研究市委组织部报送的干部人事议题 研究市纪委报送的关于给予梅梅党内警告处分的请示 传达学习张高丽同志在视察江西时的讲话精神,研究我市贯彻意见 传达学习第七次全国人民防空会议精神,研究我市贯彻意见 听取市政府党组关于全省旅游产业发展大会精神及我市贯彻意见的汇报 审议市政府党组报送的《关于继续沿用〈南昌市人民政府关于稳增长促发展的若干政策措施〉的请示》 审议市政府党组报送的《2015年度市直机关绩效考核结果(讨论稿)》 审议市人大常委会党组报送的《关于做好全市县乡两级人民代表大会换届选举工作的意见(讨论稿)》 审议市委宣传部报送的《中共南昌市委关于开展向凌继河同志学习的决定(讨论稿)》
6月12日	第125次	会议研究市委组织部报送的干部人事议题
6月24日	第126次	会议研究市委组织部报送的干部人事议题 研究市纪委报送的关于给予罗通文开除党籍处分的请示 审议市普法教育工作领导小组报送的《关于在全市公民中开展法治宣传教育的第七个五年规划(2016—2020年)(讨论稿)》 传达学习习近平总书记在哲学社会科学工作座谈会上重要讲话精神,研究我市贯彻意见 审议市编委报送的关于中共南昌市委非公有制经济组织和社会组织工作委员会设立事项的请示 审议市政府党组报送的2015年度县区科学发展目标管理考核结果,2015年南昌打造核心增长极、实现“四个强起来”突出贡献奖考核结果及有关奖励办法和奖金基数的建议

续表

时间	次数	内　　容
7月5日	第127次	会议学习讨论习近平总书记在庆祝建党95周年大会上的重要讲话 审议市委宣传部报送的《中共南昌市委关于深入学习宣传贯彻〈习近平总书记在庆祝中国共产党成立95周年大会上的讲话〉的通知(讨论稿)》
7月13日	第128次	会议研究市委组织部报送的干部人事议题 研究市纪委报送的关于对陈强违纪问题立案的请示 传达学习中国科协第九次全国代表大会会议精神,研究我市贯彻意见 听取市人大常委会党组《关于南昌市人大常委会2016年上半年工作情况报告》 审议市政府党组报送的《南昌市关于降低企业成本优化发展环境促进经济平稳发展的若干措施(讨论稿)》《南昌市关于加快推进供给侧结构性改革的实施意见(讨论稿)》 审议市政府党组报送的《南昌市深化供销合作社综合改革试点实施方案(讨论稿)》 审议市委办公厅报送的《关于进一步做好服务保障市委日常工作规范高效运转有关事项的通知(讨论稿)》
7月18日	第129次	会议研究市委组织部报送的干部人事议题
7月27日	第130次	会议学习《中国共产党问责条例》,审议市委办公厅草拟的《关于认真学习贯彻〈中国共产党问责条例〉的通知(讨论稿)》 审议市纪委报送的《关于加强市纪委派驻机构建设的实施意见(讨论稿)》 听取市政府党组关于全市上半年经济形势分析报告,研究下半年经济工作安排 审议市委政法委报送的《南昌市维护社会稳定工作规定(讨论稿)》 听取市委统战部关于省委统战工作领导小组来昌调研检查情况的汇报
8月10日	第131次	会议研究市委组织部报送的干部人事议题 审议市纪委报送的有关请示意见 传达学习鹿心社、刘奇同志在《中央办公厅国务院办公厅印发〈关于2016年上半年贯彻执行中央八项规定情况的报告〉的通知》(厅字〔2016〕24号)上的批示精神和中共江西省纪委《关于重申严禁党员干部出入私人会所、违规接受吃请纪律的通知》,并研究南昌市贯彻意见 研究关于召开中国共产党南昌市第十一次代表大会和召开市委全会的有关事宜 审议市政府党组报送的《2016年度市直机关绩效管理工作方案(讨论稿)》《2016年南昌市打造核心增长极、实现"四个强起来"科学发展目标管理考核实施意见(讨论稿)》
8月14日	第132次	会议研究市委组织部报送的干部人事议题
8月19日	第133次	会议审议市纪委报送的关于对付新灿违纪问题予以立案,并给予付新灿党内严重警告处分的请示
8月25日	第134次	会议传达学习李克强同志在我省我市视察时的重要讲话精神 听取市人大常委会党组《关于我市重大重点项目建设情况的调研视察报告》 审议市人大常委会党组报送的《南昌市燃气管理条例(修订草案)》 审议市委组织部报送的《关于成立市第十一次党代表大会筹备工作领导小组和工作机构的请示》 审议市委组织部报送的《关于提请审定市第十一次党代会代表候选人预备人选的请示》 审议市委组织部报送的《关于设立中共南昌市人民代表大会常务委员会机关党组和中共政协南昌市委员会机关党组的请示》 审议市委统战部报送的《关于政协南昌市第十四届委员会人事安排工作及召开部署会的请示》
8月25日	第135次	会议研究关于贯彻落实党中央、国务院、中央军委决策指示,深化推进国防动员和后备力量建设有关事宜

续表

时间	次数	内　容
9月1日	第136次	会议研究市委组织部报送的干部人事议题 通报关于辛利杰同志撤销党内职务、行政撤职处分的决定 传达学习《中共中央关于辽宁拉票贿选案查处情况及其教育警示的通报》及鹿心社同志在《通报》上作出的重要批示精神 听取市委宣传部关于全省贯彻落实党委(党组)意识形态工作责任制座谈会精神及我市贯彻意见的汇报 审议市政府党组报送的《贯彻实施〈长江经济带发展规划纲要〉工作细则及责任分工(讨论稿)》 审议市政府党组报送的《关于实行工程建设行为全程留痕制度的暂行规定(讨论稿)》 审议市编办报送的《南昌综合保税区管理机构“三定”规定(讨论稿)》
9月6日	第137次	会议听取市委组织部《关于出席省第十四次党代会代表候选人初步人选拟推荐人选的情况汇报》 审议市人大常委会党组报送的《关于南昌市第十五届人民代表大会代表名额分配及候选人酝酿提名推荐等问题的意见(讨论稿)》 审议市委办公厅报送的《中国共产党南昌市第十一次代表大会预案(讨论稿)》《中国共产党南昌市第十一次代表大会秘书处工作任务及机构设置(讨论稿)》
9月14日	第138次	会议研究市委组织部报送的干部人事议题 传达学习全省党委秘书长会议精神,研究南昌市贯彻意见 听取市纪委关于周泽民同志在省委反腐败协调小组会议上的讲话精神及我市贯彻意见的汇报 审议市委组织部报送的《南昌市党费收缴、使用和管理情况的报告(草案)》 审议市委组织部报送的《关于提请召开市委十届十四次全体(扩大)会议的请示》 审议市委办公厅报送的《中国共产党南昌市第十一次代表大会会议日程(讨论稿)》
9月20日	第139次	会议听取市委组织部《关于市第十一次党代会代表产生情况的汇报》 审议市委组织部报送的《市第十一次党代会代表资格审查委员会成员建议名单》《市第十一次党代会代表团召集人建议名单》《市第十一次党代会监票人建议名单》 审议市委组织部报送的《市第十一次党代会选举办法(草案)》《中共南昌市第十一届委员会第一次全体会议选举办法(草案)》《中共南昌市第十一届纪律检查委员会第一次全体会议选举办法(草案)》 研究讨论《中国共产党南昌市第十一次代表大会工作报告(讨论稿)》 研究讨论《中共南昌市纪律检查委员会向市第十一次党代会的工作报告(讨论稿)》,研究召开市纪委十届七次全会有关事宜 审议市防汛抗旱总指挥部报送的《关于表彰全市防汛抗洪先进基层党组织、优秀共产党员和先进单位、先进基层单位、先进个人的方案(讨论稿)》
9月22日	第140次	会议研究市委组织部报送的干部人事议题 审议市委组织部报送的市党代会相关名单 研究召开市委十届十五次全会有关事宜 审议市政府党组报送的《南昌市〈南昌行动〉及会商会纪要任务责任分解表(讨论稿)》 审议市“揽山入城”工作领导小组报送的《实施“揽山入城”战略方案(讨论稿)》
10月8日	十一届市委常委会第1次	会议审议市委办公厅报送的《中共南昌市委议事决策规则(讨论稿)》 研究市委组织部报送的干部人事议题 研究市委书记、副书记和常委“1+3”分工安排 审议市委组织部报送的《市第十五届人大代表候选人建议名单》 审议市政府党组报送的《关于强化创新驱动举措建设国家创新型城市的实施意见(讨论稿)》
10月13日	第2次	会议听取市委政法委关于全国社会治安综合治理创新工作会议精神及我市贯彻意见的汇报 审议市人大常委会党组报送的《关于召开南昌市第十五届人民代表大会第一次会议有关事项的请示》和市政协党组报送的《关于召开政协南昌市第十四届委员会第一次会议的请示》 审议市人大常委会党组报送的《南昌市禁止燃放烟花爆竹规定(草案修改稿)》

续表

时间	次数	内　容
10 月 21 日	第 3 次	会议研究政协南昌市第十四届委员会委员、常委会组成人员建议人选和第一次会议各组召集人名单 审议南昌市第十五届人民代表大会第一次会议和政协南昌市第十四届委员会第一次会议有关材料 听取市双拥领导小组办公室关于全省双拥模范城(县)命名表彰大会精神及我市贯彻意见的汇报 研究南昌市第十五届人民代表大会常委会组成人员候选人和各专门委员会组成人员建议人选
11 月 18 日	第 4 次	会议研究市委组织部报送的干部人事议题 传达学习省第十四次党代会精神和鹿心社同志在参加南昌市代表团讨论时的重要讲话精神,研究我市贯彻落实意见 研究全市年底前的重点工作
11 月 30 日	第 5 次	会议研究市纪委报送的有关请示意见 审议市政府党组报送的《关于坚决打赢全市脱贫攻坚战的实施意见(讨论稿)》 审议市政府党组报送的《关于实施全面两孩政策改革完善计划生育服务管理的实施意见(讨论稿)》 通报安义县教科体局涂赞宝同志违反会场纪律的有关情况 审议市委组织部报送的《关于开展市直单位 2016 年度市管领导班子和领导干部考核工作的实施方案(讨论稿)》 通报《关于赣江新区管理体制的意见(征求意见稿)》的修改建议情况
12 月 13 日	第 6 次	会议听取市委组织部关于援疆干部选拔的情况汇报 研究市纪委报送的有关请示意见 听取市纪委关于全省深化落实“两个责任”视频培训会暨市县两级纪委书记培训班精神及我市贯彻落实意见的汇报 审议市综管办报送的《“美丽南昌·幸福家园”环境综合整治实施方案(讨论稿)》 听取市委统战部关于全市贯彻落实中央、省委和市委统一战线一系列重大决策情况的督查报告 听取市委组织部关于全省部署推荐提名江西省出席党的十九大代表候选人工作会议精神及我市贯彻意见的汇报 研究我市财政收入预期目标调整有关事宜
12 月 20 日	第 7 次	会议专题传达学习中央经济工作会议、省委常委会(扩大)会议和全省领导干部会议精神,研究我市贯彻落实意见
12 月 21 日	第 8 次	会议审议市编办报送的《关于设立南昌(国家)大学科技城管理委员会的请示》 审议市委组织部报送的《关于设立中共南昌综合保税区管理委员会党组的请示》 研究市委组织部报送的干部人事议题 研究市纪委报送的有关请示意见

市委工作会议和活动

【概况】 2016 年,市委及市委各部门组织召开全市经济社会建设各项工作会议,研究部署相关重要工作。主要会议和活动有“三严三实”专题民主生活会、全市开放型经济工作会、全市政法工作暨社会治安防控体系建设会议、庆祝中国共产党成立 95 周年大会、“美丽南昌·幸福家园”环境综合整治动员大会等。

【“三严三实”专题民主生活会】 2016 年 1 月 6 日,市委召开常委班子“三严三实”专题民主生活会,紧扣“严以修身、严以用权、严以律己,谋事要实、创业要实、做人要实”主题,围绕对党忠诚、个人干净、敢于担当等要求,深入查摆市委常委班子及其成员存在的“不严不实”问题,严肃认真地开展批评和自我批评。省委常委、市委书记龚建华主持会议,代表市委常委班子作对照检查,深刻指出班子“不严不实”突出问题和具体表现,从理想信念、党性修养、宗旨意识、纪律观念等方面深入剖析,明确下一步努力方向和整改措施。他指出,作风建设永远在路上,市委常委班子及各位成员要以这次专题民主生活会为契机,认真对照习近平总书记就中央政治局当好“三严三实”表率提出的四点要求,以中央政治局和省委常委班子专题民主生活会为标杆,向中央和省委看齐,继续带头践行“三严三实”,始终以“严”的标准、“实”的作风抓好各项工作,带动全市各级领导班子和党员干部在思想、作风以及工作成效上有一个根本提升,不断开创全市“十三五”经济社会发展新局面。要在锤炼党性上带好头、作表率,带头坚定理想信念,带头严守政治纪律和政治规矩,带头严肃党内政治生活;要在狠抓落实上带好头、作表率,重点针对这次专题民主生活会查摆出来的“不严不实”问题,动真碰硬、服从大局、主动担当,扎扎实实抓好整改落实,确保取得人民群众看得见、摸得着、能满意的成效;要在推动发展上带好头、作表率,突出工作重点、着力破解难题、凝聚发展合力,全力以赴抓好改革发展稳定各项工作;要在正风肃纪上带好头、作表率，从严要求自己、从严要求干部、从严要求“身边人”，以身作则、以上率下，匡正选人用人风气，带头履行“一岗双责”，持续用力正风肃纪。

【全市开放型经济工作会议】 2016年2月15日，全市开放型经济工作会议召开，总结2015年全市开放型经济工作，部署2016年目标任务。省委常委、市委书记龚建华出席会议并指出，2015年全市开放型经济的丰硕成果揭示一个深刻的哲理：“努力未必成功、放弃注定失败”。面对新一年的艰巨任务，全市上下必须付出更大努力，不为前行阻力所扰，不因下行压力所困，向更好的成绩发起冲击。习近平总书记视察南昌给予大家一条深刻的启迪：“坚持方能成功，懈怠必然失败”。南昌省会城市的地位予以大家一点深刻的警示：“‘首位’才是成功，丢‘旗’就是失败”。全市干部要树立正确的荣辱观、是非观、政绩观，并把这“三观”内化于心、外化于行，全力以赴打好开放型经济攻坚战。他强调，做好下一步全市开放型经济工作，要强化“三个三”的理念。一要牢固树立率先、担当、破难“三种意识”，以“功成不必在我，但功成必定有我”的信念、“不管东西南北风、抓住项目不放松”的精神，推动招商引资上水平。二要切实做到“三个结合”，即开放型经济工作与打造“高新集”产业群相结合，与推进创新创业相结合，与建设“三个文明”相结合，努力形成“大企业顶天立地、小企业铺天盖地，大企业增强实力、小企业充满活力”的经济生态。三要努力实现“三大突破”，即在招大引强上求突破，在落地见效上求突破，在优化环境上求突破。市委副书记、市长郭安部署有关工作。

【全市政法工作暨社会治安防控体系建设会议】 2016年3月26日，全市政法工作暨社会治安防控体系建设会议召开。省委常委、市委书记龚建华出席并指出，做好当前和今后一个时期的全市政法综治工作，要心中始终装着群众安危冷暖，努力让人民满意。全心全意为人民服务是党的根本宗旨，对政法机关而言，更需牢固树立为民理念，把实现好、维护好、发展好人民利益作为工作的根本出发点和落脚点，担当好忠诚卫士之责，让生活在南昌的老百姓更安心、更舒心、更称心。树立为民理念，必须紧扣老百姓的“三大心愿”：老百姓渴望的，是安居乐业的生活环境，各级政法机关要自觉把保障人民群众安居乐业放在履职尽责的首要位置，坚决维护好群众权益，积极回应好群众关切；老百姓追求的，是公平正义的法治环境，公平正义是政法工作的生命线，维护公平正义的核心在于法治，要着力提升法治能力、规范执法行为、优化法律服务；老百姓期盼的，是和谐稳定的社会环境，必须牢固树立底线思维，不断强化忧患意识，强力夯实工作举措，确保社会和谐稳定。

【庆祝中国共产党成立95周年大会】 2016年6月30日，市委举行庆祝中国共产党成立95周年大会。省委常委、市委书记龚建华出席并讲话，代表市委向辛勤工作在全市各条战线上的广大党员和党务工作者致以节日的问候，向为党和人民作出牺牲奉献的前辈先烈致以崇高的敬意。他强调，当前，南昌正处在大有可为的重要战略机遇期，面临着艰巨而繁重的改革发展稳定任务，尤其是共筑“四强”梦的宏伟征程充满考验和挑战，需要全市各级党组织和广大党员始终发扬优良传统，在“八一精神”的感召下、在“英雄基因”的传承中砥砺奋进，不断推动市委“二十字”总体任务落到实处。要始终抓牢发展这个第一要务，树立首位意识，增强改革锐气，强化法治思维，以更大的勇气和必胜的信念投身发展实践。要牢记为民服务这个根本宗旨，着眼基层听民情，着眼细处解民难，着眼共享惠民生，架起党密切联系群众的“连心桥”，当好党在群众中的“形象代言人”。要夯实社会和谐这个基础支撑，做到家风正，促进民风纯，实现政风清。必须不断加强党的建设这一伟大工程。在新的起点上推动党的事业开创新局面、再上新台阶，必须始终坚持党的领导核心地位不动摇，持续加强党的建设。每一个党组织都要成为坚不可摧的“桥头堡”，紧紧抓住“两学一做”重要契机，强化创新牵引，强化阵地建设，强化制度管理，凝心聚力铸就坚强堡垒；每一位书记都要成为以身作则的“领头雁”，牢固树立“抓好党建是天职、不抓党建是失职、抓不好党建不称职”的责任意识，自觉找准职责定位，切实肩负使命担当，既以身作则作“标杆”，又真抓善干当“管家”，在党性修养上作表率，在促进发展上作表率，在立规执纪上作表率；每一名党员都要成为立场坚定的“合格者”，始终保持昂扬向上、开拓进取的精气神，对照标准学、立足岗位做、遵循方向改，争作模范、争当标杆。

【“美丽南昌·幸福家园”环境综合整治动员大会】 2016年12月12日，市委、市政府召开千人动员大会，部署全市开展“美丽南昌·幸福家园”环境综合整治。省委常委、副省长、市委书记殷美根出席会议并指出，全市各级各部门务必保持清醒头脑，切实增强责任感、紧迫感、危机感，立即行动起来，迅速掀起热潮，推动城市综合管理与城市发展成长协调并进、相互促进、共同提高，让群众切身感受到环境有实实在在的变化、生活有实实在在的改善、品质有实实在在的提升，不断增进全体市民对“英雄城”的认同感、归属感、自豪感，让每一位市民以“我是南昌人”而骄傲，努力将南昌打造成富裕美丽幸福江西的“窗口”。他强调，“美丽南昌·幸福家园”环境综合整治是一项系统工程，必须以清晰的思路、高远的目标、明确的原则、有力的举措来科学引领和整体推进，着力实施“三四五六”的路径图，即“三大重点”“四大目标”“五大原则”“六大措施”，需要全市一盘棋、全市一个调、全市一条心。要建立“横向到边、纵向到底、责任到人”的保障体系，做到组织领导到位、部门协同到位、宣传发动到位、资金投入到位、督查考核到位、干部作风到位，确保环境综合整治工作层层有人抓、件件有人做、事事有人管。

【市四套班子联席会议】 2016年12月29日，省委常委、副省长、市委书记殷美根主持召开市四套班子联席会议，传达学习全省经济工作会议精神，共同研究探讨全市贯彻落实意见。他指出，学习要见成效。这次全省经济工作会议，内容丰富、信息量大、创新点多，紧跟中央精神，紧贴江西实际，为做好明年经济工作指明方向、路径和办法。全市各级各部门要切实把学习全省经济工作会议精神作为一项重要政治任务，集中精力学，浓厚氛围学，联系实际学，使之成为全市当前和今后一段时间谋划经济、推动发展的根本方向和基本遵循，努力使全市各项工作和举措都体现中央、省委要求，契合本地本部门实际，符合人民群众利益。他强调，落实要见实效。要把南昌工作放到中央、省委对经济工作的判断和部署中去，深入研究，主动作为。要坚持发展为先、稳字当先，把稳健增长摆在首要位置，以稳增长促进发展，以防风险保障发展，真正把五大发展理念融入到全市经济社会发展的各领域、各方面，推动南昌发展不断创出新模式、走出新路子。引领要见功效。经济新常态需要各级领导的新状态，发展新任务呼唤各级领导的新作为。各级各部门特别是领导干部要创新思维、增强本领，与时俱进加快领导方式、能力和作风转变。要以领导方式转变引领发展方式转变,经济发展方式的转变,首先要从领导干部的转变开始,大家要多思考自己怎么转、怎么做,真正把思路理清、把方向找对、把工作做实。要以领导能力提升引领发展质量提升,领导干部具有把关定向的关键作用,要切实增强统揽全局的能力、专业谋划的能力、化解难题的能力。要以领导作风优化引领发展环境优化,坚持"以上率下"这个基本工作方法,带动全市上下形成一级学一级、一级带一级、一级抓一级、层层抓落实的良好氛围。同时,要进一步加强和改善党对经济工作的领导,坚定不移推进全面从严治党,努力构建良好政治生态,为推动全市经济社会发展夯实保障。

市委重要决策

【概况】 2016年,中共南昌市委常务委员会团结带领全市广大干部群众,紧紧围绕推进稳增长、促改革、转方式、调结构、惠民生各项工作进行科学决策,经济、政治、文化、社会、生态文明以及党的建设取得丰硕成果,为率先在全省全面建成小康社会、打造富裕美丽幸福江西"南昌样板"奠定坚实基础。

【加速农业农村现代化进程】 2016年2月24日,市委、市政府印发《关于以"南昌绿谷"建设为引领,加速农业农村现代化进程的实施意见》。全市农业农村工作认真按照习近平总书记视察江西时提出的新希望和"三个着力、四个坚持"的总体要求,特别是"要加大强农惠农富农力度,推进农业现代化,多渠道增加农民收入,提高社会主义新农村建设水平,让农业农村成为可以进一步大有作为的广阔天地"的要求,切实落实创新、协调、绿色、开放、共享五大发展理念,深入贯彻落实中央、全省农村工作会议和一号文件精神,全面策应"抢占制高点、聚焦增长极、提升首位度、共筑'四强'梦"二十字总任务,始终坚持问题导向、因地制宜、质量效益原则,牢牢把握整合资源、聚焦重点、典型示范、改革创新新路径,以"南昌绿谷"建设为引领,以"农业强、农村美、农民富"以及加快建设现代化农业产业体系、生产体系、经营体系为方向,以着力加强农业供给侧结构性改革为重点,以农业农村发展新成效助推全市率先在全省实现全面脱贫、全面小康目标为落脚点,为"十三五"规划开好局、起好步发挥积极作用。

【打造"南昌光谷"】 2016年4月19日,市委、市政府印发《关于打造"南昌光谷"的决定》。按照省委、省政府做出打造南昌光谷、建设江西LED产业基地重大决策的要求,南昌市委、市政府深入贯彻落实,立足现有基础、发展条件和区位优势,加速发展广电产业,全力打造"南昌光谷",培育新的积极增长点,切实推动南昌"产业强起来"。

【加快创新型城市建设】 2016年10月9日,市委、市政府印发《关于深入推进创新驱动发展战略加快创新型城市建设的实施意见》。全市上下凝心聚力,精准发力,奋发有为,坚定发展战略定力,充分发挥政府组织协调作用和市场化推动的决定性作用,坚持现实需求与长远发展相结合,坚持重大布局突破与整体推进提升相结合,坚持打通创新链与打造产业链相结合,以科技创新为核心,以深化体制机制改革为动力,以实施创新驱动举措为抓手,加快发展方式转变和产业转型升级,为建设工业文明、城市文明、生态文明融合发展的现代化城市提供强大动力。

【发展社会主义文艺】 2016年12月21日,市委印发《关于繁荣发展社会主义文艺的实施意见》。全市文艺工作围绕统筹推进"五位一体"总体布局和协调推进"四个全面"战略布局,全面贯彻"二为"方向和"双百"方针,紧紧依靠广大文艺工作者,坚持以人民为中心,以社会主义核心价值观为引领,以中国精神为灵魂,以中国梦为时代主题,以中华优秀传统文化为根脉,以创新为动力,以创作生产优秀作品为中心环节,把社会效益放在首位,深入实践、深入生活、深入群众,大力弘扬"井冈山精神"和"八一精神",以高度的文化自觉和文化自信,讲好南昌故事,推出文艺精品,繁荣文艺事业,建设文化强市,为推动南昌率先实现全面小康,建设成为工业文明、城市文明、生态文明融合发展的现代化城市提供强大的价值引导力、文化凝聚力和精神推动力。

(何志辉)

市委中心组理论学习

【概况】 2016年,市委全面贯彻中共十八大和十八届三中、四中、五中、六中全会精神,深入学习贯彻习近平总书记系列重要讲话、特别是在江西考察工作时的重要讲话精神,根据中央、省委部署,按照建设和巩固学习型党组织和学习型领导班子要求,不断丰富中心组学习内容,完善学习机制,创新学习载体,学习取得新成效,为全力打造富裕美丽幸福江西"南昌样板"提供强大的理论支持。全年共开展集体学习24次28天。

【收听收看"一准则两条例"集体学习报告会】 2016年1月29日,市委中心组(扩大)在红谷滩会议中心东厅设分会场,收听收看省委中心组集体学习报告会。中央纪委副书记吴玉良就学习《中国共产党廉洁自律准则》《中国共产党纪律处分条例》《中国共产党巡视工作条例》作辅导报告。市委中心组成员,市直各单位、市属大中型企业、市属高校主要负责人和纪检组长在分会场参加会议。会议强调,要贯彻落实好党中央、习近平总书记对两部法规加强学习贯彻的指示要求,各级党委(党组)要切实担当和落实好全面从严治党主体责任,各级纪委(纪检组)要把监督执纪问责做深做细做实,党员领导干部要发挥表率作用。

【习近平总书记在江西考察工作时重要讲话精神专题学习会召开】 2016年2月19日,市委中心组召开专题学习会,就习近平总书记在全省考察时的重要讲话精神进行专题学习。省委常委、市委书记龚建华主持并讲话。市四套班子成员、市法检两长参加学习。龚建华强调,各级各部门和广大干部群众要按照市委的统一部署,深化思想认识、浓厚宣传氛围、抓好贯彻落实,真正用习近平总书记对全省工作提出的新希望和"三个着力、四个坚持"的总体要求指导全市工作,推动南昌发展。

【举办学习贯彻中共十八届五中全会精神专题研讨班】 2016年3月6日,全市领导干部学习贯彻中共十八届五中全会精神专题研讨班在市委党校开班。省委常委、市委书记龚建华出席并作动员讲话和辅导报告。市领导刘建洋、龙和南、朱志群、肖玉文分别围绕"坚持用新发展理念引领发展行动""坚持做好农业农村农民工作""坚持把共享理念落到实处""坚持弘扬井冈山精神"主题作中心发言。3月7日,市委中心组(扩大)学习贯彻中共十八届五中全会精神专题研讨班在红谷滩会议中心大厅举行两场专题辅导讲座。江西财经大学马克思主义学院副院长、管理学博士夏德根,中央党校教授、哲学博士李宏伟分别围绕“创新发展与中国宏观经济”“绿色发展与生态文明建设”主题作辅导报告。市四套班子成员、市法检两长、全市副县级以上领导干部参加。3月8日，为期两天半的专题研讨班结束。研讨班期间，全体学员紧紧围绕中共十八届五中全会、习近平总书记在省部级主要领导干部专题研讨班上的重要讲话精神和视察调研江西时的重要讲话精神，紧密结合全市实际进行深入研讨。

【开展“两学一做”学习教育第一次集体学习会】 2016年5月11日，市委中心组围绕“坚定执着追理想”主题，在市委第二会议室开展“两学一做”学习教育第一专题集体学习。省委党校党史党建教研部主任杨会清教授作辅导报告。省委常委、市委书记龚建华主持并讲话。市四套班子成员、市法检两长参加学习。龚建华强调，要通过学习教育，把党内政治生活的“炉火”烧得更旺，进一步锤炼党员党性，为党员的灵魂“补钙”，引导全市广大党员始终坚定理想，主动模范践行。

【举行“适应经济发展新常态，推进供给侧结构性改革”专题报告会】 2016年5月30日，市委中心组（扩大）在红谷滩会议中心大厅举行“适应经济发展新常态，推进供给侧结构性改革”专题报告会。民建中央经济委员会副主任、中央电视台财经频道评论员马光远作专题报告。市委副书记欧阳海泉主持并讲话。市四套班子成员、市法检两长、全市副县级以上领导干部参加。欧阳海泉强调，全市各级干部要提高认识，牢固树立创新发展理念，用改革的办法推进结构调整，把提高供给质量和效率作为主攻方向，大力优化发展环境，不断提高经济发展质量和区域竞争力。

【举行“海昏侯国遗址”专题报告会】 2016年6月8日，市委中心组（扩大）在红谷滩会议中心大厅举行“海昏侯国遗址”专题报告会。中国考古学会秦汉考古专业委员会主任、国家文物局驻海昏侯墓考古专家组组长信立祥作专题报告。市委常委、宣传部部长龙和南主持并讲话。市四套班子成员、市法检两长、全市副县级以上领导干部参加。龙和南指出，海昏侯国遗址的保护和利用进入新阶段，全市上下要共同担好历史责任，让南昌汉代海昏侯国遗址这一珍贵文化遗产不断焕发出新的生机，为将其打造成为全市建设国际大都市的“引爆点”、面向世界的“新名片”做出积极贡献。

【开展“两学一做”学习教育第二次集体学习会】 2016年7月19日，市委中心组“两学一做”学习教育第二次集体学习会在市委第二会议室召开。会议深入学习贯彻习近平总书记“七一”重要讲话，并就“两学一做”学习教育第二专题“实事求是闯新路”进行学习研讨。省委党校党史党建部副主任江泰然就学习习近平总书记“七一”重要讲话作辅导报告。省委常委、市委书记龚建华主持并讲话。市四套班子成员、市法检两长参加学习。龚建华强调，结合南昌实际，在新的时代条件下坚持和践行“实事求是闯新路”，要选对“出发点”、找准“切入点”、聚焦“着力点”，充分激发全市党员干部勇担当、善作为、闯新路的热情，为全市共筑“四强”梦做出积极贡献。

【传达学习总理李克强在全省考察时的重要讲话精神】 2016年8月25日，市委中心组在市委第二会议室传达学习中共中央政治局常委、国务院总理李克强在全省考察时的重要讲话精神。省委常委、市委书记龚建华主持并讲话。市四套班子成员、市法检两长参加。龚建华强调，学习好、宣传好、贯彻好总理李克强考察重要讲话精神，是全市当前和今后一个时期的重要政治任务。要以“三点希望”为遵循，聚焦产业升级，推动南昌“率先发展”。

【开展“两学一做”学习教育第三次集体学习会】 2016年10月17日，市委中心组“两学一做”学习教育第三次集体学习会在市委第二会议室召开。省委常委、市委书记龚建华主持并讲话。市委、市人大、市政府、市政协领导参加学习。龚建华强调，要深刻领会习近平总书记“不忘初心、继续前进”的重要指示和“艰苦奋斗攻难关”的殷切勉励，弘扬艰苦朴素的光荣传统，激发攻坚克难的担当精神，砥砺勤勉务实的优良作风，以优异成绩奋力书写全市工业文明、城市文明、生态文明融合发展的新篇章。

【专题学习研讨《胡锦涛文选》和习近平总书记的重要讲话精神】 2016年10月26日，市委中心组在市委第二会议室专题学习研讨《胡锦涛文选》和习近平总书记在学习《胡锦涛文选》报告会上的重要讲话精神。省委常委、市委书记龚建华主持并讲话。市委、市人大、市政府、市政协领导，市检察院主要负责人参加学习研讨。龚建华指出，要提高思想认识，充分认清学习《胡锦涛文选》的重要意义；要深入学习钻研，全面把握《胡锦涛文选》的精髓要义；要坚持学以致用，不断引领南昌发展实践；要加强组织领导，确保学习取得良好成效。

【收听收看中央宣讲团中共十八届六中全会精神宣讲报告会】 2016年11月9日，市委中心组（扩大）在市委第一会议室开设分会场，收听收看中央宣讲团中共十八届六中全会精神宣讲报告会。中央宣讲团成员，最高人民法院党组成员、副院长姜伟作宣讲报告。市四套班子成员、市法检两长、全市正县级及部分副县级领导干部在分会场参加会议。会议强调，要深入学习宣传贯彻中共十八届六中全会精神，坚定不移维护党中央权威和党中央集中统一领导，深入推进全面从严治党，扎扎实实做好各项工作。

【举行省委宣讲团宣讲报告会】 2016年11月22日，市委中心组（扩大）在红谷滩会议中心东厅举行省委宣讲团中共十八届六中全会精神和省第十四次党代会精神宣讲报告会。省委宣讲团成员、副秘书长、政研室主任、改革办副主任沈谦芳作专题宣讲报告。省委常委、副省长、市委书记殷美根主持并讲话。市四套班子成员、市法检两长、全市正县级和部分副县级领导干部参加。殷美根强调，一定要深刻把握十八届六中全会的重大意义，深刻把握全面从严治党的重大方略，深刻把握省第十四次党代会的重大部署，切实把思想和行动统一到中央和省委要求上来。

【收听收看全省深化落实全面从严治党“两个责任”视频培训会】 2016年12月1日，市委中心组（扩大）在市委第一会议室设立分会场，组织收听收看全省深化落实全面从严治党“两个责任”视频培训会。省委常委、副省长、市委书记殷美根，市四套班子成员，市法检两长；市纪委副书记，市委、市人大常委会、市政府、市政协副秘书长；市委各部门、市直各单位主要负责人、分管领导；县区主要负责人、分管领导在分会场参加收听收看。会议要求，全省上下要坚持有责必担，以党章党规党纪为遵循，以“四个意识”为标尺，以正风肃纪为重点，坚持以上率下，层层传导压力，全面落实管党治党的政治责任，持续深化风清气正的政治生态建设，推动全面从严治党“两个责任”落地生效。

（杨振琳）

市委主要领导调研活动

【概况】 2016年,市委主要领导多次到县(区)、开发区、新区开展调查研究,察看了解有关工作情况,听取相关工作汇报,发现存在的问题和难题,并组织协调解决。市委、市政府及相关单位负责人陪同调研。

【龚建华调研活动】 2016年1月3日,省委常委、市委书记龚建华到地铁大厦、南昌西站、红谷滩新区乡企城,调研节日交通保障和城市管理工作,看望慰问坚守工作岗位的广大干部职工。他指出,即将到来的春运客流量大、工作任务重,各级各有关部门要高度重视,及早谋划交通组织、环境整治、安全保障等各项准备工作,并加强与铁路部门沟通协调,努力提高群众出行的便捷性、舒适性和安全性,让每一位乘客顺顺利利来、平平安安回。龚建华在调研红谷滩新区乡镇企业城及周边街道环境情况时,看到沿街商户出店经营、车辆乱停乱放、绿化带破损严重、卫生管理差等状况,要求红谷滩新区尽快拿出方案,加大力度对这一区域进行重点整治改造,为市民营造一个“干干净净、漂漂亮亮、井然有序、和谐宜居”的城市生活环境。

3月15日,龚建华专门察看部分城市设施和文化产业重大重点工程项目建设。他强调,实现城市建设管理“强起来”,项目是重要载体与支撑,各地各部门和建设单位要抢晴天、战雨天,狠抓项目进度;提效率,强监管,确保工程质量,进一步掀起建设热潮。每一个工程项目都事关城市建设发展、事关人居环境改善,大家务必坚持高标准、高效率、高水平,齐心协力保质量、保安全、保进度,以坚定的态度、实干的作风,助推城市建设管理“强起来”。

4月15日,龚建华专程察看花博园建设情况,调度解决有关问题,督促项目加快建设。他强调,承办好省第四届花卉园艺博览交易会,是省委、省政府和全省人民赋予南昌市的一项重要使命,是全面展示全市生态文明建设成果的一次重要契机。各级各有关部门务必全力以赴抓进度,按照“项目化、时间表、责任人”的要求,挂图作战,压茬推进,努力为全省人民奉献一份生态文明示范的精彩和经典作品。

4月20日,龚建华到市环保局,专题调研全市环境保护工作。他强调,要认真贯彻落实习近平总书记对江西省提出“打造美丽中国的‘江西样板’”的生态文明建设更高要求,以全面开展“两学一做”学习教育为契机,标本兼治、长短结合、城乡联动、奖惩分明,不断增强做好环境保护工作的协同力、执行力,努力建设“天蓝、地绿、水净”的“美丽南昌”,为“美丽江西”建设做出南昌市应有贡献。

5月9日,龚建华到青山湖区,就该区贯彻落实全市城市工作会议精神、推进城市建设和管理工作进行专题调研。他强调,贯彻落实全市城市工作会议精神、推动城市建设管理“强起来”,对青山湖区来说,就是要在城乡建管上均衡发展:注重拆建并举,既坚持先拆后建,更做到以建带拆,坚定推进“城中村”和旧城改造,确保城市发展的质量和效益;注重长短结合,短期内要防反弹、保常态、重精细,长远看要高起点规划、高标准建设、高水平管理;注重城乡一体,在生活方式、文明程度、建管理念上消除城乡界限,体现都市形象;注重产城融合,以产业发展支撑城市建管,用城市建管支持产业发展,尤其要在发展都市经济上奋勇开拓,为实现产业发展“强起来”增添强劲动力;注重双轮联动,县乡换届之际,既抓好换届又抓好发展,在换届中看出发展业绩,以发展来检验换届成效。

5月16日,龚建华到高新区,就产城融合发展进行专题调研。他充分肯定该区产业发展、城市建管、产城融合取得的成绩,并希望该区在“四求”上下功夫,坚定走好以产兴城、以城聚产、产城融合发展之路。在“好”中求“快”上下功夫,保持良好发展态势的前提下,以快节奏推进产业建设、城市建管、城乡一体;在“高”中求“新”上下功夫,带头贯彻中央五大发展理念,努力构筑新的产业板块、新的人才基地、新的创新平台、新的城乡面貌;在“集”中求“成”上下功夫,以园区式、板块式推进全链式产业集成,以“产学研”“研学产”推进成果转化集成,以产城融合推进宜居宜业集成;在“强”中求“特”上下功夫,以高新、高端为目标做到产业“特”,以基础设施、公共服务完善为抓手做到配套“特”,以绿色生态为支撑做到环境“特”,以能招商、善安商、乐奉献为追求做到队伍“特”。

6月1日,龚建华到“两学一做”学习教育联系点——南昌县黄马乡罗渡村,调研扶贫开发工作,并为村党员作专题党课报告。他强调,开展“两学一做”学习教育,基础在“学”,关键在“做”,核心在“改”。全市广大党员尤其是基层党员要牢牢把握这三个重要环节,始终坚持“严学”“真做”“实改”,确保学习教育取得群众看得见、摸得着、享得到的成效。要改进惠民方式,提升群众满意度,通过“百姓点菜、政府买单”,以项目化方式,每年做几件老百姓共同期盼的好事实事,逐步改善生产生活环境。要改进工作作风,打通“最后一公里”,广大基层党员要从自身做起,当好党在基层的“形象代言人”,架起党密切联系群众的“连心桥”,让老百姓发自内心地说出“共产党好”。

6月15日,省委常委、市委书记龚建华到南昌华南城调研项目建设运营情况以及企业所思所想、所急所盼。他现场察看南昌华南城建设规划展示、三号交易广场、电商示范基地,听取项目运营现状、存在的问题以及未来发展思路等情况汇报。龚建华肯定华南城项目在带动南昌市区域发展、三产繁荣、地方就业等方面所作的努力,并进一步强调市委、市政府帮扶实体经济发展的坚定信心,要求华南城以“自我革命”的勇气和气魄,直面经济下行压力,迎接挑战,明确方向,找准路径,开拓创新,在激烈市场竞争中赢得发展主动权。

6月28日,龚建华到南昌师范高等专科学校调研指导“两学一做”学习教育,并参加联系点——学前教育与特殊教育系教师党支部组织生活,与大家交流学习心得体会。他指出,学校是教书育人、传道授业的地方,南昌师专党委和全校党员教师要以“两学一做”为契机,示范教育学生扣好“人生第一粒扣子”。坚持立德树人的根本任务,找准服务地方的办学方向,构建积极健康的校风学风,以自身坚定的理想信念,为学生养成正确的世界观、人生观、价值观深化教育、作出示范。以“去筹升本”为引领,全面提高办校和教学水平。在南昌师范高等专科学校基础上筹建豫章师范学院,是全校员工的夙愿、全市人民的期盼,更是市委、市政府赋予校党委的使命。要以此为机遇,全面谋划、积极推进,着力加强专业学科建设、打造优质师资队伍、有序深化内部改革,确保目标如期实现。以“巡视整改”为重任,深入推进党的建设和党风廉政建设。树立“把抓好党建作为最大政绩”的理念,牢记“全面从严治党永远在路上”的要求,始终扭住党风廉政建设责任制这个龙头,始终抓住问题整改这个关键,始终坚持制度建设这个核心,认真履行党建责任和“一岗双责”,把党建工作与业务工作统筹起来,抓常抓长,确保实效。

7月8日,龚建华到部分重点地区,巡查指导防汛工作。他强调,当前防汛已进入最关键的时期，全市上下要认清形势，做好应对最大困难的准备，做到物资储备务必到位、巡查值守务必坚持、预报预警务必及时，切不可因为思想麻痹而出险。防汛紧急响应期间，各地可开可不开的会一律不开，可办可不办的事一律不办或者缓办，各地党政两位主要领导不能同时外出，切不可因为精力分散而出险。各级防办要深入一线指导，把培训的课堂、抢险的辅导搬到圩堤上，帮助防汛人员迅速熟悉掌握有关防灾抢险知识，切不可因为业务生疏而出险。

8月16日，龚建华到进贤县部分乡镇，调研基层党的建设和扶贫开发工作。每到一处，他认真察看当地基层党组织建设和“两学一做”学习教育等工作开展情况，详细了解基层工作的重点难点和百姓心中的所需所求。他强调，要充分发挥基层党组织的战斗堡垒作用，践行“两学一做”，心里始终装着老百姓，当好全面小康带头人；推进“三大工程”，深化为民服务举措，架起党群干群“连心桥”；实施“党建+”战略，找准脱贫攻坚的“要害”，拓宽农民增收的渠道，以基层党建水平的更大提升，推动各项工作取得更大进步。

9月5日，龚建华到西湖区、新建区，专题调研旅游产业发展工作。他强调，旅游业是经济社会发展的综合性产业，是稳增长、调结构、促改革、惠民生的重要抓手。要紧紧围绕打造“全省旅游核心集散地和旅游名城”的目标定位，深入实施旅游强市战略，不断提升全市旅游产业化层次、配套化水平、差异化程度、市场化进程，为推进工业文明、城市文明、生态文明融合发展贡献力量。

【殷美根调研活动】 2016年11月18日，省委常委、副省长、市委书记殷美根到城市交通管理一线进行调研。他强调，交通管理十分重要、至关重要，治理交通拥堵是系统工程、世界性难题。当前，南昌市城市交通存在先天不足、增长不慢、力量不强、管理不力、措施不硬、执法不严、手段不多、宣传不够、联手不紧、合力不大等“十不问题”。有问题不怕，但不能回避问题。要以有序安全畅通为目标，坚持标本兼治、建管并重、点面兼顾、远近结合、规划统筹、部门协同、多措共举“七项原则”，树立新的形象，增强新的信心，让市民看得到变化，增进幸福感、获得感和满意度。要突出秩序大整治、组织大优化、设施大完善、管理大创新、服务大提升、宣传大声势、推进大统筹、联手大发力“八大重点”，深化建设管理，深入治堵治乱，力争在短时间内使城市交通环境有一个明显改观，为全市环境大整治取得成效、城市品位形象获得提升作出表率和示范。同时，要突出条件大保障，从人力、物力、财力等方面从优待警，在工作上、生活上、待遇上解除后顾之忧，提高交通警察的社会认可度，保持交警队伍的良好形象。

11月22日，殷美根到高新区调研。他强调，抓发展不抓产业“死路一条”，抓产业不抓项目“死棋一盘”，抓项目不抓招商“死结一个”，抓招商不抓环境“死水一潭”。高新区要把产业摆在更加突出、更加紧迫、更加重要的位置，当好产业发展的“主力军”，拉开项目建设的“主战场”，打赢优化环境的“主动仗”，在全市经济大发展进程中担纲领先、走在前列。

12月6日，殷美根到新建区调研。他要求新建区“首届”班子、“首任”干部抓住用好“撤县设区”历史机遇，切实扛起“首任”大旗，敢于担当新的使命，进一步突出产业大发展、城乡大提升、民生大改善、社会大稳定、作风大转变，在全市经济社会发展进程中不断开拓新局面、展现大作为。他要求新建区要突出产业大发展。靠规划引领，做好产业规划，推动产业发展从低端到高端、由无序到有序；靠平台承载，充分利用三大“国字号”平台优势，推动各产业共同发力；靠项目带动，把项目视为加快发展的“主引擎”，大抓项目、抓大项目；靠招商引资，紧紧抓住招商引资这条经济工作“生命线”，提升对内对外双向开放合作步伐；靠优势聚集，使更多项目在新建落地，带动产业跨越式发展；靠环境保障，全面优化营商环境。要突出城乡大提升。坚持规划、设计、建设、管理“四位一体”，主动设定高标杆，积极融入中心城区，做到规划一张图，以新理念、高标准、大手笔做好城乡整体规划、长远规划，在各个方面与中心城区无缝衔接；建设一盘棋，注重与主城区基础设施对接；管理一条心，从管理水平与管理机制着力，加快实现城乡建管一体化、科学化、现代化水平。要突出民生大改善。始终坚持“保基本、兜底线、促公平、可持续”的方针，做到财力优先向民生集中、政策优先向民生倾斜、服务优先向民生覆盖，构建人人享有、人人参与、人人尽力的“大民生”工作格局。同时要做好扶贫攻坚工作，确保南昌市率先在全省实现全面脱贫和全面小康的“两个率先”目标。要突出社会大稳定。牢固树立“发展是第一要务、稳定是第一责任”的意识，围绕群众反映强烈的热点难点问题，积极畅通民意诉求表达渠道，切实担负起维护一方稳定的政治责任；要巩固全国综治“南昌会议”成果，加强和创新社会治理，积极推动理念、制度、机制、方法创新，确保全市社会大局持续稳定。要突出作风大转变。认真贯彻落实十八届六中全会精神特别是“条例”与“准则”的要求，以规范党内政治生活、从严党内监督为重点，营造风清气正的政治生态。要树立“以项目论英雄、凭德才用干部、看业绩给奖惩”的导向，鼓励奋发有为者，问责无所作为者，严惩胆大妄为者，为南昌各项事业发展提供坚强的作风保障。

12月8日，殷美根到湾里区调研。他强调，湾里区要抢抓难得机遇、拼争黄金时间，做好融入文章，加快全面融入中心城区步伐；做好旅游文章，坚持以旅游产业为支柱不动摇；做好协调文章，保护生态区、夯实工业区、提升主城区；做好民生文章，不断增进群众幸福感和获得感；做好党建文章，为建设“大美湾里”、推进各项工作夯实保障。殷美根充分肯定湾里区生态建设、旅游发展、城乡环境、干部作风等发生的显著变化、取得的明显成效。希望湾里区干部群众，以实在展现新作风，以实干展现新面貌，以实绩展现新作为，着力开创绿色发展、旅游兴区新局面。要做好融入文章。坚持以规划为引领，树立“湾里区就是主城区”的观念，把湾里作为南昌中心城区的重要板块来统筹规划；坚持以交通为纽带，加速完善交通路网，不断改善区内外交通状况；坚持以项目为支撑，按照产业项目提速、设施项目提质、城建项目提档的要求，着力引进和规划建设一批基础性、引领性、特色性项目。要做好旅游文章。坚持以旅游产业为支柱不动摇，做到业态丰富化，不断开发休闲旅游新产品、新模式，围绕“有看头、有玩头、有吃头、有住头、有说头、有买头、有学头、有拜头、有行头、有享头、有疗头、有回头”，形成丰富多彩、吸引力强的旅游产品体系；营销多元化，广泛开展宣传推介，推出符合不同需求的主题产品和特色线路；服务精细化，为游客提供精细化、人本化服务，让每一位游客高兴而来、满意而归。要做好协调文章。在抓好旅游产业发展的同时，要保护生态区，持续做好封山育林、森林防火、林政管理、山体复绿等工作，唱响湾里生态文明品牌；要夯实工业区，罗亭工业园作为湾里工业的“主战场”，要加快完善园区基础设施，切实清理闲置土地，积极引进低耗能、无污染的项目；要提升主城区，大力推进“花园城区”建设，加强市容环境整治、交通秩序管理，提升宜居品质。要做好民生文章。

坚持财力优先向民生集中、政策优先向民生倾斜、服务优先向民生覆盖;一切从实际出发,以问题为导向,坚持普惠性、保基本、均等化、可持续原则,尽力而为、量力而行,按照轻重缓急,统筹规划,分步实施,不断满足多元化、多层次的民生需求,增进群众幸福感和获得感。要做好党建文章。牢固树立"抓好党建是天职、不抓党建是失职、抓不好党建不称职"的责任意识,不断开创党建工作新局面;要深入贯彻落实中共十八届六中全会精神,全面推进从严治党,切实加强党风党纪党性教育,积极营造风清气正政治生态;要坚持正确导向,鼓励奋发有为者,问责无所作为者,严惩胆大妄为者,努力推动全区干部作风大转变。

12 月 9 日,殷美根到安义县调研经济社会发展工作。他强调,安义县要把强工业、兴产业作为主攻方向,以新理念、新作为壮大县域经济,加力产业发展,加速城市建管,加深农旅融合,加码改善民生,加强作风建设,为全市经济社会发展做出更大贡献。

12 月 18 日,殷美根专题调研全市教育工作并召开座谈会。他强调,要始终把公平均衡作为根本追求,着力推进办学条件、教师配置、教育资源基本均衡,实现"面向人人的教育",让人民群众在教育事业上有更多的获得感、更高的满意度。要始终把服务大局作为根本方向,教育承担着培养人才、发展科技的重任,对经济发展、社会进步和公民素质整体提升具有决定性作用,要采取针对性措施,为全市产业转型提供人才支撑、创新发展贡献科技力量、辐射带动集聚要素资源。要始终把提升质量作为根本路径,打造名校、培养名师、创造名牌,以更多特色、更大品牌来增强南昌教育的核心竞争力。要始终把队伍建设作为根本保证,教师队伍素质是决定一所学校办学水平和教育质量的最重要因素,必须以严实的培训强素质、严密的机制增活力、严格的管理育师风,始终抓好教师队伍建设这个根本。要始终把齐抓共管作为根本方法,各级党委、政府要切实把教育摆在优先发展的战略地位,着眼未来、加大投入、形成合力,不断推动南昌教育事业再上新台阶、开创新局面。

12 月 20 日,殷美根专题调研全市城建重点工程项目建设推进情况。他指出,各级各有关部门要以全市开展"美丽南昌·幸福家园"环境综合整治为契机,按照确保安全、确保质量、确保进度、确保投资、确保廉洁的要求,全力以赴推进城市建设重点工程项目,千方百计改善人居环境质量,全力以赴提升城市形象品位。

2016 年中国共产党南昌市委员会颁发文件选目一览表

文号	文件标题
洪发 1 号	中共南昌市委、南昌市人民政府关于印发《学习宣传贯彻习近平总书记在江西考察工作时重要讲话的分工方案》的通知
洪发 3 号	中共南昌市委关于印发《中共南昌市委常委会 2016 年工作要点》的通知
洪发 4 号	中共南昌市委、南昌市人民政府关于以"南昌绿谷"建设为引领加速农业农村现代化进程的实施意见
洪发 5 号	中共南昌市委关于认真学习贯彻习近平总书记视察我市重要讲话精神进一步加强村(社区)党建工作的决定
洪发 6 号	中共南昌市委、南昌市人民政府印发《关于深化市属企业负责人薪酬制度改革的意见》的通知
洪发 8 号	中共南昌市委、南昌市人民政府关于进一步深化国资国企改革的意见
洪发 9 号	中共南昌市委、南昌市人民政府关于打造"南昌光谷"的决定
洪发 10 号	中共南昌市委、南昌市人民政府关于加快生物医药产业发展的决定
洪发 11 号	中共南昌市委印发《关于落实把纪律挺在前面要求的实施办法》的通知
洪发 13 号	中共南昌市委关于开展向凌继河同志学习的决定
洪发 14 号	中共南昌市委、南昌市人民政府转发《南昌市普法教育工作领导小组关于在全市公民中开展法治宣传教育的第七个五年规划(2016—2020 年)》的通知
洪发 15 号	中共南昌市委、南昌市人民政府印发《关于大力促进实体经济发展的若干措施》的通知
洪发 16 号	中共南昌市委、南昌市人民政府印发《南昌市关于加快推进供给侧结构性改革的实施意见》的通知
洪发 17 号	中共南昌市委、南昌市人民政府关于印发《南昌市维护社会稳定工作规定》的通知
洪发 18 号	中共南昌市委、南昌市人民政府关于实施"揽山入城"战略的决定
洪发 19 号	中共南昌市委关于印发《中共南昌市委议事决策规则》的通知
洪发 20 号	中共南昌市委、南昌市人民政府关于深入推进创新驱动发展战略加快创新型城市建设的实施意见
洪发 21 号	中共南昌市委关于繁荣发展社会主义文艺的实施意见
洪发 22 号	中共南昌市委、南昌市人民政府关于实施全面两孩政策改革完善计划生育服务管理的实施意见

党委督查信息工作

【概况】 2016年,市委办公厅认真贯彻中共十八大以及十八届三中、四中、五中、六中全会精神,秉承“严谨高效、运转有序、和谐共事、有战斗力”的工作理念,按照“具备绝对忠诚的特质、弘扬服务大局的特性、培养奉献担当的特长、树立严谨规范的特色、打造廉洁自律的特征、创立健康活泼的特点”的具体要求,以服务“南昌打造核心增长极基本成型、在全省率先全面建成小康社会”目标为工作主题,总揽全局、协调各方,狠抓落实,各项工作稳步推进、成效显著。

【开展工作督查】 2016年,围绕中心工作、领导批示、群众诉求,真督实查促落实,得到上级和基层群众的普遍肯定。盯紧市委重要会议、重要文件精神的贯彻落实情况,紧盯重大重点项目(工程)、招商引资、实体经济发展、社会安全稳定等工作开展120余次督查,并坚持以周报与专报相结合的形式向市委上报有关工作落实情况,较好地推动重要决策部署落地生根。采取一事一专报,汇总综合报,电话、短信快捷报相结合的方式,办理报结领导批件46件,涉及市委领导调研交办的具体事项62项,同时有针对性地对办理情况开展实地回访复核,确保批件督办快反馈、出实效。积极受理、办理群众诉求件,重点解决一批社会难点热点和事关群众切身利益的实际问题,为构建和谐平安南昌做出积极贡献。至年底,共受理群众各类诉求1800余件,办理网民给市委书记留言149条,承办省转办件168件。市委办公厅被人民网评为《地方领导留言板》先进单位,并获得人民网网民留言办理工作10周年贡献奖。

【推进信息编报】 2016年,及时、准确、全面提供信息,为市委领导科学决策提供重要依据。共编发《今日南昌信息》《南昌信息专报》《每周要情专报》600余期,被中办、省委办信息刊物采用160多条,得到省部级以上领导批示160余条。其中《新一轮债转股引发舆论热议 专家学者担忧债转股或给企业和银行带来风险》得到中央政治局委员、国务院副总理马凯批示;《进贤县温圳镇东岗岗前村实施“三集中”推进“两同步”探索农村协调发展的有效模式》得到省委主要领导批示。南昌市党委信息工作在中办排名全省第1,全国26个省会城市排名第6,全国244个中办信息直报点排名第16。

(何志辉)

全面深化改革工作

【概况】 2016年,中共南昌市委全面深化改革领导小组认真贯彻落实中央和省委关于全面深化改革的重大决策部署,坚持顶层设计与摸着石头过河相结合,整体推进与重点突破相统一,精心组织,精准发力,稳步推进各项改革任务落地生根,共推出101项改革举措,为打造富裕美丽幸福江西“南昌样板”注入强劲动力。

【市委全面深化改革领导小组第七次全体会议召开】 2016年2月16日,省委常委、市委书记龚建华主持召开市委全面深化改革领导小组第七次全体会议。市领导郭安、欧阳海泉等出席。市委改革办有关负责人、有关课题组成员参加。会议审议通过《旧城复兴理念指导下的南昌旧城改造建设研究》《紧扣全面建成小康社会目标,加快提升科技创新发展能力》《我市水运、铁运、空运等交通规划整合研究》《南昌市人口老龄化问题及其对策研究》《南昌市县域经济特色产业集群发展调研报告》《关于国有土地上房屋征收司法强制执行的实践探索》《关于加强南昌特色新型智库建设的实施意见(讨论稿)》。会议强调,全市各级各部门要深入学习贯彻习近平总书记在视察江西省南昌市时作出的改革与发展重要指示,坚定不移地推进全面深化改革,让各项改革举措落到实处、产生实效。

【市委全面深化改革领导小组第八次全体会议召开】 2016年5月18日,省委常委、市委书记龚建华主持召开市委全面深化改革领导小组第八次全体会议。市领导郭安、欧阳海泉等出席。市委改革办有关负责人、有关课题组成员参加。会议审议通过《中共南昌市委全面深化改革领导小组2015年工作总结报告(讨论稿)》《中共南昌市委全面深化改革领导小组2016年工作要点(讨论稿)》《中共南昌市委全面深化改革领导小组2016年重点改革举措(讨论稿)》《2016年工作计划(讨论稿)》《重大改革事项专项督察“回头看”工作情况汇报(讨论稿)》。会议强调,要在“对症下药”上下足功夫,紧紧扭住改革重点领域和关键环节的根本症结,精准发力,取得实效。要把“跟踪问效”落到实处,全市各级各部门要把抓改革举措和改革任务的落地见效放在首要位置。

【市委全面深化改革领导小组第九次全体会议召开】 2016年8月9日,省委常委、市委书记龚建华主持召开市委全面深化改革领导小组第九次全体(扩大)会议。市领导郭安、欧阳海泉等出席。各县区委全面深化改革领导小组组长,各县区委改革办主任,市委有关部门、市直有关单位主要负责人,市委改革办有关负责人,各专项小组副组长,有关课题组成员参加。会议审议通过《南昌市全面深化改革工作分类考核评价办法(试行)(讨论稿)》《南昌市全面深化改革督察实施办法(试行)(讨论稿)》《中共南昌市委全面深化改革领导小组成员领衔推进落实重点改革举措实施办法(试行)(讨论稿)》《南昌市全面深化改革第三方评估办法(试行)(讨论稿)》《关于在查办党员和国家工作人员涉嫌违纪违法犯罪案件中案件和案件线索通报、移送暂行办法(讨论稿)》《南昌市下级纪委向上级纪委报告工作的办法(讨论稿)》,听取南昌县、青山湖区、新建区、高新区和市委组织部、市发改委、市公安局、市市场和质量监督管理局关于全面深化改革工作的情况汇报。

【市委改革办(市法治南昌建设办)第三次主任办公会议召开】 2016年2月2日,市委常委、秘书长江晓斌主持召开市委全面深化改革领导小组办公室(市法治南昌建设领导小组办公室)主任办公会议。市委改革办(市法治南昌建设办)兼职副主任、专职副主任出席,市委改革办(市法治南昌建设办)全体工作人员列席。会议审议通过《关于加强南昌特色新型智库建设的实施意见(审议稿)》《“法治南昌网”建设方案(审议稿)》《法治南昌建设考核评价办法(试行)(审议稿)》《2015年度市直单位法治南昌建设考核指标(审议稿)》《2015年度县区(开发区、新区)法治建设考核指标(审议稿)》《2015年市直单位法治南昌建设考核评价标准(审议稿)》《2015年县区(开发区、新区)法治建设考核评价标准(审议稿)》《中共南昌市委2015年全面深化改革工作总结(审议稿)》。会议强调,岁末年初,要扎扎实实收好尾,全力以赴开好局,再接再厉干好事。

【市委改革办（市法治南昌建设办）第四次主任办公会议召开】 2016年5月4日，市委常委、秘书长江晓斌主持召开市委全面深化改革领导小组办公室（市法治南昌建设领导小组办公室）主任办公会暨专项小组联络员会议。市委改革办（市法治南昌建设办）兼职副主任、专职副主任出席会议，各专项小组联络员参加，市委改革办（市法治南昌建设办）全体工作人员列席。会议审议通过《2015年法治南昌建设工作总结（讨论稿）》《法治南昌建设2015年度考评情况汇报（讨论稿）》《2016年法治南昌建设工作要点（讨论稿）》《2016年法治南昌建设工作计划（讨论稿）》《重大改革事项专项督察“回头看”工作情况汇报（讨论稿）》《中共南昌市委全面深化改革领导小组2016年工作要点（讨论稿）》《七个改革专项小组2016年工作计划（讨论稿）》《中共南昌市委全面深化改革领导小组2016年重点改革举措（讨论稿）》《市委全面深化改革领导小组、法治南昌建设领导小组和市委全面深化改革领导小组专项小组组成人员的调整名单》。

【市委改革办（市法治南昌建设办）第五次主任办公会议召开】 2016年7月18日，市委常委、秘书长江晓斌主持召开市委全面深化改革领导小组办公室（市法治南昌建设领导小组办公室）主任办公会暨专项小组联络员会议。市委改革办（市法治南昌建设办）兼职副主任、专职副主任出席，各专项小组联络员参加，市委改革办（市法治南昌建设办）全体工作人员列席。会议审议通过《南昌市全面深化改革工作分类考核评价办法（试行）（审议稿）》《南昌市全面深化改革督察工作制度（试行）（审议稿）》《中共南昌市委全面深化改革领导小组成员领衔推进落实年度重点改革举措实施办法（试行）（审议稿）》《中共南昌市委全面深化改革第三方评估办法（试行）（审议稿）》。会议强调，要全力推进改革落地，扎实做好督察考评，积极开展评估试点，精心做好会议筹备工作。

【市委改革办（市法治南昌建设办）第六次主任办公会议召开】 2016年12月19日，市委常委、秘书长郭毅主持召开市委全面深化改革领导小组办公室（市法治南昌建设领导小组办公室）主任办公会暨专项小组联络员会议。市委改革办（市法治南昌建设办）兼职副主任、专职副主任出席，各专项小组联络员参加，市委改革办（市法治南昌建设办）全体工作人员列席。会议听取2016年全市全面深化改革工作督察调研情况汇报和七个改革专项小组联络员关于改革工作的情况汇报，审议通过《中共南昌市委全面深化改革领导小组关于加强和规范改革试点工作的实施意见（审议稿）》《南昌市推进领导干部能上能下实施细则（审议稿）》《南昌市全面深化改革工作联系人和信息报送办法（审议稿）》。会议强调，市委改革办和各专项小组要充分发挥各自职能作用，当好“参谋员”“协调员”“督察员”，尽好职、履好责；要全面完成今年全市改革任务，认真谋划好明年的改革工作；要站位高远，既要掌握上情又要摸透下情。

【各领域改革成效显著】 2016年，编制《南昌市战略性新兴产业倍增计划》，拟定《南昌制造2025》，制定大数据发展行动计划，落实淘汰落后产能的“责任书”“时间表”，开展淘汰落后设备和严厉打击制售“地条钢”等违法行为专项整治活动，有序推进“僵尸企业”退出市场，多措并举促进传统产业转型升级；推出《南昌市开展降低企业成本优化发展环境专项行动工作方案》《南昌市〈关于大力促进实体经济发展的若干措施〉实施细则》（简称120条），开展降低企业成本、优化发展环境专项行动，共为企业减负约167亿元。取消和调整行政权力审批项目64项，推进相对集中行政许可权改革试点；出台《关于清理规范建设项目涉审中介服务问题的若干意见》《关于优化建设工程项目审批服务流程的实施意见》，在简化优化服务流程的同时，取消和调整行政审批中介服务事项33项。率先在全省开通南昌理论网，进一步推动互联网+理论工作；组建市网络舆情信息导控指挥中心，加强网络舆情信息监管。以获批“全省学前教育改革发展实验区”为契机，采取“新建一批、改建一批、回收一批”等方式，大力发展公办幼儿园，提高普惠幼儿园比例，办人民群众满意的教育；为配合户籍制度改革，设计出台土地、社会保障等13个方面的政策，城区“一元化”户口登记进展顺利，实现城乡制度之间的有效衔接。制订《南昌市推进领导干部能上能下实施细则》，在细化量化干部“下”的标准、结合干部日常管理拓宽发现干部“下”的问题途径等方面实现突破，推动形成能者上、庸者下、劣者汰的用人导向。出台《关于加强市纪委派驻机构建设的实施意见》，设置36家派驻机构，其中综合派驻31家、单独派驻5家，负责监督128家市直单位，实现市纪委向市一级党和国家机关派驻“全覆盖”。扎实推进18个特色小镇建设，文港镇被列入全国特色小镇进行重点打造；全力推进8个全省百强中心镇的扩权强镇改革试点工作。

（罗　阳　胡振峰）

保密工作

【概况】 2016年，南昌市保密工作围绕全市工作大局，求真务实、攻坚克难、锐意进取、敢于担当，圆满完成各项工作任务。全年在国家保密局《保密工作》杂志刊登文章2篇，向省保密局上报80余条信息，采用30篇，信息投稿量和采用量均名列全省前茅。编辑《南昌保密工作》6期，征订《保密工作》杂志1500份。12月15日，市编办批复同意成立南昌市网络反窃密中心。

2016年10月，市保密局领导干部参观窃密泄密案例警示教育展

【领导重视支持保密工作】 2016年2月，省委常委、市委书记龚建华，市委副书记、市长郭安，市委常委、秘书长江晓斌，副市长张根水分别对保密工作作重要批示。这是市领导连续3年在学习中央和省委重要文件精神的基础上，再次集中对全市保密工作作出批示。春节前夕，省委常委、市委书记龚建华到市保密局视察工作，对全市保密工作提出殷切希望。11月22日，市委常委、副市长华清专门听取全市保密工作情况汇报，对做好今后保密工作提出"七抓""五个注重"的要求。市政府首次将保密工作列入市政府工作报告内容，在市人大会上对保密工作给予充分肯定。

【制定保密规划文件】 2016年，《中共江西省委关于加强和改进保密工作的实施意见》《江西省"七五"保密法治宣传教育工作规划》《江西省"十三五"时期保密事业发展规划》下发后，市保密局向市委分管领导进行汇报，结合全市实际，在征求各方意见的基础上，提出贯彻落实意见。11月1日，市委保密委员会办公室、市国家保密局印发《南昌市"七五"保密法治宣传教育工作规划》。12月29日，市委办公厅、市政府办公厅印发《关于印发〈"十三五"时期南昌市保密事业发展规划〉的通知》。12月20日，起草《中共南昌市委关于加强和改进保密工作的实施意见》(讨论稿)，拟提交市委常委会审议通过后印发。

【开展泄密案例警示教育宣传】 2016年，是新修订保密法颁布6周年。市保密局编辑整理部分泄密案例，结合修订后的保密法对每个案例进行点评，剖析泄密原因，提出防范对策，更好地发挥保密警示教育作用。用案例配图片的形式，做成展板开展保密警示教育宣传展览。此展览分"网络泄密如洪水、目无法纪法难容、麻痹大意何时了、国家安全不容损"等专题，分别介绍"愈演愈烈的网上泄密案件、故意泄密案件、过失泄密案件、涉及国家安全的间谍案件"等内容。9—11月，展板在市委大院、市人大大院、市政府大院、市政协大院和红谷大厦5个大楼之间巡回展览，历时3个月。巡展期间，全市各单位组织干部职工观看。

【拓宽保密宣传教育新渠道】 2016年，全市在保密宣传教育培训上抓好特色教育，开拓创新地对领导干部、保涉密人员开展保密宣传教育。印发保密工作笔记本宣传保密知识，共分发市级领导干部笔记本60余本、县级领导干部笔记本900余本、党政机关涉密人员1000余本。市委党校、市人社局等单位在对领导干部、新录用国家公务员培训时，安排保密法制教育课程。市保密局分别派人对部分县区和市直单位举办的培训班进行授课。10月26—28日，全市举办一期全市保(涉)密岗位人员培训班。授课内容包括定密工作、机关保密工作、计算机网络安全知识等。培训班邀请省保密局专家授课，100余人参加。同时，东湖区、青云谱区、湾里区、市人社局、市统计局、市公路局、南昌印钞厂等县区、单位结合实际，举办多种类型的培训活动。至年底，全市各级保密组织为各类培训班共授课50余次，培训人员4000余人。利用南昌保密工作网站宣传最新的保密知识，及时准确反映全市保密工作新动态、新进展。更新南昌保密工作网站的内容和形式，全年共更新信息100余条，并督促县区充实完善保密工作网站内容，突出网站宣传作用。

【建设非涉密计算机监管平台】 2016年2月18日，市国家保密局在全市各单位开展非涉密计算机监管平台软件全面安装工作。为顺利推广该软件的安装，在试点安装的基础上，汇总情况，完善不足，制定详细安装计划和《温馨提醒10条》，建立保密工作群，加强组织安排，有序开展软件安装工作。3月底，全面完成监管平台建设。至年底，全市市直单位(含部分下属单位)共安装非涉密计算机7715台，签订保密责任书7715份，做到全市正县级(含)以下干部职工连接互联网的办公计算机基本覆盖。南昌县、新建区、湾里区、青云谱区、红谷滩新区已经建设或启动非涉密计算机监管平台建设，其他县区将逐步启动。为规范非涉密计算机管理，7月，市国家保密局制定《南昌市党政机关非涉密计算机保密监管办法(试行)》。南昌市党政机关非涉密计算机监管平台在全省率先建设，得到上级主管部门的肯定，并在全省推广。该监管平台运转良好，市国家保密局组织人员对监管平台涉嫌涉密信息进行审核，并下发《整改通知书》。各单位对有问题的非涉密上网计算机及时进行彻底的整改，消除泄密隐患，降低泄密事件的发生率，提高保密管理的有效性。

【编写保密工作模块管理汇编】 2016年，为切实提高全市保密干部的业务素质和工作能力，用规章制度来保障运行，用模块管理来规范程序。7月，市国家保密局组织编写《南昌市保密工作模块管理汇编》。该汇编共分7大模块：机构职能模块、保密宣传教育工作模块、涉密人员保密管理工作模块、保密监督检查和自查自评工作模块、保密依法行政工作模块、保密检查检测中心工作模块、机关内部管理工作模块。这是深入学习贯彻《中共中央关于加强和改进保密工作的意见》的具体行动，也是体现现代保密管理新理念、规范保密行政管理职能、推进保密依法行政的新成果。

【提升保密服务工作水平】 2016年，继续开展各类保密服务工作，注重提升服务水平。为市第十一次党代会、省第十四次党代会、全国综治工作"南昌会议"全程提供优质高效的服务保障。对市委台办及市委统战部有关事项是否属于国家秘密进行审核鉴定，并提出审定意见；对市史志办编纂的《中国共产党南昌历史》(1949—1978)进行审核把关并提出修改意见；对市人大2017年立法计划建议项目提出反馈意见；对南昌汉代海昏侯国遗址管理局涉密工程提供保密咨询服务。为部分市直机关开展技术检查10余次，开展技术维修服务20余次。

(文　颖)

组织工作

【概况】 2016年，全市各级组织部门以全面从严治党为根本遵循，以深化党的建设制度改革为主要抓手，围绕中心、服务大局，狠抓年初既定工作目标任务落实，为全市上下共筑"四强"梦、推动"三个文明"融合发展提供坚强组织保证和人才支撑。

【开展县乡领导班子换届】 2016年，突出教育在先、警示在先、预防在先，充分发挥反面典型警示作用，明确换届纪律"六个从严"，出台落实换届风气监督责任29条和11个换届风气监督文件。按照政治素质过硬、驾驭全局能力强、善于抓班子带队伍的要求，选好配强各级党政正职。县区党政正职全部都有基层工作经历。重点优化领导班子结构、增强整体功能，新一届县区党政领导班子成员中，40岁左右的干部48人，占比33.3%，高于中央、省委20%的要求；新提拔进党政领导班子成员中，具有乡镇(街道)党(工)委书记任职经历的有13名，占比39.4%，并选拔109名"三类人员"进乡镇(街道)领导班子。各级组织部门加强市县乡党代会和人大、政协"两会"的组织和指导，实现大会组织选举"零差错、创一流"的目标。同时,按照中央要求,认真做好中共十九大代表推荐提名工作。

【加强干部教育培训】 2016年,重点抓好学习贯彻习近平总书记系列重要讲话精神、五大发展理念和红色基因教育,实现"三个全覆盖"。全市共培训各级各类干部4.8万余人次,同比增长10.4%。将干部网络教育范围由县级干部向全体干部延伸,1.2万余名干部参加网络学习。紧扣招商引资"一号工程",举办外向型经济领导干部专题研讨班和开放型经济干部秋季培训班各一期,培训干部250余人。联合市直单位举办专题培训班34期,培训干部3085人次。

【开展干部挂职锻炼】 2016年,举办"长江经济带"开放开发与区域协调发展专题培训班,向武汉、长沙、合肥派出11名挂职干部。着力推进昌抚一体化,选派26名干部两地互派挂职。选派89名年轻干部到"四个一线"挂职锻炼,在全市政法系统选派19名干部进行市县双向互派挂职。

【加强干部监督管理】 2016年,注重关口前移,全市各级组织部门共提醒、函询、诫勉干部355人。干部档案审核全面完成,重新认定干部档案16224册。干部选任全程纪实纵深推进,及时纠正违规任用干部11人。开展违反干部任用标准和程序、"裸官""吃空饷"、亲属违规经商办企业、违规办理和持有因私出国(境)证件等专项整治,"三超两乱"阶段性整改消化任务超额完成。

【实行干部提拔"凡提四必"】 2016年,认真贯彻落实中共中央办公厅《关于防止干部"带病提拔"的意见》精神,进一步把好干部任前关口,不断强化干部提拔审核措施,实行"凡提四必"。即:干部档案"凡提必审",个人有关事项报告"凡提必核",纪检监察机关意见"凡提必听",反映违规违纪问题线索具体、有可查性的信访举报"凡提必查"。至年底,市本级有21名干部因档案、个人有关事项报告、廉政情况、信访举报等问题而被取消或暂缓提拔提名资格。着力推动干部能上能下,先后对19名县级干部和165名科级干部进行岗位调整。

【高位推动基层党建】 2016年,牢固树立"党建+"理念,坚持用新思路、新机制、新手段,采取"1+3+X"模式("1"就是党的建设;"3"是指共性选项,即加中心工作、加重点任务、加日常工作;"X"是指特色选项,加本地本单位的其他特色工作)推进"党建+"落地见效。在全省"党建+"工作先进典型评选中,全市11个基层党组织榜上有名。市本级专项"基层党建经费"同比增长10.7%,社区干部月工资补贴标准大幅提高500元,居全省前列,村书记报酬全部达到当地农村居民人均收入的1.6倍以上,村(社区)无活动场所问题全面解决。"两个覆盖"集中推进,非公经济组织和社会组织党建工作覆盖率均达到100%。扎实开展党委书记抓基层党建述职评议工作,各级党组织抓党建的主动性明显增强。党建责任进一步落实,市委年初向省委作出的党建承诺全面兑现。

【推行村(社区)基层协商】 2016年,积极探索村(社区)民主协商工作有效途径,着力在搭建协商平台、规范协商内容、健全协商程序、落实协商成果等方面下功夫,打造民主协商的"南昌样板",成为群众的"点赞工程"。1月26日,省委组织部、省民政厅联合下发《南昌市推进村(社区)民主协商经验做法》,全市基层协商工作经验在全省得到推广。形成高新开发区万科南社区"物业费上涨"、青山湖区庐山花园社区"墙体瓷砖脱落修复"、红谷滩新区凤凰花园社区"小区'后八轮'停放"等一批经典案例,中组部《组工信息(领导参阅)》《中国组织人事报》等刊物以及《人民日报》《江西日报》等媒体先后报道南昌市的经验做法。由市委组织部课题组撰写的《全面推进基层协商若干问题研究》被评为全国党建研究会2015年度调研课题优秀成果"一等奖"、全省党建研究会2015年度课题优秀成果"特等奖"。

【开展"百千万"行动】 2016年,深入开展"百名书记扶百村、千个单位挂千点、万名干部联万户"行动,全力推动精准脱贫。按照"覆盖到户、责任到人、多措并举、分类施策"的总体要求,根据第一书记、扶贫单位、领导干部3个不同层次,分别有所侧重地开展扶贫工作,确保精准扶贫、有的放矢。按照贫困村、软弱涣散村第一书记全覆盖的要求,从市、县区直单位选派295名年轻优秀干部到村党组织任第一书记,重点帮助派驻村打好民生改善、产业发展、基础设施3个攻坚战,做好宣讲政策、民情家访、服务群众、党组织建设等工作。按照市、县区直单位组建"连心"小分队全覆盖的要求,全市组建975支"连心"小分队挂点村(社区),重点指导帮助挂点村(社区)选优配强班子,理清发展思路。挂点贫困村、软弱涣散村(社区)的单位,重点支持第一书记开展好各项工作,在资金政策项目方面给予一定倾斜。按照结对联系贫困户全覆盖的要求,市县乡三级科级以上干部,以厅级、处级、科级分别联系3户、2户、1户的标准,与挂点村(社区)的10381户贫困户结对联系,重点帮助贫困户解决生活困难、发展生产、创业就业等问题,努力实现脱贫致富的目标。市委、市委组织部、市纪委组成督察组,对开展扶贫工作情况定期进行监督检查,并及时通报。同时,要求各县区结合实际制定有关管理考核制度或办法,加强对扶贫各项工作的督查考核和管理。至年底,全市投入帮扶资金4300余万元,帮助引进帮扶资金2.4亿元,实施各类帮扶项目330余个。按10%比例排查出的169个软弱涣散党组织全部整顿到位。约谈通报第一书记9名。

【实施重点人才工程】 2016年,制定下发《关于大力支持人才引进培育和使用的若干意见》等文件,并对院士工作站、留学人员创业园等平台的建设与管理和海外人才引进等工作进行制度规范。"洪城计划"人才申报项目数达52项,人才项目科技含量显著提升。全年共柔性引进院士5人,设立市级院士工作站5家,新增国家"万人计划"专家3人、国家"千人计划"专家2人。举办6期320余人次的"211优秀企业经营管理人才"培训班,开展农村特殊专长人才、农业技术领军人才团队等九大人才培养工程。优化人才服务环境,评选87名各行业人才入选第二期"市直接联系人才",投资2.3亿元建设1182套人才公寓。

【深化党的建设制度改革】 2016年,按照全市年度党的建设制度改革任务要求,全面完成8项重点改革举措,制定下发《关于认真学习贯彻习近平总书记视察我市重要讲话精神进一步加强村(社区)党建工作的决定》《关于在全市实行党员年审制的实施方案》《关于开展全市党员组织关系排查工作实施方案》《关于加强社会组织党的建设工作的实施意见(试行)》《南昌市干部挂职锻炼实施办法》等政策性文件。

【编纂《南昌市组织志》】 2016年,市委组织部被列为全省组织志(1991—2010年)编纂工作试点单位。全市创造性提出"六对六用"原则,提高编纂质量和效率,共完成资料长编258.9万字,编纂完成志稿 93 万字。市组织志编纂经验在全省推广。

（罗峰鸣）

宣传工作

【概况】 2016 年，全市宣传思想文化教育部门高举中国特色社会主义伟大旗帜，深入学习宣传贯彻中共十八大和十八届五中、六中全会及习近平总书记系列重要讲话精神，全面贯彻落实“四个全面”战略布局，增强政治意识、大局意识、核心意识、看齐意识，全市宣传思想文化教育工作整体推进、亮点突出，为谱写富裕美丽幸福江西的“南昌篇章”提供有力的思想舆论保证和精神文化支持。

【党委中心组学习龙头作用进一步凸显】 2016 年，把党委中心组学习作为抓理论武装工作的龙头，围绕习近平总书记重要讲话精神等主题开展集体学习研讨，围绕经济社会发展重大战略，定期邀请国内权威专家和学者型领导到南昌授课。至年底，市委中心组集中学习 22 次，在全省名列前茅，其中举办专题报告会 10 场。继续强化对县级党委（党组）中心组学习的指导，定期进行情况通报。

【基层理论宣讲工作取得突破】 2016 年，组建市委宣讲团，开展“两学一做”学习教育宣讲和中共十八届六中全会精神集中宣讲活动。市委主要领导会见宣讲团成员。先后组织听取中央宣讲团和省委宣讲团在南昌的宣讲，特别是中央宣讲团在赣宣讲期间，安排宣讲团成员到红谷滩世纪中央城社区与群众深入交流，中央电视台《新闻联播》《焦点访谈》等中央、省级主要媒体的重点栏目对此进行专题报道。打造并推出的“书香青云”社区百科讲坛，荣获全国基层理论宣讲先进集体，得到中宣部的表彰和市委主要领导的批示肯定。

【重点稿件对外反响良好】 2016 年，中央主要媒体针对南昌中心工作和民生热点，推出众多展示南昌良好形象的重点稿件。《人民日报》采用头版报眼 + 12 版整版的形式，推出美丽中国“江西样板”的组合报道；《光明日报》先后两次在一版刊发稿件报道南昌市江中集团打造名品牌；《经济日报》头版头条讲述南昌积极布局新产业、抢抓新机遇、培育新动能，交出新常态下的南昌“答卷”；中央电视台对南昌市红谷隧道、地铁 2 号线等重大重点工程进行跟进报道；中央电台刊播单条头条报道南昌自主创新硅衬底 LED 技术；《新华每日电讯》先后推出南昌安义县种粮大户凌继河探索农业供给侧改革、轻纺基地罗家集供给侧改革等报道，取得很好的社会反响。关于凌继河的报道还得到习近平总书记的关注和点赞。

2016 年 11 月 25 日，电影《建军大业》封镜仪式新闻发布会召开

【“啄木鸟行动”成绩斐然】 2016 年 11 月，南昌日报社“啄木鸟在行动”专栏喜获第 26 届中国新闻奖一等奖，创造南昌市在国家级新闻奖项上的最好成绩。栏目组代表受到习近平总书记的亲切接见。重新修订、完善“啄木鸟行动”跟踪反馈机制，全年推出公开报道 553 篇（条），内参 36 期，涉及各类问题 444 个，推动解决问题 378 个，问题解决率在 85% 以上。

【媒体融合发展初见成效】 2016 年，筹备、逐步推进全媒体“中央厨房”、全媒体演播室建设，打通采编环节，逐步完善即采即发的报道机制。新闻单位内部整合采编机构设置，成立大部门，统一调度，统一供稿，逐步向全面融合转型。充分激发“掌上南昌”“CUTV 南昌台”“全见南昌”移动客户端活力，积极抢占媒体市场。在市党代会、市“两会”、海昏侯墓发掘、南昌舰归航、南昌国际马拉松赛中，市属媒体提前策划，周密部署，积极应用 H5 推送、360° 全景、VR 直播等新的技术手段进行报道，实现纸媒、广播电视、PC 端、移动端的全媒体推送，全面提升新闻时效和用户体验。

【筹备纪念八一南昌起义暨建军 90 周年系列活动】 2016 年，纪念八一南昌起义暨建军 90 周年系列活动 6 个方面 12 项重点工作得到中央、省委重视和支持，各项筹备工作进展顺利。“八一精神”概括提炼工作得到更高层次推动；“南昌舰”顺利迎回南昌，荣归故里；中央军委装备发展部批复向南昌军事主题公园捐赠 48 件重型退役报废装备；电影《建军大业》顺利在南昌封镜，进入后期制作阶段；建军雕塑广场开始现场施工建设；中国军事美术展、摄影展全国征稿启动；第五届南昌国际军乐节进入协议洽谈阶段。

【开展道德实践活动】 2016 年，组织开展全市学雷锋示范点和岗位学雷锋标兵评选表彰活动，评选表彰东湖区居家养老服务中心等 10 个学雷锋活动示范点和陶建平等 10 名岗位学雷锋标兵。开展南昌市志愿服务 4 个“十佳”先进典型推选活动，推选出 4 类共 40 个志愿服务先进典型。积极向中宣部和省委宣传部推荐先进典型，南昌市总工会职工服务中心获得全国和全省学雷锋活动示范点称号，安义县农业局农技推广站站长刘光辉获得全省岗位学雷锋标兵称号，红谷滩新区世纪中央城社区被评为 100 个全国社区宣传思想文化工作示范点。

【建设管理爱国主义教育示范基地】 2016 年，对南昌八一起义纪念馆和八一起义总指挥部旧址、朱德旧居、叶挺指挥部旧址、朱德军官教育团旧址、贺龙指挥部旧址“一馆五址”周边环境进行优化改造、文物征集和展陈提升，为南昌八一起义纪念馆向中宣部争取到项目经费1000万元,为南昌新四军军部旧址陈列馆向中宣部争取到项目经费96万元、向省委宣传部争取到项目经费10万元。完成南昌八一起义纪念馆基本陈列第八部分《强军之路》的陈展提升,增加"全军政治工作会议、9·3大阅兵、军改"等内容,更新120度环幕投影《胜利大阅兵》。推动南昌八一起义纪念馆参评由人民日报社、中央党史研究室、全国红色旅游工作协调小组办公室主办的全国二十个"我最向往的党史纪念地"评选,获得第六名的好成绩。南昌八一起义纪念馆先后组织开展"崇德向善,三风在我心"道德讲堂、"缅怀先烈,传承美德"主题教育、"革命精神代代传"走进校园等活动,接待游客200余万人次,极大地发挥红色资源革命传统教育作用。

【推动文艺精品创作】 2016年,推进"五个一"工程作品创作生产,以市委名义出台《中共南昌市委关于繁荣发展社会主义文艺的实施意见》。组织创编歌舞剧《汉风·赣韵》,采茶戏《三家坪》,传记文学《气节文章·蒋士铨传》,长篇小说《制服》等各类题材文艺作品160余部。电影《青涩年华》荣获美国第13届世界民族电影节提名奖;小戏《送茶》《秧麦》分获第二届汤显祖戏剧奖·地方戏曲经典传统小戏折子戏大赛剧目一、二等奖;广播剧《我是小红军》《楼上楼下》获中国广播剧研究会专家奖铜奖;国画《无悔人生之——交通卫士》入选第十一届中国艺术节优秀美术作品展。

【开展一系列文化产业交流活动】 2016年,组团参加第十二届中国(深圳)国际文化产业博览交易会,荣获第十二届中国(深圳)国际文化产业博览交易会"优秀组织奖""优秀展示奖"。组团参加2016艺术江西艺术品博览会,南昌市VR技术、海昏侯动漫、699原创版画、南昌雕塑、刺绣、铜桐青工艺品、同文轩古籍高仿等艺术工艺得到充分展示交流。

【借助对外媒体讲述南昌好故事】 2016年,组织邀请台湾旺旺中时传媒集团采访团、"2016外媒看江西(南昌)"大型采访团、中国日报采访团等,报道海昏侯墓的考古发掘、一江两岸的美丽夜景、南昌瓷版画研究中心的精湛技艺和八大山人的传世书画等,向世界人民讲述着南昌好故事。全年在中央对外媒体和境外媒体刊发专版6个,刊登稿件5680篇(条),其中重要稿件336篇(条)。仅香港商报一家,就刊发《南昌地铁大气起舞,江西核心发展升级》《点化龙头,刷新存在,赣江新区,国家战略支撑点》等多个专版。

【政务新媒体实现新突破】 2016年,推进全市"两微一端"(政务微博、政务微信和党政客户端)政务新媒体平台建设。全市有政务微博232家,政务微信216家。推进平台联动互动,在网上宣传和舆情处理中,形成"大合唱",举办"发现城市之美""一条龙""一群鸟""天下英雄城"等网络宣传活动。解决网友诉求1621件。全年南昌发布先后获"最具区域影响力头条号""江西十佳政务微博""江西十佳政务微信""十佳微博作品案例""2016城市新媒体传播优秀奖""2016政务微博创新应用奖"等奖项。

【网络宣传实现新提升】 2016年,围绕习近平总书记视察江西、李克强总理深入江西考察、中国共产党建党95周年、八一建军节、庆祝中华人民共和国成立67周年、省第十四次党代会、市第十一次党代会等重要时间节点,通过线下采访、制作专题、微博微信推送等方式进行专项宣传。紧扣打造核心增长极、南昌汉代海昏侯国考古发掘、构建开放型经济综合试点试验区等全市中心工作和重大决策部署,通过首页专题、H5、微信、客户端推送等多种形式开展网络宣传。全年在中央、省主要新闻网站首页或头条上稿826条。在今日头条、腾讯视频、优酷视频、搜狐视频、乐视视频、爱奇艺同步推出《壹城》系列城市温情微视频,覆盖全网用户1400万户,播放量超过160万次,自媒体浏览量超过200万次,在互联网上从人文、环境、城市建设、地域文化等方面对南昌进行有效推荐,得到市委、市政府主要领导批示肯定,省委网信办《江西网信动态》刊发名为《以"微"观城,情动洪城》专题文章进行推广。

(邓　谦)

统一战线工作

【概况】 2016年,中共南昌市委统战部围绕市委、市政府中心工作,深入学习贯彻中央、省委、市委统战工作会议精神和习近平总书记在江西视察时的重要讲话精神,充分发挥统一战线优势,调动各方面积极因素,为全市实施"十三五"规划、打造核心增长极凝聚人心、汇集力量,全面推动全市各领域统战工作再上新台阶。市委统战部连续13年被中共中央统战部、中国统一战线杂志社评为"中国统一战线宣传先进单位"。

【高位推动统战工作】 2016年,市委高度重视统战工作,市委常委会先后5次听取统战部门工作汇报,研究提出贯彻落实意见。为加强对统战工作的领导,市委成立统一战线工作领导小组,市委主要领导任组长,着力构建统战工作大格局。市县两级党委统战部长在全省率先实行由同级党委常委专职担任。9月12日,市委统战工作领导小组召开第一次会议。会议审议通过《市委统战工作领导小组工作规则》《市委统战工作领导小组办公室工作细则》,并对全市统一战线领域重点工作进行部署。11月,以市委名义组成督查组,对各县区(开发区)贯彻落实中央、省委和市委关于统一战线一系列重大决策部署情况开展专项督导检查,推动统战各项政策落实到位。

【中央、省委统战工作领导小组到南昌调研】 2016年9月25日,中央统战工作领导小组第六调研检查组到南昌调研民族宗教工作。调研组一行在红谷滩清真寺,详细了解穆斯林群众生产生活状况以及清真寺建设等情况。7月19—20日,省委统战工作领导小组检查组到南昌调研贯彻落实中央、省委关于统一战线系列重大决策部署情况。调研检查组实地察看湾里区翠岩寺、安义县万埠镇洲上村、安商义人电商平台、青云谱区阳光驿道平台以及江西九州通药业有限公司,并听取相关汇报。

【开展政党协商活动】 2016年,深入贯彻落实《政党协商实施意见》。协助市委制定下发《中共南昌市委关于加强政党协商的实施意见》《中共南昌市委2016年度政党协商计划》,按计划展开相关政党协商活动。4月27日,市委召开党外人士座谈会,就党风廉政建设和反腐倡廉有关情况向党外人士进行通报。9月6日,省委常委、市委书记龚建华认真听取各民主党派市委会、市工商联、市党外知识分子联谊会负责人对《党代会报告》提出的意见和建议。10月18日,市委副书记、市长郭安主持召开座谈会,就《政府工作报告》征求党外人士意见。县区换届和市"两会"前,就党外干部政治和实职安排多次与各民主党派进行协商。协助各民主党派、工商联和党外知识分子联谊会围绕《政府工作报告》及党委、政府中心工作与自身实际确定8个选题报市委常委会同意。经过深入调研,形成8篇高质量的调研成果,分别呈送至党委、政府领导和调研报告所涉及政府部门。协助各民主党派在“两会”期间提出有价值的提案、议案300余件。

【夯实统一战线思想政治基础】 2016年2月18日,召开全市统战系统学习习近平总书记在江西调研视察时的重要讲话精神会议。3月15日,召开全市统战系统传达贯彻习近平总书记在民建、工商联界委员联组会上的重要讲话精神学习会。结合纪念中国共产党成立95周年和孙中山先生诞辰150周年,协助和支持各民主党派、知联会,按照“自觉、自主、自为”原则,深入开展坚持和发展中国特色社会主义学习实践活动。8月,组织各民主党派、知联会主要负责人到重庆和贵州毕节开展“暑期谈心”活动。在全市宗教界深入开展培育和践行社会主义核心价值观活动。

【实施精准扶贫帮扶】 2016年,在全省率先启动“百企帮百村”精准扶贫行动,发动指导63家民营企业与贫困村签订扶贫协议。结合同心共建和谐秀美新长均活动,在安义县长均乡把口村开展结对扶贫工作。筹措和争取各类资金200余万元,通过加强基础建设、实施产业帮扶和开展智力扶贫等多种方式联动,精准发力,实施同心渠、同心路、同心桥、同心服务平台、同心广场等八项扶贫工程。引导各民主党派、工商联、知联会积极发挥作用,参与民生改善、综治创建、文明创建,开展“黄丝带行动”“同心思源”“1%工程”“农村烛光行动”“同心感恩行”“同心助学”“送法律送科技送医药下乡村进社区”等活动。

【搭建引资引智平台】 2016年,开展赣港、赣澳、赣台及海外经贸合作、文化交流活动,协助举办外埠商会会长新春恳谈会、江西温州商会成立大会暨南昌招商推介会、长江中游城市群(南昌)四省会城市商会合作交流会暨南昌高新区投资环境推介会、海外侨领南昌行等活动,不断发展和做大“朋友圈”,为南昌的经济发展牵好线搭好桥。加强欧美同学会中国留学人员联谊会留学报国江西南昌基地和同心报国基地建设,协助高新区开展招才引智活动。在小蓝开发区建立统一战线同心创新创业基地,协助开发区推进大众创业、万众创新工作。指导市工商联成立全市民营经济研究会,着力构建民营经济数据库,扎实开展“降低企业成本,优化发展环境”调研,开展企业大走访活动,掌握“三个清单”第一手资料,帮助企业解决实际困难。

【维护民族宗教和谐稳定】 2016年,认真贯彻落实中央民族工作会议精神,深入开展民族团结进步创建活动,培育青山湖区塘山镇上坊路社区“爱心妈妈志愿服务队”这一全国民族进步工作品牌,荣获全国“少数民族流动人口服务管理体系建设”示范城市称号。学习贯彻全国、全省宗教工作会议精神,在全市宗教界全面开展培育和践行社会主义核心价值观活动以及“和谐寺观教堂”“和谐宗教团体”创建活动。加强宗教工作的依法管理,强化宗教队伍建设,圆满完成市伊协换届工作,坚决打击非法宗教和抵制境外宗教渗透,成功处理天主教突发事件,维护民族宗教和谐稳定。

【配备使用党外干部】 2016年,全面落实《条例》中对县区人大、政府、政协领导班子配备党外干部的各项规定,完成市十四届政协委员人选的安排任务,符合条件的市级民主党派主委和市级、县(区)级工商联主席、无党派代表人士进入同级人大常委会、政府、政协领导班子。全市9个县区,配备党外副县区长9名,党外人大副主任9名,党外政协副主席33名。市政协配备1名党外专职副秘书长和1名党外专委会主任委员,2名党外干部担任政府部门行政正职,实现新的突破。推荐6名科级党外干部到“四个一线”挂职锻炼。

【举办党外代表人士各种培训】 2016年,制订出台《2016年南昌市统一战线教育培训计划》。在中央社会主义学院、市委党校、广西民族大学、浙江大学举办南昌市各民主党派、工商联、侨联、党外知识分子联谊会领导班子培训班、南昌市党外中青年科级干部培训班、南昌市民族宗教界代表人士高级研修班、南昌市民营经济高级研修班等,开展有针对性的培训,提升党外代表人士素质。

【举办《新四军统战工作图片展》】 2016年11月10日,在南昌新四军军部旧址陈列馆举办《新四军统战工作图片展》。新四军老战士代表、市党外人士代表、驻昌部队官兵代表、学生代表等350余人参加。展览包括国共合作、铁军诞生,众志成城、团结抗战,又统又战、联合斗争,海外侨胞、倾力支持,铁军精神、彪炳史册等5个部分,共计图片100余幅、展览实物70余件。展览以独特的视角、丰富的图片、珍贵的文物,全面地反映新四军创造性地开展统一战线工作,确保抗战任务的胜利完成,为巩固和扩大抗日民族统一战线做出的突出成绩。

(黄小红　黄　奇)

农村工作

【概况】 2016年,全市农业农村工作始终围绕“农业强、农村美、农民富”这一目标,突出以南昌绿谷建设为引领,以深化农村改革为动力,不断推动农业农村转型升级发展,在南昌打造“美丽中国、江西样板”的南昌示范实践中发挥积极作用。

【发展现代农业产业】 2016年,全面落实农业供给侧结构改革具体要求,围绕都市现代农业发展定位,按照“稳粮、优供、增效”目标,加快建立现代农业产业体系。实现粮食生产“十三连丰”,完成农林牧渔及服务业总产值319.06亿元,同比增长4%。推进以现代农业示范园区(基地)为主的现代农业要素聚集平台、农业产业化担保公司等为主的现代农业发展融资平台、农科院为主的现代农业科技创新平台等建设,不断提升现代农业发展总体水平。全市24个园区规划面积5.42万公顷,核心区建设面积1.51万公顷;累计完成投资59.65亿元,总产值89.57亿元;园区入驻企业164家,吸纳农民就业18.32万人次。培育壮大产业化龙头企业、合作社、家庭农场等新型农业经营主体发展,全市市级以上龙头企业424家。其中,国家级12家,占全省总数的三分之一;省级109家,占全省总数的七分之一。同时,积极引导农业龙头企业上市,全市已有煌上煌、南昌鄱阳湖农牧渔等6家企业成功上市。

【加强镇村建设】 2016年,全市568个一般新农村点共投入资金2亿余元,完成改路1567千米,改水2.3万户,改厕2.4万户,改沟527千米。同时以通道“五化”综合整治为抓手,选择34条高铁、铁路、高速公路及主要道路沿线开展通道“五化”综合整治,已完成美化房屋2万余栋,推动全市线上新农村建设升级提升。特色小镇建设打造工作自2014年启动,至年底已打造建设23个特色小镇。进贤县文港镇、湾里区太平镇等在全省乃至全国成为名优乡镇。以“五位一体”综合示范村(中心村)、新户型推广和农村“三风”活动为载体,全面推进新农村村点的整治建设。在“五位一体”综合示范村建设上涌现新建区肖淇村、进贤县岗前村等一批整洁有序、和谐宜居的亮点村庄。

【打造生态文明品牌】 2016年,加大“南昌绿谷”休闲农业品牌宣传力度,已连续五年举办“唱响休闲农业舞动秀美乡村”活动月,累计接待游客746万人次。打造南昌县南部乡村休闲与亲水度假游、进贤县农耕品蟹休闲游等13条休闲农业精品线路,其中“江西花苑南昌都市农业休闲游”成为全市第一条全国休闲农业与乡村旅游精品线路。引导各地结合各自特色休闲农业资源,策划和开发节庆活动,打造如安义县金花节、进贤县螃蟹节、南昌县樱花节等一批节庆品牌。开展在“四河六湖”的“河湖长制”试点改革工作,大力推进赣东大堤风光带、乌沙河综合整治、抚河故道水生态治理等工程建设,水生态文明城市建设试点取得明显成效。启动观察、长垅、观边、礼源角等水库水环境保护工程,扎实开展瑶湖、黄家湖、军山湖3个流域污水治理工作,全市主要河流水质达标率达93%,集中式饮用水源地水质达标率100%。巩固森林城市创建成果,开展建城区增亮增色及平原植树造林等“森林创建”活动,推进重要干道的通道绿化、“千万树木进千村”“通道五化”“森林十创”等一大批具有南昌特色的造林绿化行动,共完成造林面积8933公顷,全市森林覆盖面积大幅度提高。加大对古树名木的保护力度,全市古树数量达到2881株。以农村“脏乱差”整治为重点,以“整洁有序、美丽生态、文明友善、和谐宜居”为目标,大力实施乡村规建提升、生态环境优化、乡风文明弘扬三大工程,全力推进农村环境综合整治工作。成立南昌市“美丽南昌·幸福家园”农村环境综合整治分指挥部,全面负责农村环境综合整治工作。同时,大力开展铁路沿线农村环境整治工作,南昌县、进贤县、新建区等铁路沿线农村的拆违、清垃圾等工作有序推进。

【脱贫攻坚强力推进】 2016年,全市脱贫2.26万人,全市贫困发生率由1.8%下降到0.95%。通过产业扶贫、光伏扶贫、就业扶贫、提高农村最低生活保障等措施,为贫困户增收提供有效支撑。全市扶贫产业项目总投资2899万元,带动贫困户1309户、3895人,受益贫困户户均增收3544元;完成240户3千瓦的光伏户站和26个30千瓦的光伏村站建设,使受益贫困户年均增收3000元以上,贫困村年均增收3万元以上;对有一定劳动力的贫困户,就地安排公益性岗位就业2600人。全市建档立卡贫困户人均收入由上年的2644元提高到3886元,增幅达35.51%。通过大力推进基础设施和公共事业建设,有效改善贫困村生产生活条件。全市80个贫困村共实施各类建设项目340个,完善生活用水、用电等基础设施152处,整治自然村190个,村小学改造、完善配套设施37所,修建和设施标准化改造村卫生所41所,改造贫困户危房137处。按照应保尽保、应扶尽扶的原则,将建档立卡贫困户中符合条件但还没有享受低保政策的,全部纳入低保范围,实现社会保障兜底全覆盖。创新方式推进健康扶贫,搭建“5+N”层保障体系,落实建档立卡贫困人口免费参保城乡居民医疗保险和大病医疗保险政策,全市建档立卡贫困人口参保率达100%。加大教育精准扶贫力度,以建档立卡户贫困学生为重点,实施贫困家庭子女就学资助全覆盖。52个团级以上驻昌部队与52个贫困村开展结对帮扶;“微心愿”平台为2605个贫困儿童点亮“微心愿”;城区医院、学校与贫困乡村医院、学校“一对一”对接帮扶,市属医院业务骨干到贫困村巡回义诊;“百企帮百村”,63个省定贫困村每村选派一家民营企业帮扶;崛美公益行动成立农村扶贫公益基地7个、受益群众1万余人,全市“大脱贫”的格局加速形成,“全民参与”的氛围日益浓厚。

【改革创新成效明显】 2016年,基本完成农村土地承包经营权确权登记颁证工作,农村土地承包经营权流转交易体系进一步健全,在全省率先建立市级农村产权交易中心,有5个县区、64个乡镇建立土地流转服务中心,基本形成市、县、乡三级现代农村综合产权交易网络体系全覆盖。大力促进农村土地规模有序流转,全市农村土地流转总面积7.66万公顷,流转率达43.2%,高于全省近5.5个百分点。在全省率先设立农业产业化“转贷基金”,积极探索PPP模式,开创农业项目PPP的先河;充分发挥农业产业化担保公司的信用担保作用,积极破解龙头企业融资瓶颈,累计为123家龙头企业担保贷款30.32亿元。创新农村基层管理体制,启动扩权强镇试点工作,选择8个省级中心镇开展市级扩权强镇试点,明确120项扩权强镇事项,农村发展活力进一步增强。深入推进农村集体产权制度改革试点,青山湖区进顺村成为全省农村集体资产产权制度改革的“独一村”。

(彭贤柏)

对台工作

【概况】 2016年,全市对台工作深刻领会党的对台工作大政方针,对照市委提出的打造核心增长极、推动“三个文明”融合发展的要求,求真务实,创新进取,各项工作保持良好发展态势,做好“十三五”对台工作的开篇文章。市委台办被中央台办宣传局评为2016年中央台办“两刊”对台宣传工作先进单位。

【第十四届赣台(南昌)经贸文化合作交流大会召开】 2016年10月15—18日,以“两岸一家亲、携手同打拼”为主题的第十四届赣台(南昌)经贸文化合作交流大会在南昌市举行。全国政协副主席、台盟中央主席林文漪,省委书记鹿心社,省委副书记、省长刘奇,中央台办副主任龙明彪等出席。台湾知名人士林政则、蒋孝严、许胜雄、赖正镒、黄茂雄等900余名嘉宾参会。此届赣台会还举办赣台电子信息产业暨南昌市“光谷、慧谷”推介会、赣台农业合作暨南昌“绿谷”推介会、赣江新区及承接台资产业转移项目推介会3场产业专题交流活动。境内外媒体高度关注,参会记者100余人。会上共签约台资入赣项目61个、金额达36.6亿美元。其中,南昌市签约项目18个,投资总额为8.76亿美元,投资总额比上年增加0.16亿美元,列全省第一。

【对台经济工作逆势上扬】 2016年,全市新引进台资项目28个,总投资9.19亿美元,实进台资2.98亿美元,同比增长10.35%。在28个项目中,实际进资1500万美元以上的有11个,占总数的39.3%,最大的项目是台湾新日光能源科技光伏产业项目,实际进资9600万美元;制造业项目20个,占总数的71.4%。至年底,全市累计注册台资企业658家(含增资项目63个),约占全省的1/5;总投资额57.69亿美元,约占全省的1/3;实际利用台资38.09亿美元,约占全省的1/3,三项指标均位居全省首位。

【全国台企联第四届福建、江西片区第一次台协会长会议召开】 2016年8月5日,全国台湾同胞投资企业联谊会(以下简称全国台企联)第四届福建、江西片区第一次台协会长会议在南昌市召开。全国台企联会长王屏生和30余位赣闽两省台协会长出席会议,两省台办相关领导应邀出席会议。会议就如何加强两岸产业合作、增进各协会的交流联谊、帮助台企创新升级、推动台湾青年来大陆创业就业展开探讨。会议希望台商抓住大陆新机遇,团结一致,共谋发展,同时也要一如既往地为两岸关系和平发展做出积极贡献。会议期间,各县区积极对接,邀请考察,开展招商洽谈,获取项目信息,有的县区还取得实质性的成果。

【对台联络交流持续扩大】 2016年,接待蒋孝严、李玉文、万美玲、黄敬平、张丽善、曾金陵等台湾知名人士和2016海峡两岸南昌(高雄)文化艺术交流团、第三届海峡两岸(南昌)青年学生夏令营团(3个分团)、养老机构考察团、嘉义县粗溪村现代农业交流参访团、2016年海峡两岸测绘技术交流与学术研讨会团、台湾云林文教基金会宗教文化交流团、台湾妇女考察参访团等,就文化、教育、民政、农业、测绘、宗教、妇联、社区等领域开展交流与互动,增进了解与友谊。

【接待台湾岛内媒体团参观采访】 2016年,接待高雄市"台湾青年创业江西行"参访团、台湾旺旺中时媒体参访团和台湾广播商业同业公会访问团3个媒体团到南昌市参观采访,完成1项国台办对台宣传专项工作,南昌的魅力形象频频出现在台湾岛内"中视"、《时报周刊》《旺报》《中时电子报》等知名媒体,在岛内引起较强烈反响。中央和省市各级媒体报道南昌对台工作稿300余篇。

【昌台青年交流互动频繁】 2016年,成功举办第三届海峡两岸(南昌)青年学生夏令营、台胞青年千人夏令营江西分营等国台办重点交流项目活动;积极打造赣台青年交流平台,充分利用南昌职业学院教育基地,为台湾青年到南昌开展交流和创业就业搭建平台,南昌职业学院分别被省台办、省台联授予"赣台青年学生交流基地""赣台青年创业学园";赴沿海城市深圳、厦门、福州等地考察,借鉴学习对台青年工作经验,加大对台湾青年到南昌市创业就业的扶持力度;在市台联、台协组织中增加青年委员会,充分发挥其在沟通两岸青年交流互动的桥梁纽带作用。

【昌台文化交流孕育硕果】 2016年,海峡两岸南昌(高雄)文化艺术交流会在南昌市举行。两岸30余名艺术家齐聚八大山人纪念馆和南昌瓷板画艺术中心,共同开启两岸文化艺术交流体验之旅。南昌市豫章剪纸第六代传人沈哲在台北辅仁大学举办豫章剪纸特展。豫章剪纸作为南昌市非物质文化遗产在台湾登台亮相,赢得在场观众高度盛赞。在2016年赣台会上,两岸联手拍摄影视作品《汪山土库》项目签约,昌台两地企业出资3000万美元共同打造文化精品电视剧《汪山土库》(套拍电影暂定名《汪山风云》),并将文化热点海昏侯墓引入剧情。

【台商爱心捐赠回馈社会】 2016年,旺旺集团南昌分公司向市慈善总会捐赠30万元饮料,给奋战在抗洪、交通、维稳、环卫一线的人们送上清凉。江西合隆羽绒制品有限公司为南昌县、新建区捐献600件羽绒衣,为贫困家庭送上温暖。赣台服务中心先后在青山湖区慈母爱心养老院和南昌县幽兰镇园艺场进行走访和捐赠,送上食用油、大米、台湾食品及慰问金;赣台服务中心与南昌县幽兰镇新庄村小学61名留守儿童欢度"六一"儿童节,赠送书包、文具及台湾食品。市台协会长陈永和,副会长李文夏、甘明资助2名贫寒学子送上资助款4000元。

【营造良好台资投资环境】 2016年,开展"降成本、优环境""抓学习宣传、促台企发展"主题服务活动,组织宣讲全省惠企政策"80条"和全市配套措施,帮助台商了解支持扶助政策。建立政企银联席合作制度,召开台商座谈会暨"政企银"对接活动,加强与台商的沟通、交流和合作。

【维护台商台胞权益】 2016年,用好市涉台法律服务中心这个平台,发挥律师事务所、公证机构等专业性强的优势,为台商台胞提供法律援助和支持。定期举办涉台法律知识讲堂,提高台商台胞对中华人民共和国法律的认知。不定期召开部门协调会,对涉及到多部门的台商台胞投诉问题,及时会商解决,第一时间处理。如台湾华孚科技税款缴纳、台湾知名人士孙生莲学校买卖纠纷等一批案件,均得到有效解决。设立台胞台属信访处理专人专岗、台商服务QQ群、微信群,第一时间收到台商台胞诉求,倾听处理涉台投诉的意见和建议。全面梳理并推动解决历史积案,妥善处理涉台突发事件和海协会转办件。全年受理解决台商投诉14件,海协会转发台湾海基会函件3件,突发事件5件,台胞台属信访14件。

(李荣华)

政策研究工作

【概况】 2016年,中共南昌市委政策研究室围绕市委中心工作,谋全局、促发展,以全面深化改革统揽各项工作,牵头抓总,整合力量,统筹协调,扎实推进课题调研、文稿起草、信息专供和党刊编发等主要工作,切实履行"服务决策、以研辅政"职能,发挥"智囊团、思想库、参谋部"作用。全年共完成调研报告20余篇,其中上报调研成果专报9期。组织开展重大政策委托课题调研,14个市直单位和县区(新区、开发区)参与,并按时提交调研成果结题。报送信息22期,涉及经济、人才、交通、城市建管、医疗体制改革等多个领域,领导批示率达63.6%。印发《决策参考》12期,修改、编排稿件160余篇,共计85万余字。

【政策调研结硕果】 2016年,围绕"为全市中心工作服务、为市领导决策服务、为基层服务"三个重点,围绕领导关心的重大问题、群众关注的热点问题、改革发展中的难点问题,积极开展战略性、对策性、典型性的课题调研,摸准实情,找准对策,切实做到"参在点子上,谋在关键处,成于实践中"。部分课题成为市委谋定发展方向的重要参考。《找短板,促发展》之经济发展篇、城市发展篇、改革创新篇、制造业篇和服务业篇等系列研究成果,针对研究各方面存在的不足和问题,深入剖析南昌市发展中存在的短板,为下一步实现跨越发展找寻突破口。《我市税源结构分析及优化思路》锚定税源结构切入点,在全面梳理南昌市税源结构存在问题的基础上,提出税源结构的优化途径,为优化经济发展结构提供新的思维角度。市委主要领导批示"调研有深度,分析有新意,建议可持续多角度更加细化分析,包括对比中部地区省会城市进行分析"。部分课题转化为市委重大战略决策。《加快揽山入城,打造山水都市》课题着眼于科学拓展南昌发展空间,谋划做大、做强、做美南昌,研究成果成为市委、市政府作出"揽山入城"重大战略决策的重要依据,并纳入市"十三五"规划纲要。部分课题为南昌市承接国家区域发展战略出谋划策。《南昌市融入"一带一路"和对接长江中游城市群实施方案》以市政府文件形式下发,《关于加快推进我市"美丽南昌”建设的调研报告》的主要观点和对策建议写进南昌市第十一次党代会报告。

【起草重要文件】 2016年，牵头起草《南昌特色优势及竞争力研究》《中央城市工作会议亮点及各地做法》等重要文件。起草的文稿紧贴实际、生动具体，提出的对策建议分析深刻、切实可行。《南昌特色优势及竞争力研究》成为《江西省向特色优势要竞争力》课题的重要组成部分，得到省委、省政府主要领导的批示。该成果由省委政研室汇编印发，并在省第十四次党代会上分送给与会代表参阅。《中央城市工作会议亮点及各地做法》作为全市城市工作会议讲话稿的重要素材，保证城市工作会议的顺利开展。

【信息采编】 2016年，强化信息采编工作，着力提高实效针对性。立足“服务领导，贴近决策”宗旨，紧扣市委中心工作，紧跟全国尤其是省会城市形势，紧贴领导思想，海选各方信息，着力突出针对性、前瞻性，及时准确提高信息服务。全年报送政研信息22期，多层面、宽领域地反映市内外经济社会发展的重大问题、好的经验和做法，获市委、市政府主要领导批示14批次，批示率63.6%。《成都、广州两市人才政策》获批示“供我市人才工作创新借鉴”，《深圳、杭州等两地实施城中村改造的有关亮点做法》获批示“借鉴兄弟市的成功做法，研究我市城中村改造的攻坚策略，力争今年拿方案，明年启动起来”。《部分城市出租车罢运群体性事件处置及有关启示》《武汉“城市合伙人计划”有关举措》等信息批转至相关部门参阅。其中《部分城市出租车罢运群体性事件处置及有关启示》针对当时出租车罢运事件，及时收集外地处置出租车罢运群体性事件的经验做法，提出改进运营管理的对策建议，得到市委主要领导批示，有效发挥决策信息辅政作用及效能。

【开展重大政策课题调研活动】 2016年，坚持开展重大政策调研课题活动，群策群力谋发展。3月，组织开展2015年度重大招标课题专家评审工作和重大政策委托课题收集、审稿、汇编工作，顺利完成招标课题《“一带一路”战略背景下南昌打造长江中游城市群中心城市的对策研究》《南昌市党员干部队伍中存在“为官不为”问题的现状、原因及对策建议》《预防村干部职务犯罪与有效根治小官巨腐问题的研究》等19个委托课题的结题工作。通过前期广泛征题、研究筛选、专家评定并报送市委同意，8月，及时向社会公开2016年度重点委托课题及承担单位。充分发挥市纪委、南昌县委等14个县区（新区、开发区）和市直单位部门优势，凝聚各方智慧，汇集各方力量，形成14篇高质量的研究成果，为实现“十三五”良好开局、推进“抢占制高点、聚焦增长极、提升首位度、共筑‘四强梦’”的总体任务、加速南昌核心增长极的打造提供智力支持。

【编辑《决策参考》】 2016年，《决策参考》紧扣“服务决策、以刊促研”办刊宗旨，传递市委、市政府声音，促进市直部门理论交流，邀请专家参谋发展思路，展示各县区发展成果，高效发挥服务市委、市政府决策的重要平台和阵地作用，办刊质量不断提高，品牌影响力稳步提升，获得市领导及市直各部门、各县区（新区、开发区）的普遍认可。全年印发12期，共2.4万份，修改、编排稿件160余篇，共85万余字，彩色插图设计110余页。

（洪丽帆）

老干部工作

【概况】 2016年，市委老干部局围绕全市发展大局，牢牢把握为党的事业增添正能量的价值取向，主动作为，勇于创新，取得丰硕成果。纪念孙中山同志诞辰150周年图片展在市老年大学展出，省四套班子领导参观展览；九九重阳“金婚盛典”“老兵讲故事”活动在《新闻联播》播出等。市委老干部局荣获全国老干部工作先进集体称号。至年底，全市共有离退休干部35287人，其中离休干部1284人。

【推进为党的事业增添正能量活动】 2016年，以“汇聚正能量，共筑四强梦”为主题，围绕“展示阳光心态、体验美好生活、畅谈发展变化”主要内容，组织开展“老有所学，永葆本色”等7大类25小类活动。组织市直单位老干部党支部书记赴小平小道开展“重温入党誓词，做合格党员”宣誓活动。开展“党课走基层”活动，为江铃集团老干部党员上一堂生动的党课。围绕“我看南昌新变化”主题，开展“百名老干部秀美乡村行”、市四套班子老干部参观考察万达文化旅游城活动，感受南昌发展巨大变化。组织老干部进行“我为南昌献一策”金点子建言献策活动，得到老干部积极响应，共收到建言献策近5000条，为各级党委、政府和有关部门提供决策参考。举办“我与四强梦快乐同行”系列文化活动，开展纪念红军长征胜利80周年老干部文艺汇演、“美丽新南昌”书画作品展、耄耋老人书画展、老年书画交流活动和“天下英雄城”摄影展等。积极开展正能量宣传，建立老干部党支部微信群、老干部工作微信公众号，评选200名“最美老干部”，编印《多彩金秋5—南昌市老干部先进事迹选编》等，形成老干部“学楷模、争先进”浓厚氛围。美丽家园义务监督队等12个“老有所为、志在奉献”志愿服务队活跃在社区、学校、基层，为社区环境卫生、义务巡逻、邻里调解、关心下一代工作做出积极贡献。各县区积极打造正能量品牌，西湖区推出“能量银行”工程，青云谱区开展“阳光行动”，湾里区认领“微心愿”为“留守儿童”献爱心，青山湖区邀请“老兵讲故事”等。

【加强老干部“两项建设”】 2016年，加强离退休干部思想政治建设，组织全市各级老干部学习贯彻落实中共十八届六中全会精神和习近平总书记视察调研江西重要讲话精神。举办5期“两学一做”离退休干部党建培训班，并向全市离退休干部党支部发放理论学习资料。市直离退休党支部书记围绕“如何当好支部书记”组织座谈讨论、撰写体会文章。加强离退休干部党组织建设，修改完善离退休干部党支部的主要责任和工作制度，并将制度牌发至全市513个离退休干部党支部。推动离退休干部党支部书记交流片会的正常运行；组织离退休支部书记到南昌县检察院离退休支部学习参观；建立“南昌市离退休干部党支部书记微信交流群”；在市老干部活动中心、老年大学探索建立临时党小组。

【落实离退休干部政治待遇】 2016年，坚持落实按规定阅读文件、听报告、参观考察、走访慰问、传达精神、通报情况、参加重要会议和重大活动等制度。时任省委常委、市委书记龚建华为400余名离退休干部代表作形势报告。时任市委常委、组织部部长陈德寿向老干部宣讲习近平总书记视察江西重要指示精神。市委邀请市四套班子老领导参加全市庆祝中国共产党成立95周年大会、市第十一次党代会等重要会议，并就《南昌市第十一次党代会报告》、市委民主生活会等征求他们的意见。

【提高离退休干部生活待遇】 2016年，会同财政、人事等部门提高全市612名企业离休干部（含5名驻丰城企业离休干部）的生活补贴并按标准补发410余万元。调整机关事业单位工作人员遗属和老红军、抗战离休干部配偶生活补助。对无固定工作的老红军遗孀按老红军护理费标准的50%提高护理费补助。提高落实因瘫痪等原因生活长期完全不能自理离休干部护理费标准，每月3000元。协调省委老干部局和市人社局落实离休干部每年增发1～3个月生活补贴，按新标准发放。配合省委老干部局、市国资委等单位做好剥离国有企业办社会职能工作，建立省属企业下放市县区离休干部基本信息台账，统计汇总省属下放企业离休干部生活补贴发放情况。落实参加南昌地区离休干部医药费单独统筹的28名老干部医疗待遇，其中享受副省级医疗待遇的省属离休干部9名、享受按副省长级标准报销医药费市属离休干部19名。对435名离休干部发放医药费节余奖，返还649名离休干部床位费超出部分。开展解决老红军（遗孀、子女）公寓楼历史遗留问题调研工作。

【走访慰问离退休干部】 2016年，结合思想政治工作与解决老干部的实际问题，开展一系列走访慰问活动。走访慰问市本级123名特困离退休干部和离休干部遗偶，发放特困金85.1万元。走访慰问全市健在老红军贾光及22位老红军遗孀，共发放慰问金13.12万元。走访慰问全市生病住院离休干部和副县级以上退休干部134人，发放慰问金7.6万元。走访慰问易地安置离休干部52名，每人发放慰问金2000元。坚持开展市四套班子副厅以上离退休干部生日、元旦春节、夏季送清凉等走访慰问。全市各级各类走访慰问老干部、老党员2.4万余名。

【“双百工程”与“关爱报告团”品牌壮大】 2016年，“双百工程”被纳入南昌市民生工程，市财政局每年拨付专项帮扶资金100万元并列入预算。至年底，全市“双百工程”活动已结成帮扶对子突破4万对。各级关工委筹措帮扶资金共8185万元，帮助在学习、生活、心理等方面遇到困难的青少年渡过难关。全市各级成立关爱报告团812个，关爱报告员5728名。乡镇以上关工委组织成立关爱报告团组织，部分村、社区成立关爱报告小组，形成市、县、乡镇、村社区、村小组5级关爱报告团网络。全市各级关爱报告团共作2793场报告，听众40万余人次。

【发展老年教育事业】 2016年，各级老年大学把“快乐自我、幸福家庭、奉献社会”作为校园精神，成为文化养老、发挥正能量的主阵地。市老年大学全年投入200余万元，维修基础设施，更新活动教学设备，提升文化服务能力。该校共开设55个专业（其中新增中阮班、陶瓷绘画、绘染布画、豫章剪纸等专业）、449个班级，招生人数达到15202人，比上年增加25%。通过召开全市基层老年大学建设现场会，推动各县区、乡镇、村（社区）老年教育的发展。全市各级现有老年大学51所，其中市本级1所、县区9所、乡镇（街办）16所、村（社区）25所，比上年增加50%。教育阵地建筑面积5.23万平方米，比上年增长近100%，老年教育基层覆盖面不断扩大，老年教育事业快速发展。

【市老干部活动中心项目建设】 2016年，新建市老年活动中心项目按照“全国一流、全省第一、功能完善”的标准进行设计建设。项目总投资4.19亿元，总用地2.55万平方米，总建筑面积4.99万平方米。至年底，该项目完成投资0.39亿元，做好立项、选址、规划、可研批复、初设批复、环评批复、能评批复、用地规划许可证、工程规划许可证、施工图编制等前期工作。经公开招标程序，施工单位为江西昌南建设集团，监理单位为中昌监理公司。12月22日，施工单位进场作业。

【举办首届“绿地杯”老年文化艺术节】 2016年，市老年大学以纪念工农红军长征胜利80周年为契机，与世界500强绿地集团合作，由企业筹集资金，联合市委宣传部，在全市组织开展首届“绿地杯”老年文化艺术节。8月31日，纪念中国工农红军长征胜利80周年南昌市首届“绿地杯”老年文化艺术节正式开幕。艺术节历时半年，涵盖纪念红军长征胜利80周年老干部文艺汇演、“天下英雄城”摄影展和慈善义卖等4大活动内容。举办6场文艺汇演，展出书画、摄影作品近1000余幅，并对100余幅优秀书画获奖作品进行慈善义卖，筹集资金近10万元，全部用于扶贫等公益事业。艺术节系列活动得到多家省、市新闻媒体的报导，在社会上产生广泛影响。

（梅冠群）

市直机关党的工作

【概况】 2016年，全市机关各级党组织围绕“两学一做”学习教育这条主线，坚持以“发展+”理念引领机关党建工作的方向、以“党建+”理念发挥机关党建工作的作用、以“互联网+”理念创新机关党建工作的抓手、以“服务+”理念提升机关党建工作的水平，着力在增强机关党建工作的凝聚力、执行力、创新力、战斗力上下功夫，努力在抓基础、建机制、搭载体、树品牌上见实效，引领全市机关党建工作走前头、作表率、当先锋，为促进南昌经济社会发展做出积极贡献。

【发挥党建服务大局作用】 2016年，坚持统筹党建一起抓、统筹资源一起用、统筹工作一起推，以“党建+”理念在服务改革发展中找准定位、创设载体、贡献作为。采取召开“党建+”工作现场会等形式，指导和推动市直机关党组织在助推中心工作、完成重点任务中融入党建元素、发挥党建作用。组织开展“走前头，立标杆，共筑‘四强’当先锋”主题实践活动，深化“先锋创绩”“党员示范岗”创建，引导机关党员干部在急难险重工作和服务基层群众中走前头、当先锋。通报表彰一批“四化四型”标杆党组织、“四讲四有”先锋党员和15个优秀机关党建工作项目，扎实推进市直机关党组织在服务大局中走前头、党员干部在服务发展中做表率。动员和组织机关党员干部积极投身“兴家风、淳民风、正社风”活动，通过“我的家风家训”讲评、“三风”书画作品大赛和巡展等活动，引领机关党员干部努力成为弘扬“三风”的模范。

【规范基层党组织建设】 2016年，强力推动“星级支部”创建深化升级，着力打造一批班子强、基础牢、机制活、工作优的坚强堡垒，审查考核评定170个“四星级支部”和70个“五星级支部”，进一步提高“星级支部”的覆盖面，营造规范抓建、创星达标的浓厚氛围。扎实推进基层党组织规范化建设，着力抓好组织生活报备和情况通报、党员组织关系排查、党费补缴追纳、党组织按期换届等专项工作，使党组织建设更加规范；强化党务干部教育培训，分批组织50余名机关党组织书记、70名机关纪委书记和266名基层党支部书记进行集中培训，有效提升机关党建骨干队伍能力水平。建立党内“三会一课”备案、检查、通报制度，进一步落实严格党内政治生活制度的各项要求，使党建工作党味更浓、党组织建设更加规范、党员党性意识更加强烈，整体提升基层党组织的规范化建设质量和水平。

【强化全面从严治党主体责任落实】 2016年，注重以明确责任、细化责任、落实责任为推动，切实把全面从严管党治党要求落实到机关党建工作各方面，贯穿于党员干部队伍纪律作风建设全过程。完善市直机关党组织和纪检组织落实党风廉政建设“两个责任”的实施意见并抓好贯彻执行，落实党员党性分析、民主评议、党风廉政建设责任制三项机制，开展落实“八项规定”督查暗访，先后处理违法违纪党员17名。进一步健全和深化“三级联述联评联考”机制，组织机关党组织书记向全体党员述职，并由工委现场督导和组织测评，并将考评结果与年度评先评优相结合、同运用，形成全面从严、层级负责、以上率下、齐抓共管的机关党建工作格局。

【推进机关文化建设】 2016年，坚持党建带群团建设，深入开展身边“好人榜”评选、道德讲堂、岗位学雷锋标兵创评等活动，推荐一批省市劳动模范、“三八”红旗手、青年文明号，增强机关的凝聚力和向心力。通过组织“跨越时空的井冈山精神”庆祝建党95周年大型群众歌咏比赛、举办市委机关体育比赛和机关干部读书沙龙、组织微团课评比等活动，丰富和活跃机关文化生活。充分发挥党内关怀和群团激励作用，组织动员7961名机关干部职工参加互助保障计划，为市直机关3500余名机关职工办理南昌职工卡、5000余名干部职工办理健身卡。组织市直机关劳模和先进人物赴外疗休养，向219位困难党员发放慰问金11.49万元，向98名省劳模和337名市劳模发放春节慰问金36.65万元，在市直机关营造浓厚的人文关怀氛围。

【打造机关党建工作品牌】 2016年，顺应全面从严治党和互联网时代发展新要求，围绕“门户网站、在线考核、数据化管理、在线学习和自媒体运用”5个重点，制定机关党建信息化平台建设方案并完成项目可研和立项工作。依托机关党建学会，精心设计4个重点课题进行专题调研，并组织开展机关党员干部春节回乡调研活动，有3篇优秀调研报告分别荣获全省二、三等奖；在《南昌日报》开设专栏对“两学一做”学习教育、“星级支部”创建、“三风”活动风采等进行宣传报道，利用机关党建网站、刊物、微信公众号对机关党组织开展“党建+”工作和党建优秀项目、创新举措等进行宣传推广，着力打造具有南昌特色的机关党建品牌。

（周　凯）

合作交流工作

【概况】 2016年，市委、市政府合作交流办公室(以下简称市合作交流办)围绕全市工作大局，对照工业文明、城市文明、生态文明融合发展的总体要求，以“领导放心、客人满意、展示形象、服务发展”为工作目标，结合“两学一做”学习教育，大力发扬井冈山精神，努力加强机关建设，认真履行接待职能，不断推动创新发展，圆满完成各项工作任务。

【提升接待服务水平】 2016年，坚持以人为本，继续当好“服务员”“信息员”“宣传员”，充分发挥窗口作用，展示南昌人真诚友善的良好形象，突出精细化、人性化、规范化要求，增强接待人员礼仪知识、接待细节服务意识，发挥南昌深厚的历史文化底蕴和较为独特的自然环境优势，在策划、组织、实施等多方面尽可能突出本土特色，全面提升迎送、膳食、住宿、安全“四大服务”水平。全年共接待495批6428人次。其中，警卫任务接待19批，副省(部)级以上领导接待49批，中央、国家、省各类调研组、检查组42批，省市党政代表团来南昌考察接待23批，海内外商贸代表团、重要客商接待125批，各类大型活动、会议接待12批。

【规范接待行为】 2016年，根据接待服务工作的新变化、新要求，市合作交流办严格执行中央“八项规定”要求，始终保持勤俭、节约的工作作风，不折不扣地落实《南昌市党政机关国内公务接待管理实施办法》。严格执行客情报批、登记制度，每批接待任务都做到事前有批示，事后有清单。实行一函、一客、一单、活动结束一存档、月底汇总一结账的“五个一”流程。同时，还根据来宾身份和意图，从政务、商务、外事三大类进行管理，严格控制用餐标准、次数和陪同人员，严格住宿标准，规范接待行为。牵头开展市直单位公务接待定点酒店招标采购初期工作，与近20家综合性酒店、10余家餐饮酒店达成初步采购意向，努力降低公务接待经费，提高保障水平。

【发挥监督职能】 2016年，市交流合作办积极发挥对本级党政机关各部门和下级党政机关公务接待工作的监督职能。1—3月，联合市财政局、市审计局对市直相关单位开展公务接待规定执行情况进行专项检查。11月，结合市直单位内部食堂、培训中心的清查，再次对市直单位及县区公务接待进行重点抽查，进一步规范全市公务接待流程和标准要求。

（李传润）

机关事务管理工作

【概况】 2016年，南昌市机关事务管理局(以下简称市机管局)按照“学习明事、大气谋事、精细做事、严格管事、和谐共事、廉洁从事”的工作要求，牢固树立创新、协调、绿色、开放、共享的发展理念，努力做好机关事务管理、保障、服务各项工作，推动机关管理工作不断迈上新的台阶。全市公共机构节能工作、公车改革工作走在全省前列，特别是机关食堂管理工作得到机关干部职工和各地市同行的一致肯定。南昌市荣获全省公共机构节能工作优秀设区市称号。市机管局荣获省级文明先进单位、市级文明先进单位、全市财政综治工作先进单位和全市财政预算工作先进单位等称号。

【完成党政机关公务用车改革】 2016年，通过前期的公车改革调研、数据摸底工作，代拟市直公车改革方案及其相关文件，完成党政机关公务用车改革。在改革实施中，坚决打破现有的制度重新洗牌，始终坚持人性化操作，着眼细节，逐一破解，组织9场公车拍卖活动，保障全市公车改革的顺利进行。市公务用车服务保障平台运转良好，司勤人员均得到妥善安置。

【开展公共机构节能管理考核工作】 2016年，拟定南昌市公共机构节能“十三五”规划编制稿。扩大南昌市节能管理体系覆盖面，将市政府驻外联络处、办事处和南昌汉代海昏侯国遗址管理局等单位纳入市级公共机构节能管理体系。利用有限财力，最大限度推动技改项目的实施。应用合同能源管理模式完成市委、市政府大楼办公室内区域LED灯具改造项目，安装灯具2724盏，其中T8型LED灯具2488盏。完成市委、市政府大楼屋顶分布式光伏发电项目。至12月31日，已并网发电86781度。该项目是全市23个面向社会公布的PPP项目中首个落地项目，已经产生良好的社会示范和经济效益。完成全市能耗统计分析平台升级工作。完成省公共机构节能考核组对南昌市的“十二五”考核的迎检工作，并对12个县区及6个主要系统单位、109家市本级公共机构节能工作进行考核。认真组织开展节能宣传周主题教育活动。在全省首届公共机构节能知识竞赛中荣获一等奖，为南昌市赢得荣誉。

【督查核实党政机关办公用房情况】2016年，完成对全市党政机关办公用房清理整改“回头看”督查的评分工作。代拟《关于对2016年度全市党政机关办公用房清理整改工作开展督查的通知》。组织并做好全市党政机关办公用房督查工作，并进行数据的汇总、分析，形成专题报告等工作。完成行政中心部分单位之间办公用房的协调工作，核定全市有关单位租用、搬迁办公用房面积，对办公用房使用疑问、整改方案进行答疑。

【加强机关楼院安全管理】 2016年，市机管局加大安全监管力度，严格执行机关楼院安全管理规定，做好对行政中心各单位的安全保卫工作。至10月28日，接待各类到访人员16.43万人次，处置21人以上重大上访事件973批次，制止非正常上访事件263余起，纠正违规、违章停放车辆1058辆次，清理23辆长期占位停放车辆，并下发违章通知书128份，保障重要会议876场。利用法定节假日、重大活动日前夕发放温馨提示1020余张。积极推动行政中心消防安防设施的维护及维修改造工作，消防一期消防用水维修已初步完成。大幅提升行政中心保安工资水平，人均增资约600元，稳定安保人员队伍。

【维修行政中心基础设施】 2016年，市机管局定期组织人员开展物业领域隐患排查工作，及时排查出行政中心水管严重漏水问题，发现并抢修市政府大院内水管多处漏水点和市委大楼的水管漏水，节约经费及能源。完成市委、市政府屋面维修、卫生间维修改造、行政中心围栏维修、新能源充电桩的安装等工程项目及市政府排水管雨污分流、市纪委的断电快速处理紧急抢修等工作。完成红谷大厦电梯更换、玻璃幕墙维修、屋顶漏水维修及设备维修等工作。抓物业管理创新，增设物业监督服务处，加强物业服务日常监督与考评工作。

【提升机关干部生活服务品质】 2016年，机关食堂菜品供应定期更新，聘请营养师把关，保证饮食结构营养科学。每周五销售包子和卤菜等食品，并供应时令水果。食堂每日接待就餐人员4000余人次，全年接待机关就餐人员100万余人次。坚持办好《饮食与健康》周刊，宣传饮食文化，引领机关干部健康科学饮食。至年底，共发刊52期。坚持为行政中心每位过生日的机关干部职工发送生日祝福短信，供应鸡蛋长寿面并赠送生日蛋糕。组织厨艺之春烹饪技术竞赛活动。委派专人担任机关理发室监督员，负责监督检查机关理发室卫生、收费等工作，提高洗理票面值标准。全年机关理发室共洗发理发美发服务12万余人次。

【幼儿教育新园建设顺利推进】 2016年，市机管局幼教事业抢抓机遇，敢闯敢试，攻坚克难，做大做强，取得巨大突破。市保育院九龙湖分院于9月如期开园。市委幼儿园九龙湖综合住房小区新园建设工作顺利推进。该园将打造为省级示范园，建设项目列入年度全市重大重点调度项目。

（常　琨）

史志工作

【概况】 2016年，南昌市史志办公室按照全市史志工作规划总体要求，以史志编纂、研究、宣传为重点，以打造南昌史志品牌为目标，突出史志主业，注重服务现实，落实责任、人员，抓质量、抓效率，扎实开展《中国共产党南昌历史》（一、二、三卷）、《当代南昌日史》《南昌大事图记》《南昌大事记》《南昌年鉴》等史志书籍编纂和研究宣传工作，较好地完成全年工作任务，为全市史志工作持续健康发展做出贡献。市史志办荣获全省党史宣传教育先进集体称号；《南昌年鉴（2014）》在全国地方志优秀成果（年鉴类）评比中荣获地市级（含副省级城市）综合年鉴一等奖。

【编纂《中国共产党南昌历史》】 2016年，在上年度工作基础上，进一步补充相关历史资料，反复进行校核，完成《中国共产党南昌历史》（第一卷）约25万字送审稿，并报省委党史研究室审读把关。按照省委党史研究室提出的意见和建议，于12月修改完善定稿并呈报市委批准。扎实做好《中国共产党南昌历史》（第二卷）编纂工作，继续与党史专家通力合作，并调动机关力量，采取重点补充和全面完善相结合办法，不断补充修改相关历史资料，力求史实更加准确、完整。先后组织机关人员、省内有关党史专家进行审读修改，并综合各方面意见和建议，修改形成《中国共产党南昌历史》第二卷约60万字送审稿，及时呈送省委党史研究室审阅把关。同时，广泛征求本市部分副厅级以上老干部和市委、市政府相关职能部门及三县六区党史部门的意见和建议。经过反复修改完善，于12月定稿并呈报市委批准。积极推进《中国共产党南昌历史》第三卷资料收集、专题编写工作，在广泛查阅报纸、档案资料的基础上，编写3个专题，共1万余字。

【编纂并改名《南昌大事图记》】 2016年，按照“以图记事、以图承载历史”的要求，进一步提升编纂质量，精选图片，精编文字，编纂出版2015年《南昌大事图记》，采用600余张图片，生动、直观、形象地展示南昌经济社会发展的历程。根据史志工作实际情况，将《南昌大事图记》改名为《图记南昌》，并广泛收集2016年《图记南昌》图片和文字资料，着手整理、筛选、编辑。至年底，整理文字3万余字，收集照片100余张。

【编纂《南昌大事记》】 2016年，根据年度大事记编纂要求，取消2015年全市月度大事记的各个栏目，按照时间顺序重新排列，并精选部分内容，进行适当修改、补充，编辑大事记文稿。同时，广泛征集大事记彩页和内文插图照片，力求图文并茂展现一年来南昌经济社会发展成就和亮点。9月，编纂出版2015年度《南昌大事记》，约20万字、图片340张。不断巩固全市大事记工作网络，加强大事记编辑工作督促和指导，定期征集各单位月度大事记编辑资料，精心编辑12期《南昌大事记》，共22万余字，真实记载全市发生的大事、要事、特事。

【编纂《当代南昌日史》】 2016年，在上年度编纂基础上，广泛查阅资料，精心编辑文稿，认真校核、修改，不断补充、完善，扎实做好《当代南昌日史（1986—1995）》编纂工作。至年底，已完成70万余字文稿，并送江西人民出版社审核出版。按照编纂工作计划和要求，明确任务，落实责任，组织人员前往省图书馆、市档案馆等单位查阅资料，认真收集、整理各方面资料，积极推进《当代南昌日史（1996—2005）》编纂工作。至年底,已形成30万余字文稿。

【编纂2016年卷《南昌年鉴》】 2016年,根据全市经济社会发展实际及特色,对2016年年鉴编目大纲中6个类目和9个分目进行调整。其中,将特辑中“南昌临空经济区”调入“开发区·新区建设”中,并作为一个常设分目;在“城乡建设和管理”中增加“城市综合管理协调工作”“城市雕塑建设”分目等。及时召开组稿会,向市直各单位、各县区广泛征集入编稿件,认真编纂,精心设计。10月下旬,《南昌年鉴(2016)》出版发行。全书共153.5万字,设类目44个、分目320条、条目2700余条,随文表格82个,随文图片62张,宣传彩页42版、图片117张,全面记述一年来全市自然、政治、经济、文化和社会的发展情况。

【撰写党史文稿】 2016年,根据省委党史研究室的要求,参与作为纪念建军90周年的献礼之作——《人民军队从这里走来》大型画册的编纂工作,构思编纂提纲,整理图片和文字,编纂文稿2万余字,收集图片100余张,及时完成并上报。按照省委党史研究室有关要求,组织人员广泛收集资料,认真编写《江西改革开放实录》南昌有关专题,完成《改革开放以来南昌商业的大发展》初稿,全面总结改革开放三十多年来南昌商业发展的历史经验和辉煌成就。

【编纂《江西省志·人民政府志》南昌部分的文稿】 2016年,按照市政府办公厅有关工作要求,明确任务,落实责任,组织人员前往市政府办公厅、市委组织部、市编办等单位征集资料,查阅《南昌市志》《南昌年鉴》等书籍,收集市政府领导人任职和工作部门、直属事业单位、驻外办事机构、其他派出机构、管辖县区政府及乡镇政府等设置情况,编纂完成《江西省志·人民政府志》南昌市人民政府资料长编1.3万余字。

【开展党史宣传教育】 2016年,协同市直相关单位做好纪念八一南昌起义暨建军90周年活动筹备工作,多次参加活动策划座谈会及“八一精神”提炼研究会,并参加八一馆陈展提升项目工作,认真审阅新馆陈列大纲和形式设计稿等,提出修改意见。为纪念红军长征胜利80周年,缅怀革命先烈,弘扬长征精神,联合市委老干部局编纂《铁骨忠魂——父辈的长征》,收集整理审核文稿52篇、约27万字,并送江西高校出版社出版。组织撰写《划破沉寂深夜的枪声》,全面再现八一南昌起义的光辉历程,并在2016年第4期《江西地方志》刊载。

【征集利用史志资料】 2016年,为及时收集、保存现时市委、市政府重要会议、重大活动资料,由专职人员拍采市委、市政府重要会议、重大活动照片,共采拍160次、照片8000余张,为党报党刊、政务网站、有关单位提供并被采用照片50余张。征集市文联编纂的《南昌民间传说》、湾里旅游局编纂的《梅岭古诗选集》、市地税局编纂的《南昌市地税志》等,不断丰富机关库藏地情资料。充分发挥史志工作优势,热情接待部分省市报社、市地税局等单位人员及各地群众来函来访,提供相关地情资料,开展地情咨询服务,帮助他们做好相关工作。

【开展旧志整理前期准备工作】 2016年,为贯彻落实《南昌市地方志事业“十三五”(2016—2020年)发展规划》,组织人员调查、了解南昌现存旧志,发现有[万历]新修南昌府志(共三十卷、6册,约52万字)、[乾隆]南昌府志(共七十六卷、13册,约243万字)、[同治]南昌府志(共六十六卷、16册,约340万字),其存放于省图书馆、省方志馆。按照旧志整理原则、方法、步骤等,起草旧志整理编纂方案,明确旧志整理目的、措施和要求等,为下一步开展旧志整理工作打下基础。

【督促指导史志工作开展】 2016年,采取平时督促与集中检查相结合的方式,进一步加强督促、协调和指导各县区党史正本和年度大事记编纂工作,明确要求,狠抓质量,推进全市党史工作协调发展。加强对部门志的专业指导,认真审阅,严格把关,为《南昌市台湾工作志》《南昌市烟草志》《团市委工作志》等部门志的编修提出编纂意见和建议。审查《新建人大志(2003—2016)》,对篇目安排、凡例编写、志书体例、表格设置等提出修改建议,并写出书面审稿意见。定期督促县区年鉴工作,精心指导年鉴编纂,提出合理建议和意见,进一步推动县区综合年鉴工作全面发展。

【制定全市地方志事业“十三五”发展规划】 2016年5月,按照《全国地方志事业发展规划纲要(2015—2020年)》《江西省地方志事业发展规划纲要(2016—2020年)》要求,结合地方志工作实际,制定《南昌市地方志事业“十三五”(2016—2020年)发展规划》,并以市政府办公厅名义印发。该规划全面分析和总结全市地方志工作发展基础和形势,明确地方志事业五年发展指导思想和基本原则、总体目标与主要任务、组织领导与保障措施,积极谋划和推进第三轮修志、方志馆建设、地情资料库建设、地方志信息化建设、旧志整理等工作,确保全市地方志事业平稳、有序、健康发展。

【组织开展县区史志工作调研】 2016年12月上旬,组织史志工作调研组,对县区史志工作进行调研。调研围绕“史志部门机构、编制、人员、工作经费、办公场所等落实情况;贯彻落实市委《关于加强和改进新形势下党史工作的实施意见》,开展党史正本编纂、大事记编纂、党史宣传教育等工作情况;贯彻落实市政府办公厅《关于印发〈南昌市地方志事业“十三五”(2016—2020年)发展规划〉的通知》,开展部门和乡镇志编纂、综合年鉴编辑、地情资料征编、读志用志等工作情况”,采取召开座谈会、现场察看方式,全面了解和掌握各县区史志工作发展状况。调研后,认真整理材料,深入分析情况,形成专题调研报告,指出存在的问题,提出相应对策,为进一步推进全市史志工作发展指明了路径。

(邓水龙)

档案工作

【概况】 2016年,全市档案部门深入学习宣传、贯彻落实省委办公厅、省政府办公厅《关于进一步加强和改进新形势下全省档案工作的实施意见》和市委办公厅、市政府办公厅《关于进一步加强和改进新形势下全市档案工作的实施意见》精神,围绕市委、市政府中心工作,扎实开展“两学一做”学习教育,切实加强档案资源体系、档案利用体系和档案安全体系“三个”体系建设,档案工作法制化、规范化、信息化建设水平进一步提高,档案部门服务民生服务经济建设的能力和水平进一步提升,为奋力书写富裕美丽幸福江西“南昌篇章”做出积极贡献。市档案局荣获“2014—2016年度全国省会城市和计划单列市档案宣传工作优秀单位”“2015年度设区市档案局(馆)工作先进单位”“南昌市学雷锋活动示范点”“2015年度全市法治南昌建设优秀单位”等称号。

【出台全市档案事业发展五年规划】 2016年,根据全市档案工作实际情况,制定印发《南昌市档案事业发展“十三五”（2016年—2020年）规划》。规划分指导思想、发展目标、主要任务、重点工作、保障措施五大部分，并将出台《南昌市档案条例》、新建南昌市档案馆、加强民生档案工作、实施档案数据库建设、推进档案文化建设、实施国家重点档案抢救与开发项目列入重点工作。

【贯彻落实省市关于进一步加强和改进新形势下档案工作的实施意见】 2016年，制定学习省市关于进一步加强和改进新形势下档案工作的实施意见宣传方案，开展学习研讨，举办专题辅导讲座，加强新闻媒体和网络宣传。利用“6·9国际档案日”开展宣传活动，采取发放宣传册、发送手机短信、组织知识竞赛、开展主题征文等形式，在全市营造起学习贯彻省市实施意见的浓厚氛围。10月25—27日，由市委办公厅督查室、市政府办公厅督查室、市档案局联合组成3个督查组，对各县区、市属专业和部门档案馆、部分开发区及市直机关共22个单位开展贯彻落实实施意见专项督查活动，进一步推进实施意见的贯彻落实。

【县区档案馆库建设】 2016年，湾里区档案馆搬迁新馆；青山湖区已选定档案馆项目设计方案及可研报告编制单位，市政府办下发抄告单，同意青山湖区政府机关大院办理划拨土地使用手续，关于智能档案馆建设的立项、土地、规划等手续按正常办理；安义县档案馆库建设取得新进展，新档案馆项目建设正在加快推进。

【规范档案管理】 2016年，全面完成市属国有企业《国有企业文件材料归档范围和保管期限表》审核工作；贯彻实施《江西省档案工作规范化管理办法》，指导东湖区档案馆成功创建省一级档案馆，批准市无线电管理局等4家单位成为档案工作规范化管理省三级以上单位。8月，顺利通过国家档案局组织的国家档案执法检查。

【推进档案工作信息化】 2016年，南昌数字档案馆全面投入运行，实现电子档案的在线接收、归档及查阅利用。全年，市档案馆共完成129万画幅全文数字化扫描和21395条案卷级目录、20余万条文件级目录著录以及800余条新闻类声像档案资料的整理、录入。7月1日，与石家庄市档案局完成2015年度重要档案数据异质交接备份工作。全市新增6个民生档案信息共享平台服务点，全市9个县区综合档案馆、14家乡镇（街道）便民服务中心完成民生档案共享平台搭建布点工作，上传民生档案数据30万条。

【开展档案工作宣传】 2016年6月6—8日，市、县区档案局在红谷大厦举办“6·9”国际档案日宣传展览活动，吸引近千名市民参与。9日，市档案局联合东湖区档案局、墩子塘街办北湖社区在建德观举办主题为“档案与民生”6·9国际档案日宣传展览活动，现场接受群众业务咨询100余人次、发放宣传资料200余册，江西二套、南昌电视台、南昌广播电视台、信息日报等多家媒体报道。

【举行档案工作培训】 2016年，市档案局联合厦门大学举办一期全市档案干部高级研修班。培训对象包括市直、县（区）、开发区（新区）管委会等单位分管档案工作的领导、办公室主任、各县区档案局（馆）长以及档案工作人员，共122人。此外，市档案局还针对农地确权、重点建设项目、私营企业档案工作开展专项培训，培训各类档案工作人员350人。

【档案资料征集编研】 2016年，市档案馆共接收40598卷、39136件档案进馆，馆藏总量364981卷、87485件，比上年增长13.5%，与“十一五”末比实现馆藏翻番。征集到涂烈书法作品《禅》《江西党史资料·朱开铨专集》《雷氏族谱》《蔡社宝同志讲话文稿辑录（2015年1—12月）》等30余件珍贵资料进馆。利用馆藏开展编研工作，《南昌市四套班子历届领导通览》一书已于3月正式编印出版，《南昌市档案工作大事记》（1949—2015）初稿已经完成，正在进一步修订完善。

【档案保管利用】 2016年，市档案馆共接待查询738人次，利用纸质档案5672卷次，利用电子档案8634卷次，打印档案1.43万页，接待特藏室参观20批次，为落实知青待遇、办理社保、编史修志等工作提供热情服务，被市委宣传部授予“南昌市学雷锋活动示范点”。制定《南昌市档案局（馆）档案安全保管突发事件应急预案》，开展一次实地消防演练，并定期对库房消防设备、视频监控、门禁系统、库房卫生等进行全面检查。

【档案抢救与统计】 2016年，市档案馆对20件馆藏破损地契地图进行修复，鉴定到期应开放档案2624卷，向社会开放档案2272卷，开放政府公开信息59件。及时收集、汇总、审核、统计2015年度各项档案事业数据，编制并报送《2015年度档案事业统计年报》。

【农村土地承包经营权确权登记颁证档案归档整理】 2016年，全市农村土地确权登记工作基本完成。为确保档案工作与颁证工作同步完成，市档案局联合市农业局召开全市农村土地承包经营权确权登记颁证档案归档整理工作现场经验交流会、专题培训，并深入南昌经开区、新建区等地指导农村土地确权颁证档案工作。至年底，全市基本完成确权档案的规范整理，确权档案验收工作正在有序推进。

【开展重点建设项目档案工作】 2016年，完成南昌轨道交通1号线一期工程遗留15个（共49个）单项工程的档案竣工验收工作，举办南昌轨道交通2号线一期工程档案管理培训班，并对土建二标、南延二标等4个标段档案进行档案验收。开展市重点建设项目档案登记工作，全面掌握全市重点建设项目档案情况。联合市人大教科文卫委，对南昌LED产业创新示范园等6个市重点建设项目进行档案执法调研。

【督查国有企业社区档案移交】 2016年，为贯彻落实《关于开展全市国有企业社区移交专项督查工作的通知》精神，市档案局对进贤县、红谷滩新区、南昌高新区的国有企业社区移交工作开展督查，对移交工作中档案的归属与流向提出督查意见，并要求在接下来的协议签署阶段，尤其要注意按规范签署协议和收集整理移交工作过程中的档案，确保移交工作圆满完成。

（柯　丽）

党校工作

【概况】 2016年，市委党校深入贯彻落实全国党校工作会议精神，发挥领导干部教育培训主渠道、主阵地作用，全年共举办各类轮训培训班次30期，培训学员2300余人次。其中，举办党校常规主体班6期，培训学员464人次；举办行政学院主体班5期，培训学员406人次。在办好主体班次的同时，围绕市委中心工作，承办全市领导干部学习贯彻中共十八届五中全会精神专题研讨班，为南昌“抢占制高点、聚焦增长极、提升首位度、共筑‘四强梦’”作出新贡献。市委党校先后被评为市级“文明单位”“全市综治目标管理考核成绩突出单位”“全市保密工作优秀集体”等。

【聚焦主业主课】 2016年，认真学习贯彻习近平总书记在全国党校工作会议上的重要讲话精神，坚持把党的理论教育和党性教育作为党校教学的重中之重，不断推动干部教育培训工作迈上新水平。在办学中坚持党校姓党原则，把理论教育和党性教育作为教学的首要任务来抓。推动在主体班开设“学习贯彻习近平总书记系列重要讲话精神”“马克思主义基本理论与党性修养”“学习贯彻党的十八届五中全会精神”等教学单元，打造“学习方志敏，传承红色基因，保持共产党人坚定信念”等一系列党性教育现场教学课程，还先后组织主体班学员赴重庆市、贵州省遵义市、湖北省黄冈市红安县等地进行革命传统教育，做到将党性锻炼贯穿培训学习全过程。在市委党校主体班教学中，党的理论教育和党性教育占课程比例已超过70%。探索“课堂+现场”教学模式，座谈式、访问式、案例式、情景式等新教学形式逐渐成熟，教学效果明显提升。注重调查研究，青干班学员的调研成果汇编首次得到市委主要领导的批示肯定。打造“求实”品牌，在“求实”品牌下设有求实论坛、求实读书会、求实学员讲坛、求实学员报刊、求实读书角等5个子项目。通过“求实论坛”平台，邀请到杨毅、李永忠等一批国内的知名专家学者到校举办专题报告会，每期听讲人数500余人。规范学员管理，认真执行中央“八项规定”和中组部关于干部培训的有关规定和要求，在青干班中首次实行量化考核管理，推动学员形成良好学风。此外，在主体班中组织开展同学读书会活动、“一颗红心永向党”主题班会活动、“求实杯”拔河比赛等一系列健康向上的文体活动，深受学员好评。

【提升科研水平】 2016年，全年累计申报各级课题40余项，其中立项省级课题5个、市级课题2个、校级课题17个，一批科研成果获得各级各类奖励。成功举办全市党校系统学习贯彻习近平总书记系列重要讲话精神理论研讨会。全年学报出刊6期，开设的“江西崛起·南昌发展”“党史党的建设”等主题专栏获得良好的社会反响，学报的机构使用用户及引用率比上年提高一倍。3月，学报正式加入万方数据库，为学报进军全国社科类学术权威阵地迈出新的步伐。

【增强保障能力】 2016年，投入资金60余万元，购置更新一批计算机、投影仪等教学设备用于改善培训办学条件。在完成本校各项办班培训服务工作的同时，还圆满完成省委组织部、各兄弟市直单位的会议培训保障任务。进一步规范财务管理，严格执行财务预算，遵守财经纪律，努力增收节支，合理安排经费支出，提高资金使用效率，保证各项工作的顺利进行。加强数字图书资源的建设，引进开通的电子书借阅系统深受学员和教职工的好评。

【打造习近平总书记重要讲话专题长廊】 2016年3月，为办好全市领导干部贯彻中共十八届五中全会精神专题研讨班和2016春季主体班，营造学习贯彻习总书记系列重要讲话精神特别是年初视察江西时的讲话精神的浓厚氛围，加强校园文化建设和机关党建阵地建设，开拓教育载体，市委党校精心打造习近平总书记重要讲话专题长廊。专题长廊位于校园池塘旁，共设立宣传展览12幅，图文并茂展示习近平总书记系列重要讲话精神。习近平总书记重要讲话专题长廊的设立，为学员和教职工提供了一个学习习近平总书记重要讲话的开放空间，一个交流思想的开放空间，为学习党建知识、提升党建工作水平创造良好的环境，受到学员和教职工的普遍欢迎。

【举行首届“求实杯”两学一做知识竞赛】 2016年，市委党校不断创新学习教育载体与形式，将学习教育重心放在“做”上，以教育全校党员做“讲政治、有信念，讲规矩、有纪律，讲道德、有品行，讲奉献、有作为”的合格党员。11月25日，为推动“两学一做”学习教育全面深入开展，引导党员干部深入学习党章党规和习近平总书记系列重要讲话，不断加强党性锻炼，增强党员意识，检验党员干部学习成果，举办首届“求实杯”两学一做知识竞赛。竞赛共有教职工和第49期青干班学员组成的5支代表队参加。此次竞赛分必答题、抢答题和风险题三个环节。题目主要涉及基本理论、基本概念，以及党史、党建、党章党规、准则条例等知识内容。经过参赛选手个人必答、小组抢答与风险选答等几个回合的激烈角逐，最后青干班第二组获一等奖、市委党校教工队获二等奖、青干班第三组获三等奖。

【举办党校系统理论研讨会暨优秀论文评审会】 2016年11月17日，为进一步贯彻落实中共十八届六中全会精神，推动习近平总书记系列重要讲话精神的深入学习和研究，市委党校在南昌县委党校组织召开“南昌市党校系统学习贯彻习近平总书记系列重要讲话精神理论研讨会暨优秀论文评审会”。会议分优秀论文评审会、理论研讨会两个议程。优秀论文评审会由各县区党校分管科研工作的领导作为评委参加评审工作，评选出优秀论文共15篇，其中一等奖2篇、二等奖4篇、三等奖9篇。理论研讨会上，各县区党校分管科研工作的领导就如何抓好科研工作、推动理论研究工作上台阶提出意见和建议，并就下一步如何做好科研工作提出明确的目标和方向。此次理论研讨会是对全市党校系统过去两年工作的总结，也是进一步深化学习领会中共十八届六中全会和习近平总书记系列重要讲话及省、市党代会精神的一项重要举措。

（苏永青）

精神文明建设工作

【概况】 2016年，南昌市精神文明建设指导委员会办公室围绕中央、省委、市委重大决策部署，以建设社会主义核心价值体系为根本，以创建文明城市为载体，深入开展思想道德建设，全市群众性精神文明创建活动异彩纷呈，为建设“美丽南昌、幸福家园”提供强大的思想保证和良好的社会环境。制定《南昌市文明单位、文明村镇、文明社区管理办法》，共评选表彰文明单位1006个、文明村镇76个、文明社区92个。贯彻中央《关于深化文明家庭建设工作的意见》，广泛开展文明家庭创建活动。南昌市邹德凤、肖莉芬两个家庭被评为全国文明家庭。全年共发布4期诚信“红黑榜”和各类诚信建设稿件100余篇，宣扬40个诚信企业和个人，曝光失信案例和个人30余起。

【开展道德模范和“身边好人”评选和帮扶】 2016年，启动开展第五届道德模范评选工作。共向省文明办推荐“中国好人”77人次，入选“中国好人榜”候选人27人，入选“中国好人”7人，发布“身边好人榜”8万余榜次。承办中央文明办全国道德模范巡演巡展1次，承办省文明办全省身边好人发布2次，开展全市道德模范巡演巡展20余次。制定下发《南昌市道德模范礼遇帮扶及管理实施办法》，规范道德模范礼遇帮扶管理的工作程序和具体措施。全市共投入15万元用于慰问和帮扶道德模范和身边好人。

【设置文明新风宣传公益广告】 2016年，组织市属新闻媒体刊播“讲文明树新风”公益广告110个整版（《南昌日报》《南昌晚报》）、总时长约500小时（南昌电视台、南昌电台）。全市共有20余个地铁工地、200余个建筑工地利用围挡设置公益广告6000余块，面积8万余平方米；超过25%的公交车播放车体公益广告。同时，打造25处社会主义核心价值观公益广告重点宣传阵地，设置遵德守礼牌5000余块。全市临街的LED屏播放社会主义核心价值观“24字”实现全覆盖。

【督导文明行为】 2016年，积极倡导文明旅游，在市属媒体共刊发各类文明旅游新闻稿件200余篇。联合市旅发委、市园林局组成“文明旅游”督查小组，对各主要旅游景区进行“文明旅游”督查行动。市文明办、市食药监局等单位每月联合组织开展文明餐桌督查活动，全年共检查宾馆、饭店、餐馆400余家。

【实施农村精神文明建设系列工程】 2016年，组织新一轮的省级文明单位在农村地区开展帮建工作，各文明单位按照精准扶贫的要求，认真做好扶贫工作。推进各村史馆建设项目，指导督促汪山土库、安义古村、冈上月池熊家3个村史馆建设资金落实到位。广泛组织开展“最美媳妇”“星级文明信用户”等农村精神文明创评活动。召开全市农村精神文明建设推进会，就全市推进农村精神文明建设工作进行安排部署，从加强思想道德建设、农村精神文明创建、农村公共文化建设、农村环境综合整治、农村公共服务体系构建5个方面着手，全面提升农村文明程度，为全面建设小康社会作出新的贡献。根据省文明办要求，成功申报安义县石鼻镇中心小学作为2016年度中央专项彩票公益金支持的建设项目。

【开展文明教育主题实践活动】 2016年，开展“我的中国梦·清明祭英烈”系列主题实践活动，全市共有32.14万名中小学生参与网上祭英烈活动。全市共选拔68个少儿文艺节目报送省2016年“唱响中国梦”少儿文艺演出及电视大赛。其中，羊子巷小学《罐罐香》等5个节目获2016年“唱响中国梦”少儿文艺作品电视大赛二等奖，南昌市荣获优秀组织工作奖。举办庆七一“童心向党”歌咏展演活动，全市各县区10所学校的420名学生参加活动，并择优选取松柏小学的《聆听未来的声音》等6组节目，上报省文明办，参加全国“童心向党”歌咏活动网上展播。7月31日，上报的节目在中国文明网播出。5月30日至6月8日，全市各中小学校通过组织上网学习、留言，举办主题班（队）会、学习心得展示、与美德少年座谈交流、开展力所能及的学雷锋志愿服务等形式，集中开展活动410次。组织全市中小学生登录中国文明网、央视网、中国未成年人网等重点新闻网站搭建的“向国旗敬礼”互动平台，开展网上签名寄语活动，参与网上签名寄语共118.32万人次，位居全省第一。积极参加中央文明办、中国未成年人网举办的“少年行中国，文明在路上”第四届中华小导游活动征集活动。推荐的“南昌八一起义纪念馆—新四军军部旧址”红色旅游线路成功入选“中国文明旅游魅力线路”。

【完善志愿服务管理】 2016年，依托江西志愿服务网，积极开展志愿者登记注册、活动管理、服务时长记录等工作，完善志愿者档案和志愿服务数据。全市实名注册志愿者42.4万人、服务项目2.05万个、志愿服务时长961.34万个小时，登记的志愿服务组织3503个。志愿者邹德凤、郭联发、李林被授予“全国最美志愿者”，赣江值守项目被授予“全国最佳志愿服务项目”；刘将军庙社区被评为“全国最佳志愿服务社区”；中国南丁格尔护理志愿服务总队被授予“全国最佳志愿服务组织”。劳“益”结合志愿服务项目荣获第三届全国青年志愿服务项目大赛银奖。

【开展精神文明建设宣传】 2016年，加强文明网站及新媒体建设。中国文明网南昌站全年累计被中国文明网采用稿件约500余篇，其中头条、要闻共采用37篇，评论57篇。建立一支1000余人网络宣传信息员队伍。组织全市14家全国文明单位的42名网络文明传播志愿者和10名道德模范、中国好人积极参与网络文明传播工作，陆续开展“好人365”“梦想还是要坚持的”“我给父母拜个年”“春日好读书”“我们的乡规民约”等各类网络微传播活动20余项，开展“全国道德模范故事汇南昌专场”微博微信直播等活动，共发博文2000余条、微博2.77万条。春节期间开展多种形式的社会环境布置。全市共悬挂国旗4675面，悬挂中国结1364个，张贴春联1.28万幅，设立花坛71处，张贴公益广告1.49万幅。元宵节期间，拍摄微电影《元宵之恋》。

（徐小燕）

机构编制工作

【概况】 2016年，南昌市机构编制部门主动适应“深化改革、简政放权、控编减编、依法行政、从严治办”五个新常态，围绕中心，服务大局，积极进取，充分履职，着力推进各项改革，继续严管严控机构编制，切实加强自身建设，全市机构编制工作呈现创新发展的良好势头。

【深化行政审批制度改革】 2016年，南昌市机构编制委员会办公室（以下简称市编办）按照市政府部署和要求，继续深入推进简政放权、放管结合、优化服务改革工作，与国务院、省政府取消和下放行政审批事项相衔接，相应取消和调整行政权力项目64项，其中取消30项、承接6项、下放11项、整合和调整17项。认真组织开展清理规范行政审批中介服务事项，取消和调整行政审批中介服务事项33项，21项保留的行政审批中介服务事项均纳入目录管理。加强权责清单动态管理，以市政府名义转发《江西省人民政府关于印发江西省行政权责清单管理办法的通知》。加强行政审批目录管理，编印《南昌市市本级行政审批权力清单》。扎实推进简化优化公共服务流程、方便基层群众办事创业工作，审核认定市本级公共服务事项349项。《南昌市市本级公共服务事项清单》经2016年第17次市政府常务会议审议通过。

【推进相关领域体制改革】 2016年，积极推进市直林业系统综合行政执法体制改革，通过调整职能，整合林业执法机构和人员编制，组建南昌市林业综合执法支队。配合市纪委做好向市一级党和国家机关派驻纪检机构“全覆盖”工作，市纪委派驻（出）机构由58个调整为36个，其中单独派驻纪检组4个、综合派驻纪检组31个、派出纪工委1个。撤销28个市纪委派驻机构和49个市监察局派驻监察机构（不含派驻市中级人民法院监察室和派驻市人民检察院监察室），不再保留18家市一级党和国家机关等单位内设的纪检机构，不再保留18家市一级党和国家机关单设的正科级纪检员，其编制全部划转，领导职数由南昌市机构编制委员会（以下简称市编委）收回。

【严格机构编制管理】 2016年,市编办全力推进控编减编工作,以市委办公厅、市人民政府办公厅印发《南昌市控编减编工作方案》。按照"严控总量、盘活存量、增减平衡、分级负责"的原则,严格控制机构编制增量,从严从紧审批机构编制,除中央和省委、省政府有明确规定以及落实市委、市政府重大决策部署外,一律不新设机构、新增编制。确需增设机构、增加编制的,严格按照机构"撤一建一"、编制"增一减一"的原则,在总量内调剂解决。集中开展减编收编工作,市级党政群机关和市委、市政府直属事业单位按3%减编;市直部门所属事业单位按10%减编,长期大量空编且空编率30%以上的,按空编数的60%减编;划分行政类、生产经营类的两类事业单位停止进人,机关、事业单位工勤人员只出不进,空编全部收回,已使用的编制按"减一收一"的原则逐步收回。至年底,全市共精减收回行政编制74名、事业编制3526名,其中市本级行政编制74名、事业编制2032名。通过减编,既消化超总量控制数的事业编制,又预留部分行政、事业编制以备今后发展所需。健全和落实年度空编使用计划申报、进人核编、科级领导职数使用核准、政策性安置由市编办事先提供岗位、系统内领导干部交流必须事先核编核职数等一系列管理制度,从源头上防止超编进人、超职数配备干部问题的发生。强化机构编制监督检查,认真做好"12310"投诉举报受理工作;实行机构编制管理情况逐季通报制度,对超编进人、超职数配备干部、越权审批机构、超限额审批编制等问题,以及超总量编制和超编人员消化情况,以市编委名义向各县区党委、政府、编委的主要领导、分管领导和县区编办每季通报一次,对存在的突出问题,要求相关县区编委作出说明,并限期整改到位;开展控编减编工作方案执行情况专项督查,组织督查组对江西省机构编制委员会办公室(以下简称省编办)督查南昌市时未延伸督查的6个县区和3个开发区(新区)的控编减编等工作进行实地督查,针对存在的问题提出整改要求。

【强化事业单位登记管理】 2016年,认真做好事业单位日常登记管理,规范事业单位宗旨和业务范围用语表述,加强事业单位登记事项管理和印章管理。市本级共办理设立登记14件,变更登记635件,注销(撤销)登记77件,重新申领证书2件。有序开展上年度事业单位法人年度报告,市直579个事业单位均按期报送法人年度报告。推进机关事业单位统一社会信用代码工作,结合事业单位法人年度报告、变更登记等工作,为市直585个事业单位赋予统一社会信用代码并换发(颁发)新版《事业单位法人证书》。做好机关、群团统一社会信用代码赋码及证书发放,为市直112个机关、群团赋予统一社会信用代码并颁发新版《统一社会信用代码证书》。加强对事业单位法人的事中事后监管,对市直15个事业单位法人公示信息进行抽查,对发现的问题限期整改。

【机构设置与调整】 2016年1月6日,市编委批复,设立南昌市公安局红谷滩分局卧龙派出所,为南昌市公安局红谷滩分局派出行政机构,正科级规格。4月15日,市编委批复,将梅岭风景区洗药湖地区管理处更名为湾里区洗药湖管理处,机构规格升格为正科级,隶属关系由湾里区旅游发展委员会所属事业单位调整为湾里区人民政府直属事业单位。设立南昌溪霞国家农业综合开发现代农业园区管理委员会,为新建区人民政府派出机构,正科级规格,全额拨款事业单位。设立南昌市地理信息数据中心,为南昌市国土资源局所属正科级全额拨款事业单位。在各县(含新建区)设立社区网格管理中心,为副科级全额拨款事业单位,隶属于同级综治办。设立南昌市公安局新建分局南昌汉代海昏侯国遗址公园派出所,为南昌市公安局新建分局派出行政机构,正科级规格。设立南昌市盲人按摩指导中心,为市残疾人联合会所属全额拨款事业单位,正科级规格。撤销南昌市公安局桑海分局,将南昌市公安局桑海分局新祺周派出所调整至南昌市公安局经开分局管理,并更名为南昌市公安局经开分局新祺周派出所。原江西桑海经济技术开发区管理委员会所属部分事业单位与南昌经济技术开发区管理委员会所属有关事业单位按照"职能相同、相近的必须合并;规格不同的,就高不就低,但不提高机构规格;经费形式不同的,就高不就低,但涉及不同经费形式的人员原则上由南昌经济技术开发区管理委员会整合到本区同经费形式单位"的原则进行整合。撤销南昌桑海开发区市场和质量监督管理局,将其职能并入南昌经济技术开发区市场和质量监督管理局。设立南昌经济技术开发区市场和质量监督管理局桑海分局,为南昌经济技术开发区市场和质量监督管理局下设行政机构,副科级规格。撤销南昌市国土资源局桑海分局,其原定职能划入南昌市国土资源局经开分局,将南昌市国土资源局经开分局更名为南昌市国土资源局经开分局蛟桥国土资源中心所,机构规格升格为副科级。撤销南昌市土地储备中心桑海分中心,设立南昌市土地储备中心湾里分中心,为南昌市土地储备中心下设正科级事业单位。4月25日,江西省机构编制委员会(以下简称省编委)批复,设立南昌汉代海昏侯国遗址管理局,为省政府派出机构,副厅级规格,委托南昌市人民政府管理。根据省编委批复精神,5月27日,市政府办公厅印发《南昌汉代海昏侯国遗址管理局主要职责、内设机构和人员编制规定》,31日,市编委下发通知,设立南昌汉代海昏侯国遗址博物馆(南昌市文物考古研究院),为南昌汉代海昏侯国遗址管理局所属正县级全额拨款事业单位。8月19日,省编办批复,设立南昌综合保税区管理委员会,为南昌市人民政府所属正县级全额拨款事业单位。9月22日,市政府办公厅印发《南昌综合保税区管理委员会主要职责、内设机构和人员编制规定》。10月8日,市编委批复,设立南昌综合保税区服务中心,为南昌综合保税区管理委员会所属全额拨款事业单位,不定规格。12月30日,市编委批复,设立南昌(国家)大学科技城管理委员会,为南昌高新技术产业开发区管理委员会所属副县级全额拨款事业单位。

(罗志昌)

南昌市人民代表大会

概　述

【概况】　2016年是全市换届年。市人大常委会在市委的正确领导下，紧紧围绕全市工作大局，认真学习贯彻中共十八大和十八届三中、四中、五中、六中全会精神及习近平总书记系列重要讲话精神，毫不动摇坚持人民代表大会制度，依法履行立法、监督等各项职能，与时俱进推动人大工作发展，全力助推全市打造富裕美丽幸福江西"南昌样板"。

人民代表大会及常务委员会议、主任会议

【概况】　2016年，共召开2次市人民代表大会，9次常务委员会会议，19次主任会议，认真研究部署人大各项工作，切实履行工作职责。

【市十四届人民代表大会第六次会议】　2016年1月17—21日，市第十四届人民代表大会第六次会议在前湖迎宾馆举行。会议应到代表440人，实到代表396人。会议听取和审议市人大常委会、市政府、市法院、市检察院工作报告；审查和批准《关于南昌市国民经济和社会发展第十三个五年规划纲要（书面）》《关于南昌市2015年国民经济和社会发展计划执行情况与2016年国民经济和社会发展计划草案的报告（书面）》《关于南昌市2015年市级财政总预算执行情况和2016年市级财政总预算草案的报告（书面）》；会议表决通过关于政府工作报告的决议、关于南昌市国民经济和社会发展第十三个五年规划纲要、关于南昌市2015年国民经济和社会发展计划执行情况及2016年国民经济和社会发展计划的决议、关于南昌市2015年市级总预算执行情况和2016年市级总预算的决议、关于南昌市人民代表大会常务委员会工作报告的决议、关于南昌市中级人民法院工作报告的决议、关于南昌市人民检察院工作报告的决议。会议还表决通过刘炽当选南昌市人民检察院检察长、陶成当选南昌市第十四届人民代表大会常务委员会委员、谢文斌当选南昌市第十四届人民代表大会法制委员会主任委员的人事议案。

【市十五届人民代表大会第一次会议】　2016年11月2—5日，市第十五届人民代表大会第一次会议在前湖迎宾馆举行。会议应到代表424人，实到代表415人。会议听取和审议市人民政府工作报告、市人大常委会工作报告、市中级人民法院工作报告、市人民检察院工作报告并作出相关决议。会议表决选举陈德寿为南昌市第十五届人民代表大会常务委员会主任，申少平、李福如、魏国华、王敏、朱敏华、张力、陈以荻、谭绍木为副主任，徐永立为秘书长；选举郭安为南昌市人民政府市长，肖玉文、涂建生、龙国英、凌卫、宋铀、樊三宝、杨文斌为副市长；选举居国屏为南昌市中级人民法院院长，刘炽为南昌市人民检察院检察长。会议还表决选举29名南昌市第十五届人民代表大会常务委员会委员。

【市十四届人大常委会第34—41次会议】　2016年，市第十四届人大常委会在市人大机关一楼会议厅共召开8次常务委员会会议。其中，第34—37次会议，市人大常委会主任蔡社宝，副主任李国根、崇江林、邹书玲、申少平、李福如、魏国华、戴晓明，秘书长徐永立及常委会组成人员出席。第38—41次会议，市人大常委会主任蔡社宝，副主任李国根、崇江林、申少平、李福如、魏国华、戴晓明，秘书长徐永立及常委会组成人员出席。

第34次会议，1月10日召开。会议听取和审议市人大常委会工作报告、市第十四届人民代表大会第6次会议议程、日程、主席团和秘书长名单、主席团常务主席名单、主席团执行主席分组名单、副秘书长名单、列席人员名单、邀请登台就座人员名单、选举办法、通过南昌市第十四届人民代表大会法制委员会主任委员人选办法等草案；审议通过《关于接受沈亚平、周容兴同志辞去江西省第十二届人民代表大会代表职务请求的决定》《关于接受刘家富同志辞去南昌市人民政府副市长职务请求的决定》《关于提请补选龚绍林、李春燕同志为江西省第十二届人民代表大会代表》《关于接受徐胜平同志辞去南昌市人民检察院检察长职务请求的决定》的议案；听取市人大常委会代表资格审查委员会关于代表资格审查情况的报告。

第35次会议，2月26日召开。会议传达学习省十二届人大五次会议精神；审议通过《南昌市电动自行车管理条例》《南昌市人民政府关于提请审议批准2015年地方政府债务限额的议案》；听取和审议市人民检察院关于南昌市未成年人刑事检察工作情况报告审议意见研究处理情况的报告、市人民政府关于南昌市农业综合开发工作情况报告审议意见研究处理情况的报告；听取《南昌市人大常委会2016年立法计划》；补选葛晓燕为江西省第十二届人民代表大会代表；审议通过《关于接受田大忠同志辞去南昌市人民政府副市长职务请求的决定》和其他人事议案，并举行常委会"一会一课"。

第36次会议，4月26—27日召开。会议审议通过关于废止《南昌市劳动力市场管理条例》的决定、关于废止《南昌市城市房屋拆迁管理办法》的决定、《南昌市低碳发展促进条例》；听取和审议市人民政府关于全市生态环境状况和生态环境保护目标完成情况的报告；听取和审议并通过市人民政府关于全市第九轮行政审批制度改革落实工作情况的报告和开展专题询问审议意见的研究处理情况报告；听取和审议市人民政府部分组成部门主要负责人本届五年任期履职情况的报告，并进行满意度测评；审议通过有关人事任免议案，并举行常委会

"一会一课"。

第37次会议,6月27日召开。会议审议《南昌市燃气管理条例(修订案草案)》、南昌市人民代表大会常务委员会关于开展第七个五年法治宣传教育的决议;听取和审议关于全市"六五"普法规划实施情况和"七五"普法工作安排的报告、市人民政府关于全市农村水环境治理试点工作情况的报告、市人民政府部分组成部门主要负责人履职情况的报告、市人大常委会代表资格审查委员会关于代表资格的审查报告;听取关于将《南昌市关于禁止燃放烟花爆竹的规定》列入市人大常委会2016年立法计划的报告(书面);审议通过《关于确认许可对市十四届人大代表黄玉林采取强制措施的决定》和其他人事任免议案。

第38次会议,8月29日召开。会议审议《南昌市禁止燃放烟花爆竹规定》《南昌市燃气管理条例(修订草案修改稿)》(二审);听取和审议关于"两院"推进司法公开工作情况的报告、关于全市2016年1—6月国民经济和社会发展计划执行情况的报告、关于2015年市级财政决算及2016年1—7月财政预算执行情况的报告、关于2015年南昌市市本级预算执行和其他财政收支的审计工作的报告、关于2016年市级预算调整方案和2016年全市地方政府债务限额的议案、关于全市生态环境状况和生态环境保护目标完成情况报告的审议意见研究处理情况报告;听取关于全市重大重点项目建设情况的调研视察报告,关于全市产业发展、城市建设和管理、全市社会和民生重大重点项目建设情况的调研报告;审议《关于接受邹书玲同志辞去南昌市人大常委会副主任职务请求的决定》的议案和其他人事任免议案。

第39次会议,9月9日召开。会议听取和审议《南昌市人大常委会关于南昌市第十五届人民代表大会代表名额分配及候选人酝酿提名推荐等问题的意见》。

第40次会议,10月14日召开。会议审议《南昌市禁止燃放烟花爆竹规定(草案修改稿)》《关于召开南昌市第十五届人民代表大会第一次会议的决定(草案)》的议案;听取和审议关于全市国有资产监管工作情况的报告,关于全市对外交往和友城工作情况报告,市人大常委会关于市十四届人大六次会议代表提出的建议、批评和意见办理情况的报告,市人民政府关于市十四届人大六次会议代表建议办理情况的报告,市中级人民法院关于市十四届人大六次会议代表建议办理情况的报告,市人民检察院关于市十四届人大六次会议代表建议办理情况的报告,关于全市农村水环境治理试点工作情况报告的审议意见研究处理情况的报告;审议《关于接受刘建洋同志辞去南昌市人民政府副市长职务请求的决定(草案)》的议案、《关于接受刘邦琰同志辞去南昌市中级人民法院院长职务请求的决定(草案)》的议案;听取关于"道路交通安全南昌行"活动工作总结;审议其他人事议案。

第41次会议,10月28日召开。会议审议南昌市人大常委会工作报告,南昌市第十五届人民代表大会第一次会议议程、日程、主席团和秘书长建议名单、主席团常务主席建议名单、主席团执行主席分组名单、副秘书长建议名单、列席人员建议名单、邀请登台就座人员建议名单、选举办法、表决通过办法,南昌市第十五届人民代表大会专门委员会组成人员人选办法;听取和审议市人大常委会代表资格审查委员会关于代表资格审查情况的报告;审议其他人事议案。

【市十五届人大常委会第1次会议】 2016年,市第十五届人大常委会在市人大机关一楼会议厅共召开1次常务委员会会议。市人大常委会主任陈德寿,副主任申少平、李福如、魏国华、王敏、朱敏华、张力、陈以荻、谭绍木,秘书长徐永立及常委会组成人员出席。

第1次会议,12月30日召开。会议听取和审议关于全市"法检两院"司法公开工作情况报告的审议意见研究处理情况的报告;听取《南昌市人大常委会2017年立法计划》、关于"鄱湖明珠 中国水都"巡主题活动工作总结的报告、关于2016年开展赣鄱农产品质量安全(南昌)行活动的报告、关于全市2016年1—6月份国民经济和社会发展计划执行情况报告的审议意见研究处理情况报告、关于2015年市级财政决算及2016年1—7月份财政预算执行情况报告的审议意见研究处理情况报告、关于2015年度南昌市市本级预算执行和其他财政收支审计工作的审议意见研究处理情况报告、市人民政府关于对全市2016年预算收支有关情况的报告;审议关于设立南昌市第十五届人民代表大会常务委员会代表资格审查委员会的议案、人事任免议案;补选省十二届人大代表。

【市十四届人大常委会第73—89次主任会议】 2016年,第十四届人大常委会在市人大机关三楼主任会议室共召开17次主任会议。其中第73—88次主任会议,市人大常委会主任蔡社宝,副主任李国根、崇江林、邹书玲、申少平、李福如、魏国华、戴晓明,秘书长徐永立出席。第89次主任会议,市人大常委会副主任李国根、崇江林、申少平、李福如、魏国华、戴晓明,秘书长徐永立出席。

第73次主任会,1月4日召开。会议讨论南昌市第十四届人民代表大会第六次会议议程、日程、主席团和秘书长名单、主席团常务主席名单、主席团执行主席分组名单、副秘书长名单、列席人员名单、邀请登台就座人员名单、选举办法、通过南昌市第十四届人民代表大会法制委员会主任委员人选办法等草案;讨论关于听取和审议市人民政府关于全市生态环境状况和生态环境保护目标完成情况报告的工作方案;讨论关于提请审议《关于接受沈亚平、周容兴同志辞去江西省第十二届人民代表大会代表职务请求的决定》的议案、《关于提请补选龚绍林、李春燕同志为江西省第十二届人民

2016年11月23日,市十五届人大常委会第1次主任会议召开

代表大会代表》的议案、《关于接受廖南萍同志辞去南昌市人大常委会委员职务请求的决定》的议案；听取市人大常委会代表资格审查委员会关于代表资格审查情况的报告、关于召开市十四届人大常委会第34次会议的工作方案。

第74次主任会，1月10日召开。会议讨论人事事项。

第75次主任会，2月18日召开。会议传达学习省十二届人大六次会议精神；讨论《南昌市人大常委会2016年工作要点》《南昌市电动自行车管理条例》、关于提请审议批准2015年地方政府债务限额的议案、关于2016年“道路交通安全南昌行”活动的实施方案、关于听取和审议市人民政府关于全市生态环境状况和生态环境保护目标完成情况的工作方案、关于2016年“鄱湖明珠中国水都”巡主题活动方案、市十四届人大常委会第35次会议的工作方案；听取关于全市未成年人刑事检察工作情况、关于全市农业综合开发工作情况报告的审议意见研究处理情况的报告；讨论《关于提请补选葛晓燕同志为江西省第十二届人民代表大会代表》的议案；讨论关于提请审议《关于接受田大忠同志辞去南昌市人民政府副市长职务请求的决定（草案）》的议案和其他人事任免议案。

第76次主任会，2月28日召开。会议讨论《南昌市电动自行车管理条例（草案表决稿）》。

第77次主任会，3月25日召开。会议讨论《南昌市低碳发展促进条例》《南昌市人民代表大会及其常务委员会选举和任命的国家工作人员宪法宣誓实施方案》、关于2016年开展赣鄱农产品质量安全（南昌）行活动的工作方案、关于“扶贫济困、共享发展”为主题的“助力打造核心增长极代表行”活动的工作方案、关于对市十四届人大六次会议代表建议进行重点督办的意见、关于全市第九轮行政审批制度改革落实工作情况的报告和开展专题询问审议意见的研究处理情况报告。

第78次主任会，4月15日召开。会议讨论《南昌市劳动力市场管理条例废止案》《南昌市城市房屋拆迁管理办法废止案》、市十四届人大常委会第36次会议的工作方案；听取关于全市生态环境状况和生态环境保护目标完成情况的调研报告；讨论关于听取和审议市人民政府关于“六五”普法规划实施情况和“七五”普法工作安排情况报告的工作方案、关于听取和审议市人民政府关于全市农村水环境治理试点工作报告的工作方案及有关人事任免议案。

第79次主任会，4月26日召开。会议讨论关于废止《南昌市劳动力市场管理条例》的决定、关于废止《南昌市城市房屋拆迁管理办法》的决定、《南昌市低碳发展促进条例（草案表决稿）》。

第80次主任会，5月4日召开。会议听取关于将《南昌市关于禁止燃放烟花爆竹的规定》列入市人大常委会2016年立法计划的报告。

第81次主任会，5月26日召开。会议讨论关于全市生态环境状况和生态环境保护目标完成情况报告的审议意见；听取关于全市民族宗教工作的情况报告和市部分地方性法规实施情况的审查报告。

第82次主任会，6月24日召开。会议讨论《南昌市燃气管理条例（修订案草案）》、关于召开市十四届人大常委会第37次会议的工作方案；听取关于全市物价工作情况报告、关于全市农村水环境治理试点工作情况的调研报告、关于市部分地方性法规实施情况的审查报告、关于全市法治宣传教育工作情况的调研报告、关于南昌市人民代表大会常务委员会开展第七个五年法治宣传教育的决议及其说明、关于《中华人民共和国献血法》《江西省实施〈献血法〉办法》实施情况的调研报告、市人大常委会代表资格审查委员会关于代表资格审查情况的报告；讨论关于听取和审议市“两院”推进司法公开工作情况报告的工作方案、关于听取和审议全市2016年1—7月份国民经济和社会发展计划执行情况报告的工作方案（草）、关于听取和审议2015年全市财政决算和审计工作情况及2016年1—7月份财政预算执行情况报告的工作方案、部分人事任免议案。

第83次主任会，7月25日召开。会议听取关于全市人民防空工作情况的报告、关于全市统计工作情况的报告、关于市部分地方性法规实施情况的审查报告；讨论关于全市农村水环境治理试点工作情况报告的审议意见（草）。

第84次主任会，8月23日召开。会议讨论《南昌市禁止燃放烟花爆竹规定（草）》《南昌市燃气管理条例（修订草案修改稿）》、关于召开市十四届人大常委会第38次会议的工作方案；讨论关于听取和审议全市国有资产监管工作情况报告的工作方案、讨论关于听取和审议市人民政府关于对外交往和友城工作情况报告的方案；听取关于市“两院”推进司法公开工作情况的调研报告、关于全市2016年1—6月份国民经济和社会发展计划执行情况的调研报告、关于2015年市级财政决算的审查报告、关于2015年度市本级预算执行和其他财政收支的审计工作的调研报告、关于2016年市级预算调整方案和2016年全市地方政府债务限额的审查报告、关于全市生态环境状况和生态环境保护目标完成情况的报告的审议意见研究处理情况的报告；讨论部分人事任免议案。

第85次主任会，8月29日召开。会议讨论《南昌市燃气管理条例（修订草案表决稿）》。

第86次主任会，9月23日召开。会议听取关于南昌市构建全民健身公共体育服务体系情况报告、关于第22次全国地方立法研讨会主要精神的汇报；讨论关于市法院、市检察院司法公开工作情况报告的审议意见、关于全市2016年1—6月国民经济和社会发展计划执行情况的报告的审议意见、关于2015年市级财政决算和2016年1—7月份财政预算执行情况报告的审议意见、关于2015年度市本级预算执行和其他财政收支的审计工作报告的审议意见。

第87次主任会，10月9日召开。会议讨论南昌市人大常委会工作报告、《南昌市禁止燃放烟花爆竹规定（草案修改稿）》、关于召开市十四届人大常委会第四十次会议的工作方案、《关于召开南昌市十五届人大一次会议的决定（草案）》的议案、《关于接受刘建洋同志辞去南昌市人民政府副市长职务请求的决定（草案）》的议案、《关于接受刘邦琰同志辞去南昌市中级人民法院院长职务请求的决定（草案）》的议案；听取关于“道路交通安全南昌行”活动工作总结、关于全市国有资产监管工作情况的调研报告、关于对外交往和友城工作情况的调研报告、关于全市农村水环境治理试点工作情况报告的审议意见研究处理情况的报告、市人大常委会关于南昌市第十四届人大六次会议代表建议办理情况的报告；讨论其他人事议案。

第88次主任会，10月14日召开。会议讨论《南昌市禁止燃放烟花爆竹规定（草案表决稿）》。

第89次主任会，10月24日召开。会议讨论南昌市人大常委会工作报告、南昌市第十五届人民代表大会第一次会议议程、日程、主席团和秘书长建议名单、主席团常务主席建议名单、主席团执行主席分组名单、副秘书长建议名单、列席人员建议名单、邀请登台就座人员建议名单、选举办法、通过南昌市第十五届人民代表大会专门委员会组成人员人选办法、关于召开市十四届人大常委会第四十一次会议的工作方案；听取市人大常委会代表资格审查委员会关于代表资格审查情况的报告;讨论其他人事议案。

【市十五届人大常委会第1—2次主任会议】 2016年,市第十五届人大常委会在市人大机关三楼主任会议室共召开2次主任会议。市人大常委会主任陈德寿,副主任申少平、李福如、魏国华、王敏、朱敏华、张力、陈以荻、谭绍木,秘书长徐永立出席。

第1次主任会,11月23日召开。会议传达学习江西省第十四次党代会精神,讨论全市国有资产监管工作情况报告的审议意见和关于对外交往和国际友城工作情况报告的审议意见。

第2次主任会,12月29日召开。会议听取市人民政府关于对全市2016年预算收支有关情况的报告的说明、关于"鄱湖明珠中国水都"巡主题活动工作总结的报告、关于2016年开展赣鄱农产品质量安全(南昌)行活动的报告、关于市"法检两院"司法公开工作情况报告的审议意见研究处理情况的报告、关于全市2016年1—6月国民经济和社会发展计划执行情况报告的审议意见研究处理情况报告、关于2015年市级财政决算及2016年1—7月财政预算执行情况报告的审议意见研究处理情况报告、关于2015年度市本级预算执行和其他财政收支审计工作的审议意见研究处理情况报告;讨论《南昌市人大常委会2017年立法计划》、关于设立南昌市第十五届人民代表大会常务委员会代表资格审查委员会的议案、关于提请补选江西省第十二届人民代表大会代表的议案、关于召开市十五届人大常委会第一次会议的工作方案及其他人事任免议案。

重要会议和活动

【概况】 2016年,召开全市县乡人大建设工作座谈会议1次、全市立法计划座谈会1次、开展主题活动3次,外事活动4次。

【全市县乡人大建设工作座谈会召开】 2016年3月14日,市人大常委会召开全市县乡人大建设工作座谈会。市人大常委会主任蔡社宝出席并指出,高度重视,切实将县乡人大工作和建设摆上重要位置;明确责任,把中央和省委文件不折不扣落实到位;突出重点,着力破解人大工作和建设中的难题;加强指导,注重对县乡人大工作进行分层分类指导和培训,以更强的责任意识、更大的担当精神推动全市县乡人大工作再上新台阶。实现全市人大工作上下并进,共同为推动人民代表大会制度和人大工作与时俱进、完善发展,为全市"十三五"经济社会发展开好局、起好步,率先在全省全面建成小康社会做出人大应有的贡献。

【召开实施2016年立法计划座谈会】 2016年2月25日,市人大常委会实施2016年立法计划座谈会在市人大机关一楼西会议室召开。为完成好市人大常委会2016年立法计划的各项目标任务,加强立法工作中的联系沟通协调,提高立法质量。

【开展"鄱湖明珠·中国水都"巡主题活动】 2016年2月18日,市人大常委会第75次主任会议讨论通过市人大农业和农村委起草的《2016年"鄱湖明珠·中国水都"巡主题活动方案》。该方案明确2016年"鄱湖明珠·中国水都"巡主题活动以"水景观建设"为主题,重点抓好巩固工作成果、推动项目建设、强化制度保障三项工作。4—5月,市人大农业和农村委调研组分别赴高新区、青山湖区就瑶湖流域水环境治理情况进行详细摸底调查,经集体研究讨论形成《关于我市瑶湖流域水环境治理情况的调研报告》。6月27日,市人大常委会第37次会议听取和审议市人民政府关于全市农村水环境治理试点工作情况的报告,会后将审议意见交市人民政府研究处理。8月25日,在市人大三楼主任会议室组织召开瑶湖"河湖长制"暨瑶湖综合整治项目推进协调会。会议听取高新区、青山湖区就瑶湖"河湖长制"工作开展情况及瑶湖综合治理过程中存在问题的汇报。会议要求高新区、青山湖区及相关责任单位克服困难,按照各自责任,摸清底数、制订措施,分类处理、有序推进,加强领导、明确责任,切实加快推进瑶湖流域综合治理工程的实施。9月5日,市人大常委会组织开展全市农村水环境治理试点工作视察活动,先后视察南昌县蒋巷镇高梧贾家村污水处理站、瑶湖东截污工程、瑶湖普庆市沟排污口、湾里区太平镇污水处理站,并在太平镇政府召开座谈会。12月30日,市十五届人大常委会第一次会议听取2016年开展"鄱湖明珠·中国水都"巡主题活动情况的书面报告。市人大常委会组织编撰《为有源头活水来—南昌市人大常委会"鄱湖明珠·中国水都"巡主题活动纪实》。该书全面回顾市人大常委会五年来综合运用立法、监督等手段开展"鄱湖明珠·中国水都"巡主题活动的工作情况。

【推进"道路交通安全南昌行"活动】 2016年2月18日,市人大常委会第75次主任会议讨论通过市人大内司委起草的《关于2016年"道路交通安全南昌行"活动实施方案》,确定2016年活动主题为"建立长效机制,促进和谐交通"。以加快调研成果转化为着力点,督促35处"畅通城区"道路交通改善项目建议落实到位。市人大内司委于5月中旬会同市道路改善办、市公安交管局对落实情况到现场进行再督查、再问效。至年底,35处改善项目建议已完成32处,其余3处因条件不成熟或难度较大,还需时间继续协调,暂时没有完成。以回应市民群众要求为着力点,提升6件涉及交通重点建议意见办理实效。有选择地确定6件建议进行交办,要求办理部门以群众满意为检验标准,制定切实且精准的举措尽快解决落实。以向管理要效益为着力点,推动9个重要部门加强道路交通管理制度建设。紧扣全年活动主题,以创新机制体制为立足点,督促和支持政府及相关部门总结"道路交通安全南昌行"活动以来的好做法好经验,建立长效管理机制和制度,做到科学规划、规范建设、精细管理、严格执法、优质服务。10月14日,市人大常委会召开第四十次会议,书面听取市人大内司委《"道路交通安全南昌行"活动工作总结》。会议认为,"道路交通安全南昌行"活动作为贯穿本届人大常委会任期的专项监督活动,五年来紧扣"道路交通信号设置与标识""安全意识和守法出行""严格执法和文明执法""优化出行服务提升通行效率"和"建立长效机制促进和谐交通"主题,突出人大监督职能,积极回应群众呼声与关切,着力保障民生、改善民生,促进精细管理,督促政府及相关职能部门逐步完善道路交通管理长效机制,为营造畅通有序、文明和谐的交通环境作出积极的努力。

【开展"扶贫济困、共享发展,助力打造核心增长极代表行"活动】 2016年4月1日,市人大常委会在机关一楼会议厅召开2016年"扶贫济困、共享发展"活动工作部署会。市人大常委会"代表行"活动领导小组成员(各委办主任),活动领导小组办公室成员,各县区人大常委会分管代表工作的副主任,各县区人大常委会选任联工委的负责人,各代表小组组长、副组长和联络员,共100余人参加会议。8月19日,市人大常委会举行市人大代表帮扶贫困大学生捐助仪式。市人大代表现场向10名贫困大学生每人发放8000元助学款，帮助贫困学子顺利进入大学校园。市人大代表彭国禄、熊伟文、许庆华以及受资助的大学新生及其家长参加。

【外事活动】 2016年1月29日—2月6日，市人大常委会副主任魏国华赴斯洛文尼亚、马其顿进行友好访问。5月3—10日，市人大常委会主任蔡社宝赴澳大利亚、新西兰进行友好访问。8月31日—9月9日，市人大常委会副主任李国根赴德国、瑞士、奥地利进行考察访问。10月17—27日，市人大常委会主任蔡社宝陪同省人大常委会副主任洪礼和出访捷克、斯洛文尼亚、波兰3国。

地方立法工作

【概况】 2016年，市人大常委会制定地方性法规3件、修改地方性法规1件、废止地方性法规2件，立法调研5件，对117件规范性文件依法备案审查。

【制定法规】 2016年2月26日，市人大常委会召开第35次会议，听取市人大法制委主任委员谢文斌作的《关于〈南昌市电动自行车管理条例〉(草案修改稿)审议结果的报告》，审议并表决通过草案表决稿。会后，市人大常委会向省人大常委会报送《关于报请批准〈南昌市电动自行车管理条例〉的报告》。6月8日，省人大常委会第25次会议予以批准。28日，市人大常委会公布《南昌市电动自行车管理条例》，自2016年9月1日起施行。

4月26—27日，市人大常委会召开第36次会议，听取市人大法制委主任委员谢文斌作的《关于〈南昌市低碳发展促进条例〉(草案修改稿)审议结果的报告》，审议并表决通过草案表决稿。会后，市人大常委会向省人大常委会报送《关于报请批准〈南昌市低碳发展促进条例〉的报告》。6月8日，省人大常委会第25次会议予以批准。28日，市人大常委会公布《南昌市低碳发展促进条例》，自2016年9月1日起施行。

10月14日，市人大常委会召开第四十次会议，听取市人大常委会法工委主任陶成作的《关于〈南昌市禁止燃放烟花爆竹规定〉(草案修改稿)审议结果的报告》，审议并表决通过草案表决稿。会后，市人大常委会向省人大常委会报送《关于报请批准〈南昌市禁止燃放烟花爆竹规定〉的报告》。12月1日，省人大常委会第二十九次会议予以批准。14日，市人大常委会公布《南昌市低碳发展促进条例》，自2017年1月1日起施行。

【修定法规】 2016年8月29日，市人大常委会召开第38次会议，听取市人大法制委主任委员谢文斌作的《关于〈南昌市燃气管理条例〉(修订草案修改稿)审议结果的报告》，审议并表决通过修订草案表决稿。8月30日，市人大常委会向省人大常委会报送《关于报请批准〈南昌市燃气管理条例〉的报告》。9月22日，省人大常委会第二十八次会议予以批准。10月8日，市人大常委会公布《南昌市燃气管理条例》，自公布之日起施行。

【废止法规】 2016年4月26日，市人大常委会召开第36次会议，听取市人大法制委主任委员谢文斌作的《关于〈南昌市劳动力市场管理条例废止案(草案)〉审议结果的报告》，审议并表决通过决定草案表决稿。会后，市人大常委会向省人大常委会报送关于报请批准《南昌市人民代表大会常务委员会关于废止〈南昌市劳动力市场管理条例〉的决定》的报告。6月8日，省人大常委会第二十五次会议予以批准。28日，市人大常委会公布《南昌市人民代表大会常务委员会关于废止〈南昌市劳动力市场管理条例〉的决定》，自公布之日起施行。

4月26日，市人大常委会召开第36次会议，听取市人大法制委主任委员谢文斌作的《关于〈南昌市城市房屋拆迁管理办法废止案(草案)〉审议结果的报告》，审议并表决通过决定草案表决稿。会后，市人大常委会向省人大常委会报送关于报请批准《南昌市人民代表大会常务委员会关于废止〈南昌市城市房屋拆迁管理办法〉的决定》的报告。6月8日，省人大常委会第25次会议予以批准。28日，市人大常委会公布《南昌市人民代表大会常务委员会关于废止〈南昌市城市房屋拆迁管理办法〉的决定》，自公布之日起施行。

【立法调研】 2016年，市人大常委会组织开展《南昌市制定地方性法规条例》(修订)、《南昌市见义勇为人员奖励和保护条例》(修订)、《南昌市殡葬管理条例》(修订)、《南昌西汉代海昏侯国遗址保护条例》《南昌市城市水土保持条例》(修订)立法调研工作，提出相关修订、修正意见和建议。

【备案审查】 2016年，市人大常委会开展规范性文件备案审查工作，对市政府、各县(区)人大常委会报送的《南昌市人民政府关于对无环保标志或持有黄色环保标志机动车实施全天交通限行的通告》《南昌市人民政府关于划定南昌市养犬重点管理区范围的通告》《关于批准西湖区2016年控制人口增长计划目标议案的决定》等117件规范性文件进行登记、备案。

监督工作

【概况】 2016年，市人大常委会听取和审议“一府两院”专项工作报告10项，听取人民政府有关工作情况报告5项，审查法规实施情况报告7项，专题调研4项。

【听取和审议专项工作报告】 2016年，市人大常委会听取和审议市人民政府关于全市生态环境状况和生态环境保护目标完成情况的报告、关于全市农村水环境治理试点工作情况的报告、关于全市国有资产监管工作情况的报告、关于对外交往和国际友城情况的报告，市中级人民法院、市人民检察院关于司法公开、检务公开情况的报告，全市“六五”普法规划实施情况和“七五”普法工作并作出相关决议，全市2016年1—7月国民经济和社会发展计划执行情况报告，2015年市级决算和2016年1—7月财政预算执行情况报告，2015年度市本级预算执行和其他财政收支的审计工作报告。

【听取市人民政府有关工作情况报告】

2016年，市人大常委会分别在第71、82、73和86次主任会议上，先后听取市人民政府关于全市民族和宗教工作情况的报告、关于全市物价工作情况的报告、关于全市人民防空工作情况的报告、关于全市统计工作情况的报告、关于构建全民健身公共体育服务体系情况报告。

【审查法规实施情况报告】 2016年，市人大常委会分别在第71、82和83次主任会议上，先后听取《南昌市散装水泥应用管理条例》实施情况审查报告、《南昌市职业教育条例》实施情况审查报告、《南昌市公园条例》《南昌市梅岭风景名胜区条例》两件法规实施情况审查报告、《南昌市蔬菜质量安全管理办法》实施情况审查报告、《南昌市消防条例》《南昌市涉及国家安全事项建设项目管理条例》实施情况审查报告。

【受理接待群众来信来访】 2016 年,共受理来电、来信、来函、来访共 288 件次,接待群众来访 68 批 136 人次,来电 62 人次,来信 35 人次,来函 14 件,其中群众集体上访 3 批 59 人次,来访比上年同期下降 30%。开展信访调查 8 次,直接督办、协调各类信访件 6 件。共收到回复 14 件,处理 49 件,转办 48 件。其中一些相对棘手的 24 件问题,已转办各县区和市级公、检、法(包括县区、市直单位)。信访工作总体形势趋于平稳,无矛盾突出的重点信访问题,没有出现较严重的闹访缠访等问题。

2016 年 9 月 5 日,市人大常委会组织视察农村水环境治理试点工作

【专题调研】 2016 年,市人大常委会对《中华人民共和国献血法》《江西省实施〈中华人民共和国献血法〉办法》实施情况、瑶湖流域水环境治理情况、完善预决算审查监督工作和加强县(区)、乡(镇)人大建设工作进行专项调研。

5—6 月,市人大教科文卫委调研组,先后深入市中心血站、流动采血点和县(区)医疗机构血库,并会同市卫计委赴太原、大同等地,通过实地查看、查阅资料、召开座谈会、听取汇报和学习考察等方式,对全市贯彻实施献血法以及无偿献血工作情况开展专题调研,形成调研报告。

2—3 月,市人大常委会开展加强县(区)、乡(镇)人大建设工作调研。调研组采取听取汇报、座谈交流、征求意见等方式,就县乡两级人大建设存在的主要问题展开调研,并赴合肥、武汉、长沙等中部设区市进行专题考察。4 月 28 日,市委印发《关于加强县(区)乡镇(街道)人大建设的若干实施意见》。

【开展工作调研】 2016 年 1 月 7 日,市人大常委会调研组赴市市场和质量监督管理局调研全市企业事中事后监管改革试点工作。1 月 29 日,市人大常委会调研组就“我市生态环境状况和生态环境保护目标完成情况”分别赴赣江海螺水泥公司、新昌电厂、市环保局进行调研并座谈交流。3 月 1—3 日,市人大财经委分别赴市发改委、市环保局就全市生态环境状况和生态环境保护目标完成情况开展调研。15 日,市人大常委会预算工委赴丰城市清丰山溪开展跨县区水域实地调研活动。16—21 日,市人大常委会调研组赴四川成都、西藏林芝等地调研民族宗教工作。17 日,市人大农业和农村委员会赴新建区溪霞现代农业示范园调研。24 日,市人大农业和农村委员会赴江西国鸿集团公司调研现代农业发展情况。同日,市人大农业和农村委赴市水土保持委员会办公室就《南昌市城市水土保持条例》进行立法调研。28 日,市人大财经委赴市工信委就《南昌市散装水泥应用管理条例》实施情况开展调研。29 日,市人大财经委赴市统计局就市人大常委会主任会议听取物价工作报告开展调研。31 日,市人大农业和农村委员会赴高新技术开发区就瑶湖流域治理情况进行调研。4 月 6 日,市人大常委会调研组赴市行政服务中心,就《南昌市人民政府关于我市第九轮行政审批制度改革落实工作情况的报告和开展专题询问审议意见的研究处理情况报告》相关情况开展调研。6—7 日、20—21 日,市人大常委会调研组分别赴河南鹤壁市和南昌县蒋巷镇考察协同推进新型城镇化及农业现代化工作。7 日,市人大财经委赴市物价局就物价工作开展情况进行调研。8 日,市人大常委会调研组赴江西时代高科节能环保建材有限公司就《南昌市散装水泥应用管理条例》实施情况开展实地调研。8—15 日,市人大常委会调研组赴西安市、重庆市就《南昌市城市水土保持条例》进行立法调研。13 日,市人大常委会调研组赴麦园垃圾处理场就全市垃圾处理情况开展调研。13—17 日,市人大常委会调研组赴昆明市学习考察轨道交通建设运营管理工作。14 日,市人大教科文卫委赴进贤县就全市民族宗教工作情况开展调研。19 日,市人大常委会调研组赴泉岭生活垃圾焚烧发电厂开展调研。21 日,市人大常委会调研组赴西湖区就银燕物流周边环境整治工作进展情况开展实地调研。28 日,市人大常委会调研组赴省石油技工学校、市第一中等专业学校、南昌汽车机电学校、南昌妆点职业技能培训学校就《南昌市职业教育条例》实施情况工作进行调研并组织召开座谈会。5 月 9 日,市人大内司委赴安义县、市强制隔离戒毒所调研普法宣传教育工作。11—16 日,市人大常委会调研组赴南京、上海、杭州开展禁止燃放烟花爆竹立法调研。17—21 日,市人大常委会调研组赴太原、大同学习考察献血工作。19 日,市人大城建环保委对井冈山大道 BRT1 号线项目树木移植情况进行专题调研。20 日,市人大内司委到市交管局调研“道路交通安全南昌行”活动开展情况。31 日,市人大城建环保委赴湾里区就《南昌市梅岭风景名胜区条例》实施情况进行调研。6 月 2 日,市人大内司委到市国家安全局调研《南昌市涉及国家安全事项建设项目管理条例》贯彻实施情况。6 日,市人大教科文卫委到安义县、湾里区就《中华人民共和国献血法》《江西省实施〈中华人民共和国献血法〉办法》贯彻实施情况进行调研。7 日,市人大城建环保委到东湖区、青云谱区调研《南昌市公园条例》实施情况。16 日,市人大内司委赴市公安消防支队调研《南昌市消防条例》贯彻实施情况。28 日,市人大财经委到市发改委就 2016 年 1—7 月国民经济和社会发展计划执行情况开展调研。30 日,市人大常委会法工委到青云谱区实地调研公交 BRT1

号线建设情况。7月5、12日，市人大财经委分别到市审计局、市财政局就2015年度市本级预算执行情况、2015年度市级决算及2016年上半年预算执行情况、2016年1—6月份财政预算执行情况、决算草案审计工作情况和其他财政收支的审计工作情况开展调研。6—7日，市人大常委会调研组到经开区、高新区、红谷滩新区就食品加工小作坊和食品摊贩安全监管情况进行调研。19—20日，市人大常委会调研组对全市法院、检察院推进司法公开和“积案清理”专项工作开展调研。8月26日，市人大常委会调研组到东湖区、青山湖区就全市公共体育服务工作情况进行调研并召开座谈会。9月5日，市人大常委会视察组深入南昌县、高新区、青山湖区、湾里区等县区视察农村水环境治理试点工作。6—8日，市人大常委会调研组就全市国有资产监管工作开展情况到市国资委、南昌工业控股集团有限公司、南昌市政公用投资控股(集团)有限责任公司、江西南昌旅游集团公司、南昌轨道交通集团有限公司等单位开展调研。18—23日，市人大常委会立法调研组到湖南省就《南昌汉代海昏侯国遗址保护条例》开展立法调研。10月20日，市人大常委会调研组到湾里区、新建区开展乡村旅游和旅游扶贫工作调研。25日，市人大农业农村委到南昌县蒋巷乡调研城乡一体化推进工作。11月24—25日，市人大农业和农村委到南昌县和新建区调研农产品质量安全追溯体系建设工作。12月1日，市人大内务司法委员会到市公安局调研道路交通安全整治工作。13日，市人大常委会调研组到市强制隔离戒毒所、市医疗纠纷调处中心调研全市司法行政工作。

代表履职

【概况】 2016年，市人大常委会立足增强代表履职能力、增进代表整体活力、增添代表工作动力，加强和改进代表工作，注重代表履职服务保障，增强代表建议办理实效，尤其是高度重视市、县(区)乡(镇)三级人大代表换届选举工作，顺利完成换届选举。

【代表意见建议办理】 2016年1月，市十四届人大六次会议期间，代表共提出建议255件。其中，以建议形式提出249件，议案转作建议处理6件。因8件超出市职能范围已改作省人大代表建议提交省人代会，实际处理247件。从建议内容来看，涉及工业交通方面98件，占39.7%；政法综合方面62件，占25.1%；教科文卫方面46件，占18.6%；财经农林方面41件，占16.6%。大会首次启用代表建议网络办理系统，缩短代表与人大常委会、“一府两院”的距离，提高代表建议办理工作效率。经3月25日市人大常委会第七十七次主任会议研究，确定《关于加快和规范道路配套设施建设，缓解城市“行车难、停车难”的建议》等14件建议，作为常委会领导、各专委会重点督办建议进行重点督办。至年底，全部办理完毕并答复代表，已解决或列入计划解决的达88.8%。

【调研视察重大重点项目建设情况】 2016年7—8月，市人大常委会组织部分全国、省和市人大代表就市重大重点项目建设情况开展调研和视察活动。市人大常委会成立重大重点项目调研视察活动领导小组，领导小组下设办公室及工业和服务业、城市建设和管理、社会和民生事业等3个调研视察组。整个调研视察活动分两个阶段进行。第一阶段是专题调研阶段。调研采取实地察看、听取汇报、座谈交流等方式，准确、全面地了解各项目实施具体情况，并遴选推荐集中视察的项目，初步形成调研报告。第二阶段是集中视察阶段。8月3日，组织部分全国、省和市人大代表共63人，分3组集中视察重大重点项目建设情况。4日，分组召开视察情况沟通会，视察组与市政府及项目责任单位交流调研视察情况并就有关问题进行沟通。视察活动结束后，形成《关于我市重大重点项目建设情况的调研视察报告》《关于我市产业发展重大重点项目建设情况的调研报告》《关于我市城市建设和管理重大重点项目建设情况的调研报告》《关于我市社会和民生事业重大重点项目建设情况的调研报告》等4个调研报告。29日，市人大常委会第三十八次会议书面听取调研报告。会后，市人大常委会将4个调研报告交给市人民政府研究处理。

【全市县乡两级人大换届选举工作会暨业务培训会召开】 2016年6月8日，市人大常委会在红谷滩会议中心东厅召开全市县乡两级人大换届选举工作会暨业务培训会。会议分两个阶段进行。第一阶段召开全市县乡两级人大换届选举工作会议。第二阶段召开全市县乡两级人大换届选举工作培训会。市人大常委会选任联工委副主任刘荣林就县乡两级人大换届选举过程中的具体问题进行专题授课。

【组织市十五届人大代表选举】 2016年9月9日，市人大常委会第39次会议审议通过《南昌市人大常委会关于南昌市第十五届人民代表大会代表名额分配及候选人酝酿提名推荐等问题的意见》。同日，南昌市第十五届人民代表大会代表候选人推荐工作会在市委第一会议室召开。会议对代表候选人酝酿提名推荐工作作具体部署，市人大换届选举工作正式启动。全市各县区和解放军驻昌部队等10个选举单位，依法分别召开人民代表大会和军人代表大会，选举产生南昌市第十五届人民代表大会代表424名。

人事任免

【概况】 2016年，市人大常委会坚持党管干部和依法任免干部相统一原则，严格按照法定程序任免国家机关工作人员116人次，接受7人辞职请求。

【人事任免】 2016年，市十四届人大常委会第34次会议通过决定任命刘炽为南昌市人民检察院副检察长、检察委员会委员、检察员，为南昌市人民检察院代检察长。

市十四届人大常委会第35次会议通过免去史晓绮的南昌市体育局局长职务；罗志坚的南昌市中级人民法院副院长、审判委员会委员、审判员职务；解华丽的南昌市中级人民法院审判员职务。

市十四届人大常委会第36次会议通过免去韩雪英的南昌市人大财政经济委员会副主任委员职务、周茂林的南昌市人大常委会外侨民宗工作委员会副主任职务、王向阳的南昌市园林绿化局局长职务、黄萍的南昌市中级人民法院审判员职务、刘招香的南昌市中级人民法院审判员职务。决定任命华清为南昌市人民政府副市长；杨春为南昌市体育局局长、徐静为南昌市园林绿化局局长、周茂林为南昌市人大财政经济委员会副主任委员、刘敏为南昌市人大常委会外侨民宗工作委员会副主任、熊九胜为南昌市人民检察院检察员、黄萍为南昌市人民检察院检察员、刘向的为南昌市人民检察院检察员、李想才为南昌市人民检察院检察员、郭皇建为南昌市人民检察院检察员、陈威为南昌市人民检察院检察员、黄娟为南昌高新技术产业开发区人民检察院检察员、陈小凡为南昌经济技术开发区人民检察院检察员。

市十四届人大常委会第37次会议通过免去梁德的南昌市人民检察院检察员职务。决定任命宋铀为南昌市人民政府副市长;张薇为南昌高新技术产业开发区人民检察院检察委员会委员、检察员;谭灵为南昌高新技术产业开发区人民检察院检察员;毛玲为南昌高新技术产业开发区人民检察院检察员;徐玲为南昌经济技术开发区人民检察院检察员;李彦彬为南昌经济技术开发区人民检察院检察员。

市十四届人大常委会第38次会议通过免去王应才的南昌市人大常委会副秘书长、办公厅主任职务;沈跃的南昌市人大法制委员会副主任委员职务;李军的南昌市人大城建环保委员会副主任委员职务;黄小燕的南昌市外事侨务办公室主任职务;潘荣健的南昌市中级人民法院审判委员会委员、审判员职务;田勇的南昌市中级人民法院刑事审判第二庭庭长、审判委员会委员、审判员职务;熊丽萍的南昌市中级人民法院民事审判庭第四庭庭长、审判委员会委员、审判员职务;李军的南昌高新技术产业开发区人民法院院长、审判委员会委员职务;刘莉芬的南昌市人民检察院副检察长、检察委员会委员职务;郭云水的南昌市人民检察院检察委员会委员、检察员职务;吴奇峰的南昌市人民检察院检察委员会委员、检察员职务。决定任命梅梅为南昌市外事侨务办公室(港澳事务办公室)主任;吴倨峰为南昌市人大常委会备案审查工作委员会副主任;李红刚为南昌市中级人民法院审判委员会委员、审判员;雷虹为南昌市中级人民法院审判员;钟瑛为南昌高新技术产业开发区人民法院院长、审判委员会委员、审判员;黄颖群为南昌经济技术开发区人民法院审判员;涂平贵为南昌市人民检察院副检察长、检察委员会委员、检察员;刘敏为南昌市人民检察院检察委员会委员、检察员;余声汉为南昌市人民检察院检察委员会委员、检察员;刘立娜为南昌市人民检察院检察员。

市十四届人大常委会第40次会议通过决定任命凌卫为南昌市人民政府副市长;居国屏为南昌市中级人民法院副院长、审判委员会委员、审判员,为南昌市中级人民法院代理院长。

市十四届人大常委会第41次会议通过免去罗祥发的进贤县人民检察院检察长职务;王勇的安义县人民检察院检察长职务;涂平贵的南昌市西湖区人民检察院检察长职务;刘立娜的南昌市青云谱区人民检察院检察长职务;雷武的南昌市青山湖区人民检察院检察长职务;余声汉的南昌市新建区人民检察院检察长职务;邱慈梧的南昌市人民检察院检察员职务。决定任命吴曙明为南昌县人民检察院检察长;吴奇峰为进贤县人民检察院检察长;田勇为安义县人民检察院检察长;杜迎春为南昌市东湖区人民检察院检察长;王忠华为南昌市西湖区人民检察院检察长;罗祥发为南昌市青云谱区人民检察院检察长;朱国根为南昌市湾里区人民检察院检察长;王勇为南昌市青山湖区人民检察院检察长;雷武为南昌市新建区人民检察院检察长。

第十五届人大常委会第1次会议通过决定任命李敏为南昌市中级人民法院刑事审判第三庭庭长;焦伟为南昌市中级人民法院刑事审判第一庭庭长;万剑为南昌市中级人民法院刑事审判第二庭庭长、审判委员会委员。免去谭绍木的南昌市中级人民法院副院长、审判委员会委员、审判员职务;帅国庆的南昌市中级人民法院审判委员会委员、审判员职务;柯迎红的南昌市中级人民法院刑事审判第一庭庭长职务;李敏的南昌市中级人民法院立案二庭庭长职务;焦伟的南昌市中级人民法院刑事审判第三庭庭长职务。决定任命吴长金为南昌市人民政府秘书长;张小飞为南昌市发展和改革委员会主任;何琦为南昌市工业和信息化委员会主任;谢为民为南昌市教育局局长;李淑英为南昌市科学技术局局长;涂建生为南昌市公安局局长;朱斌为南昌市监察局局长;邹晓东为南昌市民政局局长;涂慧玲为南昌市司法局局长;万昱原为南昌市财政局局长;黄小华为南昌市人力资源和社会保障局局长;吴韶宸为南昌市城乡建设委员会主任;杨保根为南昌市城市管理委员会(市城市管理行政执法局)主任(局长);罗剑云为南昌市城乡规划局局长;王强为南昌市住房保障和房产管理局局长;徐静为南昌市园林绿化局局长;陆萍为南昌市交通运输局局长;胡崇敬为南昌市水务局局长;胡荣棣为南昌市农业局局长;付新灿为南昌市林业局局长;吕娄为南昌市商务局局长;戴琼为南昌市投资促进局局长;赵刚平为南昌市文化广电新闻出版局(市版权局)局长;沈杰为南昌市卫生和计划生育委员会主任;陈清华为南昌市旅游发展委员会主任;万仁如为南昌市审计局局长;邹国星为南昌市环境保护局局长;梅梅为南昌市外事侨务办公室(港澳事务办公室)主任;詹水发为南昌市国有资产监督管理委员会主任;李水平为南昌市金融工作办公室主任;梁超伟为南昌市民族宗教事务局局长;杨春为南昌市体育局局长;郭宇为南昌市统计局局长;徐云辉为南昌市市场和质量监督管理局局长;唐旭平为南昌市食品药品监督管理局局长;罗毛则为南昌市物价局局长;刘斯彬为南昌市粮食局局长;孙群力为南昌市安全生产监督管理局局长;涂仕华为南昌市人民政府法制办公室主任;李克荣为南昌市人民防空办公室主任。

【辞职名单】 2016年,市十四届人大常委会第34次会议审议通过《关于接受刘家富同志辞去南昌市人民政府副市长职务请求的决定》《关于接受徐胜平同志辞去南昌市人民检察院检察长职务请求的决定》《关于接受廖南萍同志辞去南昌市第十四届人民代表大会常务委员会委员职务请求的决定》;市十四届人大常委会第35次会议审议通过《关于接受田大忠同志辞去南昌市人民政府副市长职务请求的决定》;市十四届人大委会第38次会议审议通过《关于接受邹书玲同志辞去南昌市人大常委会副主任职务请求的决定》;市十四届人大常委会第40次会议审议通过《关于接受刘建洋同志辞去南昌市人民政府副市长职务请求的决定》《关于接受刘邦琰同志辞去南昌市中级人民法院院长职务请求的决定》。

(何　旭)

南昌市人民政府

概　述

【概况】 2016年，全市贯彻“创新引领、绿色崛起、担当实干、兴赣富民”十六字方针，主动认识、顺应和引领经济发展新常态，以打造核心增长极为主线，以全面深化改革为动力，统筹抓好稳增长、促改革、调结构、惠民生各项工作，不断开拓进取、真抓实干，顶住经济下行的巨大压力，经济社会各项工作取得明显成效。全年实现地区生产总值4354.99亿元，比上年增长9%；财政总收入790.8亿元，同口径增长12.9%；地方一般公共预算收入完成402.2亿元，同口径增长11.6%；500万元以上固定资产投资4540.26亿元，比上年增长13.5%；规模以上工业增加值1611.5亿元，增长9.2%；社会消费品零售总额1868亿元，增长11.8%；实际利用外资30.65亿美元，增长13.3%；城镇居民人均可支配收入34619元，增长8.4%，农村居民人均可支配收入14952元，增长9.2%；居民消费价格指数同比上涨2.1%。

市政府常务会议

【概况】 2016年，市政府共召开17次常务会议。第1—17次会议主持人为市委副书记、市长郭安。市领导肖玉文、华清、涂建生、龙国英、凌卫、宋铀、樊三宝、杨文斌、刘建洋（9月离任）、刘家富（1月离任）、姚燕平（11月离任）、张根水（11月离任）、朱志群（11月离任），市政府秘书长朱敏华、市监察局局长朱斌、李文龙（10月离任）等出席。

第1次常务会议，1月8日召开。会议观看《“媒体啄木鸟”行动光碟》，听取“啄木鸟行动”有关情况汇报；审议并原则同意市会展办草拟的《南昌市党政机关境内举办展会活动管理实施细则（送审稿）》，市考核办草拟的《2014年度县区科学发展目标绩效考核奖励办法和奖金基数（送审稿）》，市人社局草拟的《南昌市外国专家“滕王阁友谊奖”奖励办法（送审稿）》，市国土局草拟的《南昌市突发地质灾害应急预案（修订稿）》，市卫计委草拟的《南昌市突发公共卫生事件应急预案（修订稿）》《南昌市鼠疫控制应急预案（修订稿）》，市药监局草拟的《南昌市食品安全事故应急预案（修订稿）》。

第2次常务会议，2月5日召开。会议审议并原则同意市农办草拟的《关于落实发展新理念加快农业现代化率先在全省实现全面小康目标的实施意见（送审稿）》，市房管局草拟的《关于我市非住宅去库存的若干措施（送审稿）》，市交通局草拟的《关于停征和退还出租汽车经营权有偿使用费的初步方案（送审稿）的请示》，市监察局草拟的《关于对我市民生领域有关问题相关责任人员予以立案的请示》《关于给予王强行政警告处分、翟圣智行政警告处分的请示》《关于给予黄振珠行政撤职处分的请示》《关于给予黄萍行政撤职处分的请示》。

第3次常务会议，3月18日召开。会议观看《“媒体啄木鸟”行动光碟》，听取“啄木鸟行动”有关情况汇报；审议并原则同意市行政服务中心管委会草拟的《关于进一步加强“三单一网”制度下行政服务中心建设的意见（送审稿）》，市发改委草拟的《2016年南昌市重大重点项目投资计划（送审稿）》，市民生办草拟的《2016年南昌市民生工程和百项惠民便民利民工程安排意见（送审稿）》，市法制办草拟的《南昌市2016年法治政府建设工作要点（草案）》，市发改委草拟的《关于加快推进南昌市综合交通枢纽建设的实施意见（送审稿）》，市国资委草拟的《关于深化国资国企改革的实施意见（送审稿）》，市工信委草拟的《关于打造南昌光谷，促进LED产业发展的若干政策措施（送审稿）》，市金融办草拟的《关于恳请对〈南昌市人民政府印发关于加快推进全省金融商务区建设的优惠政策的通知〉等文件实施延期三年的请示》，市土地储备中心草拟的《国家开发银行南昌市棚户区改造二期工程项目资金管理实施办法（送审稿）》，市公安局水上分局草拟的《关于南昌市水上公安指挥中心及南昌港派出所建设项目进行初步设计概算调整的请示》，江铃集团草拟的《关于恳请执行国有资本收益“即征即退”的请示》，南昌轨道集团草拟的《关于发放南昌地铁1号线开通奖励的请示》。

第4次常务会议，3月25日召开。会议观看《“媒体啄木鸟”行动光碟》，听取“啄木鸟行动”有关情况汇报；审议并原则同意由市市场监管局草拟的《南昌市人民政府关于深化标准化工作改革的实施意见（送审稿）》《南昌市企业随机抽查检查暂行办法（送审稿）》，市粮食局草拟的《关于贯彻落实粮食安全省长责任制的实施意见（送审稿）》，市发改委草拟的《南昌市关于促进文化产业大发展的实施意见（送审稿）》，市教育局草拟的《南昌市中等职业教育资源整合规划（送审稿）》，市法制办草拟的《南昌市城市房屋拆迁管理办法废止案（草案讨论稿）》《南昌市劳动力市场管理条例废止案（草案讨论稿）》，市环保局草拟的《南昌市水污染防治工作方案（送审稿）》，市人社局草拟的《关于审定2015年度享受市政府特殊津贴人选的请示》，市物价局草拟的《调整南昌市公共汽车票价方案（送审稿）》，市卫计委草拟的《关于请求以市政府名义通报2015年度全市人口计生工作目标考核结果的请示》。

第5次常务会议，4月8日召开。会议观看《“媒体啄木鸟”行动光碟》，听取“啄木鸟行动”有关情况汇报；审议并原则同意市总工会草拟的《关于提请研究审议2016年南昌市劳动模范和先进工作者推荐人选及表彰大会事宜的请示》，市工信委草拟的《关于打造“LED南昌光谷”的决定（送审稿）》《关于加快生物医药产业发展的决定（送审稿）》

《关于支持生物医药产业发展的政策措施(送审稿)》,市药监局草拟的《南昌市市、县区两级食品药品监管事权划分实施意见(送审稿)》,市编办草拟的《关于市政府部门行政审批中介服务事项清理规范工作情况的汇报》,市审改办草拟的《南昌市优化建设工程项目审批服务流程实施意见(送审稿)》《关于清理规范我市建设项目涉审中介服务若干问题的实施意见(送审稿)》,市安监局草拟的《南昌市生产安全事故综合应急预案(修订稿)》《南昌市危险化学品生产安全事故应急预案(修订稿)》《南昌市非煤矿山生产安全事故应急预案(修订稿)》《南昌市烟花爆竹生产安全事故应急预案(修订稿)》,市民宗局草拟的《南昌市涉及民族、宗教方面群体性事件应急预案(送审稿)》,市监察局草拟的《关于给予吴官华行政开除处分的请示》。

第6次常务会议,4月22日召开。会议观看《"媒体啄木鸟"行动光碟》,听取"啄木鸟行动"有关情况汇报;学习《中华人民共和国安全生产法》;审议并原则同意市环保局草拟的《关于贯彻落实省政府办公厅加强工业园区污染防治工作意见的实施方案(送审稿)》,市规划局草拟的《南昌市"多规合一"工作方案》,市民政局草拟的《南昌市困难残疾人生活补贴和重度残疾人护理补贴制度实施办法(送审稿)》《关于提高我市最低生活保障和农村五保对象供养标准的请示》《关于相关县区(新区)要求设立街办的情况报告》,市农办草拟的《南昌市县域经济发展专项资金管理办法(送审稿)》。

第7次常务会议,5月24日召开。会议观看《"媒体啄木鸟"行动光碟》,听取"啄木鸟行动"有关情况汇报;审议并原则同意市工信委草拟的《关于支持生物医药产业发展的若干政策措施(送审稿)》,市法制办草拟的《南昌市燃气管理条例(修订)》,市外侨办草拟的《南昌市华侨回国定居管理办法(送审稿)》,市考核办草拟的《2015年南昌市打造核心增长极、实现"四个强起来"突出贡献奖考核结果》《关于2015年度县区科学发展目标考核和南昌市打造核心增长极、实现"四个强起来"突出贡献奖奖励办法和奖金基数的建议》,市教育局草拟的《南昌市乡村教师支持计划(2015—2020)实施办法(送审稿)》,市大型农业综合开发项目推进办公室草拟的《南昌市大型农业综合开发项目扶持办法(送审稿)》,市直机关绩效管理办草拟的《2015年度市直机关绩效管理考核等次评定结果(送审稿)》,市文广新局草拟的《关于恳请确定市博物馆馆址的请示》,市财政局草拟的《关于省图书馆、省博物馆、省科技馆三馆建筑物评估有关问题的报告》,市农开办草拟的《南昌市农业综合开发成长性特色产业建设项目管理办法(送审稿)》

第8次常务会议,6月15日召开。会议观看《"媒体啄木鸟"行动光碟》,听取"啄木鸟行动"有关情况汇报;审议并原则同意市政府办公厅草拟的《南昌市关于降低企业成本优化发展环境,促进经济平稳发展的若干措施(送审稿)》《南昌市关于加快推进供给侧结构性改革的实施意见(送审稿)》,市财政局草拟的《南昌市人民政府关于实行中期财政规划管理的实施意见(送审稿)》,市工信委草拟的《南昌市工业经济发展考核办法(送审稿)》,市规划局草拟的《促进我市新能源汽车充电设施建设相关工作实施方案(送审稿)》,市教育局草拟的《南昌市城镇小区配套幼儿园回收管理工作方案(送审稿)》,市民政局草拟的《关于加强农村低保与扶贫开发制度衔接的实施方案(送审稿)》,市科技局草拟的《关于推荐2016年度江西省科学技术奖候选项目的请示》,南昌县草拟的《关于恳请批准南昌县先行先试相对集中行政许可权改革工作的请示》,市考核办草拟的《2015年度县区科学发展目标管理考核结果(送审稿)》,市投促局草拟的《关于对南昌市海铁联运扶持政策进行展期的请示》。

第9次常务会议,6月24日召开。会议观看《"媒体啄木鸟"行动光碟》,听取"啄木鸟行动"有关情况汇报;听取上半年经济运行情况汇报并对下一步经济运行进行调度;审议并原则同意市工信委草拟的《关于促进VR产业发展的若干政策措施(送审稿)》,市公安局草拟的《贯彻落实〈南昌市养犬管理条例〉实施意见(审议稿)》,市民政局草拟的《关于进一步提高社区干部待遇的通知(送审稿)》,市供销社草拟的《南昌市深化供销合作社综合改革试点实施方案(送审稿)》,市环保局草拟的《南昌市人民政府关于对无环保标志或持有黄色环保标志机动车实施全天交通限行的通告(送审稿)》。

第10次常务会议,7月15日召开。会议观看《"媒体啄木鸟"行动光碟》,听取"啄木鸟行动"有关情况汇报;审议并原则同意市开放办草拟的《南昌市构建开放型经济新体制综合试点试验实施方案(送审稿)》,市环保局草拟的《2016年南昌市水污染防治工作计划(讨论稿)》,市发改委草拟的《南昌市鄱阳湖生态经济区建设(昌九一体化发展)2016年工作要点及分工方案(送审稿)》,市体育局草拟的《南昌市关于加快发展体育产业促进体育消费的实施意见(送审稿)》,市交通局草拟的《南昌市轨道交通运营突发事件应急预案(送审稿)》,市公路局草拟的《南昌市人民政府关于治理车辆非法超限超载行为确保道路交通安全的通告(送审稿)》,市房管局草拟的《关于南昌市中心城区城中村农民住宅房屋拆迁补偿的补充规定(试行)》,市监察局草拟的《关于实行工程建设行为全程留痕制度的暂行规定(送审稿)》,市委人才办草拟的《2016年全市人才工作项目及专项资金使用计划(送审稿)》,市科技局草拟的《关于推荐市政府科技顾问人选的请示》,市建委草拟的《关于在我市国有资金投资建设项目工程招标时试行年度投标保证金制度的通知(送审稿)》,市人社局草拟的《关于审定2016南昌市外国专家"滕王阁友谊奖"获奖人选的请示》《关于审定2016年南昌市"洪城特聘专家"人选的请示》,市外办草拟的《关于推荐瑞士友人托马斯·瓦格纳为南昌市荣誉市民的请示》。

第11次常务会议,8月5日召开。会议观看《"媒体啄木鸟"行动光碟》,听取"啄木鸟行动"有关情况汇报;学习传达省纪委书记周泽民在全省纪检监察工作年中调度会上的讲话精神;审议并原则同意市物价局草拟的《关于制定南昌市老居民住宅区管道燃气安装费收费标准的请示》,市商务局草拟的《南昌市2016—2020年电子商务产业发展规划(送审稿)》,市法制办草拟的《南昌市公共安全视频图像信息系统管理办法(草案)》《南昌市禁止燃放烟花爆竹规定(草案)》,市民政局草拟的《南昌市全面推进"救急难"工作的实施意见(送审稿)》《关于进一步加强和完善医疗救助制度的实施意见(送审稿)》,市粮食局草拟的《南昌市落实粮食安全省长责任制考核办法(送审稿)》《南昌市落实粮食安全省长责任制联席会议制度(送审稿)》,市发改委草拟的《贯彻实施〈长江经济带发展规划纲要〉工作细则及责任分工(送审稿)》,市旅发委草拟的《关于进一步加强旅游市场综合监管的通知》,市农办草拟的《关于扶持南昌绿谷"两区一廊"示范工程建设的若干政策措施(送审稿)》,市考核办草拟的《2016年南昌市打造核心增长极、实现"四个强起来"科学发展目标管理考核实施意见(送审稿)》,市直机关绩效管理办草拟的《2016年度市直机关绩效管理工作方案(送审稿)》,市食药监局草拟的《南昌市食品药品安全抽样检测专项资金管理办法(修订稿)》。

第12次常务会议,9月2日召开。会议观看《“媒体啄木鸟”行动光碟》,听取“啄木鸟行动”有关情况汇报;学习《江西省食品安全工作行政责任追究暂行办法》;审议并原则同意市推进职能转变协调小组办公室草拟的《2016年推进简政放权放管结合优化服务改革工作方案(送审稿)》,市城管委草拟的《南昌市城区停车场建设实施意见(送审稿)》,市工信委草拟的《南昌市2016—2020年打造“南昌光谷”行动纲要(送审稿)》,市农办草拟的《关于进一步提升农村生活垃圾处理水平的实施意见(送审稿)》,市发改委草拟的《南昌市〈南昌行动〉及会商会纪要任务责任分解表(送审稿)》,市环保局草拟的《南昌市2016年大气污染防治实施计划(送审稿)》,市国土局草拟的《关于进一步规范耕地占用税征收工作的通知(代拟稿)》,市监察局草拟的《关于给予陈国凤开除公职处分的请示》《关于给予黄维象开除公职处分的请示》《关于给予文顺保开除公职处分的请示》《关于解除王强行政警告处分的请示》《关于解除翟圣智行政警告处分的请示》。

第13次常务会议,9月23日召开。会议观看《“媒体啄木鸟”行动光碟》,听取“啄木鸟行动”有关情况汇报;学习《中华人民共和国审计法》;审议并原则同意市民政局草拟的《关于加强农村留守儿童关爱保护工作的实施方案(送审稿)》,市工信委草拟的《关于进一步促进我市融资担保行业持续健康发展的若干政策措施(送审稿)》,市扶贫办草拟的《关于坚决打赢全市脱贫攻坚战的实施意见(送审稿)》,市发改委草拟的《〈南昌市大力促进实体经济发展的若干措施〉实施细则(送审稿)》,市房管局草拟的《南昌市购经济适用住房上市和回购操作流程(送审稿)》。

第14次常务会议,10月20日召开。会议观看《“媒体啄木鸟”行动光碟》,听取“啄木鸟行动”有关情况汇报;学习《中华人民共和国节约能源法》;审议并原则同意市医改办草拟的《2016年全市深化医药卫生体制改革重点工作任务及责任分解(送审稿)》,市卫计委草拟的《关于实施全面两孩政策改革完善计划生育服务管理的实施意见(送审稿)》,市市场监管局草拟的《南昌市标准化体系建设规划(2016—2020年)(送审稿)》。

第15次常务会议,11月23日召开。会议观看《“媒体啄木鸟”行动光碟》,听取“啄木鸟行动”有关情况汇报;审议并原则同意市应急办草拟的《南昌市整合优化各类投诉举报热线构建“12345”政府服务热线平台的实施方案(送审稿)》《南昌市“12345”政府服务热线平台运行管理办法(试行)(送审稿)》《南昌市“12345”政府服务热线平台诉求办理工作考核办法(试行)(送审稿)》,市司法局草拟的《关于完善法律援助制度的具体实施意见(送审稿)》,市交通局草拟的《南昌市人民政府关于深化改革推进出租汽车行业健康发展的实施意见(征求意见稿)》《南昌市网络预约出租汽车经营服务管理实施细则(征求意见稿)》《南昌市关于规范私人小客车合乘出行的实施意见(征求意见稿)》,市环保局草拟的《南昌市环境保护督察问题整改领导小组名单》《中央环境保护督察组移交问题线索问责工作领导小组名单》《南昌市贯彻落实中央环境保护督察组督察反馈意见的问题整改责任分工(送审稿)》《关于保留省域内二手车环保准入政策的请示》。

第16次常务会议,3月25日召开。会议观看《“媒体啄木鸟”行动光碟》,听取“啄木鸟行动”有关情况汇报;传达学习《江西省建设特色型知识产权强省试点省实施方案》;审议并原则同意市民政局草拟的《南昌市自然灾害救助应急预案(送审稿)》,市人防办草拟的《关于深入推进人民防空改革发展的意见(送审稿)》,市医改办草拟的《〈江西省健康扶贫工程实施方案〉责任分解(送审稿)》,市综管办草拟的《“美丽南昌·幸福家园”环境综合整治实施方案(送审稿)》,市绩效管理办草拟的《2015年度南昌市市直机关绩效管理奖励方案(送审稿)》。

第17次常务会议,12月23日召开。会议观看《“媒体啄木鸟”行动光碟》,听取“啄木鸟行动”有关情况汇报;学习《突发公共卫生事件应急条例》;审议并原则同意市编办草拟的《南昌市本级公共服务事项清单(送审稿)》,市发改委草拟的《南昌市国家军民融合创新示范区建设总体方案(送审稿)》《南昌市建立完善守信联合激励和失信联合惩戒制度,加快推进社会诚信建设的实施方案(送审稿)》,市体育局草拟的《南昌市全民健身实施计划(2016—2020年)(送审稿)》,市民政局草拟的《关于加快推进南昌殡葬事业发展的实施意见(送审稿)》《关于党员干部带头推动殡葬改革的实施意见(送审稿)》,市国土局草拟的《关于积极稳妥推进建设占用耕地耕作层土壤剥离与再利用试点工作的意见(送审稿)》,市建委草拟的《关于推进我市海绵城市建设工作的实施意见(送审稿)》《关于推进城市地下综合管廊建设工作的实施意见(送审稿)》,市法制办草拟的《南昌市城市桥梁隧道安全管理办法(送审稿)》,市金融办草拟的《关于规范南昌市投融资平台设立基金的指导意见(送审稿)》,市轨道公司草拟的《关于地铁配套社区项目供地方式有关问题的请示》《关于1号线征收经营性物业安置方式调整相关问题的请示》。

市政府主要领导调研活动

【概况】 2016年,市政府主要领导围绕打造富裕美丽幸福江西“南昌样板”的目标,按照年初市政府工作报告确定的各项任务,对经济、社会、民生发展的各个方面进行调研。

【郭安调研活动】 2016年,市委副书记、市长郭安就推进重点项目建设、发展农业农村工作、推进城区建设管理、加快园区发展、推进综合环境整治等问题深入开展调查研究。陪同调研的分别有市政府分管领导及市政府有关部门负责人等。

4月6日,郭安到麦园垃圾处理场,就城市垃圾处理工作进行专题调研。市委常委、常务副市长刘建洋参加。在麦园垃圾处理场,郭安一行现场察看垃圾填埋场、沼气发电项目和城市餐厨垃圾处理流程,详细了解麦园垃圾处理场建设运营情况。在听取有关汇报后,他指出,城市垃圾无害化处理是重大的民生工程,是建设生态文明、切实改善民生的重要内容和必然要求。各级各部门要本着对市容环境、百姓生活质量负责的态度,高标准、高质量、高效率做好这项工作。城市是人的城市。各级各部门要围绕人这个核心,规划好城市建设和管理工作;要围绕科学化、系统化、资源化、无害化的目标,更新思路,改造提升全市垃圾处理的科学化程度,着力打造城市垃圾无害化处理的样板区,真正把南昌麦园垃圾场打造成城市垃圾处理中心、科普中心、环境优化中心;要坚持好的理念、高的标准,科学有序推动垃圾焚烧发电项目建设的前期工作,使南昌在“美丽中国、江西样板”建设实践中做出表率。

4月6日,郭安带领市发改委、市规划局、市财政局、市编办等市直相关部门负责人,到青云谱区进行调研并召开现场办公会,协调解决该区在发展中遇到的困难和问题。市委常委华清参加。在现场办公会上,郭安认真听取有关洪都老工业区搬迁改造过程中遇到的困难和难题,并就问题所涉及市直相关单位进行逐一点名要求回应。郭安指出,国家发改委将洪都老工业区列入21个试点之一,这使洪都老工业区乃至全市都面临一次崭新的重大发展机遇。实施洪都老工业区改造,不仅是省企(央企)合作、共建共赢和打造省、市重要支柱产业的战略需求,也是优化提升城市功能布局,进一步提升生态环境、保障改善民生的战略需要。洪都老工业区曾为中国的航空工业做出贡献,它的搬迁不论在城市形态还是在产业业态,都将给青云谱区带来影响。站在新的历史起点上,青云谱区要借助洪都老工业区的搬迁,从大处着眼、从远处着想,认真分析研究新的发展目标、路径和规划,为青云谱区后40年的发展做好谋划;要借助国家的指引,抓住当前有利时机,以项目推进为抓手,全力推进洪都老工业区搬迁改造,为下一步发展打下扎实的基础。随后,郭安还就青云谱区提请市政府协调解决的有关经济指标、项目建设等具体问题,进行逐个梳理,并与市直相关部门负责人共同商讨解决办法,提出限时办结等具体要求,责成相关部门协调解决。

4月12日,郭安率领市委农工部、市农业局、市林业局等市属农口部门负责人到进贤县、南昌县等地,实地调研全市农业农村工作。市委常委华清,副市长朱志群等参加调研。郭安一行在进贤县实地察看温圳镇五九水库除险加固工程、温圳镇东岗村岗前自然村土地流转及留守老人集中供养、张公镇兴昌葡萄基地、白圩乡农村清洁家园工程、进贤农村电商服务中心、农业部油菜高产创建万亩示范片进贤县罗溪镇核心示范区、张公镇向忠高标准农田建设等项目,在南昌县实地察看塔城乡玉明都市休闲农业示范园、泾口乡小莲村标兴农技农机专业服务合作社集中育秧及大田翻耕、塘南镇红旗大泵站和红旗联圩防汛石料储备点等项目。郭安深入田间地头、村民家中,认真地看,仔细地听,不停地问,同基层干部和普通群众亲切交谈,详细询问当地经济社会发展情况、干部群众的工作与生活情况。调研中,郭安指出,要因势利导,进一步发挥龙头企业的引领带动作用,积极扶持和壮大农业龙头企业,加强与农民合作社、基地、农户的对接,带动农民就业和增收;各有关部门要及时兑现各项强农惠农政策措施,从资金、政策、技术等方面予以更多支持,共同把特色现代农业做强做大,不断增加农民收入。

4月19日,郭安带领市教育局、市卫计委等相关部门负责人,到市职工科技大学、市卫生学校、南昌广播电视大学和南昌教育学院进行实地调研,了解学校管理、师资力量和基础设施建设等方面的情况。市领导李国根、姚燕平参加调研。

5月11日,郭安在香港参加第十五届赣港经贸合作活动,专程到香港大学医学院,实地考察设在这里的香港凯普生物科技有限公司。副市长肖玉文参加。郭安一行参观公司部分实验室,详细了解公司发展历程。当得知该公司不仅拥有多项国内外专利,而且还依靠境外首间重点实验室——香港大学新发传染性疾病国家重点实验室进行多项研究时,郭安对该公司在基因研究和相关领域中处于世界领先的地位表示赞赏。他说,香港大学医学院有着非常强大的科研团队,特别是新发传染性疾病国家重点实验室成立以来,你们的科研成果,为人类消灭各种疾病做出重大贡献。当前我国正深入实施创新驱动发展战略,大力倡导和鼓励“大众创业、万众创新”,科研作为创新创业的重要支撑,地位更加重要,作用愈加凸显,只有将你们的科研成果迅速产业化,走向市场,更广泛的为消费者服务,才能最终造福人类。南昌市作为承接凯普生物科技检验平台之一,希望港大能有更多的、新的科研成果在南昌变为消费者或疾病患者的福音;南昌将竭诚为港大项目在昌发展提供优质服务。

6月2日,郭安到部分城区积水点、防洪排涝工程现场,实地检查指导城区防洪排涝工作。市领导刘建洋、宋铀参加。郭安指出,此次强降雨造成城区多处积水,影响市民出行,各级各部门要高度重视,迅速行动,全力做好隐患排查;要针对各自行业的特点,加强检查落实责任,特别是重点地段、重点部位要做好督促、检查,保证各项防汛措施落实到位;要强化值班值守,密切关注雨情、水情,根据水位适时开机排水,做到责任到人、任务到岗、管理到位,发现情况及时报告;要进一步完善防汛应急预案,加强信息报送,做到反应迅速、运转高效、指挥顺畅,确保防汛人员组织、物资保障、抢险措施落实到位;要按照确保人民生命财产安全,确保城市交通安全等要求,周密部署,科学应对,加强重点地段防守,确保万无一失。气象、水文部门要密切监视天气和水雨情变化,加强分析会商,为各级防汛指挥人员提供决策依据,为市民防雨防雷避灾提供信息;各级数字城管指挥中心要发挥对全市城市管理的指挥调度职能,对突发事件及时处置;市公安交管部门要在积水路段、重点部位及时设置警示牌,引导车辆和行人通行,保障行车安全。

7月21日,郭安到部分重点圩堤险工险段,实地检查指导防汛抗洪工作,详细了解巡堤查险、人员落实到位、物资储备等防汛工作情况。副市长朱志群陪同。进贤县联合堤是20世纪70年代围湖造田形成的圩堤,属于泄洪区。连日来,由于鄱阳湖高水位浸泡,出现泡泉群险情,经省市防总专家到场分析认证后,决定在大堤外围围堰上打开缺口,实施分洪。郭安深入一线,亲自指导分洪有序推进,并对进贤县提前收割圩内早稻的做法表示赞赏。随后,郭安一行到南昌县长乐联圩、红旗联圩五星段、将军洲段,察看险工险段巡查排查、沿线物料、应急处置等情况。郭安指出,防汛抗洪警报已经拉响,各级各部门务必要保持高度警惕,克服麻痹大意思想;要牢牢把握防汛抗洪的主动权,防汛抗洪准备工作要细之又细,慎之又慎,巡堤查险要早发现,早处置;要进一步增强忧患意识、责任意识、纪律意识,防止工作虚化、责任空置,确保举措保障时时到位;面对险情,各级防汛指挥部要加强统一指挥,强化协调配合,协调整合多方力量,共同做好防汛抗洪工作。

8月9日,郭安带领部分市直相关部门和城区负责人到部分城区,就全市老旧小区综合改造工作和停车场建设进行调研,并召开相关座谈会,通报全市老旧小区综合改造工作和停车场建设推进情况,分析进度和存在的问题,部署下一步工作。市委常委、常务副市长刘建洋参加。郭安一行先后到西湖区南柴社区改造施工现场、南昌大桥东停车场建设施工现场进行实地调研,详细了解项目建设进展情况。在南柴社区改造施工现场,郭安对该项目在改造选址上突出民生、实施进展中突出民主、功能服务上突出养老、社区治理上突出平安、风格设计上重现绿篱红墙外观,保留小区独有风貌的理念与做法表示高度肯定。他要求努力将南柴社区改造项目打造成在全市可复制、可借鉴、可推广的老旧小区改造的新样板。座谈会上,在听取相关情况汇报后,郭安说,老旧街区综合改造和停车场建设既是解决城市管理的难事,也是惠及民生的大事、好事。各级各部门要明确项目牵头领导,强力推动项目建设,杜绝“等待”“观望”心态和思想,以目标“倒逼”进度,确保各个项目按照

“路线图”“进度表”完成，迅速掀起项目建设的新一轮热潮；要夯实项目建设责任，分解任务、明确时间节点、落实责任；要加强调度、协调行动，严格督查考核，制定科学的奖惩办法，跟踪项目建设的开工率、完成率，对推进有力的予以奖励、对落实不到位的严格问责。郭安指出，各级各部门要牢固树立大局观念，以便民、利民、为民为宗旨，形成强大的工作合力，优化规划审批，按照相关政策加快解决土地出让价格、产权、资金等一系列问题；要严把工程质量关，以群众满意与否作为衡量工作成功的硬性标准，切实把老旧小区综合改造和停车场建设项目打造成民生工程的新样板，解决老百姓“住”“行”难题，真正让群众满意。

8月30日，郭安先后到胜利剧场、贺龙指挥部旧址和中共中央东南分局旧址等地，就全市公共文化设施修缮和开发情况进行调研。市领导龙和南、姚燕平参加。郭安指出，抢救性恢复革命旧址是当前一项重要工作。各相关部门要进一步提高认识，充分借助国家旧改政策，做好红色革命旧址的抢救维护和保护利用工作；要更多争取文物保护部门和党史部门的支持，进一步加大资料征集力度，丰富革命史料，将革命旧址恢复原貌；要算好经济账，结合市区规划，做好革命旧址抢救维护的规划设计方案；要深入挖掘革命史料，大力发展红色旅游，把丰富的红色资源转化为南昌加快发展的强大动力；要把革命传统教育与社会主义核心价值观教育紧密结合起来，有针对性地加强对党员干部、广大群众和青少年的革命精神宣传教育，使红色基因一脉相承地传承下去；要加大投入，加强配合，通力协作，倒排工序，挂图作战，抓好革命旧址的抢救性保护工作，确保这些革命旧址在明年8月1日前开门迎客。

8月31日，郭安率有关部门负责人到部分城区调研赣江南支（南昌城区段）流域水环境治理工作，并就“河长制”落实情况进行督查。市领导华清、朱志群、宋铀参加调研。郭安一行先后到新洲闸口、玉带河水系截污提升BT项目、鱼尾闸口以及幸福渠水系综合整治明山渠工程等地。郭安指出，江西省已被纳入第一批国家生态文明试验区，这对南昌打造美丽中国“江西样板”提出更高要求。当前，全省正在大力推进生态文明先行示范区建设，特别是实行“河长制”。要求各地全面履行河湖保护责任，目的就是保护水资源，维护水生态，确保河湖健康。各相关县区和部门要提高认识，切实把思想统一到“五位一体”总体布局上，层层压实责任，把“河长制”落实到具体工作中。郭安要求，各县区要明确目标、明确责任，结合“河长制”工作要求，制定相应标准和阶段性目标，率先使南昌在全省创出经验、在全国作出示范；要加强调度、督查督办，以问题为导向，以治理为抓手，以长效为根本，建立问题清单、责任清单和督查清单。各有关部门要着眼整个赣江南支流域，为保护赣江母亲河“一江清水”多下功夫，大力探索长效管理机制与办法，为美丽中国“江西样板”打造、鄱湖明珠·中国水都建设做出积极贡献。

12月5日，郭安带领市安监局、市建委、市国资委等市直相关部门负责人，到部分在建项目施工现场，检查安全生产措施落实情况。副市长杨文斌参加。郭安一行先后到地铁2号线土建4标红谷中大道站、商联中心建设工地、招商银行股份有限公司南昌招银大厦建筑工地，仔细询问和检查工程建设过程中隐患点整改、建筑材料产品质量及企业安全生产大排查、责任落实等情况。在地铁施工现场，郭安说，地铁是民生工程，也是一项系统性强、技术要求高、安全风险较大的建筑工程。南昌地铁参建单位及建设者，要坚持一切服从安全、一切服从质量的要求，务必坚持制定安全生产制度要严谨规范、落实安全生产要抓实抓细抓好、安排组织施工要讲究科学合理；要树立和强化安全红线和底线思维，层层落实责任，坚决遏制重特大事故发生，确保人民生命财产安全。郭安指出，安全是一切的基础，没有安全一切都等于零。各级负有安全生产监督管理职责的部门要加大安全监管力度，真正把安全监管职责落到实处；要从严进行追责问责，建立健全安全生产长期巡查制度。各类企业要切实把安全生产放在首位，克服“习以为常”的麻痹思想，严把建筑材料质量关，树立和强化“购买建筑材料讲人情就是对人民最大的犯罪”思想观念；要认真履行安全生产主体责任，打破“司空见惯”的固定思维，时刻绷紧安全生产这根弦，做到安全投入、安全培训、基础管理、应急救援到位，确保生产安全。

12月14日，郭安到青云谱区徐坊街道塔子桥东社区，就社区建设进行调研，并与基层干部和居民代表进行交谈，共同探讨社区环境综合治理。他指出，人民城市人民管，管好城市为人民。社区干部要始终坚持以人为本，服务居民的社区发展理念，以民思我想、民困我帮、民求我应、民需我做的原则，不断强化社区服务功能，提升服务水平，努力打造管理有序、服务完善、环境优美、治安良好、文明祥和的现代化新型和谐社区。郭安强调，市委、市政府决定花三年的时间，开展“美丽南昌·幸福家园”环境综合整治，是顺应群众期盼的需要，是推动发展升级的需要，是遵循发展规律的需要。各级各部门要统一思想，迅速投入到环境综合整治提升工作上来，坚持以服务市民为遵循，以提升市民文明素质和城市文明程度为核心，以完善城市功能为基础，按照“一年有变化、两年出形象、三年上台阶”的总体要求，着力实施“三四五六”的路径图，坚决打赢环境综合整治的攻坚战，努力打造富裕美丽幸福江西的“南昌样板”。

12月23日，按照“美丽南昌·幸福家园”环境综合整治的要求，郭安到联系点青云谱镇进行实地调研。郭安一行先后到该镇广州路社区、万溪楼喻村、万溪村农民公寓，详细察看交通路网布局、社区卫生环境、农民生产生活等情况。郭安在调研时指出，“美丽南昌·幸福家园”环境综合整治行动目标已明、路径已定，青云谱镇要加强宣传发动，一方面镇、村、社区干部要身体力行，发挥示范带动作用；另一方面要创新宣传方式，通过新闻媒体、图文并茂的宣传册、连环画等多种形式，做好思想宣传、舆论引导，形成“全民皆知、人人参与”的良好氛围。在落实好环境综合整治“三年攻坚”要求同时，还要同步推进产城融合发展，既要着眼长远、高位谋划，也要保持清醒、分析问题，围绕产业强镇、产业强区，促使人口回归、高端人才集聚，提升城市建设管理档次，提升产城融合发展水平，让群众在环境大整治、产业大提升中有获得感、幸福感。

12月29日，郭安到南昌县（小蓝经开区）就扎实推进装配式建筑产业发展进行实地调研。市领导宋铀、黄耀华参加调研。郭安一行先后到南昌县抚生路提升改造工程施工现场、芳草学校、南昌县三幼汇仁分部幼儿园、新体育馆社会停车场、玺园社区（玺悦城）和武阳装配式建筑产业园等地察看，了解基础设施建管、民生服务保障情况和相关产业发展状况。在听取相关汇报后，郭安指出，以“工厂化生产、装配式施工、一体化装修、智能化管理”为特征的装配式建筑是建筑产业发展的新方向。当前，国家政策导向明，南昌县产业基础好，县委、县政府要咬定目标坚持不懈，认准方向坚定不移，尽早做好顶层设计，科学制定产业发展规划，做好行政对标、技术对标、人才培训、力量发动等基础性工作，不断完善政策体系，全面强化保障力量，精准有序实施推进，努力构筑覆盖南昌、支持全省、服务周边的装配式建筑产业发展格局，打造南昌市产业发展的新亮点。

应急管理工作

【概况】 2016年，市政府应急管理部门始终坚持“准确研判、快速反应、及时上报、狠抓落实”处置突发事件的原则，科学处理、及时高效的处理突发事件；下发《关于进一步做好节日期间分类值守工作的有关通知》，明确对各类单位的应急值守要求；进一步规范各级应急部门信息报送程序，拓宽信息来源，畅通信息报送渠道，提高信息的时效，确保应急值守和信息报送的正常运转。全年共接收各类突发公共事件信息2414件(次)，其中较大以上突发事件信息(含事件本身比较敏感或发生在敏感区域、敏感时期的信息)22件(次)；编写《值班信息》194期、《应急专报》27期、《南昌值班信息》92期、《南昌值班信息(特刊)》4期；省政府领导作出批示30件(次)，市政府领导作出批示20件(次)，市政府值班室立即向有关部门作传达，并及时跟踪报告各县区(开发区、新区)、各有关部门贯彻落实情况。

【“12345”政府服务热线平台运行】 2016年，南昌市精准把握政策，积极响应、主动谋划、先试先行，整合优化全市各类咨询、投诉、举报服务热线平台，构建统一权威、便民高效的“12345”政府服务热线平台。12月28日，“12345”政府服务热线平台正式上线运行。市委副书记、市长郭安出席上线仪式并讲话。平台上线以来，群众的诉求主要集中在城市管理、市政设施、交通运输、房管、治安、供电、供水、消费者权益等方面。

【完善预案修订】 2016年，按照省政府统一部署，下发《关于进一步做好应急预案管理工作的通知》，切实做好全市应急预案的编制和修订工作，促进应急预案体系完善。全年新制定轨道交通运营突发事件、道路交通事故等2个市级预案，为轨道交通运营突发事件和道路交通事故的处置提供重要依据。修订完善《南昌市突发公共卫生事件应急预案》《南昌市安全生产安全事故综合应急预案》等10个市级预案，使相关预案更符合实际。加快推进水上突发事件、火灾等市级应急预案编制工作，力求最大限度降低灾情损失。督促全市各级各部门做好各类预案的修订工作，全市应急预案体系进一步健全和完善。

2016年7月12日，市政府办公厅领导慰问南昌陆军预备役高炮团“融合之翼—2016”参演官兵

【提升处置能力】 2016年，坚持“第一时间快速应对、第一时间迅速处置”的原则，各类突发事件发生后，迅速协调相关部门开展科学有效的先期处置。对较大及以上突发事件，及时传达市政府领导的重要指示精神，或赶赴现场协调相关部门开展处置，有效地控制突发事件二次灾害的发生、扩大及其蔓延。成功协调处置1月11日部分出租车业主及司机停工怠运聚集事件、1月21—26日间的一次明显低温雨雪冰冻灾害性天气、2月13日玉带河岸坡发生塌方影响铁路机务段房屋安全事件、3月上中旬安义县辖区内的南昌技师学院流感疫情、5月14日南昌地铁2号线八一广场站施工出现涌水涌沙导致路面塌陷事件、6月1—2日短时强降雨引发的城市内涝、6月14日新建区南矶乡群众与都昌县周溪镇堂荫村村民水域纠纷、8月6—7日昌南城区出现大面积停水事件等30余起影响较大的突发事件。

【开展演练活动】 2016年，协调全市举办各类应急演练300余次。其中，由市应急办主办的综合性演练有：12月14日举办的南昌市轨道交通运营突发事件综合应急演练、12月20日举办的《南昌市危险化学品安全生产事故应急预案》桌面演练。由市应急办指导、参与的综合性演练、专项应急预案演练有：4月9日，举办的船舶大型管件(浮运)拖滞防碰撞应急反应救援实战演练；6月6日和9月2日，在火车站东广场、西广场开展的反恐处突演练；7月14日，举办的昌北机场“融合之翼—2016”应急救援演练；11月13日，举办的南昌国际马拉松测试演练等。

【加强体系建设】 2016年，推进“南昌市应急联动指挥平台二期”项目建设，通过公开招标确立承建商，项目软硬件已基本完成，预计于2017年3月底全面建成并投入使用。出台《2016年全市综合性应急救援工作要点》《南昌市十三五期间综合性应急救援队伍建设意见》等规范性文件，明确建设目标和任务重点。结合社会发展和全市实际，增设部分应急所需特种专业专家，出台应急专家管理办法，全面发挥应急管理专家的“智囊团”优势。起草编制《南昌市国民经济发展第十三个五年规划》(草案)，邀请专家对《规划》进行评审论证，并根据专家的意见进行修改完善，确保做到精细谋划，切实有效。

驻外办事机构

【概况】 2016年，南昌市驻外办事机构有4个，分别为市政府驻北京联络处、驻上海联络处、驻厦门办事处、驻深圳办事处。各驻外机构围绕各项工作目标，内强素质，外树形象，充分发挥驻外机构“窗口、抓手、纽带”作用，扎实履行宣传南昌、招商引资、信息调研、综治维稳、接待服务等职能，进一步提高工作效能，较好地完成各项工作任务。

【宣传推介南昌】 2016年，驻北京联络处拜访国家发改委、商务部、国务税国资委、国家能源局及国家传统文化产业促进委员会等部委，走访北斗星通、泰康人寿、金沙江创业投资公司等在京有名望企业20余家，参加北斗产业商业模式研讨会、北京大数据电子信息产业招商引智座谈会等各行业在京举办的峰会，并推动意中交流协会赴南昌考察和北京炫铱点服装公司江西服饰鞋帽北京商会返乡投资，通过挖掘有投资意向的项目和单位，跟踪对接，热情邀请他们到南昌投资考察、共赢发展。驻上海联络处精心打造"1+N"平台，重点依托南昌之友（上海）联谊会，以及县区的商会、同乡会等平台，采取联谊活动、登门拜访、经常联络等方式，宣传推介南昌产业布局、政策优势。驻厦门办事处借助现代网络宣传、会议宣传、来访拜访适时宣传等方式积极宣传推介南昌。驻深圳办事处在赣港经贸合作期间，积极配合省驻深圳办事处做好江西省在深圳召开的各类推介会、恳谈会，参与安义县、青云谱区、东湖区、西湖区等县区在深圳举办的各类招商推介活动及南昌市光谷推介会，为宣传江西、宣传南昌做出应有的贡献。

【开展招商引资】 2016年，驻北京办事处利用北京区位优势和央企集中等资源优势，强化招商意识、创新招商方式，共引进或协助引进北京嘉捷集团"北京产业园项目"、意中交流协会"意大利产业园项目"、泰康人寿"养老产业项目"、软通动力"智慧城市项目"等12个项目，投、融资总额22亿元。驻上海联络处通过内强外联夯实基础、构筑平台精捕信息、延伸触角主动出击、真情邀商陪同考察、盯咬线索全程跟踪，全年新增落地项目2个，分别为总投资预计10亿元的上海与德通讯技术有限公司和投资560万美元的南昌库奇勒电子科技有限公司。驻厦门办事处适机推行"人才+资金+项目"打包招商模式，实现招商引资与招才引智两推进，为全市开放型经济全方位、多渠道、宽领域发展寻觅良机。除配合各县区、开发区跟踪服务的项目外，挖掘、跟踪并引进落户的项目共有6个，邀请22家客商赴南昌考察。深圳办事处提供有效招商信息、牵线搭桥近30个项目，其中已落地项目及新增资金项目6个，总投资预计人民币41亿元、美元1000万美元（包括已落地企业的后继投入1000万美元）；已签约项目5个，总投资预计超55亿元；在谈及跟踪项目6个，总投资预计超130亿元。参与组织客商考察南昌10余次共50余人次，协助南昌各方到深圳考察20余次共100余人次。

【加强信息调研】 2016年，驻北京联络处收集整理政治、经济、文化、科技等方面的信息，为市委、市政府和各有关部门决策提供参考，争取把好的政策、项目与资金支持投放在南昌。至年底，共向市委、市政府报送信息1233条，被市委《今日南昌信息》《南昌信息专报》、市政府《每日要情》等刊物多次采用。驻上海联络处加强常态化的信息工作报送机制，全面提升信息采编质量，在原有外埠信息海量报送的基础上加大专报的报送力度。有计划整理、编辑对南昌市政治、经济和社会发展等有参考价值的政务、专报类信息。全年报送市委信息处、市政府信息处总量2000余条。驻厦门办事处全年共编制211期《海西信息》，被市政府办公厅信息处采用68条，市委办公厅信息处采用23条，《南昌信息专报》采用2条。驻深圳办事处广泛采集当地政府及社会重大信息和领导在深港活动信息，及时将有价值的信息调研及客商投资意向信息向有关领导、有关部门汇报。全年报送有价值信息60余条。

【优化接待服务】 2016年，驻北京联络处为方便各级领导在北京开展活动，已与35家符合南昌市公务出差报销标准的酒店签订入住协议，合作酒店位置覆盖国家机关、机场、使馆区以及重要商务区。全年共接待保障市委、市政府领导及各部门进京的政务和商务活动382批次、1368人次，为南昌市在北京各项活动的顺利开展提供有力保障。驻上海联络处时刻秉承"接待工作是窗口"原则，始终做好市领导的接待保障及南昌籍人员的来沪交流联络、求学求医等服务工作。同时，不断加强各项制度的落实，完善接待员、驾驶员和服务员的管理以及培训工作，切实提升接待和保障水平。全年共接待市领导及市县各区各部门到沪人员（含学习考察、招商引资等）600余人次，到沪求医人员86人次。驻厦门办事处从行程安排、资料收集、工作联系等，做到事无巨细，全力协助，完成市领导赴厦门考察、交流、学习任务，确保活动零失误。驻深圳办事处加强与深圳市党政领导、社会各界和机场、口岸的沟通联系，确保为南昌市领导到深圳、深圳市领导到南昌考察提供高效、便利、优质、快捷的服务保障，加强市属部门和县区到深圳考察的接待、联络、服务工作。全年共接待到深圳各级领导100余人次。

【加强防控维稳工作】 2016年，驻北京联络处围绕建设"平安首都，平安南昌"这一主线，切实落实"管好自己的人、看好自己的门、办好自己的事"，认真履行职责，积极配合市政府驻京劝返组，及时了解上访人员动态，做到早稳控、早化解。在全国"两会"及重大纪念活动、节假日期间，全力做好值班备勤工作。在联络处和劝返工作组的通力配合下，实现"三个不发生"的目标。全国"两会"期间发生非访登记1人次，占全省非访总量的9.1%，与上年同比下降85.7%，取得"占比下降、排位后移"的成效。帮助在北京乡友维权、维稳、调解各类矛盾纠纷6次，为父老乡亲解决实际困难，提供法律咨询援助，维护他们的合法权益。驻上海联络处以维护上海社会稳定为大方向，积极与上海市、省驻沪办等有关部门协调联络，配合有关部门做好上访人员的思想工作，并与当地政府取得联系，切实解决他们的实际困难，把各种可能出现的隐患解决在萌芽状态，并给予及时的答复，取得较满意的效果。同时积极与所属驻在静安区江宁路街道综治部门联系，学习该街道社会治安综合治理工作中心的经验做法，为南昌学习借鉴提供参考。驻厦门办事处围绕市委十届十一次全会确定的目标任务，强化首位意识，以争"首席"、夺"第一"的工作态势，大力夯实基层基础，创新社会治理，推进平安建设，确保年度综治各项目标任务的完成，为招商引资营造和谐稳定的社会和工作环境。深圳办事处制订并落实安全维稳预案，全面排查在深圳南昌籍人员不稳定隐患，落实工作责任，健全沟通、协调工作机制，确保将各类隐患消除在萌芽状态，确保一旦出现问题，做到可防、可控，快速、有效处置。

2016 年南昌市人民政府颁发文件选目一览表

文号	文件标题
洪府发 1 号	南昌市人民政府关于取消和调整一批行政权力项目的通知
洪府发 2 号	南昌市人民政府印发关于加快产业公共服务平台建设促进工业园区产业集群发展的实施意见(试行)的通知
洪府发 3 号	南昌市人民政府关于印发南昌市城乡居民基本医疗保险普通门诊统筹试行办法的通知
洪府发 4 号	南昌市人民政府关于印发《南昌市生态环境监测网络建设方案(试行)》的通知
洪府发 5 号	南昌市人民政府关于印发南昌市外国专家“滕王阁友谊奖”奖励办法的通知
洪府发 6 号	南昌市人民政府印发关于我市非住宅去库存的若干措施的通知
洪府发 7 号	南昌市人民政府关于印发南昌市水污染防治工作方案的通知
洪府发 8 号	南昌市人民政府印发关于促进 LED 产业发展的若干政策措施的通知
洪府发 9 号	南昌市人民政府关于贯彻落实粮食安全省长责任制的实施意见
洪府发 10 号	南昌市人民政府关于印发《2016 年南昌市民生工程安排意见》的通知
洪府发 11 号	南昌市人民政府关于深化标准化工作改革的实施意见
洪府发 12 号	南昌市人民政府关于清理规范市政府部门行政审批中介服务事项的决定
洪府发 13 号	南昌市人民政府关于印发南昌市优化建设工程项目审批服务流程的实施意见
洪府发 14 号	南昌市人民政府关于清理规范我市建设项目涉审中介服务若干问题的实施意见
洪府发 15 号	南昌市人民政府关于印发《2016 年南昌市重大重点项目投资计划》的通知
洪府发 16 号	南昌市人民政府关于印发南昌市困难残疾人生活补贴和重度残疾人护理补贴制度实施办法的通知
洪府发 17 号	南昌市人民政府转发江西省人民政府关于江西省行政权责清单管理办法的通知
洪府发 19 号	南昌市人民政府关于印发《南昌市国民经济和社会发展第十三个五年规划纲要》的通知
洪府发 20 号	南昌市人民政府印发关于支持生物医药产业发展的若干政策措施的通知
洪府发 21 号	南昌市人民政府关于印发南昌市国民经济和社会发展第十三个五年规划纲要任务分工方案的通知
洪府发 22 号	南昌市人民政府印发关于加强农村低保与扶贫开发制度衔接的实施方案的通知
洪府发 23 号	南昌市人民政府关于取消和调整一批行政权力事项目录的通知
洪府发 24 号	南昌市人民政府印发关于加快 VR/AR 产业发展的若干政策(试行)的通知
洪府发 25 号	南昌市人民政府关于印发《南昌市工业经济发展考核办法》的通知
洪府发 26 号	南昌市人民政府关于加快发展体育产业促进体育消费的实施意见
洪府发 27 号	南昌市人民政府关于印发《2016 年全市人才工作项目及专项资金使用计划》的通知
洪府发 29 号	南昌市人民政府关于印发 2016 年南昌市水污染防治工作计划的通知
洪府发 30 号	南昌市人民政府关于印发南昌市土地例行督察情况整改方案的通知
洪府发 31 号	南昌市人民政府关于印发南昌市构建开放型经济新体制综合试点试验实施方案的通知
洪府发 32 号	南昌市人民政府印发关于扶持南昌绿谷“两区一廊”示范工程建设的若干政策措施的通知
洪府发 33 号	南昌市人民政府、南昌警备区关于 2016 年征兵命令
洪府发 34 号	南昌市人民政府关于印发实行中期财政规划管理的实施意见的通知
洪府发 35 号	南昌市人民政府印发关于进一步提升农村生活垃圾处理水平的实施意见的通知
洪府发 36 号	南昌市人民政府关于印发 2016 年推进简政放权放管结合优化服务改革工作方案的通知
洪府发 37 号	南昌市人民政府关于规范国有资金投资建设工程项目结算条款和争议解决方式的意见

续表

文号	文件标题
洪府发 38 号	南昌市人民政府印发关于加强农村留守儿童关爱保护工作的实施方案的通知
洪府发 39 号	南昌市人民政府关于做好2016年度退役士兵安置工作的意见
洪府发 40 号	南昌市人民政府关于印发江铃五十铃汽车有限公司申请合资延期及更名、调整股东股比、迁址新建项目中现有项目大气卫生防护距离区域内环境敏感点搬迁方案的通知
洪府发 41 号	南昌市人民政府关于印发《南昌市全民健身实施计划(2016—2020年)》的通知

（谭梦阳）

参事工作

【概况】 2016年,市参事室引导参事围绕中心,积极开展参政建言工作。坚持星期四参事学习制度,先后邀请2个部门的领导为参事介绍情况,并深入市内部分高校、县区进行实地学习调研。全年先后安排1位参事参加第七期全国政府参事研修班,2位参事参加2016年度全国政府参事论坛。帮助参事订阅国务院参事室编印的《国是咨询》《工作通讯》刊物,编发《每日信息》212期、《每月要事专报》4期。完成调研课题7篇,其中2篇分别在国务院参事研修班和论坛上交流,上报专题建议10篇,编辑《南昌参事》简报7期,上报一句话建言46条,参与2个文件的修改工作,提出意见和建议8条,1篇参事文章在国务院《工作通讯》刊物上刊登。

【开展课题调研】 2016年,市参事课题组围绕课题分赴云南、贵州、内蒙以及本市部分县区、市直部门积极开展调研,深入分析研究,提出工作意见和建议。至年底,全面完成调研课题任务,上报的意见和建议大部分得到市领导的批示。李汉国参事牵头的《关于促进我市融资担保业加快发展的对策建议》课题,市领导批示:“转金融办研究”。胡建华参事撰写的《关于申报长江中游自贸区的建议》,市领导批示:“转市发改委、市促进局阅研”。胡建华参事撰写的《关于“天下英雄南昌”城市形象推广活动的建议》,市领导批示:“请市旅发委认真研究,统筹考虑”。张芸参事撰写的《南昌市基层中医药发展的现状、困境及对策》课题,市领导批示:“转市卫计委、市财政局参阅”。张芸参事撰写的《关于促进县域招商引资工作健康发展的建议》,市领导批示:“转市促进局参阅”。熊迪如参事撰写的《关于加强对储值卡业务管理的建议》,市领导批示:“转相关部门开发此事”。陈武参事撰写的《切实加强对“农家乐”餐饮食品安全监管》,市领导批示:“转有关部门研究”。胡建华参事撰写的《关于进一步提升南昌市旅游产业集聚效率的建议》,市领导批示:“请旅发委阅研”。

（张小林）

民族宗教工作

【概况】 2016年,南昌市民族宗教事务局(以下简称市民宗局)围绕促进民族团结、宗教和睦、社会和谐工作主题,扎实推动中央民族工作会议、全国宗教工作会议、全国城市民族工作会议和省市民族工作会议精神的贯彻落实,创新思维,全面推动民族宗教工作取得新成效。7月,南昌市荣获“全国少数民族流动人口服务管理示范城市”称号。全面推动示范城市建设,完善少数民族流动人口服务管理体制机制,促进各民族交往、交流、交融。

【学习贯彻全国民族宗教会议精神】 2016年,多次召开市民宗局党组会,专题传达学习全国城市民族工作会议和全国宗教工作会议精神,全文学习新华社播发的全国城市民族工作会议和全国宗教工作会议新闻通稿,并对下一步全市民宗部门传达学习贯彻两个会议精神工作进行研究部署。5月12日,组织召开全市性宗教团体负责人会议,专题传达学习全国宗教工作会议精神,在全市宗教界掀起学习全国宗教工作会议精神的热潮。6月始,结合学习贯彻全国宗教工作会议精神,部署开展全市宗教工作专题调研活动。

【接待全国少数民族参观考察团】 2016年10月25日,国家民委组织200余人的全国少数民族参观团到南昌,开展以纪念中国工农红军长征胜利80周年、推动“中华民族一家亲、同心共筑中国梦”为主题的参观考察活动。南昌市成立以市政府分管领导为组长的接待工作领导小组,市民宗局、市公安局、市交管局、市委宣传部、市卫计委、市文广局、市旅发委等部门通力协作,圆满完成此次接待任务。通过参观考察滕王阁、南昌新四军军部旧址陈列馆、南昌八一起义纪念馆、小平小道以及城市发展成就,全国少数民族参观团成员全面了解南昌市民族工作情况,对南昌市开展民族团结进步活动深表赞赏。省民族宗教事务局专门向市政府发来感谢信,对南昌市的接待工作给予赞扬和感谢。

【部署城市民族工作“连心共建”活动】 2016年,根据省委统战部、省民宗局《关于开展城市民族工作连心共建活动的意见》要求,南昌市全面部署城市民族工作“连心共建”活动。市委统战部、市民宗局下发相应文件,列入市委统战部、市民宗局共同推进的重点项目,要求搭建平台、开展务实活动,抓好具体落实。同时,把“连心共建”活动纳入全市“全国少数民族流动人口服务管理示范城市建设方案”,把“连心共建”活动列入示范城市建设领导小组成员单位工作职责,借助示范城市建设的力量推动“连心共建”活动,实现示范城市建设与连心共建活动的良性互动。

【开展“爱心妈妈”志愿服务活动】 2016年2月3日,青山湖区塘山镇上坊路社区“爱心妈妈”与南昌工学院藏族学生开展“民族团结一家亲共迎新春”联欢活动,爱心妈妈们为每个学生送礼品盒,在学校食堂与藏族学生聚餐;在元旦、母亲节、五一节、端午节,与南昌十七中西藏班学生开展“为母亲梳头”、教学生包粽子等活动,表演精彩的文艺节目,各项活动充满着汉藏一家亲的浓浓氛围。6月9日,在南昌工学院附近发生一起交通事故,其中1名藏族学生受伤住院,爱心妈妈们带上 2000 元慰问金,前往医院看望,鼓励他配合治疗,早日康复,让藏族学生感到亲人般的温暖。南昌县通站路社区与江西服装学院少数民族学生建立联系,开展联谊活动。

【调查全市困难少数民族家庭】 2016 年,按照"低保优先,精准帮扶、一户不漏、一户一表"的方法,将全市城乡困难少数民族家庭登记台账,共摸排 139 户较困难的家庭,为 83 户相对困难的家庭发放一次性补助,每户 600 元(其中 1 户 800 元),共计 5 万元。

【调处涉及少数民族的矛盾纠纷】 2016 年,化解涉及少数民族群众因城管扣押烧烤工具引发的上访 40 余人次,协助处理涉及少数民族群众意外死亡 2 起、交通事故 3 起和青山路口汉人开拉面馆引发矛盾 1 起。10 月,来自新疆和田地区墨玉县、皮山县的维吾尔族群众上访,市民宗局协调有关部门,规范城市执法,维护少数民族流动人口合法权益。

【保障少数民族流动人口子女入学】 2016 年,落实《南昌市学校民族工作细则》《南昌市保障城市少数民族流动人口受教育权工作细则》,为保障少数民族流动人口子女受教育提供政策依据。利用少数民族流动人口就学联系协商机制,共同努力保障少数民族流动人口子女入学。至年底,共解决 37 名少数民族流动人口子女入学问题。

【调查核实清真补贴】 2016 年,市民宗局下发清真补贴工作规范文件,确定调查、核实、上报每年清真补贴对象变化情况的时间表,确定按每季清真消费情况向供应单位核拨经费。全年共发放清真牛羊肉补贴 51.72 万元。

【安排新疆群众就业】 2016 年,全市先后妥善安排 62 名新疆阿克陶县维吾尔族群众在江铃集团和江西三鑫医疗科技股份有限公司就业。市民宗局配合企业服务新疆员工,做到生活硬件到位、贴心服务到位、日常管理到位、福利待遇到位、教育培训到位、领导关心到位,得到上级民宗部门和新疆阿克陶县党委政府的肯定。

【开展培育和践行社会主义核心价值观活动】 2016 年 6 月 28 日,市委统战部、市民宗局在市基督教志道堂举办宗教界学习社会主义核心价值观专题讲座。各宗教团体还分别举办多期培育和践行社会主义核心价值观学习培训班。9 月 20 日,在市基督教志道堂内举办以全市宗教界"培育和践行社会主义核心价值观"为主题的演讲比赛。

【挖掘弘扬优秀宗教文化】 2016 年 4 月,市宗教文化交流协会召开翠岩寺文化建设座谈会,探讨翠岩寺加强文化建设的各项举措。10 月 12 日,市佛教协会举办"佛教中国化 · 洪州禅 · 社会主义核心价值观"学术研讨会。10 月 16—17 日,首届万寿宫庙会文化研讨会在南昌举行。来自学术界和道教界的专家学者 100 余人参加此次研讨会。与会专家学者围绕"传承万寿宫庙会文化精髓,弘扬社会主义核心价值观"的主题展开探讨。市民宗局指导各宗教加强文化建设,督促全市性宗教团体完成省宗教志南昌部分的资料收集整理上报工作。

【开展"文明敬香、禁放爆竹"活动】 2016 年春节期间,以佑民寺、西山万寿宫为重点的全市佛、道教场所"文明敬香、禁放爆竹"取得成功。2 月 7 日(除夕)至 8 日,佑民寺、西山万寿宫没有燃高香、大香现象,寺院及门口没有燃放烟花爆竹现象。西山庙会"文明敬香、禁放爆竹"取得良好成效。

【协调涉及宗教界事务】 2016 年,针对将天主教江西教区主教府建设项目、市基督教"两会"德胜堂和综合楼项目列入市重大重点项目事项,加强与各方协调,加大力度稳步推进。做好醋巷清真寺落架重修相关工作,指导市伊协与市政公用集团签订落架重修协议。协调解决翠岩寺建设相关问题,拆除翠岩路上的老旧门楼,对翠岩寺山门前地块建设进行优化,建设翠岩路延伸段旅游公路。

【举办民族宗教界人士培训班】 2016 年 5 月 14—21 日,市民宗局与市委统战部、市社会主义学院联合在广西民族大学举办南昌市民族宗教界代表人士高级研修班。全市民族宗教界代表人士及统战、民族宗教干部共 50 余人参加学习。南昌市道教协会、南昌市基督教两会分别举办一期教职人员培训班。通过开展培训,切实将民族宗教界代表人士凝聚团结在党和政府周围,增强他们爱国爱教意识,提高他们服务社会的能力。

【制止非法宗教活动】 2016 年 6 月,市民宗局联合新建区民宗局,成功制止一场非法宗教活动,取缔一个非法宗教组织,收缴大量非法宗教出版物。国庆期间,依法妥善处置一起有基督教信仰背景的外国留学生在西湖区某宾馆的聚会活动。

【南昌市伊斯兰教协会换届】 2016 年 12 月 1 日,市伊斯兰教协会第四次代表会议在市环保局会议室召开。来自全市各县区的 80 余名各族穆斯林代表参加。会议审议并通过《南昌市伊斯兰教协会第三届常务委员会工作报告》《南昌市伊斯兰教协会第三届常务委员会财务工作报告》《南昌市伊斯兰教协会章程(修正案)》《南昌市伊斯兰教第四次代表会议决议》,选举产生南昌市伊斯兰教协会第四届委员会、常务委员会和会长、副会长等领导班子成员,决定产生秘书长。郭富有当选为南昌市伊斯兰教协会会长。

【宗教慈善公益工作不断推进】 2016 年 10 月 19 日,南昌慈善总会与市民宗局签订南昌慈善总会宗教公益基金《合作协议》,正式成立南昌慈善总会宗教公益基金,建立南昌宗教慈善工作新的平台。开展"宗教慈善周"活动,各宗教团体有针对性地开展日常慈善公益活动。

(张　楚)

人事工作

【概况】 2016 年,南昌市人力资源和社会保障局以机制创新为抓手,在人事工资制度改革上积极稳妥推进,人事考录管理工作不断优化,工资制度改革稳步实施,职称制度改革全面深入,军转、三支一扶安置等工作顺利完成。

【考录遴选公务员】 2016 年,全市面向社会招录公务员录用计划 348 个,共有 984 人入围面试,343 名考生进入体检,最终录用 330 人。全市公安机关考试录用人民警察计划 110 人,共有 228 人入围面试,106 名考生进入体检,最终录用 101 人。全市面向基层公务员选调(遴选)考试计划 28 个(其中政府口 11 家、21 个计划),经过笔试、岗位匹配度测试、考察、试用后,共遴选基层公务员 26 人。完成全市公安机关面向公安院校公安专业毕业生考录人民警察工作,根据省人社厅、省林业厅、省公务员局《关于做好 2016 年度全省森林公安机关面向公安院校公安专业毕业生考试录用人民警察考察政审和录用审批工作的通知》,接收录用森林公安人民警察 2 人;

根据省人社厅、省公安厅、省公务员局《关于做好2016年度面向公安院校公安专业毕业生考试录用人民警察考察政审和录用审批工作的通知》，拟接收录用人民警察104人；根据省人社厅、省公安厅、省公务员局关于从2016届公安部属院校应届毕业生中录用人民警察工作精神，接收录用人民警察15人。

【举办公务员录用面试考官培训班】 2016年6月17日，在市委党校举办南昌市2016年公务员录用面试考官培训班。市委各部门、市直各单位熟悉组织人事工作、尚未取得面试考官资格的科级以上干部共190余人参加培训。学员培训考核合格后颁发江西省公务员录用面试考官资格证书。今后全市公务员录用面试考官将一律要求持证上岗。

【举办全市培训管理者培训班】 2016年8月14—21日，在河南大学组织举办南昌市培训管理者培训班。全市各县区人社局分管领导或公务员科(股)长，市直政府口各单位分管领导或组织人事处负责人共50余人参加培训。培训班采取业务辅导、理论讲座和现场教学的方式进行。

【举办全市市直单位遴选公务员培训班】 2016年8月30日—9月2日，在安义县举办全市市直单位遴选公务员培训班。全市16个市直部门的27名2016年度公开遴选公务员(参公人员)参加培训。

【举办市直机关科级干部任职培训班】 2016年9月20—23日，在市委党校举办2016年度南昌市市直机关科级干部任职培训班。市直机关97名新晋升的副科级干部、新任正副科级职务的军转干部参加培训。

【举办新录用公务员初任培训班】 2016年10月17日—11月4日，在市委党校举办3期新录用公务员初任培训班。全市共有260余名(不含公安系统)2016年度新录用公务员(参公人员)参加培训。

【强化公务员考核管理】 2016年，全市公务员年度考核工作于3月底基本结束，共完成全市市直机关(不含市公安局)3563名公务员的考核备案工作，其中优秀等次522人。结合年度考核工作，办理372人嘉奖和70人三等功的审核备案手续。

【出台《南昌市市直机关绩效管理和评分规则(试行)》】 2016年，市绩效办在赴成都、南宁调研和总结上年绩效管理工作经验基础上，结合工作实际，在全省率先出台《南昌市市直机关绩效管理和评分规则(试行)》，对全市的绩效管理工作进行规范，明确考核的规范要求、评分标准，使全市的绩效管理工作更加公开、透明，进一步健全市直机关绩效管理工作制度。《南昌市市直机关绩效管理和评分规则(试行)》的出台，得到“省绩效办”的高度评价和认可。

【完成机关绩效管理考核工作】 2016年，按照市委办公厅、市政府办公厅《关于印发〈2015年度市直机关绩效管理工作方案〉的通知》要求，完成对96家绩效管理单位的考核工作。考核结果已经第7次市政府常务会审议、十届市委第124次常委会会议审定通过，优秀等次30名、良好等次50名、合格等次16名、不合格等次0名。

【审批检查考核和评比表彰活动】 2016年，市人社局对各单位应开展的检查考核活动项目进行严格审批，对未经批准的一律取消。经审核同意开展的检查考核工作3项(市工信委工业经济发展考核、县区行政服务中心考核、市国土资源执法监察考核)，不同意开展表彰活动3次(市红十字会表彰、市血站表彰、市残联表彰)。同时，会同市国土局等系统开展先进个人、先进集体推荐审核工作，共推荐先进个人(劳动模范)32人、先进集体14个；推荐10名获省部级以上先进工作者劳动模范荣誉称号人员参加休假疗养。

【招聘事业单位人才】 2016年，市人社局组织2016年全市中小学教师公开招聘工作，市、县、乡共提供1046个中小学教师岗位。其中，市直学校招聘140名，县区学校招聘906名，最终实际完成950个计划数，完成率为90.82%。组织2016年度南昌市部分事业单位公开招聘工作，发布招聘岗位585个，报名人数共21779人，平均报考比例达到37∶1，远高于2013年的17.7∶1、2014年的16.8∶1、2015年的16.8∶1。2016年报考比例超过100∶1的有37个岗位，比例最高达到393∶1。按照省、市文件要求，实现市本级事业单位的动态管理，累计办理事业岗位变更3500余人次。

【安置军转干部】 2016年，省下达南昌市军转干部244名，随调家属21名。其中，计划分配军转干部133名(团职45名，营职及以下、专业技术职务88名)；自主择业军转干部111名，占总数的45.5%，占全省计划的1/5。面对南昌市连年大批安置军转干部，机关事业单位空编已十分有限的实际情况，市人社局积极做好协调工作，千方百计克服困难，认真筹划组织实施，军转安置工作稳步推进。在完善市直考试考核安置军转干部方式的同时，推动县区阳光安置。在全市基本实现按军转干部考试考核计分选择安置单位。因工作成绩突出，南昌市在2016年全省军转安置工作会上介绍军转安置工作的经验和做法。

【企业军转干部医疗专项救助】 2016年，根据省人社厅、省财政厅《关于进一步开展企业军转干部医疗专项救助的通知》，积极协调相关部门对近年来市本级企业军转干部的住院医疗费用情况进行调查测算，对全市相关的医保政策进行梳理，在了解长沙、合肥等周边省会城市的企业军转干部医疗救助做法的基础上，在全省率先出台《南昌市企业军转干部医疗专项救助暂行办法》。全市企业军转干部医疗救助信息管理模块已经调试开发完毕，市直企业军转干部医疗专项救助待遇正在陆续落实；各县区企业军转干部(含属地企业军转干部)医疗救助信息核实工作也已开展，企业军转干部医疗救助工作在全省走在前列，得到省人社厅和企业军转干部的一致肯定。

【调整机关事业单位工作人员基本工资标准】 2016年，根据国家和省里文件规定，再次调整机关事业单位工作人员基本工资标准。11月底，启动全市基本工资调标工作。12月下旬，完成市直机关事业单位工作人员的基本工资标准和增加离休人员离休费的审批工作。2017年1月执行新工资标准，增资额兑现到位。

【落实“三支一扶”任务】 2016年，按省人社厅计划要求，认真组织开展2016年度“三支一扶”招募工作。向县区分解下达110名“三支一扶”大学生招募任务，经过笔试、资格复审、体检、考察和培训等环节，按照岗位高分到低分招募112名“三支一扶”大学生。

【安置随军家属就业】 2016年，组织召开全市2015年随军家属就业安置工作会议，部署随军家属就业安置工作。按照会议精神，落实责任部门，明确工作要求，完成2015年随军家属就业安置工作任务。扎实做好2016年度随军家属就业安置工作,经调查摸底、编制实名制核查、审档和外调等程序,完成2016年度随军家属就业安置计划下达工作。

【安置公车改革司勤人员】 2016年,市人社局在公务用车制度改革过程中,认真督促市直各有关单位按照《南昌市公务用车制度改革司勤人员安置办法》,扎实做好司勤人员安置工作。对司勤人员安置过程中产生的问题,积极协调相关部门做好政策解释工作,并组织市监察局、市机管局相关人员对部分市直单位进行督查。认真指导各县区(开发区、新区)拟定《司勤人员安置办法》,并督促抓好落实工作。

【推进机构整合人员移交接收】 2016年,按市委、市政府有关会议决定,继续推进原市工商局、市质监局的机构整合,完成全市工商、质监系统人员下划移交接收工作;协调召开城区城管支队人员下划移交工作,组织县区组织、人社部门对下划人员进行审档、下划工作;协助市国土资源局完成市不动产登记中心组建人员移交和调动工作等。

【推进行政审批制度改革】 2016年,调整特殊工时工作制审批的职工代表谈话比例,窗口所承担的综合计算工时工作制和不定时工作制审批中,在延续原有审批流程基础上,凡岗位涉及人员较多时对职工代表谈话比例进行上调,将原来的每个岗位1人改变为同一个岗位每10人面谈1人,切实让职工代表的"代表性"落到实处。主动与市工商行政管理部门等相关单位衔接,对劳务派遣的前置事项及后续衔接工作进行协调,保证《劳务派遣许可证》与工商、国税、地税部门所发证照的登记内容、流程实现无缝对接。为支持全市开放型经济建设,市人社局窗口积极与市公安出入境部门和市外办沟通,对全市外国人在华就业的审批流程及标准进行相应调整,对虽不来自发达国家且不属于紧缺技能人才但对南昌市经济建设大有裨益的外国人才也予以审批同意,有力支持全市服务业发展。

(熊循万)

国有资产监督管理工作

【概况】 2016年,南昌市国有资产监督管理委员会(以下简称市国资委)以实现国有资产保值增值为目标,以深化国资国企改革为主线,着力完善国资监管体制机制,健全现代企业治理体系,做强做优做大市属国有企业,国有资本在全市经济社会发展中的基础支撑、战略引导和民生保障作用进一步增强。至年底,市国资委出资监管资产总额3440.4亿元,同比增长25.6%。净资产总额为1376.6亿元,增长16.6%;国资委系统企业全年累计实现营业收入为1002亿元,增长22%;实现利润总额为77.7亿元,增长15%;已交税费总额63.8亿元,增长8.2%。

【全市深化国资国企改革"1+N"政策体系初步形成】 2016年,南昌市先后出台《关于深化市属企业负责人薪酬制度改革的意见》《关于进一步深化国资国企改革的意见》等文件,市国资委印发《关于印发南昌市国有资产监督管理委员会监管企业功能界定与分类的通知》转发《国务院办公厅关于建立国有企业违规经营投资责任追究制度的意见》等文件,初步构建形成全市深化国资国企改革"1+N"体系。

【产业投资基金规模不断壮大】 2016年,南昌工业控股集团有限公司充分发挥在全市产业经济发展中的投资引导、融资助推、招商承载作用,以国资创投为主体,以市重点产业引导资金为发散,以公办民营、混办民营、民办公助等多种运营模式,设立各类产业投资基金共128.8亿元,运作的引导资金及其子基金78.8亿元。其中母基金27.2亿元(市本级出资24.2亿元、县区出资3亿元);直接管理各类基金4只,联合基金5只(3只正式运作,2只批准设立),拟合作基金4只。

【划分国有出资监管企业类别】 2016年,制定出台《南昌市国资委监管国有企业功能界定与分类方案》。根据主营业务和核心业务范围,结合企业在经济社会发展中的作用、现状和需要,将出资监管企业划分为商业一类、商业二类和公益类。其中,江铃汽车集团公司、江西长运集团有限公司、南昌市建筑工程集团有限公司、南昌市第一建筑工程公司、南昌市第三建设工程有限责任公司、南昌市第八建筑工程公司、南昌对外工程总公司为商业一类国有企业,南昌工业控股集团有限公司、南昌市政公用投资控股有限责任公司、南昌城市建设投资发展有限公司、江西南昌旅游集团有限公司、南昌国资产业经营集团有限公司、南昌物资集团公司为商业二类国有企业,南昌轨道交通集团有限公司为公益类国有企业。

【混合所有制企业实施股份制改革】 2016年,对江西康达竹制品集团有限公司、江西华赣文化旅游传媒集团有限公司实施股份制改革,推荐桑海集团所属桑海制药厂和济生制药厂两家企业参与全省国有控股混合所有制企业员工持股试点工作。

【动态调整重要子企业名单】 2016年,为对市国资委出资监管企业重要子企业的重大事项实施有效监管,帮助所出资企业协调解决重要子企业改革发展中遇

2016年8月11日,南昌新世纪创业投资有限责任公司与上海京道资产管理有限公司签署《关于合作设立江西京道工控投资企业之合作框架协议》

到的重大问题,优先扶持重要子企业做强做大,通过企业自报、处室审核、反馈调整等过程,根据企业的资产规模、行业性质及其在全市经济和社会生活中的影响等因素,调整确定新的重要子企业名单,由原来的14户调整为25户。

【启动剥离国有企业办社会职能工作】 2016年,按照中央和省委、省政府决策部署,启动剥离国有企业办社会职能工作,成立以市长为组长的南昌市剥离国有企业办社会职能工作领导小组。领导小组办公室设在市国资委。印发《南昌市剥离国有企业办社会职能工作方案》。至年底,先行完成74个驻南昌省属国有企业社区移交属地政府管理工作。

【推进重大重点项目建设】 2016年,市国资委系统投融资平台企业切实增强责任感和紧迫感,进一步细化工作任务,狠抓工作落实,全力推进重点工作重点项目取得实效。象湖隧道、七里岗互通立交、九洲高架工程等一批项目建成投入使用,红谷隧道、沿江北快速路、南外环高速、万寿宫历史文化街区等项目正按计划加快推进。企业融资结构不断优化,企业债券、政策性债券、资产证券化等直接融资方式融资所占比重不断增加,有效降低企业融资成本。

【国有企业产权管理规范发展】 2016年,完成新增11户国有企业占有产权登记、7户国有企业变更产权登记。至年底,已登记市属国有企业341户。办理资产评估备案项目30项、评估核准项目2项。市属国有企业产权进场成交项目27宗、协议转让项目4项。

【国有企业增资扩股进入公共资源交易中心操作】 2016年,在指导江西华赣文化旅游传媒集团有限公司进行混合所有制改革过程中,为实现信息公开透明,择优选择投资者,合理确定员工持股价格,市国资委要求华赣传媒公司引入战略投资者的增资扩股项目进入南昌公共资源交易中心公开操作,成为全市首个进入产权交易中心操作的增资扩股项目。为规范操作程序,市国资委建议并指导南昌公共资源交易中心制定《江西省南昌公共资源交易中心企业增资扩股业务操作规则(试行)》。

【跟踪服务央企签约项目】 2016年,在继续跟踪服务中国北车江西轨道交通产业基地项目、车载物联网项目、物流运输项目、南昌轨道交通1号线一期工程机电系统项目管理及施工总承包项目和南昌轨道交通地铁大厦BT项目等5个“央企入赣投资合作洽谈会”签约项目的同时,又新增对红谷隧道、华润置地城市综合体2个项目的跟踪服务。至年底,跟踪服务项目按计划实施,部分项目已建成投产。

【解决国企改革后续问题】 2016年,根据市政府办公厅《关于落实国有企业职教幼教退休教师待遇工作协调会议纪要的通知》的要求,协调市人社局和各企业主管部门,完成2012年度以前退休且通过资格审核人员的生活补贴发放清理、核实以及个人信息的核对工作,为该类人员工资调整套改做好前期准备。针对7+1户改革企业医保缴费中存在的问题,按照政府批复的企业改革方案,完成医保缴费的核对和清理工作,督促企业及时缴纳拖欠的医保费用。

【接待办理各类信访诉求】 2016年,坚持开展领导公开接访和机关干部下访活动,做好接访工作和上级交办的信访件处理工作,认真办理“省、市长手机信箱”“网上信访”“12345市长热线”等各项交办件。全年,共接待个访、群访306起,调解306起,调解率100%;回复“省、市长手机信箱”“网上信访”“12345市长热线”40余件。

(张军伟)

信访工作

【概况】 2016年,南昌市信访局以开展“积案化解攻坚年、网上信访拓展年、基础工作提升年”活动为抓手,不断创新工作方法,打造南昌特色,取得“一个上升、四个下降、五个达到”的较好成绩。至年底,市本级共受理群众信访量为3.61万人(件)次。其中,接待群众来访2.34万人次,受理群众来信诉求1393件,受理群众网上信访诉求5675件,受理手机信箱诉求5563件。

【群众反映的主要问题及特点】 2016年,全市群众信访主要反映征地拆迁、劳动保障、住建纠纷、意外事故、企业改制遗留等5个方面问题。征地拆迁问题,主要表现为因城市发展升级、推进项目建设涉及城镇房屋拆迁、农村土地征用问题引发的集体访、重复访,占总量的36%。劳动保障问题,主要表现为军队退役人员、残疾人员、国资系统教辅人员以及乡镇“六站一所”人员要求提高生活待遇、公益性岗位工资标准、解决社保和重新安置工作岗位等问题,包括年底农民工讨薪维权等问题,占总量的17%。住建纠纷问题,主要表现为购买商品房的业主反映开发商擅改规划、虚假宣传、延期交房以及房屋质量差、物业服务差和房产证办理不及时等问题,占总量的15%。意外事故问题,主要表现在因交通事故、工程施工中伤亡及意外溺亡等事件引起的赔偿纠纷,占总量的8%。企业改制遗留问题,主要表现在一些已改制企业的原职工反映存留资金余额不足无法续交社保医保、要求办理大病医保以及要求对公房进行房改再拆迁等问题,占总量的6%。

【领导高度重视信访工作】 2016年,市委、市政府坚持一手抓发展、一手抓稳定,高度重视信访工作,党政主要领导多次到市接访中心接待来访群众,协调信访问题,并到各县区暗访信访局值班接访情况,阅批群众来信100余件,对信访工作作出的批示共6次。在市领导的高位推动下,各级领导定期到信访接待中心接待群众已形成制度,并一直保持重视信访工作的良好氛围。

【信访要务大保障】 2016年,市信访局在全国“两会”期间、G20峰会、十八届六中全会以及习近平、李克强等中央领导人到赣视察等时期,充分发挥非正常上访联动处置工作机制作用,积极会同相关部门协调联动,落实化解稳定责任,全部实现“三个没有发生”的工作目标,得到省市领导的充分肯定。在中央巡视组来赣巡视“回头看”、全国综治工作“南昌会议”、省“两会”、省党代会、赣台会等重要活动期间,派出精干力量到现场一线参与服务保障,有效维护现场信访秩序,充分体现省会英雄城的担当精神。

【信访难题大攻关】 2016年,市信访局按照省信访局部署全力开展积案化解攻坚的要求,组织力量认真开展信访积案排查化解工作。至年底,全市分两批共排查218件信访积案,已办结录入218件,办结率100%,已化解192件,化解率88%。在信访积案化解过程中,以市委办、市政府办下发《关于进一步推进信访积案化解攻坚的意见》,要求对长时间得不到化解的信访积案实行提级化解,借助各级党政主要领导的力量,推动信访积案得到有效化解。开展由6个市直部门牵头,对拖欠农民工工资、拆迁安置、住建纠纷、征地补偿、涉军群体、环境投诉等6个方面突出问题的专项治理活动。至年底,排查出来的132件信访案件共化解124件,化解率94%。各单位在此基础上形成专项领域的调研报告、应急预案,形成一些行之有效的经验办法。

【信访秩序大整治】 2016年,全力做好赴京非访劝返各项工作,赴京非访登记总量继续保持40%以上降幅。为维护省行政中心的正常信访秩序,坚持每天安排1名信访局领导班子成员到省行政中心值班制度。同时每天安排1名信访局班子成员在市行政中心坐班处访,引导信访群众有序上访,有效巩固全市依法逐级走访秩序。在全市建立信访维稳统一调度机制,整合信访、维稳、公安、安保各方力量全力保障省市行政中心信访秩序,进一步加大违法上访行为的依法取证和依法打击力度,有效震慑一批意图通过缠访闹访等手段获取不正当利益的非访人员。

【信访改革大推进】 2016年,贯彻落实国家、省信访局关于网上信访工作的新要求、新举措,软硬件建设同步推进,"五全"(信访平台全覆盖、视频系统全联通、监控系统全方位、自助服务全推进、拓展应用全提速)工作目标基本达到。同时,按照省信访局统一部署,在人流量密集的秋水广场地铁口开展网上信访宣传推广活动;组织参加江西信访网上服务中心系统好建议征集活动,获得优秀组织奖。山东青岛、宁夏银川、广东中山、四川成都、甘肃金昌等地信访局先后到南昌交流学习。贯彻落实省委《关于在化解信访突出问题中发挥信访监督员作用的意见》,在巩固律师参与信访事项评查成果的基础上,推动"两代表一委员"和专业律师参与领导接访成为常态。在专项治理活动过程中,率先探索"党委重视、政府支持、政协参与、部门主动"的民主监督方式,取得良好的实际效果、法律效应和社会效益。全市接访中心实现大范围改造升级,接访环境进一步提升。其中,市接访中心在9月底完成改造升级,南昌县、南昌经开区、湾里区接访中心分别于1月、2月、12月完成整体搬迁,红谷滩新区、高新区接访中心也先后实现改造升级。

【信访信息大运用】 2016年,着力加强信访分析研判工作。充分发挥信访大数据优势,聚焦信访热点问题、上访重点群众、关键节点时间,及时向各级党委和政府部门提供意见建议、决策参考。全年,共编写今日访情200余期,向市委、市政府有关领导专报50余次,下发重大信访事项协调纪要10余件。着力加强信息宣传工作,累计向各级新闻媒体、杂志期刊投稿30余篇。其中,人民信访、今日头条、江西信访、《南昌日报》等纸媒、新媒共采用20余篇;市领导暗访特写——"我们是特殊的上访人"刊登在《南昌日报》头版,新华网、光明网、凤凰网等网站纷纷转载,引起社会广泛关注。开展"两项评比"活动,西湖区、湾里区信访局长被省信访局推荐为全国"最美信访干部"候选人。同时广泛运用报纸、广播、电视、网络等媒体进行全方位宣传,有效发挥典型的示范引领作用,进一步增强全市信访干部荣誉感、自豪感。

(万晨露)

外事工作

【概况】 2016年,南昌市外侨办认真贯彻落实全国地方外办主任会议精神,召开全市外事专管员会议总结部署工作,进行业务培训。坚持抓好外事管理与服务,与市国家安全局、市公安局协同维护涉外安全,妥善处理领事事务11起。开展以友城友协为平台官民并举的实质性对外合作交流,发展斯洛文尼亚马里博尔市、俄罗斯乌法市为南昌新友城,并获全国友协批准,"请进来"与"走出去"等各项工作长足发展。在全国友协《友好城市》杂志、省外侨办网、市委"决策参考""市政府公报"等国家、省、市媒体发表宣传报道和信息共120篇,为南昌建设"三个文明"融合发展的现代化城市做出应有贡献。

【接待外宾来访和服务安排出访】 2016年,共接待政要、商贸代表等友好交流访问外宾131批1300人次,审核办理全市企事业单位邀请到南昌工作的外国人122批311人次,举行"外专活动日"、评选2016年南昌市外国专家"滕王阁友谊奖"及外国人座谈会等活动8次。同时,先后安排10批次市领导出访,有力推动南昌国际友好交流合作关系的发展。审核并办理因公出国(境)团组119批405人次;为外向型民营企业走出去开拓国际市场申办APEC商务旅行卡95人次。

【市人民对外友好协会第三届理事大会召开】 2016年4月8日,召开南昌市人民对外友好协会第三届理事大会,旨在推进民间外交、扩大南昌市对外开放。会议在总结第二届理事会工作的基础上表决通过新修订的《南昌市人民对外友好协会章程》,选举产生新一届理事会会长、副会长、秘书长等组成的领导机构。

【举行中美友城大会】 2016年11月18—19日,第三届中美友城大会暨中美健康城市论坛首次在中国城市南昌举办。近300名中美地方政府官员、卫生领域官员和专家学者、企业家代表出席。大会以"健康、友城、创新"为主题,设有"将健康融入所有地方发展政策""健康城市与可持续发展目标的实现""健康产业发展趋势及社会责任"3个分论坛。19日,市委副书记、市长郭安参加大会"将健康融入所有地方发展政策"分论坛,并作题为《加强交流合作,共创健康未来》的发言。大会闭幕时发布《中美健康城市南昌宣言》。

【开展友城友协实质性合作交流】 2016年,邀请西班牙阿尔巴塞特市、芬兰瓦尔基考斯基市及斯洛文尼亚马里博尔市等南昌友城分别组团到南昌参加江西省第四届世界绿色发展投资贸易博览会。其间,市委常委、常务副市长肖玉文会见马里博尔市代表团一行。双方就开通直航、LED项目合作等方面进行洽谈。阿尔巴塞特市友城代表团在南昌考察城市绿色建设、高新科技等项目的发展规划,并就开展食品进出口贸易合作与有关单位进行洽谈。协助洪城水业代表团出访德国派尼地区,促成德国水务专家回访洪城水业商谈合作项目。4次接待瑞中友好协会会长瓦格纳博士及瑞士专家,推动红谷滩新区、西湖区和南昌临空经济区与瑞士专家组在城市规划、水务、环保等方面进行合作。德国派尼地区第4批高中生代表团、日本高松市第23批中学生友好使节团先后访问南昌市,促成南昌教育代表团赴芬兰接受培训。组织市艺术代表团赴马其顿斯科普里市和斯洛文尼亚马里博尔市,成功举办"欢乐春节"文艺演出活动,受到当地热烈欢迎。邀请德国友城派尼地区客商与湾里区联合举办"2016首届中德(南昌)啤酒音乐节暨第五届湾里纳凉节",加强双方交流与合作。

(易 钧)

侨务·港澳事务工作

【概况】 2016年,南昌市外侨办加强为侨服务、广泛开展海外联谊,在涵养侨务资源、凝聚侨心侨力、服务侨务经济等方面取得新成效,被人力资源和社会保障部、国务院侨务办公室授予"全国侨办系统先进集体"称号。

【服务归侨侨眷】 2016年,先后举办"在昌侨胞、归侨侨眷迎春团拜会""南昌市侨法宣传日暨侨务政策法规宣传活动""归侨侨眷慰问金发放仪式""侨商与贫困归侨侨眷'一帮一'送温暖活动""澳大利亚侨胞捐赠棉衣发放仪式"等活动。发放困侨每月100元生活补贴并直接存入其养老金账户。组织"归侨侨眷看南昌"活动,让他们了解南昌新变化,丰富归侨侨眷的生活。制订的《南昌市华侨回国定居管理办法》报市政府常务会议通过即将颁布实施。妥善处理信访400余件,解决华侨子女享受中考加分政策待遇、华侨回国定居等问题。

【力助侨资与港澳资企业发展】 2016年,多次赴红谷滩新区"侨梦苑"进行调研指导,宣传和引介海外华侨华人、港澳同胞高层次人才、国内企业家到苑创新创业。江西汉昀孵化器有限公司被省外侨办授牌红谷滩新区"侨梦苑"港澳青年创业创新基地;"侨梦苑"参与国侨办"为侨资企业服务网上活动月"在线咨询系列活动;向国侨办报送的"侨梦苑"建设情况及宣传片得到充分肯定。在"2015全球华侨华人十大新闻之一"——"中国助推侨胞参与'侨梦苑'建设"的报道中,红谷滩新区"侨梦苑"位列全国共6家的第四位。至年底,苑内侨资企业190余家。年内23个国家的海外侨团侨领、多个兄弟省市侨办、企业家共12批97人次到红谷滩新区"侨梦苑"参观考察,已成为侨资企业在南昌创新发展的品牌。国侨办副主任王晓萍和副省长谢茹、刘昌林亲临红谷滩新区"侨梦苑"进行指导,对"侨梦苑"建设情况给予高度评价。

【广交深交朋友】 2016年,共接待前来进行商务、政务、联谊活动的奥地利、美国、意大利、澳大利亚及中国香港、中国澳门等海外侨团、侨领、侨商以及政界、法律界人士43批570人次。多次派员赴马来西亚、柬埔寨及中国香港、中国澳门等地出席海外华侨华人社团举行的庆典、联谊活动,加强和扩大与海外社团和侨胞的交流,增进情谊,宣传推介南昌。12月11—21日,举办"2016年海外华裔青少年中国寻根之旅冬令营——南昌营",邀请马来西亚77名华裔青少年和教师参营,省外侨办巡视员吴健民、副市长龙国英出席开营仪式并致辞。冬令营期间,海外华裔青少年在南昌一中听讲中国的历史、地理、书法、剪纸等课程,与该校师生结对交流,并参观滕王阁、南昌汉代海昏侯国遗址考古成果展、八大山人纪念馆等名胜古迹,体验景德镇的瓷文化、世界自然文化遗产——庐山的"奇秀甲天下"。冬令营之行令海外营员们深感中国传统文化的博大精深,增强作为中华民族一员的自豪感。

(易　钧)

会展管理

【概况】 2016年,南昌市成功举办南昌国际汽车展、中部汽车文化节、江南HUI、先进制造业博览会、智慧城市社会公共产品展、茶博会、旅博会、婚博会、家博会、完美生活节、全球热购会、艺术江西国际博览会、美容美发美体用品博览会、房产交易会、糖酒食品招商会、广告标识及LED照明展览会等展会活动300个,同比增长11.11%,展示面积220万平方米,增长10%。南昌会展业在全国省会城市排名中游、在中部地区省会城市排名靠前、在全省11个设区市排名第一,占全省的2/3。

【申办引进展会】 2016年,南昌市通过与全国性品牌流动展主办方联系,成功申办第十四届全国职业教育现代技术装备及教材展览会、第十四届中国国际粮油产品及设备技术展示交易会、第六届全国书画艺术评比展等3个全国流动展。这些全国性品牌流动展的成功举办,拉动消费需求,促进经济增长。

【开展对外交流合作】 2016年,南昌市加强与天津、广州、南京、宁波、厦门、长沙、武汉、哈尔滨等兄弟友好城市联系,组织欧菲光、江铃、江联重工、金达莱、轩陶瓷、煌上煌、利邦、绿滋肴、牧蜂人、旺飞、家家户户、易往、先锋、金格、思创、博微、江南绣业、傅氏、三慎堂、九木堂、桐青、拜望德、南翔、慧谷、景御陶等本地特色、龙头企业赴外参会参展,先后参加第十六届中国哈尔滨国际装备制造业博览会、第24届广州博览会、2016中国天津投资贸易洽谈会暨PECC国际贸易投资博览会、第十二届中国(南京)国际软件产品和信息服务交易博览会、第九届海峡两岸(厦门)文化产业博览交易会、第七届中国(天津滨海)国际生态城市论坛暨博览会、2016中国食品餐饮博览会(长沙)、2016年中国食品餐饮博览会(宁波)、第27届中国(武汉)国际食品交易会等展会,宣传南昌经济发展成果,展示南昌城市形象。

【承办第九届中国绿色食品博览会】 2016年11月25—28日,南昌市承办的第九届中国绿色食品博览会在南昌绿地国际博览中心举办。此届绿博会展示面积4万平方米,展位1900余个,2000余家企业参展。四川省、湖南省、陕西省、内蒙古自治区、甘肃省、贵州省、广州市、天津市及滨海新区、宁波市、太原市等21个省市及江西省内11个设区市组团参会参展。上海、陕西、山东、安徽、江西300余家专业采购商参会采购。展会期间有12万余人次参观,现场销售食品3100万元,现场签约约2亿元,意向签约9.69亿元(其中川货产销对接会签约2.03亿元,螃蟹节签约7.66亿元)。中国绿色食品博览会与广交会、深圳高交会等被中国城市会展协会联盟评为中国品牌展览会。

【保障第四届世界绿色发展投资贸易博览会召开】 2016年,省政府印发有关工作方案中明确南昌市主要负责绿发会后勤保障工作。市会展办作为后勤保障办公室,承担整个后勤部的综合协调调度工作。市政府高度重视,市委副书记、市长郭安多次提出明确要求,市政府专门成立以分管副市长为组长的领导小组,印发详细的承办工作方案,具体明确工作职责,一一落实责任人员,分管副市长也先后多次进行调度部署。基础设施建设、食品安全、医疗卫生保障、车辆保障、氛围营造、通信保障以及水电气等综合保障工作到位,确保大会圆满、顺利、安全闭幕。

【组织申报展会补助资金】 2016年,根据《南昌市人民政府印发关于稳增长促发展的若干政策措施的通知》要求,组织开展2016年部分展会的补助资金申报工作。全市有12家会展服务企业共申报15个项目,申报资金约456.4万元。会同市财政局对申报材料进行审核,并报市政府同意兑现奖励政策。

(涂平辉)

中国人民政治协商会议南昌市委员会

概　述

【概况】　2016年，市政协认真学习贯彻习近平总书记系列重要讲话精神，牢牢把握团结民主两大主题，紧紧围绕中心，倾力服务大局，积极履行政治协商、民主监督、参政议政职能，广泛深入开展"兴家风、淳民风、正社风"主题活动，为推进南昌经济社会发展、在全省率先全面建成小康社会做出积极贡献。

重要会议

【概况】　2016年，市政协共召开2次全体会议，5次常务委员会议，11次主席会议，及时研究部署政协各项工作，推动工作贯彻落实。

【政协南昌市委员会十三届六次会议召开】　2016年1月16—20日，中国人民政治协商会议南昌市第十三届委员会第六次会议召开。主会场设在红谷滩会议中心。市委、市人大、市政府、南昌警备区、市纪委、市法院、市检察院、驻昌部队、开发区（新区）领导，市政协十二届、十三届退休领导和部分副厅以上领导出席开幕式和闭幕式。十三届市政协委员出席会议。市有关部门负责人列席会议。市政协主席周关在闭幕式上讲话。会议审议通过市政协副主席郭曙代表十三届市政协常务委员会所作的工作报告，审议通过市政协副主席熊晓武代表十三届市政协常务委员会所作的关于提案工作情况的报告。会议期间，委员们视察部分重大重点项目，列席市第十四届人民代表大会第六次会议，听取和讨论市长郭安所作的《政府工作报告》和"十三五"规划纲要说明及其他报告，围绕市委"十三五"规划建议提出的"六大战略"进行专题协商。审议通过《政协南昌市第十三届委员会第六次会议提案收集和初审情况的报告》《政协南昌市第十三届委员会第六次会议决议》。

【政协南昌市委员会十四届一次会议召开】　2016年11月1—4日，中国人民政治协商会议南昌市第十四届委员会第一次会议召开。主会场设在红谷滩会议中心。市委、市人大、市政府、南昌警备区、市纪委、市法院、市检察院、驻昌部队、开发区（新区）领导和退休领导干部、部分副厅以上领导出席开幕式和闭幕式。十四届市政协委员出席会议。市有关部门负责人列席会议。市政协主席周关在闭幕式上讲话。会议期间，委员们听取并讨论省委常委、市委书记龚建华的重要讲话；听取并审议通过市政协主席周关代表十三届市政协常务委员会所作的工作报告，审议通过市政协副主席李广振代表十三届市政协常务委员会所作的关于提案工作情况的报告；列席市第十五届人民代表大会第一次会议，听取和讨论市长郭安所作的《政府工作报告》及其他报告；选举产生市政协第十四届委员会主席、副主席、秘书长和常务委员；视察部分重大重点工程。审议通过《政协南昌市第十四届委员会第一次会议提案收集和初审情况的报告》《政协南昌市第十四届委员会第一次会议决议》。

【政协南昌市第十三届委员会第24—28次常委会议召开】　2016年，政协南昌市第十三届委员会在市政协一楼常委会议室先后召开5次常委会议。其中，政协南昌市第十三届委员会第24—25次常委会议由市政协主席周关主持，副主席李广振、龙国英、郭曙、熊晓武、陈斌及秘书长王耀出席；政协南昌市第十三届委员会第26次常委会议由市政协主席周关主持，副主席李广振、龙国英、熊晓武、陈斌及秘书长王耀出席；政协南昌市第十三届委员会第27—28次常委会议

2016年1月19日，政协南昌市第十三届委员会常务委员会第二十四次会议召开

由市政协主席周关主持，副主席李广振、龙国英、熊晓武、陈斌及市政协党组成员周智安，秘书长王耀出席。市委办公厅、市政府办公厅负责人，各县（区）政协主席，市各民主党派、工商联负责人，各界别召集人及市政协副县以上领导干部列席。

2016 年政协南昌市第十三届委员会第 24—28 次常委会议一览表

时间	次数	会议内容
1 月 19 日	第 24 次常委会议	听取关于政协南昌市第十三届委员会第六次会议开幕以来有关情况的汇报；审议通过《政协南昌市第十三届委员会第六次会议决议》（草案）、《政协南昌市第十三届委员会第六次会议提案收集和初审情况的报告》（草案）
3 月 24 日	第 25 次常委会议	学习传达全国“两会”精神；通报政协南昌市第十三届委员会第六次会议提案审查立案的情况；审议通过《市政协常委会 2016 年工作要点》（草案）；传达省委常委、市委书记龚建华 3 月 8 日关于“三风”活动的重要批示精神，审议通过《南昌市“兴家风、淳民风、正社风”活动 2016 年工作安排》（草案）；审议通过有关人事事项
8 月 19 日	第 26 次常委会议	学习传达习近平总书记在庆祝中国共产党成立 95 周年大会上的重要讲话精神；书面报告上半年全市“兴家风、淳民风、正社风”活动开展情况和下半年工作打算；审议通过有关人事事项；市委常委、常务副市长刘建洋通报南昌市 2016 年上半年经济社会发展情况及下半年工作打算；围绕“推进供给侧结构性改革、构筑高新高端产业体系——促进我市工业产业跨越式发展”进行专题协商
10 月 14 日	第 27 次常委会议	传达中国共产党南昌市第十一次代表大会精神，市委关于同意召开市政协十四届一次会议的批复，关于政协南昌市第十四届委员会委员人事安排工作的意见；审议通过关于召开政协南昌市第十四届委员会第一次会议的决定；围绕“把脉特色镇建设，塑造城市新品牌”进行专题协商
10 月 27 日	第 28 次常委会议	审议通过市政协十四届一次会议议程、日程（草案）；协商确定市政协十四届委员名单；协商市政协十四届一次会议有关建议名单；审议通过政协南昌市第十三届委员会常委会工作报告（草案），政协南昌市第十三届委员会提案工作报告（草案）；各专门委员会向常委会汇报五年工作总结，市政协“三风”办汇报两年工作总结（书面）

【政协南昌市第十三届委员会第 27—36 次主席会议召开】 2016 年 1—12 月，政协南昌市第十三届委员会在市政协三楼主席会议室召开 10 次主席会议。其中，政协南昌市第十三届委员会第 27 次主席会议由市政协主席周关主持，副主席李广振、龙国英、郭曙、熊晓武、陈斌及秘书长王耀出席。政协南昌市第十三届委员会第 28—32 次主席会议由市政协主席周关主持，副主席李广振、龙国英、熊晓武、陈斌及秘书长王耀出席。政协南昌市第十三届委员会第 33—36 次主席会议由市政协主席周关主持，副主席李广振、龙国英、熊晓武、陈斌及秘书长王耀出席，市政协党组成员周智安列席。市政协副秘书长、各委办主任、办公厅领导列席。

2016 年政协南昌市第十三届委员会第 27—36 次主席会议一览表

时间	次数	会议内容
1 月 19 日	第 27 次主席会议	审议通过《政协南昌市第十三届委员会第六次会议决议》（草案）、《政协南昌市第十三届委员会第六次会议提案收集和初审情况的报告》（草案）
3 月 10 日	第 28 次主席会议	审议通过《市政协常委会 2016 年工作要点》（草案）、《市政协 2016 年度协商工作计划》（草案）；审定立案市政协十三届六次会议提案；研究贯彻落实省委常委、市委书记龚建华 3 月 8 日关于“三风”活动的重要批示精神，审议通过《南昌市“兴家风、淳民风、正社风”活动 2016 年工作安排》（草案）；审议通过《政协南昌市第十三届委员会常务委员会第二十五次会议工作方案》（草案）、《关于废止〈市政协机关干部职工学习制度（试行）〉的请示》；听取机关食堂工作的汇报；审议通过有关人事事项
5 月 23 日	第 29 次主席会议	各专委会汇报 2016 年协商议题推进情况；审议通过《市政协 2016 年调研视察和民主监督工作安排表》（草案）
7 月 1 日	第 30 次主席会议	审议通过十三届市政协委员届内履职情况；审议设立南昌市“兴家风、淳民风、正社风”榜样帮扶基金有关事项

续表

时间	次数	会议内容
7 月 22 日	第 31 次主席会议	审议通过市政协各委办 2016 年上半年工作总结和下半年工作打算(草案),《政协南昌市第十三届委员会常务委员会第二十六次会议工作方案》(草案),常委会协商“推进供给侧结构性改革、构筑高新高端产业体系——促进我市工业产业跨越式发展”有关事项
8 月 18 日	第 32 次主席会议	审议通过有关人事事项
10 月 8 日	第 33 次主席会议	传达市第十一次党代会精神,关于政协南昌市第十四届委员会委员人事安排工作的意见;审议通过《政协南昌市第十四届委员会第一次会议筹备工作实施方案》(草案)、《政协南昌市第十四届委员会第一次会议筹备工作推进表》(草案)、《政协南昌市第十三届委员会常务委员会第二十七次会议方案》(草案)、《“把脉特色镇建设,塑造城市新品牌”的调研报告》(草案);研究专题协商选题事项;审议有关人事事项
10 月 13 日	第 34 次主席会议	传达市委关于同意召开市政协十四届一次会议的批复;审议通过关于召开政协南昌市第十四届委员会第一次会议的决定(草案);围绕“对接‘一带一路’战略,打造开放型经济升级版”进行专题协商
10 月 19 日	第 35 次主席会议	审议通过政协南昌市第十四届委员会第一次会议议程、日程(草案);审议通过市政协十四届一次会议主席团成员、大会秘书长建议名单(草案),主席团常务主席建议名单(草案),执行主席建议名单(草案),副秘书长建议名单(草案),秘书处及各组负责人建议名单(草案),列席人员建议名单(草案),提案审查委员会委员建议名单(草案);审议通过政协南昌市第十三届委员会常务会工作报告(草案),政协南昌市第十三届委员会提案工作报告(草案),市政协十三届第 28 次常委会工作方案(草案);书面审议各专委会五年工作总结、“三风”工作总结
10 月 27 日	第 36 次主席会议	协商审议市政协十四届委员名单,市政协十四届一次会议小组划分和各组召集人建议名单(草案)

【政协南昌市第十四届委员会第 1 次主席会议召开】 2016 年 11 月 28 日,政协南昌市第十四届委员会第 1 次主席会议在市政协一楼东主席会议室召开。市政协主席周关主持,副主席周智安、李广振、陈匡辉、朱东、黄耀华、黄清玉、熊志刚、万敏,秘书长王耀出席。会议审议通过《政协南昌市第十四届委员会第二次会议大会发言筹备工作方案》(草案)、《政协南昌市第十四届委员会第二次会议专题协商会议筹备工作方案》(草案)、《政协南昌市委员会委员履职情况登记反馈办法》和任务分工;研究有关工作。

重要活动

【概况】 2016 年,市政协继续牵头在全市开展“兴家风、淳民风、正社风”活动(以下简称“三风”活动),按照“更加生动地接地气、更加丰富地创品牌、更加广泛地造氛围”要求,着力念好“广小久实”四字诀,进一步弘扬真善美、传播正能量、树立新风尚。在全市的共同努力下,洪城大地凡人善举竞相涌现,崇德向善蔚然成风,“三风”活动日渐成为南昌精神文明建设进程中的一张“品牌”。

【各级重视“三风”建设】 2016 年,市政协贯彻落实习近平总书记对加强家风社风建设一系列重要讲话精神,按照市委十一次党代会和十一届二次会议对“三风”活动提出的具体要求,把推进“三风”活动广泛深入持续开展作为重要使命,通过广泛宣传发动和示范带动,在全市上下不断凝聚重视“三风”建设的共识共为。在市委的高度重视和市政协的强力推动下,全市各个部门、各级组织、各个层面把加强“三风”建设摆上议事日程、植入工作实际,充分发挥优势,创新活动载体,形成“党委领导、政府支持、政协牵头、委员带头、上下联动、广泛参与”的工作格局,以家风带民风、以民风促社风的氛围日渐浓厚,为全市抒写“美丽南昌 · 幸福家园”新篇章凝聚精神力量、丰润道德滋养、振奋工作作风、提供思想保障。

【开展各种“三风”活动】 2016 年,协调和引导各方力量参与到“三风”活动中来。按照市委批复的《市政协关于南昌市“兴家风、淳民风、正社风”活动

2016 年 2 月 24 日,“兴家风、淳民风、正社风”活动 2016 年度座谈交流会召开

2016年工作安排》，市委组织部、宣传部、政法委、农工部和市直机关工委以及工青妇等人民团体、文化教育、卫生体育等职能部门通过开展丰富多彩的活动，持续推进“三风”活动进社区、进农村、进机关、进校园、进企业、进家庭。坚持把“三风”活动作为一项群众性工作来抓，贴近群众、贴近生活，以接地气、连民心、群众喜闻乐见的形式，开展各类“三风”活动2万余场，推动良好道德观念走进千家万户，延伸到城乡各个角落，让广大群众在支持和参与中受到影响和熏陶。市政协联合《南昌日报》、《南昌晚报》、南昌广播电视台等市属媒体开辟专版专题，推出系列报道、人物故事等1600余篇，坚持用群众的语言，讲好群众的故事；举办南昌市“兴家风、淳民风、正社风”榜样人物发布会，市四套班子领导和县区、部门负责人及各界代表近千人出席，30位榜样人物的事迹生动感人。通过善行榜、好人榜、功德录等形式，评选表彰道德模范、身边好人、最美人物、三风榜样等数万人。按照跨度5年的活动方案认真制定每年的具体工作安排。“三风”进农村、“三风”进机关、“三风”公益广告大赛、“三风”征文活动、“三风”文化进地铁公交、爱心惠民暖人心、送法进社区等30项活动正在逐项落实。“我的母亲”征集评选活动征集文稿1837篇，受到群众欢迎。市政协编印《我的母亲征文优秀作品汇编》一书，成为全市人民树立良好家风的鲜活教材。推动“三风”活动全面覆盖，挖掘身边好人“凡人善举”，开展“三风”文化下乡，在县(区)、开发区、新区着重打造“三风”活动品牌示范乡镇(街道)、村组(社区)等系列活动，切实把活动的过程转变成为群众办实事、给群众创造实惠的过程，真正使群众支持参与“三风”活动，在活动中受到潜移默化的影响，持续提升市民文明素养和城市文明程度。

【崇德向善蔚然成风】 2016年，随着活动深入开展，良好家风、民风、社风如春风化雨、润物无声，成为广大市民的共同愿望和自觉行动。“注重家庭、注重家教、注重家风”的理念深入人心，树立好家规、传承好家训、培育好家风成为家庭生活新风尚，庭院、单元、楼栋之间平安祥和，邻里之间守望相助；志愿团队越来越多，爱老孝老、扶贫帮困等凡人善举随处可见；文明意识不断增强。东湖区公园街道戴家巷社区把“三风”活动作为社区公民道德建设的重要平台，吸引社区居民踊跃参加。活动开展后，该社区义工和志愿者人数由8人增加至300余人，社区实现零犯罪率，被评为全国“无邪教社区”。全市机关各单位和广大党员干部行动起来，结合“两学一做”学习教育，通过多种形式和载体的主题活动，带头践行社会主义核心价值观，大力弘扬南昌城市精神，以表率行动和首善形象带动全市形成良好风气的“三风”活动热潮迅速掀起。社区、乡村干部主动将“三风”活动与社区的各项工作紧密相连，先后开展手抄“三风”经典等一系列活动，让老百姓感到不是官样文章，更愿接受，更具亲民性。一大批“三风”故事走进广播、电视、报纸和网络，走进社区、地铁、公交和广场，勇敢而向善的品德，无私而甘于奉献的精神在群众中口耳相传，使群众在耳濡目染中加深对“三风”的理解和感悟，更加自觉地敬典型、学典型、做典型，崇德向善、见贤思齐在英雄城大地上蔚然成风。全市共7人入选中国好人榜，受到习近平总书记的亲切接见。特别是“三风”榜样人物肖丽芬、邹德凤荣获首届全国文明家庭，受到习近平总书记的亲切接见，充分展现英雄城儿女良好的道德风貌。

提案工作

【概况】 2016年，市政协十三届六次会议、十四届一次会议先后召开。市政协十三届六次会议期间，政协委员、政协参加单位积极运用提案履行职能，共提交提案348件。经审查，立案243件，并案36件；未予立案69件，已作为委员来信、社情民意和重要信息转送有关部门处理。立案提案中，委员提案138件，集体提案105件。提案分别送交65家承办单位办理，于9月底前全部办复。其中意见、建议被采纳和反映问题基本得到解决的103件，占立案总数的42.4%；意见、建议和反映问题得到重视，已列入计划采纳或解决的111件，占立案总数的45.7%；留作参考的29件，占立案总数的11.9%。市政协十四届一次会议期间，共提交提案282件。经审查，立案210件。总体来看，提案内容全面、针对性强、质量较高，凝结着委员们的智慧和心血，承载着广大群众的愿望和期盼，体现政协各界对全市各项事业发展的责任情怀与使命担当。经过办理，产生明显成效，为推进全市经济社会发展做出有益贡献。

【服务经济发展】 2016年，围绕促进招商引资、推动产业转型升级、加快民营经济发展、扶持本土企业发展、创新企业金融服务等方面工作提出不少具有全局性、前瞻性、可操作性的意见和建议，承办单位高度认可。如关于推动LED产业快速发展，打造“LED南昌光谷”的建议，为全市打造“南昌光谷”提供智力支持，相关建议在市政府出台的《关于促进LED产业发展的若干政策措施》中得到充分体现。关于加强引导、支持中小企业快速走向资本市场的建议，承办单位加大服务协调工作力度，对全市拟上市、挂牌企业制定“一企一策”的问题协调制度，开通企业上市“绿色通道”，全力保障符合条件的企业进入资本市场。

【促进民生改善】 2016年，围绕衣食住行医教保等民生热点、难点问题，提出对策，为民鼓与呼。对关于加强农村饮水安全管理、加强农产品安全保障、加强食品安全监管的建议，承办单位十分重视，组织专题调研，认真采纳提案建议。通过加强安全检测，理顺监管体制，狠抓责任落实等举措，切实保障人民群众“舌尖上的安全”。关于提高全市学前教育公益性的建议，承办单位认真办理，以全市百项便民利民惠民工程为契机，进一步增加公办幼儿园数量，优化学前教育设点布局，有效缓解城乡公办幼儿园资源不足、布点不均的问题。

【助力城市建管】 2016年，加强城市规划、治理交通拥堵、完善公共交通体系、整治环境卫生等涉及城市建设管理方面的问题为历年来群众关注的焦点，相关提案所占比重达到42.4%。关于促进工地文明施工、加强建筑渣土清运管理、减少城市污染的建议，相关承办单位进一步加强部门联动，开展联合整治行动，严厉打击违反《南昌市建设工程文明施工管理办法》《南昌市城市建筑垃圾管理条例》的行为。针对委员反映比较集中的“停车难”问题，市政府专门成立南昌市停车场建设管理领导小组，出台《南昌市各城区停车场三年建设专项规划》《南昌市城区停车场建设实施意见》，推动各城区停车场建设全面铺开。

【推动法治建设】 2016年，对全市在民主法治发展进程中凸显出来的社会性问题，提出改进的办法，为化解社会矛盾、促进社会和谐起到重要作用。关于依法治理医保卡购买日用品的建议，市政府、市政协领导非常重视并相继作出指示，承办单位召开专门会议，组织人员对“药店的违规现象”进行核查，严肃处理一批违规定点零售药店，同时加强宣传整顿、日常检查和监管力度。关于加强诚信南昌建设的建议，承办单位认为具有很强的建设性和针对性，在编制《南昌市国民经济和社会发展第十三个五年规划纲要》时予以充分考虑和吸纳。结合办理关于打击偷盗、电信诈骗等违法犯罪的建议等提案，相关承办单位采取有力措施，推进“平安南昌、法治南昌”建设。

【提案工作主要做法】 2016年，市政协以“围绕中心、服务大局、提高质量、讲求实效”的提案工作方针为遵循，把提案工作作为政协一项全局性工作来谋划和部署，抓住提高提案质量和办理成效这两个关键环节，推动提案工作有序有力有效开展。把提高提案质量作为一项重要的基础性工作抓紧抓实抓好。把提案办理作为提案工作的根本落脚点，采取多种形式，加大重点提案督办力度，务求办理实效。将提案办理协商理念贯穿于提案工作全过程，切实加强各环节协商，集思广益，争取共识最大公约数。切实把委员作为主体来服务，主动做好各项服务保障工作。

调研视察

【概况】 2016年，市政协围绕事关大局的重大问题和群众根本利益的热点、难点问题深入调研建言。协助配合省政协、外地政协到南昌调研共30余批次，约300余人。其中，协助省政协到南昌，分别就“城镇居民二次供水”“‘河长监督行’活动及水环境保护”“实施创新驱动发展战略，推动产业转型升级”等课题开展调研；协助做好2016年返赣视察的省政协港澳委员、海外特邀代表人员一行视察调研全市开展高新产业发展情况。配合绵阳市政协、邯郸市政协、济南市政协到南昌，分别就“滕王阁、东湖历史文化街区规划建设情况”“房地产去库存”“河道整治与水资源保护利用工作”等课题开展调研。

【视察全市停车场建设工程】 2016年5月31日，市政协组织部分政协委员视察全市停车场建设工程进展情况。市政协主席周关率队，市政府党组成员宋铀和市政协副主席熊晓武、陈斌等参加。委员们实地查看团结路停车场和南昌大桥东匝道停车场建设工程，并与相关部门负责人就当前全市停车场建设情况进行座谈交流。委员们充分肯定市政府在加强组织保障、合理规划设计、迅速启动建设等方面所做的工作，提出“要做好规划工作，引导停车场建设有序发展；落实政策保障，推动停车场建设产业化；完善相关条例，加快停车场管理制度化”等方面建议，积极为全市公共停车场建设献计出力。

【视察背街小巷路灯亮化工程】 2016年6月16日，市政协主席周关率部分政协委员深入东湖区怡园小区、西湖区里洲小区，视察背街小巷路灯亮化工程。市政府党组成员宋铀，市政协副主席龙国英、熊晓武、陈斌等参加。周关指出，背街小巷路灯亮化工程涉及群众切身利益，是市民关心的实事。相关部门要按照“百项惠民便民利民”工程有关要求，有计划、有步骤地推进背街小巷路灯亮化工程。广大政协委员要牢固树立以人为本、履职为民理念，主动深入基层、深入群众，及时、准确、全面了解群众所需所盼，积极反映群众利益诉求，促使群众的利益诉求及时得到解决，不断增强市民的幸福感和获得感。17日，市政协组织召开座谈会，详细听取全市背街小巷路灯亮化工程实施情况介绍。政协委员与相关职能部门负责人参加座谈会，并进行深入交流。

【视察蔬菜基地标准园创建情况】 2016年7月1日，市政协视察组一行赴南昌县正邦集团种业有限公司种植基地和林生堂蔬菜种植基地，实地视察蔬菜基地标准园创建、蔬菜种植等情况。市政协主席周关，副市长朱志群，市政协副主席龙国英等参加。在座谈会上，周关指出，全市“菜篮子”工程建设要按照供给侧结构性改革的要求，念好“量、质、销”三字经，政府部门要确保各项政策真正落实到位，让老百姓的“菜篮子”更丰富、更实惠、更安全。

【视察农贸市场改造工程】 2016年7月21日，市政协视察组一行赴东湖区花园角农贸市场和钟鼓楼农贸市场，视察全市农贸市场改造工程情况。市政协副主席陈斌和有关市直单位负责人参加。

【视察百项惠民便民利民工程】 2016年9月19日，为充分发挥政协民主监督、参政议政的职能作用，帮助推动全市百项惠民便民利民工程进一步深入开展，市政协组织部分委员就全市百项惠民便民利民工程中具有代表性的部分项目进行专题视察。市政协主席周关，市委常委、副市长肖玉文，副市长朱志群，市政协副主席李广振、龙国英、熊晓武、陈斌等参加活动。根据视察情况，形成《市政协委员视察我市百项惠民便民利民工程的建议案》。

民主协商

【概况】 2016年，市政协坚持以服务打造核心增长极基本成型为主线，围绕全市经济发展中的综合性、全局性、前瞻性的重大问题，选择协商议题，报请市委审定。市委办公厅、市政府办公厅、市政协办公厅联合印发《2016年度市政协协商工作计划》，灵活运用常委会协商、专题协商、对口协商、界别协商、提案办理协商等形式协商建言，对具体问题进行具体协商，多项建议进入决策程序，成为推进工作的重要参考，充分体现政协作为协商民主的重要渠道和专门机构作用。

2016年6月16日，市政协委员视察西湖区里洲小区亮化工程

【召开“制定完善政策措施，促进科技创新与产业升级高度融合”提案办理协商会】 2016年5月31日，市政协召开提案办理协商会。市委常委、副市长肖玉文，市政协副主席李广振出席。会议邀请提案者和市委人才办、市科协、市发改委、市工信委、市人社局、市财政局、市科技局等单位负责人，对《关于促进我市科技成果转化的建议》《关于创新服务，促进我市“双创”平台发展的建议》2个提案进行提案办理协商。会前，组成专题调研组，深入市科技局、市工信委、市财政局等单位和部分开发区，就全市科技创新与产业升级整合方面的情况进行先期调研，全面掌握第一手资料，并赴南京、苏州、杭州进行考察，学习借鉴发达地区在这方面的好经验、好做法。会上，提案者、承办单位负责人围绕促进全市科技创新与产业升级高度融合问题展开坦诚的交流协商，达成许多重要共识。

【召开“以海昏侯国遗址保护利用开发为契机，把南昌打造成国际旅游目的地”专题协商会】 2016年3—6月，市政协围绕“以海昏侯墓遗址保护开发利用为契机，把南昌打造成国际旅游目的地”课题开展调研，赴四川成都、广汉和河南洛阳、陕西西安等地学习考察古墓遗址保护开发利用等方面好的经验做法，形成相关调研报告。6月3日，市政协“以海昏侯国遗址保护开发利用为契机，把南昌打造成国际化旅游目的地”调研课题组召开座谈会，讨论修改完善调研报告和有关发言材料。市政协副主席熊晓武出席。调研成果得到省委常委、市委书记殷美根的批示，要求分管副市长对该报告建议研究借鉴。

【召开“找准精准扶贫切入点，大力推进产业扶贫”专题协商会】 2016年，市政协成立专题调研组深入县乡调研，进一步了解当前全市产业扶贫工作存在的问题，前往贵阳市、黔东南州、怀化市等地调研产业扶贫先进做法，形成调研报告。7月29日，市政协召开“找准精准扶贫切入点，大力推进产业扶贫”对口协商会。副市长朱志群、市政协副主席李广振出席。会上，市直单位负责人、政协委员、专家学者围绕专题进行协商，提出精准扶贫相关意见和建议。根据提出的意见和建议，进一步修改完善调研报告，并报送市委、市政府，为领导决策提供参考。

【召开“推进供给侧结构性改革、构筑高新高端产业体系”专题协商会】 2016年8月19日，市政协十三届26次常委会召开。会上就“推进供给侧结构性改革、构筑高新高端产业体系”课题进行协商。市政协主席周关主持并讲话。市委常委、常务副市长刘建洋通报全市上半年经济社会发展情况及下半年工作打算。市委常委、副市长肖玉文就推动全市工业产业跨越式发展与委员们进行交流。市政协副主席李广振、龙国英、熊晓武、陈斌等出席。市工信委负责人通报相关工作情况。参会部分政协委员分别从聚集高新高端产业人才、解决政策落实难问题、补足产业链招商短板等方面，为全市高新高端产业发展建言献策。会后，将建言材料等协商成果向市委、市政府及相关市直部门报送。

【召开“着眼未来，做好南昌轨道交通网长远规划”专题协商会】 2016年，市政协组织由部分市政协委员、市直相关部门负责人及专家学者组成的调研组，开展“着眼未来，做好轨道交通网长远规划”专题调研。多次召开调研座谈会和实地视察，并外出考察学习香港、广州等地经验，对全市轨道交通规划建设情况、存在问题及外地轨道交通发展规划建设情况及存在的共性问题全面了解，形成调研报告。9月14日，市政协召开“着眼未来，做好南昌轨道交通网长远规划”专题协商会。市政协主席周关出席并讲话，副市长宋铀参加，市政协副主席龙国英主持。与会人员围绕全市轨道交通网长远规划进行协商讨论。会后将完善后的调研报告报送市委、市政府。

【召开“对接‘一带一路’战略，打造开放型经济升级版”专题协商会】 2016年10月13日，政协南昌市第十三届委员会第34次主席会议召开。市政协主席周关主持会议并讲话。市委常委、副市长肖玉文出席并讲话。市政协副主席李广振、熊晓武、陈斌等出席。会议围绕“对接‘一带一路’战略，打造开放型经济升级版”进行专题协商。会前，为给全市开放型经济工作把脉建言、献智出力，从5月开始，市政协成立课题组，联合市外侨办、市商务局、市投资促进局等相关单位和部分政协委员，对全市构建开放型经济新体制综合试点试验区的管理模式和开放机制、扶持南昌企业抓住战略机遇、主动对接“一带一路”战略的政策措施等内容深入调研，了解掌握全市企业走出去的现状、面临问题和困难，针对性提出对策建议。

【召开“科学定位，把‘南昌绿谷’打造成现代都市农业的‘南昌样板’”专题协商会】 2016年，组织由市政协委员和民进市委会、市直相关部门负责人组成的专题调研组，围绕“科学定位，把‘南昌绿谷’打造成现代都市农业‘南昌样板’”专题，先后赴杭州、宁波、福州、漳州等地和新建区、湾里区、安义县等地及相关企业开展调研，深入了解“南昌绿谷”发展的现状以及建设当中存在的问题，学习外地在现代都市农业方面的经验做法，形成调研报告。10月27日，市政协召开“科学定位，把‘南昌绿谷’打造成现代都市农业的‘南昌样板’”专题协商会。市政协主席周关主持并讲话，副市长朱志群等出席。经过参会各部门协商讨论，会后对调研报告作进一步完善，报送市委、市政府。

民主监督

【概况】 2016年，市政协坚持把优化发展环境作为民主监督的重要内容，进一步加强组织领导，提高履职质量，为推进部门改进作风、优化南昌发展环境发挥重要作用。坚持“在服务中监督、在监督中服务”的理念，把参与、支持、服务与民主监督有机结合起来，组织委员开展公办幼儿园建设工程视察，担任换届风气监督员，参加市政府党风政风热线直播、城市综合管理考核、市领导信访接待、市检察院“体现阳光检察，感受透明司法”检察开放周等活动，参加对无环保标志和持有黄色环保标志机动车扩大交通管制范围、红谷滩新区部分支路实施机动车单向通行、城市生活垃圾处理收费改革等听证会，协商《南昌汉代海昏侯国遗址保护管理办法》《南昌市城市桥梁隧道安全管理办法》等条例立法，推进各项决策更加符合民意，体现群众意愿。

【监督建言作风建设】 2016年，紧贴全市优化发展环境、改进干部作风这一重要工作，认真履行民主监督职能，促进政府部门强化服务意识，改进工作，提高效率。围绕“如何使干部作风更加务实”组成2个调研组，深入了解当前干部作风存在的不足，认真听取服务对象意见，从增强干部法纪意识、加强制度设计与落实、推动以上率下层级带动、强化干部接地气用真情、提高能力与素质、完善激励与惩处机制等方面，针对性提出改进建议。

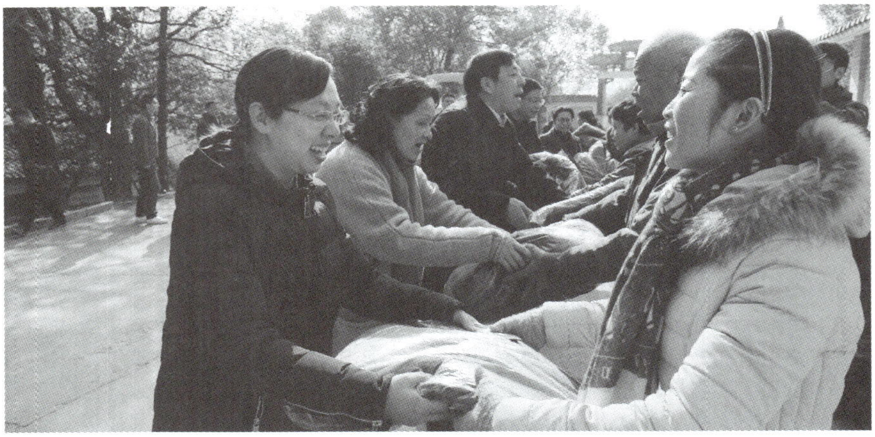

2016年12月30日，市政协领导走访慰问湾里区泮溪村困难群众

【开展民主监督】 2016年7月，组织部分市政协委员，围绕全市“降低企业成本优化发展环境专项行动”和省委、省政府《关于降低企业成本优化发展环境的若干意见》（以下简称“80条”政策）措施落实情况，赴安义县、进贤县和南昌县工业园区，开展民主监督工作。民主监督工作小组深入园区和企业，采取实地视察和与企业负责人召开座谈会等方式，面对面听取企业负责人的意见，了解企业经营情况和遇到的困难，重点了解市直相关部门落实“80条”政策的情况。对企业反映的问题，协调有关部门当场进行解答、落实或解决，有效推动《关于降低企业成本、优化发展环境的若干意见》等改革发展惠民举措落地生效，为优化投资环境发挥应有作用。

【召开民主监督座谈会】 2016年8月30日，召开全市信访维稳领域突出问题专项治理活动民主监督座谈会，对相关职能部门在拆迁安置、征地补偿、住建纠纷方面专项治理工作情况进行民主监督。市政协主席周关，市委常委、副市长华清出席会议并讲话，市政协副主席陈斌主持会议。

团结联谊

【概况】 2016年，市政协注重发挥政协的爱国统一战线组织作用，积极促进各民主党派、各人民团体和各族各界人士合作共事，广泛开展团结联谊，着力增强包容性，扩大团结面，汇聚发展共识。

【促进合作共事】 2016年，密切与各民主党派、工商联、有关人民团体和无党派人士的联系，召开相关座谈会，加强交流沟通。重视发挥政协协商议政平台作用，推进民主协商、平等议事，先后邀请和组织市各民主党派、工商联、无党派人士参与政协调研、视察、座谈等活动280人次，鼓励和支持他们在政协全体会议、常委会议、专题协商会上以本党派名义发言31人次，为加快经济发展、保障改善民生、维护社会和谐稳定汇集力量。加强与省政协、市直单位的联系与合作。各委办开展对口走访，积极参加全省、全市有关部门会议，加强信息沟通，及时了解工作要求，推动相关工作开展。

【增进团结和谐】 2016年，以团结民主为主题，广泛凝聚社会各界智慧，齐心协力共促民生改善，努力提升群众获得感、幸福感。针对群众密切关注的社区“三个中心”建设、城区积水点疏通、“断头路”改造、地铁建设等百项惠民便民利民工程建设进行专题视察，及时形成建议案，为推动政府部门改进工作、改善民生作出积极的贡献。坚持把社情民意信息工作贯穿于各项活动中，引导委员多层次、广角度反映群众的愿望呼声和利益诉求，反映影响社会稳定的苗头性问题，为市委、市政府了解民意、化解矛盾提供决策依据。编发的38期《社情民意》，引起政府有关部门的高度重视。《关于在南昌西客站高铁沿线安装护栏和隔音板的建议》《小区防雷装置经年不检隐患大》等9份信息在市委副书记、市长郭安等市领导的批示下，一批民生问题得到及时解决。

【促进对外交流】 2016年，围绕“二十字”总体任务和“六个南昌”建设目标，充分发挥南昌之友联谊会的平台作用，扎实有效开展活动，服务南昌经济社会发展。香港南昌之友会积极扩大南昌之友联谊会的影响，协助市委、市政府在香港召开招商引资等会议，助力全市招商引资工作。南昌之友（深圳）联谊会会长带头带动会员到南昌投资，达成意向投资近20亿元，提供项目有效信息16条。倡导诚信服务，促进企业间的沟通、交流与合作；反映会员企业呼声，维护会员企业权益。积极组织会员参与公益事业，为构建和谐社会做贡献。

【开展扶贫工作】 2016年，扎实推进全市“百名书记扶百村、千个单位挂千点、万名干部联万户”行动“第一书记”扶贫挂点工作。市政协主席周关多次到湾里区太平镇泮溪村调研指导扶贫工作，看望慰问困难群众。会同市交通局、市水务局、市农业开发办等市直有关单位共同研究制定泮溪村“十三五”扶贫攻坚规划，确定7个扶贫开发项目。引导政协委员积极参加社会公益实践活动，增强委员的荣誉感和社会责任感。林静霞、周晓勤等委员多次带领公司员工节假日深入福利院、“SOS儿童村”，为老师和贫困学生捐款捐物，送去关怀和爱心。注重发挥香港政协委员的作用，支持香港政协委员郭文义及其香港雁心基金、香港政协委员邓肇轩及其龙山基金、香港政协委员涂雅雅及其家族江山基金资助欠发达地区的教育、卫生等公益事业。

（余为强）

纪　检　监　察

概　述

【概况】 2016年，南昌市各级纪检监察机关坚决贯彻中央纪委、省纪委的部署要求，牢固树立政治意识、大局意识、核心意识、看齐意识，聚焦中心任务，把纪律挺在前面，在全面从严治党中坚守职责定位，强化监督执纪问责，为打造富裕美丽幸福江西"南昌样板"提供坚强纪律保障。

重要会议

【概况】 2016年，第十届中共南昌市纪律检查委员会（以下简称市纪委）召开2次全体（扩大）会议，市纪委常委会主持。第十一届市纪委召开1次全体会议，第十一届市纪委常委会主持。为认真贯彻落实中央纪委和省纪委全会精神，市纪委多次召开有关工作部署会议，研究纪检监察工作，部署各项任务。

【市纪委十届六次全体（扩大）会议召开】 2016年2月17—18日，中国共产党南昌市第十届纪律检查委员会第六次全体（扩大）会议在红谷滩会议中心举行。出席会议的市纪委委员31人，列席199人。省委常委、市委书记龚建华出席并作重要讲话。市领导欧阳海泉、蔡社宝、周关、刘建洋、江晓斌、龙和南、刘瑄、乐文红等出席。龚建华向各县区委书记颁发党风廉政建设责任书。9位县区委书记或副书记、6位市政府组成部门主要负责人向全会作述责述廉，并现场接受测评。全会强调，新的一年，要强化纪律约束，维护党规党纪严肃性，严明政治纪律和政治规矩，严格贯彻执行《中国共产党廉洁准则》《中国共产党纪律处分条例》，认真开展专项监督检查。严肃换届纪律，严格把好党员领导干部"党风廉政意见回复"关，坚决防止带病提拔、带病上岗，用铁的纪律保障换届风清气正、顺利进行。树立看齐意识，夯实管党治党责任，建立责任台账，细化责任清单，形成明责、确责、考责、问责的落实链条。坚决纠正"四风"，让中央八项规定精神落地生根，坚持抓常抓细抓长，深挖隐形变异的"四风"问题。运用"四种形态"，做深做细做实监督执纪问责。坚持执纪为民，推进全面从严治党向基层延伸。完善监督机制，把纪律检查体制改革向纵深推进。加强自身建设，打造忠诚干净担当的干部队伍。

【市委反腐败协调小组会议召开】 2016年3月3日，市委反腐败协调小组在市纪委六楼会议室召开。市委常委、市纪委书记卢作全出席并讲话。市中级人民法院院长刘邦琰、市人民检察院检察长刘炽出席会议。会议回顾近年来市委反腐败协调小组工作情况，结合贯彻中央、省纪委有关要求，研究部署推进下一步工作。会议通过《南昌市委反腐败协调小组工作规则》《南昌市委反腐败工作协调联席会议制度》。

【全市巡察工作暨党风政风监督工作部署会召开】 2016年3月25日，南昌市巡察工作暨党风政风监督工作部署会在市纪委七楼会议室召开。会议传达学习2016年省委第一轮巡视工作动员部署会精神和省委常委、市委书记龚建华对推进和抓好县区巡察工作的批示要求。市委常委、市纪委书记卢作全出席并讲话。卢作全强调，各级各部门要统一思想认识，把握上级的新要求，适应群众的新期盼，找准问题的新动向，提升整改问责的新成效，切实增强做好巡察工作的责任感。要把握运用监督执纪"四种形态"，深化"三转"，明确责任，以过硬的作风不断提升党风政风监督工作的水平和实效。要理清工作思路，着力加强对落实"两个责任"不力问题的责任追究，着力落实中央八项规定精神、坚决纠正"四风"，着力加强突出问题的专项整治，着力查处发生在群众身边的不正之

2016年3月25日，全市巡察工作暨党风政风监督工作部署会召开

风和腐败问题,着力推进党风廉政建设社会评价工作,着力推进党风廉政巡察工作,以廉政巡察和党风政风监督工作的良好成效,推进党风廉政建设和反腐败斗争不断深入,为实现“四个强起来”目标做出新的更大贡献。

【全市党风廉政建设和反腐败工作情况通报会召开】 2016年4月28日,全市党风廉政建设和反腐败工作情况通报会在市纪委七楼会议室召开。市委常委、市纪委书记卢作全出席并通报有关情况。市委常委、统战部部长乐文红,市政协副主席龙国英以及各民主党派主要负责人出席。卢作全通报当前反腐倡廉形势以及2015年全市查处大案要案情况,阐述准确理解和把握监督执纪“四种形态”的科学内涵、重大意义以及如何运用等,并介绍2016年全市党风廉政建设和反腐败工作主要任务。卢作全强调,全面从严治党永远在路上,党风廉政建设和反腐败是一场输不起的斗争,必须凝聚各方面的智慧和力量。要进一步加强沟通联系,进一步发挥各民主党派、工商联、无党派人士自身优势,认真履行参政议政、民主监督职能,对纪检监察工作一如既往地给予关心、支持和帮助,多提宝贵意见和建议。乐文红指出,各民主党派和广大党外人士要不断增强深入推进反腐倡廉工作的政治责任与担当意识,按照“四个建设、五种能力”的新要求,进一步提升尽职履责的能力与水平,切实让党内、党外监督形成强大合力,共同为南昌营造风清气正的政治生态作出新的更大贡献。

【全市集中整治和查处基层侵害群众利益不正之风和腐败问题专项治理动员部署电视电话会议召开】 2016年6月6日,全市集中整治和查处基层侵害群众利益不正之风和腐败问题专项治理动员部署电视电话会议在市委第一会议室召开。市委常委、市纪委书记卢作全指出,各级各部门要深刻认识开展集中整治的重要意义,紧紧抓住突出问题,扭住主体责任“牛鼻子”,把纪律和规矩挺在前面,建立健全制度机制,全力以赴抓整改。在开展集中整治的过程中,要认真自查自纠,用足用好政策,科学统筹安排,扎实有效推进,明确责任,形成合力。要敢负责、勇担当,动真格、用实功,切实解决好基层侵害群众利益不正之风和腐败问题,以看得见的变化取信于民,以扎实的成效让群众满意。会议指出,集中整治和查处基层侵害群众利益的不正之风和腐败问题,是一项事关民心的重要政治任务。各级党组织和领导干部要切实增强政治意识、大局意识、核心意识、看齐意识,自觉把思想和行动统一到省委工作部署上来,将集中整治与“两学一做”学习教育紧密结合,与深入推进“连心、强基、模范”三大工程紧密结合,与弘扬井冈山精神紧密结合,与“红包”“违插”专项整治相结合,在保护干部积极性的基础上,加强干部教育管理,推动基层干部作风转变,促进基层政治生态优良,让群众有更多获得感。

【市纪委派驻机构全覆盖工作动员部署会召开】 2016年8月19日,南昌市纪委派驻机构全覆盖工作动员部署会召开。省委常委、市委书记龚建华出席并讲话。龚建华强调,推进市纪委派驻机构全覆盖、深化派驻机构改革,是贯彻党中央和中央纪委精神、落实省委和省纪委部署的重大任务,是加强党内监督、深入正风肃纪的重要举措,各级党委(党组)、派驻干部、驻在部门要深化认识、统一思想,切实发挥好派驻机构作用,推动全面从严治党要求落到实处。市委常委、组织部部长陈德寿宣读派驻纪检组组长职务任免决定,市委常委、市纪委书记卢作全作动员部署和任前廉政谈话。部分市直单位党委(党组)书记、派驻纪检组组长代表作表态发言。

【市纪委十届七次全体会议召开】 2016年9月21日,中共南昌市纪委十届七次全体会议在市委第一会议室召开。会议审议市纪委向市第十一次党代会的工作报告。市委常委、市纪委书记吴伟柱主持会议并讲话。会议听取《市纪委向市第十一次党代会工作报告的起草说明》,审议、表决并原则通过市纪委向市第十一次党代会的工作报告,授权市纪委常委会对工作报告进行修改完善。委员代表畅谈五年来的履职感想,并对工作报告提出修改意见和建议。

【市纪委十一届一次全体会议召开】 2016年9月30日,中共南昌市纪委十一届一次全体会议在市政协常委会议室召开。出席会议的委员应到35人,实到35人,符合规定人数。受中共南昌市第十一次代表大会主席团委托,吴伟柱主持会议。会议以无记名投票方式,选举产生中共南昌市纪律检查委员会常务委员会委员、书记、副书记,并经中共南昌市委十一届一次全会通过。常务委员会委员(按照姓氏笔画为序)是:朱斌、刘峥、吴伟柱、汪军伟、夏清平、晏青、徐强、寇立群、戴闽。吴伟柱当选为市纪律检查委员会书记,朱斌、寇立群、徐强当选为副书记。新当选的市委常委、市纪委书记吴伟柱代表新一届市纪委常委会讲话。吴伟柱强调,踏上新征程,要展现新作为,要聚焦主业,突出主责,始终坚持从严监督执纪问责,在服务发展大局、维护民生民利、推进作风建设中立新功,在推动“三个文明”融合发展、率先实现全面小康的新征程中展现新作为。把握新形势,要力求新突破,各级纪检监察干部要在转变理念、改进方式、形成合力上求突破,不断提升对深化“三转”的思想认识,准确把握运用监督执纪“四种形态”,在全面从严治党中找准职责定位。肩负新使命,要点燃新激情,要有新思路、新举措、新状态,抖擞拼搏精神,激活自身潜力,坚持从严治党不懈怠、正风反腐不松手,不断开创党风廉政建设和反腐败工作新局面。落实新要求,要树立新形象,要按照政治过硬、本领过硬、作风过硬的标准,强化南昌首位意识,把使命和责任扛在肩上,把创新和落实抓在手中,把忠诚和廉政记在心里,把学习和团结贯彻始终,树立新一届市纪委忠诚为民、奋力创新、求真务实、清正廉洁的新形象。

【全市扶贫领域专项巡察工作动员部署会议召开】 2016年11月24日,全市扶贫领域专项巡察工作动员部署会议在市委第一会议室召开。会议传达学习2016年省委第三轮巡视工作动员部署会议精神,并就全市扶贫领域专项巡察工作进行动员部署。市委常委、市纪委书记吴伟柱出席并讲话。吴伟柱指出要坚持政治定位,认真开展好扶贫领域专项巡察。要聚焦重点问题、重点事项、重点对象,精准发力;要依法依规,有序有效,做到吃透上情、掌握下情,以下巡上、以点带面,规范方式、严格管理;要压实整改责任,做好分类处置,强化督查督办,深化拓展成果。要强化政治担当,坚决完成市委交给的巡察任务。巡察组要忠诚干净担当,有关单位要支持配合,被巡察对象要自觉接受监督,形成监督合力,确保巡察效果,推动全市扶贫攻坚战略部署落实,向人民群众交上一份满意的答卷。

【全市深化落实全面从严治党主体责任专修班举行】 2016年12月13—14日,全市深化落实全面从严治党主体责任专修班在红谷滩会议中心举行。市委常委、市人大常委会主任、市政协主席、市政府副市长、市法院院长、市检察院检察长;各县(区)委书记,各开发区(新区)党工委书记;市委各部门、市直各单位主要负责人,各人民团体党组书记、市属国有企业和大专院校党委书记;全市乡镇(街道)党(工)委书记等共300余人参加培训。专修班采取个人自学与集中授课、专题辅导与交流讨论相结合的方式进行。12月13日,学员重点学习中共十八届六中全会精神,学习王岐山在《人民日报》上的署名文章并撰写心得体会,研究落实主体责任不力的案例。12月14日,省委常委、副省长、市委书记殷美根,市委常委、市纪委书记吴伟柱分别进行专题辅导授课。市委副书记、市长郭安主持。为检验专修班培训效果,专修班结束前随机抽取部分学员进行现场测试,并要求学员完成专修班“三道作业”,即撰写一篇体会文章、组织一次学习培训、开展一次创新试点。

主要工作

【概况】 2016年,在省纪委和市委的正确领导下,全市各级纪检监察机关按照全面从严治党的要求,聚焦主业主责,加强纪律建设,党风廉政建设和反腐败工作取得新的成效。

【落实“两个责任”】 2016年,组织各级党委(党组)、纪委(纪检组)主要负责人层层签订党风廉政建设主体责任书、监督责任书,实行“签字背书”。组织257名提拔、重用的市管领导干部开展任前廉政教育,对134名新任领导干部进行廉政知识测试。组织9个县区、市公安局等6个市政府部门的党委(党组)负责人,在市纪委十届六次全会上述责述廉。市委常委、市纪委委员带队,对全市14个县区(开发区、新区)以及85个市直单位落实“两个责任”情况开展督查考核。举办深化落实全面从严治党主体责任专修班,市县乡三级党委书记300余人参加,省委常委、副省长、市委书记殷美根带头授课,并深入县区开展专题调研。市委副书记、市长郭安按省委、市委部署,迅速研究落实政府系统全面从严治党主体责任工作。各级纪检监察机关坚持“一案双查”,查处落实“两个责任”不力案件20起,问责处理15人。

【坚决纠治“四风”】 2016年,对全市私人会所、“一桌餐”等进行排查,市委主要领导约谈省管干部5名,市纪委领导及相关单位党委(党组)领导约谈市管及以下干部10名。出台节日廉情监督制度,建立节前提醒教育、节日明察暗访、节后公示反馈机制。全市查处违反中央八项规定精神和“四风”问题82起,处理136人。其中,党纪政纪处分94人,通报曝光51起71人。加大“违插”治理力度,查处案件38起,党纪政纪处分29人,移送司法机关3人。推进“红包”治理,查处问题32起,处理38人。

【整治基层“微腐败”】 2016年,为进一步消除群众身边的不正之风和腐败问题,全面推进风清气正的政治生态建设,全市集中开展整治和查处基层侵害群众利益不正之风和腐败问题。成立市、县、乡三级集中整治联席会议办公室及常设办公机构,负责组织调度与工作推进。各县区相应明确联席机构、职责和任务要求,定期召开工作调度会,及时贯彻落实上级部署。各基层单位自查自纠9.7万余人次,召开支部生活会4985场次,共梳理查摆问题7762个,涉及违规资金253.87万元,公开整改承诺8000余人次,及时纠正偏差,落实整改要求,扎实推动基层作风转变。全市累计排查问题线索654条,查实420件,给予党纪政纪处分421人,移送司法机关18人。

【加大纪律审查力度】 2016年,全市纪检监察机关共接受信访举报2297件(次),同比上升6.9%;处置问题线索1379件,上升5.8%;立案739件,上升1.7%,其中县处级20件;结案719件;处分801人,其中县处级干部30人,上升87.5%。谈话函询236人次,上升39.6%;党纪政纪轻处分568人次,上升3.3%,重处分338人次,上升15%;移送司法机关8人,下降86.9%。

【推进巡察“全覆盖”】 2016年,建立市委“五人小组”、市委常委会和市委巡察工作领导小组听取巡察工作情况汇报机制,建立市委主要领导、市纪委书记、市政府分管领导对被巡察单位党委书记、纪委书记约谈诫勉谈话制度。对市行政服务中心等10个市直单位开展巡察,把发挥党组织领导核心作用、基层党建工作、全面从严治党等作为巡察的重点,共发现倾向性问题60个,移交问题线索16件。推动县区巡察工作同步开展,全市9个县区、经济开发区、高新开发区、小蓝开发区启动巡察工作,初步形成市县区联动、全市“一盘棋”的巡察格局。启动扶贫领域巡察工作,派出4个巡察组对5个县区扶贫政策落实情况进行专项巡察。

【派驻机构改革】 2016年8月3日,市委办公厅印发《关于加强市纪委派驻机构建设的实施意见》。设置派驻机构36家,其中综合派驻31家、单独派驻5家,负责监督128家市直单位。配备行政编制180个,领导职数112个。8月10日,市委常委会研究通过了派驻纪检组组长的任命决定。8月20—25日,由市纪委常委班子成员带队,市委组织部相关业务处室和市纪委组织部的人员陪同,到各驻在部门送派驻纪检组组长报到并宣读任职决定,宣布市纪委派驻纪检组正式进驻。11月30日,市纪委常委会研究派驻机构副组长及其他干部的任命。12月7日,市纪委召开派驻纪检组工作会,宣布派驻机构人事安排,派驻机构全部进驻到位。市委常委、市纪委书记吴伟柱出席会议并讲话。

【县乡纪委换届】 2016年3月,启动县乡纪委换届工作。通过举办全市纪检系统换届工作业务培训班,制定《南昌市2016年县区纪委领导班子换届考察工作方案》《南昌市2016年县区纪委领导班子换届工作考察流程图》,明确工作程序、目标要求、时间节点,确保直接从事纪检监察工作的纪委委员不少于总数的70%。按照省纪委“下抓一级、下问二级”的要求,对全市80名乡镇纪委书记人选逐个审核把关,对2名不符合任职条件人选提出不宜提名建议。全市9个县区纪委共选举产生纪委委员207名,纪委常委79名,其中纪委书记9名、副书记26名。全市80个乡镇纪委共选举产生纪委委员361名,其中纪委书记80名、副书记55名。

【建设执纪“铁军”】 2016年10月,修订《中共南昌市纪委常委会议事决策规则》,进一步规范市纪委常委会议事程序,提高决策水平。加强派驻机构人员配备,选派81名优秀干部充实到派驻纪检组,首次面向全省公开选调15名派驻纪检组干部,推动派驻纪检组积极履行职责,发挥“派”的优势和“驻”的权威。严防“灯下黑”,处置反映纪检监察干部问题线索40件,提醒谈话3人、诫勉谈话1人,责令检查4人,调离纪检监察岗位1人,党纪政纪处分1人。

(涂凯华)

社会团体

概述

【概况】 2016年，南昌市群团组织以习近平总书记系列重要讲话精神为指导，深入贯彻落实中共十八大和十八届五中、六中全会精神，围绕市委、市政府中心工作，主动思考、积极作为，充分发挥桥梁纽带作用，强基固本，依法维权、改革创新，为进一步推动南昌市群团事业的繁荣发展，助力南昌打造核心增长极，共筑南昌"四强"梦做出积极贡献。

职工工作

【概况】 2016年，南昌市总工会坚持"一个核心、两个维护、三个服务、四个加强"的工会工作思路，以开展"十百千万"暨"进园区"行动为主线，强基固本，依法维权、改革创新，各项工作都取得新进展。市总工会荣获全国学雷锋活动示范点、江西省"五一"劳动奖状、市"十二五"扶贫工作先进单位等10余项荣誉。

【召开全市"十百千万"行动工作总结会议】 2016年12月27日，召开全市"十百千万"行动工作总结会议。三年来，市委、各县区委相继召开动员大会，层层动员部署，掀起行动热潮。通过召开全市"十百千万"行动工作领导小组会、推进会、调度会、经验交流会等形式，扎实推进行动开展，构建"市委领导、政府支持、工会运作、部门配合、基层响应、职工参与"的职工群众工作新格局。开展"定十项工作标准"行动，全面推行职工群众工作标准。创建"市级标准工会"295家，优选"五十佳"标准工会，实现全市60%以上的基层工会达标。开展"进百户企业调研"行动，不断健全联系职工群众机制。全市工会领导干部经常性下基层、进企业、访职工调研指导，撰写100余篇调研报告，通过调研成果转化，为职工群众办实事2000余件。开展"建千家工会组织"行动，使党的职工群众基础得到巩固。全市共建立工会组织20754家(含法人单位)，覆盖工会会员80余万人。开展农民工人会集中行动，做好农民工入会和服务工作，发展农民工会员7.6万余人，成立全省首家"女农民工之家"。开展"帮万名职工解困"行动，使服务职工群众品牌效应显现。完善四级工会帮扶服务网络，构建"两千米帮扶圈"，创新"四季恒温""群帮群""一帮一""十送暖心"等形式，筹集送温暖资金2.9亿元，慰问困难职工14.57万人(次)，人均帮扶金额增长20%以上。筹措"金秋助学"活动资金1900余万元，帮助8402名困难职工子女圆大学梦。全市职工互保参保37万人，三年增长65.8%；互助保障金突破1100万元，三年增长95.7%。

【工会干部"进园区、强基层、惠职工、促发展"行动】 2016年，市总工会制定《南昌市工会干部"进园区、强基层、惠职工、促发展"行动实施方案》，在全市开展为期3年的工会干部"进园区、强基层、惠职工、促发展"行动。行动以"五有五提升"(有组织主事、有人管事、有经费办事、有场所做事、有制度理事；提升企业建会率，提升职工入会率，提升职代会和厂务公开建制率，提升维权帮扶工作水平，提升工会组织团结教育引领职工的能力)为目标，切实加强园区工会工作。督促园区配齐配强工会班子和专职工会干事，加强园区工会队伍建设。至年底，8个省级以上工业园区工会班子健全，制度完善，活动经常。全市园区企业有专兼职工会干部4554人。通过报纸专版、工会网站、微博、微信广泛宣传，扩大行动影响力。编发7期南昌市《工业园区工会工作快讯》，定期通报进展情况。向基层倾斜工会经费，奖励及经费补助推动园区工会建设，评选"五十佳"标准工会，每个给予1万元奖励性经费补助，补助450万元扶持园区工会打造"职工之家"。实施精准帮扶，为园区困难职工免费办理"大病住院自负保障"，扩大职工互保覆盖面，对园区

2016年12月17日，南昌市"十百千万"行动工作总结会议召开

企业困难职工实行二次大病保障。通过“企业集中建会”活动、“职工集体入会”仪式等方式，提高园区工会组建率。至年底，3 个国家级工业园区新建工会组织 93 家、发展会员 4209 人，5 个省级工业园区新建工会组织 40 家、发展会员 765 人，建会率、入会率达到 95% 以上。

【劳模评选表彰服务工作】 2016 年是市级劳模评选年。为弘扬劳模精神、劳动精神，经过层层评选，全市获得市级劳动模范 346 名，获得全国、省级五一奖状 5 个、五一奖章 17 人、工人先锋号 14 个。市总工会按照有关要求，严格评选程序，组织开展省、市“五一巾帼标兵岗”“五一巾帼标兵”和“南昌市女创业带头人”评选活动。经过评选，获得省、市“五一巾帼标兵岗”45 个、“五一巾帼标兵”64 名和“南昌市女创业带头人”6 名。开展“劳模创新工作室”创建活动，培育 14 个市级劳模创新工作室，4 个省级劳模创新工作室，充分发挥劳模在全市创新驱动、转型发展中的示范引领作用。广泛宣传劳模先进事迹，组织召开各届劳模新春座谈会，投放大型劳模公益广告，编发印制《劳模最光彩》。为 65 周岁以下各级劳模赠送 3 种互助保障计划。走访慰问 4700 余名各级劳模，发放慰问金 300 余万元。组织 17 批次 470 余名全国、省、市级劳模进行疗休养，营造学习劳模、尊重劳模、关爱劳模的社会氛围。

【开展劳动和技能竞赛】 2016 年，开展“践行新理念，建功‘十三五’”为主题的劳动和技能竞赛。全市参赛企事业单位 7300 家，参加职工 69 万余人次。承办 2016 年南昌市“洪城杯”女职工职业技能（中式面点、西式面点）大赛，市总女职工委员会获得省女职工职业技能竞赛优秀组织单位称号。与市教育局联合举办南昌市第五届“引航杯”中小学班主任专业技能竞赛和中小学主题班会展示课竞赛，提升教师综合素质，培养学生思想情操。与市安监局联合开展 2016 年度全国“安康杯”竞赛活动，不断提高广大职工安全健康意识。

【举办文体活动】 2016 年 9 月 30 日，市总工会与市委宣传部联合主办“中国梦·劳动美”全市职工迎国庆文艺汇演，展现广大职工开拓创新、团结拼搏的精神，市主要领导现场观摩指导。11 月，与南昌欧菲智慧信息产业有限公司联合举办 2016“欧菲智慧杯”南昌市第三届职工男子篮球赛，增强职工体质。建设省级以上职工书屋 27 家，丰富职工文化生活。联合团市委、市妇联举办“洪城热恋·牵手幸福”大型交友活动，培育健康文明的婚恋观。通过开展丰富多彩的职工文体活动，打造健康文明、昂扬向上的职工文化，进一步推动和谐平安南昌建设。

【推行“南昌职工卡”】 2016 年，市总工会联合建行率先在全省开展职工卡办理工作，全市共发卡 20 余万张，其中产业园区发卡 7 万张。投入 200 余万元建设职工卡管理系统平台和中心数据库平台，投入 100 余万元开展宣传及商业普惠活动。开通南昌职工卡微信公众号，开展职工卡新闻发布会、形象代言人选拔等活动进行宣传推广。与 200 余家各类商家签约，开展专场特惠活动 20 余次。

【依法维权维稳】 2016 年，参与全面两孩政策改革完善计划生育服务管理、出租汽车行业改革等政策的修改完善，代表职工群众反映诉求。配合省人大执法检查组开展贯彻实施《中华人民共和国工会法》的执法检查。创建全省第一家工资集体协商工作室，优选南昌市首批工资集体协商志愿者 10 名，建立完善专职集体协商指导员、工会法律服务律师和工会法律顾问队伍。开展工资集体协商“春季要约”行动，通报表扬青云谱区医疗行业联合会、江西晨鸣纸业有限责任公司、西湖区建材行业工会联合会等 58 家工资集体协商示范单位，推动工资集体协商深入发展。积极推进“七五”普法宣传，依托《南昌日报》“工会园地”栏目、《南昌工会》刊物、市总微信公众号，在职工中开展有关劳动法律法规的普法教育。参与全市工资支付专项检查、农民工工资联合清欠活动，维护职工、农民工合法权益。参与劳动关系矛盾的化解工作，协调处置南昌沃尔玛八一店职工上访等舆情，维护职工队伍和社会稳定。与市交通运输局、市公安局、市安监局等部门在春运期间联合开展“情满旅途”活动，帮助农民工顺利返乡。

【建设“爱心妈咪小屋”】 2016 年，市政府与市总工会第 8 次联席会议研究“爱心妈咪小屋”建设工作，并于 4 月 28 日印发《关于加快公共场所“爱心妈咪小屋”建设的实施意见》的通知。8 月 4 日，市总工会女职委召开南昌市“爱心妈咪小屋”建设工作经验交流会，在全市逐步推进公共场所“爱心妈咪小屋”建设。至年底，全市共建成“爱心妈咪小屋”30 家，其中 15 家建在地铁、医院、风景区、村级文化广场、写字楼等公共场所。“爱心妈咪小屋”已成为落实女职工“四期”保护的重要阵地。

【精准扶贫助困】 2016 年 3 月 1 日，市总工会召开在全市工会组织中开展扶贫助困对接活动动员会，印发《关于在全市工会组织中开展扶贫助困对接活动的实施方案》，采取精准识别、精准帮扶、精准管理等措施，建立精准扶贫助困长效机制，在工会系统开展扶贫助困工作。全市各级工会累计投入千万元用于挂点扶贫工作。市总工会结合实际扶助挂点帮扶村进贤县七里乡寺背村，投入 200 余万元资金，用于村庄整治、硬化道路、新农村建设项目和“三风”活动宣传等，定期为贫困户送粮油等生活物资、节日慰问品，帮助挂点帮扶村提前脱贫。

（黄若颖）

青少年工作

【概况】 2016 年，共青团南昌市委（以下简称团市委）按照克服“机关化、行政化、贵族化、娱乐化”，保持和增强政治性、先进性、群众性的总体要求，坚持把握一个主题、聚焦一个目标、遵循一条路径、抓好一个统揽、体现一种精神工作思路，求真务实、锐意进取，努力推动南昌共青团事业实现新发展。至年底，总投资额 2.3 亿元的青少年宫项目稳步推进，已完成主体结构封顶，预计 2017 年 5 月投入使用。

【市青少年发展基金会筹款帮困】 2016 年，南昌市青少年发展基金会筹款总额突破 1600 万元。其中，网络募款 800 万元，救助青少年 1.8 万余人，开展以“助学、助医、助困”为主要内容的“希望工程”“彩虹工程”“亲亲宝贝”等项目，促进困境青少年健康成长。在 2016 腾讯“9.9 公益日”上联合南昌 29 家公益组织，发起 48 个项目，吸引 2.7 万人次参与，筹款 175 万元，获得腾讯公益配捐 73 万元。透明指数在“中国基金会 2016 排行榜”上获得满分，在全国 5252 家基金会中并列第一，网络募款金额在全省各类基金会中排名第一。设立 29 个公益组织子基金，开展的“青帆课堂”——关爱外来务工家庭子女试点项目荣获第五届中国公益慈善项目大赛社会创新百强榜。“亲亲宝贝”江西重大病贫困患儿咨询及救助项目荣获江西省首届青年志愿服务项目大赛一等奖。成功开展为4933个环卫工人发放清凉包等大型公益活动。

【建立青少年教育矫治工作体系】2016年,在全省率先建立的"民办公助"模式的教育矫治严重不良行为青少年专门学校——"南昌市阳光学校"。有关做法在中央综治办《社会治安综合治理动态》作为经验刊发,并成为2016年全国综治"南昌会议"展示亮点。至年底,共招收学生418名,已毕业245名,转化率为89.1%。全市共建立阳光班级10个,未成年人观护基地5个,基本形成"临时班级-阳光班级-专门学校-观护基地"的一体化、链条式教育矫治工作体系。全年建立青少年法治教育基地12个,并以基地为依托,开展青少年法治、禁毒、自护教育、心理辅导等各类活动。连续4年组织法治副校长骨干培训班,自主设计印制《南昌市青少年自护教育手册》。

【推动青少年事务社工工作】2016年,组织洪宇服务社的专业社工到阳光学校开展6次情绪管理。积极鼓励团干部参加社会工作者职业水平考试,12名专职团干获得社工证书。以青云谱区团委为试点,开展青少年事务社工购买岗位工作,面向社会公开招聘7名青少年事务社工,分别专职服务于6个街道和团区委。开展7场12355中高考考前减压活动,服务近1400名家长和学生;定期向广大青少年和家长推送识毒、禁毒、防毒等安全知识;承办2016年江西省青少年禁毒知识竞赛活动;开展"禁毒教育进社区"活动。

【加强新媒体宣传】2016年,团市委微信公众号订阅数量突破30余万人次,稳居全国地市级团委前二十、全省地市团属系统第一、全市政务微信排名前三。微博粉丝突破5.7万人,全年保持全市政务微博排名前十。南昌青年之声微信共推送330期,文章559篇,总阅读数为520.33万次,总点赞数为50239次,月均WCI(微信传播指数)值为791.12;各团县区委微信公众号周均WCI值达到230以上。创作全国首套团委表情包,制作"春节青年说"微电影、"洪青说"青春榜样宣传片和"绿色健步走,生态安义行"H5页面(超文本标记语言)制作等一批新文化产品。利用12355短信服务平台定期推送团内活动、互动信息、就业咨询,共推送短信235次,覆盖青年4500余人。

【打造"南昌青年之声"网络平台】2016年,投资245.88万元打造"南昌青年之声"网络平台,集合网站、手机APP、微信、微博、热线五位一体。建立平台工作机制,每周一召开运营协调会并安排一个联盟值守回答问题;每周对各联盟各县区"青年之声"平台运营情况进行通报,每季度进行一次考核排名。"青年之声—南昌"平台共建立市级服务联盟10个,邀请7771名专家上线,提问总数10.94万个,累计回答数13.9万个,点赞数14.52万次。

【开展青年志愿者服务活动】2016年,全市各级团组织常态化开展各类青年志愿服务活动360余场,共有6880余名青年志愿者服务上岗,服务人次1.89万次,服务时数3.23万余小时。组织招募近6000名青年志愿者参与地铁志愿服务和第十四届赣台经贸文化合作交流大会、第三届中美友城大会及2016南昌首届国际马拉松赛、泛珠三角行政首长论坛等大型赛会活动。组织"小鲜鹭"志愿者开展各类志愿服务项目,服务4.42万人次,累计服务时长17.68万小时,并在南昌地铁1号线八一馆站正式发布全国首批志愿令——"小鲜鹭"志愿令。成立由南昌高校青年志愿者、青年文明号集体志愿者、青年社会组织志愿者3个主体组成的南昌青年志愿服务联盟。在普瑞眼科医院等大企业及系统探索成立南昌市青年志愿者协会分会,打造稳定的青年志愿者组织和队伍。推动团员注册志愿者。至年底,全市17.7万团员中,70%以上注册成为志愿者,注册总人数为13.6万人,其中团干3874人。在全国首创"青清号"流动志愿服务车,为过往市民和外地游客提供便民利民服务,累计服务1320人次。全市共4辆志愿服务车,已打造成为青年志愿服务平台、青年公益资源集散平台和青年工作宣传展示平台。从4月起,组织青年志愿者和各级青年文明号集体周末在赣江两岸和公园景区开展生态环保志愿服务活动,形成常态化。参与活动的青年志愿者共1.03万人次,服务时长超过2万小时,捡拾垃圾1万余袋。

【青英创业深入推进】2016年,举办第四届青英创业挑战赛、中国青年APP大赛江西赛区比赛、2016第十届国际iCAN创新创业大赛VR/AR行业赛等创新创业活动,共有600余支队伍报名,3300余名选手、约800个项目参与。举办第二届江西互联网创业创新峰会、首届VR大赛特训营、"移动互联网与青年创业"论坛、南昌VR/AR高峰论坛,打造4个省级青年创业示范园区、7个市级青年创业空间和9个县区级青创空间,成立青年创业投资、平台、人才三大联盟和导师团,设计发布南昌市首张《南昌创客地图》。团市委纳入全市"两创"工作成员单位,并在市"两创"办设立青创服务组。

【"青藤南昌"报效家乡】2016年,组织242所高校2.3万余名南昌籍学子加入"青藤南昌",覆盖98%的985、211高校。组织发动成员高校社团开展1210余次青年活动。支持"青藤南昌"学子联谊会团工委开展各类活动,包括北大学子返乡调研、"百名青年看南昌"、青藤南昌"C9+1"高校三下乡支教团、"微爱一元捐"、湾里新经济产业园征名、"就诊直通车爱心医院行"医院帮扶等。

【帮扶贫困和留守青少年(儿童)】2016年,组织市青联和市级青年文明号单位的赣青扶贫结对行动,对贫困青少年(儿童)和留守青少年(儿童)进行定向帮扶。实现120个留守村和63个贫困村的全部结对。结对贫困青少年(儿童)3594人,结对留守青少年(儿童)1.24万人。依托"彩虹工程"志愿服务项目,帮扶630名留守儿童。开展流动少年宫活动24场,惠及农村留守儿童2200人次,覆盖学生近4500人。春节前夕连续四年开展"青壹暖冬进百家"活动,团市委筹集慰问金4万余元,市青联各界别工作委员会筹备3万余元的生活物资,分别走访慰问困难青少年、留守儿童100余人。同时,在全市设立16所社区少年宫,利用下午孩子放学后每周一课,开设美术、书法、手工、舞蹈、语言表演等艺术培训活动。全市共有450余名6至12岁的农民工子弟及贫困家庭孩子接受到免费、便利、优质的校外教育服务。

【实行"青春圆梦微心愿"行动】2016年,在全国率先设计开发"微心愿"发布认领服务平台,解决"微心愿"发布、认领的瓶颈问题。与市委组织部、市扶贫办合力开展"圆梦微心愿、助力脱贫攻坚"工作,广泛动员党员干部、团员青年及社会爱心人士成为"圆梦使者"。至年底,全市党团组织积极参与,社会各界爱心人士伸出援手,共帮助2869名贫困青少年实现微心愿,其中贫困村青少年微心愿1205个。扎实开展"青春圆梦定点帮扶行动",结合共青团生态文明示范村建设,支持团市委定点帮扶的进贤县泉岭乡前溪村开展助学帮困、基础设施建设、技能培训、产业扶贫、党团建设等工作。全年共投入资金25万元，帮扶120余人。

【深化"青巢中心"建设】 2016年，采取"社区创业+公益创业"模式，继续深化"青巢中心"建设。至年底，"青巢中心"已签约入驻28家组织，联系青年社会组织126家，接受各级领导视察指导30余次，驻组织开展活动660余次。指导西湖区隆泰苑社区打造全市首家"社区青巢"样板。建立南昌市青年社会组织联谊群，入群人数165人，覆盖87家青年社会组织。建立青巢中心大学生志愿者服务队，覆盖5所高校共140余人。举办"南昌首届青年社会组织公益项目大赛"，58个获奖项目作为"青巢中心公益项目超市"首批上架项目，搭建起"社区点单、青巢中心派单、社会组织接单"的南昌市公益项目服务"三单制"模式。

【建设"青年空间"】 2016年，以青年服务社区、服务社区青年为主题，以"4+2+1+X"为模式，全市建设57个"青年空间"。其中，南昌市"青巢中心"和西湖区隆泰苑社区青年空间分别被评为首批全国示范性"青年之家"综合服务平台和团中央2016年支持建设的"青年之家"综合服务平台。争取全省基层共青团工作经费129万元支持阵地建设，争取团省委40万元经费在10个市级青年空间进行试点购买社会服务，建立共青团生态文明示范村22个。

【强化团组织建设】 2016年，积极推动市工业控股、南昌日报社、南昌影视传播学院等大型国有企事业单位建团，努力推动在团员较少、40岁以下青年较多的机关企事业单位建立青工委。至年底，全市建立青工委22个。制定非公团建"十个一"标准，深化市青企协团工委建设，推动普瑞眼科医院等两新组织团建80家。继续巩固已成立的北京、上海、浙江、厦门、广东5个驻外团工委。成立南昌市青年社会组织团工委，下设27个团支部，覆盖8700余名青年。加强团队干部素质提升，培训团队干部600余人次。建立企业团建联席会议制度。全市新增团员2.73万人。

【开展主题系列活动】 2016年，深入开展"红色基因代代传——追寻英烈足迹井冈山精神""弘扬八一精神传承英雄基因""红领巾相约中国梦——听党的话，做好少年"等系列主题教育活动2625场，8万余名少先队员参与活动。以"从严从实、向上向善"为主题广泛开展"奋斗的青春最美丽""向上向善好青年"分享活动21场，覆盖青少年5025人。积极开展"红领巾记者团""小青苗宣讲员""八一精神队号嘹亮"少先队鼓号队、管乐队风采展示大赛、"新团员入团宣誓仪式""十八岁成人仪式"等各类体验活动和仪式教育50余场。

【开展少年军校活动】 2016年，少年军校活动由市少工委、市公安消防支队、市少年宫共同举办，市公安消防支队八一中队、市公安消防支队特勤一中队承办。暑期开展两期少年军校部队行活动，全市共100名少先队员参加。全体学员接受国防教育、心理教育，参观军事消防设施，进行队列、内务整理训练，完成团队建设游戏，掌握自我保护安全知识，学唱军歌等内容。自2013年开始，每年均在暑假期间开展少年军校活动，先后在全市30所学校开展全免费的进校园教育训练活动20期，共2000余名少先队员参加。少年军校活动被纳入全市建军90周年系列活动。

（钟　瑶）

妇女工作

【概况】 2016年，市妇联以家庭为主阵地，扎实履职，开拓创新，主动参与，积极作为，团结带领全市妇女为南昌打造核心增长极、共筑"四强"梦做出积极贡献。市妇联荣获全国妇联系统先进集体、全国妇女新闻宣传阵地建设先进单位、江西省"我爱我家"家庭情景剧展示活动"优秀组织奖"、江西省"振兴杯"红杜鹃家政服务行业技能竞赛团体组织奖、江西省"恒爱行动——百万家庭亲情一线牵"活动优秀组织奖、南昌市社会管理综合治理目标管理先进单位等多项荣誉。

【公开申报全市"三八红旗手"】 2016年11月10—30日，市妇联首次面向社会公开申报全市"三八红旗手"。除各级机关、企事业单位、社会组织继续参照往年的方式推荐优秀妇女典型外，首次接受公众通过自荐、他荐形式申报全市"三八红旗手"。经过推荐候选人、确定正式候选人、网络投票评选和公示考核，最终评出10位"南昌市三八红旗手"。

【推进《中华人民共和国反家庭暴力法》实施】 2016年3月，举办《中华人民共和国反家庭暴力法》宣讲活动，开设10个视频分会场，1060名市"平安家庭"创建活动领导小组成员单位联络员、市直单位妇委会代表、公安派出所"妇女维权投诉站"负责人、县区基层妇联干部参加。4月，联合市公安局、市中级人民法院、市民政局率全省之先制定《关于进一步加强预防和制止家庭暴力工作的实施意见》，对各有关单位反家暴工作职责进行强调及规范；联合市公安局制定《南昌市家庭暴力告诫制度实施办法》，就家庭暴力报警、出警、调处等环节作进一步明确。5月，在南昌电视台政法频道开辟"维权视角"专栏，每两周在《政法报道》栏目中播出1期妇女儿童权益维护方面的新闻专题，以真实案例，解读法律知识、传播法律常识，指导广大女性主动维护自身合法权益；定期播放《维权视角》宣传片，呼吁全社会共同反对家庭暴力。

【开展"两联一服务"活动】 2016年，组织机关干部分别联系一个村、社区妇女儿童之家和一个社会组织，并挂职村、社区妇联副主席，每半个月下基层一次，以"菜单式服务""我帮你，一对一"、女性大讲堂等形式开展服务活动，为妇女儿童送法律、送知识、送温暖、送健康。提供"菜单式"服务项目36个，培训课程64项，开展"点单式"培训9期，2100余人次受益。

【举办南昌市第十三届女性专场招聘会】 2016年3月5日，联合市人社局举办南昌市第十三届女性专场招聘会，组织用工企业182家，提供累计73个工种1.28万个岗位。其中，招聘会特别开设家政招聘专区，开通网上远程面试。招聘会吸引5700余人进场求职，1987人达成就业意向，现场录用602人。

【成立南昌市巾帼创客协会】 2016年5月24日，南昌市巾帼创客协会召开成立暨第一次会员大会。协会建立巾帼创客基地，举办巾帼创客交流会，搭建女创客交流互动平台。经市妇联协调争取，巾帼创客基地获授1000万元的信用贷款额度，会长单位、入驻基地的巾帼创客分别获得400万元、10万—50万元的政府贴息贷款额度。

【牵头成立南昌市早期教育促进会】 2016年3月3日，市妇联牵头成立南昌市早期教育促进会。该促进会是江西省首家早期教育领域的非营利性社会组织,致力于开展早期教育学术交流培训、宣传科学早教理念、促进早期教育行业自律,提升全市儿童的早期教育水平。南昌市早期教育促进会吸引全市在婴幼儿健康、教育、心理等方面的36家单位和21名个人加入。

【寻找“最美家庭”活动结硕果】 2016年,市妇联结合五好文明家庭创建开展寻找“最美家庭”活动,涌现一大批先进典型。况亮家庭等4户家庭获评全国“最美家庭”,黄辉萍家庭等4户家庭获评第十届全国“五好文明家庭”,肖莉芬家庭、邹德凤家庭获评第一届全国文明家庭,肖莉芬家庭还荣获第十届全国“五好文明家庭”标兵称号。

【举办家风建设巡讲报告会】 2016年5月31日,在红谷滩会议中心大厅举行南昌市“培育好家教,传承好家训”家风建设巡讲首场报告会。由7名成员组成的“最美家庭”报告团,通过生动讲述、视频短片、情景剧表演等形式,呈现夫妻和睦、孝老爱亲、热心公益、勤俭持家的典型事迹,引导广大家庭崇德向善,提升社会文明。巡讲报告会持续4个月,在市直机关、行业系统、企事业单位及县区开展多场巡讲活动。巡讲活动覆盖全市近万人。

【举行南昌市首届家庭教育节】 2016年5月26日至6月15日,联合市教育局举行“为家筑梦,让爱出发”南昌市首届家庭教育节。教育节历时21天,吸引2万余户家庭参与到家庭教育公益巡讲、亲子沙盘、亲子团体辅导、家长沙龙、早期教育进社区等8大类16个子活动中,230余件作品逐鹿市、县区各级家庭表演大赛、“我的育儿故事”征文比赛。首届家庭教育节充满创新、智慧和温情,引起全社会的广泛关注。

【开展“建设法治中国·巾帼在行动——维权服务进社区、进家庭、到身边”活动】 2016年3月,市妇联深入青云谱区徐家坊街道玉河社区、红谷滩新区沙井街办丰和社区、新建区长堎镇东湖巷社区举办3场“建设法治中国·巾帼在行动——维权服务进社区、进家庭、到身边”活动。活动组织法律专家为居民解读《中华人民共和国反家庭暴力法》,医务工作者、法律专家为居民提供咨询和服务,发放宣传资料3000余份。

【省禁毒教育基地在市妇女儿童活动中心落户】 2016年6月20日,省禁毒教育基地在市妇女儿童活动中心落户,成为全省禁毒防艾宣传教育的重要阵地。全市妇联系统依托基地举办禁毒知识讲座、竞赛共21次,展出宣传展板100余块,发放禁毒宣传资料1万余份,接待3000余人参观学习。

【帮扶困难妇女儿童】 2016年,发挥市慈善总会妇女儿童专项基金作用,筹措爱心单位、企业和个人捐款22.2万元,救助100名贫困单亲母亲和14位春蕾女童。开展“两癌”母亲救助工作,争取全国贫困两癌母亲专项基金55万元,救助55名贫困两癌母亲。争取春蕾女童爱心资助款36.2万元,资助贫困女童130名。为贫困家庭婴幼儿发放品牌奶粉456罐,帮助困难儿童家庭解决实际困难。开展春节大走访活动,走访慰问妇女67人,送去物资近10万元。

【市妇女儿童活动中心接待交流活跃】 2016年4月17日,台湾云嘉南区妇女企业咨询会、虎尾妇女会到市妇女儿童活动中心开展学习交流活动。5月17日,澳门真善妇女协会到市妇女儿童活动中心就中心建设进行参观交流。6月22日,重庆市渝中区妇联就推动妇女儿童发展、关爱孤残儿童等工作进行交流,取得良好成效。11月7日,巴勒斯坦代表团考察市妇女儿童活动中心,成为中心开办以来接待的首批外宾。

(徐昊惠)

文学艺术工作

【概况】 2016年,南昌市文学艺术界联合会(以下简称市文联)广泛团结文艺家和文艺工作者,始终坚持以人民为中心的工作导向,围绕“出人才、出作品、出影响力”目标,积极开展文艺活动,推动文艺创作,加强队伍建设,为繁荣发展南昌文艺事业做出积极贡献。11月8日,在南昌教育学院举行“南昌市书法家协会书法教育研究实践基地”揭牌仪式。

【召开市文联八届六次全委会】 2016年5月6日,市文联八届六次全委会在市委第一会议室召开。会议总结回顾2015年全市文联工作,部署2016年工作任务。会议决定:增补袁青平为南昌市文联第八届委员会委员、常委;增补王慧生、李良东、李明、张继允、罗坚、胡左英、贺炜炜、夏学兵为南昌市文联第八届委员会委员。市委宣传部常务副部长李家旺到会并讲话。市文联党组书记、主席赵军作工作报告。市文联副主席贺思敏主持。市文联委员100余人出席。

【召开市楹联家协会第五次代表大会】 2016年6月3日,市楹联家协会第五次代表大会在鑫峰假日酒店召开。会员代表等共60余人参加会议。大会审议通过《南昌市楹联家协会第四届理事会工作报告》,修改《南昌市楹联家协会章程》,选举产生新一届理事会。经选举,臧定禄当选为主席;张小华、杜华平、肖放亮、龚岚、魏祖钦(按姓氏笔画为序)当选为副主席。邹晓磊任秘书长,聂丽芹、张华军、蔡雄彪任副秘书长。刘荣根被聘为名誉主席;曹海通、黎传绪、何新发、肖常藻、徐真柏被聘为名誉副主席。

【设立艺术创作基地】 2016年10月11日,“南昌市文联(彭泽浩山)艺术创作基地”授牌仪式在九江市彭泽县浩山乡兆吉沟举行。该基地集创作、研讨、培训、交流、展示等功能为一体,为艺术家深入生活、深入群众,推出精品力作,开展艺术交流提供良好条件。市文联将每年定期组织作家、艺术家到浩山乡体验生活、采风创作。

【“贵林社老南昌茶馆”开张】 2016年9月20日,市曲艺家协会主席万新民(小筱贵林)担纲掌门的“贵林社老南昌茶馆”在东湖区惠民剧场正式开张。市委常委、宣传部部长龙和南等出席首演式。“贵林社老南昌茶馆”是南昌市非遗传承项目“筱贵林南昌谐谑故事”的具体体现,演出时间为每周六晚八时。

【召开市摄影家协会第九次代表大会】 2016年12月20日,市摄影家协会第九次代表大会在鑫峰假日酒店召开。会员代表等共70余人参加。大会审议通过《南昌市摄影家协会第八届理事会工作报告》,修改《南昌市摄影家协会章程》,选举产生新一届理事会。经选举,罗水长当选为主席;王岩当选为执行主席;王杰、孙建强、张志宏、杜学东、赵志敏、浦敏、秦洪渊、游华(按姓氏笔画为序)当选为副主席。林继敏任秘书长;李阳、万勇、吕善勇、吴霏菲任副秘书长。彭勇、李和才、肖欢、樊建功被聘为名誉副主席。

(黄　菲)

归国华侨工作

【概况】 2016年，南昌市侨联以“七个力”（引导力、创造力、辐射力、影响力、凝聚力、助推力、生命力）统领全年工作，为谱写好“中国梦”的南昌篇章积极贡献侨界的智慧和力量，各项工作稳步向前推进。产生新一届市、县区人大、政协侨联代表、委员队伍。现有市人大侨界代表3名，市政协侨联界别委员9名，县区政协侨联界别委员64名。市侨联被评为“南昌市综治先进单位”“南昌市文明单位”等称号。

【开展侨情摸底调研】 2016年，南昌市对外交流不断增多，海外新华侨华人、侨商迅速增加，具有新侨侨眷身份的人数也日趋增多，以往的侨情登记资料已不适应新时期的工作需要。为掌握全市海内外侨情的新变化，建立全市侨情和海外人才信息库，市侨联开展侨情大普查工作，分类建立南昌市华侨华人、归侨侨眷、侨商信息库和海外人才信息库。深入各县区、社区、侨企开展为期2个月的侨情调研活动，掌握基层情况，扩大知情范围，了解他们存在的问题和困难，为进一步开展工作积累第一手资料。紧紧围绕党委、政府中心工作，开展专题调研。围绕全市经济社会发展的重点、难点、热点问题，广泛收集社情民意，形成有价值的调研报告。针对“七五”普法及法治中国建设，组织专门调研组开展“侨法进社区问题的研究和对策”课题调研，积极为市委、市政府决策出谋划策。

【搭建联谊沟通宣传平台】 2016年，市侨联在青山湖区金域名都社区、青云谱区祥和社区及南昌县武阳镇前进村率先成立社区侨胞侨属联谊会等基层组织。在湾里区站前社区成立全市第一家侨法宣传教育示范点，在部分县区社区设立“侨法宣传角”。充分利用互联网+服务，为方便侨界群众反映诉求，让24小时在家就能向“侨之家”反映问题，在市侨联网站开通“侨声通道”，在全省侨界率先探索建立网上侨联，搭建侨联机关与归侨侨眷和海外侨胞及时联系沟通平台。

【举行“2016海外侨商侨领看南昌”活动】 2016年，举行“2016海外侨商侨领看南昌”活动。邀请中国侨联2016海外侨领中国国情研修班江西行的32个国家近70名学员到南昌参观考察，向海外客人宣传南昌，推介南昌。期间，还举行江西绿色生态发展推介会，对南昌市的投资环境进行宣传推介。

2016年1月28日，“欢聚洪城、情暖侨心”困难归侨侨眷慰问金及慰问品发放仪式举行

【加强与澳门社团和海外侨胞交流联络】 2016年，组团赴澳门参加第21届缅华泼水节活动，分别拜会澳门缅华互助会、澳门中华总商会、澳门归侨总会、澳门江西同乡会等当地重要社团。与澳门缅华互助会会长黄琼成，澳门中华总商会副理事长余健楚，澳门归侨总会会长、中国侨联副主席刘艺良进行友好座谈。接待美国南加州江西同乡会考察团，市委副书记、市长郭安会见考察团。各基层侨联通过接待来访、交流出访、信息往来等途径，不断与海外侨胞进行亲情乡情联络。

【拓展文化载体宣传中华文化】 2016年，选送一批优秀美术书法作品，参加第三届世界华侨华人美术书法展和首届江西侨界美术书法大赛。参加第十七届世界华人学生作文大赛，获一等奖17篇、二等奖53篇、三等奖116篇，青山湖区侨联荣获大赛组织奖。市侨联青年委员会在湾里举办扬“五四”精神、展青春风采活动。市侨联青委会委员40人参加。在举行的徒步拉练、团队拓展等活动中，大家团结协作、配合默契、互帮互助，增强了团队凝聚力。通过活动，真正使侨联组织做到“组织起来，活跃起来”，激发活力，增强责任感，使广大侨界青年积极参与到为侨服务和为南昌经济建设服务的各项活动中，用青春谱写侨联事业新的篇章。市侨联青委会组织部分委员参加首届家庭幸福建设公益大讲堂活动，传承中华优秀传统美德。青云谱区侨联开展以“青云侨情浓，端午粽相思”为主题的联谊活动，提升侨联影响力。

【帮助侨企排忧解难】 2016年，妥善协调和处理归侨胡保林的南昌市宝林博物馆（江西第一家私人博物馆）整体搬迁补偿纠纷案；与西湖区相关部门召开协调会，研究新加坡侨胞熊中文东书院街祖屋拆迁面积认定问题；积极与有关部门沟通协调美国侨眷刘敏所办的江西中汉建设有限公司印章被伪造一案。对于美国侨眷熊全仕所经营的汪山土库运营过程中出现的困难，加强与新建区的沟通和协商，争取支持。通过为侨服务工作，有力地维护广大归侨侨眷的合法权益，赢得广大归侨侨眷和海外侨胞的一致好评。同时，通过双向努力化解一些矛盾纠纷，有效维护广大归侨侨眷和海外侨胞在国内的合法权益，为维护社会和谐稳定发挥积极作用。

【支持服务侨企创新创业发展】 2016年，重视市侨商会的发展，吸收一批侨商会新会员。组织侨商参加“支持服务侨企创新创业发展座谈会”“科技服务侨界专家、侨企创新创业发展座谈会”，现场解决侨商提出的出入境证件办理、签证服务、异地换证和科技政策、科技计划、科技平台、科技合作等企业发展中的问题。3月，派员参加中国侨联主办的“全国侨商社会组织负责人高级研修班”。参加中国侨联第六届新侨创新创业成果交流系列活动，推荐南昌县小蓝创新创业基地申报创新团队奖。

【开展侨法下基层活动】 2016年，市侨联坚持以侨为本，发挥自身优势，利用市侨联法律顾问委员会这一平台，开展切实有效的活动。参加省市联合举行的"12·4"国家宪法日主题宣传活动，为现场群众提供法律咨询，宣传《中华人民共和国归侨侨眷权益保护法》等涉侨法律政策，发放100余份法律宣传资料。积极开展涉侨法律进乡村、社区活动，先后赴对口帮扶村安义县长均乡把口村开展"送法进村活动"，赴东湖区董家窑街道江纸社区开展"送法进社区"活动。各县区结合实际，积极探索侨法宣传的有效途径，相继开展侨法宣传活动。青云谱区三家店街道祥和社区举办侨法知识竞赛，南昌县武阳镇前进村开展侨胞侨属法律培训班及侨法进村法律咨询活动，在辖区内营造爱侨护侨的良好氛围。通过活动的开展，不仅使广大归侨侨眷了解相关法律知识，更重要的是增强他们的法制观念和法律素质，使他们在今后的工作和社会生活中带头学法、守法、用法，依法办事、依法维权。

【开展"送温暖、献爱心"走访慰问活动】 2016年，全市侨联广泛开展"送温暖、献爱心"走访慰问活动。与省侨联、省政协港澳台侨和外事委员会共同举办"欢聚洪城、情暖侨心"困难归侨侨眷慰问金及慰问品发放仪式，爱心侨商向市老年归侨侨眷联谊会及部分困难归侨侨眷捐赠总价值30万元的款物。全市各级侨联组织走访归侨侨眷260人次，发放慰问金20余万元。

【参政议政有成果】 2016年，全市各级侨联通过座谈、实地考察等方式，组织侨界人大代表、侨联界政协委员开展联谊交流和调研活动，整合发动侨界人大代表、政协委员提交的提案、建议，为本地经济社会发展献计献策。侨界人大代表、政协委员共提交51篇建议和提案，得到当地党委政府的高度重视。全年报送侨情专报30篇。

（陶　俊）

社会科学工作

【概况】 2016年，南昌市社会科学界联合会（南昌社会科学院）［简称市社科联（院）］坚持围绕中心、服务大局，充分发挥职能作用，为进一步推动南昌市哲学社会科学事业的繁荣发展，助力南昌打造核心增长极，共筑南昌"四强"梦作出积极贡献。编撰出版《南昌发展蓝皮书（2016）》，总结南昌市经济社会发展取得的成绩，指出存在的不足及其原因，分析今后的发展趋势，为地方党委政府和相关部门的科学决策提供重要参考。组织开展南昌市经济社会发展重大课题和南昌市社会科学"十三五"（2016年）规划课题研究。全市共有7项课题列入南昌市经济社会发展重大课题，56项课题列入"十三五"（2016年）社科规划课题。南昌市第十六次社科优秀成果奖评选出一等奖3项、二等奖8项、三等奖18项。出版12期《现代人文》杂志，主要刊登南昌经济社会发展应用对策研究成果以及具有南昌地方特色的社科理论成果。

【开展经济社会发展重大课题研究】 2016年，南昌市经济社会发展重大招标课题由市委宣传部和市社科联共同设立，并面向全省公开招标。在评审专家认真审阅课题申请书、听取课题负责人有关情况汇报和进行提问答辩的基础上，投票选出7个中标课题。7个中标课题分别是《打造全省生态文明先行示范区"南昌样板"的实现路径研究》（负责人为江西省社科院教授孔凡斌）、《深入推进社区"党建＋"工作，不断提升服务群众水平研究》（负责人为江西师范大学教授张艳国）、《南昌构建高新高端现代产业体系的实现途径与政策支持研究》（负责人为江西经济管理干部学院教授秦夏明）、《打造"南昌慧谷"的目标、路径及具体举措研究》（负责人为南昌大学教授刘春年）、《南昌实施农村环境整治工程，打造秀美乡村研究》（负责人为江西省社会学学会研究员王明美）、《南昌传承英雄基因，打造八一城市品牌，发展红色旅游产业研究》（负责人为江西科技师范大学教授叶桉）、《构建南昌长效化、精细化城市管理机制研究》（负责人为中共江西省委党校教授李才平）。南昌市经济社会发展重大招标课题经费为每项4万元。

【举办2016·南昌·长江中游城市群建设研讨会】 2016年11月，2016·南昌·长江中游城市群建设研讨会在南昌召开。南昌社科院邀请武汉、长沙、合肥3市和省内有关社科专家，围绕"贯彻落实五大发展理念、加快长江中游城市群建设"主题，积极为4省会城市挺进全国"第四极"、构建"四核四圈"格局建言献策。会议由市委宣传部、南昌社会科学院主办。市委宣传部及4省会城市社科院（联）的领导和专家参加会议。江西财经大学教授朱丽萌以《长江经济带背景下长江中游城市群的发展阶段特征》为主题作主旨报告，介绍近15年来长江中游城市群发展的具体情况，并提出在长江经济带背景下，长江中游城市群发展所处的阶段、存在的问题及所面临的挑战。《南昌日报》、南昌新闻网、南昌理论网等多家省、市主流媒体对会议进行重点报道。

【举办纪念豫章书院建院885周年、江西省书院学术研讨会】 2016年11月26日，纪念江西豫章书院建院885周年、江西省书院学术研讨会在南昌格兰云天大酒店举行。研讨会由省书院文化研究会、市社科联主办，青山湖区委、区政府支持，南昌豫章书院研究会承办。全国45所古代书院、39所大学、43所博物馆、91所现代书院及乡贤机构有关人员，300余名全国知名学者、专家、爱好者等参加研讨会。研讨会围绕"江西豫章书院及全国各地豫章书院文化研究、江西书院文化研究、中国书院文化研究、中华优秀传统文化教育研究、重点青少年群体修身教育研究"四大主题开展10余场学术研讨。

【编写南昌历史文化丛书】 2016年，继续抓好南昌特色历史文化资源的挖掘、研究工作，组织编写南昌历史文化丛书——《杏花楼》《南昌书院史》。书稿已完成并交付江西人民出版社出版。

【南昌理论网正式上线】 2016年1月15日，由市委宣传部主管，市社科联（院）和南昌日报社携手打造的江西省首家理论网站——南昌理论网（http://skly.nc.gov.cn/）正式上线。"互联网＋理论"率先在南昌落地开花。"互联网＋理论"是全省理论工作一项创新。南昌理论网的上线及与南昌新闻网的合作，是南昌市对这一创新的大胆探索和实践，力图以思想认识的新飞跃打开工作新局面，积极探索有利于破解工作难题的新举措、新办法。南昌理论网开设权威声音、社科动态、理论前沿、专家访谈等10余个专题栏目。为搞好南昌理论网，组织人员前往江西师范大学政法学院开展"E动青春·学理论、察时事，我也有话说——暨南昌理论网特约通讯员招募评选活动"，特聘10名大学生特约通讯员；在江西科技学院组织开展"我为南昌发展建言献策"征文活动等。

通过活动开展，充分发挥南昌理论网在推动全市理论学习、研究、普及、交流中的独特作用，进一步扩大社科宣传普及的受众面和覆盖面。

【举办市第八届社科普及宣传周】 2016年10月，在青云谱八大山人文化广场举办"深入学习宣传贯彻习近平总书记系列重要讲话精神，喜迎江西省第十四次党代会召开"为主题的南昌市第八届科普宣传周。活动期间，全市参与活动的60余个单位，组织相关人员深入机关、社区、农村、学校等地，开展学术报告会、社科专题知识讲座、展板宣传、现场咨询、知识竞赛、文艺表演、道德讲堂等各种社科知识普及宣传活动，发放图书、资料近万份，参与活动近万人次。

【"洪城讲堂"宣讲社科知识】 2016年，"洪城讲堂"组织开展社科普及宣传"进学校、进社区、进机关、进军(警)营、进乡镇、进企业"等活动，宣传党的路线方针政策和社科知识。全年举办全国"两会"精神、西汉海昏侯墓介绍、中共十八届六中全会精神和习近平总书记系列重要讲话精神等16场社科知识讲座。

【社科普及示范基地建设】 2016年，在市老年大学、市妇女儿童活动中心、万达星城社区等地设立社科普及示范基地的基础上，设立南昌八一起义纪念馆、青云谱八大山人纪念馆和市公共健康与社会发展研究会的"公共健康讲堂"等3个社科普及示范基地。发挥示范基地场地好、学员听众多、教学设施先进等有利因素，开展社科知识普及，深受听众欢迎，收到很好的效果。其中，青云谱八大山人纪念馆荣获2016年度江西省优秀社科普及宣传基地。

【编写社科普及读物】 2016年，组织市家庭教育研究会、市公共健康与社会发展研究会共同编写《家庭教育读本》《健康生活读本》，并刊印6000余本，免费发送给干部群众。由于图书的知识性、趣味性和可读性比较强，深受市民喜爱。

南昌市"十三五"(2016)社科规划课题立项一览表

序号	课题编号	课题名称	负责人	单位
1	SH201601	南昌县"双创"进程中的城市基层社会管理体制创新研究	欧阳群	中共南昌县委党校
2	SH201602	城镇化过程中的农村空巢老人研究	姚桂英	中共南昌县委党校
3	SH201603	城市失能老人"智慧社区"长期照护服务供需均衡与政策改进——南昌视角	房春娟	江西科技学院
4	SH201604	人口老龄化背景下南昌农村养老模式研究	陈　莉	江西科技学院
5	SH201605	老龄化背景下南昌市"医养结合"养老模式研究	万家凤	江西科技学院
6	SH201606	南昌市残疾儿童康复机构现状调查与对策研究	付忠莲	南昌师范高等专科学校
7	SH201607	PPP模式下养老机构运行机制研究	李晓琴	江西科技师范大学
8	SH201608	"互联网+"背景下南昌社区健康管理方法探索	吴有根	南昌职业学院
9	SH201609	基于精准扶贫视角的财政扶贫项目绩效评估研究——以南昌市为例	张晓波	南昌社科院
10	SH201610	南昌"医养结合"养老模式研究	何丽君	南昌社科院
11	WH201601	加快南昌市文化创意产业发展研究——以地铁纪念票卡发行为例	晏明智	南昌轨道交通集团有限公司
12	WH201602	"一带一路"沿线赣鄱文化外译研究	戴宝琴	南昌理工学院
13	WH201603	南昌城市形象的媒介呈现与重塑研究	谢精忠	江西科技学院
14	WH201604	长江中下游城市圈之南昌城市vi视觉形象设计应用	邓明慧	江西科技学院
15	WH201605	红色基因与社会主义核心价值观	周智安	南昌市政协
16	WH201606	加快南昌市文化创意产业研究	朱　宇	南昌市文化广电新闻出版局
17	WH201607	推进南昌旧城历史文化保护展示和利用研究	胡　振	南昌市博物馆
18	WH201608	红色基因传承中的现实问题——以红色博物馆为例	熊河水	南昌新四军馆
19	WH201609	基于传承视角探索美术馆公共文化服务建设研究——以八大山人纪念馆为例	占豫虹	八大山人纪念馆

续表

序号	课题编号	课题名称	负责人	单位
20	WH201610	从供给侧角度论构建公共文化服务体系多元化建管用机制研究	王永鸿	南昌市群艺馆
21	WH201611	南昌市红色基因传承研究	赵　坤	中共南昌市委党校
22	WH201612	为什么汤显祖在明万历二十七年重阳节将《牡丹亭》在滕王阁首演?	萧德齐	
23	WH201613	海昏侯开发利用模式及对策建议	杨美蓉	南昌社科院
24	WH201614	数字图书馆情境感知微型学习模式研究——以《海昏侯国考古成果展》为例	周玲元	南昌航空大学
25	JY201601	关于构建适应南昌经济发展方式的现代职业教育研究	黄　俭	南昌师范高等专科学校
26	JY201602	理解冲击:少数民族大学生跨族际社会融入水平调查——以南昌工学院为调查对象	周小龙	南昌工学院
27	JY201603	供给侧改革视野下南昌市民办本科高校社会服务能力的影响因素及对策研究	甘　露	南昌工学院
28	JY201604	“互联网+”视角下南昌应用型高校大学生微创业研究	王　萍	南昌工学院
29	JY201605	家风传承融入大学生思政教育的实践研究	刘芳芳	南昌教育学院
30	JY201606	双主体背景下校企合作制度研究	吴学仕	江西科技师范大学
31	JJ201601	营改增背景下在南昌市小微企业会计工作发展模式及研究	万　燕	南昌工学院
32	JJ201602	新常态下传统零售业向“互联网+”转型的战略对策研究——以南昌市为例	刘　斌	江西科技师范大学
33	JJ201603	以海昏侯景区开发为契机把南昌建设成国际旅游重要目的地对策研究	张恒立	南昌市政协
34	JJ201604	生态文明理念下的产业结构调整研究	赖熹姬	中共南昌市委党校
35	JJ201605	南昌开发区机制体制创新研究	徐　静	中共南昌市委党校
36	JJ201606	南昌市旅游竞争力提升研究	张　蕾	江西经济管理干部学院
37	JJ201607	南昌市实施“中国制造2025”战略的路径选择研究	涂颖清	中共江西省委党校
38	JJ201608	新发展理念引领下南昌地理标志农业产业体系建设研究	甘江英	南昌社科院
39	JJ201609	南昌“互联网+”本地生活服务业发展环境研究	段志明	南昌社科院
40	JJ201610	南昌市创新创业环境问题研究	张超武	南昌社科院
41	JJ201611	南昌市旅游产业发展路径研究	戴庆锋	南昌社科院
42	JJ201612	南昌市提升金融扶贫成效的路径与对策研究	郭建斌	南昌社科院
43	JJ201613	新建区城市区域空间形态研究	彭　庆	中共新建区委党校
44	JJ201614	南昌市实施创新驱动推动产业转型升级的科技政策研究	黄　蕾	南昌航空大学
45	GL201601	大学科技园与赣江新区融合发展机制研究	周丽娟	江西科技学院
46	GL201602	用五大发展理念引领政协事业发展	王　耀	南昌市政协
47	GL201603	推进协商民主工作在南昌创新发展	饶小敏	南昌市政协
48	GL201604	基层审计机关投资审计风险及规范研究——以南昌为例	王　琨	南昌市审计局

续表

序号	课题编号	课题名称	负责人	单位
49	DJ201601	红色歌曲教育与社会主义核心价值观培育探究——以南昌工学院为例	肖伟华	南昌工学院
50	DJ201602	关于发挥爱国主义教育基地作用,培育与践行社会主义核心价值观的研究——以南昌为例	李　菁	南昌市小平小道陈云旧居陈列馆
51	DJ201603	构建新时期南昌市基层防腐、反腐长效机制的路径研究	王登志	中共新建区委党校
52	FX201601	国际投资领域国民待遇法律问题研究	刘　芳	华东交通大学
53	FX201602	公共信托理论在自然资源保护中的作用研究——以南昌市为例	王灵波	江西师范大学
54	FX201603	论我国死刑赦免制度的构建	刘　君	江西师范大学
55	FX201604	法治政府下南昌市行政程序立法研究	刘为勇	南昌社科院
56	LS201601	报刊与近代南昌的转型(1892—1912)	温江斌	南昌社科院

南昌市第十六次社会科学优秀成果获奖项目一览表

序号	姓名	成果名称	学科	成果类别	单位	获得奖项
1	李立文	个体化理论视域下新生代农民工城市适应问题研究	经济	著作	南昌航空大学	一等奖
2	秦夏明	关于南昌推进鄱阳湖生态经济区先导区建设研究	经济	研究报告	江西经济管理干部学院	一等奖
3	王文祥	我国光伏产业困境的形成:路径、机理与政策反思	经济	论文	华东交通大学	一等奖
4	叶明花	朱权医学全书	古籍整理	著作	江西中医药大学	二等奖
5	胡卫萍 赵志刚	中国慈善事业法律体系建构研究	法律	著作	华东交通大学	二等奖
6	王秀芝	我国城镇化进程中"迁移谜题"的解释——人力资本差异视角	管理	论文	南昌航空大学	二等奖
7	江西省新四军研究会	铁军出山——江西三年游击战争与新四军	党史	著作	江西省新四军研究会	二等奖
8	吴军豹	豫章书院志	文学	著作	南昌豫章书院研究会	二等奖
9	刘为勇	中国近代宪法中营业自由权研究	法学	论文	南昌社科院	二等奖
10	华启和	气候博弈的伦理共识与中国选择	哲学	著作	东华理工大学	二等奖
11	王卫明	慈善传播:历史、理论与实务	传播	著作	南昌大学	二等奖
12	万　明 邓　波	江西建设创新型省份发展规划研究	管理	应用对策	华东交通大学	三等奖
13	周小刚	新生代农民工职业培训质量及提升路径	管理	论文	华东交通大学	三等奖
14	江　山	德国生态意识文明史	哲学	著作	南昌航空大学	三等奖
15	徐　翰	《交替传译中的精力分配失衡现象研究》	文学	著作	南昌航空大学	三等奖
16	黄　蕾	基于Weaver-Thomas模型的区域低碳主导产业评价与选择——以低碳试点城市南昌的工业产业为例	经济	论文	南昌航空大学	三等奖
17	刘春年	基于应急事件的信息服务质量评价实证研究	管理	论文	南昌大学	三等奖
18	马　杰	促进我国清洁能源发展的财税政策研究	管理学	著作	东华理工大学	三等奖

续表

序号	姓名	成果名称	学科	成果类别	单位	获得奖项
19	钟爱保 李慎鸿 姚玉玲 付璐芳	“老板”任村书记的动因、“利”“弊”分析及其建议——以南昌县为例	政治学	应用对策	南昌县委党校	三等奖
20	陈　华	江西省科技型小微企业创新能力评价及提升对策研究	管理	论文	南昌大学	三等奖
21	毕文君	小说评价范本中的知识结构——以中国八十年代小说的域外解读为例	文学	论文	东华理工大学	三等奖
22	何小芊	江西省岩溶洞穴旅游资源特征及其开发	管理学	论文	东华理工大学	三等奖
23	刘雁伶	实质取样对因果强度估计的影响	教育学	论文	江西科技师范大学	三等奖
24	王少芳	弗莱克斯纳大学理论的早期导入及反思	教育学	论文	江西科技师范大学	三等奖
25	万昱原 熊泽荣	南昌市人口老龄化现状分析与对策研究	经济	应用对策	南昌市统计局	三等奖
26	周琢虹	弱势群体子女弱势心理研究	心理学	论文	南昌师范高等专科学校	三等奖
27	杨　蓉 罗丽珍	解决农村土地承包经营权流转纠纷的思考——基于南昌县涉农村土地流转纠纷案件的分析	社会学	论文	南昌县委党校	三等奖
28	李　睿	社会转型期的社会思潮引领	政治学	论文	南昌市委党校	三等奖
29	张晓波	南昌市农贸市场改造提升问题与建议	社会学	论文	南昌社科院	三等奖

（谢蔚如）

残疾人工作

【概况】　2016年，南昌市残疾人联合会（以下简称市残联）围绕全市工作大局和市委对新时期残疾人工作提出的“全省站首位，全国有地位”的总要求，始终坚持“323”工作方略（即切实履行“代表、服务、管理”3项职能，不断健全残疾人社会保障和服务2个体系建设，扎实抓好预防康复、教育就业、宣传文体维权3项基本工作），认真实施“强预防康复‘龙头’，壮教育就业‘龙身’，活宣传文体‘龙尾’，立信访维权‘龙爪’”的“龙腾”工作策略，以“两学一做”学习教育为契机，进一步转变观念，创新方法，努力打造团队残联、爱心残联、创新残联、廉洁残联、高效残联“五个残联”，各项工作取得新成绩，实现“十三五”良好开局。

【开展残疾人工作“三看”活动】　2016年，组织开展以“看基层、看基础、看基本”为主要内容的残疾人工作“三看”活动。“看基层”就是看乡（镇、街道）残联和村（社区）残协工作开展情况；“看基础”就是看县（区）、开发区（新区）残联工作基础台账和基础数据；“看基本”就是看预防康复、教育就业、宣传文体三项基本工作。“三看”活动，得到省残联和市政府领导的充分肯定，也得到县区党政主要领导和分管领导的高度重视。通过“三看”，看到各地残疾人工作特色鲜明，亮点纷呈。一个“比实干、比特色、比绩效”的工作格局正迅速形成。

【举办残疾人先进事迹巡回演讲报告会】　2016年，为大力宣传全市残疾人励志创业的先进事迹和残疾人工作，进一步激励广大残疾人发扬自尊、自信、自强、自立精神和广大残疾人工作者发扬爱岗敬业、无私奉献的精神，倡导扶残助残的社会风尚，从残疾人自强模范和基层优秀残疾人工作者中，挑选出6名典型，于5至8月在全市各县区及市直单位举办12场残疾人自强模范和优秀残疾人工作者先进事迹巡回演讲报告会。报告会激情洋溢，高潮迭起，得到在场听众的阵阵掌声。报告团成员得到省委常委、市委书记龚建华和各县区党政主要领导的亲切接见。报告会聆听人数3000余人次。

【举办首届残障人士相亲大会】　2016年，为破解残障人士婚恋难问题，8月9日（农历七夕），举办以“七夕相会，为爱牵手”为主题的南昌市第一届残障人士相亲大会。活动现场吸引全市及市外多地400余名男女嘉宾到场，11对残障人士在大会上幸福牵手，找到人生的另一半。

【“共享芬芳”中西部地区百县百场巡演和展览在南昌举办首展首演】　2016年11月3—10日，中国残联组织开展2016年“共享芬芳”中西部地区百县百场巡演和展览之走进江西公益系列活动。11月4日，在江西泰耐克国际大酒店召开新闻发布会，20余家中央驻赣媒体和省、市主流媒体到场参加发布会。同日，在南昌瓷板画研究中心举办“仁美”书画首展仪式。市直单位、残疾人工作者、残疾人书画爱好者近400人到会参观展览。全市健全人书画家代表和残疾人书画家代表与中国残疾人事业新闻宣传促进会人员开展笔会。在南昌广播电视大楼大演播厅举办“我的梦”首场演出。中国残联领导，市委、市人大、市政府、市政协领导和省、市残工委成员单位领导同残疾人代表、基层残疾人工作者代表、社会各界代表、市民代表共1200余人现场观看演出。大型音乐舞蹈《我的梦》是中国残疾人艺术团的代表性节目，以全新舞台视觉，展现“真、善、美”的人文意境与“特、雅、精”的艺术追求。南昌市“心贴心”残疾人艺术团3个优秀节目——情景剧《海昏侯》、群舞《鄱湖渔家》和舞蹈《E时代》同台演出。5日，在南昌县体育馆举办南昌县专场演出，近4000名观众观看。

【扶持盲人创业就业】 2016年，按照“五统一”标准，打造“南昌盲人按摩”品牌。出台《关于进一步打造“南昌盲人按摩”品牌，促进盲人就业的工作方案》《南昌市盲人创新创业的扶持办法》，按照“五统一”（统一店招、统一标识、统一工作服、统一规章制度、统一按摩床上用品）的标准打造“南昌盲人按摩”店31家。按照示范店、旗舰店、航母店分别给予3万元、5万元、8万元的资金扶持。有效促进盲人朋友创业就业。围绕广大盲人创新创业的核心需求，实施南昌盲人按摩“五个一”工程，分别是写一本书、拍一部片、出一本画册和开展一次十大突出贡献人物、十大领军人物、十大名师的评选活动以及一次百名盲人技师大展演活动。10月15日，在南昌国际会展中心A馆，市残联举办以“手灵铸品牌·技展馈社会”为主题的第33个“国际盲人节”暨南昌盲人按摩发展55周年庆祝活动，吸引1000余名盲人参加。

【帮扶残疾人脱贫】 2016年，对5.5万名农村残疾人进行贫困户建档立卡精准识别工作，其中低保户2.37万人，占总数的43.08%；已纳入建档立卡人9215人，占总数的16.8%。以“仁爱之家”为模版，陆续创办6家托养机构，托养人员300余人。开展17个职业技能培训班，培训学员847人。为困难残疾人和重度残疾人发放“两项补贴”6.66万人次，发放金额2662.14万元。

【提升预防康复服务水平】 2016年，按“社区+机构+家庭”复合康复新模式，打造康复“桥头堡”，对全市24家社区康复站（点）进行全面升级改造。将脑瘫儿童康复救助年龄从原先为0—6岁提高到0—7周岁。出台《南昌市贫困残疾儿童抢救性康复项目实施细则》《南昌市民办残疾儿童康复机构奖励办法》《南昌市0—7岁残疾儿童康复训练陪护补助办法》。为贫困听障患者免费发放助听器600台，为40名贫困截瘫患者提供每年1.2万元资助，为2200名精神病患者提供服药补助，为100名肢体残疾人免费装配假肢。配发0.44万件辅具，并首次为截瘫患者配发1.67万件护理用品（尿不湿、护理垫、防褥疮坐垫等）。市残联和湖南爱眼公益基金会从2016年起连续三年开展“爱眼日百万公益”义诊活动，在全市开展120场免费义诊活动。举办“残疾人康复科普知识宣传周”系列活动24场，免费向残疾人发放轮椅200余辆、拐杖300余副、助行器240个、坐便器240个，发放康复知识手册1.1万余本、康复宣传折页2.6万份。为近6000名残疾人进行康复需求登记。

【提供互联网创业就业服务】 2016年，打造残疾人互联网“创客空间”。青山湖区昌东工业园区的南昌织梦电子商务公司集残友互联网“培训、就业、创业”为一体，提供“三零四免四平台”（即零门槛、零风险、零资金；免费提供吃住、免费就业培训、免费创业指导、免费货源资源）的新型服务，以电子商务为载体构建B2B、B2C、O2O模式的残疾人网络创业就业新平台。该公司分别被省、市、区三级残联挂牌命名为“省残疾人就业培训基地”“市残友互联网创业示范基地”“市残友创客空间”“市残疾人创新创业帮扶点”“区残障人士创业孵化园”。市、区及昌东工业园区共投入120万元对“创客空间”进行升级改造，将其打造成为全省乃至全国一流的残友创业基地。引进淘宝“云客服”远程居家能就业项目，实施“百乡千人”计划，并出台《关于开展百乡千人淘宝“云客服”就业项目促进残疾人就业的工作方案》，计划于2016—2020年培养1000名淘宝“云客服”人员。对月收入达1000元的“云客服”人员，免费提供1台价值4000元的电脑和一年的网络费。全年征收残疾人就业保障金达1.24亿元，其中市本级1.03亿元。在市本级入库的残保金中，地税代征企业及其他经济组织9775万元，财政代扣机关事业单位490万元。

【开展残疾人宣传文化体育活动】 2016年，市残联主动占领南昌主流媒体，在南昌日报开设15期“南昌残疾人工作纪实”专版。与南昌广播电视台保持长期合作，在已有的《每日新闻》周末版手语新闻的基础上，增设《新闻说报》节目，每周开展一次专题报道。创办编辑《残联工作动态》。开办南昌市残疾人联合会微信公众号。将5月定为第一个“扶残助残宣传月”，采取重点宣传与集中宣传相结合、面上宣传与点上宣传相结合、传统媒体宣传与新兴媒体宣传相结合的方式开展多角度、全方位、立体化系列扶残助残宣传活动。10月，中国残疾人杂志社将南昌市作为基层残疾人工作新闻采编基地。首次建立残疾人特殊文化艺术基地和残疾人青少年体育（田径、游泳）训练基地。通过特教学校、群艺馆、瓷板画研究中心、残疾人艺术团培养50名残疾人文化、美术、音乐等方面特殊人才。通过特教学校、市体校、广南俱乐部等培养15名体育苗子，为残奥会、特奥会、亚运会和全国残运会输送人才。10月，市残联选拔组建的市育智学校（西湖区）·南昌二中校园特奥融合足球队代表江西省队参加在邢台市举办的“2016年全国青少年校园足球特奥融合组总决赛”，并获得全国第九名。市“心贴心”残疾人艺术团深入全市各乡镇进行文艺演出40场，得到广大残疾人朋友的青睐，受到社会的广泛好评。11月，福建省残疾人艺术团在东湖区、新建区举办2016年“心手相连，我梦最美”闽赣残疾人特殊文化艺术交流活动。

【维护残疾人合法权益】 2016年，在全省率先开通“12385”残疾人服务热线，接听热线电话1200余个，回复率100%，按期办结率97%；回访120人次，残疾人满意率98%。为残疾人购买乘车意外伤害保险，为2732名残疾人发放机动轮椅车燃油补贴共71.03万元，对300户残疾人家庭实施无障碍改造。聘请执业律师为法律顾问，帮助残疾人维护权益。

（宋明进）

科普工作

【概况】 2016年，市科协认真贯彻落实习近平总书记在全国科技创新大会、两院院士大会、中国科协第九次全国代表大会上的讲话精神，动员激励广大科技工作者积极投身全市突出抓好八大重点工作的行列中去，为打造富裕美丽幸福江西“南昌样板”和南昌打造核心增长极提供科技和智力支撑。市科协荣获中国科协颁发的“2016年全国科普日活动优秀组织单位”“2016年全国科普日特色活动优秀单位”荣誉称号。

【院士工作站建设增质增量】 2016年，市科协推荐的双胞胎集团和晶安高科2家院士工作站荣获2016年全国示范院士专家工作站称号。在全省评选10家省级示范院士工作站中，市科协推荐的晶安高科、双胞胎集团、洪都航空、西林科4家院士工作站被评为全省首批省级示范院士工作站。同时，市科协还积极开展院士工作站的组建、服务工作。通过成立院士专家服务中心，出台《市院士工作站管理办法》，认真开展市级院士工作站建设协调小组工作,为全市企业柔性引进高端人才服务。至年底,江中药业股份有限公司和江西航天科创发展有限公司等5家企业成立市级院士工作站。全市共建立16家院士工作站。

【推广应用科技信息】 2016年,举办科技信息企业推广应用服务及专利人才培训会,全市200家企业高管和核心技术人员参加培训,为企业创新提供人才、信息、技术等方面的支持,提高企业自主创新能力,促进科技成果转化。全年注册使用专利信息数据库网络1.0版企业用户数量达90余家,为企业技术创新提供科技支撑。

【助力创新驱动示范区建设】 2016年,市科协结合全市光电产业发展,积极争取省科协支持,获得创新驱动助力工程示范区建设项目,获支持经费20万元。为推进创新驱动助力工程扎实开展,市科协深入调研,制定《南昌市科协助力创新驱动示范区建设实施方案》,动员全市相关市级学会积极参与创新驱动助力工程,为企业的技术创新、技术攻关、人才支持等方面的问题与需求提供技术支撑。

【开展"银会合作"】 2016年,为解决基层农技协和小微企业融资难、贷款难等突出问题,培育和扶持一批优秀的基层农民合作组织和企业投身于农技社会化服务和现代农业发展,同时解决银行服务"三农"过程中面临的诸多难题,市科协联合邮政储蓄银行南昌分行开展"银会合作"工作。组织召开2次"银会合作"调研座谈会,传达上级"银会合作"工作有关精神,部署全市"银会合作"相关工作。组织各涉农县区科协和基层农技协、科普示范基地代表和邮政储蓄银行各支行就"惠科贷"具体情况进行交流。全年邮政储蓄银行南昌分行及支行对43家单位发放贷款1874万元,有效促进"科技+金融""融智与融资"的结合。

【实施"基层科普行动计划"】 2016年,市科协继续实施南昌市"基层科普行动计划",重点关注科普示范社区、家庭农场、种养大户、合作社等新型农业经营主体,进一步带动基层科普活动的开展。经县区推荐、专家评审、实地检查、网上公示,南昌县虎岭果林种植协会等3家农村专业协会、江西畅丰农业发展有限公司葡萄种植科普示范基地等6家农村科普示范基地和南昌县莲塘镇体育馆社区等8家社区被评为2016年南昌市"基层科普行动计划"奖补单位,下达市级"基层科普行动计划"补助资金69万元。

【指导提升科普能力】 2016年,市科协加强对有关单位科普工作的指导。南昌县、新建区、西湖区、青山湖区被评为2016—2020全国科普示范县(市、区)和江西省年度省级科普示范县(市、区),南昌县科协被评为"《全民科学素质行动计划纲要》'十二五'实施工作先进集体"。组织相关单位开展省科协科普能力提升项目申报推荐工作。经省科协评选,全市14个项目获省科协科普公共财政专项资金支持,支持资金121万元。开展市科协重点科普项目申报工作,支持基层单位重点科普项目18项,支持资金37.8万元。

【举办农村实用技术培训班】 2016年,市科协依托市农函大培训,组织农业专家,深入涉农县区乡村,根据产业发展实际和农民的需要,以推广示范先进适用农业技术、新技能和市场新信息等几个方面为重点,有针对性地开展实用性和实践性强、多层次和多形式的农民培训教育。全年共开展农村实用技术培训班32期,培训1200余人次,进一步提高农村党员干部的种养殖技术水平及科技致富能力,为全市新农村建设和农村经济发展作出贡献。

【开展科普宣传活动】 2016年,市科协认真组织开展"2016年科普之春暨学雷锋科普志愿者服务月活动""防灾减灾宣传周""科技活动周""全国科普日"等系列科普活动,大力营造"人人都是科普之人、处处都是科普之所"的良好氛围。全市各级科协系统共组织开展各类科普活动100余次,动员组织科技工作者、科普志愿者1000余人,参加的专家、学者200余名,共免费发放科普宣传资料8万余份。活动得到社会各界的支持,影响力逐年增大。

【建设信息化科普】 2016年,市科协牢固树立"创新发展"理念,全面创新科普理念和服务模式,大力实施"互联网+科普"行动。在各景区、学校、办事大厅、社区共安装24台科普阅览屏,为市民学习科普知识开辟新渠道。同时,做好市科协网站、微信公众平台和微博的科普内容的维护和更新,保证每周有内容更新,并结合科普宣传的需要及时将公众关心的内容予以公布,使科普工作由传统的宣传方式逐步向信息化转变,为广大公众提供更全面、更直接的科普服务。全年累计发布各类科普信息2万余条。

【举办青少年科技创新和网络科普知识比赛】 2016年,市科协联合市教育局、市科技局举办南昌市青少年科技创新大赛,并选送优秀项目参加省级和全国青少年科技创新大赛的评比。获全国青少年科技创意比赛优秀创意奖1名,青少年科技实践活动比赛二等奖2名,少年儿童科学幻想绘画比赛二等奖1名、三等奖2名,青少年科技创新项目三等奖2名;获江西省青少年科技创新成果竞赛项目一等奖3名、二等奖13名、三等奖4名,辅导员创新成果竞赛项目一等奖2名、二等奖5名、三等奖5名,基层优秀组织单位1家,十佳科技教育创新学校2家。大赛活动有力推动全市青少年科技活动的蓬勃开展,培养青少年的创新精神和实践能力,提高青少年的科技素质。此外,创新办赛方式,首次利用微信平台举办"南昌市青少年网络科普知识竞赛",共有3万余名中小学生参赛。竞赛既调动公众参与科普教育积极性,又让青少年接受科普教育,获得群众的一致好评。

【开展系列农业科技服务活动】 2016年,市科协先后组织省、市农业专家多次深入各县区的农业产业园及公司,开展系列农业科技服务活动,惠及企业和农业园10余家,解决实际问题20余件,有效促成农业经营主体与科技服务对接,切实帮助他们向科技型现代农业企业迈进。

【申报"百人远航工程"项目】 2016年,市科协组织市级学会、县区科协、企业、高等院校等科技人员积极申报省科协"百人远航工程"项目,共有14名科技人员申报。经市科协筛选报送、省科协评审,南昌市中西医结合医院孙龙华、南昌市疾病预防控制中心郑卫青、南昌市第一医院吕小斌、南昌市第三医院段鹏、南昌师范高等专科学校万丽萍等5人被评选为2016年"百人远航工程"的资助对象,共获得资助资金22万元。

【建立首家江西"海智计划"工作站】 2016年,按照《关于进一步加强和推进江西"海智计划"工作的实施意见(试行)》《江西"海智计划"工作站管理办法(试行)》要求,市科协学会部与院士专家服务中心向全市符合申报江西省"海智计划”工作站的企业进行宣传动员，组织企业积极申报江西省“海智计划”工作。经市科协筛选，省科协评审，双胞胎（集团）股份有限公司的饲料研究工作站建立首家江西“海智计划”工作站，实现“海智计划”工作站零的突破。同时，柔性引进2名荷兰籍科学家，为公司解决多项技术难题，有效增强该公司研发实力。

【申报江西“创客之家”】 2016年，根据《江西省“创客之家”认定管理办法》，市科协组织相关单位积极申报。共有南昌小蓝创新创业基地、恒泰小微企业孵化基地等12家申报江西“创客之家”。在省科协评审认定的首批13家江西省“创客之家”中，由市科协推荐的航天科工江西科技创新服务中心等6家众创空间获得江西省“创客之家”认定。

【开展学术交流活动】 2016年，市科协围绕南昌经济建设和社会发展中的重大问题，及科技创新中的难点问题，积极组织市级学会结合本学科本专业特点开展学术沙龙、学术研讨等活动，联合有关单位推动“五月学术活动月”“南昌市科协系列学术沙龙”等活动的开展，搭建高端、前沿学术交流平台。全年，各市级学会共开展学术交流活动197场次，参加人数1.04万人。学术交流内容涉及医学专业知识、护理专业知识、水土专业知识、视网膜疾病专业知识、高考复习知识等，为科技工作者营造多学科交叉自由探讨学术问题的良好环境，得到广大科技人员的积极参与，有力地促进学科发展与科技进步。

（倪静蔚）

红十字会工作

【概况】 2016年，南昌市红十字会围绕市委、市政府中心工作和市红十字会九届理事会第四次会议的工作部署，以市委巡视组巡查为契机，坚持“抓重点、干实事、见效果”的工作原则，党建工作取得突破性进展，机关作风建设得到进一步加强，各项业务工作扎实推进，服务水平和服务效能提升。市红十字会首次被纳入公共机构节能工作考核并获先进，被市委、市政府授予南昌市文明单位、社会管理综合治理先进单位称号。

【开展首届网络评选“最美红十字志愿者（服务队）”】 2016年5月，市红十字会组织开展南昌首届网络评选“最美红十字志愿者（服务队）”评选工作。通过组织推荐、资格审查、投票评选、社会公示等程序，评选出市第一医院北院志愿服务队、进贤县季艺力志愿服务团、安义县人民医院红十字志愿服务队、南昌红十字蓝天救援队、南昌红十字雄鹰救援队等5支志愿服务队被评为“最美红十字志愿服务队”和凌苏、邓文、胡建梅、胡灿莹、李梅、刘金钰、万淑芸、姜歌月、方璐、程娟被评为“最美红十字志愿者”，最美红十字志愿者（服务队）充分发挥了志愿者榜样的示范激励作用。

【生命关爱工作稳步推进】 2016年，市红十字会通过宣传、成功捐献者现身说法等方式，不断提高广大群众对“三献”工作的正确认识，弘扬无私奉献、志愿捐献的大爱精神。全年共举办造血干细胞捐献知识讲座4场，发放宣传材料近5000份，入库造血干细胞志愿者资料802份，再动员56例，高分辨6例，成功捐献1例。遗体（器官）捐献志愿者登记14例，成功捐献2例，角膜成功捐献1例，生命关爱工作稳步推进。

【志愿服务工作持续开展】 2016年，章金媛爱心奉献团坚持立足弱势群体，面向社区，每周一次组织志愿者深入社区，走进孤寡老人家中，开展健康咨询、理疗保健等专业护理服务，受益民众1万余人；连续第六年春节期间，组织400余名志愿者在南昌西火车站开展春运火车站志愿服务。雄鹰救援队常态化深入学校开展应急救护知识普及培训并10次担负重大活动、赛事、春运医疗安全保障工作。衣加衣志愿服务队在全市248个社区、10所高校设立旧衣物回收箱，搭建公众捐赠旧衣物平台，向青海、西藏、甘肃等地贫困地区捐赠旧衣物约3万件。心理救援队在新世纪幼儿园开展心理健康服务，在南师附小开展“音乐心理成长课堂”。群芳志愿服务队在社区开展文艺演出活动，并向社区居民发放急救知识、艾滋病知识等宣传资料。南昌红十字义工帮忙团募捐2470.6元用于救助白血病患儿童，并经常看望帮扶对象。2月成立的南昌红十字蓝天救援队，先后在湾里区幸福街爱民社区和南师附小香溢花城校区，开展地震、火灾、防溺水演练，并开展有关急救知识的讲座及演示。

【人道宣传工作注入新方式】 2016年4月，市红十字会开设微信公众号宣传平台，共发布80余期文章，关注人数近3万人次。围绕“5·8世界红十字日”“世界急救日”“南昌慈善日”“世界艾滋病日”开展一系列大型宣传纪念活动，向参与民众发放宣传资料1.3万余份。5月4日，在江西科技学院举行志愿者袁志刚赴长沙捐献造血干细胞欢送会，团省委、省血液中心的领导及该院师生和省、市媒体500余人参加，为宣传捐献造血干细胞起到良好的效果。

【“三救”工作成效显著】 2016年，继续开展“博爱送万家”活动，共发放款物240.99万元用于救助全市特困家庭。为18名白血病、先天性心脏病等重症病儿童申报并获批“小天使基金”“天使阳光基金”救助资金80万元。先后接收南昌市雍盛资产经营管理有限公司和江西中煤建设集团有限公司爱心捐款24万元，捐助1个新农村改造和2个村级敬老院维修；6月，向受水灾严重地区的南昌县、进贤县、新建区发放救灾物资折合12.56万元。接收上级红十字会下拨的贝因美捐赠奶粉81万元，发放给贫困婴幼儿家庭。积极开展“进学校、进机关、进企业”的救护培训工作，共举办18期救护员培训班，878名学员取得救护员合格证书。全年共普及救护知识100余场次，5万余人受益。

（江海林）

民主党派·工商联

概 述

【概况】 2016年，全市有民主党派市委会6个，即中国国民党革命委员会南昌市委员会（以下简称民革市委会）、中国民主同盟南昌市委员会（以下简称民盟市委会）、中国民主建国会南昌市委员会（以下简称民建市委会）、中国民主促进会南昌市委员会（以下简称民进市委会）、中国农工民主党南昌市委员会（以下简称农工党市委会）、九三学社南昌市委员会（以下简称九三学社市委会）。共有总支（基层委员会）29个，支部（社）176个，小组14个，成员5171人。其中，具有中级以上职称的3659人，占成员总数的70.76%。至年底，共发展新成员206人，平均年龄35.49岁。其中，具有中级以上职称的96人，占新发展成员总数的46.6%。各级民主党派成员中担任全国人大代表1人，省级人大代表12人，市级人大代表63人（其中市人大常委会副主任1人），县级人大代表84人；担任省政协委员21人，市政协委员172人（其中市政协副主席2人），县（区）政协委员540人；担任市、县（区）政府副职的7人。市工商联有市属基层（行业）商会74个，乡（镇）、街道分会102个。工商联会员总数为29458户（人）。

全年各民主党派、工商联参加市委、市政府召开的不同形式的协商会、座谈会，对市委、市政府重要工作和一些重大问题等提出意见和建议。4月28日，市委召开党外人士座谈会，市委常委、市纪委书记卢作全就党风廉政建设和反腐倡廉有关情况向党外人士进行通报；9月6日，省委常委、市委书记龚建华主持召开党外人士座谈会，听取党外人士对《党代会报告》提出的意见和建议；10月18日，市委副书记、市长郭安召开座谈会，就《政府工作报告》征求党外人士意见；12月16日，召开财政运行情况通报会，市委常委、常务副市长肖玉文向党外人士通报全市财政运行情况。各民主党派、工商联和党外知识分子联谊会积极参与市委统战部组织的“党委出题、党派调研、政府采纳、部门落实”活动，围绕全市“十三五”规划，精心组织力量，深入开展调查研究，形成8篇高质量的调研报告。省委常委、副省长、市委书记殷美根对《法律视角下关于新一轮南昌市国企混合所有制改革的建议》《PPP模式下政府监管模式研究及风险防控》《“南昌光谷”建设情况》《科学定位，把“南昌绿谷”打造成现代都市农业“南昌样板”》《关于我市公立医院人事薪酬制度改革的调研报告》《发力生产性服务业助推“经济大发展”》等多篇调研成果作重要批示。党外人士积极撰写提案、议案和信息专报，为党委政府决策提供参考。在全市“两会”期间，各民主党派提出有价值的提案、议案300余件，一批社情民意信息和提案议案得到市委、市政府领导的重视和批示。加强民主党派与政府部门的对口联系工作，拓宽民主监督渠道；加强特约人员工作，市检察院、市地税局、市监察局等特约人员聘请单位积极开展各类明察暗访活动，促进行风政风建设。

全年市各民主党派、无党派人士按照“自觉、自主、自为”原则，继续深入开展坚持和发展中国特色社会主义学习实践活动。以理论学习、传统教育、基地参观、读书演讲、体会交流等形式，结合“两学一做”学习教育，在党派成员中广泛开展“学讲话、增共识、强责任”学习教育活动。3月16日，邀请省政协副主席、民建省委会主委孙菊生到南昌，传达和解读全国“两会”精神。7月20日，邀请省政协副主席、民盟省委主委刘晓庄到南昌，作纪念中共成立95周年暨民盟成立75周年专题讲座。8月，各民主党派、工商联、知联会主要负责人赴重庆、贵州毕节开展“暑期谈心”活动。8月23日，举办“纪念孙中山先生诞辰150周年”图片展活动。9月7日，邀请中南大学教授陈恣做题为《大国崛起中的外部挑战与战略应对》的辅导报告，解读中共中央总书记习近平的国际关系思想。10月28日，召开全市统战系统学习市第十一次党代会精神报告会。

各民主党派继续开展“同心·双共建”活动。各民主党派、工商联继续开展“同心·共建和谐秀美新长均”活动，制订《市各民主党派联合打造“同心共建”服务基地工作方案》。10月19日，全市统战系统各单位在安义县长均乡把口村开展“同心共建促和谐，携手连心奔小康”集中帮扶活动。市委常委、统战部部长乐文红出席活动。向把口村委会赠送生产资料，向村小学捐赠助学金及学习用品，为把口村建档立卡贫困村民发放慰问物品，现场认领村建档立卡户微心愿等，并开展义诊、农业科学技术咨询、法律咨询等服务活动。至年底，各民主党派各级组织在各共建点共开展70余次以主题社会服务活动。

2016年南昌市各民主党派基本情况一览表

序号	党派	人数	基层组织情况			主要领导
			总支	支部	小组	
1	民革	907	7	33	1	主委：薛有旺 副主委：熊秋林、余斌（女）、徐余波

续表

序号	党派	人数	基层组织情况			主要领导
			总支	支部	小组	
2	民盟	1076	4	37	1	主委:胡彬(女) 副主委:毛盛杰、郭翀(女)
3	民建	683	6	25	1	主委:黄清玉(女) 副主委:邱钧生、康健、徐海平、田艳(女)
4	民进	788	4	35		主委:谭绍木 副主委:邹玉萍(女)、郑洪健、王光、钱瑜琼(女)
5	农工党	1083	7	26	2	主委:龙国英(女) 副主委:徐静(女)、喻洪、温志立、李美君(女)
6	九三学社	634	1	20	9	主委:李广振 副主委:李万汲、刘强华(女)、白雪

(黄小红　黄　奇)

中国国民党革命委员会南昌市委员会

【概况】 2016年,民革南昌市委会着力加强政治教育、提升履职能力、强化党内管理、突出精准扶贫、发挥平台优势,组织深入学习贯彻中央会议精神、民革党章党史,大力加强自身建设,参政议政成效显著,各项工作取得新成果。民革南昌市委会荣获“民革全国宣传思想理论工作先进集体”称号。

参政议政。积极参加市委组织的政治协商,听取全市党风廉政建设和反腐败工作情况。参加市“两会”政府、法院、检察院工作报告的审议、修改和意见征求,列席市党代会等,积极提出意见和建议。民革界别的人大代表和政协委员在市、县(区)“两会”期间,共向各级人大、政协提交提案、议案200余篇。其中,县(区)优秀提案3篇,被列为县(区)重点督办提案2篇。按照“党委出题、党派调研、政府采纳、部门落实”的工作机制要求,各专委会共完成课题调研14个,各基层支部撰写议题30余篇。向市委呈报《法律视角下南昌市国企混合所有制改革的建议》,得到省委常委、副省长、市委书记殷美根的重要批示。民革新建区总支部组织撰写《南昌市新建区土地流转过程中遇到的问题及解决策略》的调研报告在区“两会”作大会发言。

宣传教育。2016年是伟大革命先行者孙中山诞辰150周年。民革市委会组织开展征文、理论研讨、书画展等系列纪念活动,让广大民革党员在实践活动中接受民革传统教育。高度重视民革E家、南昌民革网、民革掌上APP等新媒体渠道,采用多种形式丰富民革党员的电子信息宣传交流平台。全市各级民革组织在《团结报》《中央民革》《光华时报》《江西民革》《江西统一战线》《南昌民革》等各级网站媒体上登载稿件共200余篇,上报信息质量进一步提升。

自身建设。为配合换届,民革南昌市委会向各级党委推荐民革党员40余人次。市民革党员中15人任市人大代表,31人任市政协委员,16人任县区人大代表,120人任县区政协委员,扩大民革党员参政履职队伍,为广大民革党员搭建更高的履职平台。推荐民革党员任实职4人次,增强党派人士的中坚作用。全年发展民革新党员12人,平均年龄35岁,全部具有大专以上学历(其中硕士研究生2人),其中机关事业单位5人。民革党员的年龄和知识结构得到改善和优化,整体素质进一步提高。在民革党员领导干部培训学习方面,选派10人参加市委统战部在市委党校举办的南昌市党外干部培训班学习,11人参加专题培训班的学习,主委参加民主党派市级组织主委培训班的学习,4人参加高级研修班的学习。选派近两年新发展的民革党员30余人参加由市社会主义学院及民革南昌市委会和民建南昌市委会联合举办的民革、民建新成员培训班的学习。按照基层组织考核办法,对全市41个基层组织进行考评。其中,民革西湖区总支部等20个基层组织获评2016年度民革全市先进集体,蔡骏等60人获评2016年度民革全市先进个人。

社会服务。利用民革南昌法律咨询服务中心和逸仙书画院两个特色平台,开展“博爱”系列主题活动60余场次,受惠群众2000余人。民革东湖区总支部民革党员充分发挥各自的行业优势,进一步扩大充实“健康医疗、法律宣传咨询、文化宣传、爱心援助”等专业服务队伍,开展扶贫、捐资助学、义诊等形式多样的社会服务活动,免费提供法律援助案件40余起;民革青云谱总支部组织民革党员中的书法名家开展“迎新春、送春联、送祝福”活动,为社区群众送出春联120幅,深受社区群众欢迎和好评。持续开展“同心双共建”安义县长均乡定点扶贫活动,民革南昌县总支部援助长均乡把口村一台手扶拖拉机,同时与3户建档贫困户建立帮扶关系,捐款捐物总价值6万余元。民革南昌县总支部、湾里支部、进贤小组、经开支部继续关注贫困留守儿童、困难家庭的生活状况。其中,民革进贤小组开设智慧幼儿园的办学试点,充分发挥民革党员的影响力,筹资6万余元,帮助他们与父母进行交流;民革南昌县总支部积极参与“爱心词典”扶贫救助倡议活动,熊保林等民革党员捐款4万余元;民革西湖区总支部、新建县总支部集中党派的优势,开展一对一精准帮扶,有针对性地开展敬老扶贫、捐资助学、医疗救助等帮扶工作;民革新建区二支部党员谈承贵积极参与民革省委会在广昌的扶贫援助活动,捐赠物资10余万元。

(万　欣)

中国民主同盟南昌市委员会

【概况】 2016年，民盟南昌市委会围绕市委、市政府中心工作，继承和发扬民盟优良传统，带领全市盟员坚定不移地走中国特色社会主义道路，认真履行参政党职能，切实加强自身建设，各项工作均得新成绩。民盟市委会荣获民盟中央“坚持和发展中国特色社会主义学习实践活动先进集体”称号。

参政议政。为提高参政议政工作水平，民盟市委会成立参政议政工作委员会，并不断完善参政议政工作机制。围绕改革发展大局和全市中心工作，充分调动全体盟员的积极性，发挥优势，深入调研，反映实情，认真履行参政党职能，取得良好的履职成效。在市政协十三届六次、十四届一次会议上，共提交集体提案12件，涉及打造核心增长极过程中经济、教育、交通、旅游等热点难点问题。在专题协商会上作题为《南昌如何承接“一带一路”发展机遇》《加强引导、支持中小企业快速走向资本市场》的发言，发言内容被多家媒体转载。围绕全市“十三五”规划编制建言献策，认真研讨《“十三五”规划建议稿》，并提出修改意见。围绕省、市中心工作开展调查研究，积极申报课题，共中标课题7件，其中盟省委重点课题6件、市委统战部课题1件。调研报告《南昌市县区农村水利基础设施情况》获市委副书记、市长郭安批示；《江西省老字号重焕新生对策研究》转化成社情民意信息被省政协采用；《提升我省社区网格化管理水平的调研报告》上报至民盟中央。共向盟中央、省政协、盟省委、市政协报送社情民意信息100余条。其中，《建议完善吸毒人员肇事肇祸问题社会帮教体系》等信息被民盟中央采用并报送全国政协，《关于加强文交所邮币卡电子盘交易监管的建议》等信息被省政协采用，《小区防雷装置经年不检隐患大》获省委常委、市委书记龚建华，市委副书记、市长郭安批示。

宣传教育。民盟市委会采取形式多样的方式，认真学习中共十八届六中全会、中央统战工作会议精神和习近平总书记春节期间在江西视察重要讲话、纪念中共成立95周年重要讲话、纪念红军长征胜利80周年重要讲话精神，学习省十四次党代会和市十一次党代会精神，使广大盟员思想政治基础更加坚定。制定《开展“学讲话、强责任、做优秀盟员”主题教育活动实施方案》，通过集中学习、自主学习、撰写纪念文章等多种形式开展系列学习实践活动。召开市民盟十三届二次全委扩大会，组织学习传达习近平总书记视察江西重要讲话精神；邀请省政协副主席、民盟省委会主委刘晓庄为广大盟员传达全国“两会”精神，进行纪念中共成立95周年暨民盟成立75周年专题讲座；组织民盟市委会机关干部赴井冈山接受革命传统教育；组织盟员参观教育基地、观看图片展等系列活动。开展“兴家风、淳民风、正社风”系列活动，组织盟员积极参与全市统战系统同心讲坛、政协大讲堂等有关学习活动。对盟员中涌现出来的先进人物、鲜活事例，加强宣传报道，努力扩大南昌民盟社会影响力。持续跟踪报道老盟员章金媛、民盟市委会委员陈虹在社会服务工作中的突出表现；陈虹先进事迹在《团结报》《江西统一战线》等报刊杂志上刊登报道。更新南昌民盟网站，上传盟务信息近200条；向盟省委报道盟务信息近100条。全年在各级媒体发表稿件50余篇，其中被国家级媒体采用2篇。江西卫视2套、南昌电视台新闻频道、《南昌日报》等省内主流媒体多次报道南昌民盟盟务工作。

自身建设。民盟市委会坚持贯彻实施“人才强盟”战略，通过加强组织发展、后备干部队伍建设和基层组织建设等途径使南昌民盟组织更加具有活力。始终坚持数量与质量并重的原则，努力发展热爱民盟事业、符合民盟特点、民盟工作亟需的代表性人士和新社会阶层的优秀人才入盟，共发展54名盟员。其中，担任副科级职务2人，硕士5人，中级职称19人，高级职称4人。选派11名科级盟员参加全市党外科级干部培训班学习；选派6名盟员参加全省盟务骨干培训班学习。民盟市委会主要领导参加中央社院第36期民主党派干部进修班、市统战系统领导班子高级研修班等各类培训班学习；民盟市委会全体机关干部在中央社院参加全省盟务工作专职干部培训班学习。同时，成功举办新盟员培训班和新任市人大代表、政协委员培训班等各类培训班。抓住市、县（区）两级换届主动向有关县区、有关单位举荐优秀盟员。其中，1名盟员由区政协副主席调任区政府副区长，1名盟员由副处非领导职务转任副处领导职务，2名盟员转任政府部门正科实职，3名盟员提拔为正科职务，3名盟员转任政府副科实职；11名盟员当选市人大代表，30名盟员任市政协委员，19名盟员当选县区人大代表，87名盟员任县区政协委员。对民盟市科技总支、湾里区支部、十二中支部等基层组织领导班子进行改选调整。启动成立南昌民盟监督委员会工作，通过监督委员会工作条例草案。成立5个专门委员会，由民盟市委会主委、副主委亲自分管，市民盟委会常委担任各工作委员会主任。

社会服务。始终把社会服务工作作为履行参政党职能的重要内容，努力整合优质资源，发挥优势、突出特色，不断拓宽服务领域，社会服务工作扎实开展。联合民盟上海杨浦区委在南昌县、西湖区、新建区开展“烛光行动”，10余个学校共500余名教师参加培训活动；在安义县长均乡举办的“同心共建促和谐，携手连心奔小康”集中帮扶活动中，民盟市委会为把口村小学捐赠篮球、趣味体育课拼图，为长均乡体育教师进行培训，受到当地群众和广大师生的好评。在省女子监狱举办的“‘黄丝带’在行动”大型帮扶活动中，为40名困难服刑人员发放生活用品5000余元，为5名特困服刑人员子女捐赠爱心助学款1万元；盟员企业家还对即将出狱服刑人员进行现场招聘，盟员律师、心理咨询师为服刑人员提供免费的司法援助和心理帮扶等，为社区矫正和服刑人员提供更多的关爱和帮助；联合市委统战部在东湖区永叔路社区举办以“携手帮扶矫正，创建平安社区”为主题的社区矫正人员健康心理讲座，帮助社区矫正人员树立正确的人生观和价值观。采用三级联动模式，联合盟省委及县区基层组织开展文化进社区、扶贫进社区、义诊进社区等活动。在西湖区、新建区等地开展“迎新春送祝福”名家写春联活动；在青云谱区洪都街办开展“暖心在社区”走访慰问活动；在西湖区南站街办井冈山大道社区开展老年康复进社区大型义诊咨询及“送温暖、献爱心”学雷锋志愿服务活动。各基层盟组织也通过各种形式，开展多种多样的社会服务活动，得到社会各界的一致好评，树立民盟良好社会形象。

（张英群）

中国民主建国会南昌市委员会

【概况】 2016年，民建南昌市委会积极履行参政党职能，团结带领全市会员，围绕中心、服务大局，充分发挥民建特色优势，积极投身南昌经济社会建设，在参政议政、民主监督、社会服务和自身建设等方面取得新的成绩。民建南昌市委会被民建中央评为“民建全国社会服务工作先进集体”。

参政议政。围绕全市发展大局，民建市委会完成“党委出题、党派调研、政府采纳、部门落实”的调研课题《以光电产业发展为引领，推动打造“南昌光谷”》《大数据背景下的智慧城市建设》，并得到市委领导的重要批示和高度评价。全年共向市政协全会提交集体提案15件，立案13件；个人提案35件。其中，在市政协十三届六次全会上，民建市委会的3篇集体提案分别被立为市政协1、2、3号提案，《关于在地铁与郊外乡镇接壤处规划建设大型停车场的建议》被列为市政协主席重点督办提案；多份集体提案引起媒体的关注和重视。《关于地铁票务适应互联网+的建议》得到江西都市频道、《江南都市报》等多家媒体的关注，并进行专门报道。《南昌晚报》以《建议南昌地铁销售多次票、日票》为题，整篇对该提案进行报道。《关于解决地铁到家最后一公里的建议》提案得到《江西日报》民生专版的专题报道。全年共向省民建、市政协、市委统战部等相关单位报送社情民意15条，其中《光华时报》采纳1条、市政协采纳5条。

宣传教育。牵头组织第十三次、第十四次“同心讲坛”活动。积极开展“三风”活动。组织开展“三风活动文化进基层”主题讲座，进一步深化广大会员对“三风”活动的认识，同时加强对基层组织开展活动的指导。深化主题教育活动。借鉴“两学一做”主题教育做法，结合各民主党派开展坚持和发展中国特色社会主义核心价值观主题教育活动，开展“学讲话、增共识、强责任”主题教育活动。通过以会代训的形式，引导成员认真学习中央及省市重要会议精神，深入开展坚持和发展中国特色社会主义主题教育活动。民建市委会向会员征集书画作品参展“纪念中共建党95周年暨纪念孙中山诞辰150周年书画作品展”，并组织50余名会员参观展览。通过坚持基层组织考核制度，激发各基层组织参与宣传工作的积极性，健全信息员队伍，充分发挥信息员作用。全年在各级各类媒体共发表文章118篇。强化宣传阵地建设，办好南昌民建网站和会刊《南昌民建》，设立市民建会员微信群。将会务动态及各基层组织开展活动情况及时刊发，把网站、微信群打造为会务发布的平台、会员交流的窗口。理论研究工作稳步开展。根据省民建要求，在全省各级民建组织和会员中开展以“民建如何在中国共产党领导的政党协商中发挥作用”为主题的重点理论研究。主委黄清玉撰写的《加强协商能力建设提高议政履职能力——浅谈民建如何在政党协商中发挥作用》在民建中央2016年重点理论研究课题优秀成果评比活动中获得优秀成果二等奖。

2016年8月22日，全市统战系统纪念孙中山先生诞辰150周年书画作品展在江西中山艺术馆展厅举行

组织建设。会员发展工作稳步进行。全年发展新会员26人，转入3人，发展率为4%，平均年龄35.6岁，其中，私营企业主11人、外企高级管理人员1人，研究生学历3人，区政协委员1人。全市共有会员683人，基层组织32个，其中总支6个、支部25个、直属小组1个。会员培训和推荐工作扎实有效。先后选派61名会员参加各级培训班学习。选派2名会员参加民建中央举办的民建基层组织主委培训班；选派15名会员参加省委统战部举办的全省民主党派市级组织新任主委培训班，省民建举办的全省基层组织负责人培训班、干部履职能力与综合素养提高班、民建全省基层骨干会员培训班；选派20名会员参加市委统战部举办的南昌市党外干部培训班，市委组织部举办的县级干部培训班、青年干部培训班，市委统战部举办的开展学习贯彻习近平总书记系列重要讲话精神和五大发展理念专题培训班；联合市社会主义学院、市民革，举办民建南昌市委会2016年新会员培训班，24名新会员参加培训。后备干部培养和推荐有新进步。会员中有1名会员提拔担任副厅级领导职务，有1名会员提拔担任副县级领导职务，有1名会员提拔担任正科级领导职务。4月，1名会员被评为南昌市劳动模范，1名会员被聘请为南昌市地方税务局特邀监察员。12月，1名会员被选任为省检察院人民监督员。为进一步加强对委员管理，广泛调动委员履职的积极性，制订《民建南昌市委会委员履职工作方案》。从会议会务活动、参政议政、理论宣传、社会服务4个方面对委员履职情况进行量化考核。

服务社会。发挥优势推进“思源工程”建设。充分发挥与经济界密切联系的优势，本着“量力而行，尽力而为”的原则，齐心协力共促民生改善，开展一系列社会服务活动，捐款捐物折合人民币120余万元，努力提升困难群众获得感、幸福感。在市统一战线“三下乡”暨同心共建活动中，为安义县长均乡把口村15户建档立卡的困难户每户捐赠被服1床，价值近4000元（由会员胡喜云捐赠）。积极主动地做好服务会员企业工作。民建市委会积极帮助企业沟通联系有关市直部门，为企业排忧解难；聘请专业人员开展“企业对政府满意度问卷调查”，形成围绕企业人才需求、融资、发展环境、企业创新等方面的“企业对政府工作满意度调查问卷”，并根据整理出来的情况提出改进非公经济发展环境的建议；帮扶企业工作组积极开展“同心服务企业行”主题活动，分别邀请省内税务专家进行“营改增”的税制改革知识讲座和江西赣联律师事务所金牌律师、民建会员陈刚进行“新三板”业务及企业法律风险防范的法律讲座。

（高　兴）

中国民主促进会南昌市委员会

【概况】 2016年，民进南昌市委会围绕全市中心任务,履职尽责,为助推南昌经济社会发展,在全省率先全面建成小康社会作出积极贡献,并被民进中央授予“民进全国参政议政工作先进集体”。

思想建设。开展主题教育活动,增强民进会员对“三个认同”的共识。制定《关于开展“学讲话、增共识、强责任”主题教育活动的实施方案》《民进南昌市委会贯彻落实〈民进江西省委会学习实践活动联系点工作方案〉安排》,以专题讲座、指导推动基层组织工作、考察学习等形式,开展10余次主题教育活动。充分领会中共中央在全党号召开展“两学一做”学习教育的深刻内涵,不断增强四个意识,做讲政治、有信念,讲规矩、有纪律,讲道德、有品行,讲奉献、有作为的合格民进会员。围绕南昌市“十三五”规划中“加速农业现代化步伐、发展南昌现代都市农业”这个课题,组织骨干会员赴安义县石鼻镇、长均乡等“南昌绿谷”规划区域参观。在教师节期间,民进市委会组织会内优秀教师参观市档案馆和绿地心客众创平台。民进湾里区支部围绕“同心双共建”服务,开展“法律服务进民企”服务活动。开明读书社第二、四分社开展“耕读文化”读书活动,第三分社组织会员到三一书店畅享阅读的快乐,第六分社到金山寺参观金山书院并开展传统文化教育调研活动。打造民进会史墙,对中国民主促进会10位创始人作出图文并茂的详细介绍,引导老会员重温会史,引导新会员学习会史。在民进市委会全会开展民进会史征集活动,先后完成《南昌民进是怎么发展起来的》《我是怎么走进南昌民进领导班子的》等南昌民进市、区组织的6个会史文稿。

组织建设。夯实民进组织基础,努力加强自身建设。全年发展新会员35人,平均年龄35.7岁,涉及教育、医卫、政府机关及新社会阶层,其中具有中级以上职称18人。至年底,民进市委会会员达到788人。在市县(区)人大、政协换届中,有10位会员当选市人大代表、33位会员担任市政协委员,16位会员当选县(区)人大代表,86位会员担任县(区)政协委员。民进市委会先后举办总支、支部委员培训班与新闻写作讲座系列培训班,共培训骨干会员100余人。印发《民进南昌市委会总支、支部工作手册》,从组织建设、思想建设、社会服务等方面进一步量化、细化基层组织的日常工作。民进市委会领导参加市委统战部组织的贯彻习近平总书记系列讲话精神和五大法则理念专题培训班、南昌市统战系统领导干部高级研修班,民进中央举办的全国中青年会员培训班和市委组织部在市委党校举办的2016年春季县级干部理论进修班。另有韩莉等13名民进骨干会员,参加市委统战部举办的南昌市党外科级干部培训班,黄晓燕等3名会员参加2016年民进全省基层骨干会员培训班。创办南昌民进官方网站,建立南昌民进、民进机关工作微信群、QQ群,办好《南昌民进》季刊,及时反映宣传工作动态。全年在人民网、光明网、人民政协网、团结网等各级新闻媒体、统战刊物上稿100余篇。

参政议政。加强参政调研成果的转化,助力南昌提升首位度。市党代会召开前,在市委党外人士座谈会上,民进市委会领导就工作报告意见征求稿提出的“要重点强调高举中国特色社会主义伟大旗帜、要深入推进法治南昌建设”等修改建议,被市委采纳,正式写入市十一次党代会工作报告。以民进中央提出的“参政议政年”为契机,落实“党委出题,党派调研,政府采纳,部门落实”重点课题调研任务,围绕市委有关南昌“光谷、慧谷、绿谷”大调研主题,撰写《把南昌绿谷打造成现代都市农业的南昌样板》调研报告,得到省委常委、副省长、市委书记殷美根批示。民进市委会撰写《众创空间发展的调研报告》《新农村建设进程中农村老宅基地管理中存在的问题研究》《对做好南昌高新区留学归国人员统战工作的思考》等调研报告。《关于要求将城市轨道交通引进湾里,助推湾里加快旅游强区建设的建议》《关于进一步加强食品安全监管的建议》被列为市政协领导督办重点提案;《着力打造海昏侯文化景区建设,推进南昌文化产业发展》等提案,受到省级新闻媒体关注报道;《关于在我市推广完善快速公交系统的建议》等,在全市“两会”期间得到新闻记者的关注和采访;社情民意《关于在南昌西客站高铁沿线安装护栏和隔音板的建议》得到市委书记批示。在“双建”活动中涌现出大批岗位建功、参政建言的先进人物,有徐爱莲等84位会员获国家、省、市、县级荣誉称号。民进市委会兼职副主委王光被民进中央授予全国参政议政先进个人,机关干部钟初文被评为“民进全国新闻宣传优秀通讯员”;会员中有丁晓雯荣获全国物理教学竞赛一等奖,刘雁华获得省“三八红旗手”称号,蒋玉清被评为省电化教育学科专家并享受市政府特殊津贴,徐建章被聘为江西统一战线“百名律师服务团”成员。吴德辉打造的江西养老企业荣获中国社会工作联合会和社会养老工作委员会授予的“爱心企业”荣誉称号。民进市委会还组织会员参加省叶圣陶研究会的教育研讨,提交教育研讨论文36篇,其中获奖论文19篇,会员付蓉获得一等奖。

社会服务。筹建成立“1%工程志愿服务南昌站”。在西湖区南浦街道天灯下社区、东湖区滕王阁街道子固路社区、市滨江学校、南昌县向塘镇剑霞村小学等10多个乡镇社区、大中小学举办“1%工程”扶贫帮困助学活动15次,累计资助困难群众近50户和贫困大中小学生170人次,捐赠资助总计17.3万元。组织开展一系列“1%工程”放飞足球梦想的足球发放活动,由民进东湖区总支、民进南昌县支部、民进青山湖区总支、民进湾里区支部、民进红谷滩新区支部、民进青云谱区支部的“1%工程”志愿者们分别向东湖区扬子洲八一嘉实希望小学、南昌县莲塘五中、湾里区梅岭学校、昌北一中等近30所农村中小学校捐赠标准足球500个。组织一批南昌民进名师到乡村学校开展送教活动。会员徐俊、黄河发起成立呈香基金,挂靠南昌市崛美行动公益发展中心。民进南昌县支部帮助黄马乡徐家村解决160户近千人的农村通自来水工程,捐赠徐家村小学2个篮球架、4台乒乓球桌等一批体育器材与少儿图书。

(钟初文)

中国农工民主党南昌市委员会

【概况】 2016年,农工党南昌市委会积极履行参政党职能,凝心聚力,开拓创新,各项工作顺利推进,取得一定的成绩。农工党市委会荣获农工党全国“优秀地市级组织”称号,农工党南昌县总支、农工党安义县总支、农工党西湖区总支、农工党青云谱区支部、农工党青山湖区总支、农工党市采茶剧团支部荣获农工党全国“先进基层组织”称号。

参政议政。按照全市“两会”要求,农工党市委会认真履职,积极建言献策。1月,在市十四届人大六次会议、市政协十三届六次会议上,农工党员中的市人大代表、市政协委员积极履行参政议政职能,提交多项建议、提案,共提交48件集体提案。10月26日,组织市人大代表、市政协委员近50位农工党员在农工党市委会机关会议室召开“两会”前动员和培训。11月,在市十五届人大一次会议、政协南昌市十四届一次会议上,提交22件集体提案。推进调研工作,按照“党委出题、党派调研、政府采纳、部门落实”专题调研活动要求,围绕公立医院人事薪酬制度改革形成的《关于我市公立医院人事薪酬制度改革的调研报告》《关于西山文化及开发管理的调研报告》于12月27日得到市委常委、常务副市长肖玉文的批示。积极参加农工党省委会开展的调研课题招标活动,《关于做好政党协商研究》等3个课题中标。农工党市委会各专委会及各基层组织根据自己的选题开展相关活动,调研活动和成果撰写按照计划完成。其中,许秀柏撰写的调研报告《完善大病救助,建设健康江西》荣获农工党中央2016年优秀调研报告评选一等奖。社情民意成果丰硕,卢程远写信建议政府加强对上世纪八九十年代老城区砖混房屋的排查监管,4月7日,省委常委、市委书记龚建华对此作出批示;黄玉霞撰写的《建议规范街道门牌号设置管理》,7月29日,龚建华对此作出批示;许秀柏撰写的《建议我市医院就诊实施“一卡通”》,8月10日,市委副书记、市长郭安对此作出批示。

宣传思想。及时观看现场直播,学习领会中央领导讲话精神。3月16日,十二届全国人大四次会议闭幕后,国务院总理李克强回答记者提问,农工党市委会及时组织机关干部收看现场直播;7月1日,庆祝中国共产党成立95周年大会在北京人民大会堂举行,机关干部及时收看央视直播,聆听习近平总书记的重要讲话。召开相关会议,认真学习贯彻重要会议和讲话精神。2月24日,在农工党市委会机关会议室召开十三届二次常委(扩大)会议,传达学习贯彻习近平总书记视察江西重要讲话精神;6月12日,按照市委组织部要求,农工党市委会班子成员及常委集中学习“一片一书”换届纪律,机关全体工作人员参加;11月23日,在农工党市委会机关会议室召开十三届六次常委会,学习中共十八届六中全会、省十四次党代会、市十一次党代会及全市“两会”精神,农工党市委会常委、机关干部等参加;12月6日,组织学习中国农工党第十五届五中全会精神,农工党市委会班子成员及机关干部参加。组织参观展览,陶冶干部思想情操。8月23日,为纪念中国共产党建党95周年暨孙中山诞辰150周年,全市统战系统在江西中山艺术馆举办书画作品展,农工党市委会作为协办单位参展;《新四军统战工作图片展》于11月10日在南昌新四军军部旧址陈列馆展出,组织农工党员中的人大代表、政协委员以及机关干部、基层组织骨干成员约50人参观;11月14日,组织机关干部到市老年大学,参观“纪念孙中山先生诞辰150周年图片展”。开展专题活动,弘扬社会主义核心价值观。7月2日,在红谷滩新区春都商务酒店,召开庆祝中国共产党成立95周年暨培育和践行社会主义核心价值观主题宣讲报告会,来自农工党省市委会的120名农工党员参加主题宣讲报告会;8月26日,在市第二医院会议室,开展“学讲话、增共识、强责任”主题教育活动,学习党史,重温党章,市政协副主席、农工党市委会主委龙国英作《做一个讲规矩、守纪律的民主党派成员》的讲话;9月7日,在市政协常务会议室,开展市各民主党派“同心讲坛”第3期活动,学习领会习近平总书记关于国际关系的重要思想;10月28日,在农工党市委会机关会议室,开展“学讲话、增共识、强责任”主题教育活动演讲比赛,来自基层组织的18名选手参加比赛;继续响应市政协号召,开展“兴家风、淳民风、正社风”主题活动,并在各项工作及基层组织中扎实推进。理论研究取得新的成果,荣获多个奖项。许秀柏撰写的论文《新形势下强化民主党派民主监督的思考》,荣获农工党中央“2015年理论研究优秀论文”二等奖;尹雨所撰写的文章《创新学习形式,打造精品课堂》,荣获由农工党中央宣传部及《前进论坛》杂志社颁发的2015年度《前进论坛》“好文章”奖。

组织建设。4月8日,农工党南昌市十三届二次全委(扩大)会议在农工党市委会机关会议室召开。会议认真学习贯彻中共十八届五中全会、习近平总书记系列重要讲话、全国“两会”和农工党省委会十一届五次全会精神,总结部署工作。做好农工党员发展工作,全年发展农工党员共46名。其中,高级职称8人、中级职称24人、初级职称9人,中高级职称占发展总数的69.6%;研究生学历3人(硕士7人)、大学学历38人,大学以上学历占发展总数的89.1%;女党员26人;医卫界15人,人口资源、生态环境领域14人,主体界别占发展总数的63%;教育界7人;公务员8人。发展农工党员平均年龄36岁。组织开展培训工作,不断提高干部综合素质。3月28日至4月1日,组织13名成员参加市委统战部、市委党校、市社会主义学院联合举办的“南昌市党外科级干部培训班”;3月,组织1人参加市委党校举办的“2016年春季学期第一期县干班”;4月28日,组织2015年入党的新成员在农工党市委会会议室举办新党员学习班,30余名新成员参加培训;4月,组织21名副县级成员参加省委统战部举办的“全省党外县处级以上领导干部学习习近平总书记系列重要讲话精神和五大发展理念专题研讨班”;组织6人参加5月3—12日农工党省委会举办的“农工党全省骨干培训班”;7月8—16日,组织3人参加市委统战部举办的“南昌市统战系统领导干部高级研修班”;8月2—3日,农工党市委会联合市社会主义学院,举办2016年农工党市委会暑期骨干成员政治培训班,全市近80名农工党员参加;11月13—16日,组织1人参加市委统战部举办的“南昌市第十期民营经济高级研修班”。在市县乡换届期间,配合市委组织部、市委统战部做好党外干部建议人选推荐工作。市委会主委龙国英任副市长;9月8日,在机关会议室,农工党南昌市委会召开第十三届委员会第三次会议,通过无记名投票,会议选举产生中国农工民主党南昌市第十三届委员会副主任委员喻洪。任副县级领导干部3人;有13名党员选举为第十五届市人大代表,比上一届增加5名;有36名党员担任为第十四届市政协委员,比上一届增加4名。同时,各县区加大举荐力度,任用农工党干部。抓好基层组织建设,农工党市第一医院支部、农工党市第三医院支部、农工党市第九医院支部、农工党机关总支、农工党南钢支部、农工党南齿支部、农工党豫章中学支部、农工党市十八中支部进行换届,圆满完成政治交接;指导和关注并参加基层组织开展的组织生活,了解党员的动态变化情况,不断完善电子档案材料,及时更新成员个人的信息,做好党员的来访接待工作。

社会服务。履行社会职责,开展帮扶慰问。1月17日,在市社会福利院举行捐赠活动,向福利院捐赠20箱营养米粉、20箱饼干、20箱纸尿裤,农工党员医生为福利院残疾儿童进行义诊;1月21日,龙国英走访慰问挂点扶贫村新建区西山镇英山村29户贫困户;在共建新农村基地南昌县塘南镇富盛村,为村民进行健康咨询并建立健康档案,提供农业技术培训和法律咨询,为村小学的素质教育提供指导;5月4日,恒信集团总经理刘恒红前往安义县观察村看望“一对一”长期结对帮扶对象龚兆康一家,送上2800元助学慰问金;9月22日,联合农工党市十八中支部、农工党南昌县总支、市未成年人心理健康辅导中心到南昌县塘南镇富盛小学,为“前进图书室”补充小学生课外读物2000册,捐赠1000余元购买航模,并请来老师为孩子们上手工课,设计一些小游戏。调动相关力量,开展"同心共建"服务。9月6日,市委统战部、农工党市委会在综治帮扶社区——永叔路社区联合开展"送医送法送健康"进社区活动,农工党的中西医专家为社区居民义诊,并为群众发放实用的法律援助资料;10月19日,市委统战部组织各民主党派赴安义县长均乡把口村,共建联合服务基地,农工党市委会向村小学捐赠11支葫芦丝,帮助他们组建小乐队并培训师生,同时认领村民的2个微心愿;11月25日,农工党市委会人员到安义县长均乡把口村同心综合平台,帮助2户村民实现微心愿,为每户赠送1台热水壶,并安排布置村小学葫芦丝乐队的学习培训事宜。开展健康宣传活动,为市民提供义诊等服务。6月12日,在八一公园开展"2016(第九届)中国环境与健康宣传周"活动,现场组织省级医疗专家进行慢性病防治知识宣传义诊,并发放宣传周主题宣传手册、环保袋、常用药品,摆放环境与健康宣传展板。6月29日,农工党市委会健康宣讲团深入东湖区墩子塘街办马家池社区义诊,并免费赠送钙片,庆祝中国共产党建党95周年党员奉献日活动;11月10日,宣讲团到青云谱区岱山街办迎宾社区宣传健康知识,并组织多名医师为社区居民义诊。11月6—13日,开展第二十八届"国际科学与和平周"活动,组织一周义诊,并于11月10日,深入农工党中央、省、市、区四级联系点青云谱区岱山街办迎宾社区,围绕"弘扬传统文化,促进社会和谐"主题,请来专家为社区居民宣讲传统家风,并现场赠送墨宝。

(尹　雨)

九三学社南昌市委员会

【概况】 2016年,九三学社南昌市委会在九三学社江西省委会、南昌市委的领导下,在市委统战部的指导下,团结和带领全市社员,认真履行参政党职能,切实加强自身建设,圆满完成各项工作任务。

参政议政。九三学社市委会领导班子成员和所有社员热情参与,积极思考、报送调研课题。根据报送的课题,制订全年调研计划,确定调研人员和带队领导。全年九三学社市委会及各支社小组和社员向九三学社省委报送课题23个,中标5个,已在10月份全部结题,及时报送调研报告。在年初的市政协全会上,九三学社市委会提交集体提案35件,立案31件,其中5件作为大会协商议题发言。九三学社市委会集体提案《关于促进我市科技成果转化的建议》及社员饶雪宇个人提案《关于创新服务,促进我市"双创"平台发展的建议》经市政协主席会议研究,被选作提案办理协商会的主要提案,列入市委办公厅、市政府办公厅、市政协办公厅联合印发的《2016年度市政协协商工作计划》中,以"制定完善政策措施,促进科技创新与产业升级高度融合"为议题由市政协进行提案办理协商。5月31日,市政协在九三学社市委会会议室召开"制定完善政策措施,促进科技创新与产业升级高度融合"提案办理协商会。市委常委、副市长肖玉文出席会议协商。该提案调研报告得到省委常委、市委书记龚建华的批示,认为"有较强的指导性和可操作性"。

思想建设。以学习习近平总书记"七一"重要讲话、纪念长征胜利80周年等重大活动为主题,共举行专题学习和座谈会10余次。组织社员40余人次参加全市各民主党派举办的"同心讲坛"活动。参加省、市各相关单位举办的专题学习、报告、讲座共100余人次。组织社员积极参与纪念孙中山先生诞辰150周年书画展和新四军统战工作图片展。为做好思想政治工作、深化学习实践活动,九三学社市委会与其他民主党派一同下发《关于在南昌市民主党派中开展"两学一做"活动的通知》,用实实在在的行动确保学习实践活动的成效,有力地促进社员思想工作再上新台阶。九三学社市委机关还开展读书日活动,在机关建立浓厚的学习氛围。九三学社市委会网站上传新闻条目165条,点击量1.5万余次。向中央、省、市级媒体投稿200余篇,被采用20余篇。精心打造文化墙,成为展现九三形象、宣传多党合作的重要窗口。组织社员参加"中国面孔中国梦"摄影作品征集评选活动,并获优秀奖。利用各种会议,以会代训,不断提高基层社员的新闻写作能力,鼓励创作更多精品。在全市各民主党派中率先开通微信公众号,通过网站和微信公众号发布动态、宣传社市委在自身建设、参政议政和社会服务方面取得的成绩,较好地发挥内聚人心、外树形象的作用。社市委网站顺利完成改版工作,微信公众号推出的《九三人物风采录》专栏取得良好的成效。同时,配合社省委完成关于新媒体建设的调研并提交调研报告。不断深化理论研究工作,着力提升社史研究和理论研究水平。完成统战理论研究课题1项,并向第三届"九三学社中央坚持和发展中国特色社会主义专题论坛"报送2篇论文。

组织建设。坚持"三个为主"的原则,适当发展从事经济、管理、法律、文化等领域的人才以及在政府部门有较强代表性的人士。全年共发展新社员33名。其中,中高级以上职称14名,平均年龄32岁,进一步优化组织结构,保持九三学社的特色和优势。此外,红谷滩基层委员会成立的前期工作完成,材料已上报,待市委统战部批准后正式成立。与市社会主义学院联合举办1期骨干社员政治培训班,邀请省委党校2名教授进行授课。全市骨干社员40余名参加培训。全年送社员30余人次参加中央、省、市社会主义学院和各级党校举办的各类培训,提高社员的思想政治素质。不断加强与社员所在单位和地区的中共党组织、统战部门的联系沟通,做好骨干社员的推荐工作。九三学社市委会主要领导亲自带队,先后走访各县区、各市直单位。通过走访,交换意见,推荐优秀社员。在市、县两级人大、政协换届工作中,共有5名社员当选为市人大代表,其中常委1名;21名社员被推荐为市政协委员,其中社市委主委李广振连任市政协副主席,3名社员当选为市政协常委。共有5名社员当选为县区人大代表,其中人大常委会副主任1名、常委3名;70名社员被推荐为县区政协委员,其中副主席4名、常委14名。

社会服务。通过开展形式多样活动,引领社会服务工作向更深的层次和更广的领域发展。在服务内容上,开展科技医疗咨询、扶贫济困、捐资助学等传统活动。同时,结合扶贫点实际情况,充分发挥党派的独特优势和作用,围绕脱贫目标,创新扶贫机制,推进精准扶贫,和其他党派共同打造市统战系统"同心共建"服务品牌。通过多层次、多形式的社会服务活动,塑造参政党的良好形象。10月19日,与市委统战部和其他党派一起为安义县长均乡把口村送去生产生活物资12万元,帮助建设"同心路""同心桥""同心渠""同心广场"等扶贫项目。当天还在把口村开展口腔义诊咨询服务,并为村民发放口腔医疗优惠券及清洁用品。由扶贫点村委会负责征集困难户、孤寡老人及留守儿童的微心愿,建档立卡,由九三学社市委会和社员认领微心愿,帮助弱势群体实现微心愿。为安义县长埠镇老下村送去2台电脑、5台电风扇及部分防暑和日常用品;为把口村送去7张教师用标准讲台,给2名村民送去电饭煲和电暖器。在社市委号召下,全体社员积极参加捐款捐物活动,组织朋友做义工送爱心。青云谱区社员钟海根为近20名家庭贫困的学生每人每年捐助2000元，并约定一直捐助到这些学生大学毕业。

（岳跃波）

南昌市工商业联合会

【概况】 2016年，南昌市工商联不断完善"大会员""大服务""大发展"工作格局，创新系列工作平台，强劲助推南昌民营经济发展，为全市"三个文明"融合发展发挥应有的作用。

经济服务。举办"家乡情·家乡行"——南昌市外埠商会会长新春恳谈会，积极向企业家推荐全市的优秀发展环境和主导产业。借助江西温州商会在南昌成立契机，与市投资促进局联合举办南昌招商推介会，省委常委、市委书记龚建华亲自会见重点客商，市委常委、副市长肖玉文在大会上做推介，各县区、开发区与来自世界各地的150余位温州籍客商进行精准对接。与高新开发区联合举办"长江中游城市群（南昌）四省会城市商会合作交流会暨南昌高新区投资环境推介会"，向来自武汉、长沙、合肥、长春等城市及全国工商联行业商会的170余名企业家重点推荐高新开发区的主导产业。邀请泉州南昌商会企业家组团返乡考察。考察团先后对南昌县、进贤县、安义县、新建区及部分工业园区进行实地投资考察，受到当地政府的欢迎。

会员服务。出台《南昌市工商联2016年执常委联系制度》，启动企业"大走访、大调研"活动，由工商联领导带队，分别对180名民营企业家和50个基层商会会员进行走访，收集困难问题、意见和建议70余条，主动贴近服务对象，真诚倾听民企心声。与市"两创"办联合举办南昌市"双创"沙龙活动，为政府职能部门、行业专家、金融单位与非公企业之间搭建交流平台。面对经济下行压力大、投资风险高的态势，举办8期民营经济创新创业大讲堂，邀请有代表性的企业家担任主讲嘉宾，现身说法、互动交流，帮助创客们成功创业。全年举办南昌市新生代企业家（中山大学）研修班、基层商会标准化管理公益讲座，与市委统战部、市社会主义学院联合举办"南昌市第十期民营经济（浙江大学）高级研修班"等各类培训班12期，培训学员1300人次。同时，综合运用好市工商联网站、微信公众平台、工商联微博及《南昌商汇》杂志等多种平台，及时向会员企业宣传政策精神、传递经贸信息。至年底，在各类报刊媒体上投稿400余篇，其中国家级媒体上稿7篇、省级媒体100余篇。

2016年7月27日，长江中游城市群（南昌）四省会城市商会合作交流会暨南昌高新区投资环境推介会举行

社会服务。组建"南昌市民营经济研究会"，通过深入一线实地调研，撰写《当前我市民营企业反映的问题》《关于发挥商会作用，加强商会建设的思考》《关于南昌市大力推进"大众创业万众创新"的调研报告》《昌东工业园调查与思考》等多篇调研报告，其中《关于南昌市大力推进"大众创业万众创新"的调研报告》得到省委常委、副省长、市委书记殷美根的重要批示。编印《南昌市民营经济年鉴》（2014年）和《南昌市2014年民营经济发展报告》，填补全市民营经济以往没有历史记载资料的空白。开展"百企帮百村"精准扶贫攻坚活动，组织基层行业商会、非公企业69家与全市63个贫困村进行签约对接。聘请10余名从事农业产业经营的企业家作为"百企帮百村"精准扶贫顾问；组织企业家和扶贫村负责人赴湖北省潜江市考察学习虾稻运作经验；组织工商联负责扶贫工作的领导干部赴上饶学习"百企帮百村"优秀典型，帮助和引导企业与贫困村开展实实在在的帮扶工作。建立健全工商联慈善义工网络。新成立4家义工站，通过积极引导各义工站建立一对一帮扶服务基地，定期开展扶贫济困活动。各义工站共开展慈善活动20余次，累积捐款捐物35万余元，在扶贫济困、救灾援孤、助医助学等方面发挥应有作用。

组织建设。通过举办传达贯彻习近平总书记在民建、工商联界委员联组会上的重要讲话精神学习会、"两学一做"（井冈山）学习教育专题培训班、"与党同德、与民同心、与企共进"演讲比赛、主题微党课等系列活动，进一步弘扬社会主义核心价值观，激发广大非公有制经济人士和工商联干部干事创业的热情和使命。按照有选择、有重点地发展规模型、生产型、科技型新兴产业民营企业的计划，发展基层商会组织和会员。至年底，会员人数为2.95万人，市属基层商会为74家。安义县工商联、南昌县工商联和青云谱区工商联达到全国"五好"县级工商联的标准。青山湖区工商联和湾里区工商联达到全省"五好"县级工商联的标准。各县区工商联出现"比""学""赶""超"的喜人氛围。

（刘　欣）

法　　治

概　述

【概况】 2016年，深入推进平安南昌和法治南昌建设，有序推进司法公开，持续深化司法体制改革，加强司法人权保障，强化对司法活动监督，努力让人民群众在每一个司法案件中都感受到公平正义。深入开展法治宣传教育，加强法治文化建设，扩大公民法治教育覆盖面，推动形成办事依法、遇事找法、解决问题用法、化解矛盾靠法的良好社会氛围。群众安全感、满意度持续提升，南昌市被评为“2011—2015年全国法治宣传教育先进城市”。

政法委及综治工作

【概况】 2016年，南昌市政法工作围绕全市经济社会发展大局，以协助筹备全国综治“南昌会议”为契机，以“防控风险、服务发展”为主线，努力破解难题，补齐短板，取得平安南昌、法治南昌和过硬队伍建设的新成效，为全市“十三五”顺利开局营造安全稳定的社会环境、公平正义的法治环境和优质高效的服务环境。

【社会大局平稳向好】 2016年，始终牢记维护省会和谐稳定的职责使命，坚持防控风险、服务发展，维稳安保措施坚定有力。圆满完成习近平总书记、李克强总理到昌视察、全国两会、中央巡视组回头看、中央环保督察组在昌督查、G20峰会、全国综治工作“南昌会议”、中共十八届六中全会、南昌国际马拉松赛、省党代会期间的维稳信访工作。制定《南昌市维护社会稳定工作规定》，严格执行《南昌市重大决策社会稳定风险评估实施办法》，主动介入重大、敏感的决策事项。坚持全程跟踪调度，严格落实涉稳问题归口处理机制，依法稳妥处置出租车司机聚集罢运、e租宝投资人集体维权、涉军群体聚集活动等一批涉稳突出问题。加强对涉恐情报和重点人员摸排管控，搜集掌握预警性涉恐情报信息60余条，核查、协查涉恐线索30余条，围绕敏感节点、重点地区、重点邪教，组织开展打击邪教“法轮功”人员参与诬告滥诉活动、打击邪教“全能神”视频组等专项行动，深入推进“百镇千村”警示宣传教育活动和“无邪教创建示范工程”。

【综合治理成效显著】 2016年，以全国综治工作“南昌会议”为契机，充分发挥主观能动性和基层首创精神，全方位、多形式地展示全市平安建设、综治成果。周密谋划，梳理归纳形成南昌综治“四五工作法”体系和《破难补短闯新路，平安就在老百姓身边》主题材料。打造市综治中心、公安监管医院、阳光学校、“12348”法律服务平台等40个特色亮点，全方位、立体化地树立南昌新形象。通过推进“天网”工程、网格化管理、综治信息化、综治中心和智慧平安小区等“五项建设”，夯实平安南昌的基础。天网平台接入视频监控资源3.7万个，基本实现主要道路、重要场所、重点部位全覆盖。全市共划分覆盖城乡网格8605个。综治信息化在完成9大基本功能模块的基础上，创新开发形成“社会治理大联动平台、社会治理云图平台、平安智慧云眼平台、重点人员管控平台”4个个性化特色功能模块，采集录入各类信息793万条。全市四级设立2059个综治中心全部正常运行并发挥作用，实现小事不出村(居)、大事不出镇(街)、矛盾不上交。以“智能技防+专业人防+保险防”的方式，在108个老旧住宅小区，构建主动式动态社区治安智慧防控“地网”。全国综治工作“南昌会议”后，全国20余个省60余批次考察团到南昌交流学习，不断扩大全国综治工作“南昌会议”带来的积极效应。通过组织系列严打整治行动和平安帮扶创建，全市治安形势明显好转，刑事警情下降27.7%，社区偷盗案件下降36.5%，火灾事故起数下降17%，交通秩序大整治力度加强，路面见警率、管事率得到明显

2016年3月26日，全市政法工作暨社会治安防控体系建设会议召开

提升。全市赴京非访登记总量下降40.3%，到省上访总量下降23.2%，依法治访成效明显。全市政法综治部门以不足为导向，积极采取措施补短板，不断优化综治信息系统，接续部署“雪亮工程”建设。围绕综治责任查究制和领导责任制两个核心制度，进一步完善相关制度办法，细化综治责任查究制，推动全市12个县区和125个市综治责任单位强化对综治工作重视和担当。

【法治建设根基更加牢固】 2016年，开展“法治南昌智库项目”课题研究和政法舆情方面的调研，法学研究取得新成绩。组织市法学会会员参加“第九届中部崛起法治论坛”“第十一届泛珠三角合作与发展法治论坛”“第四届长江中游城市群法治论坛”征文活动，累计获奖19人。面向基层，在新建区石岗镇和南矶乡扎实开展“法治文化基层行”活动，通过“四个一”（“一堂法治讲座”“一场普法宣传”“一个模拟法庭”“一次法律服务”）的形式宣传法律知识，赢得当地群众的喜爱。与市委组织部、宣传部等单位共同下发《南昌市2016年“百名法学家百场报告会”法治宣讲活动实施方案》，并邀请南昌大学法学院教授肖萍以“深入推进依法行政，加快建设法治政府”为题，为市委政法委全体干部职工授课。

【执法司法活动更加权威】 2016年，通过开展“涉法涉诉信访、积案清理、执行难、打击各类违法犯罪、信访领域突出问题”5项治理活动，化解涉法涉诉信访积案130件，办结积案2958件，执行到位标的额3.14亿余元，强力推动“精彩生活”涉案资产处置工作，有效化解影响社会和谐稳定因素。坚持维护社会稳定和经济发展环境，协调一批涉众型和涉及重点企业的经济案件，重点是加强办案单位和有关部门及时通报案件办理情况、沟通案件信息，共同做好稳定工作。严格规范强制隔离戒毒人员管理，检查强制戒毒人员转刑事诉讼程序的执法情况，排查摸底、逐案核查、全面整改和建章立制，防止被强制隔离戒毒人员利用轻微刑罚逃避较长期限强制戒毒的行为。积极推进涉法涉诉信访改革，制定《南昌市律师参与化解和代理涉法涉诉信访案件实施办法（试行）》，律师参与化解涉法涉诉信访案件32件，有效保障信访人合法权益。开展国家司法救助工作，市本级国家司法救助案件74件，救助74人，使用救助金额244.5万元；各县区（开发区、新区）国家司法救助案件202件，救助240人，使用救助金额486.5万元。对司法过程中困难群众进行求助，保障社会公平正义，促进社会和谐稳定。

【政法队伍建设更加规范】 2016年，坚持政治建警，在全市政法部门扎实推进“两学一做”专题教育，认真学习贯彻中共十八大以来中央、省市的重大决策部署，确保政法队伍始终忠于党、忠于国家、忠于人民、忠于法律。坚持素质强警，扎实开展政法干警双向挂职锻炼工作，指导政法部门开展岗位练兵、业务竞赛以及争先创优等活动，形成学技能、钻业务、树形象的浓厚气氛，提升干警综合素养。坚持从严治警，始终把纪律和规矩挺在前面，全面落实党风廉政建设“两个责任”，严格执行防止干预司法“三个规定”，经常性开展党性教育、廉政教育、警示教育，净化风清气正的执法环境。坚持强班子带队伍，始终把领导班子建设摆在突出位置，发挥好协管职能，选准配强政法部门领导班子，特别是加强县区换届中法、检、公三长的选配，提高队伍的凝聚力和战斗力。

（周德蓓）

法治南昌建设

【概况】 2016年，南昌市人民政府法制办公室（以下简称市法制办）认真履行推进依法行政工作职责，始终站在法律和公正的角度，坚守好法治底线，依法依规抓好行政检查、行政执法监督、合法性审查、备案审查、立法审查及评估、行政复议应诉等工作，较好地完成法治政府建设各项任务，充分发挥市政府参谋助手和法律顾问的作用。全年共审查4件地方性法规和2件政府规章，审查并报备6件市政府规范性文件；抽取430宗行政执法案卷进行集中评查；备案审查各县（区）政府、市政府各部门规范性文件42件；依法确认并公布全市74个具有行政执法主体资格的行政执法单位；组织136名新进行政执法人员参加网上培训及考试，对142名新申领行政执法证件的行政执法（监督）人员进行审查并发证；审查市政府及市政府部门转来各类文件、协议等253件；组织市政府常务会学法4次；召开市政府行政执法特邀监督员培训工作会，为30名监督员颁发南昌市人民政府行政执法特邀监督员证；举办重大行政执法决定法制审核培训班，培训各县（区）政府法制办主任、市各行政执法部门法制机构负责人共60余人；收到行政复议申请586件，受理569件，代理市政府行政应诉案件68件。

【法治政府建设工作培训会召开】 2016年3月31日，全市县（区）政府法制办主任会议暨法治政府建设工作培训会召开。会议组织学习《法治政府建设实施纲要（2015—2020年）》，全面部署2016年政府法制工作，对2016年法治政府建设工作要点进行解读。各县（区）政府、开发区（新区）管委会法制机构负责人参会并进行汇报交流。

【举办领导干部依法行政专题研讨班】 2016年8月23—27日，在井冈山江西干部学院组织举办南昌市2016年领导干部依法行政专题研讨班。此次研讨班是南昌市贯彻落实中共十八大精神和打

2016年8月24日，南昌市2016年领导干部依法行政专题研讨班学员合影

造“核心增长极”及建设法治南昌、法治政府的一项重要举措。研讨班充分利用革命摇篮井冈山的红色教育资源，采取专题教学、激情教学、现场教学、体验式教学等多种方式进行。各县(区)政府、开发区(新区)管委会以及市政府各部门副县级以上领导干部共70余人参加学习研讨。

【起草2016年法治政府建设工作要点】 2016年3月，为贯彻落实《法治政府建设实施纲要(2015—2020年)》要求，代市政府起草《南昌市2016年法治政府建设工作要点》，经3月18日市政府第3次常务会议审议通过。该要点明确9个方面的28项具体任务和3项重要保障措施，为全市推进法治政府建设工作创新思路，明确任务，作出全面、科学的规划。

【地方性法规及政府规章审查】 2016年，完成《南昌市劳动力市场管理条例(废止)》《南昌市城市房屋拆迁管理办法(废止)》《南昌市燃气管理条例(修订)》《南昌市禁止燃放烟花爆竹规定》4件地方性法规项目和《南昌市公共安全视频图像信息系统管理办法》《南昌市城市桥梁隧道安全管理办法》2件政府规章项目的审查修改工作。其中，《南昌市劳动力市场管理条例》于6月28日以南昌市人大常务委员会公告第4号公布废止；《南昌市城市房屋拆迁管理办法》于6月28日以南昌市人大常务委员会公告第5号公布废止；《南昌市燃气管理条例(修订)》于10月8日以南昌市人大常务委员会公告第8号公布；《南昌市禁止燃放烟花爆竹规定》于12月14日以南昌市人大常委会公告第10号公布。《南昌市公共安全视频图像信息系统管理办法》经8月5日南昌市政府第11次常务会议审议通过，以市政府令第157号公布；《南昌市城市桥梁隧道安全管理办法》经2016年12月23日南昌市政府第17次常务会议审议通过，以市政府令第158号公布。

【建立重点领域行政执法报告制度】 2016年3月，制定《关于建立重点领域行政执法情况年度报告制度的通知》，要求市各行政执法部门对涉及生态环境保护、国土资源、国有资产保护、产品质量与食品药品安全、劳动与社会保障、工程建设及安全生产等领域的行政执法工作情况按年度进行梳理总结形成书面报告，努力做到全面、准确、及时掌握全市重点领域行政执法情况，增强行政执法监督的针对性。

【完善重大行政执法决定备案制度】 2016年3月，制定《关于进一步做好重大行政执法决定备案及网上公布工作的通知》，对重大行政执法决定调整后的备案范围、报备时间和要求、网上公布内容等作了进一步明确，并督导各县(区)政府法制办、市各行政执法部门法制机构严格审查报备范围和网上公开内容，认真做好重大行政执法决定备案及网上公布工作。

【评查行政执法案卷】 2016年5月16—20日，对全市9个县(区)、32个行政执法部门报送的上年度430宗行政执法案卷，采取“一卷一表、一评一核、逐项打分”的方式进行。其间，邀请市检察院、市行政执法特邀监督员对案卷评查工作进行观摩，从不同角度对案卷评查工作提出意见和建议，拓宽案卷评查工作思路和方式。《进贤县网缘网吧违规接纳未成年人上网案》等76宗行政处罚案卷、《南昌市西湖区饭是钢大酒店变更纳税人定额核准》等34宗行政许可案卷和《东湖区地方税务局推行“征管档案电子化管理”服务决策方案》1宗重大行政决策案卷被评为优秀行政执法案卷。同时，对评查中存在问题的案卷，责成案卷制作单位进行整改。

【开展贯彻执行《南昌市餐厨垃圾管理办法》专项检查】 2016年6月21—22日，邀请市政府行政执法特邀监督员，会同市直有关部门组成检查组，采取“听、看、问、谈、查”等方式，对《南昌市餐厨垃圾管理办法》贯彻执行情况进行专项执法检查。检查组听取有关单位贯彻执行《南昌市餐厨垃圾管理办法》工作汇报，召开座谈会了解相关情况，并实地察看锦都皇冠酒店、绳金塔美食街、江西师范大学、南昌市麦园餐厨垃圾处理厂等地餐厨垃圾的管理。检查情况已形成书面报告报市政府。

【开展行政执法监督调研督导】 2016年，市政府法制办联合市检察院发出《关于开展行政执法监督调研督导活动的通知》。在指导相关部门开展自查基础上，对市国土局、市环保局、市林业局、市水务局等生态领域行政执法部门进行重点督查。督查情况已形成书面报告报省政府法制办。

【开展行政执法辅助人员情况调研】 2016年，为全面了解全市执法辅助人员的建设和管理情况，更好地规范管理执法辅助人员，在全市范围内开展一次执法辅助人员情况调研。通过发放调查问卷和召开座谈会等形式，了解全市执法辅助人员基本情况，形成调研报告，提出如何更好地规范执法辅助人员管理、提高行政执法整体水平的意见和建议。

【推进“双随机一公开”监管】 2016年，联合市审改办，认真贯彻落实《南昌市人民政府办公厅关于加快推进“双随机一公开”监管工作的通知》要求，利用座谈调研、行政检查、电话沟通、网上交流等形式，对全市43个单位进行工作指导。12月20日，全市9个县区全部开展“双随机一公开”(在监管过程中随机抽取检查对象，随机选派执法检查人员，抽查情况及查处结果及时向社会公开)监管工作，并制定“双随机一公开”监管工作细则。37个市直部门上报“一单两库”(“一单”指随机抽查事项清单；“两库”指市场主体名录库、执法检查人员名录库)，15个部门已将本单位的“双随机一公开”监管工作细则上报市政府法制办备案。

【推荐评选“全省依法行政先进单位和先进个人”】 2016年11月，联合市人社局下发《关于推荐评选全省依法行政先进单位和先进个人的通知》，在全市范围内开展“全省依法行政先进单位和先进个人”推荐评选报送活动。推荐评选范围包括全市各级行政机关及其在编在职公务人员，依照法律法规规章授权、具有行政执法主体资格的组织及其执法人员。评选经参评单位自行申报，审核、公示等程序，最后经市政府同意，推荐市政府法制办等2个单位为全省依法行政先进单位和刘勇等8人为全省依法行政先进个人。

【化解行政争议】 2016年，充分发挥行政复议化解行政争议的主渠道作用，严格依法办案，严把案件质量关，坚决纠正违法或者不当行政行为，同时注重运用各类方式实质性化解行政争议、解决纠纷，追求法律效果和社会效果的统一。至年底，全市各级行政复议机关共收到行政复议申请709件，受理689件。其中，驳回申请63件，决定维持243件，确认违法14件，撤销11件，变更1件，责令履行8件，调解结案9件，终止173件。加上上年结转的62件，共审结523件，未审结228件。全市两级人民法院共受理一审行政诉讼案件252件。其中，市法制办代理市政府行政应诉案件

68 件，同比增长 25.93%。

（朱　武）

公　安

【概况】 2016 年，全市公安机关面对大事要事多、重大会议多、大型活动多带来的考验，主动适应省会城市治安新形势，把握建设平安南昌、法治南昌新要求，围绕“双保双提升”（即“保稳定、保先进；提升公众安全感、提升群众满意度”）目标，深入推进“全警情录入 +”工作，全面启动“数字强警”工程，不断深化公安改革和“四项建设”，扎实开展“两学一做”学习教育，有效维护全市社会政治持续稳定。第四季度，全市公众安全感在全省去末位排名第九，指数稳固在 96% 以上，与全省安全感指数平均值差距逐步缩小；治安好转率全年排名第二，达到 97.34%。特别是完成习近平总书记、李克强总理在南昌视察一级加强警卫任务，以及全国社会治安综合治理创新工作会议、G20 峰会、中央巡视组到南昌巡视、中央环保督察组到南昌督察、全国公安厅局长座谈会、南昌国际马拉松赛等系列重大安保工作。

【维护社会政治大局稳定】 2016 年，树立“南昌稳则全省稳”理念，注重情报信息工作先导，全面实行情报信息三级归口管理机制，整合警种资源，加强部门密切协作，健全信息研判会商机制，及时消除不稳定因素。狠抓反恐维稳工作，加强对涉恐案等专案侦查打击，依托社会面信息网、专业侦察情报网、社会调查网、资源情报网、复线情报网“五网”建设，主动出击、先发制敌。抓矛盾化解工作，组织警力深入基层、深入群众，深入社会治安复杂、矛盾纠纷多发区域，大力排查征地拆迁、医患纠纷、劳资纠纷、涉众型经济案件群访、涉军群体等不稳定因素，确保破坏社会政治稳定的重大问题、重点人员不漏管、不失控。狠抓信访稳控工作，紧盯“三级两会”、十八届六中全会、G20 峰会、全国综治南昌会议等重要会期，深入开展信访工作重点县（区）专项治理、信访积案清零及信访工作“四无”基层所队活动，对近年来历次进京上访的重点人员和有进京上访苗头的重点人员进行全面排查，对重点信访案件进行属地稳控、依法化解。重视警卫安保工作，创新警卫工作方式、方法，圆满完成党和国家领导人视察重大警卫任务 32 批次，重大活动、重要会议安保任务 24 批次，实现“大事没有出、小事也没有出”的目标。

【开展“百日攻坚战”】 2016 年 5 月 20 日起，全市公安机关扎实开展综治工作“百日攻坚战”。市公安局主要领导亲自挂帅、分管领导各负其责，下设打击犯罪、社会面管控、“五车”“六乱”整治、公安监管医院建设、“天网”工程对接 5 个攻坚组，五条战线、六大措施、13 项攻坚目标同步实施。期间，指挥中心接报“八类”刑案和“两抢”、盗窃案件的破案率分别达到 70%、60%、40% 以上。全市治安乱点和治安突出问题整治率 100%，易销赃场所清查率 100%，对涉“黄赌毒”线索核查率、反馈率均达 100%，查处“黄赌毒”案件数、打击处理涉“黄赌毒”人员数同比均上升 10%。对全市摸排出来的 802 名肇事肇祸等严重精神障碍患者，做到“应管尽管、应收尽收、应治尽治”。查处“五车”2.64 万辆、“六乱”31.89 万起，组织交警、特警联合查处“酒驾”360 起。全市道路交通事故、死亡人数、受伤人数、直接经济损失同比分别下降 11.9%、1.14%、38.94%、42.7%。新建 1 万个探头，完成“天网”视频接入 102 个市、县区、乡镇（街道）三级综治中心任务。

【打击暴力刑事犯罪】 2016 年，全市公安机关对放火、爆炸、杀人、强奸等严重暴力犯罪，始终保持高压威慑态势，做到专案攻坚、快侦快破。全市共立严重暴力刑事案件 429 起，同比下降 13.2%，破获 307 起，同比增长 3.8%。命案发生 48 起，侦破 47 起，现行命案破案率为 97.92%。成功攻克“2016.2.12”系列杀人案，抓获公安部 A 级逃犯李某水。4 月 1 日至 12 月 26 日，深入开展追捕故意杀人逃犯的“捕狼”专项行动，抓获命案逃犯 21 人，重点逃犯 6 人，破获 4 起命案积案。深入推进惩罚农村黑恶势力违法犯罪专项行动，破获涉恶类案件 518 起，摧毁恶势力团伙 32 个，刑拘 648 人，批捕 349 人。成功打掉以卢某华为首的涉枪涉恶团伙，缴获自制枪支 3 把、自制爆炸物 10 枚、火药若干、梭镖 20 余支。

【惩罚毒品犯罪】 2016 年，全市公安机关紧盯重特大毒品案件、团伙贩毒和跨地区贩毒案件不放，以缉毒执法“百日会战”、惩罚地下制毒和外流涉毒犯罪、打击在食品中添加罂粟壳行为等专项行动，有力地惩罚毒品违法犯罪分子的嚣张气焰。全市共破获毒品刑事案件 516 起，抓获犯罪嫌疑人 598 名，查获吸毒人员 5767 名。在全省缉毒执法“百日会战”行动中，破获毒品刑事案件 304 起，刑拘犯罪嫌疑人 339 名，查处吸毒人员 2283 人，缴获毒品 547.29 千克，取得综合成绩排名、破案数排名、刑拘犯罪嫌疑人数排名、缴毒数排名、收戒吸毒人员数排名均位列全省各设区市第一的优异成绩。

【打击经济犯罪】 2016 年，市公安局严密组织开展“猎狐 2016”、打击骗取出口退税、虚开增值税专用发票、非法集资、传销、保险诈骗、假币犯罪、农村和城乡结合部市场假冒伪劣等专项行动，实行打击整治常态化，有效规范市场经济秩序。全市共立经济犯罪案件 532 起，破案 291 起，抓获犯罪嫌疑人 438 人。在“猎狐 2016”行动中，共抓获 8 名猎狐网逃，猎狐行动全省排名第一。在打击虚开增值税专用发票犯罪专项行动中，成功侦破涉案金额 34 亿余元、偷逃国家税收 5 亿元的公安部督办案件江西杰森金属材料有限公司虚开增值税专用发票案，抓获犯罪嫌疑人 9 名。公安部发来贺电。

【打击“盗抢骗”】 2016 年，市公安局围绕公安部集中打击“盗抢骗”的统一部署，依托合成侦查工作机制，先后开展“春雷”“夏季风暴”“秋风行动”集中统一行动，取得明显成效。共立侵财案件 2.55 万起，同比下降 10.8%，破案 1.04 万起，刑拘犯罪嫌疑人 5663 人，打掉团伙 126 个，挽回经济损失 3000 余万元，其中破案率、破获外省案件数、抓获重点地域性职业犯罪嫌疑人数、抓获惯犯和累犯人数、挽回经济损失数均位居全省前列。尤其是在全省率先成立南昌市反电信网络诈骗犯罪中心，与市银监局、市金融办、市工信委、市综治办等 32 家单位和部门联动协作，开展涉案资金“即时查询、紧急止付、快速冻结、原路返还”等查控处置，共查询涉案银行账号 2544 个，止付账号 479 个，冻结账号 1814 个，止损金额 1900 余万元，全市电信网络诈骗类警情同比下降近三成。

【整治治安突出问题】 2016 年，全市公安机关以群众反映强烈的社会治安问题、乱点区域、复杂场所为重点，以开展矛盾排查、预案检查、场所清查、人员筛查、内防核查、部门协查、成效巡查、责任倒查的社会治安“八查”活动为抓手，相继开展“缉枪治爆”、打击“食药环”违法犯罪和打击整治“黄赌毒”“假证假章、垃圾广告”“小卡片”治安突出问题专项行动,有效净化社会治安环境。清查整治重点部位652处,抓获违法犯罪嫌疑人431人;侦办“食药环”案件103起,依法逮捕起诉犯罪嫌疑人63人;查处制贩假证章、散发“垃圾广告”案件236起,捣毁制假窝点3个,刑拘21人,治安拘留144人;排查民爆仓库5家、剧毒化学品仓库3家、涉爆单位10家,收缴管制刀具987把、雷管523枚、仿真枪883支、弩104把、子弹3.08万发。集中整治“黄赌毒”,清查服务场所1765家,整改、关停、取缔113家,查处“黄赌毒”案件3537起。5月17日,一举打掉站前西路某大酒店特大涉黄窝点,当场抓获涉案人员63人。

2016年12月14日,全市公安机关“美丽南昌·幸福家园”交通环境综合整治誓师动员大会召开

【构建社会治安防控新体系】 2016年,全市公安机关围绕平安南昌建设,以贯彻落实中办、国办《关于加强社会治安防控体系建设的意见》为抓手,推进人防、物防、技防并举,进一步增强群众安全感和满意度。强化街面动态巡控,以110巡逻车、武装巡逻车、巡逻民警、辅警和巡防员、城区治安卡点、交警卡点、武装巡逻盘查小组、环城防控点为主力,加强重点时段人、车、物的盘查检查,真正构筑“一点预警、全城响应”环城封堵圈,全市利用街面巡控抓获现行违法犯罪嫌疑人200余名。强化平安小区建设,按照“封闭小区进出口、点亮百姓门前灯、装上单元防盗门、加密内部监控网、推广群众红袖标”的工作思路,新建、扩建2万余套(个)村(社区)技防设施,创建186个平安小区。抓紧天网地网对接,在原有中心城区已建6000余个“天网”视频探头的基础上,完成在全市新增1万余个“天网”视频探头的建设任务,整合社会单位视频探头1.5万余个,实现全市重要道路、重点区域、重要部位、案件高发区域全覆盖。强化基层基础管控,加强对严重精神病人员、有暴力倾向人员、吸毒人员、特殊病患人员、问题青少年等情况人员的管理,做到“一人一策,逐人建档”。强化公共场所、旅馆业、机修业、二手手机、废旧金属收购业、典当行、机动车修理厂等易销赃重点场所的正规管理,落实实名登记、物品登记、承修登记等制度,突击进行打击、清查、整治,挤压犯罪分子藏身空间,有力震慑犯罪分子的嚣张气焰。

【整治优化交通环境】 2016年,市公安局面对地铁建设、城市改造对交通管理带来的巨大压力,以60个重点路口、72条重点路段、“四桥四隧道”及27类交通违法行为为重点,开展交通秩序大整治。全年查处交通违法行为192.3万起,同比上升7.9%;查处“六乱”交通违法行为为84.2万余起,查扣“五车”6万辆。深入推进勤务改革,按照“高峰警力叠加、平峰警力不断”的原则,实行领导勤务、机关勤务、大中队勤务三类模式,在时间、空间上最大限度提高见警率、管事率。优化交通组织,新增32条单行道、6组微循环。积极创新互联网+服务,与高德、百度公司合作,实时掌握路况信息。拓展完善互联网车驾管服务内容,全面启动交管12123手机APP,形成电话、微信、互联网手机APP的多渠道、全方位、全天候车管服务模式,推出预选机动车号牌、电子监控交通违法查询和处理等10大项共117小项服务。全年已注册个人用户50万余人,网上办理交通违法44万余起(网上处理违法数已经超过四成),机动车选号3.8万余个。强化事故快处服务,在全市主城区设置8个“一站式”服务点,实现“一区一大队一站点”,日均受理120—180余起,占总数62%,有效减少交通事故对交通的影响。

【打造“科技强警”工程】 2016年,市公安局抓住全面推进“全警情录入+”工作的有利契机,大力加强公安信息化建设,着力在顶层设计、平台建设、智能应用、制度保障上下功夫、求实效。全警情录入工作做到“应录尽录,应推尽推,应受尽受”,全年录入有效警情87.89万起,自接警情18.88万起,自接警录入总量占全省比达到30%以上,录入数量和比重均为全省最高。制定并实施《公安信息化建设总体规划》,两大基础平台、五大应用系统建设基本完成,350兆数字集群无线通信系统和网络基础设施建设稳步推进,警用车辆定位终端的配备率、在线率位居全省前列,在成功处置出租车司机等群体上访事件、天网人像比对功能、实现对涉车案件的精确分析和打击中,智能应用初显成效。全年利用信息化手段破获刑事案件占全部破获案件的85%以上。

【建立健全合成战法机制】 2016年,市公安局按照“不变体制,变机制”的思路,全面整合刑侦、技侦、网侦等多个警种技术力量,建立市、县(区)两级合成侦查中心,实行集中办公、一体运作,缩短办案时间,提高办案效率。狠抓“信息技侦”建设重点工程,投入6100余万元,推进技侦阵地前移大队建设和技侦手段体系化建设,在省公安厅“信息技侦”建设达标模拟验收中,市公安局名列全省第一。全市通过合成作战手段破获各类侵财型案件2986起,抓获处理犯罪嫌疑人943人,打掉跨区域侵财犯罪团伙77个379人。全市接各类刑事类警情3.48万起,同比下降34.2%。日均刑事警情从上年153起下降至96起,全市“两抢”案件日均发案1—2起,每月“两抢”案件零发案天数达到10天左右,现行案件破案率达到60%以上。

【深化公安改革】 2016年,市公安局从群众最关心、最直接、最现实的利益问题入手,把方便群众、服务经济发展作为公安行政管理改革的主攻方向。顺应人民群众呼声,做大做强"民调评警"工作品牌,将所有警种全部纳入民调评警中,尤其是将全市路面交警由群众监督和评判,真正做到全覆盖。完成168个窗口单位、366台即时评价器的安装调试,在全国率先启动第三方(省民调中心)随机调查访问。全市窗口民警共接受群众评价22.64万次,满意度达88.39%;短信测评发送短信13.75万条,满意短信占比达98%。继续巩固和延伸"一元化"户籍制度改革成果,积极引导农业人口就地转移,推进全市新型城镇化建设步伐。制定下发《流动人口居住登记和居住证办理工作规范》,开展户口登记管理专项清理整治、流动人口和出租房屋清理整顿、打击制办假居住证等专项行动,登记流动人口10.46万人,办理居住证7.99万人。创新居住证管理工作,率先开通全国范围内跨省办证工作,为群众办理跨省异地身份证2389张,省内异地身份证3569张。树立"互联网+出入境"理念,创新推行网上预约办证、出入境自动便民服务等新措施,在全省率先建成以"自助申请易"、港澳通行证自助签注机、自助人像采集机和自助发证机为载体的"四个自动"便民服务系统,提供24小时全天候领证服务。全年受理审批公民因私出入境证件90万余人次,自助发放证件16万余本。办理违反出入境管理法律法规的案件136起,抓获公安部督办的"3·18"刘某志等组织他人偷越国(边)境案全部犯罪嫌疑人。以消防社会化、勤务实战化、执法规范化、队伍专业化、管理常态化、保障系统化"六化建设"发展指针为牵引,高位推进以万寿宫商城为代表的重大火灾隐患消防安全整治。共检查社会单位3.14万家,督促整改火灾隐患2.96万处,临时查封462处,责令"三停"单位256家。注重灭火救援演练从"模拟化"向"数字化"优化升级,全年出动警力5.7万余人次,抢救人员1640人,疏散被困人员5554人,抢救财产价值7.19亿余元,成功处置"3·17"进贤麻山化工、"6·2"系列内涝等有影响的火灾及事故。

【提升公安执法公信力】 2016年,市公安局狠抓执法教育培训,全年1000余民警参加全国高级执法资格考试,1410名民警参加全国公安机关基本级、中级执法资格考试,100余名民警参加国家统一司法考试。狠抓现场执法管理,严格落实"六个要""两个无论""七个必"及公安部"四个一律"等执法办案要求,对全局基层执法、机关现场执法等情况进行全面检查,积极推进全市公安机关对办案场所软、硬件进行升级改造,进一步提升执法办案场所规范化建设水平。狠抓执法制度建设,推动实施《南昌市禁止燃放烟花爆竹规定》《南昌市公共图像视频系统管理规定》,制定出台《南昌市公安机关实行办案民警以案释法制度的规定》等规范性文件,设立全省首家公职律师办公室,进一步强化执法机制保障。狠抓执法监督检查,依托执法办案系统,加大网上执法监督力度,全年执法检查案件1.11万起,发现整改问题5832起。

【推进从严治警】 2016年,全市公安机关把握正规化、专业化、职业化建设方向,坚持将"两学一做"学习教育作为全年党建工作的龙头工程真抓实抓。7月23日,中央电视台《新闻联播》栏目播发《"两学一做"重在实效》,报道南昌市公安局相关学习教育活动。严格落实党风廉政建设"两个责任",全年共受理信访举报187件,立案45起,查处违纪民警45人,通过"一案双查"对11名领导失职失责倒查问责,其中免职3人、党政纪处分3人。推进全警培训提升素质,共完成省公安厅调训司晋督等各类培训80余期8300人次。治安支队荣获全省社区(驻村)民警岗位大比武团体和个人"双第一",户政支队取得全省户政业务大比武团体第一名和全部个人前4名,制作89部有针对性、贴合实战的微课程作品。推进从优待警工作,不打折扣落实上级优待标准要求,丰富民警业余生活。全年走访慰问211人次,查处民警维权案(事)件46起,鼓舞士气,凝聚警心。注重发挥宣传主渠道作用,全年全市公安机关在中央、国家级媒体发稿52篇、省级媒体3319篇,回复群众咨询投诉2735起,连续推出《我是警察我在岗位上》春节联动报道等宣传活动,进一步扩大公安机关影响力,树立公安民警良好形象。

(温赞生)

检 察

【概况】 2016年,南昌市检察机关围绕服务南昌大局,依法履行法律监督职责,坚持强化法律监督、强化自身监督、强化队伍建设,各项工作取得新进步。全年共荣获省级以上集体荣誉38项,个人荣誉57项。其中,新建区检察院获评第六届"全国先进基层检察院",西湖区检察院获评"全国检察机关检察委员会规范化建设示范单位",青山湖区检察院获评"全国青少年维权岗";16名检察人员分获"全国民事行政检察业务竞赛业务能手""全国(全省)检察机关调研骨干人才""全省侦查监督业务能手""全省十佳(优秀)公诉人""全省民事行政检察业务竞赛标兵""全省检察机关法医鉴定能手"等称号。

【推进平安南昌建设】 2016年,严厉打击各类违法犯罪,批准(决定)逮捕刑事犯罪嫌疑人5253人,提起公诉6662人。严格贯彻宽严相济刑事司法政策,依法不批准逮捕853人,决定不起诉662人。大力推进立体化社会治安防控体系建设,就近年频发的电信网络诈骗、侵犯公民个人信息等犯罪中暴露出的管理问题,积极向职能部门发送检察建议,努力织密公共安全网。探索矛盾多元化解途径,引入律师等第三方参与化解涉检信访,帮助引导当事人理性表达诉求,推动25件疑难信访案件妥善化解。

【查办职务犯罪案件】 2016年,坚持反腐肃贪不动摇,立案查办各类职务犯罪178人,其中查办窝串案人数占54.5%。严肃查办省国防科工办原副主任廖某凌、南昌市政府原副秘书长陈某等县处级以上领导干部8人,依法起诉中石化原总经理王某普受贿、贪污案。部署开展查办和预防基层侵害群众利益职务犯罪专项工作,侦办民生领域职务犯罪108人。坚持强化职务犯罪预防,试行预防诫告制度,对有违法行为但不构成职务犯罪的涉案人员开展预防诫告73件,积极提升预防效果。

【加强刑事和民事诉讼监督】 2016年,加强刑事诉讼监督,监督侦查机关立案67件,监督撤案32件,纠正漏捕168人,纠正漏诉443人,提出刑事抗诉37件,开展羁押必要性审查,依法变更强制措施206人次。加强刑事执行监督,部署开展集中清理判处实刑罪犯未执行刑罚和财产刑执行专项活动,依法收监执行8人,监督纠正减刑、假释、暂予监外执行不当324人次。深入开展"基层民行检察工作推进年"活动,提请(提出)民事抗诉19件,发出再审检察建议11件,督促行政机关依法履职116件;启动行政非诉执行专项监督活动,发出执行监督检察建议63件;联合法院组织开展执行案款集中清理,支持、督促法院清理滞留执行案款6483万余元。

【维护市场经济秩序】 2016年,从维护市场秩序入手,依法批准逮捕各类破坏市场经济秩序犯罪344人,起诉409人,妥善办理"e租宝"等44件涉众型经济犯罪案件,努力防控区域性金融风险。从保障项目建设入手,对全市26个重大项目持续开展专项预防,发出预防检察建议75份,为各类项目招投标提供行贿犯罪档案查询5.3万件次,把牢项目建设廉洁关口。从平等保护企业发展入手,制定服务非公企业发展"10条意见",起诉侵犯知识产权、制售假冒伪劣商品等侵害企业合法权益犯罪案件63件。组建硕士检察官服务团为企业提供精准法律服务,保障企业健康发展。

【保护生态环境】 2016年,严厉打击破坏环境资源犯罪,批准逮捕22人,起诉38人,依法查办退耕还林、污染治理、矿产资源管理等生态领域职务犯罪32人。推进共防共治,设立30个生态检察室、工作站,与55家单位建立保护环境共建计划和联协制度,南昌县检察院成立全省首个生态检察科,促进形成"检察+行政"的生态环境保护格局。强化检察监督,围绕保护水、土、林、气、候鸟等自然资源和海昏侯遗址等人文景观开展19个"小专项"行动,依法监督行政机关执法69件,督促整治排污、非法采挖等危害环境的突出问题。

【服务保障民生】 2016年,积极服务精准扶贫,会同市扶贫办开展集中惩治和加强预防扶贫开发领域职务犯罪专项活动,立案查办惠农扶贫领域职务犯罪53人。主动参与全市"十大扶贫到户工程"和"百千万"行动,帮助挂点扶贫村引进光伏发电、生态养殖等产业项目,促进农民增收。积极保障食药安全,持续开展食品药品专项监督行动,批准逮捕"问题疫苗"事件涉案犯罪嫌疑人4人,监督立案危害食品安全案件40件,起诉61人。积极解决民生难题,依法监督公安机关立案侦查拒不支付劳动报酬犯罪,帮助83位务工人员追回工资112万余元;为特别困难的23个刑事被害人家庭发放司法救助金58.6万元,努力让困难群众感受司法温暖。

【坚持人才兴检与改革创新】 2016年,以正规化、专业化、职业化为导向,制定"十三五"时期南昌检察教育培训工作规划,出台检察职业导师制实施办法,开展公诉人和律师诉辩对抗等业务竞赛9次,组织检察人员参训3916人次,努力为检察事业发展提供人才保障。加快推进以审判为中心的刑事诉讼制度改革。制定介入侦查工作实施细则、规范补充侦查、刑事案件庭前会议等8项制度,探索实施"以客观证据为核心"的案件亲历性审查模式,进一步强化检察机关在规范刑事侦查活动上的诉前主导作用,推动审判标准前置化。大力创新办案机制。整合全市职务犯罪侦查力量,组建"侦查人才库""预防专家库",充分共享应用电子数据分析、心理测谎等技术手段,推动形成规范化取证、精细化初查、专业化审讯、信息化引导的集约化办案模式;整合全市未成年人刑事检察力量,搭建"五方"互通、集远程心理咨询等五类功能于一体的帮教系统,提升涉罪未成年人帮教水平。

【开展"规范司法行为专项整治深化年"活动】 2016年,部署开展"规范司法行为专项整治深化年"活动,对近三年来保障律师执业权利、讯问犯罪嫌疑人同步录音录像、指定居所监视居住、涉案财物处理等情况开展专项检查,组织对372件案件开展质量评查,对发现的司法不规范问题建立清单、限时整改。积极顺应司法责任制改革,建立办案人员司法档案、办案质量问题约谈等制度,进一步推动办案规范化。

【建立内外监督机制】 2016年,建立"一委三室"(检务督察委员会,重大决策部署督办室、纪律作风督察室和执法办案监督室)内部监督体系和"一考核三清单"制度。"一考核"即《检察人员绩效考核办法》,将检察人员日常工作任务和党建责任、党风廉政建设等责任细化、量化为具体的评价标准,让各项责任"由虚到实"。"三清单"分别是职权清单、风险清单和责任清单。制定《关于全市检察机关从严治党治检、加强作风建设的实施意见》,处理高新区检察院工勤人员徐某保违纪问题,深刻汲取事件教训,在全省率先实行全体检察人员个人事项报告制度,全面加强检察人员的监督管理。至年底,共下发督查通报9份,诫勉谈话3次,对2名县区院检察长进行提醒、告诫。在网上公开案件程序性信息7787条、重要案件信息481条,法律文书公开比例达到94%;完善"南昌检察"微信检务大厅功能,努力为群众提供更开放便捷的检察服务。全市两级检察院向同级人大及其常委会汇报工作26次,邀请人大代表参加检察开放活动200余人次,定期向代表寄递《联络专刊》通报工作;认真研究市人大及其常委会的有关决议、意见以及人大代表意见和建议,全面落实,及时反馈。

【办理非法向社会公众吸收存款案件】 2016年,安徽钰诚集团旗下的上海钰申金融信息服务有限公司南昌分公司、英途世纪(北京)商务咨询有限公司江西省区域实际控制人祝某丰、李某等8人,以居间平台及资金第三方托管为幌子,在明知安徽钰诚集团私设资金池用以吸纳社会公众存款的情况下,将安徽钰诚集团融资租赁有限公司通过开展融资租赁业务所获得的企业债权包装成"e租宝""芝麻金融"等6款理财产品,以高额固定年化利息为诱饵,非法向社会公众吸收存款近4亿元。12月,东湖区检察院以涉嫌非法吸收公众存款罪,依法对李某等5人提起公诉,其余案件正在审查起诉中。

【建立未成年人"五方"远程帮教系统】 2016年,通过远程视听技术,将市检察院未检办案中心与全市11个县区检察院未检工作室、3个观护帮教基地、高校心理咨询机构和未成年人管教所五方贯通,实现远程调度协调、互联网帮教、在线心理咨询、实时监控、在押未成年人维权等五大功能,提升检察环节内涉罪未成年人帮教工作质效。

(羊忠民)

法　院

【概况】 2016年,全市法院围绕"努力让人民群众在每一个司法案件中感受到公平正义"的工作目标,勇于担当首位使命,全面履行审判职责,各方面工作取得新的进展。全市法院共受理各类案件5.83万件,审结5.57万件,分别同比上升6.45%、19.44%。其中,南昌市中级人民法院(以下简称市中院)受理各类案件1.31万件,审结1.26万件,分别同比上升3.85%、5.71%。先后有9个集体和个人获得国家级表彰,35个集体和个人获得省级表彰。其中,市中院未成年人案件综合审判庭、西湖区人民法院少年案件审判庭再次被命名为全国"青少年维权岗"(2014—2015年度)。

【周强到市中院调研】 2016年10月11日,最高人民法院(以下简称最高院)院长周强深入市中院调研,亲切慰问干警,深入了解执法办案、司法为民、信息化建设、解决"执行难"等工作情况。周强指出,要积极推进法院司法体制改革,服务发展大局，加强信息化建设，破解执行难题，切实加强队伍建设，不断提高省会城市法院的首位度。对全市法院服务大局、大要案审判、少年审判、执行等工作取得的成效予以充分肯定。

【强化司法保障和服务】 2016年，主动研判“十三五”规划对司法工作提出的新要求，及时出台实施意见，增强司法保障和服务的针对性。按照市委促进“三个文明”融合发展、打造“南昌光谷”“旅游强市建设”等重大部署，研究制定系列司法指导意见，全力护航经济社会发展大局。服务供给侧结构性改革，成立清算破产审判合议庭，稳妥审理破产案件，促进经济转型升级。加大生态环境司法保护力度，成立环境资源审判合议庭，推广“三审合一”审判模式。积极开展为企业“降成本、优环境”活动，防范企业经营风险。积极保障全国综治创新工作“南昌会议”，有效化解一系列矛盾纠纷。加强对审判工作中新问题、新情况的分析研判，提出司法建议67条。

【打击刑事犯罪】 2016年，积极推进反腐败斗争，审结中石化原总经理王某某受贿、贪污案等职务犯罪案件177件，判处县处级以上18人，大要案审理效果获得最高法院、省委政法委主要领导充分肯定。审结杀人、抢劫、贩卖毒品等严重危害社会治安犯罪案件458件，胡某某等罪犯被依法严惩。审结社会关注的非法集资、电信诈骗、生产销售有毒有害食品等涉众型犯罪案件34件，苏某某、陈某某等罪犯受到惩处。

【化解民商纠纷】 2016年，倡导社会诚信，审结合同案件16878件。保障民生权益，审结婚姻家庭、人身损害赔偿案件7475件。兼顾保障劳动者合法权益和企业生存发展，审结东航飞行员离职案等劳动争议案件1032件。加强产权保护，审结权属、财产侵权案件790件。防范金融风险，审结金融债权、民间借贷案件6587件。促进创新发展，审结知识产权案件452件。加强涉外、涉港澳台审判工作，涉台审判工作被中央电视台报道。

【助推建设法治政府】 2016年，推进依法治市，坚持合法性审查标准，判决撤销、变更、确认行政行为违法66件。助力城市科学建管，审结涉房屋拆迁和土地征收案件143件。监督支持依法行政，推动行政机关负责人出庭应诉99次。

【攻坚执行难题】 2016年，聚焦用两年时间在全省率先基本解决“执行难”目标，在全省率先开通与国土、房管部门的“点对点”网络查询平台，对南昌欧亚汽车销售有限公司等失信被执行人进行强制审计13次，罚款525.03万元，拘留273人次，移送刑事立案22人次。优化执行机制和方式，在市人大常委会作出执行工作专门决议的基础上，市委、市政府在全省率先下发《关于进一步支持人民法院基本解决“执行难”问题的通知》。东湖区法院发出全省首个执行悬赏公告。

【回应群众期待】 2016年，开展律师参与化解和代理涉诉信访，7个法院在诉讼服务中心设立律师代理申诉接待室，引导申诉人合法理性表达诉求。整合调解资源，7个法院建立医患纠纷等诉调对接平台，实现行政调解、行业调解、人民调解与法院调解的无缝对接。出台全市法院诉讼服务中心标准化建设方案，加快诉讼服务中心升级提档。打造“智能诉讼服务大厅、网上诉讼服务中心、‘12368’诉讼服务热线”三位一体的诉讼服务平台，提升诉讼服务水平。坚持“文明、规范、优质”的诉讼服务工作标准，接待群众14万余人次。深入社区乡村、田间地头开展巡回审判481次，方便群众参加诉讼。积极推广旅游、交通事故纠纷速裁，探索物业纠纷小额速裁，及时化解矛盾纠纷。加大司法救助力度，缓减免交诉讼费635.25万元，发放司法救助款610.22万元。

【完善审判机制】 2016年，在全市法院大力推动“一院一品”工程，每个法院均培育、提炼出1个以上独具本地特色的司法品牌。市中院未成年人案件综合审判庭、西湖区人民法院少年案件审判庭再次被命名为全国“青少年维权岗”(2014—2015年度)，市中院被评为省“三八红旗集体”。高新区法院在全国首创司法送达服务平台，有效缓解送达难问题，被《中国法院信息化蓝皮书》列为16个地方创新之一。青云谱区法院探索运用互联网进行公告送达，发出全省首个互联网公告。设立司法改革专门机构，按要求完成法官职务套改工作，分析梳理法官入额意愿和办案质效情况，同步推进相关配套改革，做好司法改革全面铺开前的各项准备，凝聚“早改早发展、早改早受益”的共识。

【锤炼队伍能力】 2016年，扎实推进“两学一做”学习教育，引导广大干警树立“四个意识”，坚定“四个自信”。坚持以上率下，着力打造一流的班子，带出一流的队伍，争创一流的业绩。积极开展审判业务培训和司法警务培训，邀请最高法院审判专家为全市法官授课，选派217名干警参加上级法院组织的培训，市中院各有1名干警获全国法院先进个人、全国法院精品文书评比三等奖、全国法院司法警察技能大比武单项全国第一。在全市法院开展纪律作风集中教育整顿活动，在全省法院率先出台《关于全市法院准确把握运用监督执纪“四种形态”的指导意见》，让纪律成为“带电的高压线”。举办全市法院深化落实全面从严治党“两个责任”专修班，推动全面从严治党不断纵深发展。严肃监督执纪，开展审务督察475次，对2个基层法院进行司法巡查，对有苗头性、倾向性问题的干警函询、谈话111人次，初核信访举报案件56件。

【打造“全国法院法治文化教育基地”】 2016年1月13日，梅汝璈故居被江西省高级人民法院(以下简称省高院)授予“江西省法官教育基地”。市中院通过省高院向最高院请示将梅汝璈故居升级打造成为“全国法官教育基地”，拟通过立足梅汝璈这一人文优势，深入挖掘江西法治资源，构建集“心灵、感官、体验”于一体的多功能法治教育宣传场所。11月15日，最高院下发《关于命名梅汝璈故居为全国法院法治文化教育基地的决定》。该决定指出，为充分发挥梅汝璈故居的文化功能，开展爱国主义教育和法治文化教育，引导法院干警和社会公众坚定法治信仰、增强法治观念、培育法治精神，最高院决定，将梅汝璈故居命名为“全国法院法治文化教育基地”。

【接受各方面司法监督】 2016年，认真办理代表建议17件。积极向市人大常委会汇报司法公开、积案清理工作，按照审议意见抓好整改。完善日常联络机制，邀请代表视察座谈、见证执行、旁听庭审517人次。主动接受政协民主监督，定期向政协通报法院工作情况。依法接受检察机关诉讼监督，邀请检察长列席审委会68次。积极扩大司法民主，完成人民陪审员“倍增计划”。着力打造司法公开四大平台尤其是庭审直播公开平台，不断拓宽庭审直播覆盖面。利用微博、微信等新媒体发布法院信息3322条，传播司法正能量。通过公布电话和信箱、回访当事人等方式，进一步接受人民群众监督。

(王 琼)

司法行政

【概况】 2016年,市司法局紧扣平安南昌、法治南昌建设任务,创新举措,扎实工作。为做好全国综治工作"南昌会议"的协助筹备工作,高标准打造南昌市法律服务中心等一批司法行政特色示范点,得到中央综治委和司法部的充分肯定。10月,市司法局被市委、市政府表彰为全国综治"南昌会议"协助筹备工作先进单位。

【打造南昌市法律服务中心】 2016年,按照"线上线下并行、虚拟实体同步、前台后台联动"的思路,整合全市73家律师事务所、1003名律师、11家公证机构等法律服务资源,高标准打造南昌市法律服务中心。10月14日,司法部部长吴爱英调研视察时,对公共法律服务平台的建设水平、服务项目、为民理念表示充分肯定。全国综治工作"南昌会议"后,有30余批次外省市政法部门考察团到南昌市法律服务中心参观考察。

【普遍建立法律顾问制度】 2016年,率先在全省实现市、县、乡三级党委政府及其部门和国有企事业单位、人民团体、村(社区)法律顾问制度全覆盖。督导各县区出台村(社区)法律顾问工作制度意见,对村(社区)法律顾问工作职责、运行机制和经费支持等从制度上予以保障。组建法律顾问人才"备选库",分别成立党政机关、事业单位、国有企业及其他行业4个分库。市律师协会设立行政法律专业委员会,所有入选党政机关、事业单位法律顾问人才备选库的律师全部加入,针对性地开展政府法律顾问实务培训,并邀请具有丰富经验的政府法律顾问作指导。

【开展法治宣传教育】 2016年,连续13年举办全市春节领导干部法治讲座。创新宣传方式,投入300余万元打造南昌市法治主题公园,搭建起手机普法报、普法微博、微信公众号等"互联网+普法"立体化格局。5月,南昌市荣获"六五"普法全国先进城市称号,3个单位被评为全国"六五"法治宣传教育先进集体,4人被评为全国"六五"法治宣传教育先进个人。在第八次全国法治宣传教育工作会议上,南昌市作为唯一一个地级市作题为《坚持改革方向问题导向,全面推进法治南昌建设》交流发言。在全省第十三次法治宣传教育工作会议后,南昌市迅速启动"七五"普法工作。7月,市委、市政府出台"七五"普法规划,市人大常委会出台"七五"普法决议,并召开"六五"普法总结暨"七五"普法启动大会。11月,各县区均按要求召开"七五"普法动员大会,出台"七五"普法规划和决议。

【开展人民调解工作】 2016年,市医调中心建立救助保障、调赔对接、调诉对接、调医对接等6项机制,立案调解医疗纠纷344件,调解成功率100%,有十几家中央级媒体先后报道市医调工作先进经验。在市人社局建立劳动仲裁调委会,取得初步成效。在红谷滩新区沙井街道司法所和东湖区豫章街道司法所、百花洲街道司法所等基层司法所开展试点,依托基层法律服务所成立人民调解委员会,聘请法律专业人士开展人民调解,化解矛盾纠纷,取得良好的社会效果。指导、督促各县区按照"六有""四规范"的要求,抓好乡镇(街道)、村(居)人民调解组织及专业性人民调解组织建设。举办1期全市人民调解员业务培训班,组织全市30名司法所工作人员参加省司法厅举办的全省第9、10期司法所长培训班,增强调解能力和责任意识。全市各级人民调解委员会参与调解的案件总数为17069件,调解成功16961件,调解成功率为99.37%。

【开展社区矫正工作】 2016年,开展社区矫正执法规范深化年活动考查督导和考评。出台《南昌市社区矫正督查工作暂行规定》,通过网上和实地相结合定期或不定期开展日常督查工作,对脱管漏管、重新犯罪、舆情危机等情形,开展专项督查。出台《关于进一步明确社区服刑人员居住地管辖问题的通知》,进一步规范社区服刑人员的居住地入矫衔接等问题,最大限度防范脱管漏管现象的发生。推进社区矫正官试点,将"南昌市社区矫正安置帮教管理中心"更名为"南昌市司法局社区矫正执法支队"。全市新接收社区服刑人员1294人,累计接收9778人,累计解除7577人,在册2201人,社区服刑人员重新犯罪率控制在3‰以下,低于中部省会城市平均水平。

【安置帮教特殊人群】 2016年,建立特殊人群教育就业基地管理服务系统,设置安置帮教咨询接待窗口、特殊人群就业安置办公室和基地企业联络站,为特殊人群提供就业帮助和指导。综合运用远程视频会见、联合帮教、政策扶持等手段,将安置帮教工作前延到监所,联合开展延伸帮教活动累计19次。健全刑满释放人员帮扶机制,落实低保11人次,实施临时救助381人次,开展技能培训295人次,推荐就业263人次,帮助自主创业68人次。与省心理咨询师协会共建"心理咨询专家工作站",开展刑满释放人员心理辅导活动200余人次。加强基层安帮组织建设,充分发挥社区、村(居)委会在日常管理和教育帮扶等方面的基础性作用,完善社会志愿者等社会力量参与安置帮教工作的形式、方法,探索建立安置帮教志愿者协会。加强政府购买服务力度,配备一定比例的从事安置帮教工作的专职社工。全市省内监所新出刑满释放人员1723人,接回1723人,安置1723人,帮教173人,接送率、安置率和帮教率均为100%,无缝对接工作各项数据在中部省会城市中名列前茅。

【开展法律援助】 2016年,扩大法律援助覆盖面,将公民申请法律援助经济困难调整为城乡最低生活保障线的2倍;将残疾人、老年人、妇女、未成年人在人身财产权益等方面受到损害的所有事项,全部纳入援助范围。延伸法律援助服务领域,探索性地办理一批公证和司法鉴定法律援助案件,将涉法涉诉申诉案件全部纳入法律援助范围。完善法律援助工作站建设,实现全市法院和119个乡镇(街道)法律援助工作站全覆盖。依托中彩金项目,进一步加大农民工、残疾人、老年人、妇女、未成年人等五类群体法律援助力度,充分利用项目资金27万元共办理项目案件135件。至年底,全市法律援助机构共为3061人次办理法律援助案件2865件,接待群众来信来访来电、解答法律咨询近3.6万人次,为困难群众挽回经济损失4200余万元。

【开展公证工作】 2016年,做好涉外法律服务,打破长期以来涉外公证业务全部由市属公证处办理的局面,对已经达到申办涉外公证业务条件的县区公证机构放开涉外公证业务。全市各公证机构都能够紧扣政府中心工作,积极发挥公证职能,规范公证法律服务,办理各类公证事项5.3万件,收费1500余万元,同比分别增长18.24%和4.28%。加强公证质量监管,深入开展公证质量建设年活动。11月,市公证协会被评为全省公证质量管理先进单位;在评选的21个全省公证质量先进单位中,南昌市共有7个单位入选;在评选的23位全省公证质量先进个人中,南昌市共有9人入选。

【律师行业及律师制度建设】 2016年，完成全市69家律师事务所的年度检查考核和900余名执业律师的年度考核工作；完成律师事务所合伙人、地址、章程变更及律师事务所设立初审、申请律师执业、变更执业机构等服务事项400余件。做好律师参与信访接待工作，全年接待来访案件320余件，接待群众1000余人次，投入律师参与信访接待专项经费10万余元。推进律师参与化解和代理涉法涉诉信访案件工作，推荐8家律师事务所和36名律师加入省级律师参与化解和代理涉法涉诉信访工作律师库，并积极配合省级有关部门开展相关工作；择优遴选3家大型综合性律师事务所负责南昌市公、检、法部门的涉法涉诉工作。积极推进法律职业共同体建设，联合市法院、市检察院、市公安局出台《构建新型法律职业共同体联席会议制度》，建立法官、检察官、警察与律师沟通交流平台。全市84家律师事务所共办理各类诉讼案件8159件，非诉讼法律事务6319件，法律顾问单位2800余家，业务收费实现1.5亿元，比上年增长30%。

【服务国家司法考试】 2016年，完成国家司法考试的报名、培训和组织实施工作。国家司法考试报考人数5014人，比上年增加20%，考生数量创历史新高。考务组织过程中首次实行考务安全管理系统，所有考生每场考试进入考点都通过安检通道进行人像比对和身份识别。做好考务安全系统的硬件采购、平台测试、使用培训、模拟演练等环节，确保新系统的有效使用。

【开展司法鉴定质量建设年活动】 2016年，印发《关于开展司法鉴定质量建设年活动实施方案》，对质量建设年活动进行具体安排。围绕“十评十查”，坚持三个百分之百的活动要求，市属14家司法鉴定机构对案件办理、内部管理、机构认证认可，仪器设备、档案管理，职业道德、执业纪律等12个方面重点内容进行自查，共查出违规设点、虚假宣传、现场勘察不规范等15个重点问题；对办理的5617件司法鉴定案件进行复查，查出问题案、瑕疵案137件，并及时进行整改，切实维护司法鉴定的公信力。至年底，全市司法鉴定机构共办理案件4272件，有效投诉为零。

【推进强制戒毒工作】 2016年，试点探索“1341”戒毒模式取得明显成效，省戒毒管理局在南昌市召开现场会，并在全省全面推开。夯实安全工作长效机制，开展“安全管理制度学习月”活动，修订出台58项“月度安全”竞赛考核细则，制定《戒毒人员安全性评估制度》《优胜中队评比细则（试行）》等内部管理制度，层层签订安全责任状，构建图示层级管理、网格化管理新格局。加强场所硬件设施建设，增设大（中）队安检门、外墙防攀爬装置等安保设施。建立医疗戒护中心，健全教育矫治中心，组建康复训练中心，设置诊断评估中心，有效促进戒毒工作规范化、规模化、实效化运行，实现全年无重特大安全生产事故的工作目标。

【实行人民监督员制度】 2016年，召开南昌市全面推进人民监督员制度改革工作会议，动员部署人民监督员制度改革工作。制订《南昌市人民监督员选任管理工作方案》，明确职责任务，科学设定选任资格，严格规范选任程序，注重选用衔接。全市100名人民监督员全部选任到位。

（解鹏程）

仲 裁

【概况】 2016年，南昌仲裁委员会认真履行法律和章程赋予的职责，充分发挥职能作用，扎实工作，开拓进取，取得较好工作业绩。全年受理各类民商事合同纠纷案件306件，涉案标的20亿元；审理案件418件，审结278件。其中，裁决结案130件，和解调解结案145件，不予受理3件。

【加强仲裁机构建设】 2016年，增聘仲裁员23名，举办旨在提升全体仲裁员综合素质的培训班，组织部分仲裁员赴北京参加“清华大学第二十期仲裁员培训班”。修订《仲裁规则》等仲裁制度，制定《送达工作规范》。分支机构建设有新进展，形成三横三纵的发展格局。第一（湾里）分会改善办公场所；第三（昌南）分会仲裁宣传及仲裁条款的预埋工作逐步开展；建筑业仲裁中心新设立建筑业协会调解中心；知识产权仲裁中心正式设立并开始运行；新建区分会、金融行业仲裁中心正在筹备中。

【发展仲裁工作各方联系】 2016年，保持与有关部门和单位的工作联系，努力拓展仲裁工作领域。接待省政协领导和有关部门负责人调研；加强与市法制办、市建委的沟通联系，促成市政府印发《关于规范国有资金投资建设工程项目结算条款和争议解决方式的意见》；走访市工商联和中国华融资产公司江西分公司、中国长城资产管理公司南昌办事处等单位；接待省青年企业家协会、省劳动仲裁院、江西民间融资中心、洪城快贷小额贷款公司、江西大丰村镇银行、南昌各高校等单位的工作来访；应邀到青云谱区政府常务扩大会议和省国资委举办的《全国国资委系统指导监督国企法治建设培训班》上宣讲仲裁法律制度。通过各种形式，推介南昌仲裁。与省国资委、省企业法律顾问协会联合举办“第一期模拟仲裁庭”活动；与华章汉辰担保集团股份有限公司和市民营企业家商会等单位联合举办多场《中华人民共和国合同法》及仲裁法律知识实务讲座；与省法学会、市公证处等单位联合举办若干场“以案释法沙龙”；与省企业法律顾问协会、市洪城公证处、江西法制网等单位联合举办“外资参与国有企业改制及国有企业海外并购研讨会”；在《新法制报》上联合创办“法律超市”专栏。

（俞 利）

军　　事

概　述

【概况】　2016年，南昌警备区、武警南昌市支队、市公安消防支队、市人防办始终牢记习主席“五个深入推进”政治嘱托，坚持党对军队绝对领导的根本原则和制度，加强部队思想政治建设；着眼能打胜仗，按照时间节点，大抓实战化训练，强化问题导向，持续深化重难点问题攻关和战法创新研究，强力推进军事斗争准备；围绕整风整改，着力维护班子团结，认真贯彻民主集中制，持续改进工作作风，大力加强党委班子建设；保持和发扬好传统，发挥红土地的特色和优势，推动军民融合深度发展，巩固和深化党管武装军地联合考评成果，服从服务地方经济社会发展大局。

民兵和预备役部队

【概况】　2016年，南昌警备区牢记习近平主席“五个深入推进”政治嘱托，坚决贯彻省军区党委和市委、市政府决策部署，坚定推进政治建军、改革强军、依法治军，狠抓思想引领，深化动员准备，从严正风肃纪，年度各项工作创特创优，部队全面建设向上向好。制定出台《牢记领袖嘱托、忠诚履行使命，坚决贯彻落实“五个深入推进”重大思想的意见》。大力弘扬八一精神、传承英雄基因，组织新入伍青年到南昌八一起义纪念馆，开展“牢记初心启程、投身强军实践”主题教育，组织专武干部、民兵预备役到江西革命烈士纪念堂、方志敏烈士陵园学习革命传统。重视加强涉军敏感问题防控，积极做好隐蔽斗争、“四反”工作，发挥新闻宣传主阵地作用，师团两级在军地媒体报刊用稿669篇。结合筹备纪念建军90周年工作，积极探索在中小学建立“国防班”“少年军校”，协助市委、市政府共同推进12个重大纪念项目，与时俱进增强国防教育的生机活力。协调出动火箭军官兵、民兵预备役圆满完成抗洪抢险任务。南昌警备区被军委国防动员部表彰为军事训练先进单位。深化军民融合发展，在全省率先完成一体化智能显控交互平台建设。以“五率”考评为抓手，制作3D动漫宣传片，试点高校跨区征集，协调出台大学生征兵“6项优惠政策”，圆满完成新兵征集任务，大学生比例达67.5%。坚持围绕中心、服务中心搞保障，加大军事训练、信息化建设保障力度。坚持党委理财、依法管财，严格预算执行，抓好离任审计，加强资产管理，不断提升经费使用效益。按照“按需设岗、公平竞争、择优上岗”原则，实施职工竞聘上岗，依法落实工资待遇，较好地发挥人力资源配置效能。积极开展营区综合整治和战备库室规范化建设，认真做好饮食、油料、医疗等日常保障，做好老干部服务工作。认真落实党委议军、第一书记任职、工作考评等党管武装基本制度，针对乡镇换届调整，积极抓好专武干部调整选配，提升重用比例达85%，有效激发基层工作动力。持续推动双拥共建有效落实，发动驻昌部队官兵、民兵预备役参加“美丽南昌·幸福家园”环境综合整治，军地军政关系健康和谐，南昌市荣获全国双拥模范城“八连冠”。大力开展扶贫帮困活动，帮助2个贫困村实现率先脱贫，南昌警备区挂点进贤县钟陵乡东塘村扶贫工作取得显著成效。

【开展抗冰除雪行动】　2016年1月22日，按照“第一时间反应、第一时间出动、第一时间发挥作用”的原则，南昌警备区主动出击，依据抗冰除雪行动方案，及时组织10个团单位(东湖区、西湖区、青云谱区、青山湖区、新建区、湾里区、南昌县、进贤县、安义县人武部，预备役高炮团)和驻昌部队展开抗冰除雪行动，分别赴英雄大桥、八一大桥、南昌大桥、朝阳大桥、生米大桥、墨山立交桥、南昌火车站、南昌西客站、徐坊长途客运站展开抗冰除雪行动，累计清除桥面积雪17.8千米、地面积雪6千米。

【召开驻昌部队扶贫和与市属中小学对接会】　2016年1月21日，为深入贯彻市委率先实现全面小康动员暨扶贫开发工作会议精神，以及推进国防教育进校园指示要求，落实《驻昌部队积极支持南昌建设发展倡议书》有关内容，军地在南昌警备区分别召开驻昌部队参与全市扶贫对接会、驻昌部队与中小学结对共建推进国防教育进校园对接会，39个驻昌团以上部队联络员、帮扶村第一书记和32所市属中小学分管领导参加。会议下发《关于驻昌部队参与全市“百千万”行动，开展合力精准扶贫工作的通知》《关于开展驻昌部队与市属中小学结对共建，推进国防教育进校园活动的通知》；驻昌各部队联络员与帮扶村第一书记、市属中小学分管领导相互见面介绍情况，建立联系渠道。

【出台大学生征兵优惠政策】　2016年4月，南昌警备区向市政府专题报告，建议试行高校跨区征集新兵并出台相应优惠政策。5月16日，召开市征兵领导小组会议，研究通过有关优惠政策措施，并落实160万元专项工作经费。5月20日，市政府、警备区联合下发文件，明确六条硬性优惠政策：大学生义务兵优待金标准全市统一且每年不低于1.28万元，每年市属事业单位和国有企业面向大学毕业生退役士兵组织专场招聘，大学生士兵退役后可落户南昌且服役时间计算工龄，大学生士兵退役后在南昌市自主创业3年内减免相关税费，从南昌市征集入伍1名大学生补助所在高校1000元，每年评选征兵工作先进单位和个人时高校奖励指标单列。大学生应征入伍的六条优待政策受到省征兵办表扬，并由省征兵办转发。

【推进精准扶贫工作】　2016年，南昌警备区主要领导先后3次率机关人员深入挂点的进贤县钟陵乡东塘村入户蹲点，到19户56位建档立卡的贫困群众家中，实地了解党组织、基础设施和村容村貌等情况。主动与共同帮扶单位市水务局、市气象局会商，联合拟制东塘村帮扶方案，详细制定光伏电站、特色养殖、村容村貌整治、水利设施建设等帮扶措施。投入60余万元帮助13户建档立卡贫困户发展特色养殖和建设光伏电站；在改善村容村貌上，投入资金110余万元对东塘村下辖的4个自然村、2个村民娱乐休闲广场进行整修，整修道路4条共5.9千米、桥梁1座；在整治水利设施上，协调资金600余万元为4个村进行山塘整治和水利改造；在改善办学条件上，投入30余万元购置图书3.5万册，桌椅230套，并对村小学进行整体改造；在争取优惠政策上，帮助贫困村申报扶贫开发项目，协调交通、规划等部门减免各项建设经费210万元。

【开展抗洪抢险工作】 2016年7月6日，受厄尔尼诺的影响，长江、鄱阳湖水位居高不下，形成倒灌现象，市辖区内的重要江、河、湖有多处出现超出警戒线情况。为抓好军地深度对接，发挥好南昌警备区指挥中枢和桥梁纽带作用，7月8日，南昌警备区在南昌市防总会议室，召集南昌市防总领导、52基地副参谋长、811旅旅长和机关人员、3个县区（新建区、南昌县、进贤县）分管县（区）长和人武部主官以及气象、水文、防汛办负责人共27人，召开军地任务对接协调会，对雨水汛情、指挥关系、用兵程序、担负任务、相关保障重点要素进行有针对性的对接。7月9日，在省委常委、省军区司令员张晓明和省委常委、市委书记龚建华等带领下，省军区、南昌市委和南昌警备区机关有关负责人一行23人，分别到昌北机场、新建区、南昌县、进贤县，行程280余千米，看望慰问昌北机场战备演练官兵和入昌支援抗洪部队，并到新建区赣西大堤、二十四联圩，南昌县南新联圩，进贤县六〇堤进行检查指导。防汛过程中，共协调811旅出动官兵1500人，处置68处险情，指挥所属人武部、高炮团出动民兵预备役官兵347人，处置3处险情，较好地保证南昌辖区内的防汛安全。

【军委国防动员部全国人大代表调研组到南昌调研】 2016年7月12日，军委国防动员部全国人大代表调研组由河北省军区原政治委员李光聚带队一行9人，到南昌调研参观。调研组重点参观考察泰豪集团、南昌八一起义纪念馆、滕王阁、小平小道等，对南昌市国防教育各项工作给予充分肯定。

【开展征兵宣传发动】 2016年，市、县（区）两级充分利用报刊、广播、电视、网络等媒体，通过印发宣传单，编制宣传专栏，张贴宣传标语等方式，广泛开展征兵宣传活动。投入4万元，开通南昌市征兵办公室官方微信公众号，定期推送征兵政策信息。投入8万元，制作一部符合90后青年成长特点的征兵动漫宣传片《军营梦》，在校园网和微信平台、广场、地铁站台、列车等公共场所播放。两级征兵办在市以上新闻单位用稿111篇，其中中央级4篇、军区级28篇。8月1日，中央电视台《新闻联播》、央视七套、央视新闻频道对南昌市征兵体检工作进行报道。征兵动漫宣传片《军营梦》，在全省征兵宣传片评比中获得第一名。

2016年10月24日，海军“南昌舰”退役降旗暨交接仪式举行

【海军“南昌舰”欢迎仪式举行】 2016年10月24日，在南昌凤凰洲市民公园举行海军“南昌舰”欢迎仪式。海军北海舰队副政委李桦，市委、市政府主要领导，南昌警备区领导等出席欢迎仪式。南昌警备区协调驻昌部队海、陆、空代表100人参加欢迎仪式。活动内容主要包含北海舰队领导讲话、参观海军“南昌舰”等6项议程。迎回海军“南昌舰”仪式是八一南昌起义暨建军90周年纪念活动重点工作任务。“南昌舰”将成为南昌市展现和传播南昌红色文化、促进国防教育、续写英雄城双拥工作新篇章的重要窗口和载体。

【南昌警备区党委第一书记任职大会召开】 2016年12月15日，南昌警备区组织召开党委第一书记任职大会。会议宣读省军区党委决定：殷美根任南昌警备区党委委员、常委、第一书记。省委常委、副省长、市委书记、南昌警备区党委第一书记殷美根讲话。省军区政委杨笑祥宣读决定、颁发任职通知书并讲话。市委常委、南昌警备区司令员刘瑄主持。南昌警备区党委常委、各县（区）党委书记、所属团单位主官参加会议。任职大会后，殷美根听取南昌警备区全面建设工作汇报。

【参加“清洁家园”大行动】 2016年12月23—24日，南昌警备区机关积极协调省军区、江西省边防总队、武警南昌市支队、南昌航修厂、火箭军通信团、电子对抗2团、南昌边检站等驻昌部队共310人，组织各人武部、预备役高炮团动员民兵预备役人员1500余人，出动各类车辆、锹、镐等装备2594台（件、把），对主要城区（县城）社区、行政村、街道中的废弃杂物、积存垃圾、园林绿地内的垃圾杂草等进行清理，切实发挥驻昌部队和民兵预备役人员参加地方经济建设突击队作用，进一步密切军政军民关系、浓厚双拥共建氛围，为“美丽南昌·幸福家园”做出应有贡献。

（章 伟）

武装警察部队

【概况】 2016年，武警南昌市支队（以下简称南昌支队）团结带领各级党组织和广大官兵，坚持以习近平主席系列重要讲话精神为指导，以强军目标为统领，着眼干好维稳这件大事，按照总队、支队年度工作部署，坚持打基础、全力谋发展、务实解难题，圆满完成各项任务，全面建设呈现稳步推进、向上向好的发展态势。

【召开支队党委二届十三次全体（扩大）会议】 2016年4月28日，武警南昌市支队党委二届十三次全体（扩大）会议召开。会议传达学习总队党委三届九次全会精神，总结分析2015年部队建设形势，研究部署2016年工作任务，奖励表彰先进单位和个人。省公安厅党委委员、副市长、市公安局局长涂建生出席会议并指出，2016年武警南昌市支队为确保全市社会大局持续稳定、人民群众安居乐业做出了积极贡献，是一支平时过得硬、关键时候冲得上的威武之师、文明之师。号召全体官兵以强军目标为统领，加快推进支队现代化建设，为维护南昌地区新一轮发展和社会稳定作出新的更大贡献。

【领导走访慰问南昌支队】 2016年7月26日，在“八一”建军节来临之际，省公安厅党委委员、副市长、市公安局局长涂建生莅临南昌支队走访慰问。警地双方领导亲切座谈，涂建生对支队2016年来圆满完成地铁安保、南矶乡段开湖机动备勤、城市武装巡逻等大项任务和日常勤务给予充分肯定和高度赞扬，向长期奋战在执勤一线的支队全体官兵致以节日问候和崇高敬意，感谢武警官兵为南昌的社会稳定、经济发展、人民群众安居乐业做出的巨大贡献，代表市公安局赠送慰问金，并表示今后将一如既往支持部队建设，为武警官兵排忧解难，为共创和谐南昌、平安南昌做出更大的贡献。

【执行西山万寿宫庙会安全保卫任务】 2016年8月31日至9月1日，根据武警总队指示和市委、市政府统一部署，南昌支队出动官兵，圆满完成西山万寿宫庙会安全保卫任务。针对当前国内暴恐活动多发、庙会期间人员众多及任务期间极有可能发生拥堵踩踏、暴恐、偷盗等事件实际，南昌支队指挥员结合现场地形及时召开勤务部署会反复研究战法，周密部署勤务。在整个安全保卫任务中，全体参战官兵克服人流混杂、烟熏火燎等不利因素，连续奋战19个小时，始终做到“依法执勤、文明执勤”，受到地方各级领导和人民群众的高度赞扬。

【强化勤务保障和实战训练】 2016年，认真落实“三学”“六查”“四治”机制，稳妥推进执勤方式优化改革，分批次深化执勤隐患治理，确保绝对安全。科学统揽维稳行动和临时勤务，出色完成维稳备勤、联勤巡逻、武装押解等临时勤务，确保万无一失。围绕“八落实”标准，大力推行“六种组训模式”，圆满完成“卫士—16”演习、“魔鬼周”极限训练和抗洪抢险联演联训，实战化训练水平不断提升。全年圆满完成省、市“两会”安保、特殊时期城市武装巡逻、西山庙会执勤、大型调犯押解等临时性勤务，受到公安部、总部首长、省市主要领导的高度赞誉。

【增强综合保障效能】 2016年，突出抓好后勤指挥、人装结合、一兵多用、一专多能训练，组织后勤机关带“一组五队”进行实兵拉动演练和应急保障能力检验评估，后勤实战化水平稳步提升。共投入经费1400余万元抓好训练场地新建、营院“三化”整治、营房安防设施改造和公寓房装修等建设项目，后勤保障效益明显提升。全年为基层办理实事好事23件，件件惠及官兵，深受欢迎。

（张　辟　郭　杰）

消防部队

【概况】 2016年，南昌市公安消防支队以“四项建设”为载体，以消防社会化、勤务实战化、执法规范化、队伍专业化、管理常态化、保障系统化“六化建设”发展指针为牵引，以确保“两个稳定”为底线，精准对接发展所需、民心所向、官兵所盼，有效保证全市火灾形势和消防部队安全稳定。市公安消防支队自主研发的《数字化掌上作战指挥系统》荣获公安部第四届“公安基层技术革新奖”，成功卫冕全省消防部队第二届搜救犬技术比武竞赛第一名，获得市委、市政府表彰的全国综治“南昌会议”协助筹备工作服务保障先进单位称号。同时，涌现出一批先进典型。八一消防中队荣获中共中央授予的“全国先进基层党组织”称号，特勤消防大队党委荣获公安部消防局委员会授予的“全国先进基层党组织”称号，特勤消防大队荣获省公安厅授予的“全省公安现役部队勤政廉政先进单位”称号，珠江路消防中队荣获共青团江西省委授予的“全省五四红旗团支部”称号，搜救犬消防中队被省公安厅荣记“集体三等功”；涂志彦荣获“公安消防部队优秀党务工作者”称号，孟庆涛荣获“全国消防部队士官优秀人才二等奖”和“全省优秀人民警察”称号，王志坚荣获“全国消防部队士官优秀人才三等奖”，臧厂荣获“南昌青年五四奖章”称号。

【公安部消防局考评组考评南昌市2015年度消防工作】 2016年1月11—12日，公安部消防局纪检督察处处长肖磊率考评组到南昌市开展2015年度工作目标任务考评。其间，公安部消防局考评组实地抽查青山湖区公安消防大队、昌东消防中队及塘山镇政府专职消防队、京东公安派出所、江西师范大学、江西科技学院附中、东湖区科普教育基地等单位，查阅有关台账资料，查看特勤消防大队、战勤保障消防大队和水上消防大队等营房基础建设情况。

【处置西湖区火锅店火灾】 2016年1月19日凌晨2时11分，位于西湖区桃花南路一火锅店发生火灾。市公安消防支队指挥中心接到报警后，随即调派桃花中队等5个中队和保障大队共11辆消防车、70余名消防官兵赶赴现场处置火灾。经过全体参战人员的奋力扑救，火灾于当日8时30分被彻底扑灭，并成功解救被困群众26人，安全疏散群众120人。

【特勤、战勤保障、水上消防大队新营房落成仪式举行】 2016年1月19日，市公安消防支队举行特勤消防大队、战勤保障消防大队、水上消防大队三大项目（以下简称三大项目）新营房落成仪式。市公安消防支队三大项目位于红谷滩新区九龙湖西客站片区，总占地面积11公顷，总建筑面积2.17万平方米，是集执勤业务楼、模拟综合训练楼、装备物资储备库与维修厂房、水上消防码头于一体的现代化消防警营。

【省政府考核组考评南昌市2015年度消防工作】 2016年1月27—28日，省消防总队总工马辛率省政府考核组到南昌市检查考核2015年度消防工作。其间，省政府考核组一行实地检查青山湖区政府、塘山镇政府、南京西路天虹商场和塘山镇政府专职消防队消防安全工作，采取听取汇报、查阅文件台账等方式，检查县（区）政府及相关职能部门制定消防规划、排查整治火灾隐患、投入消防经费、消防队（站）建设、专职消防队伍建设、消防宣传教育培训和公共消防设施建设等情况。

【购置全省首辆 90 米登高平台消防车】 2016 年 2 月 3 日，省、市政府斥资为市公安消防支队购置配备一辆 90 米登高平台消防车。此辆消防车系江西省消防部队最高的举高消防车，集水罐车、高喷车、自动压缩空气泡沫车、登高车四项功能于一身，适用于城镇、矿山、油田及工厂等中高层建筑的消防和救援工作。

【处置“3·1”广州路佛塔街加工厂粉尘爆炸事故】 2016 年 3 月 1 日上午 10 时 18 分，佛塔街与城南大道交汇处一加工厂发生粉尘爆炸事故。市公安消防支队指挥中心接到报警后，立即调派广州路、洪都、特勤一中队共 4 辆消防车 26 名官兵赶赴现场进行扑救，同时调集交警、供电、供气等社会联动部门协助处置。经过全体参战官兵和社会联动力量的扑救，火灾于当天中午 12 时被彻底扑灭，并安全疏散加工厂旁幼儿园全体师生，保护毗邻厂房百姓生命财产安全。

【处置江西麻山化工有限公司火灾】 2016 年 3 月 17 日下午 14 时 2 分，位于进贤县经济开发区的江西麻山化工有限公司发生火灾。市公安消防支队指挥中心接到报警后，立即调派进贤县中队 4 辆消防车赶赴现场扑救，并迅速调集南昌县中队、特勤二中队、高新中队共计 5 辆消防车赶赴现场增援。经过全体参战官兵的奋力扑救，火灾于当日 16 时 30 分被彻底扑灭。

【开展消防知识培训】 2016 年 4 月 13 日，市公安消防支队在高新区瑶湖水上运动中心开展消防知识培训活动。奥运会冠军金紫薇等 100 余名运动员登上消防宣传体验车，体验、学习消防知识。

【法律援助工作站正式挂牌运行】 2016 年 4 月 26 日，市公安消防支队联合市司法局举行法律援助工作站签约暨揭牌仪式。市公安消防支队与市司法局签订合作协议书。法律援助工作站将为军人军属申请和获得法律援助提供有效途径。根据合作协议，南昌市法律援助机构应定期安排律师到市公安消防支队法律援助工作站值班，每月不少于 1 天，接受法律咨询，代拟法律文书，办理或协助办理涉军法律援助案件，遇有紧急涉法涉诉问题，法律援助机构应及时安排律师参与处理。

【人员密集场所灭火救援实战演练】 2016 年 4 月 29 日，市公安消防支队在南昌大学组织开展人员密集场所灭火救援实战演练。此次演练模拟南昌大学 25 号楼某层因违规使用大功率热得快烧水引起火灾，支队按照单位自救、接警出动、首战处置、调度增援、跨区作战等程序，逐一开展火场通信、火情侦察、指挥问答、登高供水、登高救人、火场破拆、排烟救人、物资运送、紧急避险等实战科目，有效检验全市消防部队战术运用、指挥调度、战斗部署、战勤保障等指挥协调能力。整个演练共调集 5 个消防中队、19 辆消防车共 70 余名消防官兵参加。

【抗洪抢险救援实战拉动演练】 2016 年 5 月 5 日，市公安消防支队在赣江水域组织开展抗洪抢险救援实战拉动演练。此次演练共抽调 90 名官兵组成抗洪抢险突击队，出动冲锋舟 9 艘、橡皮艇 6 艘、通信指挥车 1 辆，配备防护、破拆、救生、照明、通信等装备器材，设置人员集结、装备点验、孤岛救援、江面搜索、营救落水人员等水域救援科目，展示南昌消防官兵良好的精神状态和水上抢险救援的综合实力，为有效应对和处置各类水上突发灾情打下坚实的基础。

【超大型综合体灭火救援实战演习】 2016 年 5 月 23 日，市公安消防支队在南昌市万达文化旅游城开展超大型综合体灭火实战演习。此次演练模拟万达茂商场 1 层某号门旁突发人为纵火事件，形成立体燃烧。支队按照单位自救、接警出动、首战处置、调度增援、跨区作战等程序，设置接力救人、火场排烟、火场照明和梯队交替掩护灭火等实战科目。整个演练共调集 16 辆消防车 90 余名消防官兵参加。

【参与城市内涝水域救援】 2016 年 6 月 2—3 日，南昌市普降暴雨，致使城市内涝严重、群众被困。市公安消防支队迅速启动抗洪抢险响应机制，调集兵员力量开展救援，先后参与城市内涝水域救援 22 起，抢救被困人员 396 人，疏散转移群众 1162 人，抢救财产价值 62.5 万元。

【增援上饶市鄱阳县洪涝灾害事故救援】 2016 年 6 月 20 日，因高水位急剧上升、滨田水库泄洪、昌江洪峰通过叠加作用，导致鄱阳县滨田水库泄洪道河堤（滨田河）出现堤身溃口，受灾面积约 3035 平方千米。当日晚 23 时，市公安消防支队指挥中心接到省消防总队调度命令后，立即启动抗洪抢险应急预案，在特勤消防大队迅速集结 93 名抗洪抢险突击队员并成立抗洪抢险突击队，连夜奔赴上饶市鄱阳县古县渡镇增援抗洪救灾工作。21 日凌晨 3 时 40 分，市公安消防支队抗洪抢险突击队抵达鄱阳县古县渡中学集结，在省消防总队抗洪抢险指挥部统一安排下开展勘察灾情、救助灾民等工作，并于 21 日晚 21 时返回南昌，完成抗洪增援任务。

【八一消防中队党支部被中共中央授予“全国先进基层党组织”称号】 2016 年 7 月 1 日，市公安消防支队西湖大队八一中队党支部作为全国公安现役部队唯一代表被中共中央授予“全国先进基层党组织”称号。八一消防中队党支部书记程俊受邀在北京人民大会堂参加庆祝中国共产党成立 95 周年大会，聆听《信念永恒》——庆祝中国共产党成立 95 周年音乐会，并在中组部组织的座谈会上发言。11 日，市政府召开学习宣传八一消防中队先进事迹专题座谈会。29 日，公安部消防局第 82 期《消防工作简报》以《传承红色基因，永当八一传人——江西南昌八一中队着力打造一线坚强战斗堡垒》为题刊发八一中队党建经验做法。12 月 14 日，省公安厅政治部在八一消防中队召开学习八一消防中队经验交流座谈会。与会人员观摩八一中队营区建设、内部管理，参观八一传统教育室、荣誉室等场所，观看中队业务技能展示。

【举办南昌市少年军校“八一”风彩展暨开营仪式】 2016 年 8 月 1 日，市少工委、市公安消防支队、市少年宫共同举办的南昌市少年军校“八一”风彩展暨开营仪式活动在特勤消防大队举行。此次活动为期半个月，分两期进行，参加学员为南昌市 100 名小学生。全体学员参观军事消防设施，开展队列、内务整理训练及团队合作游戏，学习掌握消防安全知识及自我保护安全知识等。

【配备多功能举升清障排烟灭火机器人】 2016 年 10 月 8 日，市公安消防支队配备一台多功能举升清障排烟灭火机器人。此灭火机器人长 3000 毫米、宽 1862 毫米、高 2150 毫米，重 3700 千克，采用橡胶履带式行走结构，行走速度为 9 千米每小时，无线遥控距离大于 3000 米，最大爬坡角度 35 度，配有六个消防水带专用接口，设置有水炮、风炮、泡沫炮，通过无线遥控可以灵活控制消防炮喷射方向，炮筒可控制向上旋转 70 度，喷出的水柱可达 120 米，具有远程遥控、机动性强、喷射流量大、射程远等优点。此外，机身还配置摄像头，可通过视频传

2016年11月8日,省市"119"消防宣传暨首届消防文艺展演活动举行

输功能及时反馈火场内情况,为消防员指挥决策提供信息辅助。

【开展全国综治工作"南昌会议"暨全国公安厅局长座谈会消防安保工作】 2016年10月9—12日,全国综治工作"南昌会议"暨全国公安厅局长座谈会(以下简称"南昌会议")在南昌市召开。9月27日,市公安消防支队召开全国综治"南昌会议"消防安保誓师大会,就打好"南昌会议"消防安全保卫战提出具体工作要求。9月28日、10月5日,市公安消防支队会同市应急办组织1个消防大队、5个消防中队,20辆消防车、120名官兵,在涉会场馆核心场所相继开展两次跨区域灭火救援实战演练。9月29日,市公安消防支队召集130家一级重点单位召开全国综治"南昌会议"消防安保工作部署会,对30家一级重点单位进行约谈,督促落实"七加一"措施。市公安消防支队对涉会场所"关键点"、周边500米防护圈、参观沿线200米等核心场所和关键区域,实现关键场所精准化排查整治,对发现的火灾隐患,派专人驻守指导,全力确保核心场所和区域的绝对安全稳定。同时将全市568个单位微型消防站、256个社区微型消防站纳入联勤指挥体系、投入安保攻坚战,充分发挥其平战结合、群防群治的巨大威力,有效提升全市扑救初起火灾能力。各级公安机关、基层派出所通过为民警配备灭火装备、将巡防车改造成流动微型消防站等措施,实行24小时不间断消防巡防,提高百姓身边的消防见警率、处警率。

【举行省市"119"消防宣传暨首届消防文艺展演活动】 2016年11月8日,2016年省市"119"消防宣传暨首届消防文艺展演活动在南昌市万达茂商城举行。启动仪式上,副省长郑为文和中国文化管理协会副主席徐国宝向全国119消防奖获得者代表颁奖,与会领导为自愿捐赠作品到江西消防博物馆的作者颁发收藏证书,江西师范大学校长梅国平与江西省消防总队总队长房凌春分别代表所在单位签订消防宣传教育合作协议,与会领导共同触摸水晶球启动活动开展。此次活动共分为内场及外场两个部分。在内场,通过展示近千幅消防文艺作品、举行文艺节目表演、设置VR模拟火场逃生、消防小谜语竞猜等方式向过往群众宣传消防知识;在外场,通过展示高精尖的消防器材装备、搜救犬业务演示、体验消防宣传体验车、消防有奖知识竞答、设置消防产品咨询台等方式向过往群众宣传消防知识。

【增援宜春市丰城电厂在建冷却塔施工平台坍塌事故抢险救援】 2016年11月24日上午7时30分,江西省宜春市丰城电厂三期工程在建冷却塔施工平台发生坍塌事故。坍塌面积约5000平方米,有数十人被困。市公安消防支队指挥中心接到省公安消防总队调度命令后,立即调集重型地震救援队、轻型地震救援队共62人及5条搜救犬驰援丰城进行救援。支队参战官兵抵达现场后,根据总队作战指挥部统一指挥,与宜春、吉安、新余支队救援力量一起,采取搜救犬搜寻和仪器侦测、人工挖掘和机械作业相结合,登高施救与地面搜索施救相结合的方法,开展轮换救援作业,搜救被埋压人员。通过全体参战官兵14个小时的鏖战,搜救出2名幸存者和74具遇难者遗体。

【荣获全省消防部队第二届搜救犬技术比武竞赛团体第一名】 2016年11月30日至12月1日,江西省消防部队第二届搜救犬技术比武竞赛在总队培训基地举行。此次比武竞赛共设置服从、攀登障碍、血迹搜索、箱体搜救、野外追踪、废墟搜救等6项竞赛科目,来自全省消防部队5个支队21名训导员、21只搜救犬参加比武竞赛。最终,市公安消防支队荣获第二届搜救犬技术比武竞赛团体第一名。其中,服从、野外追踪2个项目分别荣获第一名,废墟搜救项目荣获第二名,攀登障碍、血迹搜索、箱体搜救3个项目分别荣获第三名。

【通过《南昌市禁止燃放烟花爆竹规定》】 2016年10月14日,南昌市第十四届人民代表大会常务委员会第四十次会议通过《南昌市禁止燃放烟花爆竹规定》(以下简称规定)。规定全文共18条款项,明确南昌市禁燃烟花爆竹区域范围、禁燃区域禁止销售烟花爆竹且应设置警示标志、违反规定的处罚方式以及对举报属实的予以奖励等事宜。该《规定》于2016年12月1日经江西省第十二届人民代表大会常务委员会第二十九次会议批准,并将于2017年1月1日起正式施行。

【举行南昌市政府专职消防队比武竞赛】 2016年12月6—7日,南昌市政府专职消防队比武竞赛在特勤消防大队举行。全市各县区12个代表队、9个城市政府专职消防队、7个乡镇政府专职消防队、98名专职消防员,参加100米负重跑、负重登十楼、无齿锯操、攀登六米拉梯、二人五盘水带连接、3000米跑、手提灭火器灭油盆火操、水罐消防车双干线出三支水枪打靶操等项目竞赛。最终,东湖区三经路政府专职队、红谷滩区红角洲政府专职队、南昌县莲东政府专职队分获城市政府专职消防队前三名,新建区大塘坪政府专职队、南昌县向塘镇政府职队、南昌县蒋巷镇政府专职队分获乡镇政府专职消防队前三名。

【举行公寓楼建设工程开工奠基仪式】
2016年12月30日,市公安消防支队举行公寓楼建设工程开工奠基仪式。支队公寓楼建设工程用地面积约8336.98平方米,建筑总面积6423.27平方米,总投资概算为1966.95万元，工程容积率0.75，建成后可提供官兵公寓住房98套。

（邬 佳）

人民防空

【概况】 2016年，南昌市人民防空办公室（以下简称市人防办）紧扣全市发展大局，狠抓人防军事斗争准备，推进人防建设融入经济社会发展，坚持改革创新，注重全面建设，突出民生服务，取得一定成效。南昌市荣获全省"十二五"人防先进城市称号，市人防办荣获全国人防先进单位、全市文明单位、全市综治先进单位、全市节能降耗先进单位等称号。

【深化民防改革】 2016年，制定《关于深入推进人民防空改革发展的意见》编撰工作方案，成立领导小组，召开会议研究讨论起草框架和思路措施，形成"意见"征求意见稿，征求县区人防办、省人防办、南昌警备区、28家市直单位和市法制办的意见。征求意见后，市政府主持召开协调会，统一认识，达成共识。在征求意见期间，市人防办又四易其稿，最后形成"意见"送审稿，报市委常委会议审议通过。

【完善民防指挥通信】 2016年，巩固和加强全市人防专业队伍组织建设，完成9个县区3500人的人防专业队伍整组。加强全市应急救援志愿服务力量，有效应对突发事件现实需要，充分发挥志愿者在参与应对突发事件中的作用，组建市本级100人的人防志愿者队伍并进行集中训练。其中，南昌人防志愿救援队在湖北特大洪水救援中获得湖北省志愿者协会表彰。各县区人防办普遍开展一种专业队伍集中训练，不断提高县区人防专业队伍应急应战能力。组队参加全省人防系统应急通信保障分队集中训练，取得全省设区市第一。9月18日，组织西湖区天琴湾社区300名居民和南昌三中1300名师生开展纪念9·18人民防空疏散隐蔽演练，进一步增强市民的国防观念和人防意识。市人防指挥部成员单位召开联席会议观摩此次演练。完成防空警报器采购安装和全市防空警报器检修，组织开展9·18防空警报试鸣。完成全市军三代短波通信系统组网建设调研论证工作，拟制建设方案并招标；升级改造中型指挥车卫星通信系统，采购应急救援现场信息采集系统无人机设备；"两室两库"已按照相关标准要求完成物资采购，各类资料均整理到位。

【加强民防工程建管】 2016年，坚持"应建尽建"原则，加大民防工程事中事后监管力度。全年共受理行政审批事项100余件，办结率100%。依法审批3个人防专业队工程，严格落实新增人防工程建设审批工作，超额完成人防工程建设年度目标任务。全市人防工程总面积约占全省总量的40%，增量与总量均居全省首位。地铁、隧道和城市综合管廊工程兼顾人防需要，逐步形成交通干线、地下商业服务设施、地下停车场等组成的城市地下防护网络。开展人防工程质量年活动，组成检查小组，与县人防办一起对属地人防企业开展专项检查。检查小组采取听取单位工作汇报、抽查资料、查看生产现场、询问有关人员等方式进行监督检查，并进行工作总结。在4个社区（村）成立社区人防工作站（人员均为兼职），赋予人防工程维护管理方面的任务要求。结合全市人防工程质量年和安全生产大检查活动对全市人防工程进行维护管理检查。12月，举办人防工程维护管理培训班，提高人防管理水平。严格落实人防工程维护管理责任，全年人防工程安全无事故。督促相关开发建设单位对3个早期人防工程进行报废回填处理。10月，对主干道（原冶金厅—铁路一中段）与轨道交通线路交叉处，进行一次安全隐患排查，局部进行堵漏灌浆处理，加固改造方案将结合轨道交通的线路方案确定，拟同步推进。坛子口早期人防工程已经通过省人防办立项，治理资金已经到位，拟按人防工程建设程序组织实施。

【建设人防地下工程】 2016年，为发挥易地建设费使用效能，成立南昌市地下空间开发利用有限公司，投资开展人防地下工程建设。其中，投资建设的老动物园人防地下停车场已竣工，可提供440余个车位；接管省级行政中心九龙广场地下停车场，可提供1000余个车位；南昌县人防办筹备自建1万余平方米的地下人防工程，平时为地下车库和体育健身场所；进贤县人防办正在申报的3个地下人防工程项目，可提供850个停车位。一批人防工程的建设推进，将为缓解停车难等民生问题提供服务。

【开展民防宣传教育】 2016年，"3·1国际民防日"期间，在《南昌日报》专版刊登国际民防日和防空防灾相关知识，在全市5400余辆出租车顶LED广告屏滚动播出国际民防日宣传标语，利用移动通信平台发放宣传短信20万条。"5·12防灾减灾日"期间，制作2块展板参加全市的集中宣传，印制防灾减灾宣传单2万份，在城区街道、机关单位显著位置悬挂标语。同时，各县区人防办在学校和社区组织开展疏散演练活动。"9·18"防空警报试鸣活动期间，印发传单、发送提示短信，首次通过公交站台电子广告牌进行警报鸣放和人防宣传，取得良好效果。开展上年行政执法案卷评查活动，全市整理上年人防行政执法案卷204件，全部为行政许可案卷。其中，市本级112件，县区92件。在自查的基础上，注重学习借鉴相关单位经验，与上年评查参评案卷相比有很大进步，基本达到案卷归档要求。为全市100余所初级中学、4万余名初中二年级学生免费提供人防教材，使城区初级中学接受人防教育面达100%。率先在全省开展人防进社区工作，西湖区莱茵半岛社区成为全省人防系统学习的示范点，并采取以点带面的方式，推进全市400余个社区开展人防宣传教育。开展《中华人民共和国人民防空法》颁布20周年宣传月活动。10月29日，在红谷滩万达星城东区广场开展法律咨询日活动，市四套班子及南昌警备区分管领导出席。活动通过媒体和现场展示品宣传《中华人民共和国人民防空法》颁布20周年以来人防成就，解答群众对人防工作提出的问题，并听取意见和建议。同时，组织志愿者队伍和通信指挥车、无人机等演练，展现救援专业和通信建设成果。开展人防教育进党校工作，积极与市委党校沟通协调，将人民防空宣传教育纳入市委党校第49期青干班的课程。

（刘春鹤）

重大重点项目建设

概　述

【概况】　2016年，南昌市按照突出投资拉动性、操作可行性、作用导向性、资源集约性、项目分类推进的原则，围绕重大工业、服务业、农业及城乡统筹、城市建设、城市管理、社会事业和民生实事7个方面，共收集筛选、确定重大重点项目158项，总投资3209.4亿元，年度投资计划840.13亿元。其中，工业项目52个，总投资411.44亿元，年度计划投资133.5亿元；服务业项目38个，总投资1381.16亿元，年度计划投资281.8亿元；农业及城乡统筹项目（新增项目类别）8个，总投资217.44亿元，年度计划投资49.98亿元；城市建设项目23个，总投资929.92亿元，年度计划投资223.49亿元；城市管理项目11个，总投资85.85亿元，年度计划投资23.94亿元；社会事业项目20个，总投资56.4亿元，年度计划投资21.1亿元；民生实事项目6个，总投资127.19亿元，年度计划投资106.32亿元。10月，按照《进一步加快市重大重点项目建设暂行办法》中动态管理制度有关规定，对投资计划进行调整。调整后，全市重大重点项目仍为158个，总投资3194.3亿元，年度计划投资834.84亿元。其中，工业项目52个，总投资412.42亿元，年度计划投资130.99亿元；服务业项目38个，总投资1366.36亿元，年度计划投资278.8亿元；农业及城乡统筹项目8个，总投资217.44亿元，年度计划投资49.98亿元；城市建设项目23个，总投资929.92亿元，年度计划投资223.49亿元；城市管理项目11个，总投资85.85亿元，年度计划投资23.94亿元；社会事业项目20个，总投资54.23亿元，年度计划投资20.9亿元；民生实事项目6个，总投资128.08亿元，年度计划投资106.72亿元。为深入推进重大重点项目建设，在项目推进阶段，扎实做好调度、协调、督查等各项工作。市委常委会每季度听取项目进展情况汇报，市人大每年组织专题调研视察，市政协不定期指导督查项目建设；实行市政府市长或市长委托常务副市长每月例会调度，市政府分管领导、责任单位项目日常调度，特别重大、紧急的问题随时调度等制度，分级分类切实解决项目建设中存在的问题。成立市重大重点项目协调推进领导小组，组长由市长担任，各副市长任副组长，负责市级层面的资源统筹和项目调度；设立市重大重点项目协调推进领导小组办公室（设市发改委）和市重大重点项目协调推进领导小组督查办公室（设市政府督查室），实行一月一梳理、一月一督查、一月一通报、一月一调度，年终一考核的“五个一”协调推进机制。各县区也明确专门牵头部门，建立重大重点项目责任管理制度，制定协调推进项目的具体措施。市发改委、市规划局、市国土局等部门强化服务，指导和帮助业主单位开展立项、可研、设计、规划、选址、用地等前期工作，争取项目建设主动权；实行重大重点项目挂牌公示制，落实国家、省和市规定的优惠政策，并按规定减免相关收费；市公安局积极开展以打击整治涉及强揽工程、强买强卖、强行阻工等为主要内容的打击“三强”治安整治专项行动。建立重大重点项目联合督查机制，由市委督查室、市政府督查室、市发改委、市工信委、市重点工程管理办公室组成联合督查小组，采取听汇报、查资料、看现场、做暗访等形式，通过“定期与不定期督查相结合”“节点督查与专项督查相结合”的方法，对项目建设情况、资源要素保障和前期手续办理情况进行跟踪督查。至年底，全市158个重大重点项目累计完成投资800.88亿元，占年度投资计划95.9%；145个项目开工，开工率91.8%；131个项目按计划推进，进度达标率82.9%。

工业、服务业、农业及城乡统筹项目

【概况】　2016年，工业项目共52个，52个开工，开工率100%。累计完成投资129.59亿元，占年度计划投资的98.9%；50个项目按计划推进，进度达标率96.2%。服务业项目共38个，35个开工，开工率92.1%。累计完成投资273.6亿元，占年度投资计划的98.1%；34个项目按计划推进，进度达标率89.5%。农业及城乡统筹项目共8个，7个开工，开工率87.5%。累计完成投资49.5亿元，占年度投资计划的99.1%；6个项目按计划推进，进度达标率75%。

【业际光电触摸屏、显示屏生产项目一期】　项目于2016年3月开工，总投资30亿元，总建筑面积为25万平方米。项目一期投资7.45亿元，主要新建厂房、仓库、研发中心、宿舍及配套设施。项目达产后实现月产1000万片触摸屏、800万片显示屏的生产能力，实现年销售收入100亿元。至年底，项目1#厂房、2#厂房、宿舍楼和食堂等主体已封顶，正在进行装修施工。

【江联重工年产15.7万吨锅炉、压力容器和环保项目】　项目于2014年3月开工，总投资20亿元。项目建设一期新建生产厂房、生产辅助用房以及综合办公楼等建筑面积11.03万平方米。根据生产组成，新增关键生产加工设备：3000t油压机、数控等离子切割机、铣边机XBJ12、C5225双柱立式车床、双柱立车C5263/2、落地镗铣床T6916、4MeV直线加速器探伤室、钢板加热炉、大型热处理炉等325余台套，形成年产15.7万吨锅炉、压力容器和环保产品的生产能力。至2016年12月，已完成办公楼、值班宿舍内部装修，重容厂房主体钢构建设及厂区内道路硬化。购置部分设备并安装。

【江铃股份年产30万辆整车零部件扩能生产项目】 项目于2015年8月开工，总投资17亿元，建设内容为车架厂、冲压车间、物流库房、倒班宿舍。项目全部建完达产后可形成年产30万辆整车零部件配套规模，预期经济效益达31亿元。至2016年底，车身车架冲压车间主体竣工，设备正在调试。

【江铃集团新能源汽车项目】 项目位于原江铃陆风生产基地，于2015年1月开工，总投资15亿元，总建筑面积1.1万平方米。建成后可年产5万辆新能源电动轿车，预计总产值3亿元，实现就业500人。至2016年底，E100/E200车型已上市。E100生产9795辆、E200生产6521辆。E160进入到投产前的准备阶段，并进行E200S、E300及其他型号的新能源汽车的开发。

【南昌电子信息（LED）产业创新示范园项目】 项目于2015年4月开工，总投资15亿元。一期规划建设标准厂房（4层为主）和配套用房约24万平方米（容积率1.8）。其中，标准厂房占80%，办公用房、食堂、宿舍等配套用房占20%。建成后将吸引约60户企业入驻，其中从事LED生产的企业不少于40户。预计年产值22亿元以上，年税收8800万元以上，解决就业3000人。至2016年底，一期一组团全面竣工，完成绿化等景观工程，艾力特等3家企业已入驻运营。

【赛尔佳电子年产500万套电子产品板卡项目】 项目于2014年8月开工，总投资10.2亿元，总建筑面积12.24万平方米，包括1#中央厂房、2#研发楼、3#员工宿舍、4#员工食堂、5、6、7、8、9、10#标准厂房以及设备用房等。购置生产设备，形成年产500万套电子产品板卡能力。至2016年底，道路管网及2、3、4、5、6、7、8、9、10#楼全部建设完成投入使用。

【东海蓝玉蓝宝石LED衬底生产项目】 项目于2016年3月开工，总投资10亿元，总建筑面积约2万平方米。项目改建2栋厂房，建设仓库、研发中心及配套设施。项目主要生产蓝宝石LED衬底，建成后预计实现年产值20亿元。至2016年底，项目已竣工投产。

【恒嘉科技年产8万台环保设备、400万套救援指挥设备建设项目】 项目于2015年2月开工，总投资10亿元，总建设面积为16.04万平方米，其中生产性建筑面积为14.48万平方米、非生产性建筑面积为1.56万平方米。引进4条全自动化环保设备生产线和1条救援指挥设备生产线，形成年产8万台环保设备、400万套救援指挥设备能力。至2016年底，完成生产性建设面积7.28万平方米、非生产性建设面积3600平方米，引进4条全自动化环保设备生产线和1条救援指挥设备生产线。

【力波饮料及啤酒生产项目】 项目总投资10亿元，主要产品是生产饮料、啤酒。项目建成后预计产值每年可达8亿元，安排就业人数600余人。至2016年底，项目土方平整基本完成，围墙工程已完成，项目总包单位已确定。

【南昌·服装产业4.0园区】 项目于2016年1月开工，总投资10亿元。在南京东路原色织总厂打造南昌·服装产业4.0产业生态圈和O2O一体化时尚产业平台，引进中高端服装品牌，成为南昌未来时装之心，并借助原色织总厂的建筑特色，形成创意、设计、订单、OTO模式的创意产业园。至2016年底，1#楼完成外墙面砖，2#楼完成三层结构，3#楼完成隔层基础结构完成，4#楼完成伸缩缝东边外墙粉刷，5#楼完成外墙，6#楼完成外墙门窗洞开设。

【新电汽车空调系统及冷却模块各30万台套项目（二期）】 项目于2015年8月开工，总投资5亿元，年生产汽车空调系统及冷却模块各30万台套项目，总建筑面积10.27万平方米，主要建设厂房、研发、办公楼。项目全部建完达产后，预计实现销售收入8.35亿元，年安排就业350人。至2016年底，焊接车间厂房主体完工，零部件车间厂房主体完工，装备车间二层浇筑完成，材料车间地梁浇筑完成。

【鸿利光电南昌LED产业基地建设一期项目】 项目于2015年7月开工，总投资5亿元。一期建筑面积约4.7万平方米，主要包括2万平方米厂房、8000平方米办公楼、1.2万平方米食堂、0.2万平方米动力车间及0.5万平方米博物馆等。主要生产LED封装器件产品。产品主要应用于通用照明、背光源、汽车信号/照明、特殊照明、专用照明、显示屏等众多领域。项目建成达产后，预计年产值不低于25亿元。至2016年底，厂区已投入使用，厂房、办公楼、宿舍楼已在做收尾工作，已批量生产，道路工程已经完成。博物馆在建设中。

【南昌绿地国际博览城项目】 项目于2013年8月开工，总投资270亿元，总建筑面积约380万平方米，集会展会议、行政中心、风情小镇、文化旅游、商务、商业和高尚社区等“七位一体”的多功能复合型城市综合体项目。至2016年底，一期会展中心正式营业，酒店会议中心室内外安装施工；二期部分封顶，其他正在进行主体施工；三期正在进行主体施工。

【万达文化旅游城项目】 项目于2013年6月开工，总投资150亿元，占地面积约288.8公顷，建筑规模约为466万平方米，业态包括万达文化旅游城、会展中心、酒吧街、教育配套设施、商住配套、停车场、大型公共绿化带等。至2016年底，酒店版块酒店群已于5月28日开业，酒吧街正处于商家装修阶段；主题乐园已于5月28日开业；万达茂商业街、电影乐园、海洋馆已于5月28日开业。

【新洪城大市场项目】 项目于2014年6月开工，总投资120亿元，以主题批发及现代网上交易为核心，集赣派文化、创意产业、电子商务、产业集聚、品牌孵化、企业总部、国际商务、现代物流、休闲娱乐、旅游观光、生活居住等城市服务功能于一体，设产品交易区、新品展示区、会议洽谈区、商务办公区、商住配套区、推广活动区“六大分区”。项目总建筑面积400万平方米。至2016年底，主体工程基本完成，部分营业。

【十字街王府井城市商业综合体项目】 项目于2015年6月开工，总投资约70亿元，总建筑面积约72.57万平方米，规划建设有大型室内购物中心（约13万平方米）——北京王府井百货、商业步行街、国际知名五星级豪华酒店（约4万平方米）及万豪公寓式酒店、超五A甲级写字楼及部分住宅。至2016年底，A地块所有楼宇工程桩全部完成；A地块4#楼地下室－3F、－2F完成；A地块3#楼地下室垫层防水完成；B地块1#基坑地铁底板三段完成，占40%；B地块1#楼地下室－3F、－2F完成。

【西湖万达广场项目】 项目于2015年12月开工，总投资约30亿元。项目位于西湖区朝阳新城云锦路以南、观洲街以北（控规D05－03）地块，建设大型购物中心、电影院和餐饮等配套设施，包括11.2万平方米的购物中心，3万平方米的地下停车场,6000平方米的绿化配套设施。至2016年底,主体工程已经完工,正在进行外幕墙装修、机电安装。

【千亿建筑科技产业园项目】 项目于2014年8月开工,总投资约21亿元。建设内容主要包括:建筑企业总部大楼,建筑产业综合大楼、研发中心、展示中心和配套公寓楼、道路、附属设施。项目总建筑面积84.72万平方米。至2016年底,32家企业动工建设。其中21家已完成主体工程,正进行装饰装修工作;其余11家企业正在设计出图,进行图审。管线综合和景观园林正在进行设计。

【营造林工程项目】 项目于2015年10月开工,总投资约9亿元。建设内容是营造林工程建设8667公顷。至2016年底,提前完成所有建设任务。

【通道"五化"综合整治项目】 项目于2016年4月开工,总投资约5亿元。建设内容是继续对全市9条左右主要通道沿线村镇进行房屋美化、村庄绿化、管线优化、卫生净化、产业强化等"五化"提升整治。至2016年底,完成年度建设任务。

城市建设和管理项目

【概况】 2016年,城市建设项目23个,21个项目开工,开工率91.3%。至年底,累计完成投资213.8亿元,占年度投资计划95.7%;16个项目完成年度推进计划,进度达标率69.6%。城市管理项目11个,10个项目开工,开工率90.9%。至年底,累计完成投资12.39亿元,占年度投资计划51.7%;8个项目完成年度推进计划,进度达标率72.7%。

【城市轨道交通项目】 轨道交通2号线一期工程于2013年10月开工,总投资约159.74亿元。该项目起自站前南大道站至辛家庵站,线路长23.78千米,地下敷设,设站21座,设综合基地一座。至2016年底,15座车站已完成结构封顶;5座车站正在进行主体结构施工,1座车站在进行围护结构和土方施工。轨道交通2号线南延工程2014年9月开工,总投资43.2亿元,起点为南路村站,终点为站前南大道站。线路全长约8.5千米,全部采用地下形式敷设,共设7座车站。至2016年底,7座车站均已完成结构封顶。轨道交通3号线工程2015年11月开工,总投资21.59亿元,起于莲塘站,终于京东大道站,线路全长28.5千米,均为地下敷设;全线共设车站22座,莲塘车辆段1处,高新停车场1处,设塘子河主变电站(与2号线公用)1座,阳光路站变电站1座。至2016年底,14座车站正在进行围护结构施工;8座车站受场地限制只能进行部分管线迁改及疏解道路等前期工作。

【南外环高速公路项目】 项目于2014年3月开工,总投资约71.1亿元。路线全长35.8千米,设计速度为每小时100千米,全线双向六车道,路基宽度33.5米,设有桥梁26座,桥梁总长2.25千米,其中莲塘高架特大桥长度为1.69千米、赣江特大桥长度为3037米。至2016年底,累计完成桩基5260根,占总量91%;累计完成墩、台2470个,占总量94%;累计完成预制箱梁3102片,占总量86%;完成主线桥梁架设及现浇约13.5千米,占总量59%;完成路基填挖方672万立方米,占总量92%。

【红谷隧道项目】 项目于2014年3月开工,总投资约42.27亿元,主要建设道路、隧道、排水、消防、电气、通风、绿化、交通设施等工程,跨江隧道主线长约3.5千米。至2016年底,完成最终水下接头施工。

【九龙湖核心起步区市政路网工程项目】 九龙湖核心起步区市政二期路网工程于2014年6月开工,总投资约20.74亿元。项目包括九龙湖片区64条道路。工程内容含道路工程、桥梁工程、排水工程、绿化工程、照明工程、交通设施工程和强、弱电管道等配套工程。至2016年底,累计完成土石方220万立方米;雨污水管34千米全部完成;路面结构32万平方米全部完成。九龙湖夹河综合整治工程于2016年3月开工,总投资约3.1亿元。项目包括河道疏通清淤、控制性闸坝、提水泵站及景观绿化。至2016年底,已完成可研(立项)批复、环评批复、规划、用地。完成土方清淤、清杂、河道土方平衡、河道基础、控制性闸坝、提水泵站等工作。设备采购完成,安装中。景观绿化施工中。

【前湖大道快速路工程】 项目于2014年8月开工,总投资约29.7亿元,其中建安投资21.6亿元。工程位于南昌市中部偏南,西起于西外环高速,东止于朝阳大桥。全长10千米,主要建设内容包括道路、桥梁、排水、照明、绿化、交通设施等工程。至2016年底,与朝阳大桥接线桥主体结构、清远路下立交箱涵主体结构、系杆拱桥东桥主体结构、U型槽主体结构施工完成100%;丰和南箱涵桥、凤凰南桥施工完成100%;高架桥下部结构完成67%、上部结构完成39%。

【昌东大道南延工程项目】 项目于2015年4月开工,总投资约18亿元。工程北起昌南大道与昌东大道交叉口,南至南外环高速公路,预留八一互通,全长约6.5千米,路宽70米,道路等级为城市快速路。主要工程为路基、涵洞、排水及防护工程,全线包含护城河桥、总干渠桥、八一排渍道桥、人行天桥2座、雄溪河大桥。至2016年底,ZK3+598人行天桥完成底模安装;完成左右幅现浇和水泥搅拌桩1.18千米;完成雄溪河立交防撞墙980米;完成桥面铺装3800立方米、挡土墙67米;ZK1+300-500段、ZK1+900-ZK2+800段完成强电管道安装工程;完成路基填砂26.53万立方米、污水管道155米、雨水管道及箱涵铺设500米、封层土10.79万立方米、碎石1.84立方米、水稳4.83万平方米、路缘石1980米。

【天祥大道南延工程】 项目于2015年4月开工,总投资约15.09亿元。工程北起洛阳东路,南至昌南大道,道路宽66米,全长约8千米,建设内容有道路工程、桥梁工程、排水工程、照明工程、绿化工程、交通设施工程等。至2016年底,路基填筑完成68%;雨污水管道完成59%;排水箱涵完成85%;桥梁桩基完成72%;墩柱完成60%;承台完成55%;现浇梁完成40%。

【赣东大堤风光带景观工程】 项目于2012年12月开工,总投资约15.38亿元。项目由岸线整治与景观绿化两部分组成,其中景观绿化部分投资约6.9亿元、岸线整治部分投资约4.6亿元(含征地拆迁费2亿)。至2016年底,岸线整治已全部完成单位工程验收;生米大桥至三志物流段(大桥湿地片区)验收移交,并面向市民开放;南昌大桥—新洲闸段1.1千米(文化创意片区)全部完成并准备交工验收;南昌大桥至三志物流段正在进行施工;二期工程于2016年3月启动,项目修建性详规、环评、水保文本初稿编制完成,正在报建中,待批复。

【万寿宫历史文化街区改造项目】 项目于2013年10月开工,总投资约20.88亿元。项目总建筑面积约15.83万平方米,其中地上建筑面积8.05万平方米,地下7.7万平方米。西至翠花街,北至中山路、七医院,东至珠宝街、新世纪小区,南至方井头,占地5.33公顷,约22万平方米。重修万寿宫,修复重要历史建筑,建设地面商业文化街区和地下商业、停车场,在确保质量的前提下,争取2017年8月1日前开街。至2016年底,完成立项报告、项目选址意见书,万寿宫地下工程实施方案已获批,完成地上建筑设计方案;完成万寿宫遗址挖掘工程、试点房屋修缮工程、原二十一中老人防回填工程;基本完成桩基支护施工、工程桩工程;完成招商中心精装修工程;正在进行土方外运、锚杆和支撑工程及地下结构工程施工。

【绳金塔商业特色街区二期项目】 项目于2014年5月开工,总投资约13亿元。二期拟对前进路、金塔东街、十字街北街及南门广场进行升级改造。建设内容包括新建地上建筑部分、新建地下建筑(车库)部分及地下管网部分、新建古建筑部分、公共艺术部分游客中心、室外工程。至2016年底,已初步完成PPP框架性实施方案;完成不可移动文物方案,市旅游集团已报西湖区文广局,推荐性历史建筑修缮方案已报市规划局;完成拆迁安置方案,市旅游集团已报西湖区旧改办;完成项目规划方案,南昌轨道交通集团通过审批;市旅游集团待西湖区文广局根据市委、市政府相关会议精神完成保护性建筑修缮方案审批后再报规划局审批;已启动农房征收工作。

【洪城路改造(大修)项目】 项目于2016年7月开工,总投资约7000万元,对洪城路进行改造。该路全长3.25千米,全面处理道路基础,铺设水稳层、机械摊铺沥青面层(8厘米粗粒式+6厘米中粒式+4厘米细粒式),面积15.43万平方米;翻铺吸水砖人行道3.86万平方米。至2016年底,实体工程已完工。

【桥梁隧道检测及安装车辆超载监控项目】 城市桥梁隧道检测及安装车辆超载监控项目总投资2065万元。项目包括:艾溪湖大桥、广州桥、新溪桥、昌东南路桥、城南路桥、墅溪路桥、辛家庵桥(墅溪园公寓)、东支口桥、昌东规划二桥、义坊张村桥、进顺桥、轴承厂桥、天香园桥、康阳桥、孺子路天桥、老福山立交桥、坛子口立交桥、永和门立交桥、北京西路立交桥、江铃立交桥、青山路立交桥、北京东路桥、建设西桥、迎宾桥等24座桥梁进行结构定期检测,估算470万元;青山湖隧道及阳明东路下穿道的结构定期检测,估算230万元;桥梁超载监控系统,包括江铃立交桥、司马庙立交桥、永和门立交桥、龙王庙立交桥、辛家庵桥、西安桥、桃花溪桥,估算1365万元。至2016年底,申报的交通管制方案,市交管局批复,现向市改善办上报,待批复。安装超载监控项目的称重台设备按实际道路尺寸已开始制作,计划2016年12月底部分设备进场安装。南昌市跨江大桥车辆超载监控系统总投资2000万元,对南昌大桥、生米大桥、英雄大桥、八一大桥安装车辆超载监控系统。至2016年底,正在编制交通管制方案报市交管局,同时称重台设备正在按实际道路尺寸开始制作,部分设备进场安装。

社会事业和民生实事项目

【概况】 2016年,社会事业项目20个,15个开工,开工率75%。至年底,累计完成投资17.9亿元,占年度投资计划85.7%;13个项目完成年度推进计划,进度达标率65%。民生实事项目6个,5个开工,开工率83.3%。至年底,累计完成投资106.72亿元,占年度投资计划的97.5%;4个项目完成年度推进计划,进度达标率66.7%。

【南昌汉代海昏侯国遗址公园项目】 项目总投资5亿元。建设汉代海昏侯国遗址博物馆,约2万平方米;完成南昌汉代海昏侯国遗址公园规划编制工作。至2016年底,完成海昏侯国遗址及周边区域发展概念规划、遗址公园概念规划、旅游发展概念规划等项目,推进遗址公园对外交通路网建设项目,启动遗址博物馆(考古研究中心、展示服务中心及配套设施)项目立项、设计招标等前期工作。

【南昌县昌南体育中心项目】 项目于2014年8月开工,总投资5.91亿元,总建筑面积为10.4万平方米。2016年8月底竣工并投入使用。

【市第五医院异地重建项目】 项目于2015年8月开工,总投资约3亿元,占地面积约2.24公顷,建筑面积约7.5万平方米,规划建设门诊、住院部大楼及相关配套设施。至2016年底,已完成综合大楼地下2层施工,地面已建至13层。

【市第三社会福利院(市精神病医院)异地重建项目】 项目于2015年12月开工,总投资2亿元,新建康复综合楼、门诊住院楼及后勤附属楼,总建筑面积约5万平方米。至2016年底,正在进行地下室施工。

【市实验中学高新校区项目】 项目于2016年2月开工,总投资3.4亿元,新征用地8公顷,新建校舍建筑面积7.5万平方米。至2016年底,剧场主体工程累计完成50%;食堂宿舍楼主体工程完成6层施工,主体封顶;教学楼主体工程完成至4层,累计完成主体工程70%;人防地下室工程完成底板施工,累计完成总量30%。

【武警南昌市支队机动大队及反恐训练基地项目】 项目于2015年9月开工,总投资2.73亿元,位于南昌市红角洲昌西大道以西、兴湾大道以北,西侧为南昌LNG气站。项目总用地面积为10万平方米,总建筑面积为3.24万平方米。主要建设内容为机动大队楼、反恐大队楼、反恐基地楼、综合食堂、综合训练馆、综合仓库及车库、加油站、大门、游泳训练池等建筑单体;各类训练场地和相关配套设施;场地内道路、景观绿化及安防等设施系统。至2016年底,机动大队楼完成室内装饰装修,门、窗、卫洁具安装,各楼层吊顶安装,开关、灯具、电扇安装,外墙文化石,门厅装饰。反恐基地楼完成室内装饰装修,门、窗、卫洁具安装,各楼层吊顶安装,开关、灯具、电扇安装,外墙文化石,门厅装饰。

【市第一医院九龙湖分院项目】 项目总投资8亿元,在红谷滩九龙湖新建一所拥有500张床位的三级甲等医院,建设用地10.67公顷。建设分二期实施,一期建设200张床位。至2016年底,正在进行建筑规划方案报批工作。

【市殡仪馆馆区改扩建工程】 项目于2015年1月开工,总投资9800万元,建设改造面积约5.3万平方米。包括新建礼仪服务中心大楼、悼念厅、守灵厅改造、馆区道路、环境等配套设施建设。至2016年底,综合业务楼室内外幕墙、内墙刮白、地砖铺设、消防、弱电、暖通安装等施工;1#守灵房主体结构完成,正在砌墙;2#守灵房外墙干挂施工;冷藏室、配电间外墙干挂施工。

(索志鹏)

民　生　工　程

概　述

【概况】　2016年,全市共筹集资金约385亿元用于教育、医疗、社保、保障性住房、城乡社区事务等民生工程,筹集资金约220亿元用于28类510项惠民便民利民工程,切实解决人民群众关心、关注的痛点、难点问题。全市城镇职工参加基本医疗保险人数99.44万人,比上年增加1.25万余人。参加失业保险人数62.38万人,比上年增加1.48万人。城镇参加基本养老保险人数为185.04万人,其中参保职工131.16万人,参保离退休人员53.88万人;企业养老金社会化发放率达100%。建设公租房2269套,国有林区、垦区452套,完成农村危房改造1222套,完成廉租住房租赁补贴28439套。全市拥有各类社会福利单位136个,床位1724张;收养各类人员6924人。城镇社区服务站(中心)698个;城市居民最低生活保障家庭2.99万户,保障人数5.68万人;农村居民最低生活保障家庭5.55万户,保障人数8.87万人;城市医疗救助人数8.4万人,农村医疗救助人数3.65万人。

医疗保障

【概况】　2016年,全市卫生计生部门围绕深化医药卫生体制改革目标,按照"量力而行、尽力而为、统筹兼顾、可持续实施"原则,不断巩固和完善民生工程成果,确保民生工程好事办好、实事办实,突出解决人民群众最关心、最直接、最现实的利益问题,为群众提供安全、有效、方便、价廉的医疗卫生服务,让卫生计生改革与发展成果更快更多地惠及人民群众。

【完善计划生育特殊家庭扶助政策】
2016年,全市积极探索计生利导新机制,着力推进农村、城镇利导政策平等化,即实现"城乡一体化"。指导各县(区)、开发区(新区)在计生家庭特别扶助制度方面,针对部分利导政策存在农村、城镇受益对象"差别对待"的现状,积极推进"城乡一体化",消除利导城乡差别,率先在全省把农村失独家庭(49—59年龄段)和伤残家庭补助金额标准实行农村、城镇同一标准。全年计划生育利益导向扶助对象资格确认独生子女伤残扶助对象704人,按每人每月270元统一标准,扶助金额共计208.9万元,全部发放到位;49—59周岁独生子女死亡家庭扶助对象532人,按每人每月340元统一标准,扶助金额共计217.1万元,全部发放到位。

2016年8月15日,昌南体育中心项目基本完工

【提供失独家庭再生育技术服务】
2016年,将49周岁以上有生育愿望且有生育医学指征的"失独家庭"纳入失独家庭再生育技术服务范围,为符合再生育条件的失独家庭提供心理疏导、生育指导、体格检查、生育力评估、人类辅助生育技术等6项服务内容,并对治疗费用予以补助。

【推进基本诊疗路径管理】　2016年,在全市所有乡镇卫生院推进基本诊疗路径管理。通过采取增加基本诊疗路径管理病种,扩大路径实施范围,强化路径管理质量监测和绩效评估等方式,进一步引导开展中西医适宜技术。按照中心卫生院每年不少于90例,一般卫生院每年不少于60例的要求,完成的路径病例数10162个,完成率130.4%。各病种的平均治疗费用和平均治疗天数均有所下降,所有进入路径管理的病例用药95%以上是基药,提高医疗质量,保障医疗安全,规范临床诊疗行为,为老百姓提供质优、安全、价廉、高效的医疗服务。

【巩固完善县级公立医院综合改革成果】　2016年,南昌县、新建区、进贤县、安义县四县(区)县级公立医院综合改革深入推进,成立县级公立医院管理委员会,所有药品零差率销售,同步推进补偿机制、运行机制、支付方式、人事制度、绩效管理等一系列改革措施。开展县级公立医院综合改革成效调查评估工作,撰写《南昌市县级公立医院综合改革成效评估报告》。与改革前相比，四县区对县级公立医院的财政投入增加125.74%，县区域内门诊人次增加25.8%，县区域内出院人次增加16.3%，药品零差率过去3年直接为百姓减负近2亿元。

【开展免费救治】 2016年，坚持实施光明微笑、儿童两病、免费血透、重性精神病免费救治等民生项目，着力解决困难群众就医难题。至年底，全市重性精神病患者检出率、随访率分别为4.48‰和88.9%，免费救治10704人次；免费救治尿毒症患者1937例，成功实施白内障患者复明手术4728例，实施唇腭裂手术4例；收治先天性心脏病患儿215例，收治儿童白血病救治39例；为1.64万名农村妇女进行宫颈癌筛查，任务完成率为100%，检出癌前病变30例、宫颈癌4例；为3600名农村妇女进行乳腺癌筛查，任务完成率为100%，检出乳腺不典型增生2例、乳腺癌1例。

【加强艾滋病防治工作】 2016年，全市疾控机构完成免费艾滋病确证检测674人，CD4+T淋巴细胞检测698人，病毒载量检测465人，任务完成率为124%；全市定点医疗机构艾滋病抗病毒治疗前累计免费体检人数为477人，任务完成率为119%；全市医疗机构艾滋病抗病毒治疗后累计免费体检人数为1193人，任务完成率为134%；全市医疗机构机会性感染救治补助人数为419人，任务完成率为187%；全市疾控机构有效随访管理人数为2052人，任务完成率为165%，全面超额完成救治工作任务。

【提高乡村医生补助水平】 2016年，落实乡村医生各项补助待遇。在对年满60周岁、从医满20周年的村医每月发放80元养老生活补助的基础上，将已离岗或自愿办理离岗退出手续的乡村医生养老生活补贴标准提高到每人每月300元，全年共核拨1806名乡村医生养老补贴384.7万元。开展乡村医生省级公共卫生补助的申报核发工作，发放全市3414名乡村医生省级公共卫生补助614.4万元。同时，在省、县（区）对核定岗位的乡村医生进行基本药物补助的基础上，市级财政按照每人每年1800元的标准对实施国家基本药物制度的村卫生室执业的乡村医生进行奖励性补助，进一步稳定乡村医生队伍。

【落实疾病应急救助制度】 2016年，严格落实疾病应急救助“四级审核”程序，规范基金申报拨付流程。举办全市培训班，覆盖所有县区和全市二级以上医疗机构，提高疾病应急救助制度的知晓率。全年共救助408人次合计207.79万元。疾病应急救助基金建立以来，全市累计救助1071人次，救助金额443.06万元，解决一批身份不明、无能力支付医疗费用患者的医疗急救保障问题。

【非政府办社区卫生服务中心实施国家基本药物制度】 2016年，按照《南昌市非政府办社区卫生服务中心实施国家基本药物制度工作方案（试行）》的要求，推进3家完成装修改造的非政府办社区卫生服务中心实施国家基本药物制度，实现全市所有的22家非政府社区卫生服务中心基药制度全覆盖。全年22家非政府办社区卫生服务中心网上采购收货金额为702.69万元，同比增长37%。各社区卫生服务中心均配备的专职人员进行网上采购药品操作，基本药物做到价格公示，确保零差率销售。通过非政府社区卫生服务中心基本药物制度的实施，国家基本药物制度覆盖全市每个街道社区，基层药品价格得到合理有效的控制，群众基本用药负担进一步降低，人民群众基本药物需求得到切实保障。

【社区卫生服务中心建设】 2016年，按照市政府印发的《南昌市街道社区卫生服务中心标准建设实施方案》，由市、区两级政府出资，采取新建、购买、置换、长期租赁以及企业承诺使用等方式，对非政府举办的社区卫生服务中心业务用房进行产权调整，免费提供给社区卫生服务中心使用。其中东湖区大院和西湖区南浦、朝阳洲、丁公路及青山湖区南钢社区卫生服务中心采取区政府支付房屋租金并签订长期合同的方式，完成房屋固定化建设；东湖区彭家桥和青云谱区洪都、三家店社区卫生服务中心由企业以协议的方式承诺将房屋长期免费提供给社区卫生服务中心使用。至年底，为期3年的18所社区卫生服务中心标准化建设任务全部完成，业务用房国有化、固定化率达100%。同时，各城区按照社区卫生服务机构编制（岗位）数，参照全市上年度最低工资标准，将人员补助工资列入年度预算，核拨补助经费，形成常态化投入，大幅度减轻社区卫生服务机构的经济负担，进一步突出社区卫生服务的公益性。

（宋　燕）

教育资助

【概况】 2016年，南昌市教育局高度重视学生资助工作在脱贫攻坚中的重要作用，强化资助政治责任，加强资助管理，完善资助体系，落实资助政策，推进精准资助，做到家庭经济困难学生资助全覆盖，实现“不让一个学生因家庭经济困难而失学”的资助目标，把党的温暖送给全市家庭经济困难学生。市资助中心评审和下达各类助学金累计2.05亿元，共资助各类学生126.39万人次。

【全市学生资助实现“十精准”】 2016年，始终把资助育人工作作为脱贫攻坚工作的重要举措，深刻认识到“扶贫先扶智、脱贫先育人”，做到资助理念精准。把握招生、入学、就业、寒暑假等时间节点，采取传统媒体与新媒体相结合、标语横幅广而告之与进村入户相结合等形式，做到资助宣传精准。根据本地经济社会发展水平、居民最低生活保障标准和财力状况，确定全市家庭经济困难学生认定标准和资助档次，做到资助标准精准。采用班主任访谈、家庭经济情况调查采集、大数据分析等手段，完善受助对象认定方式，做到资助对象精准。建立教育、扶贫、民政、残联等部门联动的资助工作机制，实现建档立卡贫困人口数据与学籍系统、资助系统等教育数据库的有效对接，做到资助协同精准。分配资金和名额不搞“一刀切”，突出资助重点，向建档立卡的低保家庭学生、农村特困救助供养学生、孤残学生、烈士子女倾斜，保证一个对象不能少，一个项目不能少，一分钱不能少，做到资助分配精准。按时发放资助资金，及时把党和政府的温暖送给受助学生，做到资助时间精准。整合资助资源，拓展资助渠道，丰富资助形式，“免、补、助、贷、奖、捐、勤”一齐上，打好“组合拳”，做到资助方法精准。抓好感恩教育、励志教育、诚信教育、社会责任感教育，使每一个受助学生成为有用之才，做到资助育人精准。组织开展学生资助专项检查，加强投诉举报受理，重点解决资金配套不足额、发放不及时、审查不严格、管理不规范等问题，做到资助监管精准。

【完善学前教育家庭经济困难儿童资助】 2016年，认真落实《江西省学前教育资助制度实施意见》，按照“加大财政投入、经费合理分担、政策导向明确、多

2016年2月8日,第三届省青基金暨亦星助学基金"百名学子"捐赠仪式举行

元混合资助"的原则,下达学前教育资助金839.5万元,资助学前教育家庭经济困难儿童6000人。资助对象为符合入园年龄,在经县级以上教育行政部门审批设立的普惠性幼儿园就读的家庭经济困难儿童、孤儿和残疾儿童。优先考虑城乡低保家庭幼儿、孤残幼儿、烈士子女、父母丧失劳动能力幼儿、少数民族困难家庭幼儿和家庭遭受重大灾害或变故的儿童。资助资金主要用于幼儿在园期间的保教费用及伙食费用补助等。资助经费来源现由中央及省级财政拨付。

【义务教育阶段免学杂费及免费提供教科书】 2016年,继续执行免除全市义务教育阶段学生学杂费及教科书费用的政策,组织市学生资助中心利用江西省学生资助中心办公系统,实现义务教育阶段"两免"执行情况报送管理,为全市义务教育阶段学生免除学杂费和免费提供教科书。两项免费累计119.98万人次,下达资金6851.65万元。

【补助家庭经济困难寄宿生生活费】 2016年,市学生资助中心充分利用江西省学生资助中心办公系统,加强义务教育阶段家庭经济困难寄宿生生活费执行情况报送管理,按照"学年评定,学期发放,新增学生,重新评定"的原则审核发放,为全市义务教育阶段家庭经济困难寄宿生下达补助名额9000人次,资金1105.95万元。

【加强对普通高中家庭经济困难学生资助】 2016年,为普通高中建档立卡等家庭经济困难学生(含非建档立卡的家庭经济困难残疾学生、农村低保家庭学生、农村特困救助供养学生)免除学杂费,下达资助名额1000人次,免除金额37.6万元。为普通高中家庭经济困难学生下达普通高中国家助学金名额2万人,资金4016万元,每学期资助标准分三档,分别为750元/人、1000元/人、1250元/人。普通高中国家助学金由财政统筹安排,中央与江西省财政按6:4比例分担,江西省负担部分由省财政与市、县(区)财政按8:2比例分担。国家助学金资助面占全市普通高中在校生总数20%。普通高中国家助学金资助对象为根据国家有关规定批准设立、实施普通高中学历教育的全日制普通高中学校(含民办普通高中学校)和完全中学的高中部在校学生中的家庭经济困难学生(不包括复读生、借读生、补习生等临时性生源和已享受中职国家助学金的综合高中学生)。

【开展中等职业教育资助】 2016年,市学生资助中心下达中职免学费补助资金3383.92万元,惠及学生1.77万人;下达中职国家助学金653.58万元,惠及学生3600人。中职学生资助包括国家助学金发放和免学费补助两个方面。国家助学金资助对象是具有中等职业学校全日制学历教育正式学籍的在校一、二、三年级涉农专业学生和非涉农专业家庭经济困难学生。主要用于受助学生的生活费开支,资助标准为每生每年2000元。国家助学金按学期申请和评定,按春秋两学期发放。市资助中心通过全国中等职业学校学生管理信息系统对中等职业学校国家助学金及免学费补助资金进行管理,重点审核各校上报的受助学生数以及受助学生是否符合资助条件,加强学生信息管理,确保数据真实准确。

【落实对考取大学贫困生的资助】 2016年,继续对考入大学(含民办高校、独立学院)家庭经济困难学生进行资助。在学费资助方面,市学生资助中心下达家庭贫困学生高考入学政府资助名额4000个,资助金额2009万元,资助标准5000元/人,助学经费由省财政和市、县(区)财政按照8:2的比例分担。指标数由省教育厅、省财政厅根据南昌市上年高考录取本、专科学生人数确定,于每年3月底前把指标控制数和预算资金分配至南昌市,资金分配时对国家级扶贫开发工作重点县的学校适当倾斜。在考取大学学生的路费资助方面,市学生资助中心下达资助名额817名,资助金额51.5万元,资助标准省外1000元/人,省内500元/人。资金来源为中国教育发展基金会的中央专项彩票公益金润雨计划部分专项资金,其中设立普通高校家庭经济困难新生入学资助项目,用于资助普通高校家庭经济困难新生到校报到。在生源地助学贷款方面,对考取大学的贫困学生做到应贷尽贷,学生在校期间的贷款利息由财政全额贴息,毕业后由借款人自付利息。全年生源地信用助学贷款累计审批2000人,合同金额1591万元,做到应贷尽贷。

【加强民生资助资金管理】 2016年,市学生资助中心全面启用全国学生资助管理信息系统义务教育和普通高中子系统,每月在全国资助管理信息系统中职子系统中审核及公示各中职学校上报的享受助学金及免学费的学生信息,使资助资金管理得到进一步完善,资助工作更加规范,有效提高教育民生工程质量和效益,将教育民生工程打造成为阳光工程、放心工程。

(刘 琼 张 俊 谢金山)

就业扶助

【概况】 2016年,南昌市人力资源和社会保障局积极落实各项就业扶助政策,以帮扶灵活就业困难群体、大中专院校毕业生、转户农民为重点,不断加大就业扶助力度,积极开展各类就业扶助活动,为就业困难人员重新走上就业岗位,实现灵活就业作出积极贡献,从而促进就业工作顺利、有效地开展。

【开展"就业援助月"活动】 2016年1月1日起，市人社局在全市范围内组织开展"就业援助月"活动。此次就业援助月专项活动围绕"就业帮扶、真情相助"的主题，积极提供政策指导、集中招聘、送岗位、送服务、权益维护和技能培训等就业服务，保障零就业家庭、家庭贫困的未就业高校毕业生、残疾失业人员和长期失业人员等就业困难人员的合法权益，各项援助工作取得较好的成效。此次就业援助活动共走访就业困难人员家庭538户；登记认定的未就业困难人员667人，其中残疾就业困难人员83人、低保家庭成员145人；帮助就业困难人员实现就业621人，其中残疾就业困难人员实现就业93人、低保家庭成员130人；帮助就业困难人员享受政策753人；认定的零就业家庭25户；帮助零就业家庭至少1人实现就业25户；帮助零就业家庭实现就业人数25人；辖区内招用就业困难人员并享受扶持政策的企业82家；企业招用的登记认定的困难人员207人；发放、张贴各类政策宣传材料5万余份。

【举办迎新春"春联纳福"就业援助专场招聘会】 2016年1月30日，市人社局在就业大厦举办2016年迎新春"春联纳福"就业援助专场招聘会。本次招聘会共组织151家用工单位，提供55个工种、岗位5800余个，适合农民工岗位2300个，大学生岗位900个，其他岗位2600个。达成就业意向200余人，免费赠送春联1500副。

【发放高校毕业生一次性求职创业补贴】 2016年，根据省人力资源和社会保障厅、省教育厅、省财政厅、省残联《关于做好困难高校毕业生一次性求职补贴和大学生一次性创业补贴发放工作的通知》精神，市人社局积极开展困难高校毕业生一次性求职和创业补贴发放工作，共收到南昌大学等55所高校审核后报来12680名应届毕业生的一次性求职补贴申请。经复核，符合申报条件的共12638人，按每人1000元给予一次性求职补贴，共计发放补贴1263.8万元。共收到江西师范大学等高校审核后报来52名高校毕业生的一次性创业补贴申请。经复核，符合申报条件的48人，按每人5000元给予一次性创业补贴，共发放补贴24万元。

【落实困难群体社保补贴发放】 2016年，市人社局以帮扶灵活就业困难群体、大中专院校毕业生、转户农民为重点，积极做好社保补贴政策的落实。全年共为2456名灵活就业困难人员申请办理养老、医疗、失业保险补贴，享受补贴金额619.69万元。其中，养老534.18万元、医疗81.69万元、失业3.82万元。

【服务春运期间进城务工人员就业】 2016年初，市人社局制定印发《关于切实做好2016年春运期间进城务工人员有序流动工作的通知》，依托社区、乡镇工作平台，加强对农民工流动监测和服务工作，及时掌握农民工回乡、返程的动向。结合春风行动的开展，深入社区、乡村开展送政策、送创业项目、送岗位、送技能、送补贴、送温暖的"六送"活动，促进务工人员就近就地就业，减少盲目外出务工，引导进城务工人员有序流动，减轻春运压力。制定印发《南昌市农村富余劳动力转移就业工作领导小组2016年工作要点》，围绕农村劳动力就地就近就业、自主创业和异地转移就业三个转移就业渠道，大力推进农村劳动力转移就业工作，为农民工融入城市营造良好的社会环境。

【安置少数民族同胞到南昌就业】 2016年1月，市人社局会同江铃集团，对到南昌就业的64名新疆阿克陶县少数民族群众进行为期一个月的岗前培训。培训内容主要包括汉语言、厂纪厂规、安全知识、南昌风土人情、江铃企业文化、体育健身及军训等。2月2日，市政府领导走访慰问在江铃集团安置就业的新疆阿克陶县少数民族群众，并携带慰问品给他们送上新春的祝福。6月，新疆阿克陶县务工人员结束在江铃集团为期半年的就业安置，并转岗安置在小蓝经济开发区内的江西三鑫医疗科技股份有限公司。11月10日，顺利完成在南昌为期一年安置就业的新疆阿克陶县少数民族群众在南昌西站候车室启程返乡。

【培训两劳及失业人员】 2016年，市人社局分别与全省14家监狱所联动，并结合各监所特点制定六大技能培训课程。全年共开课120班次，培训临释人员共7050人次，比上年增长12%。认真做好培训补贴申报工作，全年共向财政申报两劳人员培训补贴6493人，下拨补贴金额379.86万元，全部拨付给各监所。及时调整失业转就业人员培训相关课程和内容，开设与当前就业形式相符合，失业人员感兴趣的技能培训课程。全年共开设32个班次，培训失业转岗人员1948人次，增长33%。鼓励培训合格人员参加职业技能鉴定考试，全年共为526名下岗失业人员办理职业技能鉴定工作，提高失业转岗人员的就业竞争力。

【开展省级"一村一品"示范工程配套服务活动】 2016年，省外专局认定南昌市31个省级"一村一品"示范单位。其中，13个省级"一村一品"示范村，10个省级"一村一品"示范企业，8个省级"一村一品"示范合作社。共下达省级"一村一品"专项资金215万元。其中，省级新农村建设村发展"一村一品"产业项目资金142万元，省级示范企业"一村一品"专项资金73万元。同时，组织22名"一村一品"产业带头人参加省外专局组织的"一村一品"蔬菜、食用菌产业带头人、"一村一品"茶业产业带头人及全省"一村一品"产业发展培训班。

(熊循万)

保障性住房建设

【概况】 2016年，南昌市坚持抓好"一条主线"（即始终以做好全市住房保障工作为根本宗旨），着眼"四个重点"（即住房保障政策、公租房建设、公租房分配和租赁补贴），认真落实住房保障工作目标责任，加大保障性安居工程建设资金投入，保障工程建设用地供应，严格执行工程税费、信贷支持和公租房分配、租赁补贴等政策，较好地完成了全年保障性住房建设工作各项任务。

【住房保障政策不断完善】 2016年，南昌市通过考察学习外地经验做法、查询文件资料、组织座谈会等方式，草拟制定《南昌市已购经济适用住房上市和回购操作流程》（以下简称操作流程）。10月底，市政府办公厅正式印发操作流程。按照"政策培训—试点办理—全面实施"三步走的方式，组织开展经济适用住房上市和回购业务办理。制定《2016年度南昌市中心城区政府筹集的公共租赁住房分配实施方案》，并报市政府审批。市政府办公厅同意并下达《关于开展2016年度我市中心城区政府筹集的公共租赁住房分配工作的批复》，为2016年度公共租赁住房分配工作提供政策指导依据。为方便公租房承租家庭调换房源，规范换房行为，南昌市起草制定《南昌市本级公共租赁住房房源调换操作流程（试行）》，明确房源调换对象、调换原则、调换的具体流程等。同时，搭建换房信息平台，录入公租房换房信息500余条，给有换房意愿的家庭

2016 年 9 月 25 日，南昌市东湖区 2016 年度公共租赁住房房源分配摇号活动举行

提供信息共享平台，帮助近百户家庭调换到合适房源。

【完成公租房基本建成任务】 2016 年，省政府下达给南昌市的公租房基本建成任务为 2269 套（中心城区 1422 套，安义县 847 套），即 2014 年结转的公租房高层建筑续建项目和 2015 年结转的公租房多层建筑续建项目在 8 月底前基本建成。为确保完成目标任务，南昌市与各县区政府签订《二 0 一六年保障性安居工程目标责任书》，将任务分解到位，做实做细。9 月，南昌市公租房基本建成工作通过省保障性安居工程督查工作领导小组的检查，全面完成省政府目标任务。

【分配公租房】 2016 年，南昌市中心城区政府筹集的公租房分配工作共受理申请家庭 31893 户。经房产、收入情况审核，符合住房保障家庭 30008 户（其中，申请实物配租家庭 29645 户，申请租赁补贴家庭 363 户），各区（开发区、新区）住房保障部门通过公开摇号实物配租中签家庭 4631 户。同时，南昌县、进贤县、安义县、新建区三县一区的公租房分配工作同步开展。除南昌县因公租房分配率已逾 80%，本年度暂不开展公租房分配工作外，进贤县、安义县、新建区于 11 月底前完成 2864 套年度公租房分配工作。南昌市（含县）2015 年前开工建设的 53347 套公租房（廉租房）中，已完成分配 43300 套，分配率达到 81%，完成省政府下达的 2015 年前开工建设的公租房（含廉租房）分配入住率要达到 70% 的分配目标任务。

【发放租赁补贴】 2016 年，省政府下达给南昌市的公租房租赁补贴任务 16000 户（中心城区 13300 户，新建区 700 户，南昌县 1000 户，进贤县 200 户，安义县 800 户）。至 12 月，南昌市（含县）共发放租赁补贴 28439 户，发放金额 4388.04 万元。其中，中心城区发放租赁补贴 25839 户，发放金额 4132.04 万元；三县一区发放租赁补贴 2600 户，发放金额 256 万元（其中，新建区发放 652 户，金额 74 万元；南昌县发放 819 户，金额 15 万元；进贤县发放 208 户，金额 30 万元；安义县发放 921 户，金额 137 万元）。

（赖玮昕）

社会救助

【概况】 2016 年，市民政局社会救助局创新思维，突出重点，全面提升社会救助水平，充分发挥社会救助在扶贫开发中的兜底作用，较好地保障城乡困难群众的基本生活。

【统筹城区城乡低保】 2016 年，南昌市重点推进城乡低保统筹工作。至年底，所有城区（不含新建区）均实现城乡低保统筹，所有符合城市低保条件的居民都可以申请享受城市低保。全市共有城市低保户 29821 户、56766 人，保障标准分别为每人每月 510 元、480 元（城区城市居民 510 元，南昌县、进贤县、安义县 480 元）。补差水平每人达到 369.3 元，累计发放低保金 2.48 亿元。全年累计新增城市低保户 3219 户、6657 人，累计退出 3753 户、9486 人。

【实施农村低保兜底脱贫政策】 2016 年 6 月 21 日，市政府出台《关于加强农村低保与扶贫开发制度衔接的实施方案》，南昌县、安义县、新建区、湾里区、进贤县相继出台《农村低保与扶贫开发制度衔接的实施方案》。两项制度的有效衔接，实现贫困人口与农村低保对象信息数据的有效衔接，做到应扶尽扶、应保尽保，确保实现扶贫对象不愁吃、不愁穿，实现农村低保兜底脱贫。至年底，全市农村低保共 55674 户，89001 人，保障标准每人每月为 310 元，累计发放低保金 2.26 亿元，人均补助每月达到 201.8 元。全年累计新增农村低保 3193 户、6569 人，累计退出 5815 户、10894 人。建档立卡人口下降至 20158 户、46509 人，贫困发生率 1.8%。其中，已纳入农村最低生活保障的贫困户 28803 人，覆盖率 62.5%，为确保南昌市到 2017 年率先实现脱贫目标奠定扎实基础。同时，加大投入，提高精准扶贫工作实效性。“十三五”期间，逐年提高农村低保标准。2016—2020 年农村低保标准按照每年不低于 3720 元（每月 310 元）、4140 元（每月 345 元）、4740 元（每月 395 元）、5340 元（每月 445 元）、6120 元（每月 510 元）的标准逐年提高。

【提高城乡困难居民医疗救助水平】 2016 年，坚持城乡统筹，实现医疗救助与基本医疗保险、大病保险等制度无缝衔接。城乡医疗救助统筹后，打破城乡壁垒，将农村 15 类重大疾病扩大到城市医疗救助对象，统一搭建城乡一体的网上同步结算平台，实现全市城乡医疗救助对象统一持卡管理、持卡结算，为有效解决困难群众就医难问题开辟绿色通道。统一定点医疗机构，全市共签订定点医疗机构 312 家，做到同步结算（直补）网络纵向覆盖省市镇村定点医疗机构，横向覆盖所有县区医疗保险、民政部门，在全市真正实现基本医疗保险定点医疗机构即为医疗救助定点医疗机构，更加方便困难居民看病。

【出台《关于进一步加强和完善医疗救助制度的实施意见》】 2016 年 8 月 26 日，市政府办公厅印发《关于进一步加强和完善医疗救助制度的实施意见》的通知。根据实施意见要求，医疗救助以县（区）为单位组织实施，实行属地管理。实施意见明确“特困供养人员；最低生活保障对象；残疾军人、在乡老复员军人、带病回乡退伍军人、农村和城镇无工作单位且生活困难的“参战参试”退役人员等；尚未纳入城镇职工基本医疗保险的企业在岗和退休军转干部及1953年底前参军后在企业退休的军队退役士兵；支出型贫困低收入家庭大病患者”等五类医疗救助对象。医疗救助对象根据对象类别不同可分别获资助参加居民基本医疗保险、门诊医疗救助、住院医疗救助、大病医疗救助等救助。其中，门诊医疗救助分日常门诊救助、重大疾病门诊救助和特殊重大（慢性）病种门诊购药救助。实施意见规定，对最低生活保障对象中的“三无”常补对象、特困供养人员当年日常门诊费用，予以100%救助。至年底，全市医疗救助12.05万人次、9682.16万元，比上年分别增加3.24万人次、2101.67万元，增长率分别为36.8%、27.7%。救助对象住院医疗总费用3.73亿元，基本医保、大病保险报销及医疗救助3.03亿元，个人自负医疗费用率为18.8%，最大程度降低困难群众的医疗费用。

【出台《南昌市支出型贫困低收入家庭认定办法（试行）》】 2016年11月28日，出台《南昌市支出型贫困低收入家庭认定办法（试行）》，对由于家庭成员出现重大疾病、子女就学、突发事件等原因，导致家庭财力支出远远超出承受能力而造成的支出型贫困低收入家庭的大病患者收支认定给出了量化的标准。即家庭成员因患重大疾病，在扣除基本医疗保险及居民大病保险、各类补充医疗保险、商业保险报销、临时救助和其他社会帮扶资金后，个人负担医疗费用达10万元以上，且在向当地民政部门提出申请之前12个月的家庭人均可支配收入低于当地上年度城镇居民可支配收入或农村居民人均可支配收入的50%，家庭财产（货币财产和除基本住房、基本生活必需品之外的实物财产）不足以支付自付刚性支出的困难家庭大病患者。特别是个人由政策范围内负担医疗费用由30万元降至10万元，降幅达67%，门槛进一步降低，并可享受一年一次性大病住院医疗救助，让这类对象看病不再是难事。

【推进“救急难”工作】 2016年8月26日，市政府办公厅发出《关于印发南昌市全面推进“救急难”工作的实施意见》的通知，在全市范围内开展“救急难”工作。“救急难”是为解决辖区范围内遭遇突发事件、意外伤害、重大疾病或其他特殊原因导致生存陷入困境，其他社会救助制度暂时无法覆盖或救助之后仍有生存困难的居民及时救助。救助范围包括临时救助、疾病应急救助、教育救助、住房救助、就业救助、流浪乞讨救助、慈善救助等七大类。通过政府领导、民政牵头、部门协作、社会参与，对遭遇不测、亟需救助的居民快速反应、合力救助，最大化地帮助困难群众解决难题。全年共救助305户次，其中低保户252户次、其他对象53户次，发放救助资金62.87万元。

【加强敬老院建设】 2016年，为消除全市敬老院危旧破损面积和消防安全隐患，市民政局对48所敬老院开展为期三年的整体提升改造任务，计划2016年完成18所，2017年、2018年分别完成15所。其中，2016年采取以奖代补方式，由市级财政按照项目投入总额的40%给予奖励，拟投入1800万元对18所存在消防和危旧破损安全隐患的敬老院进行整体提升改造。至年底，全市共平整道路2.07公顷，完成建筑面积1.41万平方米，完成绿化面积1.23万平方米，粉刷外墙1.6万平方米，购置设备208套，消除安全隐患34处。同时，扎实推进精品敬老院创建活动，重点将南昌县武阳镇和黄马乡、新建区大塘坪乡、安义县石鼻镇、高新区麻丘镇等5所敬老院打造成全市精品敬老院，树立为全市养老服务样板工程，对符合创建要求的敬老院，每所奖励50万元。

【提升敬老院管理服务】 2016年，依法建立并落实逐级消防安全责任制，明确各级、各岗位的消防安全职责，层层签订安全责任状，制定应急处置方案，明确敬老院院长对本单位消防安全工作负总责。组织人员参加全省敬老院消防安全培训，指导县区加强全市敬老院安全管理工作。组织开展为期一年的敬老院消防安全专项治理工作。全市共组织20余个检查小组，对全市敬老院进行逐一排查，依法整治各类火灾隐患200余处，发现问题50余个，逐一开展整改工作。安装安全扶手，公共浴室铺设防滑垫。稳步开展失能老人集中护理试点工作。在省民政厅的指导下，将安义县石鼻镇敬老院定为失能老人集中护理试点单位，下拨试点专项经费。石鼻镇敬老院结合自身特点，规划设计专为失能、半失能老人服务的特护室和护室值班室，面积达80平方米，采购一批特护床和轮椅等设施，重新设计大门和回廊，主体已完工。

【开展各项核查工作】 2016年，积极与房管部门做好工作衔接，严格按照相关文件精神，全力配合房管部门完成2016年公共租赁住房保障资格经济状况核查工作。至年底，全面完成2.3万户、4.2万人公共租赁住房申请家庭经济状况核查工作，检出率10.2%，为房管部门审批公租房提供科学的参考依据。规范开展新增最低生活保障申请家庭经济状况核查工作和低保年审核查工作。至年底，全市低保审核、审批累计发起核查23980户、63890人，检出2587户、7917人，检出率13.19%，提高低保对象认定的准确度，有效促进社会救助的公平公正。成功实现与兴业银行、江西银行存款查询，在中部六省率先实现网络化实时银行存款信息查询。各商业银行协助完成5937户、15856人申请低保家庭的银行存款查询工作，提高社会救助认定工作的准确度。

（朱国保）

农、林、牧、渔业

概　述

【概况】　2016年，全市各级农业部门认真贯彻习近平总书记对江西工作“一个着力、三个希望”的重要指示精神，深入落实中央“四个全面”战略布局，牢固树立“五大发展”理念，主动作为，攻坚克难，加快转变农业发展方式，着力发展绿色生态农业，全市呈现出农业生产稳步增长、农业转型提档加速、农业活力加快释放、农产品质量稳中向好、农业园区建设快速推进、休闲农业蓬勃发展、科技创新成果丰硕、农业环境有效改善、“互联网+农业”深度融合的态势，都市现代农业发展在高起点上实现稳中有进、稳中提质、稳中增效、稳中向好，实现“十三五”良好开局。全年完成农林牧渔及服务业现价总产值319.06亿元，比上年增长4%。其中，农业产值126.22亿元，增长5%；林业产值4.05亿元，增长7.7%；牧业产值108.27亿元，增长2.7%；渔业产值73.62亿元，增长3.4%；农林牧渔服务业产值6.9亿元，增长8.6%。

（欧阳飞华）

农　业

【概况】　2016年，全市各级农业部门围绕“调减面积、优化结构、补齐短板、提质增效”的发展思路，在稳产能保供给的基础上，注重市场导向和政策支持，着力绿色生态发展，加快转变农业发展方式，突出科技引领和技术服务，推进种植产业和产品调整优化，引导农户优先发展比较效益好的种植业产业和产品。经受住严重的自然灾害、多发的生物灾害、多变的市场环境等多重考验，种植业保持平稳发展的良好态势，粮食实现“十三连丰”。至年底，全市粮食播种播面35.72万公顷，同比调减1.22%，总产242.74万吨，同比调减1.24%；油料播种面积7.97万公顷，同比调减0.58%，总产12.06万吨，同比调减5.85%；蔬菜类及食用菌播种面积4.02万公顷，总产量127.77万吨；果园面积6745公顷，园林水果总产量3.74万吨；瓜果类播种面积3907公顷，总产量9.91万吨；棉花播种面积1311公顷，总产量1829吨；甘蔗播种面积1033公顷，总产量4.34万吨；实有茶园面积1383公顷，茶叶总产量1916吨。

【粮油产业调整优化】　2016年，为有序推进全市农业供给侧结构性改革，促进粮油区域优化、产品品质提高和比较效益提升，提升全市粮油经济竞争力，制定下发《2016年南昌市粮油工作要点》，通过围绕“调减面积、优化结构、补齐短板、提质增效”的发展思路，因地制宜引导农民调整优化区域布局和品种，着力发展再生稻、鲜食玉米、菜用马铃薯、（紫心）红薯、杂粮杂豆等。依托南昌县省级水稻产业集群，巩固提升赣抚平原、滨湖地区粮食主产区优势，稳定发展优质特色高效水稻，区域化生产格局和赣抚平原水稻优势产业区初步形成。其中，南昌县水稻产业集群被列为江西省农业重点产业集群名单；进贤县建立富硒产业园，富硒农业产业得到初步开发。优良品种引进推广取得新进展，引进展示水稻新品种50个，其中富硒水稻、彩色水稻等特色功能稻品种10个，水稻良种覆盖率98%。

【强农惠农政策改革落地】　2016年，南昌市全面落实农业“三项补贴”改革，将农业三项补贴（良种补贴、粮食直补和农资综合补贴）合并耕地地力补贴，补贴与耕地地力保护挂钩，明确撂荒地、改变用途等耕地不纳入，鼓励农民秸秆还田，不露天焚烧，积极主动种植绿肥。为确保新的惠农政策贯彻落实，全市各级农业部门充分利用媒体、网络、微信、12316惠农短信平台等多种途径广泛宣传，让广大农民充分了解政策，全面发挥政策的引导带动效应，着力推动农民发展绿色生态农业的积极性。省级财政拨付南昌市粮油奖补资金5.77亿元，其中耕地地力补贴资金3.87亿元（标准为耕地每公顷1680元）、适度规模经营补贴资金3507.38万元、产粮（油）大县奖励资金1.55亿元。

【粮食新型经营主体发展迅猛】　2016年，伴随着工业化、城镇化、信息化和农业现代化的迅速发展，农业生产逐步向集约化发展，通过完善的土地承包经营权流转市场，土地承包经营权向农民专业合作社、专业大户、家庭农场等集中的趋势显著。同时，政府支持粮食新型经营主体政策不断发力，对水稻种植规模在3.33～20公顷的种粮大户、家庭农场，水稻种植规模33.33公顷以上的农民合作社，及依法登记的农业社会化服务组织，采取自主申报、择优立项、先建后补的方式对工厂化育秧、烘干设备、植保机械、有机大米等项目进行补贴。至年底，全市共有3.33公顷（含）以上种粮大户4436户，流转耕地面积约5.11万公顷。

【开展防灾减灾救灾】　2016年，全市发生1月低温雨雪冰冻、3—7月多次强降水、7月洪涝、8月干旱和台风、低温阴雨等灾害天气。全市各级农业部门积极应对异常天气给生产带来的不利影响，不断强化灾害预警、防灾组织协调和灾害防御指导，先后制订《低温雨雪冰冻天气油菜抗寒防冻措施》《绿肥防冻减灾技术措施》《高温干旱防范应对措施》等相关措施，多次深入基层开展灾害调研、技术指导，全力落实各项防御措施。在灾害发生时，认真开展灾情日报制，切实加强防灾组织协调，及时组织市、县有关专家深入到生产一线现场，开展抗灾减灾救灾指导工作，因时、因地、因苗分类指导农户开展灾后生产恢复，并在南昌市农业信息网和农业防灾减灾信息网刊登农业气象和防灾措施等信息50余条。

全市获得省财政农业生产救灾资金215万元。由于技术指导服务全面到位，抗灾救灾及时有效，灾后生产恢复措施得力，种植业生产损失得到有效控制，全年粮食获得“十三连丰”。

【开展气象为农服务】 2016年，与市气象局继续通力协作，重大农业气象灾害联合会商与调查机制有效运转。根据种植业生产发展和关键时节及重大天气变化到来之前，联合开展农情调度和现场调查，及时将有关天气情况及预防措施等预警信息通过网络、微信和“12306”短信平台、农村气象服务电子屏和大喇叭方式发布。全年发布服务专报和气象情况反映41期，通过“12306”短信平台发布农事短信24.1万余条。

【示范推广再生稻】 2016年，为转变农业发展方式，调优粮食生产结构，较好地适应全市水稻种植模式和种植习惯的变化，因势利导，加快推进再生稻及其综合配套高产栽培技术示范推广，促进农业增效和农民增收。针对油稻茬口紧张，可种植的油菜和水稻品种较少的情况，进行改革和创新，利用新品种新技术项目资金做好再生稻示范推广，采取中稻—再生稻、中稻—再生稻—油菜、中稻—再生稻—绿肥等多种种植模式进行试验示范，在全市建立6.67公顷核心示范区2个和2公顷示范点5个，示范带动全市再生稻快速发展。6.67公顷核心示范区做14个新品种的对比展示、筛选示范，2公顷示范点做9个新品种的对比展示、筛选示范。每个示范区（点）都做促芽肥施用试验，分收割前15天、12天、10天施肥三处理，并以不施促芽肥做对照。据不完全统计，全市再生稻种植面积有近3333公顷，其中66.67公顷连片的有4个、6.67公顷连片的有10个以上，示范区中稻每公顷产量达到8802.9千克，再生稻平均每公顷产量达到3879.3千克，为下一步再生稻产业化创造有利条件。

【推广农业实用技术】 2016年，全市水稻推广抛秧技术12.27万公顷，比上年增加3.1%；直播面积10.03万公顷，增加56.3%；超级稻技术17.15万公顷，增加38.6%；免（少）耕技术2.79万公顷，减少46.5%；机插技术6.11万公顷，增加4.3%；水稻防早衰技术应用面积20.58万公顷，减少0.7%；“多用一斤种、增收百斤粮”推广面积18.62万公顷，减少0.9%。直播面积增加主要是因为早稻集中育秧项目取消，早稻直播面积增加28.9%，二晚使用早稻品种翻秋，直接使用直播栽培面积增加165%；实用技术应用面积有所减少是由于水稻总面积33.77万公顷，比上年减少1.1%。

【推进高标准农田建设】 2016年，全市农业系统上年度承担的现代农业标准粮田和新增千亿斤粮食生产能力规划田间工程建设项目共4个，建设面积2320公顷，总投资5029.08万元（其中中央投资4180万元）。至年底，南昌县、进贤县和新建区项目正加快工程建设，安义县项目纳入县政府统一协调。同时，加大项目资金争取力度。省发改委、省农业厅、省水利厅、省财政厅等下达南昌市新增千亿斤粮食生产能力规划田间工程建设项目和现代农业标粮项目3个，建设面积1200公顷，总投资2560万元。各项目正按程序进行工程招投标和建设。

【水稻绿色高产创建项目示范效果明显】 2016年，南昌市承担水稻绿色高产高效创建项目1个，在新建区实施。通过推广超级稻、籼改粳、再生稻、配方施肥、“三控”栽培与绿色防控等技术，不仅减少化肥、农药用量，降低污染源，改善生态环境，而且稳定粮食生产，提高种粮效益。项目区66.67公顷超级稻示范区每公顷平均产量13170千克；粳稻种植面积786.67公顷，每公顷产量1.17万千克；再生稻面积643.33公顷，再生稻每公顷平均产量3465千克，每公顷增效3000余元。建立5个66.67公顷病虫害综合防治与绿色防控示范基地，专业化统防统治与绿色防控覆盖率达到100%，化学农药用量减少20%，农药利用率提高10%以上，病虫害损失率控制在5%以内；建立8个以“三控”为核心的水稻绿色节本增效示范区，每公顷增产值755.7元、减少成本198元，每公顷纯收入增953.7元；建立4个双季稻全程机械化科技攻关示范区，示范面积2098.67公顷，机械化水平达98%，每公顷平均增420.75千克、增收454.4万元，新增耕作机械85台、插秧机10台、育秧大棚4座、标准化育秧基地6个、植保机械76台、联合收割机28台，辐射带动新增5家新的农机合作社。

【推广测土配方施肥技术】 2016年，南昌县、进贤县、安义县、新建区及南昌市本级均承担测土配方施肥补贴项目，总投资150万元。至年底，全市共建立高标准肥料对比试验示范区56个，示范面积共1.34万公顷，测土配方施肥推广面积39.16万公顷，配方肥施用面积12.86万公顷，推广施用配方肥总量共7.08万吨。全市测土配方施肥推广区总增产9.83万吨，总减不合理施肥量（纯量）1672吨，总增产节支2.5亿元。

【监测耕地质量】 2016年，完成上年度数据的采集分析，编制《南昌市2015年耕地质量监测资料汇编》；同时，继续高标准建设全市45个耕地质量长期定位监测点和45个测土配方施肥肥效监测点，完成本年度监测点田间试验、农事记载、样品采集等工作。

【建立绿肥和土壤酸化改良及秸秆腐熟还田示范点】 2016年，全市共建立绿肥示范点19个，示范面积2366.67公顷；土壤酸化改良及秸秆腐熟还田示范点5个，示范面积1333.33公顷。全市共发放绿肥种子79吨，土壤调理剂800吨，秸秆腐熟剂44.44吨，总补助农户1.44万户。

【防治耕地重金属污染】 2016年，全面完成上年度耕地重金属污染防治工作项目，并通过对上年度数据的采集分析，编制《南昌市2015年耕地重金属污染防治资料汇编》。同时，对本年度项目的试验示范工作进行部署，继续在新建区开展耕地重金属污染防治工作，田间试验示范、土壤水稻样品采集等工作已经全部完成。

【规范肥料市场管理】 2016年，积极做好本市肥料登记工作，承接包括“复混肥、配方肥（不含叶面肥）、精制有机肥、床土调酸剂”等肥料的登记证核发工作。至年底，全市共发放肥料登记证9份，其中正式登记证6份、续展登记证3份，服务企业6家。为切实履行职责，全市农业行政执法人员和土肥站技术人员积极参与肥料市场的整顿规范工作，配合市场监督局等有关部门开展春、秋季肥料市场大检查，对抽查中流通或销售不合格化肥产品的个别商家进行严肃查处，有效地净化市场，维护广大农民和合法厂商的根本权益。

【开展《种子法》宣传贯彻活动】 2016年，是新修订《中华人民共和国种子法》施行的第一年。为贯彻落实好新种子法及《主要农作物品种审定办法》《种子生产经营许可管理办法》《农作物种子标签和使用说明管理办法》3个配套办法，推进全面依法治种，从1月1日起，全市种业系统开展为期一年的新法宣传贯彻活动。市农业局派业务骨干参加农业部举办种子法配套办法培训班和省种子管理局举办的贯彻实施新种子法工作座谈会。除在全市范围内开展1场大型专题宣讲活动外,各县区相继开展新法宣传贯彻活动。10月份,市农业局组织宣传贯彻工作组到抚生路和建设西路种子市场,向每个门店分发宣传贯彻材料,并对种子经营者讲解新种子法以及配套办法的新要求,同时对《农作物种子标签二维码编码规则》进行说明。至年底,全市免费发放新种子法读本1500份、宣传资料4000份,参与活动的种子从业者和农民5000余人。

【监管种子市场】 2016年,全市开展形式多样的市场检查和专项检查,包括春季种子市场专项检查、监督检查及打击侵犯品种权和制售假劣种子专项检查等,加强对主要种子市场及主要农作物和非主要农作物品种的市场监管和质量抽检,整顿和规范种子市场秩序,保障农业用种安全,维护农民利益的现实需要。至年底,全市开展各项种子市场检查7次,抽查种子样品280份;委托检验种子样品200份。共检测种子样品480份,比上年增加14.3%,种子样品质量合格率达99.8%。市农业局组织种子检验员参加能力验证活动。验证项目为水稻种子的净度分析试验。种子检验员在收到样品后及时按照检验指导书进行检测,结果报告上报至国家农作物种子质量检验中心。

【引进推广新品种】 2016年,市农业局共引进水稻新品种100余个,参加展示的品种为50个,其中早稻20个、中稻10个、晚稻20个。全市展示点8个,采取多种形式栽插管理模式,全方位地展示早、中、晚稻各个品种的优劣。其中,南昌县、新建区采取机插和抛秧相结合的方式,进贤县采取双抛的方式,安义县采取人工栽插与抛秧相结合的方式,五星农场、恒湖农场采取早晚稻直播方式,湾里区开展中稻再生稻展示。在品种选择上进行调整优化,推广富硒水稻、彩色水稻等10个特色功能稻品种,并对中稻的10个品种进行再生稻品种对比试验。组织召开早稻和晚稻新品种现场观摩会,邀请种粮大户、农技专家、农民群众及广播、电视和报纸等新闻媒体工作者参加现场观摩会。同时,各县区分别组织早、中、晚稻的现场观摩会。通过新品种的展示示范,引导农民选择优良品种进行种植。

【创建标准化蔬菜基地】 2016年,着力推进百项惠民便民利民工程农业蔬菜基地标准园创建工作,重点在银三角、五星、安义等示范园区打造十大优质蔬菜基地,突出园区农产品保障功能,全力打造"菜篮子"产品主要供给区。全面提升蔬菜综合生产能力,进一步提高蔬菜产品质量安全水平。相关县区农业部门认真完善组织协调、项目实施、资金管理、监督检查和考核等机制,积极稳妥推进标准园创建。南昌县林生堂生态农业发展有限公司完成育苗连栋大棚、智能玻璃温室等建设,完成投资约2600万元;安义县南昌菜园新建1万平方米的玻璃温室大棚、私家菜园、连栋大棚等,完成投资3300万元;五星垦殖场万亩蔬菜基地新建水肥一体化工程、钢架大棚以及相关配套基础工程等,累计投资8900万元。通过标准化蔬菜基地创建,巩固提升现有蔬菜基地建设水平,推动蔬菜基地向规模化、园区化、设施化、标准化和产销一体化方向发展。

【监管农产品质量安全】 2016年,为贯彻落实《农产品质量安全法》,全面加强农产品质量安全监管,提高农产品质量安全水平,农业部继续对全国大中城市农产品中的药物污染开展例行监测工作。农业部农产品及转基因产品质量安全监督检验测试中心(杭州)对南昌市蔬菜质量进行四例行监测。市、县区农业部门高度重视,全面协助农业部监督抽检工作。6月下旬,为加强蔬菜、果业质量安全监管,保障人民群众消费安全,印发《关于切实加强蔬菜、果业质量安全生产监管工作的通知》,要求各县区蔬菜、果业主管部门和各蔬菜、果业基地加强组织领导,明确监管职责;加强源头管理,保证生产安全;实施标准生产,提升质量水平;加强抽查监测,保障消费安全。

【发展特色优质果品生产】 2016年,立足当地实际情况,在有关县区建立特色水果新品种、新技术引进、示范、推广基地。在安义县乔乐乡建立猕猴桃试验示范基地,在安义县东阳镇和湾里区罗亭镇建立蓝莓新品种示范推广基地,在安义县长均乡建立火龙果试验示范点,在新建区金桥乡和南昌县塔城乡建立葡萄避雨栽培技术试验示范点,在进贤县七里乡建立春香柚大棚试验示范基地。安义春晖、桑海思科、新建畅丰等公司的蓝莓、葡萄采用多种销售方式,既有传统方式,又有电商、订单、快递、采摘等方式。进贤县春香柚、甜桔柚等新品种表现适应性较好,县农业局以各乡镇综合站、部分果业基地为平台,在全县21个乡镇设置30余个栽植示范点,形成具有县域特色的新品种水果产业。至年底,全县果树新栽植推广面积133.33公顷。

【打造优秀茶叶品牌】 2016年,以打造"江西茶、香天下"为主题的茶博会为契机,先后组织全市茶叶企业参展江西(上海)茶业博览会、呼和浩特国际茶产业博览会、大连国际茶产业博览会、深圳国际茶产业博览会,进一步加深同全省、全国茶叶企业的对接,为全市茶产业做大做强、提高产品附加值发挥了积极作用。玲珑香菊采用设施农业技术建立保护地,运用有机农法种植,按茶菊QS标准生产,用一朵菊花冲泡出一杯好看、好闻、又好喝的菊花茶,菊花在杯中还原成鲜花盛开的形态,成为新型保健茶菊饮品中的优秀品牌。

2016年南昌市种植业主要指标一览表

项目	播种面积(万公顷)			总产量(万吨)		
	2016年	2015年	增长(%)	2016年	2015年	增长(%)
一、粮食作物	35.72	36.16	-1.22	242.74	245.79	-1.24
(一)谷物	34.30	34.70	-1.15	238.49	241.45	-1.23
1.稻谷	33.94	34.34	-1.16	236.38	239.32	-1.23
早稻	15.27	15.62	-2.24	99.1	101.84	-2.69

续表

项目	播种面积（万公顷）			总产量（万吨）		
	2016 年	2015 年	增长（%）	2016 年	2015 年	增长（%）
中稻及一季稻	2.57	2.16	18.98	19.77	16.66	18.67
晚稻	16.10	16.55	－2.72	117.51	120.82	－2.74
2. 其他谷物	0.35	0.36	－2.78	2.11	2.13	－0.94
（二）豆类	0.9	0.92	－2.17	1.63	1.66	－1.81
（三）薯类（折粮）	0.52	0.53	－1.89	2.62	2.68	－2.24
二、经济作物						
油料作物	7.97	8.01	－0.5	12.06	12.81	－5.85
1. 花生	1.63	1.68	－2.98	5.3	5.57	－4.85
2. 油菜籽	5.7	5.73	－0.52	6.2	6.71	－7.6
3. 芝麻	0.63	0.61	3.28	0.56	0.53	5.66
棉花	0.13	0.16	－18.75	0.18	0.22	－18.18
甘蔗	0.1	0.11	－9.09	4.34	4.45	－2.47
蔬菜及瓜果	4.41	4.59	－3.92	137.68	138.77	－1.09
其他类	3.53	3.78	－6.61			

（陈明全　黄德辉　吴光生　吴小丽）

林　业

【概况】　2016 年，南昌市林业以全市打造核心增长极为契机，遵循“山上山下同步、提质扩量兼顾、建设保护并举、生态经济共赢”的思路，统筹推进全市林业、农垦事业发展，为南昌市建设成为“三个文明”融合发展的现代化城市夯实生态基础。市林业局荣获“2013—2015 年度全国森林防火工作先进单位”称号，南昌市荣获 2015—2016 年度全省森林防火责任目标考核三等奖。

【营造林工程高效完成】　2016 年，南昌市以巩固国家森林城市创建成果为载体，以建设南昌“绿谷”为中心，大力推进林业生态建设体系、林业产业发展体系和林业生态文化体系建设，取得“绿量做大、绿质提升”的显著成效。至年底，全市共完成营造林面积 8940 公顷。其中，人工造林 3960 公顷，森林抚育 3933.33 公顷，封山育林 753.33 公顷，低产低效林改造 293.33 公顷。新栽分类苗木 480 万株。

【开展全民义务植树活动】　2016 年 3 月 1 日，省、市四套班子带领省市机关干部 800 余人在溪霞国家农业综合开发现代农业园区参加“2016 年省、市新春义务植树活动”，共栽种各类苗木 2300 株；“3·12”植树节前后，全市各级绿委办安排的群众自发性的义务植树活动 100 余起，参与人 2.1 万余人，义务植树 10.4 万株。至年底，全市共有 240 余万人次参加义务植树，全市适龄公民义务植树尽责率达 89%。

【保护越冬候鸟】　2016 年，开展巡湖行动 120 余次、出动巡湖人员 500 余人次，拆除天网 40 余部，长度约 1200 余米，林网 230 余部，长度约 7000 余米。重点对三不管地带和重点区域进行周密巡查，确保不留死角，做到“湖区巡护力度加大、巡护人员增加、巡护范围扩大”。同时，对湖区出路口严格检查，切断候鸟外运渠道。湖区偷捕候鸟的情况明显好转，在全市湖区已连续 6 年基本实现“三无一杜绝”“两个确保”（即湖中无天网、无毒饵，路上无非法携带和运输越冬候鸟，餐馆酒店和市场无越冬候鸟藏匿、经营和交易，杜绝严重破坏鄱阳湖区越冬候鸟资源和湿地环境违法犯罪案件的发生；确保湖区无越冬候鸟大量死亡，确保媒体不出现大量负面报道）目标。

【保护森林资源】　2016 年，着力开展非法侵占林地清理排查专项行动，集中对违法使用林地和毁林开垦破坏林地等情况进行拉网式的排查，取得良好的整治效果，非法征占用林地和乱砍滥伐现象得到有效遏制。各县区开展松材线虫病防控工作，基本完成松材线虫病等重大林业有害生物年度防控任务，森林资源更加健康。同时，完成第九次全国森林资源清查江西省清查工作，为提高森林质量与效益，充分发挥森林多种功能，构建健康稳定优质高效的森林生态系统打下良好的基础。

【发展林业产业】　2016 年，完成高产油茶生产基地建设 760 公顷、速丰林基地 500 公顷。全市 70 余家驯繁企业和 103 家野生动物经营利用单位实现产值超过 1.4 亿元，2000 余家林业加工企业总产值突破 120 亿元。全年森林、湿地公园共接待游客 400 万人次，旅游收入近 10 亿元。市林投公司以资质升级助推企业发展，取得园林二级资质和市政三级资质，公司实现业绩较上年翻一番，突破亿元大关。

【打击整治破坏森林资源违法行为】　2016 年，全市组织开展“鄱阳湖越冬候鸟和湿地保护专项整治行动”“野生动物保护专项行动”“全市野生蛙类专项整治行动”“严厉打击非法占用林地专项整治行动”等各类专项行动,并推动“两法衔接”工作。成立南昌市人民检察院派驻南昌市林业局检察室,落实“两法衔接”的信息平台,建立联席会议、定期通报、重大案件协商等制度,严厉打击各类破坏森林资源违法行为。全年全市共查处各类林业行政案件97起,刑事案件22起,抓获犯罪嫌疑人23名,抓获省内省外网上逃犯3名。同年4月,经市编委批复同意,南昌市木材运输流动执法支队(南昌市木材检查站)更名为南昌市林业综合执法支队(南昌市木材检查站),编制15名。

【开展第九次全国森林资源清查】 2016年,第九次全国森林资源清查江西省清查是检验全省“十二五”造林绿化、森林资源保护和生态建设成效的一项基础性工作,其清查成果将为全省推动生态文明先行示范区建设、制定林业发展规划提供重要的决策依据。市林业勘察设计队经过为期3个多月外业调查,圆满完成114个固定样地的调查任务,查清森林资源的数量和质量,及时掌握森林资源现状和动态变化趋势。11月以全优的成绩顺利通过国家林业局华东院验收,为全省林业和生态文明试验区建设提供重要的科学依据。

【保护古树名木】 2016年,继续将古树名木保护工作纳入营造林工程建设范围,市财政列支292.4万元,加大对古树名木基础设施建设、复壮、日常管护等进行投入,要求县区绿委办与保护责任主体签订古树名木养护责任书,悬挂规范的保护标牌,组织专业单位修建围栏,市财政按照每株2000元的标准予以补助。在第二次古树名木普查的基础上,对古树名木进行补充调查,新发现古树204株,全市古树共3085株。湾里区太平镇太平村一棵千年银杏(1540年)被全国林学会评为全国十大最美古银杏。

【深化集体林权制度改革】 2016年,安义县被省林业厅确定为第二批省级深化集体林权制度改革试点县,并按计划全面完成年度改革工作任务。该县以县委、县政府名义出台《安义县林地经营权流转证管理办法(试行)》《关于印发安义县推进林地流转进一步深化集体林权制度改革的实施方案》等改革相关文件,选取2个乡镇及其下辖的2个村作为试点,扎实做好林地经营权流转服务中心的挂牌和制度上墙工作,县、乡、村三级林权交易体系基本建成。另外,全市新增一个全国林业专业合作社示范社——安义县尚富种养专业合作社,新增一个省级林下经济示范基地——安义县利邦绿色农业有限公司林下养殖基地。全市已获评2家全国林业专业合作社示范社,2家农民林业专业合作社省级示范社,6家省级林下经济示范基地。

【林业工作站体系建设】 2016年,安义县万埠站、进贤县民和站列入年度省级标准化建设项目。至年底,全市共有县级林业工作站4个;乡镇林业工作站34个,其中林业局垂直管理11个、乡镇管理23个。有县级林业站管理人员20人,基层站有编制116个,在岗职工119人。基层站经费来源:全额拨款72人,自收自支44人,林业经费3人。有9个基层林业工作站按国家要求进行标准化建设,新建站房,配备办公自动化设备等。

(王　越)

畜牧业

【概况】 2016年,南昌市畜牧兽医系统以“调结构,转方式,保供应”为主线,组织开展畜禽养殖标准化示范创建活动,加快转变畜牧业生产方式,畜禽养殖生产水平不断提升;进一步强化动物疫病防控工作,严格落实防控责任,保障畜产品质量安全;切实加强兽医系统实验室管理,提高兽医实验室检测能力,为重大动物疫病防控工作和畜牧业健康发展提供坚实的技术保障;积极做好兽药产品批准文号现场核查和抽样工作,着力提高兽药GMP监管水平;扎实开展畜禽禁养区专项整治行动,畜禽养殖粪污治理取得新进展,全市畜牧业健康安全生态发展。畜牧业经济运行总体平稳。生猪价格高位运行、生猪生产逐步恢复,牛羊产业政策利好、牛羊生产发展加快,家禽生产稳中有升,重大动物疫情总体平稳,畜产品质量安全水平稳中有升,畜牧业发展态势良好。至年底,全市生猪出栏344.66万头,同比下降0.18%;生猪存栏195.13万头,下降3.43%;家禽出笼5534.17万只,增长2.41%,家禽存笼3447.83万只,增长0.16%;牛出栏6.5万头,增长3.36%;羊出栏2.36万头,增长3.15%;肉类总产37.78万吨,增长0.54%;禽蛋产量17.2万吨,增长1.09%。

【标准化规模养殖水平提升】 2016年,全市年出栏500头以上生猪规模养殖场1910个,肉牛规模养殖场57个,奶牛规模养殖场95个,蛋鸡规模养殖场312个,蛋鸭规模养殖场2079个,肉鸡规模养殖场821个,肉鸭规模养殖场478个。生猪出栏数量下降0.18%,牛、羊出栏数量增加3%,产业结构呈现持续优化的良好态势。

【饲料生产稳步发展】 2016年,全市现有饲料生产企业109家。其中,配合饲料、浓缩饲料生产许可证52个,添加剂预混合饲料生产许可证45个,饲料添加剂生产许可证12个。饲料企业生产总量达到340万吨,总产值为102亿元。

【开展畜禽养殖污染专项整治行动】 2016年,为贯彻落实国家和省市畜禽养殖污染防治及“河长制”有关要求,确保圆满完成畜禽禁养区专项整治工作任务,加强非禁养区畜禽养殖污染防治工作,南昌市印发畜禽养殖污染专项整治行动方案,正式启动畜禽养殖污染专项整治行动。专项整治行动通过层层签订责任书,落实政府属地管理责任、部署监管责任、养殖户主体责任“三个责任”,并围绕畜禽养殖污染防治存在的突出问题,加强对重点区域、重点养殖种类、重点对象及重点内容的全面整治,确保整治行动取得成效。

【推进畜禽养殖标准化发展】 2016年,南昌市启动畜禽标准化养殖项目实施工作。中央财政共安排350万元资金,扶持全市7家畜禽养殖场实施改造,完善生产条件,扩大养殖规模,实现标准化生产。平均每个养殖场补助50万元左右。扶持畜禽品种为生猪、蛋鸡、肉鸡、肉牛、肉羊、奶牛。畜禽标准化项目实施内容包括环保设施化改造、养殖工艺设施化改造、防疫设施化改造、生产经营智能化改造及完善畜禽养殖场饲养管理制度、建立完整规范的养殖档案和生产记录数据库。市畜牧兽医局积极做好部门沟通协调工作,按要求择优筛选项目,认真编制项目申报材料,确保项目命中率。全市申报的7个畜禽标准化养殖项目获得项目支持,并顺利完工。认真按照《江西省2016年畜禽养殖标准化示范创建活动工作方案》要求,积极组织养殖企业参加创建活动。通过严格筛选、组织申报、专家现场评审、公示等规定程序,全市共8家申报部、省、市三级畜禽标准化示范创建的养殖场均获评2016年度畜禽标准化示范场。其中,部级示范场2个、省级示范场5个、市级示范场1

个。至年底,全市共获得部级示范场14个,省级示范场42个,市级示范场16个,共计72个。通过树立典型,以点带面,有力地促进全市畜禽养殖的标准化、规模化建设步伐。

【开展动物疫病防控】 2016年,全市累计免疫生猪382.3万头,牛38.57万头,羊4.67万头,鸡3250.26万只,鸭2793.82万只,鹅94.2万只,免疫密度达到100%。全年共计监测样品1.04万份。包括血清抗体效价监测总计6710份;其中,合格9658份,合格率92.97%。同时,协助上级有关部门开展各类监测与流调工作,共采集畜禽血样、组织样、棉拭子样共计2100余份,样品经检测全面合格。春秋动物疫病两防期间,全市共使用消毒药品100余吨,消毒面积1300余万平方米,有效阻断疫病传播途径。在5家省级发证种猪场、2家省级发证种鸡场以及所有奶牛场开展动物疫病净化工作,全市疫病净化共检测样品1.03万份,所有阳性畜禽均及时进行处理。结合南昌市实际,制定《南昌市犬只狂犬病免疫管理办法》,对犬只免疫办证流程、免疫信息管理、疫苗使用与管理、监督检查等方面进行详细规定。

【加强畜禽检疫和饲料、兽药监督】 2016年,全市畜禽产地检疫开展面达100%,农户散养畜禽产地检疫率达90%以上,规模化饲养场产地检疫率达100%。全市产地检疫生猪159.36万头、牛5.64万头,羊2.1万头,家禽332.15万只。共检出病害生猪1745头、牛110头、羊463头、家禽18.9万只,全部进行无害化处理。定点屠宰场共检疫生猪196.78万头(其中国鸿屠宰场10.75万头、双汇屠宰场76.94万头),牛、羊6.74万头,家禽173万只;无害化处理病害生猪5986头,牛羊368头,家禽4250只。加强证章标志使用和管理,共发放检疫证明1.81万本、检疫标识403.55万枚、检疫章17枚。积极推进南昌市跨省调运畜禽检疫电子出证工作,在全市县级以上生猪定点屠宰场和供沪动物及动物产品企业检疫申报点开展动物检疫电子出证试点工作,至年底全市电子出证实现常态化。稳步推进动物标识及疫病可追溯体系建设,共签收猪耳标110.56万枚、牛耳标5000枚、羊耳标1.2万枚,发放猪耳标73.9万枚、牛耳标1.27万枚、羊耳标3099枚。3月,农业部检查组对南昌市所有饲料产品进行抽检,共计388批次。4月,在南昌市抽取配合饲料和浓缩饲料10批,动物源性饲料原料5批,微生物制剂3批。全市8家兽药经营企业开展国家兽药产品追溯试点工作,积极加入追溯系统,安装国家兽药产品进销存系统,对产品的进仓以及销售等进行扫描并上传国家兽药产品进销存系统。

【健全屠宰监管制度】 2016年,全市畜禽屠宰管理部门对每一个定点屠宰企业进行现场审核。根据各企业情况将全市屠宰企业分为可换发新证、需要整改企业,坚决取缔企业等三大类。严格按照省农业厅下发的《生猪屠宰厂(场)监督检查规范》,建立生猪屠宰厂(场)全面监督检查员库,制订年度和日常监督检查工作计划。县区每季度对照监督检查规范对每家生猪定点屠宰场点开展一次或一次以上的日常监督检查。对在监督检查中发现的问题,及时向屠宰场点提出整改意见,限期做好整改。督促企业落实主体责任,健全企业内部管理制度,全面落实进厂验收、停食静养、检疫检验、无害化处理等16项制度。

【奶业转型升级】 2016年,全市奶牛业布局为城郊型,规模小,养殖分散,且分布在城市周边,不利于环境保护及奶牛的防疫,也不利于奶牛生产效率的提高及生鲜乳质量的提升。市奶办积极鼓励有条件的农户向远郊发展奶牛规模化养殖,按照高标准、高起点,加速转变奶牛养殖方式,推进奶牛科学饲养管理,推进建设现代奶业工作,取得一些实质性进展。以促进奶业增效、农民增收、奶牛生产、乳品加工和市场销售持续健康协调发展为目标,继续加强良种繁育和推广,提高奶牛种群质量,鼓励奶农处从省购进良种奶牛。继续发展和壮大奶农专业合作社组织,帮助他们搞好生产,维护自身合法利益。在生鲜乳收购企业与奶农之间沟通、协调,稳定收购价格,保持奶牛养殖户的养殖积极性。抓好奶业科技推广服务工作,强化奶牛品种改良,提高奶牛改良技术水平。大力推广奶牛优质高产综合配套技术,提高奶牛生产效率。

【病死畜禽无害化处理】 2016年,积极落实病死猪无害化处理补助政策,按时严格审核上报,共上报无害化处理病死猪1万头,为养殖户申报补助资金80.12万元,保证全市的病死猪实现无害化处理,杜绝病死猪乱抛、乱丢现象,有效控制病害生猪流入市场。南昌县、新建区、进贤县3个县区获批建设病死猪无害化集中处理体系建设项目后,南昌县项目已竣工验收,进贤县项目正在建设,新建区积极做好项目前期工作。

2016年南昌市畜牧业主要经济指标一览表

生猪出栏(万头)	生猪存栏(万头)	家禽出笼(万只)	家禽存笼(万只)	牛出栏(万头)
344.66	195.13	5534.17	3447.83	6.5
牛存栏(万头)	肉类总产量(万吨)	禽蛋产量(万吨)	牛奶产量(万吨)	——
18.2	37.78	17.2	3.9	——

(范雨锁)

渔 业

【概况】 2016年,全市渔业行业认真贯彻"转方式、调结构、提质量,促加工、活流通、保增长""十三五"渔业发展方针,围绕推动渔业资源由大向强转变,以科学发展、绿色崛起为主线,以保障水产品安全有效供给和渔民稳定增收为目的,调整优化渔业产业结构,加强渔业基础设施建设,加大渔业行政执法力度,创新渔业生产经营机制,推进安全养殖、健康养殖、生态养殖,合理保护渔业资源,提高水域产出率、资源利用率和劳动生产率,增强渔业生产、抗御风险、市场竞争和可持续发展能力,加快形成生态良好、生产发达、装备先进、产品优质、渔民富裕、渔区和谐的现代渔业发展新格局。全市水产放养面积5.69万公顷,与上年度持平;水产品总产量42.51万吨,增长3.3%。其中,特种水产品总产量12.93万吨,增长6.58%;淡水鱼苗孵化量32.76亿尾,增长3.41%,鱼种投放量5.19万吨,增长3.58%。

【实施现代农业生产发展渔业项目】2016年,全市实施现代农业生产发展渔业项目,改造标准化池塘40公顷。该项目已获省农业厅批复,总投资240万元,其中,中央财政专项投入资金120万元、自筹资金120万元。

【推进渔业标准化养殖项目建设】2016年,市渔业渔政局以打造南昌核心增长极为契机,推动产业发展,围绕环境友好型社会建设和渔(农)民增收目标,进一步转变渔业发展方式,优化产业结构,加快特色渔业、创汇渔业的发展步伐,大力推进渔业标准化养殖项目建设,确保渔业标准化养殖项目产品有效供给。争取到2个江西省渔业标准化养殖项目。项目实施单位分别是南昌县江西国奇特种水产养殖有限公司和进贤县江西金甲生态鳖业科技开发有限公司,中央财政专项投资合计90万元。

【启动水面开发专项资金项目】2016年,根据《南昌市人民政府办公厅抄告单》有关要求,将2015、2016年水面开发资金合计400万元全部用于试点推广池塘循环流水养鱼设施建设。至年底,市农业局、市财政局联合下发池塘循环流水养鱼设施建设项目申报文件,待县区申报。

【继续申报健康养殖示范场水产企业】2016年,全市有13家第六批农业部健康养殖示范场水产企业经过复核,符合继续申报健康养殖示范场的水产企业有6家。江西农旺水产养殖开发有限公司、进贤县凯超农业开发有限公司(所属水产养殖场)、进贤县池溪乡庆丰种养专业合作社、进贤县湖滨大石佬生态农业发展有限公司(原进贤县湖滨大石特种水产开发有限公司)、江西省原野农业发展有限公司(所属水产养殖场)、安义县万埠农民养殖专业合作社。

【鄱阳湖品牌专卖店建设】2016年,推进南昌市鄱阳湖品牌专卖店建设工作,有2家获得鄱阳湖品牌专卖实体店称号。周兴华—红谷滩凤凰北大道天赐良缘23栋105号商铺;万灶凯—红谷滩翠苑路万达星城西区109号商铺。

【推进渔业节能减排】2016年,南昌市将渔业水域划分为重点保护区、增殖放流区、禁养区、适度开发利用区四部分。充分发挥渔业节能减排优势,积极推广生态健康养殖技术,适当控制并合理布局投饵性养殖网箱、工厂化等集约化养殖;控制水体养殖容量,推广种草养鱼养蟹,保护水域生态环境,确保水域可承载力;严禁在湖泊、水库等大型水域大量使用化肥和有机肥养鱼,加大鲢、鳙鱼等减排品种的投放量,维护水域生态环境;在渔业资源保护下大力气,出台珍珠养殖逐步退出全市水产养殖的政策;逐步减少传统的“三网”面积,保护鄱阳湖“一湖清水”。

【加强水产品质量安全管理】2016年,推进水产健康养殖,确保水产品质量安全和渔业生产安全。成立水产品质量安全工作小组,把水产品质量安全作为水产重点工作来抓,进一步加强水产品质量监管力度。切实把水产品质量安全当作保障全市广大消费者心身健康生命安全的头等大事来抓,采取举办水产养殖技术操作规范和水产养殖用药技术培训班等形式,不断扩大水产质量安全宣传,增强渔业生产单位和生产者的质量安全责任,提高公众水产质量的安全意识。

【鄱阳湖春季禁渔】2016年3月20日至6月20日,鄱阳湖实行春季禁渔。南昌市制定《2016年南昌市春季鄱阳湖禁渔管理实施方案》,以“江中无渔船,水中无网具,市场无禁区鱼”的管理目标,开展为期3个月禁渔工作。各县区渔政采取陆路巡堵结合的方法,加强监管,打击偷捕行为,保证禁渔工作的有序进行。禁渔期间,全市出动渔政执法船(艇)83艘次,渔政车74辆次,参加执法人员676人次,取缔定置网50余部,地笼100余只,查处禁渔期偷捕等违法行为16起,没收小龙虾500余千克、螺蛳4000千克。

【打击天然水域非法捕捞】2016年,渔政执法人员加大对天然水域非法捕捞的打击力度,实行严格签到制度和双休日值班制度,做好出船记录和执法检查记录,采取水上检查与陆上检查相结合的方式,以及联合水上公安、海事等部门开展联合执法,出动渔政车和渔政艇严控赣江八桥之间水域,使得江面非法捕捞现象得到较好控制。全市共开展执法424次,出动执法人员1810人次,收缴网具370部,行政处罚案件24人,行政移交1起。

【东湖区人民检察院生态工作站挂牌】2016年4月26日,东湖区人民检察院生态检察工作站在南昌市渔业渔政局挂牌。为进一步加强渔政执法与刑事司法的协作配合,落实“两法”衔接,有效打击破坏渔业资源环境的违法犯罪行为,促进生态文明建设,保护渔业生态环境,市渔业渔政局积极与东湖区人民检察院、市公安局水上分局沟通与协作,就打击非法捕捞达成意见。

【实施人工渔业增殖放流】2016年,向赣江投放青鱼、鳙鱼、鲢鱼等长江原种子一代鱼苗共计1786.88万尾(夏花1728.03万尾、冬片58.85万尾)。其中,市本级投放鳙鱼、鲢鱼原种子一代鱼苗629.54万尾(鲢鱼、鳙鱼夏花600万尾,鲢鱼、鳙鱼冬片29.54万尾);新建区共投放1157.34万尾(青鱼、鳙鱼、鲢鱼夏花995.73万尾,青鱼、鳙鱼、鲢鱼冬片29.31万尾,翘嘴鲌夏花132.3万尾)。在放流实施过程中严格按照市政府采购管理规定实施公开招标并邀请公证处对放流过程实施公证。

【水生野生动物保护】2016年,共对12家餐饮企业进行水生野生动物执法检查。1—10月,市渔政执法人员通过节假日在公园、广场以及人流量密集的场所,散发水生野生动物保护宣传制品1000余份,使更多市民群众加深并了解关于水生野生动物的知识和法律法规概况,让广大人民群众自觉地参与到保护水生野生动物工作中来。3—6月,市渔政执法人员共接收并转移救治热心市民捡到的3条大鲵(娃娃鱼)。

【渔业安全生产管理】2016年4月、9月,市渔政执法人员对新建区、南昌县、进贤县、东湖区等单位开展渔业安全监督检查。进行渔业船舶安全生产隐患排查2次,安全宣传4次,出动执法车12辆次,执法船16艘次,散发宣传资料1300余份。对安全责任的落实情况、渔船载客、作业渔船的安全状况,救生衣、消防器的配备,船名号喷号管理等进行重点检查,并对检查出来的问题及时要求整改到位。

【渔业船舶燃油补贴发放】2016年,全市共发放燃油补贴3033.75万元。其中:新建区发放2014年度燃油补贴1200.23万元,南昌县发放2013年度燃油补贴1203.98万元,进贤县发放2013年度燃油补贴629.54万元。

2016 年南昌市水产业主要经济指标一览表

水产品总量(吨)	总量:425064(其中养殖产量 360201,捕捞产量 64863)
特种水产品产量(吨)	129343
养殖面积(公顷)	总面积:56862.13。其中池塘 16402.8、水库 5334、湖泊 31490.47、河沟 3021.4、其他 613.46
淡水鱼苗(亿尾)	32.76
机动渔船(艘/总吨/千瓦)	4707/18339/67673
水产加工总产量(吨)	49165

(陶国平)

农垦业

【概况】 2016 年,全市 17 家农垦企业共实现国民生产总值 11.74 亿元,工农业总产值 33.6 亿元(其中农业产值 7.1 亿元,工业产值 26.5 亿元),利税 1.4 亿元,完成销售收入 17.8 亿元,各项主要经济指标较上年均有大幅增长。其中,市属恒湖垦殖场完成工农业总产值 1.84 亿元,国民生产总值 5061 万元,销售收入 1.63 亿元,固定资产投资 1260 万元;市属五星垦殖场实现国民生产总值 6232 万元,工农业总产值 1.98 亿元,固定资产投资 3500 万元。

【粮食生产保持稳定】 2016 年,全市农垦企业粮食播种面积 20974 公顷(其中:早稻 9576 公顷,中稻 1282 公顷,晚稻 9861 公顷),粮食总产量达到 14.8 万吨。其中市属恒湖垦殖场和五星垦殖场在遭遇不利天气、防汛抗洪形势严峻的不利条件下,通过稳定水稻种植面积,大力实施整建制粮食高产创建项目、大力推广良种良法、机械化耕作以及农机植保专业化社会服务,实现粮食产量的稳定,全年粮食总产达到 9.4 万吨。

【产业结构调整有力】 2016 年,全市各场积极发展特色农业和经济作物,完成茶、果、桑园种植面积 653 公顷,蔬菜种植面积 357 公顷,中药材种植面积 35 公顷,油料作物 1133 公顷,果业种植 429 公顷。市属五星垦殖场万亩蔬菜基地全年完成项目投资 1.2 亿元,已种植蔬菜 110 公顷,共种植品种 53 个,上市销售 26 个品种,年产量约 6000 吨,日均产能 16 吨,产值约 2400 万元。市属恒湖垦殖场结合自身实际创新实施的 200 公顷稻虾养殖项目实现净收入 450 万元,实现净收入 1.2 亿元。为此,恒湖专门成立稻虾办公室和产业结构调整领导小组,筹措 200 万元资金改造基础设施并争取农业部综合开发项目资金 420 万元,派出 300 余人次,先后到湖北、江苏、上海、安徽等地实地考察,举办学习班 6 期,共培训职工 800 人次,后期还将延伸项目稻田养泥鳅、黄鳝、甲鱼等。市属五星垦殖场制定全场农业产业结构调整工作方案,结合场内实际种植业结构进行详细规划,提出两片、六基地结构布局。“两片”即根据以天子河为界,西部片区分别规划果业、蔬菜产业等;东部片区规划柑橘、水产、畜禽产业等。“六基地”即绿滋肴万亩绿色无公害蔬菜基地、果润红心火龙果基地,赣发巨峰玫瑰香葡萄基地,江西盛元农业公司的湾里葡萄基地,南昌市裕农果业公司的柑橘基地,南昌市五星绿色生态植物发展有限公司的柑橘、桃子、柚子基地,五星淡水养殖场等。

【项目建设硕果累累】 2016 年,市属恒湖垦殖场和五星垦殖场共争取各类项目 20 余个,项目资金总额达到 4.4 亿元,其中不乏对企业后续发展具有决定性影响的重大项目。五星垦殖场有总投资达 3.43 亿元的瑶北至鲤鱼洲公路建设项目、1700 万元农业土地平整项目、1157 万元农业局水产蔬菜项目。恒湖垦殖场有 4611.5 万元的 26.67 公顷土地增减挂项目、1100 万元鄱阳湖二期防洪工程第六个单项非主体工程项目。另外,在南昌市现代农业示范园区考核中五星和恒湖分别获得二等奖和三等奖。两个垦殖场通过各类项目的实施,完善基础设施建设,提升企业形象,方便职工群众生产生活和出行;调整产业结构,促进新品种新技术的推广应用,提高土地亩产,增加农民收入;为企业未来的社会经济发展打下扎实的基础。

【休闲旅游初现雏形】 2016 年,随着五星都市生态农业示范园区被确定为省级都市生态农业示范园区建设单位,橘园地采摘游、葡萄园采摘游、节假日休闲垂钓游等受到越来越多市民的喜爱。加上清华、北大江西分校旧址列为南昌乡村旅游景点,及白鹤等国家一级保护动物冬季到场越冬栖息,五星垦殖场的休闲旅游产业初现雏形。

【抗洪抢险成绩突出】 2016 年,面对鄱阳湖、赣江长时间超警戒水位的严峻防汛形势,恒湖垦殖场和五星垦殖场的广大干部群众在市林业局党委的团结带领下切实做到“计划早、准备足、巡查严、抢险快、人心齐”,经过 27 个日日夜夜的奋力拼搏,成功处置 79 处险情,取得抗洪抢险的全面胜利,得到市委、市政府和省市防总的高度肯定。

【民生工程扎实推进】 2016 年,五星垦殖场主要推进 6 项民生工程。继续做好 2013—2014 年危房改造扫尾工程,解决 400 户职工群众住房难问题。办理 1.3 万人医疗保险,4594 人职工养老保险,4295 人农村养老保险。全场享受农村低保 366 人、城镇低保 303 人。医疗保险、养老保险基本实现全覆盖。对各类弱势群体进行困难帮扶,发放救灾、帮扶资金共 7 万元。及时更换、维修农业单位陈旧、老化的生产设备,为农业生产安全提供保障。五星垦殖场总场在财力困难的情况下,配置洒水车 1 辆,吸污车 1 辆,垃圾清运板车 18 辆。集镇投放塑料垃圾桶 300 余只、不锈钢垃圾果壳箱 80 余只,聘请 18 名保洁员。

(王　越)

农、林、牧、渔服务业

【概况】 2016 年,全市各级农业部门围绕“努力确保不发生重大农产品质量安全事件”的工作目标,强化组织领导、体系建设和执法监管,以上率下,进一步推动属地责任落到实处,不断提升监管能力和水平,依法查处违法案件,全市农产品质量安全水平稳中有升。全年未发生农产品质量安全事故,有效保障了人民群众“舌尖上的安全”。市农业综合开发聚焦南昌绿谷建设,强化大型农业综合开发的平台作用,推进溪霞园区和高标准农田建设,着力促进农业产业化经营,突出扶持优势特色产业,推动农村一二三产业融合,不断加大改革创新力度,切实提升项目精细化管理水平。至年底,共实施项目107个,总投资2.6亿元,其中财政投资1.65亿元,包括争取中央财政资金7680万元、省级财政资金2748.3万元、市级配套和立项财政资金6045.7万元(不含整合其他涉农财政资金8100万元)。

【落实农产品安全责任】 2016年6月20日,市政府向各县(区)政府(管委会)下发《2016年农产品质量安全责任书》,明确监管职责,细化目标任务。9月22日,市政府组织召开全市农产品质量安全监管工作会议,研究部署下一步工作。同时,为推动工作开展,市委、市政府将农产品质量安全工作纳入2016年对县区科学发展目标管理考核范围。按照《2016年南昌市打造核心增长极、实现“四个强起来”科学发展目标管理考核实施意见》要求,市农业局制定印发《2016年县区科学发展目标管理农产品安全部分考核办法》,对考核工作进行全面安排部署。针对考核内容,市农业局在11月上旬对县区农产品质量安全工作开展专项督导检查,并将督导检查情况及时以书面形式通报至各县区。

【监测农产品质量安全】 2016年,南昌市安排市本级农产品质量安全监测经费451万元。根据市食安办、市财政局批复的年度监测工作计划,市农业局于7月8日印发《2016年南昌市农产品质量安全监测工作方案》,并抓好监测方案的落实。市本级实际完成农产品和农业投入品监测5734批次(超出计划数4批次),其中监督抽查1513批次(超出计划数3批次)、风险监测221批次(超出计划数1批次)、快速检测4000批次(等于计划数)。监督抽查分为春节、7月、9月、11月4个时段进行,品种涵盖蔬菜、水果、茶叶、猪牛羊肉、猪牛羊尿、禽肉、禽蛋、生鲜乳、水产品和饲料等10大类,共检出2批次水产品不合格,依法销毁活鱼1000余千克,并给予相应的处罚。此外,南昌县和新建区还安排农产品质量安全监测经费,开展本级定量和快速检测工作。

【强化专项整治】 2016年4月20日、7月4日,南昌市分别下发《2016年南昌市农资打假专项治理行动实施方案》《2016年南昌市农产品质量安全执法监管工作方案》。在农资打假专项治理方面,重点围绕种子、农药、肥料、兽药、饲料等农业投入品,开展送科技下乡、宣传培训、行政检查和执法监管,净化农资市场环境、保障农业生产经营;在农产品质量安全执法监管方面,重点围绕违法使用限用农药,非法添加“瘦肉精”、孔雀石绿、硝基呋喃、三聚氰胺等禁用药物,及滥用抗生素、私屠滥宰等,开展行政检查和监督抽查,严查违法违规行为,确保农产品质量安全。全年共查处案件24起,其中假劣农资案件12起、农产品质量安全案件2起、生猪私屠滥宰案件10起。

【提升农产品质量安全监管能力】 2016年12月,南昌市农产品质量安全检测中心首批通过省级农业机构考核,成为全省第一家通过“双认证”的市级农产品质量安全检测机构。同时,为提升农产品质量安全工作水平,市农业局先后开展2期市县农业系统干部培训和2期农产品质量安全技术培训。举办南昌市农产品质量安全检测技能竞赛选拔活动,选送人员参加2016年江西省“振兴杯”农产品质量安全检测技能竞赛,并取得团体第二名、个人二等奖3名的好成绩。此外,市、县农业部门还分别组织开展3次农产品质量安全突发事件应急演练活动,进一步熟悉应急预案、磨合应急机制、锻炼应急队伍、提升农产品质量安全应急能力。

【开展农业送科技下乡活动】 2016年2月底至4月底,市农业局联合各县区农业部门结合“千名农技人员下基层”活动,组织农技人员深入乡村农户、田间地头,开展政策宣讲、农民培训、技术服务等。组建农业科技服务队41个,组织农业专家253人次开展农业科技服务,举办农业技术培训班94期,现场接受咨询及培训农民4370人次,发放农业科技资料6.9万份。

【基层农技推广体系改革与建设】 2016年,为切实解决在普遍反映的基层农技人员后继乏人问题,根据各县区自愿申报,统一参加省高考,按考生得分顺序,经公示,全市共招录30名农技人员经相关院校培养3年后充实到各乡镇农技推广综合服务站。全市获得基层农技推广体系改革与建设补助资金共628.86万元,其中南昌县160.89万元、新建区155.24万元、进贤县152.77万元、安义县97.24万元、湾里区16.6万元、青山湖区46.12万元。全市围绕当地主导产业,加强主导品种和主推技术的筛选与推广。各县区共遴选农业专家组成县级农业科技入户专家组,开展农业技术指导和推广。全市共遴选培育农业科技示范户6280户,辐射带动周边6.28万户农户,共建设农业示范基地8个。同时,按照与农业科技示范户1:10的比例选聘农技指导员。农技指导员实行包村联户制,每个农技指导员负责指导10个左右示范户。全市组织215名基层农技骨干到省农业工程职业学院等高校分批分专业开展集中培训。通过培训,从整体上提高基层农技骨干的技术水平和综合素质,促进农业行政部门与农业推广、科研、教学单位等加强衔接配合,逐步建立基层农技人员知识更新制度。

【新型职业农民培育】 2016年,各县区根据产业分类,以专业大户、家庭农场、农民合作社、农业企业等新型农业经营主体带头人为培育对象,建立培育对象库,确定南昌县职业高级中学等13家培训机构和江西方洲特种淡水养殖有限公司等实训基地,建设培育师资库,科学选用培训教材。全市共培育新型职业农民930人。其中,培育新型农业经营主体带头人914人,培育现代青年农场主16人。

【推进都市现代农业示范园区建设】 2016年,全市以“农业强、农村美、农民富”为目标,以南昌绿谷“两区一廊”示范工程建设为引领,以创建24个市级以上都市现代农业示范园区为重点,推进都市现代农业示范园区建设。至年底,全市24个都市现代农业示范园区核心区面积1.26万公顷,已建成面积0.8万公顷,累计完成投资122.7亿元,园区总产值109亿元;吸引农民就业12.93万人次;24个园区入驻企业149家,其中国家级、省级、市级龙头企业分别为2家、40家、60家;依托入园企业、农民经纪人等,培育发展新型经营主体,园区内农民专业合作社494家,家庭农场2828个,各类种养大户2807户。1月22日,根据《江西省农业厅关于申报2016年省级重点建设园区的通知》要求,南昌市推荐基础良好并有一定示范带动作用的溪霞现代农业示范园区成功申报省级重点建设园区。至年底，全市共有南昌县黄马和新建区溪霞两个省级重点建设园区，对全市园区发展起到"排头兵"的引领作用。

【省现代农业示范园区建设现场推进会召开】 2016年6月19—20日，省现代农业示范园区建设现场推进会在南昌市召开。会议期间，省、市领导及参会代表参观南昌溪霞国家现代农业示范园、斐然生态园、春晖生态蓝莓基地和省绿能农业发展有限公司，全面了解南昌市都市现代农业示范园区的发展成果。

【考核都市现代农业示范园区】 2016年12月3日，南昌市印发《南昌市都市现代农业示范园区考核奖补方案》。12月15—20日，市都市现代农业示范园区建设领导小组分成5个考核组，对全市24个园区进行全面考核。根据考核结果，南昌市对排名前12位的园区进行奖补，做到有奖有惩，有进有出，实现动态管理。

【农村土地承包经营权确权登记颁证和流转】 2016年，南昌市农村土地承包经营权确权登记颁证工作积极稳妥推进。至年底，全市承包合同签订率97.29%，登记簿建立率97.32%，证书到户率96.84%，承包档案建档率94.29%，县级数据库基本建成，数据库录入率98.61%。10个有确权任务的县（区）均已完成自查，进入市级验收阶段，"南昌经验"获得国家和省里的充分肯定。农村土地承包经营权流转进一步活跃。至年底，全市农村土地流转总面积7.66公顷，占全市二轮承包总面积的43.21%，超出全省平均水平5.5%。

【农村集体资产股份权能改革试点】 2016年，南昌市按照"先行先试、积极稳妥、稳步推进"的原则，积极推进农村集体资产股份权能改革试点工作。至年底，全市12个县区均出台县级实施方案和试点村工作方案，成立工作领导小组，选择1～2个村进行先行试点，并建立县区、镇、村三级组织领导机构，已有10个县区完成清产核资、成员界定等工作，大部分县区正进入最后的股权设置阶段。其中，进展较快的青山湖区长春村、进顺村，安义县新福村、西湖区桃花五村等6个县区的股改试点工作已提前完成。尤其是青山湖区的股改工作，其股改典型经验和成效得到省、市领导的充分肯定和新闻媒体的广泛关注。

【新型经营主体快速发展】 2016年，以项目带动、财政补助、金融支持、税收优惠等各类扶持政策为主要扶持手段，积极推动全市农民专业合作社、家庭农场等新型经营主体持续快速发展。至年底，全市依法登记的专业合作社4352家，累计出资额121.35亿元，社员9万余户；家庭农场8406家，经营耕地总面积2.41万公顷，家庭农场数量占全省数量的三分之一。

【构建新型农业综合服务体系】 2016年，市政府办公厅出台《关于加快构建新型农业综合服务体系的实施意见》，为构建新型农业社会化服务体系，更好地服务于都市现代农业发展，加快都市现代农业步伐指明方向。加强"三个平台及体系"建设。构建公益型平台，完善产权流转服务体系，南昌市农村综合产权交易管理平台并正式上线运行，实现市、县、乡三级产权交易的互联互通；发展专业型平台，完善农业新型经营体系；做强经营型平台，完善经营性服务体系。至年底，全市共有经营性农业服务组织1327个，成员1.11万人。其中，农机服务组织269个，植保服务组织63个，农业技术服务组织264个，农资供应服务组织277个，农产品销售服务组织367个，综合类服务组织87个。

【建设溪霞国家农业综合开发现代农业园区】 2016年，按照"先行先试"的精神，坚持政策上聚焦倾斜、项目上聚焦扶持、业务上聚焦指导的原则。园区已累计完成投资9亿余元，建设已初具雏形。9月28日，举办南昌农业嘉年华等系列重大活动。国庆节期间，园区接待游客累计超过10万人次，赢得各方积极参与和肯定。该园区建设发展的探索实践，为全市乃至全省都市现代农业发展和南昌绿谷建设积累经验、储备政策、探索路径。至年底，溪霞园区完成建设用地报批50.99公顷，林转用54.73公顷；搬迁企业25家，征迁房屋176栋、拆除面积约6.1万平方米；已签约项目19个，投资总额27.56亿元；完成道路建设31条、总长14千米，完成精品展示区水网1680米，栽植乔木2.6万棵、栽种地被苗木7万平方米，完成店前中心村、西大门等土建工程总量51%。溪霞园区已经成为南昌绿谷的"牛鼻子""重头戏""样板区"，《人民日报》、中央电视台、《经济日报》《江西日报》等新闻媒体对溪霞园区建设进行多层面报道，江苏、甘肃及九江等地市到溪霞园区参观考察。溪霞园区被评为江西省第一批60个生态文明示范基地之一。

【高标准农田建设项目】 2016年，围绕打造"永久粮仓""田园风光"的要求，发挥农业综合开发在高标准农田建设方面主力军作用，坚持把质量标准放在第一位，建设一批既美观又实用的绿色生态高标准农田。全年共投入农业综合开发高标准农田建设资金1.05亿元，其中财政投入9793万元，主要安排在全市6个粮食主产乡镇，建设高标准农田4140公顷。通过高标准绿色生态农田建设，预计可新增粮食生产能力1148万千克，油料223万千克。项目区直接受益农户数2.72万户，直接受益农民年纯收入增加总额2738万元。打造出一批规模连片精品亮点工程，如南昌县塘南镇近港村、石岗村万亩高标准农田建设项目，安义县长均乡街朋200公顷高标准农田建设项目，进贤县衙前乡贯坑640公顷世界银行贷款可持续发展高标准农田建设项目等。已经完工和正在实施的高标准农田建设项目区，基本上实现耕地规模流转、新型经营主体规模经营、土地租金大幅提增50%以上的综合效益。

【构建新型农业经营体系】 2016年，充分发挥农业综合开发的"综合"优势，积极参与都市现代农业建设。共投入各类农业综合开发项目财政扶持资金1.11亿元，实施新型农业经营主体扶持项目115个，扶持壮大一批市场潜力大、经济效益好、带动能力强的融合主体，包括龙头企业91个、农民合作社21个、种养大户和家庭农场3个，预计仅国家产业化经营项目就可实现年新增农业总产值7.6亿元，新增利税6611万元，新增就业人数6659人。集中力量扶持壮大粮油、水产、畜禽、果蔬四大特色富民产业和传统优势产业。南昌县重点立项扶持以煌上煌集团公司为龙头的畜禽产业链，安排产业化项目8个，投入财政资金1290万元，从良种繁育、基地种植养殖、产品加工和储藏保鲜等各个环节进行全面扶持，建设畜禽种苗繁育基地4个，养殖基地4个，1000万羽畜禽加工厂1个，3万吨储藏保鲜基地1个。推进农业与都市休闲产业深度融合，发展观光农业、定制农业、体验农业、创意农业等新业态。市级大型农业综合开发项目以开发农业的生态、生产、生活和文化教育等功能为重点，共投入扶持发展农业生态休闲财政扶持资金2760万元，扶持农业休闲基地20个，连续打造出一批辐射带动作用强、经济效益好、市民向往的农业观光休闲场所。南昌县磊鑫生态农业

2016年4月1日,第五届南昌"休闲农业·秀美乡村"活动月举行

休闲基地项目、新建区怪石岭农业休闲观光长廊工程和绿源油茶产业园休闲农业观光项目、安义县林涛养园项目、湾里区大客天下农业生态休闲茶园和江西百事通生态农业科技示范园项目等,都已成为市民乐享其中的好去处和农业科教新基地。

【融入全市"三农"中心工作】 2016年,围绕市委、市政府"三农"工作大局谋划全市农业综合开发工作,注重"三个结合"。贯彻落实市委、市政府"南昌绿谷"发展战略,参与"南昌绿谷"建设,集中资金、整合项目,全力以赴推进"南昌绿谷'两区一廊'示范工程"建设,共争取中央、省、市三级财政资金2.51亿元。其中,用于新建区溪霞国家农业综合开发现代农业园区建设1.73亿元,用于安义县石鼻镇高标准农田建设800万元,用于安义县长均乡南昌菜园项目1717万元,用于湾里区罗亭镇"三位一体"项目和水生苗木基地项目5250万元。共安排财政资金386.4余万元,参与10余个扶贫和新农村点建设,发展葡萄、水产养殖等富民产业,同时把通村道路、排水沟和生活用水等设施建设与农业综合开发项目相结合,帮助基层群众改善生产生活条件,助力推出安义果田村等农业开发与产业扶贫相结合的新样板。按照集中投入、连续扶持、做大做强特色产业的思路,在项目申报中优先申报以粮油、水产、畜禽、果蔬为主的四大特色产业,重点解决产业发展中种苗繁育、生产基地或储藏保鲜等制约瓶颈和关键环节,不断壮大特色产业规模,促进特色产业发展,为都市现代农业发展提供良好的产业支撑。

【开展"深化项目管理年"活动】 2016年,以"深化项目管理年"活动为抓手,认真在全系统开展项目科学化、精细化管理活动。在计划编报期间,做好项目实地检查和计划建设内容的编制和审核工作;在项目准备期间,聘请专家对工程设计进行审查完善;在项目实施期间,加大对项目计划实施的监管力度,确保实际建设内容与计划保持一致。在项目工程建设中实行法人制、招投标制、监理制和公示制及一线工作法。在项目建设开工期召开全市高标准农田建设推进会,明确开发任务和进度要求;在项目施工期间市农发办靠前指挥,强化对项目实施的督查和指导,及时跟踪项目进度,实行一周一督导、半月一通报制度,着力营造比学赶超的良好氛围。各县区农发办成立项目指挥部,安排工作人员常驻工程现场,吃住在项目部,实行"挂图作战",对项目实施全过程管理。在项目立项上,由农发、财政2家联合组织实地审查指导,事先审查拟报项目单位的账务建立情况,与项目单位面对面确定项目建设方案,确保项目可行、申报资料合规。在项目实施中,督导项目执行相关设计标准,严把工程质量关。在资金使用上,严格执行县级报账制,配合审计、惠农资金检查等专项活动,组织专人多次对两类项目单位资金使用、报账情况进行专项督查,进一步规范项目资金使用和管理,确保项目资金安全。下发《关于开展全市农业综合开发未竣工结算项目摸底排查工作的通知》,对2014年度以前全市各类按期未开工、部分完工和完工未结算等县级未验收各类农业综合开发项目开展全面摸底排查工作。全市共排查出此类项目7个,涉及项目扶持资金1200万元。在此基础上,解剖"麻雀",找准"病灶",分类施策,对症下药,新立项安排扶持项目9个,进一步提高全市农发系统农业综合开发项目管理水平和资金使用效益,助推实现项目管理强起来。按照简政放权、放管结合、优化服务的要求,结合工作实际,对原《南昌市大型农业综合开发项目扶持办法》《南昌市农业综合开发成长性特色产业基地建设项目管理办法》进行修改完善,并于6月以市政府办公厅名义正式下发,从政策规定和机制程序上进一步保障市级农业综合开发项目的规范运行和管理。

(叶　琦　陈　幸　张学良　符传花)

制　造　业

概　述

【概况】 2016年，南昌市制造业秉承"工业强市"的发展战略，认真贯彻落实市委、市政府决策部署，以新型工业化为核心，以构建新型制造业体系为主线，进一步完善政策扶持，创新工作举措，持续做大工业总量、加快产业转型升级，全市工业经济实现持续健康平稳发展。至年底，全市规模以上工业累计完成增加值1611.5亿元，同比增长9.2%；全市规模以上工业累计实现主营业务收入6110.8亿元，增长8.8%；累计实现工业利税644.71亿元，增长8.6%。

建设先进制造业基地

【概况】 2016年，全市工业发展通过出台"九个政策"，推动"两试点、两中心"，实现"三个突破"。"九个政策"即制定《关于打造"南昌光谷"的决定》《关于促进LED产业发展的若干政策措施》《关于加快生物医药产业发展的决定》《关于支持生物医药产业发展的若干政策措施》《关于促进VR/AR产业发展的若干政策措施》《关于加快产业公共服务平台建设促进工业园区产业集群发展的实施意见》《关于进一步促进我市融资担保行业持续健康发展的若干政策措施》《南昌市中小微企业公共服务示范平台认定补助办法(2015—2017)》《南昌市小企业创业基地认定和奖励补助管理办法》。"两试点"即积极申报"中国制造2025城市试点示范"，系统推进制造业转型升级；积极申报"全国产融合作试点城市"，营造产业与金融良性互动的生态环境。"两中心"即全力推进虚拟现实产业国家制造业创新中心、硅衬底LED省级制造业创新中心建设工作，提升制造业创新能力和水平。"三个突破"即规模以上工业增加值突破1500亿元；电子信息产业突破500亿元，汽车产业突破800亿元。

【编制工业和信息化发展规划】 2016年，市工业和信息化部门准确把握产业发展趋势，积极推进工业和信息化有关规划编制工作，完成《南昌市工业转型升级和战略性新兴产业"十三五"发展规划》《南昌市工业园区和产业集聚区"十三五"发展规划》《南昌制造2025》《南昌市"十三五"工业节能规划》《南昌市智慧城市"十三五"发展规划》《南昌市电子政务"十三五"发展规划》《南昌市大数据产业发展规划》等7项规划。

【强化政策扶持】 2016年，全力打造"南昌光谷"，制定《关于打造"南昌光谷"的决定》，出台《关于促进LED产业发展的若干政策措施》；加快推进生物医药产业发展，制定《关于加快生物医药产业发展的决定》，出台《关于支持生物医药产业发展的若干政策措施》；打造全球首个城市级VR产业基地，出台《关于促进VR/AR产业发展的若干政策措施》；做强园区产业集群，出台《关于加快产业公共服务平台建设，促进工业园区产业集群发展的实施意见》；强化融资担保服务，出台《关于进一步促进我市融资担保行业持续健康发展的若干政策措施》。推进中小企业公共服务平台建设和小企业创业基地建设，分别出台《南昌市中小微企业公共服务示范平台认定补助办法(2015—2017)》《南昌市小企业创业基地认定和奖励补助管理办法》。

【分析监测工业经济运行情况】 2016年，依托全市工业经济运行监测分析平台，对反映规模以上工业增加值评估的工业用电量和工业增值税情况进行分析，监测走势，并进行预测预警。建立全市重点产业运行分析报告工作制度，撰写产业运行分析报告和九大省重点产业集群运行分析报告，及时掌握产业发展运行态势，全面掌握各县区、开发区、重点园区、主导产业、龙头企业的发展及运营动态，增强产业集群运行的前瞻性和联动性。推进重点监测工业企业调度机制，选取全市80户有代表性的工业企业重点监测，每月调度企业重要财务指标和产量指标完成情况；对年度全市拟入统工业企业情况摸底调查，全面了解全市工业微观发展情况。

【开展工业经济发展考核工作】 2016年，根据市委提出的完善《南昌市工业经济发展考核办法》要求，出台新的考核办法。开展上年度工业经济发展考核工作，南昌县、经开区、新建区获评工业发展突出贡献奖；南昌县、经开区、高新区获评工业发展先进单位奖；南昌县、新建区、青云谱区获评工业发展项目推进奖。

【强攻产业发展】 2016年，南昌市重点推进新能源汽车产业、生物医药产业、电子信息产业、虚拟现实产业、航空产业和智能制造业发展。围绕新能源汽车产业发展，积极开展与国内知名高校的地校合作，市政府、经开区、江铃集团分别与同济大学签订《南昌市人民政府与同济大学产学研合作协议书》《南昌经开区新能源汽车产业基地概念规划》规划设计合同、《江铃汽车集团、同济大学汽车学院合作意向书》；制定《2016—2020年南昌市新能源汽车推广应用实施方案》，至年底，申请中央财政补助资金11.41亿元。围绕生物医药产业发展，出台专项政策文件，做好省中医药产业科技城建设前期工作，积极筹备省医疗企业产业协会。围绕电子信息产业发展，紧盯打造"南昌光谷"和全国VR产业基地的战略目标，积极申报南昌光电产业基地为国家新型工业化示范基地、硅衬底LED省级创新中心和VR产业省级、国家级创新中心，积极组织企业参加第四届中国电子信息博览会、第二十届中国国际软件博览会。围绕航空产业发展，积极推进南昌航空城建设，南区、北区基础设施建设快速推进，洪都商飞全面入驻;瑶湖机场于11月正式开工建设。航空城污水处理、50万伏高压线迁移、机场用地指标、公交线路等问题解决,为航空城的投产提供有力保障。围绕智能制造业发展,组织开展2016年江西省智能制造试点示范项目申报以及制造业单项冠军企业推荐申报等工作。其中,江中药业股份有限公司中药保健品智能制造试点示范项目获得2016年国家智能制造试点示范项目。至年底,全市九大重点产业累计完成规模以上工业增加值1357.13亿元,同比增长9.1%;完成主营业务收入4755.81亿元,增长9.6%。其中,电子信息产业增长最快,完成主营业务收入597.85亿元,增长50.7%;食品、汽车等产业总量持续攀升,分别实现主营业务收入1182.23亿元、858.54亿元。

【优化工业发展平台】 2016年,草似《南昌市工业园区综合考核评价办法》,发挥综合考核评价体系对工业园区发展的导向性、前瞻性、激励性作用。大力推进园区公共服务平台建设,定期调度全市各开发区、工业园区重点产业集群和产业集群已建、拟建公共服务平台等情况,组织8个项目申报省2016年度工业园区专项资金扶持项目,4个项目申报省产业集聚区建设项目,4个项目申报省产业集群公共技术服务平台项目,2个项目申报省产业集群标准厂房项目。至年底,全市工业园区实现主营业务收入5185.04亿元,占全省工业园区主营业务收入总额的18.32%,同比增长8.3%;实现工业增加值1351.6亿元,增长9.3%。新增2个300亿元产业集群,分别为青山湖区针织服装产业集群,南昌高新区光电及通信产业集群,新增1个200亿元产业集群,为经开区光电产业集群。

【聚焦项目建设】 2016年,围绕招商引资工作,积极做好工业招商信息报送及重点产业招商项目报送工作;做好省战略性新兴产业(杭州)推介会、赣台电子信息产业暨南昌“光谷、慧谷”推介会、第四届世界绿色发展投资贸易博览会“南昌光谷”发展大会等推介工作。围绕项目积极争取,组织申报《中国制造2025》重大项目库、江西省重点创新产业化升级工程2016年度项目工作。《中国制造2025》重大项目库征集工作中,13个项目通过网上申报的形式纳入重大项目库;江西省重点创新产业化升级工程2016年度项目申报工作中,遴选江西东海蓝玉光电科技有限公司年产200万片(一期)大尺寸蓝宝石衬底晶片、中节能晶和照明有限公司年产100万个高光效硅衬底LED光源模组技术开发及产业化等8个项目。申报“中国制造2025”试点示范城,已被省工信委向工信部推荐申报“中国2025”城市试点示范的设区市。围绕项目推进工作,通过项目协调推进机制、督促检查机制和动态管理机制,抓好全市工业重大项目的“开工、实施、竣工、投产”等关键环节,确保项目按节点开工,按时序推进。全市重点推进的52个工业重大项目全部开工,其中50个项目按计划推进,进度达标率96.2%。总投资30亿元的业际光电科技股份有限公司触摸屏、显示屏项目,总投资10亿元的江西东海蓝玉光电科技有限公司蓝宝石LED衬底生产项目,总投资10亿元的上海卡耐新能源有限公司动力锂离子电池项目,及南昌欧菲光学技术有限公司2.5D光学强化玻璃项目等进展顺利。至年底,完成工业投资1625.9亿元,同比增长4.7%。

【优化服务举措】 2016年,突出重点企业培育,按照重点企业每年调整的原则,完成市重点工业企业申报、调整工作,遴选确定全市百户工业重点企业。突出优化企业服务,积极推进市重点企业服务平台改版升级工作,做好九大产业“降成本、优环境”的领导挂点产业帮扶工作,组织召开各产业的政策宣讲会,及时梳理反馈、协调解决企业提出的“三单”问题,按时间节点完成各项工作任务。突出企业技术创新,组织开展上年度南昌市优秀新产品评选工作,73项新产品符合申报条件;组织申报上年度江西省优秀新产品奖,获评48项,占全省总数的35%;组织申报2016年江西省新产品试制计划,完成新产品立项65项,其中12项新产品通过省级验收。扎实推进企业技术中心建设工作,组织中鼎国际工程有限责任公司、南昌海立电器有限公司等19家企业申报省级企业技术中心,至年底通过11家。组织南昌立健药业有限公司等5家企业申报市级企业技术中心。积极申报省级企业工业设计中心,江铃汽车股份有限公司工业设计中心、江西申安亚明光电科技有限公司工业设计中心通过评审认定。至年底,全市累计建成市级以上企业技术中心96个,其中国家级技术中心5个、省级技术中心75个、市级技术中心16个。

【推进工业节能工作】 2016年,认真落实工业节能目标责任制、节能工作季调制和节能目标完成情况约谈制,抓好重点耗能企业的节能工作。开展节能宣传,通过组织开展“熄灯一小时”“南昌节能领跑者”评选、发放宣传资料等活动,引导市民提高节能意识。淘汰落后产能,大力推进淘汰高污染燃料锅炉工作,至年底淘汰73台;开展节能专项监察,淘汰2146台落后电机和4663台落后配电变压器,每年可节约标准煤1.74万吨。做好清洁生产审核,全年有江西绿源油脂实业有限公司等5家企业完成清洁生产审核。推广新型墙材和散装水泥,全市新型墙体材料产品生产总量26亿块标砖,占墙材生产总量的92%,利废190万吨,节约标煤16.12万吨,节约土地286公顷,关闭昌北机场周边粘土砖生产企业24家。全市推广散装水泥527.66万吨,同比增长9.02%,散装率86.74%,超过目标4.74个百分点,远高于全国、全省平均水平,达到国际水泥散装化标准;供应预拌混凝土1132.86万立方米,供应预拌砂浆80.22万吨,同比增长16.29%,加上湿拌砂浆,突破90万吨;利用工业废渣211.6万吨,节约标煤11.71万吨,减排粉尘和二氧化碳分别达到25.96万吨和32.03万吨,取得综合经济效益2.37亿元。全年全市规模以上工业单位增加值能耗同比下降9.46%,圆满完成年度目标任务。

(顾子京)

市属国有工业资产经营管理

【概况】 2016年,南昌工业控股集团有限公司(以下简称工业控股)以“一核两翼”(“一核”即产业投资,“两翼”即工业园区建设和类金融服务)为主战略,以创新、改革、开放为动力,在产业资本运作、园区建设招商、类金融体系构建、存量资产盘活、民生稳定保障等各方面不断取得新进展、新突破,圆满完成市委、市政府交给的各项任务。彰显工业控股策应全市产业发展的投资引导、融资助推、招商承载等功能,增强产业资源要素的集聚力、辐射力、带动力,夯实打造国有资本投资、运营平台和区域产业发展资源要素运营商的基础。工业控股荣获“江西省‘六五’法治宣传教育先进单位”“江西省第十四届文明单位”“南昌市第十六届文明单位”“南昌市社会治安综合治理工作先进单位”等荣誉。

【经济指标实现新增长】 2016年,存量制造业板块完成工业总产值232亿元,工业增加值75.5亿元,营业收入216亿元,利税约15.5亿元,同比分别增长6—9个百分点;商贸服务板块完成营业收入39亿元、利税1.85亿元,分别增长9.8和7.7个百分点;项目建设运营板块完成投资24.2亿元,带动投资29.2亿元,建成面积50万平方米,推进6个项目成功落地,14个项目达成合作意向;类金融服务板块完成业务额36亿元,实现利润1600万元,服务企业89家;资本投资板块完成44个产业项目、6只基金共42.2亿元的投资,相关助推和承载的战略性新兴产业项目新增工业总产值22亿元;民生工程方面投资1.6亿元用于民生保障和费用清欠。投资2.8亿元推进工矿企业棚户区改造,主体封顶3.3万平方米,竣工面积4.9万平方米。

【打造园区建设新样板】 2016年,规划投资总规模约53亿元,建设工程约100万平方米。同步推进多个产业园区建设:综合保税区国微产业基地一期13万平方米标准厂房主体结构封顶,通过主体验收,二期11万平方米标准厂房建设即将开工;中小微企业创业孵化基地一期10万平方米标准厂房正在办理房屋产权证,二期15万平方米标准厂房及配套设施收尾,公租房具备入住条件;中国(江西)针织服装创意产业园已建成24栋高标准工业厂房,完成建筑面积约22万平方米;安义工业产业基地7.5万平方米综合体主体结构封顶,345套配套公租房项目基本具备入住条件。

【建设产城融合项目】 2016年,太酷云介时装创意中心基本完成主体建设,成功举办战略发布会,与阿里云、云峰基金、上海时装时尚公司等国内顶级专业机构签署一系列战略合作协议;鑫润物流(新建材大市场)完成建筑规划设计和招标基础性工作,启动五通一平。麻纺商圈升级改造完成拆迁征收和控规调整,正在办理土地收储。工创农业产业化基地顺利推进南昌县塘南镇张溪村75.33公顷土地流转工作,即将启动核心引爆区建设。

【盘活土地资源】 2016年,加快土地融资和出让,南昌硅酸盐厂生产区两宗土地出让金19.58亿元,协调返还所属企业土地出让金共5.52亿元;开展并完成老城区物业资源图上标定工作;按照"辨真伪、补短板、寻模式、有排序、有竞争"的要求,引进、推动一批土地盘活项目。其中,南农君御都会合作开发项目共推出1031套房源,已认购968套,去化率93%,认购金额4.73亿元,实现利润9540万元。玖玖地块大型商业综合体已完成控规调整、土地摘牌、工程设计和勘察招标等前期工作。

【扩大类金融体系】 2016年,新增授信额度88.5亿元。布局和开拓证券交易所公司债和发改委企业债两大资本市场,35亿元公司债已取得证监会发行注册通知书。通过自主组建、出资并购及参股等方式,逐步扩张战略业务领域,先后进入金融租赁、产业担保、融资租赁等领域。其中,南昌工控产业担保公司与多家银行建立战略合作伙伴关系,全年完成业务总额突破4.77亿元;相对控股的江西中通租赁有限公司完成年业务总额32.5亿元;参股的江西金融租赁公司年底业务余额约100亿元。创新"基金+基地+类金融服务"的招商模式,使园区承载能力显著增强。比太科技、恒动新能源、宝群自动化机器人、工控机器人等一批全市战略新兴项目落户园区。

【增设产业引导资金】 2016年,以南昌市国资创业投资有限公司为主体,总规模41.2亿元的市重点产业引导资金(以下简称引导资金,其中含市本级出资38.2亿元、县区出资3亿元)为母基金,设立各类产业投资基金总规模128.8亿元,直接管理各类基金4只,联合基金5只。以南昌新世纪创业投资有限公司为主体,与上海京道资本共同设立规模4亿元的江西京道工控基金,对社会资本的初级撬动比例达到1:4。引导资金及参、控股基金投资达到30.13亿元,带动区域外社会资本投资89.98亿元,有力地促进全市主导产业相关项目、技术、资本的导入和层次提升。新世纪创投直投的江西丰锦电力年经营业绩由0.5亿元增长到1.5亿元,旷达生物依托的益生菌发酵技术获得"国家科技进步二等奖"。

【创新管理运营机制】 2016年,大力推进一系列管理运营机制创新。完成南昌市国资置业有限公司的独立运营;针对所属企业运营管理提出一系列调研报告,指导相关改革举措的有序推进;聘请专业中介机构,从顶层设计入手,完善公司机关、发展平台和所属企业薪酬管理、绩效考核方案;南昌市国金工业投资有限公司、南昌工控产业担保有限公司进一步深化市场化绩效考核体系。坚持人才为重理念,全年选拔任用领导干部29名,累计公开招聘专业技术人才30名,首次在系统内选派12名干部进行互派互挂锻炼,畅通集团总部与企业、直属平台和重大项目之间的人才交流培养渠道;向上级专业技术职务评审会推荐各类专业技术职务19名,推荐评审合格率100%。在加强财务预决算管理、资金监督管理和税务筹划管理的基础上,相继完善资金使用管理、财务总监派驻、费用报销等一系列基础管理制度;向相对控股企业分别派驻财务总监,规范企业运营和资金、财务等基础管理工作。

【推进民生实事】 2016年,重点推进6个棚改项目,其中原南昌通用机械厂和南昌柴油机厂湾里棚改项目已开工建设。原江西丝绸厂棚改项目已完成土建、装饰及水、电、气等配套工程的建设。南昌华洪机械厂棚改项目已完成消防验收和安置房向企业的分配。南昌保温瓶厂和原江西八一麻纺厂棚改项目已完成拆迁工作。支付1亿元用于解决47户改制企业职工欠缴养老保险和医疗保险费;支付2000万元用于清欠未改制企业职工垫付养老保险及医疗费用;支付4925万元用于缴纳企业1100余名内退职工"退一补一"养老保险费;核拨民生应急资金1290万元用于帮助困难企业解决实际问题。组织91户企业进行困难状况界定,帮助2.5万名职工免费享受困难企业职工医疗保险待遇;帮助1760名困难职工获得市总工会困难救助金。

(姜国根　何强科)

汽车制造业

【概况】 2016年,南昌市汽车及零部件产业实现主营业务收入874亿元,同比增长18.6%,生产整车41万余辆。其中,整车龙头企业江铃集团实现主营业务收入653.4亿元,增长22.2%。至年底,南昌市拥有生产企业200余家。其中,拥有整车生产资质的企业7家——江铃汽车集团公司所属的江西江铃控股有限公司、江铃汽车股份有限公司、江西江铃集团晶马汽车有限公司、江西五十铃汽车有限公司、江西江铃集团新能源汽车有限公司、江铃汽车集团改装车有限公司和江西凯马百路佳客车有限公司。全市已有汽车年产能65万辆,产品涵盖客车、轻卡、越野车、轿车和专用车等多个领域。在产业布局上形成以小蓝开发区为核心聚集区,扩散到新建区、经济技术开发区、青云谱区,形成以江铃集团、凯马百路佳客车为龙头,格特拉克、远成汽配、南齿等骨干企业为配套的比较完整产业体系。

【小蓝汽车产业主营业务收入亿元】 2016年,小蓝经开区汽车及零部件产业实现主营业务收入407.97亿元,同比增长24.53%。至年底,小蓝汽车产业基地集聚汽车及零部件企业160家,其中整车企业6家,分别为江铃股份、江铃控股、江铃新动力、江铃改装车、江铃专用车及江铃特种车,已形成50万辆产能规模;汽车零部件企业154家,包括汉昂伟世通、天纳克、上海宝钢、李尔、梅克朗、五十铃、江森自控、佛吉亚等。主导产品涉及到发动机、汽车电子、制动系统、传动系统、转向系统、行驶系统、车身附件、汽车管理和服务等九大系统152件部件(总成)产品。汽车整车及零部件企业中,规模以上企业63家,拥有国家企业技术中心1家,院士工作站1家,省级研发机构10家,国家级高新技术企业22家。

【帮扶汽车产业重点企业】 2016年5月,南昌市开展市领导挂点汽车产业帮扶活动,帮助企业降成本减负担,协调解决企业的实际困难,促进汽车产业发展。全年汽车产业帮扶小组共为企业协调解决问题52个,问题涉及税收、用地、民生、会展、市政、道路交通、供水供电等。同时,帮助企业开拓市场,组织全市相关企业参加江西汽车与零部件对接会,加强整车与零部件供需对接,推进上下游企业配套协作,推动汽车产业做大做强。

【南昌市政府与同济大学开展产学研合作】 2016年4月1日,南昌市政府与同济大学举行战略合作恳谈会暨签约仪式。南昌携手同济大学深入开展新能源汽车领域的研究,为产学研合作提供更好的平台和条件,不断完善合作机制,使政府、学校、企业、社会在科技运用上形成一个有机整体,把科技创新的动力延伸延展到社会的每一个细胞,让科技真正为社会服务。南昌市与同济大学将本着“优势互补、真诚合作、讲求实效、共同发展”的原则,充分发挥政府、高校资源优势,在战略决策咨询、新能源汽车产业合作、科技成果转化、教育领域合作、人才交流合作、干部教育培训等领域开展合作。南昌经济技术开发区与同济大学、上海同济城市规划设计研究院签署新能源汽车产业基地概念规划设计合同,江铃汽车集团公司与同济大学汽车学院签署新能源汽车技术研发和应用合作意向书。

【新能源汽车产业联盟成立大会暨产业链对接会召开】 2016年11月24日,江西省新能源汽车产业联盟成立大会暨产业链对接会在南昌召开。会议讨论并表决通过《江西省新能源汽车产业联盟章程》,选举联盟第一届领导机构。同时,开展企业对接合作活动,江铃新能源、百路佳客车、上饶客车、玖发专用车、江铃晶马等企业进行产品推介。各设区市工信委、产业联盟各企业70余人参加会议。

【《2016—2020年南昌市新能源汽车推广应用实施方案》印发实施】 2016年12月20日,南昌市印发《2016—2020年南昌市新能源汽车推广应用实施方案》,加快推进南昌市新能源汽车推广应用,缓解能源和环境压力,促进新能源汽车产业发展。南昌市将积极采取市场手段,创新推广应用的新模式。在公共服务领域探索公交车、出租车、公务用车的新能源汽车融资租赁运营模式,在个人使用领域探索分时租赁、车辆共享、整车租赁以及按揭购车等模式。鼓励和支持社会资本进入新能源汽车销售、运营、租赁等服务领域,大力发展4S店、充电设施服务点等各类售后服务机构。建立动力电池回收体系,推动动力电池无害化处理。南昌市还将加强“产、学、研”结合,鼓励南昌市有关企业和国内知名科研机构开展协同创新。对重大科技攻关等项目给予重点扶持,优先推荐申请和安排国家、省各类科技创新专项资金。同时出台的还有《南昌市2016年新能源汽车推广应用财政补助方案》。该方案明确2016年南昌市新能源汽车补助实施细则。

【新能源汽车产业与智能网联发展论坛召开】 2016年12月30日,以“创新·绿色·互联·机遇”为主题的新能源汽车产业与智能网联发展论坛在南昌市召开。江铃集团、各设区市工信委、省内汽车相关企业代表200余人参加论坛。本次论坛规格高、前瞻性强,中国工程院院士李培根,全国政协常委、清华大学教授欧阳明高,新能源汽车领域国家级专家、清华大学教授李克强等专家学者汇聚一堂,围绕新能源汽车产业与智能网联发展趋势、新能源汽车“三电”系统管理、技术等热点问题作主旨演讲。

【江铃新能源公司获得国内第七张新能源汽车生产资质】 2016年12月26日,江西江铃集团新能源汽车有限公司年产5万辆纯电动乘用车项目通过国家发展和改革委员会核准。这意味着江铃集团成为继北汽新能源、长江汽车、前途汽车、奇瑞新能源、江苏敏安、万向集团后获得全国第七张纯电动乘用车生产资质。江铃新能源获得新能源汽车生产资质,使南昌市新能源汽车生产企业增加到5家,整车生产企业增加到6家,为南昌市扩大汽车产业规模打下基础,为将南昌市打造成为国内知名的、具有影响力的、规模在国内前列的新能源汽车生产基地提供有力支撑。

【江铃集团全年目标达预期】 2016年,江铃集团圆满完成经济指标任务,实现整车销量40.9万辆,同比增长25%,高于行业平均水平,目标完成率超过102%;实现营业收入653亿元,增长22%,目标完成率超过105.5%;完成利税78亿元,增长8%;完成工业增加值108亿元,增长15.7%。大力推动创新转型升级,乘用车和新能源汽车两大领域都有很大的改善和进步。江铃集团位列“2016中国企业500强”第249位,较上年提升1位;位列“2016中国制造业企业500强”第120位。

【江铃集团乘用车板块引领增长】 2016年,江铃集团商用车和乘用车并举发展,乘用车板块引领增长,推出全新驭胜S350、驭胜S330、福特途睿欧MPV、陆风X5PLUS、X8年度款等乘用车新品,销量超过14万辆,同比增长近一倍,占总销量的比例提升到34.8%。市场对江铃集团乘用车品牌认知度逐年提高。

【江铃集团新能源汽车谋新篇】 2016年,江铃集团新能源汽车公司新推出E200和E160车型,全年销售纯电动轿车1.5万辆,同比增长196.7%,跻身全国第7位,比上年提升1位。公司建立三电实验室,初步掌握整车系统集成与匹配能力、整车控制系统、电驱动系统及电池管理系统三大关键核心技术,并成功获得全国第七张新建纯电动乘用车生产资质,为江铃集团新能源汽车板块快速发展赢得巨大空间。与协鑫集团增资重组晶马公司的合作项目完成签约,规划在新建区建设年产能30万辆的乘用车生产基地,将主要生产新能源电动汽车、混合动力汽车,并建设产品研发中心,形成独立产品研发能力。

【江铃集团科技进步结硕果】 2016年,联合申报的“前置前驱8挡自动变速器

(8AT)”应用项目荣获国家科学技术进步一等奖,凯锐800轻卡平台开发项目荣获中国汽车工业科学技术奖一等奖。江铃底盘公司成功获得国家企业技术中心认定,江铃集团轻型汽车公司、江铃李尔公司和江铃房地产工程公司获得省级企业技术中心认定,江铃汽车股份有限公司工业设计中心获得省级工业设计中心认定。江铃集团省级技术创新平台增至16个。江铃集团轻型汽车公司、江铃集团新能源汽车公司、江铃实业公司、江铃实顺公司、南昌银轮公司和南昌华翔公司等9家子公司获得国家高新技术企业认定,江铃集团高新技术企业总数达27家。召开科学技术奖励大会,总奖励金额超过600万元,科技创新氛围空前浓厚。

【江铃集团产融结合促发展】 2016年,江铃集团投资业务加速推进,新成立江铃鼎盛投资管理有限公司,制定“聚焦汽车、中国动力、全球资源、落户江西”的发展战略,与清华控股和8家银行开展战略合作,聚焦汽车产业和智能互联领域,整合社会资源,挖掘增长亮点。参与设立网络小额贷款公司和金融租赁公司,筹备设立江铃科技成果转化引导基金和英雄城汽车产业基金以及互联网保险公司。

2016年各级领导视察江铃情况一览表

时间	内　容
1月6日	国务院国企改革办副主任、国务院国资委副主任张喜武考察江铃汽车小蓝分公司
2月14日	省委副书记、省长鹿心社到江铃集团,走访慰问生产一线员工。市委副书记、市长郭安随同调研
4月25日	国务委员王勇在省委书记强卫、省长鹿心社陪同下,到江铃控股公司调研国有企业改革发展情况
5月24日	省委常委、政法委书记周萌到江铃华翔公司现场调研
5月30日	省委副书记刘奇到江铃集团新能源汽车公司现场调研
5月31日	省委常委、秘书长朱虹到江西五十铃汽车公司现场调研
6月12日	省委常委、市委书记龚建华率考察组先后深入南昌银轮公司、江铃集团车架有限责任公司参观考察
8月19日	全国政协常委、中国工业经济联合会会长李毅中考察江铃
8月24日	全国人大常委会副委员长吉炳轩一行到江铃考察
11月28日	省委常委、副省长、市委书记殷美根深入江铃集团调研
12月2日	省委副书记、省长刘奇对江铃控股和江铃股份进行调研。省委常委、副省长、市委书记殷美根陪同调研
12月6日	省委常委、副省长、市委书记殷美根到江西五十铃汽车公司调研
12月6日	全国政协委员、驻赣全国政协委员召集人、省政协主席黄跃金率驻赣全国政协委员一行到江铃集团新能源公司进行调研

(廖渝涛　黄妮娜)

航空航天和其他运输设备制造业

【概况】 2016年,中航工业江西洪都航空工业集团有限责任公司(以下简称中航工业洪都)按照“创新转型年”部署,着力强党建、促改革、抓经营、保交付,打响供给侧结构性改革和“瘦身健体”提质增效攻坚战,推动科研生产、航空城建设、老厂区搬迁以及党的建设等各项工作取得新成绩,实现“十三五”良好开局。全年完成营业收入73.54亿元、利润2.02亿元、经济增加值(EVA)3428万元,营业收入再创历史新高。特别是主打产品实现更新换代,为公司“十三五”末突破百亿经济规模奠定坚实基础。获得“江西省优秀企业”、江西省质量管理小组活动优秀企业、江西省综治工作(平安建设)先进单位、江西省保密工作优秀集体、中国商飞优秀供应商银奖等荣誉。公司董事长、党委书记宋承志荣获“江西省优秀企业家”称号;数控机加厂职工兰蕙荣获全国五一劳动奖章,钳焊液压附件厂马跃辉班组荣获全国工人先锋号,复合材料厂王志强荣获江西省五一劳动奖章,检验部检验技术研究室荣获江西省工人先锋号。

【聚焦主业成果显著】 2016年,切实履行保军强军使命,军品销售对营业收入的贡献率持续提升。特别是新一代主打产品列装部队,实现全谱系教练机产品的同时服役;外贸型高级教练机交付海外客户,并在“南非航展”赢得“东方明星”美誉,公司“中国教练机基地”品牌影响力进一步提高。

【做强民机产业】 2016年,国内业务方面完成C919项目1架份机体装配和2架份舱门交付;国际转包方面完成B747、787项目产品交付300万美元,加强波音、空客主流机型市场开发,公司跻身波音潜在供应商名录。

【开拓非航空民品产业】 2016年,完成轮胎成型机、车轴等转包产品生产交付1100万美元。加快智能机器人项目科研与产业化发展步伐,与南昌高新区签订智能产业投资协议,智能代步车实现迭代升级和线上线下组合营销,开拓农用植保无人机业务,智能产业全年创收400万元。

【航空城建设及老厂区搬迁】 2016年,南昌航空城北区首批搬迁单位和洪都商飞正式入驻并恢复正常生产,职工餐厅、停车场、公交线路等配套设施投入使用,北区职工住房开展预售,3000名职工在航空城新区生产生活。航空城南区建设用地基本获取,工装制造中心等5个项目完成主体施工,瑶湖机场开工建设。洪都老厂区改造纳入全国城区老工业区搬迁改造试点项目,第二批7家单位完成搬迁准备,第二期土地完成挂牌出让。

【"瘦身健体"提质增效】 2016年,开展丰隆摩托等3家投资企业的清理注销工作;落实对口支援赣南原中央苏区建设要求,将锻造业务转移江西省吉水县;剥离国有企业办社会职能,在前期水、电、气社会化改造移交的基础上,进一步完成有线电视网络社会化移交。

【坚持科技创新】 2016年,提高智能机器人在制造体系中的应用比重,成为C919大型客机项目首个应用自动定位、钻铆技术和3D打印技术的供应商。大力运用信息化手段融合提升主价值链,实现管理可视化、办公无纸化、物资条码化,并通过工信部两化融合管理体系审核。重视科技工作,全年申请专利470件,申报科技成果88项,获得"国防科技奖"3项、"中航工业科技奖"20项。打造高端创新平台,"江西省教练机产业技术创新战略联盟""江西省智能机器人产业技术创新战略联盟"获江西省批复组建。

2016年8月,第44届世界技能大赛飞机维修项目全国选拔赛举行

【第44届世界技能大赛飞机维修项目全国选拔赛举行】 2016年8月29—31日,2016年中国技能大赛——第44届世界技能大赛飞机维修项目全国选拔赛在中航工业洪都举行。大赛由人力资源和社会保障部主办,中航工业及江西省人力资源和社会保障厅承办。来自辽宁省、四川省、陕西省、黑龙江省、江西省以及中航工业的20名行业顶尖选手参加比赛。大赛分为钣金铆接、电子线路、发动机附件拆装、机务检查4个模块进行,是对全国飞机维修项目技能素质的一次大检阅,也是弘扬工匠精神、培育大国工匠的重要举措。

2016年视察中航工业洪都领导人情况一览表

时间	内　容
1月7日	国务院国资委副主任张喜武一行到中航工业洪都调研
1月8日	国务委员、公安部部长郭声琨一行到南昌航空工业城调研
2月14日	省委常委、市委书记龚建华一行到中航工业洪都走访调研
2月25日	国防科工局副局长吴艳华一行到中航工业洪都调研
4月25日	国务委员、国务院党组成员王勇一行到南昌航空工业城调研
6月28日	省人大常委会副主任、省总工会主席谢亦森一行到中航工业洪都走访调研
7月8日	人社部专技司司长俞家栋一行到中航工业洪都调研
8月8日	省委副书记、代理省长刘奇一行到中航工业洪都调研
8月16日	国务院国资委党委书记张毅一行到南昌航空工业城调研
8月31日	中国商飞董事长金壮龙一行到南昌航空工业城调研
9月23日	中国银监会主席尚福林一行到南昌航空工业城调研
10月13日	最高人民检察院检察长曹建明一行到南昌航空工业城调研
10月15日	海南省副省长李国梁一行到南昌航空工业城调研

(程　欣)

电子信息产业

【概况】 2016年,南昌市电子信息产业发展迅速,围绕把电子信息产业打造出千亿级产业目标,不断完善产业发展机制,不断调整产业结构,切实强化产业招商,电子信息产业逐步成为全市新兴支柱型产业。在中国式发展已经进入新常态背景下,市委、市政府提出打造"南昌光谷"的决定,采取一系列举措,取得较好的成效。至年底,全市电子信息产业集聚区入驻企业125家,其中规模以上企业81家,主要包含以通信设备制造业、半导体照明(LED)产业和电子元器件制造业等三大行业,完成主营业务收入597.85亿元。

【硅衬底LED技术荣获国家技术发明一等奖】 2016年1月8日,国家科学技术奖励大会在北京人民大会堂举行,由南昌大学、晶能光电(江西)有限公司、中节能晶和照明有限公司共同完成的"硅衬底高光效氮化镓基蓝色发光二极管项目"荣获国家技术发明一等奖,实现江西省在国家技术发明一等奖零的突破。硅衬底LED技术是中国自主研发、拥有完整自主知识产权的技术路线,将构建中国LED产业新标准。项目主要完成人包括晶能光电联合创始人、南昌大学副校长江风益教授,晶能光电副总裁孙钱博士,晶能光电联合创始人、CEO及晶和照明创始人王敏博士等人。该项目成果创建硅衬底LED芯片制造、器件封装和产品应用企业,推出30多种产品,形成硅衬底LED上中下游产业链。产品成功应用于路灯、手电、矿灯、筒灯、射灯、彩屏、家电数码等领域,在多个国家和地区应用。

【出台《打造"南昌光谷"的决定》】 2016年4月19日,为把南昌市打造成全省发展核心增长极,真正成为引领全省发展的火车头,市委、市政府出台《打造"南昌光谷"的决定》,全力推动政策、资金、技术、人才等要素向"南昌光谷"聚集聚焦,促进相关产业集群、集约、集成发展。打造"南昌光谷"具有良好产业基础和发展条件,2012—2015年全市光电产业规上工业主营业务收入年均复合增长率达21.99%;在LED产业方面,南昌市是极少数具备外延炉制造、MO源、外延片、芯片制造、芯片封装、显示屏、照明产品全产业链的城市。

【习近平总书记考察南昌大学国家硅基LED工程技术研究中心】 2016年2月3日,习近平总书记考察南昌大学国家硅基LED工程技术研究中心。在实验室里,习近平总书记听取实验室研究成果介绍,视察芯片制作流程,了解实验室科技创新、人才培养、产学研结合等情况,并视察南昌光谷展厅,肯定他们攻科研难题和抓成果转化决心大、目标高、工作实、成效好。习近平总书记指出,高校作为科技创新的生力军,要创新人才培养机制和教育方法,为国家现代化建设培养造就更多的合格人才、创新人才。希望当代大学生珍惜韶华,把学习成长同党和国家的事业紧紧联系起来、同社会和人民的需要密切结合起来,用青春铺路,让理想延伸。

【李克强总理考察晶能光电有限公司】 2016年8月23日,国务院总理李克强在南昌考察晶能光电有限公司。该公司硅衬底半导体照明技术颠覆性打破美国日本技术垄断,并已实现量产。李克强总理说,科技成果不仅要转化为生产力,还要在市场上形成竞争力。这就要求你们不断提高知名度和美誉度,在世界打响自己的品牌。晶能光电于2009年率先在全球实现硅衬底小功率LED芯片的量产。已能够开发并量产150lm/W以上,具备高性能、高良率、达到能源之星标准要求的高可靠性硅衬底系列LED产品,应用于手机闪光灯、汽车照明、移动照明等各个领域。基于硅衬底的氮化镓LED技术由于其氮化镓薄膜及硅衬底基板材料之间晶格常数及热膨胀系数失配的物理特性,对工业界是个长期难以解决的难题。而晶能光电通过持之以恒的研发,终于取得突破性成功。至年底,晶能光电的自主研发技术已在全球取得330多项专利。

【发布全球LED事业合伙人计划】 2016年12月2日,南昌光谷全球LED事业合伙人计划新闻发布会在南昌高新区召开。南昌光谷集团联合相关协会和政府部门对外发布全球LED事业合伙人计划,共同将硅衬底LED产业的技术优势加速转化为市场优势。该计划将围绕硅衬底LED原创技术进行产业布局,通过开放中下游LED技术,搭建资本融资平台,吸引全球企业和个人到南昌创新创业,加快打造出规模化硅衬底LED产业链,培育新型高端光电产业集群。

【硅衬底LED智慧照明项目荣获2016年"全球半导体照明示范工程100佳"】 2016年11月,晶能光电和中节能晶和照明联合申报的"艾溪湖北路硅衬底LED智慧照明项目"工程项目荣获2016年"全球半导体照明示范工程100佳"。全球半导体照明示范工程100佳评选活动已开展5年,共在全球范围内评选出45个具有代表性的示范工程。该评选致力于推荐和展示全球最佳半导体照明应用工程,以实物和氛围生动体现半导体照明的优势,让人们获得更多的感受和体验,并推动半导体照明在全球普及和应用。

【首批蓝宝石晶体下线】 2016年4月

2016年1月8日,硅衬底LED技术荣获国家技术发明一等奖

19 日,江西东海蓝玉公司在南昌高新区举行首批蓝宝石晶体下线仪式。东海蓝玉公司主要经营人造蓝宝石晶体、蓝宝石衬底材料及其他蓝宝石产品的研发、制造和销售,具有国内最先进、最成熟的大尺寸蓝宝石晶体生产工艺与切、磨、抛加工生产工艺等专利技术。项目总投资10 亿元,全部建成后实现年产大尺寸蓝宝石衬底片、光学视窗片 1200 万片和碳化硅单晶片 12 万片的生产规模,实现年产值约 20 亿元。东海蓝玉首批蓝宝石晶体下线可促成南昌高新区形成延伸芯片生产、制造、封装和集成应用较完整的产业链,促进高效 LED 技术升级和成果转化,提高南昌市 LED 照明产业的竞争力,对打造"南昌光谷"具有十分重要的意义。

【首个 LED 汽车照明项目正式投产】 2016 年 11 月 14 日,在青山湖区车仆产业园内,江西省绿野汽车照明有限公司总投资 5 亿元的 LED 汽车照明项目正式投产。这是南昌光谷首个正式投产的 LED 汽车照明项目,具备年产 50 万台套整车 LED 车灯及 LED 光源模组的生产能力。

【南昌临空经济区电子信息产业园获批省级产业园】 2016 年 5 月 31 日,省政府办公厅印发《关于同意设立寻乌产业园等三家省级产业园的函》,正式批复南昌临空经济区电子信息产业园为省级产业园,实行现行省级开发区政策。南昌临空经济区电子信息产业园总体规划面积 259.61 公顷,重点发展电子信息产业。

(陶　磊)

医药制造业

【概况】 生物医药产业是南昌市的特色优势产业和重点打造的战略性新兴产业,也是税收贡献大、发展前景广阔的朝阳产业、民生产业。2016 年,全市生物医药产业深入贯彻落实国家促进医药产业健康发展的战略部署,抓住国家大力发展生物医药产业的重要契机,以技术创新为动力,以壮大产业规模为目标,培育具有自主知识产权和自主品牌的创新产品,打造具有较强国际竞争力的优势企业集团,构建增长速度快、质量效益好、带动作用强的现代生物医药产业集群,努力实现产业布局更优、集聚程度更高、企业规模更大、竞争力更强的生物医药产业发展新格局。至年底,全市规模以上生物医药企业完成工业增加值124.18 亿元,实现主营业务收入 432.46 亿元。

【名优企业众多】 2016 年,工业和信息化部的中国医药统计年报数据,中国医药工业信息中心发布"2015 年度中国医药工业百强榜单",济民可信集团排名第 11 位,比上年上升 3 位,主营业务收入增幅超过 20%。年销售收入超过 10 亿元的企业有汇仁药业、江中药业、桑海集团、洪达医疗、益康医疗等企业。全市生物医药产业拥有江中药业、三鑫医疗两家上市公司,贝欧特医疗、一保通两家新三板上市公司。在世界品牌实验室发布的《2016 年中国 500 最具价值品牌排行榜》中,江中药业、汇仁药业双双上榜,分别位于第 239 位和第 468 位,品牌价值分别达 140.85 亿元和 40.91 亿元。至年底,全市生物医药产业拥有"洪达牌一次性输注器械"等中国名牌产品和"江中""汇仁""洪达""义鑫""初元""白马"等中国驰名商标。

【技术创新成果突出】 2016 年,南昌生物医药工业企业注重技术创新,不断加大研发投入。至年底,有中药固体制剂制造技术国家工程研究中心(江西本草天工有限责任公司)、蛋白质药物国家工程研究中心等两家国家工程研究中心,有创新药物国家重点实验室、中国航天营养与食品工程重点实验室等两个国家级重点实验室,有江中药业、江西制药、浩然生物医药等 8 家省级企业技术中心,有江西省非处方中药工程技术研究中心(汇仁集团)、江西省临床检验仪器和体外诊断试剂工程技术研究中心(特康科技)、江西省新型释药工程技术研究中心(弘益科技)和江西省靶向给药工程研究中心(弘益科技)等 5 家省级工程技术研究中心。济民可信集团企业被认定为 2016 年国家级知识产权示范企业。

【习近平总书记视察江中集团】 2016 年 2 月 3 日,习近平总书记到江中集团的制造基地——江中药谷视察工作。习近平总书记察看产品展示,视察自动化生产线和质量检测中心,并听取江西省生物医药产业发展总体情况介绍。他对江中集团不断研发新产品、严把原料和产品检测关的做法表示肯定。习近平总书记指出,中医药是中华民族的瑰宝,一定要保护好、发掘好、发展好、传承好。所有制药企业都要增强质量意识、社会责任意识,努力研制和生产质优价廉疗效好的药品,坚决杜绝假冒伪劣,为推进全民健康多做贡献。

【出台扶持生物医药产业发展的政策】 2016 年,为充分发挥南昌市生物医药产业的优势和特色,加快生物医药产业转型升级,打造南昌千亿生物医药产业目标,市委、市政府相继出台《关于加快生物医药产业发展的决定》《关于支持生物医药产业发展的若干政策措施》。

【4 家医药企业入围 2016 江西民营企业 100 强】 2016 年 9 月 26 日,由江西省人民政府新闻办、江西省工商联主办的"2016 江西民营企业 100 强"发布会在南昌市召开。南昌市的济民可信集团、汇仁集团、洪达集团、益康集团上榜。济民可信集团以 130.8 亿元营业收入总额位列江西民营企业 100 强第 6 位,其他 3 家企业分列第 32、70、92 位。发布结果显示,南昌市共有 34 家企业入选江西民营企业 100 强,比上一年增加 3 家。

(文　春)

新材料产业

【概况】 2016 年,南昌市铝塑复合板、汽车用弹簧扁钢等新材料无论在规模、质量和市场占有率上均位列全国前茅,初步形成在国内市场具有较大影响的安义铝合金塑钢型材产业集群、进贤县钢结构产业集群、高新区铜精深加工产业集群,提升全市新材料产业的核心竞争力和整体实力。其中,安义铝合金塑钢型材产业集群是全国第三大铝型材生产基地,实现主营业务收入 137.7 亿元,同比增长 18%。至年底,全市新材料产业实现主营业务收入 647.32 亿元,增长2.9%,完成工业增加值 145.77 亿元,同比增长 2.2%。

【助推产业发展】 2016 年,全市围绕新材料千亿产业目标,把培育产业集群与实施"一产一策"、培育壮大战略性新兴产业结合起来,分类推进,着力构建布局集中、特色鲜明的集群发展格局。各县区、开发区根据各自特色优势、资源禀赋、产业基础、区位条件、交叉互补、错位发展等原则,国家级开发区明确 2 个首位产业,县区明确 1 个首位产业。建立"全市重点产业运行分析报告工作制度",依托全市工业经济运行监测平台,强化产业运行分析,坚持每季出一份产业运行分析报告,及时掌握产业发展运行态势，为领导决策提供科学依据。准确绘制产业链条图，根据产业发展趋势，结合本地实际，完成南昌市铝型材产业发展链图初稿，包括产业链图、发展重点、国内外重点企业、产业链对比、发展优势与不足等。根据全市降成本、优环境入企帮扶专项行动的统一安排，围绕“9+3”产业(即全市九大支柱产业和现代服务业、现代农业、创新创业)，由市委常委分别挂帅，市人大、市政府、市政协领导参与，发改、工信、财政等有关部门作为联络员，成立12支挂点帮扶小组，全面铺开帮扶各项工作；出台《关于大力促进实体经济发展的若干措施》，从切实降低企业成本、着力优化服务环境、加快推进动能转换三大方面提出120条具体政策，着力缓解实体经济发展困难，促进全市经济平稳健康发展。

【市领导到帮扶企业宣讲政策】 2016年5月27日，市委常委、秘书长江晓斌深入青山湖区调研，就挂点联系的新材料产业向各企业开展政策宣讲，并走访部分企业，详细了解企业发展情况，现场“把脉问诊”企业发展难题。市政协副主席熊晓武参加宣讲。当天，江晓斌一行到方大特钢科技股份有限公司，了解生产流程、生产技术，详细询问了解企业经营状况、发展难题等。在全市新材料产业入企帮扶政策宣讲会上，江晓斌指出，开展“降低企业成本、优化发展环境”专项行动，是南昌市适应经济发展新常态的一项重要举措，是优化投资环境的“组合拳”，是促进企业发展的“及时雨”，是检验能力作风的“试金石”，当前必须统一思想，充分认识专项行动的特殊意义。企业和政府必须心往一处想、劲往一处使，把开展好专项行动作为破解当前困境的关键，凝心聚力、积极作为，尽快形成加快发展的新优势。

【构建安商义人O2O线上线下营销网络平台】 2016年，安义县致力于打造华东地区最大建材产业基地，不断加快建材产业集群发展和转型升级。一批门窗型材企业和在外品牌营销总代理商，充分运用“互联网+”思维联盟合作，构建安商义人O2O线上线下营销网络平台，参与到“终端产品+互联网”。平台建立后，通过O2O的电子商务模式，已经上线企业户数达500余家，交易额达2亿元。

【第三届江西(安义)铝型材及门窗展览会举行】 2016年2月15日，第三届江西(安义)铝型材及门窗展览会在安义县举行。本届展会以“转型、创新、制胜未来”为主题，作为安义县打造华东地区最大建材产业基地的重要商贸活动。展会共设展位600余个，展出面积1000平方米，吸引150余家企业参展。展会加入“互联网”元素，充分利用互联网进行宣传，评出十佳最具人气的企业来参展，进一步提高展会的宣传效果。

【中部(安义)铝材城重点项目开工建设】 2016年11月18日，中部(安义)铝材城奠基暨重点项目授牌仪式举行。中部(安义)铝材城规划用地面积16.33公顷，总建筑面积20万平方米，总投资约8亿元。项目以“产业+商业”的复合模式，整合安义及国内知名铝型材及原辅材料厂商，通过提升市场功能、销售渠道、购物环境、配套设施等，打造“商贸市场+电商平台+仓储物流”于一体的中部铝型材源产区总部基地。项目建成后，可容纳近千家优秀厂商进场经营，为全国客商提供采购及配送服务。中部(安义)铝材城重点项目的开工建设，是安义县大力实施“323”发展方略，开启“一园多产”产业升级引擎的又一重要成果。中部(安义)铝材城项目的奠基，对推动安义县铝型材产业链的延伸，辐射带动安义物流产业蓬勃发展，做大做强建材产业经济，必将产生强大的推动作用。

2016年11月18日，中部(安义)铝材城奠基暨重点项目授牌仪式举行

【方大特钢公司概况】 2016年，方大特钢科技股份有限公司(以下简称方大特钢)产焦炭84.69万吨，产生铁314.91万吨，产钢359.57万吨，产材359.56万吨。实现营业收入89.24亿元，同比增长9.52%；净利润为6.66亿元，增长528.6%。方大特钢先后荣获“全国模范职工之家”“全国钢铁工业先进集体”“江西省优强企业”“江西省劳动关系和谐企业”等荣誉，被授予“中国民营企业制造业500强”“全国安康杯竞赛活动示范单位”“江西省企业文化建设示范单位”。

【方大特钢与马钢罗河矿业公司签订中长期战略合作协议】 2016年12月12日，方大特钢与安徽马钢罗河矿业有限责任公司中长期战略合作协议在南昌凯美格兰云天大酒店正式签订。安徽马钢罗河矿业有限责任公司，是马钢(集团)控股有限公司与安徽庐江龙桥矿业有限公司共同出资组建成立的有限责任公司。罗河铁矿融入“现代矿山”的设计理念，充分体现“工艺合理化、技术先进化、装备现代化”的特点，从而打造出“国内领先、国际先进”“资源节约型、环境友好型”的现代科技型矿山。此次双方签订的中长期战略合作协议期限为5年，年供应量超过65万吨。

【方大新材料(江西)有限公司获多项荣誉】 2016年，在中国建筑材料联合会“金属复合材料分会年会暨行业创新论坛”大会上，方大新材料(江西)有限公司获“优秀品牌”荣誉称号。该公司生产的青花瓷铝单板、氟碳铝单板分别应用于南昌万达文化旅游城、深圳南山文体中心等工程，荣获2016年度金属复合材料行业“优质工程应用奖”。方大新材料(江西)有限公司是方大集团旗下一家研发和生产高端金属幕墙装饰产品、并提供工程应用解决方案的国家高新技术企业和江西省重点企业，在行业中率先通过 ISO 9001:2000 和 GB/T19001-2000 双重质量管理体系认证,实行产供销一体的 ERP 管理流程,构建高效、严谨的供货管理体系和质量控制管理体系。此次方大新材料(江西)有限公司荣获多项殊荣,充分显示方大集团在金属复合材料行业里非凡的品牌影响力、在高端建筑新材料的研发、制造以及应用上卓越的创新能力。

【方大特钢一项研究成果获科技进步二等奖】 2016 年 9 月,方大特钢与北京科技大学合作研究的《炼钢—连铸过程精益制造的关键技术与集成应用》成果,被教育部评为科学技术进步奖二等奖。炼钢—连铸过程精益制造技术应用于实际生产后,方大特钢弹簧钢炼钢—连铸生产流程总时间缩短,转炉冶炼钢种的临时改判、连铸坯的质量改判现象减少,吨钢合金料消耗成本、吨钢辅料成本、转炉吨钢氧耗量大幅度降低。该技术具有普适性,具备对外进行炼钢—连铸过程精益制造整体技术输出、移植的条件,可对其他类型钢铁企业精益制造技术的研发具有示范与借鉴作用,具有良好的推广前景和显著的社会效益。

【方大特钢一项科研成果获国家级创新成果奖】 2016 年 11 月,方大特钢与北京科技大学、江苏博际喷雾系统股份有限公司共同申报的《高品质钢炼钢—连铸过程的精益制造》科研项目,获得 2016 年中国产学研合作创新成果二等奖。中国产学研合作创新与促进奖由科技部和国家科技奖励办公室批准设立,是中国在产学研合作方面的第一个全国性奖项,面向国内在促进产学研合作及创新方面做出突出贡献的单位及个人所颁发的年度荣誉奖,每年评选一次,分设为中国产学研合作创新奖、中国产学研合作促进奖、中国产学研合作创新成果奖、中国产学研合作突出贡献奖等 4 个奖项。其中,中国产学研合作创新成果奖,每次评选不超过 100 项,授予在产学研合作中涌现的突出创新成果,凡在中国境内通过产学研合作创新活动形成对地区、行业、技术领域等具有突出影响力的创新成果的承担企业、高校、院所等单位和个人,均可申报。方大特钢此次申报的《高品质钢炼钢—连铸过程的精益制造》科研项目,通过在炼钢厂生产过程中,以工序工艺调优、流程运行调控及生产计划与调度动态协同为支撑的炼钢—连铸过程系统优化技术,实现钢的稳定、优质、低耗、高效生产。该成果应用于生产实际后,取得显著的经济、社会效益,具有普适性和广阔的推广前景。

【方大特钢热轧带肋钢筋再获冶金产品实物质量"金杯奖"】 2016 年,中国钢铁工业协会发布 2016 年冶金产品实物质量认定产品名单,方大特钢生产的钢筋混凝土用热轧带肋钢筋 HRB400 型号获得 2016 年度冶金产品实物质量"金杯奖",标志着该产品实物质量继续保持国际同类产品实物质量水平。冶金产品实物质量"金杯奖"是中国钢铁产品实物质量水平认定的最高奖项,也是业内唯一具有权威性的产品质量认定。冶金产品实物质量认定活动每年组织一次,通过认定的产品,授予"金杯奖"称号,有效期为三年,期满后,由企业申请重新认定,经企业申报、初审、现场核查、用户满意度调查、专业评审等认定程序,最终由钢铁协会审定委员会审定。

【方大特钢技术研发有新成就】 2016 年,研制矩形截面、超厚截面、单筋单槽弹扁以及出口高质量弹扁产品,涉及 36 个品种系列,其中高附加值产品销量增加 4.28 万吨,多创效 3336 万元。方大特钢入选南昌市首批市级人才工作示范点,党委书记、董事长钟崇武入选为南昌市直接联系人才。设立博士后科研工作站,共有 2 名博士后。第 27 批中国博士后科技服务团到公司,为公司科研项目提供智力支持。开展专利申请,全年获得专利授权 36 项(其中发明 3 项、实用新型 33 项)。

【方大特钢降本增效成果显著】 2016 年,推进全员降本攻关,收集员工降本建议 1237 项,降本工作取得实实在在成效。强化技术指标攻关,其中棒材线螺纹钢综合成材率、吨焦耗洗精煤、转炉钢铁料消耗、烧结固体燃料消耗 4 项指标保持全国先进,高炉燃料比、高线成材率排名分别前进 14 位和 5 位,技术经济指标攻关降低成本 5134 万元。在保证生产稳定前提下,适时优化配煤配矿结构,实现经济配比降成本 5000 万元。控制好备件、辅料、维修 3 大费用,抓好备品备件采购,最大限度修旧利废,全年降备品备件成本 6350 万元。强化节能降耗管理,全年吨钢综合能耗 540 千克标准煤/吨,节能降成本 3200 万元。推进小改小革攻关,开展小改小革 1397 项,总参与人数 6851 人次,投入改造资金 1188.15 万元,产生经济效益 3860 万元。

【方大特钢推进节能环保】 2016 年,做好能源介质平衡,提高余热余压利用效率,全年实现自发电量 5.96 亿度,自发电量占总用电量比例达 46.50%。投入资金 3.65 亿元,实施原料转运站粉尘治理、烧结和球团烟气脱硫等 50 余项环保项目,有效控制工业废水、废气以及噪音污染,实现全部工艺污染防治设施的完善配套。吨钢排水、吨钢排放 COD、吨钢排放 SO_2、吨钢排放烟粉尘等主要环保指标均达《钢铁行业清洁生产标准》一级基准值。其中,吨钢 SO_2 排放量比上年减少 59%,吨钢烟粉尘排放量比上年减少 16%,是全省第一批清洁生产审核试点单位,是环保部公布的第一批实施清洁生产审核并通过评估的重点企业。在 11 月通过中央环保督察组的专项检查,其中焦化脱硫项目效果好,受到督察组表扬。

(涂文亮　吴强林)

纺织服装、服饰业

【概况】 2016 年,南昌市纺织服装行业克服生产要素成本上升、人民币汇率波动加剧、市场竞争加剧等不利因素,积极应对市场风险,主动转变发展方式,全行业保持平稳发展态势。至年底,全市规模以上纺织工业企业累计实现主营业务收入 441.6 亿元,同比增长 6.5%;累计实现工业增加值 130.44 亿元,增长 7%。全市纺织服装企业有 1000 余家,从业人员 10 万余人,年产各类针织服装约 7.1 亿件。在产业链条上,涵盖中低档针织面料、印染印花后整理、服装加工、检验检测、电子商务和面辅料市场等多个环节,特别是针织服装加工、印染后整理环节均有骨干企业支撑;在产业布局上,形成以昌东工业区、罗家镇、湖坊镇为载体,以华兴针织、盛兴制衣、京东实业、福德隆实业、培维梦针织等骨干企业为支撑、众多中小针织企业共同发展的集群优势。南昌市纺织服装产业已呈现出产业链配套相对完整、空间分布相对聚集的新格局。

【首届"青山湖杯"服装创意设计大赛举行】 2016 年 1 月 15 日,江西省首届"青山湖杯"服装创意设计大赛暨颁奖活动在南昌举行。来自省工信委、市工信委、江西纺织服装产业集群、省内外服装企业、青山湖区各部门、行业商会的代表以及江西服装学院师生近 1000 余人出席观摩大赛。本次大赛目的是总结和展示全省服装创意设计成果和水平,挖掘和培育本土创意设计人才,搭建针织服装行业公共服务平台,增强本土企业创新创意和品牌意识,提升园区企业自主创新能力。

【荣获全国高校毕业生服装设计大赛金铜奖】 2016年4月18日,由中国纺织服装教育学会、石狮市人民政府主办的2016第五届"石狮杯"全国高校毕业生服装设计大赛暨颁奖典礼在石狮闽南理工学院举行。经过激烈角逐,江西服装学院秦泰同学的作品《市井小调儿》获得此届"石狮杯"全国高校毕业生服装设计大赛男装组金奖,李盛的作品《万物生长》荣获女装组铜奖。

【昌东工业园区开通3条公交线路】 2016年,经市工信委、青山湖区政府与市公交总公司的多次协调和现场办公,昌东工业园区于7月底开通234路、511路和824路3条公交线路。3条公交线路的开通,优化昌东工业园区的发展环境,彻底解决昌东工业园区多年未解决的出行难问题,有效降低企业成本,使沿线100余家企业,4000余员工和周边10多个自然村,5000余居民的出行更加便捷,获得园区企业和员工的高度赞誉。

【江西品牌服饰产业园二期工程建设】 2016年,江西品牌服饰产业园项目位于东升大道以东、义坊路以南,占地约6.67公顷。二期项目分为锦天祥和瑞泰实业两个子项目。其中锦天祥由江西棉盛实业有限公司投资建设,占地1.33公顷,建筑面积3万余平方米,主营服装生产、研发及销售。至12月,江西品牌服饰产业园项目22栋已封顶,另有4栋建至3层。

【中国(江西)针织服装创意产业园建设】 2016年8月,总投资15亿元,占地30.93公顷的中国(江西)针织服装创意产业园建设过半。其中,占地19.87公顷的产业园一期由江西瑞东汇产业投资有限公司投资建设,将建成以服装针织为主导产业,集企业总部、研发设计、产品展示、电子商务、生产制造和生产配套等功能于一体的产业综合体项目。至年底,已开工建设的17栋厂房中,9栋已封顶,7栋加紧楼层建设,1栋完成基础建设。

【太酷云介时尚产业园签约落户青山湖区】 2016年10月23日,江西首家时尚产业园项目——太酷云介时尚产业园在青山湖区举行战略合作签约仪式,阿里云、同济大学、上海纺织(集团)有限公司品牌与时尚事业部分别与青山湖区人民政府正式签署"太酷云介南昌色织厂改造时尚服装产业园区项目战略合作协议"。太酷云介时尚产业园以服装产业为示范,主要为青山湖区乃至省、市服装产业升级提供大设计共享、电商服务云、产业金融服务、区域一体化四大平台,为服装纺织产业转型升级提供动力。

【青山湖针织服装产业基地通过全国纺织产业集群复评】 2016年12月20日,2016全国纺织产业集群复评工作总结会议在北京人民大会堂举行。中国纺织工业联合会、工业和信息化部消费品工业司相关领导及来自全国纺织产业集群试点地区的负责人和媒体代表等600余人出席大会。南昌市青山湖针织服装产业基地顺利通过复评,予以确认。

(王　平)

食品制造业

【概况】 2016年,在全国经济不断下行的压力下,南昌市食品产业经济总体保持稳定增长。全市共有规模以上食品企业153家,实现主营业务收入1182.24亿元,同比增长4.3%;工业增加值368.76亿元,增长2.6%。主营业务收入连续三年实现1000亿元目标,是南昌工业发展中规模最大、贡献最大的产业。

【三大食品产业基地聚集效应明显】 2016年,南昌小蓝开发区、青山湖区、新建长堎工业园3个省级食品产业基地集聚规模以上食品企业66家,合计实现主营业务收入433.08亿元,同比增长7.5%。其中,新建长堎工业园食品产业基地发展势头最好,实现主营业务收入198.94亿元,增长18%,高于全市食品产业平均增幅13.4个百分点,占园区比重达35.65%,成为工业园区发展最大支柱产业。南昌小蓝食品产业基地集聚煌上煌、可口可乐、百事可乐、天津宝迪、福建达利、力波啤酒等食品企业80家,已投产企业69家(其中规模以上企业29家),在建企业7家。主导产品为烤卤制品、碳酸饮料、营养米粉。

【新建长堎工业园区被省工信委授予江西省食品产业基地】 2016年,经新建长堎工业园区申报,省食品办组织专家考评、认定,省工信委授予新建长堎工业园"江西省食品产业基地"称号。新建长堎工业园区是1997年经省政府批准成立的首批省级开发区,2010年列入全国农副产品加工创业基地。食品产业是新建长堎工园区的主导产业,2015年园区内49家规模以上食品企业主营业务收入156.6亿元,占全省同行业比重为5.2%。其中,主营业务收入1亿元以上企业达19家,拥有汪氏蜜蜂园、绿源油脂、南方食品、雨润食品、日昌农业等一批国内、省内知名企业,形成以营养保健食品、特色食品、粮油、肉制品等为主体的食品产业集聚区。园区辐射力较强,产业链较为完善,产业集聚度较高;科技创新能力较强,拥有汪氏蜜蜂园国家级蜂产品加工技术研究中心、省级企业技术中心等研究机构。园区高度重视食品产业的发展,设立专项资金,出台一系列相关的配套政策措施支持产业发展;技术开发、检验检测、金融服务、现代物流、信息服务、人才培养等公共服务设施齐全,为企业提供完善的公共服务;制订食品产业发展规划,规划科学,布局合理,注重环境保护和可持续发展。

【帮扶食品产业企业】 2016年,为帮助食品企业解决发展中存在的实际困难和问题,支持企业加快发展,促进企业做大做强,按照《中共南昌市委、南昌市政府关于印发〈南昌市开展降低企业成本优化发展环境专项行动工作方案〉的通知》要求,市食品产业企业帮扶小组深入30户帮扶企业开展走访,调研企业当前的生产经营情况、存在的困难和问题,扎实做好入企帮扶工作。在县区和市直相关部门共同努力下,南昌市食品产业挂点帮扶工作取得明显的成效。至年底,食品产业30户帮扶企业全部向市食品产业企业帮扶小组提交"三个清单",共有24户企业提出74个问题。其中,44个问题涉及市直有关部门解决,30个问题涉及县区(开发区)解决。企业反映的问题主要涉及企业惠企政策、融资、用地、交通、能源、服务效能等6个方面。其中,惠企政策39项、服务效能23项、企业融资7项、用地1项、交通3项、能源1项。市、县区两级共帮助食品企业解决73个问题,占总数98.65%。其中,市直部门解决43个,县区(开发区)解决30个。

【名牌产品、驰名商标众多】 2016年,全市食品行业有正邦科技、煌上煌两家上市公司,及双胞胎集团、南昌双汇、润田饮料、中粮可口可乐、国鸿集团、绿源油脂、草珊瑚科技、洪富肠衣、安德利油脂、金峰茶业、李渡酒业等一批知名企业。拥有"金佳""正邦""双胞胎"等中国名牌产品，“金圣”“汪氏”“煌上煌”“正邦”“润田”等中国驰名商标，及“南昌”啤酒、乔家栅“滕王阁”、“天天阳光”液态奶等江西名牌产品和“国鸿”“稻香园”等江西省著名商标。有“鄱湖骄子及图”“家旺好日子”“维雀及图”“艾精隆”“新太仔及图”“新太好及图”“风土人情”“意生缘”“佳优宝贝”“助爽”“金冠”“汲草堂”“茗如玉”“龙翔及图”“格力特及图”“军山湖”“东旭”“文财”“马兰及图”“蒂蓝”“华达”“亿农”“旺合”“中天骏康”“健佰龄”“灵灵龙”“信丰祥”“品蜂堂”“百福健”“求多顺”“壹顺”“品潮及图”、江西银桥莱业有限公司“图”等33家食品企业的商标被新认定为江西省著名商标；有“煌上煌及图”“国鸿及图”“珍宝珠”“吉鼎”“绿源井冈”“新太及图”“老俵哥及图”“胡老太及图”(鱼制食品，肉罐头，水产罐头)、“绿典”“三妮”“铭顶”“巨日及图”“振武”“姚氏香”“相思谷及图”“新太好及图”“聪聪乐及图”“胡老太及图”(调料品)、“清记”“久鸿”“珍迪”“绿恒”“伟多利”“鄱湖牌及图”“鑫瑞及图”“赣达及图”“赣新及图”“永湖”“茂昌”“EM原露”“雨飞”“声耀”“金佳”等33家食品企业的商标被延续认定为江西省著名商标。

【年产2万吨人之初系列乳制品、乳液品项目竣工】 年产2万吨人之初系列乳制品、乳液品项目位于南昌小蓝经济技术开发区，由江西省人之初科技集团有限公司总投资4亿元，建设期为3年，2013年8月开工。2016年，项目竣工，累计完成投资4亿元。投产后，每年预期实现主营业务收入10亿元、利税9000万元。

【年产1万吨系列肉制品及农产品冷链物流新建项目竣工】 年产1万吨系列肉制品及农产品冷链物流新建项目位于新建区长堎工业园，由江西新太好实业投资有限公司总投资3.76亿元，建设期为2年，2014年8月开工。2016年，项目竣工，累计完成投资3.76亿元。投产后，每年预期实现主营业务收入7.6亿元、利税1.36亿元。

【年产2万吨“绝味”卤制熟食制品项目竣工】 年产2万吨“绝味”卤制熟食制品项目位于小蓝经济技术开发区，由江西阿南食品有限公司总投资1亿元，建设期为35个月，2013年8月开工，计划完工时间为2017年6月。2016年，项目提前竣工，累计完成投资1.05亿元。投产后，每年预期实现主营业务收入5亿元、利税4000万元。

【新增南昌市食品类新三板挂牌上市企业】 2016年，南昌市多措并举、做好服务，助推企业在主板上市、新三板挂牌，充实上市后备资源库。2月、3月，南昌市新增新三板挂牌上市食品类企业4家，分别是江西百胜智能科技股份有限公司、江西掌中无限网络科技股份有限公司、江西日月明测控科技股份有限公司、南昌市鄱阳湖农牧渔产业发展股份有限公司，注册资本共1.99亿元。至11月17日，全市三板挂牌的有39家，新增17家。

(朱学连)

烟草制造业

【概况】 2016年，南昌卷烟厂立足“树匠心精神，做‘三好’卷烟，创一流工厂”的目标，依托精益管理主线，紧扣降本增效核心，以课题攻关改善为载体，打造精益制造、精益现场、精益队伍和精益文化，推进企业精益管理上水平。全年共生产卷烟64.22万箱，实现销售收入106.4亿元，上缴纳税69.8亿元，为江西卷烟工业及地方经济做出突出贡献。

【提升管理规范法治水平】 2016年，落实“三个保障机制”，按照“应招尽招、真招实招”要求，开展供应商库、专家库、招标代理库建设，严控预算，强化项目实施前方案论证和施工全过程控制。落实中央对行业巡视整改要求，强化内管监察审计力度，夯实企业规范体系。全年项目审计审减100余万元，招标、竞争洽谈等核减节约600余万元。建立全厂法律法规常态化识别更新机制，快速有效处置舆情风险，提升全员法治意识和法律风险防范能力。

【强化生产保障能力】 2016年，将现场改善作为保障优质高效低耗安全等指标的源头，全厂车间、科室、库区、后勤等场所面貌一新。现场的改善不仅提升匠心履职氛围和生产保障能力，更带来产质耗及安全等指标的提升。强化设备自主维保、润滑点检、故障维修、事故管理等标准的落地执行，夯实设备全面清扫润保点检，TnPM三阶水平稳中有升，进一步提升设备保障能力。结合班组“五项活动”(班组看板、班组例会、班组周报、自主培训、自主改善)开展，现场改善逐步从表面整治向深层延伸，职工匠心意识逐渐固化为习惯，形成班组现场力与员工素养、心智模式同步提升。

【控制生产成本】 2016年，健全生产成本分析联动机制，建立成本控制清单和关键物耗影响台账，提高常规材料的考核权重，突出单批次产量、出丝率等重点课题攻关。推进机物料费用控制、废品回收挖潜等改善项目，控制措施得到有效落实。全年可比原辅材料成本同比累计下降1400余万元，修旧利废节约备件费用600余万元。

【探索“项目管理”培训】 2016年，以专业课题组为载体，积极探索“项目管理”培训。将培训与改善课题推进相结合，引导员工学习先进理念，增强分析解决问题的能力，突破专业管理、技术人才培养瓶颈。立足各课题组的重点工作目标，调研确定培训需求点，开展营销人员技能提升改善课题培训、质量管理人员六西格玛方法应用改善课题培训。全年员工参与的QC成果获省质协一等奖2个、二等奖2个、三等奖1个，其中《一种限长切丝的研制》获烟草行业发布一等奖。2名职工分别获得全国烟机维修技能竞赛ZJ17机型的第三名和GDX1机型的优胜奖，取得江西中烟在行业技能大赛获奖零突破。

(周爱思)

开发区·新区建设

概 述

【概况】 2016年，南昌市开发区、新区主动适应经济发展新常态，抢抓机遇快转变、乘势而上促跨越，大力推进强转型、优统筹、惠民生、促和谐各项工作，总体经济社会发展态势良好。加快平台建设，强化产业招商，壮大集群效应，产业集聚态势愈发凸显，综合设施配套日臻完善，创新驱动活力不断迸发，现代制造业蓬勃发展。新建区长堎工业园入选长江经济带国家级转型升级示范开发区，进贤县经济技术开发区、南昌临空经济区电子信息产业园获批省级产业园，产业层级快速提升。全市7个省及省以上工业园区累计完成工业增加值1351.65亿元，同比增长9.3%；主营业务收入5185.05亿元，增长8.3%；实现利润总额318.27亿元，增长18.1%。高新技术开发区、南昌经济技术开发区和小蓝经济技术开发区主营业务收入均过千亿元，排名分别在全省工业园区第一、二、四位。

南昌高新技术产业开发区

【概况】 南昌高新技术产业开发区（以下简称高新区）地处南昌市城东，辖区面积231平方千米，辖昌东镇、麻丘镇、艾溪湖管理处，有48个村民委员会，14个（社区）居民委员会。至2016年，全区户籍人口总数24.98万人，户数7.94万户，城镇人口数10.65万人。

【经济运行指标完成概况】 2016年，实现园区主营业务收入1911.1亿元，比上年增长8.2%，总量在全省开发区领先；地区生产总值496.66亿元，增长9.7%，增速列全市第二位；规模工业增加值392.36亿元，占全市总量近四分之一，增长9.8%，总量和增速均位居全市第一位；固定资产投资543.48亿元，增长15.6%，其中工业投资增速列全市第二位；财政总收入77亿元，增长7.8%。

【企业发展概况】 2016年，高新区新增注册各类企业2388家，企业总数超8000家。新增规上工业企业15家，规上工业企业数量153家。主营业务收入超亿元57家，共完成主营业务收入1068.56亿元，占全区规上工业主营业务收入95.7%。14家企业工业总产值同比增长超20%，成为全区稳增长重要支撑。

【招商引资概况】 2016年，高新区进一步强化全员招商、专业招商、以商招商招商模式，招大引强取得良好成效。实际利用外资5.65亿美元，比上年增长12.64%，总量位居全省国家级开发区第一；实际利用内资149.33亿元，增长17.22%，增速位居全市第一；出口创汇17.64亿美元。项目引进量质齐升。签约项目98个，签约投资总额744.78亿元，位居全省开发区首位；引进重大项目83个，完成年计划的277%；20亿元以上项目10个，完成年计划的200%；10亿元以上项目17个，完成年计划的189%。

【产业发展概况】 2016年，高新区主导产业保持蓬勃发展势头，完成主营业务收入约1818亿元，占园区主营业务收入95%。航空产业不断壮大，实现主营业务收入73.85亿元。航空城北区建成，完成搬迁投产。瑶湖机场正式开工建设，鸿鹄航空、华夏九州通航等项目开工建设，洪都、昌飞牵头组建省通用航空协会。生物医药产业加速升级，实现主营业务收入466亿元。中科九峰、南昌生物医药公共实验室、尚华医药科创中心、金域检测等项目建成运营。“南昌光谷”建设成绩优异，电子信息产业实现主营业务收入353亿元，比上年增长30.3%。诺思芯片、联智集成电路等15个项目全面开工，投资总额近160亿元。新材料产业不断做大，实现主营业务收入860亿元。江铜耶兹等企业抓住市场回暖机遇，大力实施技术改造，不断延伸产业链，产销两旺，发展态势良好。智能装备制造产业初具规模，实现主营业务收入87亿元。省级智能制造产业基地获批，宝群电子、比太科技、洪都智能研发中心、中机科技等一批骨干企业建成集聚。

【科技创新概况】 2016年，深入实施创新驱动发展战略，全省创新创业高地的重要作用更加巩固。双创平台加速集聚。南昌国家大学科技城初见雏形，管理机构获批复，国家级大学生双创示范基地入驻团队150余个，创业梦想街区入驻微软、网易、腾讯、阿里巴巴菜鸟等20余家互联网企业以及中科院金属研究中心、天津大学微技术研究院等20余家高校院所创新平台，40余家高校科研机构达成入驻意向。国家级科技服务业区域试点成功获批，是全省唯一入选的国家级高新区。建成孵化器20万平方米，全区孵化器面积超过50万平方米。新增南大星火、江西国信（网易）有道2个国家级众创空间，4个省级众创空间。自主创新成绩显著。贝谷科技公司联合东华理工大学研发的“面向铀矿与环境的辐射探测关键技术、设备及其应用”项目荣获2016年度国家科技进步二等奖，日月明测控科技公司与西南交通大学研发的“高速铁路轨道平顺性保持技术”荣获2016年度国家技术发明二等奖。新获批高新技术企业54家，创历年之最，全区高新技术企业达到160家。入选2016年省重大研发专项项目占全省近一半。专利受理量突破2000件，专利申请量和授权量在全省遥遥领先。R&D投入占GDP比重2.5%。人才培育卓有成效。晶能光电副总裁付羿成为高新区自主培养的第三位“千人计划”专家。引进14位“洪城计划”入选者落户创业，占全市61%。“同心·报国基地”建设加快推进，成立南昌高新区欧美同学会。获批省级人力资源服务产业园,引进人力资源企业13家。

【城市建设概况】 2016年,深入推进科技新城建设,生产、生活、生态"三生"融合的城市环境不断优化。基础建设更加完善。报批建设用地指标491.13公顷,征收土地246.67公顷,完成拆迁面积43万平方米,均超额完成年度任务。创新二路、航空路下穿道路以及规划二路、四路、五路等14条、20千米长道路建成通车,220千伏南观线、110千伏昌罗线、110千伏罗塘线等37个水电项目顺利完工,铺设综合管线50千米。配套功能更加齐全。南昌三中高新校区建成招生,新建湖东和湖西中心幼儿园,南昌二十八中、实验中学、南师附小建设顺利推进。艾溪湖社区卫生服务中心正式投入使用,高新区人民医院前期工作扎实推进。进一步加密公交线网,完善公交微循环系统,新建停车场车位2400余个。新城吾悦广场、酷加天虹购物广场建成开业,城东商圈进一步繁荣。生态环境更加优美。在建绿化和完成绿化面积共63万平方米。艾溪湖湿地公园配套设施不断完善,瑶湖郊野森林公园二期建成,并成功举办全省规模最大的荷兰郁金香花展,广受好评。瑶湖、艾溪湖、南塘湖"三湖"水生态综合治理取得较好成效。城市管理更加精细。高标准建设101智慧大厦指挥中心,打造一体化的城市管理智慧平台。组织开展"清洁家园、美丽乡村"农村综合环境整治活动,城乡面貌焕然一新。实施道路提升改造、亮化、绿化及通畅等市政配套提升工程,建立城市管理考核长效机制,城市管理在全市考核名列前茅。建设10个精品智慧平安小区,按照"一网一专人"配备网格管理员,推进社区网格化建设。

【民生工程概况】 2016年,倾心解决群众关心关注的热点难点问题,让改革发展成果更多惠及人民群众。村级经济得到改善。用改革的办法解决村级产业用地问题,盘活200余公顷产业用地,拨付补助款4000余万元。安置房建设稳步推进。竣工安置房面积40万平方米,交付并分配17万余平方米。制定出台安置房分配指导意见,规范安置房交付和分配标准,按照商品房标准启动新建安置房配套绿化工程,对已分配安置房启动"平改坡"改造。社会保障体系逐步健全。实施失业农民保险全覆盖,实现民政救助对象医疗救助网上"一站式"结算,18万余名原新农合参保人员全部纳入城乡居民医保。对原有的敬老院实施提升改造,按照精品标准新建麻丘镇敬老院。社会保持和谐稳定。建成两级综治"三网"和三级综治中心,平安高新保障能力进一步增强。全力打好"两提升"工作攻坚战,公众安全感指数位居全省开发区(新区)第五、全市开发区(新区)第一。地网工程在全国综治会上作为先进经验向全国推广,智慧安监启动建设。全区没有出现大规模群体性事件、重大治安案件、重特大火灾和安全生产事故,在全省安全生产考核中连续2年被评为优秀单位,在全市综治目标管理考核中评为优秀开发区。

【第二届江西互联网创新创业峰会举行】 2016年2月19日,由南昌高新区管委会、共青团南昌市委主办,先锋天使咖啡承办的第二届江西互联网创新创业峰会在先锋天使咖啡举行。南昌高新区管委会主任黄俊致辞,共青团南昌市委书记盛炜介绍南昌市青年创业投资联盟、青年创业人才联盟和青年创业联盟有关情况并颁发聘书,高新区管委会副主任邬裕江介绍高新区创业梦想街区发展情况。大会吸引包括国内太阳能领军企业中节能太阳能公司董事长曹华斌、国家科技发明一等奖获得者晶能光电总经理王敏等在内的100余位企业人士、互联网企业"大咖"、名人、专家学者以及200余个青年创业者参加。

【汽车穿梭西式餐厅开业】 2016年2月3日,肯德基汽车穿梭餐厅在南昌高新区开业。这是江西省首家汽车穿梭西式餐厅,让市民在新的模式下,享受购餐的便捷。餐厅提供汽车购餐模式,市民只需先按秩序将车驶入购餐车道,停在购餐车道的购餐感应点,然后将所需购买的食物品种通过语音方式告知服务人员,最后把车开往取餐窗口,将购餐的费用交付并取餐。这种新颖模式方便市民购餐。

【2016江西(瑶湖)荷兰郁金香主题花卉展开展】 2016年3月3日,以"花为媒·春之歌"为主题的2016江西(瑶湖)荷兰郁金香主题花卉展正式拉开序幕。这是江西省史上规模最大郁金香花展。此次郁金香花展由江西省花卉协会主办,南昌瑶湖郊野森林公园、南昌爱尚园艺有限公司承办。在活动现场,种植100万余株从荷兰原装进口的郁金香,搭配300余万株风信子、洋水仙、虞美人、二月兰等其他花卉,形成荷兰风情、风车王国、香庭花径等悦目景区。同时,展区还设置文艺表演主题活动区、儿童游乐区、商业餐饮区、花卉交易区等功能区域。花展期间,组委会在园区内组织开展"花仙子"形象代言人评选、"花开遇见你"联谊活动、"花为媒"音乐节、微摄影大赛等系列活动。郁金香花展持续到4月10日结束。

【江西比太科技首台RIE干法制绒设备下线】 2016年3月17日,江西比太科技首台用于多晶硅电池的干法制绒设备Tysol3000正式完成生产调试,出货到中国一线电池制造厂家。此举标志着南昌市掌握高端太阳能电池装备制造能力。RIE干法制绒是新一代高效太阳能电池制造技术,它能在多晶硅表面形成纳米级"倒金字塔"绒面,经过干法制绒的多晶硅比常规湿法制绒光电转换效率提升0.6%以上。该设备属国内首创,并超越之前的世界先进水平。江西比太科技坐落在高新区欧洲工业园,由常州比太科技有限公司全资投资设立,专业从事制造真空镀膜、真空刻蚀等装备,首期投资达产后每年能生产100台装备。

【南昌高新区获批国家科技服务业区域试点】 2016年3月,科技部公布国家第二批科技服务业区域试点单位名单,南昌高新区榜上有名,实现江西省科技服务业区域试点单位零的突破。科技服务业区域试点是科技部深入贯彻《国务院关于加快科技服务业发展的若干意见》精神实施的一项创新工程。鼓励试点区域围绕大众创业、万众创新,建设科技服务业集聚区,搭建科技服务平台,打造创新创业科技服务生态系统,带动区域创新能力大幅提高,助推产业规模进一步壮大。

【恒邦保险落户高新区】 2016年4月15日,南昌高新区与恒邦财产保险股份公司江西分公司战略合作协议签订仪式在高新大厦举行。恒邦保险是总部设在江西的首家全国性金融法人保险机构,填补了江西在全国性法人保险机构的空白。

【江西省首批百千克级蓝宝石晶体正式亮相】 2016年4月19日,江西东海蓝玉光电科技有限公司在高新区举行首批蓝宝石晶体发布仪式。这是江西省首批百千克级蓝宝石晶体正式亮相。蓝宝石晶体是制作LED灯的关键材料。该公司自主研发的120千克蓝宝石晶体问世,突破以往晶体生长品质不稳定、规格不大等众多难题,标志着江西蓝宝石晶体具备规模化量产条件。

【新日光太阳能晶硅电池项目厂房封顶】 2016年4月26日，新日光能源科技股份有限公司太阳能晶硅电池生产项目厂房封顶。高新区管委会主任黄俊，区工委委员、管委会副主任饶绍清与新日光能源科技股份有限公司首席执行官洪传献、公司副总经理陈伟铭共同见证上梁封顶，对企业项目顺利实施表示祝贺。该项目的顺利实施，预示着南昌高新区的光伏产业将添新引擎，助力光伏产业快速发展。台湾新日光能源科技股份公司是全球硅晶太阳能电池领导品牌和全球最大专业电池制造商，致力于研发、制造高转换效率之硅晶电池模组，在两岸同时拥有太阳能电池及模组布局。待项目全线达产后，预计实现年产太阳能电池2000兆瓦，产值约6亿美元。

【付羿博士入选第十二批国家“千人计划”】 2016年，高新区晶能光电(江西)有限公司外延中心副总裁、“洪城特聘专家”付羿成功入选第十二批国家“千人计划”，成为继杨旸、赵汉民之后，高新区第三位自主培养的“千人计划”专家，是南昌市唯一入选者。付羿博士具有2项外国专利，发表30余篇论文报告。其作为大尺寸外延技术负责人，使得大尺寸硅衬底路线在生产上完全成熟，为未来的LED制造兼容硅半导体工艺，朝向超大规模，自动化和低成本制造模式进化打下坚实基础。

【“航天科创中心——哈工大管理学院江西研究院”落户高新区】 2016年6月5日，由航天科工江西科技创新服务中心和哈尔滨工业大学管理学院联合共建的“航天科创中心——哈工大管理学院江西研究院”揭牌仪式在南昌人才大厦举行，标志着项目正式落户高新区。该研究院将为南昌市乃至江西省提供区域经济规划、地方政策研究、政府企业规划咨询、企业工业4.0规划发展、制造业发展前沿技术应用和研究、中小企业双创训练营等一系列全要素的科技服务。

【入选江西省首批“创客之家”】 2016年，经自愿申报、科协推荐、资料审查、组织专家评审和实地抽查，高新区航天科工江西科技创新服务中心、江西菜鸟众创空间入选省科协认定的江西省首批“创客之家”。为进一步营造“大众创业、万众创新”良好氛围，积极引导和鼓励广大科技工作者创新创业，省科协开展江西省首批“创客之家”申报工作。评审专家依据《江西省“创客之家”认定管理办法》对各申报材料进行认真核实，通过比照各“创客之家”的平台模式、运营机制、管理团队、导师结构水平、特点特色、实际成效及辐射带动作用等各方面情况，最终确定首批“创客之家”入围名单。

2016年8月11日，中海科技产业园项目落户南昌高新区签约仪式举行

【中海科技产业园落户高新区】 2016年8月11日，中海重工集团中海科技产业园落户高新区签约仪式在高新大厦举行。高新区党工委书记邱向军，中海重工集团董事局主席李明、总裁张士宏出席。中海科技产业园项目由中海重工集团投资10亿元建设，计划将集团汽车电子设备、智能停车设备制造、机器人、研究院及院士工作站、游艇制造、半导体等六大业务板块逐步落户进来，未来把高新区打造成为中海集团战略性新兴产业制造基地、科研创新基地、区域总部基地。首期入住项目为深圳善领汽车电子科技有限公司汽车电子设备生产基地和山东瑞通停车设备有限公司南方智能停车生产基地，同时中海重工集团计划在高新区中海科技产业园设立全国第一家智慧停车研究院，并将船舶研究院及院士工作站迁驻该园。

【华夏九州通用航空有限公司正式落户】 2016年8月16日，华夏九州通用航空有限公司正式落户在瑶湖郊野森林公园，并顺利实现首航。该公司由中航工业昌飞与江西凯文科技有限公司、江西军工思波通用航空服务有限公司3家共同出资组建，注册资金4亿元，规划总投资100亿元，由通航总部、通航运营基地和通航服务中心三部分组成。

【瑶湖机场开工建设】 2016年11月24日，瑶湖机场建设项目开工仪式在南昌航空工业城南区举行。中航工业集团副总经理李本正宣布项目开工。中国商飞公司总会计师田民，省国防科工办主任杨贵平，副市长杨文斌，省、市直属相关单位等领导出席。中航工业洪都党委书记、董事长宋承志主持开工仪式。瑶湖机场建设项目是南昌航空工业城建设核心工程，是实现洪都公司生产和试飞区整体搬迁关键。瑶湖机场建设项目参照军用3级永备机场建设，占地约266.67公顷，总建筑面积约6万平方米，总投资约16.5亿元，预计2017年底完工，机场将达到国际机场标准。新建1条长3600米、宽60米的跑道；一条与跑道等长、道面宽23米的平行滑行道，5条垂直联络道；100个停机坪、9个起飞线停机坪机位；建设通导、助航灯光、供电、给排水、通风供暖、消防等工程，以及业务用房等相关配套设施。

【第三届新药研发协同合作前沿论坛开幕】 2016年11月11日，在省科技厅和市政府支持下，由尚华医药集团、南昌大学、高新区管委会联合主办的第三届新药研发协同合作前沿论坛举行。来自国内外生物医药界、有关政府部门、科研院所、金融投资、知名企业人士等100余人参加。省政协副主席李华栋、市政协副主席李广振等在论坛上致辞，并为尚华医药科技(江西)有限公司揭牌。本次论坛主题是生物医药创新、投资和跨界发展，旨在进一步促进南昌乃至江西新药研发。

【全国火炬统计工作会在南昌召开】 2016年11月11日,由科技部火炬中心主办,高新区承办的2016年度全国火炬统计工作会在南昌开幕。科技部火炬中心党委书记翟立新出席并讲话。省科技厅副厅长赵金城、副市长樊三宝出席并致欢迎词。

【南昌光谷面向全球招募合伙人】 2016年12月2日,南昌光谷集团联合相关协会与政府正式对外发布全球LED事业合伙人计划,面向全球招募合伙人,目的是吸引优秀的企业和人才来南昌投资落户,将硅衬底LED的上游技术优势,延伸至产值较高的中下游产品。全球合伙人计划采取以硅衬底LED技术合作换产业发展模式,通过建设技术、资本、产业园、柔性制造线四大平台,围绕硅衬底LED产业链,以事业合伙人形式吸引全球一流企业和团队参与南昌硅衬底LED产业建设,加快打造规模化硅衬底LED产业链,培育新型高端光电产业集群,在南昌形成硅衬底LED生态圈。

【中国振华集团智能终端设备生产基地落户高新区】 2016年12月21日,中国振华集团智能终端设备生产基地落户高新区签约仪式举行。这是高新区电子信息产业发展又一丰硕成果。该项目的落户将填补南昌智能终端产品(含手机、平板整机套料)制造方面空白,具备完整的供应链和整机制造交付能力,极大丰富和完善南昌手机产业链,非常契合南昌重点打造智能终端配套需求。

【开展降成本、优环境、促发展专项行动】 2016年,高新区深入贯彻落实省、市政府关于开展降低企业成本优化发展环境专项行动决策部署,组织开展降低企业成本优化发展环境专项行动。编制300余家企业帮扶名单,明确挂点帮扶领导和责任部门,深入企业走访为企业解决实际困难,在全市率先做到每个产业出台精准招商和扶持政策,做到产业联盟全覆盖、政策宣传全覆盖、挂点帮扶全覆盖、扶持政策全覆盖,为园区企业做大做强打造全方位政策服务体系。设立企业奖励扶持资金6.5亿元。收集企业各类问题和建议385个,解决328个。对企业反映的各类问题,按照"谁负责,谁落实"原则,及时建立台账,实行销号管理制度。累计为区内企业降低税负约7.9亿元,兑现省、市、区三级补助资金5.15亿元,为区内157家小微企业发放贷款约7.8亿元,兑现新三板奖励资金1500万元。

【打造南昌(国家)大学科技城】 2016年,为贯彻落实省、市打造南昌(国家)大学科技城战略部署,高新区举全区之力推进占地约3.5平方千米的南昌(国家)大学科技城建设。南昌(国家)大学科技城一期在起步区主楼11—20层,签约入驻有澳洲大学科技园、韩国全州大学、加拿大哈里法克斯学院、浙江大学、中科院3D金属研究所、北京师范大学、南昌大学、江西师范大学、华东交通大学、江西农业大学、江西中医药大学、东华理工大学、南昌工程学院等近20所国内外高校院所科研机构。南昌(国家)大学科技城初具规模。此外,与美国伯克利实验室、上海交通大学、哈尔滨工业大学、厦门大学等国内外40余所著名高校科研机构达成入驻意向。

【南昌综合保税区申报成功】 2016年2月9日,国务院下发《关于南昌出口加工区整合优化为综合保税区的批复》。经过全市上下三年多努力,南昌综合保税区申报工作取得圆满成功。根据国务院批复,南昌综合保税区总规划面积为2平方千米,一片区位于南昌出口加工区A区,规划面积0.31平方千米,二片区位于临空经济区直管区内,规划面积1.69平方千米。

【建设全省首个网上诉讼服务中心】 2016年,高新区法院推出全省首个网上诉讼服务中心和移动终端APP版,全面公开法院信息、诉讼引导、立案服务、司法公开、咨询服务、投诉建议6大类共33项司法信息,并针对辖区多发的婚姻家庭、交通肇事、劳动争议三类纠纷开通民生诉讼通道。网上诉讼服务中心30天浏览量7103人次,访客数1349人,IP数1256,平均访问时长6分37秒。其中民生诉讼通道点击率最高。该平台的建立,为江西法院审判综合服务平台的建设提供现实蓝本,应用效果得到最高法院有关领导和同行专家充分肯定。

(汪　南)

2016年国家部委、省市领导等到高新区考察情况一览表

时间	内　容
1月6日	省全国人大代表视察组以视察南昌"十二五"规划实施情况为主题,先后视察高新区规划展示馆、南昌欧菲生物识别技术有限公司、南昌航空城、瑶湖郊野森林公园、南昌人才大厦
1月8日	国务委员、公安部部长郭声琨一行到高新区调研,先后考察南昌航空城、晶能光电、高新区规划展示馆
1月21日	省委常委、市委书记龚建华到高新区昌东镇,走访慰问困难群众。市委常委、秘书长江晓斌一同走访
1月22日	人民银行南昌中心支行行长王信率人民银行南昌中心支行考察团到高新区,考察光电产业和南昌航空城发展情况以及未来规划情况
2月14日	省政协主席黄跃金一行到高新区,走访慰问双胞胎(集团)股份有限公司,并协调解决企业发展中遇到的问题
2月18日	省出入境检验检疫局局长温珍才一行到高新区调研
2月22日	省委常委、市委书记龚建华一行到高新区察看南昌(国家)大学科技城建设情况
3月11日	副省长李贻煌到高新区调研,先后考察高新区规划展示馆、江西中科九峰移动医疗科技有限公司、江西东海蓝玉光电科技有限公司
3月23日	中国进出口银行党委书记、董事长胡晓炼在高新区考察光电产业发展情况

续表

时间	内　容
3月29日	省委副书记刘奇到高新区调研,先后考察洪都航空工业城、晶能光电、欧菲光等企业
4月6日	省委书记强卫一行到高新区调研生物医药产业发展情况
4月8日	九江市委书记杨伟东、市长林彬杨率九江党政代表团到高新区考察
4月12日	湖南省政协副主席赖明勇带队到高新区调研供给侧结构性改革
4月12日	市委常委、常务副市长刘建洋率相关部门负责人到高新区,察看南昌国家大学科技城、南昌航空城等项目进展情况,并主持召开现场协调会
4月12日	俄罗斯彼尔姆州政府代表团在州长巴萨尔金·维克多·费多罗维奇带领下到高新区参观考察
4月15日	省委党校第95期市厅班学员一行到高新区参观学习
4月18日	市委常委华清到高新区了解经济发展和生态建设情况
4月19日	市政协副主席李广振率市重大课题调研组一行到高新区调研科技创新与产业升级发展
4月25日	国务委员王勇一行到高新区调研,了解国有企业提质增效和深化改革情况,听取意见建议。国务院副秘书长孟扬、国务院国资委副主任张喜武随同调研
5月11日	上海市政协副主席周汉民一行到高新区考察
5月16日	省委常委、市委书记龚建华到高新区专题调研产城融合工作
5月17日	省民政厅厅长刘金接视察高新区麻丘镇敬老院
5月21日	省工信委党组书记、主任胡世忠在高新区管委会一楼报告厅作"降低企业成本优化发展环境"政策宣讲报告会
5月24日	全国人大环资委副主任黄小晶一行到高新区调研
5月24日	市委常委、统战部部长乐文红到高新区调研统战工作
5月27日	省委常委、市委书记龚建华率队到高新区宣讲降低企业成本优化发展环境政策,并走访挂点光伏企业
5月28日	国家发改委副秘书长、投资司司长许昆林率国务院促进民间投资专项督查组到高新区,就促进民间投资政策落实和有关工作情况开展专项督查
6月7日	省长鹿心社到高新区专题调研降低企业成本优化发展环境工作
6月13日	省委常委、政法委书记周萌到高新区调研指导社会治安防控体系建设工作
6月14日	省委常委、市委书记龚建华率全市招商引资"小三看"考察组到高新区,先后考察新日光太阳能晶硅电池生产项目、联思触控技术项目、艾溪湖湿地公园及产城融合总部经济带
6月16日	中央综治委副主任、中央政法委副秘书长、中央综治办主任陈训秋带队到高新区调研智慧安防产业
6月21日	国家发改委副主任兼国家统计局局长宁吉喆率调研组到高新区调研
6月28日	省委常委、市委书记龚建华到高新区走访慰问困难党员、老党员和先进模范党员
6月30日	在湘全国人大代表一行到高新区考察
7月2日	国家发改委主任徐绍史先后到南昌高新区联创电子、南昌(国家)大学科技城等地调研
7月4日	副市长、市公安局局长涂建生到高新区调研环保工作
7月4日	省委常委、市委书记龚建华到高新区挂点帮扶企业走访调研
7月6日	省委副秘书长徐彦斌、省政府副秘书长陈石俊到高新区晶能光电有限公司视察
7月6日	市人大常委会副主任魏国华带队到高新区视察食品加工工作

续表

时间	内　容
7月9日	惠州市委书记、市人大常委会主任陈奕威率惠州市党政代表团到高新区调研。市委常委、常务副市长刘建洋陪同考察
7月12日	市检察院检察长刘炽走访高新区调研挂点帮扶企业,就降低企业成本、优化发展环境专项行动上门听取企业意见和建议
7月12日	军委国防动员部全国人大代表调研组到高新区泰豪集团参观考察
7月22日	萍乡市党政代表团到高新区考察。萍乡市委书记李小豹、市长李江河、市人大常委会主任周敏、市政协主席彭艳萍等萍乡市四套班子领导参加考察。市委副书记、市长郭安陪同考察
7月28日	市委常委、副市长肖玉文,市政协副主席李广振到高新区南昌(国家)大学科技城调研工作
7月30日	中央单位挂职干部第一片区学习交流代表团到高新区考察
7月31日	省委常委、市委书记龚建华到高新区视察河湖环保治理情况
8月3日	省政协副主席汤建人率省政协调研组,就"南昌光谷"建设情况进行专题调研
8月3日	副省长谢茹到高新区调研科技研发平台、"双创"载体建设工作
8月10日	清华大学资深教授、新闻与传播学院学术委员会主任、国家文化产业研究中心主任熊澄宇率专家调研组到高新区,就南昌市高新技术产业发展现状进行调研
8月15日	景德镇市长梅亦带队到高新区调研
8月16日	省委常委、市委书记龚建华到高新区专题调研南昌市人才工作
8月19日	国家科技部火炬中心党委书记翟立新到高新区调研"双创"和生态建设情况
8月23日	中共中央政治局常委、国务院总理李克强到高新区视察
8月26日	科技部高新司副司长曹国英一行到高新区调研"南昌光谷"建设情况
8月29日	省委常委、市委书记龚建华到高新区,专题调研南昌(国家)大学科技城建设推进情况
10月13日	最高人民检察院党组书记、检察长曹建明到晶能光电(江西)有限公司、南昌航空城视察
10月14日	副省长李贻煌到高新区调研生物医药产业发展情况
10月14日	省政协港澳委员、海外特邀代表返赣视察团到高新区视察产业发展情况
10月15日	海南省副省长李国梁率参加泛珠三角论坛的海南省代表团考察南昌航空城
10月18日	副市长凌卫到高新区调研经济社会发展情况
10月27日	市委常委、常务副市长肖玉文到高新区调研"南昌光谷"建设情况
11月16日	市委常委、秘书长郭毅率相关部门负责人到高新区调研"双创"基地发展情况
11月22日	省委常委、副省长、市委书记殷美根到高新区调研
11月29日	原北京军区副司令员郑传福一行到高新区考察
12月8日	市委副书记谢一平到高新区调研高新区经济社会发展情况

南昌经济技术开发区

【概况】 南昌经济技术开发区(以下简称经开区)创建于1992年,2000年被国务院批准成为江西省第一家国家级经济技术开发区,辖区面积229平方千米,下辖一个桑海产业园,一镇(蛟桥镇)三处(白水湖、冠山、新祺周管理处),有29个村民委员会,17个(社区)居民委员会,人口约40万人,现有企业4189家。经过20多年的开拓进取,经开区已初步形成电子信息及光电、新能源汽车及汽车零部件、医药食品等三大产业为主导,家用电器、新材料等若干产业为补充的"3+X"产业发展模式,是一个集工业生产、高等院校、生态居住为一体的“新型工业区、创新创业城”。2016年8月3日，南昌经开区被评定为2016年省级知识产权示范园区，是南昌市唯一入选的示范园区。

【经济运行指标完成概况】 2016年，全区实现园区总收入1839.75亿元，同比增长12.1%；实现地区生产总值357.96亿元，增长9.7%；实现工业主营业务收入1108.68亿元，增长9.1%，其中完成规模以上工业增加值292.47亿元，增长9.7%；完成财政总收入53.58亿元，增长5.9%（同口径）；实现地方一般公共预算收入16.84亿元，增长10.6%（同口径）；完成固定资产投资638.96亿元，增长16.9%；社会消费品零售总额120.6亿元，增长15.4%；实际利用外资5.64亿美元，增长10.04%；实际利用内资228.05亿元，增长13.7%；实现出口总额4.53亿美元，下降56.23%。

【招商引资概况】 2016年，经开区始终把招商引资作为“一号工程”，谋求产业招商大突破，承接产业转移大突破、高大新项目落地大突破。找准产业方向，根据南昌市“十三五”规划，通过召开专家论证会、调研会、研讨会，完成全区“十三五”规划，确定未来五年发展方向，明确“3+X”产业集群发展定位（“3”即以欧菲光、智慧海派为核心的电子信息及光电产业集群，以江铃新能源、百路佳、格特拉克为代表的新能源汽车及汽车零部件产业集群，以桑海制药、立健药业、诚志股份、顶津为代表的生物医药食品产业集群；“X”即以硬质合金、晨鸣纸业、江钨为代表的新材料产业集群，以南昌海立、奥克斯空调、安昱达等为代表的家电产业集群）。强化产业招商，着力攻坚产业项目招商和补链、强链、延链招商，加快产业集聚，招商引资工作成效明显。至年底（包含南昌临空区），全区新签约项目100个，签约项目总投资额709.1亿元，主要有投资24亿元无线电充电项目总部及产业化基地项目、投资120亿元绿色生物合成生态产业园项目、投资1.54亿美元美国伊顿电器开关项目等。新注册项目83个，主要有投资60亿元高像素手机摄像镜头研发生产基地项目、投资24亿元无线充电项目总部及产业化基地项目、投资22亿元肿瘤精准化诊疗项目、投资20亿元海航通用机场项目、投资10.6亿元上海明匠工业4.0智能制造研发和服务基地项目、投资10亿元年产300艘游艇项目、投资10亿元云嘉汽车应用新材料和汽车泵项目、投资10亿元年产2300万件AT和MT电机生产项目、投资17亿元南昌与德通讯智能科技园项目等。快推产业项目，坚持在建项目抓进度，前期项目抓开工，建成项目抓投产。至年底（包含临空区），投产项目5个，分别是欧菲光项目、海派手机项目、鸿利光电等项目；竣工项目6个，分别是江铃新能源汽车生产基地项目、西林科生产基地项目、南昌辉门汽车零配件扩建项目、腾讯众创空间、芯地LED驱动集成电路产业化基地、意大利裸眼3D显示项目；新开工项目18个，分别是欧菲光二号园、昱博科技园、铃格汽车项目、丰树物流项目、深国际物流项目、年产4000吨镍钴产品和1000吨晶体硅太阳能电池用浆料项目、科瑞普光电、嘉捷无线充电、平安微创肿瘤精准诊疗等项目。

【项目建设创新发展概况】 2016年，经开区强化绩效管理，将项目推进纳入季度及年度绩效考核内容，同时从体制机制入手，通过流程再造，建立“零障碍”项目推进机制，着力解决项目“落地难、建设慢”问题。创新机制体制，按照“高位推动、分类推进、专人服务、统筹协调、强化责任”原则，建立“一六一”工作机制：一个领导机构即成立区重大重点项目推进工作领导小组，综合协调项目推进；建立六大机制保障即围绕一套表、一张图、一位挂点领导、一名服务专员、一盏灯（建立亮灯机制）、一个考核来加快项目推进；成立一个专门服务机构即区重大重点项目办具体跟踪落实项目协调推进。创新政策支持，制定出台《南昌经济技术开发区小微企业创业创新基地城市示范专项资金管理办法（试行）》《南昌经济技术开发区关于鼓励支持企业自主创新的若干政策（2014年修订）》和《南昌经开区关于加快总部经济发展的若干政策试行》等一系列文件和政策。全年区级兑现扶持区内企业产业发展资金2.08亿元，发放“财园信贷通”贷款8.04亿元。创新企业服务，坚持把服务企业作为第一要务，全面贯彻落实省委、省政府降成本优环境“80条”和市委、市政府降成本优环境“120条”，全力擦亮经开区管家式服务、企情收处中心、企业大走访三张企业服务名片。全年收集处理企业反映问题和建议1377件，涉及29个区属部门。5月以来，全区结合“企业大走访”活动开展“降成本优环境”专项行动，13个挂点帮扶小组收集企业反映问题266条，解决262条，分级分类正在处理4条，确保件件有回复，事事有回音。7月25日，经开区项目推进工作专报得到市委、市政府主要领导批示，给予充分肯定。7月28日，《南昌日报》头版刊登《变“企业跑腿”为“政府跑腿”》报道南昌经开区创新工作方法促项目推进见成效文章。

【儒乐湖新城建设概况】 2016年，经开区在“市主导、区主体”机制下，按照“规划引领、征迁突破、建设加快、招商同步”思路，28平方千米的儒乐湖新城高端起步。高点抓规划，坚持世界级眼光和国家级标准，采取国际邀标方式，邀请美国SOM、美国SWA、上海同济等国际国内一流规划设计团队，高起点编制完成儒乐湖新城概念规划和儒乐湖滨江公园、南昌光谷产业园、新能源汽车产业城等重大规划。高效抓征迁，按照发展工程、民生工程、强基工程方向，坚持依法征迁、阳光征迁、和谐征迁原则，圆满完成近50万平方米（含附属建筑、违章建筑面积）房屋征迁，创下规模大、速度快、效果好的新佳绩。高标抓建设，采取“项目化、时间表、责任人”模式，快速推进总投资近20亿元的13个在建工程，多数可在年底前基本完工。探索采取EPC模式，完成总投资52亿元3个项目包的招投标，中国电建、中国建筑、上海城建等3家大型央企中标，开启“中央军、大兵团”的“作战”新模式，3个项目包已开工建设，同时抓紧组织综合管廊及学校、医院等公共配套2个项目包的EPC招投标。高速抓招商，以儒乐湖新城为落户平台，客商考察络绎不绝，投资洽谈应接不暇。在引进产业项目上，签约项目8个、总投资150余亿元，洽谈项目12个、总投资170余亿元，另有一批总部经济、文化旅游、特色小镇等重大项目加快推进。

【城市建管概况】 2016年，经开区紧紧围绕《南昌经济技术开发区城市建管“一年见形象、三年大变样”2016年行动方案》要求，狠抓城市建设与管理的突出问题，力争园区品位提质升级。围绕城市建管行动方案要求，有效提升环境卫生质量。通过开展道路遗撒整治、限货限载行动，强化执法队伍，切实保障道路干净整洁、畅通有序。进一步加大公交线网覆盖，发展微公交线路，打造经开示范路段，试行路段长管理模式，提升园区道路品牌。采取打基础、强监管、优服务、促提升的举措，规范环境行为，推动园区绿色循环发展。实行“纵向到边、横向到底”的城管网格化管理，构建主体明确、任务清晰、管理到位的新型城市基层管理单元，城市环境有效改善。全区纳入网格化管理的社区、城中村二级网格32个、单元网格115个。基础设施加快推进，全年市政道路建设项目21个，其中皇姑北路、万年青路、港口大道配套工程、黄家湖西路提升改造等12个项目完工，累计完成投资约5.1亿元。完成市政综合管线铺设10千米，其中总投资约7500万元的永盘Ⅰ、Ⅱ线迁改工程，用时3个月全面完成，较计划提前2个月，创造高等级供电线路迁改经开速度。在中心区主干道路和儒乐湖新城建设项目招标中，采用EPC模式招标，取得较好效果。房屋建筑项目13个，联博科技园、港口花园、空港花园一期、五联花园、昱博科技园二期等5个项目完工，即将交付使用面积71万平方米，累计完成投资约20亿元。征迁收储双管齐下，全区完成房屋征迁52.37万平方米，占全年任务101.4%，有力保障皇姑南路、金牛棚改、儒乐湖新城等市区重大重点项目建设。完成土地收储72.93公顷，超额完成31.13公顷，完成率174.5%。协调市水投、农发行将昌西大道以东、青岚大道以南约16.67公顷以及华东交大以北、皇姑路以东约16.67公顷两宗用地进行解除抵押，为下一步作为经营性用地出让做好准备。

2016年10月24日，百路佳批量出口美国高端客车发运仪式举行

【民生工程概况】 2016年，经开区社会民生大幅改善。社会事业协调并进，以省教育督导检查为契机，持续高效地推进校园建设、装备添置、环境布置、迎检宣传、群众满意度等工作，确保12月初通过国家义务教育发展基本均衡县（市、区）评估认定。推进经开医院（蛟桥医院）搬迁工程，完成七二0厂新宇社区卫生服务站的设立，全区医疗机构监督做到全覆盖，流动人口基本公共卫生计生服务均等化覆盖率100%。社会民生统筹发展，全区新增转移农村劳动力2029人，其中省内新增转移农村劳动力1792人，安置“4050”人员就业359人，创业培训3296人，省内工业园区定向培训4820人，发放创业担保5776万元贷款。新增低保对象156户326人，退出低保对象103户244人，累计发放城市低保资金430.77万元，基本做到动态管理下城乡低保“应保尽保”。完成养老保险参保31202人，城乡居民医疗保险参保71366人。信访维稳常抓不懈，遵照“属地管理、街巷定界、无缝覆盖”原则，按照“一员一格”管理模式，全区划分297个网格实行长效管理，确保综治工作网格化信息全面性和准确性。全面打造互联共享共用、安全可靠的综治信息化综合平台，实行综治工作网上运行。在确保完成市“天网”办下达任务的基础上，新增200个“天网”探头，全区共建“天网”探头约1300个。开展平安小区建设和帮创工作，建立帮创长效机制，重点在人防、技防、物防等“三防”建设上做出亮点、做出特色。

【政治建设概况】 2016年，经开区以开展“两学一做”学习教育为抓手，进一步加强党的建设，构建真抓实干、廉洁高效政务环境。扎实开展“两学一做”，运用党建微信群、QQ群、移动APP等“智能式”教育，组织开展演讲比赛、文艺汇演、教育培训班等，丰富教育活动内涵。以党支部为基本单位，以组织生活为基本形式，以落实党员日常教育管理制度为基本依托，推进教育活动长效化。以问题为导向，积极开展党员组织关系排查、党费收缴情况、党组织换届情况等专项整治，在解决问题中深化学习，检验教育活动实效。扎实推进“三大工程”，全区共选派14名二级主办到村（社区）任第一书记、76名机关干部到村（社区）任“双助理”，覆盖全区29个村、17个社区。选派43名机关党员干部担任234家非公企业联合党支部书记，选派45名机关一、二级主办挂点联系45家非公规模以上企业党组织，选聘25名企业党员干部担任党建专员，做到党的组织和党的工作全区中小型以上企业“全覆盖”。严格落实“两个责任”，区党工委把党风廉政建设和反腐败工作纳入重要议事日程，按区工委管委会、区直单位、各镇处、村级党组织四个层面，逐级签订党风廉政建设责任状，逐级分解下达目标责任。通过开展“把纪律挺在前面”先行先试工作，改进监督方式和流程，强化倒逼业务部门履行好监督主体责任。全年开展纪律审查谈话103人次，下发监察建议书6次，对涉及有关信访问题的8名科级干部进行函询调查，查处党员干部违纪违法案件19起、报结18起、给予党纪政纪处分25人，其中科级以上干部1人，对违纪违法行为形成有力震慑。

【百路佳公司新能源汽车入选国家推荐目录】 2016年1月28日，在国家工信部发布的《新能源汽车推广应用推荐车型目录》中，南昌经开区百路佳客车公司有10款车型榜上有名。同时，百路佳公司成为江西省唯一一家进入国家工信部2016年首批新能源汽车推荐目录的新能源汽车公司，将推动南昌市及经开区新能源汽车产业发展再上一个台阶。

【北大科技园晋升国家级科技企业孵化器】 2016年2月14日，江西北大科技园科技企业孵化器经江西省级科技厅评审推荐，科技部火炬中心组织专家审核后，确定为国家级科技企业孵化器。至此，南昌经开区国家级科技企业孵化器共有3家，其中另外2家分别是江西启迪科技企业孵化器（清华科技园）、江西桑海生物高科孵化器。

【中意产业园项目落户南昌经开区】 2016年5月20日，南昌经开区举行中意产业园战略合作协议签约仪式，中意产业园项目落户儒乐湖产业新城。该项目主要以中意企业对接合作为主，引入意大利企业、技术、资金、管理和人才，架起中意企业合作桥梁，作为中意企业合作基地。由意大利 Realvision 公司投资的3D裸眼显示项目已经确定落户中意产业园，将重点生产裸眼2D、3D显示模组，主要用于医疗设备上，还可用于手机、平板电脑等。

【南昌经开区入选2016年园区循环化改造重点支持园区】 2016年6月8日，国家发改委、财政部联合印发《关于同意冀州经济开发区等18个园区循环化改造实施方案的通知》。南昌经开区经过精心准备、积极争取，从全国参选园区中脱颖而出，成为2016年园区循环化改造重点支持园区之一。

【腾讯众创空间（南昌）开园】 2016年7月12日，江西省规模最大的众创空间——腾讯众创空间（南昌）开园。该园位于经开区枫林西大街917号世纪新宸中心，建筑面积1.1万平方米，由江西省、南昌市、经开区三级政府联合腾讯、共青团江西省委合作共建，政府提供优惠政策，腾讯线上线下一体化资源注入，团省委利用组织优势推介优秀创业团队，“三位一体”打造全要素众创空间。未来三年，腾讯众创空间（南昌）将建成以互联网新兴产业为核心的产业集群，预计累计孵化企业200家，吸纳创业人数3000余人。拟培育一批在省内，乃至国内的“互联网+”知名企业和特色龙头企业。力争将腾讯众创空间（南昌）打造成省内起点最高、服务功能最全、产业集聚效果最好的互联网+创新创业基地，成为腾讯全国众创空间的特色标杆性众创孵化平台。

【猪八戒网江西园区正式开园】 2016年12月20日，位于南昌经开区的猪八戒网江西园区正式开园，为南昌经开区再添“双创”平台。作为一个连接供需双方、匹配服务资源、共享平台数据的O2O文创综合体，该园区致力打造线上“南昌云端服务平台”，成为“互联网+”创新创业示范基地，是猪八戒网与江西省、南昌市深度战略合作项目。

2016年国家部委、省市领导考察南昌经开区一览表

时间	内　容
1月12日	市人大常委会副主任、市总工会主席李国根一行到经开区走访调研
1月13日	商务部部长助理刘海泉率商务部检查组一行到经开区昌北油库检查
1月21日	市委副书记、市长郭安到经开区督查2015年度党风廉政建设“两个责任”落实情况
2月4日	副省长刘昌林一行到经开区昌北油库进行安全生产检查
3月8日	省苏区办副主任谢宝河一行到经开区实地考察调研企业
3月11日	省委常委、市委书记龚建华一行到经开区调研“三区整合”工作并进行座谈
3月16日	市人大常委会主任蔡社宝和副主任李国根、戴晓明一行到经开区调研
3月24日	江西省总工会党组成员、副主席林玉华一行到经开区走访调研
3月28日	商务部政研室主任沈丹阳一行到经开区调研
4月5日	副市长姚燕平一行到经开区考察南昌十中经开分校改造建设情况
4月6日	省委常委、市委书记龚建华到经开区调研
4月14日	市政协主席周关一行到经开区调研
4月20日	市委常委华清一行到经开区调研
4月20日	市政协副主席、九三学社南昌市委会主委李广振一行到经开区调研
4月22日	常务副省长毛伟民一行到经开区调研
4月25日	市政协副主席辛利杰一行到经开区调研
4月26日	市委常委、政法委书记刘家富一行到经开区调研政法综治工作
4月26日	国务委员王勇一行到经开区国有企业调研，了解企业提质增效和深化改革情况
4月27日	国家知识产权局副局长何志敏一行到经开区调研
4月28日	省统计局党组成员、副局长曹青云率全省统计系统调研组一行到经开区调研
5月9日	省科技厅党组书记郭学勤一行到经开区调研
5月10日	市人大常委会副主任、市总工会主席李国根一行到经开区调研
5月12日	省人大常委会预算工委副主任梁力一行到经开区企业调研基本养老保险基金运行管理情况
5月20日	中科院“璀璨行动”专家一行到经开区调研

续表

时间	内　容
5月30日	省委副书记刘奇一行到经开区企业走访调研并召开“降低企业成本、优化发展环境”专项行动政策宣讲大会
6月4日	山东省荷泽市委书记、市人大常委会主任孙爱军率市党政代表团到经开区考察
6月22日	省委常委、省纪委书记周泽民到经开区调研
6月22日	省卫生计生委副主任李晓琼一行到经开区调研计生工作
6月23日	省教育督导评估检查组一行到经开区督导检查
6月29日	省公安厅党委委员、副市长、市公安局局长涂建生到经开区走访企业
7月4日	省委常委、市委书记龚建华到经开区挂点帮扶企业走访调研
7月15日	市人大产业发展项目调研组戴晓明一行到经开区调研
8月5日	国开行江西分行行长吴守华一行到经开区考察调研
8月8日	省委巡视办主任彭光华一行到经开区调研
9月14日	商务部副部长钱克明一行到经开区调研
12月6日	省政协主席黄跃金及全国政协委员一行到经开区调研
12月15日	市委副书记谢一平一行到经开区调研
12月19日	省人大财经委副主任伍再谦一行到经开区调研
12月22日	省委常委、副省长、市委书记、赣江新区党工委书记殷美根一行到经开区调研

（万志平）

南昌小蓝经济技术开发区

【概况】　2016年，南昌小蓝经济技术开发区着力于发展理念、运行模式、管理方式“三个转型”，着力于由速度为先向质效并重、政府主导向市场主导、同质化发展向差异化发展“三个转变”，以集群发展为导向，以转型升级为重点，以创新创业为抓手，以惠企行动为契机，强力推进各项重点工作。完成工业总产值1140.32亿元，同比增长13.47%；完成主营业务收入1047.43亿元，首次突破1000亿元，增长5.6%；完成工业增加值275.37亿元，增长6.3%；完成财政收入51.86亿元，增长15.3%。南昌小蓝经济技术开发区荣获全省园区发展专项奖（包括工业园区六大指标综合先进单位、上交税金第一名、安置就业第一名、工业增加值第一名）和“三年强攻”专项奖。

【招商引资扩量提质】　2016年，完成39个重大签约项目，投资总额182.05亿元，其中投资额10亿元至20亿元(不含)项目2个、20亿元及以上项目3个。重大签约项目中包括投资20亿元的科陆国能10亿安时全自动化的高性能锂离子电池全产业链生产项目、投资10亿元的香港億成汽车零部件项目，投资1000万美元的信资香港电力设备生产项目、投资5亿元的北京程昊电动尾门系统建设项目、投资2亿元的深圳白龙马工业无人机项目等。实际利用外资总量41642万美元，同比增长9.53%，其中现汇进资9760万美元，现汇率(现汇占实际利用外资比)23.44%。实际利用内资141.31亿元，同比增长7.08%。出口6.78亿美元。

【项目推进提速】　2016年，重点推进重大重点项目61个，总投资287.88亿元，省市重大重点项目开工率100%。竣工投产项目17个，分别为意达机械1期、联胜智能、跃宸幕墙、中牧实业等。在建项目22个，分别为尚荣医疗、江铃股份扩能、江铃控股扩能、德瑞光电、新电空调等。待开工项目17个，分别为中联物流、吴昊科技、博漫科技、德峰汽车等。

【功能承载优化提升】　2016年，完成房屋拆迁面积16.89万平方米，保障土地收储、市政建设和项目推进。完成开发区展厅、文体活动中心、双创基地、雄溪安置点、沥山安置房建设。完成二期产业园1号地块、2号地块、浩钻实业等12个填土项目，共填土400余万立方米，投资额1.26亿元。推进弘腾路、金沙一路南延、佳辰北路、佳辰南路、精诚路、迎富大道、金沙大道辅道及金沙三路等11条市政道路建设，总投资约5.5亿元。改造提升富山大道。规划总投资6085万元的迎富大道等4条道路的景观明渠，对区内垃圾中转站、建筑垃圾消纳场及集贸市场完成选址。

【惠企减负成效显著】　2016年，以“降成本优环境”专项行动为抓手，全力打造发展环境“第一品牌”。提升服务做“加法”，依托全省领先的政务信息平台和园区企业服务受理中心，全面推行一次告知、全程代办、一站服务、效能问责等县区高度融合的行政审批机制，试点开展行政审批权相对集中改革，审批时限压缩率78%。健全领导联系帮扶企业机制，创新开展企业网格化管理服务机制，构建“片区服务、精准服务、分类服务、专业服务”四轮驱动服务体系，建立企业诉求、投诉、建议“三张清单”，收集各类问题600余个，协调解决问题580余个，问题解决、解释率98%，将全天候、全方位、全过程、全员化服务企业要求落到实处。降低成本做“减法”，全面贯彻、主动落实省“80条”和市“120条”政策，累计降低企业成本近9亿元，让“白纸黑字”的优惠政策变成“真金白银”的惠企成效。同时，与省建行合作成立全省首家科技银行——小蓝科技银行，共同实施“瞪羚三年计划”。财政参与筹集社会各类资金1.5亿元，设立1.3亿元增信保证金、5000万元还贷周转金，“财园信贷通”为215家企业发放无抵押、无担保、利率优惠的银行贷款超8亿元，有效缓解企业融资难、融资贵难题。

【各项工作有序开展】 2016年，全面督促企业做好中央环保督查组交办件整改，启动“美丽南昌·幸福家园”环境整治活动。深刻吸取丰城发电厂“11·24”特别重大事故教训，组织开展安全生产大检查、大排查，整改隐患320条。出台《小蓝经济开发区公文处理暂行办法(试行)》，改造提升机关健身中心，在全市3个国家级开发区中率先成为唯一一家被授予省二级的档案单位。组建企业工会25个，发展会员1655人，组织职工参加“恒大杯”职工篮球赛、“李渡酒杯”职工羽毛球赛、“中国梦·工匠美”南昌首府建筑工匠技能大赛等活动。发放困难职工补助金50.1万元，赠送困难职工互助保障256份。精准脱贫任务基本完成，网格化管理收集问题164个，解决151个，办结率92%，调解各类矛盾纠纷200余起，使群众对干部作风和解决问题满意度大幅提升，党群干群企群关系进一步密切，群众安全感、满意度、幸福感进一步提升。

(陶　林)

红谷滩新区

【概况】 红谷滩新区地处昌北赣江之滨，与昌南中心城隔江相望，东濒赣江，与江南名楼滕王阁隔江而峙；西临昌九高速公路，风景秀丽的梅岭群峰筑起一道绿色屏障；南连新建区厚田乡和南昌西外环路；北接英雄大桥。辖区面积175平方千米，辖生米镇、沙井街道、红角洲管理处、凤凰洲管理处和九龙湖管理处，33个行政村，41个社区，3个管理站，1个农场，户籍总数8.05万户，户籍人口22.96万人。

【经济运行指标完成概况】 2016年，全年地区生产总值完成265.48亿元，按可比价计算同比增长9.9%；财政总收入完成92.34亿元，增长27%；地方公共财政预算收入预计完成36.63亿元，增长17%；500万元以上固定资产投资完成472.27亿元，增长14.1%；全社会消费品零售总额完成209.41亿元，增长14.4%；实际利用外资1.5亿美元，增长11.67%；实际利用内资140.65亿元，增长15.07%；海关出口总额完成1.57亿美元，增长5.5%。

【社会发展指标完成概况】 2016年，公共服务项目提质增速。教育提质提量。不断加快学习网点建设，碟子湖学校建成开学，市委机关幼儿园主体施工和少年宫红谷滩艺术幼儿园改扩建建设完成，师大附中滨江分校二期、红谷二小、绿地国际博览城学校等6所学校有序推进。扎实做好国家、省教育督导检查工作。顺利通过国家教育部县域义务教育均衡发展督导评估，获得2015年省政府教育督导全省第一。中考成绩再创全市第一，各项指标均超往年和市平均水平。全年教育工作获市级以上奖励132个，其中一等奖25个。凤凰学校在中国少儿戏曲最高奖项小梅花奖的决赛中被评为最佳集体节目奖，并被江西省剧协授牌成为全省唯一一个江西少儿戏曲传承基地。卫计做好做优。协调省人民医院红谷分院等6家省市大型综合医疗机构建设。完成九龙湖社区卫生服务中心新址搬迁和社区卫生服务中心标准化建设。成功申报国家级青春健康教育示范基地。全面开展区域人口信息化建设，信息采集7.6万余人。打造沙井街道计划生育“一站式”服务中心，为失独家庭购买综合保险。在全省率先建立“四位一体”艾滋病随访管理服务网络，90%的艾滋病患者接受抗病毒治疗，管理率居全省领先。科技创新创优。制定出台《红谷滩新区进一步鼓励科技创新奖励办法(试行)》，积极引导科技企业加大科研投入并进行成果转化。区本级高新企业培育入库企业10家，6家企业正在申报国家级高新企业。全年完成专利申请1500件，同比增长30%。促成全省首批省级知识产权(专利)复发中心落户。技术合同登记金额预计3000万元，同比增长30%。加大平台建设，成功打造国家级众创空间1家、省级众创空间3家、市“洪城众创”9家。成立红谷滩新区科学技术协会，建立《青少年科技教育基地认定和管理办法》《科技示范社区(村)认定和管理办法》等科普工作评审制度和激励机制，成功打造“全国青少年科技教育示范单位”1家、省级科普示范社区2家、市级科普示范社区2家、区级科普示范社区6家、青少年科技教育基地2家。红谷滩青少年科技教育基地(红岭学习)“机器人灭火”项目在第十七届全国中小学电脑机器人制作比赛中获得一等奖。举办首届中国专业人才库“机器人优秀竞技手”测评科普宣传活动，参训学生获得2016年全区青少年机器人人才创新设计大赛机器人工程挑战赛儿童组B组“扫地机器人”项目第一名和机器人工程挑战赛儿童组A组“夹子机器人”项目团体季军。会展旅游稳步增长。全年承办主要展会活动40场(按参展单位划分，国际性展会1场，全国性展会4场，区域性展会9场，本地展会26场，包括世界绿色发展投资贸易博览会、中国绿色食品博览会等)，同比增长21%。现有景区(点)11处，旅行社及服务网点40家，同比增长33%，各类宾馆旅店133家，增长10%。“全境游目的地”初步形成，以沿江生态风光带为主轴，秋水广场、赣江市民公园等成为市民休闲娱乐重要场所。

【社会稳定指标完成概况】 2016年，区本级排查矛盾纠纷149件，调处成功135件，成功率90%。区领导高层调度重大矛盾纠纷和特殊疑难信访问题10余次，召开一般矛盾纠纷协调会60余次。区领导公开接访92次，接待上访群众89批500余人次，全区党政领导干部包案56件，全部办结。及时清除安全生产死角和盲区，在烟花爆竹、危险化学品、道路交通、建筑施工、特种设备、燃气和消防等重点行业和领域深入开展专项整治行动。持续开展南昌工学院校园周边整治、“打非治违”整治、“全区安全生产大检查”等一系列专项行动，检查企业2780家，排查一般隐患2455项，整改2078项。坚持重大安全隐患挂牌督办制度，有效预防重、特大事故发生，全年化解矛盾纠纷4600余起。全年辖区刑事警情由日均16起降为日均6起，最低日发案仅为1起，盗窃类、抢劫类警情数同比分别下降22.34%、52.78%。全年清查场所578家次，破案717起，抓获犯罪嫌疑人552人。先后侦破“4·12”“7·2”“9·22”等3起命案。及时破获“3·25”涉枪案件，成功捣毁四川昭觉籍盗窃团伙，破案50余起，涉案价值30余万元。攻克一起特大贩卖、制造毒品案，缴获成品冰毒约13千克，半成品冰毒约3千克，麻姑1万余粒以及大量制造毒品的工具。坚持对传销、非法集资等经济犯罪发动全面攻势，先后侦破“3·30”特大组织、领导传销活动案，抓获传销A级老总36人，捣毁传销窝点40处,涉案金额1.8亿元。全年完成“天网”新建点位统筹建设845个、自筹建设500个、“红谷眼”建设800余个。实现主要道路交叉口无死角、重点单位无盲区、人员密集区域无遗漏、要害部位、案件高发区域、治安复杂场所主要出入口全覆盖。查处各类交通违法行为24万余起,同比上升3.8%。新增600个违停抓拍探头。

【民生工程指标完成概况】 2016年,新建居家养老站点14个,成功打造省级示范社区1个、精品社区3个。成功打造“民情理事会”协商治理平台。该平台建设创新经验作为江西省唯一的创新经验,参加民政部举报的“2015年度中国社区治理十大创新成果”联席评审。全区3个乡镇获全市社会救助先进单位。全区有职称的社区工作者占比居全市第一,面向社会公开招聘(转岗)专职社区工作者114人。全年下拨残疾人困难生活补贴和重度护理补贴84.25万元,就业资金86.28万元。凤凰洲综合文化活动中心建成,全年365天免费对外开放,开设越剧、书法、瑜伽健身、健康教育等多种学习培训班约50个,惠及辖区居民约5000人。沙井综合文化活动中心改建完成。九龙湖管理处综合文化中心进行选址。安装区级15条健身路径,名门世家社区篮球场、红岭东社区篮球场、绿地香颂社区羽毛球馆获批市级小型综合运动场工程。全年举办各类体育健身活动100余次。中心区15分钟文体活动圈基本建成。开展纪念建党95周年系列活动、文化惠民“双百”工程等文化活动,送戏60场、电影300场。成立红谷之声合唱团,吸引来自27个社区92位文艺爱好者加入。市老年大学沙井街道社区教学点在世纪中央城社区设立。举办“红谷滩杯”健美操比赛、红谷滩第三届羽毛球赛、“魅力南昌,助跑奥运”活动、第二届青少年足球夏令营活动等区级体育活动。积极开展品牌文化体育活动。举办第二届“全国精品话剧展演季”、第二届“市民文化体育艺术节”。与南昌广播电视台联合举办“2016红谷滩国学大讲堂——广播电视台文化游学之旅”活动。与市体育局联合举办2016江西电竞动漫VR互动娱乐博览会。承办2016江西南昌中日韩三国围棋精英赛、2016年ATP国际网球挑战赛、全国青年女篮联赛、2016年中国击剑俱乐部联赛、国际标准舞、首届江西智力运动会。成立各类体育协会8个。与市文化馆、市图书馆等部门联合承办2016年南昌首届“绿书包在行动”大型公益活动。全力推进市区百项惠民工程建设,完成凤凰中大道街景改造,完成3座垃圾站、12座公厕、6个停车场997个停车位、1000余盏路灯建设。完成51万平方米沥青路面改造提升,20个积水点及74处污水混接整治工作。完成九龙湖公园样板段、省级行政中心和九龙大道等道路110万平方米绿化建设,种植花草800余万盘。

【政务服务建设指标完成概况】 2016年,按照“高速、高效”原则,积极协调、全力推进各项行政审批改革新政策落地,办理各类审批服务事项25696件,办结率100%。全面梳理优化行政审批流程。梳理区本级行政许可事项121项,其中进中心93项,着力简化优化事项审批程序、模式和机制,核减审批中间环节200余项,实现一审一核事项占比超75%。压缩审批时限36天,平均办理时限从2.7天压缩至2.5天,缩减7.4%。推行并联并审项目11个。减少各类申报材料71份,约占总申报材料数8%。

【廉政建设指标完成概况】 2016年,严明党的纪律,把纪律建设摆在更加突出的位置。认真开展“纪律教育年”活动,切实把党章和党规党纪意识立起来。组织全区党员干部认真学习党章和《中国共产党廉洁自律准则》《中国共产党纪律处分条例》,发放1000余本《中国共产党廉洁自律准则》《中国共产党纪律处分条例》、800余本《习近平关于党风廉政建设和反腐败斗争论述摘编》、1000余本《习近平关于严明党的纪律和规矩论述摘编》和400余本《中国共产党党内监督条例》。坚持发送廉政短信。向全区党员干部编发1500余条廉政短信,时刻提醒党员干部做到自律自省。在凤凰洲管理处开展身边的好家风评选活动,在社区基层群众中举办身边好人好事、传承良好家风家规活动,引导广大党员干部管好身边人,学习仁孝忠义、朴实廉洁的良好家风。积极创新拓展廉政教育新模式,与江西省党风廉政建设研究中心(南昌大学廉政研究中心)建立合作机制,探索基层党风廉政和反腐败教育研究工作,力促廉政教育在基层党风廉政建设中发挥引领作用。加强权力监督制约。着力抓好对政治纪律、党章及党内法规执行情况监督检查,严格落实《中国共产党党内监督条例》,确保各项廉政制度规定贯彻落实到位。实行任前廉政谈话和廉政考试制度,对21位新提拔的科级干部进行任前廉政谈话教育、廉政知识测试,严把任前廉政关。5月,制定下发《红谷滩新区关于领导干部操办婚丧喜庆事宜实行“两报告一承诺”的暂行规定》,切实规范领导干部执行个人重大事项报告制度。全面升级改版红谷滩新区党风廉政建设网站,设计网上廉政3D教育馆,利用三维仿真制作,开发出完整的虚拟廉政教育基地,将传统廉政教育模式带入全媒体时代,并与VR技术相结合,让参观者身临其境。开展廉政书画展活动。在全区开展“守纪律、讲规矩”廉政红谷滩书画作品展活动,征集120余幅作品。拍摄反映农村拆迁问题的廉政微电影《迁变》。

【九龙湖新城建设全力推进】 2016年,全力推进九龙湖新城建设。基本完成核心起步区及西客站片区总投资60亿元约100千米主干道路建设。全面推进总投资34亿元约103千米次干道、支路建设。九龙湖路网一期工程22条主干道路建设除地铁、规划调整、拆迁影响的局部路段(约8.2千米)外,其他63.5千米道路均已建成通车。路网二期64条支路开工40条,其余24条道路将根据项目进驻需求适时启动,至年底累计完成形象进度40%。启动生米大道以南11平方千米的九龙湖路网三期工程共33条道路建设。九龙湖隧道于5月1日建成通车,同时着手启动九龙湖综合智慧管廊工程和九龙大道南延工程建设前期工作。投入超过5亿元完成约110万平方米景观绿化工程。推进赣江市民公园四期景观绿化工程等项目规划设计工作。做好整个九龙湖公园规划建设,约10万平方米的景观样板段建设于5月前基本完成,完成投资约4500万元,并在5月26日全省城市工作现场会上获得一致好评。继续做好二期九龙湖公园项目报批报建等相关手续办理。

【城市管理力度加大】 2016年,全力开展“五车”非法营运整治,查扣“五车”4600余辆、“后八轮”120余辆,查处“六乱”15.6万余起。全面遏制私宰活羊、占道烧烤乱象,开展联合整治行动280余次、占道整治1530余次。纠正各类不规范建筑垃圾运输行为250余起,行政处罚严重污染路面行为138起。全面开展“三线”整治行动,大力开展“拆违拆临”行动,出动执法人员近万人次,拆除违法面积超过8万平方米。实行“路长制”管理,采取“包路段、包发现、包解决”的“三包”工作法,全区建成区115条主次干道基本全覆盖。处理“啄木鸟在行动”问题40个,整改率98%(1个问题在整改中)。确保以问题为导向实施城市管理工作精细化、扁平化、常态化，从细微之处入手，促进城市管理工作提质升级。深入开展“马路本色”行动，投入约1.2亿元恢复新区主次干道本色，完成路面“白改黑”51万平方米，人行道维修2万平方米。建设智能化停车场，投资近5000万元建设6个停车场997个泊位，缓解停车难问题。以实现大智慧管理为目标，启动智慧城管系统“一个平台、九大系统”建设，积极构建“互联网+城管”顶层设计，为提升城市管理信息化和智能化水平奠定坚实基础。

【金融产业转型升级】 2016年，围绕全省金融商务中心建设，积极推动政策创新和制度创新。优化物理空间，全力打造传统金融聚集区、新兴金融聚集区、金融配套服务区，新金融、类金融、传统金融企业蓬勃发展。至年底，新增金融企业243家，总数达505家，实现金融业产值240余亿元，占全市80%以上。做实金融内涵，全力推进“一院两园三平台”建设，与省金融办、江西财经大学携手成立江西金融发展研究院，江西互联网金融产业园、江西基金产业园建设方案获省政府批复，三个平台筹建工作有序推进。全省金融商务区获批成为省级现代服务业聚集区。

【产业招商多点突破】 2016年，坚持“引大引强引品牌”，成功获得国侨办批复设立全国第四家、中部首家“侨梦苑”侨商产业聚集区。“引爆项目”万达文化旅游城至年底客流突破1500万人次，开启江西商旅文化产业发展新模式；绿地国际博览城一期16万平方米国际会展中心正式运营，单体净展面积中部地区领先，成为南昌打造核心增长极又一新的重要引擎。铜锣湾广场如期开业，推动商业中心建设步伐。新开工的杉杉奥特莱斯、华皓中心等12个项目，总投资172亿元；新竣工的绿地凤凰洲外滩商业综合体、汇融大厦等14个项目，总投资265亿元；新签约的万达军事主题公园、华润万象城、居然之家等一批重大重点项目，总投资额超“千亿元”。

【布局城市级虚拟现实产业】 2016年，确定“159”发展战略，打响全球首个城市级虚拟现实产业布局第一枪。设立2个10亿元级VR天使基金，3Glasses、无忧我房等50余家VR企业成功签约。3600平方米的创新孵化中心和9万平方米的首期产业基地用房、2万平方米的教育培训大厦交付使用。与欧菲光等知名企业组建“虚拟现实产业研究院有限公司”，争创国家级创新中心。与北京理工大学等高校合作共建VR技术实验室，虚拟现实VR产业基地六大运营平台（VR标准检测平台、VR技术研究平台、VR天使基金平台、VR云平台、VR产业交易平台、VR基地线上平台）正式上线，初步形成产学研用一体化、软件硬件全方位虚拟现实产业链，为红谷滩新区产业升级注入新动能。

【发展楼宇经济】 2016年，制定出台《促进楼宇经济提质增效转型发展的实施意见》。全区已建和在建商业综合体25个，投入使用10个，商业楼宇共49栋350万平方米，税收“亿元楼”10余栋。以万达广场、世贸广场、铜锣湾广场等为代表的商业综合体实现零售总额209.41亿元，占全市社会消费品零售总额11.21%。加快推进商业特色街打造，重点做好万达广场金街申报省市特色商业街和欧罗巴广场商业街升级改造工作。

【“两创示范”活力迸发】 2016年，围绕打造南昌乃至江西“创业创新中心”目标，在全省率先出台“双创”专项优惠政策，“百亿双创基金”——中科心客众创基金正式启动。打造运营众创空间及孵化器11个，面积约3.6万平方米，较上年增长140%。有创新园区2家，面积约70万平方米；电商基地1家，面积约7万平方米；跨境电商平台1家，面积约4万平方米。培育纳入科技部“科技企业孵化器管理体系”空间1家，实现零的突破。“江西众创”空间4家。“洪城众创建设单位”新增5家，累计7家。区内汉昀孵化器“卡圈”项目、味粽创客空间“指上贸易APP”项目分别荣获第二届中国青年APP大赛全国赛区应用类金奖和创意类金奖。味粽空间被科技部列为南昌市首批国家级众创空间，成功吸引100亿元“中科心客众创基金”落户，为全省总规模最大的众创基金。全年全区兑现各类奖励资金1.06亿元。

【广发银行南昌分行正式开业】 2016年11月25日，广发银行与江西省政府共同签署战略合作协议。省委副书记、省长刘奇，省委常委、常务副省长毛伟明，广发银行党委书记、行长刘家德，党委副书记、副行长尹矣出席签约仪式。毛伟明和尹矣分别代表双方签约。省政府秘书长张勇主持签约仪式。11月26日，广发银行南昌分行正式开业。这是广发银行在江西省开设的首家分支机构、全国第41家一级分行。广发银行表示，将充分发挥综合金融服务优势，积极为广大江西客户提供特色化、强有力的金融服务。

【中航信托航信大厦开工】 2016年11月7日，红谷滩金融商务区重点项目——中航信托股份有限公司开工仪式举行。红谷滩新区工委副书记、管委会主任毛顺茂，红谷滩新区工委副书记黄学观与中航信托各位领导出席开工仪式。中航信托航信大厦占地约0.91公顷，建筑面积4.1万平方米，是一座现代化、多功能的综合性办公大楼。大厦建成后，中航信托总部将统一在大厦办公，

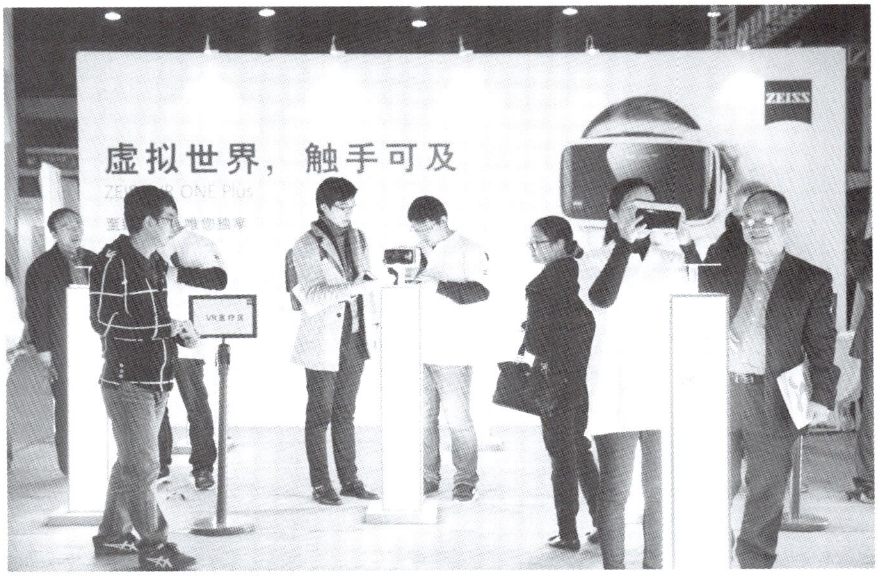

2016年12月21日，红谷滩新区举办中国虚拟现实产业创新大会

各运营部门在此统筹全国各地区业务开展与运行,形成以南昌为总部辐射全国之势。中航信托将继续实施“立足江西、依托航空”战略,利用位于红谷滩金融核心区的区位优势,充分发挥信托制度优势,积极融入地方经济建设,为省内企业提供多样化信托功能服务。

【承办首届红谷滩杯 VR/AR 创新创业大赛】 2016 年 7 月 21 日,由市政府、iCAN 国际联盟、教育部创新方法教学指导委员会、中国智能硬件行业协会等联合主办,红谷滩新区、南昌团市委具体承办的 2016 第十届国际 iCAN 创新创业大赛 VR/AR 行业赛暨首届红谷滩杯 VR/AR 创新创业大赛在北京市海淀区中关村创业大街正式开赛。本次大赛以“聚焦 VR,智领未来”为主题,分为报名、初赛和决赛三部分,设高校组和社会组。参赛对象主要面向全国各大高校电子类和计算机类等相关专业学生及教师、软件应用开发团队、AR/VR 技术实体创业公司以及海外优秀创业团队和公司。共有 200 余支队伍报名,经过层层筛选,最终 50 支队伍入围决赛。9 月 19—20 日,大赛决赛在南昌市进行。参赛队伍进行路演展示和 PPT 宣讲,再由高校虚拟现实专业内资深教授和 VR/AR 行业内领头公司组成的评审团队经过仔细审查,以公平、公正为原则,以发掘创新型高科技人才、发现优质创业项目为目标,评选出 12 支优胜队伍。来自华北电力大学的项目作品《Overleap》和北京交通大学的参赛作品《神谕——魔法学社》获得高校组第一名,项目作品《全任务船舶模拟器》和项目作品《CODE51》获得社会组一等奖。大赛期间,举办南昌 VR/AR 高峰论坛。

【“‘侨梦苑’港澳青年创业创新基地”正式揭牌】 2016 年 2 月 2 日,省外侨办巡视员吴建民、省外侨办港澳处处长李卫红,市外侨办主任、红谷滩新区工委副书记、管委会副主任黄小燕,市外侨办副主任刘崇盛到红谷滩新区汉昫孵化器参观考察,并为汉昫孵化器授牌“‘侨梦苑’港澳青年创业创新基地”。“‘侨梦苑’港澳青年创业创新基地”旨在搭建港澳和大陆之间资本、人才、市场的桥梁和平台,通过创业创新基地扮演超级联系人角色,紧密联接港澳、内地和全球资本,开拓更多商机,有效地带动港澳青年到江西来、到红谷滩来创业创新,促进红谷滩及周边区域经贸发展,促进地方商业经济不断繁荣。

【凤凰洲市民公园建军广场工程开始施工】 凤凰洲市民公园建军广场工程项目总占地面积约 1.6 万平方米,总投资约 9500 万元,分为雕塑创作及制作安装和广场土建两个部分。雕塑创作及制作安装投资约 6500 万元,广场土建及附属工程约 3000 万元。2016 年,工程完成前期报建工作,11 月进场施工。

【筹备全国综治现场会】 2016 年,全国社会治安综合治理创新工作会议在南昌召开。3 月初,省委政法委副书记、省综治办主任徐南凯到红谷滩新区,查看智慧平安系统后,提出“全省综治信息化看红谷滩”。红谷滩新区积极筹备现场会工作,在区工委、管委会领导下,持续发力,投入 3000 余万元,打造现场会参观点 5 个,建成综治中心 106 个,在全区实现纵横贯通全覆盖。完成 742 个网格科学划分,无缝对接,742 名网格员的转岗、选聘。借助全省综治信息系统和智慧平安系统,实现 2900 余个天网视频、400 路社会监控资源的整合和 44 万条基础数据的采集、录入。建设 46 个视联网点位,15 个智慧平安小区。现场会筹备工作实现既定目标,得到中央综治办主任陈训秋和省市领导周萌、刘家富充分肯定。

【万达茂及主题乐园项目开业】 2016 年 5 月 28 日,由中建二局三公司承建的全球最大、国内首个青花瓷建筑——南昌万达茂及主题乐园项目开业。项目位于红谷滩新区九龙湖新城,总投资 400 亿元,可同时容纳 3 万名游客。万达茂总建筑面积 19 万平方米,由 26 个不同的青花瓷造型组成,4.5 万块真正烧制的陶瓷瓷板以 8 种不同图案构成“青花瓷韵”整体建筑,瓷板规格多达上千种。该建筑是由英国著名设计公司 stufish 负责造型设计、景德镇陶瓷大学陶瓷美术学院院长何炳钦负责青花瓷纹饰设计,是世界最大的青花瓷建筑,江西省南昌市地标性城市艺术品建筑,是万达集团第一座四代城市综合体。南昌万达主题乐园是江西省首座世界级乐园,由 60 余项世界顶级游乐设备组成,拥有国内首家竹文化大型旋转舞台魔幻秀,是比肩上海迪士尼乐园并具有中国文化元素的乐园。

(付　晶)

南昌临空经济区

【概况】 2016 年,国务院批复的《促进中部地区崛起“十三五”规划》,明确提出规划建设南昌等临空经济区,支持发展临空经济。随着赣江新区批复成立,临空经济区以组团形式,正式纳入新区发展的国家战略。按照“三区整合”的决定,临空经济区积极融入大昌北经济圈。面对这些机遇、变化和调整,临空经济区始终牢牢遵循着“不忘初心,继续前进”的要求,坚定加快发展的信心和决心,坚定不移地围绕“产业集聚新高地、对外开放主窗口、改革创新试验田”的重大使命,主动作为、攻坚克难、奋发图强,各项事业发展取得明显成效。

【获批省级电子信息产业园】 2016 年,紧扣强工业、兴产业的主题,把推动集聚、形成集群作为抓产业发展的根本遵循和主要方法,大力发展电子信息产业,全区产业集聚发展态势明显。5 月底,临空经济区正式获批为省级电子信息产业园。省级产业园的成功获批,是对临空经济区自成立以来,聚焦政策和资源,集中精力发展电子信息产业所取得成果的充分肯定,也为临空经济区未来发展壮大电子信息产业提供有力的政策环境和平台。全年全区电子信息产业主营业务收入达到 100 亿元。

【壮大两大主导产业】 2016 年,围绕“1+X”的产业发展总方针,按照“大项目—产业链—产业群—产业基地”发展方向,不断壮大光电和移动智能终端两大主导产业。光电产业重点是 LED 产业,已实现全产业链发展。上游凯迅光电 LED 及太阳电池产业基地项目,于 2016 年 11 月投产,其中 4 英寸太阳电池外延片年产能约为 4 万片,四元系 LED 芯片年产能约为 360 亿粒;中游鸿利光电 LED 产业基地项目,于 2016 年 8 月正式投产,达产后可年产 16200KKLED 封装器件产品;下游科瑞普光电产业园项目,于 2016 年 9 月开工建设,芯诚集成电路产业园项目即将正式投产。此外,欧菲光产业园一期 2.5D 光学强化玻璃项目、新型薄膜感应器及模组项目分别于 2016 年 5 月、10 月投产。全年全区光电产业主营业务收入 0.77 亿元。移动智能终端产业稳定发展。在已引进 ODM 代表性企业——智慧海派公司(2016 年销售收入 88.13 亿元)、OBM 代表性企业——依偎手机公司

（2016 年销售收入 5.09 亿元）基础上，继续瞄准行业内龙头企业，引进国内整机出货量排名前列的智能终端制造商——上海与德通讯公司。与德智能制造科技园项目，于 2016 年 6 月正式开工，预计 2017 年 3 月投产，将建成国内领先、国际一流的智能手机及智能通讯设备生产基地。其在南昌综保区围网内投资建设智能终端制造项目，于 2016 年 11 月投产，达产后将实现 500 万只以上整机生产能力，年出口销售额不低于 1 亿美元。智能终端企业汇聚、集群发展的态势初步形成。

【打造三大功能性平台】 2016 年，为发展新经济、培育新动能，抢抓产业转移的战略机遇，倾力打造北京产业园、博看新经济产业服务园、中德 4.0 工业园三大功能性平台。北京产业园占地面积约 33.33 公顷，主要承接北京非首都功能产业转移。2016 年 1 月落户，11 月正式开园。嘉捷无线充电、平安微创肿瘤精准化治疗、川流发电、惠买在线等一批"高、大、精、尖"项目落户。其中，嘉捷无线充电项目已开工建设。该项目先期租用国微标准厂房，计划 2017 年 3 月试生产。博看新经济产业服务园主要着眼于发展新经济，培育经济增长的新动能。成立产业项目平台和产业发展基金，落户燕南科技指静脉识别、博瑞移动智能终端、莱特兄弟飞行模拟器开发制造、智童时刻、华捷艾米 3D 体感交互摄像头等一批新业态的重大项目。中德 4.0 工业园旨在通过引入德国先进制造企业，带动提升临空经济区乃至全市、全省制造业发展水平。该工业园一期规划面积约 26.67 公顷，已全面完成土地平整，并持续跟踪洽谈北斗多媒体娱乐系统、阿里云与西门子产业智能化平台等一批重大项目落户。

【招商引资成果不断巩固】 2016 年，招商引资工作抓得紧，成果不断巩固。临空经济区党工委、管委会高度重视招商引资工作，将其摆在发展的核心位置，作为全区的"龙头工程"，牢记于心、紧抓在手。通过"走出去"和"引进来"相结合方式，全年区主要领导、分管领导自主外出招商 60 余批次，接待客商来访、回访 100 余批次，有针对性地参加各地召开的推介会、恳谈会，以及各类商务会议，牢牢把握、珍惜每一个招商引资平台和机遇，形成"上下齐心抓招商，千方百计促投资"的浓厚氛围。签约项目多。紧紧围绕主导产业，以打造适合企业发展、产业升级的生态体系为核心，紧盯国内外技术前沿、行业内龙头大鳄、产业内关键环节，通过"重资本、轻资产"招商、产业链招商、平台招商等方式多措并举，成功引进投资 49 亿元的与德通讯智能制造科技园、投资 21.3 亿元的中国移动云计算数据中心等 24 个具有重大引领作用的高端、前端、深端产业项目，总投资额近 150 亿元。外企新突破。一直以来，临空经济区始终没有引进一家外资企业。2016 年，在区主要领导推动下，成功引进意大利裸眼 3D 显示项目和香港福恒玉文化产业园项目，实现外资企业引进"零"的突破。

【建设南昌综合保税区】 2016 年，临空经济区作为南昌综保区建设的主体单位，把南昌综保区的建设工作作为重要的政治任务、摆在首要位置，按照"饱和供给"思路，集中精力、聚焦人力、饱和物力，全力推进，演绎"百千万"（即百台塔吊、千辆工程车、万名工人）建设的生动实践。在征地拆迁过程中，超前谋划，一次性完成 4 平方千米的林地报批。同时，发扬不怕吃苦、勇于担当的精神，爬坡过坎、穿山越林，用两个月时间，完成围网内所有项目的征地拆迁任务，创造惊人的"综保速度"。在建设过程中，临空经济区的党员干部同施工单位一道，白加黑、5+2，最终全面如期完成各项建设任务。与此同时，借助综保区开放平台的功能优势，招引玉文化产业园等 7 个重大项目落户。

【综合设施配套日臻完善】 2016 年，紧密结合园区开发建设实际，紧紧围绕制约企业生产、生活的综合配套设施问题，努力为企业打造引得进、留得住、干得好的发展环境。重点抓好基础设施配套和生活设施配套两个方面建设和完善工作。强力推进交通基础设施建设。加快建设"四横四纵"骨干道路，金水大道、杨家湖街等正式通车，直管区环形路网基本形成，全年建成道路总长约 45 千米。供水、通信、燃气等配套设施同步完成。此外，赣江流域建设规模最大、靠泊能力最强的龙头岗综合码头于 9 月正式开港运营。加快推进电力基础设施建设。永盘高压线迁改顺利完成，110 千伏樵舍变电站于 8 月开工建设，220 千伏港口变电站、35 千伏象杨变电站投入运营，保障未来 5—10 年用电。同时，为上海恒动等 6 家重点企业建设 9 条电力专线，确保重大项目高效平稳用电。有序推进污水处理设施建设。在直管区范围内，规划建设 3 个污水处理站，满足直管区企业排污需要。其中，电子信息产业集聚区污水处理站投入使用（一期污水处理能力 2000 吨/天），综保区片区污水处理设施正在加快建设。逐步完善生活配套设施建设。主要通过打造"两个中心"，提供"吃住行游乐购"一条龙服务，充分满足产业工人生活所需。15 万平方米的绿地邻里中心，项目一期银行、超市、餐饮、网吧等基本业态，全面投入运营；二期 6 万平方米正式封顶，预计 2017 年 8 月交付使用。48 万平方米的产业配套服务中心，配备各类齐全的生活功能，项目一期 1 号楼有欧菲光 2000 余名员工入驻，二期预计 2017 年 5 月开工建设。此外，针对电子信息产业工人年轻化的特点，临空经济区投资 400 余万元，在全省率先实现免费 Wi-Fi 全覆盖，切实提升园区宜居水平，增强招工、留工的吸引力。

【实施土地利用"三个统一"】 2016 年，临空经济区土地利用规模小，唯有走集约、高效发展之路。为此，按照"布局集中、产业集聚、用地集约"原则，统一规划产业分区引导项目落地。按照"超前化、规模化、标准化"要求，统一建设标准厂房引导企业进驻，同时对用地面积少于 1.33 公顷的工业项目不再单独供地。按照"总量控制，分片实施，动态平衡"思路，统一配建服务设施避免企业"各自为政"。通过"三个统一"，实现园区产业有序集聚和土地资源集约高效利用。7 月，临空经济区的这一做法，得到国土资源部的充分认可，并在《国土资源报》上推广介绍。

【打造"轻资产"模式升级版】 临空经济区坚持践行"生产、研发、销售你来，保障、配套、服务我上"的轻资产招商理念。如将建好的宿舍、厂房出售或租赁给企业等，这是"轻资产"模式的 1.0 版本。2016 年 8 月，得知上海与德厂房和宿舍的建设资金压力较大，临空经济区创新采取先收购该项目公司旗下置业公司（负责厂房和宿舍建设）股权，然后按其要求建好厂房和宿舍，最后向其出售产权的方式，为其解决建设资金难题。这种通过地权、股权、产权不断转换的模式进一步丰富"轻资产"的内涵，将"轻资产"模式升级为 2.0 版本，有效解决问题，得到企业高度认可。

【设立首支产业引导基金】 2016 年，为大力吸引项目落户，化解市级产业引导资金后续提供难的问题，临空经济区通过设立引导基金，以"政府引导"和"市场运作"相结合的运作方式，发挥财政资金“四两拨千斤”的作用,做到“手中有粮,心中不慌”,助推产业转型升级。该基金由区融资平台与建设银行合作设立,是临空经济区的第一只区级产业投资引导基金,总规模50亿元,首期规模24亿元。在区主要领导的高度重视和推动下,为使基金能迅速、规范地发挥作用,该基金从动议到正式设立,再到出台相关管理办法,仅用40天时间。该基金已正式运作,即将投放第一批产业引导资金给科瑞普光电产业园项目。

【健全项目协调推进机制】 2016年,随着招商项目陆续开工、投产,项目协调推进任务日益繁重。原来仅在项目推进领导小组会议上,协调解决项目建设困难和问题的做法,已不能满足企业加快发展的主观需求。为此,专门成立管委会主要领导任组长、各分管领导任副组长,由各部门负责人组成的区重大重点项目协调推进领导小组。领导小组下设5个项目工作组,每个工作组由一名分管领导挂帅,包干负责若干项目,并指定项目服务专员,定期走访企业,跟踪项目进展,收集诉求和问题,第一时间协调解决。同时,对项目推进情况进行定期督查,并将督查结果纳入考核,大大提升项目推进工作的质量和效率。

(南昌临空经济区)

南昌昌东工业区

【概况】 南昌昌东工业区(以下简称昌东工业区)成立于2001年9月,2012年12月经省政府批准为重点省级工业园区,2013年经省政府批准为副县级单位。园区规划总面积21.5平方千米,下辖8个行政村、3个社区,辖区户籍人口3.5万人,常住人口约5万人,先后荣获中国针织行业可持续发展推动奖、国家纺织服装产业基地、省先进工业园区、省针织服装特色工业园区等称号。至2016年年底,园区开发面积12.5平方千米,入园企业695家,初步形成以华兴针织、博涵服装为代表的针织服装,以深圳兆驰、艾立特光电、联创宏声、华夏光彩等为代表的电子信息,以好吖好电商产业园、魅丝蔻跨境电商产业园为代表的电子商务,以雪津啤酒、每伴食品为代表的食品饮料等支柱产业,重点打造LED产业创新示范园、针织服装创意产业园、品牌服饰产业园、小微企业产业园等“园中园”,为园区产业提升提供优质平台,园区经济总量占青山湖区比重逐年增加,成为青山湖区超常规跨越发展主引擎和主载体。

【经济指标攀升】 2016年,围绕把昌东工业区建设成为区域性先进制造业基地和现代服务业示范区的长远目标,凝心聚力,攻坚克难,突出“产城一体、园城互动,转型升级、跨越发展”工作思路,大力推进强转型、优统筹、惠民生、促和谐各项工作,园区经济和社会各项事业均取得可喜成绩。面对严峻经济形势,园区经济仍保持持续快速增长。全年园区完成地区生产总值87.97亿元,同比增长10.6%;规模以上工业增加值57.94亿元,增长8.2%;500万元以上固定资产投资170.29亿元,增长1.1%;社会消费品零售额11.68亿元,增长42.1%;实际利用外资1.13亿美元,增长23.5%;实际利用内资54.85亿元,增长15.1%;财政总收入8.64亿元,增长12.4%;地方一般预算收入2.6亿元,增长20.2%。财政两项指标增速和进度位居青山湖区第一。

【招商引资持续增效】 2016年,聚焦产业发展、聚焦平台招商,不断优化投资环境、提升服务水平,全力以赴做好招商引资工作。坚持产业链招商,立足当前LED产业基础及优势,集中力量招引中游封装支架及包材、下游显示照明项目,顺利签约艾立特光电、华夏光彩、联创宏声、江西芒果电商、中韩合资CSP、新益昌、炫硕光电等12个项目,总投资额27.45亿元。其中,9月签约LED项目7个,包含亿元以上项目5个、中韩合资项目1个。园区LED产业招商工作呈现井喷式发展,产业链已覆盖封装、支架、封装包材、显示照明等多个领域。同时着力开展“重资本、轻资产”招商,投资建设LED产业创新示范园和针织服装创意产业园,实现企业“拎包入住”。至年底,LED产业园一期一组团已入驻艾立特光电、华夏光彩、联创宏声,入驻率100%。

【项目建设强力推进】 2016年,强力推进总投资约150亿元的40个重大重点项目(包括市重大重点项目2个),完成投资33亿元,其中产业项目27个、城市建管项目9个、旧城改造项目4个,项目涵盖园区经济社会发展各个方面。各重大重点项目推进成效显著,工业项目卓有成效,南昌电子信息(LED)产业创新示范园一期一组团竣工,中国(江西)针织服装创意产业园16栋完成封顶、8栋完成墙体砌筑。服务业项目亮点频现,虎门原辅料物流中心、昌东建工大厦、省储运物资集散基地、恒信德龙二期别克、雪佛兰和丰田等项目建成营业。城建旧改项目稳步实施,昌运路西延工程、昌富路东段竣工交付使用,义坊东路(志强路以西段)完成雨污管网铺设,昌东大道南延工程拆迁顺利完成,沈桥漆村、梧岗邹黄村、石桥张村等旧改项目基本完工。

【推进征迁旧改】 2016年,园区按照既定目标,全力打造高新产业园区,拓宽发展空间,加大征迁力度,完成拆迁房屋面积近35万平方米。其中,沈桥漆村旧改项目拆除22.6万平方米,拆除率95%;梧岗板溪产业园二期(包括新增黄村)项目拆除4.21万平方米,拆除率80%;石桥张村旧改拆除1.3万平方米,拆除率98%;昌东大道南延拆迁工程全部完成拆除;华兴彩印包装地块用时半月全

2016年7月4日,南昌电子信息(LED)产业创新示范园联创宏声生产车间

部完成签约,迅速将2717平方米全部拆除到位;省民政厅救灾物资储备仓库项目全部完成拆除。同时,继续保持高压态势,牢牢稳住2015年新增违法建设零增长良好局面。全年拆除存量、增量违法建筑512处,拆除面积5.2万余平方米,有效打击、遏制园区内违建之风。

【完善城市建管】 2016年,坚持软件硬件建设两手抓,深化细化城市管理,加强市政基础设施建设,狠抓环境保护治理,优化便民惠民服务,园区形象品位不断提升。投资约8000万元对义坊路、东华大道等6条道路进行提升改造,投资88万元对东泰大道东侧和朱桥路安装路灯,投资33万元打造广阳路街头小游园,投资500万元打造昌东综合文化中心,投资约90万元对朱桥路、昌安路进行整体绿化提升改造,大投入赢得多方点赞。完善服务外包考核管理制度,切实加强园区城市管理日常工作的监督考核,做到责任到人,精细到米,城市管理精细化程度不断提高。全年维修破损路面1600余平方米,打捞渠面垃圾220余吨,清掏雨污水窨井垃圾60余吨。大力开展"马路本色""三乱""蓝天行动"等专项整治,落实全天候巡查执法,累计处理"三乱"案件1200余次,清理78家违法违规项目,配合青山湖区环保局关闭淘汰42家企业,120余家企业建立完善"一厂一档"工作。

【强化基层党建】 2016年,着眼于经济发展的同时,狠抓党风廉政建设,强化将纪律挺在前面,基层党建取得新成绩。开展"三严三实"和"两学一做"系列活动,通过将"两学一做"作为常规议题纳入党政联席会加强学习,开展手抄系列讲话、"党员夜校"活动,健全完善"三会一课"制度,进一步夯实基层党建基础,提升普通党员党性学习热情。注重打造非公党建亮点,选派36名园区党员干部担任非公企业党支部书记,确保党组织和党的工作"两覆盖"全面完成。着重推出百特生物党支部党建"三推、三设、三建"、区纺织服装行业党总支"135"工程、流动党员之家"五同、三访、一党日"工作模式等一批非公党建亮点。突出"党建+"工作模式引领,创新"党建+旧改征迁""党建+民生工程""党建+项目推进"等模式,在工作中凝聚和发挥党组织核心力量,确保工作扎实推进。精心部署党风廉政建设及社会评价工作,化解困难和问题49个,开展书写一封"勤廉承诺书"、举办一期专题培训班、收看一次教育视频、学习一套文件的"四个一"活动,有效提高党员防腐拒变能力。

【民生福祉持续提高】 2016年,不断加大投入,小康进程迈步加速,人民生活明显改善,便民、利民、惠民服务设施逐步健全,投入约10万元建成园区首个社区居家养老服务中心,投入30余万元着力打造南昌织梦电子商务有限公司和残疾康复中心。发展和支持文化教育事业,按省级示范园标准打造昌东中心幼儿园,建成设施完善、功能齐全的昌东工业区综合文化中心,组建文艺队伍8支,全年参加各类文艺演出14次、送戏下乡18场次、送电影下乡24场次。支持民政救助,全年为200余低保户办理"农转城"服务,发放108户灾民救助资金9万元,发放各类残疾人补贴约14万元。切实做好劳保工作,全年发放创业贷款1090万元,直接带动就业700余人;开展大型招聘活动3次,帮助60家企业招工约2300人;调解结案劳资纠纷42起,为158人讨回薪资160余万元。深入开展幸福家庭创建,切实加大计生服务,全年办理计生服务证420余个,为600余名户籍地妇女及300余名流动人口进行免费身体健康检查。高度重视防汛防灾,出动207人次,投入20余万元,加强河堤维护,日夜巡堤值守,确保红旗联圩责任段安全度汛。

(江洪涛)

江西新建长堎工业园区

【概况】 2016年,江西新建长堎工业园区以"培育百亿产业集群,打造千亿产业园区,昂扬昌西经济龙头"为发展目标,大力实施"千亿产业园三年强攻计划",经济实力稳步提升,成功实现园区经济发展升级。园区以省综合指标排列第一的绝对优势,于6月2日,正式被国家发改委确定为"长江经济带国家级转型升级示范开发区"。至年底,完成内资36.77亿元,占计划数122.13%,完成外资9100万美元,占计划数110.97%。全年实现工业总产值650.26亿元,同比增长11.65;规模以上工业企业113家,实现主营业务收入626.08亿元,增长9.34%。实现税收12亿元。新增3家上市企业,分别为龙宇医药、晨鸣实业、金科交通。获批"江西省节能环保产业基地""江西省食品产业基地"荣誉称号。

【引进签约战略性新兴产业项目】 2016年,重点瞄准新能源汽车、智能制造、节能环保等战略性新兴产业发展方向,开展招商引资工作。全年签约项目20个。其中,引进百亿级项目1个,即投资不低于200亿元的协鑫南昌新能源汽车园项目;20亿元项目2个,即投资30亿元的闽发(江西)国际电商建材城项目、投资20亿元的环保产业园项目;超亿元项目17个。通过大项目驱动经济发展,实现支柱产业"顶天立地"、特色产业"开天辟地"、大众产业"铺天盖地"。

【扶持引进科技创新企业】 2016年,顺应"互联网+"新兴产业潮流,促进以云计算、物联网、大数据为代表的新一代信息技术与现代制造业、生产性服务业等融合创新,实施创新驱动战略,大力扶持"高、精、尖"等高科技企业发展。引进雍邑光电、秉拓自动化、华魏光纤、长天无人机项目等科技创新型企业,打造新建智慧谷(创新科技园)、建设中科院物联网南昌中心,创建双创服务平台,进一步提升区内企业市场竞争力,壮大实体经济。

【基础设施建设】 2016年,实施"错位发展,配套发展,对接发展、融城发展"战略,加快西进西拓建设步伐。全年完成宏图北大道、兴业大道西延、永强北路、创业北大道、璜溪北大道硬化及明月山大道建设提升共11.5千米,雨污水管网近20千米,自来水管道16.8千米,弱电管网32千米,10千伏线路12千米,迁移杆线3千米,电缆下地3.2千米。

【推进项目建设】 2016年,牢固树立"全区一盘棋,上下一条心"工作意识,坚持目标倒逼进度、时间倒逼程序、项目倒逼部门、督导倒逼落实。全年完成农转用报批土地约264.37公顷,土地征收235.33余公顷(含协鑫南昌新能源汽车项目),房屋征收4.2万余平方米,有8个项目列入市重大重点项目(新建区共10个),实现申宝汽车、帝宝交通等项目开工建设及江铃车架厂等投产。

【民生事业改善】 2016年,立足民生,开通从长堎欧尚到园区公交枢纽575路公交专线,延长西客站836路公交直达园区,解决园区百姓、企业职工交通难题。抓好水利工程建设。完成创业花园小区8栋房屋封顶,强力推进玲岗花园小区,实现观背村及留田周家、熊家、邓家4个临时安息堂基本建成,保证生产,缓解矛盾。发放各项强农惠农补贴、低保优抚及困难救助金近400万元,完成城乡医保报销708.6万元。开展扶贫结对、精准扶贫工作,解决厚田闸上村道路硬化建设资金20万元,对辖区精准扶贫对象100%走访及宣传到位。

【基层组织建设】 2016年,园区党工委落实党建工作第一责任人,深入推进"连心""强基"工程,打造"模范"品牌,打通服务群众"最后一公里",使璜溪村、远成股份、绿源油脂3个党支部成功评为"五星"级基层党组织。深入开展"两学一做"学习教育活动,积极探索及推行"党建+"工作模式,发挥党支部战斗堡垒作用和党员先锋模范作用,带动协鑫南昌新能源汽车、康莱特医药、鑫昌物流等项目推进,真正做到持续转作风、改作风,以"新状态"引领"新常态"。

【康莱特药业项目】 该项目由浙江康莱特药业有限公司投资建设。浙江康莱特药业有限公司是由中国工程院院士、著名药学家李大鹏教授创办的一家集生产、科研于一体的制药企业。该项目总投资20亿元,用地面积33.33公顷。一期投资10亿元,建设康莱特医药贸易平台和将北京正大绿洲制药GMP异地改建。二期投资10亿元,将成立国家级滴丸工程技术中心及药品研发和新产品产业化生产基地及配套项目。项目达产达标后,实现销售收入30亿元,税收3.5亿元。全年纳税1.5亿元。项目一期占地3.33公顷的医药贸易平台建成投入使用,药品生产车间开工建设,预计2017年9月工程竣工。

【博德信邦总部基地项目】 该项目由北京博德信邦实业有限公司投资5亿元建设,用地面积约3.87公顷。项目建成营运后,年销售营业额可达到6亿元,年税收达到2000万元。2016年,项目主体工程已封顶,预计2017年12月底竣工。

【核工业总部基地项目】 核工业总部基地项目由核工业华东建设工程集团有限公司投资。该项目投资2.2亿元,用地4公顷,新建核工业总部基地。建筑总面积13.87万平方米,其中办公建筑面积1.58万平方米、地下车库(不计容)建筑面积3.19万平方米、配套职工住宅建筑面积7.16万平方米,其他商业配套建筑面积1.72万平方米。项目建成运营后,年产值可达40亿元,年纳税1500万元以上。2016年,项目主体工程已封顶,预计2017年年底竣工。

【泉州汽配园一期项目】 该项目为江西五十铃整车项目定点配套汽车零部件生产企业,由泉州市区汽配(工程机械)同业公会的泉州泉新投资有限公司牵头组织实施。该项目总投资约12亿元,占地面积约33.33公顷,引进10家以上的汽车工程机械配件企业入驻,打造"泉州汽配园"。项目建成投产后,预计年产值10亿元。2016年,项目一期入驻的5家公司均开工建设。入驻的5家公司中,3家公司已竣工,部分开始生产,其余2家预计2017年6月主体工程完工,10月建成投产。

2016年2月4日,"南昌之光"超级艺术灯会在新建区望城滨水公园开幕

【新建智慧谷项目】 该项目是以全新的开放理念,着力推动产业结构优化升级,发力"互联网+""中国制造2025"和"智能无人机"等,重点培育一批"高、精、尖"高科技新型企业。已引进上海秉拓自动化智能设备项目、广州长天无人机研发项目、上海雍邑光电研发项目及上海华魏光纤生产制造项目等4个科技创新型企业,投资额11亿元。计划还将继续引进2—3个企业入驻。2016年,入驻的部分企业开始安装和调试设备,上海秉拓开始生产。

【上海奔达汽车零部件生产项目】 上海奔达汽车零部件生产项目由上海奔达机电有限公司投资建设。公司为江铃汽车零部件定点配套生产企业。该项目总投资5亿元,用地约8公顷,建设汽车零部件生产基地,主要包括年产200万套汽车踏板(离合器踏板、油门踏板、制动踏板),年产120万台套悬挂摆臂总成,年产150万台套高强度螺栓及其他相关金属模具等。项目建成投产后,规划5年内生产汽车零部件产值达到1.8亿元。2016年,该项目开工建设,生产车间主体工程已完工,预计2017年10月建成投产。

【帝宝汽车零配件项目】 帝宝汽车零配件项目由帝宝交通器材(昆山)有限公司投资建设,是江西五十铃汽车定点汽车零部件配套生产企业。该项目总投资3亿元,规划用地6.67公顷,建设帝宝汽车零配件项目,包括生产各种汽车用灯、摩托车用灯具、灯泡及相关零部件。项目建成投产后,年销售收入6亿元以上,税收达1500万元。2016年,该项目开工建设,生产车间主体工程已完工,预计2017年10月建成投产。

【举办"南昌之光"灯会】 2016年1月19日,2016年首届新建区望城"南昌之光"超级艺术灯会新闻发布会在望城新区(长堎工业园区)管委会举行。会议由市委常委、宣传部部长龙和南主持。省委宣传部副部长罗勇兵、江西日报社社长王晖、江西电视台台长杨玲玲、江西省文化产业促进会会长华友良、新建区委书记樊三宝、代区长李伟以及中央驻赣和省、市各级等40余家单位负责人出席。2月4日,2016首届新建区望城"南昌之光"超级艺术灯会在望城新区(长堎工业园区)滨水公园开幕。本次灯会是由江西省文化产业促进会、江西日报社、江西广播电视台、市委宣传部、新建区委宣传部联合主办,南昌灯彩文化发展有限公司承办的一次大型文化艺术活动,以宣传南昌市近年来经济社会发展成就为主旋律,以增强百姓对城市发展认同感和自豪感为立足点,按照节俭、务实、高效的办会原则,旨在传承和弘扬优秀民俗文化,打造文化战略品牌,丰富百姓节日文化生活。

【举办2016年春季大型招聘会】 2016年3月11日,在滨水公园广场举办2016年春季大型招聘会。此次招聘会共有58家省、市大中型企业前来布展招工,提供就业岗位2106个,面向本科毕业生、大中专毕业生、农村富余劳动力、4050再就业等人群。招聘会前来咨询人员上千人次,初步达成就业用工意向280人次,成功签约102人次。

【汽车销售服务公司开业】 2016年3月28日,位于长埈工业园区恒望汽车城内的南昌中升雷克萨斯汽车销售服务公司举行开业庆典仪式。5月12日,恒望汽车文化产业城下辖的南昌易达汽车销售服务有限公司开业运营。

【开展"降成本,优环境"宣讲活动】 2016年5月31日,省委常委、秘书长朱虹及省财政厅有关负责人一行在长埈工业园区管委会11楼会议室召开"降低企业成本,优化发展环境"专项行动宣讲动员会。宣讲动员会由新建区委书记樊三宝主持。省委办公厅副主任张锋,省财政厅副厅长潘昌坤,市委常委、秘书长江晓斌,新建区党政班子成员,长埈工业园区负责人,新建区直部门负责人及园区90余家企业代表等参加会议。

【南方黑芝麻公司为灾区捐赠物资】 2016年7月13日,长埈工业园区江西南方黑芝麻股份有限公司举行"大爱于行,温暖灾区"捐赠活动。此次活动共捐赠市值120余万元的1万箱黑芝麻露给长埈工业园区各个防洪乡镇。

【推进医药项目建设】 2016年7月28日,江西龙宇医药股份有限公司正式在新三板挂牌,股票代码为837836,成为新建区第三家挂牌新三板的公司。10月19日,康莱特药业集团举行江西康莱特新森医药原料有限公司年产100吨注射用薏苡仁油生产项目开工典礼仪式。

【开展捐助和义务献血活动】 2016年8月25日,长埈工业园区在七楼会议室举行一年一度的贫困大学生助学金发放仪式,共发放助学金19.2万元,帮助64名贫困学子圆梦大学。为弘扬社会主义核心价值观,关爱帮助社会弱势群体,开展"慈善一日捐"活动,累计207人进行捐赠,收到善款12070元(不含企业)。9月14日,为响应市血站关爱生命、无偿献血、奉献爱心的倡议,组织辖区工作人员参加义务献血活动。此次活动共有21人成功献血,献血量6900毫升。

【推进"财园信贷通"融资工作】 长埈工业园区"财园信贷通"融资工作自2014年5月启动,稳步推进。2016年,为园区及部分乡镇企业办理"财园信贷通"融资约5亿元,惠及企业80余家,为企业节约成本约600万元。

(朱家宪　万　箭)

江西进贤经济开发区

【概况】 2016年,进贤经济开发区紧紧围绕县十四次党代会提出的打造工业强县奋斗目标,扎实推进百日"两重"工作。全体干职员工团结一致,凝心集力,积极主动适应新常态,抢抓新机遇,平台建设、做优产业、完善配套、资本运作、服务环境及税收贡献等各项工作得到进一步发展。8月投入30万元资金,对园区的雨、污水管和绿化带等进行大清理;在主干道路十字路口安装红绿灯、减速带,保障园区交通畅通和安全,提升园区整体形象。公共交通于12月14日正式开通。全年全区工业企业完成工业总产值145.2亿元,同比增长15.22%;完成工业增加值36.3亿元,增长13.51%;实现工业销售收入137.1亿元,增长12.3%;实现利税总额9.9亿元,增长15.65%。其中,规模以上工业企业实现产值142.8亿元,增长15.55%;规模以上工业企业实现主营业务收入134亿元,增长12.74%;规模以上工业企业完成工业增加值35.7亿元,增长13.84%;完成固定资产投资28.16亿元,增长18.17%。企业务工人数17926人。

【基础设施快速推进】 2016年,完成县生物医药、新能源产业基地总规初稿编制及装备式制造产业基地选址工作。完成土方63.8万立方米,修缮破损道路3.62千米,架设10千伏的高压线路6.54千米。11月18日,高新园污水处理厂开工建设。

【产业发展进一步优化】 2016年,坚持传统产业与新型产业并重。立足传统医疗器械、钢结构产业,大力发展生物制药、汽车零配件、电子信息、装备制造产业。形成以洪达、水禾田、美格尔为龙头的医疗器械产业,重点发展高质医用耗材、中高端医疗设备,产业链条进一步延伸增厚;以江联、雄宇为龙头的装备制造、钢网结构产业,由原来单一的压力容器、钢网结构向高层钢结构、大跨钢结构、轻钢和重钢厂房钢结构、桥梁钢结构及绿色建筑产业发展;以隆莱生物、中成药业为龙头的生物制药产业,着重生产抗病毒、抗癌及治疗心血管疾病药物;以宝安电子、申安照明为龙头的电子信息产业,着重推进通信终端及传输设备、新一代数字视听、新型显示器件和电子元器件、节能照明(LED)等高端设备制造。

【项目建设稳中求进】 2016年,工业园区项目有52个,其中续建项目32个、新开工项目20个。安捷、恒嘉、台辰、携成、中升、水禾田、美格尔等建成并投产。华科、三胜、际通路桥等项目按年度建设目标进度进行建设。促进项目快速推进,收回心农、金开利、永固、清梅等项目的低效利用土地,清理盘活低效利用土地52.23公顷,清理标准厂房4.22万平方米。

【机制体制日臻完善】 2016年,制定《进贤经济开发区闲置用地和低效利用土地清理处置方案》《进贤经济开发区闲置用地和低效利用土地清理实施细则》《进贤经开区工业标准厂房清理处置方案》《进贤经济开发区标准厂房管理办法(试行)》《关于支持"四大产业"发展若干政策措施》的实施细则、《进贤县支持医疗器械产业创新联盟发展的若干政策措施》及《关于规范经开区财税管理运行体制的实施办法》等政策,为全区各项工作更好开展提供保障。

【服务能力大幅提升】 2016年,在园区办公大楼一楼建成代办服务大厅,12月完成智慧化园区建设。建立园区干部职工挂点项目制度,将所有项目责任分解、落实到每一位干部身上,对项目建设运行实行全程跟踪服务。针对企业招工难问题,多次会同县劳动就业局组织企业进行人才招聘活动。调处企业劳资等纠纷30余起,帮助凯迪服饰遣返新疆民工,协助飞鹰高科处理火灾善后工作,为60位企业务工人员解决子女就学问题,为企业发放贷款2.68亿元。

(武中立　王　方)

江西安义工业园区

【概况】 2016年,江西安义工业园区紧扣市委“二十字”方针和县委“323”工作方略,围绕建设“省重点园区、特色园区、生态园区”目标,坚持创新、协调、绿色、开放、共享五大发展理念,把开放招商和项目推进作为“一号工程”,善作善为、砥砺奋进,实现工业经济又好又快发展。园区现有落户企业213户,在园区注册登记企业416户,规模以上工业企业113户。全年园区企业完成工业总产值172.36亿元,同比增长11.68%;主营业务收入169.8亿元,增长11.56%;利润总额11.88亿元,增长23.45%;税收1.37亿元,增长8.01%;安排就业人员2万余人。其中,园区建材企业实现工业总产值105.31亿元,同比增长13.29%;纺织服装企业实现工业总产值17.56亿元,增长12.46%;新材料企业实现工业总产值13.21亿元,增长8.81%;医药化工企业实现工业总产值16.34亿元,增长8.91%;新能源企业实现工业总产值7.9亿元,增长10.24%;机械电子企业实现工业总产值6.32亿元,增长11.99%;其他类企业实现工业总产值5.23亿元,减少1.02%。

【招商引资成效显著】 2016年,分别赴香港、北京、上海、广州、成都、杭州、西安、石家庄、厦门等地招商30余次。拜访美达股份、杭萧钢构、天鼎丰非织造布、蜀羊防水材料、卓达集团、同玄新材料、坤士利实业、大猫网络等企业18家。共签约项目21个,签约资金82.8亿元,分别是东方雨虹、盈创小微创业园、广荣不锈钢、中浦建材、睿佳纺织、优踏高分子材料、华晟化工、阳光高氟新材料等。其中,东方雨虹项目的落户,实现安义县直接引进工业企业上市公司“零”的突破。该项目的落户迅速做强安义县新材料产业,做大全县经济总量。按照走出去、请进来的双向大开放要求,2月在安义县举办第三届江西(安义)铝型材及门窗展览会”,接待参展人员2万人次。12月1日,在杭州萧山举办产业招商推介会,实现现场签约项目17个,签约资金47.84亿元。通过对外宣传推介、充分发挥会展招商、以商招商作用,进一步提升“安义建材”知名度和影响力。

【项目建设推进有序】 2016年,对在建的13个工业项目,按照“签约项目促开工、开工项目促建设、建设项目促投产”要求,快速推进金海金属、艾丽斯日化等2个项目迎市“小三看”,厚德铸造、食安云智慧社区、盈创小微产业园等3个年底迎市“三看”项目建设,明确目标任务,细化责任分工,倒排推进工期,专题调度拆迁、征地、融资等问题,实现项目快速推进,确保有亮点、有看点。加大对泰顺不锈钢、亚染科技、睿佳纺织、雄鹰标准厂房、中部建材城、羿喆鑫科技、新龙丰铝业、中浦建材、广荣不锈钢、优踏高分子材料、东兴印染等项目建设力度,及时化解项目推进难题16次,实现新增投产项目3个。完成FOX服装产业园12公顷、东方雨虹项目31.67公顷、储备用地9.33公顷土地平整工作,确保项目尽快开工建设。

【承载功能不断完善】 2016年,基础设施建设不断完善。启动红山变电站35千伏万红线、7回10千伏至老园区出线6根高压标线迁移,确保红山西大道及盈创小微创业园正常推进。220千伏凤凰变电站平稳运行,保证未来10年园区发展用电需求。启动路网建设2条、实施提升改造路网2条。其中,引凤路提升改造基本完毕,红山西大道及排洪港工程和果园路、红山南路、新纺路等条路网正在加紧建设。创业大道提升改造工程完善招投标前期手续。完成东阳大道Ⅰ标(36.67公顷)、Ⅱ标(23.33公顷)、FOX产业园区(12公顷)等3个地块的土方平整工作。鼓励雄鹰铝业对一期12.47公顷项目用地采取集约节约方式建设高档智能门窗生产基地,对锦洋铝业采取分割方式盘活闲置用地3.33公顷,用于安置落户其他项目。启动东方雨虹项目用地25.33公顷、储备用地9.33公顷等两个标段土方平整工作,公开招投标工作基本完成,待公示完毕后,施工队伍即可进场作业。完成亿翔铝业、和祥铝业等17家剩余企业污水管网接到园区总污管网工作,对东阳大道、孙滤城东路、起秀路等部分阻塞的污水管网口进行疏通,确保污水流动通畅。

【产业发展后劲增强】 2016年,建材产业产能达120万吨,位列全国第三,实现建材产业集群“全国有影响”。雄鹰铝业自主研发“7A09”铝材,成为全国第一家拥有军工产品生产许可证的民营铝型材企业。纺织服装升级换代,金祥亚麻等企业通过引进国际一流技术和设备,整个生产工艺流程全部实现自动化。FOX服装项目的落户迅速提升园区服装产业的档次和品牌。安义工业园区以新型建材为主导,新材料、新能源、纺织服装、医药化工为支撑的多产业发展格局正在形成。

【服务平台不断优化】 2016年,推进“智慧园区”信息平台,上传园区产业发展信息27条,相关政策文件12篇,组织企业信息员培训3批次,培训人员200人次,充分发挥信息技术在工业发展中的催化作用,实现园区与企业间数据对接,受到企业一致好评。启用企业代办中心,安排2名工作人员为企业提供落户前各类手续办理,减轻企业负担,营造良好发展环境。将园区优质服务贯彻于企业落户、开工、建设、投产发展之中。明确工业项目落户“一单清”及收费标准,压缩前置审批事项,严格规范涉企收费项目。在规划方案报建审批程序上,采取除特定项目外由园区规划委员会审批,简化项目报建审批手续,缩短审批时限,加快项目建设。发挥融资平台作用,为园区锦荣、中安、和谐、宏宇、南亚等78家企业提供融资担保2.3亿元,及时缓解企业用资难题。

【园区管理力度增强】 2016年,出台《工业园区项目建设规划管理办法》,加强园区项目建设规划管理。对广荣不锈钢、洪安化工CO2等7家新开工企业,金凤凰铝业、鼎盛天工玻璃、普辉实业等21家扩建企业,食安云、宵绫实业等4家改建企业上报的规划设计方案,对照各项指标要求进行从严把关,提出意见和建议42条。对项目建设实行全程监管指导检查196次,有效杜绝规划与建设“两张皮”,确保规划的严肃性、有效性、一致性。通过定期巡查、强化监管、合理引导、疏堵结合等方式,对园区进行巡查374次,拆除违章建设4处,下发整改通知书24次,督促供电、供水、供气部门对园区基础开挖修复17次,制止企业乱倒垃圾47次,清理垃圾广告2753处,规范小摊小贩设点68处,园区面貌明显改善,企业、群众好评不断。在安全生产上,为深刻吸取“11·24”国电丰城电厂安全事故教训,园区联合县安监局在园区开展安全隐患大排查专项行动,对所有企业进行排查、摸底,建立安全生产问题台账,对所有梳理出来的问题落实到具体的领导和个人,督促企业按期整改到位。为加强安全管理,对企业职工进行安全生产知识培训,增强企业职工安全生产意识,消除主观上安全生产盲区,减少因人为因素造成的安全生产事故,做到隐患不消除不生产、不安全不生产,不断提升安全保障能力。 (郑 凯)

南昌市人民代表大会常务委员会

2016年11月2—5日，市第十五届人民代表大会第一次会议在前湖迎宾馆会议中心举行

2016年恰逢南昌市换届之年，市人大常委会在中共南昌市委的正确领导下，紧紧围绕全市工作大局，认真学习贯彻中共十八大和十八届三中、四中、五中、六中全会精神及习近平总书记系列重要讲话精神，毫不动摇坚持人民代表大会制度，依法履行立法、监督等各项职能，与时俱进推动人大工作发展，全力助推南昌市打造富裕美丽幸福江西"南昌样板"。

2016年11月5日，新当选市十五届人大常委会主任陈德寿（前排左一）带领市十五届人大常委会组成人员举行宪法宣誓

2016年12月24日，市人大常委会主任陈德寿（后排中）在东湖区公园街道戴家巷社区就开展环境综合整治听取基层干部和群众的意见和建议

中国人民政治协商会议南昌市委员会

2016年11月1—4日，政协南昌市第十四届委员会第一次会议在红谷滩会议中心举行

2016年，是实施“十三五”规划的开局之年，也是南昌市政协事业发展承上启下的重要一年。一年来，在中共南昌市委的坚强领导下，市政协认真学习贯彻习近平总书记系列重要讲话精神，牢牢把握团结民主两大主题，紧紧围绕中心，倾力服务大局，积极履行政治协商、民主监督、参政议政职能，广泛深入开展“兴家风、淳民风、正社风”主题活动，为推进南昌经济社会发展、在全省率先全面建成小康社会作出了积极贡献。

2016年4月22日，市政协主席周关（左一）在地铁车厢观看“三风”文化宣传片

2016年1月18日，市政协中共、工商联、农林、经济界别委员围绕“拓展赶超升级战略，构筑高新高端产业体系”进行协商建言

中共南昌市纪律检查委员会（监察局）

2016年9月30日，南昌市纪委十一届一次全会召开

2016年，南昌市各级纪检监察机关坚决贯彻中央纪委、省纪委和市委的部署要求，牢固树立政治意识、大局意识、核心意识、看齐意识，聚焦中心任务，把纪律挺在前面，在全面从严治党中坚守职责定位，强化监督执纪问责，为打造富裕美丽幸福江西“南昌样板”提供坚强纪律保障。

2016年11月30日，市委常委、市纪委书记吴伟柱（左五）察看洪达医疗器械有限公司厂务公开情况

2016年12月14日，全市深化落实全面从严治党主体责任专修班举行

中共南昌市委办公厅

2016年9月27—30日，中国共产党南昌市第十一次代表大会召开

2016年，中共南昌市委办公厅认真贯彻中共十八大和十八届三中、四中、五中、六中全会精神，秉承“严谨高效、运转有序、和谐共事、有战斗力”的工作理念，按照“具备绝对忠诚的特质、弘扬服务大局的特性、培养奉献担当的特长、树立严谨规范的特色、打造廉洁自律的特征、创立健康活泼的特点”的具体要求，以服务“南昌打造核心增长极基本成型、在全省率先全面建成小康社会”目标为工作主题，总揽全局、协调各方，狠抓落实，各项工作稳步推进、成效显著。

2016年12月5日，市委办公厅机关党委举行换届选举

2016年6月28日，市委办公厅参加中国共产党成立95周年文艺汇演

南昌市人民政府办公厅

2016年6月23日，市领导参加市政府办公厅所在支部“两学一做”学习教育专题活动

2016年，南昌市政府办公厅在市委、市政府的正确领导下，认真贯彻落实中共十八大和十八届三中、四中、五中、六中全会及习近平总书记系列重要讲话精神，遵照“严、实、细、勤、快、廉”六字要求，围绕打造富裕美丽幸福江西“南昌样板”的目标，充分发挥“围绕中心、服务大局、综合协调、搞好服务”的工作职责，切实提升服务水平，高标准、高质量、高效率地完成各项工作任务，有效保障政府的高效运转，为南昌经济社会发展提供了坚强保障。

2016年12月24日，市政府办公厅领导干部参加“美丽南昌·幸福家园”环境清洁活动

2016年12月31日，市政府办公厅参加全市“万人健步行”活动的领导干部合影

中共南昌市委组织部

2016年3月3日，全市组织部长会暨县乡领导班子换届工作部署会召开

2016年，全市各级组织部门以全面从严治党为根本遵循，以深化党的建设制度改革为主要抓手，围绕中心、服务大局，狠抓年初既定工作目标任务落实，为全市上下共筑“四强”梦、推动“三个文明”融合发展提供了坚强组织保证和人才支撑。

2016年10月19日，南昌海外高层次人才创新创业洽谈会召开

2016年12月8日，市委常委、组织部部长江晓斌（右三）到新建区调研党建工作开展情况

中共南昌市委宣传部

2016年1月12日，市委常委、宣传部部长龙和南在江西地市新闻网联盟成立大会暨“网眼看新城·魅力红谷滩”活动启动仪式上致辞

2016年，全市宣传思想文化教育战线深入学习宣传贯彻中共十八大和十八届五中、六中全会及习近平总书记系列重要讲话精神，全面贯彻落实“四个全面”战略布局，增强政治意识、大局意识、核心意识、看齐意识，全市宣传思想文化教育工作整体推进、亮点突出，为谱写富裕美丽幸福江西的“南昌篇章”提供了有力的思想舆论保证和精神文化支持。

2016年6月6—8日，由市委宣传部、市直机关工委、市国资委共同举办的“跨越时空的井冈山精神”庆祝中国共产党成立95周年大型群众歌咏比赛决赛在市广播电视台举行

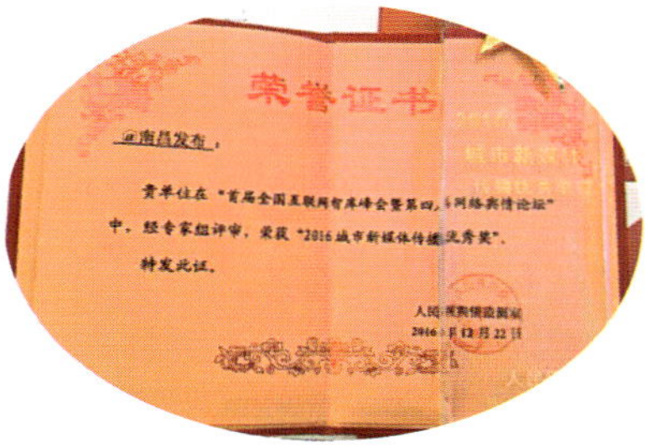

2016年11月，南昌日报“啄木鸟在行动”专栏荣获第26届中国新闻奖一等奖

2016年11月25日，电影《建军大业》封镜仪式暨新闻发布会在南昌八一起义纪念馆举行

中共南昌市委统战部

2016年4月1日，小蓝工业园同心·创新创业基地揭牌仪式举行

2016年，中共南昌市委统战部始终坚持以中共十八届三中、四中、五中、六中全会精神为指导，紧紧围绕市委、市政府中心工作，深入学习贯彻中央、省委、市委统战工作会议精神和习近平总书记在江西视察时的重要讲话精神，充分发挥统一战线优势，调动各方面积极因素，为南昌市实施“十三五”规划、打造核心增长极凝聚人心，汇集力量，全面推动全市各领域统战工作更上新水平。连续13年被中共中央统战部、中国统一战线杂志社评为“中国统一战线宣传先进单位”。

2016年1月21日，市委常委、统战部部长乐文红（前中）走访安义县困难户

2016年11月10日，新四军统战工作图片展开展

荣誉证书

江西省南昌市委统战部

被评为2016年度《中国统一战线》杂志学习宣传先进单位。

中央统战部宣传办　中国统一战线杂志社

二〇一六年

中共南昌市委政法委员会

2016年5月19日，全市综治工作“百日攻坚战”活动动员大会召开

2016年，南昌市政法工作围绕全市经济社会发展大局，以协助筹备全国综治“南昌会议”为契机，以“防控风险、服务发展”为主线，努力破解难题，补齐短板，取得了平安南昌、法治南昌和过硬队伍建设的新成效，为全市“十三五”顺利开局营造了安全稳定的社会环境、公平正义的法治环境和优质高效的服务环境。

2016年6月16日，市委常委、政法委书记刘家富（前右二）视察指导网格化服务管理工作

2016年9月21日，全国综治工作“南昌会议”协助筹备工作再动员大会召开

中共南昌市直属机关工作委员会

2016年11月17日，市直机关工委、市文联等单位联合开展的"洪大杯——兴家风、淳民风、正社风"书画大赛获奖作品展开展仪式在南昌美术馆举行

2016年12月13日，全市中共十八届六中全会精神集中宣讲活动市直机关专场宣讲报告会在市委第一会议室举行

2016年，中共南昌市直属机关工作委员会围绕"两学一做"学习教育这条主线，坚持以"发展+"理念引领机关党建工作的方向、以"党建+"理念发挥机关党建工作的作用、以"互联网+"理念创新机关党建工作的抓手、以"服务+"理念提升机关党建工作的水平，着力在增强机关党建工作的凝聚力、执行力、创新力、战斗力上下功夫，努力在抓基础、建机制、搭载体、树品牌上见实效，引领全市机关党建工作走前头、作表率、当先锋，为促进南昌经济社会发展做出了积极贡献。

2016年7月1日，市直工委召开"传承红色基因，探索党建新路，争做合格党员"纪念建党95周年座谈会

南昌市精神文明建设指导委员会办公室

2016年4月6日，由省文明办主办、市文明办承办的全省道德模范与“身边好人”(南昌)现场交流活动暨“江西好人”发布仪式在东湖区文化活动中心举行

2016年，南昌市精神文明建设指导委员会办公室围绕中央、省委、市委重大决策部署，以建设社会主义核心价值体系为根本，以创建文明城市为载体，深入开展思想道德模范建设，全市群众性精神文明创建活动异彩纷呈，为建设“美丽南昌·幸福家园”提供强大的思想保证和良好的社会环境。

2016年1月15日，第四届江西省道德模范先进事迹巡演活动（南昌专场）举办

2016年9月19日，由中央文明办、中国文联主办的第五届全国道德模范故事汇基层巡演（南昌专场）在湾里区江西中医药大学举行

南昌市机关事务管局

2016年8月，市机管局勇夺全省公共机构节能知识竞赛一等奖

市机管局局长李林慰问高温仍在一线坚守的安保人员

2016年，南昌市机关事务管理局按照“学习明事、大气谋事、精细做事、严格管事、和谐共事、廉洁从事”的工作要求，牢固树立创新、协调、绿色、开放、共享的发展理念，努力做好机关事务管理、保障、服务各项工作。南昌市的公共机构节能工作、公车改革工作走在全省前列，特别是机关食堂管理工作得到机关干部职工和各地市同行的一致肯定。荣获全省公共机构节能工作优秀设区市、省级文明先进单位、市级文明先进单位、全市综治工作先进单位和全市预算工作先进单位等荣誉称号。

卫生整洁的干部职工用餐环境

2016年9月，市保育院九龙湖分院开园

南昌市史志办公室

2016年11月15日，市委常委、秘书长郭毅（后排中）一行到市史志办调研

2016年，南昌市史志办公室按照全市史志工作规划总体要求，以史志编纂、研究、宣传为重点，以打造南昌史志品牌为目标，突出史志主业，注重服务现实，落实责任、人员，抓质量、抓效率，扎实开展《中国共产党南昌历史》（一、二、三卷）、《当代南昌日史》《南昌大事图记》《南昌大事记》《南昌年鉴》等史志书籍编纂和研究宣传工作，较好地完成全年工作任务，为全市史志工作持续健康发展作出了贡献。市史志办荣获全省党史宣传教育先进集体称号；《南昌年鉴（2014）》在全国地方志优秀成果（年鉴类）评比中荣获地市级（含副省级城市）综合年鉴一等奖。

2016年12月24日，市史志办干部职工在西湖区十字街街道参加全市创卫劳动

2016年7月1日，市史志办机关干部在方志敏广场开展重温入党誓词活动

南昌市档案局

2016年8月12日，国家档案局副局长杨继波（左一）在西湖区恒茂华城社区居委会开展档案行政执法检查

2016年1月14日，市档案局联合市农业局召开农村土地承包经营权确权登记颁证档案归档整理工作现场经验交流会

2016年，全市档案系统深入学习宣传、贯彻落实省市两办《关于进一步加强和改进新形势下全省（市）档案工作的实施意见》，围绕市委、市政府中心工作，按照年初工作部署，扎实开展“两学一做”学习教育，切实加强档案资源体系、档案利用体系和档案安全体系“三个”体系建设，档案工作法制化、规范化、信息化建设水平进一步提高，档案部门服务民生服务经济建设的能力和水平进一步提升，为奋力书写富裕美丽幸福江西“南昌篇章”做出积极贡献。市档案局荣获“2014-2016年度全国省会城市和计划单列市档案宣传工作优秀单位”“2015年度设区市档案局（馆）工作先进单位”“南昌市学雷锋活动示范点”等称号。

2016年6月6—8日，市档案局在红谷大厦举办“档案与民生”主题展览暨2016年“6·9国际档案日”宣传活动

南昌市编制委员会办公室

2016年5月24—25日，由中央编办一司主办、南昌市编办协办的“部分省区市群团改革相关问题培训暨研讨班”在前湖迎宾馆举行

2016年，南昌市机构编制部门主动适应“深化改革、简政放权、控编减编、依法行政、从严治办”五个新常态，围绕中心，服务大局，积极进取，充分履职，着力推进各项改革，继续严管严控机构编制，切实加强自身建设，全市机构编制工作呈现创新发展的良好势头。

2016年6月29日，市编办机关全体党员到南昌八一起义纪念馆接受革命传统教育，并在革命烈士雕塑前重温入党誓词

2016年8月，市编办分3个场次组织机关14名年轻党员开展“爱阅读、乐分享”读书交流活动。图为市编办领导为获奖党员颁发证书

南昌市连续第八次荣获全国双拥模范城称号

2016年10月14日，省政协副主席钟利贵（左三）一行督导调研南昌市社区协商工作

2016年，南昌市民政局围绕市委、市政府中心工作，树立“民政为民、民政爱民”理念，强化责任意识，攻坚克难，把握新机遇、迎接新挑战、打开新局面，在服务经济社会发展大局中发挥重要的基础性作用。南昌市被确定为全国首批医养结合试点城市，实现全国双拥模范城“八连冠”。在全省率先实现城区低保统筹，全市城市居民家庭经济状况核对工作在中部六省率先实现银行存款信息网络同步查询。创新社会组织监督管理方式，开展精品社区打造工作，全面强化救灾应急体系建设，在全省率先规范社区命名。

2016年11月16日，南昌市退役士兵公开选岗安置大会召开

2016年12月19日，南昌市召开农村留守儿童关爱保护工作领导小组第一次全体会议

南昌市荣获全国少数民族流动人口服务管理示范城市称号

2016年9月20日，南昌市宗教界培育和践行社会主义核心价值观演讲比赛在基督教志道堂举办

2016年10月12日，南昌市佛教协会举办“佛教中国化、洪州禅社会主义核心价值观”学术研讨会

2016年，南昌市民族宗教事务局围绕促进民族团结、宗教和睦、社会和谐工作主题，扎实推动中央民族工作会议、全国宗教工作会议、全国城市民族工作会议和省市民族工作会议精神的贯彻落实，创新思维、绵绵用力、久久为功，全面推动民族宗教工作取得新成效。7月，南昌市荣获国家民委办公厅授予的“全国少数民族流动人口服务管理示范城市”称号。全面推动示范城市建设，完善少数民族流动人口服务管理体制机制，促进各民族交往、交流、交融。

2016年10月16—17日，首届西山万寿宫庙会研讨会在南昌举行

2016年8月28日—9月1日，西山万寿宫庙会举行

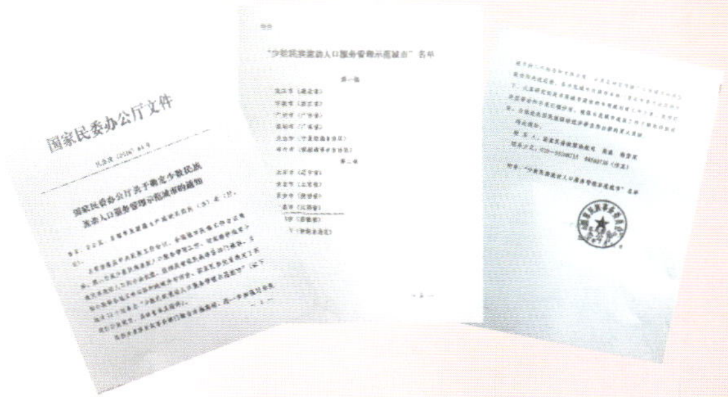

联合申报的“前置前驱8挡自动变速器（8AT）”应用项目荣获国家科学技术进步一等奖

2016年10月9日，江铃汽车集团公司召开科学技术奖励大会

2016年，江铃集团在推动创新转型升级工作上成效显著，乘用车和新能源汽车两大领域都有很大的改善和进步。江铃集团位列“2016中国企业500强”第249位，比上年提升1位，同时位列“2016中国制造业企业500强”第120位。联合申报的“前置前驱8挡自动变速器（8AT）676767676767676767”应用项目荣获国家科学技术进步一等奖，凯锐800轻卡平台开发项目荣获中国汽车工业科学技术奖一等奖。江铃底盘公司申报国家级技术中心工作通过公示。江铃集团轻型汽车公司、江铃李尔公司和江铃房地产工程公司获得江西省省级企业技术中心认定，江铃汽车股份有限公司工业设计中心获得江西省省级工业设计中心认定。江铃集团省级技术创新平台增至16个。江铃集团轻型汽车公司、江铃集团新能源汽车公司、江铃实业公司、江铃实顺公司、南昌银轮公司和南昌华翔公司等9家子公司获得国家高新技术企业认定，江铃集团高新技术企业总数达到27家。在2016年科学技术奖励大会上，江铃集团拿出600多万元奖金，表彰在科技创新领域作出突出贡献的人员。

2016年12月30日，省工信委和江铃汽车集团主办的新能源汽车产业与智能网联发展论坛举行

2016年3月9日，江铃新能源汽车E200上市

2016年11月20日，首届“江铃驭胜——2016南昌国际马拉松”比赛正式开跑，由董事长邱天高领跑的江铃集团千人跑团参赛

南昌西汉海昏侯墓入选“2015年度全国十大考古新发现”

2016年6月7日，南昌汉代海昏侯国遗址管理局挂牌仪式举行

2015年，南昌汉代海昏侯墓的考古重大发现惊艳问世。它独一无二的价值及丰富的历史信息和文化内涵，引起海内外社会各界的高度关注。省委、省政府，市委、市政府高度重视南昌汉代海昏侯国遗址的保护利用工作，2016年6月7日正式成立省属市管副厅级参公事业单位——南昌汉代海昏侯国遗址管理局。南昌汉代海昏侯国遗址管理局挂牌成立后，围绕“三四三”目标（三个一流：一流的考古水平、一流的文物保护水平、一流的展示水平；四个结合：坚持遗址公园建设与当地经济社会发展相结合、与当地群众生活水平相结合、与当地城乡基本建设相结合、与当地环境改善相结合；三个目标：将遗址公园建设成为全国旅游AAAAA级景区、国家考古遗址公园、世界文化遗产），本着对历史高度负责的态度，不等不靠，全力推进海昏侯国遗址公园建设各项工作。

2016年9月24日，南昌汉代海昏侯国遗址管理局参展省旅博会。《梦回海昏侯国》节目在省旅博会上被评为十佳节目

西汉海昏侯墓出土的金饼

西汉海昏侯墓出土的马蹄金

2016年10月27日，南昌汉代海昏侯国遗址管理局与江西银行签署全面战略合作框架协议

南昌市委台办荣获中央台办“两刊”对台宣传工作先进单位称号

2016年10月16–18日，第十四届赣台（南昌）经贸文化合作交流大会在南昌市召开

2016年，南昌市委台办接待高雄市“台湾青年创业江西行”参访团、台湾旺旺中时媒体参访团和台湾“中华广播商业同业公会”访问团等3个媒体团到南昌参观采访，完成1项国台办对台宣传专项工作，南昌的魅力形象频频出现在岛内“中视”、时报周刊、旺报、中时电子报等知名媒体，在岛内引起较强烈反响。中央和省市各级媒体报道南昌对台工作300余篇。被中央台办宣传局评为2016年中央台办“两刊”对台宣传工作先进单位。

2016年7月8日，第三届海峡两岸（南昌）青年学生夏令营营员参观八大山人纪念馆

2016年12月22日，台湾广播业访问团与南昌市新闻工作者交流后合影

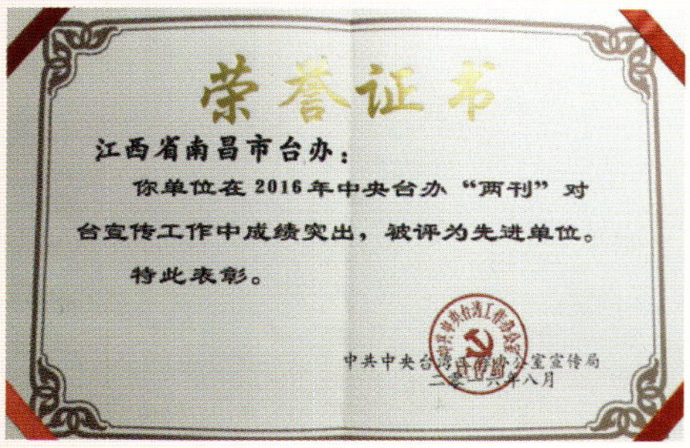

荣誉证书

江西省南昌市台办：

你单位在2016年中央台办“两刊”对台宣传工作中成绩突出，被评为先进单位。

特此表彰。

中共中央台湾工作办公室宣传局
二〇一六年八月

南昌市妇联荣获全国妇联系统先进集体称号

2016年10月9日、12日，全国妇联书记处书记谭琳（前右一）到南昌调研基层妇女维权工作

2016年5月26日，南昌市首届家庭教育节开幕

2016年，南昌市妇联以家庭为主阵地，扎实履职，开拓创新，主动参与，积极作为，团结带领全市妇女为南昌打造核心增长极、共筑"四强梦"做出积极贡献。荣获全国妇联系统先进集体、全国妇女新闻宣传阵地建设先进单位、江西省"我爱我家"家庭情景剧展示活动"优秀组织奖"、江西省"振兴杯"红杜鹃家政服务行业技能竞赛团体组织奖、江西省"恒爱行动——百万家庭亲情一线牵"活动优秀组织奖、南昌市社会管理综合治理目标管理先进单位等多项荣誉。

2016年5月31日，市妇联举行南昌市"培育好家教，传承好家训"家风建设巡讲首场报告会

全国妇联系统
先进集体

中华人民共和国人力资源和社会保障部
中华全国妇女联合会
二〇一六年十二月

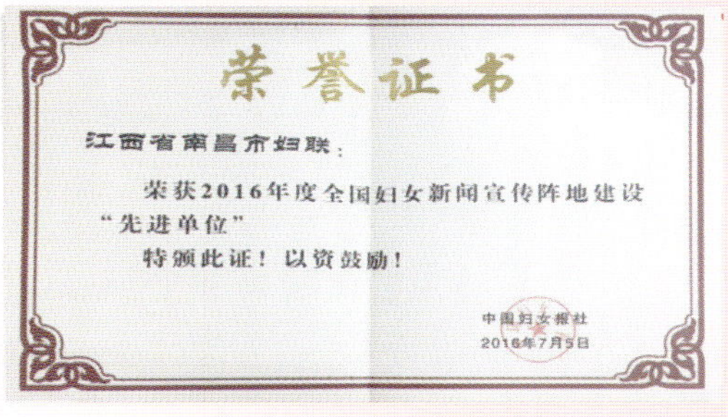
荣誉证书

江西省南昌市妇联：

荣获2016年度全国妇女新闻宣传阵地建设"先进单位"

特颁此证！以资鼓励！

中国妇女报社
2016年7月5日

南昌市科协荣获全国科普日特色活动优秀单位等称号

2016年9月20日，2016年南昌市“全国科普日”启动仪式在南昌县举行

2016年，南昌市科协认真组织开展“2016年科普之春暨学雷锋科普志愿者服务月活动”“防灾减灾宣传周”“科技活动周”和“全国科普日”等系列科普活动，全市各级科协系统共组织开展各类科普活动100余次，动员组织科技工作者、科普志愿者1000余人，参加的专家、学者200余名，共免费发放科普宣传资料8万余份。活动得到社会各界的支持，影响力逐年增大。市科协荣获中国科协颁发的“2016年全国科普日特色活动优秀单位”和“2016年全国科普日活动优秀组织单位”称号。

2016年9月21日，市科协在东湖区社区举办科普展览

2016年7月8日，南昌市航海模型教育竞赛暨南昌市中小学生科普教育实践基地挂牌仪式举行

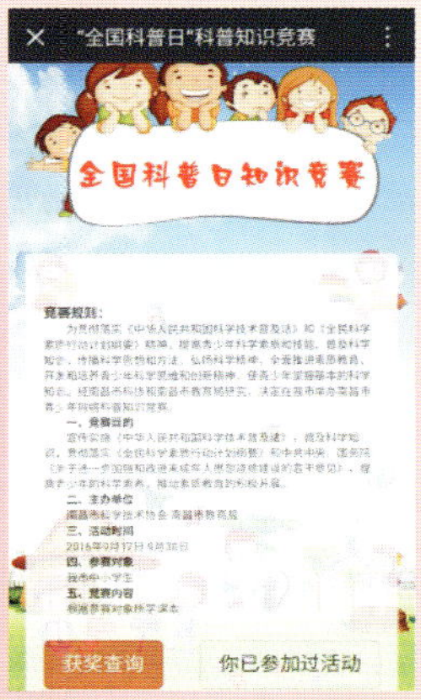

2016年9月17—30日，市科协、市教育局联合举办的南昌市青少年网络科普知识竞赛页面

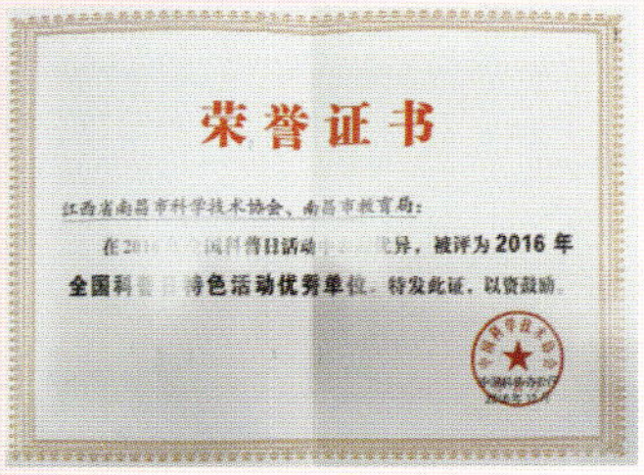

南昌市人民防空办公室荣获全国人民防空先进单位称号

2016年10月29日，市人防办在红谷滩新区开展《人民防空法》颁布20周年法律咨询日活动

2016年，南昌市人民防空办公室在市委、市政府和南昌警备区的正确领导下，紧扣全市发展大局，狠抓人防军事斗争准备，推进人防建设融入经济社会发展，坚持改革创新，注重全面建设，突出民生服务，取得了一定成效。南昌市荣获全省“十二五”人防先进城市称号；市人防办先后荣获全国人防先进单位、全市文明单位、全市综治先进单位、全市节能降耗先进单位等荣誉称号

2016年9月9日，市人防办召开“两学一做”学习教育交流推进会

2016年9月18日，市人防指挥部成员单位召开联席会议，现场连线观摩疏散演练

南昌市林业局荣获2013-2015年度全国森林防火工作先进单位称号

2016年12月7日，副市长樊三宝（后排中）视察湾里区专业森林消防队

2016年，南昌市林业局以全市打造核心增长极为契机，遵循“山上山下同步、提质扩量兼顾、建设保护并举、生态经济共赢”的思路，统筹推进全市林业、农垦事业，为南昌建设成为“三个文明”融合发展的现代化城市夯实了生态基础。全市全年仅发生一般性森林火灾1起，实现了“三个确保”全市工作目标。市林业局荣获国家森林防火指挥部、国家林业局授予的“2013—2015年度全国森林防火工作先进单位”称号。

2016年12月6日，南昌市森林防火乡镇指挥长培训班举办

湾里区新建物资储备库

南昌市财政局荣获全国财政信息工作先进单位称号

2016年1月9日，市财政局领导干部春节走访广润门街道困难群众

2016年5月17日，全市行政事业单位国有资产清查工作动员暨培训大会召开

2016年，南昌市财政局牢固树立和贯彻创新、协调、绿色、开放、共享的发展理念，坚持稳中求进工作总基调，主动适应经济发展新常态，深化财政改革，健全体制机制，发挥职能作用，不断提高财政管理科学化、精细化水平。继续高度重视信息工作，每年将信息工作纳入局重点工作项目推进计划并对其进行专项考核，同时定期组织信息写作培训，邀请相关部门专家和老师进行授课，切实提高信息员的写作能力。局主要领导亲自对信息工作提要求、交任务、出题目；局分管领导把信息工作摆在突出位置常抓常议，想方设法改善信息工作条件；局各处室（单位）积极撰写精品稿件，并通过约稿、考评、座谈会等方式调动各处室（单位）勤报信息、多写信息的积极性，在全市财政系统营造了做好信息工作的浓厚氛围。先后荣获全国财政信息工作先进单位、江西省第十四届文明单位、全省拥军优属先进单位、南昌市“十二五”扶贫开发工作先进单位、全市打造核心增长极考核一等奖第一名、全市绩效管理考核经济发展类第一名等市级以上各类荣誉13项。

2016年9月26日，2017年市级部门预算及2017—2019年部门财政规划编制大会召开

南昌市防震减灾局荣获全国地市防震减灾工作先进单位称号

2016年5月12日，南昌县防震减灾局联合县消防大队、县卫生局、县教体局等单位在洪州学校举行地震应急综合演练

2016年，南昌市防震减灾局坚持“以防为主、防抗救相结合”工作方针，以改革创新服务经济社会融合发展为核心，以项目建设促进防震减灾事业发展为引领，以提升能力实现社会公共服务供给为目标，开拓创新，务实奋进，圆满完成全年各项目标任务。连续第三年荣获“全国地市级防震减灾业务工作考核先进单位”和“全省市级防震减灾工作考核先进单位”称号。青山湖区塘山镇丹霞社区、南昌县莲塘镇玺园社区被评为“国家地震安全示范社区”。

2016年9月20日，副市长宋铀（右二）视察市防震减灾科普中心

2016年5月12日，市防震减灾局联合市政府应急办、红谷滩新区管委会等单位在红谷滩绿地中心广场举办主题为“减少灾害风险，建设安全城市”的“5·12”防灾减灾日大型宣传活动

南昌市国家税务局荣获青年文明号称号

2016年5月1日，市国税局开出全省“营改增”第一张税票

2016年5月27日，税企互动“营改增”业务知识竞赛在市国税局开展

2016年，南昌市国家税务局以创新发展为主线，全力打造“法治、高效、活力、廉洁、智慧”国税，向着税收现代化目标迈进。税收改革平稳推进，“营改增”试点工作得到李克强总理充分肯定，国家税务总局局长王军给予批示肯定。国地税合作深入推进，东湖区国税、地税合作办税做法得到上级领导肯定。“互联网+税收”出新出彩，自主研发并在全省推广运用“税企交互平台”，进一步方便广大纳税人办税，提升纳税服务水平。在2016年全国纳税人满意度调查中，市国税局位列全国国税系统省会城市综合排名第三，绩效管理工作在全省各设区市国税局中名列前茅，继续保持全国和全省“文明单位”荣誉称号。

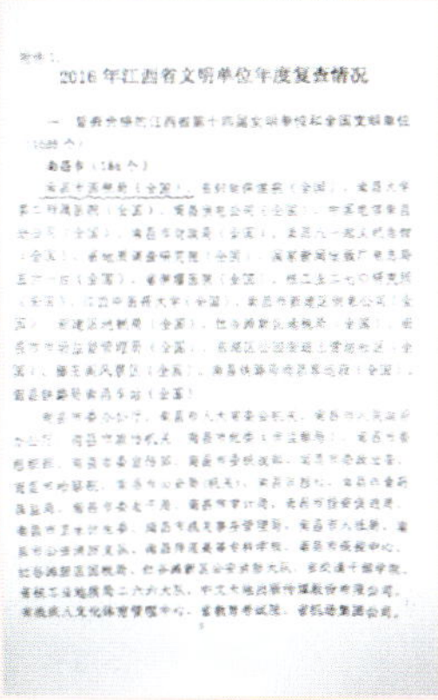
2016年江西省文明单位年度复查情况

2016年7月1日，市国税局开展“大党日”活动——新党员入党宣誓

南昌市教育局荣获全国地市教育部门新媒体优秀奖

2016年7月21—23日，市教育局机关举办“两学一做”井冈山革命传统体验教育活动

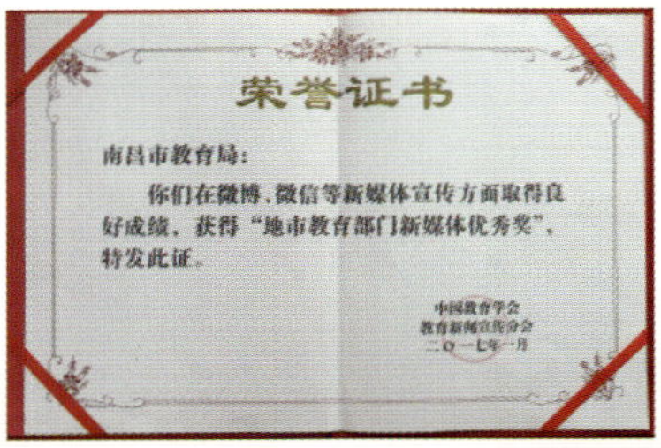
荣誉证书

南昌市教育局：

你们在微博、微信等新媒体宣传方面取得良好成绩，获得“地市教育部门新媒体优秀奖”，特发此证。

中国教育学会
教育新闻宣传分会
二○一七年一月

2016年，南昌市教育局高度重视新媒体在思想教育和宣传引导工作中的作用，秉持“讲述教育好故事、传播教育正能量”的原则，充分利用微博、微信和网站等多种新媒体渠道展现南昌教育的发展魅力和改革成果，打造出了有特色、有亮点的“学在南昌”教育品牌。在武汉大学召开的“2017中国教育政务新媒体年会”上，南昌市教育局荣膺“全国地市教育部门新媒体优秀奖”。

2016年9月6日，市教育局举办2016南昌市教育系统“年度教师”决赛

2016年11月4日，市教育局就“全市小学生拟8:30上课”举行听证会

2017年1月，市教育局在中国教育政务新媒体年会中获地市教育部门新媒体优秀奖

开放型经济·进出口货物管理

概　述

【概况】　2016年，南昌市继续抓改革促开放，实施更加积极的开放战略，搭建更加广阔的开放平台，营造更加浓厚的开放氛围，发展动力明显增强。省内融合不断深入。昌九一体化有新突破，实现住房公积金贷款一体化，两市户口迁移实现“一站式”办理。昌抚一体化有序推进，“1+8”系列合作协议初见成效。省外协作加快推进。承办长江中游城市群省会城市第四届会商会，共同签署《南昌行动》。举办第十二届泛珠三角区域省会城市市长联席会，加入中英地方合作联合工作组、中德工业城市联盟。南昌至洛杉矶航线首飞，实现全省洲际航线零的突破。至年底，南昌地区内企业（含中央、省属公司）实现进出口总值94.07亿美元，比上年下降17.28%。其中，出口值57.84亿美元，下降31.97%；进口值36.24亿美元，增长26.23%。从出口贸易方式看，一般贸易出口43.47亿美元，同比下降32.93%；加工贸易出口13.75亿美元，下降8.58%。从出口重点商品看，高新技术产品出口13.9亿美元，下降15.28%，占全市比重24.03%；机电产品出口28.78亿美元，下降29.11%。

开放型经济

【概况】　2016年，南昌市面对全球经济复苏步伐缓慢、国内传统外贸优势逐步削弱等经济发展形势，坚持用前瞻的理念引领开放，用创新的举措推进开放，用坚实的平台支撑开放，用优良的环境促进开放，用严格的纪律保障开放，以“大招商、招大商”为目标，主动作为，招商引资保持良好发展势头。大力实施招商引资“一号工程”“一把手”工程，积极构建开放型经济新体制，不断创新招商方式，全市开放型经济异彩纷呈。对外贸易进出口、出口总量位居全省之首，占全省出口总量19.2%。全年利用国（境）外实际到位资金30.65亿美元，完成2016年度指导目标的102.94%，同比增长13.25%。全年现汇进资完成6.37亿美元，现汇率为20.79%，完成年计划目标。全年实际利用内资1158.35亿元，完成2016年度指导目标的105.41%，超计划进度5.41个百分点，同比增长13.84%，超年计划增速5.84个百分点。其中，利用省外资金项目进资765.03亿元，增长13.64%，超年计划增速1.64个百分点。

【完善开放平台】　2016年，南昌市先后加入中英地方联合工作组、中德工业城市联盟，国际经贸交流合作日益深入。成功入选国家构建开放型经济新体制综合试点试验地区，先行先试成效初显。南昌综合保税区正式获批设立，封关验收在即。国际多式联运工作全面展开，中欧（南昌—鹿特丹）国际铁路货运班列正式开通，向塘铁路场站口岸作业区建设等国际联运硬件设施改善项目稳步推进，南昌至深圳（香港）、南昌至上海、南昌至厦门、南昌至宁波等海铁联运线路运行平稳。航空事业高歌猛进，顺丰速运南昌往返深圳全货机货运航线正式通航，南昌至洛杉矶全省首条洲际航线实现首飞。新开、加密一批境内外航班航线，昌北国际机场全年旅客吞吐量786.4万人次，同比增长5.02%，货邮吞吐量5.06万吨，下降0.93%。至年底，南昌市通航67个国内外城市，经营航线88条，其中国际及地区通航城市18个（地区城市3个，国际城市15个）。

【招大引强成效显著】　2016年，南昌市签约重大项目629个，同比增长43.61%；签约投资总额4623.35亿元，

2016年10月13日晚，中国南昌至美国洛杉矶洲际航线首航仪式在昌北国际机场T1航站楼举行

增长43.13%。新注册重大项目542个,同比增长67.8%,超额完成招大引强年度任务,超计划目标312个。其中,投资总额10亿元以上项目118个,增长71.01%。中国南昌虚拟现实VR产业基地、与德通讯、绿地双创中心、科陆锂电池、诺思芯片、保利协鑫新能源汽车及零部件生产基地项目、华侨城南昌象湖文化旅游综合项目等一批产业项目相继成功签约落户。

【项目推进扎实有效】 至2016年年底,2015年赣港赣台经贸合作活动签约项目全部注册并进资,开工率95.65%,投产率43.48%。2015年"民企入赣"专题系列招商活动签约项目已全部注册并开工建设,项目进资额1168.95亿元,进资率71.5%,项目投产179个,投产率81.74%。2016年赣港经贸合作活动签约项目半年时间注册率、进资项目比率均在80%以上。

【试点试验初见成效】 2016年,按照借鉴创新、提升创新、自主创新、协同创新原则,先后完成构建开放型经济新体制综合试点试验调研及顶层设计、实施方案制定报备和实施情况年报工作,得到商务部、国家发改委高度肯定。一些改革创新举措相继出台,部分重大改革事项取得突破性进展。9月12—13日,商务部、国家发改委在南昌市召开第一次全国试点试验交流推进会议,重点推广南昌市经验做法,新华社等中央媒体作重点宣传报道。12月2日,新华社中国经济信息社第758期经济分析报告以《构建开放型经济新体制的南昌实践》为题,从五个方面对南昌市试点试验工作进行专门介绍。

【国(境)外投资多元化发展】 至2016年年底,南昌市企业赴美国、澳大利亚、新西兰及中国香港等43个国家和地区开展商务服务业、工程建筑业、农业、制造业、矿产资源勘查开发等投资活动,其中包括格鲁吉亚、哈萨克斯坦、马来西亚等17个"一带一路"沿线国家。江西正邦科技股份有限公司在中国香港实际投资9388万美元,进行农产品原料进出口贸易;瑞能半导体有限公司在中国香港实际投资6828万美元,研发半导体等设备及零部件;江西省华美食品工业有限公司拟在马来西亚投资1000万美元,建设现代农业科技产业园,已列入省拟建境外合作经贸园区目录。

【对外承包工程稳步发展】 至2016年年底,南昌市7家企业在委内瑞拉、沙特阿拉伯、印度尼西亚等23个国家和地区承揽住房、桥梁、电站等工程项目,参与印尼、菲律宾、马来西亚等9个"一带一路"沿线国家工程建设。江联国际与埃塞俄比亚签署6.47亿美元的糖厂和农业灌溉项目,这是全省迄今为止单个合同额最大的海外工程项目。南昌对外工程总公司与中信集团合作的委内瑞拉住房工程项目完成营业额累计7亿美元。江西久盛国际电力工程有限公司承包的印度尼西亚两座燃煤发电厂顺利交付使用,带动机电设备出口超过1亿美元。

【推进区域协作】 2016年,依托"一带一路""长江经济带""中部城市群"等国家区域发展战略,加强与长三角城市经济协调会及其会员城市沟通,积极参加协调会组织的活动,主动对接长三角城市群。以广东、福建新批自贸区为契机,加强与海西经济区、泛珠三角区、闽浙赣皖福州经济协作区、向莆铁路沿线城市联系,深化经贸合作。与武汉、长沙、合肥签订《长江中游城市群省会城市第四届会商会合作协议(南昌行动)》,长江中游城市群省会城市合作长效机制基本建立,基础设施及产业发展互联互通、市场一体化步伐加快。至年底,南昌市与国内25个大、中城市缔结成友好城市,区域内产业互补、市场互补、优势互补、合作共赢不断升级。

【进出口企业进一步扩大】 2016年,全市有外贸进出口实绩经营企业917户,比上年增加27户;有出口实绩企业776户,增加11户。生产型企业出口32.8亿美元,占全市出口总额56.71%,同比下降10.12%;流通型企业出口25.04亿美元,占全市出口总额43.29%,下降48.4%。出口过千万美元企业105户,比上年减少26户,累计出口44.65亿美元,减少29.45亿美元,占全市出口总额77.19%,下降9.03%;过亿美元企业5户,减少17户,累计出口12.1亿美元,减少25.04亿美元,占全市出口总额20.92%,下降22.3%。在出口上千万美元的的企业中,以外贸流通企业为主,企业数达72户,比上年减少23户,累计出口29.57亿美元,下降45.02%;生产型企业仅有33户,减少3户,实现出口15.08亿美元,下降25.78%。进口过千万美元的企业27户,减少2户,累计进口33.82亿美元,增长28.11%,占全市进口总量93.32%。其中,生产型企业21户,累计进口28.37亿美元,增长28.72%,占全市进口总额78.28%。鑫陇科技、欧菲光、捷德、荣晶科技、友联达、菱光等加工贸易企业和江铃集团等一批大型生产企业进口大量生产所需的原辅材料。

【外商投资企业出口占比提高】 2016年,全市外商投资企业实现出口18.47亿美元,同比下降12.17%,占全市出口总额31.93%,占比较上年增加7.46%;民营企业出口35.54亿美元,下降37.26%,占全市出口总额61.45%;国有企业出口3.83亿美元,下降47.82%,占全市出口总额6.62%。

【民营企业进口增长迅猛】 2016年,全市民营企业实现进口18.5亿美元,同比增长77.2%,占全市进口总量51.05%;外商投资企业进口15.96,下降4.12%,占全市进口总量44.04%;国有企业进口1.77亿美元,增长10.24%,占全市进口总量4.88%。

【出口商品结构优化】 2016年,全市前五大类出口产品为机电产品、高新技术产品和纺织服装、农产品、光伏产品,其中机电产品和高新技术产品占全市比重提高。机电产品累计出口28.78亿美元,同比下降29.11%,占全市出口总量49.76%,较上年提高1.52%;高新技术产品出口13.89亿美元,下降15.28%,占全市出口总量的24.03%,较上年提高5.63%;传统劳动密集型出口产品纺织服装、农产品、光伏产品出口总量大幅下降,分别实现出口13.8亿美元、0.46亿美元、0.2亿美元,分别下降31.39%、28.53%、73.83%。

【新兴市场出口占比提高】 2016年,南昌市与全世界203个国家和地区发生贸易往来,其中出口总值超过1亿美元的国家和地区共14个。对欧、美、日和中国香港等四大传统市场累计出口29.47亿美元,占全市出口总值50.95%。对东盟、南非、印度、阿联酋等新兴市场累计出口10.48亿美元,占全市出口总值18.12%。从出口区域变化看,南昌市出口企业对国际市场开拓力度有所加大,新兴市场占比进一步扩大,出口市场结构更为优化。

【一般贸易占主导】 2016年,一般贸易出口43.47亿美元,占全市出口总额75.16%,同比下降32.93%;加工贸易出口13.75亿美元,占全市出口总额23.77%,下降8.58%,其中进料加工贸易出口13.67亿美元、来料加工贸易

0.08亿美元。一般贸易进口24.39亿美元,占全市进口总额67.3%。

【参加国内外展会】 2016年,南昌市组织700余家企业参加境内外知名展会150余个。其中,国内展会组团10个,参展企业400余家;国外展会组团100个,参展企业240家。组团参加3月1—5日在上海新国际博览中心举行的第26届华交会,参展企业53家,展位72个,主要展出服装服饰、纺织面料、家庭用品等产品。其中,服装服饰展位66个,占全省服装展位的八成。组团参加4月15日—5月4日在广州举行的第119届中国进出口商品交易会(简称广交会),参展企业161家,展位225个,参展展区涉及男女装、电子电气、工程农机等31个展区。组团参加10月15日—11月4日在广州举行的第120届广交会,参展企业154家,展位210个,产品涵盖办公文具、电子消费品及信息产品、工程农机、汽车配件、建筑及装饰材料、男女装、照明产品等30大类。组团参加9月11—14日在广西南宁市国际会展中心举行的第13届中国—东盟博览会,江西江联国际工程有限公司、江西江铃进出口有限责任公司2家企业参展,申请展位面积119平方米。组织参加11月8—10日在南非开普敦举办的“南非中国纺织精品展览会暨南非纺织服装鞋类展览会”,17家企业参展,申请展位18个,主要展出服装面料、家纺面料、辅料、家纺成品、鞋包等展品,现场结识贸易客商1500余家,达成贸易意向1017万美元,实际成交342万美元。展会期间,南昌市政府举办当地针织产业集群专场推介会,让更多南非客户了解当地针织产业聚合能力以及产品优势。

【推动出口信用保险业务发展】 政策性信用保险是企业参与国际贸易竞争,抢抓境外订单,防范风险不可或缺的金融工具。2016年,南昌市积极推动政策信用保险工作,支持出口信用保险公司,促进外贸发展。出口信用保险公司是南昌市实施“一带一路”和长江经济带建设工作领导小组成员,参与南昌市“一带一路”和金融支持全面开放发展有关政策制定和实施,推动出台南昌市“一带一路”国际产能合作信用保险服务平台建设,利用中长期险、海外投资险和特险等产品,服务保障南昌市“走出去”项目发展。全年累计承保中长期险保额2.53亿美元,已批待承保项目2.34亿美元;企业海外投资保险1.57亿美元;出口特险项目金额9.3亿美元。全年累计为南昌市外贸出口14.05亿美元提供风险保障服务,服务出口企业240余家。其中,小微出口企业196家,客户覆盖率31.16%。出口信用保险公司采取分类差异化服务政策,对大额案件,重点理赔,对小微企业采取“简易查勘、快速理赔”。全年累计为企业支付赔款2700余万元。其中,最大一笔赔款为江西中煤承建肯尼亚某公路工程项目,遭遇业主违约拖欠,出口信用保险公司为企业支付赔款1870万元。

2016年南昌市进出口主要国家一览表

单位:万美元

国家	进出口		出口		进口	
	总量	同比	总量	同比	总量	同比
美国	97253	-6.14	78099	-14.22	19154	52.38
越南	30854	-10.45	26256	-16.42	4597	51.25
韩国	110842	19.7	17509	-47.09	93333	56.84
印度	17785	-12.27	17288	-12.65	497	3.46
泰国	22637	-33.8	14457	-24.42	8179	-45.71
日本	53514	32.14	14193	-21.44	39321	75.3
德国	41533	2.22	13648	-34.25	27886	40.32
南非	14566	-30.94	13165	-33.84	1401	17.26
马来西亚	15227	-55.78	13078	-59.46	2149	-1.12

2016年南昌市主要进出口商品一览表

单位:万美元

商品种类	进出口		出口		进口	
	总量	同比	总量	同比	总量	同比
机电产品	604317	-5.9	287826	-29.11	316490	34.02
高新产品	400227	12.57	138956	-15.28	261271	36.41
纺织服装	140764	-31.14	138050	-31.39	2713	-15.28
农产品	6561	-43.68	4600	-28.53	1928	-62.69
光伏产品	2155	-71.43	2000	-73.83	186	940.19

2016年南昌市出口前十位企业数据一览表

单位:万美元

企业名称	累计出口	同比(%)
江西江铃进出口有限责任公司	34081	-15.91
鑫陇科技(南昌)有限公司	31638	-18.16
荣晶(南昌)科技有限公司	22706	7.26
合顺(南昌)光电科技有限公司	21822	-7.81
江西永通鞋业有限公司	7339	42.62
江西广宥鞋业有限公司	7180	-9.6
南昌菱光科技有限公司	6789	-20.35
捷德(中国)信息科技有限公司	6537	-13.8
南昌欧菲生物识别技术有限公司	6044	2316.6
南昌欧菲显示科技有限公司	5940	9934.44

2016年南昌市进口前十位企业数据一览表

单位:万美元

企业名称	累计进口	同比(%)
南昌欧菲生物识别技术有限公司	74454	124.01
南昌欧菲光电技术有限公司	39639	53.04
江西江铃进出口有限责任公司	349884	12.91
鑫陇科技(南昌)有限公司	27441	-32.36
南昌欧菲显示科技有限公司	21932	166.12
合顺(南昌)光电科技有限公司	21506	-8.35
荣晶(南昌)科技有限公司	19243	-11.9
南昌欧菲光科技有限公司	12229	61.27
捷德(中国)信息科技有限公司	11057	48.14
方大特钢科技股份有限公司	11004	102.1

(唐才秀　晏　洪)

进出口货物管理

【概况】 2016年,南昌海关驻高新区办事处根据南昌海关提出"固本强基、凝心聚力、创新发展"目标要求,围绕南昌、抚州外向型经济发展战略,不断深化业务改革、推进依法治关,扎实推动"两学一做"专题学习教育取得实效,努力谋求在固本强基夯实党建基础、凝心聚力做强业务特色、创新发展高效支持服务等方面取得成效,全面高效完成全年各项工作任务,呈现出优化服务与强化监管效能齐头并进、业务建设改革与地方经济发展稳步提升的良好局面。

【全面深化业务改革】 2016年,巩固"长江经济带海关通关一体化改革"成果,融入"全国通关一体化改革",实现广东陆路口岸通关一体化。深化"关检三个一"合作,扎实开展"关检三个一"全流程作业,以邀约形式开展一次查验。推动企业信用改革,以总署企业认证专项督导为契机,学习细化认证标准,提高认证能力。全年开展高级认证企业重新认证企业3家,一般认证企业重新认证企业2家,培育指导14家。通过关企座谈会、政策宣讲会等多渠道宣讲企业年度报告新规定,督促辖区企业按时申报,积极协调解决报送问题,帮助1264家企业成功完成年报申报工作。落实查验工作"双随机"制度,减少现场即决式布控比率,探索"查验分析、查验操作、查验记录、查验处置、查验反馈"查验管理

"五环联动"工作机制,强化移动查验单兵作业系统应用。

【强化实际监管效能】 2016年,加强综合治税,在内销环节加强审价,掌握企业纳税情况,认真分析辖区税源分布情况,找准税源商品审价重点,提高加工贸易内销征税征管水平,努力实现税款应收尽收。密切内外勤配合,对存在异常情况企业及时制发核查单,通过信息互通和稽核联动等方式,提高监管效能。关注加工贸易监管,全面清理长期未进出口的加贸手册,根据HL2008和保税监控分析系统风险提示,对存在问题加贸手册开展保税核查,及时做好处置。全年,征收税款2.08亿元;办理加工贸易合同备案210份,备案金额6.24亿美元;审批征免税证明666份,审批减免税货值1.62亿美元,减免税款1.38亿元;办理报关单11255份;办理企业注册登记583家,企业信息变更666份,审批留学回国人员购车121人;年审公路运输企业6家,年审车辆2辆;年审航运运输企业3家,年审船舶19艘。

【提升后续监管与打私工作水平】 2016年,实施以双随机为主、人工干预为辅的稽查对象选择及稽查组织管理办法,探索实施稽查标准化作业,推进实践差别化稽查作业手段,提高稽查作业的针对性和有效性。以新稽查条例实施为契机,大力宣传主动披露政策,规范主动披露作业流程,鼓励和引导企业进行自查自报,形成关企互动良好循环。根据海关总署及南昌海关统一部署,开展对辖区内汽车行业及电子行业特许权使用费专项稽查及贸易调查行动。牢固树立"监管就是打私,打私就是监管"理念,密切一线监管、后续管理和缉私工作深度融合,以"国门利剑2016"行动为抓手,加大缉私办案力度。全年开展稽查作业12家,完成9家,移交缉私部门线索5起,稽查补税567万元;完成保税核查22起,保税核查补税112万元;巡查企业211家,对75家存在注册失实或人去楼空企业提请南昌海关通关锁定或降低信用等级,对其中16家企业核实相关信息后解除通关锁定操作;查获、移交行政违法案件38起,立案案值8291万元,立案涉税363万元。

2016年7月12日,南昌海关驻高新区办事处在南昌出口加工区开展突发事件应急演练

【提供便利服务和指导】 2016年,建立重点企业、重大项目专人跟进制度,为万达旅游城、轨道交通集团、江西航空等重点企业重大项目量身订制便利服务措施,根据企业实际需求提供政策咨询和业务指导。为万达旅游城加州海狮、小爪水獭等18头海洋动物办理税款担保手续,涉及货值82.2万美元;办理南昌地铁1、2号线税款担保业务17票,审批货值440万美元。针对江西航空公司首次办理飞机结转业务情况,主动上门服务为企业提供减免税税收政策性担保等参考意见,宣讲后续监管注意事项,办理三架飞机税款担保和减免税设备结转通关手续,审批货值6.7亿元,并为江西省首架境外引进的型号为波音737－800、货值5252万美元的飞机办理税款担保手续。

【支持南昌出口加工区建设】 2016年,高效完成南昌保税物流中心业务整合入区,承接保税物流仓储货值约3.42亿美元,保障深加工结转一日游业务稳步增长。支持欧非光、友联达2家新企业入区生产,积极推广分送集报业务,引导企业运用"汇总征税"和"担保验放"等优惠政策,节约企业成本。全面推广税款电子支付,实现100%电子支付,便利企业缴纳税款。建立关企微信群,及时答复企业咨询,宣讲公告海关政策要求和操作规定,有效提高出口加工区通关效率。加强园区管理,开展突发事件应急演练,推进各项监管设施改造,配合支持转型升级综合保税区建设。坚持实行7×24小时预约通关制度,服务企业顺畅通关。全年南昌出口加工区进出境总值19.5亿美元,其中进境9.9亿美元、出境9.6亿美元,监管进出境货运量3691吨。

(吴子骏)

非公有制经济

概述

【概况】 2016年，南昌市深入推进改革创新，加大政策支持力度，着力优化发展环境，放宽市场准入门槛，不断激发非公有制经济发展活力和创造力，全市非公经济蓬勃发展，增速领跑全省。全市非公经济增加值2397.66亿元，同比增长10.2%。增速高于全市GDP增速1.2个百分点，高于全省非公经济增加值增速0.6个百分点，居全省设区市首位。非公经济增加值在总量稳步扩大的同时，结构也在不断优化。非公经济三次产业结构比由上年的2.4∶58.5∶39.2调整为2.7∶57∶40.3。与上年相比，第二产业比重回落1.5个百分点，第三产业比重提高1.1个百分点，在二产腾挪空间的同时，三产顺势进位。全市实际利用外资30.65亿美元，比上年增长13.25%。其中，第二产业14.73亿美元，第三产业15.91亿美元，所占全市份额分别为48.07%和51.92%。全市批准外商投资企业72家。其中，中外合资企业占26.39%，外商独资企业占73.61%。

个私民营、中小企业管理服务

【概况】 2016年，南昌市工业和信息化委员会（以下简称市工信委）认真贯彻中央、省、市关于促进非公有制经济发展的方针政策，在经济新常态下，进一步优化发展环境，创新工作举措，激发企业活力，切实推动全市中小企业和非公有制经济（以下简称非公经济）快速健康发展，努力实现“十三五”非公有制经济发展良好开局。全市非公经济发展势头良好，对全市经济社会发展支撑作用明显。至年底，全市登记在册私营企业120979户，同比增长20.98%，增加24326户；个体工商户247108户，增长4.53%，增加36038户。全市非公有制固定资产投资3692.84亿元，增长16.1%，占全市投资的81.34%，占比高于上年同期1.84个百分点。全市非公有制企业进出口完成88.47亿美元，增长0.12%，占全部对外贸易的94.05%。

【开展“千名干部进千企”活动】 2016年4月18日，南昌市促进非公有制经济发展领导小组发出《关于印发〈南昌市“千名干部进千企”活动实施方案〉的通知》，决定4月在全市开展以“学讲话、优环境、降成本、增活力、促发展”为主题的“千名干部进千企”活动，组织市和县（区）、开发区（新区）千名干部集中调研、走访、帮扶千户企业。活动以传达宣传习近平总书记在全国政协民建和工商联联组会上关于非公有制经济发展的重要讲话精神为主线，以开展“实体企业降成本专项调研”为切入点，采取重点调查和一般性调查相结合的办法，以问卷调查为主，以实地调研为辅，重点对全市实体经济企业的成本结构、“降成本”的政策措施进行调查分析。全市各级非公领导小组及成员单位积极指导全市各类非公有制企业网上填报调查问卷。全市非公有制企业网上填报调查问卷868份，完成省非公办下达任务数的72.33%，高于全省平均数11.73个百分点；全市非公有制企业网上填报数占全省比重14.37%，完成比例和填报数占比均为全省第二。市、县（区）两级促进非公有制经济发展领导小组及成员单位组织人员前往非公有制企业，采用座谈和问卷调查相结合的方式开展调研，帮助实体企业客观分析生产经营困难，了解企业“降成本”政策诉求，并撰写相关企业“降成本”专题调研分析报告，提出对策建议。

【编纂非公经济发展蓝皮书】 2016年，市工信委配合省非公办开展全省非公蓝皮书（1978—2013）编纂工作，制定下发《关于报送〈江西非公有制经济发展蓝皮书（1978—2013）〉编纂有关材料的紧急通知》，组织各县（区）、开发区（新区）非公领导小组和市非公领导成员单位紧密结合本地区本部门非公经济发展工作实际，系统性收集、整理改革开放以来本地区本部门出台的扶持非公经济发展政策，重点查找本地区本部门扶持非公经济发展特色政策和创新举措，提升蓝皮书编纂质量。根据收集的全市各级各部门出台扶持非公经济发展政策措施资料情况，就各县（区）、开发区（新区）和市直有关部门以及相关行业协会分年度开展的促进非公经济发展工作进行梳理，整理出若干开拓性、创新性、具有阶段性发展意义重大事件资料，将其提供给蓝皮书编纂委员会借鉴参考。市工信委按时按质按量完成非公有制经济蓝皮书编纂工作，得到省非公办领导充分肯定和高度认可。省非公办于2016年1月25日专门下发通知介绍、推广南昌市和景德镇市经验做法。

【推进小企业创业基地建设】 2016年，市工信委优选符合条件的市级小企业创业基地申报国家级示范基地，南昌市东湖区江西淘鑫电商基地凭借优质服务团队、完善服务体系认定为国家级小型微型企业创业创新示范基地，基地服务水平进一步提升，示范带动作用进一步增强。落实“两创”工作部署，扎实开展市级小企业创业基地认定工作。市工信委联合市财政局制定出台《南昌市小企业创业基地认定和奖励补助管理办法》，鼓励利用闲置房屋改扩建小企业创业基地，支持在已批准的工业园区内建立“园中园”小企业创业基地，按基地面积及入驻小微企业和创业团体数，分为一类、二类、三类小企业创业基地，发放认定补助及运行奖励，对小企业创业基地进行成长性帮扶。联合市财政局下发《关于做好2016年度南昌市小企业创业基地申报工作的通知》。通过企业自主申报，县（区）、开发区（新区）中小企业

2016 年 10 月 28 日，第四届 2016 南昌市青英创业挑战赛——“高新杯”青年互联网创新创业大赛启动

主管部门会同同级财政主管部门进行材料审核、现场核查、联合行文上报，共申报 48 家南昌市小企业创业基地。市工信委、市财政局组织专家，在市工信委纪检监察室配合下，对全市 48 家申报南昌市小企业创业基地申报项目进行集中评审，对 26 家通过专家集中评审项目进行现场考察，江西师大科技园小企业创业基地等 26 家小企业创业基地评为 2016 年度南昌市小企业创业基地。

【开展全民创业创新宣传】 2016 年，继续与南昌电视台、南昌日报社等单位创办“创业故事”“创业风采”等专题栏目，做好采访、拍摄、刊登、播出等相关工作，做好创业宣传典型遴选、事迹材料报送工作。与团市委共同举办第四届 2016 南昌市青英创业挑战赛——青年互联网创新创业大赛，发掘青年创业才俊，进一步浓厚创业创新氛围。开展“经济新常态、媒体进企业”宣传活动。市非公办联合市委宣传部、市委统战部、市工商联在全市范围内开展以“创新驱动发展、品牌助力升级”为主题的媒体进企业宣传活动。通过市属新闻媒体和江西教育电视台“创业江西”栏目进行宣传报道，帮助民营企业打造企业品牌、产品品牌，进一步营造和提升南昌市非公有制经济发展良好舆论环境和社会环境，吸引更多全国知名民营企业到南昌发展。至年底，已初步完成采编工作。

【推行建立现代企业制度试点】 2016 年，市工信委组织南昌市 20 余家已上市及拟上市企业，先后 6 次参加全省民营企业建立现代企业制度暨集中上市辅导集训营活动。根据省工信委、省财政厅通知要求，市工信委通过以会代训形式，部署县（区）、开发区（新区）中小企业主管部门申报 2016 年民营企业建立现代企业制度项目工作。通过企业自主申报，市工信委会同市财政局对材料合规性审查后，推荐江西大族能源科技股份有限公司等 20 家已上市或拟上市企业申报 2016 年民营企业建立现代企业制度项目，最终 7 家民营企业获得省级民营企业建立现代企业制度试点企业项目支持资金。

【提升中小微企业管理素质】 2016 年 7 月，市工信委与工业和信息化部中小企业发展促进中心联合举办“南昌市小企业创业基地创业创新辅导能力提升暨创业辅导师训练营”，组织南昌市 60 余名小企业创业基地负责人赴青岛参加培训，开展新常态下创业创新政策解读、创业辅导能力培训，与青岛小企业创业基地管理团队交流座谈，结合案例分析和交流考察活动，务实解决南昌市小企业创业基地创业创新服务各类问题。培训结束后，参训学员均考核合格，获创业辅导师培训证书。市工信委以“南昌创业大学”为平台，开展中小微企业高层管理人员培训招生工作，包括第四期高级总裁研修班、二届商业创新与管理提升班、第六期品牌营销班、二期投融资班、二期初创企业研修班。至年底，创业大学开展活动 60 余次，完成课时 2420 课时，培训人次 3763 人，服务企业 453 家。

【扶持成长型中小企业发展】 2016 年，为深入贯彻落实国家和省、市支持中小微型企业发展各项政策措施，根据《中国·南昌中小企业成长工程实施意见》精神，市工信委联合市财政局从南昌市成长型中小企业库、南昌市“专精特新”企业库和市拟入统企业库中扶持一批符合国家产业政策、成长性好的中小企业，促进一批成长型企业上规模、上水平。其中 27 家成长型中小企业共获得本年度 650 万元财政专项资金扶持。

【完善提升中小企业公共服务体系建设】
2016 年，市工信委积极推动中小企业公共服务平台和服务体系建设，树立服务品牌，整合聚集服务资源，提升中小企业服务能力水平，促进中小企业持续健康发展，使广大中小微企业能够就近享受“找得到、用得起、有保证”和全方位、一站式的服务。草拟《关于加快推进中小微企业公共服务平台建设实施意见（征求意见稿）》，提出“以市、县（区）、乡镇（街道）、工业园区的公共服务网络平台为骨架，联通具有服务功能的中介、专业服务机构，形成一个开放性、公共性、功能性、高效率的、直接面向中小企业的公共服务体系”的基本框架，并对县区、乡镇（街道）中小微企业公共服务平台提出建设要求。印发《南昌市中小微企业公共服务示范平台认定补助办法（2015—2017）》。对经认定的国家级、省级、市级中小企业公共服务示范平台分别给予 25 万元、20 万元、10 万元补助。鼓励各级各类示范平台为更多的中小微企业提供优惠服务，进一步提升对小微企业服务水平，为中小微企业持续健康发展提供有力支撑。经评审，全年新认定 22 个中小微企业为市级中小微企业公共服务示范平台，28 个市级中小微企业公共服务机构通过复核认定。

【打造“专精特新”中小企业】 2016 年，南昌市加快培育壮大一批“专精特新”中小企业，打造一批行业隐形冠军，引导中小企业走专业化、精细化、特色化、新颖化发展之路，全面增强中小企业核心竞争力和创新驱动力，促进中小企业结构调整和转型升级。至年底，组织认定第三批 93 家市级“专精特新”中小企业，有 31 家企业通过省级“专精特新”中小企业认定。

【组织申报省“一企一技”技术创新示范项目】 2016 年，市工信委组织推荐江西巴菲特化工有限公司等 23 家优秀“专精特新”企业申报省“一企一技”技术创新示范项目，19 个项目获得省工信委支持。

【开展中小企业运行监测工作】 2016年,市工信委确定34家重点监测中小企业,通过及时报送本地区中小企业运行监测情况,反映中小企业运行和发展中的困难和诉求,及时准确掌握实体经济运行态势,提升数据采集能力和监测分析能力,更好地为企业服务。

【开展减轻企业负担工作】 2016年,南昌欧菲光科技有限公司等10家企业列入"江西省第五批百家企业减负工作联系单位";组织第四和第五批20家减负联系企业开展网上企业负担调查评价工作;围绕"降成本、减负担"的目标,印发2016年减轻企业负担工作方案,以深化实施涉企行政事项清单制度为核心,以深入实施百家减负企业联系制度为手段,巩固清理规范涉企收费、涉企保证金等工作成果,为进一步减轻企业负担和降低实体经济成本营造良好氛围。

【丰富中小企业服务中心服务功能】 2016年,南昌市中小企业服务中心作为南昌市首个国家级中小企业综合服务平台,深入强化中心综合化一站式服务理念,加强创业引导,不断丰富平台服务功能,开创符合企业需求的服务项目,举办大量公益性服务活动,使服务能力不断提升。组织"南昌市中小企业专家服务团"暨"南昌创业大学创业导师团"专家,采用"窗口坐诊、网络咨询、实地巡访"相结合形式,为企业提供技术支持与工艺指导。至年底,专家服务团接受企业咨询230余件,实地走访100余家企业,解决企业技术疑难210件。依托"南昌创业大学"这一培训品牌,在第六期开设5个班,招收学员379人,并专门开设初创企业研修班,针对小微企业主开展实战化培训,提升其管理能力和发展水平。创建创业孵化岛,孵化岛服务面积达700平方米。至年底,孵化完成10家小微企业,其中3家成功孵化并开始独立运营。

(陈玉珊　田　苗)

外资及港澳台资企业

【概况】 2016年,南昌市利用外资及港澳台资工作稳步快速发展。全年新批外商及港澳台商投资企业72家,同比下降12.2%;新批合同外资及港澳台资12.84亿美元,增长29.93%。其中中外合资企业19家,外商及港澳台商独资企业53家。实际利用外资及港澳台资30.65亿美元,同比增长13.25%;现汇进资6.37亿美元。按产业类别分:二产项目23个,合同外资及港澳台资1.57亿美元,实际利用外资及港澳台资14.62亿美元;三产项目49个,合同外资及港澳台资11.31亿美元,实际利用外资及港澳台资16.02亿美元。按投资来源地分:中国台港澳地区项目60个,合同资金11.61亿美元,实际利用资金27.16亿美元;日韩东南亚地区项目4个,合同外资7763万美元,实际利用外资5332万美元;美加地区项目5个,合同外资1723万美元,实际利用外资1787万美元;欧洲大洋洲地区项目2个,合同外资871万美元,实际利用外资2.77亿美元;投资性公司项目1个,合同外资2000万美元。

2016年7月16日,由省侨联、省商务厅共同主办的江西绿色生态发展推介会在高新区举行

【利用外资及港澳台资主要指标位列全省前茅】 2016年,南昌市招商引资总体情况较好。全市利用外资及港澳台资保持良好态势,利用外资及港澳台资实际到位资金总量列全省第一,增幅列全省第三。全市现汇进资总量列全省第一,现汇比列全省第一。

【项目推进速度加快】 2016年,实现当年新设、当年现汇进资项目12家,进资总额3.26亿美元,较上年增长135.83%。新批工业项目接连进资,高新开发区友联达光电科技进资4000万美元,南昌县瑞能导体进资2200万美元,经济技术开发区伊顿智能科技以专有技术出资2063万美元,高新开发区联智集成电路进资1150万美元。

【大项目新批、增资】 2016年,新批合同外资及港澳台资超千万美元(含增资)项目16家,新增合同外资及港澳台资8.7亿美元,较上年增长96.84%。从产业集群看,2016年新设的联智集成电路模拟芯片生产项目,新增资的新日光高效太阳能电池片项目会是南昌市光电产业重要有生力量。

【组织参加全国外商投资企业联合年报】 至2016年10月30日,全市有594家外商及港澳台商投资企业网上申报"全国外商投资企业年度投资经营信息联合报告系统",年报率81.82%,比上年参加联合年报企业数增加26.93%。所有参加联合年报的外资及港澳台资企业中,合资企业261家,合作企业15家,独资企业311家,股份制企业7家。所有参加联合申报的外资及港澳台资企业中,销售(营业)收入共计2933.37亿元,纳税总额90.57亿元,利润总额94.98亿元,从业人数152348人,其中外籍人员437人。本年度外商及港澳台商实际出资额14.35亿美元。

(田　苗)

批发和零售业

概　述

【概况】　2016年，南昌市批发和零售业规模持续扩大，业态创新层出不穷，商业模式更新换代，对国民经济的贡献与日俱增，虽部分实体商业经营不尽人意，但市场总体趋势向好。城市建设日新月异，交通配套日臻完善，经济发展稳中有进，推动传统批发零售业加快结构升级换代。传统消费逐步由家庭消费向社交体验、旅游消费、时尚消费、文化消费等转变，一批高水准商业综合体密集亮相，南昌商业体的数量、体量和质量呈爆发式"井喷"，商业竞争愈加激烈。批发和零售等实体商业创新突破，谋求转型升级，全面打通线上线下各渠道销售环节。汇聚便捷消费的购物中心、百货、休闲、餐饮、娱乐、影院等新兴业态，集"吃、住、行、游、购、娱"等多功能于一体的商圈模式遍布，成为消费"主战场"，进一步促进商品市场繁荣稳定。全年全市实现社会消费品零售总额（法人口径）1868亿元，比上年增长11.8%。按城乡分，城镇实现零售额1745.9亿元，增长11.6%，农村实现零售额122.11亿元，增长13.8%，城乡消费市场同步发展。分行业看，批发和零售业实现零售额1737.66亿元，增长11.8%。其中，批发业实现零售额297.88亿元，增长9.5%；零售业实现1439.78亿元，增长12.3%。住宿和餐饮业实现零售额130.35亿元，增长11.8%。全年在限额以上批发零售业零售额中，食品、饮料、烟酒类零售额增长8.6%；家用电器及音像器材类增长25.3%；中西药品类增长23.5%；家具类增长5.5%；汽车类增长14.6%；建筑及装潢材料类增长10.1%。其中，汽车类消费成为最大消费亮点，实现零售额382.92亿元，占限额以上批零住餐零售额比重34.7%。全年全市年成交额亿元以上的商品交易市场有32个，成交总额988.54亿元，比上年增长2.7%。其中，洪城大市场年交易额308.55亿元，增长0.8%；南昌（深圳）农产品批发市场年交易额169.09亿元，增长0.4%。

商贸业管理服务

【概况】　2016年，南昌市商务局始终坚持"创新、绿色、协调、开放、共享"的发展理念，主动适应经济新常态、把握发展新机遇、开拓商业新市场、培育消费新热点，不断深化商务领域改革，服务百姓民生，加快商贸业创新转型，着力加强供给侧结构性改革，以体制机制改革构筑发展新环境，以信息技术应用激发转型新动能，释放发展活力，增强发展动力，推进大众创业、万众创新。全年全市实现社会消费品零售总额比上年增长11.8%，总量达到1868亿元，占全省28.15%。

【开展"降成本优环境"专项行动】　2016年，市商务局积极开展"降成本优环境"专项行动，向创新创业要活力，向改革开放要动力，向特色优势要竞争力，不断引领南昌商务经济发展新浪潮。在帮扶企业过程中，市商务局领导带队深入基层，亲临企业一线进行调研调度，了解企业发展现状，以发展问题为导向，以企业需求为目标，精准对接、精准帮扶、精准发力，帮助协调企业解决实际困难和问题，将全省降成本优环境80条政策措施和南昌市配套120条措施真正落到实处，让企业用足用好用活政策，切实降低企业融资成本、人工成本、用能用地成本、物流成本和财务成本，累计为企业减负超过1.32亿元。进一步释放政策红利，减轻企业负担，增强企业运营能力，保持行业竞争优势，用"真金白银"助推企业发展，最大限度激发市场活力，为全市商务经济发展增添新动力。

【刘海泉调研市场保障供应情况】　2016年1月13日，商务部部长助理刘海泉一行赴南昌市开展市场供应专题调研。调研组一行先后到东湖区贤士花园农贸市场、红谷滩万达广场华润万家超市等重点商贸流通企业，实地考察节日市场商品供应保障情况。刘海泉指出，拉动内需促进消费需要各级政府部门积极作为，凝聚共识，降成本优环境，助力企业发展，才能更好地推动地方商务经济的繁荣发展。省商务厅副厅长梁小康，副市长张根水陪同视察。

【刘建洋到天虹商场等地调研】　2016年7月4日，市委常委、常务副市长刘建洋率相关部门负责人深入南昌天虹商场有限公司、江西洪大（集团）股份有限公司等企业，调研全市现代服务业降成本优环境工作。在听取企业相关汇报后，刘建洋表示，政府部门要以转变政府职能为突破口，切实抓好降成本优环境政策措施的落实，结合企业发展实际情况，主动加强与企业对接力度，倾听企业诉求，收集企业建议，大力改善企业投资创业发展的软硬环境，努力提升行政服务效率，真心诚意为企业排忧解难，帮助企业用足用好政策，分类施策，破解发展难题。同时，企业要坚定信心，找准自身定位，勇于攻坚克难，心往一处想、劲往一处使，凝心聚力、共同发力，打好攻坚战，尽快形成企业加快发展的新优势新局面。

【张根水到南昌深圳农产品批发市场调研】　2016年10月25日，副市长张根水实地调研南昌深圳农产品批发市场，并与企业座谈。张根水一行先后视察南昌深圳农产品批发市场三期冷链项目和市场及肉菜追溯体系运行情况，听取企业负责人关于企业运作及未来发展规划的汇报。张根水充分肯定企业在保障全市蔬菜水果等农副产品供应的主渠道作用，并进一步提出加快转型升级、完善规划设施、推广追溯试点、保障市场供应、推进环境整治、确保运营安全等六个方面建议，不断提升企业形象和品牌影响力、竞争力。

【获评国家级特色商业街】 2016年12月,在省市区三级商务部门大力支持和积极推荐下,东湖区胜利路步行街和西湖区绳金塔美食特色商业街成功申报国家级特色商业街。经中国步行商业街工作委员会实地复检与专家评审认定,评定东湖区胜利路步行街为“中国著名商业街”,评定西湖区绳金塔美食特色商业街为“中国特色商业街”,并举行现场授牌仪式。此举标志着南昌市商业街区建设进入国家级行列,将进一步促进南昌市商业繁荣。

【评定南昌市特色商业街】 2016年11月21日,根据市政府《关于加快商业特色街建设与发展的实施意见》,经各县区商业街管理机构自愿申请,属地商务主管部门初审推荐,市商务局复查核实、现场考察、专家评审和社会公示等程序,认定红谷滩新区红谷滩金街(综合型)和西湖区南古艺术商贸街(专业型)2条商业街为2016年度“南昌市特色商业街”。

【评定“南昌老字号”】 2016年11月25日,根据《南昌老字号认定管理办法》,经相关老字号企业积极申报,各县区商务主管部门初审推荐,市商务局认真复审、现场核查、组织专家评审和社会公示等程序,认定东湖区南昌三花实业有限公司(注册商标:绳金塔三花)、青云谱区江西南缆集团有限公司(注册商标:赣昌)、新建区南昌市大唐酒业有限公司(注册商标:大唐清明)、江西红歌食品有限公司(注册商标:老俵哥)、进贤县民和工具厂(注册商标:民工)、进贤县朵云宣笔厂(注册商标:农宝斋)、进贤县文港镇昌盛文房四宝经营部(注册商标:李斯)共7家企业为南昌市第三批老字号企业。

【拓展地方特色商品销售市场】 2016年5月、12月,市商务局分别组织全市10余家生产企业携百余种地方特色名优商品,参加江西省地方特色商品(广东)、(西安)展销会等,进一步推动南昌地方特色产品拓展省内外市场。南昌市参展的大米、酱鸭、藠头、蓝莓等地方特色商品广受欢迎,现场零售额累计500余万元。展销会期间,举办产销对接洽谈会,地方特色产品企业与商贸连锁企业、批发市场、超市、宾馆、酒店等采购商经销商进行对接洽谈,累计签订购销合同4000余万元,签订意向合同3000余万元,取得较好经济效益和社会效益。

【评定南昌市商贸企业集聚区】 2016年9月9日,经各县区、开发区(新区)申报推荐,以及专家评审、现场勘察和社会公示等程序,评定10家大中型专业市场为第一批南昌市商贸企业集聚区。10家大中型专业市场分别是:南昌建材大市场、江西省农机大市场、洪城大市场(洪大中央商务区)、南昌喜盈门建材市场、南昌市京东家具大市场(茶叶交易市场)、南昌市肉食品交易批发市场、江西省运通汽配市场、南昌深圳农产品中心批发市场、南昌赣昌水产品综合大市场、进贤县香江商业中心(市场)。

【《南昌市商贸企业集聚区认定补助和运行奖励办法》出台】 2016年4月25日,南昌市出台《南昌市商贸企业集聚区认定补助和运行奖励办法》,对在2017年底前被认定的商贸企业集聚区进行财政资金补助。根据奖励办法,南昌市每年将通过材料审核和现场考察方式对全市各级商贸企业集聚区情况进行考核,对考核合格的集聚区予以奖励。凡考核合格的大中型和中小型市级商贸企业集聚区,分别给予补助资金15万元和10万元。对考核合格的国家级、省级商贸企业集聚区,一次性分别给予25万元和20万元补助资金。对被认定的国家级、省级商贸企业集聚区,分别给予50万元和30万元补助资金。

(汤庆莉)

电子商务

【概况】 2016年,随着全球电子商务的快速发展,南昌市电子商务在基础设施、人才技术、应用主体等方面都具备一定的基础,呈现出强劲发展势头。阿里研究院发布全国电子商务百佳城市,南昌市连续三年进入前40名。为进一步推动南昌市电子商务产业快速发展,先后出台《关于加快电子商务产业发展的实施意见》《南昌市促进快递业健康发展的若干意见》等一系列促进电子商务发展的政策措施,设立3000万元的电子商务发展专项资金。至年底,全市共有电子商务产业园15个,楼宇总使用面积25万平方米,省级电子商务示范基地7家,省级电子商务示范企业25家,市级电子商务示范基地13家,市级电子商务示范企业31家,规模以上电商企业389家,网店3.6万个,从业人员10万人。全年全市电子商务相关交易额突破1560亿元。

【《南昌市2016—2020年电子商务产业发展规划(送审稿)》通过】 2016年8月5日,市委副书记、市长郭安主持召开市政府2016年第11次常务会议,讨论审议通过《南昌市2016—2020年电子商务产业发展规划(送审稿)》等。会议指出,电子商务产业发展对南昌市优化产业结构、提升消费需求、改善民生和带动就业具有非常重要的意义。会议强调,各地各部门要明确责任分工和目标定位,细化优化工作举措,切实抓好规划实施,全力推动南昌市电子商务产业健康、有序、快速发展。为实施发展规划,南昌市将从实力南昌、生态南昌、特色南昌、创新南昌、智慧南昌、开放南昌、文明南昌七大方面提出“十三五”时期南昌市发展电子商务产业的26项战略任务与12项重点工程。如推进制造企业信息化与工业化深度融合、提升制造企业应用电子商务的能力和通过电子商务促进农业升级、推进农村发展、帮助农民增收、完善公共服务支撑体系等,重点建设大型制造业企业电子商务应用示范工程、“光谷”等工业行业电子商务综合应用示范工程、“绿谷”农产品电子商务流通体系建设工程、“慧谷”商务云平台建设工程等。通过发展规划实施,形成“一核三心十基地、百企千商万人才”的南昌市电子商务空间总体布局,并根据各县区(开发区、新区)实际情况,分别对制造业、传统商贸市场转型发展、旅游休闲电商、跨境电商、电商配套金融与物流、人才等方面进行细致合理的规划布局。到2020年南昌市将实现电商交易额突破5000亿元,企业信息化普及率90%以上,培育形成超过300家电子商务服务企业。电商从业人员超过50万人,创造就业岗位1万个。同时,基本实现电子商务总体发展达到中部地区领先水平,电子商务应用接近国内发达城市水平,电子商务服务业成为南昌市重要产业,电子商务环境适应并满足电子商务应用、服务的需要。

【全市电子商务推进大会召开】 2016年10月18日,为进一步贯彻落实好《南昌市2016—2020年电子商务产业发展规划》,促进南昌市电子商务产业繁荣发展,南昌市电子商务产业发展规划部署会暨全市电子商务示范基地(企业)授牌仪式在新建区电商基地(全城电商总部)召开。市和县区(开发区、新区)商务部门领导、电子商务业务科室负责人、被评为南昌市2015年电子商务示范基地和示范企业的单位负责人及业务部门、部分电商规上企业、市电子商务协会、商会、电子商务服务中心、中小商贸流通企业服务中心负责人和特邀媒体记者等120余人参加大会。会上，交流电子商务工作经验，部署贯彻落实《南昌市2016—2020年电子商务产业发展规划》，表彰通报南昌市首批电子商务示范基地（企业），并为获得首批市级电子商务示范基地（企业）进行授牌。

【创建省级电子商务示范企业】 2016年，南昌市以创建省级电子商务示范工程为重要抓手，大力推进“互联网＋流通”行动计划和“大众创业、万众创新”，加大政策引导和资金扶持力度，培育电子商务市场主体做大做强，推动地方经济转型升级。12月19日，根据省商务厅《关于开展第四批江西省电子商务示范企业评选认定工作的通知》要求，按照公平、公开、公正原则，经自主申报、市县推荐、初审复核、专家评审，南昌市有江西苏宁云商销售有限公司、江西大药谷医药有限公司、二十一世纪出版社集团有限公司、江西汪氏蜜蜂园有限公司、江西前海开心购电子商务有限公司、南昌友天腾实业有限公司、江西煌上煌集团食品股份有限公司、江西易田电子商务有限公司8家企业入选第四批江西省电子商务示范企业名单。

【南昌市公布第一批电子商务示范基地、示范企业】 2016年4月20日，经由各县区商务主管部门初审推荐，按照公平、公开、公正原则，通过自主申报、实地考察、专家评审和社会公示等程序，评选出南昌市第一批电子商务示范基地13个、示范企业31家。南昌市第一批电子商务示范基地分别为进贤县电商服务中心、东湖区江西淘鑫电商基地、西湖区LINK创新创业园、青云谱电子商务产业孵化基地、森立国际电子商务基地、青山湖区江西好吖好电商产业园、699创业创新电商产业园、湖坊镇电商大厦、新建区电子商务基地、经开区江西北大科技园、红谷滩新区南昌华南城、用友南昌产业园、味稼·电子商务产业园。南昌市第一批电子商务示范企业分别为：江西省绿滋肴实业有限公司、江西汇仁药业有限公司、江铃控股有限公司、江西煌上煌集团食品股份有限公司、江西五世同堂电子商务有限公司、江西爱进特色农业发展有限公司、江西淘鑫电子商务有限公司、江西大美科技股份有限公司、江西苏宁云商销售有限公司、南昌微云信息技术有限公司、江西云牧网络科技有限公司、江西企业服务股份有限公司、江西友天腾实业有限公司、江西尧泰供应链管理有限公司、南昌和硕科技有限公司、江西九州通药业有限公司、南昌华宏名致汽车有限公司、南昌深圳农产品中心批发市场有限公司、江西开心人大药房连锁有限公司、南昌市康业制衣有限公司、江西魅丝蔻化妆用品有限公司、江西全城电商实业有限公司、江西林恩茶业有限公司、江西汪氏蜜蜂园有限公司、江西利恒医药有限公司、南昌有路文化发展有限公司、江西正邦科技股份有限公司、江西易尚科技有限公司、江西贝斯特电子商务有限公司、江西省鼎鼎电子商务有限公司、江西华南城网商贸有限公司。

【电子商务冲击日用百货实体店】 2016年，电子商务的猛烈冲击和消费模式的重大变革，持续向传统购物中心和百货发起挑战，南昌传统百货业面临重新洗牌。麦德龙、沃尔玛、大润发、家乐福等日用百货业巨头努力探索企业发展新路以期扭转不利局面。电商凭借价格优势冲击传统日用百货业，实体商业面临严峻挑战，加之城市综合体发展给传统百货商场重击，百盛南昌恒茂店、上海农工商超市南昌店等知名日用百货品牌企业黯然退场结束经营。实体商业举步维艰，经营业绩普遍下滑，市场虽繁荣但交易量下降。南昌百货大楼、洪城大厦、沃尔玛、北京华联等百货商场超市年度销售比上年下降6.1%。实体百货业加快转型升级步伐，逐步向线上线下电商融合，网络销售比上年增长203%。电子商务积极加入节日促销大战，据阿里巴巴实时数据显示，2016年“双11”购物狂欢节全市单日交易额约为7亿元，引发一场全民消费狂欢，毛呢外套、婴幼儿奶粉、靴子等三类产品成为最受南昌网购者欢迎的日用百货，电子商务的规模超越传统百货市场成为消费主流。全年全市电子商务销售额首次突破千亿元，创历史新高。

（张　汇）

日用百货经营

【概况】 2016年，南昌市日用百货经营的内外部环境发生深刻变化，经济新常态、商业新业态、消费新需求和城市新格局带来的重大变革，日益成为日用百货业必须面对的新环境，加之电子商务迅猛发展对实体商业的冲击，加剧市场竞争白热化，百货业发展面临巨大挑战。全年关停营业的实体百货店不在少数，如南昌百货大楼新概念超市、百货大楼城东店、北京华联超市上海路店、步步高超市南昌店、百盛南昌恒茂店、上海农工商超市南昌店、人人乐超市南昌店、平南超市上海路店等多家百货门店，经营成本日益高涨，利润空间逐步缩小，经营业绩一泻千里，扭亏为盈难以突破，行业发展陷入困境。同时，传统日用百货市场格局调整，市场份额分流，精品超市、社区连锁便利店成为日用百货业创新发展亮点，实体百货业试水互联网＋的手机客户端支付结算，颠覆传统消费模式，消费便利化程度提升，商品流通环节减少，80后90后等新生代逐步由非主流消费群体升级为主流消费群体，市场消费需求潜力巨大。消费结构、消费方式、消费渠道及消费习惯等的重大变革，推动传统日用百货业加快转型升级步伐。汇集购物中心、百货、休闲、餐饮、娱乐、影院等多种新兴业态的城市大型商业综合体开启网络时代消费新模式。全年居民消费价格总指数（CPI）比上年上涨2.1%。其中，消费品价格上涨1.4%，服务价格上涨3.4%，商品零售价格上涨0.4%。食品烟酒类价格上涨5.3%，衣着类价格下降0.2%，生活用品及服务类价格持平。

【节日市场供销两旺】 2016年，节日市场商品供应丰富、价格稳中有升、市场秩序井然。2月7—13日春节期间，全市20家主要商场销售2.56亿元，同比增长11.2%；17家主要餐饮企业销售1315.9万元，增长1.2%。为扩大节日期间市场消费，各大商场超市积极搭建线上线下促销平台，围绕食品、百货、服装、家电等节日消费热点开展丰富多彩的促销活动，进一步拉大内需、刺激消费，满足不同群体消费需求。根据南昌市生活必需品市场监测系统显示，节日期间全市生活必需品市场总体运行平稳，呈现出以下几个特点：商品供应充足，供销两旺，商场超市备足货源，积极打造消费亮点，挖掘消费热点，较好保障节日市场消费需求；市场供应有序，价格平稳，百货商场、大型家电卖场和大型超市严把商品质量关，倡导诚信经营和优质便捷服务，主要生活必需品价格稳定，市场经营监督加强，市场运行秩序良好，呈现出喜庆祥和的市场繁荣景象。

【一线奢侈品牌试水南昌市场】 2016年，江西有千万富翁超万人，亿万富翁超千人，新富阶层逐年增加，吸引国际一线奢侈品牌的关注。路易威登（LV）、CHANEL、Cartier等国际奢侈品牌频频造访南昌。南昌财富广场内有国际一线品牌 HUGOBOSS、POLORALPHLAUREN(拉夫·劳伦)、CANALI(康纳利)、GIVENCHY、AutaSon(奥德臣)、Brooks-Brothers、PORTS、Calvinkleinjeans、MARL-BOROCLAS - SICS、VERSACE 等,涵盖服装、香水和手表等高端日用品。南昌百盛商场布局有 Cartier、欧米茄等国际一线奢侈品牌。除大型商场外,奢侈品牌也青睐一些“名人站”和“名品店”。坐落在青山湖湖滨东路金色水岸的 Fash - ion 名品店,汇集有爱马仕、香奈儿、LV、GUCCI、范思哲、迪奥、PRADA、GUESS、杜嘉班纳、圣罗兰、FERRAGA-MO 费拉格幕、Fendi 芬迪、Zegna 杰尼亚等众多世界顶级奢侈品品牌。虽然这些国际名牌尚未设立专柜销售,但随着 LV、GUCCI、CHANEL、Cartier 等品牌的试水布局,南昌的奢侈品市场也将迎来“革命性升级”。

【电商巨头登陆南昌实体店】 2016 年 12 月,京东全国首家全品类实体店在南昌移动八一营业厅正式开张。虽然 450 平方米的京东之家不算大,但其与网上商城相同的低廉售价,吸引众多客户光临。手机、平板电脑、日化、母婴用品等一应俱全,奶粉、纸尿裤等母婴产品为热销产品,供不应求。京东南昌店是目前全国最大的京东之家,也是品类最齐全、第一家与运营商合作的实体店。阿里巴巴等电商巨头加快实体店的南昌布局。从“电”到“店”,不光改变销售模式,更预示着消费升级时代已经来临,纯电商时代即将过去,融合线上线下的新百货业态将成为主流。

【南昌百货大楼重新开业】 2016 年 11 月 18 日,位于中山路 1 号的南昌百货大楼投资 5000 万元,历经 3 年终于完成升级改造,正式开门营业。南昌百货大楼作为创建于 1958 年的本土商业,从计划经济时代到市场经济时代,始终高举改革创新大旗,不断引领时尚潮流,在群雄并起的百货业竞争中深挖发展潜力,不断细分市场,加快结构调整,找准定位,寻求突破,努力做强传统百货业,塑造企业品牌形象,打造“百城万店无假货”示范店,为传统百货业立足激烈的市场竞争树立典范。升级改造后的南昌百货大楼营业面积 3.5 万平方米,经营品种 6 万余种,新引入兰蔻、雅诗兰黛、碧欧泉、倩碧等一线化妆品牌,是南昌市规模较大、实力较强、发展较好的百货商业零售企业之一。

【旺中旺连锁超市发展势头强劲】 2016 年,南昌市零售商业旺中旺超市加快连锁经营扩张步伐,在各县区范围内布局近 50 家连锁超市,涵盖综超、标超、便利店三种经营业态,辐射东湖区、西湖区、青山湖区及新建区,营业面积达数万平方米,年销售额超亿元。江西省旺中旺投资(集团)有限公司自 1996 年成立以来,始终坚持自我经营、自我积累、自我发展,不断拓展独具特色的连锁经营模式,组建多个配送中心(即食百配送中心和生鲜配送中心),逐步成长为管理科学、信誉良好,竞争力强、稳步发展的南昌本土最具影响力的超市零售商业之一。

【南昌天虹第 8 家门店开张】 2016 年 9 月 23 日,位于地铁 1 号线奥体中心站(瑶湖)附近的南昌天虹第 8 家门店正式开业,营业面积 3.3 万平方米。这是天虹商场在华中区的第 16 家、同时也是全国第 67 家门店,是南昌高新商圈内首个集“精致超市、时尚百货、特色餐饮、休闲娱乐”于一体的主题化购物中心,更是天虹传统百货和超市的业务内涵不断变革升级的样板。天虹百货在坚持“创造与分享生活之美”中,逐步形成全渠道、多业态战略发展格局,实体门店开始创新生活方式场景零售,积极推进线上线下融合发展转型升级,百货业的全渠道专柜是天虹“互联网 +”战略转型的创新举措。全渠道专柜使得实体店的经营突破空间和时间限制,打通线上和线下销售关系,提升品牌经营业绩,实现精准营销和专柜供应商库存共享。通过“天虹到家”“手机自助收银”“跨境电商体验店”等服务实现超市数字化转型。相比传统海淘,天虹跨境电商的商品价格实惠、质量更有保障、消费者选择范围更广。门店的数字化转型主要体现在“智慧停车”“预约服务”“导购查询”“iPad 收银”“小天服务”等方面。南昌天虹百货在南昌市共开设有 8 家分店,分别为:天虹江大店(南京东路 214 号)、天虹中山路店(中山路 318 号)、红谷滩丽景路店(丽景路 388 号)、红谷中心联发广场店(绿茵路 129 号)、天虹京东店(北京东路 1819 号)、天虹进贤店(钟陵路 1 号)、天虹象湖店(象湖新城金沙大道 2777 号)、天虹瑶湖店(紫阳大道 188 号)。天虹商场致力于打造城市商圈中端时尚百货,主要经营化妆品、鞋类、服装、皮具箱包、床上用品、体育用品、首饰及生活超市等,其“时尚百货 + 生活超市”的业态组合,以及高中低等品种齐全的商品,童叟无欺高效专业的服务,整洁规范舒适便捷的购物享受,不断创新变革的经营模式,引领着百货业创新发展。

【铜锣湾广场试营业】 2016 年 11 月 5 日,位于八一桥头丰和北大道与庐山南大道交会处的铜锣湾广场开始试营业。这座总面积达 12 万平方米的购物中心,临近地铁 1 号线,坐拥交通便利和人流优势。以“一天 16 小时的新享乐主义”为理念,打造汇聚“轻奢名品、精致餐厅、品味休闲”的南昌新地标,汇聚“国际名品、精品超市、环球美食、儿童乐园、国际影城”等众多轻奢品牌南昌首店(旗舰店),如 Givenchy、Dior、Lancome、Fresh、Kiehl's 等国际一线护肤品南昌首店,MUJI、UR、Morganfield's 等时下最具人气的品牌南昌首店,以及 MichaelKors、ArmaniCollezioni、Versus、Aigner、Cerruti1881、Kent&Curwen、Lou-isQuatorze、PatriziaPepe、Canali、Autason 等品牌旗舰店,开启时尚潮流新航道,引领轻奢品质新生活,向新南昌新城区传递国际时尚生活新方式。

【新城吾悦广场大型商业综合体开业】 2016 年 11 月 18 日,位于高新区京东大道与东元路交会处的新城吾悦广场开业。作为入驻高新区首个大型商业综合体,总投资 30 亿元,历经两年建设,建筑总面积 56 万平方米,分为地上 5 层,地下 2 层。融大型 MALL 购物中心和休闲娱乐于一体,携手世界 500 强商家和中国商业零售行业领军品牌,涵盖餐饮美食、服装服饰、生活精品、娱乐体验、儿童主题等五大业态,其独创的“3 + 3 + 3”商业模式(34% 零售 + 33% 体验业态 + 33% 配套),旨在打造一个集生活、购物、美食、休闲、娱乐、运动等城市功能于一体的“一站式”消费目的地,成就高新区业态最丰富、档次高、极具吸引力和影响力一站式购物中心。开业 3 天客流量超 70 万人次,营业额逾 5600 万元,超高人气不断刷新南昌商业新纪录。

【婴幼儿用品需求显现】 2016 年,随着国家计生政策的调整实施,越来越多的二胎宝宝成为社会关注的热点,婴幼儿用品需求迅速成为消费重点。据有关测算,南昌市 0—3 岁新生儿用品家庭月均消费大概为 900 元,市场规模超亿元,除传统的婴儿奶粉、辅食、童装、童车等婴儿食品和用具外,还有早教玩具、床上用品、沐浴护肤用品等衣、食、住、行和智力开发在内的品种繁多且不断递增的消费需求。中国式“6 + 1”(父母 + 爷爷奶奶

+外公外婆共同抚养一个婴儿）养育模式，使得婴幼儿用品市场迅速规模扩大，加之社会经济平稳发展，居民生活水平显著提高，为中高档婴儿用品消费奠定物质基础，进一步推动婴幼儿用品市场快速发展，成为发展潜力最大、发展前景向好、发展收益较高的产业之一。

【启动万寿宫商城升级改造工程】 2016年4月10日，西湖区启动万寿宫商城拆迁改造工程。万寿宫作为南昌城市名片，历史上曾伴随着江右商帮的发展演变，成为江西通往世界的商业名片，是最早走向世界的南昌品牌之一。改革开放以来，万寿宫商城逐渐成为南昌市经营日用小百货的大型传统卖场，批零兼营各类服装面料布匹、针纺织品、床上用品、洗浴用品、布艺窗帘、钟表眼镜、餐厨炊具、五金工具以及童装、鞋类、文具、玩具、灯饰、电器等日用百货商品，经营种类多达上万余种，经营户2000余家，其薄利多销的经营模式、一应俱全的百货商品，深受广大群众青睐，成为南昌市日用百货消费主战场。但经过近30年的发展，商城亦面临着十分严峻的形势：市场拥挤不堪，商铺结构复杂，商品鱼目混珠，经营环境混乱，火灾隐患较多，消防整改迫在眉睫。为此，西湖区政府启动万寿宫升级改造工程，按照“民族、民俗、民间”理念，科学规划，统筹安排，精心打造集商业、旅游、文化于一体的历史文化街区，成为传承南昌历史文化、展示城市风貌的商业和文化旅游名片。

（汤庆莉）

副食品经营

【概况】 2016年，全市副食品市场商品充裕，食糖、禽类、肉类、蛋类、水产品、奶制品、蔬菜、水果等供应丰富，价格涨多跌少。猪肉价格小幅上涨，蔬菜价格稳中有升，蛋类价格略有下降，奶制品价格平稳。据国家统计局2016年10月发布数据显示，食品烟酒价格同比上涨3%。其中，鲜菜价格上涨13%、鲜果价格上涨6%，水产品价格上涨5%，蛋畜肉类价格上涨3.8%，蛋类价格下降2.4%。中档水产品需求量增大，全市水果批发零售量剧增，休闲类副食品销量增加，炸鸡酱鸭类熟食速食以及烘焙类等副食品广受青睐，特别是随着社会经济发展和居民消费水平提高，消费方式日益多元化休闲化，休闲食品成为副食品消费新宠。坚果炒货、饼干蛋糕以及膨化食品量价齐升，占据休闲食品半壁江山，中西糕点甜点等烘焙食品风生水起，迎合食品消费“高端享受”。传统副食品经过改革开放30年的不断创新发展，独具地方特色风味的休闲食品逐渐成为副食品领域的一个新亮点。其中，川渝地区所代表的麻辣休闲食品，作为副食品主力军在国内市场异军突起，脱颖而出。

【国庆7天生活必需品市场价格跌多涨少】 2016年，国庆黄金周期间，南昌市商务、物价、工商、质检、卫生、安监等多部门加强商品价格、质量管理和食品安全等督导检查，严防哄抬物价、囤积居奇和食品安全事故发生。各级商务主管部门启动生活必需品市场日报监测制度，及时监测蔬菜、大米以及油、肉、蛋、禽、奶等生活必需品和副食品的市场价格变化，有力保障市场供应和消费安全，呈现出“市场供应丰富、商品价格稳定、总体运行平稳”喜人态势。由于市场供应组织得力，“十一”黄金周期间南昌市粮、油、肉、蛋、菜等主要生活必需品供应充足，品种齐全、价格微降。据监测系统显示，国庆期间南昌市生活必需品市场监测的11类生活必需品，与节前一周相比：蔬菜批发价格环比下跌2.96%，水果批发价格下跌0.24%，奶类零售价格下跌16.85%，食盐零售价格上涨1.37%，水产品批发价格下跌0.21%，猪肉零售价格下跌0.2%，食糖零售价格下跌12.65%，粮食零售价格上涨4.53%，桶装食用油零售价格下跌1.94%，蛋类零售价格和禽类零售价格分别上涨3.2%和1.94%。全市主要生活必需品市场没有出现断档、脱销和价格异常波动情况。

【超市类生活必需品市场运行平稳有序】 2016年6月11—17日，根据商务部生活必需品监测系统显示，南昌市超市类生活必需品市场运行平稳有序，货源充裕。18个监测品种本周零售平均价格每千克37.83元，与上周零售平均价格每千克37.71元相比上涨0.32%。其中，11种零售商品价格上涨，5种零售商品价格下跌，2种商品与上周持平。粮、油类价格涨跌互现，大米每千克5.29元，菜籽油每升13.81元，调和油每升13.24元，花生油每升21.91元，零售价格环比分别上涨1.73%、1.1%、0.15%和0.09%。面粉每千克5.88元，豆油每升10.14元，零售价格环比分别下跌0.17%和1.27%。猪肉、禽类价格略有上涨，精瘦肉每千克32.53元，五花肉每千克28.85元，零售价格环比分别上涨1.78%和0.98%。白条鸡每千克22.03元，与上周持平。鸡蛋每千克11.4元，环比下跌0.18%。受端午节日市场消费刺激，猪肉需求增大，带动肉价上涨。随着气温逐渐走高，猪肉进入消费淡季，肉价趋于平稳。盐、糖类价格微涨。食盐每千克3.6元，食糖每千克11.71元，零售价格环比分别上涨0.28%和0.09%。奶制品价格涨跌互现。国产品牌婴幼儿奶粉每千克158.37元，巴氏杀菌奶（鲜牛奶）每升14.93元，酸奶每千克16.45元，零售价格环比分别上涨2.36%、0.54%和0.12%；中老年奶粉每千克103.61元，

2016年12月27日，副市长凌卫（前排左三）一行到红谷滩新区华润万家地中海店了解超市环节肉菜流通追溯系统流程

国外品牌婴幼儿奶粉每千克195.97元，零售价格环比分别下跌0.46%和0.7%；灭菌奶(常温奶)每升11.24元，与上周持平。全市奶制品供应充足，奶制品价格保持平稳运行。

2016年6月南昌市超市类生活必需品平均价格一览表

单位:元/千克(升)

序号	品种	本月价格
1	酸奶	16.45
2	灭菌奶(常温奶)	11.24
3	巴氏杀菌奶(鲜牛奶)	14.93
4	中老年奶粉	103.61
5	国产品牌婴幼儿奶粉	158.37
6	国外品牌婴幼儿奶粉	195.97
7	菜籽油	13.81
8	豆油	10.02
9	调和油	13.24
10	花生油	21.91
11	食盐	3.6
12	食糖	11.71
13	精瘦肉	32.53
14	五花肉	28.85
15	白条鸡	22.03
16	鸡蛋	11.4
17	面粉	5.88
18	大米	5.29
	平均价格	37.83

【9月全市蔬菜价格波动较大】 根据南昌市生活必需品系统监测显示，2016年9月全市蔬菜价格波动较大。据墩子塘、象湖两农贸市场监测，18种监测蔬菜平均价格每千克6.33元，比上月每千克5.64元上涨12.23%。其中，14个品种上涨，占77.78%；3个品种下跌，占16.67%；1个品种持平，占5.55%。立秋过后蔬菜价格一路攀升，除高温季节本地蔬菜减产原因外，流通运输环节因天气炎热不易储存，市场进货储存量减少，加之9月各大中小学校(院)陆续开学，以及中秋节消费需求增加等多种因素导致价格普遍上涨。

2016年8、9月南昌市墩子塘农贸市场蔬菜价格一览表

单位:元/千克

序号	品种	8月价格	9月价格	9月比8月增长(%)
1	苦瓜	5.25	5.8	10.48
2	黄瓜	4.25	4.2	-1.18
3	茄子	4.88	6.3	29.1
4	豆角	6.38	6.1	-4.39
5	生菜	6.75	6.78	0.44
6	菠菜	9.13	10.6	16.1

续表

序号	品种	8 月价格	9 月价格	9 月比 8 月增长(%)
7	青椒	6.13	7.5	22.35
8	洋葱	3.75	3.8	1.33
9	辣椒	6.25	7.5	20
10	芹菜	7.35	7.38	0
11	白萝卜	2.85	3.4	19.3
12	生姜	7.5	8.7	16
13	大白菜	4.63	4.58	-1.08
14	胡萝卜	3.88	4.72	21.65
15	土豆	3.63	4.36	20.11
16	冬瓜	2.5	2.58	3.2
17	西红柿	4.75	6.1	28.42
18	蒜头	11.63	13.5	16.08
	平均价格		6.33	

南昌市 15 种主要蔬菜品种同期价格情况比较一览表

单位:元/千克

	2015 年 4 月 25 日—5 月 1 日	2016 年 4 月 25 日—5 月 1 日	同比涨幅
土豆	4.5	4.76	5.8%
茄子	6	6.8	13.3%
西红柿	6	6	0
豆角	7.5	7.4	-13.3%
洋葱	3.5	3.3	5.7%
黄瓜	4	4.5	12.5%
白萝卜	3	3.4	13.3%
冬瓜	4	4.6	15%
芹菜	6	5.7	-5%
生姜	17	15	-11.76%
苦瓜	8	8.2	2.5%
青椒	7	6.8	-2.86%
生菜	4.5	4.3	-4.44%
大白菜	3.5	4.1	17.14%
辣椒	9	8.7	3.33%

数据来源:商务部生活必须品监测系统南昌市墩子塘农贸市场、象湖农贸市场每周主要蔬菜平均价格)

【蔬菜市场价格略有上涨】 2016 年,南昌市蔬菜市场运行整体保持稳定发展态势,总体供应充足,品种丰富,常年供应保持在 60 个品种以上,主要有叶类、茄果类、根茎类、瓜类、豆类、葱蒜类等,其中白菜、青菜、生菜、包菜、菠菜、韭菜、空心菜是南昌市叶类蔬菜主要供应品种。据统计,全部品种混合平均价格 4.59 元,同比小幅上升。由于先后遭受倒春寒、南方强降雨以及强寒流天气等影响,蔬菜市场供应出现阶段性、区域性偏紧状况。蔬菜价格总体符合常年波动规律,但在历史高点与历史低位间大幅震荡,呈大涨大跌态势,春季蔬菜受倒春寒影响价格明显高于近年同期水平,总体高位运行。进入夏季,由于南方北方产区夏季蔬菜的种植面积增大,价格又跌破近年同期水平;秋季菜价由于夏秋季、秋冬季蔬菜供应断茬再次冲破历史高位。加之劳动力成本、运输储存、化肥农药、流通环节等多种因素,蔬菜价格仍处高位运行阶段。

【鸡蛋市场价格走低】 2016年,南昌市鸡蛋消费呈现比较明显的季节性特征,春节和中秋、国庆是消费高峰阶段,其中9月除双节之外,学生新学期开学,学校食堂的备货也相当程度刺激鸡蛋消费,受蛋鸡产蛋率下降影响,鸡蛋价格在9月出现高位点。据南昌市物价局价格监测数据显示,全年鸡蛋价格维持在每千克7.6—9.5元,鸡蛋市场供应过剩导致的不平衡现象进一步恶化,鸡蛋价格总体呈弱势运行状态。

【白酒市场回暖】 2016年,白酒行业面对经济发展新常态,采取有效措施,加快行业深度调整,开创以"价"维稳、理性发展局面,使白酒市场逐步走出"寒冬",告别爆发式增长的暴利时代,呈现出消费趋稳、价格回升的良好势头。五粮液、泸州老窖、剑南春、洋河等多家酒企纷纷上调核心单品价格;四特、李渡、皖酒、白云边等销量增加,市场微弱复苏透露出行业逐步回暖的信号,给白酒行业新一轮洗牌增添发展信心。虽然制约白酒行业发展和拉动价格下跌的产能总量过剩、产业集中度低、市场价格的认同等问题仍未得到根本性改善,但行业精准发力、市场缓慢复苏推动消费结构和消费习惯重大转变,行业回暖趋势明显,市场低速增长显现常态化。

【休闲食品市场广阔】 2016年,南昌市休闲食品迎来快速发展与升级革新期,消费休闲化成为食品消费市场的主导方向,经济持续发展带动生活水平不断提高和旅游业兴旺发展,休闲食品市场规模呈几何级速度增长。据不完全统计,南昌市休闲类食品消费市场份额超10亿元。糕点、面包、饼干、糖果类、坚果类、焙烤类、儿童食品、膨化食品、果脯蜜饯等休闲食品市场需求突飞猛进,花样层出不穷,品牌千变万化,行业深度细分,市场加速扩张。绿色、天然、健康的休闲食品成为消费首选,传统休闲食品逐步向品牌化、连锁化创新发展,进一步推动休闲食品向中高端发展,未来休闲食品行业极具发展潜力。

【进口水果市场消费需求高涨】 2016年,南昌市水果市场品种丰富,货源充足,果市节日效应明显。国产水果苹果、香蕉、梨、脐橙等由于库存货量较大,市场需求不佳,价格行情低迷。进口水果市场消费需求日益高涨,市场销量逐年攀升。据商务部生活必需品监测系统数据显示,6月南昌市传统三大类苹果、梨类、香蕉等水果批发价格分别为:每千克6.1元、每千克2.7元、每千克3.6元,同比分别下降0.3%、0.1%、0.15%。此外,芒果、菠萝、葡萄、草莓、青枣、柑橘、枇杷、石榴、柿子、李子、椰子、荔枝、水蜜桃、猕猴桃、香瓜、西瓜、木瓜、哈密瓜、火龙果、圣女果等各种时令水果随季节上市,果品交易呈平稳增长态势;樱桃、榴莲、山竹、释迦、红毛丹等精品水果占据高端消费市场,价格持续走高,传统水果受冲击明显;意大利奇异果、新西兰猕猴桃、墨西哥牛油果、智利车厘子、越南青芒果、泰国榴莲、美国红蛇果等进口水果成为消费市场新宠。季节性水果和高端水果均有较强的市场消费潜力。

(汤庆莉)

肉食品加工与批发零售

【概况】 2016年是南昌市畜禽屠宰监管职能全面划转后第一年。畜禽屠宰监管由商务部门划入农业部门后,各级政府和农业部门对畜禽屠宰行业监管更加严厉,畜禽屠宰监管工作更加全面,监管成效更加显著。南昌市积极履行畜禽屠宰监管职责,牵头建立以农业、食药监、公安、环保等部门组成的联席会议制度,形成无盲区、全覆盖网格化监管体系,加强对畜禽屠宰及加工、肉品流通市场执法检查,联合县区执法机构开展打击生猪私屠滥宰等违法行为,确保畜产品安全供给。

【健全监管制度】 2016年7月26日,南昌市建立生猪屠宰厂(场)全面监督检查员库,制订全市年度和日常监督检查工作计划。县(区)每季度对照监督检查规范对每家生猪定点屠宰场点开展一次或一次以上日常监督检查,市畜禽屠宰监管部门对照监督检查规范对辖区内所有屠宰场点进行一次或一次以上年度监督检查,并将所有检查记录表备案。

【规范屠宰企业经营行为】 2016年1月25日,分别与南昌市9家A类和2家B类定点屠宰企签订《屠宰企业肉品质量安全和安全生产责任状》和《肉品质量安全责任承诺书》,使企业第一责任人规范屠宰意识得到提高,企业行为得以规范,生产标准化,产品质量有保障。督促屠宰企业全面落实进厂验收、停食静养、检疫检验、无害化处理等16项制度。

【开展病死畜禽无害化处理工作】 2016年,结合换发新证工作的开展,加大屠宰环节病害猪无害化处理补贴资金监管工作的力度,对所有生猪定点屠宰企业台账进行检查。主要针对屠宰环节病害猪无害化处理管理制度建设情况及2015年度屠宰环节病害猪无害化处理补贴资金使用情况进行调研,总结屠宰环节病害猪无害化处理及资金使用、监管存在的主要问题,建立定点屠宰企业每月3日前将上月无害化处理数据报县区屠宰监督管理部门,县级畜禽屠宰管理部门每月5日前向市级管理部门报送无害化处理数据和情况的程序。2016年度屠宰环节病害猪无害化处理省级补贴资金于11月28日全部拨付县区财政和农业部门。为进一步做好屠宰环节无害化处理补贴工作,市农业局于12月12日发出《关于做好屠宰环节病害猪无害化处理补贴工作的通知》,进一步强调补贴工作纪律,要求县区严格据实拨付,及时做好拨付工作。

【规范"肉品品质检验合格证"等证、章、标志使用和管理】 2016年,各县区规范"肉品品质检验合格证"填报工作,建好生猪定点屠宰证、肉品品质检验合格证、肉品品质检验验讫印章等管理台账,做好肉品品质检验合格证等印制、领用等工作。全年发放肉品品质检验合格标志310万枚;发放上市凭证192万份,其中猪上市凭证186万份、牛上市凭证6万份。

【生猪屠宰环节"瘦肉精"监管】 2016年,屠宰企业把好生猪入场检验关,提高"瘦肉精"自检比例,坚决杜绝含"瘦肉精"生猪入场,严把屠宰环节质量关,切实保障生猪产品质量安全。下半年,对6个县区10个生猪定点屠宰厂(场、点)实施"瘦肉精"检测3658份,每份样品均同时检测盐酸克伦特罗、莱克多巴胺和沙丁胺醇三种"瘦肉精"类物质,检测合格率达 100%，有效杜绝“瘦肉精”肉品上市销售，为全市人民吃上“放心肉”提供强有力保障。

【审核清理生猪定点屠宰资格】 2016 年 6 月 13 日，南昌市全面启动生猪定点屠宰资格审核清理，稳步开展换发新证工作，将全市屠宰企业分为可换发新证、需要整改企业、坚决取缔企业等三大类。采取企业自查、县区初审、市验收组现场审核方式，全面开展生猪定点屠宰资格审核清理工作。市生猪定点屠宰资格审核清理工作小组对全市 20 家(9 家 A 类，11 家 B 类)生猪定点屠宰企业进行全面审核并分类，对审核合格的报市政府审批换发新证，对暂时不符合要求的要求整改，对不符合要求应取缔的企业报市政府要求取缔。

【监管牛羊、家禽屠宰】 2016 年，全市在做好生猪定点屠宰监管同时，统筹做好辖区内牛羊、家禽等屠宰监管工作，并于 7 月报市政府为江西钰惠肉类有限公司颁发屠宰证和标志牌。参照《生猪屠宰厂(场)监督检查规范》内容进行监督检查，依照《南昌市牛羊屠宰管理办法》，继续履行好监管职责，多次对两家牛羊定点屠宰厂和两家禽类定点屠宰场进行监督检查。监管家禽屠宰，把好检疫关，督促养殖户、经营户落实检疫申报制度，按照“先集中后定点再规范”思路，提前谋划家禽屠宰监管工作，形成监管思路上报市畜禽屠宰监管工作领导小组，稳步推进家禽集中定点屠宰，逐步规范家禽屠宰监管。

【整治生猪私屠滥宰违法行为】 2016 年，市农业局执法支队进行日常巡察，先后联合青山湖区、西湖区农业综合执法大队对三处生猪私宰窝点开展打击整治，督促南昌县相关执法机构对该县辖区东新乡、向塘镇生猪无证屠宰点进行整治。督促、指导、协调青山湖区农业综合执法大队加强辖区内生猪私宰行为打击力度。青山湖区执法大队全年查处 11 起生猪私宰案件(其中一起已经移送公安机关查处，且已经当地法院开庭审判)，有效遏制该区生猪私屠滥宰违法行为高发态势，保障城乡居民主要肉食品安全。

【严禁私宰羊违法行为】 2016 年，针对临街宰羊、占道经营、活羊和羊肉产品未经检验检疫等问题，市农业局领导指示执法支队对该问题认真核实调查，依法依规予以妥善处理。积极参与东湖区、西湖区私宰羊窝点取缔工作，为宰羊经营者联系市牛羊定点屠宰企业，督促他们到正规屠宰点屠宰羊。依据《南昌市牛羊屠宰管理办法》第二条规定“南昌市城市规划区内实行牛羊定点屠宰，未经定点，任何单位或个人不得私自屠宰牛羊”，积极配合市综管办对临街宰羊行为进行警告，责令停止临街宰羊违法行为。配合相关部门将《南昌市牛羊屠宰管理办法》翻译成维吾尔族文字，并发放给相关人员。协调多家定点屠宰企业，为在南昌宰羊卖羊肉串相关人员提供便利，有效地遏制违法屠宰羊势头，消除安全隐患。

(杨　敏　白红胜)

石油制品与批发零售

【概况】 2016 年，中国石化南昌石油分公司(以下简称南昌石油)以建设“诚信、卓越、创新、共赢”新型石化企业战略目标为企业愿景，以“服务地方经济，谋求企业发展”为宗旨，铭记“每一滴油都是承诺”的社会责任口号，积极贯彻落实“最好的员工在中国石化，最好的服务在中国石化，最好的油品在中国石化”，坚定“创建世界一流能源化工公司”发展目标，以“用心服务、用心管理、用心经营”为指导思想，全力保障全市工农业生产用油和居民生活用油，为农机、出租车等民生用油开通绿色通道，较好地解决资源、供应、市场之间的关系，充分发挥南昌成品油市场供应主渠道作用，为南昌经济与社会发展做出应有贡献。全年成品油总销量突破 82 万吨。

【落实安全生产责任制】 2016 年，认真贯彻落实江西石油分公司 HSE 工作精神，全面贯彻落实“安全隐患整改年”，始终紧绷“安全”弦，认真落实“谁主管、谁负责”，树立“大安全”理念。深入开展“我要安全”主题活动，延伸“安全生产月”“抓三百、保平安”等活动。加强七种作业票管理，进一步强化油库、加油站作业现场管理，加强重点隐患要害部位监控管理，把监控关口放在一线现场，重大作业坚持领导到现场，避免“三违”行为。持续抓好安全规章制度落实率 100%，抓好隐患及时发现率 100%，抓好隐患整改率和控制率 100%，提高全员安全意识和安全技能，保障企业安全、平稳运行。

【推进安全环保项目】 2016 年，坚持从严管理，稳定安全生产形势，全面融入南昌市发展战略需要，加快推进油气回收、隐患治理、碧水蓝天等项目。结合前两年油气回收改造工作中的经验与不足，进一步提升加油站安全环保标准，加强加油站各项改造项目管理，全面贯彻落实江西石油分公司及市政府对加油站安全环保工作的部署，统筹施工。根据加油站布局、销量等客观因素制定改造计划，减少施工过程中造成的销量流失。

2016 年 4 月 8 日，南昌石油云飞路、洪大、二七路爱义行汽服三店同时开业。开幕式在云飞路加油站举行

至年底,完成所有加油站和油库油气回收工作,完成率100%。

【配合开展成品油市场整顿】 2016年,南昌石油及下属县区公司积极配合地方政府及相关部门开展成品油市场整顿工作。继6月各级商务部门开展成品油市场整治工作后,10月28日,全省(省、市、区三级)成品油市场集中专项整治会召开,并印发《关于全省成品油市场集中专项整治行动方案》。会后,南昌石油立即制定《南昌石油分公司成品油市场整治工作方案》,成立南昌石油"成品油市场整治工作领导小组",积极配合执法部门开展市场整治工作,为进一步强化市场监管、规范经营秩序、净化市场环境贡献力量。

【升级置换国Ⅴ油品】 自2016年11月起,南昌石油提前全面开展国Ⅴ汽油、柴油升级置换工作。为确保按时按质完成置换任务,因地制宜划分不同类型加油站,明确具体责任人,倒排时间进度,逐罐、逐站开展油品升级置换工作。密切注意市场动向,跟踪市场变化,通过微信公众号、LED屏幕、南昌广播电视台等媒介向消费者介绍国Ⅴ油品的选用标准,保持国Ⅴ油品升级置换期间各项工作衔接流畅。积极配合市商务局及环保、市场和质量监督等部门,做好成品油市场发展工作,率先完成国Ⅴ油品置换工作,成为南昌地区首家经营98号汽油的经营企业。

【严把油品数质量关】 2016年,始终坚持"质量是企业生命"的原则,深化落实油品数质量责任制,加大考核和监控力度,先后制订和完善《县区石油分公司零售损溢特殊阶段绩效考核办法》《关于加强高温天气零售油品损耗管理工作的通知》《南昌石油分公司油品(轻油)数量管理办法(试行)》等制度及考核办法。按照质量方针"质量永远领先一步"、质量目标"质优量足、顾客满意"、质量承诺"每一滴油都是承诺"要求,坚持以顾客为关注焦点的理念,将质量责任细化分解到各个部门,覆盖经营全过程。对全公司各层级数质量岗位人员进行ISO 9000质量管理体系讲解培训,对全体员工进行油品质量管理知识培训,下发学习材料,提高员工对油品特性、产品标准等认识,提高员工质量意识,努力营造出质量管理人人有责、质量维护无处不在的氛围。

【保障物流配送稳定】 2016年,按照"路径最优、距离最短、时间最佳、费用最低"原则,完善长效监管机制,严格执行各项管理规定,科学安排物流配送计划。随着加气站数量及市场销量不断增大,南昌石油强化安全管理,要求承运商对司押人员加强天然气管束车安全教育及操作培训工作。司押人员需持有效证件上岗作业,对管束车启动阀及相关零部件做到随时检查。对存在安全隐患的管束车做到即时上报,即时停运,待厂家修复后安全运输。4月中旬,按照省政府相关超载超限治理要求,对承运商平川油运公司所属上线车辆装载容量重新核定后,及时组织相关人员到昌北油库对运输车辆调整过后的装载容量重新进行计量,并督促平川油运公司新购16辆新车上线缓解运力吃紧现象。此外,为确保2017年春节期间运力充足,平川油运公司在11月新购置3辆新车并上线,全面保障物流配送稳定。

【开展"走基层、访万家"活动】 2016年,走访68个班组和556名员工,走、访进度双双超过50%。以"走基层、访青年、寻最美青工"活动为主线,围绕青年员工助力经营,选树12位南昌石油最美青工。在"大走访"活动中,积极了解员工诉求,收集238条建议,解决63个具体问题,并慰问伤、病、老职工和特困职工及职工遗属,落实"真困难、真帮助",为25个困难家庭申请困难补助。

(唐 谦)

医药药品批发零售

【概况】 2016年,江西南华医药有限公司(以下简称南华医药公司)继续担负社会责任,努力实现有质量、有效益、可持续的发展,稳定在江西省医药市场的领先地位。为重点医疗单位开辟绿色供货通道,及时满足临床用药。储备约3000万元药品和疫苗品种,以应对重大灾情、疫情,保证突发公共卫生事件时期的用药急需,充分发挥作为江西省国有医药商业主渠道的作用。

【启动物流中心项目建设】 2016年,根据企业现状、业务流程、药品质量管理规定的要求,启动新建可支撑年销售额100亿元规模的现代医药物流中心。项目建设用地面积为22470平方米。建设内容包含现代药品物流中心、冷链与中药器械物流仓储和生活辅助三大部分。仓储分为3处,分别在青云谱区、市内及南昌经开区。除南昌经开区的仓库外,其余两处仓库都是上世纪60年代的建筑,每年的维修成本投入极大。分散的仓库造成药品储存成本、配送成本、管理成本居高不下。伴随着公司医药零售和批发业务的高速增长,物流配送所需支持的销售额将从现在的十几亿元增加到100亿元,现有的仓储设施无法满足企业发展的需要。该项目建成后,公司将现有的3处仓库全部合并,这将极大地节约资金,同时按照设计方案新建的现代医药物流中心可以支撑100亿元的年销售收入,完全能够满足销售的需要。按照固定资产投入、经营收入、经营成本等估算,在经营收入达到设计能力的80%,此项目就可达到收支平衡。同时,此项目的建设可以稳定本企业就业人员、提供大量就业岗位,缓解社会就业压力,也符合国家医药物流现代化的发展方向,经济效益和社会效益显著。

【拓展批发业务】 2016年,医药批发系统继续实施稳住市内、拓展市外的策略,努力提高经济效益。随着经营业务的扩展和实力的提升,为应对市场日新月异的变化,批发总部不断变革自我,创新经营,调整经营策略,拓展托管经营医院药房配送,挖掘基本药物和疫苗市场潜力,开辟乡镇医疗诊所网点,抢占市场销售份额。着力市场份额和运行质量两个优先,完善采购配置体系,以总代品种、贴牌品种为纽带,以比价采购和全省信息互动为基础,打造核心竞争力品种。公司通过招商等形式培育独家品种或总代总销品种,并合理安排资金,购进商品,确保重点品种的供应需要,为销售部门稳定市场份额提供坚实的支持。

【扩大零售连锁经营】 2016年,被国家授予"中华老字号"殊荣的黄庆仁栈华氏大药房旗下拥有遍及江西11个地区、70余个市(县)的300余家连锁门店。药店加强现场管理,每季跟踪,督促进度,落实战略品种的合作。实行定员、定编、定岗,以销售、毛利、单品考核相结合,实行工资动态管理。加强采购管理,新增查询功能,监测异常变化,注重与临床品种供应商的合作,委派专人管理并整理临床品种供应商目录,全省共享。规范对外租赁,所有出租资产一律实行拍租,租期原则上一年,超过一年须报批。加强门店现场管理,对装修后的门店进行效益评估,在各地争取开通本级医保,完善会员制,实行考核机制,每季跟踪,督促进度。加强品类管理,落实战略品种合作,优化品种,做好临床品种及新特药销售。

【优化组织结构】 2016年，推进管理部门大部制改革与业务部门集中化，组建大客户服务管理总部、合规管理总部、运营管理总部、赣中分公司，为解决双方股东历史遗留问题，促进南华更好发展，实现双方股东各自并表50%。成立南华(上药)、南华(通用)2家新公司，承接原南华医药采购业务。与上下游互动，提升服务响应速度。优化流程，提升运营效率。以组织机构改革为突破口，实行宏观调控。打造新模式，树立新标杆，开创新气象，让创新成为推动增长的强劲引擎。

【严格质量管理】 2016年，南华医药公司的经营范围包括：中药材、中药饮片、中成药、化学原料药、化学药制剂、抗生素原料药、抗生素制剂、生化药品、生物制品、麻醉药品和第一类精神药品、第二类精神药品制剂、蛋白同化制剂和肽类激素、疫苗、医疗用毒性药品、体外诊断试剂；中药材收购、预包装食品、保健食品、医疗器械等批发、零售。为符合新版GSP的要求，确保药品储运安全，在各库房中安装具有自动监测、显示、记录和报警功能的自动温湿度监测系统，并设有防尘、防潮、防污染、防火、防虫、防鼠、防鸟以及符合要求的照明、安全、避光、通风设施。配备有多种运输车辆38辆，其中冷藏车6辆，保温箱60个。所有“冷链”储运的设施设备以及自动温湿度监测系统均经过专业验证公司验证。对计算机系统进行升级更新，使计算机系统的各项操作能够达到新版GSP对计算机系统所要求的高度。

【加强企业文化建设】 2016年，按照现代企业管理制度要求，建立法人治理结构，大力弘扬“服务健康，创新图强”企业精神，坚持“质量为本，客户至上”的质量方针，充分发挥股东双方整体优势、规模优势、资源优势、管理优势、质量优势和人才优势，逐步形成全新的经营理念、组织体制和经营机制，为公司持续、健康、快速发展提供强大动力和可靠保证。为树立企业形象，扩大企业知名度、美誉度，加强企业与外部同行企业的交流沟通联系，组织参加由上医控股举办的《全国联动·谁“羽”争锋》羽毛球大赛。选派4名选手于11月上旬赴上海参赛。通过比赛，球队取得男子单打第一、二名和女子单打第二名的优秀成绩。选送包括书法、绘画、摄影、篆刻、手工制作等五大类29幅作品参加股东方上医控股文化节展，9幅作品获奖，其中二等奖1名、三等奖2名、优胜奖6名。积极配合支持省血液中心工作，保障医疗单位的用血需求。应省血液中心的要求，组织职工积极开展义务献血活动，62名职工在采血现场进行义务献血，采集鲜血1.76万余CC，有力支援医院临床用血的需要。通过义务献血活动，彰显南华职工对社会的一片爱心和良好的精神风貌。帮助未婚青年和大龄青年解决婚姻问题，为青年相知、相识、广交朋友搭建平台。7月，与交通银行抚河分行在天泉水都举办“水与争锋”水上趣味竞赛，与工商银行、南昌城投集团、江铃集团等单位举办两期联谊活动。南华医药公司共有20余人团员青年参加此次活动。8月，组织14位团员青年参加市总工会、团市委举办的第二届“洪城热恋，牵手幸福”大型交友联谊活动。南华医药公司团委于5月9日举办财务人员技能大赛。此次大赛共有6个参赛队，比赛过程按笔试题、必答题、抢答题、实战题、风险题等5个环节进行。在经过多轮的激烈较量后，最终南昌分公司代表队、物流分公司代表队、批发总部代表队分别夺得第一、二、三名。这些活动的开展，为广大职工特别是团员青年一展青春风采搭起特色舞台，丰富职工文化生活，提高职工文明修养和综合素质，为企业发展积聚正能量。

（黄建华）

烟草制品专卖

【概况】 2016年，南昌市烟草专卖局(公司)积极应对烟草行业“四大难题”凸显、“三大压力”叠加的严峻形势，紧紧扭住税利持续增长、省产烟占比和“金圣”烟销量提升的核心指标，发扬“5+2，白加黑”精神，攻坚克难，锐意进取，将“使命·责任·担当”意识践行到南昌烟草转型发展中，较好遏制了经济运行下滑势头。全年实现税利16.22亿元，与上年相比略有增长。卷烟销售16.63万箱，卷烟结构持续提升，单箱结构3.62万元，同比增长7%。

【遏制经济运行下滑势头】 2016年，从新品培育、结构优化、价格维护、终端建设、基础管理等方面协同发力，着力处理好稳增长与调状态、稳增长与优结构，稳增长与压库存的关系。持续推进卷烟营销市场化取向改革试点工作，推动V6系统上线，全面执行新的卷烟零售客户分档、分级办法，为落实“控制大户、发展中户、扶持小户”打下基础。积极稳妥地对南昌市在销的153个卷烟品牌规格进行梳理，清退金圣竞品66个。以“两个专项活动”“消费者在哪里，我们就到哪里”“金圣品牌专柜陈列”等活动为着力点，突出工商协同，动态打造瑞香专户并形成覆盖金圣卷烟各个价位段的省产卷烟销售体系，强化省产烟培育和价格维护，深挖消费潜力。开展“客户经理工作职责落实年”活动，过程管理进一步求精、求细、求严，客户经理服务意识、规范意识、精益意识不断提升。

【专卖管理能效不断提升】 2016年，始终坚持目标考核导向，推进执法协作机制建设，强化信息收集和服务指导，加大对寄递行业、特殊业态和无证户摸排和治理力度，组织开展重点违法大户专项整治行动，做到敢打、真打、狠打，在护航卷烟营销上做出成绩。全年共查处各类涉烟违法案件2768起，查获5万元以上重案189起，同比增加26%；查处3万元以上大案39起，增加56%。查处各类非法卷烟2594.26万支。破获国标网络案件2起，省标网络案件2起，拘留15人，逮捕10人，判刑12人。市烟草专卖局稽查支队被评为全国卷烟打假工作成绩突出集体。加大对“两烟”生产经营监管力度，内管部门建立“2+3工作模式”，以数据分析为支撑开展市场走访，全年启动异常流程调查371起，下达抄告单523份。

【规范化管理持续推进】 2016年，充分落实“真招实招”“应招尽招”工作举措，加强对招标文件中的资质条件和评标办法审核，全程参与监督供应商资质审查，加强工作痕迹保存。修订出台《信息公开目录模板》，进一步统一信息公开流程、内容、载体和时间，落实责任部门，并受到江西省烟草专卖局整顿办的高度认可，作为编制样本在全省进行推广。持续推进科技创新工作，基于系统融合的预算流程中心平台研究与应用被评为全国烟草行业2016年度“精益十佳”课题，3个优秀QC课题荣获省烟草专卖局荣誉。安全管理富有成效，严格落实安全生产责任制，有效防范各类责任事故发生，被省烟草专卖局授予2016年度安全生产工作先进单位。

【队伍建设注入活力】 2016年，不断完善干部选拔标准，制定干部选拔任用办法和交流规定，真正把想干事、能干事的干部选好用准。印发《机关人员基层挂职锻炼实施方案》,选派6名优秀机关人员到各县(区)烟草专卖局(分公司)挂职锻炼,为发现人才,储备干部提供支持。强化干部年度考核,重点抓好结果运用。启动“三定”工作,深化企业组织结构改革,优化人员组织结构。修订“双技”评聘管理办法,科学、规范、公正开展评聘,共聘任专业技术职务17人,职业技术职务351人。创新培训渠道,开展7期全市系统精益大讲堂,专卖、营销部门组织经验交流10余场;全市系统分层级、分岗位、分类别开展各类教育培训113期,培训3000余人次。深入宣传贯彻“最美烟草人”先进事迹,凝聚发展正能量。通过强化素质技能培训、优化成长通道和争先创优等方式,不断激发基层活力,夯实基层基础,为企业持续发展提供不竭动力。

(吴　丹)

供销合作商业

【概况】　2016年,南昌市供销社以各级党委、政府深化供销合作社综合改革文件精神为引领,按照工作部署,立足岗位职责,积极主动作为,实现商品购销总额326亿元、利润7400万元,同比分别增长22.1%、15.6%,圆满完成全年工作目标任务。市供销社荣获全省供销合作社系统综合业绩考核特等奖第一名。

【启动供销合作社综合改革】　2016年,市委、市政府高度重视供销合作社综合改革工作,市委副书记、市长郭安就深化市供销合作社综合改革工作作出重要批示。10月,市供销社组织各县区供销社主任赴山东、河北等地学习和借鉴先进改革经验,切身感受到自身在为农服务工作中差距和不足,开阔视野,启迪思路。结合南昌实际,经过深入调查研究,由市社供销社牵头草拟的《南昌市深化供销合作社综合改革试点实施方案》,经市委、市政府审议,报请省委农业和农村体制改革专项小组同意复函后,于10月8日印发实施。12月6日,市政府召开全市深化供销合作社综合改革动员大会,成立以分管副市长为组长的市深化综合改革领导小组,对市供销合作社综合改革工作进行全面部署,标志着全市供销社综合改革工作正式实施。按照省供销社要求,通过对各县区情况综合评估,在确定南昌县为供销合作社综合改革试点基础上,市供销社增加新建区、进贤县、安义县为综合改革试点县区。

【实施供销基层组织建设工程】　2016年,通过深入实施供销合作社基层组织建设工程,切实把基层网络向村一级拓展和延伸,全面提升基层组织发展质量。至年底,市供销社建有农村综合服务社870个,农资连锁网点1344个,日用消费品连锁网点810个,再生资源回收网点849个,烟花爆竹网点1224个,农副产品交易市场22个,庄稼医院147个,协会50个,联合会7个。市供销社按照开放办社、农民参与、为农服务的原则,广泛吸纳农民和各类新型农业经营主体入社,对经营状况不佳、服务设施落后的基层社进行改造提升,通过招商引资、合作开发、盘活社有资产等方式,加快基层社改造提升。南昌县供销社累计投资近500万元完成12个基层社的升级改造任务。如黄马供销社通过争取当地政府支持,获得0.13公顷土地作为资源,兴建黄马农村综合服务中心大楼及仓库共计1320平方米;抓住老农贸市场改造机遇,新增店面300平方米,提升当地购物和多功能综合服务环境。

【农业社会化服务体系建设初见雏形】　2016年,市供销社积极探索开展土地托管等新型农业社会化服务。各县区供销合作社相继成立农业服务公司,依托农民合作社和种植大户签订土地托管服务协议,打响“农民外出打工,供销社进村为农民打工”品牌。全年托管流转土地服务总面积近5333.33公顷。其中,安义县供销社组建的江西省供销绿能农业服务公司,全面融入安义农业产业化服务体系,实行“全托管”和“半托管”两种方式,为农民量身定制“种粮套餐”,既可提供从种子、农药、化肥、农机、烘干和销售的一条龙全程托管服务,也可由农户选择提供测土配方、施肥、烘干等主要生产环节半托管服务。大部分农户都采取全托管模式,全托管土地2000余公顷,流转土地1200公顷,全年直接为农民增收1400余万元。习近平总书记在江西调研时曾对该公司做法予以肯定。安义县石鼻供销社试点建设的综合惠农服务中心改造建设惠农服务中心大厅、测土配方、庄稼医院、农业技术、农村电商培训中心、农机存放维修保养区、农村电商服务区、稻谷烘干基地,购置各类配套机械设施、设备,逐步为当地农业生产提供产前产中产后全过程综合配套服务。

【推进农村电子商务建设】　2016年,市供销社制定《南昌市供销合作社电子商务产业发展规划》,明确供销系统电商三年发展目标。注册成立全资子公司“南昌供销喜农电子商务有限公司”。供销喜农电商公司委托江西智慧城电子商务有限公司开发B2B2C电商平台,并提供标准的数据接口。市供销社020展示馆(特色农副产品展示中心)完成装修,即将开业。进贤县供销社继续大力推进“电子商务+实体终端+现代物流配送”工程建设,逐步实现电子商务对农村市场的全覆盖。全县19个乡镇30个分运营中心、70个村级电商服务站正式上线运行,为当地农民代购代卖农产品和日用消费品提供服务,月销售额50万元以上,经济效益和社会效益显著。湾里区供销社与江西智慧城电子商务有限公司合作,在梅岭镇中心地段店前街打造梅岭镇农村电子商务服务站,把湾里旅游资源和农家乐、特色产品结合起来,同时为周边的群众代买代卖,使之成为“互联网+旅游+农家乐+农产品+代购”的电商新模式。

【发展社有企业】　2016年,市供销社坚持以项目建设为引擎,秉持“没有投入就没有发展”的理念,通过盘活存量、激活增量和招商引资、多元投入等多种途径,高起点规划,高规格打造,集中力量,强力推进,努力增强社有企业发展后劲。市供销社全资企业南昌市昌洪投资有限公司投资2亿元,在红谷滩新区九龙湖西客站南侧建设“南昌供销为农服务中心”项目,被列为全市重大重点项目,已完成正负零工程(地下2层)建设和地上二层建设。项目将建成集农产品电子商务平台、特色农产品展示、农民专业合作社建设、农村实用人才培训、农村合作金融及冷链仓储等服务内容为一体的综合性为农服务中心,提升省会城市供销合作社在全省供销合作社系统的核心影响力和辐射带动力。由市供销社直属丰和农产品有限公司投资4000余万元与南昌农业开发投资公司在东湖区五纬路合作开发的丰农大厦(农副产品物业服务中心)项目正式开工建设,已完成地下部分和地上一层建设,将于2017年底前完成主体工程建设。该项目建设规模近1.7万平方米,设计建设农产品展示、交易中心和经纪人培训中心、电子商务综合平台。

【合作办社取得进展】　2016年,市供销社坚持开放办社原则,推动不同层级、不同地域和系统内外的合作,打造一批经营规模大、辐射能力强、服务质量好的供销企业。市供销社与江西省汇得能生态科技发展有限公司合作设立的江西省供销汇得能农业生产资料有限公司和江西

2016年2月9日，国家粮食局党组成员、副局长徐鸣一行到南昌市城区部分粮油应急供应网点调研

供销汇得能惠农服务有限公司，力争在土地托管、有机肥推广惠农服务等方面实现突破，扩大有机肥施用面积，提高有机农产品产量，带动更多农民增收致富，让更多消费者分享有机农产品。

（万　磊）

粮油贸易

【概况】　2016年，是全面贯彻落实粮食安全省长责任制考核的第一年。全市粮食工作围绕做好“广积粮、积好粮、好积粮”三篇文章，坚持行业指导与市场监管并重，产业发展与党的建设齐抓，各项工作扎实有效推进，实现“十三五”良好开局。至年底，全市粮食购销总量36.3亿千克，其中销售总量23亿千克、收购总量13.3亿千克，带动农民增收2亿余元。

【落实粮食安全省长责任制】　2016年，根据国务院、省政府粮食安全省长责任制意见，市政府出台落实粮食安全省长责任制实施意见，明确界定各县区政府和市直各有关部门的粮食安全责任。下半年印发配套考核办法，明确将粮食安全责任纳入对各县区政府年度目标管理绩效考核内容。建立联席会议机制，组织召开市粮食安全省长责任制联席会议，对各县区2016年度粮食安全省长责任制考核工作进行部署安排，有效推动全市粮食安全省长责任制落实。

【增加仓容收购粮食】　2016年，通过新建、维修改造、轮换拍卖和腾仓并容等，多措并举解决早稻收购仓容1.55亿千克、晚稻收购仓容0.6亿千克，大大缓解全市收购仓容压力。根据上级统一安排，及时启动、部署2016年早稻最低收购价执行预案和2016年中晚稻最低收购价执行预案。全市共落实委托收储库点86个，切实发挥国有粮食企业主渠道作用，避免农民“卖粮难”现象发生。收购期间，由市粮食局领导班子组成早稻收购督导小组，深入各有关县区和收购库点就早稻收购工作进行督导，全市早稻、中晚稻收购工作有条不紊进行。全市共收购早稻3.35亿千克，其中最低收购价收购1.65亿千克，带动农民增收近亿元。至12月30日，累计收购中晚稻2.75亿千克，其中最低收购价收购0.55亿千克。

【保障粮油有效供应】　2016年，完善全市粮食应急保障网络。确定江西绿叶面制品有限公司等25家粮食加工企业为南昌市粮食应急加工企业、南昌市军粮供应站等4家企业为南昌市粮油应急配送中心企业，并与确定的粮食应急加工和配送企业签订市级粮食加工和配送中心协议，颁发匾牌。做好市级储备粮油轮换工作。会同市财政、农发行等部门，向市级储备粮承储企业下达市级储备粮轮换通知，按时做好市级储备原粮轮出工作。积极做好市场粮油供应，发挥市粮食局直属企业良友、交易市场、米老大公司等优势和平台作用，积极组织货源，加强价格监测，特别是加强节假日期间和重要时段粮油有效供应，确保全市粮油市场价格平稳。扩大粮油产销对接。作为第十四届南昌中国国际粮油产品及设备技术展示交易会的协办单位，在协助配合组委会筹备好展会、当好东道主同时，充分发挥天时地利优势，积极动员、组织本土有实力的粮油企业参展。全市有5家国有粮企、4家民营粮油企业参展，向全国乃至全世界宣传推介南昌市本土优质粮油产品、品牌。

【加强汛期储粮安全】　2016年，积极应对汛期危害，采取有效措施，做好防汛保粮工作。针对5、6月强降雨天气，对防汛保粮工作进行紧急动员部署，下发《紧急通知》，成立汛期安全保粮领导小组，健全和完善防汛组织机构，备足麻袋1.57万条、编制袋7.62万条及沙石等防汛物资。由市粮食局领导带队组成6个检查组对全市三县五区水患区、低洼库点及老旧仓等存在安全隐患风险的储粮库点进行全面检查，重点检查安全隐患排查和整改情况，落实安全度汛措施及事故防范等，全力确保汛期储粮安全。

【申报粮食流通产业财政扶持项目】　2016年，扎实做好粮食流通产业财政扶持项目申报工作。对全市符合条件的粮食流通产业项目进行摸底并组织申报，经省粮食局审核，良友蒋巷农业开发有限公司、安义县粮油收储有限公司申报到粮油仓储项目，新建区军粮供应站、进贤县惠民粮食应急保障配送有限公司申报到应急保障项目。4个项目通过审核并公示。做好2016年中央预算内投资粮食仓储设施项目申报。根据国家粮食局有关要求，对全市符合2016年中央预算内投资资金的粮食仓储设施项目进行摸底，经市发改委和市粮食局初步筛选，将江西省绿能农业发展有限公司的粮食仓储设施项目和良友大中专院校配送基础仓储项目申报为国家粮食仓储建设补助资金项目。

【监管粮食流通市场】　2016年，部署开展2016年度粮食库存检查。根据省粮食局等五部门《2016年全省粮食库存检查工作方案》要求，对本辖区内的粮食库存、储粮安全和安全生产等情况进行检查，并积极配合省粮食局抽查，督促相关县区及单位对检查抽查中发现的问题进行整改。开展最低收购价政策执行情况专项检查。对辖区范围内最低收购价收储库点执行国家政策情况以及各类粮食经营收购者遵守“五要五不准”守则情况进行监督检查，较好地维护市场秩序,保护种粮农民利益。开展粮油质量监管。开展节日期间粮油市场监督检查,确保全市元旦、春节、端午、国庆等重大节日期间市场粮油产品质量安全。

【推进粮食系统项目建设】 2016年,积极跟踪、推进、督导全市粮食系统一批重大项目建设。良友蒋巷“大中专院校放心粮油连锁配送中心”项目主体工程完工,即将正式投入使用。桑海粮食仓储项目最后的6座仓库于上半年正式完工。项目建设工程全部完工后,正在与股权方进行股权收购协商,2017年计划早稻收购投入使用。为缓解全市国有粮食仓容紧缺现状,确保粮食储备安全,正式动工建设总仓容量为10万吨的第六粮食仓库异地重建项目。启动总仓容量为16万吨的第三粮食仓库异地重建项目——安义粮食仓储物流园区。通过多次沟通协调,与安义县达成初步合作协议,即将进入项目规划、土地征用阶段。

【培育国有粮企新的经济增长点】 2016年,开展全市粮食加工企业生产经营情况调研,通过召开座谈会、深入企业等形式,进一步摸清全市粮食加工企业现状。积极推进国有粮企转型发展,培育新的经济增长点。省粮机厂挖掘自身场地资源优势,与民营企业合作成功开发建设机动车检测项目。项目于年初投入运营并取得较好效益,使“僵尸”企业起死回生。投入700余万元的绿叶干挂面条生产线项目自成功试产后,生产线运转正常,打造的“滕王阁”品牌系列面条逐步投放市场销售,推出系列产品15个,在南昌市区建立直销网点200余个、经销点4个、地区网点3个,产销两旺。“米老大”网上粮城电商平台不断发展,3个新网点先后开张营业。

【开展爱粮节粮宣传】 2016年10月16日是第36个“世界粮食日”,所在周是第26个“全国爱粮节粮宣传周”。市粮食局联合省粮食局、进贤县粮食局等单位,紧紧围绕“气候在变化,粮食和农业也在变化”“积极应对气候变化,促进粮食减损增效”主题,分别在进贤县罗溪镇、江西工业贸易职业技术学院开展世界粮食日和全国爱粮节粮宣传周活动。活动期间,粮油质检专家现场讲解粮油科普知识,互动接受大家提问并解答;发放“爱粮节粮从我做起”活动倡议书,开展“爱粮节粮从我做起”现场签名活动,增强爱粮节粮意识。同时,通过宣传展版、展画、广播循环播放、发放宣传册等多种形式,向广大农民和师生宣传国家粮食收购政策、储藏科技、节粮减损和粮油科普知识,大力倡导爱粮节粮、健康饮食的科学消费理念,引领崇尚节俭社会风尚。

2016年南昌市粮食购销情况一览表

单位:万千克

	粮食收购		粮食销售	
	合计	其中:国有粮食企业	合计	其中:国有粮食企业
合计	132992	32000	230460	69533
南昌县	58114	9734	51100	6418
新建区	21290	4581	18127	1701
进贤县	22617	15630	47067	41031
安义县	5335	1654	4088	639
湾里区	0	—	0	—
青山湖区	15471	—	58997	—
高新区	6407	369	5553	—
市直	3758	32	45528	19744

(刘　柳)

住宿和餐饮业

概　述

【概况】 2016年，南昌市住宿餐饮企业积极顺应经济发展新常态，加快供给侧结构性改革，在商旅文融合发展的消费刺激下，全市住宿餐饮业呈现稳步发展态势，行业规模日趋壮大，经营模式日益丰富，为繁荣市场、促进就业和扩大内需发挥积极的促进作用。全市住宿和餐饮业对服务业增长贡献有所提高，全年实现零售额130.35亿元，比上年增长11.8%。其中，住宿业实现销售额18.13亿元，增长9.6%；餐饮业实现零售额112.22亿元，增长12.2%。对服务业增长贡献由上年的3%提高到3.3%。商旅活动助推住宿业回升。住宿餐饮业加快调结构转方式促升级，新增一批限额以上企业，尤其是非标准住宿业异军突起，涵盖民宿、客栈、度假、健康、养老等个性化消费需求，不断挑战传统住宿业，引领住宿业时尚潮流，进一步助推住宿业发展。餐饮业经营业绩稳步攀升。全年，全市餐饮业加快转型升级，高端酒店百花齐放，大众餐饮不断拓宽消费领域，成为餐饮消费主流。互联网对餐饮服务行业的加速渗透，给传统餐饮业带来新的挑战，住宿餐饮业发展逐步向产业化、集团化、连锁化和现代化迈进。

住宿业

【概况】 2016年，南昌市住宿业发展喜忧参半，喜的是高度市场化的商旅活动推动住宿业整体回暖，行业逐步走出低谷，高档酒店如雨后春笋层出不穷，新一轮高端酒店呈爆发性增长；忧的是本地传统宾馆酒店转型升级缓慢，管理模式落后，经营机制体制难以突破，运营成本与日俱增，企业经营效益每况日下，在优胜劣汰的市场竞争中惨淡经营直至淘汰出局。住宿业供给侧结构性改革加快，新旧更替中行业格局重新洗牌。东湖区的瑞颐大酒店、东方豪景花园酒店、滨江宾馆、凯莱大酒店、江西饭店，西湖区的赣江宾馆、锦峰大酒店、锦都皇冠酒店、力高皇冠假日酒店、嘉莱特和平国际酒店，青云谱区的富庭苑国际酒店、天沐温泉大酒店，高新区园中源大酒店，红谷滩新区的前湖迎宾馆、白金汇海航、泰耐克、格兰云天、香格里拉、喜来登、万达嘉华等大型酒店竞相争夺高端市场。定位于中低端消费市场的汉庭、如家、7天、格林豪泰、锦江之星等经济型品牌连锁酒店走大众化亲民路线，不断加速连锁扩张步伐，个性化的消费需求进一步推动行业竞争从市场细分化到产品差异化。电子商务平台和信息化管理得到广泛应用，全市住宿业市场规模持续扩大，住宿业回归商业本质，非标准住宿业不断兴起，推动南昌住宿业稳步发展。至年底，全市住宿业实现销售额18.13亿元，同比增长9.6%，其中限额以上住宿业实现营业额17.73亿元。

【开辟行业发展新领域】 2016年，南昌市住宿业市场需求进一步更新换代，住宿领域不断创新发展，颠覆传统住宿业概念，引发行业深刻变革。互联网技术的发展进一步改变住宿业营销模式，传统宾馆酒店加速拓展“线上业务”，线下线上组合发展成为住宿业在互联网时代的标配。市场消费主力不再满足于传统的住宿管理规则和服务流程，那些突破陈规、极具个性化和体验感十足的创新产品受到市场热烈追捧。住宿业的概念不再只是一个单纯提供食宿的场所，而成为一个场景中的休闲享受。在此场景中，住宿业经营者为适应消费市场多样化需求而提供相应的多元化便利条件和周到服务，为行业发展开辟全新领域。

【催生非标准住宿业】 2016年，南昌市传统住宿业作为商旅文一体化发展产业链中的重要环节，不断创新经营模式，细分行业业态，在文化旅游化和文旅商业化中力求突破传统住宿业发展瓶颈，非标准住宿业应运而生，其迅猛发展的燎原之势令人目不暇接。非标准住宿（民宿、客栈、精品酒店、房车、游艇、亲子、养老、健康等）与传统的标准住宿（星级酒店、经济型酒店）共同形成一个结构更加完整、业态更加丰富的住宿产业，开创全新的消费领域，引领更加时尚的消费潮流。商旅文产业融合发展引发新一轮住宿业革命，催生非标准住宿业的诞生，进一步带动南昌市大众创业、万众创新，成为跨界融合发展的新生事物。

【高端酒店爆发性增长】 2016年，南昌市商务经济活动频繁，商旅文蓬勃发展，带动全市高端酒店业呈爆发性增长，特别是红谷滩新区高端酒店陆续拔地而起，九龙湖片区作为新区倾力打造的城市新板块吸引大量高端酒店。5月28日，万达酒店及度假村旗下位于南昌万达文化旅游城的5家国际品牌酒店联袂开业，包括南昌万达文华酒店、南昌万达嘉华度假酒店、南昌万达铂尔曼酒店、南昌万达诺福特酒店和南昌万达美居酒店。上述5家品牌酒店密集布局在九龙湖南龙蟠街不足3000米范围内。新一轮高端酒店建设风起云涌，红谷滩新区俨然成为高端酒店的竞技场，高档酒店全新的市场理念、品牌化经营、标准化管理、精细化服务、职业化队伍、专业化水平，进一步推动着南昌向现代化、国际化迈进。

【万达文华酒店开业】 2016年5月28日，南昌万达文华酒店正式开业。该酒店位于红谷滩新区九龙湖南龙蟠街333号，是万达酒店及度假村旗下开业的第15家万达文华品牌酒店。酒店坐落于南昌万达文化旅游城内，拥有豪华湖景客房、行政房及豪华套房202间，配置全市最大的宴会厅及各类型多功能厅6个，最大的宴会厅可同时容纳2000人。置身酒店阳台可欣赏九龙湖四季景致和酒店花园风光，开放式大堂延伸至户外花园，将自然和清新引入室内布局，其独有的美食天堂囊括世界各地美味美食。酒店毗邻大型室内外主题乐园、电影乐园、海洋乐园、滨湖酒吧一条街、万达茂商业中心,娱乐、购物、休闲等配套设施一应俱全。作为首批“万达文化旅游城”项目的品牌酒店,紧靠主题乐园和海洋馆等众多主题休闲娱乐设施,依托超一流的会议宴会设施,以及南昌万达文化旅游城的丰富度假资源,成为南昌市独树一帜的度假休闲酒店标杆。

【万达嘉华度假酒店开业】 2016年5月28日,南昌万达嘉华度假酒店正式开业。该酒店位于红谷滩新区九龙湖南龙蟠街555号,坐落于九龙湖新区万达文化旅游城内。作为万达酒店度假村旗下的首家万达嘉华度假品牌酒店,为商务旅游、休闲度假提供温馨惬意的居停感受。酒店拥有396间舒适典雅的客房与套房,可自由分割成两个宴会厅的800平方米大宴会厅,一间贵宾接待室和三间风格迥异的餐厅。酒店紧邻万达文华酒店,共享宴会设施和户外绿地,为会议宴会提供全方位服务便利。3间不同规模的多功能厅,配备先进的视听设备,提供专业体贴的一站式会议管家服务,是举办各种小型宴会及会议活动的理想场所。

【万达铂尔曼酒店开业】 2016年5月28日,南昌万达铂尔曼酒店正式开业。该酒店位于红谷滩新区九龙湖南龙蟠街577号,坐落于九龙湖新区万达文化旅游城中心地带,地处苍翠的亚热带花园之中,四周碧波环绕,风景如画。酒店为雅高集团管理的高端品牌,是华中区的首家铂尔曼酒店,紧临万达茂、万达主题乐园、万达海洋乐园、酒吧一条街等繁华的商业中心及娱乐中心,吃喝玩乐应有尽有。酒店拥有403间设施齐全、舒适温馨的客房,并设有完善的健身房和室内游泳池,全日制西餐厅及独具特色的中餐厅,一个大堂酒吧,800平方米无柱式超大宴会厅及2个多功能厅,其专业化的团队服务带来全新的商务、休闲度假体验。

(汤庆莉)

餐饮业

【概况】 2016年,南昌市餐饮市场全面回归理性,高端餐饮风光不再,大吃大喝奢靡之风得到有效遏制。餐饮企业顺势而为,积极转变经营思路,加快产业结构调整,餐饮业回归本质,回归大众,回归市场,呈现健康理性消费的良好局面,并进入空间集聚化、产业融合化、服务智能化、品类定制化的发展期。新型城镇化和区域协调发展为餐饮业空间集聚化发展创造机遇。跨界产业融合推动餐饮行业进一步加快供给侧结构性改革。居高不下的餐饮业用工成本与科技进步加速餐饮服务智能化。消费方式转变和消费需求提升催生餐饮业向品类定制化发展。餐饮行业细分为正餐、快餐、饮料及冷饮和其他餐饮。从限额以上餐饮企业的营业额占比情况来看,南昌市餐饮业仍然以正餐和快餐为主,正餐占比70%以上,快餐占比20%左右,合计占比90%以上。近年来,随着高端餐饮环境的变化和现代生活节奏的加快,正餐占比有所下降,快餐占比逐渐上升。从限额以上餐饮企业的营业额增长情况来看,快餐的营业额增长速度远超正餐,餐饮业从传统经营模式向现代经营模式加速转变,独一处、千百味、柴米油盐、云境小厨、阳光春天、红牛春天、辣椒炒肉等本土餐饮品牌成为南昌市餐饮经济排头兵。多业态发展的各式中西快餐、特色餐馆、宴会餐饮、外卖送餐,以及遍布市区的小餐馆、风味小吃店,极大丰富南昌市餐饮市场。餐饮业作为第三产业中的传统服务性行业,其旺盛的发展趋势对刺激消费需求、推动经济增长发挥着重要的作用。至年底,全市餐饮业实现零售额112.22亿元,比上年增长12.2%,高出全市社会消费品零售总额增幅0.4个百分点。限额以上餐饮业营业额33.48亿元,比上年增长8.8%。全市餐饮服务业从业人员增加,餐饮消费热点层出不穷,信息化餐饮风生水起,餐饮消费需求增长迅速,大众餐饮高歌猛进,行业规模持续扩大,进一步推动南昌市餐饮业繁荣兴旺。

【产业结构加速转型】 2016年,南昌市餐饮业积极策应供给侧结构改革,加快产业转型升级,推动产业大众化、品牌化、连锁化经营,使传统餐企和新兴餐企在激烈的市场竞争中各显身手不断创新发展,行业规模逐步扩大,品牌效应、规模效应、饮食文化内涵日趋增强。千百味餐饮集团将赣文化饮食特色融入餐饮布局,不断创新赣菜品牌,走连锁化规模化经营之路,在南昌、赣州、宜春、上饶、抚州等地开设多家分店。柴米油盐餐饮集团立足企业创新发展,注重餐饮品味与健康,追求品牌创新与突破,针对不同消费群体创立“柴米油盐”“小资生活”“小柴米”等特色餐饮品牌,企业品牌影响力与日俱增。云镜生态餐饮开创江西省高端园林酒店先河,以返璞归真的原生态经营理念,致力于打造“都市里的餐饮公园”,开创有“云镜生态园”“云镜小厨”“云镜岁月”等独具风尚的餐饮品牌,广受时尚一族的追捧。辣椒炒肉餐饮集团异军突起,以贴近百姓生活的农家土钵特色菜系为招牌,在南昌城遍地开花,迅速占领大众化餐饮消费市场,短短一年内开设15家连锁分店,企业连锁经营初具规模。南昌市餐饮行业在增强品牌价值、打造品牌形象、维护品牌信誉中,不断强化诚信经营和行业自律,努力做大做强餐饮实体经济,在历经行业洗牌、转型调整、复苏回暖、稳定发展等阶段之后,无论经营理念如何新颖、经营模式如何多样,做实坐店经营、回归市场依然是推动餐饮业长期健康可持续发展的不二选择。

【互联网技术与餐饮业深度渗透融合】 2016年,在餐饮消费需求日益追求个性化、体验化、多元化的背景下,南昌市自助餐饮、外卖外送、特色餐饮、休闲餐饮、商务餐饮、婚庆寿宴、家庭聚餐、旅游团餐等业态发展风生水起,进一步推动互联网技术与餐饮业深度渗透融合。餐饮企业广泛运用互联网、大数据、云计算等技术,积极开发网上营销、在线订餐、电子支付、美食鉴赏、顾客点评等服务功能,并依托大数据分析,全面深入了解掌握餐饮消费新动向,以期占据市场竞争的前沿阵地。通过餐饮服务线上线下融合,实现产品创新、服务创新、管理创新和业态创新,将餐饮业带入智能化营销时代,为消费者带来信息化的全新餐饮体验。南昌市愈来愈多的创业创新大军不断涌入餐饮行业,依托本土民俗文化和旅游休闲资源,创新、发掘和弘扬赣菜饮食文化,提升企业核心竞争力。各县区因地制宜积极打造美食街(区),加快推动餐饮业集聚式发展,努力提高南昌市餐饮行业整水平。

【中式快时尚餐饮发展迅猛】 2016年,随着“大众创业”热潮兴起,社会力量对快餐的投资力度加大。快餐作为大众化餐饮成为众多创业者投资创业首选,受到前所未有的关注。洋快餐巨头麦当劳和肯德基在南昌市场的人气日渐减弱,经营业绩连续萎缩下降,跌幅远超市场预期。在大众餐饮市场的激烈竞争中,主打大众牌的中式快时尚餐饮异军突起、发展迅猛。“快时尚餐饮”是指在餐饮市场中具备优质平价、爆销单品、高速流转、时尚就餐环境等特色的新兴餐饮品牌。“短平快”“单价低”是快时尚餐饮薄利多销的规模优势,其悠闲的环境、轻松的氛围、精致的简餐、人性化的服务最大程度满足消费需求,其菜品的精致平价和环境的高档享受所形成的绝对高性价比,成为吸引消费者就餐的一大法宝。餐饮消费个性化的时代推动着中式快餐品牌进一步加快结构调整,也催生着快时尚餐饮不断创新与变革。

【“南昌米粉”行业标准出台】 2016年,南昌市传统餐饮最有代表性的名小吃“南昌米粉”行业标准正式出台。从此“南昌米粉”将告别凭感觉掌勺、张咸李淡的经验时代,标志着全省赣菜标准化工程迈出实质性的一步。此项精确到“克”“毫米”“分钟”的新标准为:配料为江西产捆扎干粉或统装干粉200克,鲜牛肉50克,鲜红椒20克,黄豆芽20克,葱、姜各10克,酱油20克,味精、胡椒粉各5克,食用油50克。做法是将鲜牛肉切成5厘米长、3毫米宽的细丝,鲜红椒与生姜切成4厘米长丝,葱切4厘米长段,将干米粉用沸水煮10分钟,当米粉变软呈纯白色,4分钟后倒出,以凉水冲洗之后,沥干水备用,将牛肉丝、生姜、红椒丝、黄豆芽下锅煸炒至熟,加入酱油及清水各20克,将沥干水的米粉入锅与辅料合炒一分半钟,待其均匀吸干汤汁时,加入味精、胡椒粉、葱段,翻炒均匀出锅即可。“南昌米粉”行业烹制标准,为餐饮业标准化规模化发展起到积极的示范引领作用。

【美食特色街(区)兴起】 2016年,为丰富南昌市餐饮市场,满足大众消费,推进餐饮行业发展,南昌市各县区因地制宜,依托当地旅游、文化、物产等资源优势,将特色美食商业街区与宣传推介本地区的风味名小吃、民俗文化、餐饮文化、地理标志保护产品、非物质文化遗产结合起来,深入挖掘本地历史文化资源,将特色美食商业街区融入当地文化、旅游产业发展布局,积极支持打造美食街(区),实现商旅文融合发展。绳金塔美食街、建德观风味小吃街、秋水广场台湾美食街、樟树林餐饮美食街、青云小镇特色美食街等数十条美食街,汇集江西的兴国米粉鱼、南昌米粉、瓦罐汤、油炸串、烧烤、水煮、卤味、小吃等各式特色餐饮,还有火锅、麻辣烫、酸辣粉、韩式拌饭等外地美食,将天南海北各色美食一网打尽,成为英雄城特有的亮点和餐饮名片。

【休闲餐饮进军商业综合体和购物中心】 2016年,不断更新的餐饮消费模式推动着购物中心逐步向生活中心转变,越来越多的餐饮企业把目标聚焦于城市商业综合体和大型购物中心,商业综合体的消费不仅仅局限于传统百货购物,更多的是餐饮吃喝。加之互联网+消费模式的兴起,传统商业综合体中购物、餐饮、娱乐消费比例由原来的7:2:1变化为5:3:2,甚至4:4:2。休闲餐饮在商业综合体消费中的比重不断增大,成为商业综合体中最吸引人气的业态之一。餐饮消费与百货购物、休闲娱乐形成互补,相辅相成共同成长,在新兴网购大潮冲击中,为大型商业综合体赢得竞争力。在南昌梦时代广场、万达广场、世茂广场等大型商业综合体和购物中心内,陆续入驻的餐饮企业有菜肴故事旗下的小石城、红牛春天旗下的西江月、赣福记、味福记、外婆谣、新煮艺、大丰收、干锅轩、味时尚、小幸福、食锦记、佐祐、亚马逊、林溪小厨、秦淮人家、一觉印象、粥行天下、川香渔府、缤纷晴悦、炉忆·九段烧、老闵田螺馆、北京的金鼎轩、上海的阿拉馄饨、成都的巴国布衣、重庆火锅、德庄火锅、长沙的千里湘、山越山、粥家园、广州的故乡屋、蓉城记、武汉的汉阳园、宁波的局百筷、云南辣得爽、蒙自源过桥米线、韩国炭火烤肉、江湖新概念烤肉、香港明记茶餐厅、秀玉红茶坊、101台北雪锅、7080年代小馆等众多特色鲜明的餐饮企业聚集,已然成为“舌尖上的购物中心”。

【评选味道英雄·南昌市十大名菜】 2016年12月10日,在市广电中心演播厅开展味道英雄·南昌十大名菜评选活动。全市50家餐饮企业的百道特色菜点参加评选。经过两场紧张的现场激烈角逐和网络投票,最后评选出创新烧土鸡、清蒸野生大白鱼、黑桃野生菌火锅、浓汤吉祥三宝、红烧卤鸡脚、白灼腰丝、法式香煎银鳕鱼、赣南松肉丸、米粉肉、辣椒炒肉为南昌十大名菜。此外,还评选出最佳创意奖:炸虾天妇罗、手工红糖糍粑、金汤鲜虾鱼豆腐、八仙鱼头;最佳风情奖:慕佳沙拉、招牌猪手;最佳潜力奖:秘制翅中、黄豆烧鸡脚;最佳人气奖:铁板卤香猪手。

【南昌餐饮进入中国团餐30强】 2016年12月12—14日,由中国饭店协会、中国饭店协会团餐专业委员会、中国饭店协会餐饮食品工业化指导委员会组织的第二届中国团餐产业发展大会暨第二届中国(无锡)团餐好项目对接会在江苏省无锡市召开。南昌市梦圆春餐饮管理有限公司凭借优异的表现荣获2016“中国团餐品牌30强”称号。

【南昌餐饮企业家获中国餐饮行业优秀企业家称号】 2016年11月16日,在北京举行的2016中国餐饮企业家大会上,南昌君园餐饮有限公司董事长陈勇荣获中国烹饪协会颁发的2016年度“中国餐饮行业优秀企业家”称号。

【“寻味美食·吃货在南昌”正式开拍】 2016年11月3日,为传承南昌美食技艺,打响赣菜品牌,推进赣菜发展,弘扬南昌餐饮文化,南昌电视台与市餐饮(烹饪)协会联合策划制作的“寻味美食·吃货在南昌”美食栏目正式开拍,首期拍摄内容为腾蛟路李记特色牛肉粉,其独具特色的制作工艺广受吃货们的追捧,80平方米的小店日销量突破300碗。

【举办第三届赣菜文化美食节】 2016年9月28日,由省商务厅指导,西湖区委、区政府主办,西湖区商务局、西湖区文化广电旅游出版局、绳金塔商业特色街区管理委员会承办,江西华赣文化旅游传媒集团有限公司协办的“2016中国南昌第十五届绳金塔庙会暨第三届赣菜文化美食节”在绳金塔美食街举行。此届美食节以“逛金塔庙会、品赣菜美食、建幸福西湖”为主题,挖掘英雄城丰厚的历史文化遗存,着力打“美食文化品牌”,通过线上线下美食活动完美结合,最大程度传播赣菜文化,提升赣菜品牌知名度,让赣菜成为解读赣文化历史、领略洪城风土人情以及展现洪城饮食文化魅力的独特载体。此届庙会与赣菜美食节完美结合,网罗江西本土赣菜美食和全国名、特、优特色美食及国外特色美食,举办“美食的诱惑”等形式多样的赣菜文化推广宣传活动,扩大美食展览品鉴种类,提升美食文化内涵,严格美食展会环境卫生及安保标准,塑造赣菜饮食文化新形象、新品牌。活动期间新搭设美食展销展位100余个,有来自全国各地中华美食小吃60余家,国际名优小吃10余家,台湾特色美食20余家,掀起一场洪城美食狂欢盛会。

(汤庆莉)

旅　　游　　业

概　述

【概况】 2016年，南昌市旅游业坚持以新发展理念为引领，深入实施旅游强市战略，持续推出创新举措，旅游产业发展成效显著，全市旅游业呈现出项目建设顺利、活动精彩纷呈、产品丰富多样、市场安全有序的繁荣景象。至年底，全市旅游业完成接待旅游总人数8301.1万人次，同比增长50%；实现旅游综合收入816.8亿元，增长51.8%。旅游综合收入占全市GDP比重超过13%，旅游业日益成为全市经济新增长点和“绿色崛起”靓丽名片。

旅游管理

【概况】 2016年，市旅发委认真贯彻市委、市政府的有关部署，积极履行行业指导、行业管理等职能，不断推出新举措，提升行业管理水平，为全市旅游业健康、持续、快速发展提供有力保障。

【加强旅游管理改革创新】 2016年，市委、市政府高度重视旅游改革创新，高位推动旅游产业发展。6月初，市委常委会听取市旅发委《关于全省旅游产业发展大会精神及我市贯彻落实意见的汇报》。市政府常务会讨论通过南昌市《关于进一步加强旅游市场综合监管的通知》，加强部门间统筹协调，理顺旅游市场管理机制。创新会议形式，传导发展压力。10月，召开2016年全市旅游产业发展大会，省委常委、市委书记龚建华在会上向各县区颁发旅游产业发展责任状。为进一步推进旅游产业发展，市旅发委从三方面做好旅游管理改革创新工作。推动落实兼职委员制度，经市旅游产业发展领导小组会议研究，由市政府正式任命11个部门兼职委员，并充分发挥兼职委员各自部门优势，在旅游重大项目、重要活动、重要会议中加强协调沟通，形成工作合力；推动旅游巡回法庭建设，与市法院进行多次工作协商，湾里区、南昌县成立景区速裁法庭；推动建立公安、旅游综合执法协同机制，合力打击黑社、黑导、黑车等严重影响南昌市旅游市场良性发展的违法行为。

【旅游项目建设】 2016年，全市旅游项目建设不断发展。招商立项取得新成效。万达集团确定投资建设南昌军事主题乐园，推动南昌军事装备展示中心工程立项建设。湾里区先后立项乐祖广场建设工程、九龙溪生态休闲公园项目和梅岭镇60、70、80特色商业街改造项目。进贤县与上海专翼机场建设管理有限公司对接，拟引进通用航空低空飞行项目，建设江西进贤通用航空综合服务基地。重大项目规划取得新成效。经省委、省政府批准，成立南昌汉代海昏侯国遗址管理局，并立即启动海昏侯国考古遗址公园和遗址博物馆规划建设工作。项目开业取得新成效。作为全省最大的文化旅游产业项目，南昌万达文化旅游城于5月28日正式开业，日均入园人数保持在万人以上，游客接待总量屡创新高，拓宽乃至改变江西旅游市场格局。南昌万达文化旅游城集中展现千年赣鄱文化，融入60余项国际先进体验项目，创造旅游度假4.0新模式，特色十分突出，成为江西省对外的窗口，南昌市旅游发展新名片。

【培育旅游新兴业态】 2016年，启动自驾车房车营地建设。湾里区招贤镇垱上村房车露营地、安义礼源角房车营地项目列入《2016年全国自驾车房车营地建设项目表》有序推进。滕王阁景区《滕王宴乐》实景演出震撼来袭，为游客再现和营造大唐盛世繁荣场景。创新创意类旅游产品五彩纷呈。699文化创意园将打造文创街，集体验、培训、销售、展览互动体验于一身。李渡烧酒作坊遗址举办封坛酒仪式活动，大力开发酒糟黄金水泡脚服务。水上旅游产品潮流涌动。“赣江夜游”品牌广受好评，青岚湖水上游览项目启动，军山湖水上旅游项目规划自成体系。低空飞行项目启动，“湾里低空飞行营地及总部投资合作”一期

2016年10月21日，全市旅游产业发展大会召开

项目——狮子峰飞行营地于8月1日正式运营，推动南昌市空地一体化旅游新业态发展。

【打造乡村旅游升级版】 2016年，大力打造南昌乡村旅游升级版，全市较为成熟的乡村旅游点有113家。出台政策，加大扶持力度。将景区游客服务中心、A级厕所建设、道路白改黑、美化亮化系统、垃圾分类系统等项目纳入补助范围，对53个乡村旅游点下发补助资金1420余万元，鼓励景区做美做靓，提升品质。强化宣传，聚集市场人气。与南昌日报社合作推出“乡村风情醉美南昌”专栏，在南昌电视台推出“周末去哪玩”，每周宣传一个优秀乡村旅游点。典型引路，推进旅游扶贫。乡村旅游发展带来的经济、社会效益显著，据不完全统计，2016年前三季度，南昌市乡村旅游点接待人数超过1900万人次，营业收入超过20亿元。通过发展乡村旅游，带动一批村民在家里开起了农家乐，同吃旅游饭，共奔小康路。溪霞怪石岭生态公园直接或间接解决650人就业，帮助周边种养殖户销售农产品1600余万元，种养殖户人均收入6万余元。带动周边村民发展农家乐、农家旅馆40余家，年收入最高的60余万元。怪石岭景区总经理施国平作为乡村旅游创业先进典型，获得“全国旅游系统劳动模范”荣誉称号。

【创建旅游品牌】 2016年，持续加大旅游品牌创建力度，大力打造国家级旅游品牌。在市委、市政府领导高度重视和推进下，滕王阁景区于10月通过国家旅游局AAAAA级景区景观质量评审。梅岭深入开展创建国家级旅游度假区工作。

【创建全域旅游示范区】 2016年，湾里区成功入选“首批国家全域旅游示范区”创建单位，成为全市“全域旅游”创建第一区。湾里区以“六个围绕”（生态围绕旅游筑、产业围绕旅游转、产品围绕旅游造、结构围绕旅游调、功能围绕旅游配、民生围绕旅游兴）为切入点，以“六个全”（全方位保障、全景化打造、全产业融合、全季节覆盖、全要素服务、全生态治理）为主要内容，以鼓励发展特色民宿为阶段重点，明确任务分工，全面开展全域旅游示范区创建工作。全年共投入1.36亿元，开展23个旅游项目建设。

【扶持引导A级景区创评】 市政府每年召开一次旅游企业品牌创建部署会，每年聘请专家对企业进行创A培训，落实品牌创建奖励政策。2016年，南昌市申报国家AAA级以上景区15家，申报国家AAAA的景区有安义古村、洪崖丹井、303观光塔等6家。其中，洪崖丹井景区、绿地303观光塔通过市旅发委初审，并报省旅发委评定。森美生态园等9家景区申报国家AAA级景区，市旅发委按照申报标准进行指导，待景区整改后评审。

【加强旅游市场综合监管】 2016年，南昌市印发有关加强旅游市场综合监管的通知，制定旅游市场综合监管责任清单，落实旅游投诉统一受理协调机构，加强综合监管队伍建设，建立旅游市场综合监管工作机制，从建立健全旅游诚信体系、加强旅游普法工作、加强对旅游市场综合监管监督、加强执法与司法相衔接、严格规范旅游执法行为等六个方面强化旅游市场综合监管措施。

【整治旅游市场秩序】 2016年，开展旅游市场秩序整治工作，做到每月两次以上例行检查。至10月底，共出动执法人员60余人次，检查旅行社30余家。开展整治“不合理低价游”专项行动，查找旅游市场中不合理低价旅游线路产品，约谈产品供应商，责令立即下架并限期改正。同时，充分发挥旅行社协会、导游协会行业自律作用，推动整合全市旅行社线路产品。

【倡导文明旅游】 2016年，制订文明旅游工作方案，强化媒体宣传，招募文明旅游志愿者近千人。“天下英雄城，旅游更文明”系列主题活动先后走进滕王阁、凤凰沟等10家景区和南昌象南广场等20余个社区，发放文明旅游宣传品7000余份，参与活动的游客、社区居民近万人。省旅发委领导和相关处室负责人多次到现场参加活动，给予高度评价。

【完善旅游质监和旅游执法】 2016年，完善旅游质监网络，开通旅游投诉处理绿色通道，坚持领导带班制度，节假日24小时接听旅游咨询投诉。至11月1日，共接受旅游咨询投诉800余人次，正式受理旅游投诉52起249人次。其中，国家旅游局“12301”热线督办17起，市长热线转办3起，共为旅游者挽回经济损失45.25万元，投诉处理率100%，游客满意率100%。加强旅游执法队伍建设和法治宣传教育，加强旅游执法监督，推进执法信息公开。

【开展旅游教育培训】 2016年，举办导游员岗前培训班，规范导游履职行为，提升导游业务能力和水平。组织24位乡镇党政主要负责人、乡村旅游点负责人参加全省乡村旅游“百县千人”第一期培训班。组织开展全市饭店基层管理者职业素养研修培训，28家饭店的70名学员参加，并颁发课程认证书。

（彭　悦）

旅游推介

【概况】 2016年，紧贴南昌实际，大力开展旅游推介活动。围绕“三个推进”，扩大城市整体形象宣传。用好“三个平台”，全面开展旅游宣传营销推介。创新旅游形象营销方式，以“旅游＋移动互联网”模式，持续扩大“天下英雄城·南昌”旅游形象营销效果。

【扩大城市整体形象宣传】 2016年，围绕“三个推进”，扩大城市整体形象宣传。推进央视宣传南昌旅游形象。市政府从2016旅游产业发展专项资金中分别安排2907万元在央视《朝闻天下》栏目投放南昌旅游形象广告（15秒）和215万元参与全省“江西风景独好”旅游差异化广告宣传，受到有关领导、社会广泛关注与好评。据央视有关代理机构统计，全国约有4.1亿人收看到南昌“天下英雄城”旅游宣传片，旅游宣传片有效影响人群达2.4亿人口。推进市级电视、报纸、广播等媒体开展旅游形象宣传。分别在南昌电视台、《南昌日报》、南昌广播917开设旅游形象宣传专栏，重点开展南昌市旅游形象宣传。推进重点交通枢纽旅游形象宣传，规划在全市重要交通节点、主要进城通道设立南昌优秀旅游城市雕塑，在西客站设放南昌旅游形象宣传灯箱。该旅游形象宣传项目处在采购招标阶段。

【开展旅游宣传营销推介】 2016年，用好“三个平台”，全面开展旅游宣传营销推介。用好“江西风景独好”省级平台，组织全市旅游企业赴北京、杭州、香港等地开展旅游宣传推介活动。用好“昌九抚景”区域旅游联盟平台，联合赴山东、湖北、福建、上海等地开展旅游宣传推介活动。用好“长江中游城市群省会城市旅游会商会”省际平台，联合武汉、长沙、合肥分别在南昌、广州、惠州、梅州等地开展旅游宣传推介活动。

【创新旅游营销】 2016年，为贯彻落实全省旅发大会精神,创新旅游形象营销方式,以“旅游+移动互联网”模式,持续扩大“天下英雄城·南昌”旅游形象营销效果。6月,成功注册“天下英雄城”官方微信,联合市委网信办共同举办“天下英雄城——南昌”名片推广活动。全市19家最具影响力的新媒体公众号在统一时段共同推出活动。活动期间共有20万网友参与网上互动,微信浏览量70万,总体流量超过千万。联合市教育局共同举办“为天下英雄城代言,南昌市招募百名小导游员”活动。活动分为网上报名、线上投票、专家评审、综合培训、实地体验五个阶段,共有1.02万名学生报名,60余万网民参与投票(其中有效投票数量51万),投票页面访问量超过310万人次,总曝光量超过2000万次,最终评选出100名“天下英雄城”小导游员,让“天下英雄城”旅游形象走进千家万户。为进一步提升南昌市旅游形象,展示南昌旅游文化,让到南昌旅游者在第一时间通过手机了解南昌旅游资讯,启动南昌旅游欢迎短信推送服务项目,向到机场、火车站、高速路口等南昌区域的外地手机用户进行“南昌旅游”欢迎短信推送。该短信推送业务,通过政府采购公开招标,由中国移动南昌分公司、中国联通江西分公司分别以52.3万元、17.3万元中标承办。全年移动公司推送1500万条欢迎短信,联通公司推送500万条欢迎短信。

【智慧旅游建设】 2016年,加强智慧旅游建设,运用新手段开展营销。开展旅游触摸屏建设。旅游触摸屏作为可移动的网络媒介,具有可随意移动,造型简洁美观,操作使用简单等优点,能够从“吃、住、行、游、购、娱”方面给予游客更多、更全、更方便、更专业的建议和帮助。开展南昌旅游APP及南昌智慧旅游WAP网站项目建设。针对手机用户逐年增多发展趋势,按照“大信息采集、大数据分析、大平台展示”原则,运用互联网、移动互联网等技术,全面启动“南昌旅游APP”及“南昌智慧旅游WAP网站”的上线、运营,利用移动电子商务快捷方便、无处不在的优势,为旅游者提供“掌上”旅游指南。“南昌旅游APP”及“南昌智慧旅游WAP网站”项目通过政府采购公开招标,由江西中移通信技术工程有限公司以30.6万元中标建设。10月1日,“南昌旅游APP”及“南昌智慧旅游WAP网站”项目正式上线运行。同时与“南昌旅游”欢迎短信推送服务相结合,在“南昌旅游”欢迎短信中附带“南昌旅游APP及南昌智慧旅游WAP网站”下载链接,方便手机用户直接下载使用。

【旅游商品建设】 2016年,注重旅游商品建设,不断延伸旅游产业链条。把推进旅游商品发展作为旅游产业发展的重要抓手,在旅游商品研发、生产、销售、宣传等方面采取系列措施,加快旅游商品发展步伐。在9月结束的全省旅游商品大赛中,南昌市推荐的(青花瓷)刺绣钱包、“山野竹藤”系列旅游工艺品、洪崖笛等7项旅游商品分获金、银、铜奖。同时,为加快南昌市特色旅游文化活动品牌建设,推进特色旅游文化活动,全方位展示南昌旅游文化内涵和城市独特魅力,对全市举办的优秀旅游文化活动进行评选,最终评选出南矶湿地生态旅游节、厚田沙漠沙雕节等7项特色旅游文化活动。

【推动“天下英雄城”品牌发展】 2016年,保持传统营销不松劲。在《南昌日报》、南昌电视台、南昌广播电台开辟旅游专版,介绍南昌旅游即时资讯。在城市机场、高铁站等醒目位置投放“天下英雄城”形象广告,做好南昌城市旅游歌曲制作工作。扩大新媒体营销有新招,总结推广南昌市“旅游+移动互联网”宣传模式成功经验,以“资金共筹,效果共享”方式,筹集资金1600万元,带领全市13个县区(开发区、新区)同上互联网,同步做宣传,在腾讯、今日头条等全国性媒体上全方位、多视角地展示南昌市丰富的旅游资源和多彩的旅游产品。带动和促进各县区汇聚在“天下英雄城”主题形象内,使县区紧紧跟上、主动融入,提升营销效果。融入国家发展战略求突破,发挥赣江新区、南昌综合保税区成功获批优势,扩大影响。将旅游营销与外事、商贸、文化、侨务、对台等重大对外活动相结合,针对不同国家、地区旅游消费需求,打造特色产品,创新营销手段,确保入境游客较大幅度增长。

(彭 悦)

旅游经营

【概况】 2016年,南昌旅游集团公司(简称集团公司)秉承“创新发展、开放共享”发展理念,走“文旅融合、品牌带动、走出去并购、请进来合作”道路,以“资产做大、资本结构做优、现金流做活、主营业务做精做特、核心竞争优势做强”为方向,打造“主营业务突出、经营板块清晰、资产质量较高、行业优势领先”的大型旅游集团。全年实现收入总额6.12亿元;实现利润总额3084.55万元,同比增长5.01%;总资产21.27亿元,增长21.64%;净资产8.43亿元,增长12.88%。

【举办文化展览】 2016年,在滕王阁主阁G层开办“范金镛真迹精品陈列室”,首次展出晚清著名工笔画大师、诗人范金镛真迹精品。在滕王阁北园举办王晓园摄影作品展、滕王阁馆藏书画作品展、中国名楼文化交流赠品展。搭建中国文化展示平台,深入挖掘滕王阁景区文化内涵,树立滕王阁历史名楼形象,弘扬中华文化传统。

【承接“马踏飞燕”雕塑建设】 2016年,承接中国优秀旅游城市标志——“马踏飞燕”雕塑的建设。项目包括主体雕塑、周边相配备的环境建设及景观照明工程。雕塑高12.8米,占地约50平方米,以马踏飞燕和地球的造型作为雕塑主体部分,基座部分采用混凝土框架结构,镶嵌铜质浮雕。该雕塑分别位于高新区瑶湖郊野公园内和南昌经开区虹桥镇高速公路出口附近。项目建设完成后,得到市相关领导、旅发委赞誉,进一步提升城市形象及品位,扩大南昌对外开放知名度。

【推广优化南昌旅游一卡通】 2016年,加大销售渠道建设和品牌推广力度。与工商银行e购020平台、万事达连锁超市签订销售合作协议,南昌旅游一卡通销售社会网点200余家,辐射三县六区。寻求校企合作新模式,通过在江西财大举行“一卡通进校园”活动,实现学生市场新突破。优化调整原有合作景区,先后吸收庐山西海巾口景区、婺源理坑景区免费合作加盟(共43家),上饶龟峰、永修龙源峡景区折扣加盟(共22家)。

【开展旅游宣传营销主题活动】 2016年,集团公司所属企业充分利用事件营销、节庆营销,先后举办首届滕王阁新春祈福灯会、第六届“迎新春,闹元宵,有奖猜谜”“扮靓女人节、相约在春天”“万人植树节”“五一厚田沙漠首届泼沙节”“端午习俗大比拼”、首届滕王阁九九重阳金婚盛典活动等旅游主题活动和宣传营销活动,吸引央视新闻等数百家官方微博、微信,以及央视、人民网、网易新闻、新民网、《江西日报》等几十家视媒、网媒、纸媒聚焦,做到月月有活动、季季有精彩。

【开拓旅游市场】 2016 年，参加市旅发委联合武汉、长沙、合肥旅游部门在红谷滩绿地中心广场举办的旅游展示交流活动。借助“江西风景独好”旅游推介会平台，加强山东、武汉市场的推广力度，充分展示南昌丰富的旅游资源和魅力。

【推进智慧旅游建设】 2016 年，积极推动 PC 和移动互联网等新媒体营销，加大力度培育和发展企业官网、官方微博、官方微信等自媒体平台，“一卡通”微信公众账号和“南昌旅游”微信公众账号粉丝共计 5.9 万人，培育一批忠实客户群。加强电商协作，推进线上体验、线上交易等智慧旅游建设，构建起多维在线销售体系，成为拓展旅游客源、促进旅游收入增长重要渠道。

【旅游项目融资】 2016 年，集团公司充分运用项目贷款、流动资金贷款等方式，多元化融资，从北京银行、中信银行等金融机构筹集资金 3.275 亿元。稳步实施滕王阁 AAAAA 创建工作的项目建设。

（闵继云）

旅游资源开发

【概况】 2016 年，南昌旅游集团公司以创建南昌首家 AAAAA 景区为目标，全力冲刺滕王阁国家 AAAAA 级旅游景区，努力夯实厚田沙漠景区开发建设，积极引进深圳华侨城合作开发大象湖旅游，开发带有南昌特色的一江两岸灯光微电影，构建起旅游景区、旅行社、旅游车队、航空、游轮、旅游一卡通、贸易、旅游基础设施代建等海陆空全产链业务板块。

【创建国家 AAAAA 级旅游景区】 2016 年，根据市政府下发的《滕王阁创建国家 5A 级旅游景区工作实施方案》以及《南昌市滕王阁创建国家 5A 级旅游景区工作任务分解表》，集团公司对 AAAAA 创建工作进行全面部署和动员，全力推进重点项目建设。在滕王阁北园开发夜游及剧场演出项目，丰富市民夜间娱乐生活，完善景区业态，提升景区品牌形象。10 月 25 日，滕王阁旅游区顺利通过国家旅游局全国旅游资源规划开发质量评定委员会组织的“申报创建 5A 级旅游景区景观质量专家评审会”，正式被列入创建国家 AAAAA 级旅游景区预备名录，标志着滕王阁旅游区 AAAAA 创建工作迈过重要的一关，取得阶段性成效。

2016 年 10 月 9 日，首届滕王阁金婚盛典活动举行

【夯实厚田沙漠景区开发建设】 2016 年，着力完善厚田沙漠景区基础设施建设，聘请华东交通大学完成景区新大门、游客中心及入口广场的概念性规划设计方案和景区新大门（光伏电站旁）工程建设，完成新大门内部装修工程。坚持招商引资和自建共进，在引进婚纱摄影基地和大漠高尔夫招商项目同时，不断完善景区基础设施，以 AAAA 级景区的标准建设管理景区。积极与奥克集团协商，就厚田沙漠旅游综合开发规划问题、组建公司问题展开全面沟通与合作。

【跟进“南昌舰”驻泊点建设】 2016 年 9 月 8 日，市委副书记、市长郭安在大连市旅顺港参加“南昌舰”交接仪式。10 月 10 日，“南昌舰”由集团公司安全运输回南昌。10 月 24 日，集团公司配合市政府在牛行码头举行“南昌舰”欢迎仪式，完成政府交办的阶段性工作。“南昌舰”驻泊点是八一南昌起义暨建军九十周年全国纪念活动向外展示的重点工程之一。集团公司积极做好“南昌舰”内部整理和舰体展陈以及岸基配套服务设施施工工作，确保 2017 年建军 90 周年前对外开放。

【合作开发大象湖旅游项目】 2016 年 6 月 1 日，深圳华侨城股份有限公司与西湖区政府正式签订合作协议，合作开发大象湖旅游项目。集团公司董事长熊伟应邀出席签约仪式。集团公司工作得到市政府主要领导充分肯定。

【滕王阁游轮日趋做大】 2016 年，滕王阁游轮围绕一江两岸夜游主业，深化水上派对、企业产品推介、水上学生春秋游等品牌旅游产品，推动南昌旅游业由单一的陆上观光型，转型为水陆两栖、观光与休闲并重，创造单船收入及运输游客量历史新高，受到社会各界和市民、游客的好评。全年多次接待兄弟省、市党政代表团及国内外重要嘉宾，充分展示新南昌、新赣江的新魅力，得到国内各大主流媒体很高的关注率，成为南昌市旅游接待、对外推介、招商引资重要窗口。

【打造一江两岸灯光微电影《金猴闹春》】 2016 年，南昌市一江两岸夜景照明打造最新动感时尚、最新酷炫效果的灯光微电影《金猴闹春》。此次灯光微电影时长为 8 分钟，开篇以 300 只喜庆欢腾的金猴点亮楼宇，在鼓声阵阵与标识中华民族传统文化的京剧脸谱下欢呼雀跃。中篇以齐天大圣孙悟空取得如意金箍棒，腾云驾雾飞越滕王阁、绳金塔、八大山人故居、西山积翠、洪崖丹井、西山万寿宫、八一广场等地标性建筑，宣传南昌各大著名名胜景点。同时，在爆竹声声中，金猴们将红色喜气、福运、欢乐、大红灯笼在南昌这座城市上空挥洒、升腾、飞扬。最后，在七色花海的拥簇、缭绕下，象征新年新气象的闪亮 2016 数字和七彩烟花先后燃爆各大楼宇，也将人们对美的向往、对美好事物的追求、对新篇章的开启升至新的高度，为人们在喜迎新年时带来新的欢乐、喜悦、气氛和希望。

（闵继云）

房 地 产 业

概 述

【概况】 2016年,南昌市着力健全住房保障和供应体系,继续推进保障性安居工程建设,加强房地产市场运行监测和调控,去库存,防过热,相继出台《关于促进我市房地产市场持续平稳健康发展的若干意见》等政策文件,房价上涨得到明显遏制,从准热点城市逐步退出,确保房地产市场平稳健康发展。全年商品房销售面积1244.65万平方米,同比增长38.1%。全市完成征迁面积303.91万平方米,涉及被征收人11229户。全年归集公积金56.54亿元,归集额完成全年目标任务的110%,同比增长17%;新增开户单位966户,新增开户职工7.31万人。

商品房开发建设

【概况】 2016年是房地产市场调控年,上半年"去库存",下半年"防过热"。一年来,南昌市在认真贯彻国家宏观调控政策基础上,结合实际,敢为先、勇担当,围绕"去库存、防过热、强监管、稳市场"积极开展工作,适时出台政策措施,商品房库存量明显下降,商品住房价格上涨势头得到遏制,一、二手房销售量双创新高,市房地产市场运行总体平稳。

【出台房地产调控政策措施】 2016年2月,针对南昌市商品房结构性库存矛盾,商品非住宅去库存压力大的实际,在全国率先出台《关于南昌市非住宅去库存的若干措施的通知》,从适当控制商服用地供应规模、允许对已出让非住宅项目进行调整转型、降低非住宅交易和经营成本、优化市场发展环境、加大金融支持力度等五个方面提出措施。根据住建部要求,结合全市商品住房有效供应不足,房价存在较快增长趋势的实际,10月、11月南昌市分别出台《关于促进南昌市房地产持续平稳健康的若干意见》《关于促进南昌市房地产市场持续平稳健康发展有关工作的通知》,在全市实行区域性住房限购、限贷政策,以及控房价措施。同时,在加大住宅用地供应力度和土地管控、强化房地产市场监管和房价管控、加强舆论正面引导和建立房地产健康发展长效机制等方面提出要求。

【房地产市场运行"八个特点"】 2016年,南昌市房地产市场运行呈现"八个特点":1. 二手房销售量双创新高。全年全市房地产税收124亿元,占全市地税总收入的41%。房地产税收占比已连续四年超四成以上(2013年40%、2014年44%、2015年43%、2016年41%)。2. 商品房库存总量下降,去化周期明显缩短。至年底,商品房库存量991万平方米,较上年减少128万平方米,去化周期7.9个月,较上年减少4.6个月。3. 商品房价格基本稳定,住房价格上涨势头得到遏制。新建商品房价格每平方米7979元,同比增长2.7%。4. 房地产投资同比保持增长。5. 外地居民住房购房比重持续增高。全年,市区新建商品住房购房人群中,外地居民购房比重18%,其中本省其他地区12%,外省市6%,比上年相比分别增长4、3、1个百分点。6. 二手房销售量县比市区好,但"三县一区"冷热不均。7. 市区商品住宅销售区域高度集中,且价格上涨幅度较大。8. 市场供销结构失衡,预期供应结构性矛盾突出,住宅市场供小于销,非住宅市场供大于销。

(王 瑾)

房屋中介服务

【概况】 2016年,按照省住房和城乡建设厅《关于开展房地产中介专项整治工作的通知》要求,南昌市组织开展房地产中介专项清理整治行动,加强房地产经纪行业管理,规范房地产经纪机构经营行为,提高行业服务质量,维护消费者合法权益,建立公平竞争、诚实信用、运作规范的市场秩序,进一步促进全市房地产市场平稳健康发展。

【开展房地产经纪机构清理整治】 2016年,为进一步规范房地产经纪机构行为,切实维护当事人的合法权益,市房地产主管部门印发《关于开展房地产经纪机构清理整治的通知》,对房地产经纪机构进行清理整治。清理整治采取现场查看、查阅资料、网上核查等方式,对房地产经纪机构资格、执业行为等情况进行检查。同时,着力推进投诉举报制度建设,专门设立举报电话和举报信箱,并要求全市房地产中介机构将设立的举报电话在经营场所予以公示,鼓励中介机构积极疏通多渠道、更便捷的投诉举报途径。清理整治涉及已备案房地产经纪机构67家、未备案机构275家。从本次检查情况看,全市绝大部分房地产经纪机构都能够依法开展房地产经纪业务,坚持诚信经营,自觉遵守行业规范要求,正确使用存量房网上交易系统开展业务,合同签约行为相对规范,经营场所公示机构证照、服务项目、收费标准和投诉电话等信息。比较规范的经纪机构有南昌中环地产互联信息服务股份有限公司、江西省鸿基房产置换有限公司、南昌我爱我家科技有限公司、江西省鸿达地产房屋咨询有限公司、南昌天睿企业咨询有限公司。但是,通过清理整治发现,少数经纪机构内部管理不严,信息公示不全以及诚信缺失等问题。执业不够规范的经纪机构有南昌中鹏房地产经纪有限公司、南昌家家靓房实业有限公司、南昌尚美佳房地产咨询有限公司、南昌齐家房地产代理有限公司、南昌优客房产代理有限公司,江西省满堂红房产置业有限公司、江西房爸房妈房产置业有限公司、南昌市蓝地顾问有限公司。对涉及经纪机构违规行为,依据《房地产经纪管理办法》有关规定进行查处，下达责令整改25起，暂停或停止网签资格9家，对不良行为记录信用档案并下降信用等级7家。对60家已不具备房地产经纪机构备案条件的中介机构，注销其房地产经纪机构备案证书。对全市215家在工商登记经营范围涉及房地产咨询、经纪、代理、租赁等房地产中介业务的企业未办理房地产经纪机构备案进行公示，并抄报市工商和税务部门。

【查处房地产经纪机构典型案例】 2016年，加大房地产经纪机构的监管力度，查处南昌尚美佳房地产咨询有限公司违规代理销售案、江西省满堂红房产置业有限公司违规网签案、江西房爸房妈房地产置业有限公司违规代收房屋交易资金案、南昌市蓝地顾问有限公司违规代理销售案等典型案例，进一步规范房地产中介行为，提升中介服务质量，促进房地产中介行业健康发展。

（汪向阳）

物业管理

【概况】 至2016年年底，南昌市物业服务企业具备资质等级的有768家（一级资质企业12家，占1.6%；二级资质企业69家，占9%；三级资质企业438家，占57%；三级暂定249家，占32.4%），外地入昌登记备案企业69家。全市有物业服务企业管理的物业项目总数1179个，总管理面积1.2亿平方米。纵向比较看，企业数量与10年前相比，增长10倍。横向比较看，南昌物业服务企业数量相对较少，企业平均管理规模相对较大，物业管理覆盖率相对较高。

【简化资质审批工作】 2016年，按照《住房和城乡建设部关于修改〈房地产开发企业资质管理规定〉等部门规章的决定》和国家发改委《关于开放部分服务价格意见的通知》等文件精神，下发《关于规范我市物业服务企业资质审批管理的通知》，取消注册资金要求、调整收费备案要求、缩短审批时限，便于企业资质申报的同时规范全市物业服务企业资质审批工作。

【开展物业专项检查】 2016年，根据省住建厅专项检查工作安排，下发《关于开展2016年物业管理专项检查的通知》，督促各县区全面开展专项检查。此次专项检查覆盖全市各县区495个物业住宅小区，通报表扬22个小区、通报批评15个小区。通过表扬先进、鞭笞后进的方式，促进物业服务行业规范经营、提质升级。

【印发《南昌市业主大会议事规则（示范文本）》的通知】 2016年，为引导业主规范有序召开业主大会、选举业主委员会，根据《中华人民共和国物权法》《物业管理条例》《江西省物业管理条例》《南昌市物业管理条例》和住建部《业主大会和业主委员会指导规则》等法律法规及相关文件规定，多方征求意见，下发《关于印发〈南昌市业主大会议事规则（示范文本）〉的通知》，促进全市住宅小区业主大会议事规则工作更加规范化。

【开展“全民清洁家园”大行动】 2016年，为响应市容环境整治工作指挥部“全民清洁家园”大行动，市房管局制定《关于在全市物业住宅小区开展春节前“全民清洁家园”大行动的实施方案》。参加此次全市清扫大行动的物业住宅小区共400余个，出动物业工作人员2万余人。活动效果较好，美化亮化业主居住环境，赢得广大业主好评。

【督促做好创建复检工作】 2016年，配合创建指挥部做好文明城市复检工作，并下发《关于做好迎接2016年度全国文明城市复检工作的通知》，督促各区房管部门和物业服务企业按照复检要求做好相关工作。

【创建平安小区】 2016年，为迎接全国综治会议在南昌召开，与市综治办、市公安局、市民政局多次沟通后，联合发出《关于印发〈南昌市创建平安小区工作实施方案〉的通知》，并配合做好平安小区创建工作。

（赵　弘）

房屋征收补偿安置

【概况】 2016年，围绕“以人为本，和谐征收”工作原则，真抓实干、规范管理、创新机制，扎实有效地推进南昌市房屋征收各项工作。全年全市完成征迁面积303.91万平方米，涉及被征收户11229户。南昌市中心城区集中安置小区共25个，总占地面积约166.62公顷，规划建筑面积约556.5万平方米、3.78万套（套数未含部分未编规划方案项目），总投资约161.8亿元。（以上数据未含2016年新增9个未开工安置房项目）。至年底，朝阳洲综合安置小区（桃花园）、红谷滩综合安置小区（部分）、青山湖西岸安置房（李家庄、谌家坊安置地块）等3个项目已办理竣工验收手续，达到基本建成标准；十字街（城镇房）旧城改造综合安置小区、京山路（十字街农房）、青云谱区何坊西路等3个安置房小区主体完工；郭家庄安置小区、青山湖区幸福渠、朱桥花园、象湖东岸17.33公顷安置小区（部分）等4个项目进入主体施工阶段；临江商务区安置小区、青山湖西岸七里村五地块（部分）、李巷村、大朝阳、万象华庭安置小区、青山湖区涂黄村旧改综合性住房小区等6个安置房小区已开工建设，上沙窝地块旧改安置房、临江商务区滨江片区地块（熊邓村）改造安置房、长巷村新农村自然村（起凤路）旧改安置房、洪城路以南（西桃花河）旧改安置房、临江商务区三期（工人新村地块）旧城改造综合性住房小区项目、临江商务区三期（塘山村地块）安置项目、临江商务区三期（南镇村地块）旧城改造综合性住房小区项目、十字街二期（京山老街地块）安置小区旧改项目、青云谱区何坊西路二期（上下梅村）旧改项目原著文化居民保留区安置房等9个项目正在办理相关前期手续。

【统一房屋征收政策标准】 2016年，为确保房屋征收政策统一规范，将全市有关旧城改造房屋征收工作的政策规定、会议纪要、通知等编制成《南昌市房屋征收工作文件汇编》第三册并下发至各区，对照工作标准做好房屋征收工作。同时，为进一步扩大货币补偿安置比例，根据市有关领导要求，结合全市城中村改造实际，在充分调研及反复征求意见基础上，代市政府起草的《南昌市中心城区城中村农民住宅房屋拆迁补偿的补充规定（试行）》正式下发执行。

【加强协调衔接工作】 2016年，不断加大与各相关单位的协调沟通力度，主动衔接房屋征收各个项目。与建设、规划等相关职能部门和各城区旧改办主动协调、积极沟通，做好各个征收项目服务衔接工作。同时，市房管局内部产权处、房改办、档案馆、公积金中心等部门开通“绿色通道”，设立专门窗口，简化办事程序，为被征收人提供房源查询、买房办证、办理房改、提取公积金等高效便捷服务。及时会同各有关部门召开协调会讨论研究，就涉及房屋征收的疑难问题进行协调，做到一日一协调，一事一协调。

针对房屋征收中出现的特殊情况和疑难问题,坚持派出业务科室的主要领导全程驻点一线,指导各城区房屋征收工作,现场协调解决问题。深入征迁现场,对一线工作人员进行房屋征收政策法规和实际操作讲解,培养一大批熟悉政策的业务骨干,加快全市棚户区改造推进工作。

【开展房屋征收补偿审查】 2016年,严把征收补偿方案审核关、调查摸底材料抽检审核关、安置房源管理关、征收评估关和疑难问题处理关。全年共对东湖周边(阳明路以南一期)、洪都北大道两侧旧城改造项目、西湖孺子路两侧一期、辛家庵城中村改造项目等39个旧城改造项目的房屋征收补偿安置方案进行审核并备案,对全市中心城区65个旧城改造项目进行抽检审核,确保各项工作依法依规、阳光操作。同时,为准确掌握全市安置房源数量、户型以及使用情况,市房管局开发南昌市安置房源管理软件系统,已进入内部测试阶段。

【十字街旧城改造综合安置小区】 十字街综合安置小区为十字街棚户区改造项目城镇房就地集中安置小区。该项目位于建设路以北、京山路以东、规划路以西,占地面积约5.07公顷,总建筑面积约21.5万平方米,共规划5栋住宅,2栋共建,总安置户数1733户,总投资约5.4亿元。至2016年年底,该项目7栋房屋全部封顶,已完成投资约5亿元。

【青山湖西岸安置房(李家庄、谌家坊安置地块)】 该项目为青山湖西岸棚户区改造中李家庄、谌家坊地块征收安置房,位于洪都北大道以东、天骥路以北、中大路以西、长巷路以南,总占地面积约2.73公顷,总建筑面积约10万平方米(其中住宅建筑面积约7.2万平方米、地下建筑面积约2万平方米,公建配套设施约0.8万平方米、总停车位622个),总套数780套。项目总投资约3.5亿元。规划设计4栋高层建筑东西成排布置,地块沿天骥路及青山支路分别设置底层商业店面,小区出入口分别设置在天骥路及青山支路,小区内设社区服务中心、物业、幼儿园等配套设施。项目采取BT模式建设,于2014年7月初正式开工。至2016年年底,项目已办理竣工验收。青山湖西岸安置房建成后的小区将实现“三变”,“农房变城镇房、村民变居民、村委会变居委会”,以优质居住的环境迎接崭新的生活。

【朝阳洲综合安置小区(桃花园综合住房小区)】 该项目位于朝阳洲片区云卿路以北、云海路以南、子羽路以西、培英路以东,是南昌市2013年保障性住房建设项目。小区用地面积4.69公顷,容积率为2.2,绿化率为30%,总建筑面积约12.9万平方米,其中地下建筑面积约2.53万平方米,总投资3.58亿元。项目于2013年10月全面开工。至2016年年底,该项目已办理竣工验收。

【红谷滩综合安置小区】 该项目于2013年12月全面开工建设,计划于2016年底之前竣工交付使用。项目为中心城区棚户区改造集中安置房,位于九龙湖新城国体大道与龙兴大道之间。项目总占地面积约15.8公顷,总建筑面积约53.7万平方米,其中住宅建筑面积43万平方米,总户数5176户,容积率为2.8,建筑密度为15.38%,绿化率为36%,配套建筑面积约1.8万平方米,总投资约14亿元。至2016年年底,3个标段均办理竣工验收。项目地处未来南昌实现“西进南征”战略发展轴上,紧邻西客站和国体中心,距生米大桥2.2千米,地铁4号线将从小区穿过,交通十分便利。

(王　欢　刘文娟)

棚户区(旧城)改造

【概况】 2016年,南昌市棚户区改造成效显著,呈现推进速度快、群众满意度高、社会效益好的良好局面,改善棚户区困难群众住房条件,促进经济增长和社会和谐,为南昌打造核心增长极做出应有贡献。

【完成国家棚改任务】 2016年,南昌市坚持采取“1+6+X”运作模式,全力推进棚户区改造工作。“1”即由市土地储备中心筹措资金负责政府主导的旧改项目;“6”即由6家市属国有平台筹措资金负责棚改项目;“X”是指引进社会资本参与棚户区改造。为强化资金保障,南昌市对棚户区改造资金实行“市级统筹、封闭运行、分区分户、综合平衡”的原则,在土地储备中心设立市级专户,并按区设立分户,实行“专户管理、分区核算”。土地出让净收益进入市土地储备中心专户各区分户,统一用于棚户区改造,彻底解决因单个地块资金不能平衡而影响项目实施问题。省里下达2016年南昌市城市棚户区改造开工任务户数26028户,其中中心城区18328户、各县7700户。至年底,全市全面完成26028户开工任务,其中货币补偿5273户、实物安置13055户。

【推进房屋征迁工作】 2016年,南昌市以努力实现城市赢得环境、百姓赢得财富、政府赢得民心、社会赢得和谐作为城市棚户区改造的根本目的,围绕“和谐有序”这一个中心和“不与民争利,阳光动迁,用做群众工作的方法做动迁工作”三个原则,对被征迁住户采取“按政策就地就近安置、鼓励货币补偿、优惠实施异地安置”三种方式进行补偿。其中,对被征收房屋建筑面积小于36平方米的无偿补齐36平方米;对选择货币补偿者,按照被征收房屋市场评估价加被征收房屋市场评估价20%补助,同时在规定期限内搬迁的按被征收房屋市场评估价最高20%提前搬迁奖励给予补偿。此外,按照“用地段区位换面积”的方法,对在人口导出地段的被征迁户进行优惠安置。全年全市完成城市棚户区改造房屋征收户数1.5万户,房屋征收面积约215万平方米。

【完善政策规定】 2016年,为稳妥推进城中村改造农房征收货币化安置,进一步提高南昌市棚户区改造货币化安置比例,南昌市出台《关于印发南昌市中心城区城中村农民住宅房屋拆迁补偿的补充规定(试行)的通知》,并修改印发相应的征收安置补偿方案示范文本。补充规定明确,对符合实物安置政策的可安置建筑面积,被拆迁人可选择全部实物安置或全部货币补偿,也可以选择部分实物安置部分货币补偿。被拆迁人户籍需是被拆迁房屋所在地行政村农业户口方可选择货币补偿,货币补偿总面积不得超过其相当于实行实物安置的可安置面积,且每人选择货币补偿面积不得超过87.5平方米。货币补偿的价格按照基准地价加被拆迁房屋重置价计算。对被拆迁房屋面积超过1000平方米以上的,通过分户后最多只能有3户可选择货币补偿,其他面积仍按照洪府厅字〔2015〕91号文件的有关规定执行。

(李　祥)

住房公积金

【概况】 2016年,南昌市积极贯彻落实国务院、江西省相关文件精神,狠抓资金科学运营,深入落实便民惠民措施,充分

2016 年 12 月 9 日，升级改造后的新版公积金信息系统正式上线

发挥住房公积金作用，支持合理住房消费，市住房公积金业务运行总体上呈现“缴存、提取稳步增长，个贷需求旺盛，资金运行安全高效，增值收益大幅减少”的特点。全年归集公积金 56.54 亿元，归集额完成全年目标任务 110%，同比增长 17%，新增开户单位 966 户，新增开户职工 7.31 万人。至年底，全市开户单位 9152 家，开户职工数 67.44 万人(其中正常缴存 44.22 万人，封存 23.22 万人)，累计归集住房公积金 332.84 亿元，住房公积金归集余额 159.86 亿元。提取住房公积金 50.98 万人(次)、36.83 亿元，同比分别增长 55%、6%。其中住房消费类提取 30.7 亿元，增长 5%，占全年提取总额 83%。全市累计提取公积金 172.98 亿元。发放住房公积金贷款 15947 户、68.68 亿元，同比分别增长 14%、16%，其中使用贴息贷款 40.2 亿元(新增银行授信贷款 27 亿元、公转商贴息贷款 13.2 亿元)。至年底，贴息贷款余额 50.2 亿元，支付贴息 3533 万元。全市累计向 10.36 万户家庭发放住房公积金贷款 286.47 亿元。住房公积金贷款余额 193.6 亿元，住房公积金个贷率 121%，贷款逾期率仅为 0.06‰。全年实现增值收益 1.81 亿元，同比减少 56%。

【规范公积金缴存】 2016 年，认真贯彻落实住房城乡建设部、国家发展改革委、财政部、人民银行四部门《关于规范和阶段性适当降低住房公积金缴存比例的通知》和市委、市政府《关于大力促进实体经济发展的若干措施》通知要求，经南昌住房公积金管理委员会审议通过，南昌住房公积金管理中心印发《关于规范和阶段性适当降低住房公积金缴存比例的通知》。自 2016 年 5 月 1 日至 2018 年 4 月 30 日，凡住房公积金缴存比例高于 12% 的缴存单位，一律予以规范调整，不得超过 12%；生产经营困难企业可以申请降低缴存比例或缓缴住房公积金。至 6 月底，5 家住房公积金缴存比例高于 12% 的单位全部规范调整到位，所有缴存单位的缴存比例均符合规定要求。至年底，没有单位来办理降低缴存比例手续和申请缓缴住房公积金。对缴存账户信息的规范性进行专项清理。全年对 733 家单位基本信息进行核对，为 1054 名姓名、身份证号码登记有误或不匹配的缴存职工办理变更手续，为 1517 名多账户缴存职工办理账户合并手续。

【调整租房提取政策】 从 2016 年 5 月 16 日起，租房提取住房公积金最高限额维持不变，租赁公租房、廉租房提取额度按照实际租房标准执行。新建县撤县改区后租房提取最高限额按南昌市城区标准执行。对未婚职工申请租房提取的，提取额度减半执行，同时职工须向南昌住房公积金管理中心作出书面婚姻状况声明。

【调整公积金贷款政策】 2016 年，调整新建区公积金贷款最高限额。新建县撤县改区后公积金贷款最高限额按南昌市城区标准执行，即夫妻双方缴存住房公积金的职工个人购房贷款最高额度为 60 万元，单方缴存住房公积金的职工个人购房贷款最高额度为 50 万元。执行时间从 2016 年 5 月 16 日起，商品房以购房合同备案时间为准，存量房以契税完税凭证载明时间为准。暂停受理商转公贷款申请。5 月 16 日起，暂停受理“商业贷款转公积金贷款”业务，待住房公积金个贷率降至 85% 以下后，视情恢复。10 月 24 日起，对申请个人住房公积金贷款购买首套自住住房的缴存职工家庭，贷款最低首付款比例由 20% 调整为 30%，购买第二套自住住房的调整为 40%，继续停止发放购买第三套及以上住房的住房公积金贷款。同时，取消南昌住房公积金管理委员会 2013 年第一次工作会议确定的将 2010 年 3 月 23 日作为时间节点认定房屋套数的规定，即 2010 年 3 月 23 日前的个人住房贷款记录也作为房屋套数认定依据。

【试行公积金贷款转商业贴息贷款业务】 2016 年 8 月 1 日，为应对资金流动性不足，满足职工贷款需求，经南昌住房公积金管理委员会审议通过，南昌住房公积金管理中心启动公积金贷款转商业贴息贷款业务试运行工作。公转商贴息贷款由商业银行按照公积金中心审批的贷款额度、期限和利率，以其自有资金向借款人发放商业性个人住房按揭贷款(商业性贷款)，借款人仍按公积金贷款规则向公积金中心偿还贷款本息，公积金中心按商业性个人住房贷款规则向贷款银行还本付息，并对其中商业贷款利率高于公积金贷款利率产生的利息差额进行补贴。凡是同时符合住房公积金贷款和商业性贷款条件的购买自住住房申请住房公积金贷款的缴存职工，均可自愿选择申请公转商贴息贷款。公转商贴息贷款不影响借款人公积金贷款权益，借款人除签订的借款合同和还款日不同外，其贷款申请方式、贷款利率、贷款额度、贷款期限、还贷提取方式以及贷款信息变更方式均与公积金贷款相同。试行公转商贴息贷款缓解南昌公积金中心资金压力，满足职工贷款资金需求。至年底，共发放公转商贴息贷款 3529 笔，累计金额 13.2 亿元，减少职工贷款轮候放款时间，加快房地产开发企业资金回笼。

【开通“南昌公积金”微信公众号】 2016 年 6 月 1 日，“南昌公积金”微信公众号上线试运行。南昌住房公积金管理中心缴存职工可通过微信公众号获取最新公积金动态，政策法规、办事指南，并可实现个人公积金账户查询、业务办理网点查询、贷款试算等功能。至年底，微信公众号注册用户 4.38 万人。

(张海胜)

财政·税务

概述

【概况】 2016年，面对错综复杂的国内外形势和艰巨繁重的改革发展稳定任务，南昌市主动认识、顺应和引领经济发展新常态，不断开拓进取、真抓实干，顶住经济下行的巨大压力，各项主要经济指标保持平稳较快增长，全市经济社会呈现良好发展势头。全年财政总收入790.8亿元，比上年增长8.7%。其中，地方一般公共预算收入402.18亿元，增长3.3%。从收入完成情况看，地方一般公共预算收入中，完成增值税76.67亿元，增长118.7%；营业税73.6亿元，下降39.1%；企业所得税42.27亿元，增长5.8%；个人所得税18.69亿元，增长14.5%。县域财力显著增强，全年财政总收入超20亿元的县区10个，其中南昌县超100亿元，红谷滩新区、西湖区超80亿元，高新区、东湖区、青山湖区、经开区超50亿元。全年地方一般公共预算支出587.69亿元，比上年增长8.2%。其中，公共安全支出33.99亿元，增长21.1%；科学技术支出10.17亿元，增长24%；文化体育与传媒支出6.8亿元，增长24.7%；教育支出90.03亿元，增长5.3%；社会保障和就业支出67亿元，增长8.5%；医疗卫生与计划生育支出58.92亿元，增长4.4%。

财政

【概况】 2016年，南昌市财政局深入学习贯彻习近平总书记对江西工作"新的希望、三个着力、四个坚持"总体要求，牢固树立和贯彻创新、协调、绿色、开放、共享的发展理念，坚持稳中求进工作总基调，主动适应经济发展新常态，深化财政改革，健全体制机制，发挥职能作用，不断提高财政管理科学化、精细化水平，圆满完成各项工作任务。市财政局先后荣获全国财政信息工作先进单位、江西省第十四届文明单位、全省拥军优属先进单位、南昌市"十二五"扶贫开发工作先进单位、全市打造核心增长极考核一等奖第一名、全市绩效管理考核经济发展类第一名等市级以上各类荣誉13项。全年市财政总收入完成790.8亿元，比上年增长8.7%，地方一般公共预算收入完成402.2亿元，较上年同期同口径增长11.6%，高于年初目标1.6个百分点，实现财政收入平稳增长。财政总收入、地方一般公共预算收入增幅在全省各设区市分别排名第一、第二，均较上年前移一位。地方一般公共预算收入增幅在中部省会城市排名第三，呈现出"稳中有进"发展态势，为在全省率先全面建成小康社会奠定坚实的财力基础。

【兑现资金扶持政策】 2016年，及时兑现各项扶持政策，累计拨付扶持产业发展专项资金30.9亿元。其中，拨付江铃汽车股份有限公司企业发展补助资金1亿元、晶瑞光电有限公司补助资金0.6亿元；拨付市级产业投资引导资金17亿元，将产业投资引导资金扩大至38.2亿元，以基金方式撬动社会资本对产业发展的投入。

【落实促进实体经济发展优惠政策】 2016年，积极落实市政府《关于大力促进实体经济发展的若干措施》，着力于降成本优环境促增长，实施免征防洪保安资金、物价调节基金等税费减免政策。仅暂停征收防洪保安资金就减轻企业负担3亿元，企业成本有效降低。对城区、开发区工业用地按每公顷30万元给予补助，兑现2015年度补助资金1.2亿元，进一步调动城区、开发区发展积极性。

【加强信贷融资】 2016年，积极推行"财园信贷通"工作。全年投入财政保证金9.25亿元，撬动"财园信贷通"放贷总额73.97亿元，占全省放贷总额17%，惠及全市中小微企业1449户，放贷总额排名全省第三。"财政惠农信贷通"工作有序推动，惠及户数5751户。设立"支持金融业发展专项资金"，拨付5429万元资金对企业上市等融资行为进行扶持奖励，帮助企业拓宽融资渠道。出台《关于进一步促进我市融资担保行业持续健康发展的若干政策措施的通知》，不断提升融资担保行业服务能力，切实缓解中小微企业融资难、融资贵问题。

【推动"两创示范"】 2016年，健全和完善两创示范"1+4+X"（"1"就是《南昌市小微企业创业创新基地城市示范三年行动计划》；"4"就是《小微企业创业创新基地城市示范专项资金管理指导意见》《小微企业创业创新基地城市示范县区竞争性资金分配管理办法》《小微企业创业创新基地城市示范专项基金管理办法》《小微企业创业创新基地城市示范统计监测体系管理办法》；"X"就是各种具体的配套政策）政策体系，通过县区竞争性资金分配、政府补贴、融资担保、设立基金等方式，支持"两创示范"工作。全市各县区"两创示范"财政资金累计投入48.36亿元。获得市级认定的商贸企业集聚区17个，小微商贸企业公共服务平台6个，中小企业公共服务示范平台50个，小企业创业基地26个，"洪城众创"平台67个，科技企业孵化器16个。

【保障项目建设资金】 2016年，采取上级补助、本级投入、平台融资以及自筹资金等多种方式保障项目建设资金。拨付平台项目资本金及建设资金43.5亿元，拨付18.9亿元用于国开行贷款还本付息、历年重点工程款清欠及新增重大重点项目建设。

【撬动社会资本投入】 2016年，推动PPP模式、城市建设和运营政府购买服务试点，创新政府筹资方式，撬动社会资本投入，总投资额52.9亿元的4个PPP项目（红谷隧道、江西省现代农业博览园、青山湖污水处理厂提标改造、市行政中心屋顶分布式光伏发电)以及总投资额240亿元政府购买服务的市棚户区改造第三期开工建设,有效缓解项目建设筹资压力。

【争取债券置换和发行额度】 2016年,向上级争取存量债务置换额度和新增债券发行额度,为全市城市建设提供有力资金保障。全年争取新增债券47.7亿元,其中市本级(含开发区、新区)33.6亿元、其他县区14.1亿元。争取置换债券118.8亿元,其中市本级(含开发区、新区)97.1亿元、其他县区21.7亿元。

【支持城乡建设】 2016年,执行土地出让"收支两条线"规定,从市本级土地出让收入中计提六项专项资金34.1亿元、南昌轨道交通建设资金8.3亿元,返还宗地成本130.5亿元,拨付重大重点项目建设资金7.4亿元、"森林城乡花园南昌"建设资金6687万元、通道沿线"五化"综合整治资金1.7亿元,支持城乡建设。

【保障城市管理】 2016年,按照"量入为出、保证重点"原则,拨付城市管理专项资金4.36亿元。根据工作需要,及时拨付老旧小区(街区)综合整治经费8160万元、综合环境应急整治市级补助资金5872.9万元。不断加强城市公共安全投入,安排天网工程专项经费1.4亿元、公安辅警专项经费1.01亿元、交通设施建设专项经费6000万元、社区网格化管理专项资金2700万元。

【促进教育发展】 2016年,市本级教育总支出2.3亿元,较上年同口径提高约5%。投入1.9亿元用于支持各城区及县区改造建设义务教育学校,其中县区民生工程建设奖补2000万元、城区义务教育学校建设奖补1.7亿元。增设2000万元专项资金支持民办教育发展。拨付各类资助经费1.2亿元,资助学生8万余人。市财政教育费附加、土地纯收益和省返还教育费附加共安排10.59亿元专项经费,用于市属学校基本建设设备采购教育综合改革等。按照小学生人均600元,初中生人均800元进行保障,进一步完善义务教育保障机制。

【支持文化科技发展】 2016年,全市公共财政文化体育与传媒支出6.8亿元,比上年增长24.7%。其中,文化公益事业发展专项资金1500万元,同比增长25%。农村文化建设专项资金100万元。非遗专项资金450万元。配合海昏侯国遗址公园建设招标,投入规划设计专项经费754万元。安排体育竞赛专项资金1700万元。拨付知识产权专项资金1498.85万元。

【促进医疗卫生事业发展】 2016年,拨付1亿元市直医疗机构运行补助资金和市直医疗卫生服务能力建设专项资金,保障市直医院正常运行,促进全市医疗卫生事业发展。拨付460万元用于非政府办社区卫生服务中心实施国家基本药物制度。拨付415万元用于部分公共卫生站(科)标准化建设项目。预拨村卫生计生服务室标准化建设项目资金474万元。为构建多层次医疗保障体系,下拨南昌市疾病应急救助患者医疗费用77万元。下达免费婚检专项资金93万元、计生专项经费1600万元,用于支持计划生育扶助、免费孕前检查及市级利导等配套。拨付550万元专项资金保障重大公共卫生项目工作实施。为保障人民群众饮食用药安全,拨付食品药品监督抽样检验经费1940万元。

【提升保障水平】 2016年,将城区、开发区及湾里区城市最低生活保障标准从480元提高到510元,三县城市最低生活保障标准由450元提高到480元,全市农村最低生活保障标准每人每月从280元提高到310元,全年拨付城乡居民最低生活保障经费4.48亿元,有力保障全市城乡低保对象基本生活。拨付社区干部工作经费6209.65万元,推进社区建设,进一步稳定社区干部队伍。拨付高龄老人生活补助资金4617.16万元,有效地建立社会养老服务体系建设资金保障制度;按照各城区被征地农民参加养老保险政府承担的缴费补贴情况,及时下拨被征地农民社保资金8.53亿元,稳步推进被征地农民养老保险工作。拨付中心城区棚户区改造征收和安置房建设上级补助资金5.57亿元。向7882户低保家庭发放公租住房租赁补贴资金685万元、向65205户低收入家庭发放公租住房租赁补贴资金3948万元。对71家市直行政事业单位4480人补发住房补贴1.17亿元。

【支持就业创业】 2016年,积极响应人才发展战略,市本级人才发展专项资金安排1亿元,拨付4341万元。认真编制2016年市本级就业资金预算,积极扶持全市公共就业服务工作,开展职业培训,充分发挥职业培训促进就业作用。全年累计拨付职业培训补贴、开发公益性岗位补贴、社会保险补贴、南昌地区困难高校毕业生一次性求职创业补贴及一次性创业补贴等资金共6879万元。拨付全市退役士兵自谋职业和自主就业补偿金、退役士兵待安置期间生活补助、退伍士兵教育培训经费1743.1万元。

【财政支农资金投入稳定增长】 2016年,南昌市财政支农资金投入稳定增长,促进全市农业和农村经济持续稳定发展和农民收入提高。全市农林水事务支出实际完成35亿元(含中央、省级支出),其中农业13.8亿元、林业3亿元、水利8.6亿元、扶贫0.8亿元、农业综合开发1.6亿元、农村综合改革2.3亿元、普惠金融发展支出1.5亿元、其他农林水事务支出3.3亿元。

【编制中期财政规划】 2016年,根据中央和省关于中期财政规划的部署,制定并报请市政府印发《关于实行中期财政规划管理的实施意见》。按照中期财政规划管理要求,在以往编制当年预算的基础上,自2017年起,编制2017—2019年中期财政规划,对未来三年重大财政收支情况进行分析预测,对规划期内一些重大改革、重要政策和重大项目,研究政策目标、运行机制、评价方法和资金保障措施,构建全面、规范、公开、透明的预算管理制度。实行市级财政预算项目库管理,建立统一的市级财政预算项目库管理系统,将市级所有使用财政资金安排项目全部纳入项目库管理,建立覆盖项目申报、执行监督、绩效评价在内的全过程管理体系。

【盘活存量资金】 2016年,以提高资金使用效益为出发点,对2015年及以前年度市本级政府性基金预算结转资金、本级预算单位结转结余资金和市本级国库集中支付非改革账户结转结余资金进行清理,共清理盘活财政存量资金17.9亿元。对市本级2014年及以前年度一般公共预算结余结转资金和2016年当年安排的市级专项资金根据支出使用情况进行清理,共清理出可收回总预算统筹使用一般公共预算结余资金11亿元,将清理盘活的财政资金投向产业、民生、建设等亟需支持的领域。

【理顺县区财政体制】 2016年,抓住中央调整营改增后中央与地方收入划分的契机,启动市对区级财政体制调整工作,统一区、开发区、新区增值税分享比例,并对开发区、新区、青山湖区增值税实施增量返还政策,简化、明晰市区分配关系,规范财税政策环境,调动区级发展积极性。根据市政府《关于撤并江西桑海经济技术开发区和调整南昌临空经济区管理体制的通知》精神,结合南昌经开区、南昌临空经济区现状和需求,合理确定对南昌经开区、南昌临空经济区的财政结算关系,市本级、南昌经开区、南昌临空经济区三方财政管理体制进一步完善。

【评审财政投资项目】 2016年,不断完善全过程跟踪评审方案,制定出台《南昌市全过程跟踪评审项目基本工作方案》,对在审项目进行全面梳理和调度,对未审结的工程进展情况及原因进行逐一分析,商讨解决方案,不断加快项目评审进度。全年完成各类评审项目301个,送审金额72.4亿元,审定金额61.3亿元,核减金额11.1亿元,核减率15.3%。

【推进财政绩效评价考核工作】 2016年3月,启动2015年度专项资金事后绩效评价工作,评价范围覆盖所有200万元(含)以上专项资金,涉及专项150余个。7月,启动全市2015年度部门整体支出绩效评价工作,评价范围覆盖98个市直主管部门及其所属单位。8月,面向全市各预算单位印发4000份财政预算绩效管理宣传册。9月,启动全市2017年度预算绩效目标管理工作,评价范围覆盖所有200万元(含)以上专项资金,涉及专项150余个。12月,启动全市2016年度财政预算绩效考核工作,考核对象涉及98个市直主管部门。

【落实采购主体责任】 2016年,明确政策,出台全面落实采购人政府采购主体责任有关规定,为采购人加强政府采购管理提出规范性、可操作性要求。对县区监管部门及市本级主管预算单位组织开展业务培训,有效提升监管部门及采购单位管理能力和操作水平。

【发挥监督职能】 2016年,认真履行监督职能,组织开展彩票公益金支持项目检查、贯彻执行中央八项规定严肃财经纪律专项检查、会计信息质量检查、民生资金重点检查、地方预决算信息公开情况专项检查等。其中,查处违反彩票公益金管理规定资金168.3万元和各类违反中央八项规定精神资金2696.67万元,发现一些基层单位仍然存在私设"小金库"问题。对于这些问题的严肃整治,维护了财经秩序,有力地推动财政管理质量和效率的提升。

【强化国有资产管理】 2016年,通过选定评估公司、更新资产信息、组织入账审核等方式,评估投资性房地产913项,评估总值178.1亿元。协助市政公用投资公司和南昌轨道交通集团顺利完成金振和金轨公司部分资产下账、划转和注入等工作。分批次开展2016年度资产拍租,成功拍租资产57项,年租金收入899.57万元,单项资产年租金增幅最高86%,国有资产增值效果明显。

【完善财政管理制度】 2016年,为加强厉行节约长效管理,印发《南昌市党政机关会议定点管理实施细则》,会议定点管理进一步细化。按照差旅费管理办法,1月、5月分2次调整市直机关工作人员到省外出差住宿费标准。根据上级财政部门相关规定,对援外出国人员艰苦地区补贴类别由原来5类调整为6类。创新"三公"经费监管机制,制定《南昌市公务消费网络监管平台建设实施方案》,明确南昌市将在2017年随同全省其他设区市一起全面实施公务消费网络监管平台。

(仇文辉　柳林青)

国家税务

【概况】 2016年,南昌市国家税务局以创新发展为主线,全力打造"法治、高效、活力、廉洁、智慧"国税,向着税收现代化目标迈进。税收改革平稳推进,"营改增"试点工作得到李克强总理充分肯定,国家税务总局局长王军给予批示肯定。国地税合作深入推进,东湖区国税、地税合作办税做法得到总局王军局长等领导肯定。"互联网+税收"出新出彩,自主研发并在全省推广运用"税企交互平台",进一步方便广大纳税人办税,提升纳税服务水平。在2016年全国纳税人满意度调查中,市国税局位列全国国税系统省会城市综合排名第三,绩效管理工作在全省各设区市国税局中名列前茅,继续保持全国和全省"文明单位"荣誉称号。

【法治文化引领】 2016年,注重文化引领,全系统发扬"凝心共济、赤诚担当、务实创新、法治廉明"的国税精神,巩固"三严三实"教育成果,大力推进"两学一做"学习教育,开展办大党日、听党课、观纪念馆、看警示片等活动,推行国税工作亮点巡回观摩和集中展示以及"岗位大练兵、业务大比武"评比,设立南昌国税文化墙和传统文化长廊,建立"廉政文化建设示范点",使广大党员、群众深受教育,形成争先创优、风清气正的良好氛围。积极倡导健康体育文化,分别获得全省国税系统体育竞赛"团体总分第一名""健康食堂示范单位"和南昌市"群众体育先进单位""公共节能优秀奖"等荣誉。推进综治平安建设。充分利用报刊、电视、网络、电子屏和手机等媒体,走进社区、基层和企业,广泛开展综治、税法宣传月活动,使法治、平安创建意识深入人心,增强广大群众参与综治平安、和谐共建意识,取得理解和支持,进一步融恰党群关系、征纳关系。挤出10万元专项资金,为挂点帮创平安社区增设高清摄像头、安装太阳能路灯、综治宣传栏,大大改善小区治安和生活环境,使小区犯罪率大幅度降低,提升小区群众安全感、幸福感和满意度,获得2016年度全市"综治工作先进单位"。

【助推经济发展】 2016年,税收收入量增质优。全市国税系统在经济下行和减免税范围扩大、规模增加的压力下,坚持依法治税,挖潜增收,全年组织入库税收344.1亿元,同比增收54.2亿元,增长18.7%;剔去新四大行业(建筑业、房地产业、金融业、生活服务业)"营改增"税收,全市共完成国税收入209.6亿元,增收0.6亿元、增长0.2%,释放政策红利。紧扣南昌市打造核心增长极重大战略部署,开展"降成本、优环境"专项活动,认真落实各项税收优惠政策,诚心为企业发展减负增效添活力,其中出口退税办理32.2亿元,有力支持地方经济和民生事业发展。积极建言献策,多视角开展税收形势、税收风险管理、税收政策效应和经济运行情况等分析以及收入形势预测,为领导科学决策提供有价值的参考依据,先后有8篇分析报告得到省、市党政领导及省国税局领导的肯定批示,其中《江铃集团税源情况调查分析》得到省委书记鹿心社肯定批示。

【税收改革创新】 2016年5月1日,全面推行"营改增"改革试点。在时间紧、任务重、要求高、难度大情况下,全系统上下联动、全员行动,集中力量打赢开好票、报好税、分析好、改进好等一系列攻坚战,"营改增"新四大行业共31125户纳税人顺利划归国税系统征管。至年底,"营改增"税收入库53.5亿元,企业总体税负下降、成本降低,呈现外溢效应。"金税三期"税收征管系统正式运行。全市国税系统坚持项目导向,实行挂图作战,相继完成"金税三期"系统数据清理、初始化采集、环境准备、用户测试等各项任务，并于7月1日实现成功上线，经受住征期首日办税高峰的考验，总体运行平稳，业务开展顺利，标志着南昌国税信息化管理水平迈上新台阶。深化国、地税征管体制改革。根据市委、市政府出台的《南昌市深化国地税征管体制改革方案》，建立国税、地税常态化合作机制，全面推进覆盖税务登记、税收征管、税务稽查、纳税信用管理、纳税服务和税收分析等方面合作项目，实现办税服务厅国、地税互设窗口、相互代征，打造以东湖区、青云谱区、湾里区、安义县为标杆的县（区）级国、地税“全职能一体化办税服务厅”。

【严格依法治税】 2016年，规范税收执法。开展国税、地税税务行政处罚裁量权共享比对工作，进一步规范税务行政处罚行为。确认重大行政决策法定程序，推进依法决策。开展税收执法督察，强化税收执法责任追究。开展税务行政复议和应诉工作，妥善解决涉税争议。组织开展税收宣传月活动，推动税收法制宣传，市国税局荣获“2011—2015全省法治宣传教育先进单位”。开展法治税务示范基地创建活动，征收局获得全省国税系统“法治税务示范基地”称号。推进税收共治。落实《江西省税收保障条例》，定期公告税收违法“黑名单”，联合多部门共同对税收失信行为开展联合惩戒。完善法律顾问和公职律师提供法律服务工作制度，聘请专职律师为税收法律顾问。建立公安派驻国税联络机制，成立“南昌市公安局派驻南昌市国税局联络机制办公室”，税警协手共同打击涉税违法犯罪，整治税收秩序，打击虚开骗税专项工作，共查实违法违规接受及虚开发票2.3万份，挽回国家税款损失3.8亿元，创造稽查专项行动中挽回损失最大、震慑效力最大、协查规模最大等多个“之最”。全年全市国税稽查部门查补入库税收3.2亿元。统一扎口、分类牵头，有序整合税收风控协调机制，强化涉税风险排查应对，全年全市纳税评估补缴入库税款1.7亿元。

【管理服务并进】 2016年，夯实税收征管基础。落实税收各项规范，试行实名制办税，健全落实“两随机一公开”制度，实行千户集团常态化管理，加强税收数据与征管质量监控，强化征管档案管理和共享，提升征管质效。推进“五证合一、一照一码”改革，全面实施个体工商户“两证整合”。健全非居民税收管理机制，在股权转让、非居民文体表演、中外合作办学等领域的税收征管取得重点突破。优化纳税服务。深化“便民办税春风行动”，拓展“四位一体”办税平台，推动12366“六能”（能问、能查、能看、能听、能约、能办）转型升级，有效应对“营改增”试点和“金三”上线“双峰叠至”局面，赢得纳税人高度赞誉。完善预约办税、延时服务、首问责任、“二维码”一次性告知和免填单等便民服务措施。推行涉税业务省内通办和同城通办。创建首席联络员和税务联络员制度，畅通税企沟通渠道，被共青团中央、国家税务总局授予“青年文明号”、省妇联授予“巾帼文明岗”。建立诚信纳税激励机制，对纳税A级企业给予享受“银税互动”和“办税绿色通道”等激励性服务，推广纳税信用社会化运用。协助银行为小微企业累计发放“税银通”信用贷款13.18亿元。推进“互联网+税务”行动。通过自主研发和推广应用“税企交互平台”，成功架设起征纳之间涉税信息实时双向交互的桥梁，在“2016年度江西省信息技术应用创新成果表彰活动”评选中荣获二等奖。在电信、电商、公用事业单位推行电子发票，实现发票电子化，节约企业开票成本。率先在全省推行出口退（免）税无纸化改革，实现出口退（免）税申报、审核审批、退库等业务网上办理，推动退税再提速，不断提升管理服务水平，实现让“企业少跑路、网络多跑路”。

（程应运）

地方税务

【概况】 2016年，南昌市地方税务局紧紧围绕组织收入中心，着力完善税收征管机制、税务合作机制和干部管理机制，突出抓好组织收入、金三上线、征管机制、管理创新、纳税服务、干部管理、廉政建设“七项工作”，稳步开启地税“二次创业”新征程，各项工作进展顺利、成效显著。市地税局以第一名的成绩获评2016年度“全省地税系统绩效管理考评优秀单位”。全市地税部门先后荣获“全国文明单位”“全省法治宣传教育先进单位”等国家、省、市级荣誉80余项。

【地税收入取得新成绩】 2016年，全市地税部门累计组织各项收入324.39亿元，同比减收7.17亿元，下降2.2%。其中，地方税收收入300.4亿元，减收7.99亿元，下降2.6%（剔除“营改增”的营业税和代征增值税后，地方税收收入211.13亿元，增收23.52亿元，增长12.5%）；教育费附加等其他收入23.99亿元，增收8240万元，增长3.6%。市地税局荣获“全市科学发展目标绩效考核优胜奖”。

【为企业减负成效显著】 2016年，市地税局积极开展降成本、优环境专项行动，不折不扣落实省“80条”、省局“30条”和市“60条”等各项政策，立足地税部门职能，着力帮助企业用好、用足、用活各项税收优惠政策，有效减轻企业税费负担，切实将政策红利转化成企业发展红利。至年底，全市地税部门累计为企业减负39亿余元。其中，依法减免地方各税29.42亿元，通过核销欠税、办理延期缴税、停征部分政府性基金等方式减负近10亿元，有效激发全市各类市场主体创业创新活力。

【“金税三期”系统正式上线】 2016年7月8日，市地税局完成“金税三期”优化版系统首笔纳税申报，成功开出新系统单轨运行后全市第一张税收通用电子发票。税收征管系统由旧系统到“金税三期”新系统无缝隙顺利切换，标志着南昌地税“金税三期”优化版系统成功实现单轨上线运行。“金税三期”是国家“金字号”工程的重大项目，包括数据清理补录、设备应用测试、业务差异分析、人员培训、数据迁移实施、双轨试运行和单轨上线切换实施等10多个步骤，总体规模和复杂程度在国内电子政务领域史无前例。在“金税三期”优化版系统上线后，统一国、地税核心征管应用系统版本，国、地税联合办理事项大幅扩容，纳税人办理涉税事项，在国、地税任何一方提交，都能实现两家共享。“金税三期”上线后，纳税人可以上网办理涉税事项，还可体验信息查询、推送与发布、双向交流互动等全方位服务。新系统为多项税收业务实现同城通办提供软件环境支持，极大方便纳税人就近选择办税网点。

【全面推开“营改增”试点正式运行成功】 2016年5月1日0时01分，市地税局成功开出号码为00769821、金额为667278元的全省首张地税代开二手房交易增值税发票和编号为赣地证07583218、金额为31775.14元的地税代征增值税税票，这标志着江西省全面推开“营改增”试点正式运行成功。为推进“营改增”政策落地，市国、地税局始终坚持把国税、地税精诚合作作为推进“营改增”外在动力。全市地税、国税部门加强联动，充分保证信息共享，狠抓业务培训,联合制订“营改增委托双代”任务分解表,明确时间节点、责任人和操作内容,确保工作衔接过渡到位。双方信息技术人员紧密合作、通力配合,积极落实各项工作,努力奋战,开通21台增值税发票专用税控开票机,与对方技术人员、第三方运维人员完成计算机系统和税控设备安装调试,各环节紧密配合。

【纳税服务持续优化】 2016年,市地税局制定《纳税服务工作职能调整方案》,推动纳税服务转型升级。深入开展便民办税春风行动,推出12类40项便民措施,加快推进移动办税和同城通办,积极推广手机APP等移动互联办税应用。向国家税务总局和市委、市政府呈送《推行“一站式服务”打通“最后一公分”——江西省南昌市东湖区国地税推行“一站办结”服务助力营改增》专报,获得国家税务总局局长王军、副局长孙瑞标和市委、市政府主要领导批示肯定。在全国第六次纳税人满意度调查中荣获地税部门第三名,连续六届蝉联全国前三名,铸就南昌地税纳税服务品牌。

【税收分析报告频出精品】 2016年,市地税局与新华社记者共同撰写的《把握减税节奏力度,用好清费“关键窗口期”——关于供给侧改革中减税清费情况调查》和《江西一些企业对减轻税负提出三方面建议》两篇文章在《国内动态清样》刊发,并报送中央领导。向省政府呈送的《“营改增”对地税收入的影响分析及对策——以南昌市为例》,获省委常委、常务副省长毛伟明亲笔批示。

【压紧压实党风廉政建设主体责任】 2016年,市地税局按照“党要管党、从严治党”要求,成立市地税局党建工作领导小组和落实党风廉政建设主体责任领导小组,制定《党组贯彻落实全面从严治党要求实施办法》《党组落实党风廉政建设主体责任和监督责任清单》,搭建起全市地税部门“横向到边、纵向到底”责任网络。充分运用约谈、述职、考核等多种方式,层层传导压力,营造风清气正的政治生态环境。持续推进“红包”治理工作,市地税局主要领导组织“红包”问题专题约谈,在年初点名道姓通报“红包”案件基础上,制定全市地税部门《“红包”治理执纪问责若干规定》,强力惩处收送“红包”行为。召开“红包”治理调度会93次,开展专题约谈70次,组织相关明察暗访161次,制定或完善有关规章制度45项。

【严格监督执纪问责】 2016年,市地税局编制纪检监察工作流程,对问题线索处置等六个方面进行规范,推动“四种形态”落地生根。诫勉谈话11人次,谈话提醒1000余人次,使咬耳扯袖、红脸出汗成为常态。处分、组织处理方面,党内警告1人次,行政记过2人次,免职、岗位调整7人。在基层地税分局设立纪检监察员,制定《特邀监察员工作办法》,充分发挥纪检监察员和特邀监察员监督作用。深入推进省委巡视组反馈意见整改工作,细化整改举措,严把工作和时间节点,全程监督整改工作落实情况。

【全面推进“二次创业”】 2016年,市地税局主动适应后“营改增”时期地税工作新形势,制定6大类30条改革创业举措,形成《“二次创业”三年(2016—2018)行动方案》,并制定《南昌市地方税务局“二次创业”三年(2016—2018)行动方案责任分工表》,对南昌地税全面推进“二次创业”进行周密部署,力争在“二次创业”新征程中实现南昌地税“全省前列、中部领先、全国一流”目标。市委、市政府主要领导和省地税局局长张和平分别批示肯定。

【清理“营改增”试点纳税人营业税】 2016年,南昌市地税局扎实开展“营改增”试点行业清票、清税、清户“三清”工作,下发《关于抓紧开展营改增试点纳税人营业税清理工作的通知》,紧盯时间节点,突出清理重点,倒排工期加快进度,提高清理效率和质量。全市地税部门累计清理“营改增”试点纳税人13568户,清理入库营业税28.2亿元。

【规范清缴各种税款】 2016年,市地税局完成2015年度全市16314户企业企业所得税汇算清缴工作,应补企业所得税9.48亿元,同比增长229.17%。认真抓好年所得12万元以上个人所得税自行申报工作,申报人数首次突破3万人,扣缴税款11.55亿元,占全省扣缴税款41.92%。全面推进资源税改革,加强建筑材料资源税征管,累计入库资源税4783万元,同比增长45.8%。推行土地增值税审核引入政府购买中介服务办法,开展清算审核项目61个,调增税款3.7亿元。规范“房土”两税申报征收,实现入库税款16.47亿元,同比增长4.45%。依托存量房评估系统,受理申报45880套,评估增收各项税款2.29亿元。

【监管税收风险重点】 2016年,市地税局推进扎口管理,制定《进户执法工作暂行办法》,明确12类进户检查行为由风险监控部门审批推送,杜绝“多头执法”“重复检查”行为。扩容税收风险重点监管范围,突出房地产、建筑安装、银行、证券、医院、高校和新三板等重点行业税收风险管理;紧盯股权转让、股息红利、两处以上获得工资薪金、船舶车船税、营业税清理和BT、PPP项目及重大重点工程项目清理等特定税收风险事项监管。全年推送风险应对任务1004户,应对税款15.87亿元。

【移交管理税户】 2016年,市地税局积极推动召开全市国地税联席工作会议,严格按照“营改增”试点时间节点,依法依规做好管户移交工作,明确移交工作内容和标准,严把征管数据出口关。全市地税部门移交试点纳税人65585户,其中正常户47844户、非正常户8901户、注销户等其他8940户。

【开展地税代征增值税业务】 2016年,市地税局按照国家税务总局、江西省地税局部署,严密组织地税代征增值税业务培训,扎实搞好技术支撑,及时制定“营改增”工作应急预案,成功开出江西首张代开二手房交易增值税发票和地税代征增值税税票,中央新闻联播等媒体都予以报道。至年底,全市地税委托代征转让不动产增值税6005万元,委托代征其他个人房屋出租增值税1600万元。

【加强国地税合作】 2016年,市国税、地税确立34项合作意向,选拔5个县(区)作为全市国地税合作示范区。以东湖区和青云谱区国地税局为试点单位,在全省地税率先推行一窗通办一体化办税模式,“进一家门、办两家事”成为国地税联合办税突破点和发力点。东湖区地税局在全省国地税合作工作交流推进会上作典型发言。加快推进国地税合作征收各项税费,其中国税代征地方税费6370.6万元,地税代征增值税7646.3万元。

【强化综合治税】 2016年,市地税局积极发挥综合治税平台作用,加强数据分析与运用,有效提升征管质效。先后三批次接收省级综合治税平台推送的涉税信息,并综合利用1752条次数据,查补入库税款816.98万元。积极开展财产行为税第三方信息需求数据获取工作,将市地税局财产行为税第三方信息需求清单与全市涉税平台中信息模板进行比较,认真梳理获取10个部门32项信息,并结合实际分析运用。全年利用信息

2365.81 条次，应用涉税信息入库税款18.11 亿元。

【推进依法行政】 2016 年，市地税局不断加强法治宣传教育，制定市地税局《干部职工学法用法制度》，组织在编干部职工参加全省分类学法考试，参考率100%，优秀率95.92%。荣获全省法治宣传教育先进单位，荣获全国、全省法治宣传教育先进个人各1人。试点成立公职律师办公室，落实法律顾问制度，实现市、县(区)两级法律顾问网络体系全覆盖。出台《督察审计问题整改督查工作实施办法(试行)》，编制《2016 年税收执法督察操作手册》《内部财务审计操作手册》，形成全面统一、规范清晰的督察指引和工作流程。组成14 个执法督察组对16 个单位开展税收执法督察，对税收执法人员执法过错行为实行责任追究52 人次。

【加大稽查力度】 2016 年，市地税局组织实施重点税源企业检查和随机抽查，查补地方税费近2 亿元。联合国税对43 户企业开展进户检查，查补入库税款9055.63 万元。严厉打击发票违法犯罪活动，全年共查处非法发票30423 份，涉及金额8.16 亿元；查补税款802.6 万元、滞纳金223.64 万元，罚款258.89 万元。联合公安经侦及国税部门，破获特大伪造、销售假发票案件2 起。加大违法案件曝光力度，在《中国税务报》《江西日报》等媒体曝光案件13 起。全市地税稽查部门自查检查各类纳税人208户，查补税收收入3.16 亿元。查结大要案8 起，其中千万元以上案件2 起。

【持续提升便捷办税服务】 2016 年，市地税局推出12 类40 项便民措施，对58项全国事项和62 项地方适用事项实行“二维码”一次性告知，持续扩大同城通办范围，实现税务登记、纳税申报等业务全省通办。依托“金税三期”系统，推行“窗口受理、内部流转、限时办结、窗口出件”的“阳光审批”模式。积极推广应用网上办税服务厅、移动地税APP，开通市、县二级微信公众平台，搭建与国税、工商、质监等部门“三证合一”信息交换共享平台，建立覆盖“12366”热线、办税服务厅和税务网站三线互通咨询平台，开通网络视频学堂，自主研发办税服务厅综合管理系统、征管资料电子化系统、自助填单系统，为纳税人提供“如影随形”的线上服务。

【有效利用纳税信用】 2016 年，市地税局联合国税局评定2030 户共管A 级纳税信用企业，地税自评283 户单管A 级纳税信用企业。对守信企业提供“随时办、方便办、立即办”深度服务，增强守信纳税人获得感；对严重失信企业列入“黑名单”，与多个行政部门共同实施联合惩戒，让失信者寸步难行；积极参与AAA 企业、名优商标、重合同守信用企业评选，提升守信纳税人社会认可度。与国税共同研发“纳税信用电子证书”，方便纳税人随时随地掌握本企业纳税信用状况。联合国税与七家金融机构开通“税银通”“税银金服”信贷服务项目，并引入互联网+税银合作模式，设立面向中小企业提供金融服务网络平台。至年底，全市302 户企业获得纳税信用贷款12.98 亿元。

【推行“三位一体”的干部考核评价方式】 2016 年，市地税局全面推行组织绩效、个人绩效和个人积分制管理“三位一体”干部考核评价体系，建立考勤考核奖惩机制，出台《机关考勤考核管理办法(试行)》。将干部职工个人绩效和考勤考核结果与政府性奖励资金发放等挂钩，实行奖优罚劣。

【开展制度清理工作】 2016 年，市地税局扎实开展制度清理工作，范围涵盖南昌地税成立以来所有制度、措施、办法、方案、意见及具有制度性、流程性通知等。清理各类制度200 项，其中保留135 项、废止39 项、修订完善26 项，另有新增制度31 项。清理后市地税局共有各类制度153 项，同比下降24%。

【组织个税自行申报】 2016 年，为确保2015 年度年所得12 万元以上纳税人个税自行申报工作顺利开展，市地税局在总结以往年度个税申报工作经验基础上，坚持“抓认识、抓宣传、抓重点、抓审核”，制定详细工作计划，积极有序做好年所得12 万以上个税自行申报工作。至2016 年3 月31 日，2015 年度年所得12 万元以上个税自行纳税申报结束。南昌市有31145 人进行自行申报个税，占全省申报人数36.82%；扣缴税款11.55 亿元，占全省扣缴税款41.92%。申报人数较多行业依次是：金融业、制造业、房地产业、建筑业、燃气及水的生产和供应业。

【首日申报资源税】 国家按照清费立税、合理负担、循序渐进原则，决定从2016 年7 月1 日开始实施资源税改革。市地税局按照工作部署和要求，积极应对，迅速行动，做好税制改革前各项准备工作，确保资源税改革顺利进行。2016年8 月1 日，是资源税全面改革后首个纳税申报日。南昌市有4 户纳税人通过金税三期系统资源税征管模块顺利办理资源税纳税申报，涉及税目绿辉岩、矿泉水、片岩和砂石，申报资源税税款52万元。

【“税苑先锋e 党建”平台正式上线】 2016 年9 月6 日，市地税局召开“税苑先锋e 党建”平台上线启动仪式动员会。市地税局积极构筑“互联网+党建”新模式，将互联网、大数据、云计算等信息技术应用到党建工作中，历时一年自主研发“税苑先锋e 党建”平台。该平台由6 大功能模块共28 个系统组成，内容涵盖基础数据、组织活动、党员管理、志愿服务、远程教育、党内民主、党务管理等诸多领域，具有党员服务全覆盖、信息沟通全方位、理论知识随时学、党务管理规范化、决策分析数据化五个功能。按照要求，9 月20 日前全市地税部门党员、干部全面上线“税苑先锋e 党建”平台。

【启动“税银金服”服务项目】 2016 年10 月10 日，市国税局、地税局会同工商银行、建设银行、招商银行和光大银行联合举行“税银金服”服务项目启动仪式。“税银金服”服务项目是南昌市税务和银行部门联合合力中税共同发起设立的面向中小企业提供金融服务的平台，旨在通过“数据金融服务”大数据分析和应用，搭建金融机构与中小企业之间信用桥梁，帮助中小企业解决融资难和融资贵问题，进一步完善纳税信用体系，服务地方经济发展。

【“五区”通办新建商品房契税申报业务】 2016 年11 月21 日始，市地税局在全市五区(东湖区、西湖区、青山湖区、青云谱区和红谷滩新区)新建商品房契税申报业务实行“同城通办”。“同城通办”后，纳税人到地税局办理契税业务，可在以上五区任何一个地税机关办税窗口办理，纳税人自由选择度高，可节省办税时间。

(曾清媛)

经济管理与监督

概　述

【概况】　2016年，南昌市紧紧围绕工业文明、城市文明、生态文明融合发展的总体要求，以“打造核心增长极基本成型”为主线，以深化改革创新为动力，以优化发展环境为抓手，主动适应和把握经济新常态，着力加强结构性改革，推进经济转型升级。提升信息化建设水平，优化市场承载力，提供优质高效的服务，致力于打造全国一流公共资源交易平台。全力推进行政审批提速增效，不断优化政务服务环境，为广大企业和群众提供良好的审批办证体验。坚持“外提形象、内控风险”，依法履行审计监督职责，为全市经济社会发展提供有力的审计支持。扎实开展“安全生产执法年”活动和安全生产“大检查、大整治”工作，认真解决安全生产监管方面存在的突出问题和薄弱环节，确保全市安全生产形势的总体平稳。统计、物价、国土资源管理、市场和质量监督管理、食品药品监督管理等工作卓有成效，助力全市经济健康发展。

经济体制改革

【概况】　2016年，南昌市贯彻落实创新、协调、绿色、开放、共享发展理念，按照省委“四个强起来”要求以及市委“抢占制高点、聚焦增长极、提升首位度、共筑‘四强梦’”总体任务，围绕市委、市政府工作大局，主动适应和把握经济新常态，以问题为导向，以项目为抓手，以落地为责任，着力加强结构性改革，着力推进转型升级，着力建设生态文明。

【供给侧改革扎实有效】　2016年，以降低企业成本优化发展环境专项行动为抓手，扎实推进“三去一降一补”供给侧结构性改革各项措施。制定出台《南昌市战略性新兴产业三年倍增计划（2017—2019年）》《南昌市大数据发展规划（2016—2020年）》和《南昌制造2025》。切实落实《关于大力促进实体经济发展的若干措施》，全年为企业减负超过200亿元。根据南昌市房地产市场实际，加大非住宅去库存力度，采取“控、转、降”等16条措施。至年底，南昌市非住宅去化周期由2015年末的43.9个月缩短至35.3个月，减少8.6个月。着力遏制商品住宅过热势头，按照国家要求，采取限购限贷等一系列政策措施，分区域、分类型、分项目对房价进行精准调控，确保房价不高于当年10月的房价水平。

【“放管服”改革深入推进】　2016年，完成对接全省网上审批系统建设，实现省、市、县三级联通。推进“三单一网”建设，打造优质高效政务环境。严格执行权责清单制度，确保政府权力在清单内运行。取消和调整南昌市行政权力项目共计64项，其中取消30项、承接6项、下放11项、整合和调整17项。市政府转发《江西省人民政府关于印发江西省行政权责清单管理办法的通知》，进一步规范行政权责清单工作。市政府办公厅印发《南昌市简化优化公共服务流程方便基层群众办事创业工作方案》，切实解决基层群众“办证多、办事难”等问题。本着“法无禁止即可为”原则，认真制定市场准入负面清单。市场准入负面清单经市政府常务会议审议通过后，已在南昌政务网上向社会公示。进一步完善政务服务网运行管理办法，着力打造网上办事的行政审批平台。制定出台《南昌政务服务网基层延伸工作建设方案》和《南昌政务服务网运行维护管理办法（试行）》，建立高效运作工作机制，优化政务服务。根据《关于清理规范市政府部门行政审批中介服务事项的决定》要求，对建设项目涉审中介服务事项进行全面清理。清理后保留建设项目涉审中介服务事项24项，取消中介服务事项3项，调整中介服务事项22项。

【金融体制改革成效明显】　2016年，深入推进全省金融商务区和金融产业服务园区建设，引入各类金融机构（企业）和项目215个，其中传统金融机构和重点项目83家、新型金融机构和金融服务中介机构132家。稳步发展转贷行业，鼓励符合条件的民营资本发起设立中小企业转贷公司。支持民间融资登记服务中心发展，直接为资金供需双方搭建桥梁。扎实推进企业挂牌上市和直接融资，大力推进新三板挂牌，及时兑现企业改制、挂牌、上市及融资奖励。全市兑现企业改制、挂牌、上市及融资奖励资金3600万元。

【财税体制改革不断深化】　2016年，着力推动PPP模式改革，放开民间资本投资领域，引导更多民间资金参与到基础设施、公共服务领域中来。推出2批共9个PPP项目，其中2个项目获得200万元省级PPP专项资金支持。全年全市重大重点项目投资计划中安排10亿元PPP专项资金，对南昌市范围内PPP项目进行补助。

【社会事业改革全面进步】　2016年，南昌市被确定为2016年省级海绵城市建设试点城市，为推进城市综合管廊建设、着力建设“海绵城市”奠定基础。全面完成全市行政机关及参公事业单位公务用车制度改革。完善基本养老保险体系，落实机关事业单位职业年金制度。全市机关事业单位养老保险参保人数（含离退休人数）12.88万人，基金征缴总额8.33亿元。稳妥推进城乡居民医疗保险制度改革，陆续出台《南昌市城乡居民大病保险暂行办法》《南昌市城乡居民基本医疗保险普通门诊统筹试行办法》《南昌市城乡居民基本医疗保险市级统筹风险调剂金管理使用暂行办法》《关于统筹城乡医疗救助工作的通知》《南昌市城乡居民基本医疗保险经办管理工作流程》《南昌市基本医疗保险门诊特殊慢性病管理暂行办法》等配套文件。

【对外开放不断扩大】 2016年，成功申报“构建开放型经济新体制综合试点城市”，举办构建开放型经济新体制综合试点实验交流推进会，不断扩大全市经济对外开放。全年实际利用外资30.65亿美元，比上年增长13.3%；实际利用内资1158.35亿元，增长13.8%。实际利用外资、内资增速分别高于预期目标3.3和5.8个百分点。

【生态环境逐步改善】 2016年，完成《南昌市生态保护红线区划》，探索建立完善资源环境承载能力监测预警机制、生态环境损害补偿修复制度，探索在南昌市重点生态区域推进生态补偿试点。深入开展“大气、水、土”三大整治行动，全年空气质量优良天数318天，优良率86.9%，位居中部省会城市第一位，集中式饮用水源地水质达标率为100%。开展生态文明创建，全年新增市级生态村126个、省级生态乡镇3个、省级生态村8个、国家级生态区1个。湾里区获国家级生态区荣誉称号。各层次创建成功比例和覆盖面均居全省前列。

（赵晶晶）

宏观经济管理

【概况】 2016年，面对错综复杂国内外经济形势，南昌市发展和改革委员会从市委、市政府工作大局出发，紧紧围绕工业文明、城市文明、生态文明融合发展总体要求，以“打造核心增长极基本成型”为主线，以深化改革创新为动力，以优化发展环境为抓手，立说立行，真抓实干，为实现南昌市“十三五”良好开局贡献力量。

【经济发展稳中有进】 2016年，面对不断加大的经济下行压力，始终把稳增长放在首要位置，综合有效运用各类政策工具，深挖投资、消费潜力，促进经济平稳健康较快发展。开展降低企业成本优化发展环境专项行动，出台《关于大力促进实体经济发展的若干措施》及实施细则，真金白银为企业减负，扎扎实实促进实体经济发展，贯彻落实国家、省一系列稳增长的政策措施卓有成效。全年全市实现地区生产总值4354.99亿元，同比增长9%。经济结构得到进一步调整优化，三次产业结构由2015年的4.3:54.5:41.2调整为2016年的4.2:53:42.8，服务业增加值占地区生产总值比重提高1.6个百分点。着力发展光电、航空制造、生物医药等产业集群，高新技术产业增加值占规模以上工业增加值比重25.8%，比2015年提高2个百分点。注重城乡区域协同发展，新型城镇化建设积极推进，城镇化率超过72%。

【引领经济新发展】 2016年，重点围绕“画蓝图、强监测、定政策、争试点”四个方面谋划长远。画蓝图，正式印发《南昌市国民经济和社会发展第十三个五年发展规划纲要》，并将规划任务分解落实到各县区和市直各单位。组织指导53个专项规划、行业规划的编制和发布工作，为南昌未来发展规划宏伟蓝图。强监测，加强对全市经济运行预警监测，在充分调研基础上，每季度形成高效优质的季度经济形势分析报告供市领导决策参考。每月对100个观测企业进行入户访问调查，形成月度《南昌市经济社会发展调查报告》。每个季度在深入调查、认真分析研判全市经济运行情况基础上，形成季度经济形势分析报告，提出下一阶段全市重点改革发展工作，明确每项工作的牵头责任部门。经市政府常务会、市委常委会审定后，以市委办公厅、市政府办公厅名义正式印发执行。定政策，以问题为导向，以落地为责任，为市委、市政府提出系列重大战略，出台系列政策措施。起草出台《中共南昌市委南昌市人民政府关于实施“揽山入城”战略的决定》和《“揽山入城”三年（2016—2019年）建设项目表》，组建南昌市“揽山入城”工作领导小组。牵头编制《南昌市关于促进文化产业大发展的实施意见》《关于加快推进南昌市综合交通枢纽建设的实施意见》等一系列文件。做好主体功能区产业发展负面清单编制、国家新型城镇化试点申报等一系列工作。争试点，成功申报国家服务业综合改革试点城市和全球环境基金（GEF）可持续城市综合方式项目试点。争取国家军民融合创新示范区试点，组织编制《南昌市军民融合创新示范区总体方案》，国家已评审，初步认可。争取创建国家社会信用体系建设示范城市，将实施方案上报省发改委。推动政务信息工作上台阶，获全国智慧城市建设50强城市。

【深化四个方面改革】 2016年，重点围绕“投融资、行政审批、社会事业、公车改革”四个方面深化改革，激活发展新动力。投融资体制改革。推出2批共9个PPP项目，其中2个项目获得200万元省级PPP专项资金支持。全市重大重点项目投资计划中安排10亿元PPP专项资金，对全市范围内PPP项目进行补助。行政审批制度改革。大力精简审批事项，市发改委只保留行政权力61项。大力助推网上审批，网上审批系统开始试运行。社会事业领域改革。出台鼓励社会资本进入社会事业领域“1+5”政策文件。为加强基层医疗卫生机构建设服务能力，出台《南昌市街道社区卫生服务中心标准化建设实施方案》。大力支持发展医养结合，建成南昌老年颐养护理院、南昌永康老年护理院等多个“医养结合”模式的医院和养老院。公车改革。全市行政及参公事业单位公务用车制度改革基本完成，重大调研接待应急、综合执法、公务用车服务中心三大服务平台投入运行，公务交通补贴有序发放。改革前公务交通总支出为5.1亿元，改革后公务交通总支出4.7亿元，节约近4000万元，车改成效显著。

【扶持企业发展】 2016年，重点围绕“政策扶持、企业创新、产业平台”三个方面优化环境。出台扶持政策。制定出台《南昌市〈关于大力促进实体经济发展的若干措施〉实施细则》，围绕切实降低企业成本、着力优化服务环境、加快推进动能转换的120条政策措施提出具体实施细则，印刷近万本面向全市各县区（开发区）、市直单位以及企业发放，切实优化营商环境。支持企业创新发展。积极组织企业申报2016年国家企业技术中心、2016年江西省创新能力建设专项，帮助企业进一步完善创新平台建设。搭建产业发展平台。经过与国家、省发改委积极沟通对接，新建长堎工业园入选长江经济带国家级转型升级示范开发区，进贤县、临空经济区设立省级产业园获得省发改委批复，新建长堎工业园调区扩区获批。精心筹办2016国际轨道交通产业合作峰会，为南昌市相关企业“走出去”提供契机。

【助力发展生态低碳经济】 2016年，重点做好“二推动一化解”，发展绿色经济。着力化解过剩产能。组织成立南昌市化解过剩产能工作领导小组，开展钢铁行业违规项目清理整顿工作。会同市工信委、市环保局等有关单位在全市开展淘汰落后生产设备和严厉打击制售“地条钢”等违法行为专项整治行动。推动生态文明示范试点。牵头制定并下发《南昌市生态文明先行示范区建设任务分解落实方案》和《南昌市2016年生态文明先行示范区建设工作要点》。组织南昌市有关县区开展全省第二批生态文明先行示范县(区)申报工作。编制完成《我市生态环境状况和生态环境目标完成情况的报告》,代表市政府在市十四届人大常委会第三十六次会议进行报告,获得人大代表们高度评价。推动低碳行动开展。在全国率先立法低碳发展,完成《南昌市低碳发展促进条例》立法工作,得到各方大力肯定和全国推广。该条例经2016年6月8日江西省第十二届人民代表大会常务委员会第二十五次会议批准,自2016年9月1日起施行。全国温室气体排放考核成绩全省第一。制定并下发全市节能宣传周工作方案,对全市节能宣传周活动进行部署。

【争取项目、资金和政策】 2016年,重点围绕"三争",即争项目、争资金、争政策,助推发展新突破。全市共争取资金137.82亿元,争取项目年度投资金额736.75亿元。争项目,25个项目列入全省2016年度重点项目,项目数量占全省项目总数13.6%;总投资1415.69亿元,占全省22.8%。77个项目列入全省重大基础设施建设项目计划,总投资2470.2亿元,占全省18.3%。争资金,为51个项目争取中央预算内资金4.62亿元。在国家前六批专项建设基金中,争取到46个项目,国家专项建设基金投资86亿元(占全省19%),其中2016年为47.2亿元。企业债券发行20.4亿元。争政策,组织专门班子研究新区设立问题,与国家、省发改委紧密对接,经过四年努力,2016年6月正式获批赣江新区。配合市投促局积极争取国家开放型经济新体制综合试点。组织申报全国服务业综合改革试点城市,国家发改委即将发文。"国家军民融合创新示范区"正在完善材料,已得到国家初步认可。

【提升带动辐射功能】 2016年,重点围绕"打造核心增长极、融入长江经济带、一小时经济圈、推进昌九昌抚一体化"四个方面,强化合作,增强辐射带动。打造核心增长极。围绕"一个高于"(经济增速高于全省平均水平)、"一个前移"(城市综合竞争力排位在全国重点城市中位次前移)、"一个领先"(生态环境质量综合评价在全国省会城市保持领先)、"一个率先"(在全省率先全面建成小康社会的主要预期目标),按照市党代会要求研究打造核心增长极基本成型的目标任务。打造核心增长极办公室开始运行。融入长江经济带。对接长江经济带发展战略,精心筹办第四届长江中游城市群省会城市会商会,共同签署《南昌行动》,标志着四省会城市间的合作进入务实操作阶段。打造一小时经济圈。围绕打造南昌一小时经济圈,探索鄱阳、余干、万县三县和丰城、樟树、高安三市融入南昌大都市区的合作机制与路径,与省鄱湖办一起组织调研,准备出台措施,着力打造代表江西参与中部乃至全国区域合作的战略支点。大力推进昌九、昌抚一体化发展。昌九一体化在政策规划统筹、推进机制协调、基础设施互通、公共服务共享、产业对接互补、环境保护共治等方面取得阶段性成效,合作深化。与抚州签署"1+8"的系列合作协议,从规划、基础设施、产业发展、生态建设和公共服务等领域分步实施。

(陈　羽)

市场和质量监督管理

【概况】 2016年,南昌市市场和质量监督管理局围绕全市工作大局,狠抓"两学一做"学习教育,突出"六个聚焦",协同推进"放、管、服"改革,扎实推进商事制度改革,依法履行监管职能,全面提升履职成效,进一步推动市场秩序健康有序发展,为促进全市经济持续健康发展做出应有的贡献。

【监管商品质量】 2016年,组织开展"质监利剑"行动,重点开展农资、建材、食品相关产品专项整治。完成化肥、农药、电线电缆、眼镜、铝合金型材、预拌混凝土、电动助力车、水泥等19类产品329个批次的市级产品质量监督抽查,产品质量合格率高于全省平均水平。同时配合协助省级产品质量监督抽查工作,共完成纸质产品、水泥、水泥包装袋、铅酸蓄电池、铁塔、儿童服装、食品相关产品、木质家具等30类产品监督抽样。顺利完成对李渡集团烟花产品质量监管,为G20杭州峰会烟火晚会烟花的质量安全提供产品质量保障。加强对机动车安检机构监督管理,规范机动车安检行为。配合完成为期三年的消防产品专项整治省级督查验收工作。

【完善年报公示工作机制】 2016年,对于市场主体年报公示工作高度重视,主要领导始终亲自抓、亲自部署,成立以市市场和质量监督管理局局长徐云辉为组长的领导小组,制订工作方案,多次召开工作部署会及推进会,明确责任,部署工作,确保国家质监总局和省质监局工作要求层层贯彻、层层落实,全市企业年报公示工作得到有力推动。全年抽查企业年报公示信息534户,另对185户未公示年报企业以及119户市本级金融服务类企业信息公示进行检查,全市企业申请移出异常名录8174户。建立完善督导机制,通过实施调度、通报、约谈制度有力推进工作开展。每周统计1次市本级和各县、区局市场主体的年报数据情况,并在全市进行通报。

【监管特种设备安全】 2016年,电梯等特种设备是市场监管的重中之重。依托"警示系统",建设"全市电梯应急处置服务平台"。通过该平台,对全市3万余台在用电梯进行实时监控。组织开展全市在用特种设备安全检查,做好重大活动、重要节假日期间重点领域、重点场所、重点部位特种设备安全保障工作。共检查各类特种设备使用单位738家,特种设备4174台,责令整改设备158台,发出安全监察指令书29份,查封停用特种设备6台。继续推进特种设备责任保险,重点推行气瓶充装站和大型游乐设施责任保险工作,有21台设备投保。开展液化石油气报废和超期钢瓶检查工作,共检查4家燃气充装站,及时处理一批超期未检气瓶,防止不安全问题发生。

【开展各类专项整治】 2016年,强化网络经营监管和广告、合同监管,加大对违法经营行为整治力度。重点开展网络市场专项整治,规范网络经营主体,审核网络主体数据6648户,完成率97.8%,查处网络经营户经营违法行为30余起,立案6起。开展汽车4S店合同格式条款整治,检查汽车4S店21家,立案8起,进一步推动汽车市场经营秩序健康有序发展。

【推进3个平台建设】 2016年,完善企业监管警示系统平台建设,继续深化企业事中事后监管,全面打通各部门信息互通渠道,加强信息归集力度。不断实践"双告知"和"双随机"机制,强化部门联动。进一步开发和完善警示系统后台功能,使其更广泛地挖掘数据资源,服务市场监管。加紧电梯应急处置服务平台建设,充分发挥物联网技术优势,对电梯运行进行实时监控,对应急救援信息统一受理、多级响应。加强统一消费投诉举报平台建设,整合优化"12315""12365""12331"投诉举报热线,配合市政府完善构建"12345"政府服务热线平台,建立统一、完善的消费维权网络,切实维护经营者和消费者合法权益。

【创新企业事中事后监管举措】 2016年，打破“信息孤岛”，数据运用更广泛。2015年5月，南昌市依托“企业监管警示系统”，建立企业监管大数据中心，归集数据的部门、系统信息量不断增大。至2016年底，该系统归集34家市直单位和各县区所属部门各类数据信息150万余条。海量监管数据得到充分运用，有效地打破过去各部门之间“信息孤岛”，让数据“连起来、亮出来”，使诚信企业能够轻装上阵，健康发展，让违法失信企业一处违法，处处受限。破解“监管真空”，部门联动更到位。传统监管模式下，登记部门和监管部门之间信息不通畅，容易出现监管真空，通过“双告知”机制促进部门联动，有效破解此类“监管真空”。“双告知”平台，采取“部门认领、企业认知”的方式，面向企业和监管部门实行双方精准告知。“双告知”机制覆盖市直各部门，自2016年5月1日运行到12月底，推送企业信息2.55万户，发放告知书2.55万份。防止“权力任性”，执法检查更公正。建立“双随机”及留痕机制，有效防止“权力任性、执法扰民”等问题。通过“警示系统”随机抽取检查对象，随机抽取执法人员，根据企业警示类别，实施不同程度的检查比例进行检查，并将结果反馈至系统，及时向社会公布，接受社会监督，有效解决“权力任性”问题。7月5日，市政府印发《南昌市企业随机抽查检查暂行办法》，全市推广实施“双随机”抽查检查机制。解决“信用缺失”问题，让企业失信代价更高。警示系统将企业行政审批、行政处罚信息以及相关的欠税、欠贷、欠社保和失信被执行人等信息全面向社会进行公示，通过广泛社会运用，提高企业失信成本，使企业守法经营意识不断增强。因为存在违法失信记录20余家企业被取消投标资格，2家企业被取消上新三板资格，15家企业被取消政府性奖励，7家企业被取消推荐申报著名商标资格。通过一系列监管机制，使“守信企业一路畅通，失信企业寸步难行”，提升企业信用价值，营造守信光荣、失信可耻的良好市场氛围。

【改革商事制度】 2016年，落实“五证合一、一照一码”登记制度。10月1日，在企业和农民专业合作社（以下统称企业）实现“三证合一、一照一码”的基础上，再整合社会保险登记证和统计登记证，实行“五证合一、一照一码”登记模式。至年底，全市换发“一照一码”营业执照36522户。进一步下放登记权限。自9月1日起，将注册资本5000万元以下的新设立企业下放至各县（区）、开发区（新区）登记。注册资本5000万元以上的公司，由申请人按照就近就便原则，自主选择登记机关。外商投资企业审批实行“一局多点、就近受理、远程核准”登记模式。稳步推进“两证整合”。按照省质监局部署，持续推进商事制度改革，在先后实施企业“三证合一、一照一码”和“五证合一、一照一码”登记制度改革基础上，再实施个体工商户“两证整合”登记制度改革。11月25日，全省首张个体工商户“两证整合”营业执照在东湖区市场和质量监督管理局大院分局举行颁发仪式。推进个体工商户营业执照和税务登记证“两证整合”，加快推进注册登记便利化，为大众创业、万众创新提供新功能、激发新活力。有效推动工商、税务等部门实现信息共享，提升公共服务和行政管理效能。开展企业、个体工商户简易注销改革试点。根据省质监局文件精神，为进一步深化商事制度改革，完善个体工商户退出机制，市市场和质量监督管理局出台《南昌市市场和质量监督管理局关于转发〈江西省工商行政管理局关于开展个体工商户简易注销改革的通知〉的通知》，并将东湖区、新建区列为企业简易注销改革试点区。11月4日，新建区成功办理一例企业简易注销。东湖区质监局、新建区质监局结合实际，制定企业简易注销具体工作方案并上报省工商局备案。深入开展个体工商户简易注销工作。至年底，全市共注销个体工商户2.64万户。

【落实商标奖励政策】 2016年，以市政府办公厅《关于鼓励企业实施商标战略的奖励办法》的出台为契机，与市财政部门协调沟通，联合下发《〈关于鼓励企业实施商标战略的奖励办法〉的实施细则》，将商标奖励条款真正落到实处。积极引导各类品牌商标、地理标志证明商标和集体商标申报工作，完善“创牌梯队培育库”，帮助企业积极申报驰、著、知名商标。

【提升商标附加价值】 2016年，积极引导、扶持企业争创驰、著名商标。商标培育是实施商标战略工作重点。指导各单位积极设立“创牌梯队培育库”，帮助企业积极申报驰、著、知名商标，广泛物色辖区内经营者具有较强创牌意愿、生产能力较强且产值达到一定数量的潜质较好企业入库，重点在品牌创设、品牌定位、品牌推广等方面予以指导和帮助，不断提高商标战略实施效果，全面提升企业商标注册、运用、保护和管理水平。引导企业运用商标权。为大力实施商标战略，有效解决市中小企业融资难、融资贵问题，鼓励企业利用各种创新金融产品，有效缓解企业特别是中小企业融资困难、拓宽融资渠道，充分发挥商标无形资产价值积极作用。7月，国家工商总局下发《关于设立注册商标专用权质权登记申请受理点的通知》，市市场和质量监督管理局成为首批全国25个工商行政管理局设立注册商标专用权质权登记申请受理点。南昌受理点可代国家工商总局商标局收取登记申请文件，发放登记证，不收取任何费用。11月7日，南昌受理点颁出第一张商标专用权质权登记证。整个登记流程从受理到核发至登记人手中仅用3个工作日，大大缩短商标质权登记办理时间，降低企业融资成本。受理8起商标质押贷款登记申请，贷款额1240万元。

【推进名牌战略】 2016年，加大培育工作力度，推荐市31家企业的31个工业、农业和服务业产品到省质监局参与江西名牌评选推荐。组织小蓝经济技术开发区参与“全国知名品牌创建示范区”区域品牌价值评价，组织江西联创光电科技股份有限公司等3家企业参与2016年全国品牌价值评价。全市共有有效注册商标41824件，其中驰名商标28件、著名商标373件、知名商标228件、地理标志商标2件、江西名牌产品110个、南昌名牌产品65个。

【开展知识产权宣传活动】 2016年，为加强知识产权宣传普及，提升全社会知识产权意识，结合庆祝第16个世界知识产权日，部署开展知识产权宣传周活动。与市知识产权维权援助中心、进贤县文港镇政府、文港文房四宝协会在进贤县文港镇文化用品市场联合举办以“加强知识产权保护运用，加快知识产权强国建设”为主题的知识产权宣传活动。参加由省科技厅、省知识产权局、省工商局、省版权局和市科技局、市知识产权局、市知识产权维权援助中心等相关单位在华南城举办的“江西省电商知识产权保护合作备忘录签字暨‘4·26’知识产权宣传周”启动仪式，掀起学习、宣传和普及商标等知识产权的高潮，使全社会更加重视知识产权，遵守和保护知识产权，更好地运用知识产权为经济建设服务。

【夯实标准化技术基础】 2016年，主要指导LED和智能建筑及移动电源3家省级标准化技术委员会开展工作。指导相关单位完成1项服务业地方标准,指导1家省级服务业试点单位完成标准体系建设。指导1家国家级农业标准化示范区和2家省级农业标准化综合试点项目开展创建工作,通过完善生产标准体系,促进农业增效、农民增收。指导修定2项省地方标准。继续推动南昌高新区“国家高新技术产业集群标准化示范基地”后续建设。完成企业标准备案50项。完成发展商品条码150家,续展400家。向省质监局推荐申报1家服务业试点单位,积极探索民政养老及家庭服务业和信用领域标准化工作,促进全市服务产业发展。

【督查使用法定计量单位情况】 2016年,新建3个企业内部最高计量标准,开展加油站、定量包装商品净含量、“民用三表”等计量专项监督检查,受检率95%以上。强化能源计量审查工作。依据有关审查规范和要求,督促相关企业不断提高能源计量器具配备率、检定率和计量数据准确性、可靠性,不断夯实能源计量基础。组织开展新闻、出版、电视领域使用法定计量单位情况监督检查工作。对12家机构播出的377个电视新闻报道及广告节目使用法定计量单位情况进行监督检查,其中存在使用非法定计量单位情况次数29次。贯彻落实国家免征社会公用计量标准证书费、计量授权考核费等国家行政事业性计量收费工作,使老百姓真正得到实惠。

【开展消费宣传服务活动】 2016年,继续维权惠民,保障消费者权益。采取县区联动、社会互动、广泛参与等方式,结合新《消费者权益保护法》,有计划、有步骤地开展“3·15消费宣传服务活动月”活动,更好地宣传《消费者权益保护法》。市消协办从小学生、即将毕业的大学生、社区的年长消费者开始,结合不同年龄消费人群,加大宣传力度,提高消费者自我保护和防范意识。从加强企业法律自律行为、诚信经营理念入手,进入企业进行宣传教育活动。举办大型广场宣传咨询活动,省、市主要领导到会指导。通过一系列宣传教育活动,进一步增强企业诚信、自律行为,不断提高不同阶层消费者群体自我保护和对商品识假辨假能力,引导消费者从事后维权前移至事前维权,培养消费者良好的消费习惯,提倡节俭,绿色消费。活动现场设立咨询点13个,出动工作人员100余人,接待消费者咨询4126人次,受理投诉2起,为消费者挽回经济损失400元,向消费者散发宣传资料2.9万份。开辟报刊专栏4个,发表消费警示及案例宣传文章6篇。市“12315”“12365”接听消费者来电59496件,同比增长24%,并将结果通过“企业监管警示系统”向全社会公示。其中商品类投诉的前六位为交通工具、家用电器、服装鞋帽、家居用品、通讯产品、食品类,服务类投诉前六位为销售服务、制作保养和修理、美容美发和洗浴、其他、餐饮和住宿、房屋装修类。全市消协组织共受理、处理消费者投诉1131件,调解成功1017件,投诉解决率为90%以上,为消费者挽回经济损失136万余元。“12315”“12365”“12331”“三合一”统一投诉举报平台于9月18日进行数据割接,9月23日正式开通,实现对投诉一个平台受理、一个渠道转办、一条途径反馈。副省长谢茹出席开通仪式,并现场拨通市“12315”投诉热线。谢茹提出,统一投诉平台,有利于理顺职责关系,也有利于提高维权效率,南昌市作为省会城市要带好头,进一步方便群众投诉,积极地化解纠纷矛盾,努力为和谐平安江西多做贡献。

(余经纬)

行政审批

【概况】 2016年,南昌市行政服务中心全力推进行政审批提速增效,不断优化政务服务环境,努力为广大企业和群众提供优质高效审批办证服务。全年办理各类审批服务事项13.79万件,比上年同期减少4.14%。认真推进“幸福家园·美丽南昌”环境综合整治活动,切实推进文明城市和文明单位创建,被评为全市创建文明城市先进单位和市级文明单位。继续推进社会治安综合治理和公共机构节能降耗工作,获得市综治、节能先进单位称号。

【优化建设项目审批流程】 2016年,市行政服务中心努力推进“一个窗口受理、一套材料报审、一张网上审批、一座中介超市”相关工作,不断完善建设工程项目审批辅导保障中心功能,对建设工程项目实行阶段并联审批和免费辅导。发放各类辅导资料1万余份,为广大报建单位提供辅导咨询服务5000余次,办理预登记受理5223件,跟踪督办、限时办结项目5154件。

【清理建设项目涉审中介服务事项和审批申报材料】 2016年,按照有关要求,认真组织开展建设项目涉审中介服务事项和审批申报材料的清理工作,取得一定成效。保留建设项目涉审中介服务事项24项,取消中介服务事项3项,调整中介服务事项22项。保留建设项目审批申报材料294项,精简申报材料127项,精简率30.16%。

【自主研发“南昌市行政审批涉审中介服务网上超市”】 2016年,自主研发涉审中介服务网上系统——南昌市行政审批涉审中介服务网上超市。该系统涵盖涉审中介事项55项,涉及职能部门23家,入驻各类中介机构145家,是江西省第一家,也是唯一一家与“国家发改委投资项目在线审批监管平台”对接的中介服务平台。全市各县区与市直各部门的中介服务管理全部使用该平台运行。

【推行“五证合一、一照一码”】 2016年,按照国家和省、市统一部署,在全面实施企业实行营业执照、税务登记证、机构代码证“三证合一”基础上,再整合社会保险登记证和统计登记证,实行“五证合一、联动审批”,降低社会成本和行政成本,为企业和群众办事创业营造更加便利宽松的氛围。全年全市共颁发“一照一码”营业执照8902户。

【开通重大重点项目审批“绿色通道”】 2016年,对重大重点项目施工许可手续开通“绿色通道”。按照“关键程序优先办理审批、一般程序交叉审批、限时办理”原则办理,即建设工程项目按规定办理立项、用地证明、规划许可、招投标、施工图审查等关键程序后,即视为可先行办理施工许可手续,做到急事快办、难事特办。全年先后为绿地国际博览城、江西省展览中心等100余个重大项目提供“绿色通道”服务。

【推进规划和消防行政审批、技术审查相互分离】 2016年,继续推进规划部门和消防部门行政审批与技术审查相互分离工作。行政审批由市规划局、市消防支队承担;技术审查由具有资质相关中介机构承担,面向全国范围开放中介市场。行政审批与技术审查相互分离工作先后在蓝光朝阳新城、雍锦府等500余个项目审批过程中实施。项目审批总体平均办理时间从近1个月压缩到10天左右。

【升级改造网上审批系统】 2016年,加速推进“互联网+政务服务”工作。升级改造网上审批系统,建设并联审批系统并与省里积极衔接。全年全市网上审批系统受理1.4万件,办结1.23万件,办结率87.69%。认真执行服务评价制度,完善市县区一体化行政服务群众满意度评价系统,推进窗口及工作人员实时接受办事群众评价和监督。全年全市行政服务中心系统共接受办事群众和客商评议评价27.64万次,其中满意27.61万次、基本满意5次、不满意0次、未评价216次,满意率99.9%。同时,配合推进全省投资项目在线审批监管平台工作。

【提升窗口服务水平】 2016年,加大对市行政服务中心窗口管理考核,不断提升服务水平,提高审批效率。完善大厅管理,重新修订管理制度,结合窗口工作特殊性,对前台工作人员使用手机作出更严格规定,对窗口工作人员接待办事人员、窗口巡查等进行严格管理。推行窗口工作人员激励机制,按照《南昌市行政服务中心绩效考核办法(试行)》有关规定,对市农业局窗口等10个“优秀窗口”、市环保局等23个“合格窗口”发放相应绩效奖励资金。实行优秀窗口工作人员推荐制度。在市委组织部指导下,根据《优秀窗口工作人员提拔重用推荐办法》,市行政服务中心党组对4名优秀窗口工作人员分别向市委组织部、派出部门党组(党委)进行推荐。强化窗口授权,严格实行首席代表制、行政委托制和一审一核制,督促指导进驻部门授权到位。强化窗口培训,先后3次邀请省委党校副教授、礼仪专家到市行政服务中心,对窗口工作人员进行礼仪培训,提高窗口工作人员服务意识。严格落实问责制度,对明查暗访中曝光通报的窗口工作人员进行问责处理,不断强化窗口作风效能建设。

【加强县区政务服务平台建设】 2016年,各县区行政服务中心工作亮点突出。南昌县制定《南昌县行政服务中心拟划转行政审批局的项目和收费事项目录》,对现有政务大厅进行升级改造和扩容,相对集中许可权试点改革得到有序推进。新建区打造亲情化便民服务,做到“打破传统、立足特色、量身定做、满足需求”。进贤县加大对优化投资发展环境、举报投诉事件处理力度,大力开展进贤县百家企业民主评议科(股)长活动。安义县开通重大重点项目绿色通道,最大限度缩短批复时间。东湖区以搬迁新行政服务中心大楼为契机,不断加强行政服务中心办证服务大厅标准化建设。西湖区高度重视街道便民服务中心均等化、标准化建设,率先完成辖区内10个街道(镇)便民服务中心升级改造,促使便民服务向基层延伸。青云谱区制定《青云谱区市民中心筹建工作方案》,大力推动区市民中心项目建设。湾里区出台《湾里区人民政府行政服务中心绩效考核办法(试行)》,进一步严格考核奖惩。青山湖区制定预约服务制度,为有特殊情况的服务对象开辟服务通道,完善窗口服务能力。南昌经开区紧抓“为窗口工作人员提供服务”“为来办事的群众提供服务”两个中心点,强化服务意识。南昌高新区制定《南昌高新区行政服务中心政务标准化建设汇编》,全面提升政务服务标准化水平。红谷滩新区制定《代理主任工作职责》,全面实行服务大厅代理主任制度。

【推进乡镇(街道)便民服务中心建设】 2016年,将东湖区、湾里区、青山湖区所属7个镇(街道)便民服务中心建设项目纳入重大工程,青山湖区湖坊镇、湾里区招贤镇便民服务中心完成改造。推进乡镇(街道)便民服务中心全覆盖,探索乡镇(街道)便民服务有效形式,鼓励社会公共服务事业进驻便民服务中心。

(刘　超)

安全生产监督管理

【概况】 2016年,南昌市安全生产监督管理局(以下简称市安监局)紧紧围绕全市中心工作,深入扎实开展“安全生产执法年”活动和安全生产“大检查、大整治”工作,认真解决安全生产监管方面存在的突出问题和薄弱环节,确保全市安全生产形势总体平稳。全市共发生生产安全事故134起,死亡118人(不含火灾事故)。发生较大事故4起(道路交通事故),死亡13人,同比起数持平。未发生重大以上事故。事故死亡人数和较大事故起数与“十二五”期间平均数相比分别减少98.8人和0.4起。其中,工矿商贸领域发生事故37起,死亡37人;生产经营性道路交通领域发生事故97起,死亡81人。全年发生火灾事故2020起,死亡16人。

【完善安全生产责任体系】 2016年,市安监局以全力推动落实安全生产“党政同责,一岗双责,失职追责”为重要手段,切实加强政府对安全生产工作领导,确保监管责任落到实处。贯彻落实市政府《关于进一步加强安全生产责任体系建设的意见》,推动“五级五覆盖”安全生产责任体系建设,要求各级各部门按照“管行业必须管安全、管业务必须管安全、管生产经营必须管安全”原则,依法履行安全监督管理职责。在2016年“8·6”老城区大面积停水事件调查中,南昌市首次对此类影响较大的事件启动生产安全事故调查处理程序,在半个月时间内就查明事故原因、确定事故性质,对2个涉事单位和9名相关责任人依法进行处理,并将事故调查报告向社会公开,省、市各主要媒体都进行报道,起到很好的警示和教育作用。至年底,全市市、县、乡三级“党政同责、一岗双责、失职追责”覆盖率100%,有工矿企业的行政村覆盖率90%以上。重点推动各类工业园区和开发区安全监管队伍和机构建设,小蓝经开区成立独立的安监机构。在严格事故调查和责任追究方面,建立生产安全事故挂牌督办和提级查处制度。

【开展“安全生产监管执法年”活动】 2016年,市安监局以开展“安全生产监管执法年”活动为契机,切实加强监管执法能力建设,确保企业安全生产责任落实。在“安全生产监管执法年”活动中,通过加强企业安全标准化创建和执法监督检查,结合暗访暗查和“双随机”抽查制度,督促企业安全管理“五落实、五到位”,强化企业安全生产主体责任落实,开展企业事故隐患自查自报自改闭环管理。全市各县区均开展学法用法守法主题教育培训实践活动和安全生产“三项”监督检查集中行动,取得较好的成效。

【加强重大活动期间安全生产督查】 2016年,全国“两会”、G20峰会、全国综治“南昌会议”以及中共十八届六中全会期间,市安监局及时组织开展为期两个月的全市性安全生产检查督查工作。8月30日,市安委会成员(扩大)会议召开,下发《关于在全市组织开展安全生产检查监督的通知》。会上,市委常委、副市长肖玉文进行动员部署。按照对县级政府抽查面达到100%的要求,市安全生产委员会(以下简称市安委会)对重点行业领域进行全面排查整治,成立由副县级领导带队的7个综合督查组,对防范措施落实情况进行明察暗访,对不能确保安全的企业坚决采取断然措施,有效杜绝重要时期较大以上事故的发生。其间,共整治烟花爆竹生产企业“三超一改”问题16处,查处烟花爆竹非法销售和储存行为83起;关闭采石场1家、砖瓦厂21家。对全市23家危险化学品生产企业在全国综治“南昌会议”期间落实停产检修措施,对全市11

个危险化学品重大危险源实施专人24小时值班监控。从8月底到中共十八届六中全会结束，全市安监系统实行24小时值班制度，各县区和市直有关部门每天向市安全生产委员会办公室（以下简称市安委办）报送当日安全生产情况，有事报事、无事报平安，对不报、漏报、瞒报事情追求责任。

【开展重点行业领域安全专项整顿】 2016年，开展烟花爆竹、非煤矿山、危化品和职业健康领域安全专项整治工作，结合行政许可工作，引导高危企业搬迁或退出。在危险化学品领域重点对全市硝酸铵、硝化棉、氰化钠的生产、储存、经营、运输、使用环节和涉及危险化学品的港口、库（堆）场、码头进行专项整治。分别在1家危化品企业和1家烟花爆竹生产企业开展“机械化换人、自动化减人”试点，有效提升企业本质安全程度。

【隐患排查治理体系建设】 2016年，南昌经开区作为全省隐患排查体系建设试点县区。南昌经开区安监局拟定《南昌经开区安全生产隐患排查治理暨行政执法信息系统试运行工作方案》，确定84家试点企业，督促企业注册，落实隐患上报工作。至年底，南昌经开区注册成功企业79家，企业日常检查次数52次，上报隐患108个，其中二级隐患46个、三级隐患62个，均整改到位。在南昌经开区隐患排查体系建设试点的基础上，推动各县区安监局在直接监管烟花爆竹、非煤矿山、危化品等领域开展隐患排查治理体系建设，督促有关企业每月开展事故隐患排查自查自报工作。

【完善应急救援保障体系】 2016年，推动应急预案标准化建设，对62家高危企业预案进行备案，开展47次各类应急演练，提升处置突发事故能力。加强应急资源数据库建设，进一步梳理全市重大危险源、应急资源、专家、队伍相关信息，对“数字安监”平台软件进行改造升级，实现应急预案、应急资源、应急救援信息化和系统化管理。收集到各领域救援队伍约220家，拥有各项专业领域应急专家40余名，采集各类应急救援装备多达1500件套，形成以解放军、武警、公安、预备役民兵为骨干，公安、消防、医疗、水利等各专业应急救援队伍为补充，企业专兼职救援队伍和社会志愿者共同参与的应急救援体系。

【开展安全生产“大检查、大整治”】 2016年，“11·24”丰城电厂特大事故发生后，市委、市政府高度重视，根据上级部署安排，从11月底开始，在全市范围组织开展安全生产大检查、大整治工作，取得一定成效。11月25日上午，在收听收看全省安全生产电视电话会议后，立即召开全市安全生产电视电话会议，对当前安全生产工作进行部署。省委常委、副省长、市委书记殷美根出席会议并讲话强调。成立由市委副书记、市长郭安为组长，副市长杨文斌为副组长，市安委会成员单位主要领导为成员的工作领导小组。12月5日，郭安带队对市地铁施工项目以及部分建筑工地进行现场检查。在市委、市政府领导高位推动下，各县区政府和部门主要领导相继带队对辖区和行业领域内重点企业安全生产工作进行检查，掀起“大检查、大整治”工作高潮。根据省、市有关通知要求，各级行动迅速，12个负有安全监管责任的市直部门成立专项检查组，对全市建筑施工、危险化学品、烟花爆竹、非煤矿山、道路交通、人员密集场所、民爆器材、油气输送管道、燃气、特种设备、粉尘涉爆、物流仓储等行业领域进行重点检查。市安委会成立由副县级领导带队的13个督查组，分赴各县区、开发区和市直有关部门对安全生产大排查、大整治工作开展情况进行督查。为确保安全生产大检查、大整治工作取得成效，市安委办定期调度各县区和有关部门工作开展情况，每天向省安委办报送当天大检查工作开展情况。组织召开全市安全生产大检查、大整治工作调度会，协调解决工作中的问题。至年底，全市组织检查组1239个，督促检查企事业单位和场所3690家，查出问题与隐患3860条，整改问题与隐患3261条，责令改正、限期整改、停止违法行为1089起，责令停产、停业、停止建设45家，关闭非法违法企业13家，吊销许可证1家，行政处罚40万元。

【开展安全生产宣传教育】 2016年，依托警示教育基地和考试培训中心，不断扩大安全生产宣传教育覆盖面。警示教育基地采取高科技手段和互动教育方式，有效提升安全生产宣传教育活动趣味性，参观人群实现由原来行政命令式“要我安全”向主动申请参观“我要安全”的转变。全年接待社会各阶层参观学习3万余人；培训和复训各类安全生产管理人员7892人次，其中特种作业人员新培训2099人次、复训和换证人员2692人次、其他各类安全管理人员3101人次。组织开展安全知识微信答题竞赛、文艺巡演和“服务发展、守护平安，争做五好安监员”主题演讲比赛等活动，提高群众安全意识。针对下半年县、乡干部换届情况，市安监局下发《关于举办2016年度我市乡镇（街道）安全生产监察员执法资格培训班的通知》，开展2期安全生产监察员执法资格培训班，进一步加强全市乡镇（街道）安全监管队伍建设，提高基层安全生产监管人员执法水平和依法行政能力，保证安全生产形势稳定。开展全民安全宣传教育，增强安全生产社会凝聚力。以“强化安全基础、推动安全发展”主题安全生产月活动为契机，编印10余万册南昌市民安全常识、农民工安全教育等知识读本和光盘资料，免费向市民发放。制作20余块安全生产知识展板，在园区、社区、企业、学校和农村巡展，引导群众在生产、生活中自觉做到“不伤害自己、不伤害别人、不被别人伤害”，在全社会营造浓厚的“关注安全、关爱生命”氛围。由于全市安全生产宣传教育工作成绩突出，市安全生产宣传教育教育中心被国家安监局总局评为“全国安全生产

2016年6月19日，江西省（南昌市）安全生产宣传咨询日活动举行

监察监管先进集体”。

【安全社区创建】 2016年,根据《国务院安委会办公室关于进一步深入推进安全社区建设的通知》《国务院安委办关于大力推进安全生产文化建设的指导意见》和《关于进一步加强全省安全社区建设工作的通知》精神,在全市范围内深入开展安全社区创建活动,重点创建城市安全社区,推进社区安全管理水平提高。市安监局安排安全社区建设资金100万元,西湖区绳金塔街办和红谷滩新区沙井街办按照国家级安全社区创建标准逐步推进。全年全市有6个社区获得“全省安全社区”命名,5个社区备案成功。

【治理安全生产隐患】 2016年,为引导企业进行安全生产隐患整改,安排1000万元安全生产专项资金,对全市危险化学品、非煤矿山、烟花爆竹、职业危害、道路交通、建筑行业、消防工程等重点领域进行安全事故隐患排查。对发现重大隐患没有按时整改到位的,在单位和个人评先评优中一律予以“一票否决”。

(程美娟)

食品药品监督管理

【概况】 2016年,市食品药品监督管理局着力推进监管责任体系建设,严格管控食品药品安全风险,抓好党风廉政建设和队伍建设,不断完善食品药品安全治理体系,构建社会共治格局,提升食品药品供给质量和监管工作水平,全年没有发生一起重大食品药品安全事件,实现“十三五”良好开局。至年底,全市食品生产经营单位49869家(食品生产706家,保健食品生产26家,流通经营30745户,餐饮服务18392家),药品生产经营单位1407家(药品生产32家,药包材生产16家,医院制剂8家,批发企业79家,连锁总部22家,零售店1250家),各类医疗机构2538家,化妆品生产企业7家,医疗器械生产企业201家、经营企业1958家。

【完善监管治理体系】 2016年,组织召开机构改革后首次全市食品安全工作暨食品药品监管体系建设推进会,市政府与各县区(开发区、新区)政府(管委会)签订食品安全工作目标责任书,着力推动全市食品药品机构改革和监管责任落实到位。完善事权划分,明确各级监管责任。提请市政府出台《南昌市市、县区两级食品药品监管事权划分实施意见》,进一步厘清市、县区(开发区、新区)监管责任部门在行政许可、日常监督管理、行政处罚、举报投诉、应急处置、舆情监测与应对、重大活动保障和不良反应(事件)监测8个方面事权划分,避免出现监管交叉和盲区。分别出台明确市食品药品监督管理局日常监管单位和两级行政许可具体事项的配套文件,进一步细化事权划分和工作责任。发挥食安办牵头抓总的职能作用,完善科学考核评价指标体系,组织对2015年食品药品抽样检验专项资金进行绩效评价。建立健全督查督办机制和责任追究机制,组织开展行政执法监督检查。积极推进改革,强化技术和执法支撑。市食药检所在整合原质监局食检中心基础上,整合市粮食局所属检测机构,形成“一所三中心”格局,检测实验用房面积增加到1万余平方米,设备总值增加到3200余万元,检测项目参数增加到1427个,加挂市药品医疗器械不良反应监测中心牌子,与有关检测机构和4所大学构建检验检测技术联盟。组建市食品药品稽查支队,工作重心由日常监管转到稽查办案。

【监管重点领域食品安全】 2016年,实施农村食品安全专项治理。组织开展食用农产品质量安全“清源”行动、农村食品安全“净流”行动和“扫雷”行动、打击食品违法犯罪“利剑”行动等“四大行动”,加大食品安全突出问题和重点隐患专项治理力度,得到省政府督查组充分肯定。检查食品生产经营单位9921户次,约谈食品生产者25户次,下达责令改正通知书141份,取缔无证生产经营户25户,立案15起。着重节假日期间食品安全监管。强化元旦、春节、中高考、中秋、国庆等重要节点期间食品安全监督检查。组织召开“两节”食品安全监管及监督抽检工作推进会,安排抽检婴幼儿食品、肉及肉制品、酒类、豆制品、米面制品、饮料等共计375批次,抽验结果及时通过市食品药品监督管理局网站向社会公开。加强网络订餐监管。对具有互联网药品交易资格的药品经营企业和第三方订餐平台进行在线巡查和监督检查。组织对网络订餐三方平台、入网经营户进行全面排查,登记造册,建立档案,开展日常监管,约谈三大网络订餐平台,并建立互动沟通机制。排查入网餐饮单位439家,发现无证经营单位90家。全市日常检查保健食品生产企业27家,经营企业2531家次。

【开展食品安全专项整治和飞行检查】 2016年,持续开展婴幼儿配方谷粉专项整治。加大对婴幼儿谷粉生产企业监管、飞行检查和抽验的力度,市政府对有关县区政府进行责任约谈。组织开展为期2个月的食品流通婴幼儿配方谷粉专项整治,对婴幼儿配方谷粉经营者开展逐户清查,建立监管档案,出动执法人员1810人次,检查经营户2298户次,抽检婴幼儿配方谷粉142批次,责令停产企业2家,立案10起,移送司法机关案件1起。扎实开展重点领域餐饮单位飞行检查。组织开展春秋两季学校食堂餐饮服务食品安全飞行检查,检查学校58所,发现食品安全隐患249处。对11家集体用餐配送单位、中央厨房开展飞行检查,发现食品安全隐患58处,立案查处4起。联合市建委对10家建筑工地食堂开展食品安全检查,发现问题61处。组织对16家医疗机构食堂餐饮食品安全开展飞行检查,立案3起,约谈2家单位。组织对11家旅游景区餐饮服务单位开展“双随机”飞行检查,发现问题35个。开展年夜饭专项督查和餐厨垃圾专项检查,做好中高考期间餐饮保障。针对性开展豆制品市场等重点问题专项整治,组织开展豆制品作坊排查摸底,实施登记备案管理。市食品药品监督管理局主要领导带领督查组开展调研和督查,推进专项整治工作落实。加强现制现售生鲜乳饮品监管,组织开展摸底排查,及时指导督促各县区做好该新兴业态的审批许可及监管工作。开展打击“三小一市场”违法违规生产经营食品行为专项整治,对主要经营小作坊食品的小食杂店进行整治。对2家月饼生产企业和11家月饼经营企业以及2家蜂蜜产品生产企业进行飞行检查。

【整治药化和器械生产经营秩序】 2016年,大力开展药品生产流通领域专项整治。开展原料药枸橼酸铁铵等9个药品生产环节专项检查,对8家药品生产企业开展飞行检查,对药品生产企业GMP认证后生产质量管理的状况全面检查和再评估。开展问题疫苗清查和疫苗专项检查,对全市全部12家疫苗经营企业进行核查,组织各级监管部门对全市疫苗使用单位进行排查。对48家药品零售企业进行飞行检查,撤销认证证书企业13家,责令限期整改企业33家,立案4起。对16家药品批发企业、连锁总部进行飞行检查。组织开展日常监督检查,出动人员2300余人次,检查批发企业和零售药店总部89家,零售药店879家,下达责令整改、警告单等101

次,立案12起。引导督促9家体外诊断试剂经营企业主动向省食品药品监督管理局申请注销《药品经营许可证》。精心组织药品流通领域违法经营行为(挂靠走票)专项整治。加强药品许可初审和现场检查。开展医疗器械第三方物流企业试点工作。制订《南昌市医疗器械第三方物流企业经营质量管理规范实施细则(试行)》,择优遴选8家企业进行试点,现有4家企业通过现场验收,逐步为其他医疗器械生产经营企业提供贮存、配送服务。制定并全面实施《南昌市医疗器械经营质量管理规范实施细则(试行)》和《南昌市医疗器械经营质量管理规范实施细则现场检查标准》。对全市36家医疗器械经营企业进行飞行检查,加强监督检查,出动执法人员262人次,检查95家经营企业和20家医疗机构,责令整改7家,立案3起。

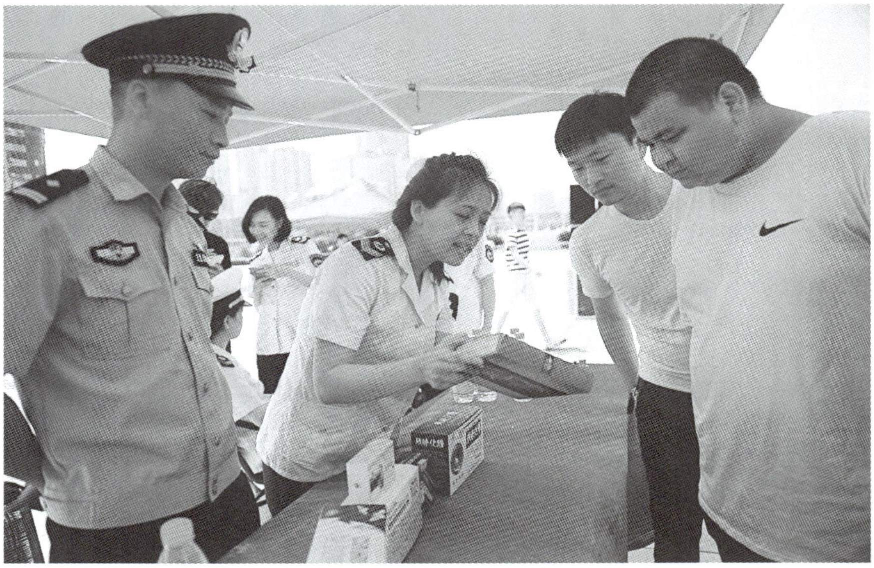
2016年6月17日,市药监局开展宣传周主题日活动

【完善监管保障措施】 2016年,坚持依法行政、规范执法行为。实行执证上岗、执法过程全记录制度,为执法人员采购、配备执法记录仪、录音笔、摄像机、照相机和便携式电脑、打印机等现代化办案设备。试行行政执法重大决定法制审核和备案制度,完善法律顾问制度及重大事项行政决策程序,举办2次法治沙龙。做好案件合议、听证、行政复议工作,完成行政复议答复7件,无行政诉讼案件。加强行刑衔接,打击犯罪行为。与公安、检察等司法部门保持紧密衔接,探索司法提前介入,及时移送涉刑案件或线索,及时抄报检察部门,实现执法信息共享,形成打假治劣高压态势。全市食品药品安全涉刑案件41起,涉及犯罪嫌疑人65人。开展监督抽验,加强风险监测。承担省、市级食品药品抽检任务1.83万批,其中承担省级食品药品抽检任务5255批。增强服务意识,提高审批效率。承接好新增和调整的许可事项,及时制定办事指南和流程,及时发出新版食品生产经营许可证书。将行政审批事前公示改为事后公开,新增预约考试服务,网上公开考试题库,修改考试有效期规定,进一步为企业办理审批提供便利。核发各类许可证书1569份,医疗器械出口销售证明118份。受理食品生产企业SC认证100余户次。化妆品备案(含现场核查)350件。加强重大活动保障,开展不良反应监测。完成省、市人大、政协会议保障和全国综治工作会议、赣台经贸文化合作交流大会等44次重大活动保障任务,保障参会代表用餐安全人数10万余人次,保障期间进行快速检测筛查2000余次,合格率100%。全市药品不良反应监测报告上报7832份,其中医疗机构6845份,新的、严重的不良反应报告2169份(严重报告796份)。设立县级药品不良反应监测哨点1个。化妆品不良反应报告102份,药物滥用报告2036份,医疗器械不良事件报告1847份。进一步加强全市食品药品投诉举报网络平台建设,基本实现与省食品药品监督管理局和各县区、开发区投诉举报系统对接,做到资源共享、高效互通、无纸化办公,接到群众电话、信(函)来电来访和网络、走访等各类形式举报投诉4512件。

【推进监管系统建设】 2016年,对接全市事中事后监管系统,发布行政许可信息1.41条,行政处罚信息400条,行政奖励信息190条。评出市医疗器械3A级企业28家,2A级企业24家,A级企业21家,B级企业346家,C级企业420家,D级企业18家,评为A级以上和D级的企业报送市企业监管警示系统。持续推进餐饮服务监督量化分级管理,及时公布、更新量化等级信息。全市共量化分级餐饮单位8947家,占应评定比例95.17%,其中年度等级优秀113家、良好1030家、一般7804家。持续开展"洁厨亮灶"工作,开展"洁厨亮灶,治理餐桌污染"活动,增强工作透明度和公众参与度。组织全市各县区参加省食品药品监督管理局第二批"洁厨亮灶"示范单位遴选工作。全市实施"洁厨亮灶"企业461家。

【加强舆情应对和宣传】 2016年,积极响应舆论关注,对媒体报道的情况迅速行动,进行深入调查处置,开展专项检查。全年共有重要舆情12起,均得到妥善处理。获悉媒体报道经营无中文标签"越南酸奶"情况,第一时间责成属地监管部门开展调查,组织在全市范围内进行清查,并部署开展全市进口食品市场清查,立案3起。与省食品药品监督管理局联合开展"12331"主题宣传日活动和"12331"投诉举报网站上线仪式、食品安全宣传周启动仪式和2016年全省安全用药月启动仪式暨第一届药品安全论坛。组织开展食品药品安全知识宣传咨询活动和食品安全开放日、食品安全校园行、食品安全知识竞赛等主题宣传活动,发放各类宣传单2000余份,宣传物品500余件。及时向社会发布野生蘑菇风险预警信息,全年全市无一例因食用野菜和野生蘑菇中毒事件。积极发挥网站的阵地作用,通过省市媒体、网站平台,发布各类食品药品监管信息2180条。加强信息公开,共受理依申请公开19起,均按照流程在规定时限内完成。

【举办业务教育培训】 2016年,举办食品经营许可管理系统操作培训班、食品安全监管工作暨业务培训会、零售药品经营许可和第二类医疗器械经营备案业务培训、食品生产许可业务培训、食用农产品监管干部培训班和食用农产品市场开办者培训班、中国医药合规管理百城行——飞行检查新形势下零售药店GSP合规管理培训以及食品安全应急管理培训,提高执法队伍业务能力。以项目带动人才培养,组织市食药检所和稽查支队开展"人才培养项目",获得市财政项目资金支持。 (欧阳辉)

价格管理

【概况】 2016年，南昌市物价局以"稳物价、保民生、谋发展、促和谐"为主线，保持了价格总水平基本稳定，为经济平稳较快发展和社会和谐稳定营造良好价格环境。南昌市CPI（居民消费价格指数）运行良好，涨幅温和可控。1—12月居民消费价格总水平累计上涨2.1%，涨幅比上年同期扩大0.5个百分点，比全国水平（2%）高0.1个百分点，比全省水平（2%）高0.1个百分点，低于2016年度确定的预期调控目标（3%）。构成CPI的八大类消费品价格指数中，呈现"四涨一平三降"格局。涨幅最大的食品饮酒、教育文化和娱乐价格同比分别上涨5.3%、3.4%，居住、医疗保健价格同比均上涨1.2%，生活用品及服务价格涨幅持平，衣着、交通和通信、其他用品和服务价格同比分别下降0.2%、1%、0.3%。

2016年南昌市居民消费价格指数一览表

时期(月)	1	2	3	4	5	6	7	8	9	10	11	12
同比(%)	1.3	3.2	2.2	1.8	1.2	1	1.5	2.1	2.6	2.7	3.2	2.8
环比(%)	0.4	2.4	-1.1	-0.2	-0.4	0.3	0.1	0.3	0.4	-0.1	0.5	0.1
累计比(%)	1.3	2.3	2.2	2.1	1.9	1.8	1.7	1.8	1.9	2.0	2.1	2.1

【停征价格调节基金】 经国务院批准，依据财政部《关于取消、停征和整合部分政府性基金项目等有关问题的通知》文件要求，停征价格调节基金。同时为保障调控价格、稳定市场工作正常开展，所需资金由各地根据实际情况，通过地方同级预算统筹安排。自2016年2月1日起，南昌市停止向社会征收方式筹集价格调节基金，减轻企业负担。

【调整公交票价】 2016年1月22日，根据《中华人民共和国价格法》和《政府制定价格行为规则》等规定，召开南昌市调整公共汽车票价听证会，广泛征求各方面意见和建议。经市物价局局长办公会研究并报市政府2016年第4次常务会研究同意后，市公共汽车票价于2016年3月31日向社会公布，自2016年4月1日起执行。市公共汽车票价：除远郊线、高铁线、大站快线外的所有公共汽车线路及以后新开通的单程20千米以内的高等级公共汽车线路，由原来的投币1元一票调整为2元一票，刷卡打折优惠，成人刷卡7折，中小学生刷卡3.5折。优惠政策包括：继续实施持洪城一卡通免费换乘政策，按照市交通运输局《关于实施公交免费换乘并取消月票的批复》执行；盲人、重度残疾人、革命伤残军人、因公负伤人民警察、现役军人凭相应有效证件办理免费乘车卡；1名成年乘客可免费携带1名身高不足1.3米（含）的儿童乘车，超过1名的，按实际超过人数购买全票；70周岁（含）以上老人，可凭本市老年证办理免费乘车卡乘车；全日制普通中小学校、全日制中等职业学历教育学校（含民办学校）在校学生按单程票价3.5折优惠，凭学生卡乘车。另，根据12月21日市政府办公厅《关于印发落实65周岁以上老年人"两免"工作协调会议纪要的通知》，自2017年1月1日起，老年人乘车免费政策按新的政策执行，即"65周岁（含）以上老年人可凭本市老年证办理免费乘车卡乘车"。

【城市生活垃圾处理收费改革】 2016年12月9日，召开南昌市城市生活垃圾处理收费改革听证会，广泛征求各方面意见和建议。《南昌市城市生活垃圾处理收费改革方案》经市物价局局长办公会研究，报市政府2017年第3次常务会研究并同意，自2017年7月1日起实施。改革后，垃圾处理费将与水费合并收取，改变征收方式，降低征收成本；取消与生活垃圾相关的其他费用，实行"一费制"，简化收费项目；对所有产生生活垃圾的单位和个人均收取垃圾处理费，扩大征收范围，彰显公平合理性。

【规范管道燃气安装收费】 2016年8月，率先在全省出台老住宅区居民管道燃气安装费标准。自2016年1月1日起，新建商品房管道燃气安装费，纳入商品房建设安装成本，房地产开发企业不得在新建商品房房价外向购房者另行收取，购房者不再交纳与管道燃气建设安装有关的费用。老住宅区居民用户管道燃气安装费每户2800元（智能表另加200元）。

【平价商店建设】 2016年，通过不定期考核、定期考核和网络考核，促进农副产品平价商店提质升级。全年，94家平价商店每天有不少于10个品种的蔬菜低于市场平均价格15%以上销售，为市民减负2370余万元。

【价格监测预警】 2016年，组织开展春节后蔬菜价格和生猪收购价格大幅上涨情况专项调研，分析上涨因素并提出应对措施，形成并上报调研报告。在全市18家农副产品价格定点监测单位，建立实时微信报送市场信息机制。全年上报价格监测数据60余万条，国家15项报告制度数据上报率100%，报送市场动态信息分析和专项调查报告29篇。

【降低涉企收费】 自2016年5月1日起，对小微企业免征的18项行政事业性收费的免征范围扩大到所有企业和个人。自2016年6月1日起，市公共资源交易中心收取的竞价服务费降低50%。降低船舶检验费等4项行政事业性收费标准。

【价格监督检查】 2016年，对涉企行政事业性和中介服务、民办学校、民办医院、机动车停放保管服务等收费，市管货物运输企业收费、房地产行业明码标价情况进行检查。加强节日市场价格监管，重点对大型商场、超市等与人民群众生活密切相关的商品价格、旅游服务、公园景点、停车收费、交通运输等服务价格进行集中整治，严肃查处乱加价、乱收费、不实行明码标价规定等价格违法行为。全年查处价格违法案件9起，没收违法所得并上缴财政177万余元。

【办理"12358"价格举报投诉】 2016年，充分利用"12358"价格举报管理信息系统，对价格举报投诉件及时受理、妥善办理，对价格举报的违法行为严肃处理，确保举报案件"件件有着落，事事有回音"。全年价格政策咨询及投诉3719件，受理的价格举报办结率100%，退还消费者19万余元。

【推行“双随机一公开”监管】 2016年,全面推行“双随机一公开”监管,建立和制订随机抽查事项清单、检查对象名录库、执法检查人员名录库、《南昌市价格监督检查局随机抽查工作细则》及《南昌市价格监督检查局2017年度行政检查计划》,每月定期报送“双随机一公开”监管工作开展情况。全年执法检查168人次,对50家房地产企业、50家房地产中介机构门店的明码标价和11家民办学校收费情况进行监督检查。

【价格成本调查监审】 2016,开展城市生活垃圾处理成本监审、麦园垃圾处理场垃圾填埋处置运营成本调查、机动车停放服务成本监审、管道天然气输配成本监审,为企业合理定价提供依据。完成早(晚)籼稻、生猪养殖和蔬菜成本调查直报任务和存售粮、农资购买、种植意向调查专项任务,为制定农业政策提供科学合理依据。

【开展物价政策宣传】 2016年,制作物价公益宣传短片8条,依托各类媒体在公交、地铁、医院等进行滚动播放。将市水、电、气价格政策汇编成册,并印制10万份发放给城区居民与企业。以门户网站、微博和微信为平台,编辑发布各类价格信息4450条。

【落实价格惠民举措】 2016年,在全省范围内率先试点推行农贸市场明码标价工作。下调221条客运班线票价,每年为市民减负600余万元。投入15万元用于扶贫村道路改造,同时以低保、教育帮扶等方式帮助改善贫困户生活。

【指导涉案财物价格认定】 2016年,组织指导各县区价格认证机构完成刑事案件涉案财物价格认定2000余件,涉案标的1800余万元。市本级完成刑事案件涉案财物价格认定工作373件,标的431万元。

(陈习松)

统计管理

【概况】 2016年,面对当前经济发展新常态、深化改革新影响、数据质量新风险、信息发展新技术的形势要求,市统计局深入贯彻落实中央领导关于统计工作重要批示精神,以改革创新为突破口,着力推进统计体制改革,加快统计信息化进程,夯实统计基础力量建设,不断提高统计数据质量,为全市经济社会平稳发展提供有力的统计服务保障。

【监测分析主要经济指标】 2016年,主动适应经济发展新常态,始终坚持围绕既定的目标任务,对全市主要经济指标及时开展统计监测与调研,密切监测经济形势变化,加大跟踪监测力度,不断增强对经济形势分析的敏锐性和主动性,强化统计服务经济发展监测预警能力。全年全市经济运行保持稳中有进、稳中向好的态势,实现地区生产总值4354.99亿元,比上年增长9%;规模以上工业增加值完成1611.5亿元,增长9.2%;500万元及以上固定资产投资实现4540.26亿元,增长13.5%;社会消费品零售总额1868亿元,增长11.8%;财政总收入790.8亿元,增长8.7%;地方一般公共预算收入402.18亿元,增长3.3%;实际利用外资30.65亿美元,增长13.3%。

【分析研究经济形势】 2016年,围绕经济运行中的热点、难点、焦点问题,加强调查研究和统计分析,总结经济运行特色亮点,解剖经济运行困难问题,提出经济运行意见和建议,努力当好市委、市政府的参谋助手。全年共撰写各类经济运行监测会议材料及月季度分析、专报分析等63篇,其中有18篇获得各级领导肯定性批示,15篇材料被《南昌人大》《南昌市人民政府公报》等市级以上公开刊物全文刊载。

【分析解读统计数据】 2016年,不断加大数据资料整理开发力度,突出统计产品的针对性和实用性,形成《南昌统计月报》《南昌统计手册》《南昌统计年鉴》等资料。同时,为总结梳理“十二五”所取得的重大成果,编印《“十二五”南昌市经济社会发展成就回顾》一书。全年为市委、市政府及各部门提供主要经济指标数据百余次、分析资料数十余次。进一步加强新闻宣传发布解读工作,向《南昌日报》《南昌晚报》等几大主流媒体供稿44次,突出做好统计公报及季度经济运行情况解读,多次配合市委宣传部做好相关热点事件的宣传报道工作。积极运用统计政务网、统计微信公众号、统计官方微博等新媒介,拓展统计信息发布渠道,扩大统计影响力。

【强化统计信息服务功能】 2016年,在完成日常统计工作的基础上,始终以为各级领导宏观决策服务为宗旨,按照“快、精、准”的要求,加强统计信息服务工作。向省统计局报送信息1824篇,采用1090篇,采用量在全省设区市排名前列。被市委办采用130篇,党委系统信息采用得分排第2名。被市政府办采用130篇,政府系统信息采用得分排第1名。

【开展各项普查调查工作】 2016年,高质量完成月度劳动力调查、居民出行调查、投入产出调查、文化产业调查等各项普查调查工作任务以及第三次经济普查和1%人口抽样调查资料开发工作。第三次全国农业普查进展顺利,农普调查摸底基本完成,宣传工作在全市各地有序展开。

【推进统计改革】 2016年,继续推进企业一套表联网质保改革工作,网络直报全面落实。积极探索建立企业一套表管理机制,健全完善统计、编办、民政、国税、地税、工商、质监等部门信息交换机制,确保基本单位名录库准确、及时、动态更新。企业直报率、通过率、审核率均100%。不断深化统计制度体系改革。按照国家、省统计部门统一部署,积极推进地区国民经济统一核算改革,逐步探索电子商务、文化产业、节能减排、科技创新等新产业、新业态的统计调查方式。

【规范统计基层基础工作】 2016年,强化基层统计建设。按照《县级统计机构工作规范》和《县级统计机构考核办法》,从机构人员、统计调查、统计报表等方面对县级统计机构进行全面考核,推动县乡统计机构规范化建设。定期开展专业统计业务培训,组织县级统计局局长参加任职培训班,全面提升基层统计人员业务水平。

【强化信息技术支撑】 2016年,加强全市统计系统信息化建设,确保联网直报平台和统计信息网平稳运行,通过官网、微信公众号等多平台对外发布统计信息。在全省统计系统内率先启动市级OA办公系统并组织系统使用培训,实现信息上报、发布、处理的电子化。视频会议室建设完成并投入使用,为加强统计信息交流提供坚实平台。

【开展统计普法宣传】 2016年,认真做好“六五”统计普法宣传教育的收官工作。按照市普法办和省统计局统一部署,及时制订南昌市2016年“七五”统计普法工作年度计划,普法教育深入乡镇、街道和企业。充分利用报刊、广播、电视、互联网和户外广告等媒体,广泛深入宣传《中华人民共和国统计法》《统计违法违纪处分规定》和《江西省统计管理条例》。在继续抓好党政领导、统计干部学法用法工作基础上，突出抓好“四上”企业和房地产开发经营企业对统计“四大工程”建设的支持配合程度，全面进行统计法律法规宣传教育，把统计法律法规教育融入统计工作全过程。充分利用“12·4”全国法制宣传日、统计法宣传旬、统计开放日、《中华人民共和国统计法》颁布33周年、“12·4”国家宪法日，认真开展统计法律法规宣传活动，进一步提高全体公民法律意识和法制观念，为全面推进统计普法和依法治统工作打下良好基础。

【统计法制队伍建设】 2016年，依法行政，重点“四抓”，加强统计法制队伍建设。抓制度建设，建立健全行政执法责任制度和评议考核制度。抓业务培训，每年召开统计法制工作会，以会代训，同时开办统计执法培训班对统计执法人员进行专门培训，提高执法队伍整体水平。抓依法行政、规范法律文书，统一使用省统计局制发的统计法律文书，严格按规定进行案卷归档，并对县区统计行政处罚案卷进行抽查、联审。抓统计执法队伍建设，制定《南昌市统计局关于印发推广随机抽查规范事中事后监管实施方案的通知》，建立全市统计执法检查人员名录库。

【开展专项统计执法检查】 2016年，组织开展专项统计执法检查工作。全市共查处转办、举报、检查中发现的统计违法行为35起，结案35起。严格执行统计法制工作情况季报和半年报制度，及时向上级业务部门报送统计法制工作情况。

【完善统计法制建设】 2016年，先后建立健全统计执法“回头看”制度、行政执法责任制、评议考核制度、统计执法投诉举报制度、重大行政决策制度等。认真梳理市统计局依法实施行政许可、行政处罚以及其他具体行政行为的依据，并将统计执法职责、责任分解落实到具体履行法定职能的岗位，及时将上述内容通过中国南昌网和南昌市统计局政务信息网向社会进行公布。依法行政，网上公布行政许可事项、办事程序及工作流程。

（钟　莎）

国土资源管理

【概况】 2016年，南昌市国土资源系统认真贯彻落实新发展理念和市委、市政府、省国土资源厅党组决策部署，紧紧围绕“服务发展、保护资源、维护权益”职责定位，凝心聚力，真抓实干，攻坚克难，圆满完成国土资源各项工作任务，有力保障全市经济社会平稳健康发展。省委常委、副省长、市委书记殷美根，市委副书记、市长郭安，省国土资源厅厅长刘定明，副市长宋铀等对全市国土资源工作始终高度重视，多次听取工作汇报，并多次就土地出让、土地储备等工作作出重要批示，对市国土局工作给予充分肯定。全年市国土资源局先后荣获全省国土资源系统好班子和全市节能减排工作先进单位、文明单位、综治考核先进单位称号；荣获市直单位作风效能建设突出贡献一等奖，成为连续四年荣获全市打造核心增长极突出贡献一等奖的市直单位之一。

【保障全市项目用地】 2016年，科学做好全市土地利用总体规划调整完善工作，切实保障九龙湖新城、揽山入城等重点区域和海昏侯国古墓遗址、新能源汽车智慧智能产业园等省、市重点项目用地，并提前为南昌市西外环西移等重大基础设施做好土地规划布局。全年全市共安排使用年度新增建设用地计划指标1440公顷，计划指标使用率98.9%，位居全省第一。全市组织上报建设用地78个批次，报批总面积2213.33公顷，有效保障经济社会发展用地需求，确保全市重大重点项目未因土地问题而影响落地。

【破解耕地占补平衡瓶颈】 2016年，多渠道落实耕地占补平衡。全市验收土地开发项目9个，新增耕地197.87公顷。异地购买耕地占补平衡指标356.33公顷。积极争取国土部支持，盘活因过去重复报批占用的占补平衡指标106.67公顷。召开全市耕地占补平衡工作推进会，与相关县区签订耕地占补平衡责任状。推进高标准基本农田建设，全年批准立项市级投资土地整治项目24个，建设规模7466.67公顷，投资预算1.85亿元。

【土地利用规范有序】 2016年，认真落实供给侧结构性改革要求，积极扩大土地有效供给，促进房地产市场平稳健康发展。全年全市供应土地总面积2266.67公顷。其中，出让用地202宗，总面积1000公顷，土地出让总价368.55亿元。积极主动做好土地市场调控，会同有关部门报请市政府出台促进非住宅去库存和房地产市场持续平稳健康发展的政策措施。加大供后监管力度。大力推进闲置土地清理处置，经国家土地督察南京局核定，南昌市节约集约专项督查中发现的163宗、873.33公顷闲置土地，处置率97%，履职率100%。大力开展土地出让金清欠工作，报请市政府专题调度，并主动约谈相关企业，共追缴土地出让金41.43亿元，涉及宗地38宗，总面积175.4公顷。进一步加强房地产企业信用管理，严禁欠缴土地出让金的企业参与全市范围内的土地竞买活动。

【发展资金保障到位】 2016年，大力推进土地收储和“五到位”拆迁工作，全年累计收储土地1800公顷，同比增长80%，拨付各类资金136.05亿元，有力地保障全市旧改、棚改的顺利开展。积极破解储备资金筹措难题，报请市政府同意组建总额为100亿元的南昌市土储发展基金。做好不动产抵押融资工作，市本级全年共办理企业和个人抵押融资1100亿元，有效保障企业和群众融资需求。

【严守耕地红线】 2016年，全面完成耕地保护责任状签订工作，顺利通过省政府对南昌市的耕地保护责任目标考核。全面完成永久基本农田划定，划优划足永久基本农田20.07万公顷，严格耕地保护，严守耕地红线。

【严格国土资源执法监察】 2016年，强化土地执法专项巡查，认真做好省国土资源厅督办案件查处工作、2016年度预警督察和“1+1”中期卫片整改工作、2015年度卫片执法监督检查工作。全年立案查处违法案件208宗，立案面积106.47公顷；收缴罚没款565.33万元；拆除、没收构建物8.43万平方米；收回土地14.04公顷，移送处理相关责任人144人，有效遏制违法占用耕地势头。

【加强矿产资源保护和安全生产管理】 2016年，对全市168家矿山开展年检工作，年检率、年检合格率均100%。扎实开展矿产资源数据调查工作，进一步补充完善采矿权管理信息系统数据。认真开展非煤矿山开采安全隐患暨地质灾害隐患再排查工作，全年未发生矿山安全事故。

【开展土地例行督察整改落实工作】 2016年,全力做好土地例行督察迎检和整改落实工作。至年底,南昌市整改到位问题872个,涉及土地面积6106.67公顷,金额267.59亿元,切实规范全市国土资源管理秩序。

【防治地质灾害】 2016年,抓好地质灾害防治工作,加大汛前隐患点大排查、大检查工作力度,建立健全地灾群防群测队伍,落实汛期24小时值班、灾情速报制度,全市地质灾害防治继续实现"零伤亡"。

【实施不动产统一登记】 2016年1月4日,南昌市全面实现不动产登记"发新停旧"。市本级不动产登记数据整合建库项目列入2016年全市重大重点项目。项目经费8190万元,分三年实施,已完成工作总量71%。市县两级不动产登记信息平台均实现与国家对接。全年全市共受理不动产登记申请35.98万件,办结34.53万件,办结率95.97%,发放不动产权证书和证明19.37万本(份),不动产登记工作走在全国省会城市前列。

【推进测绘地理信息工作】 2016年,率先在全省建立基于国家2000大地坐标系的南昌2000坐标系,并上报国家测绘地理信息局审批。启动智慧南昌时空信息云平台建设,将其列入2017年全市重大重点项目,落实项目资金,组织完成平台项目设计书编写工作。组建市地理信息数据中心,为全市测绘地理信息工作提供强有力的技术支撑。

【实施建设占用耕地耕作层土壤剥离与再利用试点】 2016年,成功实施建设占用耕地耕作层土壤剥离与再利用试点项目2个,新增水田近26.67公顷,取得较好的综合效益,得到市政府和省国土资源厅领导高度肯定。报请市政府常务会审议通过《关于积极稳妥推进建设占用耕地耕作层土壤剥离与再利用试点工作的意见》。

【创新土地资源管理利用制度】 2016年,报请市政府出台《南昌市划拨国有土地城镇住房转让不动产登记暂行办法》,维护不动产权利人的合法权益。起草《南昌市征收农村集体土地留用地管理办法》,积极探索集体土地留用地三种利用方式。探索"合并归宗"用地模式,有效破解轨道交通建设过程中经营性物业的用地问题,得到市政府高度肯定。

【国土资源信息化建设】 2016年,推进不动产登记大楼"云中心"机房及智能化运行环境建设。建立全市不动产登记信息平台。开展土地储备管理信息系统、国土资源移动执法监察信息系统、移动办公信息系统、不动产登记业务微信查询系统建设。

(刘　漫)

审计管理

【概况】 2016年,南昌市审计局坚持"外提形象、内控风险",紧扣全市中心工作,依法履行审计监督职责,不断加强审计干部队伍建设,圆满地完成各项工作任务,为全市经济社会发展提供有力审计支持。全年,南昌市各级审计机关完成审计项目383个,查出违规金额6.79亿元;损益(收支)不实金额10.03亿元;审计处理处罚金额71.1亿元,其中应上缴财政56.31亿元、应减少财政拨款或补贴306万元、应归还原渠道资金9287万元、应调账处理金额13.82亿元;审计促进整改落实有关问题金额70.96亿元,其中增收节支57.18亿元、调账处理金额13.76亿元;审计促进拨付资金到位14.54亿元;审计后挽回(避免)损失8776万元。移送司法机关、纪检监察机关和有关部门处理事项6件,涉及5人,金额43659元。出具审计报告和专项审计调查报告415篇,被批示、采用25篇;提交审计信息420篇,被批示、采用201篇。提出审计建议1016条,被采纳764条。市审计局被评为江西省十四届文明单位,《江铃汽车集团公司原董事长王锡高同志任期经济责任审计》和《南昌县2014年度县本级预算执行和其他财政收支情况审计》被评为"2016年度全省审计机关优秀审计项目";在市直机关绩效管理工作考核中位列执法监督类第一,被评为全市综治、文明、保密、计生、节能降耗等工作先进单位。

【国家重大政策措施贯彻落实跟踪审计】 2016年,根据审计署、省审计厅和市政府统一部署和要求,认真组织,扎实开展"稳增长、促改革、调结构、惠民生、防风险"政策措施落实情况跟踪审计工作。重点关注去产能、去库存、去杠杆、降成本、补短板任务落实,服务供给侧结构性改革。全市抽查47个政府部门,完成审计项目105个,审计资金总量301.59亿元,投资总额39.51亿元,其中中央财政0.79亿元。针对审计查出的问题,进一步督促相关单位加强审计整改工作,建立全市跟踪审计发现问题整改台账,对审计查出问题,适时跟踪。上级审计报告中采用南昌市反映的问题29个,其中20个整改到位、9个在整改中。积极配合审计署武汉办做好国家重大政策措施落实情况跟踪审计工作,多次协调、参与武汉办与市直单位、开发区和市属相关企业联络、报送数据等工作。根据市政府要求,督促市直有关单位做好审计署、省审计厅跟踪审计过程中针对南昌市发现问题的整改工作。

【预算执行审计】 2016年,继续采用"四四四"工作模式,围绕深化财税改革、规范收入征管、提高资金绩效、防范财政风险,对市本级2015年度预算执行情况和5家市直单位财务收支进行审计,《审计工作报告》得到市人大高度评价和充分肯定。市人大常委会审议认为:市审计局认真履行审计职能,依法开展预算执行、重点专项、政府投资、政策落实、经济责任等方面的审计,做了大量艰苦细致的工作,提出"加大财政收支审计力度,提高资金使用绩效""加大政府投资审计力度,提升政府投资效益""加大经济责任审计力度,强化权力运行监督""加大追责问责力度,推动审计整改落实"4条建议。市政府专题召开整改工作会议,将整改任务层层落实,责任到人。根据审计建议,市县域经济发展办公室和市财政局联合印发《南昌市县域经济发展专项资金管理办法》。市财政局依据审计中发现的专项资金预算编制不细化及执行不均衡等问题,专门印发《关于做好2017年专项资金和政府性基金使用计划编制工作的通知》,要求各有关专项资金(基金)主管部门不断加强资金监督管理,确保将资金细化贯穿到资金管理使用全过程。加大对非税收入缴库及土地出让金欠缴清理力度,清缴非税收入50.88亿元。在财政财务收支审计中,发现并向相关部门移送涉嫌偷税、渎职等3起案件线索。为规范移送处理事项操作,促进依法审计,出台《南昌市审计局审计移送处理管理办法》,从移送事项认定、基本要求、程序和责任作详细规定。

【经济责任审计】 2016年,经济责任审计主动作为,打破过去简单的"接单"业务模式,科学安排部署,有效地服务南昌市换届选举工作。全年主要对县区13

名党政主要领导干部进行经济责任审计，重点关注领导干部重大决策情况、财政财务管理情况、履行党风廉政建设第一责任人和个人廉洁从政情况。通过审计，揭示财政财务管理、重大决策及廉洁自律等方面存在的问题，纠正违纪违规行为，界定领导干部责任，强化对权力运行的监督和制约。全年出具经济责任审计报告27份，发现管理不规范问题共340.59亿元（其中主管责任28.11亿元，领导责任312.47亿元），违规金额179万元，下达审计决定2份，清缴少缴税款143万元，上缴市财政金额36万元。首次组织经济责任审计工作领导小组各成员单位召开经济责任审计工作联席会议，传达审计署关于经济责任审计工作的意见，对2013—2015年工作开展情况进行通报，对经济责任审计中发现问题进行研究。经市长郭安审签出台《南昌市经济责任审计工作联席会议制度》，对联席会议主要任务、成员组成、会议形式、召集人的主要职责等进行规范。

【农业与资源环保审计】 2016年，市审计局成立村级财务管理运行情况专项审计工作领导小组，组织开展南昌市村级财务管理运行情况审计，明确以"揭示在资源、资产、资金管理运营中存在的薄弱环节和突出问题，遏制基层腐败现象的滋生，强化对村级集体经济运行的政府监管力度，促进农村基层党风廉政建设，推动农村经济社会全面健康发展"为审计目标，以"村集体资源、资产、资金管理运营情况、集体土地征收补偿管理情况、村级工程项目建设管理情况（含农民公寓建设、分配）、村级民主管理情况、村干部廉洁履职情况"为重点，整合全市审计机关力量，组成10个审计组，采取交叉审计方式，对南昌市村级财务管理运行情况进行审计。

【重大重点投资项目审计】 2016年，审结南昌市生米大桥连接线西延伸段道路二期工程、下范电排站工程等3个项目工程，审计投资金额3.8亿元，核减投资额0.39亿元，核减率10.31%。在审核项目成本同时，重视对工程项目建设管理的审计，及时指出问题，督促整改纠正，切实规范工程项目建设管理。找准政府投资审计工作关键点、切入点，对花博会场馆建设工程、赣东大堤风光带景观工程进行跟踪审计。做好对胡惠元堤东延（罗谢公路—幽兰立交）和江西银行金融大厦竣工结算审计的准备工作。

【民生项目审计】 2016年，把民生资金审计作为审计工作重点，得到市委、市政府领导肯定。整合全市审计机关力量，组成8个审计组，分别对8个县区2015年至2016年上半年的医保制度运行情况及成效、医保政策制度落实情况、医保改革措施推进情况和基金管理使用情况等四个方面进行审计。审计过程中，针对医保业务电子数据庞大的特点，充分运用计算机审计和大数据分析手段，收集各类信息，进行分类整理、筛选、比对，找到审计重点和疑点。采取就地审计和延伸部分医院、药店等方式，快速查找问题，发现案件线索1条，移送公安机关处理。审计工作得到市长郭安的批示。对反映的应保未保人员，各地社保部门摸清情况，尽快落实参保全覆盖目标。整个审计情况、发现的问题和线索，人社部门逐一研究整改落实。在南昌市保障性安居工程审计中，重点调查南昌县、进贤县、安义县、新建区政府所属的有关部门，延伸调查100个村的199户农村危房改造家庭，对19个安居工程项目建设管理情况进行检查。针对审计发现的保障性安居工程分配使用中存在问题，提出完善保障房分配和退出制度，实现公平有序保障等建议。在对南昌市住房公积金管理中心财务收支审计中，发现增值收益4.29亿元未按规定上缴财政廉租房专户，出具审计决定1份。对南昌市移民资金及扶贫资金管理及使用情况进行审计，重点关注专项经费、办公用品管理及资金结余情况等。

【企业审计】 2016年，对2015年审计的1家国有大型企业进行后续跟踪审计，针对审计查出违规违纪、损失浪费等问题，督促被审计单位和相关部门落实市委、市政府主要领导批示精神，强化审计整改工作，督促该企业补缴国有资本收益金8494万元，税费4015万元；立案查处1人，收缴违纪款158万元。制定完善规章制度23项。开展南昌城市建设投资有限公司原董事长任职期间经济责任审计、南昌工业控股集团有限公司2015年度资产负债损益审计，揭示法人治理结构、对外投资、项目管理、经营管理、遵守国家财经纪律等方面存在的问题。促进企业完善法人治理结构、建立健全内部控制和自我约束机制，增强国有企业领导人员遵纪守法和廉洁自律意识，改善经营管理，实现国有资本保值增值。

【其他审计】 2016年，积极发挥审计职能，认真完成上级交办的其他专项审计工作。组织开展"小金库"检查工作。抽调审计干部和聘请部分社会中介事务所人员组成4个检查组，历时3个月，开展对20个单位的"小金库"重点检查，查出涉嫌"小金库"问题8个。参与公务接待费抽查工作，发现少数部门和单位仍然存在公务接待不规范，开支不透明，甚至存在接待费超标准等现象。完成"鄱湖明珠中国水都"建设推进指挥部资产负债情况审计调查工作，发现存在财务报账手续不规范等问题，提出规范会计核算、妥善做好固定资产移交工作等建议。根据江西省审计厅统一部署，对亚行贷款、CEF赠款农村能源生态建设二期项目、世行贷款可持续发展农业项目、世行贷款江西鄱阳湖生态经济区及流域城镇发展示范项目2015年度执行情况进行审计。

【审计管理系统应用】 2016年，"南昌市审计管理系统国产化升级与改造项目"通过验收正式投入应用。机关内部制文在审计管理系统中完成，实现以OA为主的机关无纸化办公。在审计实务中，应用数据库及AO等计算机审计技术，建立点、面结合的审计与督导模式和计算机指挥管理平台。

（范梅生）

公共资源交易管理

【概况】 2016年，南昌公共资源交易中心（以下简称南昌中心）紧扣整合建立统一的公共资源交易平台这条主线，以提升信息化建设水平为龙头，以优化市场承载力为重点，以提供优质高效服务为目标，努力打造全国一流公共资源交易平台。至年底，累计共承接省市属交易项目13170宗，成交金额3659.54亿元，节约和增值资金361.56亿元，各项数据在全国同类城市中名列前茅。

【交易范围和交易额稳步提升】 2016年，在服务好省、市属工程、国土、产权、政府采购交易项目同时，不断拓展交易内容，丰富交易品种，将铁路和武警部队工程建设项目、法院涉讼资产、地方金融资产、市属直管公房、行政事业单位和国有企业房屋租赁、河道采砂权、大型户外广告权、出租车经营权等纳入进场交易范围。各类项目通过进场交易，降低投资成本，促进资产资金保值增值。全年南昌中心承接省市属项目总数3758宗，成交总额1096亿元，同比增长6.58%；进场交易的建设工程、政府采购类项目招标共节约资金42.08亿元,节约率7.76%;地(矿)产交易、产权交易类项目竞价共增值资金78.5亿元,同比翻一番,增值率40.47%。

【推广"南昌经验"】 由于江西省推进公共资源交易市场建设"省市合一"模式在全国尚属创新,在统一市场建设和解决省属项目无固定交易场所等工作中有许多好的经验做法。2012年6月,由中纪委牵头组织的"全国公共资源交易市场建设推进会"在南昌召开,公共资源交易领域的"南昌经验""南昌模式"逐步形成,全国各地同行纷纷前来参观学习考察。至2016年年底,南昌中心接待全国各地学习考察400余批次。

【构建科技信息阳光交易平台】 2016年,充分发挥信息技术在公共资源交易中的关键作用,先后搭建信息发布、信息查询、电子(网络)交易、视频监控"四个平台",建立评标专家随机抽取、自动语音通知专家、电子开标评标和服务质量评价"四个系统",对接全省房建及市政、交通、水利、政府采购、产权、国土资源、林权、医药招标采购"八大系统",实现网上交易"一张网"。同时,建立集中监督区,开发集中监督系统,供行业监督部门进场监督项目评标,方便监督人员实施监督。建立询标答疑区,开发询标答疑系统,避免评标专家与投标人、业主单位面对面接触,保证评标活动保密性和公正性。改造升级音视频监控系统,设立135个监控点,实现监控全覆盖,采用全新数字化信号,与全省电子监察系统相连接。开发"产权交易业务管理和网上交易系统",将国有集体产权交易业务全流程整合进入网上操作。实施交易场地"网上预定"全覆盖,提高进场项目流转速度和场地使用效率。在市属项目中试运行保证金网上收退,减少人为因素干扰和信息泄密风险。启用全省统一专家库和语音自动通知系统,完善评标专家抽取和专家名单密封件打印流程。2016年1—11月,完成6194个项目26197人次专家抽取。

【健全交易运行制度】 2016年,配合相关行政监督部门,梳理、制订交易类制度52个、监督类制度8个。制定实施"四大类"和铁路项目等交易流程图,统一公共资源交易操作程序。建立窗口受理、信息发布、保证金收退、开标、专家抽取、评标等一整套交易业务制度,使各项交易有章可循。推行"六统一"做法,即项目统一进场、信息统一发布、场地统一安排、专家统一抽取、交易统一监控、保证金统一代收代退,有效规范交易操作环节,提高工作效率。建立健全"三位一体"监管模式,即各行业行政监管部门对本行业进场交易项目进行行政监督,省、市纪检监察部门对参与公共资源交易各类工作人员进行执纪执法监督,南昌中心对进场交易项目实行"见证服务"。

【创新平台服务机制】 2016年,通过开展经常性主题教育活动和文明岗、服务标兵、党员先锋岗等评比竞赛活动,引导全体工作人员牢固树立"效率优先、服务至上"理念,不断激发全体干部职工爱岗敬业热情。面对进场项目多、交易量大和专业项目要求高的实际,推行项目分类受理、交易预约、场地预定、专人跟标、首问负责、一次性告知、限时办结、无节假日开评标等"八项举措",做到项目进场随到随办。在提升服务质量上,积极推行"岗位一眼清、咨询一问清、资料一站清、收费一单清、评价一键清"的"五清"服务制,建立服务质量电子评价机制,让服务质量好坏由服务对象决定。

【降低企业交易成本】 2016年,积极协调省级监管部门和软件运维单位,实现工程建设类、产权交易类和政府采购类项目招标(交易)文件网上免费浏览和下载,为投标主体提供免费获取招标文件渠道。取消工程建设类交易项目的综合服务费收取,免收政府采购类综合服务费,每年累计为企业减轻负担2000余万元。自6月起,对产权交易类项目在原收费标准的基础上减半收取交易服务费。减半收取政策实施以来,据不完全统计,共为企业减轻负担300余万元。

【推动省市平台整合】 2016年,按照《整合建立统一的公共资源交易平台工作方案》和《关于印发江西省整合建立统一规范的公共资源交易本台实施方案的通知》文件要求,南昌中心作为"省市合一"公共资源交易平台,主动担当,积极作为。年初,由省发改委(省公管办)牵头,南昌中心赴省国土资源厅、省林业厅、省卫生计生委等单位进行专题调研,了解省属各行业交易情况,听取对平台整合工作意见和建议。5月,受市发改委委托,南昌中心对市各县区交易机构等情况进行详细摸底,为南昌市推进公共资源交易平台整合工作提供准确的原始资料。6月,南昌中心被授权增挂"江西省公共资源交易中心(简称省中心)"牌子,承担省属相关行业公共资源交易职能。配合市发改委起草全市《公共资源交易平台整合的方案》,经多次征求市属行业部门意见,8月形成初稿上报市政府。按照《江西省公共资源交易管理工作有关制度规则起草工作分工表》,南昌中心负责《江西省公共资源交易综合管理办法》《江西省公共资源电子交易服务系统应用和管理细则》及《江西省公共资源交易目录(2017)》起草工作,完成后及时上报。根据省发改委(省公管办)委托,启动"江西省公共资源电子交易服务平台改造升级"建设工作。按照《江西省整合建立统一规范的公共资源交易平台实施方案》要求,立足现有场所条件,计划改造新增2个跨天评标区、3个开标区和6个评标区。过渡性场所改造项目按照公开招标程序依法依规进行设计招标。改造完成后,跨天评标(审)能力提升一倍,日常评标(审)能力提升46%,承接日开标项目数量将提升30%。8月底,完成与国家公共服务平台交易数据交换工作,成为全国第5个完成的省份。"三大系统"建设按照进度积极推进。

(李　丹)

金 融 业

概 述

【概况】 2016年,全市金融机构围绕打造核心增长极的目标,着力改革创新,提升金融服务实体经济能力,金融业保持平稳较快发展。至年底,全市金融机构本外币各项存款余额9627.56亿元,比年初增长12.8%。其中,非金融企业存款3810.11亿元,增长8.9%;住户存款2770.05亿元,增长10%。金融机构本外币各项贷款余额8707.23亿元,比年初增长15.2%。其中,短期贷款2515.7亿元,下降3.5%;中长期贷款5823.03亿元,增长25.2%。全市金融机构人民币各项存款余额9503亿元,比年初增长13.9%;金融机构人民币各项贷款余额8604.57亿元,比年初增长16.7%。全市拥有证券分支机构118家,全年证券机构股民资金账户数192.03万户,比上年增长33.2%。全年客户交易结算资金101.55亿元,下降29.%;A股交易额20443.77亿元,下降48%;B股交易额12.1亿元,下降60%。全市共有保险公司43家。全年实现保费收入152.71亿元,比上年增长22.3%。其中,财产保险45.73亿元,增长9.1%;人寿保险90.6亿元,增长26.7%。全年保险赔款及给付49.47亿元,增长13%。其中,财产保险赔款及给付23.53亿元,增长21.2%;人寿保险赔款及给付19.35亿元,下降3.1%。

区域金融中心建设

【概况】 2016年,全市金融工作紧紧围绕市委、市政府战略决策部署,以金融业改革、创新、发展为主线,促进全市金融业跨越式发展。至年底,全市金融机构本外币各项存款余额9627.56亿元,是"十二五"末的1.12倍,比年初增加1093.22亿元,比年初增长12.81%。全市金融机构本外币各项贷款余额为8707.23亿元,是"十二五"末的1.15倍,比年初增加1150.32亿元,比年初增长15.22%。全市共有保险公司43家(产险21家、寿险22家),保费收入152.71亿元,同比增长22.3%。全市共有融资性担保公司(含分公司)共18家,注册资金25.16亿元,比上年同期增加5.8亿元,在保责任总额43.69亿元。小额贷款公司40家,资本金53.43亿元,贷款余额55.55亿元,比上年同期下降7.93亿元。经营中小微企业转贷业务企业有32家,注册资本金35.6亿元,累计提供转贷资金超146.78亿元。

【金融商务区建设成效明显】 2016年,全省金融商务区建设成效明显,金融集聚规模效应初步显现。至年底,全省金融商务区落户金融主(监)管机构、金融机构和金融服务企业505家,其中传统金融机构和重点项目87家(人行南昌中支、江西保监局、进出口行、汇丰银行、恒邦保险等)、新型金融机构和金融服务中介机构418家(江西豫章律师事务所、南昌民间融资登记中心等)。金融机构和企业开业办公452家,其中传统金融机构69家、新型金融机构和金融服务中介机构383家。全省金融商务区建设推进领导小组办公室累计受理优惠政策申请35家100余次,兑现29家85次,累计兑现奖励资金10343.36万元。

【启动瑶湖科技金融港建设】 2016年,在国家积极推进"创新驱动发展"战略、鼓励大众创业万众创新大背景下,南昌高新区加快转变经济增长方式,积极调整产业结构,大力推进产城融合,结合高新区科技金融现状,借鉴西安、苏州等地成功经验,启动瑶湖科技金融港建设。通过对高新区科技金融改革创新,实现"金融业态聚集发展、产融高度结合"的目的,为区内实体经济提供全方位、高质量金融服务。金融港大楼主体完工,5—6层公共服务平台部分装修设计方案完成,7—23层机构办公区开始装修。

【成立小蓝科技银行】 2016年10月25日,为有效解决科技型中小企业贷款融资难问题,加快科技成果转化,助推全市科技企业发展,南昌县与建设银行签约成立小蓝科技银行。科技银行作为一种金融创新的尝试,将更好地解决南昌市尤其是南昌县科技型企业"资金瓶颈",加速科技型企业发展及成长,后期有望在全市范围内推广。

【对接企业融资】 2016年4月,根据省委、省政府要求,南昌市积极开展"百家银行进千企"活动,制定《"百家银行进千企"活动工作方案》,建立定期沟通机制。活动期间,共收集1801家企业融资需求信息,并在第一时间向各驻南昌银行发布。同时,要求各驻南昌银行指定专门机构和人员尽快与企业对接,每周上报一次银企对接情况。通过开展"百家银行进千企"对接活动,银企对接融资金额5002.4亿元,发放贷款1347.15亿元。南昌市从驻南昌银行、保险公司、证券公司等金融机构遴选一批"政治素养好、业务水平高、服务意识强"的业务骨干组成金融帮扶专家服务团,有针对性地为企业和县区提供金融解决方案。专家服务团不定期深入园区和企业实地调研,现场对接,精准帮扶,先后赴进贤县、安义县等地工业园区现场召开"金融定向帮扶座谈会",了解参会企业在发展过程中遇到的融资和发展困难,帮企业提供咨询意见、对接市场。专家服务团共对接困难企业100余家,解决融资10余亿元,为企业提供精准金融帮扶。

【引入保险资金】 2016年,南昌市大力推动全市六大融资平台谋划项目,积极与险资对接,充分发挥保险的经济"助推器"和社会"稳定器"作用。全年南昌市险资进入南昌取得重大突破,引入保险资金48.7亿元,其中水投28.7亿元、轨道交通20亿元。

【深化农村合作金融机构改革】 2016年,稳步推进农村信用社改革,全市5家县级联社全部改制成农商行或农合行。南昌县城投小额贷款有限公司获省金融办批复设立,为南昌县园区小微企业和县域"三农"领域提供特色小额贷款业务,缓解小微企业和"三农"领域融资难问题。

【维护金融稳定】 2016年,进一步改善金融生态环境,为金融机构和企业发展营造良好氛围。5月,为强化防范非法集资宣传教育和预警处置,在全市范围内集中组织开展防范打击非法集资宣传月活动,设立全市统一举报奖励电话,发放宣传资料11.24万余份,制作宣传展板383块,发送公益短信4.78万条,有效震慑犯罪分子,净化市场经济环境。按照"归口排查、条块结合、重点突出、强化宣传"原则,迅速组织相关责任单位在全市范围内开展一次互联网金融及融资租赁非法集资风险排查专项整治活动,排查重点企业44家,发现问题企业9家并限期整改,规范发展互联网金融等新金融业态。全市司法机关通力配合,相继破获一批非法集资类犯罪大案、要案,有力遏制非法集资类犯罪持续泛滥势头,维护正常的金融秩序。其中,重点做好"戴高能""胜隆公司"2个国家处非联办督办案件和E租宝等重大案件处置工作。"胜隆公司"案资产处置进入全面执行阶段,"戴高能"案进入清退阶段。

(龚　雯)

银行业

【概况】 2016年,南昌市银行业围绕市委、市政府有关金融工作决策部署,支持供给侧结构性改革,着力增强金融服务能力,切实防范和化解金融风险,总体呈现规模、效益和质量同步提升良好态势,支撑保障南昌经济社会平稳健康发展。至年底,南昌市金融机构本外币各项存款余额为9627.56亿元,比年初增加1093.22亿元,增长12.81%;本外币各项贷款余额为8707.23亿元,比年初增加1150.32亿元,增长15.22%;本外币营业收入405.41亿元,同比增长6.29%,本外币净利润167.4亿元,增长23.99%。

【持续优化信贷结构】 2016年,银行业金融机构以服务实体经济为发展宗旨,不断调整优化信贷结构,合理把握信贷投放节奏,加大对薄弱环节的信贷倾斜。至年底,南昌市小微企业本外币贷款余额1855.02亿元,同比增长15.62%,本外币涉农贷款余额1604.63亿元,增长6.96%。实施差别化住房政策,支持全市住宅和商用房快速去库存。南昌市房地产开发贷款余额1010.32亿元,增长32.76%;购房贷款余额1537.55亿元,增长42.83%。积极服务供给侧结构性改革,为经济稳增长、调结构提供信贷资金支持。基础设施建设贷款余额为2907.25亿元,增长14.63%;服务业贷款余额为4586.1亿元,增长15.73%。

【强化重点领域金融服务】 2016年,银行业金融机构继续加强对重点领域金融服务,推进科技金融发展,协调省科技厅建立科技信贷风险缓释机制,创新推出"科贷通",引导银行业金融机构积极参与知识产权质押融资试点,成立科技信贷专门服务机构。大多数金融机构成立科技专营支行或信贷专业团队。扎实推进文化金融,建立文化金融联席会议制度,引导金融机构积极探索利用景点收费权质押、版权质押、票房收入质押、著作权质押等手段为文化企业提供融资服务,支持文化产业快速发展。至年底,南昌市文化、体育和娱乐业贷款余额30.09亿元,同比增长12.39%。持续加强民生领域金融服务,出台《关于金融支持养老服务业加快发展的实施意见》,引导银行业金融机构完善产品配置、流程制度等配套机制,促进信贷资金向民生领域倾斜。至年底,南昌市下岗失业人员小额贷款余额7.45亿元,同比增长4.65%;助学贷款余额16.26亿元,增长20.07%。

【推进银行业改革创新】 2016年,组织实施存款保险制度,加强全国存保舆情监测。贯彻落实"江西金融改革发展30条",支持广发银行、平安银行等金融机构入驻南昌,推动首家金融租赁公司成功开业,农信社全面完成改制成农商行。推动村镇银行实现县域全覆盖,农村金融组织体系得到进一步优化。配合政府部门开展互联网金融风险专项整治工作。建立金融案件快速处置机制。探索小额疑难金融纠纷快速调解机制,综合运用行政调解、行政指导、行政调查等多种方式解决金融消费权益投诉纠纷。

(谢云峰)

货币信贷管理

【概况】 2016年,面对复杂严峻的国内外经济金融环境和持续加大的经济下行压力,中国人民银行南昌中心支行坚持稳中求进工作总基调,认真贯彻稳健货币政策,切实防范金融风险,加强金融服务和管理,有力支持南昌经济金融平稳较快发展。

【落实宏观审慎评估政策】 2016年,根据人民银行总行相关要求,及时部署宏观审慎评估相关工作,通过宣传解读、开展培训、组织评估等方式,帮助辖内各地方法人金融机构准确掌握相关要求并合理运用评估规则,在确保评估达标基础上,保持贷款稳定较快增长。进一步增强宏观调控灵活性、针对性和有效性。为落实中央金融精准扶贫要求,对贫困地区金融机构和非贫困地区扶贫力度较大的金融机构适当调整评估参数,保证其扶贫贷款发放不受宏观审慎评估影响。全年,对辖内地方法人金融机构开展1次预评估和3次正式评估,并根据评估结果,约见C档法人金融机构高管谈话,督促其按照宏观审慎管理要求,自主调整资产结构,补充资本、处置不良贷款,金融机构资本充足水平有所提高。

【发挥政策工具导向作用】 2016年,运用多项政策工具,改进窗口指导,不断提升货币信贷管理工作有效性和针对性。做好平均法考核工作,认真落实存款准备金调整政策,对县域法人金融机构,农业银行县级"三农金融事业部"和非县域城商行和农商行执行较低存款准备金率,增加金融机构流动性。提前为部分法人金融机构办理债券预质押,并在市场流动性出现紧张的时候,向有需求的金融机构发放常备借贷便利,发挥好常备借贷便利的流动性补充功能。使用再贷款、再贴现工具,引导金融机构加大对贫困地区企业以及涉农、小微企业支持力度,有效降低其融资成本。

【推进"两权"抵押贷款试点】 2016年,协调印发《关于推进农村承包土地的经营权和农民住房财产权抵押贷款试点工作的实施方案》。联合有关部门为"两权"抵押贷款试点工作开通绿色通道,加大对试点县(市)农地和农房确权颁证工作的督促力度,加快试点推进工作进度。指导试点县制定出台《农村承包土地的经营权抵押贷款价值评估管理办法》等多个文件，切实推动各试点县(市)建立风险补偿和奖励机制以及农村产权交易平台。至年底，南昌市辖内试点县累计发放农村承包土地经营权抵押贷款23笔、1043万元。

(谢云峰)

外汇管理

【概况】 2016年，国家外汇管理局江西省分局坚持“扩流入、控流出、稳预期、防风险”工作思路，扎实工作、主动作为，切实抓好各项改革政策实施，防范跨境资金流动冲击，增加外汇市场有效供给，建立健全宏观审慎管理框架下的跨境资本流动管理体系，严厉打击外汇领域违法违规活动，有效促进南昌开放型经济平稳健康发展。至年底，南昌市跨境收支合计198.98亿美元，同比增长6.66%；南昌市银行结售汇115.17亿美元，下降14.46%。

【促进跨境资本双向有序流动】 2016年，结合外汇资金流出风险增大情况，紧扣形势变化转变思路，切实加强“控流出、扩流入”工作。联合整治出口不收汇，建立七部门监管工作机制，加大信息互换共享，共同处置无法联系或信息失实企业。提前排查可疑购付汇行为，对购付汇快速增长或偏离正常水平银行以及大额购付汇企业进行约谈，有效抑制大额购付汇对跨境收支带来的影响。组织开展两批次流出项下专项检查，成果突出。对2家银行开展全面检查，促进银行外汇业务规范化。处置非法集资和网络炒汇取得进展。打击地下钱庄实现“零突破”，排查移交2条线索均被立案和受理。至年底，南昌市银行结售汇逆差26.33亿美元。

【完善跨境资金预警体系】 2016年，开展特色专题分析和月度贸易信贷抽样调查，调整监测分析频率，增加旬度简报，提升外汇收支报告时效性。结合实际及典型案例特点，创新设计6套监测分析指标，利用个人外汇业务监测系统开展个人结售汇和外币现钞监测，143人列入“关注名单”。健全“货物贸易外汇监测辅助工具”，提升核查精准度。为203家金融机构办理标识码新建、变更和停用工作。纠正各类统计申报数据错误2700余笔，数据质量得到提升。加强名录登记和辅导期企业管理，强制注销连续两年未发生贸易外汇收支的企业名录。

【全面落实外汇管理改革任务】 2016年，实施全口径跨境融资宏观审慎管理。通过培训、公告等形式向涉汇公众进行政策传导，推动外债管理改革红利落到实处。强化数据核对，把握全省跨境融资宏观审慎风险加权余额控制情况。改革规范资本项目结汇管理，落实外债资金意愿结汇政策，统一境内机构资本项目外汇收入意愿结汇政策，对资本项目收入用途实施统一负面清单管理模式，为企业提供规避汇率波动风险政策支撑。进一步促进便利化政策落地，简化A类企业收汇和结汇手续，降低收结汇资金成本，扩容跨国公司外汇资金集中运营参与企业。

(谢云峰)

银行业监管

【概况】 2016年，江西银监局积极引领全辖银行业深入贯彻落实五大发展理念，着力服务供给侧结构性改革大局，坚决守牢系统性和区域性风险防控底线，不断提升监管工作能力水平，在新起点上实现“整体提升、重点突破、争创一流”目标。至年底，全市银行业机构资产总额1.5万亿元，比年初增加2065亿元，增长16.01%；实现税后利润168亿元；不良贷款余额140亿元，比年初增加11亿元，不良贷款率1.61%，比年初下降0.12个百分点。

【推进供给侧结构性改革】 2016年，在全国率先启动银行业债委会组建，精心制定指导意见及工作方案，建成银行业债委会信息共享平台。至年底，完成53家银行业债委会组建工作，涉及融资余额1627.43亿元。通过因地制宜创新银企对接模式，有效发挥稳贷、增贷、减贷、重组作用，实现对优质企业支持有力、困难企业帮扶到位、僵尸企业退出有序的目标。

【破解金融精准扶贫难题】 2016年，积极对接市委、市政府脱贫攻坚战略，研究出台推进银行业精准扶贫实施意见，在全国率先实行建档立卡贫困户乡镇分片包干责任制，实现对全市45个有建档立卡贫困户乡镇“三个全覆盖”(即责任银行对贫困乡镇全覆盖、建档立卡贫困户信贷需求调查全覆盖、符合贷款条件的建档立卡贫困户信贷投放全覆盖)，扶贫小额信贷建档立卡贫困户贷款余额555.15万元，涉及160户，分别较年初增长1180%和633%。创新扶贫产品模式，建立省级易地扶贫搬迁专项基金，大力发放扶贫搬迁和危旧土坯房改造项目贷款、生源地助学贷款，激活金融扶贫“造血”功能。

【提升小微三农金融服务水平】 2016年，有效传导政策要求和监管压力，确保各项惠企惠农政策落到实处。督促涉农机构单列涉农信贷计划，引导资源配置向“三农”客户倾斜。在全面实现基础金融服务“村村通”基础上，进一步拓宽基层网点服务功能。至年底，全市小微企业、涉农贷款余额分别达2398亿元、1604亿元。

【完善普惠金融服务】 2016年，引导银行业机构进一步下沉服务重心，城商行实现全市县域“全覆盖”，助推第一批银行机构入驻赣江新区。鼓励银行机构创新推广低成本、可复制、易推广的金融产品和模式。组织签订“银税互动”合作协议，扎实做好金融消费者权益保护工作。积极推进理财代销产品销售专区建设，实现消费者权益保护站全市县域全覆盖。

【丰富银行业机构体系】 2016年，统筹规划、着力弥补辖内银行机构体系单一短板，促进金融要素和资源加快集聚。大力推进股份制银行入赣，平安银行南昌分行获批筹建，广发银行南昌分行顺利开业。支持民营银行筹建取得实质进展，消费金融公司组建不断开拓。

【防控处置重点风险】 2016年，将遏制不良贷款快速上升作为风险防控首要任务，实现降旧控新、深入研判不良贷款迁徙趋势，健全信用风险监测分析和预警防控常态化机制。加强重点行业、客户风险动态监测。持续开展9个重点行业运行监测，加大对大集团、大客户监测分析预警，制定突发事件处置预案。加强过剩产能信贷风险防控。建立过剩产能信贷统计特色报表，开展钢铁、煤炭行业融资及去产能情况调研，指导推动银行机构配合完成煤炭去产能工作。开展全市房地产信贷监测，专门印发通知督促落实房地产信贷政策，强化房地产信贷资金管控。

(彭　桦)

银行业机构

【中国农业发展银行江西省分行营业部】 2016年,中国农业发展银行江西省分行营业部严格履行农业政策性银行支农职能,认真执行国家强农惠农政策,紧跟当地政府经济发展战略,主动融入南昌"一带一路"、长江经济带、赣江新区和昌九一体化等区域发展规划,全力支持南昌地区"三农"发展。至年底,贷款总量136.27亿元,各项存款日均存款余额32.98亿元。

支持国家精准扶贫战略。始终把服务脱贫攻坚作为统揽全行工作来抓,坚持"服务重心下沉、客户层级上移",推进各项工作、各种资源、各方力量向服务脱贫攻坚聚合。全力做好全省易地扶贫搬迁贷款业务。根据江西省"十三五"易地扶贫搬迁任务安排,积极主动与财政、发改委、扶贫办等部门进行协调沟通,加强金融服务团队建设,及时跟进全省易地扶贫搬迁任务安排,确保贷款及时发放。获全省"十三五"易地扶贫搬迁项目贷款42亿元,投放贷款8.51亿元。依据南昌市"十三五"总体规划,加大支持水利、棚改、农村交通等基础设施项目建设,配套支持安置区基础设施建设。探索创新支持扶贫开发模式。不断加大力度、创新思路、完善模式,支持南昌地区网络覆盖、农村电商、网络扶智、信息服务工程、网络公益等建设。积极探索旅游扶贫、光伏扶贫、教育扶贫、过桥扶贫等支持模式。重点做好全市AAAA级景区旅游扶贫贷款摸底,为下一步争取旅游扶贫贷款业务营销开展奠定基础。

支持农业基础设施建设。全年中长期贷款余额62.98亿元,已审批中长期贷款项目13个,审批金额98.51亿元,同比增加67.01亿元,增长212.7%;发放贷款24.3亿元,增加9.8亿元,增长67.6%。积极支持农村交通建设,以纳入PSL项目库项目为重点,支持农村路网项目建设,促进城乡互联互通,着力支持解决"最后一公里"问题。农村公路PSL项目11个,拟申请贷款27.82亿元;公路项目3个,金额9.8亿元。积极支持水利建设,主动对接南昌市重大重点水利项目,大力支持重大水利工程和农田水利建设,加大对水利基础设施建设支持力度,争取早投资、早建设、早受益。水利PSL项目20个,拟申请贷款260.91亿元。完成梅湖、玉带河整治项目上报工作,密切关注赣抚尾间、赣江大堤东岸等南昌地区重大重点项目申报进度。积极支持棚户区改造和新型城镇化建设。棚户区改造PSL项目2个,拟申请贷款14亿元。大力支持改善农村人居环境,支持生态环境建设、特色小城镇和特色村镇建设等新领域,争取在海绵城市、地下管廊等项目支持上取得进一步突破。

做好基金投资。认真实施国家战略任务,做好重点基金建设投资。充分发挥"投贷结合"优势,建立重点建设基金项目储备库,积极配合发改委做好项目对接和上报工作,做到"投发一批、营销一批、储备一批"。全年发放农发重点建设基金1.21亿元,拨付政府发债资金18.01亿元,覆盖全省65个县(区、市),有力地支持全省"十三五"易地扶贫搬迁项目建设。

支持粮棉油收储。始终把支持粮棉油收购作为工作的重中之重,保收购、抓储备、管自营,确保支持力度不弱化,操作和管理要求不降低,粮油收储不出大问题。至年底,粮棉油贷款余额65.37亿元。其中,中储粮贷款2.6亿元,主要为中央储备稻谷贷款;最低收购价贷款27.6亿元,全年发放3.82亿元,用于支持企业收购早、中晚稻1.4亿千克;国家临储粮油贷款5.65亿元,完成国家临储任务;地方储备粮油贷款15.89亿元;粮油购销流动资金贷款3.37亿元;自营性粮棉油贷款0.82亿元;省级以上专项储备贷款1.09亿元,完成国家临储任务,全面实现国家和省级化肥储备贷款"双结零"。

新业务发展。加快业务转型,突出重点对土地流转复垦、农村土地综合整治贷款宣传推介,全年投放6亿元农村土地流转贷款。抓好与进贤县、安义县现代农业示范园项目营销。积极探索支农转贷款业务,深化与江西银行合作,向江西银行股份有限公司发放全省首笔支农转贷款5000万元,用于江西银行股份有限公司八一支行转贷给涉农企业及个体户20余户,有效解决涉农实体经济主体融资难、融资贵问题,树立农发行服务"三农"的崭新形象。

推进科学管理。健全完善考核和激励机制。修订完善"经营目标绩效挂钩""财务费用资源配置""县级支行副行长兼主管年度绩效""员工岗位绩效"等考核办法或实施细则,充分发挥考核"指挥棒"作用。强化监督检查,全年开展"全面风险大排查""雷霆活动"和"案防"等专项检查活动,对检查发现的问题,及时跟踪督促整改,实行科学管理。抓基础抓基层,规范管理和操作,以"四个精细"带动经营提质增效。加强安保综治工作,升级改造视频监控报警系统,抓好消防、车辆等安全管理。全年未发生安全责任事故。

(朱　旻)

【中国工商银行江西省分行营业部】 2016年,中国工商银行江西省分行营业部按照"四轮驱动,负重提速"总体要求,拓市场、促经营、抓管理、求发展,全行经营管理稳中有进,经营成果表现良好。全年各项贷款余额692亿元,较年初增加50亿元,增长7.8%。其中,公司贷款增加15亿元,排名同业第一;个人贷款增加46亿元,占全省工行增量58%。各项存款余额819亿元,其中储蓄存款较年初增加13亿元,机构存款较年初增加16亿元。

积极推进经营转型,努力增强竞争能力。深化体制机制改革,新组建大客户服务中心、小微企业经营中心、私人银行中心,突出专业管理职能。对全行大中型公司客户集中上收维护管理和拓展,提升客户营销层级和成效。对全行小微企业和个贷业务实行集约化营销管理,构建发散式营销、工厂化处理新模式。加大客户经理体制改革和支行竞争力提升等持续改革的力度。推进渠道优化和网点标准化运营改革速度,人力资源配置得到优化。快速适应和对接行内大客户中心改革、投行中心改革等系列重大调整与决策的落地实施。各项改革成效逐步显现。

加快拓展传统业务,稳步夯实经营基础。注重产品营销、外拓营销、客户维护和机制引导,下大力气稳存增存,努力夯实经营基础。拓展信贷市场,深入推进"扩优筑基"工程,积极支持铁路、公路、电力、基础设施等传统市场的发展。同时,大力拓展先进制造、文化旅游、医疗教育等新兴行业板块市场和个人住房信贷市场。全年公司贷款增量排名同业第一,个人住房贷款创历史最好水平。

加快抢占新兴市场,大力推进经营创新。积极推进大资管业务发展,向总行推荐理财资金30余亿元,与区域内6大集团客户企业签订投行集成服务协议。加快拓展国际业务市场,为某跨国企业开立保函1.65亿美元,全年实现国际结算量40.7亿美元,同比增长72.57%。助推私银业务发展,成功营销系统内全国最大、全省首单6亿元传承型家族基金业务,年末持产品私银客户增幅33.8%。提升互联网金融业务发展,实现B2C非金融产品交易额5.88

亿元，占全省总量84.9%，推荐67户优质企业入驻融e购平台，营销二维码商户1.16万户。

合力支持实体经济，着力提升服务品质。坚持以实体经济为导向，抓重点项目库管理，持续做大公司信贷规模，对省内重点规划建设项目、南昌市重大建设项目和重点行业板块给予全力支持。同时，抓小微企业金融支持，加大金融服务产品创新步伐，适时推出创新产品，丰富服务内涵，陆续创新推出如税务贷、政府采购贷及租金贷等业务品种，满足小微企业服务需求。同时，不断深化与政府、财政、税务等部门合作，合力打造适宜小微企业发展的经营环境，为小微企业金融服务拓展空间。全行小微企业客户数量和信贷投放总额持续保持良好的增长态势。

（邓新喜）

【中国农业银行江西省分行营业部】2016年，中国农业银行江西省分行营业部（简称农行省分行营业部）认真贯彻落实上级行各项工作部署，牢固树立“依法合规经营，科学稳健发展”经营理念，按照“凝心聚力、改革创新、找回自我”总体思路，努力践行“面向三农、服务城乡”使命，围绕南昌市“打造核心增长极基本成型”的目标，主动融入南昌“一带一路”、长江经济带、赣江新区和昌九一体化等区域发展规划，不断加大信贷支持和金融服务力度，积极支持地方经济社会事业发展和重大项目建设。各项经营指标呈现稳中有进、稳中提质的良好态势，主要业务市场排名持续进位，客户美誉度、社会认可度持续提升，被南昌市委、市政府评为社会治安综合治理先进单位。至年底，下辖营业网点111个，在岗员工2200余人，存贷款规模突破1300亿元。

以客为尊，持续提升服务品质。持续推进对公、零售、县域三大业务转型，结合南昌市新老规划建设，加快优化全市网点布局。按照全行统一的装修标准，加快网点改造和功能分区建设，打造出14家旗舰网点，网点形象全面提升，亮化街道，美化市容。至年底，装修改造11个物理网点、建设自助银行21个，电子渠道分流率接近92.8%。投入使用三农金融服务点631家，覆盖乡镇78个，乡镇覆盖率100%。加大软转步伐，累计完成108个网点转型导入。先后完成城区主要网点的互动体验区的建设，提高网点体验式营销能力，实现辖内网点Wi-Fi全覆盖。围绕服务、营销、转型等主题，定期组织开展品质服务技能大赛，按季评选服务明星、标杆网点，在全辖网点营造比技能、比服务、比业绩的服务氛围，进一步提高基层员工业务素质和服务技能。组织开展“贵宾客户养生讲座”“少年演说家”等贵宾客户增值服务活动，客户美誉度、社会认可度明显提升。

创新产品，主动策应市场需求。以客户为中心，以市场为导向，充分利用金钥匙、金e顺电子银行、金穗银行卡、金光道、金益农“五金”系列产品，致力于为客户提供全方位金融服务。持续推进对公业务投行化，由资产拉动型向产品服务创新型转变，积极运用债务融资工具等高端投行业务，解决客户低成本资金需求。通过开展债务融资、融资租赁、代理信托等业务，为江西省中医药大学、江西现代学院等高校合作开发代收学费、校园圈存等业务系统，年均代收学费2亿余元，并推进校园“一卡通”建设。为江西省福利彩票中心、江西省体育彩票成功上线“银彩通”系统，搭建彩票电子终端自助购买、定投计划自动购买等平台，实现业务500万余笔，销售额1000余万元。同时，应客而变，创新三农产品，围绕产业链龙头企业需求，应时研发“金猪贷”产品。以理财产品为推手，加大结构性存款、商惠通卡、资金归集、代发工资等引存产品营销。以专业市场、各大院校为重要阵地，大力推广网上银行、电话银行、掌上银行等业务，使客户足不出户就可办理各项业务。开展理财产品进社区、随薪贷进机关、金融服务进警营等主动营销活动，充分满足客户各类金融需求。大力开展周六美食半价等客户回馈活动，客户用卡刷卡消费意识快速攀升。

城乡联动，全力支持地方经济。紧紧围绕市委、市政府打造富裕美丽幸福江西“南昌样板”战略部署，积极支持南昌经济社会事业发展。信贷投放持续增加，全年累计投放各项贷款354.65亿元。积极调整产行业信贷政策和重点区域发展战略，合理配置信贷资源，加大对实体经济和重点企业支持力度，努力促进南昌经济发展升级。积极响应政府政策，对接政府项目，挖掘存量、争取增量、创新融资渠道，确保南昌市在建、续建重点项目按期施工、按期投产。优先支持市政控股集团公司、市铁路局、赣粤高速、高投集团、国电投、国网电力公司、港行建设投资集团、中建、中铁和南昌轨道交通2、3号线等重大项目建设。把服务小微企业发展作为优化贷款投放，支持实体经济发展的重要抓手，积极创新金融服务方式，优化审批流程，全力扶持小微企业发展，取得明显成效。至年底，农行省分行营业部全面完成“三个不低于”监管目标，小微企业贷款余额较年初增长12.65亿元，增长率37.64%，小微企业贷款客户数比上年同期增加78户，小微企业申贷获得率81.18%。在经济下行压力下，加大政府增信产品运用，持续推进小微法人信贷业务稳定增长。全年累计向136户小微法人客户发放贷款近10亿元。拓宽为民服务渠道。以交通、卫生、教育、社保、医保等为重点，全力支持政府民生工程建设。与省、市公积金中心合作，有效缓解公积金中心资金周转，更好地满足缴存职工资金需求。与省社保合作，成功实现部分县（区）新农合、城乡居民医疗保险改革合并，为参保人员发放社保卡140万张，市场份额30%。助力外贸经济发展。在融资服务方面，积极运用进口押汇、福费廷、受托代付等一系列贸易融资产品，满足进出口企业贸易融资需求，投放江铜股份、联创电子、新凤微晶等贸易融资近亿美元。加强与境外分支机构合作，利用境外低成本资金满足企业融资需求，为有色、稀土、晨鸣和中煤等办理跨境参融通业务超4亿元，有效拓宽境外融资渠道，帮助降低企业融资成本。在跨境金融服务方面，积极响应中央和地方“一带一路”国际战略和总分行要求，为中煤、中鼎和煌上煌等“走出去”企业提供优质的跨境金融服务。在规避汇率风险服务方面，组建专业服务团队，为南昌市30余家外贸企业定期提供外汇咨询100余次，帮助外贸企业提高市场分析和预判能力，有效规避汇率风险。服务“三农”力度加大。不断加大“三农”和县域的金融支持力度，与市内12家国家级农业产业化龙头企业建立合作关系，合作面100%；与辖内31家省级以上农业产业化龙头企业建立信贷关系，合作面55.28%；有力支持煌上煌、正邦、汇仁集团、双胞胎、南昌深农批发市场等重点企业的发展。至年底，累计发放南昌地区农户贷款41亿元，扶持满足近8万户农户生产经营资金需求。大力推广惠农卡，推进惠农通工程建设。至年底，累计发放惠农卡73万张，辖内共布设惠农通工程服务点631个，覆盖78个乡镇、463个行政村，乡镇覆盖率100%，“惠农通”逐步成为农行省分行营业部有特色、有影响力的“三农”金融服务品牌。为配合好江西省政府对家庭农场、专业大户等农业新型经营主体的支持，农行省分行营业部积极推广“财农通”工程。至年底，“财农通”工程客户超过4000户，贷款余额近2.3亿元。针对当地特色经济情况，有针对性地发放油茶专项贷款（油茶贷），贷款余额近4500万元。

（徐　亮）

【中国银行江西省分行营业部】 2016年，中国银行南昌地区各机构继续以“担当社会责任，做最好的银行”为己任，深入贯彻省分行提出的“三化、三高、三严”科学化管理要求，秉持“在依法合规的前提下经营，在防范风险的前提下发展”风险理念，坚持“产品带动、服务拉动、创新驱动”三大战略，积极融入南昌经济发展，大力支持南昌市重点项目建设，不断完善惠民金融体系，真诚助力企业发展，努力争创“最佳服务、最佳形象、最佳业绩”。至年底，中国银行股份有限公司江西省分行在南昌地区设有省分行营业部1家和直属支行12家，共有营业机构72个，从业人员1400余人。本外币各项存款余额573亿元，各项贷款余额499亿元。

主动对接政府需求，全力支持经济发展。全面加强与市政府的深入合作，联合市委宣传部共同举办南昌文化产业推动会暨文化产业“创新创业、跨界发展、金融互联”主题论坛，建立工作联动机制，共同下发联合行动方案，认真做好文化园区、文化企业与文化创客全方位服务，推进南昌市文化产业快速发展。全力支持市轨道交通、昌九城际铁路、市政公用投资、旧城拆迁改造等重大项目发展。积极策应南昌地方经济发展战略，发挥自身国际化、多元化优势，陆续邀约政府有关部门与江铃集团、方大特钢等大型重点企业参加中国银行举办的“走进西西战略”经贸解读会、支持赣企“走出去”恳谈会等活动，全力支持政府“走出去”发展规划。主动对接赣江新区发展规划，第一时间设立赣江新区支行，成为首批进驻赣江新区的金融机构，集中优质资源助力赣江新区建设。

坚持客户需求导向，不断助力企业成长。全力做好地方大型事业单位、龙头企业的金融服务，成功与南昌大学、省旅游集团、省金控集团签订全面战略合作协议，持续深化与中国瑞林工程技术公司、江铃汽车集团、江西出版集团、江西国际经济技术合作有限公司的业务合作。倾力支持地方重点企业发展，为欧菲光、洪都集团、正邦集团、江中集团、泰豪集团、汇仁集团、晶能光电、煌上煌等企业提供集团授信、咨询服务、国际结算、投资理财、个人金融等方面专业服务。助力中小微企业发展，重点支持高新技术产业开发区、经济技术开发区、临空经济区和小蓝工业园等重点开发园区的中小微企业客群。全年，中国银行南昌地区各机构通过“财园信贷通”产品投放中小企业贷款8.5亿元，超额完成政府下达的7.5亿元贷款投放全年任务，计划完成率113.01%，放贷额在全市14家金融机构中排名第三。联合江西省工信委，在南昌共同举办促进江西中小企业国际化发展推进会，支持广大中小企业利用全球要素加快融入全球产业链和价值链。积极组织运动会、球类比赛、文艺晚会、高端论坛等银企系列活动，充分体现中国银行对企业客户的真诚之心，进一步深化银企合作关系。

创新惠民金融产品，努力提升服务水平。以互联网思维积极开展云端银行创新实践，不断深化创新驱动战略，重点打造推出“易惠通”手机APP，30余个特色模块为个人与企业客户提供生活、金融、消费等各方面服务，进一步完善惠民金融体系。与省旅发委联合推出全省首个旅游金融在线服务平台“旅游通”APP、长城旅游卡，为客户提供旅游一站式服务，共同开创银旅合作新境界，全面打造智慧旅游金融“江西样板”，获得省委、省政府和社会各界广泛认可。为帮扶解决中小企业融资需求推出“中小通”APP，实现“网上申请，快速审批，线上线下便捷提款”，进一步提升中小企业服务体验。成功实施“园丁关爱”项目，为南昌市广大中小学、大中专院校教师群体提供包含人身保险、金融服务及配套增值服务在内的专属关爱服务，积极践行中国银行“担当社会责任，做最好的银行”的承诺。

（杨　湾）

【中国建设银行江西省分行营业部（南昌洪都支行）】 2016年，中国建设银行江西省分行营业部认真贯彻落实省分行战略部署，坚持以党建促发展的经营思路，不断发力转型，强化风险管理，通过持续推进“4816”工程，确保各项业务健康稳定发展。至年底，全行一般性存款日均余额713.01亿元，较年初日均新增83.98亿元，四行（工农中建）新增排名第一。各项贷款余额447.08亿元，新增51.03亿元，其中个人贷款新增44.15亿元。在全体员工齐心协力工作下，各项关键业务指标位居行业前列。同时，为倡导员工科学正确人生观和价值观，在抓好各项业务同时狠抓精神文明建设。南昌江铜支行荣获“全国建设银行青年文明号”称号，西湖支行行长肖珺获得“全国五一劳动奖章”。

支持地方经济。在快速发展各项业务同时，立足南昌市区域经济特点，科学合理配置各项信贷投向，实现建设银行与地方经济共同发展。为大力支持南昌市地区城市基础建设和地方民生工程，先后累计信贷支持55.43余亿元。其中，桥梁隧道等基础建设项目1.9亿元、洪都航空集团老工业基地改造项目7.5亿元、江西省旅游集团旅游开发项目3.2亿元、湾里区梅岭旅游发展项目1亿元、江西省高速公路建设工程项目3亿元、电力基础建设项目2.95亿元。为响应国家大力支持小微企业发展战略，支持地方特色产业发展，通过“七贷一透”等大数据平台化产品的推广，累计为区域内优质小微企业发放贷款330余笔，投放金额6.2亿元。

推动消费金融。为适应新形势下新业态发展，按照总行、省分行转型发展要求，始终坚持“零售优先”“移动优先”发展战略，通过发展个人消费金融和掌上金融满足快速增长的个人消费需求。为满足客户日常储蓄和信贷需要，全年累计新增借记卡（储蓄卡）发卡122.8万张、贷记卡（信用卡）发卡12.32万张，快贷客户2.58万户、二手房贷款37.12亿元。为满足居民衣食住行需要，先后推出建行洪城一卡通、南昌职工卡、旅游一卡通等多款特色银行卡。通过开展商圈节假日优惠活动，有力刺激区域消费氛围，有效地打造建设银行在南昌地区消费金融生态圈。

金融服务提升。网点是银行服务的阵地，是银行的形象窗口。为抓好网点服务，提升客户体验，先后从三个层面对金融服务进行重点提升。建立弹性窗口，弹性排班制度。对于客户集中办理存取款业务时间段，要求所辖网点及时安排员工弹性加班缓解服务压力。积极引导客户分流，提升业务办理效率。严格按照手机、网银、自助、柜台引导次序对网点客户进行分流，确保营业大厅各项业务有序办理，减少客户办理业务等候时间。提高移动金融柜面替代率，多渠道满足客户金融需要。为满足客户日常金融需求，在保证现有网点柜台服务水平下，在南昌地区累计新增标准版智慧柜员机155台、自助发卡机106台、自助填单机122台、自助查询机108台，极大提升客户业务办理效率，实现移动金融柜面替代率69.48%。通过移动柜台服务延伸，开始将金融服务走进社区、园区、校区，提升客户的服务体验。

慈善公益事业。为践行国有商业银行社会责任，充分发挥党员干部先锋模范作用，先后多次开展党员干部员工走进南昌SOS儿童村帮扶活动，通过“一对一”结对子模式，从物资和精神两个层面对孩子们进行重点帮扶。为解决贫苦孩子读书困难，联合“小蜜蜂义工协会”，于世界读书日在万达广场专门开展图书义卖活动，通过义卖为贫苦学生筹集大量图书和爱心基金。另外，为帮助本行身患疾病的困难员工，支行工会先后两次组织全行员工开展自愿募捐活动，通过彼此关爱让员工用实际行动传播社会正能量。

（张　威）

【江西银行】　江西银行成立于2015年12月，由原南昌银行吸收合并原景德镇市商业银行发起设立，是江西省首家省级法人银行。营业网点覆盖江西省全部设区市，省内县区覆盖率77%，首批入驻国家级赣江新区，并在广州、苏州设立分行，同时发起设立江西省首家金融租赁公司和5家村镇银行。2016年，江西银行以非中银协城商行工作委员会常委单位身份，承办全国城商行年会，并当选中银协城商行工作委员会常委单位。至年末，集团资产突破3000亿元，各项存款余额突破2000亿元，各项贷款余额突破1000亿元。

公司业务合作共赢。全年基金实际投放396.34亿元，与全省57个市、县（区）签订基金投放协议，顺利落地省内首支电子信息产业基金、首支健康养老基金。与赣江新区、赣州市、南昌汉代海昏侯国遗址管理局等政府及部门，省高投、省投、省国资、江中集团、江西新华发行集团等省内知名国企签署全面战略合作协议。投放绿色金融债券支持污水处理、新能源汽车企业。与省内“一带一路”重点企业合作，发放首笔境外基建类外币贷款。

金融投行勇于尝试。金融业务资产规模发展迅速，并获得非金融企业债券融资工具承销商资格和理财直融工具试点发行资格。创新投行模式，专门成立投资银行部，积极在“投贷联动”领域进行尝试，推出“上市贷”和“投联易贷”产品，实现投放1.42亿元，签订认股优先选择权29户，“下海”高收益、轻资产业务。

中小服务助推发展。推进小贷中心事业部制改革，微贷团队被中国银监会评为“全国银行金融机构小微企业金融服务先进团队”。创新银保、银担、银证合作模式，与省农担、省再担推出“见保即贷”业务，全力做好续贷服务，为企业降低经营成本，优化发展环境。

零售业务创新引领。上线全国第一款基于HCE技术的银行手机离线支付产品OlaPay，应用于南昌市地铁、公交等公共交通领域，并在此基础上加载商户消费云闪付功能，推进全场景应用。在智能柜台上应用加载“人脸识别存取款”技术，智能网点建设进一步深化，是国内少数拥有该项技术应用的银行。利用定价系统，创新推出“工资宝”“财富存”等负债产品，实现灵活计息、单户计价。

形象作风取得突破。加强党建工作，深入开展“两学一做”学习教育，用习近平总书记系列讲话、新时代井冈山精神武装头脑、指导实践。结合金融业自身特点，开展廉政教育“六个一”活动，进一步提高党员干部廉洁从业素质。树立品牌形象，在赣州成立首个省内金融扶贫基金会，捐资1000万元，刷新“责任银行”形象。

（袁　雯）

【招商银行南昌分行】　2016年，面对经济新常态、金融改革持续推进、各类风险交织的多重局面，招商银行南昌分行攻坚克难、积极作为，稳步推进战略转型，以“服务实体经济、助力地方发展”为己任，持续做大融资总量，加快金融服务升级，紧紧围绕全省经济转型升级大局，着力服务供给侧结构性改革，各项业务取得协调、稳健发展。至年底，实现全折资产总额870亿元，新增24亿元；实现人民币自营存款余额642亿元，新增36亿元，增幅6%；实现全折自营贷款余额637亿元，新增41亿元，增幅7%。

跟进省内重大战略，发挥金融对实体经济的支撑作用。积极响应省委、省政府“做大江西金融总量”的要求，持续加大在江西的信贷投入，有效满足重大项目、重大平台融资需求。至年底，实现融资业务余额862亿元。其中：采取流动资金贷款、固定资产贷款、银团贷款等传统模式累计新投放信贷资金237亿元；采取并购融资、股票受益权抵押、PPP融资、政府引导基金等新兴融资模式新发放信贷资金28亿元，增幅40%。响应一带一路战略，为走出去企业实现贸易融资余额7亿元，为境外承包工程企业提供授信6.5亿元，实现跨境人民币结算28.6亿元。

优化信贷投放结构，为地方经济发展升级添劲助力。结合基础设施提升战略，向城市建设、土储、棚户区改造等基础设施建设项目提供22亿元贷款支持。为助力现代综合交通网络建设，向公路、铁路等交通运输行业提供26亿元信贷支持。为支持江西绿色崛起战略，向水利水电、环保等相关行业提供7亿元信贷支持。对于过剩产能和“僵尸企业”，坚持主动退出、腾笼换鸟，先后调整“产能过剩”行业贷款和低效贷款21亿元，将腾挪出的贷款投到国家产业政策支持领域。

创新小微扶持模式，全力提升小微金融服务实效。全年，向1.32万户小微企业提供近270亿元贷款支持，占向实体经济全部信贷投入的43.7%，向小微企业提供表外融资23亿元，占向实体经济全部表外融资额的27.7%。加强合作，结合省政府“财园信贷通”项目，先后与省内19家工业园区开展合作，扶持园区小微企业200余户，发放小微贷款11亿元。产品创新，开发专门支持小微企业的信贷产品“抵押结算贷”“结算流量贷”和“诚信纳税贷”，为企业提供新融资路径和模式。专门研发支持创新型小微企业融资需求的“三板贷”产品。该产品有效覆盖全省50%以上的新三板企业。减费让利，明确规定不再收取小微企业贷款承诺费（银团贷款除外）、资金管理费、财务顾问费和咨询费等费用，减免企业开户费用，真正让企业实现“零费用开户”。这项优惠政策全年为近500户企业减免327万元开户及网银费用。

围绕金融服务能力建设，打造普惠金融新样板。在消费者权益保护方面，牵头省内所有银行机构编制首期《江西银行业消费者知识读本》，主动承办20余次金融服务进社区、进高校金融知识宣传活动。5月，副省长刘昌林到招行宣传展厅，对服务与消费者权益保护工作给予充分肯定。在一线营业网点建立51个“消费者权益保护站”，通过举办金融知识小讲堂，讲授防诈骗技巧和银行卡用卡安全，真正将基本金融知识带到广大消费者身边。在金融科技创新方面，始终以金融科技创新引领市场。12月，招商银行正式上线摩羯智投，是运用Fintech（金融科技）技术的重大创新，也是招商银行APP对从工具到平台、从交易到咨询、从单向到互动、从封闭到开放策略的又一次重大突破。摩羯智投运用机器学习算法，并融入招商银行十多年财富管理实践及基金研究经验，在此基础上构建的以公募基金为基础、全球资产配置的“智能基金组合配置服务”，能够支持客户多样化的专属理财规划。客户可以根据资金的使用周期安排，设置不同收益目标和风险要求，一个人可拥有多个独立专属组合，帮助实现购车、买房、子女教育等人生规划。

（高雪菲）

【中国民生银行南昌分行】　2016年底，中国民生银行南昌分行在江西省设有2

家（上饶、赣州）二级分行，14 家支行，43 家社区支行。各项存款余额 190.4 亿元，各项贷款余额 200.64 亿元；个人客户 49.4 万户，年新增 9 万户，增幅 22.2%。南昌分行在总行服务监测中蝉联系统内第一名，连续第三年荣膺服务管理先进分行；在中国人民银行南昌中心支行举办的 2016 年度“辖内金融机构会计核算业务”竞赛中，荣获“综合优胜单位”；在江西省金融工会组织的“2016 年度江西金融系统银行证券保险综合业务技能竞赛”中，荣获“最佳组织奖”，并在单项竞赛中荣获“对公业务一等奖”。南昌分行营业部、红谷滩支行获评“中国银行业文明规范服务五星级营业网点”。赣州分行营业部获评“中国银行业文明规范服务千佳示范单位”。

加大投入，支持地方经济建设。立足江西实际，围绕江西地区重大项目、特色行业、重点民企等领域加大融资力度，全年累计在江西地区投放各类贷款 267.83 亿元，票据直贴 37.7 亿元，开立银行承兑汇票 70.49 亿元，承销地方政府债券 102.88 亿元，有力支持江西实体经济发展。

坚定战略，扶持小微企业成长。始终贯彻“做小微企业的银行”战略，在经济下行期不改初衷，全年发放小微贷款 80.95 亿元。小微企业客户 8.6 万户，全年新增 1.2 万户。扩大小微贷款“无本续贷”功能的应用范围，切实降低小微企业融资成本，缓解还款压力，并提供优质续贷服务。

服务大众，提供优质金融服务。不断优化网点服务水平，提升广大群众金融消费体验。针对居民日常消费性融资需求，积极发展消费贷款业务，年末余额突破 30 亿元，较年初翻番。针对群众日益旺盛的理财需求，提供专业化资产配置建议，推荐保险、基金、理财、贵金属、直销银行等丰富产品。创新推出“高速 + 停车场”ETC 畅行卡产品，为市民出行和停车提供便利。推广移动金融，手机银行客户 29.8 万户，全年新增 4.2 万户。

热心公益，履行企业社会责任。积极参加监管部门和行业协会组织的“金融知识普及月”“金融知识万里行活动日”“金融消保，我们在行动”等金融知识宣传活动，通过电子屏、折页、微信公众号等渠道开展理财知识、反洗钱、反假币、打击非法集资等公益宣传。组织员工向总行定点扶贫项目捐款 14.2 万元，多次赴分行定点扶贫村开展节日慰问和捐款、捐物活动。

（曾　林）

【九江银行南昌分行】 2016 年，九江银行南昌分行在职员工 270 余人，下辖传统支行 12 家、社区支行（含小微支行）20 家。至年底，各项存款余额 168.04 亿元，比上年增长 49.49%；各项贷款余额 99 亿元，增长 52.19%。分行荣获南昌市十六届文明单位称号，分行员工林康荣获“2016 年南昌市劳动模范”称号，下辖八一支行荣获南昌市“青年文明号”称号。

服务实体经济本源。全面推动零售服务布局，全年累计发行理财产品近 500 期，新增社区支行（含小微支行）5 家，着力解决金融服务“最后一公里”问题。继续做好中小企业金融服务，秉承做“老百姓的银行、小微企业的银行、民营企业的银行、政府的银行”市场定位，成立小微企业金融服务南昌中心，始终将中小企业和私营个体经营者作为授信扶持的重点对象，开发“贷贷相传”“真心相贷”“女当家”等中小企业特色产品。全年发放小微贷款 1782 笔共 14.2 亿元。

拓宽业务服务平台。积极拓展金融业务资质，正式获得基金销售资质。完成百度百付宝、苏宁易付宝等平台接入，拓展电子支付业务服务范围。推出“聚富”系列理财产品，填补高端理财产品空白。实现二代支付密码系统、新电票和新一代超级网银系统上线并纳入统一支付平台。推出江西省内第一个自主研发线上收单产品“码上收”，突破性推动收单业务发展。

夯实运营服务能力。根据总行统一安排，顺利升级核心业务系统并成功从兴业银行迁回，实现核心系统自主掌控。加强流程银行集中作业中心管理，提升作业效率。深化“优质服务”理念，加大服务考核力度，采取现场检查、暗访检查和非现场检查等相结合方式，对不规范的服务行为进行全行通报。采取服务导师、服务明星评选等制度，发挥先进“传帮带”作用，不断提升客户服务水平。下辖阳明支行荣获“2015 年度中国银行业文明规范服务三星级营业网点”称号。

深化品牌文化，履行社会担当。加大金融扶贫支持力度，对接安义县珠珞村，帮助村民兴修水渠及道路基本建设，转变“输血式”扶贫为“造血式”扶贫。继续开展“感恩一日捐”“学雷锋志愿活动”，志愿活动时长超过 200 小时，并在营业大厅设置学雷锋志愿服务相关设施，方便市民使用。继续开展员工家园文化活动，组织包括拔河、羽毛球等体育比赛，开展讲故事大赛、英语风采大赛、辩论赛等文化活动，丰富员工文体生活。

（陈　苓）

【南昌农商银行】 南昌农商银行是江西省首家改制组建的农商银行，扎根南昌，服务城乡。该行是全省唯一连续两届荣获“全国农商银行标杆银行”的银行机构，是全省农商银行业务规模最大、实现利润最多、监管评级最好的成员行社。2016 年，全行共有员工 1200 人，82 个营业网点，各项存款突破 410 亿元，各项贷款突破 280 亿元，经营效益逐年提升，风险指标持续向好。全年南昌农商银行获得“全国十佳创新服务小微企业银行”“2016 年度‘陀螺’评价体系综合排名前十强”“2015—2016 年度银团合作优秀派出机构”“全国十佳农商银行”“江西省服务业龙头企业”“最美服务窗口奖”“2016 年度江西省妇女儿童慈善爱心企业”等荣誉。

坚守市场定位，服务经济发展。保持战略定力，始终坚持走特色化、差异化发展之路，以特色化服务对接目标客户，以差异化策略提升竞争力，大力支持地方经济社会发展。履行支农使命。坚持服务“三农”宗旨，根据南昌产业结构实际情况，积极调整经营思路。在充分满足传统农业信贷需求基础上，重点扶持特色现代化农业和农业产业化龙头企业，支持辖区内“城中村”改造，支持村级经济发展。至年底，涉农贷款余额 127.2 亿元，占贷款总额 44.61%，有力助推城乡一体化发展。支持民生工程。与劳动保障部门合作，在全国率先开办下岗再就业小额担保贷款业务。至年底，累计发放各类民生贴息贷款 35 亿元，支持和带动就业 18 万余人，曾两次获全国表彰，仅 2016 年就减免该类贷款利息 1000 余万元。此外，积极推广妇女创业贷款、大学毕业生创业贷款等特色信贷业务，打造创业贷款服务中心，着力服务弱势群体，积极支持全民创业。助力小微企业。贯彻省联社信贷工作要求，以支持中小企业发展为方向，着力推动信贷结构调整。全年累计发放贷款 374.74 亿元，较上年同期多投放 13.23 亿元。新增贷款中 500 万元（含）以下贷款金额和户数分别为 162.31 亿元和 10841 户，占全部新增贷款额度和客户数的 43.31% 和 97.05%，同比分别提高 3.77 和 0.78 个百分点，有力支持地方小微企业加快发展。

加快转型升级，提升发展质量。面对利率市场化、金融脱媒、互联网金融带来的严峻挑战，加快转型步伐，努力增加新兴业务比重，减少对存贷利差的依赖。

大力拓展理财业务。以丰富理财产品、提高发行频率、扩大发行规模为主要发展方向，努力拓展投资渠道，扩大理财投资范围，满足行内外理财客户多样化需求。全年发行理财产品102期，金额100.9亿元，同比增加93.3%。做大金融市场业务。成立金融市场北京部和上海部，走出去步伐更加坚定有力。以债券、资管、投资业务为主，突出业务差异化和多元化。全年金融市场部实现总收入11.37亿元，扣除资金成本后实现净收入6.67亿元。审慎开展票据业务。增强市场分析和研判能力，扩大投资利差。全年累计办理直贴、转贴现业务239.8亿元，贴现余额18.67亿元，实现各项业务收入3439.64万元。做优外汇业务。优化考核方式，发挥一级支行在发掘和推荐客户上的资源优势，取得显著成效。成功办理全省首笔1000万美元同业外汇拆借业务和全省首笔外币投资业务，实现“零”的突破。全年共发展35家境内外代理行和7个币种13家账户行，办理国际结算业务257笔、结算量累计4044万美元。做强电子银行业务。拓展线上渠道，加强手机银行、网上银行和“e百福”网上商城营销，将传统业务导向自助渠道，强化客户互动和体验。至年底，电子银行业务替代率为74.19%，较上年末提升12.19个百分点，网上银行、手机银行客户总数和有效客户总数排名均列全省农商银行第一。

坚持审慎经营，筑牢风险防线。在促进业务发展同时，坚持问题导向，坚持底线思维和前瞻思维，辩证处理好防范风险和业务发展的关系，牢固树立风险防范意识，严守风险管控底线。严防信用风险。通过建立完善的内控机制和激励机制，严格贷款等资产业务流程控制。通过做优增量、盘活存量等举措，确保不良贷款率、资本充足率等主要风险指标持续达到二级监管标准。严防内部操作风险。通过加强员工教育，特别是对处于风险传导前线一线员工开展针对性教育培训，使其全面掌握风险控制点。加强对员工行为控制，规范操作流程，按程序办理。切实履行风险防控主体责任，认真落实“一岗双责”。加强责任追究，严肃查处违规操作行为，既追究员工直接责任，也追究负责人管理责任。严防外部市场风险。加强客户资金流向监测，强化贷后检查工作，严防客户资金流向民间借贷市场、股市。密切关注政府融资平台、房地产、集团客户关联交易、连环担保等外部风险传染，切实扎紧风险传染口子。加强案件防控。建立案防长效机制，完善组织体系、制度体系、监督体系、问责体系，确保案防工作落到实处。根据年初制定的案防巩固年工作计划和雷霆行动实施方案，扎实开展案件风险排查活动。深刻汲取丰城电厂“11·24”特别重大事故惨痛教训，针对建设施工、用电安全、防火防盗防抢等方面的安全隐患和漏洞开展全面排查，坚决化解风险苗头，实现全年平安经营。

履行社会责任，树立良好形象。向“百福慈善基金会”捐赠2000余万元，每年利用基金收益资助100名贫困高中生完成学业。捐赠30万元帮助余干洪家嘴永兴村南岸洲自然村开展新农村建设。捐赠20万元帮助阳光嘉苑小区开展社区亮化工程。向南昌市教育基金捐赠12万元，奖励南昌市教育系统优秀教师。向系统内困难员工捐赠5万元，解决生活困难。捐赠3万元资助考入清华大学和华中财经政法大学的2名优秀贫困大学生圆求学梦。倡导员工积极参与“慈善一日捐”活动，大力弘扬扶危济困、乐善好施的传统美德，热心公益事业，真诚回报社会，树立良好企业形象，不断提升社会知名度和影响力。

（邓宝义）

【华夏银行南昌分行】 2016年，华夏银行南昌分行积极应对错综复杂的外部经营形势，认真落实总行和监管部门决策部署，坚持稳中求进的工作总基调，加快转型调整步伐，各项经营管理工作稳步推进，工作成绩获得各级政府和监管部门认可。分行被中国人民银行南昌中心支行评为2016年度江西省支付系统运行维护工作优秀单位、2016年度金融机构账务核对工作优胜单位、2016年度江西省金融机构利率管理工作先进单位，被江西省综治委评为2015年度江西省年度综治工作先进单位，荣获《信息日报》的“2016年金融扶贫贡献奖”；小蓝支行被南昌县委、县政府评为2016年度优秀县综治责任单位。

加快机构建设，服务渠道日趋完善。全年设立1家二级分行——吉安分行、1家同城支行——世贸支行、2家小型支行——青云谱支行和瑶湖支行、2家社区支行——朝阳洲社区支行和澄湖社区支行。机构开业数量是分行成立以来最多的一年，基本实现机构服务“立足南昌主要县区，辐射赣中赣南”的阶段性战略目标，更好地方便客户的服务需求。

紧跟互联网步伐，积极打造“第二银行”。以“敢用、好用、愿用”为目标，充分运用网上银行和移动银行两个平台，大力推动电子银行专属渠道建设、专属产品创新和专属队伍培养，不断深化“互联网+”思维创新，持续完善服务渠道，丰富服务功能，提升客户体验，不断满足广大客户个性化、多样化的消费需求。

坚持创新发展，产品服务客户能力稳步提升。以提升“融资服务能力”和“现金管理能力”为重点，全年实现城镇化建设发展基金同业投资50亿元，运用债务融资工具35亿元，有效降低企业融资成本。同时，加快融入当地主流经济，与吉安市人民政府、赣江新区管委会、省供销社、江铃汽车集团等签订战略合作协议。

强化服务意识，服务体系逐步完善。推进厅堂预约预审制，整合会计人员、大

2016年5月18日，吉安市人民政府、华夏银行南昌分行战略合作签约仪式暨华夏银行吉安分行开业启动大会举行

堂经理集中管理,开展业务技能大比武活动,有针对性地外聘讲师培训服务礼仪。完善服务投诉处理机制,邀请投诉客户召开服务提升座谈会,出台《投诉处理规程》,通过一系列措施不断提升业务处理效率和柜台服务水平。分行获得中国银行业消费者权益保护网络知识竞赛江西赛区先进集体奖、全省金融机构消费权益保护工作考核A档先进单位等荣誉;分行营业部荣获全国银行业协会授予2016年千佳示范单位称号。

(范　侠)

【兴业银行南昌分行】 2016年底,兴业银行股份有限公司南昌分行在全省营业网点48家,共有各类员工724人。在赣州市、宜春市、抚州市、新余市、鹰潭市设立异地分支行,地市网点覆盖率63%。建立29个企业金融业务团队,企业金融业务团队覆盖全省各地市。本外币存款余额324.84亿元,比上年末增加13.18亿元,增长4.23%;全口径融资余额529.53亿元,增加11.15亿元,增长2.15%,其中本外币贷款236.81亿元,增加14.6亿元,增长6.57%。

加大金融创新,提升金融服务。分行上下积极落实国家宏观经济政策和金融监管要求,认真贯彻落实总行政策导向,坚持以"稳发展、保安全、促转型"为基本工作主线,把握主流市场、主流客户的主流业务,着眼长远、深化改革、强化创新、抢抓机遇、加速转型、提升服务、夯实基础。发挥分行金融集团优势,综合运用投资银行、保险直投、金融租赁、绿色金融、财富资产管理等创新业务,为江西省企事业单位量身定制产品,增强服务地方经济的意识和能力,强化风险防范与控制,积极主动支持地方经济。完善"以客户为中心"零售综合金融服务体系,强化为客户提高集交易结算、投资理财、信贷融资于一体的综合金融服务能力。分行推出二维码——兴E付收单结算性产品;优化代发工资业务流程,针对代发个人客户推出专属理财产品;上线兴业管家手机APP,支持小微企业和商户在线办理对公移动支付、批量汇款和工资发放、企业理财购买、账户查询、支付密码编制、企业移动办公等众多业务。

履行金融职能,支持地方经济。支持小微企业融资。分行转变传统"单一企业,个别帮扶"金融服务模式,积极推进依托分行存量优质大中型授信客户开展上下游小企业链式开发,通过搭建大型专业市场管理方、工业园区管委会、担保公司、地方商会、行业协会、供应链核心企业等业务平台,以沙盘作业方式拓展小企业客户集群,达到"点对面"集群式批量服务小微企业的效果。结合小微客户普遍存在抵质押物不足的现状,创新担保方式,先后推出"增级贷""自建工业厂房按揭贷款"等特色融资产品,全方位满足企业融资需求,全方位扶持小微企业发展。至年底,小微企业贷款余额60.27亿元,较年初增加10.99亿元,完成总行计划109.85%。其中,小微企业续贷余额16.5亿元,较年初增加2.32亿元。

履行社会责任,助推经济发展。支持绿色产业发展。贯彻落实总行绿色发展理念,围绕绿色经济、低碳经济、循环经济等生态经济大范畴,聚焦"水、气、土、能、旅"五大业务重点领域,着力拓展江西省内上述重点领域,不断细分市场中优势企业。至年末,绿色信贷业务余额44.36亿元,较年初增加11.01亿元。支持三农工作,开展精准扶贫。作为一家全国性股份制商业银行,积极履行社会责任,推进区域经济发展,发挥金融扶贫作用。为更好做好精准扶贫,设立机构业务中心、小企业部、环境金融中心等专业部门,加强贫困地区、农村地区基础设施建设。至年底,涉农贷款余额50.91亿元,较年初增加26.15亿元;精准扶贫贷款余额0.44亿元,增加0.21亿元,涉及客户数186户。为企业减费让利。严格按照《商业银行服务价格管理办法》《关于印发商业银行服务政府指导价政府定价目录的通知》、"七不准、四公开""两禁两限"等相关文件要求执行,公开服务定价,精简收费项目,切实为企业减费让利。全年对8个收费项目进行减费让利,涉及23个客户,减费让利金额49.3万元。

规范企业管理,提升服务水平。贯彻总行"建设一流银行,打造百年兴业"战略部署,坚持加快发展不动摇,大力推动企业金融、零售金融、金融市场三大条线和风险管理体系改革,完善激励约束机制、资源配置机制和体制机制配套建设,优化业务流程,强化风险合规内控管理,提升服务竞争力。经过全年的努力,在客户结构和业务结构调整、业务发展方向、发展策略和体制机制配套建设、经营管理能力提升、风险合规内控文化的塑造等方面都取得较大进步。完成阶段性调整任务,三大条线专业化经营格局基本形成,在体制机制变革、员工队伍提升、优质客户突破、优势产品建设等方面得到加强,风险管理、资源配置、人力资源保障、信息科技和会计支持等中后台专业化、精细化管理水平进一步提升,网点建设、客户服务、客户金融知识普及、消费者权益保护体系建设等金融服务工作日趋完善,为经营管理持续、稳健发展打好扎实基础。

(胡小玲)

【中江国际信托股份有限公司】 2016年是中江国际信托股份有限公司推进转型创新融合的深化之年。公司继续发扬"忠诚拼搏、艰苦创业"的企业精神,坚持"发挥信托功能、服务经济发展"的经营宗旨,秉承"受人之托、代人理财"的信托本义,充分发挥信托的灵活制度优势,在国内经济下行压力继续加大及市场竞争激烈的形势下,业务发展保持平稳态势。至年底,总资产112.73亿元,净资产94.13亿元;全年实现营业收入27.26亿元,实现利润总额21.7亿元。

助推地方经济。始终坚持与地方经济发展相伴成长,致力于支持实体经济发展。积极参与各类基础设施和保障性安居工程建设,全年新增此类建设规模近200亿元。至年底,公司投资于实体经济建设的存续业务规模超过1300亿元。

有效控制风险。始终将风险管理放在先于业务发展的首要位置,全年无风险事件和责任事件发生。至年底,累计兑付信托项目规模6938.43亿元,全年兑付信托项目规模1199.03亿元,分配信托收益149.48亿元,全部按期实现信托财产保值、增值,体现稳健发展的经营风格。

业务治理规范。建立"五个两、十环节"的内部控制和风险决策体系,拥有一支具有信托、证券、保险、商业银行、投资银行、基金管理等资深从业背景的专业团队,构建以北京、上海、深圳、浙江、福建、四川、陕西、辽宁、山东、河北等55个金融研发中心为依托的全国性业务布局、资源网络和营销体系,可根据客户的资产状况、风险偏好,利用信托独特的制度优势和功能,为客户提供跨越多个金融市场、多个行业、多个地域的专业化、综合性金融服务。

致力于金融控股集团的构建。通过兼并重组和投资设立,发展成为一家集信托、证券、保险、期货、基金、资管等为一体的综合性金融控股集团。秉承自身的企业文化,以"为了共同利益观"为核心价值观,以"忠诚拼搏、艰苦创业"为核心理念,以"简单直接"为管理理念,以"风险第一、效益第一"为经营理念,以"十八支持、十八反对"为行为准则,以"热情、快捷、细致、高效的服务"为核心竞争力,以"开放的中江、世界的中江"为发展愿景,真诚为经济发展服务,为八方客户服务，在支持政府融资、企业发展、不断满足投资者理财需求的过程中获得快乐，获得成长。

（周希朋）

证券业

【概况】 2016年，南昌市不断扩张证券行业基础功能，加大企业上市的引导、扶持力度，创新金融产品和服务，统筹规划要素市场建设，推动行业健康有序发展。至年底，南昌市共有证券公司（营业部）85家，期货公司（营业部）20家，上市公司23家，新三板挂牌公司41家。

【推进企业上市】 2016年，南昌市扎实推进企业在多层次资本市场挂牌上市。至年底，全市上市公司23家，占全省上市公司42%；新三板挂牌公司41家，较年初增加18家，占全省总数30%；完成股改企业58家，完成新三板签约企业46家，储备企业近100家。11月11日，江西国泰民爆集团股份有限公司成功在上海证券交易所上市，成为南昌市第23家上市公司，全省第55家上市公司。时隔10余年，江西企业再次登陆上交所。全市企业上市挂牌工作形成培育一批、改制一批、申报一批、上市挂牌一批的梯队格局。

【推动企业直接融资】 2016年，全市企业把准政策，抢抓机遇，拓宽融资渠道，创新直接融资品种，直接融资工具日益丰富，直接融资金额再创新高，直接融资比重稳步提升。至年底，全市企业实现直接融资1347.62亿元，同比增长63.8%，占全省直接融资金额48.36%。其中，股权融资166.47亿元，债券融资1181.15亿元。南昌经开区投资控股公司、市城投公司分别发行公司债券7.7亿元、12.7亿元用于城中村改造和地下综合管廊建设项目。

【加强要素市场建设】 2016年，南昌市积极稳妥推进各类交易市场筹建工作，统筹规划要素交易市场品种结构、数量规模和区域分布，促进各类要素交易市场规范有序发展。南昌市恒大金属交易中心获准开业，南昌文化产权交易中心、江西省大宗商品交易中心、江西省九龙湖投资品交易中心筹备工作积极推进。

（龚　雯）

证券业监管

【概况】 至2016年年底，江西辖区共有上市公司36家，新三板挂牌企业135家，进入创新层的挂牌企业9家。江西联合股权交易中心挂牌展示企业1043家。辖区36家上市公司市值4247.25亿元，同比增长0.23%。江西辖区证券公司2家，证券分公司24家，证券营业部293家；期货公司1家，期货营业部33家；备案的私募基金管理人120家，备案的基金产品230只，管理基金规模645.21亿元。证券经营机构开立资金账户总数477.82万户，托管客户资产3626.02亿元，增长2.67%；全年累计证券交易金额53442.93亿元，减少38.92%；期货经营机构客户总数3.85万户，客户总权益24.06亿元，增长99.83%；全年累计代理成交金额19871.43亿元，减少78.24%。至年底，辖区证券期货公司总资产333.28亿元，总负债218.33亿元，净资产113.95亿元；全年累计实现营业收入21.37亿元，减少42.43%；净利润9.61亿元，减少38.91%。辖区证券分支机构全年累计实现营业收入26.63亿元，减少57.89%；净利润11.01亿元，减少70.82%。辖区期货经营机构全年累计实现营业收入10672.64万元，减少6.88%；净利润1450.06万元，增长75.09%。

【强化市场主体监管】 2016年，以风险问题为导向，加强信息披露监测监控和分析研判，明确监管风险点和重点对象，提高上市公司监管有效性和针对性。审阅公告4603份，关注跟进媒体报道34次，核查或回复信访举报7家次，下发问询函10份，现场走访新上市、钢铁煤炭行业和私募股权投资行业等多家公司，对5家公司年报、重大资产重组进行现场检查，发现问题41个。下发监管措施1件，约见谈话5次，1家公司转初步调查。加强监测监控，严格证券期货私募经营机构监管。建立发现分支经营机构问题向公司总部通报谈话制度。做好3家法人公司分类评价工作。推动成立江西省投资基金业协会，加强自律管理，组织签订《江西省私募投资基金行业规范自律倡议书》，引导私募基金规范发展。规范行政许可，完善备案事项管理，办理行政许可事项11项，核发许可证155家次，审阅报备事项446份。加大执法力度，开展现场检查52家次，发现问题96个，全年共下发行政监管措施2件，下发监管函28件，约见谈话62人次。严格新三板挂牌公司监管，坚守底线监管思维，以事中事后监管为主，强化监管协作，引导规范运作，在促进市场发展与监管方面进行有效探索。对辖区9家新三板挂牌公司控股股东及其关联方资金占用情况进行专项检查，发现问题30个，对4家公司下发行政监管措施，对1家公司进行立案调查。组织召开新三板挂牌公司监管座谈会，对监管政策进行宣讲，通报4家被采取行政监管措施的挂牌公司的问题和处理措施。强化中介机构监管。加大年报审计监管力度，加强与审计机构和审计师的沟通，明确审计监管要求和审计风险领域及关注点，就2个重点审计项目下发审计监管备忘录，对8个年报审计项目开展现场检查，对3家年报审计机构下发监管关注函。开展业务专项检查，发现问题4个，督促整改。对3家评估机构3个执业项目执业质量开展现场检查。

【防范和化解市场风险】 2016年，对5家债券发行人年报进行审核，及时向交易所反馈2家公司的问题，对4家单位开展债券发行人现场检查，发现问题9个。对1家首发在审企业开展现场检查。开展互联网金融风险专项整治工作。制定辖区股权众筹风险专项整治工作实施方案，协调省金融办开展专项整治工作培训。开展辖区证券期货经营机构和私募机构互联网金融风险专项排查，对12家私募机构进行现场检查。开展各类交易场所风险防范工作。加强与地方政府部门协作，及时处理交易场所投诉举报事项，推动省金融办就相关违规交易场所存在的风险刊发风险警示。督促省股交中心做好企业挂牌、合格投资者制度、合规管理及风险控制工作。开展现场检查，及时向清整办反馈检查情况。组织辖区法人证券公司、私募基金管理人开展“两个加强、两个遏制”回头看自查。

【打击违法违规行为和非法活动】 2016年，严厉查处违法违规行为，对辖区1家新三板挂牌企业进行立案调查，对1家上市公司开展初步调查。全年办理案件8件（1件立案调查，1件初查结案，6件正在调查），办理协查案件16件。严厉打击非法证券期货活动。加强司法协作，对4家机构进行证券期货经营资质认定，对2起非法经营期货业务案件进行性质认定。完成举报事项核查

18件。组织开展“防非宣教进社区”活动。定期开展证券期货私募机构非法集资风险专项排查。

【开展投资者保护工作】 2016年,组织开展多形式宣教活动。开展私募基金投资者权益保护教育宣传专项活动、“3·15国际消费者权益日”活动、“权利·责任·风险”主题活动、投资者走进上市公司活动等。督促辖区市场主体全方位、多层次开展投资者教育宣传,如中航证券建设互联网投资者教育基地、国盛证券建立统一的投顾咨询服务平台等。推进证券期货纠纷多元化解机制试点工作,与省高院、市中院协商建立证券期货纠纷诉调工作机制。对10家证券期货经营机构开展检查督导。扎实开展投诉处理工作,处理来电278件,来信11件,来访41批次61人次,办结证监会“12386”热线工单26件。

【服务实体经济发展】 2016年,联合相关部门印发《关于金融支持实体经济发展的若干意见》和《关于做好促进我省贫困地区利用资本市场脱贫发展工作的通知》,提升金融对实体经济的支持和促进作用。加大宣传和推动力度,培育市场成效显著。首发上市公司1家,IPO在审公司新增1家,辅导备案企业新增4家,新三板挂牌公司新增60家。上市公司、新三板公司和债券发行人融资251.47亿元,较上年增长35.56%。支持证券期货基金行业规范发展。支持法人公司增资扩股,国盛证券注册资本由20.35亿元增至38.03亿元,瑞奇期货注册资本由0.64亿元增至3.46亿元。支持共青城私募园建设。推动设立鸡蛋期货交割库。批复法人机构设立分支机构56家,异地证券公司来赣设立证券分支机构21家。

(朱海晴)

保险业

【概况】 2016年,江西保监局围绕决胜全面建成小康社会、建设富裕美丽幸福江西这一主线,加快发展现代保险服务业,引领保险业积极服务全省经济社会发展大局,保险市场运行呈现平稳向好发展态势。

【行业实力不断壮大】 2016年,全省保费收入608.71亿元,同比增长19.7%。其中,财产险公司实现保费收入195.17亿元,增长14%;人身险公司实现保费收入413.53亿元,增长22.6%。全省保险业总资产1113.17亿元,较年初增长205.84亿元,增速22.7%。保险密度为1333.13元,比上年增加219.52元;保险深度为3.31%,比上年增加0.27个百分点。

【市场体系逐步健全】 2016年,江西保险市场主体增至42家,其中财产保险总公司1家、省级分公司42家。全省各级保险机构2724家。保险专业中介机构163家。此外,江西省首家人身险法人公司瑞京人寿正在筹建。

【社会贡献持续增强】 2016年,江西保险业累计提供25.5万亿元风险保障,较上年增长117.8%。支付各类赔款和给付206.96亿元,增长16.2%。农业保险累计为377.85万户次参保农户提供风险保障381.29亿元。大病保险实现全覆盖,累计向17.39万人次支付医疗保险补偿金9.27亿元。责任保险提供风险保障1.41万亿元,涉及经济社会多个领域。信用保险累计支持全省外贸出口42.27亿美元。行业创造税收5.15亿元,代收车船税10.66亿元,吸纳就业21.06万人,较上年新增就业岗位6.14万个。

(冯　莹)

保险业监管

【概况】 2016年,江西保监局引领全省保险业积极服务经济社会发展大局,保险服务和保障能力稳步提升。通过开展保险精准扶贫、发展农业保险、加强保险监管等一系列措施,有效发挥社会“稳定器”和经济“助推器”功能。

【开展保险精准扶贫】 2016年,开展保险精准扶贫,助力“脱贫攻坚战”。在赣州市试点建档立卡贫困人口重大疾病商业补充保险,个人实际补偿比例达90%以上,贫困个人因病自付的医疗费用由过去的36%下降到10%以下,最低的个人负担不到4%,减轻贫困人口就医难、就医贵问题。全年实际承保107.23万人,已向7429人次建档立卡贫困人口支付精准扶贫医疗保险补偿金7608.77万元。该模式得到中央政治局委员、国务院副总理汪洋批示。与省扶贫办等厅局联合下发《关于建立农村贫困人口重大疾病商业补充保险制度的工作方案》,推动精准扶贫医疗保险在全省铺开。开展产业扶贫。与省财政厅、省扶贫办联合印发《关于在部分贫困县开展特色农业保险试点的意见》,推动省财政连续三年每年出资2000万元,通过“以奖代补”方式,在全省25个贫困县开展“一县一品”特色农业保险试点,井冈蜜柚、宁都黄鸡等25种特色优势农产品被纳入保障范围。推动“人保支农支小项目资产支持计划”落地,引导保险资金定向投放至“三农”及小微企业,项目总规模5亿元,累计放款2.38亿元。积极对接赣州“产业扶贫信贷通”,在赣州开展“金信保”扶贫贷款保证保险,由政府为贫困户提供全额保费补贴和贷款贴息,帮助贫困户解决融资难融资贵问题。推动吉安县、井冈山市等地出台政策,用扶贫产业发展资金为贫困户投保农业保险,涵盖茶叶、水果等多个产业。组织保险公益捐赠。组织全省保险业在各市、县(区)开展各类助学、扶贫、助残、济困公益捐赠活动,累计捐款2000余万元。

【发展农业保险】 2016年,发展农业保险助力农业强省战略,全省农业保险累计实现保费收入8.11亿元。稳步扩大保险覆盖面。继续推动水稻、生猪等大宗粮食作物和主要农产品保险扩面发展。全年,承保水稻173.48万公顷,约占江西省水稻种植面积的一半,承保生猪3242.5万头,承保数量均居全国第5位。创新农业保险产品。开发水稻产量保险、蚕桑价格指数保险、生猪价格指数保险、蜜橘采摘期连阴雨气象指数保险等特色产品,农险品种由15个增至35个。在宜黄开办水稻制种保险,保额每公顷100元,领先全国其他省份。开展“油茶贷”保险,通过保险和信贷结合,将保额由每公顷53.33元提升至最高每公顷386.67元,提升农户融资授信额度,拉动贷款3810.8万元。发挥财政资金放大效应。全年江西省农业保险累计获得财政补贴资金5.67亿元,其中中央财政补贴3.2亿元、省财政补贴1.78亿元。累计支付赔款5.51亿元,是省财政补贴资金的3.1倍,户均赔款1309.7元,占江西省农村人均年收入11%左右。提升农业保险市场活力。推进农业保险市场化进程,联合省政府有关部门在全省开展农业保险政府采购工作。全省100个县(市、区)全部完成招投标程序,市场集中度由100%下降至88.6%。农险经营成本不断下降,市场配置资源效率得到提高。

【服务实体经济】 2016年,拓展保险功能作用，服务实体经济。支持外向型经济发展，出口信用保险服务江西省出口企业1888家，赔款610.5万美元。加快发展小额贷款保证保险，累计帮助442家(次)小微企业获得贷款融资2.2亿元，缓解小微企业“融资难、融资贵”问题。推进科技保险试点，助力南昌市成功获批第二批促进科技与金融结合试点城市，累计为科技企业提供232.8亿元风险保障。落实首台(套)重大技术装备保险补偿机制，为5台(套)重大技术装备提供3.12亿元风险保障。做好“险资入赣”工作。推动保监会、平安集团等与省政府签署战略合作备忘录，平安集团计划五年内在江西省投资1000亿元。至年底，在江西落地保险资金193.4亿元。全年投资江西基础设施的保险资金为69.1亿元，其中太平资产分别投资江西振兴发展基金45亿元、江西水利基础设施建设10亿元，太平洋资产投资赣州棚户区改造项目10亿元。探索研究赣江新区保险创新试验区建设。

【发展健康养老保险】 2016年，发展健康养老保险，推进大病保险业务，完善社会保障体系。全年城乡居民大病保险覆盖全省4135万参保群众，共向17.39万人支付大病保险补偿金9.27亿元。推进健康险发展。以赣江新区设立为契机，积极对接上海保交所，探索设立健康保险交易中心。推动个人税优健康险发展，加强对税优健康险的宣传力度，督促试点公司提高医疗费用管控能力，为消费者提供便捷、高效、全面的健康管理服务。推动上饶市纳入长期护理保险制度试点城市。参与养老保障业务。支持保险业充分发挥养老保障第二支柱作用，积极参与企业年金业务，累计受托管理资产88.53亿元、投资管理资产85.91亿元，分别占全省业务的九成和六成以上。推动保险业参与江西职业年金政策制定，相关工作请示获省政府领导批示。积极引导保险机构来赣投资养老社区。

【参与社会治理】 2016年，发展责任保险，参与社会治理，服务政府职能转变。加快发展与公众利益关系密切的环境污染、食品安全、公众安全等领域责任保险，有效化解社会矛盾纠纷。环境污染责任险实现“参保企业、承保机构、承保模式”三个全面放开。医疗责任险实现全省二级以上医疗机构全覆盖，并延伸至基层医疗机构，覆盖辖区4452家医疗机构。加强灾害风险管理。在“11·24”丰城坍塌事故发生后，保险业积极作为，勇担责任，跨省联动，快速理赔。在事故发生后4日内，保险业便全额赔付每位罹难者120万元，并协助政府完成所有罹难者赔款发放工作，得到省委、省政府领导高度肯定。积极应对汛期暴雨灾害，已决赔案1.22万件、赔款1.13亿元。向吉安泰和赣江大桥倒塌事故预估赔款515万元，其中已支付死亡保险金210万元，还将向5名重伤者赔付医疗费及伤残费合计约305万元。参与道路交通事故处理。保险业累计提取道路交通事故社会救助基金3.6亿元。推广交通事故快处快赔机制，南昌市自实施交通事故快处快赔新规以来，共受理交通事故5.23万起，全市交通拥堵报警起数同比下降41.3%。

【加强保险监管】 2016年，加强风险防范，维护市场安全稳定。突出问题导向和底线思维，重点加强对满期给付和退保、政策性保险业务经营、非法集资、互联网保险、金融交叉传递等风险的监测和排查，牢牢守住风险防范底线，江西保险业未发生群体性事件和案件风险。保持从严监管高压态势。扎实开展“两两”回头看、非法集资、互联网保险等专项检查。推进银邮机构保险销售过程录音录像同步监控试点工作，全面推行银保渠道访后付费工作，以车险监管阈值为抓手，加大对苗头性问题和市场反映突出问题的查处力度。经过专项治理，保险市场秩序明显好转。保护保险消费者权益。建立车险保单渠道信息披露机制，启动第三方寿险产品评点工作，持续治理理赔难和销售误导。深化保险纠纷调处机制建设，提高诉调效率。全年受理调解申请358件，调解成功率63.7%，同比提高16个百分点，为消费者挽回经济损失1885万元。坚持“双快处”原则，着重提升保险消费投诉件首访首诉化解率。加大保险消费投诉处理力度，做好12378江西分中心建设工作。全年共处理各类保险消费投诉咨询6871件，办结率100%。

（冯　莹）

保险业机构

【人保财险南昌市分公司】 2016年，中国人民财产保险股份有限公司南昌市分公司(简称人保财险南昌市分公司)面对错综复杂的市场形势和艰巨繁重的改革发展任务，坚持稳中求进工作总基调，牢牢把握发展主动权，坚定信心，攻坚克难，开拓进取，公司经营总体平稳，稳中有进，稳中向好。实现保费收入15.34亿元，同比增长14.6%，完成全年计划的101.63%。至年底，市场份额31.6%，市场领先地位稳固。发展质量持续改善，坚持以客户为中心，优化服务平台，创新服务项目，客户体验进一步提升，风控能力进一步增强。

全面拓展保险业务。5月4日，涉外营业部联合广州人保共同承保南昌万达海洋生物科普有限公司的观赏动物及宠物保险，签下全省第一单观赏动物及宠物保险。7月11日，南昌县支公司与向塘镇签订南昌市首张生猪价格指数保险单。7月18日，市分公司营业部成功承保“手机碎屏险”第一单。年初，责意险营业部签下南昌地铁一号线运营期的财产险、机器设备损坏险和公众责任保险，提供保障共175亿余元。2月，成功中标2016—2018年度南昌市城乡居民(含在校大学生)大病保险业务项目，中标金额1.95亿元，承办安义县、新建区、湾里区、东湖区、西湖区、青山湖区、青云谱区等10个县(区)以及市本级部分在校大学生大病保险业务，覆盖全市203万人。南昌县支公司、新建区支公司、进贤县支公司成功中标属地政策性农业保险服务采购项目。7月，昌北支公司成功签出在南昌高新区法院受理的诉讼保全案件的保函，顺利完成南昌城区各基层法院的全覆盖。10月，成功中标南昌地铁2号线车辆安装工程一切险，保额为12.39亿元。

积极落实重大赔付。3月18日，江西洪都航空工业股份有限公司因火灾导致财产受损，支付赔款447.57万元。8月4日，江西南昌港汽车运输有限公司车辆被货车追尾，导致车上1人死亡、17人受伤，支付赔款173.65万元。8月31日，江西洪都航空工业集团有限责任公司因火灾导致飞机受损，支付赔款824.07万元。10月14日，江西省高速公路投资集团有限责任公司因暴雨造成路基骨架防护边坡受损，支付赔款327.94万元。11月14日，江西省交通运输厅吉安至莲花高速公路项目建设办公室因意外事故导致A5标受损，支付赔款109万元。11月22日，中国电信股份有限公司江西分公司大饶机站拉线塔断，支付赔款118.38万元。11月29日，南昌轨道交通有限公司因自然灾害导致设备意外损坏引发设备涌水涌砂，支付赔款562.07万元。12月30日，江西华强医疗器械有限公司因火灾导致房屋、设备、存货受损，支付赔款400万元。12月30日，江西南昌港汽车运输有限公司车辆因路面湿滑，导致车辆侧翻、多车追尾，本车5人死亡,支付赔款474.51万元。

多举措提升客户服务质量。全面推进客户服务标准化建设,“柜面一体化”覆盖率100%,实现“一站式”服务,建立起规范高效的服务界面。以微信为主,搭建服务平台,直达直送增值服务7232人次,客户体验明显增强。强化农网建设,设立735个三农保险服务点,覆盖南昌地区65个乡镇。落实“多快好省”理赔服务承诺,推广运用车险远程定损工具、微信理赔、人伤小额快处、互碰快赔、人伤司法鉴定前置等理赔服务创新项目,微理赔案件达2300件。

主动参与社会公益活动。为迎接7月8日第四个全国保险公众宣传日,深入宣传“@保险,一切更简单”这个主题,人保财险南昌市分公司各营业网点积极开展保险公众宣传日活动。为进一步树立保险“爱和责任”的社会形象,人保财险南昌市分公司在第四个全国保险公众宣传日上,组织36名员工进行义务献血,献血量达8600毫升。

(漆佩莹)

【中国人寿南昌分公司】 2016年是中国人寿保险股份有限公司南昌分公司(简称国寿南昌分公司)进入发展提速期、实现双领先的关键之年。一年来,全市系统围绕“强化省会意识,加强内外对标,放大格局,加快发展,提升市场竞争力,确保实现双领先”工作思路,加快业务发展,加强队伍建设,强化服务支撑,增强核心竞争力,较好完成全年各项工作目标。

发展提速,核心指标实现较快增长。作为入围总公司“一城一策”的省会城市,国寿南昌分公司聚焦“一城一策”,凝心聚力,强势对标,加快发展,重点突出提升城区竞争能力、突出做大做强队伍、突出个险新单期交对标保费、突出夯实基础建设,一举反超南昌地区平安人寿,成功实现业务队伍双领先。全年全市系统放大格局,发展提速,核心指标均实现较快增长,新单期交和十年期交,同比分别增长47.5%和51.21%,突出“五个聚焦”中“聚焦期交”的效应,为推进公司可持续发展积累势能,打下坚实基础。

销售为先,全面发展激发新活力。全市系统牢固树立销售为先理念,不断激发渠道拓展新活力。销售结构优化,转型取得成效。公司致力于优化保费结构,提升创费创佣能力,销售转型取得积极成效。扩量提质,队伍建设取得长足进步。继续落实“以队伍建设为核心”发展思路,在销售队伍“扩量”“提质”。全年个险渠道持证人力实现突破式增长。建立基本的新人育成、主管培育模式,大力推进自主经营,成立企业家创富俱乐部,推动梦想引领、标杆引路。初探改革,市场化用人及薪酬机制开始形成。

依法合规,风控能力不断增强。坚持以“稳中求进、服务大局、转型升级、协同发展、防控风险”工作方针为指引,按照“重价值、强队伍、优结构、稳增长、防风险”经营方针,以加强党建为统领,以巩固“双领先”为第一要务,以放量扩军、强基固本为支撑,以深化改革为动力,以防控风险为责任,以塑造文化为核心,以富员强司为目标,持续推进“三大战略”和“五个聚焦”落地,不断提升公司核心竞争力和持续发展能力。同时,加大投入,基础建设全面提升。采取积极的财务预算政策,财务资源最大限度向基层倾斜,不断激发公司发展内在动力,焕发外在活力,为公司持续健康发展打好基础。

(余　欢)

【太平洋人寿南昌中心支公司】 2016年,中国太平洋人寿保险股份有限公司南昌中心支公司(简称太平洋人寿南昌中心支公司)坚持可持续价值增长的经营理念,认真落实“两个聚焦”(聚焦人力发展和业务发展),创新执行“双轮驱动”(城区以产能提升为主动轮,县域以人力驱动为主动轮),内外勤员工统一思想、统一目标、统一节奏、统一动作,不断提升客户经营能力,推动新业务价值快速增长,新业务价值率持续提升。至年底,有营业机构5个,筹建中的机构1个,总共2397人。全年完成标保总量4.78亿元,其中个人业务全国排名由136位提升至116位。在主要6家寿险同业中市场份额占比11.6%,排名第四。

落实发展目标。提出“万人团队,万元收入,市场前三,系统百强”的发展目标,关注提升员工收入,夯实队伍建设,全面聚焦队伍发展,持续推动人力与业务发展。以提升能力实现跨越式发展为重点,以提升员工收入为中心,坚定不移地推进价值持续快速增长。持续加强客户服务工作,切实做好柜面标准化建设。打造服务柜面统一、规范、标准的窗口形象,加快服务柜面在人员、硬件和软件三方面的建设步伐,有效提高柜面作业效率和服务质量,进一步提升公司客户服务能力,创造公司服务价值最大化的新模式。

坚守合规底限。坚持“合规是生产力”理念,注重加强公司经营管理风险实时监测,及时采取应对措施,确保公司稳健经营。结合财务业务数据真实性检查、风险识别与评估、内控评估及内外部检查所发现的问题,抓好整改落实工作。不定期由多部门组成内部检查组,对各机构财务状况、宣传资料、职场布置等进行检查。大力推广合规与风险管理培训与教育,努力营造“合规人人有责,合规创造价值”的合规文化氛围。做到合规主动走进业务一线,发挥合规对业务的促进作用,在业务条线周例会中着重加入合规经营知识课程。

注重企业文化建设。太平洋人寿南昌中心支公司工会持续弘扬公司的“家”文化,关注慰问员工家属,积极开展员工团康活动等,增强企业凝聚力。同时积极组织和参加无偿献血、爱心捐助等公益活动。通过活动向公众传达“保险让生活更美好”的理念,增强公司干部员工社会责任感。

(胡书静)

【平安产险江西分公司】 2016年,中国平安财产保险股份有限公司江西分公司(以下简称“平安产险江西分公司”)认真贯彻落实“抓服务、严监管、防风险、促发展”工作方针,坚持“专业创造价值”为追求,改革创新,稳健经营。至年底,平安产险江西分公司保费规模25.99亿元,同比增长14.1%,进一步巩固江西财险市场第二地位,推动江西保险业持续健康发展。

专业理赔,践行社会责任。公司坚守“以人为本”“客户为中心”理念,凭借扎实的专业技能和领先的科技平台服务客户,为客户带去极致理赔体验,践行“保险业姓保”的企业社会责任。在“1·20”江西广丰花炮厂爆炸事故中,公司第一时间成立应急工作小组,安排人员赶赴现场开展查勘救援工作,在最短时间内完成3笔财产险赔付。4月22日,江西广丰一餐饮店发生火灾,从客户报案到理赔,公司仅用6天时间快赔50万元,帮助客户恢复生产经营,再一次体现平安以行践诺、快速理赔的服务理念。在6月20日江西鄱阳溃堤事故中,公司紧急预赔20万元,赤脚蹚水帮助客户救援车辆。

关注大局,支持当地经济发展。公司积极发挥社会保障功能,加强与地方政府沟通,大力推进险资入赣,服务实体经济发展。5月1日0时,公司率先开出江西金融保险行业首单增值税发票,并于6月20日前,作为试点单位成功申报首笔增值税税款。5月28日,平安产险江西分公司费改新产品系统成功切换上线,全省85家门店300余名员工加班守候，推动费改系统顺利平稳过渡。11月17日，平安集团董事长马明哲赴赣与省政府签署《战略合作协议》，平安集团将在赣投资超1000亿元。11月20日，公司作为南昌首届国际马拉松赛事唯一保险赞助商，为赛事提供全面保险服务保障，总保额逾220亿元。

服务创新，提升消费体验。公司围绕客户需求，服务不断创新。3月，组织各机构积极参与"诚信保险，自主消费"主题宣传活动，搭建平安产险咨询台，现场接受市民咨询，发放宣传画册等资料，线上线下开展保险知识有奖竞猜活动，通过"平安产险江西"官微向线上用户推送学习内容及活动链接，同时线下门店通过布置保险知识点宣传物品推荐客户参与有奖竞答，寓教于乐，让客户轻松掌握学习保险知识，做保险行家。4月，在江西保监局车险理赔服务创新经验交流会上，平安产险江西分公司作为唯一经验分享单位现场展示"口袋理赔""好车主APP""高峰快闪""小安智能及透明车间"等平安系列创新理赔服务举措。6月，平安产险江西分公司"新高铁财产险理赔系统"成功上线，助力推进财产险理赔服务3.0时代。12月，增值税电子发票在全省正式上线，践行绿色发展理念。

坚持公益，树立保险良好形象。4月，平安产险出资105万元捐助幸福家庭公益基金"让爱回家、内在平安"留守儿童心理护理师培训公益项目，造福赣州35万留守儿童。7月6日，公司联合江西省保险行业协会开展"情系城市美容师，保险炎夏送清凉"活动，为环卫工人捐献280个防暑爱心包。9月，公司连续六年开展以"体育支教"为主题方向的平安希望小学支教行动，为江西遂川山区儿童带去精彩体育课程，分享爱与梦想。9月30日—10月7日，公司在全省五大主要城市高速路口开展国庆护航行动，由平安理赔人员与客服人员组成专业服务团队为来往车辆提供保险咨询、道路指引、紧急救援、理赔办理等专业全方位服务，解决客户实际问题。护航期间服务案件1500余件。

（丁玲玲）

【平安人寿江西分公司】 2016年，平安人寿江西分公司（以下简称公司）按照集团、总部各项发展策略，认真贯彻落实监管部门的决策部署，主动适应"新常态"，严格遵循监管要求，始终坚持经营发展的"稳中求进，进中有好"工作基调和"抓服务、严监管、防风险、促发展"基本思路，以慈善文化为依托，实施差异化业务发展模式，积极提升保险服务水平，坚持依法合规经营，较好地实现价值及规模持续、健康、稳定成长的发展目标。全年公司共实现总保费收入（财务二号文口径下）19.01亿元，同比增长33.3%。其中，平安福保费1.89亿元，增长125.5%；4月新上市的少儿平安福保费规模4468万元，发展势头强劲。至年底，全省共设立9家中心支公司，个险营销员共11158人。

拓宽服务渠道，完善服务体系。提供便捷、专业的E化服务。公司依托集团强大的服务优势，持续创新服务，推出平安人寿E服务APP，将寿险客户的保单自助服务、产品资讯服务、客户活动、健康管家等无缝衔接在智能手机上，更省时、更方便、更快捷。平安人寿E服务APP是客户的保单"小助手"，帮助客户合同利益一手掌握，服务权益即时随享，终身陪伴在客户身边；是客户与平安沟通的"连心桥"，精彩活动畅享不停，服务人员随时联络，24小时享受贴身的平安"简单便捷，友善安心"服务；是客户的"健康管家"，可以查看丰富多彩的健康资讯，可以做健康测评更好地了解自身健康状况，可以向专属家庭医生进行健康咨询，还可以提醒客户养成良好的健康习惯。合规诚信经营，践行服务承诺。公司遵循"客户有利原则"，对所有平安寿险客户，在保险合同范围内，主动帮助客户寻找理赔的事实及依据，践行"信守合约，为您寻找理赔理由"服务承诺。提升服务时效，革新理赔理念。公司持续推动理赔三日报案、优化理赔流程、加快理赔时效，同时推出"标准案件，材料齐全，2日赔付"的服务承诺，进一步提升理赔服务品质与客户认可度。

风险防范管理。稳健经营，合规先行。根据"健康成长"的经营目标，合规工作主要以合规管理体系建设为基础，大力推进合规文化宣传引导和内控缺陷改进，以事前制式审计、学习培训，事中专项审计、整改追踪，事后处罚通报、经验总结为主线，采取自查、抽查、复查、专项审计四道防线的方法进行合规经营风险管控。开展非法集资风险排查。在2015年"两个加强、两个遏制""打击违规代销、打击非法集资"两次排查基础上，集中开展非法集资、互联网非法经营、"两两"回头看等专项排查工作。开展反洗钱风险排查。秉承"点滴行动助力反洗钱"要求，从完善客户身份识别规则、优化自建可疑交易模型、推进客户风险等级评估及洗钱风险自评估、加强反恐融资监控、持续培训和宣导等方面推动、落实反洗钱工作，致力于提升反洗钱工作的有效性。开展内控自评工作。公司建立"覆盖全面、运作规范、针对性强、执行到位、监督有力"的内部控制运行机制，确保公司经营管理合法合规、符合监管要求，促进公司业务可持续健康发展。

开展社会公益。全年公司积极开展"低碳100、节约能源、绿色承诺"低碳环保公益系列活动，并切实开展"地球一小时"熄灯公益活动、在南昌市以及所辖县区开展马拉松、环湖跑等各类型健步行活动。在赣州、上饶、永修3所平安希望小学开展年度爱心回访活动。通过捐赠学习用品、教学设备、体育器材、音乐器材、进行校舍修缮等，优化学校硬件与软件条件，并发放奖学金5.95万元。在九江平安希望小学组织开展以体育为主题的年度爱心支教行动，24名支教志愿者参与其中，惠及师生800余名。此次支教行动为孩子们带去各类体育知识及有趣的户外体育课，同时志愿者与师生们一同举办别开生面的运动会，丰富学生们的知识与课外生活。积极承担社会公民之责，开展励志计划论文助学金、爱心献血、爱心帮扶捐赠等社会公益活动，获得社会各界广泛好评。

（胡　萍）

信息传输、软件和信息技术服务业

概　述

【概况】 2016年，南昌市进入新型工业化、信息化、城镇化同步推进的新时期，积极把握“互联网+”、物联网、云计算、VR等新一代软件信息技术发展方向，加快推进智慧城市建设，不断增强软件和信息服务业产业集聚深度，信息化发展取得长足进步，各领域信息化水平全面提升。全市完成电信业务总量67.93亿元，同比下降2.2%。至年底，全市固定电话用户102万户，下降4.7%；移动电话用户625万户，增长2.6%；互联网宽带接入用户数143万户，增长11.7%。移动电话交换机容量1191万户，减少246万户。

电　信

【概况】 2016年，中国电信南昌分公司以光网、渠道、互联网+为有力抓手，做好党建、服务、网络、机制四个保障，强化执行、开拓创新、艰苦创业、奋勇拼搏，实现“全光网城市”建设，成功签约“12345政府服务热线项目”，配合政府部门正式上线南昌区域卫生云平台，打造的智慧西湖、智慧东湖、智慧红谷滩等云和物联网信息化项目均取得重大进展，顺利保障全国社会治安综合治理工作会议在南昌市召开。

【“互联网+”引领项目获电信集团大奖】 2016年，聚焦军营安全需求，拓展武警部队安全办公应用。破冰重点行业，打造“互联网+税务”，签约地方税务局移动办公项目。发力新兴ICT与物联网业务，签约江西先锋天幕物联科技公司电梯监控物联网项目、无线探侦应用项目和智慧城市、红谷滩智慧城管、智慧平安、智慧政务三大项目，均获得集团公司优秀大单奖。

【应对防汛抢险】 2016年，针对入夏以来江西全省暴雨、强对流天气频发，南昌部分区域出现严重洪涝和内涝可能性大的汛情，中国电信南昌分公司领导高度重视，认真贯彻落实省电信公司关于防汛抗旱形势的分析判断和安排部署，提早安排，做实排查，实战演练，保障到位，牢牢把握防汛备汛主动权。及时成立防汛通信保障小组，精心组织，统筹安排，提前制定下发各项防汛保障应急预案，并建立起通信保障预备队联系机制，做实防汛物资的统一标准储备，集中采购发电机、水泵以供调配，保持一方有险情即刻能支援的态势。4月，开展做实做细防汛工作检查，保障机房防护到位工作，启动关键县局、维护站等辖区内的通信机房巡查，针对可能存在的隐患进行拉网式的逐一排查。通过各种措施防微杜渐，严阵以待，先后加装机房挡水墙23处，封堵机房线缆孔洞107处。与此同时，加强军民联动实战演练，共同应对防洪抢险。5月后，多次进行模拟“险情”的应急抢修实战演练，进一步完善防汛应急响应机制和防汛作业的规范动作。联合73690部队开展2016年度军民联合应急通信实战演练，有效提升辖区联动单位协调作战能力，为联合作战提供有力保障。

【初步建成光网城市】 2016年上半年，按照中国电信集团与江西电信公司的统一部署，中国电信南昌分公司开展市区光网攻坚行动，全面推进“全光网城市”建设。全体干部员工众志成城、攻坚克难，通过指导营业部制定光改规划，形成周行动计划，做好与营业部的紧密对接，充分发挥专职团队攻坚克难的作用，着力开展外呼工作和现场装维支撑。组织近500场现场光网推进活动，日均光改近400户。“全光网城市”攻坚行动中，注重用户宽带提速，价值提升。40%用户突破100兆光宽，50兆以下不足30%，户均速率提升到60兆，光宽用户感知不断提升。至6月30日，实现城市宽带用户全面光改，市区全光占比97.1%，较2015年10月提升36%。下半年，乘势而上，对农村区域开展“全光网城市”建设行动。年底顺利实现全光，光网占比95.96%。至11月底，FTTH光纤到户端口达到184万个，累计覆盖360余万户，城区FTTH覆盖率100%，城市光宽带端口占比85%，能够稳定支持100兆以上高速宽带，城区FTTH用户占比95%以上。12所高校共40256间宿舍实现百兆宽带进宿舍，全市出口带宽达到1040G。初步建成“光网城市”。

【保障全国社会治安综合治理工作会议】 2016年10月10日，全国社会治安综合治理工作会议在南昌市召开。为保障会议召开，省、市电信公司领导高度重视综治项目。4月项目签约后，中国电信南昌分公司立即成立专项工作小组，将综治项目作为企业重点工作。强化责任、协调推进，集中人力、物力、财力全力支撑和推动综治信息化工作。与政府相关部门组成督办小组，对应好部门联络人，约定每周开2次现场碰头会，当场协调解决出现的问题。通过微信建立“综治推动群”沟通群，将区级、镇、街道、管理处及各社区专干拉至群中，做到有问题早反映、早处理。公司后端各支撑部门紧密联系，各项工作协调开展和落实。多次走访区级、镇、街道、管理处客户，找到关键人共商对策。在大屏的建设上，到区各街道、管理处踩点。多次与客户商讨确定大屏安装的点位。在大屏安装好后，有几个街办客户因其他原因要求迁至别处，安装人员按照客户要求重新安装，把客户当成真诚可信的朋友，真正建立公平、诚信、相互认可的消费关系，为以后工作打下坚实的基础。

【南昌市“12345”政府服务热线平台上线运行工作会召开】 2016年12月28日，南昌市“12345”政府服务热线平台上线运行工作会在中国电信南昌分公司红谷滩分局五楼举行。市委副书记、市长郭安出席并宣布南昌市“12345”政府服务热线平台正式上线运行。市人大常委会副主任、市政府秘书长朱敏华出席，市政府副秘书长黄小华主持会议。南昌市各县区政府主要领导、各开发区（新区）管委会分管领导以及市城管委、市环保局、市交通局、市文化局等市直单位主要负责人参加。郭安充分肯定中国电信南昌分公司对城市管理、社会民生作出的努力和贡献，并要求县区、市政府各相关部门要以热线投入运行为契机，进一步增强服务意识、创新服务举措、提升服务水平，将“12345”政府服务热线打造成全省领先、具有南昌特色的政府服务新品牌，为全市百姓提供更加便捷、更加优质、更加高效的服务。会上播放“12345”政府服务热线汇报片，进贤县政府县长叶修堂、青山湖区政府区长王强和中国电信南昌分公司总经理谢焕亮作表态发言。会后，与会领导视察指导“12345”政府服务热线运行管理、硬件设施等情况。南昌市整合111条热线，以“12345”一个号码对外，本着倾听民声、实现民意、服务民众的原则，群众可通过电话、短信、手机APP、微博、微信、网站及邮件等七种渠道，全天候24小时向热线平台反映对南昌市生产生活、经济发展、社会建设等方面的各类合理诉求。各承办单位自接到热线诉求信息之日起，需在规定时间内处理并反馈，根据信息情况限时办结。

【建设智慧窨井盖系统】 2016年，针对城市路面窨井盖存在的问题，依据住房城乡建设部《加强城市窨井盖安全管理的通知》，运用物联网技术，联合合作伙伴创立公司共同制定在现有普通窨井盖上加装倾斜角及加速度传感器（内置物联网卡），与平台联动。平台提供井盖分布、接警记录、窨井盖维护、窨井盖报警监控等功能的智能窨井盖解决方案。当井盖被非法打开（发生15°倾斜）时，该传感器会通过物联网网络传输至中心机房。智慧井盖系统确认警情后，实时预警，并将警情信息推送至工作人员手机APP端。工作人员在接收到手机APP预警信息后，以就近原则赶至现场查看，将处理情况通过手机APP反馈至中心机房，指挥中心管理员作出相应处理。整个西湖区窨井盖一期工程700个点，全部选在辖区示范路抚生南路路段的检查井、雨水井、运营商井、排污井、水电煤井等。项目运营采取电信出资建设，政府租用形式。智慧窨井盖系统的建设，有效节约市政巡防的人工成本和时间成本，实现对井盖的24小时全网定位监控，有效提高监管效率。智慧窨井盖的自动告警功能，帮助政府通过技防手段解决维护人力不足的问题，降低公共安全事件的发生，保障人民生命财产的安全。智慧窨井盖项目让城市管理更科学化和智能化。

【配合政府重点项目及市政道路线路迁改】 2016年，配合政府重点项目及市政道路迁改，主动服务地方政府建设，工作前置，强化属地维护、迁改谈判同步推进，全年先后完成78处迁改工程。迁改谈判重点项目有中国电信南昌分公司何坊局、滕王阁局、新建区生米机房、安义县鼎湖机房等，签定各类迁改合同12份，组织优化割接116次。主要完成的有地铁1号线光缆回迁（高新大道站西北角、青山湖站）、地铁2号线（学府大道站、国体站、岭北三路站）和3号线（京东大道地铁站、青山湖地铁站、火炬大街地铁站）光缆迁改割接；省政府搬迁和云溪花园、朝阳大桥、志敏大道、何坊西路九州高架、玉带河（解放路、顺外路）、解放东路、南京东路等政府重点工程的光缆迁改施工；井冈山大道BRT工程肉联厂等3处、解放东路道路改造、社科院光交、好邻居光交、铁路八村等18个光交的割接，青山湖区的新凝村、高新区的西谢村等农村改造的光缆迁改，南京东路道路改造6个光交、主干光缆等光缆迁改施工；印钞厂、青云谱区城南村委会、刃具厂、青山湖区的楼付村、丰源天域等9个机房的搬迁割接。

【实施全光网城市建设】 2016年，大力实施全光网城市建设，满足100兆光网用户接入能力。先后完成南昌城域网2核心向4核心升级改造以及迎宾、南昌县等6个局向BAS裂化扩建和全网BAS、SR上行带宽扩容改造，南昌总出口带宽由640G提升至1040G，平均带宽利用率为50%；城域网内部带宽由1598G提升至2568G，平均带宽利用率62%。在光接入网方面，完成11台汇聚交换机和133台OLT上行万兆改造，公网汇聚交换机上行万兆占比100%，OLT上行万兆占比64.07%，其中600户以上的OLT上行万兆占比93.62%，OLT上行带宽利用率低于52%，PON口带宽利用率低于48%。带宽利用率为轻载状态，能满足100兆宽带业务和高清4K业务的接入需求，具备万兆级政企用户的接入。

【率先上线“电子发票”】 2016年8月25日，中国电信南昌分公司集团依照国家税务总局关于推行通过增值税电子发票系统开具增值税电子普通发票的相关要求，完成企业面向用户推行增值税电子普通发票工作。为最大限度减小电子发票上线后带来影响，该公司积极做好电子发票上线前测试营业前台打印机、发行电子发票税控盘、认定和购买电子发票、安装与测试电子发票系统的各项准备工作，解决上线初期反馈的电子发票上线后存在问题，做好客户宣传和解释，成为南昌市内完成“电子发票”上线的第一家电信运营商。

（邹　伟）

南昌移动

【概况】 2016年，中国移动通信集团江西有限公司南昌分公司（以下简称南昌移动）按照“强化三个聚集，聚力七项攻坚”发展思路，紧紧围绕“客户意识”，乘势而作，聚焦优势，将业务转型不断深化，持续巩固市场主导地位，强化优质4G网络建设，全力打造品质宽带，

【打造湾里智慧旅游】 2016年，为增强湾里区的投资向心力，丰富湾里区旅游创收途径，促进移动业务发展，南昌移动与湾里区政府以及当地企业开展多渠道合作，打造智慧旅游项目。南昌移动与2家旅游公司签订“自驾游”旅游协议，实现湾里区7个景区自驾游名片，车上司机免费入，车上人员折扣进等优惠政策。网络传输与景区售票系统百分百接入，与景区互联网专线百分百接入，与景区Wi－Fi百分百建设，满足景区流量需求，提升景区接待能力。为湾里区“智慧旅游”提出多项发展建议，通过与区委、区政府密切合作，进一步打通各级旅游公司合作通道，并由区旅游局牵头整合湾里区旅游资源，利用大数据分析更有效科学地发展湾里区旅游事业。

【打击整治“伪基站”】 2016年，南昌移动积极开展“伪基站”行为研究，利用

现有平台和技术手段加强对通信网的监测,专门安排网优车辆在城区主要道路、商场、车站等人流密集的公共场所进行巡查,主动发现和定位目标,尽可能收集“伪基站”违法行为证据,实施“伪基站”短信广告主号码处置机制。与当地公安机关、无线电管理委员会建立协作机制。双方联络员主动对接,加强信息沟通,联手开展打防工作。及时向公安部门报送网络异常线索,实施集中打击行动,审查伪基站设备的来源,从源头上进行整治。联合当地公安机关、无线电管理委员会开展打击“伪基站”行动,进行后台信令监控、跟踪排查,发现异常信令时立即安排现场抓捕。各项整治行动查获伪基站案例共13起,现场抓获嫌疑人11名,现场缴获伪基站设备15套,扣押车辆2辆,净化网络通信环境,维护用户信息安全和通信权益。

【举办高招志愿填报咨询会】 2016年,为解答南昌高考学子和父母最关心的志愿填报问题,南昌移动举办高招志愿填报咨询会。会议特别邀请到全国著名高考专家、志愿填报国家课题组负责人王明祥,在志愿填报建议、选择学校等方面,为考生和家长提供最权威、最准确的指导。咨询会采取线下+线上联合执行方式,线下现场直播至区县多个会场,线上由南昌移动省公司配合负责现场视频在线录制,由移动咪咕公司全网同步直播。咨询会现场,专家还与主分会场家长互动,现场为客户宣传介绍考分换流量、高考查分及两城一号等活动。整个过程会议现场气氛火爆,考生家长反响热烈,踊跃提问。

【保障全国综治“南昌会议”通信顺畅】 2016年,为保障全国综治“南昌会议”召开期间的网络通信需求,南昌移动全程积极配合主办方从多方面考量,给出适合会议的最佳网络保障方案。南昌移动从VIP保障区域路线、会议场所、重要党政机关、其他重要区域四方面着手网络保障。完成西客站(老火车站)—前湖迎宾馆—香格里拉大酒店—机场等路段拉网测试及优化,共进行22条SINR差路段的分析和处理。完成绕城高速和机场快速路港口大道段3处弱覆盖加站工作。完成会议场所的测试和扩容工作,排查室分故障。全程会议期间,宴会中心、会议中心和迎宾楼总体网络覆盖且感知良好,各厅GSM和LTE室分信号覆盖正常,Wi-Fi、WLAN覆盖接入正常;重要党政机关省高院、省检察院、省公安厅现场测试总体覆盖及感知良好。

【提升4G网络质量】 2016年,南昌移动不断将客户需求转化为网络建设优化的驱动力,建立以客户感知为标准的网络质量保障体系,从语音、上网感知等多个维度全方位提升客户满意度。深挖LTE网络使用占比低的4G客户,分析4G客户LTE流量与使用总流量的占比情况,筛选潜在不满意客户。通过手机上网XDR详单、反向统计,按影响的4G客户数量及区域流量情况,圈定质差小区和4G弱覆盖小区。加强市网协同,推进挂牌督办、测试优化的闭环督查机制,做好网络问题解决闭环管理。对质差小区和弱覆盖小区解决情况进行每周专项督办,对已优化解决的小区、县区进行测试验收,市场根据次月LTE网络使用情况并结合客户回访、拦访进行解决情况的评估,形成闭环流程。主动接受社会监督,通过参加媒体热线节目、建立网络服务微博等方式,加强与客户的沟通,第一时间回应客户关切。对客户投诉实行“一单到底”、挂牌督办,故障投诉解决及时率达98%。南昌移动深耕客户网络感知、提升客户网络满意度、不断听取客户的心声,以客户最满意为发展内生动力和不懈追求,做有责任的企业。

【防治流量欺诈】 2016年,针对网上大量销售盗刷流量卡的欺诈行为,南昌移动相关业务部门启动市网联动,采取多种手段堵塞漏洞。协调核心网对疑似欺诈业务进行限速,欺诈流量从日均4.6T下降0.4T。针对新欺诈方式,利用HOST字段前后格式封堵。建立每日动态监控流程,密切关注欺诈流量情况。业务、网络和业务支撑等多部门联动,测试发现爱立信部署DNSsniffer后的多域名同IP的软件缺陷,联系咪咕视讯上报集团公司,并在全国范围内率先升级,修正定向流量误判的措施,有效提高客户感知。经过一个多月的管控,南昌移动控制欺诈流量从日均200G下降到43G,每日避免流量损失1万余元。

【发展“智慧家庭”业务】 2016年,南昌移动锐意进取,以用户的需求为发展的不竭动力,让新形势下的极速宽带成果普惠到千家万户,专项启动全城大提速体验行动,全城提速快人一步。将20兆以下带宽用户提速至20兆,互联网电视、三星级以上和宽带网龄2年以上的用户提速至100兆,并聚焦开展标杆小区现场演示营销、贴牌到楼栋,宣传千兆极光宽带进小区。率先在全省实现宽带用户“20M起步,50兆主打、百兆到户、千兆进小区”。为满足客户对高清网络电视的需求,南昌移动融合宽带免费赠送互联网电视,融合率90%。优质服务好上加好,着力提升渠道网点服务能力、开展百兆宽带+4K超高清电视演示区建设,覆盖80%以上渠道网点,实现客户先体验再下单服务,提升客户感知。缩短客户办理流程、协同10086热线开展短流程营销,实现客户一个电话预约、装维员上门安装收费,提升客户满意度。提升智慧家庭品质,“高品质宽带+4K超高清电视”产品配套,看家看店必备神器“和目”智能监控摄像头一应俱全,实现真正意义上的智慧家庭。

【保障极端天气网络畅通】 2016年6月,南昌市普降暴雨,汛期到达高潮。为保障全市通信设备正常运行及网络畅通,南昌移动领导带头到现场办公,组织基站维护人员成立应急保障小组,启动通信保障应急预案。发动网络维护部门及代维单位,对铁塔、天馈线、架空杆路、传输等仔细排查,及时清除故障。加强组织县区维护队伍,分片包干,层层落实通信保障责任制,确保工作到位、措施到位、人员到位。针对暴雨天气的通信终端主要因电力中断引起的基站退服,提前检测、合理调配各地发电组,储备油料,积极做好准备,提升自身发电保障能力。同时,配有多辆应急发电车、抢修车和应急通讯车,采取通信网络实时通报制度,加强网络运行监控和维护力度,确保网络通信畅通。

【发展“和我信”】 2016年,南昌移动“和我信”用户突破300万户,成功举办线下粉丝福利见面会。南昌移动“和我信”作为一款便民实用型APP,普惠大众,发挥居家小能手的重要角色。为让更多的用户能够接触和享受“和我信”的各项便利服务,南昌移动抓好线下渠道推荐,在各营业前台布放“和我信”宣传单页及宣传台牌,并通过送流量享折扣吸引用户扫码下载。线上刷屏传播和线上扫码注册相结合,市县微信公众号联动常态化传播“和我信”商盟活动,营造发展“和我信”良好氛围。南昌移动与各行业融合发展“和我信”,积极与水电煤气、车辆违章等相关部门合作联合推广,同万达、顺丰、公交等行业实现资源置换惠及用户,为用户提供各类便民服务。

【推行营业厅O2O营销模式】 2016年,积极探索线上、线下渠道融合发展模式,通过建设二维码平台,实现线上发券线下使用的以二维码为载体的全渠道

O2O营销模式。针对线上消费者需求及产品使用习惯，推出基于客户位置的个性化定制服务。利用南昌移动微信公众平台，根据用户地理位置为客户推送附近营业厅信息，呈现厅店门店地址、营业时间、最新优惠政策、HUI买优惠券及服务人员联系电话等信息，为客户规划到店路线导航，吸引线上及线下客户进店咨询消费。同时，为厅店HUI买店铺线上引流，实现自办厅O2O转型落地。

（张明谱）

南昌联通

【概况】 2016年，中国联合网络通信有限公司南昌市分公司（以下简称南昌联通），认真贯彻中央、省市委及上级部署，深入落实聚焦战略，大力推进机制创新，持续加强企业党建和反腐工作，激发内生动力，探索运用信息化手段提高城市管理和市民生活水平，强化能力提升，为南昌经济建设和信息化发展建功立业。

【履行社会责任】 2016年，积极履行社会责任，为建设平安南昌，增强人民群众安全感和满意度贡献一份心力。1月19—23日，江西省普降大雪，气温降到历史低位。为保障全市通信网络畅通，降低雪灾损失，自1月18日接到省通信管理局发布的暴雪预警信息后，南昌联通认真研究布置雨雪低温天气的应急通信保障相关事宜，迅速成立应急支撑保障小组，积极储备应急通信物资，加强对网络24小时监控，全力保障暴雪期间网络畅通运行。6月15日，开展一年一度员工无偿献血活动。联通义务献血者共为血库贡献4100余毫升鲜血，向社会奉献爱心，为精神文明建设贡献力量，充分展示联通人的无私奉献精神和良好精神风貌。7月中旬，新建区部分乡镇受到严重的洪涝，南昌联通及时为抗洪一线送去太阳伞、饮用水等抗洪物资。7月15日，南昌联通综合部一行6人到综治责任单位挂点帮创平安社区丁公路街道兴柴南苑社区开展帮扶活动，赠送该社区200余具干粉灭火器等消防器材，强力推进社区消防工作，筑牢群众消防安全“防火墙”。

【举办“庆佳节”猜灯谜趣味活动】 2016年2月22日，南昌联通在市公司一楼大堂组织开展2016年南昌联通“我们的节日——员工同乐猜灯谜，金猴送福闹元宵”趣味全员猜灯谜活动。公司领导和员工同事们欢聚一堂，共庆佳节。

【举行“3·15”国际消费者权益日活动】 2016年3月15日，南昌联通参与由省委宣传部在南昌八一广场举办的“3·15”国际消费者权益日宣传咨询服务活动。南昌联通5位客服经理在现场解答消费者疑问、提供维权咨询服务，宣讲流量放心用、预防欺诈短信等热点问题来龙去脉。当日解决客户疑问30余件，现场解答解决客户疑问20余个，现场解决率超过70%，30余位用户均给予满意评价。

【完善党员活动室建设】 2016年5月4日，南昌联通对原有党员活动室进行重新布置，党建工作系列规章制度制板上墙，配备充足数量党报党刊和其他期刊杂志，在环境布置、设施上力求做到规范化。为党员干部提供学习和交流的场所，成为加强党员教育管理、规范党组织建设和党员进行党性锻炼、加强党性修养的重要阵地。

【召开纪念建党95周年暨七一表彰大会】 2016年6月27日，江西联通纪念建党95周年暨七一表彰大会在南昌召开。会议对全省联通“两优一先”活动先进基层党组织、优秀共产党员、优秀党务工作者和集团公司“两学一做”知识竞赛优秀选手进行表彰。下午，获奖代表们到方志敏烈士陵园缅怀先烈，并敬献花圈。

【保障一系列重大活动通信服务】 2016年10月，先后完成溪霞现代农业园开幕式、国际展览中心车展、国体五月天演唱会、万达城第十四届赣台会、前湖宾馆全国综治会议、昌南体育中心市运动会、江西省通信管理局通信演练等多个重大活动通信保障任务。保障期间各项网络指标运行正常，用户体验良好，取得零失误好成绩。

【协助银行专线搬迁工作】 2016年11月4日，南昌联通圆满完成民生银行和中信银行南昌分行总部专线搬迁工作。自2016年9月接到民生银行和中信银行南昌分行总部搬迁的紧迫需求，南昌联通从项目核查、立项通过、双路由光缆布放、传输设备入网到最终业务割接，协助银行网络设备下架、打包、运输、上架测试，前后历时2个多月，奋战多个通宵，于11月4日完成同城两行六机房复杂割接工作。在3家运营商同场比拼的“割接竞赛”中，联通效率最高、割接速度最快，收到民生银行和中信银行感谢信。

【举办“爱在深秋”青年联谊活动】 2016年11月17日，由南昌联通和南昌供电公司联合组织举办的“爱在深秋”青年联谊活动在南昌供电公司大楼多功能大厅举行，来自2家单位的近80人参加活动。牵线协和男女，成就千里姻缘，本次联谊会在轻松自然的暖场互动游戏跟着感觉走中拉开帷幕。游戏中，各位青年通过相互协作，缩短距离，增进了解，加深印象和情感。现场气氛活跃，深受大家认可。

【举行南昌联通通信综合楼揭牌仪式】 2016年12月25日上午9时10分，南昌联通通信综合楼揭牌仪式举行。南昌联通通信综合楼是集通信机房、办公、营业一体化的综合性大楼，位于红谷滩新区红角洲片区前湖大道和丰和南大道交叉处西北侧，地理位置优越，毗邻省委省政府、南昌高铁站、朝阳大桥和地铁口。大楼园区设一个主入口和一个次入口。主入口位于东面城市主干道丰和南大道，次入口位于南面对接前湖大道。

（黄　炜）

信息化建设

【概况】 2016年，南昌市进入新型工业化、信息化、城镇化同步推进新时期，信息化发展取得长足进步，各领域信息化水平全面提升，信息经济成为经济增长新动力，为南昌市国民经济在新常态下保持平稳发展发挥积极作用。

【加快信息基础设施建设】 2016年，南昌市积极协调推进宽带中国示范城市建设，推动通信运营商加快部署下一代互联网和下一代广播电视网络，在全市形成全覆盖、高速互联、光纤宽带和无线宽带并重通信网络，信息基础设施综合服务能力显著增强。至2016年5月，城区范围已实现光网全覆盖，至年底实现行政村光网全覆盖。城区宽带用户普遍提速到20兆/50兆，宽带用户平均接入速率达到20Mbps，农村宽带用户普遍8兆接入带宽。2016年新增基站1500座，同时满足三大运营商4G网络建设，LTE网络基本覆盖城乡。

【推动两化深度融合】 2016年，南昌市深入实施骨干企业信息化示范工程,鼓励支持龙头工业企业开展企业信息化改造,为全市提升网络化协同制造水平"树标杆""做示范"。推荐江铃股份《基于MES构建智慧化生产系统》等14个项目为省两化(工业化和信息化)深度融合示范项目,格特拉克等10家被评为2016年度省级两化融合示范企业。江铃、洪都、佳时特、弘益等企业4个示范项目获100万元补助支持。深入实施中小企业信息化工程,通过开展校企合作形式,支持中小企业与高校、科研机构、IT企业合作,应用云计算、大数据、物联网等信息技术,实现产品研发设计、生产制造、市场营销、企业管理、上下游企业业务协同及产品设备智能化等方面信息技术创新应用项目。易尚科技等10家企业入围2016年校企合作促进中小企业信息化建设专项。

【加速中部地区云计算基地建设】 2016年,南昌市积极落实省委和省政府主要领导与中国电信集团公司董事长会谈精神,全力支持中国电信集团在南昌建立云计算基地,使之成为中部最大的云计算资源池提供地、云服务基地、互联网数据汇聚地。江西电信专门成立江西电信云计算公司,作为中国电信云计算公司一个分支机构,依托中国电信整体强大实力和江西电信本地优势资源,负责运营江西省范围内云计算业务。至年底,在南昌有5个云计算机房、774个半开放式机架、428台物理机(含刀片机和X86服务器)、4819核物理CPU、22.5太内存、415太存储。江西电信现有省云中心采用全冗余网络结构,安全可靠,直连骨干核心带宽360吉。省电信云计算机房是四星级机房,是江西省内星级最高、规模最大云中心机房。

【电子政务项目建设稳步推进】 2016年,南昌市创新审批机制,将"互联网+"模式引入政务服务,对已建成的网上审批系统、电子政务服务网和电子监察系统进行改造融合,建成"三网合一"南昌政务服务网,推行行政审批全程互联网上办理,打造"指尖上的政务服务"。开发建设"云数据"信息共享平台,实现数据互通互认、信息共享和业务协同;配套跟进电子存档有效性、网上签发确认、电子印章法律效力等运作体系,实现并联审批与联审联办。"一窗通办"市民需要办理事项,发挥"12345"政府服务热线作用,建立"政务咨询、民生诉求、投诉举报、效能监察"为一体服务热线平台,形成"12345"服务平台与政务服务网、行政服务中心"三位一体"联动互补便民服务格局。

【加快推进信息资源开发利用】 2016年,南昌市大力推动基础数据库建设。"数字南昌"建设全市地理空间基础信息数据库、全市地理编码数据库、全市政务资源共享交换目录体系,并应用于城市应急指挥、公安武警指挥调度、测绘、国土、房产、水利、旅游等领域。推进各领域信息化应用和协同共享。"数字城管""智能交通""天网工程""应急联动""城市一卡通""行政监察与网上审批""社会管理综合信息平台"等一批重大重点综合应用项目先后建成,并以此为突破口,倒逼全市各级各部门跨部门资源共享、跨网络互联互通、跨业务协同联动,加快提升各领域信息化意识和应用水平。积极探索行业内智慧应用建设运营。市人社局建设的"智慧人社"项目从智慧服务、智慧经办、智慧监管、智慧协同、智慧决策五个方面入手,为全市人民提供优质高效社会保障、劳动监察、用工就业等方面服务,其中"南昌智慧人社"移动平台是全国首创。市教育局建设的"智慧校园"以"三通两平台"为抓手,大幅改善宽带网络校校通、全面普及优质资源班班通、基本实现学习空间人人通,搭建全市教育资源及教育管理两大公共服务平台,通过信息化手段弥补教育资源鸿沟、推动教育平等。南昌移动公司建设的"掌上公交"项目,支持南昌市全部公交线路实时站点、到站、中转等查询,并提供预约到站、到期提醒等功能,极大减少乘客等车时间。

【加快推进智慧城市建设】 2016年,南昌市全面推进智慧红谷滩试点。红谷滩新区"智慧管网"应用结合手机APP、热线、短信、微信、网站等方式实现在统一平台上进行各类问题记录、调度、处理、监督,做到事件处理流程信息化、智能化、可追溯化,有效提升城市管理水平;智慧政务门户(网上办事大厅)、政务服务系统、协同办公系统和移动服务系统促进新区政务服务信息公开、政府部门信息共享、协同办公,实现政府部门自动化、无纸化办公;智慧社区通过建设智慧社区卡、健康小屋、居家助老安防监护、智能家居、生活管家、智能快递等一系列试点应用系统,为公众提供全方位生活信息服务。密切结合产业发展智慧高新试点。高新区"智慧照明"项目极大减少能源消耗与人力成本、运营成本、维护成本,PPP发展模式突破传统商业模式,为江西照明工程合作模式创新做出有价值的探索;建设"智慧大厦",展示智慧城市应用成果,搭建智慧产业孵化基地;智慧管网应用率先使用无人机代替传统人工巡查,推动智能装备产业发展。专注城市管理,开展智慧东湖试点。东湖区"智慧城管"信息系统着力构建"天网""地网""人网"三网合一模式,整合公安、交警、城管、执法、工商、环保等部门资源,联动执法,实现城市管理职能全覆盖,与公安数据共享实现人脸自动识别对比功能和动态视频监控、自动预警等功能的实现,为构建智慧东湖长效机制奠定坚实基础。

【强化政府网站运维管理】 2016年,南昌市组织开展全市政府网站自查整改活动和2016年度全市政府网站绩效评估。加强政府网站日常监管,每日对全市政府网站运行情况进行监测,针对网站访问异常单位及时通知其网管人员进行处理;每周编辑发布病毒预警,指导各网站管理人员及时做好防范措施;每月统计下发全市政府网站工作通报,督促各单位加强网站运维管理工作,了解政府网站建设、运维和安全情况,及早发现并解决政府网站存在问题,提升政府网站公共服务水平。加强政府网站业务建设,推动全市电子政务建设,切实提高政府服务水平。

【加强信息系统安全管控】 2016年,南昌市大力推进网络安全事件应急处置工作,处置各类政府信息系统安全事件78起,并将处置结果上报省工信委,避免网络安全事件对政府信息系统造成不良影响,有效维护政府公众形象。同时,组织开展全市政府信息系统安全评测工作,进一步提升南昌市政府信息系统安全管理水平,及时发现和消除不良隐患,确保政府信息系统安全平稳运行,更好服务全市经济社会发展。对全市85家政府信息系统安全现状进行综合分析,为各县区、开发区、市直各部门及重点领域信息系统提升信息安全防范水平提供参考依据。根据评测中发现的问题,对各部门单独编制评测报告,评定风险等级,有针对性提出修复建议,"点对点"指导整改。同时编制《2016年南昌市政府信息系统安全评测总报告》,对全市网站整体风险进行统计分析并提出安全建议。开展2016年全市重点领域网络与信息安全检查工作,指导各单位做好关键信息基础设施登记工作和网络安全自查工作。

(王伯男)

软件·信息服务业

【概况】 2016年,南昌市借助完善的软硬件基础,多渠道、多方位为园区内企业提供优质服务,积极把握互联网+、物联网、云计算等新一代软件信息技术发展方向,不断增强软件和信息服务业产业集聚力度。南昌市软件和信息服务业主要集中在高新区。高新区拥有浙江大学科技园、南昌大学国家科技园、金庐软件园、留学人员产业园、先锋软件园等软件和信息服务产业园区,在软件研发、技术服务、电信增值服务、动漫游戏、互联网业务等方面,专业化特色突出。全年南昌市软件和信息服务业完成主营业务收入145亿元,同比增长16.9%,利税额达到17.7亿元,增长16.9%。

【中国(南昌)虚拟现实VR产业基地全球发布】 2016年2月22日,"中国(南昌)虚拟现实VR产业基地全球发布与推介会"在南昌举行。南昌打造虚拟现实产业制高点,发挥已形成的区位及创业创新优势,支持虚拟现实产业落地和布局,启动全球首个城市级虚拟现实产业规划,充分依托科技创业创新弯道取直,在红谷滩新区建设和打造全国乃至全球首家虚拟现实VR产业基地,成为南昌市产业结构调整、产城融合新引擎,首次实现全球城市级虚拟现实产业布局。通过政府、专家、企业三方合力发起,以绿地国际博览城一期3号办公楼(总建筑面积3.16万平方米)为首期产业基地为依托,拟在未来3—5年内,重点立足红谷滩、面向江西、辐射中国、国际领先,构建世界级的虚拟现实产业中心——"中国(南昌)虚拟现实VR产业基地"。"中国(南昌)虚拟现实VR产业基地"包括:设立中国(南昌)虚拟现实产业研究院;发起中国(南昌)虚拟现实天使创投基金和产业投资基金;组建中国(南昌)虚拟现实教育集团;搭建中国(南昌)虚拟现实公共服务平台;打造中国(南昌)虚拟现实学术交流中心;构建中国(南昌)虚拟现实企业创新中心;建设中国(南昌)虚拟现实主题公园;组织中国(南昌)虚拟现实国际博览会;引进成立中国(南昌)虚拟现实重点实验室。

【南昌VR研究院成立】 2016年,深圳欧菲光科技股份有限公司与深圳市虚拟现实技术有限公司、江苏保千里视像科技集团股份有限公司、江西星宇时空网络科技有限公司、同方泰豪动漫集团股份有限公司、深圳市亿思达科技集团有限公司、南昌虚拟现实影业有限公司、南京地平线机器人技术有限公司、南昌南光资产管理中心(有限合伙)、北京春天影视科技有限公司等9家公司发起设立南昌虚拟现实研究院股份有限公司,注册资本6亿元,其中欧菲光以自筹资金现金方式出资3亿元,持股比例50%。注册资本分期缴纳,全体发起人首次出资额为2亿元,占注册资本的33.33%,其中欧菲光出资1亿元。通过同业内多家具有竞争优势企业合资新设虚拟现实研究院,聚集各种VR输出、VR输入技术,整合VR视觉等相关技术,建立VR领域知识产权竞争优势及技术壁垒,在VR/AR领域开展广泛合作与布局,大幅提升VR/AR产业竞争优势。

【2016中国虚拟现实产业创新大会暨中国虚拟现实产业展览会在南昌开幕】 2016年,在工业和信息化部电子信息司指导下,由虚拟现实产业联盟(IVRA)、市政府主办,红谷滩新区管委会、北京赛迪出版传媒有限公司、中国电子报社承办的2016中国虚拟现实产业创新大会暨中国虚拟现实产业展览会(简称创新大会暨展览会)于12月20—21日在南昌市举行。大会以"加强协同创新,促进产业发展"为主题,旨在加快推进中国虚拟现实产业协同创新发展,集中展现中国虚拟现实产业最新创新成果。来自北京航空航天大学、北京理工大学、华盛顿大学、瑞士虚拟现实联合会等单位的专家学者,HTC、欧菲光、英特尔等100余家国内外企业代表参加会议。大会正式发布VR标准检测平台、VR技术研究平台、VR天使基金平台、VR云平台、VR产品交易平台、VR基地线上平台等中国(南昌)虚拟现实VR产业基地六大平台。

【建设国内领先的软件服务外包基地】 2016年,南昌高新区发展壮大"互联网+"产业集群,抢抓获批国家级智慧城市试点、迎接2016年全国综治工作现场会在南昌召开的重大机遇,以高创安邦、欧菲光等企业和项目为龙头,集中推进智慧城市、智慧社区、智慧管网、智慧教育等项目,完善整个智慧产业链。高新区先后建成国家软件科技园、昌大瑞丰产业园、浙大科技园、中兴产业园四大服务外包产业园,高新区软件和服务外包企业数约占南昌市总数90%、江西省85%,在全国38家国家级软件产业基地中产业发展环境排名第四。

【南昌高新区获批国家科技服务业区域试点】 2016年,科技部公布国家第二批科技服务业区域试点单位名单,南昌高新区榜上有名,实现省科技服务业区域试点单位零的突破。从2006年起,高新区开始积极实施"科技入园"行动,通过开展科技政策、科技机构、科技项目、科技人才、知识产权、科技金融、科技服务入园等工作,创造性打造软件与服务外包产业发展"南昌模式"、公共服务平台"互联网+"新业态以及"大学科技园(孵化器)+平台"一站式中小企业科技创业孵化生态系统,成为全省科技服务业发展新高地。

【江西省首届高校科技成果对接会召开】 2016年12月29日,为期两天的江西省首届高校科技成果对接会在南昌国际展览中心举行。此次对接会创新资源齐聚,最新成果纷呈,是一次集中展示"十二五"时期特别是中共十八大以来全省高校科技创新成果盛会。省委、省人大、省政府、省政协领导,教育部高教司和省委教育工委领导共同启动"江西省校企合作信息服务平台"上线。举行《江西高校科技创新服务区域经济社会发展报告(2011—2015)》发布暨赠书仪式,向2016年新聘的53名大学生创新创业导师颁发聘书。举行校企科技合作签约仪式,17所学校和34个企业签署35个项目合作协议,签约金额达8041万元。

(陶　磊)

科学研究和技术服务业

概　述

【概况】　2016年,全市科技工作以出政策、聚要素、强举措、优服务为抓手,强化创新政策集成,集聚科技创新要素,聚焦产业创新发展,大力实施科技入园,加快推进以科技创新为核心的全面创新,推动全市科技工作新发展、新跨越。南昌市先后入围国家第二批促进科技和金融结合试点城市、首批全国重点产业知识产权运营服务试点城市。至年底,全市财政科学技术支出10.17亿元,比上年增长25.56%。新增高新技术企业91家,增长26.4%。高新技术产业产值1450亿元,高新技术产业增加值416.2亿元以上,增长20.5%,高新技术产业增加值占规模以上工业增加值比重25.83%。获得国家级科技奖6项,占全省获国家级科技奖总数的50%。科技成果登记77项。全市专利申请量16184件,增长68.5%,占全省专利申请量26.75%。专利授权量8592件,增长36.9%,占全省专利授权量27.3%。全市登记技术合同1079项,成交金额39.13亿元,增长29.4%。

科技管理

【概况】　2016年,全市科技管理工作主要从强化科技创新顶层设计、深化科技体制机制改革管理入手,逐步完善科技计划管理制度,优化调整科技计划体系,严格科技项目评估、立项、验收各环节标准和程序,强化科技资金监督和管理,推动科技管理不断创新发展。

【完善科技创新政策体系】　2016年,为进一步完善"1+N"科技政策体系,南昌市先后出台《中共南昌市委、南昌市人民政府关于深入推进创新驱动发展战略加快创新型城市建设的实施意见》,以及《南昌市"洪城众创"认定和管理办法》《南昌市科技企业孵化器认定和管理办法》《南昌市知识产权专项资金管理办法》《南昌市知识产权专项资金项目管理办法》《南昌市科技小巨人培育企业扶持办法》《南昌市重点科技成果转化后补助和贷款贴息项目管理方法》等一系列政策文件,推动科技创新工作健康发展。

【编制科技发展规划】　2016年,围绕南昌市重点产业和关键领域技术发展需求,找准主攻方向和突破口,制定出台《南昌市"十三五"科技创新驱动发展规划》,系统谋划未来5年全市科技创新工作的总体布局和重点任务。规划提出,以南昌高新区为核心,充分整合新余高新区、景德镇高新区、鹰潭高新区和抚州高新区的创新资源,打造鄱阳湖国家自主创新示范区。在发展战略性新兴产业方面,构建以南昌航空工业城为核心区,以中航工业洪都集团为主体,形成猎鹰歼教机、高中初级教练机、大飞机机身段部件、国际航空零部件等为主打产品的航空产业集群。围绕智慧城市建设,对电子信息产业发展提出新要求,推动软件和信息服务、网络数据、智慧产品、电子商务、数字内容服务、新兴电子制造等领域的新兴技术实现跨越式发展。在加快培育未来先导产业方面,依托国家高新区、国家级研发机构等载体,面向经济社会发展重大需求,孵化培育一批变革性技术和原创型成果,重点布局VR/AR(虚拟现实和增强现实)、文化创意、机器人与智能装备产业等未来先导产业,抢占产业创新发展制高点。引进一批创新创业领军人才及团队,到2020年,万人R&D研究人员数50人,专业技术人才超过60万人,新增国家级创新人才和团队30个。

【优化科技计划体系】　2016年,在借鉴上级和外地市科技计划体系设置经验的基础上,结合南昌实际,制定《南昌市人民政府关于深化市级科技计划管理改革的实施意见》。按照实施意见要求,南昌市安排制定科技小巨人计划、重点科技成果转化、科技重大项目、科技政策兑现、科技金融专项、基本科技计划项目后补助、科技型中小企业创新基金后补助等七大类别计划。

【科技发展专项资金投入】　2016年,制定2016年科技发展专项资金项目绩效目标,并编制年度科技发展专项资金使用计划。科技发展专项资金面向产业发展需求,继续坚持聚焦重点,加大财政科技投入对重大重点项目支持力度,同时注重发挥财政资金杠杆作用,放大资金规模。市级公共财政安排科技发展专项资金1.7亿元,其中科技"小巨人"计划1000万元、科技创新大赛300万元、重点科技成果转化项目补助800万元、科技重大项目4000万元、科技政策兑现2294万元、科技金融专项6340万元、基本科技计划后补助项目1000万元、科技型中小企业技术创新基金576万元、各类科技条件建设专项690万元。

【获得省级科技计划项目经费】　2016年,全市获得省级科技专项经费预算项目160项,经费共计5263万元。其中,列入2016年第一批省级科技专项经费预算和项目140项,经费2743万元;列入2016年第二批省级科技专项经费预算项目5项,经费480万元;列入2016年第四批省级科技专项经费预算项目14项,经费840万元;列入2016年省战略性新兴产业科技协同创新体项目1项,经费1200万元。

【市级科技发展专项资金支出】　2016年,市级科技发展专项资金共支出12826.23万元。其中,下达江西佳银科技有限公司"太阳能电池高端正面银浆项目"2016年研发经费2000万元,2014年度南昌市科技重大项目第三批资金308万元;科技政策兑现项目222项,安排经费1957.3万元;基本科技计划项目后补助资金项目83项，安排经费845万元；科技发展引导基金6025万元，科技保险专项项目22项，安排经费239.42万元；2014年中小企业技术创新基金项目验收后的第二批补助资金项目41项，安排经费492万元；科技创新大赛经费298.91万元；科学技术奖励缺口经费115.92万元；各类科技条件建设专项经费544.68万元。

（胡　杨　胡良红　吴颖霞）

高新技术产业发展

【概况】　2016年，以提高自主创新能力为主线，以高新技术企业培育和科技项目为主要抓手，坚持发展高新技术和运用高新技术改造传统产业并举，为推进全市科技创新工作提供有力的科技支撑。

【培育高新技术企业】　2016年，制订《2016年度高新技术企业培育工作方案》，明确工作目标和任务，及时下达培育指标，将高新技术企业培育工作纳入年度绩效目标考核范畴。组织开展技术培训和专题辅导工作，举办1期高新技术企业管理工作培训班，邀请省科技厅、省国税局、省地税局等单位3名专家现场授课，对相关政策进行解读，300家企业的650名管理人员参加培训。深入县区开展辅导培育工作，组织业务人员下企业开展现场辅导100余次，邀请省科技厅专家深入企业辅导服务6次，为企业申报高新技术企业提供一对一咨询服务100余次。积极落实各项政策措施，兑现高新企业政策事后补助860万元。拟定《南昌市级高新技术企业扶持办法（试行）》，加大对重点培育企业在项目申报、专利申报、成果认定和科技条件建设等方面支持力度。

【开展“两创示范”工作】　2016年，根据市政府关于印发《南昌市小微企业创业创新基地城市示范三年行动计划（2015—2017）》分工要求，全力做好科技部门承担“两创示范”各项目标和任务工作，启动2016年第一批洪城众创1.0—4.0和市级科技企业孵化器申报工作。出台《南昌市“洪城众创”认定和管理办法》《南昌市科技企业孵化器认定和管理办法》，大力发展“洪城众创”，搭建大众创业、万众创新载体平台。至年底，全市认定“洪城众创1.0”25家、“洪城众创2.0”31家、“洪城众创3.0”11家，培育和认定南昌市科技企业孵化器17家；32家众创空间被认定为“江西众创”，占全省的36.36%。

【主办创业创新大赛】　2016年，主办“全国第五届创新创业大赛暨第一届洪城之星创新创业大赛”。全省308家企业和团队报名参赛，其中企业组115个、团队组193个。11家企业和4个团队进入国家行业总赛。其中北极鸥航空科技创新团队和江西科泰华软件有限公司进入全国先进制造行业组总决赛，分别获得全国团队组二等奖和全国企业组第七名。在参赛众多项目中，有12个获奖项目达成意向投资额超5000万元。

【实施科技小巨人企业培育计划】　2016年，围绕汽车、食品、电子信息、新材料、生物医药、航空制造、纺织服装、新能源、机电制造产业及现代服务业、现代农业等领域，组织实施科技小巨人企业培育计划，制定《南昌市科技小巨人培育企业扶持办法》，认定第一批科技小巨人培育企业55家。

【申报省“5511”工程的重大专项】　2016年，推荐申报江西省科技厅“5511”工程的重大专项3个工业项目获立项公示，占全省立项公示数量27.2%。3个工业项目分别是江西洪都航空工业集团有限责任公司申报的《大飞机典型难加工钣金件数字化精确成形关键技术研究》项目、贝谷科技股份有限公司申报的《基于电子加速器的新型多能射线成像检查装备研发与产业化》项目、南昌黄绿照明有限公司申报的《硅基高光效绿光LED芯片关键技术攻关及产业化》项目。起草制定《南昌市高新技术企业管理办法（暂行）》。

【加强科技宣传培训和合作】　2016年，南昌市科学技术局到各县区开展“下县区、走园区、进厂区”宣讲活动。参加宣讲活动的各县区企业代表共340余家，发放省科技厅、市科技局印制的科技政策汇编、项目申报指南560余册。南昌市生产力促进中心联合广州广电计量检测股份有限公司举办“大型仪器共享与企业计量管理研讨会”“CMA评审准则对检验检测机构的要求专题研讨会”“科技创新政策宣讲（高新区专场、青云谱区专场、西湖区专场、经开区专场）培训班”等科技政策研讨和宣讲培训活动，全年参加培训企业900余家。高新区积极加强与国内大院大所的合作，引进中科院金属研究所、澳大利亚教育集团、北航通航研究院等省内外21所大学及科研院所入驻南昌大学科技城，美国伯克利实验室、中科院3D打印、浙大创新研究院等一大批国内外高校、科研院所工程中心、重点实验室入驻高新区。

【推进“南昌光谷”建设】　2016年9月13日，南昌市与中科院南京分院签署全面战略合作协议，中科院将积极帮助南昌建设国家重点实验室、博士后工作站等科研平台，支持南昌高层次人才培养和科技成果产业化，为南昌市打造“南昌光谷”推波助澜。

【创建“环鄱阳湖国家自主创新示范区”】　2016年，参与省政府组织的鄱阳湖自主创新示范区创建工作。充分发挥南昌高新区龙头带动作用，密切联系新余、鹰潭、景德镇、抚州四个国家高新区，共同推进创建工作。成立以市委副书记、市长郭安为组长的南昌市“环鄱阳湖国家自主创新示范区”创建工作领导小组，编制《南昌高新区自主创新示范区建设方案》，协助省科技厅开展“环鄱阳湖国家自主创新示范区”实施方案的编制。

（胡　杨　胡良红　吴颖霞）

科技合作与成果奖励

【概况】　2016年，以产学研合作为切入点，深化市校（院）科技合作、长江中游群省会城市间科技合作工作，大力推动高校院所科技创新要素与南昌市企业紧密结合，为稳定南昌市经济增长、加快发展升级提供持续动力支撑。

【加强长江中游省会城市科技合作与交流】　2016年11月9—11日，长江中游城市群省会城市第四届科技合作联席会与创新发展论坛在南昌召开。会议围绕加强创新政策融合发展、共同打造自主创新示范区、搭建科技信息交流平台、强化创新资源优势互补、构建科研条件共享平台以及加强知识产权保护等问题进行讨论和研究，并达成共识。会议全面总结四省会城市科技合作工作，整体谋划下一年工作思路，并形成会议纪要。会议决定长江中游城市群省会城市第五届科技合作联席会于2017年在武汉召开。

【开展省外科技合作交流】　2016年，南昌市先后组织光电子、机械制造、环保等领域38家企业参加在昆明举办的“第二届中国—南亚技术转移与创新合作大会”、在武汉举办的“第十三届中国光谷国际光电子博览会”和在深圳举办的“第十八届中国国际高新技术成果交易会”等全国性高新技术博览会,进一步拓展南昌市战略性新兴产业及其自主创新成果相关企业与省外合作交流渠道。

【深化市校(院)科技合作】 2016年9月13日,市政府与中国科学院南京分院签署战略合作框架协议。该协议明确双方合作的目的意义、合作内容和举措等,并与中国科学院南京分院就相关合作方式进行对接。

【推进南昌国家大学科技城建设】 2016年,为推进南昌国家大学科技城建设,组织有关人员前往长沙岳麓山国家大学科技园、武汉东湖国家大学科技园、沈阳国家大学科技城,学习三地在大学科技园(城)方面的建设模式和成功经验,参与研究制定南昌大学科技城建设方案和确定大学科技园建设的目的、功能定位及建设的主要内容等,参与研究起草《关于支持建设南昌国家大学科技城的实施意见》等相关工作。

【参加国家和省级科技奖评选】 2016年,南昌市区域内企业获国家技术发明奖二等奖1项,科技进步奖二等奖4项。其中,由江西日月明测控科技股份有限公司参与完成的“高速铁路轨道平顺性保持技术”项目获国家技术发明奖二等奖,由江西江中制药(集团)有限责任公司、江西阳光乳业集团有限公司、南昌旷达生物科技有限公司共同参与完成“果蔬益生菌发酵关键技术与产业化应用”项目获得国家科技进步奖二等奖。此外,南昌市推荐15个项目申报省科技进步奖,其中1个项目申报省技术发明奖、14个项目申报省科技进步奖。

【评选2016年度全市科技进步奖】 2016年2月,南昌市科学技术进步奖开始进行网上申报,收到申报项目73项。4月,委托长沙市科技局进行异地网评,依据分数高低,按比例从各专业评审组中推荐7项一等奖候选项目,13项二等奖候选项目,20项三等奖候选项目。4月28日—5月28日,对推荐的40个候选获奖项目在《南昌日报》和市科技局网上进行公示。公示期间未收到异议。6月,市科技奖励评审委员会召开评审会。经评审专家实地考察和现场答辩,最终评选出5项一等奖候选项目,15项二等奖候选项目,20项三等奖候选项目。8月30日,经市科技奖励评审委员会决议通过,报市政府审批并下发授奖决定。10月11日,在全市科技创新大会上对获奖单位、个人进行授奖表彰。

(胡 杨 胡良红 吴颖霞)

科技人才与平台建设

【概况】 2016年,为大力推进大众创业、万众创新,着力助推“四强梦”的实现,市科技局以科技项目为抓手,以科技平台建设为重点,大力引进攻坚克难的海内外高层次科技人才。

【选聘洪城特聘专家】 2016年,联合市委组织部、市人社局、市财政局做好“洪城特聘专家”项目相关评审工作。项目申报期内收集到申请项目20个。经过专家评审、实地考察,择优筛选出10个“洪城特聘专家”入围候选项目,并面向国内外为这10个项目招聘项目负责人,由市政府聘为“洪城特聘专家”,奖励30万元。

【评审“洪城计划”人才项目】 2016年,配合市委组织部、市人社局落实“洪城计划”项目人才项目的申报、评审、答辩工作。通过南昌市科技服务平台共受理60项“洪城计划”人才项目申报,最终确定“人工智能机器人的研发与商业化”等34个项目入选2016年“洪城计划”人才项目。

【培育创新团队】 2016年,围绕省政府“5511”工程提出的工作目标,加大国家级创新人才和团队的培育力度,推进高端创新型人才队伍建设,为推动经济转型升级提供智力支持。新认定市级优势科技创新团队13家,其中技术创新团队4家、知识创新团队9家。

【建设工程技术研究中心和重点实验室】 2016年,南昌市新组建10家省级工程技术研究中心和11家省级重点实验室。新组建17家市级工程技术研究中心和3家市级重点实验室。市级工程技术研究中心和重点实验室资助经费共200万元。

【南昌科技广场建设】 南昌科技广场建设作为南昌国家大学科技城项目的3个核心内容之一,已纳入2016年省、市委工作要点和2016年市政府工作报告。按照“资源集约化、要素功能化、服务专业化、管理现代化”要求,重点围绕推动和提升南昌地区科技创新发展,培育扶持战略性新兴产业和科技型企业快速成长,努力打造南昌科技创新公共服务基地。南昌科技广场分信息网络服务区、一站式服务区、科技成果展示区、两创培训演示区及生活保障服务区等5个功能区域。市科技创服务中心,以线上线下相结合的服务方式,通过整合科技资源、创新服务内容、提升服务效能,为各类创新主体提供高效、准确、优质的多维度创新创业服务。

【科技企业孵化器建设】 2016年,做好国家级和省级科技企业孵化器跟踪服务,鼓励和支持科技人才带技术、带项目到孵化器创业。支持符合条件的孵化器申报国家级、省级孵化器。至年底,全市拥有国家级科技企业孵化器8家、国家级大学科技园3家、省级科技企业孵化器5家。

【开展促进科技与金融结合试点】 2016年,南昌市被确定为国家第二批促进科技和金融结合试点城市,被准予开展促进科技和金融结合试点工作。为做好试点工作,起草《南昌市促进科技和金融结合试点方案》,组建“南昌市科技金融管理服务中心”,搭建“南昌市科技金融公共服务平台”,出台《南昌市人民政府关于促进科技和金融结合的实施意见》。从2016年开始,设立资金总额为1.5亿元的科技发展引导母基金,启动“洪城科贷通”业务,设立“南昌市科技信贷补偿资金池”,加大南昌地区科技信贷支持力度,鼓励支持具备条件的商业银行设立科技支行,提升科技保险和知识产权质押融资效益,提高财政科技投入绩效。

【培训科技管理干部】 2016年7月,为打造南昌核心增长极,实现“四强梦”,增强全市科技管理干部自主创新意识,提升科技管理水平,推动科技创新,经市委组织部批准,市科技局在浙江大学举办2期“南昌市新兴产业和高新技术产业发展研修班”。全市各县区、开发区、市科技局机关和局属事业单位共112名科技管理干部及业务骨干参加培训。本次培训班紧密结合南昌科技发展需求,采用“课堂授课加现场教学”方式,展开科技创新驱动发展战略、科技成果转化产学研模式探索、政府怎样推动科技与金融结合、宏观经济形势分析——供给侧改革理念与路径和创建服务型政府、增强公仆意识等专题讲座和讨论。同时,组织学员参观"梦想小镇",到杭州市"大众创业、万众创新"基地和杭州高新技术开发区进行现场案例教学。

（胡　杨　胡良红　吴颖霞）

科普活动

【概况】　2016年,南昌市通过科技活动周、科普知识宣传等科普活动,宣传普及各类科技政策法规及文件,提升科技文化氛围,提高全民科技创新创业意识。

【开展科技活动周】　2016年5月14—21日,南昌市科技活动周启动暨"五星社区"赠书仪式在西湖区象山文化广场举行。本次科技活动周围绕"创新引领,共享发展"主题,开展"下县区、入园区、进厂区"科技政策宣讲活动、组建科技服务小分队科技下乡服务活动、向全市"五星社区"赠书活动以及专题讲座、科技资源向公众开放、发放宣传资料等活动。

【落实科技特派员工作机制】　2016年,派出116名科技特派员到122家企业、专业合作社、种养殖基地,通过提供咨询、技术服务等方式开展科技服务工作。科技特派员来自省市属高校、科研院所、老年科协等单位,分别是水稻、蔬菜、林业、淡水养殖、畜禽、农产品加工等方面专家,共接受电话咨询1939次,开展技术指导1054次,培训农民4097人。至年底,全市实施科技开发项目82个,推广新技术新产品103个,引进新品种184个,建立示范区3351.77公顷。

【实施科技特派团富民强县工程】　2016年,根据《江西省科技特派团富民强县工程实施方案》要求,组织召开南昌市科技特派团富民强县工程启动会,部署科技特派团富民强县工作任务。全年组织11个科技特派团、75名专家,赴南昌县、新建区、进贤县、安义县、湾里区等地,结合各地产业实际,开展蔬菜、水产、畜牧、油茶、水稻等特色产业技术指导、科技攻关和人才培训等服务。

（胡　杨　胡良红　吴颖霞）

知识产权

【概况】　2016年,南昌市科技局紧紧围绕国家知识产权示范城市工作目标,大力实施知识产权战略,提高企业自主创新能力,加大知识产权执法力度,为全市经济发展提供有力支撑。

【专利申请与授权】　2016年,全市专利申请量为16184件,同比增长68.5%,位列全省第一,占全省申请量26.75%;专利授权量为8592件,增长36.9%,占全省授权量27.3%;发明专利申请量为3917件,增长33.2%,占全省申请量47.76%;发明专利授权量为1020件,增长31.1%,占全省授权量46.81%;每万人有效发明专利拥有量为6.54件,增长1.39件。至12月1日,受理专利授权奖励项目3214项。其中,国外发明专利授权奖励项目44项,国内发明专利授权奖励项目624项,实用新型授权奖励项目2252项,外观设计授权奖励项目294项。全年专利授权奖励项目金额639.9万元。

【知识产权行政执法】　2016年,加强知识产权行政执法工作。至12月上旬,共执法2000余人次,检查销售企业39家,检查商品10万余种。其中标注有专利标识的211种,立案并结案90起。受理并结案侵权案件68件。

【开展知识产权宣传培训】　2016年,围绕《南昌市知识产权专项资金管理办法》主要内容,组织开展6次宣讲活动,宣讲人数共300人次。4月26日,配合省科技局在华南城开展江西省电商知识产权保护合作备忘录暨"4·26"知识产权宣传周启动仪式。9月27日,举办全市首期企业知识产权贯标工作培训班。全市有关企业及各县区、开发区(新区)知识产权管理部门负责人共150余人参加培训班。6月、12月,分别和高新区、南昌县知识产权局联合举办专利挖掘与布局实战培训班,邀请国家知识产权局相关专家授课辅导。

【评审专利项目】　2016年,全市共有82件项目申报专利,79件项目通过初审入围。10月,经过专家评估有63件项目进入实地考察范围。11月,组成3个工作小组分别对该63件项目进行实地考察,其中49件项目进入立项。12月初,经过专家实地验收最终有45件项目进入网上公示。

【开展重点产业知识产权运营服务试点工作】　2016年6月,根据《财政部关于下达2016年服务业发展专项资金的通知》,南昌市列入国家首批重点产业知识产权运营服务试点城市,获得4000万元中央财政资金支持。制定《南昌市重点产业知识产权运营服务试点工作方案》,明确市财政安排配套资金4000万元,开展重点产业知识产权运营服务试点工作。其中,3000万元配套资金用于设立政府引导型知识产权运营投资基金,主要开展硅衬底LED、生物医药、航空制造、汽车及零部件等重点产业的专利收储、布局、组建专利联盟、构建专利池等运营服务;1000万元配套资金用于设立国家(南昌)知识产权运营中心,主要托管、收储大专院校和科研院所知识

2016年4月26日,江西省电商知识产权保护合作备忘录签字暨"4·26"知识产权宣传周启动仪式在南昌华南城举行

产权并将其运营,为全市社会性的知识产权运营工作提供各类服务。

(胡　杨　胡良红　吴颖霞)

无线电管理

【概况】 2016年,南昌市无线电管理局认真落实"管理好频率资源、管理好无线电台站、管理好电波秩序"的工作要求,认真做好"服务经济社会发展、服务国防建设、服务党政机关,重点做好无线电安全保障"各项工作,维护南昌辖区电波秩序,保障南昌辖区无线电安全。

【科学配置无线电频谱资源】 2016年,认真开展无线电频谱使用评估专项活动,对南昌市90%以上面积以及连接建成区的道路拉网式进行300兆赫—18吉赫频谱和所有台站信息路测。监测、评估结果体现时域、频域、空域的频谱使用情况,记录台站信息与台站注册信息比对情况,以及违规用频和不明信号情况。实时进行无线电频率资源指配和回收。依照《中华人民共和国行政许可法》的要求,全年共受理频率指配申请13次,批复频率指配申请13次,收回频率数量6个。受理台站撤销申请3个,撤销无线电台站243个。统筹配置南昌轨道交通无线电频率资源,保障南昌地铁1号线的正常运行和地铁2号线、3号线的工程建设。南昌轨道交通对于列车控制、列车调度等多种类型的无线电频率有迫切需求。经省无线电办公室同意,规划南昌轨道交通1号线至5号线的专用无线系统频率,为南昌地铁2号线指配800兆赫、1800兆赫频率,满足轨道交通列车调度需求。加强铁路部门无线电台站管理,密切与铁路部门工作联系,主动了解铁路部门各类无线系统应用情况,重点开展铁路专用频率保护性监测,促进GSM-R网络良好发展。正确引导业余无线电爱好者开展活动。随着无线电知识普及,越来越多的人加入到无线电爱好者队伍中。为解决业余无线电爱好者通联,在U段批复一个数字业余无线电中继台以方便业余无线电爱好者交流。

【开展无线电管理行政执法】 2016年,无线电管理进一步强化依法行政,努力做好无线电安全保障。积极与公安、三大通信运营公司等部门相互配合,共同开展打击治理"伪基站",共查处"伪基站"案件6起,抓获涉案人员1名,查获涉案设备6套。持续开展打击整治"黑广播"专项行动,共查处11起私设调频广播电台案,收缴广播设备10套。组织开展打击整治非法生产销售和使用信号屏蔽器设备违法行为专项行动,共查处2起非法安装使用手机信号屏蔽器案件。同时,积极开展其他各类非法设置无线电台站行政执法,排查气象雷达干扰1起,排查武警公安系统通信干扰2起,排查汽车遥控器干扰1起,排查银行可视柜员机(VTM机)干扰公众移动通信基站3起,查处私设小型直放站对公众网的干扰1起。防范和打击利用无线电设备进行考试作弊,共参加教育、人事、组织、财政、司法、卫生等部门组织的24场考试无线电安全保障工作,出动监测人员98人次,动用监测车辆及相关监测设备150次(部),参与全市152个考点、4596个考试考试保障工作,查获作弊案件3起,查获涉案设备3台。

【保障重大活动无线电安全】 2016年,参加G20杭州峰会、南昌国际马拉松赛事、全国社会治安综合治理创新工作会议等无线电安全保障工作,对广播、航空、铁路、公安等重要频段实时全天候保护性监测,确保各类无线电台站用频安全。

【开展无线电宣传活动】 2016年,结合"世界无线电日""世界电信日""无线电管理宣传月",狠抓无线电管理宣传,逐渐提高设台单位和社会民众依法用频设台意识,促进社会稳定,维护空中电波秩序。发挥自身特点,抓好宣传工作。结合重要的宣传结点、专项活动和干扰查处等进行宣传报道,新华社图片、文字、影像报道4篇,部级报刊杂志报道12篇,省级报道6篇,其他媒体报道9篇,省电视台播放2次新闻,市电视台播放18次新闻。发挥县区无线电协管作用,抓好宣传工作。各县区无线电协管办通过县区政府网站、电子屏等,在广场、酒店、物业小区、商场、乡镇街办等场所,广泛开展无线电管理宣传,进一步增强各单位和人民群众依法用频设台意识。各县区全年悬挂宣传横幅近100余条,播出宣传标语5000余分钟,发放宣传资料4834份,接待来访咨询群众1958人次,西湖区协管办、青云谱区协管办先后在《江西日报》《南昌日报》刊登新闻报道。发挥无线电设台单位优势,抓好宣传工作。南昌移动、南昌联通、南昌电信公司充分利用各自中心营业厅、大型电子显示屏、手机短信平台等资源和载体,多角度开展宣传工作。三大通信运营公司发短信近6万条,电子屏滚动字幕400余条,发放宣传资料2000余份。南昌移动公司通过微信公众号进行学习有奖宣传,参与人数1.27万人次。南昌市电视台从9月10—15日,一至四套电视剧时段每天滚动播出无线电宣传标语。11月9—11日,派员参加省无线电监测站组织的全省无线电监测技术演练竞赛,获得竞赛团体二等奖。11月18日,被评为档案工作规范化管理省二级单位。在2016年度无线电管理工作中被评为无线电台站管理先进单位、无线电行政执法先进单位、无线电监测先进单位、无线电宣传先进单位。

(徐　洪)

防震减灾工作

【概况】 2016年,南昌市防震减灾局坚持"以防为主、防抗救相结合"工作方针,以改革创新服务经济社会融合发展为核心,以项目建设促进防震减灾事业发展为引领,以提升能力实现社会公共服务供给为目标,开拓创新,务实奋进,圆满完成全年各项目标任务。市防震减灾局连续第三年荣获"全国地市级防震减灾业务工作考核先进单位"和"全省市级防震减灾工作考核先进单位"称号。青山湖区塘山镇丹霞社区、南昌县莲塘镇玺园社区被评为"国家地震安全示范社区"。

【召开全市防震减灾工作会】 2016年3月3日,全市防震减灾工作会议在市防震减灾局召开。会议传达全省防震减灾工作会议精神,总结回顾"十二五"时期和2015年工作,部署安排2016年及"十三五"时期防震减灾工作任务,通报2015年度南昌市在全国、全省防震减灾系统获奖情况。市防震减灾局党组书记、局长易小毛作全市防震减灾工作报告。市防震减灾局党组成员、副局长邓保良主持会议。

【开展防震减灾宣传活动】 2016年,以"防震减灾宣传教育活动周"和"平安中国·防灾宣导千城大行动活动"为契机,在全市大力开展防震减灾知识"进机关、进社区、进学校""三进"活动。全年发放防震减灾各类宣传制品8万余份,解答市民咨询3000余人次,参与民众5万余人。通过广泛宣传,不断提高广大群众对地震灾害认识和防灾减灾意识,唤起社会各界对防灾减灾工作的关

2016 年 5 月 12 日，南昌县防震减灾局联合县消防大队、县卫生局、县教体局等单位在洪州学校举行地震应急综合演练

注，取得较好社会效果。

【举行重点时段防震减灾宣传教育活动】 2016 年 5 月 12 日，联合市政府应急办、红谷滩新区管委会及红谷滩新区文化局、社发局和消防大队等多家单位，在红谷滩新区绿地中心广场举行主题为“减少灾害风险，建设安全城市”为主题的防灾减灾日大型宣传活动。7 月 28 日，为普及地震科普及应急避险知识，提高市民群众防震减灾意识和应对突发性地震灾害能力，联合省地震局、东湖区防震减灾局在彭家桥街道光明社区组织开展“7·28”唐山大地震四十周年纪念宣传活动。

【开展地震应急流动监测演练】 2016 年 9 月 12 日，组织开展应急流动监测演练，市防震减灾局业务分管领导、监测预报处、应急救援处和台网中心相关人员参加演练。演练坚持预案规定任务与事件情景相结合、模拟处置与真实应对相结合原则，模拟湾里区梅岭镇突发震情，在市防震减灾局指挥中心调度下，开展应急流动监测工作。11 月 18 日，在红谷滩新区进行应急流动监测演练，市防震减灾局业务分管领导、监测预报处和台网中心相关人员参加演练。演练内容包括指挥中心调度、地震流动检测台架设、组网、数据传输、地震三要素分析、卫星电话通讯以及省市防震减灾局之间协同配合。演练按预定演练任务执行，进一步强化工作人员业务技能，提高地震现场应急流动监测能力，达到预期效果。

【参加省市联动地震应急演练】 2016 年 12 月 15 日，组织全体干部职工参加省市联动地震应急演练。演练过程控制得当、内容安排合理有序、技术系统运行正常。利用地震应急决策系统进行灾害评估、灾情获取、信息汇总、震区确定，顺利完成布置演练的各项任务。

【召开防震减灾工作会】 2016 年 3 月 3 日，召开县区防震减灾重点工程推进会。易小毛主持会议并讲话。南昌县、新建区、进贤县、东湖区、西湖区 5 个防震减灾局的主要负责人分别就本辖区 2016 年防震减灾重点工程计划进行汇报。7 月 19 日，召开 2016 年防震减灾工作汇报会。来自 5 个县区防震减灾局主要负责人分别就上半年工作情况、现阶段重点工作以及下半年工作计划进行汇报。易小毛对汇报情况进行点评。11 月 2 日，召开 2016 年度南昌市县区防震减灾工作考核会。全市 12 个县区防震减灾部门负责人对全年防震减灾工作情况进行汇报。

【举办全市防震减灾工作业务培训班】 2016 年 5 月 25—27 日，在市委党校举办 2016 年全市防震减灾工作业务培训班，来自全市 12 个县区、开发区（新区）的 50 余名防震减灾部门干部参加培训。易小毛出席开班仪式并作开班动员讲话。邀请市委党校教研部主任徐静副教授和省地震局监测预报处处长许云廷、震害防御处副处长许阿祥进行授课。培训立足当前国家最新形势和改革动态，结合防震减灾工作面临的实际情况，围绕地震监测预报、震害防御和应急救援三个方面内容进行详细讲解。

【举办 2017 年度南昌市地震趋势会商会】 2016 年 10 月 10 日，组织召开 2017 年度南昌市地震趋势会商研讨会。邀请省地震局监测中心高级工程师赵爱平和预报中心工程师董非非参加会议。省地震局专家和市专技人员分别作专题研究报告，对 2017 年度南昌市及周边地震活动趋势进行深入讨论，形成 2017 年度南昌市地震趋势会商报告。该报告荣获江西省地震趋势会商报告评比一等奖。

【市地震数字台网中心升级改造】 2016 年，投入专项资金对市地震数字监测平台进行升级改造，更换老旧服务器、台式机、UPS 电池组，新增电子沙盘、多功能显示器、发电机等设备。此次升级改造，进一步提升全市地震数字监测平台工作效率，使震情监测更准确、数据存储更安全、网络传输更及时。

（邹蕴芊）

气象服务

【概况】 2016 年，南昌市气象局围绕市委、市政府重点工作，积极推进气象现代化，全面深化气象改革，进一步加强气象法治建设、部门党的建设，以“十二五”规划建设项目和科学谋划“十三五”规划为抓手，不断提升服务南昌打造核心增长极能力和水平。市气象局获市政府防汛抗旱先进集体、2016 南昌国际马拉松赛先进单位、2015 年度全市公共机构节能优秀单位、全市综合治理目标考核先进单位、第 16 届市文明单位荣誉称号。

【准确预报重大天气过程】 2016 年，南昌市平均降水 1746 毫米，较历史同期偏多 8%。汛期时间长，从 3 月 21 日一直持续到 7 月 19 日，全市平均降水量 1204 毫米，比历史同期偏多 32%，排历史同期第 10 位。汛期出现 15 次强降水过程，12 次过程预报准确、3 次基本准确。市气象局向市委、市政府和有关部门报送各类气象材料 300 期，发布雷电、暴雨、大雾、大风等预警信号 138 次，并通过电视、广播、“12121”、手机短信、网络、微博、微信、电子显示屏、大喇叭等多种形式向社会公众发布，惠及 400 余万人次。启动气象灾害应急响应 21 次、值班 60 余天。

2016年12月26日，由市科协主办，市气象局、市气象学会承办的气象学术沙龙在南昌举行

【首创马拉松气象服务指数】 2016年，南昌国际马拉松赛是市政府主办的一项重要社会活动。市气象局作为组委会成员单位，全力做好此次赛事气象服务工作。市气象局组织技术人员，根据影响马拉松比赛气象条件和参赛者实际冷热感觉，结合温度、相对湿度、风速、降水、气压、云量等多种气象要素，并从人类生物气象综合指数中选取对马拉松活动影响相关性最大的量，开发马拉松气象指数，属国内首创。自11月12日开始，市气象局在南昌天气微信、微博设立马拉松天气专栏，提供马拉松气象服务指数产品。通过全市所有公交车、公交站台和运动员主要入驻宾馆的电子显示屏发布天气预报信息，为参赛选手提供准确及时天气状况信息，保证参赛选手能够及时调整参赛。

【拓展气象信息发布渠道】 2016年，开发南昌天气微信公众号平台发布基于位置、精细化服务的移动互联网精细化预报服务产品。开设南昌天气今日头条号；新增25家宾馆通过宾馆信息发布系统发布气象信息；通过超市、医院电子屏发布气象信息。建立基于互联网+的智能电话气象预警发布系统，在试点社区布设终端，实现气象预警信息、气象服务材料实时推送到用户。开通气象微博发布气象信息，粉丝数超30万，微信公众号粉丝过万。据人民日报官方微博统计，南昌天气在2016年名列全国气象系统微博榜单第二十名、江西政务微博影响力第九名。

【开展城市内涝预报预警合作】 2016年10月19日，市气象局、市水务局本着“资源共享、优势互补；密切协作，注重实效；稳步推进，共谋发展”的原则，共同签署联合开展城市内涝预报预警合作协议。协议要求，双方结合当前工作，以城市内涝监测预警预报为重点，建立城市内涝基础信息共享制度，建立城市易涝路段和区域基础地理信息、实时监控视频信息、降雨监测信息等基础信息数据库并实现动态更新及时上报。建立常态化联合会商制度，科学研判内涝发生、发展趋势，联合发布城市内涝预警。建立定期互访和交流机制，研究重大合作事项，检查、总结和部署年度合作相关工作等。协议的签订将推进水务部门和气象部门深入合作，进一步减轻气象灾害对城市运行影响，提高南昌城市建设与管理水平。

【召开气象灾害防御联络会议】 2016年9月14日，市气象局组织召开台风“莫兰蒂”气象灾害防御联络会议。市应急办、交管局、水务局、水文局、城管委、市政公用集团以及西湖区、湾里区气象灾害防御联络员参加会议。会上，市气象局副局长郭艳通报台风“莫兰蒂”天气预报情况，提出灾害防御建议。与会人员结合各自工作领域对如何加强中秋期间台风气象灾害防御工作作了发言，并就进一步加强部门合作，做好南昌市气象灾害防御工作，提出具体气象服务需求和建议。

【樊三宝察看南昌气象工作】 2016年12月22日，副市长樊三宝一行到南昌县气象局考察。在听取工作汇报后，樊三宝指出：气象工作在当下灾害频发的情况下很重要，在为农服务中起到基础性作用，在防灾减灾中起到决定性作用，在经济社会发展中起到重要作用；南昌多普勒天气雷达的搬迁很有必要，要尽快高位推动、高速推进，市政府将大力支持。同时，樊三宝希望南昌县气象局要加快气象科技园建设，在“三农”工作中发挥更好更大作用，并要求南昌县政府帮助气象部门解决一些实际问题。

【建成全省首个桥面交通气象监测站】 2016年12月30日，市气象局与市地方海事局合作，在新建区昌邑乡安装全省首个水上全要素自动气象监测站。该站位于赣江昌邑大桥附近水域一艘趸船船顶，首次采用美国R. M. YOUNG一体式风速风向传感器，具有防震、抗腐蚀、数据准确的优点，实现对赣江航道风向、风速、温度双向传输。监测站每5分钟可向市气象局和市海事局同时传送监测数据，实现气象数据“零时差”共享。

【召开城市应急减灾与气象服务学术沙龙】 2016年12月26日，市气象局举办主题为城市应急减灾与气象服务的气象学术沙龙。沙龙由市气象局局长孙国栋主持，省科协副主席孙卫民、省气象局副局长詹丰兴、市科协主席邹玉萍出席并致辞。沙龙围绕城市应急减灾与气象服务主题，省气象台台长、中国科协第九届委员会委员殷剑敏作《现代天气预报业务发展》专题报告，省农业气象中心主任单九生作《城市气象灾害及其防御思考》专题报告，省气候中心主任章毅之作《城市气候服务的思考》专题报告。南昌市各部门专家结合各自工作领域探讨城市气象灾害致灾特点及其影响，并就如何深化部门合作、加强气象灾害应急响应和联动，提升气象灾害及其次生、衍生灾害防御能力，气象灾害对城市功能及人们生产生活的影响和应对措施以及气象服务工作发展现状与未来展望展开研讨和交流。

（雷　俊）

社　会　科　学

概　述

【概况】　2016 年，南昌市社会科学界联合会团结和依靠全市社会科学学会、县区社科联和市属高校社科联，围绕市委、市政府中心工作，结合各自实际工作，通过加强自身建设、开展课题研究和社科宣传普及活动，进一步促进全市哲学社会科学事业繁荣发展，为推动南昌“三个文明”融合发展、打造带动全省发展的核心增长极贡献力量。

【南昌市财政学会概况】　2016 年，该学会根据《南昌市财政局重点课题研究管理暂行办法》，开展 4 项重点研究课题。课题实行组长负责制，由组长召集课题组成员制定研究方案，分解落实研究任务，科学调度。学会负责具体组织和协调，掌握了解课题研究进展情况，保证课题按时保质完成，财政科研水平得到提高。参与省财政厅、市社科联、市史志办等单位和部门的科研活动，根据省财政厅和市社科联要求，组织人手撰写并报送《南昌市 2015 年财政形势分析与 2016 年财政形势展望》。牵头会同市国税局、市地税局组织开展各县区收集、编制涉税信息目录，并认真做好汇总审核工作。完成《南昌财会》6 期编撰工作，已刊出 5 期，累计办刊 122 期，与近 30 个省内外城市财税单位和高校科研机构开展学术期刊交流。根据市文广新局《关于开展 2015 年度全市连续性内部资料审核工作的通知》要求，于 10 月下旬完成对《南昌财会》的年度审核工作。

【南昌市会计学会概况】　2016 年，该学会以强化会计监管为重点，服从和服务于财政中心工作。通过市财政局官网、财政内网、工作群以及印发文件、组织培训、发放宣传材料和工具书等方式，宣传会计法规、制度和工作规范，让广大财会人员了解会计新政，明白操作规程，杜绝“中梗阻”现象。参加市直机关党员志愿服务活动，在广润门社区发放会计宣传材料，并进行现场答疑和政策解读。对市直行政事业单位财会人员进行摸底调查，召集县区会计科负责人进行座谈，征集意见和建议，了解财会人员现状和需求，制定工作要点和计划，建立联系和沟通平台。结合当前会计改革重点和会计工作实践，在预算管理、资产管理、政府采购以及企业财务管理等理论研究方面有所突破，在企业税务政策、投资、各类收费管理和使用、单位自有资金和结余资金使用、民主理财和单位内控制度建设等具体问题上开展调研交流。继续建立和完善学会工作制度，从会员管理、业务指导、平等协作等不同角度，促使会员和有关机构协调一致，共同推进会计学术事业发展。关注普通会计人员素质的提高，为其提供继续教育、职业培训等多种形式服务。同时，从现有中青年会计人员中选择有较好会计理论功底和实践经验、有培养前途和发展潜力的人才进行重点培养。

【南昌市家庭教育研究会概况】　2016 年，该研究会努力加强队伍建设，积极开展科普宣传、公益讲座等工作，在全国大中城市社科联第 27 次工作会议上，被评为年度全国社科组织先进单位。制定研究会全体工作人员岗位职责，实行制度管人管理方式，确保研究会工作规范运行，提高管理效率和执行力。结合培育和践行社会主义核心价值观活动，举办家庭教育报告会，加强家庭教育理论研究和实践探索，推进学校、家庭、社会“三结合”教育工作，构建学校、家庭、社会三位一体网络体系。5 月 26 日，以“为家筑梦，让爱出发”为主题举办 2016 年南昌市首届家庭教育节开幕式，联系新东方家庭教育专家到现场作首场家庭教育报告会，拉开“百场家庭教育公益巡讲活动”大幕。副市长姚燕平、市妇联主席黄琰、市教育局局长谢为民及县区妇联、教育局、市属学校和老师、学生家长 1000 余人参加大会。为提高讲座、报告会水平，研究会要求专家报告会要有“针对性、有效性、可操作性和互动性”，组织专家在县区之间进行报告会、讲座交流，异地派出专家到学校作讲座。同时，成立由南昌市网上家长学校校长雷迎放为报告团团长的家庭教育巡讲团，在市直学校举办 10 余场各种类型的家庭教育报告会，宣传家庭教育新理念、传播家庭教育新思想。专门邀请全国著名家庭教育专家余云等在南昌一中、南昌二中、外国语学校、邮政路小学等市直学校作大型报告，全年开展家庭教育报告会 120 余场。在各社区开展家庭教育宣传互动，近千名家长就家庭教育有关问题进行咨询，向社区居民发放家庭教育相关资料 5000 余份。为扩展家庭教育的信息渠道、传播家庭教育知识，开通南昌市家庭教育研究会独立工作网站，网站设置学会概况、学会动态、学术成果、社会服务、政策法规、家教论坛等栏目，并联合社会机构教育平台录制多场优秀家庭教育视频讲座和视频在线直播，免费上传到网站上，供广大家长观摩学习；建立起学校、家庭、社会三位一体的教育网络体系，推进打造互联网 + 家庭教育创新模式。建立南昌市家庭教育研究会会员互动平台、QQ 群、微信群，为全国网上家长、学校上传许多优秀作品，向家长传递家庭教育报告会活动时间、地点、主讲人等消息，增强全体会员参与度和凝聚力，提高研究会社会影响力。针对当前家庭教育中的新情况、新问题，启动家庭教育研究会课题申报、实施与指导等工作，开展家庭教育调研报告会及优秀论文评选活动，在家庭教育节上进行表彰。办好《南昌家庭教育》杂志（双月刊），每期印刷 1000 本，免费给全国同行寄送。由江西师大博士生导师裘指挥教授组织编印的《0—3 岁婴儿教育家长指导手册》（印刷 20000 册）和与南昌市社科联联合编印的《家庭教育读本》（印刷 3000 本），全部免费发放给家长。为加强研究会建设，新发展 32 名新会员，做好各级骨干教师选拔培训工作，并聘请江西省师范大学教育学院博士生导师裘指挥教授和国际注册高级心理咨询师、国际注册高级家庭教育指导师、中国前沿讲座百强讲师宫韶华等有关家庭教育方面专家，开展全市家庭教育干部团队培训。

【南昌市诚信促进会概况】 2016年，该促进会秉承“倡导诚信，共建和谐”宗旨，为政府和企业提供服务。负责“南昌要闻”“信用资讯”等频道新闻内容的添加，坚持每天更新数条新闻。负责全市招投标项目诚信承诺书的上传和维护，保障全市诚信工作网站正常运转，推动招投标项目诚信工作有序开展，得到委托方认同和肯定。继续配合南昌市招投标协会依托《诚信南昌》征信平台开展南昌市招标师个人信用信息档案建设工作，对于招标师信用档案个人基础信息（身份证、学历证明、职称证书、资格证书、从业经历等）、执业信息（执业证书及年检情况、受聘单位情况等）及从业奖惩信息（从业获奖情况、处罚记录等）等内容进行补充和更新，并向社会提供免费查询。

【南昌市翻译工作者协会概况】 2016年，该协会根据办会宗旨，开展翻译研究和学术交流，加强翻译人才培养和翻译行业的自律与管理，维护翻译工作者合法权益，提供翻译服务和咨询，完成政府有关部门安排的对外交流工作任务以及参与相关的社会公益活动，开展与国内外同行业组织之间的交流与合作。3月10日，协会邀请文学翻译专家毛建顺教授，为会员以及翻译爱好者作“文学翻译上无灌顶，下无触底”专题演讲，使广大会员及英语爱好者深入了解文学翻译理论、翻译原则的重要性以及文学翻译学习过程中主题意识发挥的重要作用，为有志于从事文学翻译的会员提供理论与实践指导。3月28日，接收2名江西师范大学外国语学院翻译专业研究生到协会翻译中心实习，指定中心副主任张桂德教授作为两位同学的翻译实践指导教师。4月20日，邀请哥斯达黎加在南昌留学生GalivaPakilay向会员介绍哥斯达黎加文化及风俗等情况，为中哥深入交流奠定坚实基础。5月28日，组织6名英语会员，前往南昌地铁各站点，对相关英文标识进行核实，查找出20余处存在问题的标识以及值得商榷探讨的译文，并给出修改意见。6月16日，首期中级翻译免费培训班开班，学员30人，为期1个月。此次培训的主题为“中国典籍翻译之难点”。7月28日，为期1个月的2016年首期高级翻译免费培训班学员结业考试，会长钟泽芳、副会长张桂德对学员学习情况进行考核和评估，秘书长李才英为优秀学员肖燕、杜和平颁发荣誉证书。8月23日，邀请外语专家郭正清举办题为“少儿英语学习之误区”免费专题讲座，指导家长走出少儿英语学习误区，60名家长、26个孩子参加。9月15日，市翻译工作者协会第二期越南语基础入门班（免费）开班，课程主讲人为TRANTHITHAO，授课内容为越南语口语基本会话，6名会员及21名非会员（包括越南籍部分女子及配偶）参加此次培训。10月12日，举办题为“口若悬河”口译专题讲座，市翻译工作者协会翻译中心资深口译涂争鸣主讲，近40名外语爱好者参加，学习口译相关标准、指导思想、口译技巧、速记等方面知识及经验。11月20日，邀请欧洲译联科技翻译委员会副主任巴特到南昌，为近50名科技翻译工作者及会员授课，介绍科技翻译相关知识、翻译技巧以及科技翻译人才培养等相关内容。按照章程召开1次会员代表大会和1次理事会议。

【南昌市红色文化促进会概况】 2016年，该促进会贯彻落实习近平总书记重要讲话精神，利用好红色资源，继承好红色基因，传承好红色文化。会同南昌县政府，主办纪念南昌解放67周年活动，邀请时任中国人民解放军第四兵团司令员陈赓大将、第13军军长周希汉、第37师师长周学义等一批开国将军的子女到南昌参加纪念活动和学术研讨会，丰富南昌市革命史资料。会同共青团南昌市委，市妇女儿童活动中心和俏伙伴艺术团，在秋水广场举办纪念中国人民解放军建军89周年快闪活动，受到市民欢迎。会同南昌电视台瓷板画中心，开展建军90周年解放军英雄模范人物版画创作。协同有关社会团体，举办开国将军后代合唱团到南昌演出，参与市军事主题公园策划设计工作，推动南昌红色文化活动开展。

【南昌市机关党建学会概况】 2016年，该学会以开展“两学一做”学习教育为契机，以“发展+”理念引领机关党建工作方向，以“互联网+”理念创新机关党建工作，开展机关党建理论研究工作，不断推动理论和实践创新，服务机关党的建设、服务全市工作大局。通过辅导报告、知识竞赛、专题讨论、集中培训等多种形式，引导会员在学习中强化认识、凝聚共识，把思想和行动统一到中央和省、市委重大决策部署上来。依托“周五学习日”平台、“品读红色经典，传承红色基因”党员读书活动和“传承红色传统”系列活动等载体，把学习教育融入经常、成为日常，引导会员真学真懂真信真做。以实施“互联网+机关党建”为契机，升级改造南昌机关党建网，改版《机关党建工作简讯》和《机关党建》刊物，建立并抓好市直工委机关、市直单位两级通讯员队伍建设，健全完善宣传报道激励机制。继续加强与主流媒体的沟通协作、新兴媒体的合作运用，设立工委微信公众号，号召机关党员关注，通过市直机关工委发布微博号和微信公众号，系统宣传报道机关党建重点亮点工作。与《南昌日报》合作开办“书记谈党建”专栏专刊。与南昌电视台联合开展《党建综述》《星级创建》《为民服务》三个系列专题报道，对机关党建工作中的好做法、好典型、好经验进行宣传和推广，扩大机关党建工作在全市影响力和知名度。围绕全市工作大局和机关中心工作，结合机关党建工作中重点难点问题，组织机关党员干部结合本地、本部门党建工作实际，策划课题，开展调研，探索新常态下机关党建工作特点规律，有的放矢地提出建议措施。年初，在全省机关党员干部回乡调研活动中，全市2296名党员干部参加调研（其中厅级领导干部243名），收到回乡调研报告544篇、反映问题463个、有价值的意见建议427条。5月，各会员单位按照年度全市机关党建课题调研工作要求，结合本地、本部门党建工作实际，组织开展好调研工作，全市102个会员单位上报调研课题100余项。发挥机关党建学会职能，以党建网络区为单位设置课题组，从网络区会员单位中抽调理论骨干组成调研组，根据《南昌市机关党建学会2016年理论研究参考课题》涵盖的方向和范围，围绕考核考评激励机制、党员教育管理监督、“三会一课”制度落实等新形势、新常态下机关党建工作热点、难点问题，深入机关基层党组织和党员干部中开展调研，并到周边党建工作做得好的城市学习好的经验做法，共有《新常态下进一步加强和改进我市机关党建工作的思考与研究》《以科学考评推动责任落实》《关于提升机关基层党组织“三会一课”质量的对策思考》《树立融合新理念，构建“党建+”新模式——关于推进机关“党建+”模式的调查与思考》4篇理论调研文章在《机关党建》上刊登交流。根据全市各会员单位机构和人员变化情况，及时增补和调整学会理事，做好团体会员发展和管理工作，增补和调整理事16名。按照学会财务管理办法规定，做好会费收缴、支出和管理工作，做到管理有序、使用合理。7月，举办全市机关党建工作通讯员培训班，邀请江西日报社、市委宣传部、市网络研究中心等单位领导和资深媒体人，结合自身实践，就如何用写作为工作增色、对外宣传与舆情处置、做好新闻舆论工作等方面进行讲授。

【南昌市图书馆学会概况】 2016年，该学会围绕市委、市政府建设文化大市、文化强市的工作中心，继续加强和完善学会的组织建设。按要求完成社团年检工作，对学会领导进行及时增补、变更。3—5月，与青山湖区图书馆共同组织“春来好读书”全民阅读活动。活动包括“人与自然”主题征文、“人与自然”手抄报、“我和春天有个约会”微信拍拍拍，让读者通过观察、体悟人与自然、文化与自然，加深对文化生态的认识，培育文化生态意识。4月23—24日，在红谷滩万达广场举行以“书香洪城·世界读书日，让书籍点亮生活——让我们爱上阅读暨2016年南昌市首届‘绿书包在行动’大型公益活动”。活动期间，市图书馆推出2016年引进的国内最大移动数字图书馆。为更好地服务市民、广大阅读爱好者，学会还派工作人员在活动现场进行引导和发放小礼品，张贴有使用说明的海报和展架，现场为需要安装的读者下载、安装手机客户端。5月20日，在省图书馆举行“阅读，从图书馆出发”为主题的演讲比赛。学会邀请省、市专家担任评委，经过初选及筛选，评选出一等奖2名、二等奖3名、三等奖5名。6—9月，举办“2016全市少年儿童阅读年”活动，分别开展图书馆未成年人服务案例征集评选活动、“红色记忆——优良传统代代相传”之寻访红色记忆征文比赛和“我爱我家，红色传承”全市微视频比赛。组织开展送书下乡、进社区、进学校、进社区活动，全年组织送书8次，共送图书4700册。组织会员参加“中国图书馆学会2016年年会”和江西省图书馆学会2016年学术年会等学术交流活动、八省会议，共选送征文20余篇。其中，进贤县图书馆吴洁的《浅析基层公共图书馆阅读服务推广》获八省征文三等奖、新建区图书馆郭光华的《现购图书验收环节自动化之思考与探索》获八省征文优秀奖，进贤县图书馆姜钦华荣获2016年全省图书馆最美榜样人物。

【南昌市统战理论研究会概况】 2016年，该研究会引导全体理事和会员学习中央和市委关于加强统一战线理论研究的指示，明确统战理论研究工作努力方向和目标任务；学习市委、市政府领导对加强统战理论研究工作提出的新部署、新要求，以总结统战工作经验、服务统战工作实践为重点，准确把握重点课题研究方向。先后下发《关于开展全市统战工作理论创新成果评选活动的实施方案》和《关于开展全市统战工作实践创新成果评选活动的实施方案》，并借助基层单位、统战系统各部门领导、科室负责人、高校等力量，进行资源整合，集中方方面面智慧，为统战调研服务。各县区委统战部和统战系统各单位报送理论创新成果36篇，实践创新成果申报30项，其中《新四军统一战线的成功实践与启示》一文获得全省统战理论政策研究创新成果一等奖，并选报6项实践创新成果到省委统战部参加全省实践创新成果评选活动。研究会加强同市各党派团体、市直单位、区县统战部联系，健全联系网络和联系渠道，与党派团体、县区统战研究部门开展相互学习和交流，互相派员参加理论研讨座谈和学习培训活动，汇聚全市统战组织的研究力量，营造统战理论研究工作良好氛围。全年有50余篇理论文章在中央、省级报刊、杂志刊登，其中市委常委、统战部部长乐文红撰写的《画出最大的“同心圆”》等文章在《中国统一战线》上发表。协助市委、市政府召开征求意见会、情况通报会，听取党外代表人士意见和建议。围绕打造“核心增长极”主题，组织“党委出题、党派调研、政府采纳、部门落实”活动，在全市“两会”期间，各民主党派提出有价值的提案、议案300余件，得到市委、市政府领导重视和批示。在组织建设上，市委统战部重视研究会工作，人力、物力、财力全部到位，各类办公设备配置齐全，确定专职秘书长1名、专职工作人员2名，每年拨给经费开展工作。研究会编撰《同心同行》刊物，全年出刊6期。南昌统一战线网站注重页面的美化，做到随着形势和工作变化及时更新。尝试建立“南昌统一战线”微信公众号向公众推广。把统战理论研究工作作为各部门、各单位考核统战工作重要内容，建立优秀成果评选奖励制度，对获得一、二、三等奖和鼓励奖的成果予以通报表彰，并给予适当奖励。部分分会也创办自己的宣传阵地，南昌县、新建区委统战部编印《统战快讯》《统战动态》等信息刊物，九三学社市委会编印《南昌社讯》。

【南昌豫章书院研究会概况】 2016年，该研究会围绕豫章书院文化学术研究、开发创新、宣传教育、对外交流等开展活动。开展豫章书院修身科系列公益讲学活动近百场，先后为青山湖区、青云谱区社区干部开展国学培训，共培训200余人，让更多的人接受中华优秀传统文化和修身科系列公益讲学教育。开展“慈善友爱、文化弘道”爱心活动，资助2名孤儿到书院进行学习，让爱心传承中华美德。8月6日，在西湖李家豫章书院青岚湖分院召开南昌豫章书院研究会会员大会，选举产生第二届理事会和新领导班子。11月26日，由市社会科学界联合会、江西省书院研究会主办，青山湖区委、区政府支持，南昌豫章书院研究会承办“纪念江西豫章书院建院885周年——江西省书院研究会学术交流”研讨会召开，317人出席。会议围绕“江西豫章书院及全国各地豫章书院文化研究、江西书院文化研究、中国书院文化研究、中华优秀传统文化教育研究、重点青少年群体修身教育研究”四大主题开展学术研讨。会议共收到优秀论文81篇。9月，由南昌豫章书院研究会执行理事长吴军豹主编的豫章书院修身科系列书籍《家道乡约》，由江西人民出版社出版发行。10月，吴军豹主编的《豫章书院志》第二版由百花洲文艺出版社出版发行；吴军豹主编的豫章书院修身科系列书籍《学规成士》完成编著。为挖掘和保护豫章书院文化遗产和江西文化历史风貌，研究会会同豫章书院修身学校、豫章书院德育学校、豫章书院文化产业发展有限公司收集豫章书院文物古籍3000余件，并向市政府递交“豫章书院古籍博物馆”申请立项策划方案，正在为建设“豫章书院古籍博物馆”筹集资金。研究会工作得到教育部中央电化教育馆、江西师范大学、江西科技师范大学、江西中医学院、江西省社科院、白鹿洞书院、岳麓书院、鹅湖书院、嵩阳书院、东林书院、万松书院、白鹭洲书院、叠山书院、台湾新儒家勇毅书院、七宝阁书院、粤秀书院、北京国子监、豫章罗珠文化研会的帮助与支持，先后邀请近百位专家学者来书院参观考察和学术交流。

【南昌市人杰地灵文化促进会】 2016年，该促进会组织会员学习贯彻中共十八届六中全会和习近平总书记系列讲话精神，贯彻落实江西省第十四次党代表大会决议，不断提高思想理论水平。由促进会专家学者创作的电影《徐孺下陈蕃之榻》有新进展，电影文学剧本在全国著名核心期刊《电影文学》2016年第二期发表。《江西日报》7月7日发表采访促进会作者的文章《徐孺子，何时才能走上银幕?》。省文化厅厅长池红批示省话剧团团长林翰等人试行话剧、诗剧等艺术形式展示徐孺子。推出市道德模范。推出参加过联合国维和团医卫专家的市第一医院胃肠肛门外科主任、促进会医杰委员会副主任饶本强博士;调研中发现在《人杰地灵》会刊中撰写《杰出的公仆》一文的江西省原副省长钱家铭生前把积蓄捐赠给上海交通大学江西籍贫困学生,死后把遗体捐献给上海交大医学院教学解剖。重视学术研究。会刊上先后发表许多较有分量的论文,如陈杰思《中国传统廉政观》、危春勇《精神的力量》、张恒立《培育南昌好家风,弘扬核心价值观》、胡迎建《南昌赋》、张振台《论孝道在老龄化社会的升华》、张来芳《万寿宫,联络赣台的纽带和桥梁》、许寿福《防洪与治洪》。为纪念红军长征80周年,开辟《红色史记》专栏,发表章夫的《一位"女红军"的故事》、贾献文的《红军长征第一渡》等文章。组建诗书画委员会,让诗词、书法、绘画名家开展联谊活动,创作出《汤显祖颂辞》、原副省长蒋祝平及夫人静梅的《夫书妻诗》等优秀作品。

【南昌市公共健康与社会发展研究会概况】 2016年度,该研究会在基层各单位支持和配合下及各界媒体跟踪报道和协助下,吸引众多社会机构和个人加入。围绕精准扶贫宗旨,先后为青云谱区脑瘫少年邓俊办理残疾人补贴并提供康复救治,为西湖区先天性白内障儿童邓书恒及其家人提供免费的系统医疗检查,为湾里区眼部残疾少年周乙琳提供免费眼部治疗并为其妥善解决相关政策补贴,为南大一附院白血病儿童陈钰募捐爱心善款等。6月22日,在市社科联支持和湾里区罗亭镇政府、罗亭镇中学协助下,举办以"感受阳光、奉献爱心"为主题的儿童慈善活动,为100位小朋友提供眼部常规检查、生长发育测评、心理成长测评、儿科常见疾病诊治等爱心服务,并赠送价值5万元以上的文化体育用品。在科普周期间,协助市社科联设计和开发网上科普平台,举办2016年度"网上社会科学知识竞赛活动"。联合南昌120、市雄鹰救援队,在人民公园举行"走基层系列活动——意外伤害急救知识普及活动",采用现场讲授和实际操作相结合方式,为老百姓讲解常见疾病和意外伤害紧急处置方法,让大家现场体验心肺复苏等急救操作技巧。打造洪城讲堂·公共健康讲坛,采取线下现场宣讲、线上"网络直播"形式,为广大市民提供营养与健康、老年慢病防治、孕妇乳母膳食指南、婴幼儿童科学喂养、意外伤害急救、文化与养生、道德伦理、未成年人心理成长等科学知识。先后与江西卫视、南昌电视台共同录制多期公共健康专题节目,如"心理咨询行业乱象与规范""城市噪音对公众健康的危害""无籽葡萄的谣言与真假鉴别""冬枣的违法添加与鉴别""粉条的违法添加与鉴别""珍珠奶茶的违法添加与鉴别"等。为会员、宣教和科普志愿者及社会人士开设营养与健康、慢病预防、康复理疗、心理咨询与干预等课程,累计有1000余人通过课程考核。

2016年6月22日,市社科联和市公共健康与社会发展研究会共同举办"感受阳光、奉献爱心""点亮微心愿"党员志愿服务活动

【南昌市儿童工作者协会概况】 2016年,该协会围绕市委、市政府中心工作,加强学会组织建设,完成市儿童工作者协会换届工作。开展未成年人思想道德建设活动,促进全市儿童全面健康发展。举办市第34届"庆六一"幼儿语言、才艺赛,给孩子们提供语言、美术、器乐、歌舞等综艺方面锻炼机会和成长舞台,让"六一"成为支持儿童展示才艺、创新艺术的自主日。全市3000余名小朋友参加活动。成立春晓艺术团,以声、台、形、表为基础,以说、学、逗、唱等形式锻炼和提升儿童艺术才华和表现力。开展市第二届"文明花开记者行"活动,在小学阶段选拔和组织60名摄影小记者,对全市文明新行为进行抢拍、抓拍、点评、交流;开展冬季"我与留守儿童手牵手"活动,向留守儿童捐赠玩具、文具、绘本书籍等。

【南昌市广播电视学会概况】 2016年,该学会围绕中心工作,把握正确舆论导向,加强宣传阵地建设,完成省新闻出版广电局和上级(协)学会交办的各项工作任务。根据《关于开展"治理过度炒作、抵制低俗之风"专项行动的通知》精神,制定专项行动工作方案和措施,组织全市各级广播电视台开展"治理过度炒作、抵制低俗之风"专项行动,集中清除广播电视宣传中的不良现象,确保专项行动取得实效。按照《关于开展"治理过度炒作、抵制低俗之风"专项行动的通知》中列出的9个方面重点清理和整改内容,要求各级广电台各频道、频率和各部门对各类广播电视节目及管理进行逐个逐项排查。全市各级广电台坚持团结稳定和正面宣传为主的方针,按照"新闻立台、质量兴台、经济强台"总体发展思路,提高广播电视舆论引导水平和节目品质,加强宣传管理和从业人员教育培训,严格宣传纪律,净化荧屏声频,把抵制低俗之风作为一项长期性任务抓紧抓实,确保全市广播电视事业健康发展。做好省新闻出版广电局《收听收看简报》信息反馈工作,收到《收听收看简报》46期,涉及到市广播电视台存在问题的有4期,对每期简报都能按要求及时报送领导阅批。针对存在问题立即督促市广播电视台相关部门按照简报要求整改落实,做好书面反馈工作,并在全台范围内开展一次加强所有采、编、播人员对生活化语言和正确舆论导向的学习,确立政治意识、大局意识、责任意识和阵地意识。重申不论是新闻节目,还是文化生活类节目,采编人员、特别是主持人都要切实担负起正确舆论导向责任，要把宣传内容正确、鲜明、生动地传播给受众，确保节目播出的质量和舆论导向不出偏差。1月20—22日，学会组织南昌广播电视台及6个县区广播电视台有关人员在进贤县举办2015年度南昌市广播电视奖评选活动，收到参评作品61件。其中南昌广播电视台的长消息《从42天到40分钟的距离到底有多远?》和现场直播《南昌西汉海昏侯墓主椁室考古发掘启动仪式》2件作品获得一等奖，新建区广播电视台报送的短消息《新建发现中国保存最完整西汉列侯墓园》和南昌县广播电视台报送的长消息《鸟来了，渔禁了》两个作品获得县区广播一等奖。学会分别报送19件优秀广播电视作品、5件优秀电视文艺作品、4件优秀广播文艺和广播剧作品、8件优秀播音主持作品、5件优秀广播电视报刊作品、13件优秀论文论著作品参加江西省组织的各类优秀作品评选，经省广播电视协会评选，学会选送作品获得一等奖7项、二等奖14项、三等奖16项，获奖数量和质量均稳居全省各设区市第一名。组织参加中广协会、省广协会有关广播电视作品评选活动。组织参加首届省广播电视“十佳”播音员主持人评选活动。组织报送2016年度全省优秀广播电视论文评选。组织参加2016年全省“声屏论坛”评奖活动。

【南昌市统计学会概况】 2016年，该学会加强学会规范化建设，积极开展学会学术活动。向省统计学会缴纳2016年学会会费与科研工作相关材料，开展对县区统计学会与统计科研评比工作；制定统计学会2016年度重点工作项目推进计划，并按照重点工作计划推进各项工作开展。组织参加2016年度全省统计科研课题招标申报工作，学会组织申报的2篇课题被列为年度全省统计科研中标课题，并按照要求完成课题研究工作。做好市委政研室、市社科联课题研究征题报送工作，提交2016年南昌市重大政策调研委托课题征求课题，1个课题被市委政研室列为2016年度全市重大政策调研委托课题。完成市社科联《南昌经济发展蓝皮书2016》约稿撰稿工作。参加全市社会科学优秀成果参评活动，学会提交的《南昌市人口老龄化现状分析及对策建议》一文获得三等奖。撰写的1篇反映市统计局多措并举开创依法治统新局面材料被《中国信息报》采用并于2016年6月23日刊登。《对统计“数库”向“智库”提升转变的思考》《2015年南昌市经济形势分析及2016年展望》《逆势前行，稳中快进》等3篇论文和分析报告分别在《决策参考》《现代人文》等刊物上刊登发表。撰写的2篇反映市统计局工作交流材料分别被《江西统计工作简报》第5期和第8期采用。学习国家统计局关于全面小康社会统计监测新方案，按照小康监测新指标体系要求收集整理全市全面小康社会监测资料，对全市全面建成小康社会进程进行测算，做好市直相关部门年度小康相关数据评估工作，指导县区开展县级全面小康监测工作。

【南昌市诗词学会概况】 2016年，该学会加强组织建设，坚持常务理事会例会制度，召开1次理事会，扩大会员队伍，调整诗词小组，听取各位顾问建议和理事对学会的意见，推动学会工作开展。组织到湾里区采风活动，把采风作为拓展会员创作思路的途径，参加会员45人，收到诗词作品68首。首次举办全体会员参加的重阳诗会，邀请湖北省大冶市和江西省九江市、上饶市、抚州市及瑞昌市、武宁县的诗词组织参加。在重阳诗会上，会员们之间互相交流，互通感情，并在会上朗诵自己作品。诗会得到省诗词学会支持。组织参加九江市诗词学会第七次代表大会及星子县、武宁县、九江县诗词组织的交流活动。出版《洪都诗词》第十期，有关活动诗词都在《洪都诗词》中刊出。举办“豫章杯”全省诗词大赛，共收到作品400余首，评出一等奖1名、二等奖3名、三等奖6名、优秀奖20名。

【南昌市教育学会概况】 2016年，该学会组织全市教育系统第二十六个“全国助残日”文艺汇演暨捐赠仪式，关心特殊孩子成长。开展高中语文“读书沙龙”活动、高中数学“高考讲坛”、高中英语“命题工作坊”、中学地理“昌九一体化”教研互动活动和“教师讲学团”、初中英语“人机对话听说测评”试验工作、初中物理教师实验素养比赛、体育学科“三大球进课堂”、小学语文“教师素养大赛”、幼儿园区域活动竞赛展示活动等。各学科专委会坚持每周三集中下校听课制度，分别到南昌二十六中、八一中学、南大附中、新建五中、桃花中学等30余所学校听课调研、指导教学。组织全市普通高中“教学开放日”活动，展示南昌外国语学校等4所学校的校本教研、校本课程、课堂教学、大课间活动。加强学生学业质量监测，组织3次高中毕业班模拟测试、初中和小学部分学科调研测试，召开质量分析通报会，并组织各学科专委会秘书长下校开展分类教学指导。在第14届全国中小学信息技术创新与实践竞赛活动中，市教育学会荣获组织工作先进单位。在全国语文第五届“教学艺术杯”课堂教学大赛中，南昌二中教师王伟伟荣获高中组一等奖第一名。在全国历史优质课评比中，南昌一中老师杨诚荣获一等奖。在全国综合实践活动第十四届研讨会活动中，南师附小徐慧林、东湖小学皇甫海燕、珠市小学刘敏、洪都小学张蕾均获得现场说课比赛一等奖。在2015—2016年度“一师一优课，一课一名师”活动中，推荐的706节市级优课有551节入选省级优课。在2016年全省中小学优秀教学课例现场展示交流活动中，高中英语等23个参赛学科全部获得省一等奖，其中12个一等奖第一名。市教育学会及相关学科专委会先后举办全国第十四届NOC机器人场地越野赛赛事交流大会和承办全国“真语文”系列活动、“中国教育学会2016年度课堂教学展示与观摩系列活动——中学物理名师课堂教学展示活动”，加强与全国各地的教学研究与交流。特邀中国教育学会会长钟秉林教授、中国教育学会外语教学专业委员会副理事长程晓堂教授、全国中语会副会长史绍典以及台湾东华大学教授、美国内布拉斯加州立大学杨熾康博士到南昌作主题学术交流。与中国教育学会《未来教育家》杂志合作，共建“赣派教育家成长研究基地”，为南昌教育人搭建成长平台。会刊《南昌教育》杂志参加第27次全国教育内部报刊协作交流会，荣获优秀期刊称号。举办“南昌市中小学教育科研培训班”，通过专家讲座、经验介绍、专题成果推广、实地展示等多种形式，培养科研管理人员。开展2015年度“名师工作室”考核，评出市级“优秀工作室”69个。评选市级优秀科研成果（含研究报告、调查报告、论文）一等奖78篇，并召开全市新学年教学工作暨市教育科研“十二五”工作总结表彰大会。完善“南昌市教育科学个人课题管理平台”，加强对课题研究引领和管理，确保课题研究真实性、科学性、实效性。创建“科研展示平台”，举办2016年南昌市教育科研开放日暨百花洲小学“互学互助，百花齐放”课改成果推广活动，采取开题会、中期评估会、结题会、成果推广会等多种形式，展示和推广科研成果。畅通“信息交流平台”，通过网站、微信公众平台、QQ群等现代化手段构建“学校—县区—市”三级管理网络，使全市教研科研工作下情上达、管理通畅。融入“地区互动平台”，参加“长三角城市群”教育科研活动，参加“全国十城市教研协作体2016年高考备考研讨会”,把南昌教育推向全国。举办市级骨干教研员高级研修班和市级中小学英语学科带头人专项能力提升培训班,组织开展3次市级“名师沙龙”活动,发挥名师引领作用。开展“南昌出彩课堂”系列展示活动,如小学语文“经典诵读”“素读”“书法进课堂”“小学生古诗文诵读知识竞赛”等专题研讨活动。开展义务“送教下乡”活动,先后组织各学科优秀教师到南昌县、进贤县、高新区、经开区、湾里区等地,帮扶薄弱学校教师提高教学专业水平。启动实施“5432”名师带动计划,充分发挥特级教师、学科带头人、骨干教师引领作用,采取师徒结对等形式,通过“七个一”活动,促进教师在师德素养、教育理念、校本研修等方面得到提升。举行全市“名师带动”推进会暨初中教育集团联盟教学开放日活动,组织各学科专委会秘书长赴各局属初中教学集团联盟学校指导“名师带动”工作,通过“两听一访谈”(听学校汇报、听师徒结对课、与名师面对面访谈)形式调研学校“名师带动”工作推进落实情况,促进区域内教师协调发展。举办全市中小学(幼儿园)第八届“园丁杯”教学竞赛,全市1738位教师参赛,促进全市性校本教研。组织各学科专委会深入开展教辅答疑活动,拓展线下面授辅导形式,自1月起至11月,网上答疑互动量13.27万条。在开展文化类课程集中面授活动的基础上,充分结合学生兴趣喜好和阶段性需求,增开文体艺术科技类辅导活动,在各分中心开展约15个学生文体艺术科技类活动课程辅导。开设中考体育考试科目培训活动,锻炼初三学生体能素质。增设中考数理化培优课程辅导,在全市7个教学点以各教学联盟和就近参加原则为全市初三年级学生推送由南昌市各初中学科中心组成员组成的培优团队辅导活动。以使用电子化教辅资料为抓手,将学生暑假作业、一周一练、基教教辅材料接入南昌教育云平台,为学生提供便捷的数字应用服务。

【南昌市审计学会概况】 2016年,该学会遵循《南昌市审计学会章程》,围绕经济发展,联系本地区审计工作实际,探索审计理论、审计技术和方法研究,开展审计学科理论研讨和学术交流活动。根据省审计学会《关于开展2015—2016年度课题研究的通知》精神,部署自然资源资产离任审计、基层审计机关投资审计风险及规范研究、农村集体经济组织审计的探索与实践等3个课题研究方向及课题研究方案。参加2016年省审计厅开展的优秀审计项目评选活动,选送参加省审计厅优秀项目评比的《江铃汽车集团公司原董事长王锡高同志任期经济责任审计》和《南昌县2014年度县本级预算执行和其他财政收支情况审计》两个项目被评为“2016年度全省审计机关优秀审计项目”。按照省审计学会关于后续教育培训的要求,结合市审计局机关、县区审计局和市属各内部审计机构工作实际,为加强审计人员对新业务、新制度的了解和掌握,先后组织有关单位开展《审计人员职业道德》、绩效审计工作规范等学习培训。全年组织选派人员参加各类学习培训457人次。其中推荐出国学习交流2人,出国培训1人;组织参加审计署学习培训班8人次,参加省审计厅各类学习培训25人次;组织全市审计系统52人参加2016年南昌市审计干部能力建设与素质提升专题培训班;组织81名会员参加各类网上培训。组织人员按时完成《江西省志*审计志—南昌审计志》编辑报送(一、二稿)工作,成立《南昌审计志》编纂委员会,组织相关人员专职编写《南昌审计志》。按照省审计学会要求,向省审计学会报送市审计学会在1998年至2010年期间,审计学会机构设置时间、职能、人员变化情况,主要职能变化情况,人员变化情况,各项管理制度制定时间、内容、修改变化情况,课题研究和学术交流情况。组织人员按时完成《中国审计年鉴》和《南昌年鉴》审计管理编辑、编纂和报送工作。做好《中国审计报》《中国审计》《审计研究》《审计与理财》等审计报刊征订发行工作。编辑印发《南昌审计》2期,使其成为社会各界了解审计、认识审计的窗口。承担市审计局医疗保险基金审计工作领导小组办公室信息保障工作,负责汇总编写医疗保险基金《审计工作动态》8期。依托南昌审计网站建立审计学会专栏,发布学会工作动态,推广省内外审计理论成果和实务经验,宣传审计法律、法规等各项财经法规。

【南昌市内部审计师协会概况】 2016年,该研究会发挥内部审计的监督、评价、控制和服务职能,促进各内审单位不断提升内部控制和风险管理水平。全年全市内审机构95个,内审人员215人。完成各类审计项目1367项,查出管理不规范金额9362万元,促进增收节支1921万元。提出建议和意见被采纳652条,移送违纪线索1条,审计约谈2人次。扣减奖励性绩效工资处罚和行政处罚796人次。全市各内审机构注重审计问题整改,通过审计回访、召开专题会议等形式定期监督被审计单位的整改落实,跟踪整改落实情况,总结反馈,转化应用。江西银行审计部为提升审计效果和审计监督水平,依据《江西银行内部审计章程》相关规定,制定《江西银行审计情况通报会制度》,通报审计发现的问题,研究切实可行整改措施。推进领导干部经济责任审计,加大对权力运行监督制约力度。组织23名内审人员参加全省内管干部经济责任审计培训班,组织5名内审人员参加省内审协会在南京审计大学举办的内部审计高级培训班。根据省内审协会《关于组织参加中国内部审计协会举办审计培训班的通知》精神要求,组织内部审计人员20余人参加中内协举办的建设项目全过程跟踪审计实务与案例培训班、风险管理与内部控制培训班、管理审计培训班、内部审计质量评估培训班等业务培训。组织3名内审人员参加全省内审信息化建设工作经验交流会,组织5个单位内设机构参加全省优秀审计案例展示活动总结交流会。做好2016年《中国内部审计》征订发行工作。上报《江西省内部审计专职人员基本情况统计表》。

【南昌市档案学会概况】 2016年,该学会遵循学会宗旨,开展档案业务培训、宣传教育、学术研究、组织建设等活动。开展“6·9”国际档案日宣传活动。市、县区档案局在红谷大厦举办“6·9”国际档案日宣传展览活动,并联合东湖区档案局、墩子塘街办北湖社区在建德观举办“6·9”国际档案日宣传展览活动。联合厦门大学于9月24—30日举办1期南昌市档案管理干部高级研修培训班,安排《“十三五”的发展理念与发展路径——五中全会精神与习总书记讲话解读》《市委办公厅、市政府办公厅〈关于进一步加强和改进新形势下全市档案工作的实施意见〉解读》《法治的要义与依法治档的关键》等7个专题讲座,包括市直、县(区)直、开发区(新区)管委会等单位分管档案工作的领导、办公室主任、各县区档案局(馆)长以及档案工作人员等122人参加培训。9月23日,开展市轨道交通集团项目建设分公司档案管理培训,讲解《轨道交通工程档案整理、分类与档号编制规定》。联合市农业局在南昌县南新乡政府召开全市农村土地承包经营权确权登记颁证档案归档整理工作现场经验交流会,先后深入经开区、新建区指导农村土地确权颁证档案工作,并派员参加全省农地确权检查验收培训和全市农地确权检查验收培训推进会议,部署推进全市农地确权档案整理及检查验收工作。针对企业档案工作人员档案业务知识储备不足、亟待更新的现状，对江西嘉佑医疗投资集团、江西双德集团等企业开展档案业务知识培训。组织全市档案系统参加国家档案局、省档案局组织的论文征选活动。市档案学会推荐的《对南昌数字档案馆建设的几点思考》入选2016年全国档案工作者年会论文，《浅谈档案利用服务》《做好新形式下民生档案工作之我见》刊登于《江西档案》杂志上，《档案情系民生》刊登于《中国档案》杂志上。11月，派员参加全国档案工作者年会。12月，派员参加省档案学会八届四次理事会。先后组织档案业务骨干带着档案业务专题赴南京市、苏州市等地档案局进行学习。派员参加国家档案局举办的《重点建设项目档案监督指导工作指南》培训班。

【南昌市易学研究会概况】 2016年，该研究会倡导“传播中华易学智慧、光大江西堪舆文化”办会宗旨，规范自身组织架构、部门职能和行为准则，弘扬优秀传统文化，传递正能量。全年举办公益讲座6场，帮助近1000人次理事会员和社会各界爱好人士了解易经养生、易经与五行管理等易学应用知识。建立网站、公众号及会员微信群和理事微信群，更新研究会重要信息和新闻。参与党政机关、大学教育机构、企业家协会、大型企业等组织《易学在当代社会的应用》《慈善与老百姓》《命相与财富》专题讲座。组织“赣派风水三僚村寻根游学考察和学术研讨”活动，加强研究会与赣派风水发源地三僚村联系和合作。

【南昌心理学会概况】 2016年，该学会邀请浙江人民医院祁金文、省心理协会副会长孟建为、江西省委党校张清娥以及学会其他骨干老师前往参与武警江西省总队第一支队的心态调适工作，进行培训和咨询120学时，督导56学时，参与学员800人次。其培训和咨询范围覆盖武警从干部到新兵，包括新兵入伍、指导员工作指导、干部家庭和事业的平衡、个案处理，对武警一支队心理健康教育辅导人员专业素养提升起了很好的作用。受市政公用集团委托，开展“将心理原理和技术引入团队凝聚力建设工作”，培训12次，咨询36次，参与1120人次。开展志愿者心理等培训及科普工作，为来自市文明办、社区街道办工作人员以及各志愿者协会代表等130余人开设《九型人格在企业中的应用》培训。协助益心益义读书会举办“首届EAP高端论坛暨EAP工作坊”，100余人参加，推动EAP（员工帮助计划）在江西和南昌的开展。参与狮峰学校组织的“心手相牵·情暖狮峰”青年志愿者服务活动，6名会员组成工作组赴该学校，为留守儿童提供心理援助。为社区矫正人员心理辅导项目120名志愿者开展沙盘游戏技术培训。为问题青少年等社区矫正人员直接提供心理服务100余人次。组织师大附中落后学生家长沙龙3次，参与16人次。全年会员开展《亲子关系的心理奥秘》《家庭教育中的心理暗示——传递教育正能量》《将我的快乐还给我》等主题讲座23场，受益3500余人次。

【南昌八一精神研究会概况】 2016年，该研究会落实“以德建会”思路，落实“依法办会”原则，落实“创新强会”和“和谐兴会”要求，开展形式多样宣传活动，到基层宣传红色文化、八一精神。2月27日，组织研究会理事及相关人员20余人，专题学习习近平总书记视察江西的重要讲话精神，激励大家树立政治意识、大局意识、看齐意识、核心意识，增强传承红色基因政治自觉性。在管理上，严格按照相关规定，进一步落实财经纪律，规范财务管理办法，做到“量入定出，专款专用”，保证年度经费收支总体平衡。进一步创新工作人员管理办法，强化驻会工作人员责任意识，明确兼职工作人员工作职责，保证日常工作正常运转。7月23日，研究会以“传承红色基因，践行八一精神”为主题，召开第七届学术研讨会，驻昌专家、学者和相关部门领导30余人参加会议，理论研讨成果会刊以专辑形式收集出版。认真撰写南昌起义与八一精神理论研究主题报告。主题报告是对研究会近年来理论成果的梳理和总结，除报送相关部门外，还以单行本形式发表交流，得到广大读者好评。组织国防大学“八一精神课题”调研组征文撰写，论文在《苏区研究》杂志2016年第4期发表。

【南昌县社科联概况】 2016年，该县社科联以服务全县经济社会发展、宣传普及社会科学、提高民众科学素质为目标，开展理论研究、社科普及等活动，在全国大中城市社科联第27次工作会议上，被评为全国社科组织先进单位。1月，按照县委群团组织换届工作统一部署，召开全县社会科学工作者第二次代表大会。会议听取和审议县社科联第一届理事会工作报告，修改通过《南昌县社科联章程》（修订），选举产生县社科联第二届理事、常务理事、主席、副主席和兼职副主席。结合南昌县经济社会发展实际，面向全县社科工作者征集7项有现实价值和前瞻性的课题研究成果。结合全县中心工作，邀请市社科联相关领导、县委党校等专家学者和各相关单位业务骨干，深入全县各地、各单位宣讲中共十八届六中全会和市、县党代会精神，为拼争“四个率先”、建设“五个昌南”提供理论支撑和智力支持。11月以“大众讲坛”为载体，与省、市、县联动开展社科普及周活动，邀请县委党校专家和民政、社保、医保、公安等相关系统业务骨干，深入社区开展中共十八届六中全会宣讲和社科普及知识讲座，将社科普及活动和解决社会热点问题联系起来。通过举办讲座、免费发放社科知识宣传普及材料等多种形式，丰富普及内容，拓展宣传渠道。在县委宣传部支持下，借鉴市社科联和其他县区做法，研究制定《南昌县哲学社会科学研究课题项目立项及管理办法（试行）》，对课题的选题、申报、评审、立项、成果鉴定、结项以及课题经费使用管理等进行规范。

【安义县社科联概况】 2016年，该县社科联围绕县委、县政府中心工作和全县发展大局，主动融入县委“323”工作方略，服务“五大发展引擎”开启，开展理论探讨、专题调研、社科普及等工作。制定全年理论学习计划，把学习、宣传、贯彻中共十八大和十八届三中、四中、五中、六中全会精神和习近平总书记系列讲话精神作为首要政治任务，通过看报告、读原文、开展讨论交流、作读书笔记，提高学习实效性。参与安义县委书记“思想大解放”活动动员报告起草工作，通过“请进来、走出去”办法开展学术交流，加速理论知识学习储备和观念更新。围绕县域经济社会发展实际开展课题研究和形势分析报告，提高社科研究质量，促进成果转化，为县委和政府科学决策提供理论依据和智力支持。结合市、县党代会精神贯彻，通过组织开展全县经济形势分析报告会，现场参观事关经济社会发展的重点企业、重大项目，邀请县委书记作形势分析报告，宣传贯彻市、县党代会精神，分析当前发展形势，为加快安义发展，汇聚合力，凝聚正能量。按照省市社联关于深入开展“科普周”活动通知要求，安义县社联提前预告活动时间、地点、内容、形式，悬挂横幅，支起宣传牌，为活动开展营造浓厚氛围，吸引大量群众参与，增强科普活动针对性。通过调研走访、召开座谈会等形式，加强社团学会联系沟通，并提供力所能及的帮助和指导。

【新建区社科联概况】 2016年，该区社科联围绕区委、区政委中心工作，以规范为目标，以活动为抓手，在理论学习宣传研究、组织管理、课题研究和社会科普教育上取得突破。全年通过党组会议、党支部学习会、学会、座谈会等形式，组织机关干部和社科工作者认真学习党的群众路线方针政策，贯彻中共十八大四中、五中、六中全会精神和习近平总书记系列重要讲话精神，提高广大干部理论素养。区宣传部、社科联广泛开展学习习近平总书记系列重要讲话精神专题活动，组织宣讲19场次。根据年度工作计划安排，2月底下发《关于申报2016年度新建区社会科学重点研究课题的通知》，明确申报条件和有关要求。按照省、市社科联要求，县社科联及时组织各学会、协会及相关单位开展“省社科普及规划项目申报立项”“省社科研究‘十三五’规划2016年度项目申报”和市社科联年度重点研究课题立项申报等工作，推荐上报市级申报项目4项，内容涵盖政治、经济、文化等领域。3月中、下旬，对所属学会、协会进行摸底调查，弄清社科联组织现状及工作情况，为规范管理、指导各学会、协会工作奠定基础。发挥社科团体作用，吸收社区老党员、退休老干部、退休教师等加入社科工作志愿者队伍，为基层群众宣讲党的方针政策、社会主义核心价值体系、法律、生活等知识。利用社科普及基地——“小平小道”爱国主义教育基地，面向广大群众开展图片展、科普讲座、社科知识竞赛等活动。采取社科普及周、“科普大篷车”“社科讲坛”、专题展览等形式开展科普活动，在新建区二中举行关于西汉海昏侯古墓发掘相关情况和知识科普活动。联合新建区文明办在新建一中开展社科知识暨“身边好人”故事进校园活动。参与宣讲中共十八届六中全会精神和习近平总书记重要讲话精神等主题教育活动，组织宣讲人员赴乡镇、区直各部门、社区宣讲20余次，发放解读资料1800余份。

【青云谱区社科联概况】 2016年，该区社科联积极发挥社联作用，争当党和政府工作的“思想库”和“智囊团”，编印《青云谱领导参阅》。抓住全国21个城区老工业区搬迁改造试点工作进入第三年的契机，通过收集整理与青云谱区洪都老工业区有参照价值的瑶海老工业区、古田老工业区、清水塘老工业区三地工作情况，研究分析其两年来的工作成果，以及下一步工作计划，供领导决策参考。开设“书香青云”社区百科讲坛。该讲坛作为面向社区群众开设的一个基层宣讲平台，以“传递党的声音、服务百姓生活、构建和谐社区”为宗旨，主要围绕“重大理论宣讲、民生政策解读、科普文化宣传、典型事迹巡讲”等四个方面展开。讲坛立足社区一线，由区委宣传部统筹指导，区直各职能部门和街道、镇、园具体实施，在确定宣讲主题、精选讲师队伍、谋划讲课内容的基础上，定期组织党员干部、专业讲师、草根“名嘴”赴社区开展宣讲，覆盖全区73个社区。活动开展七年来，在全区举行近千场活动，参与群众5万余人次，受到基层群众喜爱和欢迎，群众来得早、兴致高，现场秩序好、互动强。组织社科大讲堂专场报告会，邀请社科专家为老百姓作“南昌民俗文化”等专题社科学术报告。为贯彻落实区第十二次党代会精神，联合区文化部门征集主题书画作品，开展“领会精神，阔步前行”主题书画展，以生动的艺术创作普及“人文生态慧圃，都市产业新城”发展理念。向社区、村图书阅览室等基层单位免费赠送《中国共产党章程》《习近平“七一”讲话单行本》等理论书籍。

【南昌师范高等专科学校社科联概况】 2016年，该校社科联坚持学校建院升本的发展战略，抓好目标管理、科研立项、升本材料完善、学报质量、科研创新团队终期考核等工作。制定年度工作计划和学期工作计划，根据工作实际，调整人员分工和补充工作内容，使科研处始终紧紧围绕学校“去筹升本”的中心开展工作。根据学校科研工作发展及建院升本需要，进一步完善科研管理文件，组织修订《南昌师范高等专科学校科研项目经费配套（资助）办法》和《南昌师范高等专科学校科研项目管理办法补充条款》，制订《南昌师范高等专科学校学术不端行为查处细则》等一系列科研管理文件，把科研服务与管理引入规范化轨道。落实《南昌师范高等专科学校2016年度工作目标量化管理实施方案》要求，制定《南昌师专2016年科研工作目标管理实施方案》，实行科研工作目标量化管理。为提高全校科研项目申报命中率，聘请校外专家对教师的课题申报书进行“盲审”和点评，营造良好科研环境，共有30项课题立项，其中省级课题22项、校级课题8项，14项省级课题和1项教育部人文社科课题顺利通过结题鉴定，纵向课题获省社课规划办资助经费4.5万元。在市第十六次社科优秀成果评比中，南昌师范高等专科学校教师周琢虹获三等奖。根据《南昌师专科研创新团队管理办法》规定，对首批校级科研创新团队进行终期检查，并根据办法的要求、评审专家组制定的考核验收评审分值的计算办法，对各团队科研成果进行考核与验收。全年学术讲座次数36场，其中校外专家讲座次数10场，繁荣校园文化，增进学术交流，开阔师生学术视野。根据需要和专业特点，选派部分教师参加省内外各种科研培训、学术交流活动。全年编辑出版学报4期，刊发论文97篇，其中刊登校外作者论文41篇，占刊登论文总数的42%，并做到每期学报及时向有关主管部门、省内外兄弟院校、图书馆、小学、幼儿园和特殊教育学校等免费寄发，交流学报320余份，扩大学校社会影响。

【南昌教育学院社科联概况】 2016年，该院社科联在学院党委、行政领导下，在全处工作人员的努力下，圆满完成学院下达的工作任务。全院教师参与课题的积极性提高，课题立项种类更全，立项和结题是历年中较多的。学院在职教师36人，共发表论文59篇，其中核心论文5篇、省级35篇、市级19篇，有1篇在国际理论物理通讯杂志发表。课题立项共10项，其中省级3项、市级7项，课题结题7项。两位老师出版论著教材2本。全年开办梅岭论坛14期，邀请省内有名学者、名人和南昌教育学院的老师讲座。讲座涉及科研、心理咨询、形势与政治、就业、书法与音乐欣赏、互联网+、投资与理财、辩论等，开阔学院教师与学生视野。科普周期间，与市社科联联合举办1场高水平社科知识讲座，全院师生1000余人参加活动。学院成立14个学术团队，组织青年老师参加。对2016年申聘人员科研成果进行分析、调研与审定，对全院教职工目标管理考核科研成果进行统计和审核，并对申报省级、市级课题组织学术委员会审核与认定。

（谢蔚如　张晓波）

交通运输、仓储和邮政业

概　述

【概况】 2016年，全市交通运输系统坚持稳中求进工作总基调，突出抓好重点项目、行业管理、行业改革等重点工作，主动作为，开拓进取，立足新起点，实现新发展。低碳试点全面完成。市交通运输局共争取市公交集团、瑶北互通工程等11个试点项目，总投资6.6亿元。争取省级通村公路建设计划302.4千米，完成危桥改造17座，省级建设补助近3000万元，省、市养护资金1114万元。全年完成道路客运量3001万人次，货运周转量242.2亿吨千米，同比增长4.1%；完成水路货运周转量39.9亿吨千米，增长0.78%。全面建成客运联网售票系统，班线客运服务品质得到提升。全市建制村通客率97.4%，农村客运网络化基本形成。全市淘汰营运黄标车6873辆，提前并超额完成年度目标任务。开展码头污染源综合整治，联合相关部门，对4家执法码头和江西造船厂营运码头进行摸底排查和现场整治。开展停泊废旧船舶整治，劝离船舶15艘，组织地方政府实施切割28艘。打非工作形成合力。先后开展19次批次行动，市本级出动执法力量2560余人次，查处非法营运车辆605辆，县区属地执法查处435辆。特别是全国综治“南昌会议”期间，市交通运输局抽调40人、市直其他部门及各县区抽调122人，组成联合工作组开展整治行动，保障会议交通秩序。源头治超工作投入巡查力量1200余人次，查处非法拼装、改装车辆987台，切割非法改装车辆261台。对总投资额达31.3亿元的26个交通工程项目进行质量监督。现场质量、安全监督检查77次，质量抽检64808点，出具执法文书共70份，交工检测21个，竣工质量鉴定复检项目33个。全年查处出租车违章1838辆次，其中本地出租汽车违章1495辆次、出租车非法营运316辆次、异地出租汽车违章27辆次，罚款总金额295.6万元。全年共派出3600余人次到全市交通运输企业、交通在建工程、农村渡口、危桥进行安全督导，检查企业2200余家（次），发现各类隐患16处，整改到位15处。在全市范围开展以“两客一危”和农村渡口、危桥为重点的隐患大排查、大整治活动，派出人员260余人次，督查企业150余家（次），发现隐患4处，全部整改到位。

交通运输管理

【概况】 2016年，南昌市交通运输局继续抓好交通行政执法和和行业管理，全市交通运输行业安全形势良好。市交通运输局获省级先进奖项3个：全省交通运输工作综合考评先进单位第一名；全省交通运输安全生产工作先进单位第二名；省政府城市公交发展水平考核中获第一名，实现“三连冠”。安全生产工作连续8年被市政府安委办评为先进单位。

【起草深化出租车改革文件征求意见稿】 2016年，国务院出台出租车改革文件后，立即启动相关工作，分步骤开展南昌市深化出租汽车行业改革文件的起草工作。多次召开相关部门、专家、企业、驾驶员四个层面会议。经过反复讨论并征集意见，同时借鉴其他省会城市意见，起草南昌市出租车改革3个文件的征求意见稿，并经市政府常务会审议通过，对外公开征求意见。通过为期15天的征集意见，共收集到建议和意见3357条，其中提出具体修改意见和建议2931条。对收集的意见进行梳理分析，并积极做好政策风险评估和送审稿的修改工作。

【建设农村公路建设项目库】 2016年，全面完成市级“十三五”农村公路建设项目库建设工作。其中，县道升级改造项目168.4千米；乡道双车道拓宽480.8千米；行政村窄路面拓宽595.3千米；修通自然村公路719千米；“油返砂”改造工程4790千米；生命安全防护工程1063千米；危桥改造55座。

【加强国省道质量安全监督】 2016年，江西省交通基础建设工作重心由高速公路转向普通国省干线公路建设。市质监站及时调整工作重心，创新工作模式，加强国省道质量安全监督工作。对南昌市境内的昌九大道、105国道新祺周至新港、G320国道昌进公路（南昌县境内）、梁家渡大桥、G320国道昌进公路（进贤县境内）、G320国道进贤绕城段等重大重点工程进行质量监督。在监督过程中，简化工作流程，加大检查频率和抽检力度，圆满完成质量监督工作任务，为南昌市国省干线公路建设质量安全守好最后一道防线。

【开展春运参运客运车辆安全资质隐患大排查】 2016年，为进一步做好春运安全工作，确保实现平安春运目标，市运管处开展2016年春运参运客运车辆安全资质隐患大排查工作。此次排查重点在四个方面进行：车辆承运人责任险排查，重点排查车辆承运人责任险投保情况；车辆动态监控设备排查，重点排查车辆GPS是否完好，是否能正常使用；驾驶员资质排查，重点排查驾驶员从业资质是否符合相关要求，驾驶员驾驶证是否在本周期内记满12分、是否在本周期内发生负同等以上责任事故；车辆年检及二级维护排查，重点排查车辆技术性能是否符合相关要求。此次排查主要通过企业自查和行业核查相结合的方式进行。对于上述四项排查出的问题车辆和驾驶员一律禁止其参与2016年春运。

【推动普通国省道标准化建设】 2016年，南昌市交通质监站编制全省施工标准化指南（桥梁篇）初稿。针对全省普通国省道标准化指南（初稿）讨论改稿会议意见，在结合《江西省高速公路施工质量控制要点》和其他省份国省道标准化相关文件基础上,组织市公路管理局技术人员和设计、监理、检测单位的专业技术人员及高校专家学者专门召开研讨论证会议,收集多方意见,修改完善江西省普通国省道标准化指南——桥梁篇初稿。根据全省集中改稿会议要求,再次组织技术人员和相关领域专家学者进行修改和完善,力争把桥梁篇内容尽快定稿并达到省交通质监局要求。结合南昌市在建项目实际,选择具备条件的2个项目进行质量安全管理平台建设。推动南昌市320国道梁家渡大桥的施工标准化。该项目被江西省公路协会作为示范项目向全省推广。7月13日,市质监站组织参加全市质量监督业务培训班学员及全市在建交通工程项目从业单位负责人及技术负责人共100余人,现场观摩G320梁家渡大桥改扩建工程的施工标准化情况等。G320梁家渡大桥改扩建工程技术负责人向观摩人员详细介绍项目建设管理、安全管理和施工标准化情况。学员纷纷表示理论学习和实践观摩这种培训活动形式好,加深理解,增长见识,为学以致用打下基础。

【召开全市包车客运专项整治工作部署会议】 2016年5月13日,市公路运输管理处组织召开2016年全市包车客运专项整治工作部署会议。会议传达省运管局关于印发《2016年全市包车客运专项整治工作方案》通知精神,部署开展专项整治工作。会议要求各县区运管所和各企业要严格按照省运管局和市公路运输管理处的文件要求予以落实、注重实效。企业在进行自查阶段时,要认真把关,实事求是反映企业现状,不能回避问题。各企业要做好宣传发动工作,要将活动要求传达到每个从业人员,同时及时报送数据和相关材料。

【市公路运输管理处荣获全省交通运输文明示范窗口单位称号】 2016年,省交通运输厅授予市公路运输管理处"全省交通运输行业文明示范窗口"称号。市公路运输管理处按照省交通运输厅"发展现代交通、奉献一流服务"目标要求,把窗口形象建设作为文明行业创建工作重中之重,始终坚持"用心沟通、用情服务"工作理念,全力搭建服务平台,为运输企业和经营业户提供优质服务,赢得良好社会声誉。

【整治西客站周边环境】 2016年,为认真落实省、市领导关于加强对西客站周边环境整治,确保10月全国综治会等6项全国性重要会议在南昌市顺利召开的指示要求,市公路运输管理处周密组织,全力以赴,与相关部门密切协作、奋战30天,全力开展西客站周边环境整治。整治共出动执法人员近600人次,开展大小整治行动50余次,协助公安机关查处拉客黄牛12人、拘留3人(均交由公安部门处理),查处涉嫌非法营运车辆67辆。

【举办南昌市教练员规范化教学技能竞赛暨江西省教练员教学技能选拔赛】 2016年10月27日,2016年南昌市教练员规范化教学技能竞赛暨江西省教练员教学技能选拔赛在南昌举行。竞赛由市公路运输管理处主办,市驾培协会承办,江西蓝天驾校协办。全市有8个县区代表队的48名参赛选手参加竞赛。竞赛分实操教练员、理论教练员两组进行。实操教练员竞赛包括理论知识考试、实操教学安全文明驾驶示范讲解、实际操作技能三项内容。理论教练员竞赛包括理论知识考试、理论教学项目授课讲解两项内容。经过一天角逐,蓝天昌东驾校张德麒以99.25分总成绩获得实操教练员竞赛一等奖,江科驾校吕丹、朱俊获得二等奖,蓝天昌北驾校袁勇俊、蓝天昌东驾校欧阳军、白云昌西驾校华厦获得三等奖;蓝天昌东驾校徐卓云以98.25的总成绩获得理论教练员竞赛一等奖,江科驾校吴隽获得二等奖,蓝天昌北驾校邹利利获得三等奖。此外,组委会还评出个人优胜奖10名。

【梁家渡大桥新建部分通车试运行】 梁家渡大桥位于320国道K764+619.5处,跨越抚河,桥梁全长766.88米。市公路管理局对梁家渡大桥进行改扩建,在老桥左侧新建半幅桥梁,老桥在维修加固后作为右半幅继续利用。新建半幅桥梁于2015年12月开工建设,2016年10月基本建成。2016年11月10—11日,市质监站对该桥进行交工验收质量检测。根据《公路工程竣交工验收办法实施细则》对大桥进行工程实体检测、外观检查和内业资料审查。现场检测桥梁部分构件的尺寸、桥面横坡、桥面平整度、伸缩缝与桥面高差、钢筋保护层厚度、构造物混凝土强度等指标,并对桥梁整体外观进行检查。对砼抗压强度报告、桩基检测、桥梁荷载试验等报告及隐蔽工程的施工检查记录等资料进行审查。经过交工检测,梁家渡大桥改扩建工程新建段主要抽检质量指标满足设计及规范要求,质量保证资料基本齐全,满足交工验收条件,正式进入试运营阶段。梁家渡大桥是G320国道和G316国道(南昌市境内)除城区道路外的最大桥梁,也是连接南昌县和进贤县的主要交通枢纽。该桥新建部分的顺利通车试运行,标志着国省道升级改造关键节点完成。

(刘　飞)

公路管理

【概况】 2016年,南昌市公路管理局以"一个希望、三个着力"为遵循,强化公路发展理念,团结一致、同频共振、奋发有为,全年完成投资约12.04亿元、建设里程约93.4千米,较好完成了既定目标。深入开展货运车辆超限超载运输治理工作,全市国省干公路及主要路段超限超载控制率由治理前50%下降至9.8%。投入资金约1亿元用于公路养护,管养国省道路面PQI得分93.9分,较上年上升2%,为全市经济社会发展提供"畅、安、舒、美"公路通行环境。

【推进项目建设】 2016年,以项目建设为抓手,强化项目前期储备、推进公路升级改造、加强公路建设管理、消化沉淀存量资金,进一步提升国省干线公路路网等级水平。前期储备进展有序。按照省交通厅、省公路局项目建设思路,制定《南昌市普通国省干线公路"十三五"发展纲要》。明确"十三五"期间南昌市规划建设国省道490千米、新建桥梁5000米工作任务,并争取其中列入部、省库建设项目25项。25个项目已全面开展前期工作并完成《工可》编制,完成比例100%。在建项目稳步推动。全年争取上级财政配套资金3.77亿元,实际完成总投资约12.04亿元、建设里程约93.4千米。大力推进四条一级公路建设,续建项目梁家渡大桥重建、进贤大道改建、程扬线重建已基本完工,新开工项目进里线、南塘线主体完工,象山至河林公路改建、捉港线公路重建已主体完工。工程管理不断强化。修订出台《南昌市公路管理局工程建设管理办法》,进一步规范工程招投标、设计变更、计量支付、竣工验收等,着重解决施工中的薄弱环节。以质量抽查和现场施工管理为重点,对梁家渡大桥改建、象山至河林公路等重点项目建设进行不定期督查通报,对项目推进不力单位进行约谈问责。存量资金逐步消化。对"十二五"期间迎国检工程项目进行扫尾,做好项目结算和交、竣工验收及中央车购税申请工作,消化存量资金。

【公路养护】 2016年，全市管养国省道PQI得分93.9分，较上年上升2%，公路路况稳中有升，顺利保障习近平、李克强等中央领导人来赣视察和全省桥梁现场会等重要时期及重要节假日国省道干线公路路域环境"畅、洁、绿、美、安"。重点路段精心管养。全年共投入资金6000余万元，按计划、分步骤地对市进出城区出入口国道及枫生快速路、杨沙线、小平小道等重点公路路段路域环境进行综合治理，完成示范路创建里程142千米，占现行管辖国省干线总里程70%。日常养护扎实有效。全年投入资金3784万元用于小修养护，坚持做到小修工作及时化、保养工作经常化，其中整修路肩边坡148.68万平方米、路面清扫2.49万平方千米、修补油路坑槽1.48万平方米、沥青路面灌缝28.2万米、维修防护栏板1424米、清理涵洞2501立方米等，确保公路通行安全、路容路貌美观。桥梁管养实现智能。对墨山立交桥、付家嘴大桥、三阳特大桥等大桥建立桥梁健康监测系统，并运用无人机辅助桥梁检查，受到上级表扬并在全省推广。全年投入资金约500万元对全局国省干线所有桥梁设置安全检测通道、对桥域环境进行全面整治，对20多座桥梁进行伸缩缝更换、锥坡维修，对吴石桥、新万埠大桥进行修复。公路排水综合整治。按照"因地制宜、因路制宜"整治理念，科学有序开展公路排水系统整治工作，对管养路段排水系统进行全面排查。根据排查情况，落实整改责任，下达整治任务。全年投资2800万元，完成排水综合治理342千米。其中，大中修工程项目路段排水系统整治215千米，105、320国道和枫生快速路、昌万公路等国省干线路段排水系统整治127千米，清理桥梁12座、涵洞31道、新增涵洞9道。

【开展货运车辆超限超载运输集中治理行动】 2016年5月，按照省、市统一部署，开展全市货运车辆超限超载运输集中治理行动。领导重视高位推动，出台全市治超工作方案及《关于治理车辆非法超限超载行为确保道路交通安全的通告》，成立领导、协调和办事机构，确立县区人民政府治超主体责任。印发《全市深入开展货运车辆超限超载运输治理工作指引》，明确县区政府和市直相关部门治超职责任务。对治超工作领导和骨干100余人进行各项业务培训，规范执法流程和法律法规适用。在全市范围内设立9个流动治超检查点，将流动治超工作重心下移，形成市县联动、齐抓共管局面。文明执法不断提升，坚持治超执法过程中路面检查、卸载监管、处罚处理三大重点环节人员和职责分开，严格执行"四个一律"原则。全年治超执法零复议、零诉讼、零投诉。治超经费保障到位，全年投入600余万元按场站建设标准完善流动治超检查点的货车停放点、卸货区、切割区和办公场所等功能配套，购置或调配10余辆执法车用于工作保障，并协调县区政府安排和拨付财政资金专项约330万元用于治超工作。路面治超成效显著，全市出动人员次数1.12万次、依法检测货运车辆2.86万辆，处罚超限超载货车1394辆，交警记分5095分，运管查处非法改装车辆363辆，切割176辆，公路路政卸载货物4.14万吨，公安部门依法行政拘留强行冲卡逃避检查货运司机15人。至年底，国省干公路及主要路段超限超载控制率由50%下降至9.8%，超限超载运输现象得到遏制。全年治超站点处理案件数、记分分值、卸载吨位数三项指标居全省前列。

【服务保障】 2016年，强化公路信息化、综合服务区、安全应急体系建设，提升服务水平。全年投入资金20万元建设路网信息平台设备备品备件库，对51个"十三五"规划建设路网监测点进行梳理、实地勘察，做好拟新增35个路网监测点建设前期准备工作。利用广播电台、报刊等传统媒体，向驾乘人员及时发布公路出行相关信息。累计发布春运服务性信息、路况阻断信息、车辆超载超限治理信息、各类宣传信息等380余条。完成"十三五"期间全市新、改建养护中心、普通公路服务区（公路驿站）规划和布局选点工作，启动北山、文港、石埠综合服务区建设。利用现有国省干线沿线道班、治超站等26个服务站点，为过往车辆、广大旅客免费提供交通各类服务信息咨询和其他服务。加强"平安公路"建设，健全隐患排查治理体系，开展安全生产专项督查行动，举办"安康杯"安全知识演讲比赛，投入1800万元治理安全隐患216处。购买应急设备，投入300余万元为各分局配备除雪铲、公路养护车等一批应急抢险设备应对灾害恶劣天气。

【作风建设】 2016年，党建基础不断夯实。深入开展"两学一做"学习教育，通过各种学习，深化理解认识，强化党员理想信念。创新"三会一课"制度，要求各基层党支部建立微信学习群，利用"江西党建微平台"，组织党员进行"微发言""微讨论"。开展基层党组织换届工作，对中共十八大以来党费收缴、使用及管理情况进行专项清理，补缴党费8.14万元。不断落实"两个责任"，全力配合开展好市委巡察工作，层层压实全面从严治党"两个责任"。对照巡察组反馈的6个方面和2个重要问题线索，先后18次召开会议进行研究讨论，制定整改方案、落实整改任务、逐一对照整改，追交违规发放津补贴268.8万元、问责处理27人次，约谈1人，集体约谈11个单位，各项问题基本整改到位。

【文明创建】 2016年，深入挖掘和树立南昌公路发展中涌现的先进典型和感人事迹，完善行业核心价值体系建设，扩大媒体宣传力度。全年新闻统计上稿总数为1020篇，其中上省部级稿件50篇、地市级360篇、区局级610篇。经常性组织机关党员开展社区劳动、"我奉献、我快乐"志愿服务和义务献血、一对一结对帮扶、慈善捐赠等公益活动。投入20万元帮扶新建区铁河乡东阳村，与青云谱区洪都街道洪招社区、东湖区董家窑街道金家山社区开展共驻共建活动。工会、妇委会等群团组织强化组织建设，围绕中心工作开展春游、健步走等活动。

（陈　静）

道路运输

【概况】 2016年，全市完成客运量、客运周转量3001万人次和30.24亿人千米，与上年基本持平，货运量、货运周转量分别达到1.11亿吨和242.28亿吨千米，分别增长6.4%、4.1%。全市共有客运企业44家（含农村客运企业），货运车辆20辆规模以上货运企业217家，二级以上等级客运站7个（其中一级站4个、二级站3个），货运站场15个。客运车辆1647辆（其中新增181辆），总客座55929个；货运车辆26913辆（其中新增2542辆），总吨位达到13.95万吨。全市共有车辆维修企业696家（其中一类90家、二类226家、三类380家），共维修车辆29.16万辆次，完成产值14.59亿元。驾培机构70家（其中一类11家、二类45家、三类14家），共有教练车4311辆，培训学员20余万人。

【保障春运道路水路畅通】 2016年，坚持"安全第一、保障有力、方便快捷、服务至上"总体要求，科学组织、狠抓落实，保障道路水路畅通，全面提升道路水路春运服务水平和保障能力。春运期间，全市公路运输日均投入运力2280

辆,累计发送旅客233.24万人次,同比下降10.3%;出租汽车日均投入运力5452辆,累计发送旅客3458.61万人次,增长0.64%;公交汽车日均投入运力2952辆,累计运输乘客6000.1万人次,下降0.5%。其间,未发生重特大安全生产责任事故,未发生旅客滞留现象,未发生重大服务质量投诉事件。

【南昌长途汽车站开业营运】 2016年1月1日,南昌长途汽车站正式开业营运。该站与南昌火车站东广场相毗邻,是与铁路、公交、地铁紧密联合构成的地上地下多层的市内综合客运枢纽站。它的开业让旅客出行换乘无缝衔接更加便捷。该站总建筑面积3.57万平方米,建筑高度28.2米,共分7层,地下1层,地面6层。其中站房占地面积1.5万平方米,共设售票窗口13个,发车位28个,停车位222个。该站以一级客运站的标准,开启全新智能化管理。站前广场、购票、候车、检票、停车、发车、行包安检托运到达、车辆安全例检、清洗、快修点等功能一并齐全,并配备微机售票系统设备。车站经营班线81条,其中省级班线40条。省外班线主要是广州、深圳、东莞、珠海、郑州、南阳、西安、石狮等,省内班线是景德镇、铜鼓、修水、武宁、丰城、宁都,分宜、靖安、奉新等,当日发送班次可达260次以上,日均发送旅客可达6000余人,春运最高峰每日预计可发送2万余人。

【推出各项便民服务】 2016年春运期间,南昌市徐坊客运站、洪城客运站、青山客运站等在提供24小时车站购票服务基础上,推出电话订票、微信订票等多种购票方式。旅客只需凭身份证及微信支付凭证即可在车站窗口取票。开学季,为方便学生安全、舒适、快捷回到学校,南昌长运公司组织运力开通直达校区的定制客运校园直通车,为高校学子提供站到门"一站式"温馨服务,得到校方与学子们赞扬与肯定。10月31日,南昌长运在瑶湖地铁奥体中心站B出口(省奥体中心西北广场)处,设立便民服务点,方便瑶湖校区学生及市民就近购票、乘车。

(刘　飞)

城市公共交通

【概况】 2016年,南昌公交运输集团以构建"四个公交"为抓手,在"精、细、严、实、优"上下苦功,认真开展"基层基础年"活动,在管理规范化、服务标准化、产业多元化等方面取得优异成绩,企业发展持续向好。

2016年8月31日,更新新能源公交车投入使用

【调整公交车票价】 2016年4月1日,维持近二十年不变的公交车票价得到合理调整。调价后,路别为1—99路及2、3、5、8打头公交车线路票价均为投币2元、刷卡打折优惠。其中成年乘客刷卡7折优惠为1.4元,学生乘客刷卡实行3.5折优惠为0.7元,70周岁以上(含)老年人、盲人、伤残警察等六类特殊群体享受免费乘车。

【北京路等公交专用车道投入使用】 2016年12月1日,南昌市北京西路、北京东路、紫阳大道上3条公交专用车道正式启用。公交专用车道实行分时段使用。其中,每日7时至9时、17时至19时公交车、持有校车标牌专用校车、大中型载客汽车必须在公交专用车道通行,其他车辆禁止在公交专用车道通行。公交专用车道投入使用后,公交车速明显提高,公交车路权优先得到进一步落实。

【新辟优化公交线路】 2016年,南昌公交运输集团围绕老城区和红谷滩、航空城、九龙湖等新区和公交覆盖盲区,进一步完善"快—干—支—微"公交线网体系,扩大公交覆盖面。全年新辟公交线路39条,其中常规公交线路13条、微公交线路18条、旅游定制专线8条;优化调整公交线路45条。

【购置公交车】 2016年,南昌公交运输集团投资1.2亿元,购置高品质公交车336辆,其中新能源车和清洁能源车134辆,进一步提高市民乘坐公交车辆的舒适度,充分发挥新能源车节能降耗优势,为城市节能减排做出应有贡献。

【南昌公交进驻进贤县城】 2016年9月28日,南昌公交运输集团兼并接收进贤公交公司,全面接收进贤县城8条公交线路。至年底,日均运送乘客2万人次,取得良好社会效益和经济效益,为进贤百姓提供优质、便捷出行服务,开启南昌市周边县城公交运营新模式。

【建设公交枢纽充电站】 2016年,南昌公交运输集团新建成并投入使用中大公交停车场、天祥大道公交枢纽等公交场站枢纽内充电站4座,扩建2座。同时,南昌公交运输集团在建充电站6座,为新能源公交车推广使用奠定坚实基础。

【升级改造公交候车亭】 2016年,南昌公交运输集团完成对420座公交候车亭升级改造,同时新增300余块电子信息站牌。外观新颖、时尚的候车亭在南昌街头,给城市增添一抹靓丽风采。同时,进一步提升南昌公交服务品质,方便市民出行。

【公交枢纽建设】 2016年,南昌公交运输集团朝阳公交枢纽和城南公交枢纽均已完成主体工程建设,已进入配套设施设备安装阶段。城南公交枢纽占地2.93公顷,总建筑面积3.7万平方米,投资1.2亿元;朝阳公交枢纽占地3.67公顷,总建筑面积9.7万平方米,总投资

3.2亿元,朝阳公交枢纽项目还包括354套配建的公租房。两座大型公交枢纽场站正式投入使用后,南昌公交运输集团将依托场站,优化朝阳、城南地区公交线网布局,进一步满足市民出行需求。

【公共自行车慢行交通系统投入使用】 2016年12月26日,南昌公交运输集团首批公共自行车慢行交通系统在红谷滩新区和经开区正式向市民开放。市民可通过洪城一卡通或手机扫码在线支付等方式租赁公共自行车。首批公共自行车慢行交通系统于2016年9月底开始施工建设,共建设115个站点。站点主要结合主干道、社区、商业区和公交、地铁站点进行布局,以人群流动密集区域为原则,实现各种交通方式之间的无缝接驳,中心城区基本上达到站点间距不超过300米的标准。每个站点最少可停放28辆公共自行车,最大的站点可停60辆公共自行车。公共自行车租赁收费标准为第1小时内免费、第2小时收费1元、第3小时收费2元、第4小时及以上每小时收费5元。计费时间不足1小时按1小时计算。还车后再次租赁则重新开始计时,多次租赁时间不累计。

【开展"基层基础管理年"活动】 2016年,南昌公交运输集团深入开展"基层基础管理年"活动,升级改造公交首末站、分厂和油气站17个,新建首末站2个,统一外观标示,完善配套设施,规范企业文化,取得良好成效。

【组建公务用车管理中心】 2016年,南昌公交运输集团根据政府要求和公车改革相关政策,成立公务用车管理中心。以优质服务保障市直党政机关公务用车,解决政府车改后管理难的问题,而且其日常运营管理费用纳入各级财政预算。平台内有各类公务车辆200余台、驾驶员160余人。同时,已搭建起公务用车管理系统,按照"保障有力、安全行驶、一流服务、合理成本"要求,努力实现"组织系统化、决策科学化、管理规范化、工作程序化、效率标准化"发展目标。

【好人好事涌现】 2016年,南昌公交运输集团切实抓好企业经营管理和职工思想教育,进一步提升企业形象和美誉度,涌现出拾金不昧、见义勇为等好人好事1000余起。其中,108路驾驶员兰作荣救起落水一家三口、809路驾驶员姚红英飞车救人、158路驾驶员吴文标和管理人员一道配合警方解救被拐儿童等感人事迹在央视等媒体进行报道。

（陈 迪）

轨道交通

【概况】 2016年,南昌轨道交通集团按照"强化首位担当、展现省会作为"总体要求,认真履行"工程建设、地铁运营、资源开发"三大使命任务,紧紧围绕"六个一"安全目标,确保地铁1号线安全平稳运营,加快地铁2号线工程建设进度,推进地铁3号线土建开工建设,筹备地铁4号线各项前期工作。

【地铁1号线运营正常】 2016年,两次修编地铁1号线运行图,全天运营时间达16个小时,并保持运行图兑现率、列车平均正点率均为99.96%,高于国家标准要求的98.5%、98%。至12月31日,地铁1号线共开行11.5万余列次,日均开行310列次,每日平均运用车数20列,平均行车间隔约6.5分钟;累计运送乘客近8000万人次,日均运送乘客近21万人次,实现运营重大突发事件、安全生产事故两个零发生。与地铁同步开通的"96999"客服热线,为全市老百姓解决咨询求助、意见建议等1.07万次,乘客满意度95%。

【地铁工程建设"三线并进"】 2016年,南昌轨道交通集团进一步加强工作协调和督促力度,注重地铁工程质量和进度,积极推进2、3、4号线地铁工程建设"三线并进"。2号线首通段全长19.8千米,设站17座,10月2日实现"洞通",11月25日实现"轨通",运营筹备等各项工作有序开展,力争2017年8月开通试运营。3号线全长28.5千米,设站22座,全线绿化迁移全部完成,16个站点全部完成一期交通疏解,管线迁改完成率高达71.5%。4号线全长40千米,其中高架线长约7.1千米,总投资308亿元。4号线一期工程可行性报告于7月6日获省发改委批复,初步设计于11月17日获省发改委正式批复。此外,地铁大厦荣获中国建设工程鲁班奖(国家优质工程),1号线一期工程和45个单位工程荣获南昌市优质工程奖。

【创新融资方式筹资】 2016年,积极拓宽融资渠道,灵活运用多种方式创新融资,有效保证轨道交通建设资金。分2批次共申请到18亿元国家专项建设基金。专项建设基金以股权投资形式注入集团,其中10亿元用作3号线地铁建设,8亿元用作2号线地铁南延线建设。4月28日,与国开行签订2号线地铁南延线项目融资合同25.49亿元。10月21日,与以国开行为牵头行的银团完成3号线地铁工程贷款签约,贷款总额174.2亿元,为江西省迄今最大的单笔银团贷款,信贷规模创造江西之最。

【开发地铁社区上盖物业项目】 2016年,按照"地铁+社区"发展模式,谋划上盖物业开发工作,启动和完成90余万平方米的地铁社区上盖物业项目。其中,第一个地铁上盖——13.7万平方米地铁大厦已投入使用,完成租赁面积6.6万平方米,实现大厦整体入驻率约70%;第一个地铁社区——地铁时代广场项目17万平方米住宅全部售罄,实现销售率100%、销售额25亿元。

【明确安全生产"六个一"工作思路】 2016年7月27日,召开轨道交通工程建设安全调研会。党委书记、董事长李云峰首次提出安全生产"六个一"工作思路:一是明确一个目标,确保安全生产事故"零发生";二是强化一种意识,坚持安全生产工作"每天从零开始";三是遵循一个原则,管生产必须管安全,管安全必须强责任;四是践行一个理念,实现"要我安全"向"我要安全"的思想转变;五是完善一套标准,实现"隐患排查标准化、风险管控标准化、现场管理标准化、文明施工标准化";六是锻造一支铁军,锻造一支具有"铁的信念、铁的行动、铁的纪律、铁的形象"的英雄城铁军队伍。会后,集团从上到下迅速贯彻落实,使安全生产"六个一"理念深入人心。

【地铁3号线工程项目银团贷款签约】 2016年10月21日,南昌轨道交通集团与国开行、工商银行、农业银行、中国银行、建设银行、邮储银行在地铁大厦举行南昌轨道交通3号线工程项目银团贷款签约仪式。3号线一期工程总投资约233亿元,此次签约获得资金174亿元。

【地铁2号线首通段实现全线洞通、轨通】 2016年10月2日,2号线学府大道东站至翠苑站区间下行线成功贯通。至此南昌地铁2号线首通段全面实现洞通。11月25日,2号线地铁大厦站至南路村站先期开通段实现轨通,标志着南昌即将跨入地铁线网时代,开启城市发展新格局。

【打造"小鲜鹭"志愿服务品牌】 2016年4月29日,地铁1号线6个站点与江西师范大学等5所高校签订"校站共建"志愿服务协议。7月5日,成立全国地铁行业首支流动志愿服务队——小鲜鹭服务队。12月4日,全国首批志愿令——"小鲜鹭"志愿令正式发布。其中,"小鲜鹭帮你拍"志愿服务项目荣获全国第三届青年志愿服务项目大赛铜奖、江西省首届青年志愿服务项目大赛金奖。参与地铁志愿服务院校14所,志愿服务人次4.42万人次。

【地铁1号线载客安全运营一周年】 2016年1月1日,地铁1号线客流量高达42.27万人次,创造试运营一周单条地铁线路全国最高日客流量纪录。4月3日,1号线累计安全载客试运营100天。7月4日,1号线全天运营服务时间由6:30—21:30延长至6:00—22:00。11月20日,南昌轨道交通集团配合南昌国际马拉松赛事制定专项运营组织方案,马拉松运动员免费乘车1.56万人次,列车准点率、兑现率均为100%。12月26日,1号线安全运营一周年。12月31日,地铁1号线客流突破43万人次,创造单条地铁线路全国最高日客流量纪录。日均客流量达21.7万人次,远超10万到12万人次的预测和其他城市单条线路日均客流。

【各级领导调研轨道交通建设】 2016年1月3日,省委常委、市委书记龚建华一行赴地铁大厦,调研节日地铁运营保障工作,并慰问一线干部职工。龚建华强调,南昌地铁面对大客流的压力,打了一场漂亮的"保障运营战",今后要再接再厉、砥砺奋进,继续发扬敢打硬仗、连续作战的作风,扎实推进2号线等地铁线路建设,坚持时间服从质量,不断优化设计施工方案,真正使地铁成为南昌建设的标志、文明的标志、城市的标志。3月15日,龚建华赴2号线生米南站施工现场开展调研。龚建华强调,建设单位要抢晴天、战雨天,狠抓项目进度,提效率、强监管,确保工程质量,进一步掀起建设热潮。8月1日,龚建华深入地铁2号线、3号线建设工地调研,并看望慰问酷暑高温下坚守一线建设者。龚建华强调,当前,防汛抗洪关键期已过,正是项目建设的"黄金期"。要坚持倒排工期和狠抓计划落实,争分夺秒推进项目建设;要强化责任落地,坚持挂图作战,把项目落实到每一个具体部门和责任人;要突出重点领域,针对建设领域存在的问题,找准症结、创新举措,顺利完成全年目标任务。8月17日,省委副书记、代省长刘奇深入地铁工地和地铁站看望慰问一线干部职工。刘奇强调,百年大计,质量第一。要进一步强化精细管理、精致建设,优质、高效、廉洁、安全地推进这项民生工程建设,全力确保工程质量和施工安全。8月24日,监察部副部长王令浚、中纪委党风政风监督室副局级纪检监察专员刘岱一行调研南昌轨道交通集团廉政文化建设工作,听取集团党风廉政建设、反腐败工作和地铁建设相关汇报,乘坐首列"荷塘印象"清廉文化主题列车,并就南昌地铁廉政文化建设工作和地铁建设给予高度评价。12月5日,市委副书记、市长郭安一行赴2号线红谷中大道站,实地督查项目安全生产情况。郭安强调,各级负有安全生产监督管理职责的部门要加大安全监管力度,真正把安全监管职责落到实处,从严进行追责问责,建立健全安全生产长期巡查制度,确保生产安全。12月20日,省委常委、副省长、市委书记殷美根一行实地调研南昌地铁建设、运营工作。殷美根强调,南昌轨道交通集团要以全市开展"美丽南昌·幸福家园"环境综合整治为契机,按照确保安全、确保质量、确保进度、确保投资、确保廉洁的要求,全力以赴推进南昌地铁工程项目,千方百计改善人居环境质量,全力以赴提升城市形象品位。

(涂罗莎)

2016年4月11日,地铁2号线岭北三路站启动工程铺轨施工

水路运输

【概况】 2016年,南昌市重点加强对龙头岗、姚湾两个核心港区的建设服务。经过各方努力,龙头岗综合码头项目工程于9月28日建成完工,正式开港试运行。继续推进樵舍货运码头项目建设,姚湾作业区综合码头项目取得航道、海事部门批复,正申报岸线使用,争取2017年开工建设。至年底,南昌市水运企业26家,运输船舶178艘、33.45万载重吨,其中集装箱船32艘、6.87万载重吨、3045标箱;危险品船16艘,1.32万载重吨;客船3艘,370客位。港口企业40家,现有码头42座、泊位81个、机械89台。全年完成内河水路货运量1058万吨,较上年同期上涨0.76%;完成内河货物周转量39.96亿吨千米,上涨0.78%;南昌港口吞吐量2727.07万吨,下降10.72%;集装箱吞吐量完成114141标准箱,上涨6.22%。

【整治非法占用南昌港港口岸线行为】 2016年,为贯彻落实市政府办公厅印发的《关于加强赣江两岸岸线管理有关工作协调会议纪要的通知》精神,市港航管理处会同有关部门,开展非法占用南昌港港口岸线行为整治工作。3月,市港航管理处会同南昌县、新建区和东湖区政府相关部门及有关乡政府,对南昌港非法占用港口岸线情况进行调查,弄清全市赣江两岸非法占用港口岸线行为的分布情况和非法占用港口岸线经营业户的数量。5—7月,市交通运输局以南昌市推进南昌港总体规划实施领导小组的名义分别向有关县区印发《关于征求加强岸线管理意见的通知》和《关于对非法占用港口岸线行为进行整治的通知》。市港航管理处主动与有关县区部门对接,共同研究解决之策,督导参与整治方案的制定,形成属地管理、行业协调、相关部门参与的行动格局,统一组织联合执法队伍,依法依规开展非法占用港口岸线行为整治工作。在有关县区政府的重视及相关部门协助下,整治行动取得显著成效,共关闭10家非法占用港口岸线建设经营码头,清理出港口岸线1288米。其中,南昌县关闭非法占用港口岸线建设经营码头9个,清理出岸线1008米;新建区关闭非法占用港口岸线建设经营码头1个,清理出岸线280米。

【施救遇险船舶】 2016年4月8日,南昌水路交通综合检查站执法人员外出稽查返回至赣江郭家水域时,发现一艘交通船随着水流漂荡,上前查看得知该交通船因故障无法航行,情况危急。此时天色已晚,又是汛期,如不及时施救拖离,极易发生船毁人亡事故。为防止事故发生,执法人员决定把遇险船员救上运政艇,并把有故障的交通船挂在运政艇船尾,拖离遇险现场,成功地将遇险交通船送到停靠点,避免一起重大船舶安全事故的发生。

【综合整治饮用水源区码头污染源】 2016年,根据市政府印发的《南昌市赣江城区饮用水源地环境综合整治实施方案》和市交通运输局《加强码头和造船厂污染源综合整治实施方案》要求,市港航管理处从8月开始至年底,开展对赣江南昌段饮用水源保护区内污染源码头、造船厂码头的监管和综合整治,督促饮用水源二级保护区相关码头、造船厂码头建设环卫设施和废水收集处理设备不得将生产生活垃圾、废水等污染物排入赣江,确保监管区码头污染源能得到彻底清除,不出现水源污染问题。与市环保局、市地方海事局、市采砂办、相关地方政府等综合整治领导小组各成员单位加强沟通协作,开展突击检查,综合执法,加强港区水源污染巡查,对发现的问题及时提出整改意见,限期整改,对整改不到位的移交市环保局依法予以处理。

【保障红谷隧道沉管浮运作业水上交通安全】 2016年8月12日,南昌市红谷隧道最后一节E11管节在南昌交通和海事船艇全程护航下最终安全抵达位置。标志着市港航处协助相关部门完成全部12节红谷隧道沉管浮运作业水上交通安保工作。2015年5月,市港航处开始参与红谷隧道沉管浮运作业水上交通安保工作。该处确定具体工作部门,制定计划调派执法人员,把维护沉管浮运作业水上交通安全作为年度中心任务认真来抓,坚守维护沉管浮运作业水上交通安全工作第一线,协助相关部门保障沉箱浮运工作安全到位。

【护航"南昌舰"顺利抵达南昌港】 2016年10月8日,市港航管理处承担北海舰队某驱逐舰支队退役的"南昌舰"安全驶入南昌港的护航任务。该处领导高度重视,当日派遣执法艇"港政一号"前往鄱阳湖褚溪河口迎接"南昌舰"。由于正值枯水期,鄱阳湖和赣江南昌段航道水位过低。为保证"南昌舰"进入南昌港的航行安全,市港航管理处工作人员与南昌海事、南昌旅游部门工作人员一道,及时、合理调配水上应急资源,有效解决航道堵塞问题。在运政艇"港政一号"和海事船艇护送下,"南昌舰"于10月10日安全抵达南昌港凤凰洲市民公园水域。市港航管理处圆满完成"南昌舰"回家护航任务。

【清查废旧船舶】 2016年10月14日,市港航管理处联合南昌地方海事局,对南昌港东兴至豫章大桥范围内长期停泊的废旧船舶进行清查统计。对南昌县、东湖区、西湖区、红谷滩新区、经济开发区等七个港区范围内,长期停靠在自然岸坡上的报废船舶(僵尸船)、长年停靠的破旧船及影响景观带的老旧船舶进行拍照清理统计。清查出港区岸边停泊的报废船舶43艘,长年停泊的破旧船13艘,停泊影响景观带的老旧船20艘,共计76艘。此次清查行动将为市政府主导的迁移拆解南昌港部分港区停泊的废旧船舶奠定基础。

【开展"清河行动"】 2016年10月,根据《江西省交通运输厅2016年"清河行动"专项整治行动方案》要求,市港航管理处开展对辖区内船舶港口码头水污染专项整治行动。该处代市综管办草拟《集中整治南昌部分港区停泊废旧船舶工作方案》及《南昌市赣江七桥之内港区违规停泊废旧船舶的通告》,派出人员利用周末假日时间会同南昌地方海事局开展港区停泊废旧船舶摸底排查工作。组织相关部门及属地政府执法人员全面整治南昌港区七桥之内废旧船舶,对全市37家港口企业码头、趸船进行排查,检查船舶50余艘,水路巡航1600余千米。整治期间共出动交通执法艇20艘次、执法人员100余人,发放宣传单100余份。通过登船宣讲政策、法律、法规,共劝离机动船舶10艘、趸船5艘。强制拆除赣江秋水广场水域水上漂浮物2座,由地方政府组织实施切割废旧船舶28艘。

(刘　飞)

铁路运输

【概况】 2016年,南昌铁路局强化安全风险管理,提高运输效率与效益。南昌市内铁路运输单位有:南昌车站、南昌车务段、南昌机务段、南昌工务段、南昌西工务段、南昌电务段、南昌通信段、南昌供电段、南昌车辆段、南昌南车辆段、南昌客运段、南昌房建生活段、向塘西车站、向塘机务段。全年南昌车站旅客发送2975.5万人,南昌车务段货物发送838.9万吨。

【运送重点物资】 2016年,南昌铁路局运送煤炭1696.4万吨,同比增加93.4万吨、增长5.8%;运送粮食24.8万吨,增加8.7万吨、增长53.8%;运送化肥60.1万吨,减少22.4万吨、下降27.2%;运送石油297.7万吨,减少1.1万吨、下降0.4%;运送金属矿石1520.2万吨,增加240.7万吨、增长18.8%;运送钢铁806万吨,增加60.9万吨、增长8.2%。

【强化列车运行组织】 2016年,铁路货运市场回暖,运输需求逐日攀升。南昌铁路局调度部门强化运行组织,加强车流调整,采取"以交定接、以卸定装"措施,严格控制列车临时保留和主要站点压车,做到车流与运行线、运行线与机车机班紧密衔接,班计划兑现率90%。全年组织机车在京九线向塘西站"南通北"2793列、"北通南"1725列,有效缓解机车、机班供需不足矛盾。组织港口站按直达、成组装车,增加始发直达列车比重,组织列车均衡到达、均衡解编、均衡出发,确保编组站运输畅通。

【保障货物运输】 2016年,为满足客户个性化运输需求,大力组织开行特需列车,加强40英尺、20英尺空集装箱调配,做好列车装车、挂运组织,兑现列车开行方案和运到时限。全年开行特需列车968列、21264辆。落实铁路供给侧改革各项运输措施,加大焦炭、钢材、集装箱装车组织力度。焦炭日均装车169辆,同比增加46辆、增长37.4%;钢材日均装车359辆,增加36辆、增长

11.1%;集装箱日均装车474辆,增加106辆、增长28.8%。

【编制列车运行图】 2016年,编制列车运行图10次,其中参加铁路总公司组织编制运行图5次、管内编制调整图5次。重点做好2016年基本图、汛期旅客列车调整图、南昌站改施工第二阶段分号运行图及年底图的编制。年底调整图旅客列车开行对数达到447.5对,同比增加25对,运力增长5.9%。

【昌赣客专建设】 (南)昌赣(州)客专是京九客专的重要组成部分和先期实施部分,北连南昌市,南接赣州市,设13个车站,全长415.68千米,工程投资496.6亿元,设计时速250千米,建设工期60个月。该客专建成后,将与正在规划的合(肥)——(南)昌高铁对接,连接已经开通运营的京沪高铁,形成全国南北又一条高速铁路大动脉。其向南延伸至深圳,与沪昆客运专线相交,在南昌构成江西省中部"十"字形的高速铁路主骨架。2016年,昌赣客专建设计划投资123亿元,实际完成123亿元,完成年计划100%。路基土石方全年累计(以下简称年累)完成1606万立方米,超额完成年计划9.6%;开工以来累计(以下简称开累)完成2860.98万立方米,完成设计总量91.7%。桥梁工程年累完成130924成桥米,超额完成年计划1%;开累完成168491成桥米,完成设计总量77.9%。隧道工程年累完成32052成洞米,超额完成年计划7.4%;开累完成36715成洞米,完成设计总量51.6%。制梁年累完成2539孔,完成年计划96.9%;开累完成2610孔,完成设计总量43.3%。架梁年累完成1780孔,完成年计划95.5%;开累完成1780孔,完成设计总量31.2%。制板年累完成38672块,完成年计划97.1%;开累完成38672块,完成设计总量28.5%。已供地1192.12公顷,占总量99.9%;拆迁房屋90.36万平方米,占总量97.4%。制架梁工期提前2个月、无砟轨道提前7个月开展先导段首件工程试验,控制性工程万安隧道、兴国隧道、赣州赣江特大桥总体进度满足施组工期要求。

【南昌车站概况】 南昌车站机关位于西湖区二七南路213号,管辖南昌站、南昌西站2个客运一等站。南昌站位于西湖区,分本场、客技场和Ⅱ场。南昌站设有东、西两座站房,站场共有正线2股、到发线13股、站台13个,其中11—13站台为昌九城际场站台,高架旅客候车面积1.7万余平方米,设有自助检票闸机72台,扶梯34部、直梯7部。设置实名制验证口35个,安检查危仪16台,站房内人工售票窗口45个,自动售票机22台、自动取换票机32台。南昌西站位于红谷滩新区九龙湖,站场由北至南分城际场和沪昆场,2个站场合二为一,呈横列布置,共设正线4股、到发线22股、站台22个。站场东西总长1.8千米,南北宽385.5米,站房为三层建筑,工程总建筑面积约26万平方米,站房总建筑面积约11.5万平方米,旅客候车面积约3.7万平方米。设有自助检票闸机158台,扶梯64部、直梯26部。设置实名制验证口38个,安检查危仪16台,站房内设有人工售票窗口28个,自动售票机16台、自动取换票机39台。

【南昌车务段概况】 南昌车务段机关位于青云谱区南莲路668号。管辖44个车站,分布在沪昆、沪昆高速、京九、向莆、南昌西环线及抚乐、张塘、张建、丰洛4条支线(其中:二等站2个,三等站13个,四、五等站29个;客运办理站13个,货运营业站29个),专用线53条,货物线61条,货运品类主要有煤、石油、钢材、粮食和集装箱。铁路运营里程800.23千米。2016年,以钢材、纸业、焦炭、煤炭等大宗货物运输为重点,加强对大客户企业货源调查,用好铁路运价政策,提前设计营销方案,为增运增收提供保证。

(曾　进)

航空运输

【概况】 2016年,江西省机场集团公司(以下简称江西机场)全体员工认真贯彻落实中共十八大和十八届三中、四中、五中、六中全会及习近平总书记系列重要讲话精神,围绕首都机场集团"1—3—5—2"总体工作思路,坚持安全第一、践行真情服务、致力改革创新、抢抓发展机遇、全面加强党的建设,连续十四年实现安全运行,生产运输稳中有升,各项重点工作较好完成。江西机场实现旅客吞吐量1051万人次,首次进入千万级机场集团行列。其中南昌机场完成旅客吞吐量786.4万人次,自9月开始止跌回升;赣州机场旅客吞吐量108.3万人次,成为省内首家百万级支线机场。江西机场第二届党代会召开,总结第一届党代会以来的发展经验,确定"管理先进高效的机场集团"和"企业发展、员工幸福"两个发展目标。

【生产运输稳中有升】 2016年,江西机场共完成运输起降96877架次,同比增长0.83%;旅客吞吐量1051万人次,增长6.6%;货邮吞吐量6.3万吨,增长0.78%。其中,南昌昌北国际机场完成运输起降6.64万架次,同比下降1.33%;旅客吞吐量786.4万人次,增长5.02%;货邮吞吐量5.06万吨,同比下降0.93%;通航城市达66个。国际(地区)航线方面,总体发展势头良好,全年国际(地区)旅客吞吐量54.76万人次,同比增长15.28%,南昌昌北国际机场航空公司和本场运力明显增加,首次开通直飞美国航线及直飞越南芽庄的旅游包机,南昌昌北国际机场过夜飞机总量15架,在南昌运营的航空公司44家。

【航线网络结构优化】 2016年,为更好地对接江西省构建开放性经济及"招大引强"要求,国内航线上加密长珠闽、京津冀和东部沿海地区航线,填补了广东、江浙等重点区域空白航点;国际航线上主攻东南亚和日韩市场,填补南昌直飞东北亚和东南亚区域的空白航点城市航线,探索打造中部地区至东南亚航空市场的高地,继续配合省政府增开洲际航线。不断提升国内航线网络通达性,增开乌鲁木齐、重庆、成都、大连等热点需求航线,填补石家庄、台州、博鳌等国内干支机场空白航点。与省旅游集团、包机商和旅行社合作,鼓励开发南昌包机航线。至年底,昌北国际机场定期通航点53个。

【政府支持力度加大】 省委、省政府主要领导高度重视江西民航发展,更加重视从体制、政策、资金等方面支持民航发展。2016年,全省航空发展资金4.4亿元,航空发展基金稳中有升,同比增长1000万元。4月29日下午,副市长、南昌临空经济区工委书记肖玉文一行调研南昌昌北国际机场,市政府办公厅、南昌临空经济区管委会、市投资促进局等领导陪同调研。各级政府重视民航、支持机场的力度有所加强。8月26日,省委书记鹿心社在南昌会见首都机场集团总经理刘雪松一行,会谈时提出2018年要将南昌机场建成千万级枢纽机场。11月,省长刘奇批示"应加快南昌等机场的发展"。

【开展"安全提升"专项行动】 2016年,持续深化安全质量体系建设,安全管理体系进一步完善,南昌机场安全质量管理体系和宜春机场SMS效能建设顺利通过审核。认真开展“三看”（看得到、看得出、看得透）专项行动，隐患排查治理进一步强化，安全风险管控水平显著提升。开展安全文化宣传，全员安全意识持续增强。建立健全反恐防暴常态化工作机制，南昌机场作为主备降机场之一，保证G20峰会期间机场及运行“绝对安全”。深入开展专项安全整治工作，机坪运行、鸟击防范、控制区非法入侵等风险得到集中整治。机场应急保障实战能力进一步加强，成功举办“融合之翼－2016”战备暨应急救援演练，得到省政府、民航局的高度评价。全年江西机场所属各机场未发生责任范围内的事故及严重事故征候，安全形势总体平稳。

【开展“服务提升”专项行动】 2016年，为进一步提高航班正常性管理工作，专门成立南昌机场运行管理委员会，研讨大面积航班备降保障、国际航班保障、要客航班保障，加强航班运行流程协调优化工作，积极开展平安机场建设，荣获江西省综治先进单位21连贯。四季度南昌机场旅客整体满意度为4.83分，同比提升0.01分，在全球参加测评的266个机场中名列第22位，在首都机场集团公司成员机场中排名第4位。各机场分公司旅客整体满意度也保持较高水平。

【基本建设有序推进】 2016年，江西机场各项建设工作全面推进，作为省重点工程项目的南昌昌北国际机场1号航站楼整体改造工程完成招投标，井冈山机场二期扩建工程、赣州黄金机场改扩建工程、九江机场改建工程有序推进，上饶三清山机场新建工程接收工作全面展开，其他民航基金建设项目陆续收尾。

（蒋护纹）

物资流通

【概况】 2016年，南昌物资集团公司（以下简称集团公司）以“创新突破、谋求发展、再创辉煌”为企业发展理念，以提质、增效、转型为要求，以改革、创新、发展为动力，把发展“外贸综合服务平台、类金融服务、引进新能源领域节能环保设备、国内外贸易、报废车环保产业链延伸、现代冷链物流业”作为集团未来主要发展方向，强力推进集团公司“混合所有制经济”相互融合，重点打造以“江西一干通”为代表的“互联网＋外贸”项目、以投资组建江西金融服务中心为代表的“互联网＋类金融”项目、引进美国通用电气公司JE920分布式能源发电机组为代表的“互联网＋智慧能源”领域的节能环保项目及其国内外贸、江西冷链物流中心、再生资源绿色开发综合利用等具有鲜明特色的“五大发展版块”，促进集团公司经济总量的快速提升。集团公司党的组织建设、党风廉政建设、精神文明建设、社会治安综合治理工作均取得长足进步。

【经营指标创历史新高】 2016年，集团公司以资产总额同比增长178%、净资产总额增长47%、营业收入增长74%、实现利润增长157%、外贸出口增长72%的骄人成绩，化解企业在全球经济下行形势下的危机，确保集团公司大局稳定，向上级主管单位交上满意答卷。集团公司一举止住连续多年经营亏损的颓势，历史性地实现扭亏为盈，呈现走入良性循环的发展态势。

【新型产业实现突破】 2016年，集团公司紧随互联网经济形势下的经济发展模式，大力发展“混合所有制经济”，重点打造以“一干通”为代表的“互联网＋外贸”平台、以腾邦公司为代表的“投融资服务”平台、以发展国内外贸易为代表的“大宗商品内外贸易”交易平台、以商业保理为代表的“类金融服务”平台。极具企业特色的新型产业布局业已初见成效。

【传统主业趋于稳固】 2016年，注重传统产业单位深化管理，企业面貌发生明显改观，传统主业单位发展趋于稳固。全年集团公司传统主业营业收入同比增长168%，实现利润增长214%。集团公司所属各主要传统主业经营单位全面实现扭亏增盈，经受住经济下行形势下的市场冲击，经济形势趋于改观。

（熊永勇）

现代物流

【概况】 2016年，南昌现代物流体系建设以全面推进全国物流标准化试点工作为抓手，与省级城市配送试点、省级物流产业集群发展、全国智慧物流配送示范城市建设相结合，现代物流业总体上呈现出较为稳定的发展态势。

【南昌市入围全国物流标准化试点城市】 2016年7月，南昌市被列为全国物流标准化试点城市，奖补资金为8000万元，项目建设周期为2年。力争通过2年时间的试点，实现全市物流标准化理念不断加强，物流标准化水平较快提升，物流标准化体系逐步建立和完善。南昌市社会物流总费用占GDP比重明显下降，计划2年后下降约1个百分点。市政府、市财政局高度重视物流标准化试点工作，印发文件明确先期45万元配套经费，用于项目评审等费用。经公开征集、自愿申报、县区初审把关、由第三方中介华东交通大学交通运输与物流学院组织专家评审、现场答辩、现场勘验、公示等规定程序，并征求市财政局、市市场和质量监督管理局意见，经市商务局党委会研究同意，确定5万吨库容标准化冷链物流基础设施升级改造等11个项目为第一批南昌市物流标准化试点项目，江西玉丰实业有限公司等11家企业为第一批南昌市物流标准化试点项目承接企业。

【向塘物流产业集群聚力发展】 2016年，江西南昌向塘二级铁路物流基地工程被国家发改委列为交通物流融合发展第一批重点项目，纳入《国家口岸发展“十三五”规划》，标志着南昌铁路口岸对外开放获得国家层面政策支持，是南昌市对外开放进程中的一件大事。这有利于南昌完善口岸布局，提升口岸功能，将进一步巩固南昌在全省开放型经济发展中的领先地位，加速南昌打造核心增长极的进程。南昌向塘作为江西唯一的二级铁路物流基地纳入国家发改委确定的交通物流融合发展重点项目。向塘铁路货场已完成一条走形线，两条货物线建设。自3月首趟货运班列开行后，货运量不断增长，特别是商品车运输量持续攀升，已完成2万余辆商品车运输，成为全省最大商品车运输基地。按照中国铁路总公司一级物流基地要求建设的向塘铁路货场二期在规划设计中，预计2017年初正式开工建设。上半年全面建成投产的荣佳物流，实现35万吨伊利牛奶的吞吐量。总投资3亿元，占地面积6.53公顷的招商物流南昌配送中心项目建成3万余平方米的仓库。

【打造智慧物流配送公共信息平台体系】 2016年，以省国控物流公司“天合云”物流管理系统和江西尧泰供应链管理有限公司的物流团购平台为依托，以南昌市国家智慧物流配送示范城市为着力点，引导物流企业应用互联网、物联网、大数据等先进技术设备，整合物流配送资源，打造智慧物流配送体系，发展现代物流业态。优先建设向塘、昌北等货运站信息管理系统。启动江西南昌向塘二级铁路物流基础工程建设。依托物流公共信息平台等载体,进一步提升仓储配送智能化水平,加快推进货运站信息系统建设,满足区域物流管理需求,实现客户办货、网上询价、订单处理、仓配管理、网上理赔等功能。在南昌港龙头岗综合枢纽、南昌昌北国际机场以及大型综合性物流园区,建立铁路、水路、公路、航空、邮政等物流信息交换节点,拓展与外省及境外的物流信息交换共享。构建大数据智能揽投管理平台。加快邮政智能揽投平台及揽投助手APP、快递帮手APP开发应用,通过揽投员与客户在线互动,实现邮件在线下单、自动派单、在线计费等功能,并对揽投员的服务进行可视化管理和动态调度。以建立直接互动交流平台为方向,将智能揽投平台与邮政内部管理系统互联互通,实现需求快速响应化、沟通方式多样化、服务渠道协同化、运营管理精细化等,促进邮政投递服务能力全面提升。

【城市配送物流服务体系逐步完善】 2016年,江西省绿滋肴实业有限公司进行仓储智能化改造,使绿滋肴农产品物流配送中心在入库、出库、移动、盘点、配料方面更加科学化、规范化,降低库存成本,实现绿滋肴仓储配送中心年农副产品流通量4万吨,成为南昌市乃至江西省现代化、智能式仓库的示范。针对配送车辆进城难、通行难、停靠难的有关问题,南昌市高度重视,由分管副市长组织召开政府协调会议并下发相关会议纪要,对城市配送试点项目中的城市配送车辆,统一发放城内通行证,并规划合理的城市通行路段、选择合适城市配送专属停车位或临时停靠点;对配送车辆上牌及年检,做到简化审批手续,加快审批效率,提供便捷服务。

【即时配送新模式得到推广】 2016年,积极推动电子商务与物流协同发展,推广"网订店取""智能取货柜"等社区末端配送模式,加快快递物流园区、包裹分拣中心、末端配送网点等电子商务物流体系建设,实现当天下单、次日配送,提高配送效率。

【"无车承运人"试点先行先试】 2016年,鼓励和引导南昌市业界知名企业积极参与全省无车承运物流试点工作。经企业申报、地方初审、专家评审,江西国控吉驰物流科技有限公司、江西三志物流有限公司、江西尧泰供应链管理有限公司等3家企业成功入选江西省首批无车承运物流试点企业。通过无车承运物流试点,对符合条件的无车承运企业赋予运输经营资质,整合全省货物运输资源,提高运输组织化、规模化水平。

【仓储、物流企业品质不断提升】 2016年,新增AAAA级物流企业1家,为江西玉丰实业有限公司;新增AAA级物流企业2家,分别为南昌肉联食品集团公司、江西众帮物流有限公司。江西蓝海物流科技有限公司获全国物流行业先进集体称号;江西蓝海物流科技有限公司入选智慧物流配送示范基地(园区);江西国磊投资控股集团有限公司、江西正广通供应链管理有限公司入选智慧物流配送示范企业;江西新华物流有限公司入选2016年度全国先进物流企业;南昌肉联食品集团公司冷链物流配送中心被评为第四批江西省重点商贸物流园区(中心);江西省赣银物流发展有限公司、江西国磊供应链集团有限公司、江西长运大通物流有限公司、江西玉丰实业有限公司、江西顺丰速运有限公司、江西弘鼎供应链管理有限公司、江西国控物流投资发展有限公司被评为江西省重点商贸物流企业。

(高　扬)

邮　政

【概况】 2016年,南昌市邮政管理局牢固树立五大发展理念,按照"高标准、高质量、创一流"工作要求,行业发展环境持续优化,邮政市场秩序不断规范,行业转型升级不断加快,全市邮政快递业保持快速发展良好态势。全年完成邮政业务总量31.4亿元,同比增长51%;邮政业务收入23亿元(不含邮政储蓄银行直接营业收入),增长31%。其中,快递业务量完成1.7亿件,增长61%,占全省比重45%;快递业务收入完成19.4亿元,增长44%,占全省比重47%。

【加大行政执法力度】 2016年,开展快递市场无证无照、分支机构未备案"双整"行动,严厉查处违反快递、普遍服务标准等违法违规行为,检查企业468家次,查处违法违规行为48件。其中,下达责令整改7起,立案处罚37起,结案35起。实施行政许可核查59项,许可变更核查28项,办理分支机构变更158项,分支机构备案146项。全年未发生一起行政复议和法律诉讼案件,行政执法工作成效显著。

【南昌市邮政业"十三五"发展规划发布】 2016年,按市政府要求,联合市规划办正式发布《南昌市邮政行业"十三五"发展规划》。规划提出,到2020年南昌市邮政行业业务总量将达到52亿元,年均增长20%。同时,配套提出普服设施升级、总部集聚、寄递向外、"快递下乡"、快递"共配"、寄递"绿盾"、诚信邮政和人才培育等八大工程,保障规划目标的实现。

【南昌快递(电商)物流园正式开工建设】 "南昌快递(电商)物流园"项目占地46.73公顷,总投资额不低于11亿元。2016年,在与南昌临空经济区管委会等多方推动下,项目基本完成"三通一平",为部分企业开始供地,中通、圆通等入驻快递企业开工并加快建设。

【建设快递末端公共配送平台】 2016年,推进快递末端公共配送平台建设,进一步落实市政府办公厅印发的《南昌市关于加快快递末端共同配送体系建设的意见》,加快末端配送示范站点建设。全市建成9家共同快递配送示范站点。积极引导学校自建、引入菜鸟驿站进驻等方式,建成公共服务平台827处,覆盖100余处社区和全部53所在昌高校。加快智能快件箱投放,加大对智能快件箱引导支持力度,速递易、上海富友、邮政公司等企业在全市共计投放智能快件箱2200组,提供投递格口3.96万个。

【促进农村快递发展】 2016年,组织天天、国通、百世等12家快递企业与邮政企业签订"1+12"快邮合作协议,通过"快邮合作"促进农村快递发展。督导"快快合作",加强快递企业之间优势互补,鼓励新建区"村社通"合作模式,进一步优化乡镇村寄递网络布局。主动服务农村电子商务发展,推动促成进贤县邮政公司与县政府电商办签订电商包裹农村配送协议,争取当地财政资金支持,进一步提升农村电商包裹投递服务水平。

【推进行业综合治理工作】 2016年,寄递渠道安全作为南昌市综治考评项目纳入对县(区)的考核体系,有效调动基层单位参与寄递安全综治工作积极性。多位省、市领导到快递企业调研指导工作,督促做好全市重大活动各项保障工作。市邮政管理局获全国综治"南昌会议"服务保障先进单位,江西顺丰公司获评全市综治工作特色单位。

【落实快递三项安全管理制度】 2016年，在全市快递行业持续推进"实名收寄、收寄验视、过机安检"三项安全管理制度。通过拉网式检查和实寄测试等手段，督促企业进一步落实安全主体责任，严格落实收寄验视和实名收寄制度。重点解决全市快递企业25家大中型分拣中心的安检机配置问题，企业的安检防范能力进一步提高。

【保障重要活动期间寄递渠道安全】 2016年，圆满完成全年公共假日等重要时段和"两会"、G20杭州峰会、第三届世界互联网大会、全国综治"南昌会议"、南昌马拉松赛等重要活动寄递渠道安保工作，有力支持各项活动开展。

【加强普遍服务法律法规宣传贯彻】 2016年，组织邮政企业专场培训，督促落实新实施的《普遍服务监督管理办法》。梳理编印《邮政普遍服务法规汇编》手册，向邮政企业发放400余本。编制普服执法常用手册，助力精准执法。向邮政网点制作发放收寄验视提示牌，公布申诉受理中心电话，方便消费者维护权益。

【开展普遍服务专项检查】 2016年，开展《丙申年》特种邮票等纪特邮票发型监督检查。开展农村普服法定业务开办情况及达标检查等专项行动。完成全市7个邮政机要通信网点保密专项检查工作。对全市11个空白乡镇补建网点进行达标检查。督促企业做好涉黄涉非查堵工作，开展检查394家次。

【举办邮政行业人才培训】 2016年，邮政行业培训中心共举办新员工入职、职业技能鉴定考试等10批500人次培训。组织3批120余人次参加职业技能鉴定培训，职鉴考试通过率85%以上。组织新员工入职培训3批175人。承办法律法规宣传贯彻、特约监督员业务、行业统计、新闻宣传等各类培训共200余人次。全年组织快递员报名参加职业技能鉴定考试人数1405人，比上年增长近30%。

【加强行业文化建设】 2016年，联合南昌市快递行业协会开展"诚信快递"主题宣传活动。组织诚信主题征文比赛，号召企业诚信经营，用户诚信交寄，打造"诚信快递"市场。编写第八十一期《南昌市手机普法报》，将邮政常用知识以手机短信形式发送到全市党政机关事业单位、快递人员及用户手中，联系媒体到快递企业进行正面宣传系列报道，全方位提升行业社会影响力。组织企业参加最美快递员评选活动，南昌市2名快递员获评"全国最美快递员"称号，另外5名快递员被评为"全省优秀快递员"。

（缪兰萍）

2016年7月20日晚，市公安局交管局召开交通秩序大整治动员部署会

城市交通管理

【概况】 2016年，南昌市公安交通管理局（以下简称市交管局）围绕"保安全、保畅通、保有序"工作目标，结合"美丽南昌·幸福家园"环境综合治理，持续开展交通秩序大整治，全市道路交通秩序逐步改善，道路通行能力逐步提高，市民群众守法意识逐步增强，交通安全总体形势持续平稳，有力确保全市道路交通有序、安全、畅通，推动道路交通管理工作和交警队伍建设不断向前发展。

【开展"美丽南昌·幸福家园"城市畅通工程】 2016年，为进一步改善南昌市道路交通环境，强力治理交通秩序乱象，在全市范围内持续开展交通秩序大整治。12月初，全市"美丽南昌·幸福家园"环境综合治理工作启动，市交管局抓住这一有利契机，进一步强化工作措施，坚持精细化理念，针对道路情况、交通流量不同而产生的管理难度差别，实行勤务安排由粗放型向精细型转变，细化每一个执勤人员具体工作时段、倒休时间，根据交通流量、天气情况、工作重点不断调整勤务安排。根据现有警力和道路实际，经过反复调研，确定全市60个重点路口、72条重点路段、"四桥四隧道"及27类交通违法行为，并逐步辐射，实现整治全覆盖，违法零容忍，全面提升路面见警率、管事率、秩序率，扎实推进城市畅通工程建设，全市严查严整氛围逐步形成，道路交通秩序持续好转。全年查处交通违法行为170.52万起（其中现场执法查处9.08万起，非现场处罚161.44万起），比上年上升7.8%。

【提高道路通行能力】 2016年，为保障全市地铁2号线、3号线43个站点围挡施工和红谷隧道大型工程、BRT坛子口新建工程等22个重大项目建设改造，市交管局坚持科学交通组织、强化施工管理，按照尽量减少对市民出行影响的原则，组织施工单位不断完善交通组织方案，协调市改善办明确69个交通改善项目，最大限度降低施工对道路交通的影响，有序保障全市重大工程施工顺利进行。从优化交通组织入手，在老城区120余条单行道基础上，在符合条件的区域和道路，积极采取单向通行、禁左、微循环等交通组织措施。全年新增41条单行道，有效提高道路通行效率。坚持广开言路，积极向媒体、出租车以及全体民警，广泛征求意见，收集意见和建议982条，采纳并落实778条。对全市624个信号灯路口进行排查，升级优化15个路口信号灯配时方案，对赣江大道、沿江北路等15条路段交通信号灯非高峰期实行动态绿波控制。将136个路口的控制方式进行升级，调整优化配时方案，进一步提高道路通行能力。

【执行全市重大活动交通安保任务】 2016年，先后完成习近平总书记、李克强总理等党和国家领导人视察等级警卫任务102次,完成南昌市首次国际马拉松赛等重大活动交通安保任务。特别是10月9—13日,全国综治"南昌会议"暨全国公安厅局长座谈会在南昌市召开。会议规格高、参会领导多、工作任务重、压力大前所未有。市交管局科学指挥、周密组织,严守重点,严保线路,严控路面,以最严、最高的工作要求,最全、最细的工作措施,最优、最实的纪律作风,圆满完成各项道路交通安保任务,得到部、省、市领导充分肯定。

【深化公安交管工作改革】 2016年,积极争取市政府支持,加大科技投入,加强功能应用,创新服务机制。全年新增违法停车抓拍设备100套、专用道抓拍系统设备60套,升级改造89个路口电子警察设备,新增不按导向车道行驶、实线段变更车道等违法行为抓拍功能。在赣江大道、沿江北路等15条路段实行信号绿波控制,道路行驶时间减少20%—40%,全天增加流量50%。在拓展智能交通系统运用方面,通过视频识别技术对闯红灯的非机动车号牌进行自动抓拍,并向车主发送短信告知,强化非现场处理效果。通过智能卡口设备的视频二次识别技术,实现对开车打手机的违法行为进行自动抓拍。通过建设全点阵交通诱导屏,及时发布道路拥堵信息和施工绕行等宣传信息,实时显示机动车被自动抓拍的交通违法行为,有效震慑教育交通违法人员,进一步提升全市科技管理服务水平。

【保障道路交通安全】 2016年,坚持从事故预防入手,筑牢交通安全第一道防线,交通安全形势总体平稳。对全市道路陡坡、急弯、临崖、临水等存在交通安全隐患的路段进行拉网排查。全年排查3处市级督办事故黑点、7处县区级道路交通隐患路段,全部整改到位,整改率100%,切实消除道路安全隐患,有力保障春运、"五一"节、国庆节等重要节点道路通行安全。重点强化五类重点车检验、报废工作。全年全市重点车辆检验率87.63%,较上年上升2.81%;重点驾驶人审验率96.39%,上升1.53%。强化宣传教育,在江西卫视、《南昌日报》等主流媒体报道专题703期、刊发稿件6211篇,印制各类宣传制品65万余份,开展专题宣传活动380余次。积极推行轻微车损交通事故快处快赔新举措,对"一站式"快处快赔中心重新布局点位,新增4处站点、改建4处站点,主城区实现"一区一大队一站点"全覆盖布局。全年"一站式"共受理事故54108起,同比上升208.87%,日均受理140余起,占事故受理总数62%,有效减少交通事故对交通的影响。

【贯彻落实《南昌市电动自行车管理条例》】 2016年9月1日,《南昌市电动自行车管理条例》正式出台。通过地方立法将电动自行车管理纳入法治化管理轨道,并以此为抓手,进一步推动交通管理法制化建设。在全市设83个电动自行车登记上牌点,各上牌点实行节假日无休制度、延时工作制度,严格规范上牌流程,确保依法依规、规范办理。至年底,全市注册电动自行车96.65万辆,其中条例正式实施后注册电动自行车54.65万辆,真正做到源头清、底数明。同时,积极争取市政府支持,解决专项经费509.2万元,在全市范围内筹备建设80个学习点(40个固定学习点、40个临时学习点),建设电动自行车路口抓拍系统。采取视频抓拍、源头管理、现场纠处、学习教育、违法曝光、上门处罚、通报社区等方式,加大对行人、非机动车交通违法整治力度。

(张　昇)

2016年南昌市各辖区交通事故四项指数累计同期比较一览表

项目	事故次数(次)				死亡人数(人)				受伤人数(人)				经济损失(元)			
	2016年	2015年	同比增减	增减率(%)	2016年	2015年	同比增减	增减率(%)	2016年	2015年	同比增减	增减率(%)	2016年	2015年	同比增减	增减率(%)
合计	294	294	0	0.00	231	230	1	0.43	218	231	-13	-5.63	1240550	1405650	-165100	-11.75
东湖大队	23	28	-5	-17.86	12	12	0	0.00	15	22	-7	-31.82	39200	19600	19600	100.00
西湖大队	27	27	0	0.00	3	3	0	0.00	41	33	8	24.24	68000	107450	-39450	-36.71
青云谱大队	8	12	-4	-33.33	4	9	-5	-55.56	6	7	-1	-14.29	5100	7900	-2800	-35.44
湾里大队	13	11	2	18.18	3	4	-1	-25.00	12	8	4	50.00	8000	5300	2700	50.94
红谷滩大队	11	10	1	10.00	11	12	-1	-8.33	16	19	-3	-15.79	13400	12000	1400	11.67
直属二大队	11	9	2	22.22	9	9	0	0.00	5	5	0	0.00	10500	9000	1500	16.67
青山湖大队	25	22	3	13.64	21	20	1	5.00	9	22	-13	-59.09	295000	115500	179500	155.41
经开大队	13	10	3	30.00	10	11	-1	-9.09	8	3	5	166.67	53000	30000	23000	76.67
高新大队	14	15	-1	-6.67	11	17	-6	-35.29	12	10	2	20.00	34000	44000	-10000	-22.73
桑海大队	0	0	0	0	0	0	0	0	0	0	0	0	0	0	0	0
南昌县大队	61	57	4	7.02	69	59	10	16.95	21	16	5	31.25	31000	42500	-11500	-27.06
新建区大队	43	33	10	30.30	31	22	9	40.91	51	43	8	18.60	160300	371900	-211600	-56.90
安义县大队	17	17	0	0.00	17	17	0	0.00	7	8	-1	-12.50	175700	191300	-15600	-8.15
进贤县大队	28	43	-15	-34.88	30	35	-5	-14.29	15	35	-20	-57.14	347350	449200	-101850	-22.67

电力、燃气及水生产和供应业

概　述

【概况】　2016年，南昌市电力、燃气及水生产和供应业部门坚持服务全市工作大局，加快市场开发步伐，加大供电、供气、供水等建设，提供优质供电、供气、供水服务，资产总量、经济效益、服务水平大幅提升。全市电力、热力生产和供应业实现主营业务收入596.16亿元；电力、燃气及水生产和供应业投资额73.17亿元，比上年增长19.3%。

城市电力供应

【概况】　2016年，国网南昌供电公司坚持服务全市工作大局，积极应对复杂的外部形势和艰巨的改革工作，精心维护电网设备，科学优化电网调度，电力供应安全可靠，有利支撑全市经济社会发展。圆满完成全国综治“南昌会议”、南昌市地铁建设、一江两岸亮化工程等147项重大保电任务。加强用电检查力度，铁腕钢拳整治城中村等窃电“重灾区”，整治高损线路55条、高损台区827台，减少电量损失1.37亿千瓦小时，挽回经济损失1.03亿元。公司受理停复电投诉继上年下降41.9%后，继续下降40.09%。

【供电主要经济技术指标超额完成】　2016年，南昌供电公司资产总量、经济效益、服务水平大幅提升，固定资产投资13.05亿元；售电量完成162.93亿千瓦小时、同比增长15%；受理供电服务类（包括营业窗口服务、上门服务等）投诉总量同比下降39.1%；可比口径线损率5.24%、同比下降0.82个百分点，超额完成目标任务。全年跳闸率同比下降21.28%，投诉总量同比下降47.83%。“全省投诉重灾区”南昌县象湖供电所连续8个月保持“零”投诉。小蓝供电所获评为“国网五星级供电所”。公司积极推广电能替代项目199个，完成电能替代电量3.3亿千瓦小时，同比增加41.2%，完成率103.43%；完成储备项目替代电量4.2亿千瓦小时，完成率126.8%，均超额完成任务。

【加强电网投资和建设】　2016年，紧密跟踪经济社会发展，滚动修编“十三五”电网规划。完成220千伏青云谱变电站等15项输变电工程的新开工项目储备工作，投资20.97亿元，为上年的4.5倍，居全省之首。220千伏九龙湖变电站、110千伏塘子河变电站等12项重点输变电工程如期开工，220千伏麻丘变电站等14项输变电工程顺利竣工投运；110千伏“向塘—向化”输电线路工程，历经11年波折之后，终被攻克，有效缓解了斗门变电站重负载压力，城南片区和南昌县供电能力得到切实改善。在全省率先实体化运作“配网办”，精准发力九龙湖等核心区域配网建设，持续推进“整乡整镇”和中心村等农网工程，全年完成配网投资6.56亿元，列全省第一。

【提供优质供电服务】　2016年，与南昌经开区管委会签订战略合作协议，形成互动共赢的合作局面。常态化开展“访客户、解难题”活动，公司领导率队走访36家工业园区大客户，深入了解用户供电需求，及时解决44项客户用电难题，以服务赢取市场。严格落实重要客户“三个清楚”（清楚重要客户的类型、地址、联络等基本情况，清楚重要客户的供配电设施运行工况、存在安全隐患及相关配套公网运行方式，清楚重要客户故障恢复的抢修队伍、应急预案和处置流程）基本工作要求，梳理130户重要客户与490户新增楼盘小区清单，主动协助青云水厂开展故障抢修，全力保障140万居民恢复用水，为服务民生贡献力量。持续优化提升供电服务指挥中心，在南昌县、红谷滩新区两个核心区域成立分中心，实现服务管控向一线末端延伸，进一步提升市县协同处置效率和精准服务能力。抄表、频繁停电、服务态度三类投诉分别下降59.18%、32.59%和30.95%。及时出台《服务“美丽南昌·幸福家园”二十项措施》，获省委常委、副省长、市委书记殷美根高度肯定，在“美丽南昌·幸福家园”千人动员大会上要求供水、供气等行业向供电企业学习。

【保障城乡居民用电安全】　2016年，积极配合市委、市政府民生工程，促进南昌市行政区域省内率先全部按省内最高标准，实行新建住宅供配电设施建设的规范管理，解决新建居民住宅项目供配电设施的建设维护问题。主动策应政府重大发展战略，重新组合成立昌北、红谷滩分公司，实现供区与行政区域高度一致，无缝对接赣江新区、红谷滩新区发展。高标准开展电网规划，提前建设南昌港口220千伏等输变电工程。在南昌临空区设立供电服务点，成功化解南昌临空区改革困局，实现英能水电公司资产无偿移交，以服务赢取市场。

【打造供电官方微博】　2016年，为与广大客户之间建立一种更畅通、更广泛的沟通形式，更快捷地响应客户诉求，根据市委宣传部要求，加入“微南昌”政务微博集群平台。自2013年5月28日“南昌供电”微博正式开通以来，南昌供电公司通过政务微博及时通报抢修情况，公布停电等信息；网上回复涉及公司职能范围内的网民诉求、咨询、求助及意见和建议，积极宣传党和国家有关电力方面的方针政策、法律法规。利用这个平台，构建电力供需双方互动的服务体系，切实为客户排忧解难，解决实际问题。至年底，共发布微博6128条，回复网友评论和咨询1700余条，得到广大网民及市网宣办的肯定。

2016年南昌地区社会用电构成一览表

单位名称	平均电价(元/千千瓦小时)	累计售电量(万千瓦小时)	累计销售收入(万元)
全局合计	54739.63	1357551.82	873255.66
1.大工业	8110.23	328454.02	257374.29
2.非工业、普通工业	8760.56	67560.43	46457.92
3.农业生产	7983.85	595.78	359.45
4.商业	9148.41	93300.15	92722.99
5.居民生活	5691.18	228753.96	136632.75
6.非居民照明用电	9724.02	71456.29	75446.09
7.趸售	5321.38	567431.19	264262.17

(徐　磊)

城市燃气生产和供应

【概况】 2016年,南昌市燃气集团有限公司(以下简称公司)持续加快市场开发步伐,扩大天然气覆盖范围。全力推进富山门站建设,实现"双气源"供气。优化客户服务,提升客户满意度。至年底,用户总数69万余户,比上年增长13.35%;全年销售气量2.66亿立方米,比上年增长21.87%;累计投资建设管网长度2742.46千米。

【打击偷盗气违法犯罪行为】 2016年,为减少安全隐患,保障公司合法利益,降低供销差,进一步打击偷盗气违法犯罪行为,公司内控抓效益,开展燃气偷盗气预防与查处知识专项培训。4—6月,公司分管副总经理负责,部门经理助理以上负责人带队,263名员工参与,组成54个突击核查小组,对全市地暖、别墅、民改商共8793户的用气情况进行全面核查。此次活动实际核查户数9797户(含重复核查及任务外核查的户数),实际已入户5312户,发现疑似偷盗气等18户,追缴气费26.07万元,折合气量8.15万立方米。为保证稽查工作开展常态化,成立燃气稽查队。全年共完成上门核查271次,核查户数2324户。稽查队查处各类偷盗气和违章用户128户(工商户5户);追缴气费82.72万元,折合气量25.62万立方米,催缴气费6户,催缴金额6.17万元,折合气量1.93万立方米。

【开通微信缴费平台】 2016年3月,公司创新服务模式,开通企业微信服务公众号,实现网上缴费、查询等业务功能,并且实时发布停气信息、燃气动态资讯,拉近用户和企业之间的距离。通过"听"用户心声、"答"用户疑惑、"解"用户困扰,进一步拓宽便民服务渠道,让用户享受到无"微"不至的便捷服务。至年底,公众号关注人数为1.78万人,处理用户咨询1800余次,推送消息阅读量达上千次。

【富山门站实现"双气源"保障】 南昌市自2010年开始使用中石化"川气东送"气源。随着城市化进程的加快和燃气市场的开拓,为进一步提升气源保障能力,让老百姓用气充足、稳定,公司自2014年下半年启动建设"西气东输二线"天然气对接工程以来,积极开展各项工作,克服种种困难,经过与上游供应商省天然气公司积极联动,公司富山门站于2016年9月实现与西二线气源对接,正式投产运行,较大程度缓解了冬季高峰用气压力,进一步增强了全市储气调峰能力。2016年,南昌市管道天然气用户超过69万余户,气化率50%以上。

【建设抢险调度指挥中心】 2016年,为加快抢维修响应速度,实现燃气管线和门站数据实时监控,公司成立调度指挥中心。该中心分为生产调度、报修抢险两部分,调度系统包含SCADA系统、管网GIS系统和车辆GPS系统,对全面提高公司应急抢险能力,实现大数据管理

2016年9月,富山门站实现与西二线气源对接

提供了有力帮助。

【推动“煤改气”项目】 2016年，公司继续借助南昌市“蓝天行动”政策，积极跟进市环保、招商和区县政府等部门，研讨制定适合本地实际的“煤改气”项目优惠措施，大力推动和实施“煤改气”项目，并成功发展南昌艾精隆食品发展有限公司等优质客户。通过市场调研、政府信息获取等多种方式，加强全市综合体等大型商业项目的梳理、跟进与开发，成功发展新城吾悦广场、铜锣湾广场等大型商业户。至年底，累计发展非居民户数275户，完成全年计划的127%，同比增长12%。

【改造燃气铸铁管】 在上级主管部门和市政府的大力支持下，南昌市燃气铸铁管改造列入政府三年攻坚战惠民工程重点项目，为加快老旧铸铁管改造提供了有力的政策保障。2016年，完成老旧铸铁管改造136.4千米，完成年度计划的97%。其中，市政道路37.6千米，主要有高新大道、抚河南路、洪城路等；庭院管完成98.8千米，主要有南航宿舍、青云谱区肉联厂、南飞地块等。公司先后引入高科技车载式激光遥距巡检车，加快燃气巡线和抢修效率。启用管线封闭式开孔设备，实现不停输带气作业，进一步减少停气对居民造成的安全风险，提升了南昌市燃气保障能力。

【加强内控管理】 2016年，公司采取多种手段，上下互动，内外结合，加强与上游计量人员交流和沟通，降低与上游输差。同时督促客服中心加强抄表管理，提高抄表率；加快超龄表的更换力度，努力完成年度计划4.5万户超期表具更换；加快对非居民流量计的维护、检定，保障流量计的正常计量；加大燃气稽查力度，打击偷盗气行为。按照“向管理要效益”的工作方针，修订《供销差管理制度》，制定、发布《工商户抄表作业指导书》，提高抄表员流量计安全检查工作效率和有效性。每月召开供销差会议，对每月供销差进行总结分析，布置下月的工作任务。完成表具检定共868台，完成当年检定目标。检定后计量气量平均上升约8%—10%。至年底，累计供销差为3.98%，上年同期累计供销差4.32%，同比下降0.34%。

（李倩霞）

城市自来水生产和供应

【概况】 2016年，南昌水业集团有限责任公司（以下简称集团）以开展“五精管理”为抓手，争产业之先、获创新之力、执改革之锐、夯实干之基，实现了生产经营平稳较快发展。拥有总资产近110亿元，总收入40亿元，员工6000余人，水厂12座（日供水能力180万立方米，供水服务人口近400万人）；拥有省内外94座污水处理厂的产权或特许经营权（日污水处理能力近210万立方米）。

【加强供水服务】 2016年，集团日最高供水量达130余万立方米，年供水量近4亿立方米。陆续启动完成青云水厂10千伏双电源改造和长堎水厂高低压配电室建设工程。全年受理用水申报约17万户，其中开拓市场新增用户16万余户、“一户一表”分户改造约3000户，完成“绿色通道”约110户；水表远传系统工作取得良好进展，对180个小区约13万户水表安装户表远传系统，对约2000只大表加装水表远传系统，完成50个小区4万户水表远传系统验收；完成40个小区3万户水表的开账操作，完成160户大口径水表开账工作。

【“固废热电”协同发展】 2016年，温州宏泽热电公司全年发电量1.46亿度，同上年发电量1.34亿度相比增长13%；污泥处理量为8.52万吨，同上年污泥处理量4.4万吨相比增长90.38%；耗煤为11万吨，同上年耗煤8.03万吨相比增长37.04%；供热量为19万吨，处理皮革废料为1.4万吨。推进温州热电通过二期固废扩建项目，实现2台机组发电，并通过环保部门的验收，达到排放浓度国家最新标准，污泥处置8万吨，同比增长78%。

【治理气味污染】 2016年，环保能源公司为应对日益加强的环保要求，控制麦园生活垃圾处理场内的垃圾暴露面，减少大气污染，采用新的作业模式，购进雾炮设备，提升喷洒力度，扩大喷洒范围，保证当日垃圾当日覆盖。全年填埋库区共处理垃圾近90万吨，雾炮作业1000余车次，共喷洒除臭消杀药剂70余吨。全年完成近7万平方米的垃圾推填及膜覆盖任务，铺设库区内专用钢板道路5000余米。同时，积极致力于周边环境的改善，将治理气味污染列为常态化工作，安排专员夜间巡查值守，确定气味源，有的放矢，创新药剂喷洒模式，有效改善周边环境。重点建设的麦园循环经济产业园项目于9月中旬作为国家环境污染第三方治理试点工程，接受国家发改委、环保部等部门的现场检查，并编制《南昌固废处理循环经济产业园环境污染第三方治理试点实施方案》。其中，生活垃圾焚烧发电项目作为麦园循环经济产业园的核心项目，委托南昌城乡规划设计院编制的《南昌市生活垃圾焚烧发电工程选址报告》已通过市规划局组织的项目选址论证评审会评审；环评由有专业资质的第三方开展，按要求完成项目2.5千米范围内的个人调查及团体公参，评估报告已报至市环保局；稳评报告已编制完成待上报备案；水土保持评估报告、用地预审意见批复均已获得。飞灰填埋库区项目的环境评估报告已编制完成并召开专家评审。垃圾存量治理项目前期工作中，可研、环评、设计等均已完成。

【建设光伏发电项目】 2016年，分别在青云水厂和红谷滩污水处理厂建设分布式光伏发电项目，采用“自发自用，余电上网”模式，总装机容量5.3兆瓦。光伏电站配置260瓦多晶硅太阳能组件，共安装太阳能光伏组件2.06万块，年均上网发电量473.66万度。其中，青云水厂年均上网发电量为411.41万度，红谷滩污水处理厂年均上网发电量为62.25万度。6月25日，全省水务行业发电规模最大，全市首家水务企业建设的光伏发电站——青云水厂光伏电站并网发电，装机容量为4.6兆瓦，发出的电供给青云水厂水泵等设备使用。红谷滩的污水处理厂光伏项目也同期并网发电。7月21日，光伏发电项目通过现场验收，享受到相应的国家、省、市补贴政策，集团成为全省规模最大的一家获得光伏项目补贴的自来水企业。光伏发电项目按年均上网电量473.66万度计算，相当于每年可节约标准煤约1495吨，减排二氧化碳约4209吨、二氧化硫约36吨、氮氧化物约7吨、烟尘约527吨、灰渣约1776吨，生态效益和环境效益显著。

【工程项目建设】 2016年，完成工程收入2.5亿元，利润总额1800万元。南昌市自来水工程有限责任公司成功入选南昌市政府投资工程预选承包商市政A库，使工程公司能够参与南昌市政府投资的重点大型项目投标。在拥有市政一级、入选A库资历的基础上，工程公司积极参与市场竞争，拓宽业务渠道。全年参加全省投标60余次,中标项目4个(南昌市红谷滩新区翠林路道路排水工程、南昌县武阳创业园区近期治涝工程投标活动、庐山南大道瀛上桥拓宽工程投标工程、新建区联圩镇鄱湖生态小镇改造工程),中标项目合同总金额合计约7800万元。为满足工程公司发展需要,公司注册资本金由4000万元变更为2亿元,提升了工程公司的企业形象,资金的变更也使得公司在项目投标时能获得更多的中标机会,能够参与金额较大的工程项目投标。在集团"项目攻坚战"的高位推动下,水厂、管网、环保等各项目按照"质量、进度、成本"的控制要求,取得阶段性胜利。如牛行二期工程、环保部督办的市重点工程、管网建设改造工程、水厂提标改造工程、环保二期工程等。至年底,环保二期13家已完工程已运营收费,13家进入试运行阶段。

【强化企业管理】 2016年,深入开展"市场精耕细作、生产精雕细琢、成本精打细算、技术精益求精、团队精诚合作"的"五精管理"模式,积极发扬"工匠精神",全力提高企业综合实力。革新职位薪酬制度,打破了原先"同吃大锅饭"的局面,改变了干多干少一个样、干好干坏一个样的不利情况,通过实施科学现代的职位与薪酬制度,调动职工工作积极性,增强岗位使命感,使个人发展与公司发展更加和谐统一。创新营销管理模式。进行稽查改革,以及充分运用DMA分区计量系统,开展供水营销、抢修维护、管网测漏一体化区域管理,实现降本增效。更新考核评价体系,扩大新考核体系的覆盖面,与原有的并轨更新,形成"层层有考核、人人有指标、年年有奖惩"的责任传导。公司始终坚持面对面、心贴心、实打实地服务职工,让发展成果惠及员工。开展"水文化"培训等活动,提升员工素养;组织先进人物休养,增强模范代表的自豪感;年底筹划了机关食堂自助用餐,反应良好;改造职工书屋,营造书香环境。

【实行投融资及资本运作】 2016年,尝试通过股权投资或收购市场上已有的存量项目,打造新的利润增长点,快速提高集团资产规模及营业收入水平。筹备与江苏博恩环境工程公司合作成立合资公司;与水务巨头苏伊士环境公司及中铁四局等国内外企业,探讨合作开拓海外市场。同时,不断巩固现有产业,洽谈跟进峡江等多个地方性水务环保PPP项目。洪城水业重大资产重组成功获得证监会无条件通过,顺利进行三个重组标的资产交割过户,完善集团原有产业链,拓宽主营业务范围,提升融资能力和综合实力。

【开展科研创新】 2016年,成立具有供水、排水、固废检测、监测功能的大中心,通过资源共享、合力攻坚,建设国内首家"三位一体"检测、监测平台。全力推进洪城环保等单位申报国家高新技术企业,加快创新型企业建设,提升核心竞争力;"罗建华劳模工作室"让职工有了技能比拼的舞台。在水厂、污水处理技术方面收获了包括"净水处理系统V1.0"等7项技术专利成果。博士后工作站充实了新的人才力量,联系产业实际进行课题研究,实现技术创新。开展两个大型课题研究:市政环保公司投融资问题研究,对公司的市场分析发挥了研判作用;功能集成化聚丙烯酰胺基净化剂的设计开发与应用,经过数次小样实验,为今后的产业化打下了基础。

(黄晓华)

城市污水处理及再生利用

【概况】 2016年,南昌市实施农村水环境治理的"1351055"工程(1个风景区、3个大湖域、5个乡镇、10个自然村、5个畜牧养殖企业、5个农业休闲企业)取得明显成效。乌沙河水系、航空城水系综合整治工程和玉带河截污提升工程进展顺利。青山湖等3座污水处理厂提标改造工程已投入运行;青山湖等5座污水处理厂共处理污水2.84亿吨,污水处理率达到93.5%,污泥集中处置项目共处理污泥3.7万吨,污泥处理率100%,完成了全市80%的减排任务,为促进全市生态文明建设和污染减排作出了积极贡献。

【加强污水处理日常监管】 2016年,污水处理厂做到达标排放。市污水处理管理办公室严格执行《南昌市城区污水处理厂巡查制度》,坚持每周至少巡厂一次,实地查看并记录水量、水质、污泥、用电及污水处理设备运行状态。同时,委托相关资质单位对各处理厂进行每周2次水质检测,以确保计量精准。

【污水处理厂提标改造工程】 2016年,市朝阳污水处理厂提标改造完成并进行整体调试运行;青山湖污水处理厂提标改造完成新厂区土建及设备安装;航空城污水处理厂完成一期工程。推进污水处理厂相关特许权协议谈判。其中,青山湖及航空污水处理厂(一期)的《特许经营权协议》已获得特许权谈判小组成员单位的反馈意见。市城区污水处理行业在线监测中心建设工程的初步设计已获市发改委批复,正在进行工程建设的前期准备。

【完成玉带河截污提升工程】 2016年始,实施的玉带河截污改造提升工程建设内容主要是:改造截污箱涵总长36.1千米、检查井757座、溢流井43座,新建泵站2座、溢流井6座,拆除重建桥梁1座。工程总投资7.37亿元。至年底,工程项目基本完成,完成投资7.26亿元,占总投资的98%。完工后,沿线污水旱季通过原截污管排往青山湖污水处理厂,雨季超过截流倍数的污水溢流玉带河,通过清淤、治污、引活水等措施使玉带河恢复原生态,对保护水体水质起着重要作用。

【全面实施"清河行动"】 2016年9月始,市河湖长制办公室将南昌市河湖管理的突出问题细化十个方面进行专项整治。即:工矿企业及工业聚集区水质污染、城镇生活污水、畜禽养殖污染、农业化肥农药污染、农村生活垃圾、侵占河湖岸线、非法采砂、港口污染、设置排污口和渔业资源保护。由市委农工部等5个部门牵头,组织县区相关部门在全市统一实施以"清洁河湖水质、清除河道违建、清理违法"为重点的"清河行动"。共拆除2312户畜禽养殖场,排查全市37个排污口和侵占河湖岸线31处。在赣江南昌段水域收缴销毁非法捕捞工具10台,定置网18部。在湾里区罗亭镇建立配方施肥标准示范区,推进溪霞流域农业面源污染综治试点等。

(谢忠治)

城乡建设和管理

概　述

【概况】　2016年,南昌市建设力度不断加大。昌九高架一期工程、昌九大道、七里岗互通立交、南京东路道路改造和九洲高架全线通车。轨道交通2号线、3号线加快建设,4号线已经进入招投标阶段。全市棚户区改造共投入110亿元,完成改造户数2.6万户。配套功能更加完善。南昌外国语学校新高中部已完成建设,即将投入使用。外国语学校初中部、九龙湖小学(南师附小)、腾龙学校、朝阳中学建设和南昌十二中扩建工程加快推进。省妇幼保健院红谷滩医院正在进行基础施工,省儿童医院红谷滩新院、省人民医院红谷滩新院主体施工已完成,正在进行室内外装修,南昌一附院象湖分院主体工程竣工封顶。停车场三年攻坚计划大力实施,41个停车场顺利完工,投入使用泊位数7935个。管理水平不断提升。环境卫生"马路本色"行动、"五车六乱""十二大专项"整治行动深入开展,"美丽南昌·幸福家园"综合整治全面启动,环卫保洁三级监督考评全覆盖监督机制已经建立,城市垃圾无害化处理率达100%。全年全市完成基础设施投资620.95亿元,比上年增长4.4%;新开通公交线路31条,公交线路共有258条;城市道路总长度2148.01千米,增长2.2%;城市道路总面积4163.55万平方米,增长5.1%;自来水供水管道长度4901.95千米,增长7.5%。地下综合管廊建设有序推进。

城市规划

【概况】　2016年是"十三五"规划开局之年。南昌市城乡规划局(以下简称市规划局)贯彻执行城乡规划法律法规,不断创新规划理念,健全管理机制,充分发挥城乡规划的调控引领作用,为南昌市的城市建设及经济社会发展提供有力的规划支撑及服务保障。全年共核发《建设项目选址意见书》55件,《建设用地规划许可证》146件,《建设工程规划许可证》1042件,建筑面积共计约1134万平方米。完成控制性详细规划2项,专项规划1项,景观规划1项,地区规划1项,村庄规划1项,市政交通规划编制5项,交通详细规划12项,规划研究与调查6项;核定城乡规划丙级资质的单位1家,城乡规划乙级资质(初审)的单位2家,城乡规划资质信息变更的单位2家。市规划局获得2016年度全省住房城乡建设系统先进集体、2015年度南昌市涉税信息平台工作先进单位称号。

【《南昌大都市区规划》通过评审】　2016年6月29日,根据中央、省、市城市工作会议精神,为加快推进南昌大都市区规划编制,促进大都市区协调发展,市规划局会同省住建厅共同组织编制的《南昌大都市区规划》正式通过省政府组织的成果评审会。结合赣江新区设立等新情况,进一步完善规划编制,并将最终成果报请省政府批准。

【启动城市总体规划修编】　2016年1月27日,住建部函复省政府明确支持南昌市城市总体规划修编至2030年。4月12日,市政府确定委托中国城市规划设计研究院、南昌市城市规划设计研究总院联合承担新一轮城市总体规划的编制工作。9月20日,市政府下发《〈南昌市城市总体规划(2016—2030)〉编制工作方案》,确定总规编制工作小组并制定相关工作计划。12月15日,市政府召开南昌市城市总体规划、"多规合一"编制工作动员会,为新一轮城市总体规划编制工作指明方向。

【开展"揽山入城"战略研究】　为彰显南昌山水城市特色,保护良好生态资源,优化城市空间布局,市委、市政府确定"十三五"期间"跨江临湖、揽山入城"的城市发展战略。为此,市规划局启动

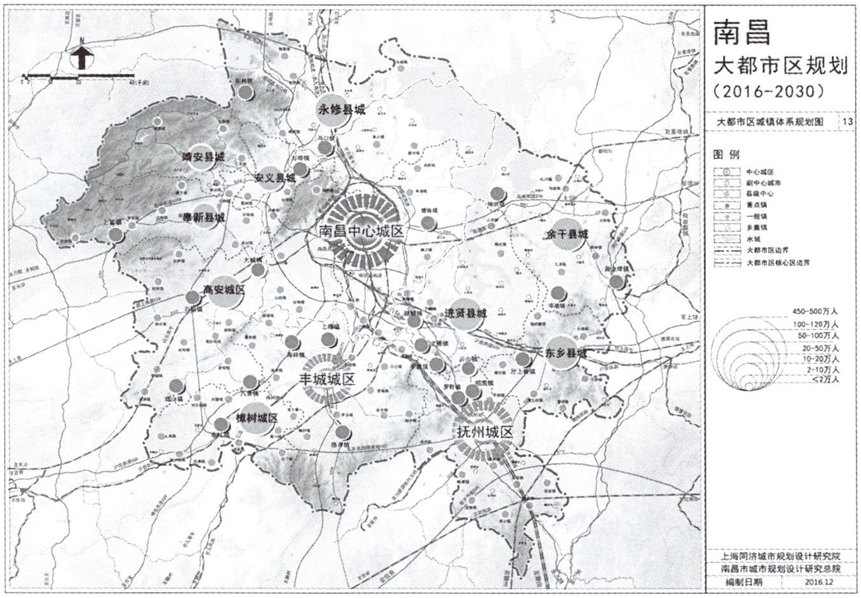

南昌大都市区规划(2016—2030)城镇体系规划图

"揽山入城"的规划研究。2016年3月9日,"揽山入城"战略的规划研究得到市委同意。5月24日,市委召开《"揽山入城"战略实施方案研究》专题汇报会,成立工作领导小组,统筹推进"揽山入城"工作。10月8日,市委、市政府正式下发《关于实施"揽山入城"战略的决定》。10月14日,市委、市政府印发《"揽山入城"三年(2016—2019年)规划项目表和建设项目表》。

【推进"多规合一"研究工作】 2016年4月,市规划局联合市发改委、市国土局、市环保局将《南昌市"多规合一"工作方案》提请市政府批准。8月5日,市政府正式下发《南昌市"多规合一"工作方案》,确定由市规划局牵头开展"多规合一"的规划编制工作。12月15日,市政府召开南昌市城市总体规划、"多规合一"编制工作动员会,并启动前期招标工作。

【研究编制交通市政规划】 2016年,不断总结城市基础建设经验,深入开展调查研究,切实做好交通市政规划编制工作。交通规划方面:完成大规模城市居民出行专项调查,启动南昌市第二轮轨道交通线网编制工作,完成轨道交通5号线、有轨电车等规划研究,完成自行车公共租赁点布点规划、南昌市交通发展年度报告及交通运行报告等编制工作。停车难问题方面:组织编制崛起广场地下停车场的规划方案、《各城区停车场三年专项建设规划》《南昌市建设项目停车配建指标实施评估》。市政重大重点项目方面:组织编制《南昌市城市地下综合管廊规划》,推进各相关单位组织编制电力、燃气等专项规划,完成南昌西外环西移工程规划方案、洪都大道快速化改造工程规划,启动二七过江工程规划的前期研究论证工作。

【开展重点地区城市设计】 2016年,为进一步落实中央和省城镇化工作会议关于加强城市设计工作的要求,提升城市功能、空间整体意象及环境品质,积极开展重点地区的城市设计工作。4月,组织开展省政府大院概念规划竞争性磋商采购,9月完成评标工作。同时,开展"一江两岸"详细城市设计、九龙大道(北侧)城市设计等,其中九龙大道城市设计邀请中国城市规划设计研究院及美国SOM建筑设计事务所进行方案比选。12月,开展"一江两岸"详细城市设计竞争性磋商采购文件的评审工作。

【编制保护历史文化名城规划】 2016年,为加强南昌历史文化名城的保护与管理,组织编制《南昌历史文化名城保护规划》《万寿宫历史文化街区保护规划》《绳金塔历史文化街区保护规划》《进贤仓历史文化街区保护规划》等专项保护规划,配合海昏侯考古遗址公园筹建领导小组办公室开展《海昏侯国遗址及周边区域发展概念规划》的国际招标工作。此外,为践行习近平总书记提出的"望得见山、看得见水、记得住乡愁"指示精神,展现城市的记忆和历史的标签,开展《南昌市旧城历史文化再现工程——认识南昌(一期特色路名)》的课题研究。

【支持申报中国传统村落】 2016年,组织县区开展第四批中国传统村落和第七批国家级历史文化名村的申报工作。12月份公布的第四批中国传统村落名单中,南昌市新增2个中国传统村落(进贤县前坊镇西湖李家和新建区大塘坪乡汪山村)。至年底,全市共有11个中国传统村落。组织县区开展中国传统村落2016年列入中央财政资金支持的申报工作,全市前三批共9个中国传统村落均获得中央财政资金支持,共计2625万元。其中,2个中国传统村落还获得省级财政整合资金支持各1000万元。会同市财政局下拨市级2015年中国传统村落和国家级历史文化名村的奖补资金200万元。组织市传统村落保护办各成员单位对列入中央资金支持的传统村落保护项目的实施情况进行督导。

【督促和指导县区规划编制】 2016年,加强对"三县两区"规划工作的督促和指导。督促、指导县区完成《中国传统村落名录》的修改和完善,启动并完成《南昌市当代地域性建筑创作相关素材普查》工作。督促指导县区加快乡镇总体规划的修编、编制县(区)域乡村建设规划和城乡消防规划等工作。积极组织县区申报村庄规划试点工作和督促指导试点村庄规划的编制工作,南昌县黄马乡罗渡村等4个村庄规划列入2016年全国村庄规划试点。会同市委农工部和市财政局组织专家完成列入2015年市级村镇规划300万元(奖补资金来源于市委农工部的"南昌市农村新户型示范村点建设奖补资金")编制奖补范围的规划成果审查工作,并逐步开展2016年村镇规划编制奖补工作。

【完善规划技审分离制度】 2016年,进一步深化落实规划技术审查和行政审批分离工作。修订技术审查中介机构管理办法,落实技术审查中介机构准入制度和奖惩措施,细化技术审查工作要求,加强对技术审查工作的指导和管理,提高社会智力资源为规划管理服务的效率及效果,进一步提高规划审批的时效和服务水平。采取政府购买服务方式委托中介机构进行规划技术审查服务。6月,报经市政府同意,规划技术审查由建设单位委托改为政府购买服务的方式委托。一方面建设单位无需为技术审查支付费用,直接降低建设成本。另一方面规划技术审查质量明显提高,减少原部分技术审查工作不到位导致的方案修改次数,为企业节省报建时间。

【优化规划行政审批程序】 2016年,为促进全市经济持续平稳健康发展,结合规划工作实际,市规划局对建设工程规划许可证的审批程序进行优化,按照合法、高效的要求,对原来实施的施工图预审、分期报建制度和并联审批制度进行改革,实施按规划方案发证,即在审批建设项目规划、建筑方案的同时,同步核发建设工程规划许可证,进一步加快推动项目开工;非住宅房地产项目规费的收取由办理建设工程规划许可证之前收取改为办理预售许可证之前收取;取消房地产"70/90"(90平方米以下套型住房占全部套型70%以上)政策,对于未开工或在建商品住房项目,在不改变用地性质和容积率等必要规划条件的前提下,允许房地产开发企业适时调整套型结构。为落实上述措施,明确办理条件、流程、申请材料、执行时间、责任人员和具体办理时间节点要求等。

【服务旧改及招商引资项目】 2016年,参与各城区棚户区改造项目现场踏勘,确定全市旧城棚户区改造项目改造范围。对条件成熟的地块制订规划条件,如省政府大院1、2号地块,省交通厅广场地块,绳金塔周边改造,滕王阁周边改造,青山湖临江商务区,洪都老厂区改造等。协调办理青山湖区万达,西湖区红星美凯龙,东湖区绿地集团、苏宁电器、象湖华侨城等一大批重大招商项目的前期选址工作。

【落实非住宅去库存政策】 2016年,为加强全市房地产市场调控,促进市场平稳发展,积极落实非住宅去库存政策。在符合规划及保证城市功能必须配备的公共建筑前提下,允许非住宅建设项目规划的商业、商务、旅馆功能可相互转换,并设置服务型公寓。全年共受理并批准12个去库存建设项目。

【推进规划信息化建设】 2016年,加快信息化平台的研发与建设。加强信息化平台的安全建设,落实电信机房与红谷大厦机房的专用光纤对接,初步建成规划业务专网;制定规划业务系统网络优化方案,进一步开展业务系统内网迁移改造工作。推进信息化平台的使用,开展规管及一张图系统培训,加大推广系统在市城乡规划局全局范围内的使用力度。完善规划数据的补充入库工作,基本完成南昌市城区新增控规、控规调整、规划建筑设计方案数据入库工作。

【规范规划业务档案管理】 2016年,为加强对规划业务档案的存储与管理,根据经市政府同意的《南昌市城乡规划局公开公示方案》《南昌市城乡规划局档案室建设方案》要求,争取到市级财政经费支持。完成《南昌市城乡规划局—规划成果数据库构建及阳光规划公示》的招标工作。起草《南昌市城乡规划局业务档案管理办法》,逐步完善档案接收建档入库程序。

(胡云霞)

城乡建设

【概况】 2016年,南昌市不断加强市政基础设施建设,有效提升城市承载功能,建筑企业市场竞争力显著提高,行业监管能力不断强化,城乡建设各项工作迈向一个新台阶。市建成区面积由2001年的80平方千米扩大到317.3平方千米。全市建设行业发展以打造核心增长极为主线,以建筑业又快又好全面协调可持续发展为目标,城乡建设工作稳步发展。全市建筑行业安全生产继续保持平稳态势,在市级监管范围内未发生建筑施工安全生产死亡事故,伤亡事故指标控制在省市控制范围内。

【重大重点项目全面铺开】 2016年,全市按照重服务、强监管、促落地的要求,坚持服务项目落地、服务经济发展,探索创新“并联”审批方式,加快项目落地速度。同时注重对重大重点项目建设过程中质量安全的监管,采取提前介入制度,确保质监安监贯穿工程建设全过程。全年城建口重点项目投资计划共23项,主要包括轨道交通、快速路网、过江通道、新区开发、环境景观等项目,计划完成投资约223.49亿元,累计完成投资约170.63亿元,占年度计划投资的76%,开工累计完成投资约385亿元。至年底,昌九高架一期工程由南向北半幅、昌九大道、七里岗互通立交、南京东路道路改造和九州高架全线通车,轨道交通2、3号线建设加快推进,4号线开工建设。

【装配式建筑试点示范】 2016年,市建设部门对本市企业和外地驻昌企业发展装配式建筑意向和基本情况进行调查摸底,同时组织人员赴上海、长沙等地进行考察学习,初步拟定《南昌市推进装配式建筑实施办法(征求意见稿)》。积极开展试点示范,加快建筑产业化装配式基地建设。南昌市政开发集团启动年产100万平方米装配式建材项目建设,至年底已完成前期设计工作进入施工阶段。

【综合管廊项目建设】 2016年,南昌市综合管廊项目建设长度为5.6千米,已编制《南昌市综合管廊专项规划》。其中,洛阳东路(昌东大道—天祥大道)综合管廊工程全长约3.7千米,至年底,已办理立项批复、建设用地规划许可证、工程规划许可证、施工图审查报告,签订施工合同并备案,完成施工许可证办理,并正式开工;青山北路(洪都大道—丹霞路)综合管廊工程全长约1.9千米,至年底,项目建议书和可研、规划方案已批复,施工许可证已办理,并正式开工。

【开展海绵城市建设试点工作】 2016年,省住建厅联合省财政厅、省水利厅下发通知,确定南昌市、吉安市、抚州市为2016年省级海绵城市建设试点城市。南昌市结合实际情况,出台《关于推进我市海绵城市建设工作的实施意见》,明确南昌市海绵城市建设的指导思想、基本原则、总体目标、建设任务、工作要求,保障南昌市海绵城市建设的稳步推进。按照上报的实施方案,细化年度任务,因地制宜,扎实推进项目建设,严格按照有关技术要求对项目进展和实施效果进行跟踪分析评估,确保方案中各项工作落到实处,体现实用、有效、经济、明显效果。

【建筑市场稳步发展】 2016年,全市建设部门切实加强建筑市场管理,进一步规范建筑市场主体的发包、承包、中介服务、订立并履行合同等活动,保障建设工程的质量和安全,维护当事人的合法权益。严格执行预选承包商库制度,依据预选承包商在南昌缴纳税额、资质等级、质量安全、诚信记录、工程业绩、履约评价及特殊贡献等情况,对《南昌市政府投资工程预选承包商库名录》实施动态管理,并根据预选承包商在“南昌市政府投资工程预选承包商名录管理系统”中信息,按照综合评分排序和择优摇号方式,及时调整《南昌市政府投资工程预选承包商库名录》,并在相关网站公示相关信息,不断规范全市建筑市场招投标活动。预选承包商库制度实行4年来,社会及企业对此招标行为和程序无一例投诉、无一例真实举报。在良好的发展环境下,全市建筑行业健康发展。

【建筑业企业快速发展】 2016年,全市建筑业企业数量不断增加,纳入南昌市诚信系统的建筑业企业共1025家,比上年增加95家,增长10.22%;质量不断提升,发达控股集团等4家企业申报特级企业资质相继获批,占全省10家特级企业的40%;产业不断聚集,南昌县“千亿建筑产业园”、进贤县“钢结构产业基地”和安义县“金属门窗产业基地”等企业集群逐渐形成。

【建筑业产值稳步增长】 2016年,全市建筑业保持持续快速发展态势,市场即活跃又规范。全年全市完成建筑业总产值为2632.28亿元,同比增长9%,总产值占全省比重达一半以上。建筑业新签合同额2886.11亿元,同比增长14.6%。全市建筑业增加值增数为598.94亿元,增速7.4%,比上年同期上升0.1个百分点。

【从业人员素质显著提高】 2016年,全市已领取一、二级注册建造师证书人员约2.62万名。行业从业人员中,获得职业资格、注册执业资格的数量和比例显著增长,已形成一批具有较高素质的工程技术和管理人才队伍活跃在建筑市场。

【工程建设质量安全落实到位】 至2016年底,全市共有在建项目788项,在建工程4262个。通过严把工程建设前后关口,实现5年来在市城乡建设委员会(以下简称市建委)监管范围内,全市无较大质量安全伤亡事故,无重大伤亡事故,一般事故控制在指标内。实行建设单位项目负责人、勘察项目负责人、设计项目负责人、施工项目经理和监理总监等五方责任主体终身负责制,明确各责任主体的质量安全责任。全年建筑安全形势较为平稳,安全生产责任事故比上年有所下降。

【差别化管理与动态监管实时跟踪】 2016年,坚持差别化管理与动态监管相结合,强化城区内重大危险源项目的工程跟踪监控,杜绝了较大伤亡事故。在全省率先推广塔吊监控系统,实现对施工现场塔机运行状态的实时监控。坚持常规检查与重点督查相结合,开通集中大型各类安全隐患排查活动及专项整治活动21次,检查各类施工工地260个次,消除各类安全隐患188余处。通过开展扬尘治理专项整治活动,建筑工地扬尘治理达标率逐年提升。

【审批办件能力强化】 2016年,全市按照"关键程序优先办理审批、一般程序交叉审批、限时补办"的思路,围绕"民生工程"积极探索创新"并联"审批方式。即在基本完成项目审批、用地审批、规划报建、设计审批等法定前置手续后,项目实行先期办理施工许可关键手续,可以先行开工,其他一般程序在施工过程中限时补办,达到审批"并联化"。同时,彻底改变以往"三边"工程监管缺失的状况,由市建委牵头,各相关职能部门实行"提前介入制",在办理一般程序手续过程中,由各职能部门先行提前介入,各项监管提前介入,为建设工程保驾护航,实行先开工,后补办手续,真正做到服务经济发展,加快项目落地。至年底,具备建设工程技术要素的项目无一例滞后。

【推广绿色建筑】 2016年,全市逐步建立完善以建筑节能设计专项备案、完善监督资料和实施专项检查为核心的监督管理构架和技术支撑体系。3月28日,市建委印发《南昌市建筑节能与绿色建筑设计指导意见》,强化外墙保温、外窗、可再生能源建筑应用等设计工作的指导,并细化具体指标,规范各设计单位、施工图审查单位、各绿色建筑咨询单位的设计、审查工作,使建设单位各方主体更好地开展节能设计施工工作。4月15日,市建委印发《南昌市绿色建筑管理暂行规定》及《南昌市绿色建筑监督管理工作流程》,重点加强验收阶段建筑节能与绿色建筑的监督核查,实现设计、施工、验收阶段全过程监督的闭合管理。全年新增绿色建筑项目47个,建筑面积605.4万平方米,累计128个工程取得绿色建筑标识,绿色建筑面积突破1600万平方米,项目总量与建筑总面积居全省第一位。

【开展新建建筑节能专项检查】 2016年9月下旬,市建委印发《关于开展2016年度南昌市建筑节能专项检查的通知》。11月上旬,组织人员对全市节能在建工程进行一次全面的专项检查,下发整改通知书43份,检查整改效果显著。12月,迎接省住建厅建筑节能与绿色建筑专项检查,抽查6个节能在建工程,检查并督促全市建筑节能工作发展情况。至年底,全市新增节能建筑1237.6万平方米,累计已完成建筑节能工程建设约6541.1万平方米,设计和施工阶段执行建筑节能标准比例均达到100%。

【推进绿色建筑发展】 2016年3月16日,根据市委、市政府对行政许可审批事项、审批环节、审批时限和收费项目进行全面清理的要求,市建委印发《关于取消南昌市绿色建筑评审初审盖章事项的通知》,正式取消绿色建筑初审事宜,简化建设单位申报评审流程。4月15日,市建委印发《南昌市绿色建筑管理暂行规定》及《南昌市绿色建筑监督管理工作流程》,明确监督管理的绿色建筑标准项目和责任部门,确定重点加强验收阶段建筑节能与绿色建筑的监督核查,实现设计、施工、验收阶段全过程监督的闭合管理。

【能耗监测系统建设】 2016年4月,市建委与市机管局联合印发《关于配合南昌市国家机关办公建筑和大型公共建筑能耗监测楼宇排查工作的通知》,对全市拟安装能耗监测系统的20余栋大型公共建筑进行基础摸底排查,并确定第一批安装监测系统的楼宇建筑,正式启动能耗监测系统建设工作。8月19日,市建委在南昌市公共资源交易中心对南昌市能耗监测系统进行公开招投标,上海建科院中标,并于12月完成20栋机关办公建筑能耗监测系统的安装。南昌市在省级能耗监测平台下设置市级能耗监测平台,全年有56栋公共建筑完成数据上传,运行情况良好。

【核算可再生能源示范项目补助资金】 2016年2月,根据省财政厅《关于清算2009—2011年光电建筑应用示范项目补助资金的通知》,市建委联合市财政局,对市十九中红角洲校区屋顶光伏、泰豪科技股份有限公司工业园区屋顶光伏、江西赛维高新区管委会屋顶光伏3个项目的补助资金进行清算,并配合住建部专家进行现场核查。3月,根据国家审计署对可再生能源示范城市工作的审计要求,市建委总结近5年的可再生能源示范项目工作,并就补助资金使用情况进行汇报。审计署根据汇报提出整改意见,要求落实督促项目验收,调整未使用资金。市建委及时予以落实,并向省住建厅和省财政厅提出资金清算申请。

【依法督促检查建设企业项目】 2016年,全市建设稽查执法工作严格按照法定程序执行,公正执法、文明执法、规范执法,杜绝错案,无违纪违法行为;突出重点,强化措施,狠抓落实,共检查登记工程项目701项。市建设部门坚持对在建工地日常巡查,并牵头参与全市2016年度建筑市场联动执法检查。同时,严格按照《关于加强建筑业企业诚信管理的通知》规定,逐步完善市统一的建筑业企业诚信动态监管平台,对在市区域内参加建设市场活动的各类施工企业、监理企业进行《信用管理手册》和"企业IC卡"并举的监督检查。

【建立施工图审查机构服务库】 2016年,为进一步规范全市施工图审查单位涉审执业行为,提高施工图审查质量和审查效率,营造统一开放、竞争有序、稳健发展的市场环境,根据有关要求,建立南昌市施工图审查单位服务库。江西省赣建施工图审查中心等9家施工图审查机构进入南昌市建设工程施工图审查机构服务库。自7月1日起,各相关建设单位须从服务库名录中选择施工图审查机构并委托开展施工图审查工作。

【印发《关于加强我市重点设防类建设工程抗震设防监督管理的通知》】 2016年11月29日,印发《关于加强我市重点设防类建设工程抗震设防监督管理的通知》,明确重点设防类建设工程的范围,要求重点设防类建设工程实行抗震设防初步设计方案专项审查制度,进行专项审查。

【修订《南昌市城乡建设系统地震应急预案》】 2016年,市政府组织有关人员,认真研究近几年特别是"5·12"汶川地震后中国的地震应急工作新动向,对《南昌市城乡建设系统地震应急预案》进行修改,征求市直各相关单位意见和法制办法律审查的意见,最后完成预案的修订工作。新修订后的《南昌市城乡建设系统地震应急预案》得到补充、细化,使全市城乡建设系统地震应急管理工作更加适应当前社会形势的发展,更具科学性、适用性和可操作性,进一步保障人民群众生命财产安全,维护社会稳定。

【监督各类工程项目】 2016年，市建委共受理建设单位申报办理监督手续的各类工程项目327项，含单位工程2074个，总建筑面积1948.43万平方米。监督新竣工工程项目验收166项，督促建设单位设置永久性质量责任标牌699块；出具工程质量监督报告906份，其中699份建议备案、207份建议不备案。对监督过程中发现的质量问题共下发责令限期整改通知书702份；责令暂停施工通知书49份；记录有关责任单位不良记录106起(其中网站对外曝光23起)；报送行政处罚建议9起，处罚金额120万元。受理和处置工程质量投诉、举报25件。

【提供质量监督提前介入服务】 2016年，持续优化监督手续办理流程，打造优质高效政务环境，对确有困难在开工前完善各项手续的省市重大重点工程和促进实体经济发展的建设项目，在按规定办理规划许可、招投标、施工审图等关键程序后提供质量监督提前介入服务。全年共受理提前介入项目登记60项，含383个单位工程，涵盖了市政、园林、轨道交通和房屋建筑工程。

【督促落实工程质量责任】 2016年，结合工程质量治理两年行动，落实质量责任“两书一牌”和信息档案各项制度，督促建设、勘察、设计、施工、监理等有关责任主体切实落实质量责任。继续将授权书、承诺书作为办理工程质量监督的前置条件，由五方项目负责人在执法人员见证下签署质量承诺。全年共督促86个在建项目的五方项目负责人补签授权书、承诺书；新受理报监的327个项目，均在办理手续前签署授权书、承诺书，工程项目报监督前签署授权、承诺书比例达到100%。

【建立项目负责人质量终身责任信息档案】 2016年，继续要求建设单位建立五方项目负责人质量终身责任信息档案，记载五方项目负责人的基本信息、履职情况和变更情况，并在办理竣工验收前提交一份到市建委作为档案留存。全年新办理竣工验收项目166项，全部建立了质量信用档案。同时，强化过程巡查，将参建单位人员到岗情况作为日常监督巡查的重要内容，督促建设、监理、施工等各方主要质量从业人员到岗履职。全面推行竣工工程永久性标牌制度，共督促166个新竣工项目的建设单位设置质量责任永久性标牌699块。

【开展优良工程创建活动】 2016年，积极引导工程参建各方提高质量意识，在全市开展各类优良工程创建活动，消除常见工程质量问题，确保建筑结构质量安全，培育了一批示范项目，提升了工程质量总体水平。全年共组织专家评选出全市优质结构工程153项共380个单位工程；初审和推荐49个项目申报省结构示范工程。协助组织评选出56项125个工程为2015年度市优良工程；组织推荐63个工程申报省优工程奖。南昌地铁大厦等3项工程获得鲁班奖，人民日报社江西分社网络信息楼等10项工程获得杜鹃花奖，利字街棚户区改造工程1号楼等27项工程获得省优良工程奖。

【工程质量治理两年行动监督执法检查】 2016年4—5月，为认真贯彻落实工程质量治理两年行动部署，做好迎接住建部、省住建厅对南昌市开展工程质量治理两年行动监督执法检查工作，在全市开展2016年工程质量治理两年行动监督执法检查。组织全市在建房屋建筑和市政基础设施工程项目开展自查自纠，县区主管部门对辖区内在建项目进行排查，共对171个在建项目进行排查。5月，由住建部副司长曾宪新带队的住建部2016年度工程质量治理两年行动监督执法检查组对南昌市开展监督执法检查，听取南昌市两年行动开展情况工作汇报，抽取江西省儿童医院红谷滩分院等6个在建项目进行现场检查。5月27日，召开检查情况反馈会，曾宪新对南昌市进一步扎实推进两年行动工作提出了具体要求。省住建厅总工程师章雪儿、市建委主任郑炜作了表态发言。

【检查工程质量检测机构行为】 2016年1月，组织开展对全市52家建设工程质量检测机构的专项检查。重点检查检测机构的检测环境条件、人员、设备配置情况，检测质量管理情况，检测质量行为情况。针对检查中发现的问题，检查组共下发整改通知书21份，并对严重违反有关检测管理规定的检测机构进行通报批评。加强工程检测质量行为监管，并注重在日常监督工作中强化检测行为日常巡查，重点监督检查检测机构检测质量管理和质量行为情况。至年底，在全市辖区内37家检测机构开展日常巡查，对巡查发现的问题下发责令期限整改通知书7份，对6家检测机构记录不良行为并进行网上曝光。

【预拌混凝土质量监管】 2016年，全面开展对预拌混凝土生产、使用全过程质量的监督抽查，通过常态化巡查，有效地提高预拌混凝土厂家的质量意识，进一步督促预拌混凝土企业提升质量管理水平和预拌混凝土出厂质量。至年底，就全市辖区内51家预拌混凝土生产企业的原材料控制、实验室管理和生产质量控制情况进行巡查，对发现的问题下发责令限期整改通知书41份，对严重违反有关规定的2家企业质量问题进行网上曝光。

2016年4月15日，南昌市开始2016年工程质量治理两年行动监督执法检查

【检查在建轨道交通工程质量】 2016年3月,组织开展第一季度南昌轨道交通2号线质量专项检查,对检查发现的问题共下发建设工程质量问题限期整改通知书6份。5月,开展上半年南昌轨道交通2号线质量专项督查,涵盖了南昌轨道交通2号线所有在建工程,涉及1家建设单位、12家施工单位、6家监理单位,针对督查中发现的问题共下发整改通知书10份。9月,对在建轨道交通工程开展第三季度质量专项巡查。12月,组织对在建轨道交通工程开展第四季度暨年终质量专项巡查,对检查发现的问题下发限期整改通知书19份。

【巡查在建市政工程质量】 2016年4月,组织开展朝阳大桥、九州高架、红谷隧道、昌九快速路等市政工程专项巡查。7月,对在建道路、排水、桥梁、隧道等市政工程进行第二季度质量专项巡查,共检查昌九快速路、前湖快速路、昌东大道南延及九龙湖二期路网等33个项目,涉及建设单位13家、施工单位25家、监理单位9家;重点检查参建各方质量行为、工程实体质量和工程技术资料,针对检查中发现的问题,下发责令限期整改通知书9份、监督工作联系单1份,督促有关责任单位严格按要求进行整改。9月,组织开展第三季度在建市政工程建设质量专项巡查,共对红谷隧道、前湖快速路、昌东大道南延及九龙湖二期路网等32个在建项目进行检查,涉及建设单位14家、施工单位20家、监理单位9家。12月,组织开展第四季度在建市政工程建设质量专项巡查,对天祥大道南延工程(洛阳东路—昌南大道)、昌东大道南延工程、九龙湖二期路网等30个在建市政工程进行专项检查,总体质量处于受控状态。

【监督巡查建筑设备安装工程】 2016年5—6月,在全市开展建筑设备安装工程监督巡查,重点对单位工程面积超过2万平方米的公共建筑和十九层及以上的住宅小区工程开展巡查。随机抽取受检项目37项,总建筑面积429.4万平方米,共对35个项目电气、给排水主要原材料进行现场抽样,委托南昌市建设工程质量检测中心检测,共检出16个项目水电原材料不合格,不合格率达45.7%,特别是使用劣质预埋电气线管的现象突出。针对检查发现的问题,共下发责令局部暂停施工通知书10份、责令限期整改通知书13份,对违反法律法规的部分项目责任单位给予通报批评、记录不良行为等处置措施。

【开展在建工程钢筋质量专项检查】 2016年6—7月,组织开展在建建筑工程钢筋质量的专项检查,共抽查111个结构在建工程项目,涉及建设单位73家、监理单位33家、施工单位59家,检测机构12家。对发现存在问题的项目及检测机构下发限期整改通知书21份、停工通知书2份。

【实行市政工程阶段性验收】 2016年9月,为满足市民出行需求,确保市政工程质量,印发《关于加强南昌市市政道路、桥梁、隧道工程质量监督管理的有关通知》,明确市政道路、桥梁和隧道工程建设中,部分基本完工段确需提前通行的,由建设单位组织勘察、设计、监理和施工单位按规定进行阶段性验收合格后,可以分阶段开放交通。至年底,共指导昌九快速路和顺外路、解放东路提升改造工程建设单位组织有关参建单位对先通段进行验收,开放交通,缓解道路交通压力。

【加强建筑室外工程监督管理】 2016年9月,为进一步规范建筑工程质量管理,提升建筑工程特别是住宅小区、公益性建筑项目的整体质量水平和品质,印发《关于加强我市建筑室外工程监督管理有关事项的通知》,明确新建建筑工程项目附属的室外工程(含室外设施、附属建筑及室外环境)应与房屋建筑工程同步设计、同步施工、同步竣工验收,并明确建设、施工、监理等各方的质量责任,对提供项目整体质量水平、减少因室外园林及附属配套等工程质量问题引发的投诉将起到积极作用。

【开展在建工程质量专项排查】 2016年11月下旬,为贯彻中央、省领导重要批示精神,开展在建工程质量专项排查,对全市在建房屋建筑和市政基础设施工程,重点对在建和正在进行大型钢结构、高大幕墙等分部分项施工工程开展质量专项排查。从排查情况看,全市在建工程总体质量处于受控状态。

【举行执法人员法治培训】 2016年10月27—28日,举办市建委系统执法人员法治培训,共80人参加。培训内容包括法治的重要性、全面推进依法治国的五大主要任务、法治思维及其运用应遵守的基本要求和行政执法文书相关内容的阐述。所有参加培训的执法人员都通过了行政执法考试。

【评查建设执法单位案卷】 2016年,对全市建筑工程各执法单位2015年办结的170份施工许可案卷以及30份行政处罚案卷进行认真评查和通报,并按照要求将执法案卷报送市政府法制办抽查。其中,《幸福渠水域周边市政道路工程项目勘察、设计项目应招标而未招标案》和《新凤凰大酒店项目勘察、设计应招标而未招标案》两个案卷被评为优秀案卷。

【办理人大建议、政协提案】 2016年,收到涉及城乡建设领域的人大建议、政协提案共15件,其中省政协提案2件、市人大建议5件、市政协提案8件。所有的人大建议和政协提案经市建委各处室拟定回复初稿并与人大代表和政协委员沟通后,由市建委法规处汇总回复,经市建委分管领导批示后,再与人大代表、政协委员联系确定最终回复的内容。全年所有人大建议、政协提案均已办理完结,并且都得到人大代表、政协委员的满意评价。

【开展城市建筑工程案件审核工作】 2016年,组织开展城市建筑工程有关案件审核工作,共审核案件70个,其中涉及市建委勘察设计处的11件、质监站11件、安监站6件、招标办30件、执法办12件。案件审核中存在的问题主要是以下几个方面:未办理施工图审查备案擅自施工使用、设计变更文件未经审查即使用、未经竣工验收交付使用、存在安全隐患、应招标而未招标以及五大员不在岗。针对存在的问题,对相关单位进行相应处罚。

【招投标监管】 2016年,完成167个房屋建筑和市政基础设施工程项目招投标监管工作。其中,施工招标项目72个,中标金额48.73亿元(其中公开招标项目55个,中标金额26.32亿元;邀请招标17个,中标金额13.31亿元)。做到项目审批部门核准公开招标项目都实行公开招标,公开率100%。市本级共有45个项目采用预选承包商模式进行招投标,中标金额28.07亿元,应使用预选承包商库招标率达到100%。开展标后履约检查项目161个,涉及合同金额323.16亿元,现场检查项目371次,下发整改单112张。

【招标代理机构管理】 2016年,协助省招标办组织招标代理机构新增从业人员岗位培训资格初步核查,共初审通过280人;完成江西金泰、南昌中裕等6家招标代理公司代理机构资质延续资料初审工作;完成江西恒实,中康建设等13家招标代理分立、资质证书内容变更等资料初审工作;完成网上工程建设招标代理从业人员(A、B证人员)网上系统变更单位初审工作66余人次。

【改革非国有资金建设项目发包模式】 2016年,南昌市在全省率先改革非国有资金建设项目的发包模式,实行非国有资金建设项目直接发包备案制度,由业主自行决定是否进行招标。至年底,市本级非国有资金项目办理直接发包备案共34个,合同金额约89.37亿元;县区共175个,合同金额约129.09亿元。

【加强评标专家管理】 2016年,对新申请入库的建设工程评标专家进行资格初审,初审通过共76人;加大评标专家的日常管理,对1名未遵守评标专家管理规定的人员进行行政处罚,暂停其评标专家资格6个月。

【受理建设工程招投标事项投诉】 2016年,市本级共受理建设工程招投标事项投诉7件,办结6件。在处理投诉过程中,为维护招投标各方的合法权益,市建委严格按相关法律法规的规定程序受理投诉事项,及时将敏感性和上级机关转办的投诉件的处理程序和处理结果进行报告,接受上级纪检监察和业务部门的监督,保证投诉处理的公正、公平和合法性。至年底,市建委办理的投诉事项无一异议。

【查处违法违规建设工程项目】 2016年,市本级立案查处建设工程违法违规项目38件,结案23件,处罚金额65.44万元。其中,标后合同履约监管立案32个,已处罚款54.5万元,正在立案处理中项目13个;招投标违法行为立案6件,结案4件,有2件正在处理,处罚金额10.94万元。

【开展建设工程招标投标监督管理部门检查】 2016年,对13个县区、开发区建设工程招标投标监督管理部门进行检查。共抽查项目146个(其中施工80个、监理18个、勘察8个、设计13个、直接发包24个、其他3个)。对发现问题的县区进行通报并对12个县区下发整改通知书。

【全市工程质量治理两年行动成效明显】 按照国家住建部、省建设厅有关要求,从2014年9月至2016年9月,市建委在全市范围内开展工程质量治理两年行动。加强行动的组织领导和统一协调,牵头成立领导小组,结合建筑市场实际印发工作方案,明确总体目标、工作内容及保障措施。开展日常巡查、季度检查,强化事中事后监管,质量治理各项工作有序开展。通过近两年时间的整治,南昌市工程质量整体可控、建筑市场更加有序,整治工作达到预期目标。

【建筑工地扬尘污染防治】 2016年7月,市建委印发《关于开展南昌市建筑施工扬尘污染集中整治工作的通知》,要求全市建筑工地按照"围挡高标准、出口不带泥、工地无扬尘、裸土全覆盖、降尘设施全"的总体目标,高标准、严要求地开展为期一个月建筑施工扬尘污染集中整治行动。全年共下发扬尘污染防治工作督办单36份、扬尘污染防治工作停工整改通知书62份。

【南昌市建筑市场施工企业信用综合评价工作】 2016年12月,按照《建筑市场诚信行为信息管理办法》《南昌市建筑市场管理规定》等相关文件精神,经市政府投资工程预选承包商资格审查工作小组研究决定,将"南昌市政府投资工程预选承包商制度"调整为"南昌市建筑市场施工企业信用综合评价制度",并按照诚信激励、失信惩戒和不断完善的原则,依据《南昌市建筑市场管理规定》第二十八条:"建设主管部门应当根据建筑市场主体诚信信息进行分类管理,加强对失信单位和人员的监管,对信用良好的单位和人员实施便利措施"规定,将《南昌市政府投资工程预选承包商名录》调整为《南昌市建筑市场施工企业信用综合评价名录》,逐步完善诚信奖惩机制,更加科学、客观地优选施工单位参与城市建设。同时为防止对企业信用评价等级(特别是B、C级)理解上有歧义,参考一般信用评价的模式,将原来的A、B、C级库调整为A(Ⅰ)、A(Ⅱ)、A(Ⅲ)级名录。

【实施建筑行业监管】 2016年,为进一步规范南昌市建筑市场秩序和建筑企业的市场诚信行为,从源头上遏制围标、串标、挂靠等违法行为,市建委在现有诚信动态监管平台基础上开发"南昌市建筑企业信息管理系统",建立企业信息、从业人员信息及工程项目信息三个基本信息库,充分运用诚信监管平台有效实施行业监管,强化企业诚信意识。10月18日,下发《2016年关于对南昌市建筑行业企业〈信用管理手册〉》及《"企业IC卡"进行复核的通知》,自10月24日起开展2016年度《信用管理手册》及"企业IC卡"使用情况复核工作。至年底,诚信系统录入企业1124家(本地企业958家、外地企业166家),从业人员3.47万名,工程项目1289个。有51家外地企业自愿退出南昌市建筑市场。11月10日,下发《南昌市关于进一步扶持建筑业企业做大做强提高服务质量减轻企业负担的若干措施》,在"南昌市建筑企业信息管理系统"基础上开发"企业证明管理系统""人脸识别考勤系统",用于为企业开具外出备案介绍信、"三无证明""无拖欠证明""诚信证明"及实名制考勤管理等相关业务,逐步实现网络化办公,为企业节约了大量人力和时间成本,获得企业一致好评。

【协调处理建设领域拖欠农民工工资投诉案件】 2016年,从维护好施工企业和农民工的合法权益出发,市建委加强与市劳动监察部门的联动机制,一旦发现建设领域拖欠农民工工资问题,立即暂停施工单位在市建委办理"无拖欠证明"业务。元旦、春节期间,积极配合市劳动部门协调处理建设领域拖欠农民工工资投诉案件,派专人驻清欠办配合相关工作,共协助劳动部门受理清欠投诉案件351件,涉及农民工5000余人。至年底,处理完成156件案件,涉及农民工3000余人,涉及拖欠金额5651.3万元。同时,严把出具企业"无拖欠农民工工资"证明关。全年共出具"无拖欠证明"近2万份,从源头上防止施工企业拖欠农民工工资,建立防止拖欠农民工工资的长效机制。

【扶持建筑产业发展壮大】 2016年,按照《江西省人民政府关于加快建筑产业发展的若干意见》和《南昌市人民政府关于加快建筑产业发展的若干意见》精神,充分发挥政府的政策引导与扶持作用,着力提升全市建筑产业的持续发展能力、市场竞争能力、科技创新能力与外向拓展能力,推动建筑产业不断发展壮大。同时积极扶持企业做大做强,引导有实力、有条件的建筑企业申报特级资质。市建委在政策和业务方面大力支持本地建筑企业申报特级资质,下到企业去指导和帮助企业做好升级资料。6月,继中恒建设集团和发达控股集团获批特级企业资质后,江西昌南集团和江西中联集团获批特级企业资质。至年底,南昌市特级企业数量已达4家,宏顺建设、海力控股、昌建建设、江铃建设、航达建设等企业正在积极申报特级资质。

【开展“安全生产月”活动】 2016年6月,围绕安全生产月“强化安全发展观念,提升全民安全素质”活动主题,在建筑行业开展一系列旨在倡导安全理念、推动安全发展、推广先进经验的宣传教育等活动。活动期间,在全市主要干道的建筑工地悬挂“安全生产月”活动标语和宣传横幅510余条,在建筑工地内张贴安全生产宣传挂图230余张,发放安全警示图册850余本,安全生产法手册380余本,组织在建项目部开展以消防、防洪防汛、防坍塌为主的应急救援演练25项次。6月6日,举办以“强化安全发展观念,提升全民安全素质”为主题的演讲比赛活动。6月16日,组织在建项目部的施工、监理人员进行安全生产宣讲,营造良好的安全生产氛围。

【开展安全生产大检查】 2016年7月,组织开展2016年上半年南昌市建设工程安全生产大检查。各县区安监机构对在建项目进行一次“拉网式”大排查,共检查在建工程542个,下发隐患整改通知书349份、停工整改通知书2份,消除安全隐患780余处。组织专项督查组,共检查在建工程109个,下发隐患整改通知书8份、执法建议书6份,消除安全隐患380余处。11月,组织开展安全监理专项检查,共检查监理企业69家,监理项目67个,下发隐患整改通知书9份、停工整改通知书2份,消除安全隐患50余处。

【建筑起重设备专项检查】 2016年10月,组织开展全市建筑起重机械及吊篮安全专项检查。各县区安监机构对建筑起重设备进行一次排查摸底,共检查在建项目450个、起重机械设备1980台,下发隐患整改通知书25份,消除安全隐患650余处。市建委组织专项督查组,共抽查在建工程90个、起重机械设备170台,下发隐患整改通知书3份。

【开展建筑施工安全隐患大排查】 2016年11月,丰城发电厂“11·24”特别重大事故发生后,为贯彻落实中央领导的重要批示精神,根据省市安全生产会议要求,组织开展全市建筑施工安全隐患大排查,共检查房建工程244个、市政轨道工程33个、非法工程38个。涉及施工单位项目部258家,监理单位监理部225家,共下发行政检查记录130份、隐患整改通知书124份,消除安全隐患320余处。

(刘文娟)

城市雕塑建设

【概况】 2016年,南昌市城市雕塑管理办公室(简称市城雕办)严格执行《南昌市建筑市场管理规定》《南昌市城市雕塑管理办法》,围绕提高城市文化品位、美化城市环境、促进城市雕塑健康发展的工作目标,助力于全市文化产业建设,更快地打造属于南昌自己的雕塑文化品牌。市城雕办共有在册人员8人。其中工艺美术师3人,其他注册人员5人。至年底,全市拥有城市雕塑259座,集中表现为一园一馆一路多线五点两面的格局,分布在市区纪念馆、公园、绿地、重要道路节点等区域。

【翻修程允贤雕塑艺术馆】 2016年,程允贤雕塑艺术馆在上年基础上开启内墙维修、灯光改造、卫生间升级等工作。改造完工后的展馆焕然一新,与新建的阳光玻璃房及全新的园林景观绿化工程一道,在市民面前呈现了一个全新的程允贤雕塑艺术馆,为2017年“花博会”的召开打造了一个全新亮点。

【维护城市雕塑】 2016年,制定《南昌市城市雕塑管理办公室雕塑维护管理办法》。按照办法要求,制订《雕塑维护全年计划》,对城市雕塑维护周期、不同雕塑维护方法和雕塑维护责任分工作了全面、细致的规定,做到每日对程允贤雕塑艺术馆、江西名人雕塑园、玻璃展馆内的雕塑巡查一次,每周清洗维护一次;每月对管辖范围内的城区雕塑巡查一次,每季度全面清洗维护一次。制定《南昌市城市雕塑管理办公室雕塑维护目标考核管理办法》,雕塑维护保护日常工作实行部署、反馈、改进、考核的综合推进体制,坚持把工作考核作为落实绩效管理的重要抓手,及时督促全办干部职工遵章守纪,切实履行工作职责。

【强化程允贤雕塑艺术馆园林监管】 2016年,为给游客营造和谐整洁的园林环境,在园林管控方面,市城雕办始终贯彻“安全、细致、高效、节约”的工作总要求,强调干部职工走出去,不断强化现场管理,向书本学习,向园林师傅取经,制定出一套适合程允贤雕塑艺术馆园林的维护保护方案计划。根据计划,按照季节、天气、地势、苗木种类及园林景观等不同情况,依时依地、分门别类地进行浇水、施肥、杀菌灭虫、修剪、除草等维护工作,摸索形成了园林管控维护的科学运行体系及标准工作流程,实现了动态监管、科学考评、长效运行。

【建立城市雕塑档案】 2016年4月,为进一步丰富完善《南昌市城市雕塑规划方案(草案)》画册,市城雕办组织人员对全市各县区的住宅小区、城市公共绿地和高校的雕塑建设情况进行全面普查摸底。按照城市雕塑最新普查数据,完成南昌市主要城市雕塑分布图、南昌市城区道路及主要节点雕塑分布图、南昌市适宜建设的绿地道路及住宅高校雕塑布点分布图绘制工作。同时,进行科学建档,按照分区域编号、雕塑名称、雕塑照片、落成地点、材质、高度、题材、现状、作者、建设时间,为每一座城市雕塑建立档案,为后续城市雕塑的科学管理和执法工作提供第一手准确、详实的基础数据资料。

【学习考察城市雕塑经验】 2016年,为进一步推动全市城市景观和城市雕塑建设发展,市城雕办加强与市委宣传部紧密联系,会同市委宣传部领导,赴杭州、长春和长沙进行学习考察。通过考察学习,吸收到新鲜的城市雕塑理念和艺术风格,学习到了其他省市兄弟单位的城市雕塑建设和管理的先进经验和做法。

(刘文娟)

新型城镇化建设

【概况】 2016年,南昌市全面贯彻落实《江西省新型城镇化建设规划(2014—2020年)》,结合南昌市新型城镇化发展实际,以打造核心增长极为主线,以深化改革为动力,践行党的群众路线,扎实推进稳增长、促改革、调结构、惠民生等各项工作,科学布局城市和产业发展格局,着力打造百强中心镇、精心塑造特色重点镇,充分发挥城镇产业园区的聚集效应和引领作用,增强城镇综合承载能力,引导就地城镇化,逐步构建起结构有序、功能完善、生态良好、特色鲜明的城镇化体系。全市城镇化率达到71.56%,比2010年的65.14%增加了6.42百分点,增幅9.86%,年均增幅1.97%,城镇化率、年均增幅均高于全国和全省平均水平。

【城市框架迅速拉开】 2016年,按照“一江两岸、南北双城、双核拥江、组团推进”发展思路,控规编制区域已覆盖城市中心区、旧城改造区、近期建设区、城乡结合部等城市发展需要控制区域。坚持新区开发与老城改造并举，高起点开发新区，大力推进保障性安居工程建设。昌北机场新航站楼、英雄大桥、昌九城际铁路等一批基础设施重大重点工程相继竣工。“十二五”以来，围绕完善城区道路路网建设，主要实施了沿江中南大道快速路工程、朝阳大桥、九洲高架工程、象湖隧道工程、港口大道工程、昌南大道东延伸工程、南外环跨江大桥及快速路、红谷隧道等城市一环快速路高架化工程；全面打通主城区断头路，完善城区道路路网建设，基本建成“三环十一射”城市道路框架；围绕建设综合交通枢纽，主要实施了铁路西客站北广场、火车站东西广场、长途汽车西客站客运枢纽、轨道交通1、2号线项目建设；围绕鄱湖明珠、中国水都建设，本着高起点规划、高品位设计、高质量管理，高标准整治，以水为脉络，连接组团，建成完整的、功能健全的城市水生态系统。玉带河二期景观提升、昌南新城北延伸渠工程已完成；城建口重大重点项目朝阳大桥、港口大道主线、九洲高架（抚生路至迎宾大道段）、象湖隧道顺利实现通车；打通了豫章北路、建设西路西延、岭口西路西延、火炬六路、惠民路延伸等断头路；轨道交通1号线开始运营，南昌人迈入地铁新时代。

【城市管理水平不断提高】 2016年，城市管理逐步实现法制化、科学化、精细化、长效化。建成覆盖全市的数字城管二期工程，完善城市管理网络。严格控制建筑施工和服务业经营网点噪声，将城区划分为严控区、控制区、一般区三类区域进行管理，维护居民安静的居住环境。完善无障碍设施建设，确保无障碍设施达标。实施畅通南昌工程，跨赣江中大道人行天桥、阳明东路贤士二路口立体过街设施等建设项目已启动；将有条件的道路的人行道进行降坡，改为非机动和行人混和车道，拓宽机动车道；完成28个停车场建设，逐步缓解停车难问题；完成328个社区点位的道路改造硬化和排水管网及化粪池的环境综合整治。

【严控老城区人口密度】 2016年，在老城区控制区范围内，即洪都大道—解放西路（洪城路）—滨江路—抚河路围合的地区，限制建设学校、医院、文化中心（馆）、体育场馆等大型公共服务设施；在老城区范围内，即抚河路以东、阳明路以南、八一大道以西、洪城路以北合围区域，除棚户区改造项目以外，严格控制大物流量、大人流量的连片商业开发。

【推进镇村建设】 2016年，以全国重点镇、省级示范镇、历史文化名镇名村和全省百强中心镇及南昌市重点打造的21个特色小镇为重点，以镇村联动建设为抓手，大力推进镇村基础设施建设，改善农村人居环境，充分发挥其特色示范引领作用。以先行示范中心村为引领，以“七改三网”（改路、改水、改厕、改房、改沟、改塘、改环境，电网、广电网络、互联网络）整治建设为基础，以建设完善“8+4”（8：综合公共服务平台、卫生室、便民超市、农家书屋、文体活动场所、垃圾处理设施、污水处理设施、公厕，4：小学、幼儿园、金融网点、公交站）公共服务为重点，扎实推进全市46个中心村建设，共投入各级资金2亿余元，新增改水1.09万户、改厕1.08万户，完成率达92%，改路257千米，改沟109千米。打造生态资源丰富特色小镇，引导建设江西品牌城镇。按照全省建设富裕和谐秀美乡村的要求，强化美化绿化村镇人居环境、加强集镇生活污水处理、垃圾无害化处理设施建设。挖掘乡镇生态、人文资源潜力，实施特色带动战略，打造宜居宜养村庄。

【打造先行示范村】 2016年，按照出亮点、成示范的标准，明确安义县石鼻镇罗田中心村和新建区溪霞镇店前中心村为省市县三级共建先行示范中心村。将自下而上推选的11个中心村列为“五位一体”示范村，所有道路沿线中心村安排以“房屋美化、管线优化、村庄绿化、卫生净化、产业强化”为内容的综合整治项目，整合资金共3000余万元。2个省级示范中心村，规划建设预算超4000万元。同时，遴选南昌县八一乡钱溪中心村等8个市县两级共建先行示范中心村进行重点打造。

【城市环境更加优美】 2016年，大力推进“森林城乡、花园南昌”和“鄱湖明珠·中国水都”建设。围绕青山湖、艾溪湖等城市内湖周边设置绿道，通过水系串接环通形成完整的景观系统；对瑶湖、前湖、象湖、梅湖、青山湖、艾溪湖、天香园周边划定限制建设区和协调建设区，在限建区内只允许建设少量公共服务及市政建筑；开放沿水岸线，塑造体现南昌水城特色形象的公共水空间。南昌总体呈“两山三水四分田，一分道路和庄园”的格局，水域面积占区域总面积27.3%，在全国省会以上城市中名列前茅。为用好水资源、做足水文章，城市规划内水系规划约18.6亿元，城市水面规划约50.6亿元，城市水安全规划约159.8亿元，城市水环境规划约106.8亿元，城市水生态规划2亿元，城市水管理规划1.9亿元。在通过实施清淤、截污、治污、引水、换水、生态恢复等一系列工程措施后，象湖、抚河的生态环境正在逐步恢复。目标是使象湖、抚河的水体水质达到Ⅳ类地表水水质标准，还市民“一湖清水”，将象湖、抚河建设成具有亲水景观、休憩娱乐、原生态气息的景区，成为美丽南昌建设中的一道亮丽的风景。

【安居工程建设】 根据《南昌市棚户区改造规划（2013—2017）》，计划用四年时间基本完成五年改造任务，用三年时间完成2000万平方米的棚户区改造连线成片，将改造288个地块项目，总占地面积约3133.33公顷，房屋建筑面积约2058万平方米，涉及约9.6万户、计划总投资约1778亿元。其中，4个中心城区161个地块项目，总占地面积1866.67公顷，房屋建筑面积1439万平方米，涉及7.2万户，计划投资1300亿元。重点推进的中心城区目标为“316”，即用3年（2014—2016年）时间，完成东湖区、西湖区、青云谱区、青山湖区四个中心城区约1000万平方米改造任务，改造户数约6万户。至2016年12月底，全市已完成1000.94万平方米、5.2万户的危旧房、棚户区改造任务，其中中心城区已完成482.99万平方米、3.04万户的危旧房、棚户区改造任务。

（刘文娟）

城市管理行政执法

【概况】 2016年，南昌市城市管理委员会（南昌市城市管理行政执法局）依照“严管理、重质量、提标准”原则，建立全市执法联席会议机制，完善城区执法队伍、街道综合执法队考核细则，增强市区两级对末端执法的监督检查力度，全市城管执法水平明显提升。

【控违拆违形势平稳】 违章建筑一直以来都是城市管理难题。2016年，为解决这一问题，全市各区执法分局积极开展行动，在严格执法的同时，积极开展人性化执法服务，实现了依法控违、违章自拆、违章必拆。围绕“严控增量、减少存量”目标，建立健全“违建案件台账、存量违法建设总量”两个数据库，组织实施“三线”“乱搭乱建”“建成区违法建设专项治理”三场战役,对违建依法实施强拆,有力震慑了跟风违建行为。全年共查处违法建设案件2015件。其中,拆除处理1708件,面积19万平方米;行政处罚39件,处罚金额961万元。

【渣余土运输整治取得突破】 2016年,为贯彻落实《南昌市城市建筑垃圾管理条例》及市政府关于南昌市全密闭建筑垃圾运输车辆推广工作的有关要求,自1月1日起,南昌市重点区域全面实施建筑垃圾及散装物料全密闭运输,并开展联合整治行动。各区联合整治队多次深入工地与建设方、施工方、运输方进行面对面的宣传,发放《致全市建设、施工单位、建筑垃圾及散装物料运输业主的一封信》。通过积极有力的宣传,规范处置、合法运输、遵章行驶的观念被越来越多的建设方、施工方、运输方所接受,营造了良好的依法处置建筑垃圾的大环境。至年底,已登记63家全密闭建筑垃圾运输企业,1137辆全密闭车完成上牌,其中359辆全密闭车已成功与数字城管平台对接,渣土运输管理顽症问题取得突破。同时,以新型密集运输车的投入使用为契机,积极开展大气扬尘污染防治及治超治限工作,有效降低了各类违规运输行为的发生。全年市城市管理行政执法部门对全市建筑垃圾处置工作进行10次专项考核,上路检查106次,督查发现重点区建筑垃圾、散装物料运输违法行为1076起,处罚金额197.94万元;查处建筑垃圾运输车辆泄漏、遗撒、挟带污泥等违规行为1232起,处罚金额229.67万元。经过一年时间的新型密集运输车推广和联合整治,全市重点区域内基本实现建筑垃圾及散装物料全密闭运输,运输遗撒、泄漏现象得到明显遏制。

【整治“三乱行为”】 2016年,配合“马路本色”行动(该行动是城市管理提质升级的系统工程),对行人乱扔、店面乱倒、占道经营、非机动车乱停放等行为进行专项整治,尤其是在主要商业中心、重要交通路口、医院等重点部位安排专人实行全天候定岗督查。全年全市共整治行人乱扔、出店经营、店面乱倒1.24万件,占道摊点、非机动车乱停放等行为31万余件(次)。其中处罚行人乱扔2.31万件,出店经营953件、店面乱倒2653件、占道摊点1081件、占道堆放777件、非机动车乱停放136件。同时,在全市现有22个疏导点的基础上,在南昌经开区蛟桥镇紫荆路步行街购物广场、麦园路、龙潭村等街道,建立14处临时设摊经营疏导点。

【“占道宰售牛羊”基本控制】 2016年,按照市政府统一部署,组织城区城管执法部门开展占道杀羊专项整治工作。印发《关于巩固占道杀羊整治成果实施长效管理的通知》《关于加强占道杀羊整治工作的通知》,各城区依据对辖区新疆籍少数民族占道经营摸底情况,对全市占道杀羊的违法行为集中执法,持续整治,露头就打,形成整治高压态势。

【开展主次干道非机动车乱停放集中整治行动】 2016年5月,为营造文明、整洁、有序、畅通的市容与道路交通环境,着力解决市区非机动车停放管理存在的突出问题,在全市开展主次干道非机动车乱停放集中整治行动。全市在人行道、社区新划停放泊位、设置停车棚96处,增加近万辆非机动车停放泊位。

【监理巡查市政设施开挖】 2016年,全市现场监理管线开挖174起。其中,自来水抢修开挖88起,燃气抢修开挖67起,排水处抢修开挖17起,电力抢修开挖2起。针对南昌市旧城改造项目、地铁施工项目、九洲高架桥项目、公交BRT项目,做到倒查问责、严管重罚。全年共巡查制止违规开挖32起、违章占道89起,有效维护了市政设施的完好率。

【推进水、气污染整治】 2016年,加强污染水源和水体的执法工作,重点检查红角洲水厂取水口的赣昌砂石码头、长堎牛行水厂和下正街水厂二级保护区的江西水政码头和交通执法码头、朝阳水厂取水口抛撒生活垃圾,排放生活废水、废油等水污染违法行为。持续开展夜市“蓝天行动”,全市对夜市摊点、占道烧烤开展为期3个月的集中治理,共取缔占道摊点3700余处,规范出店经营2300余户。夜间市容环境明显改善,夜市摊点出店经营、占道烧烤等现象得到有效遏制。

【综合整治校园周边环境】 2016年,围绕校园及周边治安综合治理工作,积极作为,主动行动,开展一系列专项整治行动。根据不同时期的整治任务,召开专项会议,成立整治工作领导小组,负责对整治工作的统筹协调、组织实施。为充分发挥对城市管理工作的督导职能,成立考核工作领导小组,负责对日常工作进行监督考核。围绕校园周边市容环境整治工作,印发《2016年校园及周边占道经营专项整治工作的实施方案》《2016年城市管理工作考核方案》等文件,对各阶段校园周边整治工作的目标要求、工作内容、方式方法及工作步骤进行全面、具体的安排部署。为切实解决摸排发现的问题,尤其是师生反映强烈的投诉,城管执法部门采取守点、巡线、集中整治等措施,根据不同时期的重点工作,开展专项整治行动。组织市城管支队、各城区执法局、街道综合执法中队开展校园周边占道摊点、出店经营专项整治行动,实行“分管领导包片、中队包段、队员包点”管理,提升执法水平。在全市现有22个疏导点的基础上,城区街办根据自身实际,本着“便民、利民、惠民、不扰民”的原则,设立占道摊点便民疏导区,做到“能设则设、科学布局、合理规划、规范管理”,引导流动摊点规范经营。至年底,全市共整治校园周边占道摊点1.22万处、出店经营3627处、占道烧烤2082处、噪音扰民1123处。

(罗顺强)

城市公共设施

【概况】 2016年,南昌市城市管理委员会(以下简称市城管委)以“管好城市为人民”为宗旨,注重民生,强力推进重大重点项目、民生工程,市政设施道路、桥梁路灯的精细管养,切实加强城市管理配套设施建设,努力提升和优化城市承载功能。

【实施惠民便民利民工程】 2016年,根据《2016南昌市民生工程安排意见》,市城管委牵头实施背街小巷路灯亮化、城市垃圾中转站和公共厕所改造、老旧小区综合整治、燃气安全保障、公共停车场建设、城区小街巷(道路)整治、门店招牌综合整治等7大项、223小项惠民便民利民工程。其中,背街小巷路灯亮化工程建设安装路灯2443盏;主城区新建16座垃圾清运倾倒站和16座公厕;老旧小区综合整治已完成7个;地下燃气铸铁管网改造116.5千米(市政道路43.22千米,社区道路73.28千米);城区小街巷(道路)提升改造106条;停车场建设已完工41个,投入使用泊位数7935个。

【推进城市管理重大重点项目建设】 2016年,为切实推进城市管理重大重点项目建设,市城管委按照“一个项目、一名领导、一套班子、一抓到底”的原则,成立重大重点项目协调推进领导小组，制定项目年度推进计划，对重大重点项目任务进行分解，对项目推进进度、完成时间、工作内容进一步细化、实化，按时间节点要求，将项目实施进度计划细化到月，并着力建立健全制度，完善项目推进机制，推动项目建设有序开展。全年实施了南昌市城区社会停车场建设项目、洪城路改造（大修）项目、新增垃圾中转站及配套装备建设项目，桥梁隧道检测及安装车辆超载监控项目已全面开工。

【管养市政设施】 2016年，修复车行道4.8万平方米、人行道6300余平方米、桥梁伸缩缝1.6万米，更换灯具4300余盏，清洗设施46.5万平方米。对昌南大道、枫生快速路、八一大道等破损严重的道路进行专项整治，确保道路平整无坑洼，人行道完好无缺损，路沿石顺直，人行地下通道秩序良好、卫生清洁。做好桥梁日常检测，对司马庙立交桥进行专业结构性检测，对高新北路桥、坛子口立交桥TA3墩柱、艾溪湖大桥主桥等桥梁进行紧急加固维修，确保桥梁隧道稳固、安全运行。对青山路立交桥下的违章（构）建筑物进行拆除或封闭，设置青山路立交桥防撞护栏，及时消除安全隐患。市城管委负责养护维修的青山湖隧道设施在全国“城镇市政养护示范设施”活动中成绩显著，荣获“扁鹊杯”奖项。

【养护跨江桥梁及其附属设施】 2016年，市城市管理部门坚持精细化养护跨江桥梁及其附属设施。共维修摊铺沥青桥面路面1.63万平方米，修补桥面坑洞1250处、人行道板1250平方米、路沿石2387米；维修波形护栏420米，更换落水管1990米、声屏障35块、破损雨水井盖和桥面落水井盖3510个，及时清掏雨水窨井池3950处，维修桥面伸缩缝混凝土75次。每月定期做好桥梁伸缩缝清理、路灯景观灯检查维护工作。维修路灯102盏，更换护栏灯3500盏、照明灯128盏，加固路灯杆支座螺丝263只。做好英雄大桥橡胶支座更换、铁路立交声屏障维修、扬子洲匝道改造和生米大桥、英雄大桥共9条伸缩缝的更换工作；完成八一大桥南桥头匝道的2个支座更换和2个桥墩的加固以及生米大桥主桥检修平台安装等工作。

【推进亮灯便民服务】 2016年，市城市管理部门完成象湖湿地公园、朝阳片区路灯安装工程和洪城路、阳明路、抚河路等路段路灯工程及配合地铁2、3号线路灯迁改工程，共安装路灯1600余盏，敷设电缆4万余米，设置路灯控制箱30台。朝阳片区城市照明设施续建工作有序推进，完成观洲街、永乐路等5条道路220套灯具的安装工作。至年底，路灯杆定位编号为民服务项目正在推进，红谷滩新区已完成编号张贴，共安装57条道路计5268块，社会反响良好。

【安装城市桥梁超载违法动态监控系统】 2016年，给艾溪湖大桥、昌南立交桥、老福山立交桥、坛子口立交桥等4座桥梁，共34个车道安装城市桥梁超载违法动态监控系统，实现在不停车、不限车速行驶的情况下，自动精确监测车辆是否超重并将信息传送给交通管理部门，有效遏制车辆超重现象。

【移交市政新增设施】 2016年，对于市政新增设施，要求建设单位应从工程建设预备费中按城市管理主管部门和财政部门核定的新增设施量的管护标准，一次性支付管护单位委托管理期间（原则上一年时间）的管护经费、保洁经费和绿化管护经费按经费标准全额支付，设施管护经费只支付日常人工管理费用及设施巡查所发生的消耗性费用，具体按设施管护经费标准的35%支付。工程竣工验收合格后，由城市管理主管部门牵头，按相关规定在两周内组织办理移交手续（含施工图、竣工图、隐蔽签证、工程质量报告、决算资料、重要论证结论、主要设备技术参数等相关资料），签订工程项目移交证书，必要时管护单位可要求建设单位进行工程质量技术说明。全年，完成沿江中南大道、昌南大道东延段、枫生高速、青山路人行天桥、上坊路东之口桥、朝阳片区道路与桥梁等新增设施移交及经费核算工作。

【建立青山湖“河（湖）长制”】 2016年，围绕南昌市水生态文明建设，成立青山湖“河（湖）长制”工作领导小组，出台《青山湖水环境治理实施方案》，明确青山湖水环境治理工作要点、考核方案、考核办法等。建立青山湖“河（湖）长制”会议等多项工作制度，并按青山湖管理实际情况分成三个区域，分别设立段长，配备巡查员、水陆保洁员，责任到人，具体承担各区域综合治理与日常管理护任务。全年对青山湖投放生物制剂18批次5.05万千克，有效抑制了青山湖蓝藻大面积爆发。

【推广运用“四新”养护技术】 2016年，采用勾缝等预养护手段有效提升道路完好率；使用快干水泥维修设施病害，有效缓解道路养护的交通压力；在洪城路改造（大修）工程中采用高分子道路密封胶，有效延长养护周期，减少养护次数；在中山路、北京路、洪城路等道路推广可调式井盖，实现防沉降、防移位、防噪音、防弹跳和防偷盗，在人行道铺设陶瓷透水砖，实现保水、透水功能，进一步将南昌打造成为海绵城市。（罗顺强）

城市绿化和管理

【概况】 2016年，南昌市园林绿化局（以下简称市园林局）以创建国家生态园林城市、建设美丽南昌为目标，全力推进全市园林绿化工作，进一步加强绿化养护、园林工程建设、公园景区管理、园林科学研究等工作。至年底，全市绿化覆盖面积1.29万公顷，绿化覆盖率40.84%，绿地面积1.22公顷，建成区绿地率38.7%。公园绿地面积3237公顷，人均公园绿地面积11.8平方米。

【推行长效摆花】 2016年，市园林局在7条主要市管道路进行长效栽花，12个主要节点进行立体摆花。用花品种10余种，用花量340余万株，主要有三色堇、石竹、鸡冠、甜菜、报春、一串红、矮牵牛、彩叶草、夏堇、长春花等。全年在人民公园、抚河沿线等地抓好元旦、春节、五一节等重大节日摆花，用花品种16种，用花量120万盆，营造热闹喜庆的节日气氛。另外，在南昌国际马拉松赛道沿线摆花20万盆，为首届南昌国际马拉松比赛营造美好的环境。启动新优草花推广应用研究，解决全市环境摆花品种单调、色彩贫乏等问题，进一步提升城市道路绿化品质。对全市交通道路绿化进行详细调研，初步选定朱唇、五星花等5种新品种进行试验。经过试种后4种花卉效果较好，2017年将在全市大力推广。

【第二十八届菊花展开展】 2016年11月8日，南昌市第二十八届菊花展在红谷滩新区风筝广场开幕。此届菊花展主题是“菊韵洪城、美丽南昌”，共21个展区，30余家社会单位积极参与，展出菊花300余种，共计100余万盆，展区面积3.3万平方米，首日游客逾2万人次。12月6日，菊花展落下帷幕。此次菊展各单位作品造型新颖、各具特色，深受广大市民和游客的喜爱。通过高质量、高品位的菊花展，不仅传播了菊文化，美化了城市环境，丰富了市民生活，展示了南昌园林城市成果,同时也提高了市民及广大游客的菊花栽培技能,促进花卉产业快速发展。

【提升园林行业管理服务水平】 2016年,市园林局对照职责要求,强化服务意识,提升服务水平,规定办理事项的程序和时限,规范园林市场的秩序和监管,通过网络公布办事指南、压缩申报材料、接受网络咨询等措施,方便办事人员,提高服务水平和办事效率,为全市园林企业做大做强提供保障。全年受理建设项目配套园林工程竣工验收33件、建设项目配套设计方案66件;办理收取城市异地绿化费3件,总计231.21万元;受理临时占用城市绿地、砍伐、移植、修剪城市树木审批项目62件,其中报市政府、市人大审批45件;受理工程建设附属绿化工程开工登记项目8项;受理园林巡查项目51项;参与户外广告联审审批13项。

【小游园项目建设】 2016年,市园林局为继续推进百项惠民利民便民小游园项目建设,增设小游园内基础设施,精心指导各城区的小游园规划建设,重点打造一批惠民便民利民工程运动型小游园项目。至年底,项目规划建设总面积1.58万平方米,计划总投资5600万元,计划建设小游园18个,已建设完成15个,正在建设中3个。小游园是城市园林绿化建设的精品和窗口,既能美化绿化环境,提升城市品位,改善市容市貌,又为广大市民提供娱乐、健身、休闲的场所,改善居民生活环境,丰富市民生活空间。

【老动物园扩建提升改造工程】 伴随着南昌市动物园的迁址,原有园区划入人民公园,并命名为人民公园动态区。项目占地7.75万平方米,总投资约9200万元。人民公园动态区的项目设计力求在南昌市公共绿化发展中取得大突破,高质量、高水平、全面地提高公园服务质量,以“生态、人文、创意、低碳”为重点,突出南昌地域文化及场地印记特色,设计为北、中、南三个区域。北区为入口广场及屋顶绿化;园中区为景观中心区,设有公共服务建筑及儿童活动中心;南区为特色景观区和地下停车场。至2016年年底,老动物园改造工程进入收尾阶段。老动物园改造完成后将并入人民公园统一管理。新建的人民公园动态区集游憩娱乐、文化休闲、配套服务于一体,将通过优美的园林环境以及各种独具当地特色的创意性生态科普文化项目来服务于市民,打造南昌当代文化休闲公园的排头兵,成为南昌新型城市绿地的代表,丰富“花园城市”内涵。

2016年,市动物园成功繁殖2只华南虎。图为其中一只

【玉带河景观改造提升样板段工程】 为修复玉带河两岸景观,优化玉带河两岸生态环境,提高人居生活质量,南昌市对玉带河进行专项改造。项目建设范围约95.7万平方米,其中水域面积28.8万平方米,景观建设面积约66.9万平方米。工程总投资约3亿元,是市政府重点打造的惠民利民工程。2016年11月下旬,市园林局启动玉带河景观改造提升样板段工程建设,秉持“蒹葭苍苍,碧水绕城”的设计主题,融入“城市绿道”“海绵城市”“滨水生态”等设计理念,尊重现状场地特性,结合原有绿地和刚建成的截污箱涵进行改造提升设计,抓住因道路改造移植洪都大道树木的有利时机,积极探索玉带河改造建设模式,根据不同河道断面形式,分别在玉带河总渠、东支、西支、南支引水渠选取4个工程样板段和1个苗木移栽点进行施工建设,已全部完成施工任务。样板段重点打造离居民区近、方便市民出行的地段,建设绿道驿站、遮荫广场、景观小品。其中一个标段的“城市之眼”和“林间精灵”两处景点备受居民喜爱,让玉带河周边市民又多一个休闲、健身、娱乐的好去处。玉带河景观样板段设计主题新颖、景观效果突出,为玉带河沿线景观下一步的改造提升提供了参考思路。

【野生动物保护成效显著】 野生动物圈养条件下的繁殖状况,是动物饲养管理工作的最高评判标准。2016年,市动物园成功繁殖2只华南虎,继续巩固了圈养华南虎种群规模全国领先的位置,且种群结构极佳。首次繁殖国家一级保护动物麋鹿及澳洲国鸟鸸鹋,取得突破性成果。节尾狐猴繁殖超过10只,小熊猫、山魈、黑帽悬猴、绿猴、绿狒狒、火烈鸟等诸多珍稀动物的数量都有所增长。改造建设新园首座专业孵化育幼室,实现鸸鹋、鸿雁等人工孵化和育幼。扩建和改造火烈鸟外场,制作巢箱,促使红蓝金刚鹦鹉首次出现产蛋孵蛋行为。治愈华南虎、大熊猫、亚洲象和犀牛等珍稀动物29只/羽,对野保站送来的鵟成功实施救助、治疗和放飞。同时,引进6只细尾獴、1只黑白疣猴、4匹矮马、3头寒羊,使动物园的展出内容更加引人入胜。

(刘　英)

环境卫生管理

【概况】 2016年,南昌市以“马路本色”行动为统筹,不断巩固提升城市环境卫生洁净度,全面实现环境卫生长效管理,进一步巩固“国家卫生城市”“全国文明城市”创建成果。

【树立“马路本色”品牌】 2016年,在全市城区主次干道开展环境卫生“马路本色”行动。“马路本色”行动是对传统保洁模式的一次突破性改革,做到机械化、源头化、标准化治理和量化考核。确立“精细冲洗、全面覆盖,面积到人、人到岗位,科学监控、基础提升,层层监督、级级落实,同类竞争、同等考核,源头管理、执法保障”的管理模式。着力推广机械化清扫、冲洗,人工快速保洁的“立体保洁法”。同时,全面开展严格查处“三乱”行为工作,从源头治理脏的问题,建立市对区、区对街、街对社区的三级监督考评机制。全年“马路本色”新增经费投入约4767万元,新添置各类冲洗车辆设备694台。清理生活垃圾、铲除灰沙约 50 万吨;冲洗路面 3520 万平方米,实现了城市环境干干净净。

【监管垃圾处理】 2016 年,南昌市制定《垃圾填埋监管办法(试行)》《餐厨垃圾处理监管办法(试行)》,扎实推进垃圾处理监管平台建设,加强对麦园生活垃圾填埋场垃圾填埋、垃圾渗沥液和泉岭生活垃圾焚烧发电厂垃圾无害化处理监管。至年底,全市市区清运生活垃圾量 75.38 万吨,麦园垃圾处理场进行填埋处理量 63.33 万吨,南昌泉岭垃圾发电厂进行焚烧处理量 12.05 万吨,生活垃圾无害化处理率为 100%。强力推进餐厨垃圾签约收集力度,麦园餐厨垃圾处理场项目日处理餐厨垃圾量已达 190 吨,全年处理餐厨垃圾达 7 万吨。该项目通过国家三部委终期验收,在通过验收的 6 个城市中成绩排名第一。

【开展农村生活垃圾治理】 2016 年 6 月,配合市委农工部,做好农村垃圾的清扫、收集、运输和处置工作,重点是农村垃圾末端无害化处理工作。做好省督导组对南昌市农村垃圾治理工作督导检查的迎检工作。通过检查,全市 4 个县区(南昌县、进贤县、安义县、新建区)农村垃圾专项治理资金基本落实,保洁队伍稳定,环卫设施布局合理,基本实现了农村垃圾“户分类、村收集、镇转运、县(区)处理”的模式。组织参加省级农村生活垃圾专项治理考核验收,协助省住建厅村镇处,对全市各县区农村生活垃圾专项治理工作进行暗访检查。通过第三方调查,采取问卷调查、走访拍照取证等方式,为省级考核验收提供资料,补齐工作短板,加快推进城乡环卫一体化覆盖。

【整治“三线”“一江两岸”环境】 2016 年,积极组织开展“三线”(高铁、铁路、高速公路沿线)环境综合整治行动,有力净化市容环境,提升城市形象,改善宜居品质,为南昌经济社会发展营造良好环境。以规范管理、整治乱象为重点,启动“三线”沿线违法广告整治。完成南昌市城区范围内高铁、铁路沿线 44 处广告和昌九、昌铜、西外环等高速公路沿线约 500 处广告的普查登记,拆除违章楼顶广告 73 块,总面积约 4400 平方米。以“一江两岸”总体规划为抓手,打造沿江两岸特色景观带,启动“一江两岸”广告综合整治,拆除沿岸建筑物楼顶及墙面存在安全隐患、画面破损、字牌缺亮、违规设置的广告牌 220 块约 5300 平方米。

(罗顺强)

城市综合管理协调工作

【概况】 2016 年,南昌市城市综合管理协调领导小组办公室(以下简称市综管办)坚持抓人员调配、机构筹建和城市综合管理、巩固提升创建成果工作并重,充分履行城市综合管理和“保文保卫”统筹、组织、协调、指导、督查、考评工作职能,切实发挥城市综合管理高位推动、全面覆盖工作机制优势,强化举措、务实担当、主动作为,开展系列城市综合环境专项整治,破解系列城市综合管理难题,做好系列重要活动沿线环境保障工作,完成了省市领导交办的重点工作任务,促进了城市综合管理提质升级。

【组织机构筹建基本到位】 2016 年,市综管办始终把强化内部人员调配,组建完善机构作为基础工作来抓。在市政府主要领导的关心下,在市委组织部、市人社局和各有关单位的大力支持下,通过人员调动(调任)、公务员基层遴选、军转安置等方式,陆续选拔调入一批政治素质高、业务能力强、工作作风实的干部。其中,1 月军转安排 1 名副主任,3 月提拔任命 1 名副主任。3 月经市委批准,成立中共南昌市城市综合管理协调领导小组办公室党组。至年底,城市综合管理协调组织构架基本完善,保障了城市综合管理各项工作顺利开展。

【赢得各级领导点赞】 2016 年,通过强化城市综合管理统筹调度、督查考核职能,促使相关部门和县区履职尽责,使城管举措由老套路向不断创新转变,市容环境由好一阵子、反弹一阵子向持续向好转变,走出了“迎检周期律”的被动局面,得到从中央到省市领导和市民群众的肯定和称赞。中共中央总书记习近平在春节前夕视察南昌市时,高度赞赏南昌城市面貌;国务院总理李克强于 8 月下旬视察南昌市时,表示南昌的环境变化颠覆了他原来对南昌的印象。省委、省政府主要领导和分管领导对南昌的市容环境持续向好给予了较高评价。副省长郑为文先后在省政协调研会、省人大询问电视直播等多个场合,充分肯定南昌市城市综合管理协调机制发挥的作用,要求全省各市借鉴推广。

【落实城市综合管理调度机制】 2016 年,针对城市管理中的各类环境问题,延续固化原创建办高位推动、全面覆盖优良传统,每周对全市城市综合管理召开一次调度会。会上围绕 1—2 项重点工作进行专题部署,下派任务,协调问题。全年共召开 47 次调度会,经常现场协调专项环境问题。在高位推动、全面覆盖的工作机制推动下,《南昌市电动自行车管理条例》《南昌市养犬管理条例》等一系列重大城市管理条例得到有力的贯彻和落实;“美丽南昌·幸福家园”环境综合整治、迎接国家文明城复检(未成年人体系测评)等一系列重大事项得到有力推动和落实,城市综合环境明显提升。

【统筹重大活动环境保障】 2016 年,适逢多项重大活动相继在南昌市举行。面对各项重大活动环境保障任务,通过科学组织协调、有力指挥调度、达标到点到位,圆满完成了市委、市政府交办的“三迎”(迎国检、迎春节、迎两会)、2 月春节前夕习近平总书记视察南昌市、8 月李克强总理视察南昌市、全省双创大会、全省城市工作会议、全国综治“南昌会议”、第十四届“赣台会”、泛珠三角区域合作行政首长联席会议、南昌国际马拉松赛、省第十四次党代会等一系列重大活动环境保障任务。

【完成领导交办重大协调事项】 2016 年,牵头协调办理一系列领导批办、交办的重大问题,统筹协调,部门联动。针对南昌市重要城市出入口的火车站东广场“五车”乱象、处于管理空白地带的问题,通过牵头协调属地政府、公安交管、铁路、交通等部门联动和强力整治,切实规范该地的管理乱象。根据“网舆动态”第 33 期市委主要领导对渣余土侵占赣江河道的批示,对红谷滩长天广场以南赣江边偷倒的渣余土进行清理,恢复赣江河道原貌,对损坏的草皮进行补栽。根据市政府主要领导对青山湖区洛东菜市场占道经营现象的批示,第一时间对洛东非法露天菜市场占道经营现象进行督查,下派整改。对红谷滩香格里拉酒店对面赣江边遗弃大量渣土杂物问题,协调红谷滩新区通宵轮班作业,清理清运垃圾杂物 200 余立方米,共 40 车,约 200 余吨。

【启动“美丽南昌·幸福家园”环境综合整治】 2016 年 12 月 12 日,市委、市政府在红谷滩会议中心召开“美丽南昌·幸福家园”环境综合整治千人动员大会。省委常委、副省长、市委书记殷美根出席并讲话。市委副书记、市长郭安主持。市委副书记谢一平宣读《关于成立

"美丽南昌·幸福家园"环境综合整治指挥部的通知》,并就整治实施方案作说明。市容环境整治工程分指挥部、南昌县、东湖区、红谷滩新区分别作表态发言。陈德寿、周关等市委、市人大、市政府、市政协班子成员,市"法检"两长等出席。省直机关工委副书记李跃进到会指导。成立由省委常委、副省长、市委书记殷美根为总负责,市委副书记、市长郭安为总指挥,市委副书记谢一平为常务副总指挥,市委、市人大、市政府、市政协相关领导为副总指挥,各县区党政主要领导、市直相关部门主要领导为成员的"美丽南昌·幸福家园"环境综合整治指挥部,下设办公室、3个分指挥部(市容环境整治工程分指挥部、城市交通畅通工程分指挥部、城市文明提升工程分指挥部)、3个领导小组(政策法规保障领导小组、宣传工作领导小组、督查考核领导小组),设在市综管办,分别由相关市领导牵头负责。从2016年12月起,全市开展三年环境综合整治,按照"一年有变化、两年出形象、三年上台阶"的总体要求,着力实施"三四五六"的路径图,即"三大重点、四大目标、五大原则、六大措施"。三大重点,就是重点实施市容环境整治工程、城市交通畅通工程、城市文明提升工程。四大目标,就是通过三年攻坚,实现南昌城"干净整齐、畅通有序、文明友善、和谐宜居"。五大原则,就是坚持标本兼治、建管并重、点面结合、疏堵兼顾、政社联手的原则。六大措施,就是按照以上重点、目标和原则,多措并举、多管齐下、多方协同,突出"建、改、拆、治、管、优"六大举措,确保城市环境综合整治行动达到预期成效。

【开展"十二大项"城市环境综合整治】 2016年,为全面提升人居环境、优质服务、文明指数,统筹开展城市综合管理专项整治。整治范围为社区环境、农贸市场、消防设施、水体生态、街道街景、交通秩序、绿化达标、建筑工地、餐饮行业、学校周边、南昌西站、出租汽车等(简称"十二大项")。市综管办充分发挥调度、督导、考评的职能,委托第三方国家统计局南昌调查队,采取随机抽查方式进行季度模拟考核。考核发现问题及时下派整改,考核结果以简报、网络、报纸形式公开,确保考核结果的公平、公正。整治中,各县区、各牵头单位和相关部门认真履职,扎实推进各项整治活动,有效治理和改善城市"脏、乱、堵、污、破"问题。

【开展高速公路及国、省道沿线广告设施专项清理整治】 2016年,为贯彻落实《省政府办公厅关于印发全省高速公路沿线广告设施专项清理整治工作方案的通知》精神,从7月28日至9月30日,在全市统筹协调开展高速公路及国省道沿线广告设施专项清理整治工作。全市共拆除广告设施506块,率先全面完成省政府部署南昌市的266块高速公路违法广告设施拆除任务,得到省整治办的表扬和市委主要领导的肯定;枫生快速路127块广告设施全部拆除;结合实际拓展国省道广告设施整治,共拆除广告113块。一些存在10余年的违法广告设施,数次大型整治活动未予拆除的广告牌得以拆除。

【开展高铁、铁路及高速公路沿线环境综合整治】 2016年7月10日—9月底,统筹开展南昌市高铁、铁路及高速公路沿线环境综合整治工作。整治范围主要是南昌市境内所有的高铁、铁路和昌九高速、昌樟高速、昌德高速、昌铜高速、昌宁高速、昌栗高速、京福高速、温厚高速、梨温高速、西外坏高速等高速公路沿线。整治内容主要有三项,即环境卫生整治、户外广告整治、乱搭乱建整治。按照"雷厉风行动起来、铁心硬手整到位、建章立制保长效"的工作要求,市综管办统筹调度,各县区和有关市直单位争先比优、比学赶超,强力整治沿线杂草众生、垃圾遍地、乱搭棚架等杂乱景象,快速推进全市整治工作,呈现了文明生态的"貌美新颜",得到省领导的肯定。全市累计清理垃圾8656处,清除垃圾10.81万吨;清除户外广告2325处,清除墙体广告4.16万平方米,拆除高炮广告328个;拆除有碍观瞻建筑814栋,面积11.37万平方米;拆除鸭棚等1578个,面积33.46万平方米;美化房屋1.84万栋,面积614万平方米。

【清理整治赣江水岸环境】 2016年,牵头协调水务、海事、环保、交通、公安等部门和县区开展赣江水岸环境集中清理整治工作,共切割岸上废旧船舶42艘,依法驱离水上船舶109艘、强制拖离船舶15艘到指定停泊区域,基本解决了赣江沿岸"七桥"范围内船舶无序停放、管理混乱的局面。集中力量对赣江秋水广场至傩文化广场地段环境进行联合整治,一举拆除违法占用河道10余年、面积520余平方米的水上搭建漂浮物2处。推动建立常态保洁机制,打造美丽、整洁、有序的赣江风光带,得到省委副书记姚增科的高度肯定:"令人鼓舞欣喜,催人奋发作为,正在向美丽与幸福出发的南昌,不断受到市民游客点赞,市委强有力的领导推动和主责单位言信行果的作风可赞当扬"。

【整治当街宰羊占道经营】 2016年,牵头组织城管、公安等部门统一行动,联动联治,对少数民族经商人员当街宰羊卖肉、圈养点的情况进行规范整治。通过集中整治、上下联动、常态长效的严格管理,全市共查处取缔69处新疆少数民族人员当街宰羊占道经营摊点,捣毁圈养点3处,有效遏制了南昌市少数民族人员当街宰羊占道经营等乱象。

【落实常态长效考评机制】 2016年,构建完善以城市综合管理为基础的"三令制"(整改令、告诫令、申饬令),通过综合管理"瞭望镜"督查机制、市民热线举报信息、媒体"啄木鸟"曝光台、人大政协反映情况等多方式、多视角发现问题,并将发现的问题在每周一次的城市综合管理调度会上视频播放,布置下派,限时整改,跟踪督办。建立季度模拟考评、月度环境督查、专项整治评比等考核手段。考核内容既包括城市综合管理有关项目,又包括文明城市、卫生城市的相关项目。考核方式上,引入第三方国家统计局南昌调查队参与考核,市综管办负责监督,考核结果及时在媒体上公布,确保考核的信度和效度。全年共开展"瞭望镜"督查47期,发现问题3923个,已整改问题3914个,整改率为99.77%。"啄木鸟在行动"共发现城市综合管理问题154个,已整改问题145个,整改率为94.16%。

【巩固提升创建工作成果】 2016年,制定印发南昌市公共文明指数测评实地考察部分细则及责任分工,组织开展全市全国文明城市测评体系实地培训,强化以迎检实地达标为落点的工作导向,科学合理划定责任单位和部门,级级压实责任,层层传导压力。同时成立迎"双检"工作总调度室,夯实全国文明城市"保牌"工作的调度和督导,发现问题及时督促整改,实现了全国文明城复检过关。

(袁斯文)

城市建设投资

【概况】 2016,南昌城市建设投资发展有限公司(以下简称城投公司,为南昌城市建设投资集团母公司)坚持"一主两翼"核心战略,以"服务城市建设与发展”为己任，以“打造专业团队、建设精品工程”为抓手，不断实现跨越式发展，已经成为以工程建设专业化管理团队为核心的南昌城建主力军。至年底，南昌城市建设投资集团总资产约700亿元，净资产240亿元，集团现有员工总数541人，集团总部内设综合部、财务部、投资发展部、工程管理中心、党群工作部、纪检监察室6个部门，旗下拥有15家全资子(分)公司、孙公司，10家控股或参股企业。

【九洲高架快速路工程全面竣工】 2016年6月，九洲高架快速路全线通车。该工程总投资约25亿元，于2013年6月开工建设。该项目对推进南昌市“一江两岸“规划总体的实施，进一步加快红角洲地区、朝阳新城、西湖区、青云谱区的发展，推进鄱阳湖生态经济区建设，实施山江湖综合开发战略均有重大意义。项目的建成缓解分流了南昌市中心城区交通压力，改善了当前洪城路、洪都大道、井冈山大道等老城区道路突出的交通拥堵状况。

【港口大道(昌九大道)工程全线通车】 2016年6月，港口大道工程全线通车。该工程总投资约32亿元，于2013年6月开工建设。该工程为南昌市“十横十纵”干线性规划道路中南北向道路。工程的建设符合南昌市社会经济发展需要，满足城市规划要求，对改善周边区域交通现状，完善合理的城市交通网络体系，加快南昌临空经济区及中小微企业园建设进程，快速推进昌九一体化有着极其重要的意义。港口大道快速路项目建成后将加强南昌旧城区、红谷滩新区与乐化组团之间的交通联系，市民从市区驾车前往昌北国际机场的时间可缩短15分钟。

【七里岗互通立交工程竣工】 2016年6月，七里岗互通立交工程竣工。该工程总投资3.4亿元，于2014年12月开工建设，主线道路全线通车，配套管理设施及收费站全部完成。项目建成后，南昌市及新建区、南昌县的公路状况都有较大的改善，通行能力显著提高，不仅缓解了交通拥塞，减少交通事故，而且进一步加速了南昌市与九江市的交流，为改善投资环境，活跃经济提供了良好条件。

【推进南外环绕城高速公路工程建设】 2016年，继续推进南外环绕城高速公路工程建设。该高速公路是《江西省2020年高速公路网规划》中5条“环线”之一，也是江西省重要的地方加密高速公路。该项目概算总投资71.1亿元，于2015年2月正式开始施工，计划于2017年12月底建成通车。该项目是南昌市外环高速公路中的最后一段，将与南昌市东、西外环高速公路衔接，从而形成完整的南昌市外环高速公路。项目的实施，对于改善南昌市南部地区的交通基础设施条件，推动昌南地区的开发建设，增强南昌市的辐射带动作用，促进全省经济发展有着十分重要的意义。

【青山北路综合管廊工程开工】 2016年12月，青山北路综合管廊工程完成施工招标等手续，正式开工建设。该工程为南昌市首个真正意义上的地下综合管廊工程，预计总投资约3亿元。该项目位于青山北路，南起洪都大道，北至丹霞路，管廊位于青山北路西侧道路下。青山北路(洪都大道—丹霞路)道路改造全长约1.9千米，标准路幅宽约42米，含道路、绿化、排水、照明、交通设施、苗木迁移及管线迁改等工程。项目将结合青山北路道路改造工程进行，建设工期预计24个月。

【开展昌南大道快速路改造工程前期工作】 2016年，昌南大道快速路改造工程前期工作已完成至概算批复，正在进行施工图设计，概算总投资34.47亿元(不含拆迁费)。同时，作为南昌市首个非经营性的政府购买服务项目，城投公司作为拟承接主体正在配合市重点办(采购主体)、市财政局(财政可行性论证)积极办理招投标工作。昌南大道是南昌市南侧重要的东西向对外联系的客货运通道，是南昌市干线路网骨架五横三纵中的一个重要环节。它的快速路改造建设将对完善南昌市干线路网结构，缓解城市交通拥堵，加快南昌市城市化建设进程，提升道路沿线用地价值，改善投资环境，发展社会经济有着十分重要的意义。

【开展洪都大道高架工程前期工作】 2016年，洪都大道高架工程已完成管线迁改、绿化迁移、交通疏解、桩基和部分墩台施工等工作。该工程总投资约40亿元(不含拆迁费)，计划2017年4月开工，2020年1月竣工。洪都大道高架工程对加速城市干线道路网络建设与升级改造，提升道路整体效用，改善沿线交通拥堵，利于南昌火车站客流的集散都有着重要意义。工程建成后可与九洲高架链接，实现主城区东西向与南北向交通快速沟通。

【发行长期限含权中期票据】 2016年2月底、9月底，由浦发银行南昌分行主承销，南昌城投集团分别成功发行10亿元和20亿元长期限含权中期票据(简称永续中票)，发行利率分别为4.12%和3.88%，期限5+N年。本笔永续中票为江西省非金融企业发行的首单永续中票，发行利率创下中国银行间市场交易商协会推出永续中票以来，同级别同期限发行企业最低。发行工作于2015年下半年开始启动。

【发行非公开定向债务融资工具】 2016年3月、6月，由兴业银行南昌分行主承销，南昌城投集团分别在中国银行间市场成功发行10亿元非公开定向债务融资工具(简称定向工具)，利率分别为3.7%和3.97%，期限3年。南昌城投集团抓住中国银行间市场交易商协会政策宽松的有利时机，在申请30亿元浦发银行永续中票的同时，申请20亿元的兴业银行定向工具并获中国银行间市场交易商协会批准。

【发行地下综合管廊债券】 2016年9月12—14日，经国家发改委核准，南昌城投集团面向社会公开发行地下综合管廊12.7亿元债券。发行工作进展顺利，募集资金已全部足额到位，全部用于南昌市地下综合管廊建设工程项目。本期债券期限10年，采用固定利率形式，单利按年计息。债券通过中央国债登记结算有限责任公司簿记建档发行系统，按照公开、公平、公正原则，以市场化方式确定发行利率。本期债券附设提前还本条款，即自债券存续期第3年起，逐年分别按照债券发行总额5%、5%、10%、10%、10%、20%、20%、20%的比例偿还债券本金。

(王铂钦)

水利、环境管理业

概　述

【概况】 2016年，南昌市深入实施“蓝天、清流、净土”行动。“河湖长制”全面推开、成效显著，面源污染防治工作力度加大。城市生活污水集中处理率达到93.5%。赣江、抚河南昌段共14个监测断面水质达标率为100%，集中式饮用水质达标率为100%。农村水环境治理试点工作顺利推进，乡村及农业企业污水处理站共有47个，梅岭、西山等8个乡镇的污水处理厂投入使用。“黄标车”加速淘汰，扬尘污染综合防治有序推进。全年万元生产总值综合能耗下降3.17%。化学需氧量、氨氮、二氧化硫和氮氧化物排放总量四项指标均完成年度减排目标，全市环境质量持续改善。全市空气质量优良天数达到318天，优良率为86.9%，在中部省会城市排名第一。区域环境噪声昼间等效声级为53.6分贝，道路交通噪声等效声级路段长度加权均值67.6分贝。全市拥有国家级生态示范县2个、国家级生态区1个、国家级生态乡镇18个，省级生态县区4个、省级生态乡镇51个、省级生态村69个，市级生态村712个。自然保护区11个，总面积16.08万公顷（含两个野生动物类自然保护区总面积）。

水务管理

【概况】 2016年，南昌市水务局较好地完成了年初制定的各项工作任务，实现了“十三五”规划的良好开局。战胜较大的洪涝灾害，取得了防汛抗洪全胜。市级以上水务投资到位23.93亿元，完成“十三五”全市水务改革发展规划编制。着力实施水系连通、截污、水生态修复、水景观建设，乌沙河水系、航空城水系综合整治工程及赣江南支疏浚工程等进展顺利，赣东大堤景观风光带一期工程、玉带河截污提升工程、八大山人景观提升改造和基础配套工程等基本完工。实施防洪排涝工程能力提升，除险加固各类水库、山塘101座。水务管理执法全面加强，在全省率先实施“河湖长制”。完成南昌县深化水利工程管理体制改革，启动《南昌市城市水土保持条例》修订。

【战胜滨湖地区超警大洪水】 2016年，受超强“厄尔尼诺”事件影响，全市平均降雨1746毫米，较常年均值偏多8%，出现了“6·2”“7·16”等14次暴雨天气过程。7月，全市总长525千米的13座万亩以上鄱阳滨湖圩堤洪水位全线超过警戒线持续29天。面对十分严峻的防汛形势，市、县（区）各级党委政府和防汛、水务部门主动作为，抓实抓好防大汛、抢大险的各项工作。超前谋划，从年初就积极研判、滚动掌握雨情水情工情变化；科学应对，组织专家组、督导组3个，及时启动防汛抗洪应急三级、四级响应；积极行动，调整防汛机构组成人员，落实防汛责任、预案、队伍、物资、“四通”，组织防汛队伍演练，落实圩堤抢险、水库保安800余人，确保防汛责任无缺失、圩堤巡守无盲点；强化调度，开辟巡堤查险通道640千米，组织巡堤查险50万人次，成功处理险情78处，及时排出城区、农田积水。通过全市上下努力奋战，实现了圩堤无溃决、水库无垮坝、城乡无内涝、人员无伤亡，取得了防汛抗洪全胜。

【水务投入再创新高】 2016年，全市共到位市级以上水利资金23.93万元，是上一年度10.78万元的2.2倍。其中中央和省级2.8万元，用于中小河流治理、小农水重点县建设项目、五河治理和圩堤应急除险；市级财政土地出让金收益1.65亿元，用于农田水利基本建设；落实融资19.48万元，用于航空城防洪排涝一期工程、玉带河水系截污提升改造和梅湖景区花博园基础配套等。

【李克强视察乌沙河】 2016年8月23日，中共中央政治局常委、国务院总理李克强在省委书记鹿心社、代省长刘奇陪同下，到南昌市昌北地区，深入乌沙河防洪工程欣悦湖施工现场视察调研，看望一线施工人员。李克强仔细察看施工现场，了解建筑材料性能和使用情况，听取南昌市水灾后重建、修复水毁工程投资“河湖长制”等情况汇报后指出，水利工程设施对人民生产生活和城乡经济发展至关重要，要汇聚国家和社会力量，一定要把防洪工程，还有水库除险加固等，真正按高质量、高标准建成百年工程、千年工程。

【张高丽视察赣江风光带】 2016年5月23日，中共中央政治局常委、国务院副总理张高丽在省委书记强卫、省长鹿心社陪同下，考察南昌市赣东大堤风光带景观工程，听取建设单位工程建设情况汇报。在考察中，张高丽强调，江西要深入贯彻落实习近平总书记对江西工作的重要指示精神，大力推动绿色发展，巩固提升生态优势，坚持保障和改善民生，把共享发展理念落到实处。

【刘奇视察赣江南昌段】 2016年4月28日，省委副书记刘奇在市委常委、常务副市长刘建洋陪同下，视察赣东大堤南昌段风光景观工程。刘建洋就工程建设进展情况作了汇报，工程建设单位负责人对项目采用水生物净化水资源生态工程原理作了详细介绍。视察中，刘奇高度赞扬工程建设所取得的成绩，同时指出，以后在类似的工程建设中，要秉着为老百姓想事，为老百姓办好事，实实在在做好民生工程、民心工程，把赣江景观绿化工程作为民生工程、民心工程的窗口。

【龚建华检查指导防汛抗洪工作】 2016年4月1日，省委常委、市委书记龚建华在《防汛工作专报》上批示：各级防办务必按预案进入临战状态，要高度对待雨情水情；各县区切忌因换届影响防汛准备，把防大洪、保平安作为检验干部“进退转留”标尺。4月20日，龚建华在市防办检查防汛工作时指示，“雷电就是号令，风雨就是动员”。6月下旬到7月，龚建华多次深入南昌、进贤、新建滨湖重点圩堤的薄弱点、分洪口和市城区易涝地段，检查指导防洪抢险，要求加大工作力度，以杀鸡用牛刀的气魄严防死守，加大巡堤密度，对堤防险情要全天候守护。在7月防汛关键时期，南昌市委建立市委常委挂点滨湖重点圩堤防汛抗洪机制，每位常委下到一线负责一座重点大堤，加强领导，强化责任。

【火箭军入南昌支援抗洪】 2016年7月8日，中国人民解放军96163部队530名官兵奉中央军委命令，星夜驰援南昌市支援抗洪抢险。当晚，在市委常委、南昌警备区司令员刘瑄和市防总总指挥、副市长朱志群调度安排下，分别驻扎在市滨湖圩区的赣西联圩、廿四联圩、南新联圩和进贤县的军山湖联圩等重点大堤担负抢险任务。防汛抗洪期间共出动2746人次、车辆151台次，加固堤防3902米，搬运沙卵石4.51万袋，夯土备料5699立方米，为南昌市的防洪抢险胜利做出了突出贡献。

【出台实施河湖长制意见】 2016年2月，市委、市政府出台《关于实施河湖管理“河湖长制”加快推进水生态文明建设的意见》。随后，市河湖长办制定《南昌市2016年河湖长制工作要点》。工作要点指出，要健全“河湖长制”组织体系，3月底前完善三级河湖长管理体系，制定工作方案，建立河湖保护联合执法机制；加强“四河六湖”的试点工作，制定出河湖综合治理方案并组织实施；高效开展水质治理和河湖管理中的突出问题，加大农村生活垃圾和污水的整治，推进水生态文明建设。

【研究部署河湖长制工作】 2016年2月25日，市委、市政府召开全市农村暨生态文明建设、河湖长第一次工作会议。省委常委、市委书记龚建华，市委副书记、市长郭安对“河湖长制”工作作全面部署。5月4日、9月5日，郭安召开市第二、第三次河湖长会议，听取前一阶段“河湖长制”工作实施情况汇报，安排部署下一阶段河湖长工作。会议强调，实施“河湖长制”的目标是“河畅、水洁、岸绿、景美”，要理清思路，担负起主治、协调、督查责任，群策群力，搞好“四河六湖”试点，推进“河湖长制”全面展开。

2016年9月5日，全市第三次总“河湖长”工作会议召开

【开展“四河六湖”“河湖长制”试点】 2016年，启动“四河六湖”即抚河故道、乌沙河、玉带河、雄溪河4条水系和青山湖、艾溪湖、大象湖（包括象湖、梅湖、南象湖）、瑶湖、黄家湖和军山湖6座湖泊的“河湖长制”试点工作。由市水务局、市城管委、市园林局、高新区管委会牵头分别成立7条河湖的河湖长办，进贤县、南昌县和南昌经济开发区分别成立军山湖、雄溪河和黄家湖河湖长办，通过制定整治方案、建立健全日常管护制度、加快完成流域综合治理，形成较完善的“河湖长制”管理体系。试点河湖（除县管）均由市领导担任河湖长，统一指挥实施河湖水系保护管理重大问事项。市级河湖长多次深入河湖一线，现场协调解决许多河湖保护的实际问题。

【杨家滩电排站建设】 2016年，杨家滩电排站工程施工进展顺利，已完成基础工程。该工程是市航空城重要的排涝工程之一，位于高新区的焦头河上，是一座泵站合为一体的建筑物。设计总装机容量4台、7600千瓦，选用立式轴流泵，每台排水流量每秒80立方米，自排闸净宽14米，共4孔，每孔宽3.5米。泵站规模为大(2)型。工程总投资1.4亿元，于2015年12月开工，工期24个月。工程建成后，将使高新区排涝标准达到20年一遇。

【启动赣东大堤景观风光带二、三期工程】 赣东大堤工程分为岸线整治和生态景观两大部分，总投资11.41亿元。其中岸线工程投资2亿元，于2012年开工，2013年全面完工。赣东大堤景观风光带一期工程于2013年9月开工，2015年1月完成验收。2016年10月，启动赣东大堤景观风光带二、三期工程。二期工程为景观风光带、旅游服务和管理配套设施建设，包括市民中心、展示中心、市民健身休闲场所、商业餐饮等，总投资3.88亿元；景观风光带工程分湿地、生活和文化创意3个片区，主要建设内容包括苗木种植、广场铺装、道路、防洪通道及景观配套设施等。三期工程正在进行前期工作。至年底，赣东大堤景观风光带二、三期工程共完成投资约1000万元。

【梅湖花博园主体工程】 梅湖花博园是南昌市主办的江西省第四届花卉园艺博览交易会主会场，位于梅湖景区内。建设项目包括花博园主园区、景区提升改造、基础设施配套路网、会展商业配套等四部分，总占地面积200公顷。其中主园区规划面积57.6公顷，包括花园南昌区、水墨梅湖区、秀美江西区、百花迎宾区和硕果飘香区五大分景区。主要建设内容为绿化种植工程、景观水系沟槽开挖、防水、驳岸生态护坡，房建、雕塑制作以及园区道路、停车场、夜景灯光等，总投资3.96亿元，主园区项目于2015年6月开工。至2016年底，梅湖花博园园区的五大分景区主体工程基本完工。

【实施千亩以上圩堤应急除险整治】 2016年汛后，南昌市加快推进灾后水利工程建设。省水利厅下达南昌市圩堤险工险段应急除险整治284.5千米，安排资金1.3亿元。其中，千亩圩堤140千米，安排资金0.7亿元；万亩圩堤144.5千米，安排资金1.65亿元，要求在2017

年3月底完工。至年底,县(区)已完成实施方案编制和审批工作,整治工作全面开工。其中,新建区已完成填塘压浸任务10千米,完成资金1669万元。

【小农水重点县建设项目】 2016年,南昌市有3个县列为农田水利建设项目县,其中进贤、安义两县列为中央农田水利建设项目县,南昌县列为省级农田水利建设项目县。项目总投资6362.53万元,其中中央资金2200万元、省级资金2700万元、县级配套资金和群众自筹资金1462.53万元。3个县计划改造农田灌溉面积5266.67公顷,建设渠道衬砌长度132.2千米,年节水量约600万立方米。3个县建设地点分别是:南昌县塘南镇,进贤县长山、李渡、温圳等3个乡镇,安义县乔乐、万埠等6个乡镇。至年底,3个县的小农水项目建设任务已全部完工。

【中型灌区续建配套与节水改造工程】 2016年,安义县长石灌区和进贤县秧塘灌区(中型水库灌区)实施农业综合开发灌区续建配套与节水改造工程。工程计划总投资3200万元,计划改造农田灌溉面积7200公顷。其中,安义县长石灌区投资1600万元,改造农田灌溉面积3706.67公顷,年节水量约400万立方米;进贤县秧塘灌区投资1600万元,改造农田灌溉面积3480公顷,年节水量约400万立方米。至年底,安义县长石灌区节水配套项目基本完成;进贤县秧塘灌区建设项目正在推进,已完成资金1000万元。

【水生态文明村镇验收】 2016年,南昌市继续加大水利基础设施投入,积极推进中小河流治理、农村饮水工程等项目建设,继续开展水生态文明试点创建工作,加强农村集中饮用水源地保护,加强水土保持和生态修复。9月21—26日,市水务局会同相关县区水务局组成验收组,对8处水生态文明村镇进行实地考察评价验收,创建工作都在85分以上,达到验收标准,通过验收。2014年和2015年,南昌市先后分两批共1个乡7个村被列为全省水生态文明建设试点。经过一到二年的创建,基本达到《江西省水生态文明村镇评价暂行办法》的各项指标。

【南昌县小型水利工程管理体制改革】 2016年5月,南昌县小型水利工程管理体制改革通过验收。该项工作于2014年4月启动,经过两年的努力,达到验收标准。此次改革明确了小型水利工程共21214处(座)的产权。其中,小型水库15座、山塘28座、堤防28座、小型泵站253座、小型水闸152座、灌排渠系2.07万处。发放产权证719本,公开招聘管护人员2317人,落实管护人员经费967.32万元、工程养护经费3870.04万元。通过管理体制改革,确保了小型水利工程正常运行。

(谢忠治)

生态保护

【概况】 2016年,南昌市围绕打造生态文明"南昌样板"目标,落实"创新、协调、绿色、开放、共享"五大发展理念,着力在制定绿色规划、发展绿色产业、实施绿色工程、完善绿色制度、创建绿色文化、生态示范创建和农村环境综合整治等工作上持续发力,完成生态空间保护红线区划,自然生态环境和农村环境保护取得较好成绩。

【创建生态示范乡(镇)、村】 2016年,积极开展创建生态示范乡(镇)、村工作,湾里区被命名为国家生态区,新增省级生态乡(镇)3个、省级生态村8个、市级生态村126个。至年底,全市共有国家级生态示范县2个、国家级生态区1个,国家级生态乡(镇)18个;省级生态县(区)4个、省级生态乡(镇)51个、省级生态村69个;市级生态村712个。落实生态创建"以奖代补"资金240万元。

【农村环境综合整治】 2016年,大力开展农村规模化畜禽养殖污染防治和环境综合整治各项工作,积极组织申报、落实中央、省级农村环保专项资金1529万元,其中规模化畜禽养殖场大中型沼气建设项目资金529万元。本级投入农村环保专项资金620万元,其中农村环境连片整治示范项目(共10个)投入资金380万元、生态创建奖补资金240万元。积极开展和推进新农村建设工作,建设新农村村点568个,各级财政安排资金2亿余元,建设乡(镇)、村农村污水处理站47个。

【开展环保宣传】 2016年6月5日,按照"世界环境日"宣传活动要求,组织各县区积极开展各项主题活动。东湖区联合省宣教中心开展"绿生活·我行动"主题活动;西湖区联合区检察院等部门开展"改善环境质量,推动绿色发展"主题活动。为进一步加强新《环境保护法》宣传贯彻力度,市环保局联合省宣教中心、市委党校组织一期县干班环保专题讲座,深入企业开展环保宣讲1次。常态化开展学雷锋环保专业志愿服务活动。进一步落实《全民科学素质行动计划纲要(2006—2010—2020年)》,加强生态文明宣传教育,推进生态文明、美丽南昌建设。

(王帮起)

环境治理

【概况】 2016年,南昌市环保系统大力贯彻新《环境保护法》要求,高度重视生态文明建设,投入大量人力、物力、财力,

2016年8月20日,新建区乌沙河整治施工现场

2016 年 8 月 11 日，南昌市城市截污工程建设新闻通气会举行

持续推进治气、治水、治土等治理工作，走出了一条经济发展和生态文明建设相辅相成、相得益彰的路子，全市环境质量得到进一步改善。

【开展大气、水和土壤污染防治】 2016 年，继续推进大气、水和土壤污染防治，大力开展扬尘专项整治、汽车尾气污染防治专项整治、新禁燃区锅炉拆改、重点企业污染源监管、饮用水源地保护、污水处理厂建设、河湖污染综合治理及流域整治、土壤环境监测修复、农村集中连片整治等重点工作，全市大气环境质量、主要河流湖泊水质及农村环境状况均有明显提高，尤其是空气质量更是在中部地区名列前茅。

【检查环境保护整治情况】 2016 年，联合公安、安监等部门和省市媒体，相继开展清理违法违规建设项目工作、重点行业专项执法检查、涉危险废物环境违法犯罪行为专项行动、环境执法大练兵活动等环保专项行动，突击检查环境保护整治情况。至年底，全市检查企业 6622 家次，比上年增加 61%。其中，行政处罚企业 250 家，比上年增加 79.86%；责令限产停产企业 61 家，增加 32.6%；按日计罚 3 家，实现“零”的突破；查封扣压 33 件，增加 135.71%；移送公安机关行政拘留案件 37 件，增加 131%，行政拘留 39 人，增加 254.55%；移送涉嫌犯罪案件 4 件，增加 300%；清理违法违规建设项目 1618 家，包括 173 家淘汰关闭项目、364 家整顿规范项目、1081 家完善备案项目，排名全省第一。

【大气污染防治】 2016 年，制定并由市政府印发《南昌市 2016 年大气污染防治实施计划》，就空气质量综合管理、污染综合治理等方面工作进行总体安排。继续开展建筑工地及道路扬尘监督监测工作。全年共开展 25 次监测，编辑 25 期《建筑工地与道路扬尘污染治理专刊》，监测 125 个工地和 125 条道路，全市工地扬尘监测达标率为 92.3%，道路扬尘监测达标率为 93.1%。配合市工信委开展淘汰燃煤小锅炉工作。至年底，南昌市建成区共淘汰改造、停用或者使用非煤燃料锅炉 89 台。加强机动车排气污染防治，推进黄标车及老旧车淘汰工作。全年共淘汰黄标车及老旧车 1.24 万辆。严格机动车环保准入审核，继续执行国四及以上排放准入标准，延长机动车环保限行时间，自 2016 年 8 月 1 日起，限行时间由之前的每天 7:00—22:00 延长至每天 24 小时。施行机动车尾气遥感监测，对路上行驶车辆的尾气排放情况实行监督抽测。强化机动车环保检验机构监管指导，定期、不定期对环检机构进行监督检查，督导各环检站基本完成简易工况法线路建设。县区空气质量监测子站联网运行。全市 9 个县（区）、4 个开发区（新区）各建成一个空气质量自动监测子站，并与市级监控中心联网，及时监测县区空气环境质量状况。7 月开始，采取书面文字及手机短信等方式对全市县（区）、开发区（新区）空气质量进行排名并通报。此项工作走在全国前列。

【水污染防治】 2016 年，为贯彻落实国务院《水污染防治行动计划》和省政府《江西省水污染防治工作方案》，制定《南昌市水污染防治工作方案》《2016 年南昌市水污染防治工作计划》，明确全市水污染防治工作主要目标、主要任务、重点项目、保障措施等。完成省政府与市政府签订水污染防治工作目标责任书、市政府与各县（区）政府、开发区（新区）管委会签订水污染防治目标责任书工作，强化各级政府水污染防治工作责任。完成红角洲水厂、下正街水厂、城北水厂饮用水水源保护区域划分工作，并由省政府批复。

【土壤污染防治】 2016 年，组织开展全市土壤污染防治项目库和大宗固体废物堆存场所摸底排查，梳理拟纳入土壤污染状况详查范围的问题突出区域。组织各县（区）环保局、环保分局及局系统相关人员参加省环保厅举办的土壤污染重点行业企业空间位置遥感核实培训班，召开全市工作部署会，强调工作重点，明确任务分工，按照时间节点完成全市 577 家重点土壤污染源遥感核实工作。

【控制污染物排放总量】 2016 年，按计划全面完成减排重点工程建设、减排监测体系建设。经初步核算，全市化学需氧量、氨氮、二氧化硫和氮氧化物四项主要污染物排放总量分别比上年下降 1.39%、4.14%、18.73% 和 5.57%，全面完成年度污染减排目标任务。

【落实权责清单制度】 2016 年，根据《江西省人民政府办公厅关于在全省推行“三单一网”工作的通知》《南昌市政府办公厅关于全面清理市政府部门行政权力推行权责清单制度实施方案》要求，以规范行政职权、明晰履权责任为重点，全面梳理建立权、责清单各 151 项，并通过政府网站向社会公布，使行政权力在阳光下运行并接受社会监督。全年共审批一般类建设项目 179 个，验收 68 个。环保窗口服务满意率达 100%，行政审批案卷评查获全市优秀案卷。

【公开环境政务信息】 2016 年，遵循公正、公平、便民、客观的原则，不断完善政府信息公开制度，及时、准确地做好政府信息公开工作。继续做好环境质量和建设项目环评信息发布，加强污染源环境监管信息公开。全年主动公开各类环境政务信息 1000 余条，处理 7 项依申请公开，发布环境政务微博 114 条，回答网民提问 30 余次。按只减不增要求，认真编制全年“三公”经费预算，并按规定予以公开。 （王帮起）

社会管理和服务

概　述

【概况】 2016年,南昌市就业规模不断扩大,城镇新增就业人数8.6万人,完成全年目标的125.2%;新增转移农村劳动力4.69万人,完成全年目标的141.1%。社会保障更加完善,五大保险超额完成,在全省率先启动机关事业单位养老保险基金运行工作,城乡居民医疗保险统筹力度加大。全市城镇职工参加基本医疗保险人数99.44万人,比上年增加1.25万余人。参加失业保险人数62.38万人,比上年增加1.48万人。城镇参加基本养老保险人数为185.04万人,企业养老金社会化发放率达100%。市老年福利院等项目加快建设,全力打造一批精品社区、精品居家养老服务点、精品敬老院,养老服务水平加快提升。全市拥有各类社会福利单位136个,床位1724张;收养各类人员6924人。城镇社区服务站(中心)698个。城市居民最低生活保障家庭29821户,保障人数56766人;农村居民最低生活保障家庭55507户,保障人数88697人。

劳动与社会保障

【概况】 2016年,南昌市人力资源和社会保障局(以下简称市人社局)坚持“民生为本,人才优先”的工作主线,努力实现就业创业更加充分、社保体系更加健全、人事制度更加规范、人才引进更具成效、劳动关系更加和谐、经办服务更加便捷的总体目标,实现了“十三五”的良好开局,呈现了诸多亮点。全年全市城镇新增就业8.6万人,城镇就业率94.5%;“4050”人员再就业9919人,零就业家庭就业安置率100%;新增转移农村劳动力4.7万人;跨省劳务输出25.9万人;省内工业园区定向培训3.84万人,创业培训2.04万人,家庭服务业培训6280人;发放小额担保贷款12亿元,支持个人创业7.2亿元,劳动密集型、促进就业基地等企业贷款4.8亿元,直接扶持创业者6434人,带动就业3.16万人。全市城镇企业职工基本养老保险参保(含离退休人数)171.57万人,城乡居民养老保险参保140.82万人,参加被征地农民基本养老保险30.1万人,城镇基本医疗保险参保528.5万人,工伤参保93.94万人,生育保险参保48.1万人。

【开展春风行动暨新春大型系列招聘活动】 2016年2月中旬至3月底,积极开展以“搭建供需平台,促进转移就业”为主题的“春风行动”暨新春大型系列招聘活动。活动期间,相继组织举办“春风行动暨大型系列招聘活动”“迎新春大型招聘会”“2016南昌人力春季招聘大会”“服务工业园区大型专场招聘会”等招聘会137场。涉及电子操作、机械制造、纺织服装、物业管理、餐饮服务、食品加工等行业在内的省内外企业4702家(其中工业园区企业1689家)参加招聘或发布信息,提供岗位信息20.18万个(其中工业园区企业提供岗位12.56万个)。累计进场人数12.18万人,4.21万人达成就业意向,其中工业园区企业用工达成就业意向2.29万人。发放春风卡等宣传资料26万份。

【开展民营企业招聘周活动】 2016年4月18—24日,在全市范围内开展以“促进供需对接,助力转型发展”为主题的民营企业招聘周活动。服务对象主要以2016届高校毕业生为重点,同时面向农村进城务工人员、建档立卡贫困人员等各类求职者。通过建立民营企业和求职者就业供需平台,提供就业、创业服务,更好地促进高校毕业生、进城务工农村劳动力及社会各类技能人才和其他劳动者实现就业、创业。招聘周期间全市有涉及机械制造、新能源、工程技术、生物医药、市场营销、物业管理、教育、商贸服务等行业在内的1520家民营企业参加招聘活动,提供空岗信息4.61万条,(其中适合高校毕业生岗位数1.62万条);通过举办专场招聘会,开展送政策、送岗位、送培训、送创业项目进社区、入校园、下乡村等形式多样的活动,帮助7024名求职者与用工单位达成就业意向(其中高校毕业生2003人,进城务工农民工1986人,就业困难群体427人,其他人员2608人);签订职业技能培训协议3679人,发放政策宣传品6.9万份,维权及法律援助668人次。

【举办第三届3·15“诚信用工”企业人才招聘会】 2016年3月19日,为积极引导务工人员到南昌就业,宣传南昌的就业扶持政策和就业环境,打造企业“诚信用工”品牌,提升企业形象及竞争力,规范企业用工行为,举办主题为“创造诚信用工环境,构建和谐劳动关系”的“南昌市第三届3·15‘诚信用工’企业人才招聘会”。此次招聘会组织近100家诚信企业参会,提供岗位5000余个。其中,经开区组织海立电器、滕王阁药业、杭萧钢构、凯马百路佳等20家企业进场纳才。

【举办高校毕业生就业专场招聘会】 2016年,先后举办2016年高校毕业生就业专场招聘会、高校毕业生就业服务月活动暨“赢在起点”高校毕业生就业推荐大会、第四届部分大中城市联合招聘高校毕业生专场活动,共组织奥克斯、欧菲光科技、联思触控、金手指科技等200余家企业进场,提供人事专员、模具技师、文员、农技员等5000余个适合高校毕业生就业的岗位进场招聘。共有5600余名应届和往届毕业未就业的高校毕业生进场求职,达成就业意向422人。招聘现场还设置职业指导专窗,派专人为高校毕业生进行职业指导,并发放《高校毕业生就业创业政策宣传手册》和《高校毕业生职海导航读本》等材料。

【印发做好高校毕业生就业创业工作的通知】 2016年,为认真贯彻落实全国普通高等学校毕业生就业创业工作电视电话会议精神，切实做好全市高校毕业生就业创业工作，确保全市高校毕业生就业创业工作有序开展，印发《关于印发进一步做好我市高校毕业生就业创业工作的实施方案的通知》的通知。通知从开展招聘进校园等20个具体活动项目方面，要求各县区、开发区人力资源社会保障部门开展工作，把解决高校毕业生就业问题纳入重要日程，并结合实际，加强宣传引导，有针对性地对高校毕业生开展就业服务。

【赴外招聘成果丰硕】 为贯彻落实市委、市政府人才强市战略，促进南昌市企业发展，加快人才引进步伐，为南昌打造核心增长极提供人才支撑，2016年10月27—30日，组织全市重点企业组成赴外"南昌招聘团"，在贵州大学、贵州理工学院分别举办招才引智校园专场招聘会；11月17—20日，组织全市工业园区部分重点企业，赴河南郑州大学、河南工业大学开展"南昌是个好地方"工业园区部分重点企业赴河南郑州校园招聘活动。江铃控股、江西五十铃汽车、南昌奥克斯、江西鸿利光电、江西联思触控、泰豪动漫等40余家重点企业携1534个中高级专业技术和经营管理人才岗位参会，初步达成聘用意向共234人。

【劳动保障代理业务微幅波动】 2016年，全市劳动保障代理服务单位共315家（与上年同期持平），服务总人数2.31万人（上年同期为2.43万人），同时承接市不动产登记中心辅助人员、市建委编外人员、市医疗保险事业管理处驻院代表、南昌市机动（处突）辅警等人员的劳务派遣管理工作。全年面对因公车改革司机分流，江铃集团、方大特钢、方大长力、江西洪都钢厂等钢铁汽车制造类企业大幅减员和员工转正，社区网格员转为社区干部等37家单位解除劳动保障代理服务的不利形势，一方面主动协助用工单位处理好公车改革等引起的理赔纠纷；另一方面开展上门走访，挖掘客户资源，新增劳动保障代理服务单位37家，服务单位数得以平衡。

【承接有关单位招聘工作】 2016年，严格按照程序和方案要求组织开展考务工作，完成南昌地铁1号线辅警、市建委编外人员、市医疗保险事业管理处驻院代表等人员的公开招聘工作，共招聘583人。同时，承接2016年市国有企业南昌市政公用集团对外公开招聘工作。根据市政公用集团全年用人需求，组织开展报名、笔试、资格审查、面试等工作，为该企业招聘人才54名。

【恒茂华城散工劳务超市服务再创佳绩】 2016年，南昌市恒茂华城散工劳务超市登记用工单位共430家次，农民工上岗共1.55万人次，接待《人民日报》《中国劳动保障报》《江西晨报》等媒体来访3次，并为超市农民工工会办理《恒茂华城散工劳务超市散工施工队》经营证，为农民工营业创造有利条件。恒茂华城散工劳务超市农民工工会主席朱春财当选江西省劳动模范，其先进事迹先后刊登在《人民日报》《中国劳动保障报》上进行宣传报道，激发农民工的士气，提升劳务超市的知名度。

【挂点帮扶"两创"企业】 2016年，对南昌市大学生电子商务创业孵化基地、南昌市699创业孵化基地、小蓝创业创新孵化基地、南昌市先锋移动互联网创业孵化基地、南昌市青云小镇创业孵化基地进行挂点帮扶。为确保帮扶工作取得实效，对5家企业分别安排1名领导班子成员作为挂点责任人，落实帮扶政策。通过由领导带队对帮扶企业进行上门走访、开展"双创"活动周等形式，共收集5家企业涉及创业政策门槛、创业服务水平、创业政策宣传等方面问题36个，及时解决32个。通过帮扶工作的开展，进一步提高创业服务企业的管理和服务水平，推动创业扶持政策的落地。

【开展青年创业创新大赛】 2016年，按照第二届中国创翼青年创业创新大赛的要求，联合团市委主办"2016南昌'农商银行杯'青年创业创新大赛暨第二届中国创翼青年创业创新大赛初赛（南昌赛区）"。大赛吸引137支来自各地、各大高校及企业和自主创业者报名参赛。通过路演培训、项目展示、决赛答辩、综合评审和创业指导等环节，共有17个团队、13家企业获奖。最终共有4支参赛团队参加"中国创翼"全国总决赛，并取得2个金翼奖，两个银翼奖的优异成绩。通过创新创业大赛进一步展示南昌市青年创新创业的风采，激发全社会的创新创业活力，为南昌市创新创业工作起到积极推动作用。

【实施"111"电商培养工程】 2016年，进一步丰富和完善创业培训工作，不断提升创业意识培养，全面推进校企合作机制，在国际劳工"SIYB"创业培训基础上，积极开展欧洲创业模拟实训项目，大力实施"111"电商培养工程（三年内，培养100个电商团队、1000名电商职业经理人、1万名电商从业人员）。全年开展电商培训1800人次。

【构建"三级"公共创业服务网络】 2016年，在全市范围内开展公共创业服务平台建设，以国家创业示范基地南昌创业指导中心为核心，通过构建创业培训、项目推介、专家咨询、孵化见习、小额贷款、开业指导等"一站式"创业服务体系，在全市13个县区全部建立创业指导中心，在123家街道（乡镇）劳动保障事务所开设创业绿色通道，直接受理创业培训、小额担保贷款等具体业务，形成覆盖市、县（区）、街道（乡镇）的三级创业服务网络。

【建设创业孵化基地】 2016年，将创业孵化基地建设工作作为创业服务工作重点，坚持"政府投资，社会参与，市场运作"模式，充分整合政府、高校、社会各类资源，联合相关部门，融合各部门小企业创业孵化优惠政策，为创业者提供政策、资金、人才、技术、信息、服务等孵化扶持。10月，认真审核味粽创客空间、江西汉昀孵化器、小蓝创新创业基地、699创业孵化基地的申请材料，并联合财政部门进行现场核查后，批准该4家企业为市级创业孵化基地。

【南昌大学生电子商务创业孵化基地荣获国家级创业孵化基地】 2016年12月，南昌市大学生电子商务创业孵化基地被人力资源和社会保障部授予国家级创业孵化示范基地称号，实现南昌市乃至江西省国家级创业孵化基地"零的突破"。按照"政府支持，社会参与，市场运作"模式，整合社会各类资源，在南昌华南城联合打造公共创业孵化平台——南昌市大学生电子商务创业孵化基地。通过创业孵化公共服务中心、电商实训中心和电商配套服务区、电商实践区和电商创业区等"两中心、三服务区"建设，形成为创业者免费提供创业培训、小额贷款、专家指导、开业办证、创业见习、创业孵化等"一条龙"创业服务机制，全面构建政策、资金、人才、技术、信息、服务等"六大"孵化服务体系，逐步建设成为全省规模最大、功能最全的大学生电子商务创业孵化基地。

【举办政、银、企三方创业担保贷款签约仪式】 2016年5月13日，为进一步推动"大众创业、万众创新"，完善创业投融资服务平台，营造良好的创业环境，市人社局、市农商行、各市级创业孵化基地在南昌华南城联合举办“创业贷款、助推众创”政、银、企三方创业担保贷款签约仪式。此协议的签订将帮助南昌市创业孵化基地入驻创业企业,简化审批流程,降低融资成本。这是南昌市政府贴息贷款在创业孵化基地内首次试点信用贷款新模式。

【正式启动机关事业单位养老保险参保线上经办工作】 根据中央和省委、省政府的统一部署,市人社局按照省社保中心统一要求,在做好前期数据摸底及全市符合此次参保实施范围的机关事业单位基本养老保险数据采集和多重复核等大量准备工作的前提下,全市于2016年9月正式启动机关事业单位养老保险参保线上经办工作。至年底,全市机关事业单位养老保险参保(含离退休人数)13.38万人、参保单位3050户。

【助保贷款工作全面启动】 2016年,依据《南昌市困难灵活就业参保人员城镇职工基本养老保险助保贷款实施办法》精神,印制助保贷款政策问答张贴页及宣传册,积极组织对各县区社保经办机构和各乡镇(街道)劳保所进行助保贷款政策和经办操作培训,同时联合合作银行全方位加大宣传力度,扩大政策知晓面和普及面,并督促各县区就此项工作尽快落实到位,推动助保贷款工作全面开展。至年底,全市共办理助保贷款86人,发放贷款358.4万元,财政贴息5.71万元。办理退休人员28人。

【启动退休人员生存认证人脸识别系统】 2016年,在原有依托社区平台、异地社保经办机构协助认证和社保经办机构部门内部认证相结合的认证模式下,全面启动人脸识别系统。依据《关于采用人脸识别技术开展退休人员领取养老保险待遇资格认证工作的通知》的精神,于3月下旬对各个劳保所和县区级社保经办机构工作人员、大型企业经办人及市人社局信息中心“12333”工作人员进行人脸建模业务培训,并于4月1日起采用人脸识别进行退休人员领取养老保险待遇资格认证工作。同时,印刷25万份《南昌市生物识别网页认证操作手册》分发至各个劳保所及社区,方便退休人员在办理人脸建模时领取。至年底,已建模23.08万人,认证率达97%。

【调整养老保险待遇】 2016年,全市圆满完成养老保险待遇调整工作。此次调整是企业职工养老保险和机关事业单位养老保险制度并轨后的首次待遇调整。调整后全市城镇企业退休人员人均月增加164.7元,基本养老金达到每月2161.05元的较高水平。至年底,按时足额为全市53.9万名离退休人员发放基本养老金144.41亿元,其中为市本级26.89万名离退休人员发放基本养老金83.27亿元。同时,按照相关文件要求,首批纳入机关事业单位养老保险制度改革的机关事业单位退休人员均按省人力资源和社会保障厅(以下简称省人社厅)要求调整落实到位。

【设立城乡居民养老保险村级金融便民服务点】 2016年,全市各县(区)城乡居民养老保险业务经办机构积极与当地合作银行协作配合,按照“条件选优、布局合理、逐步推进、全面覆盖”的原则,综合考虑村庄分布、人口数量、经济状况、交通出行等情况,在全市非中心城镇区的行政村设立居民养老保险金融便民服务点。设立城乡居民养老保险村级金融便民服务点为城乡居民办理参保缴费、领取待遇提供方便,打通服务广大农村群众最后“一公里”。至年底,全市符合设立条件的行政村有1050个,已经设立的行政村928个,覆盖率达88.38%。

【启动实施城乡居民基本医疗保险统筹工作】 2016年1月1日,南昌市率先在全省启动实施城乡居民基本医疗保险统筹工作,建立城乡一体化的医疗保障体系。减缓原统筹资金的压力,提高统筹的层次,做到覆盖范围统一、筹资标准统一、待遇水平统一、基金管理统一、经办流程统一、信息系统统一的市级统筹制度。参保缴费更加方便规范、住院起付线降低、医疗待遇大幅度提高、报销比例限额提高、药品选择范围更广,医疗保障体系更加完备,彻底消除城乡医保待遇的二元化差异。

【扩大异地就医及时结算范围】 2016年,不断扩大异地就医结算范围,加大即时结算步伐,形成“政策互认、网络互通、定期结算、就地监管”的异地就医结算思路。为有效解决在外地就医的这部分参保人员来回跑腿、垫付医疗费用的实际困难,在实现与广州异地就医即时结算经办业务,及与省内其他地市异地就医即时结算之后,又推动长江中游四省会城市(武汉、南昌、合肥、长沙)的职工基本医疗保险异地即时结算的互联互通,实现医疗保险区域一体化。至年底,全市共有1266人在广州办理异地就医登记手续,1368人次在广州的定点医疗机构即时结算医疗费用2697.64万元;2135人在其他设区市办理异地就医登记手续,5528人次发生就医即时结算医疗费用688.93万元;80人办理在武汉、合肥、长沙的异地就医登记手续,其中12人发生就医即时结算医疗费用8.35万元。同时,在市本级城镇职工基本医保支出户开设分户,作为各县区异地就医结算往来账户,切实保障参保人异地就医看病难、报销难的问题。

【推出“南昌医保”微信公众号】 2016年,为更好地服务广大医保参保对象,在年底推出“南昌医保”微信公众号。通过搭建微信公众号,进一步拓展南昌医保的宣传覆盖范围,加深参保群众对医保政策的理解,使参保群众足不出户就能方便快捷地了解有关医保动态,更好地实现“数据向上集中,服务向下延伸”的“互联网+高效医保”目标。提高政务服务工作的透明度和公众参与度,同时计划2017年一季度推出医保查询功能,参保人只需手机绑定微信号,就可查询相关信息。

【开通保险基金支出账户网银支付功能】 2016年,开通医疗、工伤、生育保险基金支出账户网银支付功能,全面实现网上支付,极大地提高工作效能,缩短支付时间,减少支出户财务费用。同时从2017年元月起,各险种基金实行预拨方式,即由市财政局在每月月初前5个工作日内,按照市本级当年经批准的基金预算月均支付额,将医疗、工伤、生育保险待遇资金拨付至市医保处相应的基金支出户上,将进一步加快全市医疗保险待遇支付步伐,确保各项待遇按时足额发放。

【加强医疗服务行为和就医行为日常监管】 2016年,出台《南昌市医疗保险事业管理处稽核业务管理规程》,通过强化日常审核稽查,规范协议管理等方式,重监督,强管理,扎实推进医保经办工作,不断提高依法经办水平。采用“稽查+审核”方式,日常稽查与突击检查、举报投诉与年度考核、网上审核与实地检查相结合,双轮驱动,着力加强对医疗服务行为和就医行为的日常监管。结合医保政策调整对医疗服务协议文本进行修改完善,强化协议管理,督促药店进一步重视医疗服务协议,规范履行协议内容,提高医保服务质量。全年暂停药店定点服务协议7家。

【推进工伤保险工作】 2016年5月,出台《关于加快推进建筑业工伤保险工作的通知》,从四个方面推进建筑业工伤保险工作。即未参加工伤保险的项目,一律不予核发施工许可证;已建项目未参加工伤保险的,一律不予办理竣工备案手续;加强四部门沟通协调,统筹监管,各司其职,协调配合,齐抓共管,形成合力;指派专人负责,结合"同舟计划"报表,每两个月向省人社厅和省社保中心报送建筑项目参保情况有关数据。至年底,全市建筑业项目参保率达100%。4月初下发《关于印发〈市本级国家机关、参照公务员法管理的事业单位、社会团体等组织参加工伤保险办法经办流程〉的通知》。至年底,市本级各机关单位参加工伤保险7633人,参保率达93%。同时,完善建立工伤预防和工伤康复长效机制,通过预防降低工伤事故发生率。实现老工伤人员旧伤复发及工伤康复在定点医疗机构的即时结算。

【调整工伤保险费率】 2016年,根据《关于调整工伤保险费率政策的有关问题的通知》和《南昌市工伤保险费率浮动办法》,为进一步减轻企业负担,结合行业风险等级对工伤保险浮动费率进行测算,适时调整工伤保险费率。经核定市本级参加工伤保险的单位共10692家,上浮工伤保险费率265家,不浮动3088家,下浮7339家。全年为企业减轻负担5000万元左右。

【失业保险征缴扩面小幅提升】 2016年,全市失业保险基金征缴3.31亿元,其中市本级2.72亿元、县区5941.89万元;全市完成全年目标任务数的103.5%,其中市本级完成全年目标任务数的93.3%、县区完成目标任务数的207%。全市参加失业保险的职工62.38万人,其中市本级47.15万人、县区15.23万人;全市完成全年目标任务数的108.5%,其中市本级完成全年目标任务数的109.5%、县区完成全年目标任务数的105.5%。

【失业动态监测延伸县区】 2016年,为贯彻人社部和省就业局的统一部署,南昌市从12月起,向县区(开发区)覆盖失业动态监测工作。县区确定75家监测样本企业,市本级75家监测样本企业,全市纳入失业动态监测的样本企业增加到150家,构建成市、县区两级管理,市、县区与监测样本企业三方畅通的工作机制,进一步合理优化监测样本企业结构,常态化规范化开展失业动态监测工作。

【开展失业保险支持企业稳岗补贴工作】 2016年,继续开展失业保险支持企业稳定岗位工作,发挥失业保险保障生活、预防失业、促进就业的作用,减缓企业资金压力,切实支持企业发展。1月,在认真贯彻执行《关于贯彻落实省人社厅等四部门〈关于失业保险支持企业稳定岗位有关问题的通知〉的实施意见》《关于转发〈关于进一步做好失业保险支持企业稳定岗位工作有关问题的通知〉的通知》基础上,为进一步规范稳岗补贴工作的办理程序,按照"简化便捷"的原则,市人社局与市财政局联合下发《关于进一步做好失业保险支持企业稳岗补贴工作的操作细则》,明确政策实施时间,简化政策办理程序,规范补贴申报、审核、拨付的操作细则,进一步将支持企业稳定岗位政策落到实处。全市共为177家符合条件的申报企业发放稳岗补贴金额4461.86万元。其中,市本级发放稳岗补贴金额3556.81万元,受惠企业113家;县区发放稳岗补贴金额905.05万元,受惠企业64家。

【降低失业保险费率】 按照省人社厅、省财政厅联合下发的《关于阶段性降低社会保险费率的通知》要求,自2016年5月1日起,将失业保险费率由2%降至1%。其中用人单位费率由1.5%降至0.5%,职工个人0.5%的费率不变。此次政策性降低费率的期限暂按两年执行。至年底,全市失业保险降低征缴比例已与养老保险降低征缴比例同步执行到位,全市因阶段性降低费率受益的参保单位有9968家,惠及参保职工62.46万人。南昌市为因阶段性降低费率受益的参保单位减负1.97亿元,其中市本级参保单位减负1.6亿元、县区参保单位减负3731万元,进一步降低了企业成本,增强了企业活力。同时,全市参保职工交纳失业保险费率比原来按3%交纳失业保险费率少支出1.32亿元,其中市本级的参保职工少支出1.08亿元、县区的参保职工少支出2417万元。

【核验劳务派遣单位经营情况】 2016年,根据省人社厅《2015年度劳务派遣核验工作公告》要求,开展2015年度劳务派遣单位经营情况核验工作。全市共101家劳动派遣单位参加核验,其中30家为合格、6家为基本合格、5家不合格、60家未开展业务,涉及被派遣劳动者2.56万人。所有检验结果均在市人社局官网公布,接受社会和被派遣单位劳动者监督,载入企业信用记录。

【深化国有企业负责人薪酬制度改革工作】 2016年,南昌市深化国有企业负责人薪酬制度改革工作稳步推进。3月10日,以市委、市政府名义正式印发《关于深化市属企业负责人薪酬制度改革的意见》。根据文件要求,逐步实施。8月5日,由市深化国有企业负责人薪酬制度改革工作小组副组长、副市长肖玉文主持召开全市深化国有企业负责人薪酬制度改革工作会议,贯彻落实《关于深化市属企业负责人薪酬制度改革的意见》,对统筹推进全市深化国有企业负责人薪酬制度改革工作进行全面部署。审核各县区、其他市属国有企业负责人薪酬制度改革方案。同时,召开2015年度市属国有企业在岗职工工资统计工作布置会,汇总统计全市国有企业在岗职工工资数据,掌握全市国有企业在岗职工平均薪酬水平,并出台《市属国有企业负责人薪酬管理监督检查办法》《市属国有企业在岗职工平均工资认定办法》《市属国有企业领导班子和领导人员综合考核评价办法》《市属国有企业负责人经营业绩考核办法》《市属企业负责薪酬信息批露办法》及《关于做好2015年度市属企业负责人薪酬备案工作的通知》一系列政策文件。

【开展农民工工资清欠工作】 2016年元旦、春节"两节"期间,市人社局按照市委、市政府统一部署,认真落实全市农民工工资清欠工作会议精神,全市上下扎实有效地开展农民工工资清欠工作,圆满完成清欠任务,确保全市"两节"期间社会和谐稳定。"两节"期间,全市共处置农民工欠薪案件483起,为1.68万名农民工追回工资2.34亿元。其中,处置涉及20人以上、50万元以上的大案、要案35起,大案、要案结案率100%。全市未发生重大、恶性群体性上访讨薪事件,未发生因过激行为导致不良后果事件,未发生影响社会稳定的农民工讨薪事件,确保省市"两会"和重大政治活动期间的社会安定、祥和。

【监控各类企业使用农民工情况】 2016年,结合全市实际,进一步加强对各类企业使用农民工情况进行日常监控,加大对在建工地的日常监管和检查,同时,探索引入人力资源管理工作机制,将农民工有效纳入城市人力资源管理和公共就业服务体系。全市共查处欠薪案件1139起,为9800名农民工清欠工资1.3亿元,清欠率达97%,案件数、涉案人数及金额同比分别减少23%、35%、28%,呈现出明显下降的态势。全市未出现因拖欠农民工工资产生重大恶性事件，有效保护了农民工合法权益，促进了南昌经济社会发展。市人社局代市政府办公厅起草的南昌市《全面治理拖欠农民工工资问题的实施意见》已上报市政府，待审定后正式出台。

【书面审查用人单位遵守劳动法规情况】 2015年12月1日至2016年6月底，对行政区域内《中华人民共和国劳动法》《中华人民共和国劳动合同法》调整的各类用人单位及有劳动用工行为的国家机关、事业单位、社会团体遵守劳动法律、法规、规章的情况，进行为期半年的书面审查工作。全市共审查用人单位1730家，用人单位整改到位执行率逐年提升，执行率比上年提高5%。随着劳动者维权意识逐步增强，2016年新增社会保险参保人员1583人，同比增加29.6%，审查合格率不断提升，下达限期整改指令书21份，同比下降32%。

【专项治理涉及农民工工资信访维稳突出问题】 2016年4—10月，为认真落实中央、省、市领导关于信访工作的重要批示精神，根据《关于在全市开展涉法涉诉信访案件等五项专项治理活动的工作方案》要求，结合南昌市农民工工资问题实际情况，对涉及农民工工资信访维稳突出问题的38件欠薪案件开展专项治理。至年底，38件欠薪案件均已化解，化解率达100%。

【提高劳动争议案件仲裁水平】 2016年，全年共受理劳动争议案件659件，结案率98%，其中以调解结案占60%。接待群众来访咨询6500余人次，较好地维护当事人的合法权益，促进了社会和谐稳定。同时，不断建立健全规范化建设的长效机制，进一步夯实仲裁机构在组织机构、仲裁办案、人员队伍、基础设施、信息化建设等方面的基础，全面提升仲裁院建设标准化、规范化、专业化水平。

【提升“12333”咨询服务水平和质量】 2016年，通过提高人员业务水平、使用自动机器人、增加人员培训力度、同步省里工作时间、加强电话抽查频率、组织“全国统一咨询日”宣传活动等切实有效措施，进一步提高咨询服务水平和质量。全年南昌市“12333”（社会保障咨询热线）咨询服务中心累计服务179万人次，同比增长39%，占全省服务总量36%。在全省“12333”电话服务质量抽查中，市“12333”质量抽查连续第二次评得全省第一，同时获得全省“12333”咨询服务优秀窗口荣誉称号。市“12333”已经成为政府与老百姓沟通的“绿色通道”，在政策咨询、投诉处理、缓解矛盾等各方面起到很好的实效，品牌影响力显著提升。

【“网上电子社保”城市打造基本成型】 2016年，南昌市社会保险网上业务申报系统实现从社保大楼到就业大厦的迁移，网报系统数据库增加2个，应用服务内存增加一倍，服务能力得到明显提升。进一步深化社会保险网上业务经办系统功能、拓宽服务范围，实现网上办事快捷高效、用户体验良好。至年底，已实现办理六大项共21个业务模块的社保经办项目，网上经办覆盖企业数1.09万家，网报业务量占企业当期业务总量的81%，大大缓解社保经办大厅的压力。正将网上业务经办系统拓展到个人网上业务办理事项，届时将实现个人网上社保缴费等便民功能，将进一步深入推进“网上电子社保”城市的打造。

【大数据开发应用有新突破】 2016年，南昌市城乡居民医疗保险SOA数据集成交换平台顺利落地。通过SOA平台的组织实施，与社保经办方式改革、三单一网、内网平台统一登录等工作互联融合，数据共享、服务发布等方面的标准和规范基本形成。同时，成功接入内网统一认证登录平台、智慧人社、智慧眼、OA等多个系统数据接口，实现数据平稳、安全和高效交换。积极推进大数据开发应用，成功申请成为人社部“互联网＋人社”试点示范城市。完成对现有社会保险核心平台的数据结构的分析和梳理工作，进入分析主题的确立阶段。

（熊循万）

人力资源

【概况】 2016年，南昌市人力资源和社会保障局结合全市实际，以服务发展为导向，积极组织实施中央、省市各项人才工作政策，各类人才工程扎实推进，人才队伍建设进一步加强，人才和引智工作水平不断提升。至年底，全市人才总量118.32万人。其中，专业技术人才43.67万人，技能人才54.7万人，农村实用人才2.88万人。

【四省会城市人才共享服务平台同步上线】 2016年6月25日，长江中游城市群四省会城市人社工作一体化发展第四届会商会暨长江中游城市群四省会城市联合人才交流大会在南昌举行。活动当天，以“融才汇智互惠共赢——互联网＋人才信息共享机制”为主题的人才共享服务平台在四省会城市人社局专业人才网同步上线。四省会城市人才共享服务平台建立起区域内的人才网站联盟，搭建起“一网注册、多网发布”的云平台，初步实现区域内的人才网站联盟信息共享，逐步相互开放人才信息库。通过“一网一库一目录”联合发布年度高层次人才需求目录，在区域内实现人才信息共享。

2016年6月25日，长江中游城市群四省会城市第四届人社工作一体化发展会商会在南昌国际展览中心举行。四省会城市共同启动“互联网＋人才信息”共享云平台

【筹建中国南昌人力资源服务产业园】 2016年，以在南昌经开区、高新区、小蓝开发区筹建人力资源服务产业园为契机，按照“一园三区”的模式向省人社厅、人社部分别申报省级、国家级人力资源服务产业园。着力引导国内外各类知名人力资源服务企业在产业园内落户，同时将辖区内人社部门的技能大师工作室、博士后工作站、留学人员创业园、引才引智创新基地、技能大赛训练基地等公共服务项目全部纳入，形成人力资源服务产业集聚效应，打造江西“智谷”。11月14日，三个产业园已获批省级产业园。国家级产业园申报材料已由省政府报人社部待批。

【指导各县区完成人力资源机构年检工作】 2016年，按照省人社厅对人力资源服务机构年检工作要求，督促各县区人力资源市场管理部门简化年检申报材料，完成对人力资源服务机构的年检。全市51家人力资源服务机构参加年检，47家年检通过，合格通过率92%。审批新增13家人力资源服务机构。承办《南昌市劳动力市场管理条例(废止)》文件代拟工作。经市人大批准，已废止《南昌市劳动力市场管理条例》。

【参加全省人力资源服务机构诚信等级及十强机构评定活动】 2016年，制订出台《南昌市人力资源服务机构诚信等级及人力资源服务业十强机构评定活动实施方案》，成立南昌市人力资源服务机构诚信等级评审委员会，组织全市人力资源服务机构参加江西省人力资源服务机构诚信等级及十强机构评定活动。各县区评选出12家A级诚信机构参加AA级诚信机构的评定。全市评选出10家南昌市诚信等级AA级人力资源服务机构，其中2家服务机构获全省AAA级和“诚信示范”人力资源服务机构荣誉。

【帮助企事业单位引进人才】 2016年，加大全市重点工业产业、重点领域企事业单位的人才引进力度，主动对接南昌市重点支持单位南昌轨道交通等多家企事业单位，帮助其确定入选南昌市高层次引进人员条件和指导创新创业材料申报工作。认真了解企业人才需求，及时发布2016年度人才需求目录。为企业引才引智搭建服务平台，分别在北京、广州、武汉、成都、郑州、贵阳等人才聚集地组织实施南昌市重点企业校园招聘会和高层次人才专场招聘会，受到社会的广泛好评。

【召开全市专业技术人员管理工作会议】 2016年6月29日，组织召开全市专业技术人员管理工作会议。会议传达全省专业技术人员管理工作会议精神，总结2015年全市专业技术人员管理工作，部署2016年工作，明确职称申报、评审等有关问题。

【专业技术资格评审】 2016年，根据省人社厅《关于做好2016年专业技术资格评审工作的通知》要求，下发《关于做好2016年全市专业技术资格评审工作有关问题的通知》，做好2016年职称评审申报工作。全市约1.5万人参加资格审核，近7000人通过。向省人社厅推荐468人参加各系列高级职称评审。全市共有3491人通过各系列(专业)高、中级职称评审。其中，高级职称275人、中级职称3216人。

【深化中小学教师职称制度改革】 2016年，会同市教育局拟定《南昌市深化中小学教师职称制度改革实施方案》，经省人社厅审批后报市政府印发。召开全市2016年度中小学高中级职称评审工作专题部署会，为改革后的首评工作做好准备。同时，做好首批中小学正高级教师评审推荐工作，向省人社厅推荐13名教师参加中小学正高级教师评审，9名教师通过评审。

【推荐“百千万人才工程”省级人选及研修人选】 2016年，根据各县区(开发区、新区)、市直有关单位专业技术人才分布情况，本着行业专业领先、业绩贡献突出、向基层一线急需紧缺人才倾斜的原则，按照一定的比例下达推荐名额。经个人申报、单位和主管部门推荐、专家评审、综合评议、网上公示，向省人社厅推荐谢飞鸣等8人作为南昌市2016年百千万人才工程省级人选。经省人社厅批准，谢飞鸣等6人入选为百千万人才工程省级人选。同时，经省委组织部、省人社厅批准，江西本草天工科技有限责任公司的李志峰为2017年度“百千万人才工程”赴国外研修人选；推荐吴初新、谢飞鸣、李志峰、吕小斌参加研修班。

【推荐选拔“国务院、省政府特殊津贴”人选】 2016年，经个人申请、主管单位申报、专家评审组审核，综合评议，向省人社厅推荐10名专业技术人才(其中，国贴2人、省贴8人)、2名高技能人才(省贴2人)作为南昌市2016年享受国务院、省政府特殊津贴人员推荐人选。7月1日，配合省人社厅对入围的2名国贴、2名省贴的专业技术人员进行考察。经国务院批准，八大山人纪念馆的王凯旋、江联重工股份有限公司的杨文2人享受国务院特殊津贴。经省人社厅批准，江铃控股有限公司的尹伟、南昌永祺科技发展有限公司的易教良2人享受省政府特殊津贴。

【召开南昌市第四届博士后工作联系例会】 2016年4月19日，南昌市第四届博士后工作联系例会在高新大厦召开。省人社厅专技处副处长闻建静，市人社局副局长肖欢，高新区组织部副部长、区人社局副局长张向阳等出席会议。市属各博士后科研工作站、创新实践基地负责人和联系人参加会议。会议充分肯定2015年南昌市博士后管理工作取得的成绩，对2016年度工作进行部署。

【启动第27批中国博士后科技服务团(江西南昌行)活动】 2016年10月19日，由全国博士后管理委员会办公室、中国博士后科学基金会、省人社厅主办，市人社局具体承办的第27批中国博士后科技服务团(江西南昌行)活动在南昌市启动。活动初步建立全国部分博士后流动站、工作站与南昌市博士后科研工作站、创新实践基地之间科技与人才交流的直通车。服务团中的15名博士后通过实地项目对接服务，为南昌市14家企业提供面对面的技术指导和智力支持。其中有10名博士后与南昌市企业达成合作意向，其他未达成协议服务团成员为对接单位提出很好的意见建议。

【实施“洪城特聘专家”计划】 2016年，会同市科技局、市财政局开展2016年南昌市“洪城特聘专家”的招聘工作。经过项目申报、项目筛选、项目考察、发布专家招聘公告、资格审查、专家评审、候选人报市委人才办审核、市政府常务会审定等8个程序，确定朱挺等10人为2016年南昌市“洪城特聘专家”人选。会同市委人才办、市科技局、市财政局组成联合验收小组，对2016年10个“洪城特聘专家”项目进行阶段验收，下达项目阶段经费共150万元。

【推进“农村特殊专长人才创业培养”计划】 2016年，根据《南昌市农村特殊专长人才创业培养“332”工程实施办法》的规定，经县区推荐、专家组评审、市人才工作领导小组审定，确定30个创业培养人选并按成长型、初创型两类进行培养，共下达资助经费240万元。其中，成长型培养人选15名，每名资助10万元；

初创型培养人选15名,每名资助6万元。举办1期市农村特殊专长人才"农产品加工与营销"郑州培训班,选派30名市农村特殊专长人才赴郑州参加专题培训。

【实施"引进国(境)外智力"计划】 2016年,全年共执行市级引智重点项目10项,市级引智一般项目20项。执行完毕的市级引智重点项目可获得每项10万元的经费资助,市级引智一般项目可获得每项5万元的经费资助。全年共下达引进国外智力项目经费200万元,引进国(境)外技术、管理人才到南昌工作150余人次,解决技术、管理难题近30个。

【增设江西南昌留学人员创业园】 2016年,在设立高新区留创园、小蓝经开区留创园、红谷滩新区留创园的基础上,主动对接经开区,增设江西南昌留学人员创业园(经开园区),使留创园覆盖全市所有国家级开发区、新区,形成留创园建设"一园四区"的发展格局。共有38名留学人员入驻留创园。其中,27名留学人员入驻高新区"留创园",6名留学人员入驻小蓝经开区"留创园",5名留学人员入驻红谷滩新区"留创园"。

【举办中国·南昌(经开区)海外高层次人才创新创业洽谈会】 2016年,举办2016中国南昌(经开区)海外高层次人才创新创业洽谈会,邀请20余位海外高层次人才和国家"千人计划"专家参加本次洽谈会。通过对接洽谈,成功引进孙萍博士到欧菲光科技有限公司,另有9名博士与经开区达成合作意向。

【调整南昌市引进海外人才工作站与香港人才工作站】 2016年,按相关文件要求,调整南昌市引进海外人才工作站。全市引进海外人才工作站共10个,涵盖美国、德国、法国、加拿大、日本、韩国、新加坡、澳大利亚等国家和中国香港地区,在对外宣传南昌人才政策、推介南昌引才环境、组织申报"洪城计划"、协助举办"海洽会"等工作中,为南昌市大力引进海外人才发挥应有作用。

【开展外国专家服务活动】 2016年,南昌市2名外国专家获省"庐山友谊奖",8名外国专家获市"滕王阁友谊奖"。11月30日,市人社局举办外国专家"滕王阁友谊奖"颁奖仪式,市委副书记、市长郭安为来自7个国家的8名获奖外国专家颁奖。根据《关于印发南昌市高层次人才疗养活动办法的通知》,全市组织10余名在南昌的优秀外国专家赴贵州休假。组织60余位优秀外国专家分别赴宜春市靖安县、进贤县西湖李家、九江市永修县龙源峡参观考察。全年共办理外国专家到中国工作许可36件,新办外国专家证45件,办理外国专家证延期72件。

【组团赴外开展招才引智】 2016年,按照年度工作计划,市人社局组织高新区留创园、小蓝区留创园、江铃集团、晶能光电、新和科技等单位参加由国家外专局在深圳主办的第十四届中国国际人才交流大会。会上开展引进海外高层次人才对接洽谈,达成引才意向6人。组团赴南京市参加由人社部、国家外专局等部委举办的第九届中国留学人员南京国际合作与交流大会,宣传南昌市人才政策,与兄弟城市交流引才经验。

【组织高技能人才参加高级研修班】 2016年,组织40名"大师"分"生产性""生活性"两批高技能人才赴西安技师学院参加高级研修班。针对"大师"各自行业特点,在研修形式上改以往的"封闭式"为"走读式",平均每天安排学员参观1个以上的职业技能培训学校,并座谈交流。研修期间,共安排20余次座谈交流、4次小组主题讨论以及拓展活动和学员交流论坛等。

【首次举办民间传统技艺"大师"高级研修班】 2016年,组织传统技艺"大师"集中培训,这一举措在全省尚属首次。民间传统技艺"大师"高级研修班在内容上专门根据"大师"们的工作特点,重点考察西安等地"非遗"传承发扬情况等活动;在形式上改以往的"集中封闭"为"边走边学",开展一系列的参观、访学、交流、拓展等活动;在研修深度上突出主题,专门邀请专家学者授课,重点解决"大师"在技术封闭、传承乏力、发展滞后上的困惑和问题。

【创新"大师"认定政策】 2016年,根据省人社厅《开展全省优秀高技能人才直接认定工作的通知》,结合南昌市实际,按照新的政策,对原来因未开展相关职业资格考核鉴定工作而无法取得职业资格证书的技能人才,只要被相关部门、行业(企业)、行业协会公认确有绝技绝活,且工作业绩突出、贡献较大,经过认定有关程序,可以在国家职业资格许可和认定范围内,直接授予技师或高级技师职业资格证书。全年新增高级工以上高技能人才1326名,技师以上151名。

【组织开展职业技能大赛】 2016年10月,举办第四届"洪城杯"职业技能竞赛暨"我能出彩"竞技节。市委常委、常务副市长肖玉文,省人社厅副厅长刘滇鸣等出席。大赛共有数控铣工、美容美发、母婴护理等8个竞赛工种的473名参赛选手同台竞技,共决出一等奖17名、二等奖32名、三等奖48名,共产生技师48名、高级工49名。同时,会同市财政局、市总工会、市妇联等部门联合举办"洪城杯"女职工职业技能(中式面点、西式面点)分赛和"洪城杯"家庭服务业职业技能分赛。大赛促进了优秀技能人才脱颖而出,激发了广大职工和青年学子学习技能和钻研技术的热情,对全社会弘扬"尊重人才、崇尚技能"的时代风尚产生了强大推动作用。

【推进人才培训工程】 2016年,分别与清华大学、北京大学、浙江大学等高校合作举办14期研修班,培训学员760人次。其中,举办10期"211"企业经营管理人才培训专题研修班,培训学员525人次,南昌市"211"企业经营管理人才培训工程三年计划圆满完成;"小微企业主"培训2期,培训学员101人次;"职业经理人"培训2期,培训学员104人次。另外选派30名南昌市优秀企业家参加中国大连高级经理学院选学项目跟班学习,效果明显,深受学员好评。

【加强高层次人才服务】 2016年,组织开展"双高人才"申报工作,江铃汽车集团、怡杉环保、江西银行、汇仁医药、鸿海通信等28家企业122人申报该项目。经初审,110人符合申报条件。全力推进"双创项目"申报工作,江西华清博恩生物科技有限公司、天佳实业、正邦科技等4家企业5个项目到窗口进行申报。做好高层次人才"一卡通"专窗服务工作,为全市高层次人才提供政策咨询、材料受理、申报等服务,累计接待相关咨询80余次;同时配合市委人才办为南昌市第二期市直接人才87人提供政策咨询及补贴发放前的相关材料收集工作。

【办理流动人才职称】 2016年,开拓性地开展人事代理人员和灵活就业人员职称认定、评审等工作,并向窗口前移,使流动人才职称办理更加顺畅。全年共为762人申办职称。其中,初级职称认定705人、中级(高级)职称初审上报51人,省外职称确认4人,遗失补办2人。代发以考代评(经济、会计)专业技术资格证书5261本。

【组织专家服务基层】 2016年,共组织专家"送医送药送农业科技下乡"活动6次,分别在进贤县罗溪镇塔岗村、安义县长均乡长均村、南昌县武阳镇朱坊村和冈上镇蚕石村、高新区麻丘镇鲁溪村及南昌县五星垦殖场梅池村、红井村开展活动,组织医疗、农业专家150余人次下乡义诊、帮扶,赠送药品4万余元,直接受益群众1500余人。开展"百名专家服务基层行动计划"项目8项,分别在西湖区朝阳卫生院、高新区疾控中心、南昌市第六医院、进贤县二塘乡中心学校、新建区人民医院、进贤县北岭林场绿丰生态农业发展有限公司油茶基地、南昌县向塘镇中心小学、南昌县武阳镇农技站开展专项技术帮扶。通过进一步加强此项服务工作的针对性,努力为基层单位找到急需的、合适的专家,解决他们的技术难题。服务活动受到基层群众热烈欢迎,并取得良好的社会效应。

(熊循万)

民政事业

【概况】 2016年,南昌市民政局围绕市委、市政府中心工作,树立"民政为民、民政爱民"理念,强化责任意识,攻坚克难,把握新机遇、迎接新挑战、打开新局面,在服务经济社会发展大局中发挥重要的基础性作用。南昌市被确定为全国首批医养结合试点城市,实现全国双拥模范城"八连冠",在全省率先实现城区低保统筹,全市城市居民家庭经济状况核对工作在中部六省率先实现银行存款信息网络同步查询。创新社会组织监督管理,开展精品社区打造工作,在全省率先规范社区命名,全面强化救灾应急体系建设。

【应对灾情发生】 2016年,全市遭受多次风雹洪涝灾害,受灾人口28万人次,因灾死亡6人,紧急转移安置805人,直接经济损失1.4亿元。面对恶劣天气,迅速启动救灾预警响应,组织力量及时赶赴灾区,指导县区民政局救灾科(股)根据灾情及时启动应急预案,第一时间查灾核灾报灾,确保灾害发生后12小时内受灾群众基本生活得到有效保障。

【制定出台综合防灾减灾规划】 2016年11月18日,南昌市正式印发《南昌市综合防灾减灾规划(2016—2020年)》。规划明确"十三五"时期南昌防灾减灾救灾的发展思路、发展目标、发展任务,是指导南昌防灾减灾救灾事业科学发展的重要文件,是各级减灾委履行防灾减灾救灾职责的主要依据。

【修订自然灾害救助应急预案】 2016年5月,省政府办公厅印发《江西省自然灾害救助应急预案》。为与省政府新修订预案有机衔接、上下对口,南昌市于8月启动市级预案的修订工作。在先后多次征求37个市减灾委员会成员单位和11个相关单位意见的基础上形成送审稿,上报市政府审定,并最终以市政府名义印发。

【开展防灾减灾宣传教育活动】 2016年5月12日是全国第八个"防灾减灾日"。在市委、市政府的统一领导和省减灾委的精心指导下,在各县(区)、开发区(新区)和市直有关部门和单位以及社会各界的积极参与下,全市各级减灾委组织开展以"减少灾害风险,建设安全城市"为主题的系列宣传教育系列活动,营造全社会共同参与防灾减灾工作的浓厚氛围。如,由省减灾委主办、市减灾委协办,在八一广场开展文艺演出、装备展示、心理游戏、咨询义诊、技能培训、搜救犬表演等互动活动,让防灾减灾教育有趣生动起来,吸引近1000名群众参加。同日,市减灾办以"科学减灾依法应对"为主题,在南昌市红谷大厦一楼大厅开展防灾减灾知识、成果图片展活动。市民政局、市气象局等部门和单位的30余块宣传展板,生动形象地向广大市民介绍城市内涝、溺水安全、用水用电安全、消防安全、踩踏事故安全、公共卫生安全、交通安全、雷电防范等各类灾害知识和防范应对措施,吸引大批市民驻足观看。市教育局在全市中小学校组织开展防灾减灾主题教育活动,根据不同年龄段学生特点,通过主题班会、应急演练、专家讲座、观看展览和专题片等方式,营造校园防灾减灾活动氛围。全市向社会公众开放防震减灾科普教育基地、气象科普教育基地等设施和场所,在科普馆、科技馆、博物馆等开辟防灾减灾专区,开展防灾减灾基本技能公众体验活动。

【创建综合减灾示范社区】 2016年,南昌市按照新修订的《全国综合减灾示范社区标准》有关要求,大力推进全市综合减灾示范社区创建工作。在严格遴选、推荐的基础上实地考察,经过严格评比打分,确定最终名额。全年5个社区被评为"全国综合减灾示范社区",9个社区被评为"全省综合减灾示范社区",20个社区被评为"全市综合减灾示范社区"。

【完善社会力量参与救灾工作机制】 2016年8月15日,南昌市出台《关于支持引导社会力量参与救灾工作的实施意见》。实施意见明确南昌市社会力量参与减灾救灾的指导思想、基本原则、重点范围、主要任务和工作要求,填补了南昌市支持引导社会力量参与减灾救灾工作的政策空白。10月上旬,全省召开支持引导社会力量参与救灾工作座谈会,南昌市在会上做情况介绍,获得肯定。

【加强养老体系建设】 2016年,全市养老体系建设不断加强。强化组织领导,力求高位推进。市委、市政府领导多次深入各县区、养老福利机构、特困老年人家庭调研养老服务工作,作出重要批示。8月、10月,分管市领导两次深入医院、养老机构、城乡社区专题调研医养结合工作。11月,市政府召开全市养老服务体系建设工作推进会,研究部署推进南昌市养老服务体系建设工作。为有效整合各部门资源,市民政局草拟《关于成立南昌市加快推进养老服务体系建设工作领导小组的通知》。领导小组主要职责是指导、协调解决养老服务体系建设和改革中的重大问题,定期召开会议,研究制定相关政策措施,督促检查政策的贯彻落实。注重规划引领,科学布局设施。9月,市政府正式批复《南昌市中心城区养老设施空间布局规划(2015—2020)》。该规划列入在全市总体规划之中,填补了长期以来养老服务设施无规划的空白,用规划引领"十三五"养老设施布局。推动"医养"结合试点,促进融合发展。6月,南昌市被国家卫计委、民政部确定为全国首批医养结合试点城市。根据省政府办公厅《转发省卫生计生委等部门关于推进医疗卫生与养老服务融合发展的实施意见》精神,市民政局深入调研,结合实际草拟《南昌市关于推进医疗卫生与养老服务融合发展的实施方案》和《南昌市推进医养结合加快养老事业发展工作课题研究》。提高补助标准,鼓励社会参与。2015年起,南昌市将养老补助资金预算增加到500万元,并提高补助标准。一次性建设补助由每张床位1000—2000元提高至1500—3000元,运营补助由每人每月100元提高至200元;对按规划和标准新建的城乡居家养老服务中心(站)建设补助由每个补助5万元提高至8万—10万元,运营补助1万—3万元。至年底,共有200余家养老机构和居家养老服务站(点)得到资金补助,补助总金额3000余万元。

【社会福利基础设施建设稳步推进】 2016年,南昌市积极争取各级资金,大力推进社会福利基础设施建设。投入近2000万元启动对南昌SOS儿童村和市社会福利院整体提升改造工程。春节前夕,省委书记鹿心社走访南昌SOS儿童村,对儿童村改造工程给予充分肯定。总投资1.8亿元的市老年福利院项目一期建安工程已完工;总投资1.2亿元的市第二福利院(按摩医院)红谷滩分院项目进展顺利;总投资1.9亿元的市第三社会福利院(市精神病院)异地重建项目于8月正式动工;投资1.5亿元的青山湖区社会福利中心已投入使用;东湖区投入近600万元,在福利院内建设一所失能老人照料中心;西湖区投资1亿元启动西湖区康复颐养中心项目;南昌县社会福利院、安义县社会福利中心改扩建项目已基本完工,即将投入使用;进贤县社会福利中心年底动工建设。

【深化公办养老机构改革】 2016年,为降低社会资本进入养老领域门槛,南昌市积极推行PPP模式,将全市养老服务资源推向社会,引导社会力量广泛参与。至年底,总投资1.8亿元的市老年福利院项目建安工程已基本完成,经报市政府批准,采取“公建民营”模式来运营。总投资1.2亿元的青山湖区社会福利中心项目,通过公开招标,引入浙江绿康医院投资管理有限公司进行经营管理。该机构于8月25日正式营业。至年底,入住社会老人、特困供养人员70余人,预订床位的近500名,社会效益正逐步显现。安义县社会福利中心项目已经引入社会资本进行运作。同时,南昌市正在积极指导各县区收集、整理和储备一批PPP养老项目。

【儿童福利保障体系不断完善】 2016年,落实补助配套经费,保障孤儿基本生活。已下拨中央及省级孤儿基本生活保障补助资金996.52万元,市本级配套资金500余万元,各县区配套资金1000余万元,有效保障南昌市2800余名孤儿的基本生活。同时,2名艾滋病病毒感染儿童参照孤儿标准发放基本生活费。加大财政支持力度,健全弃婴救治10分钟保障圈。市财政从2016年起每年安排专项资金,用于保障弃婴医疗救治工作。“弃婴安全岛”与弃婴观察救治中心有效衔接的救助模式日益成熟,弃婴救助工作取得成效。全年共收治弃婴100余名,保障了孤儿的生存权益,取得良好反响。该做法相关经验得到民政部、省政府及省民政厅的高度肯定。优先配租,加强孤儿住房保障和服务。市社会福利院首批符合条件的4名孤儿提出申请,均成功申请到公租房,正在等待交房后搬入新家,为他们顺利走向社会解决后顾之忧。

【发放困难和重度残疾人补贴】 2016年5月,南昌市正式出台《南昌市困难残疾人生活补贴和重度残疾人护理补贴制度实施办法》。按照实施办法要求,市民政局与市残联加强协作,积极组织开展困难残疾人生活补贴和重度残疾人护理补贴发放工作。至年底,已发放残疾人两项补贴3000余万元,有效改善了6.8万名残疾人生活质量。

【慈善事业迈上新台阶】 2016年9月1日,《中华人民共和国慈善法》正式实施。按照省民政厅要求,为推动全社会宣传好、学习好、贯彻好慈善法,营造“以法促善、依法行善”的良好社会氛围,结合南昌市首个“中华慈善日”及第六届“南昌慈善日”系列活动,市委办公厅、市政府办公厅印发《2016年“南昌慈善日”活动实施方案》,在全市开展为期一个月的“南昌慈善日”系列活动。通过报刊、电视广播、网络媒体、手机普法报等媒介,广泛宣传慈善法和全民慈善理念。组织开展“慈善一日捐”“六助一送”、志愿服务、全市慈善法知识竞赛等系列活动,让“依法慈善、人人慈善”理念深入人心。根据民政部、中国银监会《关于做好慈善信托备案有关工作的通知》要求,做好全省首例“天启977号爱飞客公益慈善集合信托计划”备案手续,进一步激发社会各界参与慈善事业的热情。

【福利彩票发行取得新进展】 2016年,全市销售福利彩票6.32亿元,同比增长0.94亿元,增长率17.6%。其中,电脑票销售3.7亿元,增长0.66亿元,增长率21.8%;即开票销售3879.1万元,增长663.58万元,增长率20.6%;中福在线销售2.22亿元,增长0.21亿元,增长率10.9%。

【调整市老龄委成员】 2016年,经报请市政府同意,对市老龄委成员及各成员单位职责进行调整。调整后的市老龄委主任由市委常委、副市长华清兼任,常委副主任由市民政局局长兼任,老龄委成员单位由原来的25个增加至32个,新增南昌警备区政治部、市市场和质量监督管理局、市商务局、市国土资源局、市科技局、市工业信息化委员会和市残联7个单位。

【安排居家养老服务资金】 2016年,市本级财政继续安排258万元资金用于居家养老服务中心(站)补助,比上年增长60.45%。其中,建设补助资金222.4万元、运营补助资金35.6万元,分别比上年增长60.45%、49.33%,共资助中心(站)112个。

【落实老年人“两免”优待政策】 2016年,依据省人大常委会通过《江西省实施〈中华人民共和国老年人权益保障法〉办法》,市政府召开专题协调会,印发《落实65周岁以上老年人“两免”工作协调会议纪要》,明确自2017年1月1日起,全市65周岁及以上老年人可免费进入景区景点,免费乘坐城市公共汽车。同时,简化老年人公益卡办理手续,老年人持有效身份证及1张2寸的彩色照片即可办理,不需再出具《江西省老年人优待证》。全市获益老年人59.09万人。

【评选表彰“敬老文明号”】 2016年,依据全国、省老龄委工作部署,南昌市对20个经县区择优推荐的市级“敬老文明号”候选单位进行考察,评选表彰南昌市老年大学教务科、市老干部活动中心等15个单位为第二届市级“敬老文明号”荣誉称号,并从中择优推荐南昌市老年大学教务科、中国平安财产保险股份有限公司南昌中心支公司团体业务部交通运输业务分部等7个单位参加第二届省级“敬老文明号”评选。

【开展“敬老月”活动】 2016年10月,以“敬老爱老,全民行动”为主题,在全市范围内开展“敬老月”活动。以市老龄委名义对全市182位百岁老人开展走访活动,为每位老人发放1000元节日慰问金。市委常委、副市长、市老龄委主任华清带队走访慰问部分高龄老人代表和养老服务机构,为老年人送上节日的祝福。“敬老月”期间,全市开展的各项敬老活动100余场次,走访慰问高龄、贫困、空巢老年人和养老机构老人近万人次,约3000名志愿者以各种方式参与敬老助老志愿服务活动,发放各类敬老慰问金及物资逾千万元。

【调整部分行政区划】 2016年,加强行政区划管理,满足居民社会服务需求,有效维护社会稳定。按照省民政厅要求，进一步规范行政区划调整申报审批程序，健全完善行政区划调整专家论证和社会稳定风险评估机制。针对南昌县、红谷滩新区、青山湖区、西湖区等要求增（改）设街办问题，组织开展调研，积极争取市政府和省民政厅的重视支持。对全市有调整意愿的乡级行政区划进行摸底，开展乡级行政区划调整统筹，形成工作报告报省民政厅。经过认真调研，组织符合条件的乡申报撤乡设镇、乡镇申报改设街道办事处。为优化城市功能布局，做好省行政中心环境配套工作，对市辖区部分行政区域进行调整，将新建区望城镇的润溪村、双溪村、玲口村、玲北村、渔业村、云塘村、长埇村和生米镇黄佩村共8个村委会划归红谷滩新区沙井街道办事处管辖。

【联合检查县级行政区域界线】 2016年，全市对4条跨市县级行政区域界线和4条市内县级行政区域界线进行联合检查，及时掌握边界地区情况，发现并协商解决行政区域界线标志物损坏、丢失等问题，消除行政区域界线纠纷隐患，维护界线附近地区稳定，确保界线、界桩管护工作符合有关要求。

【启动乡镇级行政区域界线联合检查工作】 2016年，巩固南昌市乡镇级行政区域界线勘定成果，启动开展乡镇行政区域界线联合检查工作，印发《南昌市乡镇级行政区域界线联合检查工作实施方案的通知》，从2017年至2021年，用5年时间完成全市168条乡级行政区域界线联检工作。

【完善平安边界创建机制】 2016年，对全市70个界桩管理任务进行分解，明确责任县区。严格按照界线界桩管理职责，聘请界线界桩联络员、管理员，并签定协议书，建立县、乡、村三级界线界桩管理网络。南昌市在与毗邻地市九江、宜春、上饶、抚州市签订平安边界共建协议的基础上，市内相邻县区之间均签订平安边界共建协议书，建立长效管理机制。同时，规范完善勘界资料管理制度，从边界地区文化、娱乐、治安等方面全方位开展平安边界共建活动，切实维护边界地区的安定团结和社会稳定。

【倡导文明祭祀新风尚】 2016年是南昌市倡导“文明祭祀”巩固提升年。为进一步推进文明祭祀新风，南昌市发布《文明祭祀通告》。通告规定，每年清明、中元节、冬至期间，全市文明祭祀工作设置严控区。严控区是指（东湖区、西湖区、青云谱区、湾里区、青山湖区、新建区、经开区、高新区、红谷滩新区、桑海区）交通主干道、党政机关、重点文物保护单位、沿江边、沿湖边、桥梁下、涵洞内、主要旅游景点和大型广场周边及全市所有经营性墓园。在严控区内，禁止燃放鞭炮、焚烧祭品；禁止违规销售鞭炮、纸扎祭祀品、纸钱和冥币等迷信丧葬用品。城区的严控区以外为控制区。在控制区内，每个社区、村委会内应当设置1个文明祭祀点。12月19日，为深入推进殡葬改革，树立文明新风，确保冬至祭扫安全有序，市文明办、市民政局向全市人民和社会各界发出倡议：树立厚养薄葬的孝德理念、倡导文明节俭的丧葬礼俗、培养高尚文明的公德意识、树立绿色殡葬新风尚、开展文明有序的祭祀祭扫。经过全市有关部门齐心协力和广大市民密切配合，实现了全市清明、中元、冬至期间祭扫活动安全、有序、文明开展。广大市民自觉采用以鲜花、心愿卡、黄丝带、网络等新型载体来表达哀思，绿色环保取代了污染浪费，安全整洁取代了杂乱无序，文明新风取代了陈规陋习，文明祭祀赋予传统节日新内涵。

【推进殡葬行业标准化建设】 2016年，推进殡葬馆区工程改造。工程一期礼厅装修项目已全面完工并投入使用。工程二期主要涉及综合服务楼和守灵房项目。至年底，已完成新建房屋主体结构、屋面工程、外墙工程，正在进行装修及安装工程，力争在2017年3月底前全面完工。10月，市民政局牵头起草《关于加快推进南昌殡葬事业发展的实施意见》和《关于党员干部带头推动殡葬改革的实施意见》，并于12月23日召开的市政府第17次常务会讨论后原则通过。

【提升寻亲服务水平】 2016年，为确保走失老人、流浪精神病人、流浪儿童等受助人员能及时找到亲人、回归家庭，市救助管理站创新救助理念，提升服务水平。开展报刊寻亲，在江南都市报上发布寻亲启事，及时向社会公示无法查明身份户籍的受助人员的基本信息。全年共公告168条寻亲启事。开展“互联网+”寻亲，与“今日头条”合作发布寻人启事，依靠互联网技术精准寻亲。同时，开通官方微信公众号同步推送。全年共推送45条“头条寻人”。开展DNA数据比对寻亲，对滞留在站的受助人员报请公安机关采集DNA数据。公安机关负责组织免费采集，并录入全国打拐DNA信息库比对。全年共采集137名受助人员DNA信息。通过多方面的努力，全年共帮助121名受助人员找到家人。

【开展农村留守儿童关爱保护工作】 2016年，为帮助农村留守儿童健康成长，全市积极开展农村留守儿童关爱保护工作。按照民政部《关于贯彻落实〈国务院关于加强留守儿童关爱保护工作的意见〉的通知》精神和省民政厅、省公安厅、省教育厅《关于印发开展农村留守儿童摸底排查工作实施方案的通知》要求，对全市农村留守儿童进行摸底排查。至年底，全市农村留守儿童总数为36729人。10月17日，市政府印发《关于加强农村留守儿童关爱保护工作的实施方案》，要求全面构建“家庭尽责、源头预防、政府主导、社会参与”的农村留守儿童关爱保护体系，通过一系列农村留守儿童关爱保护工作机制，有效遏制侵害、伤害农村留守儿童权益的事件和安全事故。10月27日，为加强对全市农村留守儿童关爱保护工作的组织领导和统筹协调，市政府办公厅印发《关于成立南昌市农村留守儿童关爱保护工作领导小组的通知》，建立组织机构，明确工作职责。12月19日，召开南昌市农村留守儿童关爱保护工作领导小组第一次全体会议，研究部署全市农村留守儿童关爱保护工作及专项行动，用切实有效的行动，真正让农村留守儿童“有人爱、有人教、有人养、有人护”。

【协调“南昌舰”退役移交南昌】 2016年，迎回“南昌舰”是南昌市建军90周年纪念活动重要任务之一。市民政局积极参与、主动对接、稳步推进。经多方协调、共同努力，9月8日，海军南昌舰退役降旗暨交接仪式在大连旅顺港举行。军地双方在《南昌舰交接书》上签字，标志着退役后的南昌舰被正式移交第二故乡南昌市。

【审核换发伤残人民警察证】 2016年，按照民政部、省民政厅《关于换发伤残人民警察证工作的通知》要求，认真做好伤残人民警察换证审核表的填报、审核和相关材料的收集工作。严格按照操作规程和要求，严把审核关，对符合条件、资料齐全者，及时报省民政厅审核批准。全年共认定伤残人民警察带病回乡人员12人；上报其他各类评残、调残、落户人员87人；对条件不具备、材料不齐全的，不予上报并做好政策解释和思想工作。至年底，全市伤残人民警察证换发工作任务顺利完成。

【落实抚恤补助政策】 2016年,为实现优抚业务精确化、精细化管理,保障优抚资金安全运行,充分发挥业务指导和监督的作用,督促各县区坚持优抚数据定期更新和重点数据定期核查制度,确保优抚信息数据客观真实。经严格督导,各县区高标准、严要求地完善优抚信息管理系统各项数据录入管理工作。落实抚恤补助政策,资金拨付及时到位。向各县区拨付优抚专项资金7311万元。义务兵家庭优待金实现城乡一体化。全年全市共发放义务兵家庭优待金5671万元。为满足重点优抚对象的精神文化需求,提升荣誉感、优越感和幸福感,沿续惯例,全年共安排28批500余名重点优抚对象赴庐山休养。

【验收检查零散烈士纪念设施】 2016年3月开始,为切实做好零散烈士纪念设施建设管理保护工作,市民政局就全市4处零散烈士纪念设施和89座零散烈士墓抢救保护工程进行验收检查。此次验收检查采取实地察看的方式,对烈士墓碑是否完好无残缺、烈士碑上字迹是否清晰、零散烈士墓档案建立等情况进行。至年底,验收检查工作完成,有效促进了零散烈士纪念设施建设管理保护工作的落实。

【开展优抚政策法规宣讲】 2016年,组织各县区分管领导和工作人员,开展2次"优抚政策宣讲"活动,着重宣讲《烈士褒扬条例》《江西省军人抚恤优待条例》等优抚政策法规,交流工作经验和做法,积极推动义务兵家庭优待金城乡一体化工作。

【举办优抚工作业务培训】 2016年5月20日,为加强南昌市优抚队伍建设,进一步提升优抚双拥整体工作水平,市民政局在局机关大会议室举办为期半天的优抚工作业务培训。各县(区)民政局和开发(新)区社发局分管领导及相关工作人员共30余人参加培训。

【走访慰问部队官兵】 2016年,由市民政局牵头的建军90周年纪念活动重点任务之"革命故事宣传和走访慰问"的推进工作按计划稳步推进,获得叶挺独立团和"红九连"的大力支持。元旦、春节期间市领导带队走访慰问江西省军区、江西省武警总队、南昌警备区、南昌陆军学院等部队,并赠送慰问金,共向34个驻昌团以上部队发放慰问金262万元。"八一"期间,安排市领导走访12个基层部队,并发放慰问金60万元。

【发放未就业随军家属生活补助】 2016年,共有808名符合条件的随军家属申请未就业生活补助,共需316.05万元。经联合市财政局进行申请资格审查,核减3人,共有805人符合申领条件,发放经费314.16万元。

【安置退役士兵】 2016年,依据《兵役法》《退役士兵安置条例》建立符合安排工作条件的退役士兵岗位安排工作机制,科学合理制定安置计划,确保重点对象退役士兵得到妥善安置,完成年度接收安置任务。全年共完成城镇退役士兵岗位安置1929人,应自主就业1754人,应岗位安置175人。按每服现役一年4500元标准拨付退役士兵自主就业一次性经济补助资金,共169.88万元。拨付退役士兵待安置期间生活补助经费21.14万元。

【完善退役士兵职业教育和技能培训工作机制】 2016年,根据《南昌市退役士兵职业教育和技能培训工作暂行办法》,与江西省民政学校等8家院校密切配合,进一步完善退役士兵职业教育和技能培训工作机制。至年底,共培训退役士兵550人,推荐就业率达90%以上。

【接收安置军队退休干部】 2016年,积极配合有关部队,简化程序,快速、高效地完成年度军休干部接收安置任务。至年底,共接收安置军队退休干部26人,较好地实现了军队、地方、军休干部和无军籍职工"三满意"。

【提高社区干部待遇】 为进一步提高社区干部待遇,稳定社区干部队伍,结合中部省会城市、省内其他地市工作做法和南昌市实际情况,下发《关于进一步提高社区干部待遇的通知》。从2016年1月起,全市社区干部月工资补贴标准提高500元,社区居委会主任、副主任、委员工资标准分别达到每月2800元、2700元、2500元,跃居全省前列,同时缩小与中部其他省会城市差距。

【城乡社区协商工作成效明显】 2016年,按照市委办公厅、市政府办公厅《关于在村(社区)全面推进基层协商的若干意见》精神,在全市城乡社区全面推进民主协商工作,进一步创新社区治理模式,建立以民情理事会为平台的协商议事机构,明确协商的范围、内容、程序,组织开展各类协商活动,切实解决广大村(居)民群众的实际问题,增强城乡社区的凝聚力和向心力。省委组织部、省民政厅高度评价此项工作,在南昌召开全省村(社区)民主协商工作现场观摩培训推进会,以"南昌模式"在全省推广。10月,省政协副主席钟利贵一行到南昌市考察,对城乡社区协商工作给予了高度评价。

【创建精品社区】 2016年,市社建办制定出台《关于在全市深入开展精品社区创建活动的通知》,指导各城区进一步开展市、区级精品社区创建活动。各城区在打造精品党建、完善精品自治、推行精品服务、营造精品环境、培育精品文化的"五个精品"基础上,注重发掘特色,突出亮点,做到"一居一品",切实打造一批高标准的区级精品社区。随后,市社建办通过实地检查、发放问卷、综合评估等方式,对区级精品社区进行评估验收,并好中选优,优中选精,命名表彰了5个市级精品社区。

【调整成立社区居民自治组织】 2016年,按照便于服务管理、便于居民自治的原则,按每个社区规模适度,一般为1500户左右、最高不宜超过2000户的标准,在全市城区共成立43个社区居委会,并按要求落实社区用房,进一步加快社区居民自治组织全覆盖进程。同时,加大"家改居"工作力度,主动与市委办公厅、市林业局、南昌铁路局、江纺、南大一附院等单位对接沟通,重点抓好社区用房、社区工作经费和社区工作人员的落实。至年底,全市"家改居"工作取得突破性进展,共改制新成立社区24个。

【推进农村社区建设试点】 2016年,根据省委办公厅、省政府办公厅《关于深入推进全省农村社区建设试点工作的实施意见》精神,结合新农村建设,在全市精心挑选出8个省级试点村和34个市级试点村。同时,对照《江西省农村社区建设试点指导标准(试行)》,指导各县区坚持村党组织领导、村委会牵头,以村民自治为根本途径和有效手段,按"一(行政)村一社区"建设模式、"中心(社区服务站)+村落(社区服务店)"服务架构,深入推进农村社区建设试点工作,农村社区治理水平得到进一步提升。

【开展社会组织年检】 2016年3月1日开始,通过开展上门联合年检、开通网上表格下载、优化年检服务流程等方式,对市属社会组织2015年度工作情况进行检查。重点检查社会组织在遵纪守法、机构设置、人员变动、财务运作、业务活动等方面的情况,并相应分别给予

“年检合格”“年检基本合格”“年检不合格”三种检查结果。全年共办理社团年检237件，民办非企业单位年检258件，基金会年检1件，共计496件。其中，合格463件，基本合格33件。检查中，针对少数社会组织存在机构涣散、财务基础薄弱、未及时办理变更事项等问题，提出整改意见，帮助社会组织完善运行机制，收到良好效果。

【推进行业协会商会与行政机关脱钩】 2016年10月10日，联合市发改委下发《关于印发〈第一批全市性行业协会商会与行政机关脱钩工作方案〉的通知》，对行业协会商会与行政机关脱钩工作的主体、范围、工作内容、进度安排、组织实施进行布置和明确，稳步推进行业协会商会与行政机关脱钩工作。至年底，完成第一批20家全市性行业协会商会与行政机关脱钩工作。

【明确社会组织承接政府购买服务资格】 2016年，坚持自愿申报、公正公开的原则，开展全市具备承接政府购买服务资格社会组织目录编制工作。全市共明确57家社会组织的资格，为政府购买社会组织服务提供服务平台和依据。

【查处社会组织违规行为】 2016年，根据少数社会组织存在的问题，依据有关法律法规，就部分社会组织违规开展旧衣捐赠活动、南昌应急救援协会管理混乱、许氏宗亲会未登记非法开展活动等情况开展调查、处理。在查处过程中，邀请媒体记者、省民政厅民间组织管理局工作人员、市执法监督员共同参与，公开、透明执法，引导全市社会组织依法依规开展活动。

【引导社会组织参与社会综合治理】 2016年，确定东湖区、西湖区、青云谱区、红谷滩新区作为社会力量和社会资金参与基层社会治理的试点城区。每个城区确定2个社区作为试点社区，引导社会组织进入社区，积极参与社会综合治理工作，发挥社会组织在开展创新服务模式、优化资源配置、对接服务需求、深化服务体系等方面的积极作用。

【发动社会力量参与扶贫开发工作】 2016年，根据市委、市政府率先实现全面小康动员暨扶贫开发工作会议精神，广泛发动社会各界力量参与扶贫开发工作，推动脱贫攻坚各项工作落到实处。结合南昌县南新乡团结村的实际情况，制定《南昌县南新乡团结村精准扶贫实施方案》，借助社会力量帮助南昌县南新乡团结村实现脱贫。

【加强社会组织党组织建设】 2016年，根据市委组织部《关于实施非公有制经济组织和社会组织“两个覆盖”攻坚计划的通知》要求，结合实际，及时动员部署，强力推进社会组织党的组织和党的工作两个全面覆盖工作。共建立社会组织党组织42个(单建37个、联建5个)，覆盖全部直接登记的社会组织(89家)及市民政局作为业务主管部门的社会组织(11家)。

(殷慧勤)

地名管理

【概况】 2016年，南昌市地名工作以提高地名管理质量和水平为目标，全力做好第二次全国地名普查、地名标志的设置与维护和地名文化建设工作。全年普查地名条目数31669条，新命名市区道路84条，变更起止点道路2条，变更道路通名2条，命名交通设施1座，对地铁3号线20个站点、地铁4号线的24个站点进行命名；命名住宅小区及建筑物44处；对市区259块交通指示牌进行审核；设置国标路牌1486块。

【推进地名普查工作】 2016年，按照省统一部署，采取购买服务的方式，除省试点县进贤县外，全市分二批次开展第二次全国地名普查。第一批先行完成的东湖区、西湖区、湾里区、青山湖区、新建区、南昌县、安义县和第二批完成的青云谱区、西湖区，均按省地名普查办的统一部署完成地名普查工作。全市共采集地名条数3.17万条。在地名普查进入实施阶段后，市地名普查办每周编发简报，对各县(区)、开发(新)区地名普查工作进展情况进行排位通报，并对好的经验和做法进行宣传推广。

【地名普查成果转化】 2016年，开展南昌市地名信息管理系统项目建设，完成项目的招投标工作。按照国家地名普查办的统一部署，启动中华人民共和国标准地名大词典(南昌篇)的撰写工作，完成地名大词典(南昌篇)词条的审定和上报工作。制作南昌市区标准地名图(覆盖九龙湖新城)500份，向各相关单位免费发放。

【设置道路路牌】 2016年，市委、市政府将南昌市道路路牌的设置工作继续列入全市百项惠民便民利民工程。按照全市统一部署，明确责任领导，落实设置经费，分解工作任务。同时，各开发区(新区)明确分管领导，具体负责抓好落实。全市新设置道路路牌1092块，方便群众寻址问路，提升南昌城市形象。

【开展地名文化保护和清理不规范地名工作】 2016年，根据国家和全省统一部署，开展全市地名文化保护和清理整治不规范地名工作。制定《南昌市地名文化保护和清理整治不规范地名实施方案》《南昌市地名文化保护清理整治不规范地名工作推进表》，开展地名文化遗产资源和不规范地名(住宅小区、大型建筑物)摸底调查，列出不规范地名清单。5月，在市委党校举办全市地名普查与地名文化保护培训班，聘请上海市地名办和江西师范大学专家对各县(区)、开发区(新区)地名普查办领导及业务骨干进行培训。培训内容为历史地名分级保护及措施，地名文化调查、鉴定与保护。

【开辟“南昌老地名”专栏】 2016年，继续在《南昌晚报》开辟“南昌老地名”专栏，每周定期刊登江西科技师范大学文学院教授、地方文化研究所副所长黎传绪撰写的解说南昌老地名文章。全年共刊载26篇文章近3万字。通过开辟“南昌老地名”专栏，广泛宣传老地名所蕴含的历史文化，扩大影响力，使南昌老地名深入人心。

【出台社区命名规范】 2016年7月，为进一步规范全市社区命名工作，根据《国务院地名管理条例》《江西省地名管理办法》《南昌市地名管理办法》，结合全市社区命名实际，在征求各县(区)、开发区(新区)意见的基础上，制定出台《南昌市社区命名规范(试行)》办法，对专名的要求、申报的材料、命名的程序进行规范，标准化建设程度得到进一步提升。

2016年南昌市新增道路一览表

序号	批准时间	标准名称	类别	所在辖区	起止点
1	2016-4-20	京尚路	道路	青山湖区	东起京东南大道,西至高新南大道
2	2016-4-20	三都路	道路	青山湖区	西起彭子江巷,东至洪都中大道
3	2016-4-20	进外路	道路	青山湖区	西起工人新村二路,东至洪都中大道
4	2016-4-20	站东一路	道路	青山湖区	西起工人新村二路,东至洪都中大道
5	2016-4-20	站东二路	道路	青山湖区	西起工人新村二路,东至洪都中大道
6	2016-4-20	工人新村四路	道路	青山湖区	北起洛阳路,南至进外路
7	2016-4-20	银峰路	道路	红谷滩新区	北起绿茵路,南至会展路
8	2016-4-20	惠泽路	道路	红谷滩新区	西起红谷中大道,东至银峰路
9	2016-4-20	同乐路	道路	红谷滩新区	北起南龙蟠街,南至宜春大街
10	2016-4-20	同庆路	道路	红谷滩新区	北起霞埠街,南至宜春大街
11	2016-4-20	京宅巷	道路	青云谱区	北起何坊西路,南至京山住宅区
12	2016-4-20	南苑三路	道路	青云谱区	东起南莲路,西至南苑四路
13	2016-4-20	南苑四路	道路	青云谱区	北起南苑一路,南转东至南莲路
14	2016-4-20	青电巷	道路	青云谱区	西起南莲路,东至火电住宅区
15	2016-4-20	新坊巷	道路	青云谱区	西起南莲路,东至铁路
16	2016-4-20	金联巷	道路	青云谱区	西起井冈山大道,东至铁路
17	2016-4-20	青联巷	道路	青云谱区	西起井冈山大道,东至洪客隆仓库
18	2016-4-20	江耐路	道路	青云谱区	南起建设路,北至新丰丽都花园围墙
19	2016-4-20	希圣路	道路	青云谱区	西起塔子桥南路,东至上海南路
20	2016-4-20	三波巷	道路	青云谱区	北起解放西路,南至三波宿舍大门
21	2016-4-20	构件巷	道路	青云谱区	北起建设路西口,南转西至抚河南路
22	2016-4-20	建南巷	道路	青云谱区	北起京山北路,南至通用机械厂
23	2016-4-20	江东巷	道路	青云谱区	西起井冈山大道,东至徐坊街
24	2016-4-20	南缆巷	道路	青云谱区	西起井冈山大道,东转北至江东巷
25	2016-4-20	馨园路	道路	青云谱区	北起焕章东路,南至岱山东路
26	2016-4-20	采矿巷	道路	青云谱区	东起迎宾北大道,西至尧顺路
27	2016-4-20	尧顺路	道路	青云谱区	北起江铃西四路,南至京山南路
28	2016-4-20	福海路	道路	青云谱区	北起焕章路,南至区居家养老服务中心
29	2016-4-20	青渠路	道路	青云谱区	北起解放东路,南至惠民路
30	2016-4-20	新学路	道路	青云谱区	西起青渠路,东至贝斯特幼儿园
31	2016-4-20	农旺路	道路	新建区	西起神牛路,东转南至农艺路
32	2016-4-20	农展路	道路	新建区	东起农旺路,西转南至农圃路
33	2016-4-20	茶花路	道路	新建区	北起神牛路(含主入口广场),南至农展路
34	2016-4-20	五彩路	道路	新建区	东起茶花路,西转南至农圃路

续表

序号	批准时间	标准名称	类别	所在辖区	起止点
35	2016-4-20	农耕路	道路	新建区	北起农强路,南转西至五彩路
36	2016-4-20	农美路	道路	新建区	北起神牛路,南至农圃路
37	2016-4-20	农乐路	道路	新建区	东起五彩路,西转南至农科路
38	2016-4-20	农富路	道路	新建区	东起农乐路,西转南再转东至农科路
39	2016-4-20	樱花路	道路	新建区	东起农展路,西转南至农圃路
40	2016-4-20	神牛路	道路	新建区	北起南安公路,南至105国道
41	2016-4-20	农园路	道路	新建区	北起南安公路,南至105国道
42	2016-4-20	农艺路	道路	新建区	西起茶花路,东至农旺路
43	2016-4-20	农景路	道路	新建区	西起五彩路,东至茶花路
44	2016-4-20	农强路	道路	新建区	西起樱花路,东至农展路
45	2016-4-20	荷花路	道路	新建区	西起樱花路,东至农展路
46	2016-4-20	农庆路	道路	新建区	西起樱花路,东至农乐路
47	2016-4-20	果硕路	道路	新建区	西起五彩路,东至瓜香路
48	2016-4-20	瓜香路	道路	新建区	东起农展路,西转南至农科路
49	2016-4-20	农科路	道路	新建区	南起农圃路,北转东至昌九高速
50	2016-4-20	农圃路	道路	新建区	西起农科路,东至农展路
51	2016-4-20	农勤路	道路	新建区	北起果硕路,南至农耕路
52	2016-4-20	贤士湖路	道路	东湖区	南起贤士横街,北转东至二七北路
53	2016-4-20	金桃路	道路	西湖区	东起桃苑东路,西至桃苑中路
54	2016-7-9	滕洲路	道路	东湖区	东起南江路,西至扬新路
55	2016-7-9	祥华路	道路	东湖区	东起扬新路,西至联民路
56	2016-7-9	前洲路	道路	东湖区	东起南江路,西至扬新路
57	2016-7-9	碧流路	道路	东湖区	东起南江路,西至南洲村下村自然村
58	2016-7-9	熊万路	道路	东湖区	东起南江路,西至扬新路
59	2016-7-9	雷神坛路	道路	东湖区	东起南江路,西至长村村张家洲自然村
60	2016-7-9	樟树林路	道路	东湖区	西起佘山路,东至铁路
61	2016-7-9	金玉路	道路	东湖区	南起玉带河,北至金家山路
62	2016-7-9	新坊路	道路	新建区	东起礼步湖大道,西至兴国南路
63	2016-7-9	东鲁路	道路	新建区	东起邹家路,西转南至拓新路
64	2016-7-9	鹏程路	道路	新建区	东起邹家路,西至长麦路
65	2016-7-9	邹家路	道路	新建区	北起长征西路,南至拓新路
66	2016-7-9	珑庭路	道路	新建区	西起翠苑路,东至红谷十二庭44号楼
67	2016-7-9	和庭路	道路	新建区	西起礼步湖大道,东至红谷十二庭44号楼
68	2016-7-9	兰庭路	道路	新建区	西起礼步湖大道,东至翰庭路
69	2016-7-9	馨庭路	道路	新建区	北起和庭路,南至礼步湖大道

续表

序号	批准时间	标准名称	类别	所在辖区	起止点
70	2016－7－9	翰庭路	道路	新建区	北起和庭路,南至珑庭路
71	2016－7－9	希望大道	道路	新建区	西起坎樵路,东至新工一路
72	2016－7－9	裕丰街	道路	新建区、红谷滩新区	东起玉壶山大道,西至白马山路
73	2016－7－9	裕泰街	道路	新建区、红谷滩新区	东起明月山大道,西至白马山路
74	2016－7－9	璜垦街	道路	新建区、红谷滩新区	西起璜源山路,东至百丈山路
75	2016－7－9	璜源山路	道路	新建区、红谷滩新区	北起武功山大道,南至德兴街
76	2016－7－9	茅山路	道路	新建区、红谷滩新区	北起武功山大道,南至德兴街
77	2016－7－9	白马山路	道路	新建区、红谷滩新区	北起武功山大道,南至龙兴大街
78	2016－12－19	讲武堂路	道路	东湖区	东起八一大道,西至戴家路
79	2016－12－19	和园路	道路	红谷滩新区	东起经开大道,西转北至海河路
80	2016－12－19	昌雄路	道路	青山湖区	西起昌东大道,东至天祥大道
81	2016－12－19	昌泰路	道路	青山湖区	西起昌东大道,东至天祥大道
82	2016－12－19	祥瑞路	道路	红谷滩新区	东起赣江北大道,西至红谷北大道
83	2016－12－19	凤仪路	道路	红谷滩新区	北起黄河路,南至锦江路
84	2016－12－19	旌阳街	道路	西湖区	东起翠花街,西至船山路

2016年南昌市变更起止点道路一览表

序号	标准名称	原起止点	变更后起止点	说明	所属区域
1	拓新路	西起文润路,东至长征西路	西起文润路,东至邹家路	因道路规划调整	新建区
2	连心路	西起长堎大市场,东至兴华路	西转北接子实路,东延伸至礼步湖大道	因道路规划调整	新建区

2016年南昌市变更道路通名一览表

序号	标准名称	原名称	说明	所属区域
1	玉壶山大道	玉壶山路	因道路规划调整,道路宽度达到50米以上	红谷滩新区
2	杨岐山大道	杨岐山路	因道路规划调整,道路宽度达到50米以上	红谷滩新区

2016年南昌市命名交通设施一览表

序号	标准名称	地理位置	说明	所属区域
1	杨家湖互通	金山大道与福银高速的交汇处	原规划名“七里岗互通”	经开区

(张智生)

教　　育

概　述

【概况】　2016年，全市教育部门围绕市委、市政府中心工作，牢固树立创新、协调、绿色、开放、共享的发展理念，以提高教育质量为战略主题，以立德树人为根本任务，以优质均衡为发展方向，以深化改革为创新动力，抓住热点，突出重点，突破难点，强化亮点，全市教育工作取得新成就。各级各类学校发展到1936所，保障155万名在校学生和70万名从业人员学有所教、学有所成，教育体系更加完善。普惠性学前教育资源占比提高到75%，义务教育名校集团化办学覆盖中心城区，优质高中新校区增至8个，普通高中新增特色班26个，教育供给更加优质。职高(中专)、普高招生分别为3万人和3.5万人，在校学生分别为9.5万人和10.3万人，中等教育职普比例合理，教育结构更加优化。实施第二轮优校帮弱校的义务教育集团化办学，校长教师轮岗交流增至2516人，完善义务教育划片招生、就近入学、均衡编班机制，教育改革更加深入。评选表彰优秀教师660名，新增市级学科带头人220名，组织3万余名教师参加继续教育，幼儿园、小学、初中、高中教师学历合格率分别达97%、99.9%、99.7%、92.6%，教育队伍更加优秀。完善南昌教育城域网和智慧校园建设，中小学宽带网络"校校通"达99.5%，教室多媒体覆盖率达91.2%，优质教育资源"班班通"达76.1%，师生网络学习空间拥有率达84.4%，教育现代化更加提速。高考录取31969人，600分以上824人，录取清华北大40人，空军招飞7人，学科竞赛获全国性等级奖93个，幼儿园、小学、初中、高中阶段入学率和高中毕业生升学率分别达90.2%、100%、99.96%、91.9%和84.7%，教育发展五项主要指标名列全省前茅，教育质量更加优良。统一城乡生均公用经费标准，统筹城乡中小学标准化建设，统管城乡师资队伍优化，大力推进城乡教育一体化，教育发展更加均衡。小学、初中、高中招收的16.8万名新生无一例非政策性择校，重点高中"均衡生"比例增至70%，城区公办义务教育学校免费接收6.83万名"民工娃"就近入学，教育政策更加公平。落实多元扶持政策，完善全覆盖资助体系，定点帮扶63个贫困村小学，向5.3万名家庭贫困学生发放助学金1.1亿元，教育扶贫更加精准。创建南昌教育服务中心、学生学业网上免费辅导中心、未成年人心理健康辅导中心，做好大中专毕业生就业指导工作，办好南昌国际学校和内地民族班，帮扶井冈山教育，教育服务更加惠民。开展"昌九一体化"教育互动，参加"长三角"城市群、全国十城市、长江中下游四省会城市教研活动，实施海外培训项目，指导市属学校与国外友好学校交流，教育开放更加活跃。推进学校管理制度化、法制化，建立中小学责任督学挂牌督导制度，探索向民办学校派驻党组书记机制，严禁教育乱收费，严查有偿补课，严肃执纪问责，教育管理更加规范。市委书记、市长关注指导教育改革发展，人大代表、政协委员为教育强市建言献策50条，市直部门支教兴教尽心尽力，教育环境更加优越。各级各类媒体宣传报道南昌教育2300余次(其中中央媒体12次，省级媒体960次)，继续办好南昌电视台"教育讲谈"专栏、南昌广播电视台"学在南昌"栏目，南昌教育官方"两微一网"发布教育信息1610条，荣获全国地市教育部门新媒体优秀奖，教育宣传更加到位。

(杨华根)

2016年12月18日，省委常委、副省长、市委书记殷美根(前排右一)专题调研全市教育工作

教育管理

【概况】　2016年，南昌市强化教育管理，着力促进教育公平，优化教育结构，提高教育质量，提升教育品质，加快构筑高水平教育服务体系，加快推进教育现代化和教育强市建设，为"共筑四强梦"作出了应有贡献。《人民日报》等中央媒体频频点赞南昌教育样板。

【增加政府教育投入】 2016年,全市财政性教育投入90.03亿元,比上年增长5.29%。从春季学期开始,全市统一城乡义务教育学校生均公用经费基准定额,小学每生每年600元,初中每生每年800元。在此基础上,按照年生均200元标准,增加农村寄宿制学校公用经费补助。落实不足100人规模较小学校按100人核定公用经费政策,以及特殊教育学校、随班就读残疾学生公用经费补助和寄宿生生活费补助政策。

【实施"十三五"校建规划】 2016年,制定并实施"十三五"全市中小学校园基本建设规划,412个项目总投资114.14亿元。其中,新建扩建项目170个,新增校园用地370.53万平方米、校舍311.65万平方米、教学班级4684个,投资约107.43亿元;维修改造项目242个,维修改造面积142.8万平方米,投资约6.71亿元。

【加强教育普法工作】 2016年,召开全市教育系统"七五"普法依法治教工作动员部署会,印发《南昌教育系统"七五"普法依法治教工作规划》,推进教育系统普法工作校本化、课程化、活动化、点面结合,保障青少年健康成长。荣获全省"六五"法治宣传教育先进单位。

【强化教育督导评估】 2016年,推动成立"南昌市人民政府教育督导委员会",增强督导工作权威性。全面开展责任督学挂牌督导工作,推动学校规范办学行为、提升办学水平。指导西湖区创建全国责任督学挂牌督导创新县区。加强回访督导和跟踪监测,确保已通过国检的县区向优质均衡迈进。坚持示范带动,实行实地巡查制、按时办结制、跟踪整改督办制、督查通报制和专题信息直报制,多举措指导湾里区、经开区和红谷滩新区顺利通过省检,积极迎接国检。

【提高教师专业素质】 2016年,把好资格准入关,认定6308人教师资格。把好教师入口关,招聘教师1050人、农村定向培养和特岗教师388人、免费师范生81人。实施《南昌市乡村教师支持计划(2015—2020年)》,切实加大乡村教师队伍建设力度。开展第八届"园丁杯"教学竞赛,扎实推进"5432"名师带动计划和"名师工作室"建设,评选第六批学科带头人,发挥名师示范引领作用。组织5200余名教师参加国培、省培,2.68万人参加远程培训,2200余人参加校长培训,提升教师校长专业素养。

【表彰优秀教师】 2016年9月9日,南昌市教育系统庆祝第32个教师节大会召开,表彰100名优秀教师、100名优秀校长、100名优秀教育工作者、100名优秀班主任、100名师德先进个人、100名优秀乡村教师、60位"十佳"先进人物,增强广大教师和教育工作者教书育人的荣誉感和责任感。

【评选"年度教师"】 2016年,为展示新时代南昌教师良好形象,弘扬尊师重教传统,以校荐区选、电视大赛、编印画册、宣传报告等方式,组织开展"年度教师"评选活动。南师附小詹腼荣获"年度教师"称号,5位教师荣获"年度教师"提名奖。

【教育科研成果丰硕】 2016年,全市组织申报省级课题立项96个,结项107个;22项课题入选2018年全国基础教育科研成果评选江西省培育项目;市教育科学"十三五"攻关课题立项66个,结项20个;正式出版《南昌市"十二五"教育科学"十个重大课题"成果汇编》,组织评选市教育科研优秀成果一等奖104项。

【提升教育质量】 2016年,全市高考一本、二本上线率分别提高1.16和1.49个百分点,600分以上824人,高分优势继续保持。40人录取清华、北大,占全省的1/5。高考空军招飞录取7人,占全省的15%。中考及格率提高2.38%,低分率降低1.82%。在全国中小学生艺术展演、科技创新、航海航空航天模型、机器人、电脑制作等竞赛中获奖93个。参加全国中职生技能竞赛获奖13个,并实现江西省国赛一等奖零的突破。

【开展校园周边治安综合治理】 2016年,配合有关部门出动执法人员320人次,整治校园周边占道经营、流动摊点、出店经营8600余起和噪音扰民700余起,发放宣传单3000份,走访出租屋1200户,整治校园周边"四小"食品加工企业303个,27所学校周边新增学校标志、禁停标志、人行横道标志30套,26所学校周边复划黄色网格5200平方米,23所学校周边复划人行横道线3000平方米,33所学校周边复划减速震荡标线3200平方米。

【排查整改学校安全隐患】 2016年,依托隐患管理平台系统,围绕校园网络与信息、校园矛盾纠纷、消防、交通、食品、危化品、治安、集体活动等重点内容,以隐患排查为抓手,采取自查、督查、明查、暗查、交叉查、突击夜查等方式,及时堵塞校园安全漏洞,确保学校和谐平安。全年开展校园督查11次,组织学校自查9次、县区交叉检查1次,督查学校89所,发现并整改隐患47个。

【加强学生资助工作】 2016年,评审和下达各类助学金累计2.05亿元,共资助各类学生126.4万人次。其中,资助学前教育贫困学生6000人次,下达资金839.5万元;为119.98万名义务教育阶段学生免除学杂费和免费提供教科书,下达资金6851.65万元;下达义务教育阶段寄宿生补助名额9000个,资金1105.95万元;下达普通高中国家助学金资助名额2万个,资金4016万元;下达贫困家庭学生高考入学政府资助名额4000个,资金2009万元;下达高校新生入学资助名额817个,资金51.5万元;下达免除普通高中家庭经济困难学生学杂费名额1000个,资金37.6万元;下达中等职业教育国家助学金资助名额3600个,资金653.58万元;下达中等职业教育免学费补助名额1.77万个,资金3383.92万元;办理生源地助学贷款2000份,发放贷款1591万元。

【服务毕业生就业】 2016年,认真做好大中专毕业生档案接收、整理、入库和提档、政审及派遣工作。全年接收档案1.7万份,并免费保管;直接调档6134份;办理派遣手续4526份,办理政审手续189人(其中研究生126人,国家公务员24人,"三支一扶"14人,民航25人)。

【创新教育惠民服务途径】 2016年,筹建南昌教育服务中心,将学籍管理、就业服务、教师招考招聘、民办学校审批等直接面向市民的服务事项集中办理,为社会提供全方位、一站式、高效优质的教育服务,努力打造南昌教育服务人民群众的快速通道。

【办理人大建议政协提案】 2016年,共收到市十四届人大六次会议建议21件、市政协十三届六次会议提案29件,涉及义务教育均衡发展、科教创新、食品卫生、安全稳定等社会关注的热点问题。通过电话联系、见面座谈、走访调研,高效完成办理任务,受到市人大代表、政协委员一致好评。

【化解矛盾促稳定】 2016年,坚持"以人为本,以情治访"原则,综合运用政策、法律、行政等手段,采取教育、协商、调解等方法，依法依理及时解决人民群众反映的热点、难点问题，积极维护人民群众的合法权益。全年处理来信来访295件，接待来访人员2100人次，回复率100%，做到“件件有着落，事事有回音”。

【加强党风廉政建设】　2016年，进一步落实全面从严治党“两个责任”，积极抓早抓小抓预防，同下级党政主要负责人廉政谈话18起，领导干部任前廉政谈话27次。持续抓好中央八项规定精神落实，做好节日廉情监督。实践“四种形态”，强化执纪问责，结合落实市委第三巡察组对反馈的7方面28个问题的整改意见，全年下发函询通知书4次，对23人进行约谈，问责处理9人（次）。其中，行政警告3人，诫勉谈话7人，通报批评8人，调离岗位1人，办理移交线索1件，立案1件。

【治理教育乱收费】　2016年，受理教育乱收费举报240件，受理“局长信箱”中反映情况49件，接省治理办督办函54件、厅长信箱10件，回复大江网“问政江西”群众意见和建议35件。发出督办函71份，派员专项督查、核实76件，办结率100%；清退违规收费165.74万元，约谈违规收费学校校长5人，党政纪处分和其他处理72人。

【治理有偿补课】　2016年，深入推进在职中小学教师有偿补课专项治理，查处局属及民办学校24名教师从事有偿家教违规问题，责成违规教师上交市廉政账户10.5万元、县廉政账户1.31万元，退还家长有偿补课违规所得13.99万元，对违规教师分别给予行政警告、一次性扣除部分奖励性绩效工资、两年内不得参加评先评优及晋升高一级职称的处分，9名学校领导因落实治理在职教师有偿补课主体责任不力被问责。

（杨华根　张　鹏）

学前教育

【概况】　2016年，南昌市着力完善政府主导、公办民办并举的办园体制，构建普惠性学前教育公共服务体系。全市共有幼儿园859所，教学班5497个，毕业幼儿4.32万人，招生4.31万人，在园幼儿14.03万人。其中，教育部门和集体办幼儿园116所，教学班806个，毕业生7864人，招生9000人，在园幼儿2.24万人，教职工2011人，专任教师1502人；民办幼儿园673所，教学班4195所，毕业生3.05万人，招生2.92万人，在园幼儿10.42万人，教职工1.17万人，专任教师6609人；其他部门办幼儿园70所，教学班496个，毕业生4876人，招生4922人，在园幼儿1.38万人，教职工1723人，专任教师983人。按城乡分，城市幼儿园350所，教学班2602个，毕业生2.09万人，招生2.05万人，在园幼儿6.85万人，教职工8397人，专任教师4734人；县镇幼儿园344所，教学班2116个，毕业生1.6万人，招生1.6万人，在园幼儿5.48万人，教职工5341人，专任教师3569人；农村幼儿园165所，教学班779个，毕业生6251人，招生6641人，在园幼儿1.7万人，教职工1274人，专任教师791人。全市学前教育形成公办为示范、民办为主体、城乡全覆盖的格局。

【争取学前教育建设资金】　2016年，共争取中央、省、市级学前教育建设资金1.75亿元（中央资金4646万元、省级资金9894万元、市级资金3000万元），用于支持133所公办幼儿园新建校舍4.87万平方米，改扩建校舍10.2万平方米；用于扶持191所民办幼儿园发展，奖补1193.6万元，政府购买服务68万元，受益幼儿271万人。

【增加公办和普惠性民办幼儿园】　2016年，实施第二期学前教育行动计划，指导县区加强公办幼儿园建设；认真贯彻市政府办公厅《关于印发南昌市城镇小区配套幼儿园管理工作方案的通知》，坚持“一区一策、分类回收、分类管理”的方针，强力推进小区配套幼儿园回收和管理工作。至年底，全市新增公办幼儿园34所，回收和转办普惠性幼儿园69所，增加学位1万余个，全市公办和普惠性民办幼儿园数占幼儿园总数的75%。

【扶持普惠性民办幼儿园】　2016年，先后出台《南昌市普惠性民办幼儿园认定和管理办法》《南昌市普惠性民办幼儿园评估标准》等文件，不断完善配套政策，落实民办幼儿园享受税收、园舍建设等优惠政策，建立“以奖代补”机制，加大对民办幼儿园的扶持力度，进一步助推普惠性民办幼儿园发展，构建学前教育资助长效机制。

【开展示范幼儿园评估】　2016年，依据《南昌市示范幼儿园评估标准》，在全市范围内继续开展达标评优活动，推进幼儿园标准化建设。全年共有4所幼儿园通过省示范幼儿园复评，1所幼儿园参加省示范幼儿园评估，9所幼儿园参加市示范幼儿园评估。

【提升幼儿教师素质】　2016年，组织350余名幼儿教师参加“国培”，2100余人参加省、市、县级培训，120余人参加园长任职资格培训，170余人参加保育员资格培训。通过组织开展幼儿教师在岗培训、继续教育、名师培养、学历提升、比赛评优等活动，全市幼儿教师队伍整体素质得到提升。

【加强幼儿园规范管理】　2016年，出台《关于防止和纠正幼儿教育“小学化”倾向的指导意见》，要求各县区教育行政部门严格执行义务教育招生政策，遵循幼儿身心成长特点和幼儿教育规律，严禁一切形式的小学入学考试，坚持小学一年级“零起点”教学，严禁幼儿园提前教授小学教育内容；制作防止幼儿教育“小学化”倾向的宣传光盘2000份，发放给全市各类幼儿园，形成良好的社会氛围。

【提高学前教育水平】　2016年，组织教研员深入乡镇公办幼儿园听课调研8次，送教下乡2次，进一步提升乡镇公办幼儿园教育教学水平；以研赛合一的形式，组织30余所幼儿园参加区域教研、竞赛展示活动；组织幼儿园开展半日开放活动6次，搭建幼儿园相互学习交流平台；举办幼儿教育专题讲座2次，引领一线幼儿教师学习幼教前沿理念，解决教育教学实际问题。

【县区幼儿园基本情况】　2016年，东湖区有幼儿园53所，教学班451个，毕业生4022人，招生3899人，在园幼儿1.2万人，教职工1522人，专任教师928人；西湖区有幼儿园53所，教学班406个，毕业生3436人，招生3886人，在园幼儿1.07万人，教职工1458人，专任教师764人；青云谱区有幼儿园79所，教学班477个，毕业生4154人，招生2721人，在园幼儿1.15万人，教职工1349人，专任教师679人；湾里区有幼儿园26所，教学班137个，毕业生988人，招生1758人，在园幼儿3322人，教职工347人，专任教师209人；经开区有幼儿园31所，教学班266个，毕业生1451人，招生1657人，在园幼儿7313人，教职工658人，专任教师546人；红谷滩新区有幼儿园34所，教学班302个，毕业生2153人，招生3856人，在园幼儿8312

人,教职工1216人,专任教师670人;高新区有幼儿园18所,教学班147个,毕业生995人,招生1252人,在园幼儿4340人,教职工375人,专任教师212人;青山湖区有幼儿园83所,教学班620个,毕业生4780人,招生4779人,在园幼儿1.67万人,教职工1835人,专任教师1074人;南昌县有幼儿园176所,教学班1069个,毕业生1.07万人,招生1.07万人,在园幼儿2.8万人,教职工2611人,专任教师1629人;新建区有幼儿园41所,教学班327个,毕业生2062人,招生1588人,在园幼儿8173人,教职工791人,专任教师507人;安义县有幼儿园52所,教学班240个,毕业生1058人,招生1720人,在园幼儿5700人,教职工478人,专任教师302人;进贤县有幼儿园213所,教学班1052个,毕业生7388人,招生6289人,在园幼儿2.45万人,教职工2354人,专任教师1577人。

(余　芳)

2016年4月20日,市教育集团发展带动战略启动暨教育集团成立授(揭)牌仪式举行

基础教育

【概况】　2016年,全市有小学672所,毕业生6.2万人,招生6.91万人,在校生41.24万人,教职工1.8万人,专任教师1.7万人;初中215所,毕业生6.41万人,招生6.31万人,在校生18.8万人,教职工(含高中)2.62万人,专任教师1.4万人;特殊教育学校8所,毕业生197人,招生211人,在校生949人,教职工226人,专任教师220人。全市已建成网点布局日趋合理、办学条件不断完善、教育质量逐年提升、区域均衡发展的义务教育服务体系,保障适龄儿童接受良好九年义务教育。全市有普通高中77所,毕业生3.5万人,招生3.55万人,在校生10.3万人,专任教师1.07万人。高中阶段毛入学率达91.9%,高中毕业生升学率达84.7%,高中教育形成高质量、多样化、有特色、可选择的发展格局。

【实施教育集团发展带动战略】　2016年,印发《南昌市教育集团发展带动战略实施方案》。在前期组建40个义务教育集团化联盟及名校大学区的基础上,组建以南昌一中、二中、三中、外国语学校、二十七中、二十八中为龙头校、23所成员校的六大教育集团,推进优质教育资源快速拓展。

【实施教育精准扶贫工作】　2016年,印发《南昌市教育精准扶贫工作方案》,落实多元扶持与资助政策,支持农村贫困家庭学生就学、升学,提升贫困学生综合素质,促进贫困家庭从根本上脱贫。全市共安排各县区教体局、各局属学校定点帮扶63个贫困村的村小或教学点,力争用三年时间,着力构建覆盖全市所有贫困村教育发展的扶持工作机制,实现“一年见成效,两年上台阶,三年大变样”目标。

【推进中小学校长教师交流轮岗】　2016年,进一步加大中小学校长教师交流轮岗工作力度,全市参加交流轮岗的校长教师新增1133人,其中校长98人、骨干教师45人、学科教师932人。通过跨区域、跨城乡、跨集团交流,优质学校辐射示范效应得到增强,义务教育均衡发展有了师资保障。

【严格执行“零择校”政策】　2016年,印发《关于做好2016年义务教育免试就近入学工作的实施意见》及《南昌市2016年义务教育免试就近入学工作政策解读》等相关配套文件,合理划定义务教育学校学区范围,对2016年城区公办义务教育学校招生严格实行容量限额管理。全市小学招收新生6.91万人,初中录取新生6.31万人,未发现一例非政策性择校现象,实现中小学招生“零择校”目标,社会反响良好,人民群众对教育的满意度进一步提升。

【开展义务教育学校管理标准培训】　2016年,举办全市实施《义务教育学校管理标准(试行)》启动仪式暨培训会,邀请北京市海淀区教育科学研究所所长作专题辅导讲座。全市各县区教育行政部门领导及各级各类义务教育学校校长教师代表共400余人参加。

【推进“全面改薄”工作】　2016年,认真贯彻执行中央全面深化改革领导小组审议通过的《全面改善贫困地区义务教育薄弱学校基本办学条件工作专项督导办法》,坚持市县两级联动,推进“全面改薄”工作。至年底,全市“全面改薄”项目累计投入资金9.9亿元,开工54.4万平方米,竣工49.3万平方米,完成设备设施2.3亿元。投资3.6亿元的第四批636所标准化中小学建设基本竣工,农村办学条件明显改善。

【改善农村中小学办学条件】　2016年,坚持各项措施并举,进一步加大投资力度,努力改善农村中小学办学条件,着力推进教育资源均衡配置,不断夯实义务教育均衡发展根基。全年下达市级奖补资金2000万元,支持农村学校基础设施建设项目8个,新增校舍4.6万平方米;争取中央专项资金4490万元,推进53个农村校舍维修改造项目,新改扩建校舍11万平方米,新增校园面积5.9公顷。

【实施老城区教育资源扩充工程】　2016年,针对老城区部分中学生均用地、生均室外活动场地面积不足的问题,结合全市旧城改造,主动协调各级有关部门,组织市十二中、十五中、十六中、二十六中、三十中扩征教育用地共计 5.9 公顷，努力改善老城区教育网点办学条件，为旧城复兴提供教育服务支持。

【加快中心城区义务教育网点建设】 2016 年，进一步加大资金投入，下达市级奖补资金 1.6 亿元，推进中心城区 12 个义务教育网点建设，新建校舍 23 万平方米，新增义务教育网点 7 个、学位 1.5 万个。编制 2017—2018 年度城区义务教育建设工程规划，计划新改扩建 14 所学校，总投资约 10 亿元，新增校舍 29 万平方米、校园用地 55 万平方米、学位 2 万个。

【接收流动人口子女就近入学】 2016 年，为解决城市流动人口子女入学问题，按照有关就近入学规定，组织城区公办中小学接收 6.83 万名流动人员随迁子女就近入学。其中，小学接收 5.08 万人，占全市小学在校生 12.32%；初中接收 1.75 万人，占全市初中在校生 9.34%。

【"南昌出彩课堂"送教到县区】 2016 年，进一步加强课堂教学学习和交流，组织市级名师向进贤县、安义县、青云谱区、青山湖区、新建区、经开区和高新开发区送课送讲座 40 余节，7 县区 3000 余名教师聆听优质课及精彩讲座。"南昌出彩课堂"送课活动，使每一位听课老师和学生收获较大，对进一步加强学校教学管理，提高教师课堂教学水平起到很好的指导和促进作用。

【实施特教提升计划】 2016 年，继续实施《南昌市特殊教育三年提升计划(2014—2016)》，指导各县区加强特殊教育，推进随班就读工作，做好未入学适龄残疾儿童核准统计及入学工作，提高特殊教育学校生均公用经费标准和残疾学生资助水平。

【开展"全国助残日"活动】 2016 年 5 月 13 日，南昌市教育系统第二十六个全国助残日文艺汇演暨捐赠仪式在珠市小学举行。此次汇演主题为"你我同行，共享蓝天"，来自全市 9 所特教学校的学生表演了精彩的节目。汇演共募集善款 100 余万元，让残疾儿童少年感受到社会主义大家庭温暖。

【推进民族教育】 2016 年，指导南昌十七中、莲塘一中、进贤一中和安义中学办好内地民族班，组织全市 7 所中小学、保育院与新疆克州阿克陶县 7 所中小学、幼儿园建立友好学校关系，加强教育教学交流，增进民族团结。

【指导南昌国际学校办学】 2016 年，指导南昌国际学校（江西省唯一一所采用英文为主要教学语言的学习）坚持"恪守承诺、提供高品质且有竞争力的国际教育"办学理念，以质询探索的教学方式，为幼儿园和小学阶段的外籍和港澳台及海归子女提供专业的国际教育课程。学校现有在校学生 18 人(其中幼儿园 6 人、小学 12 人)，分别来自澳大利亚、加拿大、英国、美国、印度、土耳其等国家。现有外籍教师 4 人，中方教师 2 人，中方行政人员 4 人。现任班级教师 JosephAmici 获得 2016 年南昌市外国专家"滕王阁友谊奖"。

【实施优质高中建设工程】 2016 年，南昌实验中学高新校区和南昌三中初中部改造工程列入市政府重大重点工程。实验中学高新校区用地 8 公顷，校舍建筑面积为 6.02 万平方米，总投资 2.7 亿元；南昌三中初中部改造工程用地 6000 平方米，校舍建筑面积 1.49 万平方米，总投资 6269 万元。至年底，九龙湖示范性高中建设项目、南昌三中青山湖新校区二期扩建工程体育综合楼已竣工，南昌实验中学高新校区主体基本完工，朝阳中学、二十六中扩建工程、汽车机电学校昌北校区二期改扩建项目完成前期准备工作。

【推动普通高中多样化特色化发展】 2016 年，举办全市普通高中教育多样化特色化发展专题研修班，鼓励学校新增特长班项目，加强特长班管理。城区 26 所高中招收特长新生 2390 名，八一中学新增国防班，南昌二中新增海军航空实验班，南昌一中、十八中、豫章中学、外国语学校、西山学校等 5 所学校被批准为全省第二批普通高中特色发展试验学校。

【开展普通高中评估工作】 2016 年，协助省教育厅评估小组对南昌三中、南大附中和进贤二中进行评估。南昌三中被评为优秀等次，南大附中和进贤二中被评为合格等次。

【创新普通高中招生工作】 2016 年，改革普通高中招生工作，在规范招生行为和招生秩序的基础上，推出增加平行志愿、优化录取顺序、降低均衡生最低分数控制线、扩大特长招生、实行民办学校网上招生及县区教育精准扶贫优惠录取等新举措。全年计划招生 3.6 万人，实际招生 3.61 万人，高中阶段毛入学率达 91.9%。

【高考录取简况】 2016 年，全市高考录取 31969 人(含保送 119 人，高职单招 2989 人)，占全市报名人数的 79.3%。其中，提前本科批次录取 1859 人；本科一批(含一二本自主招生)录取 3968 人；本科二批录取 9022 人；专科(含贫困定向专科、提前专科、专科一批、专科二批、专科其他批)录取 17022 人。高水平运动员测试合格考生 22 人，取得自主招生资格考生 22 人。40 人录取清华、北大，空军招飞录取 7 人。

【建立南昌市网络教研平台】 2016 年，进一步转变教研方式，充分发挥信息技术在教育教学科研管理上的优势，建立"南昌市网络教研平台"，打造"互联网 + 教育"的网络教研新格局。该平台已成为全市教研工作的布置平台、教研成果的展示平台、教学指导和科学研究的活动平台、过程管理平台和资源共享平台。

【组织教师参加各类比赛】 2016 年，组织各学科教师参加国家、省级比赛 30 余次，获奖教师达 180 余人次。其中，南昌二中王伟伟获全国语文第五届"教学艺术杯"课堂教学大赛高中组一等奖第一名；南昌一中杨诚获全国历史优质课评比一等奖；南京路小学杨舸获全国第二届小学青年教师语文教学观摩一等奖；新建五中喻群、青山湖区教研室刘冬芸获第九届全国中小学外语教师"园丁奖"暨全国三"十佳"外语教师称号；南昌三中姜若菲获第五届全国高中信息技术优质课特等奖；南昌二中许永富获全国真语文系列活动总决赛中学组现场作文大赛、粉笔字比赛、综合赛 3 个一等奖，南师附小詹腼获小学组粉笔字、综合赛一等奖。

（胡利华　侯　婷　廖斌璐　万　勇）

职业技术教育

【概况】 2016 年，全市职业教育以服务南昌发展为宗旨，以促进就业为导向，以创新机制为动力，坚持规模、结构、质量和效益相统一的方针，加快现代职业教育体系建设，深化产教融合、校企合作，为南昌打造带动全省发展的核心增长极、推动经济结构调整和技术进步、促进就业和再就业服务，努力培养高素质劳动者和技能型人才。全市有职业高中19所,毕业生2604人,招生3861人,在校学生9132人,教职工651人,专任教师404人;普通中专33所,毕业生2.93万人,招生2.58万人,在校学生8.54万人,教职工2734人,专任教师2026人;普通高等职业院校26所,毕业生9779人,招生1.62万人,在校学生4.16万人。

【实施职业教育"十三五"规划】 2016年,市政府实施职业教育"十三五"规划,力争通过五年努力,2020年南昌地区中等职业学校(含普通技校)在校生达16万人,高等职业院校(含成人教育院校)在校生达20万人,每年培训各类专业技术服务人员70万人次,90%以上未升学的农村初中、高中毕业生接受职业培训,全市职业教育形成适应发展需求、产教深度融合、中职高职衔接、职业教育与普通教育相互沟通、体现终身教育理念、具有高水平高质量的现代职业教育体系,使南昌成为全国一流的中高级技能人才培养基地。

【出台中等职业教育资源整合规划】 2016年,市政府按照"布局合理、规模适度、结构优化、特色鲜明"的要求,出台《南昌市中等职业教育资源整合规划》,力争通过三年努力,以撤销、合并、划转、建设等措施,基本完成中等职业教育资源整合,重点办好区域内20所(含省属行业办)达标中等职业学校(市直7所),切实解决中职学校普遍存在的"散、小、弱"问题,提高办学质量,优化布局结构,建立适应南昌经济社会发展需要的现代职业教育体系。

【开展"职业教育宣传月"系列活动】 2016年,围绕"弘扬工匠精神,打造技能强国"主题,积极开展"职业教育宣传月"系列活动。组织11所国家级省级重点职校、示范职校和特色职校分成4个小组,分赴5个县区70所中学,面向初三年级毕业生,下发宣传画册1.2万份,重点宣传职教政策和中职学校办学特色,展示职业教育新形象。广泛开展校园开放日、校园文化展示、职业技能展示、为民服务以及校企合作研讨等活动,扩大职业教育影响力。组织媒体深度宣传南昌市职业教育,激发全社会尊重劳动,崇尚技术技能,弘扬工匠精神。

【超额完成中职招生任务】 2016年,全市中职学校实行春秋两季招生,计划招生2.34万人,实际招生2.88万人。其中,市本级招生1.13万人,向省属中专及高职中专部输送生源1.1万人,市技工学校招生6484人。

【启动精品专业评估认定】 2016年,通过评估,认定南昌市卫生学校护理专业等8所学校11个专业为南昌市中等职业学校精品特色专业。同时鼓励各中职学校创建精品特色专业,扎实推进布局合理、结构优化、特色鲜明、品牌纷呈的南昌市中等职业教育专业体系建设。

【实施"技能名师"培养计划】 2016年,充分发挥高水平专业教师和行业企业高技能人才的示范带动作用,提升中等职业学校技能人才培养质量,启动"职业教育技能名师工作室"建设,认定南昌一专机械专业黎明工作室等5个中等职业教育专业技能名师工作室。"十三五"期间,全市计划建设20—30个名师工作室,充分发挥拔尖人才在教师队伍建设中的辐射、引领和示范作用。

【开展"现代学徒制"试点】 2016年,南昌汽车机电学校以"汽车运用与维修专业"为试点项目,与江西翔笛汽车服务有限公司、江西车程无忧网络科技有限公司联手开展现代学徒制改革试点,创新人才培养模式改革,培养高技能人才,着力构建校企分工合作、协同育人、共同发展的长效机制,努力打造现代学徒制试点工作的样板和典范,为建设具有特色的现代学徒制度、推动现代职教体系发展做出贡献。

【提高职业教育质量】 2016年,大力推进职教课程与教学资源建设,制定全市中等职业学校语文、数学、英语、计算机应用基础实施性教学要求,做好公共文化基础课质量检测和师生专业技能抽测工作,编制各专业考核标准,实施《南昌市中等职业学校学生公约》,着力提高学生综合素质。

【组织参加中职学生技能竞赛】 2016年,围绕"展示风采、提升素质、锻炼技能"主题,组织中职学生参加校、区、市、省、国五级技能竞赛。155名优秀选手参加43项省级竞赛,获全省第一的好成绩;参加全国竞赛,获一等奖1个、二等奖4个、三等奖8个,实现国赛一等奖零的突破。召开表彰大会,向参赛学校颁发300万元奖金。

【促进中职毕业生就业】 2016年,市属中职学校毕业生8001人,(普通中专5346人、职业高中2461人、成人中专194人),就业7395人,就业率达92.4%,专业对口率为75.9%,其中本地就业比例占39.2%。

【中等专业学校简况】 2016年,江西工程学校毕业生1053人,招生892人,在校学生2628人,教职工90人,专任教师55人;南昌女子中等专业学校毕业生950人,招生210人,在校学生1482人,教职工52人,专任教师34人;江西中山舞蹈学校毕业生49人,招生37人,在校学生293人,教职工39人,专任教师24人;江西工业职业技术学院毕业生119人,招生162人,在校学生705人;南昌保险学校毕业生61人,招生59人,在校学生266人,教职工34人,专任教师17人;江西医药学校毕业生3988人,招生2221人,在校学生6597人,教职工199人,专任教师162人;江西水利水电学校毕业生1662人,招生316人,在校学生4064人,教职工123人,专任教师85人;江西交通职业技术学院毕业生572人,招生501人,在校学生1551人;南昌教育学院毕业生131人,招生261人,在校学生546人;江西外语外贸职业学院毕业生498人,在校学生256人;江西青年职业学院毕业生38人,招生526人,在校学生1143人;江西化学工业学校毕业生1738人,招生1270人,在校学生3409人,教职工185人,专任教师94人;江西建设工程学校毕业生543人,招生120人,在校学生1436人,教职工59人,专任教师43人;南昌工业学校毕业生497人,招生831人,在校学生1894人,教职工93人,专任教师77人;南昌理工学院毕业生92人,招生263人,在校学生514人;江西泛美艺术中专学校毕业生267人,招生59人,在校学生266人,教职工39人,专任教师17人;南昌市卫生学校毕业生1522人,招生1764人,在校学生4964人,教职工159人,专任教师124人;江西商务学校毕业生897人,招生1974人,在校学生4248人,教职工139人,专任教师88人;江西广播电视学校毕业生164人,招生343人,在校学生667人,教职工49人,专任教师25人;南昌汽车机电学校毕业生829人,招生1296人,在校生3152人,教职工128人,专任教师119人;南昌广播电视中专毕业生77人,招生371人,在校学生430人,教职工16人,专任教师14人;江西建筑工业学校毕业生604人,招生824人,在校学生2030人,教职工138人,专任教师69人;江西先锋软件职业技术学院毕业生693人,招生782人,在校学生1070人;南昌第一中等专业学校毕业生

2088 人，招生 2877 人，在校学生 7062 人，教职工 192 人，专任教师 187 人；江西现代职业技术学院毕业生 971 人，招生 1778 人，在校学生 5202 人；江西制造职业技术学院毕业生 104 人，招生 447 人，在校学生 1390 人；江西航空职业技术学院毕业生 49 人，招生 120 人，在校学生 217 人；江西信息科技学院毕业生 312 人，招生 623 人，在校学生 1386 人，教职工 56 人，专任教师 35 人；江西工业贸易职业技术学院毕业生 249 人，招生 400 人，在校学生 1057 人；江西女子中等专业学校毕业生 424 人，招生 376 人，在校学生 1162 人，教职工 40 人，专任教师 40 人；江西机电职业技术学院毕业生 214 人，招生 928 人，在校学生 2147 人；江西生物科技职业学院毕业生 40 人，招生 179 人，在校学生 436 人；江西电子信息工程学院毕业生 3201 人，招生 3952 人，在校学生 11642 人，教职工 247 人，专任教师 228 人；江西信息应用职业技术学院毕业生 70 人，招生 14 人，在校学生 68 人；江西体育运动学校毕业生 210 人，招生 200 人，在校学生 602 人，教职工 147 人，专任教师 97 人；南昌体育运动学校毕业生 70 人，招生 131 人，在校学生 318 人，教职工 38 人，专任教师 11 人；江西艺术职业学院毕业生 124 人，招生 172 人，在校学生 781 人；江西民政学校毕业生 381 人，招生 577 人，在校学生 1611 人，教职工 49 人，专任教师 30 人；南昌师范高等专科学校毕业生 921 人，招生 747 人，在校学生 2433 人；江西旅游商贸职业学院毕业生 620 人，招生 1836 人，在校学生 4804 人；江西科技职业学院招生 61 人，在校学生 286 人；江西服装学院毕业生 91 人，招生 157 人，在校学生 403 人；江西司法警官职业学院毕业生 380 人，招生 499 人，在校学生 1280 人；江西建设职业技术学院毕业生 397；江西水利职业学院招生 311 人，在校学生 1035 人；南昌铁路保安中等专业学校毕业生 228 人，招生 271 人，在校学生 704 人，教职工 53 人，专任教师 44 人；江西卫生职业学院毕业生 2423 人，招生 1243 人，在校学生 7706 人；江西传媒职业学院毕业生 103 人，招生 110 人，在校学生 505 人；江西工商职业技术学院招生 68 人，在校学生 184 人；江西工业工程学校毕业生 111 人，招生 181 人，在校学生 620 人，教职工 54 人，专任教师 16 人。

（宗　萍　张　敏）

高等教育

【概况】　2016 年，南昌市提升市属高校规模、结构、质量和效益，支持和服务驻昌省属高校建设，积极争取和有效利用区域内高校资源，提高高等教育大众化水平。全市现有普通高校 53 所，毕业生 13.8 万人，招生 17.7 万人，在校学生 58.7 万人，教职工 4.7 万人，专任教师 3.3 万人。

【高教体系不断完善】　2016 年，全市形成多层次、多形式、学科门类较齐全的高等教育体系。其中，综合大学 16 所，理工院校 19 所，农业院校 2 所，医药院校 3 所，师范院校 3 所，财经院校 6 所，政法院校 2 所，艺术院校 2 所。

【扩大研究生培养规模】　2016 年，全市招收研究生的院校 9 所，研究生毕业生 7347 人，招生 8432 人，在校生 2.36 万人。其中，南昌大学研究生毕业生 2629 人，招生 3133 人，在校生 8414 人；华东交通大学研究生毕业生 556 人，招生 653 人，在校生 1842 人；南昌航空大学研究生毕业生 542 人，招生 604 人，在校生 1751 人；江西农业大学研究生毕业生 490 人，招生 511 人，在校生 1454 人；江西中医药大学研究生毕业生 346 人，招生 409 人，在校生 1143 人；江西师范大学研究生毕业生 1336 人，招生 1462 人，在校生 4248 人；江西财经大学研究生毕业生 1216 人，招生 1344 人，在校生 3843 人；江西科技师范大学研究生毕业生 201 人，招生 251 人，在校生 726 人；南昌工程学院研究生毕业生 31 人，招生 55 人，在校学生 138 人。

【普通高校基本情况】　2016 年，南昌大学毕业生 1.44 万人，招生 1.37 万人，在校学生 5.42 万人，教职工 4688 人，专任教师 3165 人；华东交通大学毕业生 5219 人，招生 5480 人，在校学生 2.17 万人，教职工 1946 人，专任教师 1280 人；南昌航空大学毕业生 5187 人，招生 5354 人，在校学生 2.05 万人，教职工 1971 人，专任教师 1281 人；江西农业大学毕业生 4337 人，招生 4827 人，在校学生 1.9 万人，教职工 2504 人，专任教师 1047 人；江西卫生职业学院毕业生 1905 人，招生 2981 人，在校学生 7062 人，教职工 465 人，专任教师 393 人；江西中医药大学毕业生 2885 人，招生 2803 人，在校学生 1.18 万人，教职工 1100 人，专任教师 845 人；江西师范大学毕业生 7111 人，招生 6818 人，在校学生 2.87 万人，教职工 2640 人，专任教师 1687 人；江西财经大学毕业生 5775 人，招生 5467 人，在校学生 2.16 万人，教职工 2271 人，专任教师 1587 人；江西工业职业技术学院毕业生 2600 人，招生 3817 人，在校学生 9595 人，教职工 611 人，专任教师 511 人；江西科技师范大学毕业生 5934 人，招生 6260 人，在校学生 2.27 万人，教职工 1665 人，专任教师 1423 人；江西警察学院毕业生 1781 人，招生 1414 人，在校学生 5843 人，教职工 478 人，专任教师 369 人；江西旅游商贸职业学院毕业生 3663 人，招生 4213 人，在校学生 1.32 万人，教职工 1282 人，专任教师 860 人；江西豪泰动漫职业学院毕业生 979 人，招生 2582 人，在校学生 5418 人，教职工 498 人，专任教师 282 人；江西艺术职业学院毕业生 264 人，招生 606 人，在校学生 1336 人，教职工 247 人，专任教师 196 人；江西信息应用职业技术学院毕业生 1366 人，招生 1981 人，在校学生 5266 人，教职工 3317 人，专任教师 262 人；江西交通职业技术学院毕业生 1699 人，招生 3189 人，在校学生 8672 人，教职工 569 人，专任教师 406 人；江西工程职业学院毕业生 1089 人，招生 2127 人，在校学生 5053 人，教职工 339 人，专任教师 268 人；江西现代职业技术学院毕业生 4034 人，招生 4947 人，在校学生 1.42 万人，教职工 1082 人，专任教师 893 人；江西机电职业技术学院毕业生 1743 人，招生 2864 人，在校学生 6790 人，教职工 421 人，专任教师 312 人；江西生物科技职业学院毕业生 728 人，招生 2504 人，在校学生 5796 人，教职工 357 人，专任教师 280 人；江西外语外贸职业学院毕业生 3926 人，招生 4379 人，在校学生 1.24 万人，教职工 716 人，专任教师 568 人；南昌工程学院毕业生 4997 人，招生 4614 人，在校学生 1.77 万人，教职工 1335 人，专任教师 965 人；江西工商职业技术学院毕业生 284 人，招生 1149 人，在校学生 2237 人，教职工 219 人，专任教师 120 人；南昌理工学院毕业生 7111 人，招生 8215 人，在校学生 3.37 万人，教职工 2208 人，专任教师 1854 人；江西电力职业技术学院毕业生 790 人，招生 698 人，在校学生 2149 人，教职工 569 人，专任教师 258 人；江西工业贸易职业技术学院毕业生 1348 人，招生 2604 人，在校学生 8025 人，教职工 481 人，专任教师 387 人；江西服装学院毕业生 2230 人，招生 4011 人，在校学生 1.15 万人,教职工982人,专任教师630人;江西科技职业学院毕业生399人,招生2375人,在校学生4717人,教职工376人,专任教师263人;江西科技学院毕业生9091人,招生9184人,在校学生3.58万人,教职工2403人,专任教师1961人;南昌职业学院毕业生2241人,招生4134人,在校学生1.09万人,教职工838人,专任教师598人;南昌师范学院毕业生2191人,招生2372人,在校学生7568人,教职工548人,专任教师411人;江西经济管理职业学院毕业生907人,在校学生1551人,教职工374人,专任教师226人;南昌教育学院毕业生474人,招生1114人,在校学生2770人,教职工143人,专任教师130人;江西司法警官职业学院毕业生1665人,招生2314人,在校学生5470人,教职工408人,专任教师279人;江西先锋软件职业技术学院毕业生791人,招生2941人,在校学生5010人,教职工439人,专任教师308人;江西制造职业技术学院毕业生995人,招生2567人,在校学生5833人,教职工350人,专任教师273人;江西航空职业技术学院毕业生760人,招生1415人,在校学生3412人,教职工194人,专任教师151人;江西水利职业学院招生1009人,在校学生2004人,教职工165人,专任教师118人;江西中医药大学科技学院毕业生1501人,招生1678人,在校学生7531人,教职工553人,专任教师410人;江西科技师范大学理工学院毕业生868人,招生1152人,在校学生4722人,教职工328人,专任教师263人;江西财经大学现代经济管理学院毕业生1654人,招生1949人,在校学生7069人,教职工479人,专任教师393人;南昌工学院毕业生2764人,招生5355人,在校学生18821人,教职工1527人,专任教师968人;江西师范大学科技学院毕业生1612人,招生1730人,在校学生6845人,教职工363人,专任教师280人;华东交通大学理工学院毕业生3151人,招生3176人,在校学生1.26万人,教职工777人,专任教师709人;江西青年职业学院毕业生562人,招生1337人,在校学生3553人,教职工185人,专任教师130人;江西农业大学南昌商学院毕业生1621人,招生1641人,在校学生6878人,教职工448人,专任教师368人;南昌大学科学技术学院毕业生3018人,招生2154人,在校学生1.06万人,教职工878人,专任教师614人;南昌航空大学科技学院毕业生1476人,招生1694人,在校学生6592人,教职工517人,专任教师347人;江西经济管理干部学院毕业生1268人,招生2782人,在校学生6641人;江西应用科技学院毕业生1738人,招生5661人,在校学生1.38万人,教职工857人,专任教师610人;南昌师范高等专科学校毕业生2235人,招生2822人,在校学生7424人,教职工466人,专任教师407人;江西传媒职业学院毕业生430人,招生1244人,在校学生2782人,教职工200人,专任教师136人;南昌影视传播职业学院招生202人,在校学生202人,教职工156人,专任教师28人。

(宗　萍)

成人教育

【概况】　2016年,南昌市着力建设“人人皆学、时时能学、处处可学”的学习型城市,努力满足社会成员终身教育需求。全市成人高等教育院校25所,毕业生3.11万人,招生3.01万人,在校学生9.54万人,教职工1469人,专任教师824人。

【成人高考简况】　2016年,全市有6854人报考成人高校,占全省12.7%。其中,大专起点达本科3690人,高中起点达本科689人,高中起点达专科2475人,免试23人。

【研究生考试简况】　2016年,全国硕士研究生招生考试,全市共有1.96万人报考全国429个招生单位703个专业,报考人数占全省4.4万人的44.6%。

【自学考试简况】　2016年,全年组织自学考试2次,报名人数共13.58万人次,科次数共32.73万科次,占全省人数57.6%,占全省科次数57.3%。

【教师资格考试简况】　2016年,全年组织全国中小学教师资格考试2次,报名人数共4.35万人次,科次数共9.38万科次,占全省人数41.3%,占全省科次数42.1%。

【全国普通高等学校民族预科结业会考】　2016年,受教育部民族司委托,全国普通高等学校民族预科结业会考工作由南昌市教育考试院实施,负责网上报名系统开发及维护、各考点考场编排、试题导入及发送、网上评卷、成绩反馈及分析,组织技术人员培训、学生模拟演练、各考点测试软件安装及运行测试,提供考试密钥、考试测试软件平台及其他技术服务工作,圆满完成各项组考工作。全国37所高校1.76万人参加考试。

【江西省政法干警招录考试简况】
2016年,全省政法干警招录培养体制改革试点教育入学笔试由南昌市教育考试院承担组考工作。全省共有2362名考生报名参加考试。

【南昌教育学院简介】　南昌教育学院于1985年经国家教育部备案、江西省人民政府批准成立,现坐落在风景秀丽的湾里区翠岩路200号,占地面积10.33公顷,校舍建筑面积8万余平方米,拥有专用教学计算机400余台、多媒体教室40余个、馆藏图书20余万册,形体房、琴房、语音室、普通话测试室、专业实训室等教学设施一应俱全。校园布局合理、功能完备、特色鲜明,成为学生乐园、教师家园、市民花园、创新田园。开设师范和非师范类专业26个,重点打造学前教育、小学教育、语文教育、英语教育、物流管理、工商企业管理、国际经济与贸易、会计、轨道交通运营管理等9个品牌专业,形成高职教育、成人教育、五年制大专教育和远程教育的办学格局。2016年在校学生9890人(高职教育2443人、成人教育6555人、五年制大专762人、网络远程教育130人),专业教师238人(教授9人、副教授45人、硕士学位110人、在读博士1人、“双师型”教师62人)。30余年来,培养培训中小学幼儿园教师数万名、各类人才3万余名,为南昌乃至江西经济社会和基础教育发展作出了积极贡献。

【南昌广播电视大学简介】　南昌广播电视大学地处广场南路156号,创建于1979年,是市政府领导下的市直属高等学校,隶属于南昌市,业务上接受中央广播电视大学和江西广播电视大学指导,系江西开放教育学会常务副会长单位学校,设大专、本科专业32个,涵盖文、理、工、医、艺、农六大类,现有学生1.2万余人。2013年以来,先后同吉林大学、中国政法大学、东北师范大学、中国医科大学、北京航空航天大学、东北财经大学等合作院校建立远程教育学士学位点6个。2014年,国家开放大学(江西)南昌学院挂牌(试点),形成开放教育为主、非学历教育为辅的办学格局。2016年,学校增挂“南昌市社区教育指导中心”,组织12个县区10余万市民参加南昌市全民终身学习周活动。学校充分发挥远程教育优势,逐步实现学历教育和非学历教育并重、兼具终身学习的服务功能，承担全市中小学教师远程培训和中小学班主任培训，年培训4万余人。

【成人高校基本情况】 2016年，南昌师范学院（原江西教育学院）毕业生8722人，招生1305人，在校学生4112人；江西行政管理干部学院毕业生113人，招生16人，在校学生31人，教职工345人，专任教师89人；南昌市业余大学毕业生51人，招生82人，在校学生161人，教职工86人，专任教师58人；江西广播电视大学毕业生602人，招生2089人，在校学生3920人，教职工284人，专任教师190人；南昌教育学院毕业生731人，招生4404人，在校学生8704人，教职工143人，专任教师130人；江西经济管理干部学院毕业生1836人，在校学生390人，教职工469人，专任教师330人；南昌职工科技大学毕业生730人，招生956人，在校学生1795人，教职工112人，专任教师72人；江西财经大学毕业生3125人，招生2787人，在校学生1万余人；南昌工程学院毕业生1754人，招生1585人，在校学生7232人；江西中医药大学毕业生1673人，招生1995人，在校学生9827人；江西工业职业技术学院毕业生2人，在校学生6人；华东交通大学毕业生280人，招生249人，在校学生714人；南昌大学毕业生599人，招生108人，在校学生823人；江西工业贸易职业技术学院毕业生101人，招生3人，在校学生126人；江西航空职业技术学院毕业生11人，招生18人，在校学生52人；江西师范大学毕业生4869人，招生5229人，在校学生1.28万人；南昌航空大学毕业生1468人，招生2411人，在校学生9524人；江西农业大学毕业生2511人，招生5352人，在校学生1.7万人；南昌理工学院毕业生153人，在校学生786人；江西电力职业技术学院毕业生257人，招生7人，在校学生385人；江西科技师范大学毕业生1326人，招生1668人，在校学生5449人；江西警察学院毕业生168人，招生55人，在校学生1143人；江西司法警官职业学院毕业生8人；江西旅游商贸职业学院毕业生34人，在校学生50人。

（肖浩宇　蔡　青　万　翔　宗　萍）

民办教育

【概况】 2016年，南昌市认真实施民办教育促进工程，规范管理力度加大，扶持体系日益完善，引导发展趋于精准，全市民办教育机构在依法办学、达标建设、自我管理、提高质量、创建品牌等方面实现新提升。全市共有民办中小学、幼儿园741所，毕业生4.8万人，招生5.4万人，在校学生19万人，教职工16596人，专任教师10513人。其中，民办幼儿园673所，毕业生3.05万人，招生2.92万人，在园幼儿10.42万人，教职工1126人，专任教师6609人；民办小学11所，毕业生4386人，招生5743人，在校学生3.2万人，教职工454人，专任教师377人；民办初中19所，毕业生7123人，招生8384人，在校学生2.6万人，教职工4314人（含高中），专任教师3200人（含高中）；民办高中29所，毕业生3171人，招生7058人，在校学生2万人；民办职高9所，毕业生1843人，招生3213人，在校学生7802人，教职工568人，专任教师327人。

【强化民办教育机构党建工作】 2016年，及时配足配齐配优民办教育机构党委班子，成立以市教育局党委委员、副局长邓云生任党委书记的南昌市民办教育党委，并制定《南昌市社会力量办学机构党组织建设有关规定》，开展全市民办中小学校党建调查摸底，做好基层党组织建设和党员发展工作。

【鼓励社会资本进入教育领域】 2016年，认真贯彻市政府《关于鼓励社会资本进驻教育领域的实施意见》，制定《南昌关于公办学校（幼儿园）参与社会资本举办教育机构的管理办法（试行）》。办法共13条，对社会资本参与身份、参与形式、参与程度、政府监管、举办者权益、国有资产保值、退出机制、公办学校帮扶等方面进行规定，确保资产注入的合理合法有效。

【加强民办学校标准化建设】 2016年，制定《南昌市达标民办中小学校基本标准（试行）》。达标学校申报认定分为三类，分别为达标Ⅰ类（省级标准）、达标Ⅱ类（市级民办学校设置标准）和基本达标学校。每年5月根据全市民办学校申报的达标类型进行评审。

【开展达标学校建设申报审核工作】 2016年，全市共有17所民办中小学校（幼儿园）递交达标学校建设申报材料，其中7所学校通过达标学校审核。Ⅰ类达标学校：江西科技学院附属中学（普通高中）、南昌五中（普通高中）、南昌麻丘高级中学（普通高中）、江西省西山学校（普通高中）。Ⅱ类达标学校：南昌现代外国语学校（普通高中）、进贤县文港笔都学校（小学）。基本达标学校：南昌向远轨道技术学校（中等职业学校）。

【规范民办学校办学行为】 2016年，下发《关于规范办学行为，严禁民办中小学校违规补课的紧急通知》，与市物价局、市财政局、市审计局联合下发《关于规范南昌市民办教育机构收费行为，加强事中事后监管的通知》，规范全市民办中小学办学行为，认真清理整顿有偿补课和乱收费行为。

【开展民办学校教学水平督导评估】 2016年，制定《南昌市民办学校教学水平评估督导体系》，从办学条件、依法诚信办学、学校管理、教育教学、教师发展、学生发展、办学满意度、奖励与处罚八个方面，开展民办学校教学水平督导评估。在学校自评、专家实地考察的基础上，对27所市直民办学校进行综合评估，评出优秀等级学校6所，良好等级学校8所，合格等级学校13所。

【加大对民办教育扶持】 2016年，市政府设立2000万元民办教育发展专项资金，与市财政局联合下发《南昌市民办教育专项资金管理使用办法》，结合专项资金发放开展“民办学校建设贷款贴息补助”“民办学校接收进城务工人员随迁子女就读补助”项目申报审核工作，对达标学校设备采购进行补助，奖励一批办学条件督导评估合格学校。

【强化民办教育自我管理】 2016年，组建由中小学、幼儿园、培训机构和教育行政部门推荐、具备一定条件的教育管理者和一线教育工作者构成的行政审批专家人才库。对民办教育机构审批许可等相关事项，市教育行政部门将结合专家意见，给出指导性结论。

【筹设南昌市外国语实验学校】 2016年，批准南昌市外国语学校与江西华春企业集团有限公司筹设股份制“南昌市外国语实验学校”。南昌市外国语学校在不影响本校正常教育教学任务前提下，利用学校的品牌、管理和文化优势，积极参与“南昌市外国语实验学校”的办学全过程，努力拓展一流的外语教育资源，满足广大市民对优质教育资源需求。

（郑环宇）

素质教育

【概况】 2016年,把素质教育作为贯彻党的教育方针的时代要求,作为全市教育工作主题,作为面向全体学生、促进学生全面发展的根本环节,将实施素质教育贯穿于办好每一所学校,贯穿于全面培养每一个学生,组织各级各类学校转变教育观念,坚持德育为先、育人为本、能力为重,把社会主义核心价值观教育融入教育全过程,注重创新精神和实践能力培养,促进学生全面发展、生动活泼地学习和健康快乐地成长。

【加强学校德育工作】 2016年,组织开展"八一精神进校园"系列活动,重点编好《"八一"军旗红》故事读本、演好大型革命史诗舞台剧《红领带,红领巾》、打造"为天下英雄城代言"百名小导游员队伍。推动红色电影进校园,开展"铭记历史、缅怀先烈"专题宣讲和"党史、国史、军史、家乡史"知识竞赛,促进红色基因代代传。指导创建文明校园,弘扬主旋律、传播正能量。举行第五届"引航杯"班主任专业技能竞赛,进一步提高班主任德育工作技能。

【组织万名教师访万家】 2016年,搭建"万名教师访万家"平台,组织2万余名干部教师深入21.42万户学生家庭,了解学生成长环境,收到家访手记2.24万篇和受访心得7.2万篇,从中遴选100篇优秀家访手记编印成册,免费发放到中小学校。省教育厅在全省推广南昌经验,《中国教育报》深度报道南昌家校携手育人的事迹。

【一师一优课成绩显著】 2016年,南昌市组织各县区、各学校积极参加教育部、中央电教馆开展的2015—2016年度"一师一优课、一课一名师"活动,累计晒课1.67万节,市级推荐优课706节,其中551节被评为省级优课、176节被评为部级优课,部级优课数在全省排名第一,占全省的23.6%。

【中小学优秀教学课例展示喜获佳绩】 2016年,南昌市高中、初中、小学、职业教育、特殊教育共22个学科参加全省优秀教学课例展示活动,20个学科获一等奖(其中12个学科获一等奖第一名),2个学科获二等奖,全面展示了南昌市课堂教学改革发展水平。

【开展学校阳光体育运动】 2016年,狠抓中小学体育课程的开设和体育活动时间的落实,增加中考体育分值,举办中小学生幼儿体育节,推进足球、篮球、排球进校园,全市学生身体素质呈上升趋势。南昌代表队获"八一杯"全国青少年校园足球邀请赛第一名、"卓尔杯"全国中学生足球挑战赛东部片区第一名、第六届全国重点中学篮球总决赛第七名、第七届全国重点校高中男子篮球精英赛第八名。

【加强学校艺术教育】 2016年,全面贯彻国家素质教育方针,加强学校艺术教育工作,促进学生全面发展。南昌市获全国第五届中小学生艺术展演一等奖3个、二等奖5个、三等奖3个、优秀组织奖;获江西省第四届中小学生合唱节一等奖4个、二等奖9个、三等奖1个、优秀组织奖;获江西省第二届中小学生戏剧节一等奖3个、二等奖5个、三等奖2个、优秀组织奖。

【提升中小学生科技创新能力】 2016年,举办青少年科技创新大赛等一系列科技教育活动,提升全市中小学生创新精神和社会实践能力。在第十届中国青少年科技创新奖评选中,获创新示范奖2个、创新奖1个。在第三十一届全国青少年科技创新大赛中,获二等奖3个、三等奖4个。在全国航空、航海、车辆建筑模型竞赛中,获一等奖12个、二等奖16个、三等奖27个。在"创新杯"第七届全国未来飞行器设计大赛中,获二等奖1个。在全国青少年科学调查体验活动中,5所学校被评为优秀活动示范学校,5名教师获优秀教师奖。

【加强中小学心理健康教育】 2016年,组织开展心理健康教师专业能力培训、家长沙龙、学生考前心理辅导、心理健康教育达标学校评估等活动,评选市级心理健康教育达标校49所,选送5所学校参加全省中小学心理健康教育示范学校评估。南昌二中获得"全国心理健康教育特色学校"称号。

【学校安全教育实现"四规范"】 2016年,规范学校日常安全教育,普及"每日一播"安全教育铃声,帮助学生逐步养成日常安全意识,建立正确应对突发事件习惯;规范校园意外伤害预防与处理,组织开展《江西省学校学生人身伤害事故预防与处理条例》宣传教育活动,指导学校运用条例处理涉校涉生的矛盾纠纷;规范学生日常生活行为,组织6000余名学生参加安全基地体验,下发《中小学生消防安全教育读本》5万册、《消防公益宣传片》光碟3000张,与《新法制报》合作开设"平安校园"专栏;规范防溺水教育,有效减少中小学生溺水死亡事故。

【推进学生课余教辅免费服务活动】 2016年,南昌市学生课余教学辅导志愿服务中心线上教辅更新网上答疑工作模式,开通网上微课、视频推送、"一周一练"网上训练、教辅数字包服务;线下教辅启动活动课程、中考培优课程、高中学段学科竞赛及中考体育测试训练等新内容,扩大教辅服务范围,提升服务水平,更好地满足学生综合成长需求。全市4401名教师、6.42万名在校学生参加各类免费教辅活动。教辅中心共开设集中面授4.44万课时,开展活动课5537次(每次2小时)、中考培优讲座1150节、高中竞赛辅导428节,网络答疑8.37万条,制作并上传"一周一练"试题189套,发送微课335个,教辅数字化和"一周一练"使用2.49万人次,暑假作业数字化使用1.59万人次。

【加强中小学书法教育】 2016年,出台《关于进一步加强中小学书法教育的通知》,指导各中小学校深化课程改革,扎实推进素质教育;组织3场高水平的书法教材培训,覆盖全市中小学90%以上;开展"墨香书画"作品评选活动,促进中小学进一步开展书法教育。

(叶雯雯 万勇 王艳 黄曙光 谢金山)

卫生和计划生育

概　述

【概况】 2016年,南昌市卫生和计划生育部门以建设“健康南昌”为目标,深入推进医药卫生体制改革和计划生育服务制度改革,注重完善基层卫生计生服务体系,大力提升医疗质量和服务水平,人民群众看病就医问题有效改善,人口素质明显提升,卫生计生各项工作取得新进展。全市免费救治尿毒症患者、成功实施白内障患者复明手术、收治儿童白血病救治完成任务率分别达121.4%、137.73%、309.09%。全市定点医疗机构艾滋病抗病毒治疗前累计免费体检和抗病毒治疗后体检补助任务完成率分别达111%、126%;医疗机构机会性感染救治补助任务完成率161%;疾控机构有效随访管理任务完成率155%;基本诊疗路径管理病例任务完成率118%;完成国家免费孕前优生项目检查人数比例为98.6%,提前达到全年完成省目标任务85%以上的要求。全市社区卫生服务中心国有化固定化率实现100%的目标。全市拥有各类医疗卫生机构2099个,其中医院102个;拥有床位30739张,其中医院床位25803张。拥有各类专业卫生技术人员36550人,其中执业(助理)医师13139人。引进社会资本6.57亿元,社会资本办医疗机构1862家,床位4861张,分别占全市医疗机构和床位数总数的67.77%和24.9%,有效缓解了公立医院就医压力。全市院前急救能力大幅提升,全年接听47万个电话,日均出车150次,为5.4万余名病患提供服务。血液供应同比增长30.14%,全市临床用血100%来自无偿献血。开展打击涉医违法犯罪活动取得较大成效,市公安局出动警力、现场依法制止“医闹”同比分别下降69.23%、97.26%。圆满完成首届南昌国际马拉松赛医疗保障任务。全市人口出生率、自然增长率、出生人口性别比分别为12.46‰、7.41‰、111,均完成省下达的控制在15.99‰、9.76‰、114.5的目标任务;政策外多孩生育比例为7.3%,完成省下达的控制在9%以内的目标任务;“两非”案件结案82件,完成全年任务的103%;住院分娩率为99.99%,每10万孕产妇死亡人数为10.33人;全市婴儿死亡率为3.72‰,5岁以下儿童死亡率为5.3‰。

基层卫生

【概况】 2016年,全市基层卫生工作围绕深化医药卫生体制改革这一中心,坚持“强基层、保基本、建机制”和基层医疗卫生机构公益性两个原则,强化基层卫生服务体系建设、巩固国家基本药物制度、落实基本公共卫生服务、稳定优化乡村医生队伍,着力做好打基础、管长远、惠民生、促发展的实事,有效推动了基层医疗卫生事业健康、稳步发展。进贤县文港镇卫生院院长晏志贤荣获“全国乡镇卫生院优秀院长”称号。新建区疾控中心副主任陶永军、南昌县疾控中心预防接种门诊部主任万晓萍荣获“江西省最美接种医生”称号。

【完善基本药物制度】 2016年,全面落实基本药物制度各项政策措施。全市共有98个乡镇卫生院、1153个村卫生室、50个社区卫生服务中心(其中非政府办社区卫生服务中心22个)、5个社区卫生服务站实施国家基本药物制度,实现了国家基本药物制度在乡镇(村)、街道(社区)的全覆盖。全年全市基层医疗机构网上采购药品总计9106.72万元,所有药品均实行零差率销售,实现了基本医疗费用下降、临床用药渐趋合理、药品更加安全有效、社会反响总体良好的目标。

【家庭医生签约服务】 2016年,全市深入推进家庭医生签约服务,出台《南昌市家庭医生签约服务实施方案(试行)》,组织疾控、慢病、妇幼、财务等相关专业专家对全市基层医疗卫生机构开展家庭医生签约服务工作情况进行考核评比,并对优秀单位进行奖励。通过与城乡居民建立相对稳定的自愿服务关系,形成以“签约服务兑承诺,健康服务到家庭”为特点的全程健康管理服务。至年底,全市100%的社区卫生服务中心、100%的乡镇卫生院和91%的村卫生室共组建765个全科医生团队、2186名乡村医生开展家庭医生签约服务,其中农村签约150余万人、社区签约50余万人。

【公共卫生科(站)标准建设】 2016年,深入推进基层医疗卫生机构标准化公共卫生科(站)建设,按照《南昌市基层医疗卫生机构公共卫生站(科)标准化建设实施方案》要求,由市、县(区)两级财政出资,将基本公共卫生相关科室集中标准化设置。全年新立项21个,验收项目18个,项目建设覆盖全市72%的乡镇(街道),有力提升了全市基层公共卫生服务能力。

【基层医疗机构创建活动】 2016年,在全市大力开展创建群众满意乡镇卫生院和基层医疗卫生机构规范化管理两项活动。通过对照标准、强化实施,有效提升了基层医疗卫生机构的整体服务水平和能力。南昌县蒋巷镇、三江镇,新建区石埠镇、樵舍镇,安义县万埠镇、鼎湖镇,湾里区梅岭镇等7个卫生院荣获“全国2015—2016年度群众满意的乡镇卫生院”称号,西湖区系马桩街道社区卫生服务中心等7个单位荣获“全省示范基层医疗机构”称号。

【村卫生计生服务室标准化建设】 2016年,出台《南昌市村卫生计生服务室标准化建设实施方案》,全市启动138所(其中新建112所,改造26所)村卫生计生服务室标准化建设项目,市级财政按照建设资金的50%,对新建合格的村卫生计生服务室每所最高补助8万元,改造合格的补助2万元。同时,制定《南昌市村卫生计生服务室标准化建设视觉识别系统手册》,统一村卫生计生服务室外观标识,确保全市每个贫困村均有一所公有产权标准化的村卫生计生服务室。9月,全省村卫生计生服务室建设签约启动仪式在南昌县黄马乡罗渡村举行,向全省各地市推广介绍南昌市夯实基层卫生计生网底的做法(乡村医生是农村三级卫生网络的网底)。

【基层医疗机构医疗责任保险】 2016年,市卫计委、市财政局联合下发《关于在南昌市基层医疗卫生机构全面实行医疗责任保险的通知》,全市乡镇卫生院、社区卫生服务中心、社区卫生服务站、村卫生计生服务室等基层医疗机构开展医疗责任险统保工作,保险费由市财政、县区财政、医疗机构或乡村医生个人按3:3:4的比例共同承担。该项工作得到省卫生计生委的充分肯定,并将南昌市的相关政策文件转发给全省各地市。

【启动村卫生室订单定向医学生培养工作】 2016年,按照江西省卫计委统一部署,实施村卫生室订单定向医学生培养工作。在前期调查、申报的基础上,9月,组织各县区推荐的90名村卫生室订单定向医学生到南昌市卫生学校免费就读农村医学专业,为全市逐步建立一支素质较高、结构合理、适应需要的乡村医生队伍打下良好基础。

【"我最喜爱的健康卫士""群众满意的基层卫生计生机构"揭晓】 2016年10月22日,在省卫生计生委主办的2016江西省"我最喜爱的健康卫士"和"群众满意的基层卫生计生机构"颁奖典礼上,新建区疾控中心副主任陶永军、南昌市中西医结合医院呼吸科医生孙龙华、南昌市第三医院儿科医生吴英荣获2016江西省"我最喜爱的健康卫士"称号,东湖区扬子洲卫生院呼吸科医生徐海峰获得2016年度江西省"我最喜爱的健康卫士"提名;青云谱区京山街道社区卫生服务中心、安义县石鼻镇中心卫生院、红谷滩新区生米镇中心卫生院荣获2016年度江西省"群众满意的基层卫生计生机构"称号。

公共卫生服务

【概况】 2016年,南昌市公共卫生工作继续加强异地合作,长江中游城市群公共卫生协作项目推进会的召开标志着南昌市公共卫生事业发展进入全新的快速发展阶段,对提升公共卫生服务水平有着积极的推动作用,为保障全市人民群众的身体健康保驾护航。修订的《南昌市突发公共卫生事件应急预案》《南昌市鼠疫控制应急预案》经市政府常务会审议后于1月26日下发。西湖区、南昌县通过省级卫生应急示范县验收。

【推进基本公共卫生服务】 2016年,稳步推进国家基本公共卫生服务项目工作。市、县(区)财政均建立稳定的基本公共卫生服务保障机制,采取先预拨、绩效考核后结算的方式,落实农村人均45元、城市人均47元的补助标准,有力地保障了项目工作的顺利实施。为居民免费提供12大项46个项目的基本公共卫生服务,其内容包括建立居民健康档案、健康教育、预防接种、儿童健康管理、孕产妇健康管理、老年人健康管理、慢性病(高血压、2型糖尿病)患者健康管理、重性精神疾病患者健康管理、传染病及突发公共卫生事件报告和处理、中医药健康管理、卫生监督协管等。此外城区居民还可免费享有妇女保健和低保对象、残疾人保健服务内容,扩大受益人群的覆盖面,更好地满足人民群众对基本卫生保障的需求。至年底,全市累计建立居民电子健康档案444.47万份,65岁以上老年人健康管理36.77万人,0—6岁儿童保健管理32.6万人,孕产妇管理3.48万人,高血压患者健康管理28.94万人,糖尿病患者健康管理9.91万人,重性精神病人管理2.33万人,有效保障了群众的身体健康。

【开展血吸虫病综合治理工作】 2016年,结合国家卫生血防项目,市、县(区)制订项目实施方案和工作计划,全市共完成晚期血吸虫病病人救治920例,完成查病14万人次,治病(含扩大化疗)1.09万人次,查螺25064万平方米,药物灭螺2053万平方米。结合国家农林水等项目,完成查牛、治牛、水改旱、家畜圈养、鱼池养鱼灭螺、改水、改厕、种植抑螺防病林等血防项目工作任务。开展形式多样的血防健康教育,重点做好渔船民等重点人群和学校的血防健康教育工作。

【调整组建卫生应急队伍】 2016年,调整组建20支市级卫生应急队伍,共计210名队员。队伍覆盖紧急医学救援类、突发急性传染病控制/救治类、突发中毒事件处置/救治类、突发事件卫生应急预备类等4大类,基本能满足全市卫生应急工作需求。

【应对洪涝灾害】 2016年5月13日,为实现"大灾之后无大疫",全市疾控机构开展应对洪涝灾害救灾防病应急演练暨技能比武竞赛活动,有效地锻炼、检验了市、县两级疾控机构应对洪涝灾害的处置能力,为做好防汛救灾工作提供保障。6月的连续性强暴雨期间,全市疾控机构共出动应急机动队13次、应急队员100余人赶赴受灾严重地区开展消杀灭等工作,有效防止了强暴雨过后的疫情发生。7—8月,省军区向南昌市派出500余名抗洪抢险官兵开展防汛抗洪工作。为做好"抢险队伍到哪里,医疗保障就到哪里"的要求,全市共组派57支医疗队和58支卫生防疫队开展巡回服务,投入300余万元。医疗保障工作受到官兵、民众的一致好评。

疾病控制

【概况】 2016年,全市疾病预防控制工作紧紧围绕深化医改、卫生计生事业"十三五"规划方向、"健康南昌"建设的整体目标,扎实推进以学科建设、人才队伍建设等为主的疾控能力建设,积极抓好各项疾控预防控制工作与《"健康中国2030"规划纲要》的有效对接,推动健康融入到所有政策中去,开创全市疾病预防控制发展新局面,不断增强人民群众的获得感。

【开展重点传染病防治工作】 2016年,全市疾病预防控制机构主动出击,积极开展抗洪救灾防病工作,确保大汛之后无大疫,保障全市人民群众身体健康。全市通过开展二级及以上医疗机构疾病预防控制知识技能大比武和突发事件应急处置能力飞行考核等方式,不断改进全市医防结合发展势头。全年全市共处置输入性人感染H7N9禽流感确诊病例3例,流感聚集性疫情19起,暴发疫情1起,手足口病聚集性疫情18起、重症病例49例。全市疾控机构共出动应急机动队231次,出动机动队员近1523人次,有力、有效、有序地完成了各类突发公共卫生事件处置工作。全市HIV抗体筛查共82.8余万人次,人群筛查率16%,检测率全省第一。新报告艾滋病感染者和病人551例,比上年下降8.78%,按进度完成了国家、省级24个艾滋病监测哨点的监测任务。对全市结核病患者继续实施全程督导管理，以县区为单位，现代结核病控制策略(DOTS)覆盖率稳定保持在100%。新涂阳肺结核患者治疗成功率达到85%以上。稳步推进耐药结核病防治工作，实现耐多药肺结核可疑者筛查率达到60%以上。

【推进国家免疫规划工作】 2016年，继续实施扩大国家免疫规划策略，疫苗接种率以乡镇为单位持续保持在90%以上。较好地完成脊灰灭活疫苗引入和脊灰减毒活疫苗的转换工作。至年底，全市星级门诊建设以县区为单位达标率达85.27%，其中全市五星级预防接种门诊共9家。全市实施国家儿童预防接种信息系统客户端软件与预防接种服务对接与联动的预防接种单位137家，乡镇覆盖率100%。

【创建慢性病综合防控示范区】 2016年，继续巩固东湖区、西湖区、新建区国家示范区建设成果，南昌县、青云谱区、湾里区等三个省级慢病示范区努力申报创建全国示范区；全市持续推进适龄儿童窝沟封闭干预项目，惠及东湖区、西湖区、青云谱区、新建区、湾里区、南昌县、红谷滩新区、高新区等县区7—9岁学生儿童。

【省第29个“世界艾滋病日”宣传教育活动举行】 2016年11月30日，由省防治艾滋病工作委员会、市艾滋病防治工作委员会、南昌航空大学主办，省卫生和计划生育委员会、市卫生和计划生育委员会、市疾病预防控制中心、红谷滩新区公共卫生服务中心承办的江西省第29个“世界艾滋病日”宣传教育活动在南昌航空大学举行。副省长谢茹等省市领导出席活动。活动现场设立展板区、咨询宣传区、飞行棋活动区、参与式游戏区、防艾文艺汇演区等分区，通过综合知识展示、医疗咨询、互动体验、益智游戏、文艺汇演等多种活动形式展现艾滋病防治知识，并发放免费宣传礼品与避孕套。活动中多种互动式游戏穿插其中，达到寓教于乐的良好效果。

卫生计生综合执法

【概况】 2016年，南昌市卫生计生综合监督执法工作认真贯彻落实全市卫生计生工作会议精神，以转职能、转方式、转作风、转形象为主要内容的“四转”活动为抓手，认真履行职责，积极开展医疗卫生、公共场所、生活饮用水、计生“两非”等监督检查工作，全力做好全国综治会议卫生安全保障工作，全市卫生计生监督工作得到较大工作发展和提高。

【保障全国综治会议卫生安全】 2016年10月，全国社会治安综合治理创新工作会议在南昌市召开。根据《南昌会议协助筹备会务工作方案》和省市有关领导指示精神，南昌市承担会议驻地宾馆(前湖迎宾馆)的卫生保障工作。市卫生监督所成立公共卫生监督保障工作组，全面负责会议现场、住宿场所及生活饮用水卫生的监督检查工作，共抽检公共用品用具50批次，游泳池水质4批次，市政供水和二次供水30批次，完成了会议的卫生保障工作，获得省市领导的高度赞扬。

【开展各项卫生监督检查】 2016年，全市卫生计生监督机构认真履行职责，以日常监督检查为重点，以案件查办为抓手，加大监督执法力度，有力地保障了人民群众身体健康安全。全年共对8314户被监督单位进行1.41万户次经常性卫生监督，其中公共场所卫生7824次、医疗卫生3186次、传染病防治(采供血)1288次、生活饮用水卫生772次和学校卫生、放射卫生等995次；开展卫生监督抽检911户次，抽检3.43万项次，合格3.39万项次，合格率98.71%。严厉打击违法行为，全年共查处各类卫生违法案件685件，罚款130.5万元，没收违法所得11.8万元。

【查处计生“两非”工作】 2016年，多次组织对各县区、开发区(新区)及医疗机构的专项督查。全年共查处违反计生“两非”(非医学需要的胎儿性别鉴定、非医学需要的人工终止妊娠行为)案件80例，罚款58.4万元，吊销母婴保健技术合格证1件、开除解聘医务人员9人。

【选聘卫生计生首席监督员】 2016年，为加强全市卫生计生监督执法队伍建设，提高执法人员素质，根据《江西省卫生计生监督员管理办法》规定，市卫计委组织开展选聘首席监督员活动。经个人申请、资格审查和专家综合评分，遴选聘任潘丽萍等15人为公共场所、生活饮用水、传染病防治、学校卫生、消毒管理、放射卫生、医疗服务和血液安全、卫生计生监督稽查8个专业的市级首席监督员。

【开展传染病防治分类监督综合评价试点】 2016年，按照《江西省医疗卫生机构传染病防治分类监督综合评价试点工作方案》要求，根据医疗卫生机构的类别和级别、传染病防治重点及风险程度，市卫计委对全市165家医疗机构、10家疾病预防控制机构和1家采供血机构进行分类分级监督。经量化评分，24家医疗机构、7家疾控机构、1家采供血机构被评为优秀单位，136家医疗机构、3家疾控机构被评为合格单位，5家医疗卫生机构被列为重点监督单位。

【督查农村集中供水单位卫生】 2016年，联合市水务局开展农村集中供水单位卫生专项督查，重点督查农村集中供水单位(设计日供水千吨以上)的水源保护、制水消毒工艺、水质检验场所及检测设施、涉水产品、卫生管理制度与水质污染事故应急预案、供水卫生许可证等情况。共检查11家日供水千吨以上农村水厂，并依法对2家涉嫌违法的农村集中供水单位进行立案查处。

医政管理

【概况】 2016年，南昌市医政医管工作围绕全市卫生计生工作和全省医疗管理工作、医药卫生体制改革工作重点，坚持以群众更满意为目标，不断深化医药卫生体制改革，着力完善服务体系、提升服务能力、改进服务质量、优化服务流程、强化机构监管、改进行业作风，为人民群众就医提供更加有效、安全、方便、经济的医疗服务，为健康南昌建设做出应有的贡献。

【巩固完善县级公立医院综合改革成果】 2016年，南昌县、进贤县、安义县、新建区四县区县级公立医院综合改革深入推进，所有药品零差率销售，同步推进补偿机制、运行机制、支付方式、人事制度、绩效管理等一系列改革措施。开展县级公立医院综合改革成效调查评估工作，撰写《南昌市县级公立医院综合改革成效评估报告》。与改革前相比，四县区对县级公立医院的财政投入增加125.74%，县域内门诊人次增加25.8%，县域内出院人次增加16.3%，药品零差率过去三年直接为百姓减负近2亿元。在全国县级公立医院改革督查中，南昌市改革成效获得肯定。

【重大卫生民生工程全面惠民】 2016年，继续坚持实施光明微笑、儿童两病、免费血透、重性精神病免费救治等民生项目,着力解决困难群众就医难题。全年全市重性精神病患者检出率、随访率分别为4.48‰和88.9%,免费救治1.07万人次;免费救治尿毒症患者1937例,成功实施白内障患者复明手术4728例,实施唇腭裂手术4例;收治先天性心脏病患儿215例,收治儿童白血病救治39例。

【实施医疗卫生精准扶贫工程】 2016年,贯彻落实中共中央《关于打赢脱贫攻坚战的决定》,全市启动医疗卫生精准扶贫工程。制定《南昌市医疗卫生精准扶贫工作实施方案(2016—2017年)》,通过八项举措,助力精准脱贫。建立市卫计委领导挂点联系制度,协调推进各项措施落到实处。全年共选派55名优秀医务人员到乡镇卫生院挂职副院长;各医院医务员深入79个贫困村,开展75次义诊活动,义诊9642人次,建立贫困人口档案4.69万份,建档率达65.17%;启动42个乡镇卫生院公共卫生服务科达标建设;启动55个贫困村卫生计生服务室建设;对建档立卡贫困居民实施"七免三先一后"惠民便民政策,减轻了贫困群体医疗负担。

【加强医疗卫生行业作风建设】 2016年,不断加强行业纠风工作,与所有县区和委属医疗卫生单位签订《纠风责任状》,明确年度纠风工作目标。制定《南昌市卫生计生系统2016年纠风工作专项治理行动实施方案》,开展纠风工作专项治理,以规范医疗服务、医药购销、药品耗材临床应用、医疗收费等多方面为抓手,全面落实卫生计生部门主体责任,促进行业的健康发展,提升行业的白衣形象。

【城乡医院对口支援】 2016年,继续督促市一医院、市中西医结合医院、市三医院和市洪都中医院做好对口支援15家县级医院工作,签订对口帮扶责任书,及时填报城乡对口支援信息系统,提升受援医院服务能力。全年南昌市支援医院共派驻医师44人次;诊疗门、急诊患者1.7万人次;示教手术146台次;教学查房554人次;会诊680人次;培训县医院医务人员7580人次,提升受援医院服务能力。

【优化就医服务流程】 2016年,继续落实省卫计委改善群众就医体验活动,制定《2016年度市直医疗卫生单位优化服务流程工作目标》,明确各单位106条工作任务,编发3期工作动态,及时展示全系统优化服务流程成果。开展活动评估工作,对全市活动推进情况进行有效评估。所有优化服务流程的具体措施已经落到实处,切实改善群众的就医体验,提升群众的满意度。

【推进疾病诊断相关分类工作开展】 2016年,成立南昌市DRGs(疾病诊断相关分类)推广工作领导小组和工作小组,组织开展DRGs专题培训,督促医院开展DRGs数据上报工作。新增2家市直中医院、8家二级医院、1家三级民营医院开展DRGs数据报送工作,提高全市二、三级医院病案首页填报质量和医院信息系统采集数据质量。督促医院运用DRGs数据分析结果,强化医院医疗质量和绩效管理。

【开展等级医院评审和不定期重点评价工作】 2016年,继续推进市直三级医院评审工作,市一医院、市三医院顺利通过评审,被评为"三级甲等医院",市九医院接受现场评审。全面启动二级医院第三周期医院评审工作,举办医院评审培训班暨等级医院评审再动员大会。全年完成3所县级医院现场评审工作。同时,积极推进南昌市二级医院评审不定期重点评价工作,制订下发二级医院检验科、呼吸科、产科、骨科、病案科及儿科6个科室建设与管理标准,并进行全面评价。通过评审评价,全市医疗机构管理水平明显提升。

【推行临床路径实施】 2016年,全面落实《南昌市"十二五"期间临床路径管理工作方案》,对全市二级以上医疗机构临床路径实施情况进行全面评估。根据评估结果,及时对临床路径进行修正、补充和完善。全市17家公立医院均实施临床路径,其中三级医院8家、二级医院9家。至年底,全市临床路径管理病例总数3.97万人次。其中,三级医院2.11万人次,三级医院平均路径完成率87%,二级医院平均路径完成率89%。

【强化医院药事管理】 2016年,规范辅助用药临床使用,制定《关于加强辅助药物临床使用管理工作的通知》,对35家医疗机构辅助药品目录进行备案。深入推进抗菌药物临床应用专项整治活动,不断强化毒麻精药品的安全管理,对医疗机构内使用、调剂、管理麻醉药品和第一类精神药品医务人员实行审核备案管理。对全市抗菌药物、辅助药物、毒麻精药品进行专项督查,不断规范临床药事工作行为。继续推进"阳光医药"网上监察系统建设,全年共监察处方医嘱251.7万条,黄牌处方389张,黄牌处方比例逐渐降低,减轻了群众的就医负担。

【推进无偿献血工作】 2016年,全力推进无偿献血工作,全市临床用血100%来自无偿献血。在15所医院开展无偿献血血费直报,血费直报率为70.65%。继续强化血站能力建设,全面开展核酸检测和嗜T淋巴细胞病毒监测工作。对全市34家临床用血单位进行全面质控,取消5家不符合条件医疗机构用血资质。以市政府名义表彰全市2013—2014年度无偿献血奉献奖及无偿献血促进奖等个人和单位,不断提高无偿献血的积极性。

【开展医院感染督查】 2016年,制定《关于开展县医院和基层医疗机构医院感染管理专项督导工作的通知》,开展全市院感大检查。全市共完成14家县区医院的院感督导检查,覆盖率达100%;督导检查1036家基层医疗机构,覆盖率达72.45%。制定《关于开展南昌市血液净化和医院感染管理专项督导的通知》,完成11家设有血液透析室的县医院和基层医疗机构的督导检查,覆盖率达100%。进一步加强医院消毒供应中心(室)的建设管理,组织专家组对4家二级医疗机构的医院消毒供应中心(室)进行评估检查,加强医院感染控制管理,提高医务人员的控感能力,保障医疗安全。

【院前医疗急救服务能力不断提升】 2016年,不断加强院前医疗急救服务体系建设,新增9辆救护车投入到院前医疗急救服务,转运能力明显增强。全年市急救中心接听急救呼入电话47万个,同比增长1.01%。院前急救总出车5.41万次,日均出车148.3次,增长5.78%。长途转送1489次,增长27.07%。全年共完成医疗保障任务155车次。

【重视医疗机构日常监管】 2016年,严格执行《江西省医疗机构不良执业行为记分管理办法(试行)》《江西省医疗质量安全告诫谈话制度实施细则(试行)》,强化民营医院动态监管。日常监管中发现的违法违规行为,一律记入医疗机构不良执业行为记分档案。对不良记分排在前、各类督导检查中发现严重问题及日常投诉较多的医疗机构负责人进行约谈。全年共约谈各类医疗机构8次,不断规范各级医院医疗行为。

【提升医疗纠纷处理法治化水平】 2016年，继续推进“平安医院”创建工作，全市“省级平安医院”达到5家，市级平安医院达到6家。积极推进医疗责任保险统保机制，全市二级以上医疗机构参保18家，公立医院参保率100%。联合八部门印发《南昌市严厉打击涉医违法犯罪和清理积案专项行动方案》，在全市开展打击涉医违反犯罪活动。全年市、县医调中心受理各级医疗机构医患纠纷案件269起，有效化解日常纠纷矛盾。

【加强行业学会和协会管理】 2016年，继续深入推进南昌市医学会和医院协会管理体制改革，完善学会组织架构和管理制度。南昌市医学会有各类专业委员会50个，南昌市医院协会有二级分支机构6个。全年开展各类学术活动40次，开展医疗事故技术鉴定34例，开展职业病诊断鉴定2例。连续第三年开展“卫生知识下乡，服务百姓健康”为主题的“2016年度专业知识下基层大巡讲活动”。大巡讲共12期，历时8个月，共培训2000余名来自全市基层医疗机构负责人和业务骨干，有效提升了基层医务人员水平，为全市分级诊疗制度的推进奠定了坚实基础。

妇幼卫生

【概况】 2016年，全市妇幼卫生工作紧紧围绕卫生计生中心任务，全力保障全面两孩政策实施，努力提升妇女儿童健康水平；着力推进资源整合，加强妇幼健康服务体系建设，提升服务能力；强化孕产妇和新生儿危急重症救治，保障母婴安全。各项工作稳中有进，圆满完成了全年目标任务。至年底，孕产妇死亡率为10.33/10万，婴儿死亡率为3.72‰，5岁以下儿童死亡率为5.3‰，均控制在目标范围内；全市住院分娩率为99.99%，孕产妇系统保健管理率92.90%，3岁和7岁以下儿童系统保健管理率分别为91.65%、91.84%。

【优化资源整合】 2016年，按照“市县合、乡增强、村共享”的方式，推进妇幼保健和计划生育技术服务资源整合、职能整合，提升服务能力。市、县区级10个妇幼保健机构和计划生育技术服务机构全部整合到位，市、县区妇幼保健院（所）均增挂计划生育服务中心牌子。在各乡镇组建“妇幼保健计划生育服务站”，接受县级卫生计生行政部门和乡镇政府双重管理。7月，整合市第三医院和市妇幼保健计划生育服务中心优质资源，利用市第三医院在乳腺肿瘤科、新生儿科等妇幼学科群方面的优势，在市第三医院增挂南昌市妇幼保健院牌子。南昌市妇幼保健院的成立，改变了省会城市唯一一家未建市级妇幼保健院的现状。

【推进优质服务】 2016年，根据妇幼工作特点，采取有效措施，不断提升妇幼工作服务水平。开设高龄孕产妇咨询门诊。在全市有妇产科的二级以上医院及各级妇幼保健机构开设高龄孕产妇咨询门诊，安排高年资的妇产科医生接诊，普及生殖健康知识，做好生育咨询、指导和技术服务，降低出生缺陷发生率。强化危重孕产妇和新生儿救治工作。成立保障母婴安全工作领导小组，设立市级危重孕产妇、危重新生儿抢救专家组；建立完善市县级产科急救中心和危重新生儿救治中心；召开对接工作调度会，确保绿色通道畅通无阻，全力保障母婴安全。完善孕产妇保健全程服务。组织全市各级各类医疗保健机构，启用全省统一的《孕产妇保健手册》代替孕产妇门诊病历，切实加强孕产妇保健管理。推广使用“江西妇幼·育儿问一问”咨询平台。召开启动仪式暨业务培训会，组织全市妇幼保健、产儿科等医护人员到平台注册，通过微信咨询平台，为群众提供一对一的免费咨询服务，方便群众便捷地获得专业的妇幼保健、育儿等相关知识解答。加强出生缺陷综合防治。优化叶酸补服、婚检、免费孕前优生检查、产前筛查、新生儿疾病筛查等工作，有效预防出生缺陷发生。全年全市新生儿遗传代谢性疾病筛查率83.79%、新生儿听力筛查率87.16%；全市实施免费婚检21880对，婚检率为68.9%，其中进贤县婚检率为94.02%；完成免费孕前优生检查人数4.06万人，任务完成率达103.6%。妇幼健康行动计划民生工程项目成效明显。全年全市农村孕产妇住院分娩补助项目共完成1.57万人、补助金额469.56万元；农村“两癌”筛查任务完成率100%，为1.64万名妇女进行宫颈癌筛查、为3600名妇女进行乳腺癌筛查；育龄妇女补服叶酸预防神经管畸形项目共完成3.19万人，完成率131.2%；预防艾滋病、梅毒和乙肝母婴传播项目完成11.88万人，完成率197.99%。积极打造妇幼健康服务品牌。认真组织开展妇幼健康优质服务示范工程创建活动，经过县自查、市评估、省和国家复核评审，南昌县先后获得省级和国家级优质服务示范县称号。通过发挥示范引领效应，促使全市妇幼保健机构工作上台阶上水平。

【增设儿童保健部】 2016年，为加强妇幼学科建设，市妇幼保健院根据国家下发的关于市级妇幼保健院设置标准，特增设儿童保健部，下设儿童保健科、儿内科、儿童眼科、儿童康复科、儿童口腔科、儿童耳鼻咽喉科、儿童中医科7个科室。儿童保健科下设儿童发育行为门诊、儿童营养与喂养指导门诊、儿童生长发育门诊。

【举行基层妇幼人员培训】 2016年，为进一步提升基层妇幼卫生人员服务水平，市妇幼保健院（市妇幼保健计划生育服务中心）采取集中培训和组织专家下到县区基层分期培训方式对基层人员进行业务技术培训，共举办培训班10期，培训近2000人次。通过培训，有效提高县区、基层妇幼人员技术服务水平，为全市妇幼健康服务工作顺利开展奠定了扎实基础。

【人类辅助生殖技术取得突破】 2016年，南昌市生殖医院作为全省唯一辅助生殖技术（夫精人工授精、供精人工授精、试管婴儿、精子冷冻保存）全覆盖单位，集中精力发展核心技术，加强与国内外知名院所、医院联系，学习先进技术与管理理念，先后外派30人次至美国和中国台湾及国内知名医院进行会议交流及进修学习，并采取人才柔性引进模式，提升医院核心竞争力，成功实施囊胚培养、化学激活、睾丸显微取精等新项目、新技术。至年底，冷冻精子管数2.34万管，比上年的2.02万管增长15.7%；外供精子管数1.12万管，比上年的8096管增长38.4%；完成试管婴儿1148个周期，比上年的782个周期增长46.8%，成功率达68.4%（国家标准50%），达到全省先进水平，为更多的不孕不育家庭带来了福音。同时，为减轻患者就医负担，实施辅助生殖技术济困减免及补助方案，共为150个不孕不育家庭减免60余万元，实现了医院社会价值与经济价值的双丰收。

中医药事业

【概况】 2016年，南昌市中医医疗机构中医药服务能力全面得到提升，中医药特色优势得到进一步加强。全市中医医疗机构业务收入9.43亿元,平均年增长13.05%;门急诊人次105.83万人次,平均年增长5.93%;非药物中医技术治疗人次58.84万人次,平均年增长15.5%;药品收入4.53亿元,平均年增长15.7%;中药收入1.3亿元,平均年增长8.63%;中药饮片收入9904.49万元,平均年增长43.3%;中医药人员538人,平均年增长10.02%,

【提升基层中医药服务能力】 2016年,积极推动新一轮基层中医药服务能力提升工程。同时以项目建设为契机,结合"全市医疗卫生精准扶贫工作会议"精神,将中医药特色诊疗区(中医馆)建设项目用于贫困村所在地的16个乡镇卫生院,实现以项目促建设,以项目促发展的目标,进一步提升基层中医药服务能力,中医药"简、便、廉、验"的特色优势在保障人民群众身体健康中取得实际功效。

【创建省级基层中医药工作先进单位】 2016年,在原有4个全国基层中医药工作先进单位和1个全省基层中医药工作先进单位的基础上,积极稳妥地推动青云谱区创建全省基层中医药工作先进单位工作。4月底,青云谱区创建全省基层中医药工作先进单位工作接受并通过省级主管部门审核,全市中医药服务领域进一步得到拓展。

【强化重点专科建设】 2016年,市中西医结合医院糖尿病专科、重症医学科及市洪都中医院推拿科、肛肠科4个专科确定为省级临床重点专科;4个县级中医医院各有1个专科入选为省级基层特色专科,省皮肤病专科医院中西医结合皮肤科首次获得中医类省级临床重点专科建设项目,专科医疗机构中医药服务能力逐步得到夯实。

【加强中医科教工作】 2016年,南昌市5项中医类教学项目列为国家级继教项目,2项中医类教学项目入选为市级继教项目,省级中医药科研课题立项33项,2项中医药科技成果获南昌市科技进步二等奖,1项中医药课题通过省级成果鉴定。市九医院的中医药科研项目"荷叶降脂颗粒剂对脂肪肝影响的随机双盲安慰剂对照临床研究"通过科技成果鉴定。鉴定结果认为该研究成果达到国内领先水平。

【中医药文化国际交流结新果】 2016年,先后接待爱尔兰前总理、欧盟理事会主席和波利维尼亚前总统、哥伦比亚前总统、新西兰前总理到南昌市体验中医药文化的特色,并与32人组成的泰国友城代表团进行友好交流。

【加强中医药人才队伍建设】 2016年,南昌市结合实际情况,依托市中西医结合医院开办"西学中"培训班,进一步促进西医医务人员对中医药的认识及学习。同时,组织审核786名符合条件的中医(含中西医结合)类别人员参加2016年医师资格考试;对13名符合传统医学师承和确有专长报考的人员进行初审,其中7名师承人员、3名确有专长人员通过2016年度考核;分别遴选出75名符合要求的医师进行中医住院医师规范化培训;选派2名护理人员参加全国中医护理骨干培训、22名财务骨干参加相关业务培训,进一步优化中医医疗机构人才结构,为中医医疗机构全方位提供人才需求。

【王国强到市洪都中医院调研】 2016年5月8日,国家卫计委副主任、国家中医药管理局局长王国强围绕"中医药特色技术的应用"在南昌市洪都中医院调研。省委常委、市委书记龚建华,副省长谢茹,省卫计委主任李利、副主任程关华,市委常委、秘书长江晓斌,副市长姚燕平等陪同调研。在南昌市洪都中医院红谷滩新院区,王国强对2014年3月正式投入运行的新院区建设表示充分肯定,与该院中医师蔡华、熊鸣峰就中医治未病的理念进行探讨与交流,并对两位中医师所秉承的传统中医治疗理念进行充分肯定。王国强表示,中医院和中医师要海纳百川,有利于中医药事业发展的技术都可以用起来,医院研发的好技术也要向同行与社会进行推广应用,这样才能让中医药文化活跃起来;要继续发挥小夹板、非药物疗法等传统中医药技术"简、便、廉、验"的优势作用,让广大百姓真正受益于中医。

卫生科技教育

【概况】 2016年,南昌市卫生计生科教工作以争创省领先学科为抓手,以新技术引进应用为切入点,以卫生人员教育培训为重点,积极组织开展住院医师规范化培训和病原微生物实验室安全管理工作,大力实施科教兴医战略,有效提升医疗卫生服务能力,为全市卫生计生事业新发展提供医学科技支撑和卫生计生技术人才队伍保障。

【学科建设稳步推进】 2016年,全市新增省医学领先学科建设计划项目1个、省市共建学科建设计划项目4个、省县共建学科建设计划项目4个。至年底,全市共有省级医学领先学科12个、省市共建学科22个、省县共建学科12个。通过开展学科建设,全市市直医疗卫生单位在基础设施改善、人才队伍建设、临床和科研技术水平以及社会和经济效益方面均取得较好成绩,医学学科整体实力得到明显提升,促进了医疗卫生单位可持续发展。全年争取到122万元经费用于学科建设,组织省级权威专家评选出10个新技术引进应用项目和17项农村适宜推广技术,给予经费补偿扶持,推动了全市学科建设平台提升。

【科技创新成果丰富】 2016年,申请科研课题230项;国家基金项目立项12项,其中市第一医院吕小斌博士获得面上项目1项,开创了设区市医院获此项目先河。全年各项科研课题结题91项,发表各类论文673篇(其中SCI文章28篇、核心刊物163篇)。23项科技成果通过鉴定,6项新技术通过验收。市直医疗卫生单位有18个科技成果获得市科技奖,其中科技进步一等奖1项、二等奖8项、三等奖9项。市第一医院黄国富、市第三医院涂萍分别主持完成的《原发性闭角型青光眼治疗关键技术的系列研究及临床应用》和《南昌地区绝经后妇女骨质疏松症患病率调查及遗传因素研究与应用》科研项目分别获得省科技进步奖二等奖、三等奖,创造了南昌市卫计系统科研历史。

【提升基层卫生队伍整体素质】 2016年,全面提升基层卫生队伍的整体素质,继续开展全科医生转岗培训和乡村医生重点业务培训,共培训学员3475人次,高质量高标准完成全部培训任务,乡村医生培训做到全免费、全覆盖。在基层大力推广适宜的医疗卫生技术,共遴选17项面向基层和农村推广的医疗卫生适宜技术。其中7项推荐申报省星火计划,全部立项,每项由市计生委给予5000元的支持。继续开展住院医师规范化培训工作,共招生229人,在培学员574人。在省首届住院医师规范化培训技能竞赛中,南昌市代表队荣获团体二等奖(全省第二名),5位参赛住培学员中3人获得个人奖,其中二等奖、三等奖、优秀奖各1人。

卫生行业管理

【概况】 2016年，南昌市卫计委严格落实中央“八项规定”和医疗行业“九不准”规定，扎实开展“庸懒散浮拖”专项整治和骨科耗材问题专项整治，取得明显效果。全面启动全市卫生计生系统纠风工作专项治理行动，与各单位签订纠风工作责任状，通过不断加强行风建设，增强宗旨意识，改进工作作风，提高服务水平，进一步树立卫生计生系统良好行业作风，人民群众满意度不断提高。

【深化卫生计生改革】 2016年，深化“放管服”改革，完善社会办医保障政策，调研起草出台《南昌市社会办医投资指南（2016—2020）》《南昌市卫生计生行政审批工作实施细则》（这两项工作列入了上年市委常委会工作要点）；规范全市各类医疗机构的命名、级别和床位数等服务要素，补充修订《南昌市医疗机构设置规划（2011—2020）》；制定《市本级公共服务事项清单》《江西省二级皮肤病医院基本标准》；将一级专科医院的设置审批权下放至县级，理顺了市管医疗机构行业管理权限。

【提高审批监管效率】 2016年，严格落实一次性告知制、首问责任制和限时办结制，公开审批信息，接受社会监督，实行透明许可，让审批权力在阳光下运行。协同跟进企业事中事后监管，“双告知”确认工作多次得到上级表扬，并在企业事中事后监管改革试点工作会上作经验介绍。市卫计委荣获南昌市轨道交通1号线工程建设及开通试运营先进单位，受到市政府表彰。

【规范行政审批行为】 2016年，整理装订窗口历年许可档案，建立行政审批数据库；全面运行网上审批监察系统，规范审批行为，提升依法行政水平。全年窗口共受理审批行政许可事项1292件，办理其他权办清单事项6576件（次），审批出证率、提前办件率、满意度测评率均达100%。设置批准医疗机构103家，执业登记7家；引进社会资本6.57亿元。

【整治行业非法行为】 2016年，依法推进简政放权、放管结合、优化服务。组织开展全面清理全市各级各类医疗机构未取得审批文书发布的网络医疗广告，并依据《中华人民共和国广告法》《医疗广告管理办法》，规范网络医疗广告的发布内容。积极配合市食品药品监督管理局、市公安局等部门共同做好非法经营疫苗案件查处工作，全市各级疾控机构、接种单位未发现存在从非法个人和单位购进的疫苗。开展集中整治“号贩子”“网络医托”专项行动，联合市综治、网信、市场监管和公安制定印发《南昌市集中整治“号贩子”和“网络医托”专项行动实施方案》，有力地维护了全市就医秩序。

【人口健康信息化平台建设】 2016年，充分利用现代网络媒体，采取多项措施，不断加快行业信息化建设，努力提升居民健康服务水平。推进云平台建设。云平台基础云环境已搭建完毕，平台应用软件正在按计划开发。8月10日，召开信息化平台上线暨居民健康卡首发仪式，信息化平台正式上线。试点的红谷滩新区、青云谱区辖区内各级各类医疗机构基本接入市级区域平台。市卫生计生委所属8家医院完成第一、第二阶段改造，与市平台实现了预约挂号系统对接。11月下发《关于在全市全面开展区域人口健康信息化平台建设的通知》，要求在其他各县区和市直属各医疗机构全面推进信息化建设。发放居民健康卡。制定居民健康卡发放工作方案，确定首发合作银行，完成卡面报批、市级公钥证书申领、SAM卡申领、居民健康卡卡管系统开发，与省卡管系统实现对接，样卡通过国家、省通用性测试，完成了医院HIS系统应用环境改造。召开动员会，启动首发居民健康卡信息采集工作。红谷滩新区和青云谱区所属机关事业单位信息采集工作完成，首批卡制作完成并下发给居民个人。11月，红谷滩新区启动健康卡批量制卡信息采集。正式推出门诊“先诊疗后付费”。市卫生计生委所属8家医院完成门诊“先诊疗后付费”流程改造，取消患者在检查、取药、化验等环节反复排队缴费，改为离院一次付费结算。伴随居民健康卡的发放使用，门诊“先诊疗后付费”就医模式正式推出。搭建“南昌健康”手机APP平台。“南昌健康”手机APP平台完成2.0版本开发，结合居民健康卡的使用，可提供市卫生计生委所属8家医院网上预约挂号、院内就诊导航及家庭医生管理、健康档案查询等多项服务，方便患者就医。正式启动卫生计生服务实名制。下发《关于在全市实行卫生计生服务实名制的通告》，要求各类医疗卫生计生服务机构和从业人员按计划实名接入市区域人口健康信息化平台，为2017年9月1日正式实施卫生计生服务实名制打下基础。

【开展行业纠风工作】 2016年，对“大处方”“分解处方”进行监督，充分利用“制度＋科技”手段防范“红包”问题。至年底，市直卫生计生系统共拒收“红包”累计849人次，金额53.24万元。监察处方医嘱138.8万条，黄牌处方170张，黄牌处方比例逐渐降低，群众的就医负担有效减轻。

【引进、招录专业人才】 2016年，组织完成1.46万人次各类卫生专业技术资格考试工作。组织市卫生计生委所属各医疗卫生单位集中申报“双高人才”引进计划，通过网站、现场招聘等形式对外发布。全年市级医院共引进高层次人才23名，其中博士9名。为加强医院学科建设，创新人才引进模式，从省二附院引进1名高层次人才作为学科带头人，并由医院聘任为副院长。充分利用“青年人才培养计划工程”，争取市人才办、市财政局的大力支持，每年选派50名青年技术骨干赴省外、境外研修，取得较好效果。

计划生育

【概况】 2016年，市卫计委认真贯彻落实中央《关于实施全面两孩政策改革完善计划生育服务管理的决定》和《中共江西省委江西省政府贯彻落实〈中共中央、国务院关于实施全面两孩政策改革完善计划生育服务管理的决定〉的实施意见》精神，扎实推进全面两孩政策，围绕计划生育工作中心，坚持和完善计划生育目标管理责任制，积极推进卫生计生机构合并和资源整合，改革完善服务管理，较好地完成了各项工作任务。南昌市被国家卫计委、民政部定为全国医养结合工作试点单位之一。

【依法落实全面两孩政策】 2016年，中央《关于实施全面两孩政策改革完善计划生育服务管理的决定》出台后，市卫计委主动开展目标人群调查摸底和人口出生预测，建立健全出生人口信息预警预报制度，科学分析全面两孩政策对人口出生变动的影响，为政策平稳落地做好配套衔接。在《江西省人口与计划生育条例》修订后，及时组织学习培训，深入领会中共十八届五中全会精神，吃透政策，认真贯彻全省生育服务证制度改革精神，对生育两个小孩及以内的家庭，实行生育登记服务制度，取消审批程序，对符合再生育的家庭提供再生育审批服务,及时调整工作流程和审批制度,确保政策落实到位。南昌市计划生育基层基础工作获得上级领导的肯定。

【开展计生工作督导调研】 2016年3月、8月,南昌市计划生育领导小组办公室分别组织两次乡镇(街办)全覆盖计生工作督导调研。第一次督导调研,重点了解基层卫生计生机构整合、职能运转、计生队伍建设等基本情况,摸清基层计生基础建设和人员底数,有效推进各县区完善卫计机构职能、稳定工作队伍;第二次督导调研,重点传达省市生育制度改革的精神和工作要求,调查了解计生办证窗口建设、生育登记制度改革、办证系统操作、部门协作信息交流等方面落实情况,具体指导乡镇(街道)计生办开展工作。

【实行生育登记制度】 2016年,全面实行一孩、二孩生育登记制度。充分利省级生育服务平台,认真贯彻省卫计委《关于进一步推进生育服务证制度改革的实施意见》精神,进一步优化服务流程,全面推行网上登记、办证(卡),推行承诺制、委托代办制,实行一站式服务。下发《关于进一步加强基层计生服务窗口规范化建设的通知》,统一规范窗口服务行为,要求县乡级计生服务窗口配备高拍仪、身份证识别仪等现代化办公设备,切实做到高效便民。4月15日,正式全面启用江西省生育服务系统办理生育服务卡、生育证,全市计划生育办证窗口全部配备办公电脑、打印机、高拍仪、身份证识别器。至年底,全市生育服务系统办理一孩生育服务登记18979例,二孩生育服务登记25710例,生育证办理755例。

【加强计划生育基层基础建设】 2016年4月20日,市计划生育领导小组办公室制定下发《南昌市计划生育基层基础建设及示范单位创建活动实施方案》,加强计划生育基层基础建设,下大力度狠抓基层网络和队伍建设,明确工作目标和基层基础建设在制度建设、队伍建设、资源整合、信息化建设、便民举措等各方面工作标准。开展县、乡、村“三级联创”示范单位活动,尤其是县级示范单位创建活动,在工作部署上走在国家和全省前列。经评选,东湖区、西湖区被评为国家级计划生育优质服务先进单位。南昌县塔城乡、湾里区太平镇等6个乡级单位被评为南昌市计划生育依法行政示范乡(镇),青山湖区昌东工业园黎明村、经开区冠山管理处金牛社区等16个村(居)被评为市级计划生育村民自治示范村(居)。

【全市计划生育服务与管理暨基层基础建设工作推进会召开】 2016年6月13日,全市计划生育服务与管理暨基层基础建设工作推进会在经开区召开。会议分座谈和现场观摩两部分。座谈采用PPT演讲形式,分别安排东湖区介绍网格化管理经验,湾里区、西湖区、高新区对县、乡、村级妇幼保健与计生技术服务资源整合作经验介绍,经开区介绍窗口建设经验。组织与会人员现场观摩经开区规范化窗口建设情况,建设成果受到省市领导一致好评。

【支持基层计生工作建设】 2016年,按照全省统一实行网上办证要求,申请由市计生委机关通过政府询价统一印置16万张《生育服务卡》,下发至各县区,确保基层生育服务平台办证工作的及时、顺利开展。将中央和省级财政专项资金260万元及时分配下发到各县区,并下发《关于加强2016年计划生育补助资金使用管理的通知》,确保基层有钱做事,高效便民。从市本级年度经费中安排部分经费,统一采购38台办公电脑用于支持基层计划生育基础相对薄弱的乡(镇)和村(居)计划生育信息化建设,进一步夯实计划生育基层基础。

【开展出生人口监测工作】 2016年,严格落实计划生育信息实名登记,依托全员人口信息管理服务系统,强化分析和监测。依托流动人口信息交换平台,及时掌握跨区域流动信息。积极推进卫生计生系统内部信息融合,探索通过卫生孕期保健、住院分娩、儿童免疫等信息数据,及时采集、更新、统计全员人口信息。加强部门之间信息交流共享,探索增进与公安、民政、教育、人社、统计等相关部门交流协作的方向。至年底,市卫计委与市公安局建立信息互通制度,每季度接收公安新生儿上户数据,各县区每月接收新生儿上户数据。

【核查人口信息数据】 2016年,规范全员人口信息数据库操作要求,认真完成省信息数据核查。同时,结合公安数据,组织专业力量后台核查比对人口信息,主动开展PIS系统身份证重卡清理,及时纠正信息误差和错误信息。全年共整理身份证重卡个案11万余条信息下发到各县区,要求各县区高度重视,扎实开展身份信息核查,重卡地之间必须做好管理衔接,坚决杜绝身份证信息错误和漏管现象。

【完善工作预警机制】 2016年,不断完善基层计划生育工作预警通报制度,根据年度计划生育目标任务指标和重点工作,不定期核查比对人口统计主要数据,通过现场调查或专项工作进行评比,实行综合或专项动态排名,建立人口指标运行预警机制。对排名靠后或管理工作中存在突出问题、管理服务水平滞后和整体工作水平滑坡的县(区)、开发区(新区)、乡(镇、街办)下发书面预警通知单,指出存在问题,提出整改意见和建议,通报全市,限期整改到位。排名、预警结果与年度考核排名挂钩。分两批对31个工作不力、计生数据指标较差的乡级政府下发书面预警通知单,促进乡级政府重视计划生育工作,及时调整工作部署,尽快扭转工作不力局面,确保各项数据指标控制在年度计生工作指标任务内。

【国家免费孕前优生健康检查】 2016年,全市开展国家免费孕前优生健康检查工作季报责任推进制,编辑简报4期,按季度完成情况进行通报排名,为各县区提供工作经验交流平台;强化专项培训,并派专家到县区现场进行技术指导,进一步提高项目人员的规范服务意识及业务水平;开展专项督导,抓好工作落实。青云谱区在第九次优生实验室质量评定国家抽检中荣获优秀。省下达南昌市国家免费孕前优生健康检查任务数为39160人(省目标值为85%),全市完成检查人数40565人,完成比例为103.6%,超额完成工作目标任务。

【开展病残儿医学鉴定工作】 2016年,认真组织全市病残儿医学鉴定。按照国家《病残儿医学鉴定管理办法》《病残儿医学鉴定诊断标准及其父母再生育的指导原则》,对全市申报的13名儿童进行鉴定体检。经专家鉴定确认13名儿童全部属于病残儿。根据专家诊断结果,经市卫计委主任办公会审核确定“2016年病残儿名单”。

【“圆梦女孩志愿行动”启动仪式举行】

2016年8月25日,南昌市“圆梦女孩志愿行动启动仪式”在青云谱区青山路街道满庭春社区广场举行。在启动仪式上,省市为22名贫困女孩每人发放1000元圆梦助学金。“圆梦女孩”志愿者们与女孩交换“结对连心卡”,结成一对一长期帮扶。志愿者们将针对各自结对帮扶女孩的实际情况，帮助她们走出困境，完成学业，实现人生梦想，让贫困女孩得到实实在在的帮助和关爱。以此契机，带动越来越多的热心人士投入到“圆梦女孩志愿行动”中来，不断营造有利于女孩成才的社会环境。

【举办“国际女童日”大型纪念活动】 2016年10月11日是第五个国际女童日。为营造关爱女童，实现男女平等的良好社会环境，市卫计委会同省卫计委在经开区蛟桥镇举办“女童的进步=可持续发展目标的进展”为主题的大型纪念活动。活动倡导科学、文明、进步的婚育观，大力营造全社会都来关心、关爱女孩健康成长、成才的良好社会氛围。

【“关爱女孩”行动扎实开展】 2016年，“阳光助学”受助女孩293人，发放助学金29.3万元。实行“优秀女孩成才奖励”制度，共奖励优秀女孩94人，发放奖励资金20.8万元。实行农村二女不再生育和农村独生子女家庭子女中考加10分优惠政策，全市共有282名女孩符合加分条件。

【开展城镇独生子女父母人员数量调查与评估工作】 2016年3—4月，开展全市城镇独生子女父母人员的数量调查与评估工作。经过调查与评估，全市2015年前、2016年、2017年三个时间阶段城镇独生子女父母人员调查评估数分别为12万人、1.45万人、8528人，为全省即将实施的对城镇独生子女父母人员的奖励提供了决策依据。

【开展计划生育利益导向扶助对象资格确认及申报工作】 2016年，制定《关于转发〈关于认真做好2016年计划生育利益导向扶助对象资格确认及申报工作的通知〉的通知》，部署做好全市2016年度计划生育利益导向扶助对象资格确认及申报工作。至年底，资格确认全市享受奖扶对象6866人，特扶对象2110人，绝育奖对象8人，阳光助学对象293人，新农合补助对象1.34万人，提前享受新农保补助5626人，增加享受新农保补助5513人，优秀女孩成才奖94人。

【为失独家庭成员办理“人身意外伤害和重大疾病”保险】 2016年，东湖区、西湖区、青云谱区、青山湖区共投入资金56万元，为辖区所有失独家庭成员办理“人身意外伤害和重大疾病”保险。至年底，共有46人次失独人员获得25.34万元的理赔金额。

【开展流动人口关怀关爱活动】 2016年元旦、春节期间，利用流出人口大量返乡的集中时期，开展以“健康促进、健康同行、关爱关怀、优质服务”为主题的“健康生活关怀关爱”宣传服务活动。活动期间，全市共走访慰问流入地过节的流动人口1747人，关心留守老人、妇女、儿童1829人，发放慰问品、慰问金65.8万余元；开展宣传咨询活动167场次，发放宣传折页19.55万份，发放避孕药具9.86万盒，落实计划生育计生服务368例，为1.57万人提供生殖健康检查，为3798名适龄儿童开展疫苗查漏补种，婚育证明查验4579人次，发放流动人口家庭独生子女父母奖励费21.3余万元。

【打造流动人口卫生计生服务均等化亮点】 2016年，借助火车站地区作为大型人口集散地的区位优势，依托“南丁格尔”奖获得者邹德凤志愿者服务团队，打造“流动人口一站式服务平台”，实现医疗、健康建档、办证服务一体化开放式服务，创造家庭般的温馨。通过建立“健康小屋”自助体检中心，借助区域卫生计生信息化管理系统，实现“我的健康我管理”的健康理念，使流入人口及时了解和掌握自己的健康指标动态变化，获得个人健康数据分析评价及建议；通过“互联网+远程控制新模式”，做到父母家中测，子女和医生通过微信知，真正为流动人口解决后顾之忧。为缓解流动人口工作上的压力，西湖区运用PPP模式，引入社会资本，建设里洲小区流动人口慢生活区，内设“邻里互助中心”“流动人口书屋”“零动三点半公益课堂”等功能点位，新设“24小时便利店”“花艺馆”“志愿服务工作站”“阳光驿站”等服务项目，增添“直引水装置”等便民设施，让流动人口感受家一样的感觉，并在就业、生产、医疗卫生等方面得到更多帮助。东湖区利用社区卫生服务中心建立的全科医师服务团队、志愿者服务团队和街道计生专干形成联合服务体，打造“健康下社区、医疗进家门”服务模式，深入社区、走进家庭、服务上门，为流动人口提供安全、有效、连续、综合、可及的卫生计生服务。依托南昌市第一医院章金媛志愿服务团队、南昌大学第四附属医院邹德凤工作室、南昌市第三医院青年文明号等志愿服务团队开展为流动人口提供卫生计生优质服务。同时，南昌县打造卫生计生均等化走出去服务模式，红谷滩新区打造流动人口康乃馨工作室、青春健康俱乐部，新建区打造流动人口服务均等化工业园区等。

【组织召开全省流动人口基本公共卫生计生服务均等化现场推进会】 2016年8月1日，全省流动人口基本公共卫生计生服务均等化现场推进会在南昌市举办。全省11个地市的卫生计生部门分管领导、流管处处长及南昌市各县区（开发区、新区）分管领导、科股长等70余人参加会议。省卫计委巡视员赖厚明出席现场活动。与会人员现场观摩学习西湖区流动人口卫生计生服务均等化工作亮点“流动人口一站式服务中心”和西湖区南浦街道里洲“流动人口慢生活区”。在经验交流会上，南昌市作为江西省唯一的国家级流动人口基本公共卫生计生服务均等化试点联系城市作经验交流发言。《江西日报》、江西电视台、《南昌日报》、南昌电视台等20余家媒体对流动人口现场推进会进行报道。

【王谦调研市流动人口卫生计生工作】

2016年11月5日，国家卫计委流动人口司司长王谦到南昌市调研流动人口卫生计生工作。王谦实地考察西湖区南站街道流动人口一站式服务中心、南浦街道里洲社区流动人口慢生活区，听取省、市、区三级流动人口卫生计生服务均等化、流动人口社会融入、基础信息核查、动态监测、留守儿童关心关爱等内容的工作汇报，对省、市、区的流动人口卫生计生服务工作给予充分肯定，并提出“要加大对流动人口的关注，增强流动人口的社会融合度；拓宽流动人口服务范畴，提高流动人口的获得感和归属感；根据流动人口的不同需求，开展家庭医生签约、社区志愿服务等各具特色的服务”要求。

（宋　燕）

文化·新闻

概述

【概况】 2016 年，南昌市文化部门始终坚持以服务人民为中心，在抓好文化体制改革的同时，不断加强文化基础设施建设，努力提高文化创作、活动、交流和惠民水平，持续加大文化产业扶持力度，切实做好文化遗产保护和利用，积极维护良好的文化市场环境，弘扬真善美，传递正能量，用社会主义核心价值观引领时代发展。全年共组织创作各类文艺精品 150 余部，。业艺术表演团体 4 个，公共图书馆 10 个，文化馆 10 个，各类博物馆（纪念馆）18 个，影院 47 家，全国重点文物保护单位 9 个，市级以上非遗保护示范基地 11 个、传承基地（传习所）6 个、传播基地 9 个，国家级文化产业示范基地 2 家、省级文化产业示范基地 18 家、省级文化产业实验基地 1 家。全市有线电视用户 125.28 万户。至年底，南昌市获批“全国首批文化消费试点城市”及“全国文化市场技术监管与服务平台移动执法系统试点城市”，市文化广电新闻出版局（以下简称市文广新局）荣获“第九届海峡两岸（厦门）文化产业交易博览会组织奖”“2016 年度设区市文化产业工作先进单位”，南昌八一起义纪念馆入选“我最向往的党史纪念地”。全市文艺创作获省级以上奖项 23 个，其中国家级奖项 6 个。

文艺创作

【概况】 2016 年，南昌市文化部门坚持深入生活、扎根人民，努力加大文化精品创作力度，丰富群众文化生活，传递社会正能量。全年共组织创作各类文艺精品 150 余部，并获得各类奖项 50 余个。南昌市文联通过举办专业艺术展览赛事，推出一批优秀文艺人才和文艺作品。会员文艺创作方面也取得良好成果。

【《青涩年华》获美国第 13 届世界民族电影节提名奖】 2016 年 4 月，由市文广新局与北京（阿满）影视公司合作出品的本土电影《小满的故事之青涩年华》荣获美国第 13 届世界民族电影节提名奖。该影片由南昌市艺术创作研究所策划、编剧、执导，全程在南昌拍摄，未启用大明星，百分之八十为本土演员。影片取材于当代大学生的校园生活故事，围绕校园生活的情节，展现当代大学生风貌，紧贴“中国梦”主题，富有时代精神，是一部宣传正能量的喜剧电影。10 月，该电影又获得北京青年电影节入围奖。

【《汤显祖魂梦滕王阁》入选江西舞台艺术繁荣工程】 2016 年 8 月，由市艺术创作研究所创作的采茶戏《汤显祖魂梦滕王阁》入选江西省“2016 年度文艺创作与繁荣工程跟踪孵化项目”。该戏以《牡丹亭》历经曲折在滕王阁重修竣工上演为背景，全剧以“魂梦”为红线，再现了滕王阁首次上演戏剧这一在中国文化史上的重大事件和汤显祖在南昌从事戏剧创作的心路历程。

【海昏侯题材歌舞剧《汉风·赣韵》亮相戏剧节】 2016 年 12 月 23 日，由市歌舞团编排，取材于南昌西汉海昏侯墓考古发掘成果的歌舞剧《汉风·赣韵》在第六届江西艺术节·第十届江西玉茗花戏剧节集中展演上正式亮相。《汉风·赣韵》分《车马扬威》《海昏国乐》《竹简屏风》《冶炼农耕》《磬琴瑟箫》《漆器鎏金》《雁鱼灯彩》《一言难罄》《万象俱新》9 个篇章依次上演，集舞蹈、声乐及器乐等相融合的表现形式，描绘出一幅气象万千的历史画卷。整场演出将刘贺生平、汉代风情、考古成果等逐一展现。整台演出曼妙轻盈的舞蹈、辉煌壮观的舞美、雍容华丽的服饰交相辉映，既展示了恢弘的西汉文化，也集中展现了海昏侯墓考古成果。

【南昌画院多幅油画作品入围作品展】 2016 年，娄远琨国画作品《无悔人生之一——交通卫士》入选 2016 年第十一届中国艺术节优秀美术作品展，并在 2016 年首届江西省青年美术作品展中获优秀作品奖。方学良国画作品《野花弄闲幽》获首届中国工笔画省际联盟优秀作品提名。邹霞国画作品《梦蝶·芭园》获首届中国工笔画省际联盟优秀作品提名巡展，国画作品《静静的小溪》入选第九届江西省青年美术作品展。

【选送论文获中国文化馆年会征文一等奖】 2016 年 8 月，在中国文化馆协会主办的中国文化馆年会征文活动中，由市艺术创作研究所选送的论文《共享发展理念下文化馆供给侧结构改革探究》获得一等奖。论文文章作者王永鸿是江西省唯一获一等奖的个人。中国文化馆协会举办此次征文旨在推动文化（群艺）馆（站）的理论研究发展，提供文化工作者优秀研究成果展示平台，共评出一等奖论文 22 篇、二等奖论文 44 篇、三等奖论文 44 篇、优秀等级论文 100 篇。

【两支乐队获长江中游城市群流行音乐比赛优秀奖】 2016 年 11 月 11 日晚，第五届琴台音乐节长江中游城市群流行音乐比赛在武汉音乐学院落下帷幕。市文广新局组织星文乐队和星橙乐队两支乐队参加比赛，均获得十佳乐队优秀奖。其中，星文乐队鼓手章侨华获得最佳鼓手奖，星橙乐队原创歌曲《梦想旅途》获得最佳原创奖。

【两件作品获江西省第二届“赣鄱群星奖”】 2016 年 5 月，由市艺术创作研究所和新建区文化馆创作的采茶小戏《送证书》获江西省第二届“赣鄱群星奖”（戏剧类）。该剧以幽默、诙谐的剧情，呈现赣鄱大地新农村乡规民约建设新貌。由东湖区文化广电旅游新闻出版局选送的舞蹈《斑鸠情》获江西省第二届“赣鄱群星奖”（舞蹈类）。

【两部微电影分获华东区微电影大赛二、三等奖】 2016年9月，南昌市艺术创作研究所创作的两部微电影《舞动青春》《青青校园》分别获第四届华东六省一市暨全国部分省市微电影大赛二等奖和三等奖。两部微电影均反应当代大学自强自立的精神，编剧、导演、拍摄、制作均由南昌市艺术创作研究所独立完成。

【三个剧目获江西省第二届“汤显祖戏剧奖”】 2016年10月12日，由江西省文学艺术界联合会、抚州市政府联合主办的江西省第二届“汤显祖戏剧奖·地方戏曲经典传统小戏折子戏大赛”在抚州汤显祖大剧院落下帷幕。南昌市采茶剧院有限公司演出的《秧麦》获得剧目一等奖，《送茶》获得剧目二等奖；南昌县采茶剧团演出的《教子》获得剧目二等奖。南昌市采茶剧院有限公司付亚运、李文芳、南昌县采茶剧团黄水玲分别获得个人表演二等奖。

【多项作品在第十届江西玉茗花戏剧节获奖】 2016年12月9日，第六届江西艺术节·第十届江西玉茗花戏剧节启幕。市文广新局组织参赛的歌舞剧《汉风赣韵》获得玉茗花优秀剧目奖，并在导演、表演、音乐作曲、配器、服装设计、灯光制作、道具制作等单项、专项中获奖；采茶戏《三家坪》在表演、导演、音乐作曲、配器等单项中获奖，采茶戏《秧麦》《荒郊寻子》《送茶》等小型剧目获表演二等奖，南昌市采茶剧院有限公司乐队获小型剧目乐队伴奏奖。

2016年南昌市文联出版作品情况一览表

序号	作者	作品名称	出版社名称
1	南昌市文联主编	《半边街——南昌文学评论作品集》	江西人民出版社
2	南昌市文联主编	《“灵秀赣鄱行”采风作品集》	江西人民出版社
3	吴邦国	成长的温度	江西人民出版社
4	吴邦国	儿童幻想小说《海昏之谜①海昏国历险记》	江西人民出版社
5	程 维	历史小说《海昏：王的自述》	百花洲文艺出版社
6	杨 帆	《天鹅》	江苏凤凰文艺出版社
7	宋小词	《瞳孔》	江苏凤凰文艺出版社
8	王 芸	《羽毛》	江苏凤凰文艺出版社
9	刘晓彬主编	《2015年南昌诗歌精选》	江西高校出版社
10	左一兵	《刘贺的27天》	中国电影出版社
11	陶 江	传记文学《气节文章——蒋士铨传》	作家出版社

2016年度南昌市文艺作品获得国家级奖情况一览表

序号	获奖名称	获奖作品	获奖单位或个人	主办单位
1	入选第二届“走马杯”讲好中国故事曲艺展演	讲演故事《一诺千金》	幸灵敏	中国曲艺家协会重庆市曲艺家协会
2	入选“工·在当代——2016·第十届中国工笔画作品展”	工笔画作品《岁月如悉》	黎墨	中国美术家协会
3	“法宝杯”中国法治好故事讲演大赛银奖	讲演故事《和师兄一起学开车》	幸灵敏	上海市政法委、上海市文联
4	首届“八一杯”中国军事题材电影剧本征集活动提名奖	剧本《颠覆者》	刘希巴	八一电影制片厂生产部、解放军报文化部、电影频道节目中心电影创作部

2016年度南昌市文艺作品获得省级奖情况一览表

序号	获奖名称	获奖作品	获奖单位或个人	主办单位
1	江西省第八届少儿曲艺大赛一等奖	故事《老鼠报恩》（幼儿组）	王靖菲	江西省曲艺家协会
2	江西省第八届少儿曲艺大赛一等奖	《考验》（小学组）	陈春泽、王靖菲、熊梓涵	江西省曲艺家协会
3	江西省第八届少儿曲艺大赛一等奖	快板《燕青打擂》	熊成炯	江西省曲艺家协会
4	江西省第八届少儿曲艺大赛一等奖	快板《劫刑车》	彭欣烨	江西省曲艺家协会
5	江西省第八届少儿曲艺大赛一等奖	快板《隐身草》	洪晨洋	江西省曲艺家协会
6	江西省第八届少儿曲艺大赛一等奖	相声《报菜名》	蒋文武、蒋文浩	江西省曲艺家协会
7	江西省第八届少儿曲艺大赛二等奖	快板《没考好》	杨皓、张楚芃	江西省曲艺家协会
8	江西省第八届少儿曲艺大赛二等奖	快板《升国旗》	皮鑫鹏	江西省曲艺家协会
9	江西省第八届少儿曲艺大赛三等奖	快板《12月水果》	徐益君	江西省曲艺家协会
10	江西省第八届少儿曲艺大赛三等奖	快板《秋娃娃》	王宇萱、王　萱	江西省曲艺家协会
11	江西省第八届少儿曲艺大赛原创作品奖	故事《考验》	黄小文、肖　肖	江西省曲艺家协会
12	江西省第八届少儿曲艺大赛原创作品奖	快板《没考好》	王　斌	江西省曲艺家协会
13	江西省第二届“汤显祖戏剧奖·地方戏曲经典传统小戏折子戏大赛”剧目一等奖	采茶戏《秧麦》	南昌市采茶剧团	南昌市采茶剧团
14	江西省第二届“汤显祖戏剧奖·地方戏曲经典传统小戏折子戏大赛”剧目二等奖	采茶戏《送茶》	南昌市采茶剧团	南昌市采茶剧团
15	江西省第二届“汤显祖戏剧奖·地方戏曲经典传统小戏折子戏大赛”个人表演二等奖	—	付亚运	南昌市采茶剧团
16	江西省第二届“汤显祖戏剧奖·地方戏曲经典传统小戏折子戏大赛”个人表演二等奖	—	李文芳	南昌市采茶剧团
17	江西省第二届“汤显祖戏剧奖·地方戏曲经典传统小戏折子戏大赛”个人表演二等奖	—	黄水玲	南昌市采茶剧团
18	入展“江西风景独好国画精品展”	美术作品	廖维章	江西省文联、江西美术院
19	入展“江西风景独好国画精品展”	美术作品	刘　杨	江西省文联、江西美术院
20	入展“江西风景独好国画精品展”	美术作品	王慧生	江西省文联、江西美术院
21	入展“江西风景独好国画精品展”	美术作品	曾　端	江西省文联、江西美术院
22	入展“江西风景独好国画精品展”	美术作品	黎墨	江西省文联、江西美术院
23	第三届江西“林恩杯”茶言茶语诗词大赛二等奖	—	熊　亮	江西省作家协会、江西林恩茶业有限公司

续表

序号	获奖名称	获奖作品	获奖单位或个人	主办单位
24	第三届江西"林恩杯"茶言茶语诗词大赛三等奖	—	万建平	江西省作家协会、江西林恩茶业有限公司
25	第三届江西"林恩杯"茶言茶语诗词大赛优秀奖	—	张　萌	江西省作家协会、江西林恩茶业有限公司
26	第三届江西"林恩杯"茶言茶语诗词大赛入围奖	—	王治川	江西省作家协会、江西林恩茶业有限公司
27	第三届江西"林恩杯"茶言茶语诗词大赛入围奖	—	朱仁凤	江西省作家协会、江西林恩茶业有限公司

（殷　悦　黄　菲）

文艺活动

【概况】 2016年，南昌市文学艺术界联合会（简称市文联）认真承办全国重大文艺赛事，促进全市文艺发展。加强与其他省市文联开展文艺交流，先后联合海口、成都、长沙、济南、包头、福州等市举办书画交流展，学习借鉴经验。组织文艺家开展创作，提升创作水平，传颂"中国气派"，传扬"中国精神"。积极组织文艺家参与文艺志愿服务活动，让更多群众分享文艺发展成果。

【承办中国现代漆画文献展暨历届全国美展江西优秀漆画展】 2016年6月22日，"中国现代漆画文献展（全国巡展－南昌站）暨历届全国美展江西优秀漆画展"在省美术馆开幕。展览由中国美术家协会、市政府、省文化厅、省文学艺术界联合会主办，中国美术家协会漆画艺术委员会、省美术家协会、市委宣传部、市文联、市美术家协会、省美术馆承办。该展在全国6个城市进行巡回展览，已先后在南京、宁波、厦门举行。南昌为该巡展活动第四站。本次文献展共征集漆画作品166件，相关作者92位。一次性聚集数量较多且具有文献价值的作品，在中国现代漆画的发展历程中尚属首次。本次展览中有迄今为止发现的中国最早的现代漆画原作——吴埜山金漆《自画像》（创作于1931年）。此外，大部分漆画作品创作于20世纪五六十年代，包括一些漆画重要作者的早期作品及许多漆画界耳熟能详的经典之作，不少作品都是首次亮相。同时，展出历届全国美展中获奖、入展的江西优秀漆画作品40余件，展示江西漆画的发展历程。南昌作为中国现代漆画的发源地及重镇之一，对中国现代漆画的发展做出过较大贡献。举办以漆画原作为主体的"中国现代漆画文献展"，对中国现代漆画发展历程进行形象性诠释，对于进一步提升南昌文艺创作展览水平，打造南昌城市文化品牌，扩大南昌知名度和影响力，促进江西漆画及艺术事业的发展，有着积极重要的意义。

2016年6月22日，"中国现代漆画文献展（全国巡展－南昌站）暨历届全国美展江西优秀漆画展"在省美术馆开幕

【承办全国第四届漆画作品展】 2016年12月28日，第四届全国漆画作品展在省美术馆开幕。市委常委、宣传部部长龙和南宣布展览开幕。副市长龙国英致欢迎辞。中国美术家协会分党组书记、驻会副主席、秘书长徐里，中国美术家协会漆画艺术委员会主任、江苏省政协原副主席冯健亲分别讲话。本次展览由中国美术家协会、市政府联合主办，中国美术家协会漆画艺术委员会、市委宣传部、市文联共同承办，省美术家协会、省美术馆、市美术家协会协办。展览吸引不同年龄阶段漆画艺术家的积极参与。展览组委会共收到来自全国各地的投稿1500余件，件数创历届全国漆画展览之最。经评选，其中202件作品入选展览。入展作品创作方向正确，审美情趣高雅，表现手法高超，兼具思想性、艺术性和观赏性。

【开展"送春联进万家"活动】 2016年1月下旬至2月上旬，市文联开展"深入生活、扎根人民"文艺志愿者"送春联进万家"活动。组织书法家分别走进西湖区莱茵半岛社区、东湖区扬子洲镇黄村、红谷滩新区云溪花园社区、青山湖区扬子洲镇黄村、新建区西山镇，为群众书写春联，营造热闹祥和的喜庆气氛，赢得在场群众的好评与赞扬。

【开展新春"送文化进军营"活动】 2016年2月3日，市文联组织艺术家到江西省军区机关和直属连队，开展新春送文化进军营活动，受到广大官兵热烈欢迎。活动期间，军地双方召开迎新春座谈会。座谈会后，艺术家们现场挥毫泼墨，围绕国防教育、爱军习武、拥军优属等主题展开创作，为官兵们献上90余幅书画作品。艺术家们用书画作品赞颂国防建设辉煌成绩,表达对官兵的崇高敬意,传递英雄城人民对子弟兵的无限关爱。

【举行"安义金花·品位城乡"谷雨诗会】 2016年4月10日,"安义金花品位城乡"2016年南昌市谷雨诗会颁奖暨诗歌朗诵会在安义县举行。诗会由市文联、安义县委、安义县政府主办,市作家协会、安义县委宣传部、安义县文联、市诗歌学会承办。全市诗人和诗歌爱好者共100余人参加诗会。本次诗会共收到全国各地386位作者共1635首诗作。这些作品歌颂了春天的美好和城乡建设的新风貌,反映了安义优美的自然风光和厚重的人文历史。经评审,评选出一等奖3名、二等奖6名、三等奖10名、优秀奖20名。

【举办"秀美南昌县"散文大赛】 2016年3月27日,市散文学会组织作家开展"秀美南昌县"采风活动。南昌市、县作家50余人参加。作家一行先后到青岚湖、马游山,参观幽兰镇岘山古寺鄱阳湖古战场、南昌县博物馆和毛泽东旧居(828)等,深入了解南昌县的历史人文积淀,为创作积累第一手素材。5月5日,市散文学会、南昌县作家协会共同主办的"秀美南昌县"散文大赛结果揭晓。评委会收到参赛散文作品175篇,评选出一等奖1名、二等奖2名、三等奖3名、优秀奖12名。罗霞《南昌,我爱的城》获一等奖。

【"再出发:南昌诗派作品研讨会"召开】 2016年4月9日,由市文联主办,市作家协会、市评论家协会、市诗歌学会承办的"再出发:南昌诗派作品研讨会"在南昌玉泉岛大酒店召开。会上,大家分析当前三批"南昌诗派十六家"里的代表诗人作品,总结南昌诗坛当前取得的成就和不足之处,探讨宣传与推介南昌诗歌的方式和渠道,提出今后建设南昌诗派的建议和措施。

【举行南昌市第二届书法艺术沙龙集训营】 2016年4月23—24日,南昌市书协书法艺术沙龙集训营在古德宾馆开班,进行第二届第一期课程培训。6月25—26日、8月6—7日、8月27—28日、10月15—16日、11月19—20日,南昌市书协书法艺术沙龙集训营先后在南昌教育学院、保利欧洲铭雅城红木广场进行第二届第二期、第三期、第四期、第五期、第六期课程培训。

【主办第四届"三江笔会"】 2016年5月24日,第四届"三江笔会"(汉江、湘江、赣江)在南昌启动。此届笔会由市文联主办,市作家协会、市文学艺术院承办。笔会为期4天,旨在加强长江中游城市群文学事业团结协作,推动武汉市、长沙市、南昌市文学创作繁荣。笔会主题为"三地作家话南昌"。来自武汉市作家协会、长沙市作家协会、南昌市作家协会的30名作家就文学创作进行座谈,交流创作心得。"三江笔会"由武汉市文联、长沙市文联、南昌市文联分别主办。2013年11月,在南昌举行首届"三江笔会"。此届笔会之后,主办方将结集出版以"三地作家话南昌"为主题的散文集。

【举办"南昌—成都"书画交流展】 2016年6月14日,"南昌—成都书画交流展"在南昌365艺术馆开幕。此次展览至6月18日结束,由南昌市文联、成都市文联联合主办,南昌市书法家协会、南昌市美术家协会、成都市书法家协会、成都市美术家协会承办。书画界代表和社会各界人士共200余人出席开幕式。展览共展出两地100幅书画精品,包括南昌书画家代表作品50幅、成都书画家代表作品50幅。这些作品反映了两地人民意气风发的精神风貌,表达了携手共进的美好愿望。8月16日,"成都—南昌书画交流展"在四川省成都清源际艺术中心开幕。成都、南昌书画家代表和成都艺术界人士共200余人出席开幕式。此次展览为赣鄱文化和巴蜀文化相互交流、相互借鉴、相互融合搭建了有效的平台,推动了两地书画艺术的交流与合作。

【举办"四地联谊·笔墨生辉"——纪念建党95周年济南·长沙·南昌·包头书画精品交流展】 2016年6月28日,"'四地联谊·笔墨生辉'——纪念建党95周年济南·长沙·南昌·包头书画精品交流展"(济南展季)开幕式在济南市龙奥大厦举行。该展览由济南市文联、长沙市文联、南昌市文联、包头市文联联合主办。来自南昌、长沙、包头的书画家和济南书画爱好者共100余人出席开幕式。此次交流展参展作品140余幅,其中包括南昌书画家参展作品30幅。参展作品主题突出,形式新颖,是四市艺术家饱含深情向中国共产党建党95周年献上的一份厚礼。参展作品于7月20日、10月18日、12月14日分别在内蒙古自治区包头市亚欧美术馆、湖南省长沙画院美术馆、南昌365艺术馆举行。

【主办江西省青少年国际标准舞全省公开赛暨南昌市第15届国际标准舞锦标赛】 2016年5月21—22日,江西省青少年国际标准舞全省公开赛暨南昌市第15届国际标准舞锦标赛在南昌大学科学技术学院体育馆举行。此次大赛由市文学艺术界联合会主办、中国国际标准舞总会督导,南昌市舞蹈家协会、南昌市国际标准舞学会承办。共有来自全省各地的80支代表队的专业和业余选手3000余人参加比赛,共决出6个大项、206个小项的一、二、三等奖。

【举办"海口—南昌—临沂书画交流展"】 2016年5月17日,"海口—南昌—临沂书画交流展"在海南省海口市群艺馆开幕。此次展览由海口市、南昌市、临沂市文联主办,海口市、南昌市、临沂市美术家协会、书法家协会承办,共展出三地90幅书画精品。此次展览为海口书画家、书画爱好者了解南昌书画家搭建了有效的交流平台,推动了三地书画艺术的交流与合作。

【主办南昌市第二届书法篆刻作品展】 2016年12月26日,南昌市第二届书法篆刻作品展在保利半山365艺术馆开幕。此次展览由市文联主办,市书法家协会承办。经评审,评选出"佳作奖"3名、"优秀奖"7名、"获奖提名"10名、入展60名。另展出市书协主席团、常务理事等特邀作品28件,市书协"书法艺术沙龙集训营"优秀学员作品18件,共展出作品126件。

【开展"南昌之歌"南昌市首届原创音乐作品征集活动】 2016年,为弘扬优秀音乐文化,培养音乐人才,推动南昌市原创音乐作品的创作与演奏水平,南昌市音乐家协会与南昌爱乐乐团举办"南昌之歌"南昌市首届原创音乐作品征集活动。12月15日,"南昌之歌"南昌市首届原创音乐作品征集活动评审工作结束。此次音乐作品征集活动共收到音乐作品88篇。经过初评和复审,共评选出一等奖2名、二等奖4名、三等奖8名、优秀奖16名。

【举办"南昌—福州书画交流展"】 2016年7月12日,"南昌—福州书画交流展"在南昌365艺术馆开幕。南昌市书法家协会、南昌市美术家协会主席团成员、书画界代表和社会各界人士共200余人出席开幕式。此次展览由南昌市文联、福州市文联联合主办,南昌市书法家协会、南昌市美术家协会、福州市书法家协会、福州市美术家协会承办，展出南昌、福州书画家代表作品各50幅。这些作品异彩纷呈，具有厚重丰富的人文内涵和鲜明的地域特色，反映了南昌和福州两地书画家的精神风貌和艺术水平，对两地艺术家增进了解，取长补短，促进两地艺术事业共同发展，具有积极意义。展览持续至7月16日。9月21日，书画交流展在福州市于山堂开幕。

【举行南昌市首届曲艺大赛】 2016年12月17日、18日，南昌市首届曲艺大赛决赛在东湖区文化传承中心“贵林社”老南昌茶馆举行。此次大赛由市文联、市教育局、市文化广电新闻出版局联合主办，市曲艺家协会、市群艺馆承办，江西可可娱乐公司独家执行。大赛评选出一等奖10名、二等奖18名、三等奖23名。

【举办“南昌—海口书画交流展”】 2016年10月25日，“南昌—海口书画交流展”在南昌365艺术馆开幕。南昌市书法家协会、市美术家协会主席团成员、书画界代表和社会各界人士共200余人出席开幕式。此次展览由南昌市文联、海口市文联联合主办，南昌市书法家协会、南昌市美术家协会、海口市书法家协会、海口市美术家协会承办，展出两地书画作品100幅。展览通过两地书画展示传播高雅艺术，传递正能量，传颂“中国气派”，传扬“中国精神”。

【举办“灵秀赣鄱行”南昌市文联采风作品展】 2016年9月27日，“外师造化·中得心源——灵秀赣鄱行”南昌市文联采风作品展览在365艺术馆开幕。本次展览由市文联主办，展出采风作品86件。展览的文艺作品，是2015年市文联举行“灵秀赣鄱行”文艺采风活动的成果。采风活动共分3批，分别赴赣州、抚州、九江采风。采风团共有40余人，由市作家协会、市书法家协会、市美术家协会、市摄影家协会等协会会员组成。采风团成员领略了赣鄱大地的灵秀壮丽，并遵循“外师造化，中得心源”的主题，精心创作了一批文艺作品。其中包括文学作品，书法作品，国画、油画，以及摄影作品。

【举办“洪大杯——兴家风、淳民风、正社风”书画大赛】 2016年10月21日，“洪大杯——兴家风、淳民风、正社风”书画大赛评选结果揭晓。该大赛组委会共收到来自全国20余省市的书画作品300余幅。经过专家组评选，美术组评出一等奖1名、二等奖3名、三等奖6名、优秀奖10名；书法组评出一等奖1名、二等奖5名、三等奖10名、优秀奖20名。本次活动由市直机关工委、市文联、江西日报社大江网站主办，江西洪大(集团)股份有限公司委员会协办。11月17日，南昌市“洪大杯——兴家风、淳民风、正社风”书画大赛获奖作品展在南昌美术馆开幕，共展出209幅书画作品。市委常委、秘书长、市直机关工委书记郭毅等领导和嘉宾出席开幕式。

【举办“惠风·入云——王慧生、张继允中国画作品展”】 2016年10月22日，“惠风·入云——王慧生、张继允中国画作品展”在吉安市庐陵美术馆举行。该展览由南昌市文联、吉安市文联主办，南昌市美协、吉安市美协、庐陵美术馆等承办。此次展览共展出60余幅精品中国画，主要是著名画家王慧生的工笔花鸟画、山水画，著名画家张继允的子工精灵、禅意人物、高仕人物等人物画。这两位在江西画坛颇具影响力的画家以山水、花鸟、人物的画作来抒发心中之境，表达怀中之情，赋予画作灵魂的张力。

【举办“昌南七彦”书画印提名展】 2016年11月25日，“昌南七彦”书画印提名展在南昌美术馆开幕。市委常委、宣传部部长龙和南等参加开幕式。此次展览由市文联、市文广新局主办，南昌县文联、县文广旅新局等承办。共展出书法、绘画、篆刻作品近100百件。“昌南七彦”包括生活、工作在南昌县的书法家张华武、李良东、胡中良、罗华华、廖晓丹，篆刻家胡昂，画家钱志坚7人。

（黄　菲）

文化活动

【概况】 2016年，南昌市文化部门坚持重心下移，以人民群众为中心，围绕“我们的节日”主题，共举办送文化下基层、文艺晚会、地方戏演出、清明诗歌会、摄影书画作品展和爱国主义宣传教育等各类群众文化活动80余场，充分展示和传承民族文化的优秀传统。全市公益性文化场馆免费向市民开放，全年共接待群众近1000万人次。基层文化三项活动持续开展，丰富基层群众文化生活，得到社会的认可。

【参加赴斯洛文尼亚的文化交流活动】 2016年2月1日，由文化部和驻外机构共同推出的大型文化交流活动——《欢乐春节行》2016新春晚会在斯洛文尼亚马里博尔市列欧广场举行。斯洛文尼亚马里博尔市市长安德烈菲斯特法克、南昌市人大常委会副主任魏国华出席。部分中资公司代表、孔子学院师生、旅斯华侨华人代表共300人观看演出。南昌市歌舞剧团派出40余名演职人员，表演京韵大鼓《前门情思大碗茶》、民歌《龙船调》、舞蹈《青花》《牡丹亭——游园惊梦》等14个节目。

【再赴马其顿进行春节演出】 2016年2月4日，南昌市歌舞团再次到结好城市马其顿首都斯科普里国家剧院进行春节演出。斯科普里市长特拉亚诺夫斯基、南昌市人大常委会副主任魏国华和马其顿信息部长托莫夫斯卡、文化部副部长内德尔科维奇、马军副总参谋长穆哈默德等政要，经济、文化各界友好人士，俄罗斯、德国、意大利、塞尔维亚、斯洛伐克等国大使嘉宾，及中国水电建设集团、中兴公司、华为公司等中资企业员工、孔子学院师生、旅马华侨华人代表近600人观看演出。演出有《盛世欢歌贺新春》《又唱江西是个好地方》《前门情思大碗茶》《龙船调》《桑园访妻》等极具代表性的民族歌舞和戏曲，京胡艺术大师邓林国和川剧青年演员徐雄亮联袂表演的变脸《夜深沉》、吴为和秦烨林等歌唱家用马其顿语演唱的著名马其顿民歌《马其顿姑娘》，在歌曲《友谊地久天长》的美好祝愿中落下帷幕。

【开展迎春送文化进乡村活动】 2016年2月3日，由市文广新局、市群众艺术馆、东湖区文化馆主办的“喜迎春节·文化惠民”迎春送文化进乡村活动在东湖区扬子洲前洲村开展。活动内容形式多样，现场热闹非凡。农民兄弟不仅可以零距离、免费看由专业团队带来的戏曲节目，还可以参与到现场有奖竞猜灯谜活动。“送文化进乡村”大型公益文化活动，是南昌市打造的群众性文化活动。

【开展“元宵欢乐汇”系列活动】 2016年2月18日，南昌市“元宵欢乐汇”系列活动在樟树林文化生活广场开展。该活动由市文广新局主办，市群众艺术馆、市歌舞剧团、樟树林文化生活广场、东湖区文化广电旅游新闻出版局承办，樟树林非遗展示馆、东湖区文化馆、东湖区图书馆协办。现场200余名演职人员为500余名群众表演丰富多彩的文化活动。活动分为文艺演出、有奖竞猜、游艺活动、非遗活动四大板块。市歌舞团专业演员为市民带来精品节目的同时，猜

2016年4月23—24日,由市文广新局等单位主办的让我们爱上阅读暨2016年南昌市首届“绿书包在行动”大型公益活动在红谷滩新区万达广场举行

灯谜、套圈、画鼻子等亲子活动更激发群众参与的热情。活动现场还开展非遗展示、体验项目,普及油纸伞和汤圆制作过程,群众在现场体验传统剪纸、扎染、布艺制作及传统捏塑等活动。

【开展“4·26”知识产权宣传周活动】 2016年4月26日,由省科技厅、省知识产权局、省工商行政管理局、省新闻出版广电局(版权局)主办,市文广新局协办的江西省电商知识产权保护合作备忘录签字暨“4·26”知识产权宣传周启动仪式在华南城举行。仪式上,市文广新局工作人员散发版权知识宣传单,并现场就群众关心的作品著作权登记问题进行细致解答。市文广新局与省版权局合作,通过在南昌市瓷板画研究中心举办版权基础知识讲座并现场提供作品登记服务的活动方式,提高艺术家们的版权保护意识。

【举办全民阅读公益性活动】 2016年4月23—24日,由市文广新局、红谷滩新区管委会、江西新华发行集团有限公司主办的全民阅读公益性活动在市万达广场(红谷滩店)举行。此次活动的主题为“让书籍点亮生活,让我们爱上阅读”。活动现场推出引进的国内最大的“移动数字图书馆”,并现场为需要安装的读者下载、安装手机客户端;举办优秀出版物图书义卖,推选2016年优秀精品书籍,义卖收益部分作为公益捐赠,放入“绿书包”公益基金;举办图书大漂流(互换)、赣版优秀出版物图书展示、壹书屋等全民阅读推广活动。广大市民踊跃参与,共有8000余人参加。

【举行南昌市全民阅读演讲比赛】 2016年5月20日,为全面推进全民阅读活动持续深入开展,以“阅读,从图书馆出发”为主题的南昌市全民阅读演讲比赛在省图书馆报告厅举行。此次活动由市文广新局主办,市图书馆承办,共有20支队伍参加比赛。在比赛中,选手们通过自己的读书故事,抒发着对阅读的热爱,倡导更多的人走进图书馆,以书为友。参加比赛的选手既有刚参加工作的青年,也有正在读书的学生,他们或结合自己的工作经历,或结合自己的读书阅历,从不同方面诠释了读书带给自己的惊喜,成为自己进步的力量之源和不竭动力。选手们以饱满的激情、飞扬的神采诉说着对阅读的热爱。经过激烈竞争,新建区图书馆选送的余安获得一等奖。

【举办“市博流动展览走进校园”系列活动】 2016年5月10日,由市博物馆主办的“市博流动展览走进校园”系列活动在站前路小学正式展开。本次活动利用文物小课堂的方式,将古代文物与现代同类型器具进行对比,采用幻灯片、临时展板等手段,激发学生们的参与热情,使学生们在轻松愉快的环境中了解文物知识,感受南昌2200余年的悠久历史。为使更多的市民了解家乡历史,市博物馆的系列宣传活动还将陆续走进各中、小学校及社区,将这一文化活动惠及更多市民。

【举办“我们的南昌”主题少儿美术大赛作品展】 2016年5月29日,由市文广新局、西湖区委宣传部主办,市群众艺术馆、西湖区文化广播旅游新闻出版局、西湖区教科体局承办,西湖区文化馆协办的“快乐六月·文化志愿者在行动”系列活动之“童眼看南昌·童心绘梦想”——“我们的南昌”主题少儿美术大赛在南昌市群众艺术馆开展。展览汇集了由专家评审出来的100幅优秀作品,为“六一”的南昌带来一道亮丽的文化风景。活动现场还邀请获奖选手进行伞画绘制,获奖选手将自己的作品绘制成伞画,随后制作成专题展览免费供市民参观。本次大赛围绕“南昌十大文化符号”主题,于2016年4月启动,通过零门槛海选的模式,吸引了西湖区各小学美术爱好者的热情参与。

【举办“南昌非遗走进文化企业”主题活动】 2016年6月8日,由市文广新局主办,市民俗博物馆、市群众艺术馆(非遗中心)、江西迪创科技有限公司联合承办的“让文化遗产活起来——南昌非遗走进文化企业”主题活动在市群众艺术馆举办。企业代表、各县区文化馆非遗工作人员、企业员工等嘉宾出席。活动现场邀请非遗项目“赣发绣”的传承人与大家互动,指导非遗工作者和企业员工进行制作。活动旨在增强企业对文化遗产保护传承的认知度,提高群众对文化遗产保护、传承的责任感和使命感,营造热爱保护文化遗产、传承弘扬历史文化遗产的浓厚社会氛围,促进本地优秀传统文化与企业文化的完美融合。

【举办“庆祝中国共产党成立95周年书画摄影作品展”】 2016年7月1—7日,“庆祝中国共产党成立95周年书画摄影作品展”在南昌美术馆开展。此次展出的200余幅作品是全市广大党员、机关干部、人大代表、工会会员、市人大书画院理事、南昌画院著名艺术家和社会各界书画摄影爱好者们的创作。他们以不同的艺术形式热情讴歌建党以来南昌市取得的光辉业绩和改革开放建设成就,向建党95周年献礼。

【举行首届曲艺大赛】 2016年8—10月,由市文学艺术界联合会、市教育局、市文广新局主办的南昌市首届曲艺大赛在全市各县区、乡镇、街道、社区全面开展。比赛分为儿童组(3—8岁)、少年组(8—14岁)、青少年组(15—18岁)、成人组(19岁及以上),其中年龄最小的3岁半,最大的年逾六旬。经过初赛的激烈角逐,60余个节目、100余名选手入围决赛。参赛选手认真投入,在相声、小品、课本剧、快板、评书、魔术、双簧等喜闻乐见的形式中挑战自我、展现风采。决赛于12月17日至18日在东湖区文化传承中心举行，共评选出一等奖10名、二等奖18名、三等奖23名。

【举办地铁建设者中秋慰问晚会】 2016年9月13日晚，由市文广新局、南昌轨道交通集团有限公司主办，市群众艺术馆、市歌舞剧团、南昌地铁（业余）文工团、南昌轨道交通集团有限公司运营分公司工会共同承办的“我们的节日·月圆梦也圆”地铁建设者中秋慰问晚会走进南昌地铁建设一线。此次晚会旨在表达南昌人民对地铁建设者们衷心的感谢，表达南昌市文化工作者对默默奉献在南昌地铁建设战线的劳动者们最崇高的敬意。晚会受到地铁建设者的一致好评。

【举办“纪念中国工农红军长征胜利80周年——全省老年书画作品展”】 2016年9月21—24日，“纪念中国工农红军长征胜利80周年——全省老年书画作品展”在南昌美术馆举办，共展出作品350余幅。汇聚各市和省直团体会员单位遴选出来的老年书画力作。书法作品涵盖楷、篆、隶、行、草等书体，绘画有山水、花鸟、人物、工笔各画种，主题鲜明，风格各异，雅俗共赏。这些作品充分展示了广大老年书画者热爱党、热爱祖国、热爱社会主义，大力弘扬长征精神，继承革命先辈遗愿的情怀，认真贯彻落实党中央“四个全面”的战略布局和为江西实现“五年决战同步全面小康”奋斗目标的愿望，展示了“老有所学、老有所乐、老有所为”的精神风貌。

【举行“放飞梦想·快乐成长”南昌市少儿艺术节】 2016年9月25日，“放飞梦想·快乐成长”2016年南昌市少儿艺术节在新中原大剧院举行。此次艺术节由市文广新局主办，市群众艺术馆承办，内容包括美术、书法、摄影、声乐、器乐、舞蹈、语言7个门类。此次演出通过零门槛海选的方式，吸引了全市各县区的少儿团队热情参与，最终评选出15个优秀节目组成这台专场演出。省内一线专家也亲临演出现场，对节目进行指导、点评。

【举办“让夕阳更绚烂”重阳敬老专场演出】 2016年10月9日，市群众艺术馆、西湖区文化馆联合南浦街道象山社区，在象山社区综合文化大厅，为老人们奉上“让夕阳更绚烂”重阳敬老专场演出。举办此次专场演出，让老人们共同度过了一个欢乐、愉快的节日，使大家充分感受到党和各级政府以及社区大家庭的温暖与关爱，为他们献上一份贴近生活的文化大餐，真切地感受到了文明祥和的尊老敬老氛围。

【举办“名人话滕阁——民俗文化讲座”】 2016年10月14日，市民俗博物馆与滕王阁街办在东方豪景花园酒店会议厅举办“名人话滕阁——民俗文化讲座”活动。讲座由市民俗博物馆馆长、研究馆员梅联华主讲。讲座从南昌历史沿革、南昌民俗表现、解读南昌民俗三个方面向大家介绍南昌悠久的文化底蕴，并通过鲜活的“老照片”、亲切的“老南昌话”与在座的“老南昌人”探讨旧时的南昌风俗。来自街道、社区的干部及滕王阁周边的居民共160余人参加此次讲座。活动旨在通过举办民俗文化讲座活动，使市民进一步了解南昌历史文化，继承南昌优秀民俗文化传统。

【举办民间剧团小戏、折子戏调演暨新建区首届农民剧团会演】 2016年10月25—29日，市文广新局、新建区政府共同主办南昌市民间剧团小戏、折子戏调演暨新建区首届农民剧团会演。全市各县区选送的26个剧目轮番登场，包括南昌采茶戏、高安采茶戏、抚州采茶戏、黄梅戏、京剧、方言小品等，以表演经典折子戏曲目为主。经过激烈角逐，《路遇》《铡美》《秋月情》等10个节目分获优秀节目奖，何运菊、张江民等13位演员分获优秀演员奖。此次调演的团队以民间职业剧团为主体，所有参与者均为业余演员，参与的社区群众总人数近3万人。

【举办南昌市第二届农民工才艺大赛】 2016年10月29日，由市文广新局主办，市群众艺术馆承办的“致敬光荣·点赞梦想”南昌市第二届农民工才艺大赛暨“百姓大舞台”优秀节目展演在青云谱区综合文化大楼演艺厅举行。此次大赛吸引了全市近万名外来务工人员踊跃报名参加。经过各县区层层选拔，共推荐19个节目参与本次农民工才艺大赛。此次大赛旨在丰富农民工精神文化生活，为广大外来务工人员搭建展示艺术才华、实现梦想的平台，同时也是对南昌市“百姓大舞台，大家一起来”公益性文化活动优秀成果的展示和检阅。

【举行南昌首届流行音乐节】 2016年10月30日，由市文广新局主办，市群众艺术馆和市文化艺术中心承办的南昌首届流行音乐节举行初赛选拔，近百支来自江西本土的流行乐队和歌手参加初赛。复赛和决赛分别于11月5日、6日举行。HBG乐队（江西农业大学）凭借原创歌曲《与你相遇的季节》获得此次音乐节冠军，简媛乐队（南昌师范学院）获得亚军，Distortion乐队（江西艺术职业学院）获得季军。此次活动还评选出8支优秀乐手奖。

【承办华东六省一市戏剧小品大赛】 2016年11月21—26日，由江西省文化厅、南昌市人民政府、上海市文化广播影视管理局、江苏省文化厅、浙江省文化厅、安徽省文化厅、福建省文化厅、山东省文化厅主办的第十三届华东六省一市戏剧小品大赛在南昌市群众艺术馆群星艺术剧场举办。此次大赛共有32件作品参赛，主题鲜明、形式多样，多侧面多角度地反映当代生活的热点，突出和谐社会、弘扬新风的主题。华东六省一市轮流主办的戏剧小品大赛每两年举办一届，迄今已成功举办十二届，在全国具有广泛的影响力。该大赛自举办以来，佳作频出，成绩斐然。作为知名文化品牌项目，小品大赛为繁荣华东地区小戏、小品创作，促进专业交流、丰富群众文化生活，做出了突出成绩。

【举办“洪大杯”书画大赛获奖作品展】 2016年11月17—23日，南昌市“洪大杯——兴家风、淳民风、正社风“书画大赛获奖作品展在南昌美术馆展览。此次书画大赛作品征集活动自2016年6月启动以来，历时4个月，共收到全国20余个省市寄送的书画作品300余幅。经过审核，共筛选出入展作品209幅，经专家评审打分和公众微信投票，评选出获奖作品56幅。其中，美术类一等奖1名、二等奖3名、三等奖6名、优秀奖10名，书法类一等奖1名、二等奖5名、三等奖10名、优秀奖20名。

【开展“12·13国家公祭日”主题教育活动】 2016年12月13日，南昌八一起义纪念馆联合江西师大外国语学院团委联合开展“12·13国家公祭日‘我想对革命先烈说’”主题教育活动。通过参观八一馆的基本陈列、集体诗朗诵、讲述革命小故事、“手写明信片寄哀思”等互动环节，同学们回顾了抗日战争那段不可磨灭的历史征程，纷纷谈了自己对国家公祭日的理解和看法，同时说出了对革命先烈的哀悼以及美好未来的向往。开展此次活动，旨在让当代青年人形成正确的历史观和民族观，激励当代青年人铭记历史。

（殷　悦）

社会文化

【概况】 2016年,全市文化部门坚持工作重心下移,以人民群众为中心,以推进公共文化服务标准化均等化为抓手,加快推进现代公共文化服务体系建设,不断加大文化惠民力度,全年为农民群众送戏982场,送电影1.88万场,指导文化活动432场,免费送春联8700余幅,服务农村群众154万余人次。全市各级文化场馆开展免费开放培训、展览、文化志愿活动累计1050场次,累计服务220万人次。

【龚建华考察群众文化工作】 2016年3月31日,省委常委、市委书记龚建华专题调研全市群众文化工作,实地考察红谷滩新区凤凰洲综合文化活动中心,东湖区文化馆、图书馆,市群众艺术馆,并召开座谈会,听取文化部门的工作情况汇报,并就做好群众文化工作提出"要在文化彰显上下功夫,要在文化品牌上下功夫,要在文化弘扬上下功夫"三点具体要求。

【推进街道综合文化活动中心建设】 2016年,市文广新局全力推动市重大重点项目工程建设,完成13个街道综合文化活动中心建设任务。从2014年起,历时三年共完成33个街道综合文化活动中心建设,实现了南昌市街道综合文化活动中心全覆盖。

【加入江西省公共图书馆讲座与展览联盟】 2016年,市文广新局加入"江西省公共图书馆讲座与展览联盟",初步形成以市图书馆为总馆,各县区图书馆为分馆的现代公共图书馆服务体系。江西省公共图书馆讲座与展览联盟于2013年成立。联盟会员可通过出版、交换讲座图书、光盘、刊物等形式进行交流,促进讲座、展览资源利用。该联盟的成立,对全省公共图书馆讲座、展览业务的共同发展,实现文化资源和人才资源的互补共享,克服以前讲座、展览资源少,财政投入不足,及基层大众享受文化成果不均衡等问题,推动公共文化服务体系建设具有重要意义。

【南昌3个家庭获评全国"书香之家"】 2016年4月12日,国家新闻出版广电总局通报表彰了第二届全国"书香之家"。江西省有30个书香之家入选,其中新建区的陶江、潘后军和东湖区的丁康平3个家庭成为全国"书香之家"。陶江家里藏书近万册,创作了大量作品,至今有250余万字在全国各种报刊发表。潘后军家读书家风代代传,家庭成员长期坚持读书。丁康平家是社区知名的阅读之家,经常有左邻右舍来借书、谈书。

(殷 悦)

文化产业

【概况】 2016年,市文广新局创新思路,从服务上下功夫,努力为文化企业提供全方位、深层次、多形式的服务,促进文化产业发展壮大。2015年文化产业主营收入510.8亿元,比2014年的448亿元增加62亿元,增速为13.8%。文化产业增加值158.65亿元,占GDP比重为4%,比2014年的144.1亿元增加14.55亿元,增速为10%。

【殷美根视察南昌文化产业】 2016年8月11日,副省长殷美根视察南昌文化产业,先后走访1家国家级文化产业示范基地、3家省直国有院团和1家省级重点文化创意产业园区,对南昌市文化产业发展探实情、明方向、鼓士气。省文化厅厅长池红、副厅长郎道先,副市长姚燕平等陪同考察。

【成功申报第一批国家文化消费试点城市】 2016年,南昌市成功申报第一批国家文化消费试点城市,是江西省唯一获此殊荣的城市。全国仅26个城市列入试点。国家文化消费试点城市试点时间为两年,中央财政将对试点工作予以资金支持。南昌市拟采取六大措施开展文化消费试点城市工作:建立以积分为核心的消费促进机制的"惠民文化消费卡";举办"南昌惠民文化消费季";发放惠民文化消费大礼包;实施文化消费专项补贴等形式大力扶持文化消费;积极拓展文化消费业态培植新的消费热点,打造富有地域特色文化业态;不断提高文化消费产品的质量。

【组织参加第九届海峡两岸(厦门)文化产业博览交易会】 2016年11月4—7日,第九届海峡两岸(厦门)文化产业博览交易会在厦门举办。市文广新局组织10家有影响的文化企业参加会展,重点推介江西桐青工艺品、文港毛笔、赣绣、漆画、陶瓷等文化企业,具有代表性的文化展品500余件。

【组织参加第十二届中国(深圳)国际文化产业博览交易会】 2016年5月12—16日,第十二届中国(深圳)国际文化产业博览交易会在深圳举办。展现西汉风采的海昏汉韵楠木根雕、细腻多彩的南昌瓷板画、工艺精湛的桐青金属工艺品、文化气息浓郁的南昌艺术家园区等文化产品和文化项目在第十二届深圳文博会绚丽绽放。南昌展团还准备了精彩的泥塑技艺现场展示,观众可以现场体验制作过程。

【举办南昌文化产业主题论坛】 2016年10月12日,南昌文化产业"创新创业、跨界发展、金融互联"主题论坛在中国银行江西省分行举行。来自文化产业园区、文化企业、新闻媒体、金融等领域精英齐聚一堂,共同探讨南昌文化产业创新跨界融合发展之路。此次论坛旨在推动南昌文化金融发展之路,描绘发展蓝图,携手开拓进取。近年来,南昌文化产业发展迅速。2015年,南昌文化产业总产值达488亿元,在全省领先。2016年,南昌正着力推进南昌建军雕塑广场、南昌军事主题公园、南昌汉代海昏侯国遗址公园等项目建设,不断擦亮南昌历史文化品牌、红色文化品牌。

【南昌万达文化旅游城开业】 2016年5月28日,南昌万达旅游文化城开业,开业首月总接待量超200万人次。至年底,共接待游客1200万人次。南昌万达文化旅游城位于九龙湖新区,总投资超过400亿元,占地266.67公顷,总建筑面积475万平方米,是集室内海洋馆、大型舞台秀、科技电影乐园、大型室外主题公园、国际度假酒店群、滨湖酒吧街等娱乐项目为一体的文化中心单元,是江西省近30年来最大的投资项目。

【南昌华侨城大型文化旅游综合体项目在港签约】 2016年5月9日,在第15届赣港经贸合作活动"金融·资本·绿色发展"合作交流会上,深圳华侨城集团与西湖区政府正式签约,拟投资兴建南昌华侨城大型文化旅游综合体项目。签约总金额6亿美元,为当天会场全省30个集中签约项目中金额最大的项目。该项目集华侨城集团30余年创想之精华,将在西湖区朝阳新城美丽的象湖之滨,打造一个以文化为核心,以旅游为主导,集聚文化旅游、文化庆典、文化演艺、文化科技、文化艺术、文化主题酒店为一体的多元化文化产业集群。

【原创产品荣获江西旅游博览会铜奖】 2016年9月23—25日，在江西旅游商品博览会上，南昌新四军军部旧址陈列馆原创产品《这里的黎明静悄悄》（融入新四军元素的茶具）通过专家创新性、纪念性、工艺性、实用性、市场性五个方面的综合评定，荣获铜奖。

【入选全国博物馆文创产品开发试点单位】 2016年11月，国家文物局发布全国博物馆文化创意产品开发试点单位名单。在92家试点单位中，南昌市有1家单位上榜，为南昌八一起义纪念馆。江西省共有3家上榜，其中的2家是江西省博物馆、瑞金中央革命根据地纪念馆。

【东湖区2016（深圳）文化产品招商推介会在深圳召开】 2016年5月11日，为推动江西、南昌打造文化强省、文化强市战略，打造城市内涵与价值同步发展新样板，东湖区2016（深圳）文化产品招商推介会在深圳市福田区召开。市委常委、宣传部部长龙和南，副市长姚燕平出席推介会。此次推介会有苏宁集团、中海地产、昆吾九鼎投资、南昌瓷板画研究中心、豫章赣绣坊、腾讯科技、中融文化、樟树林产业园等98家企业的150余名代表参会，涵盖了地产、金融、科技、传媒、文化设计、非物质文化遗产、园区运营等领域。推介会当天，共有18个项目达成合作约定，签约总金额115.7亿元。

（殷　悦）

文化新闻出版市场

【概况】 2016年，市文广新局严格依法行政，加强市场管理，以“扫黄打非”为主线，集中精力抓好文化市场、出版物市场的监管。全年共出动执法人员6500余人次、执法车辆500余车次，检查经营单位6800余次、互联网站1100余个次，取缔游商地摊及无证经营者90余个，收缴违禁出版物7000余件（册）、盗版出版物3万余件（册）、低俗音像制品900余件（盘）、删除互联网各类有害信息370余条。对重点区域、重点部门、重点环节、重点市场进行高密度、高频次、地毯式检查巡查，严厉打击非法出版活动和侵权盗版活动的猖獗势头，全市文化市场环境得到进一步净化。

【网络文化市场执法取得新突破】 2016年，全市各级文化广电新闻出版市场管理部门共立案查处各类违法案件56件。其中，图书侵权盗版案件16件，版权案件26件，印刷案件14件等。查办的天猫商城“某旗舰店”侵权案实现了网络文化市场执法方面的新突破。5月，市文化市场综合执法支队接到杭州市余杭区市场监督管理局案件线索告知函，反映南京市民举报浙江天猫网络有限公司天猫商城“某旗舰店”售卖该市民录制的视频课件全为假货，侵犯了该市民的合法权益。支队接到告知函后，立即启动举报办理机制，安排版权执法大队开展相关调查取证工作。经过两个多月艰苦细致的工作，行政调查取证已经结束，正式移交市公安局直属分局。

【推进“扫黄打非”进基层】 2016年，市文广新局制定并与市委宣传部、市综治办等多部门联合下发《南昌市“扫黄打非”进基层工作实施方案》，将“扫黄打非”进基层工作纳入新农村建设、精神文明创建、平安创建活动的总体工作中，进行统一部署、统一考核，在全市范围内推进“扫黄打非”进基层工作。全市各乡镇、街办、社区（村委会）按照“六有”标准设立“扫黄打非”基层工作站，工作站标牌、制度、公约、宣传栏、举报电话均已上墙。部分县区在推进基层工作站全覆盖的同时，做好各成员单位的协调对接，将基层“扫黄打非”工作进行有效串联，形成合力。

【举办全市文化市场综合执法业务培训班】 2016年7月27—29日，市文化市场综合执法支队在市委党校举办2016年全市文化市场综合执法业务培训班。全市、区、县两级文化执法队伍的执法队员共100人参加。邀请江西省文化市场综合执法总队、广州市文化市场综合行政执法总队、江西省新闻出版广电局反非法和违禁出版物处等文化部师资库专家，就文化市场综合执法政策、网络文化市场执法工作、网络扫黄打非若干问题等进行专题宣讲。此次培训为市执法队员增强理论基础知识、丰富执法实践经验、开拓工作眼界和思路、提升自身业务能力打下扎实的基础。

【打造新型网吧社会公共服务阵地】 2016年10月11日，为丰富群众业余生活，充分利用网吧闲置时段，提升网吧社会公共服务功能，青云谱区文广旅游新闻出版局和徐坊街办联合组织解西东社区10名老年人到桔子网咖免费上网。桔子网咖科技位于青云谱区解放西路，是全省唯一一家由省文化厅授牌指定的转型升级网吧试点单位。网吧面积约600平方米，投资约400万元，共设有128台苹果电脑一体机。网吧设有大众消费区、情侣卡座区、竞技对战区、公共服务区、水吧饮品区，休闲影视区6个功能区。网吧设备先进，功能完善，使用了最新的新风系统，环境敞亮整洁，真正意义上摆脱了“传统网吧”旧观念，锐变成“互联网+商务+休闲+娱乐+竞技+社会公共服务”为一体的现代互联网服务场所。

【开展“扫黄打非进校园”暨“送正版书籍进校园”宣传活动】 2016年10月31日，青山湖区“扫黄打非办”组织区文化稽查大队、区图书馆在南昌市新世纪小学开展“扫黄打非进校园”暨“送正版书籍进校园”宣传活动。“扫黄打非办”执法人员和青山湖区图书馆工作人员为学生们准备了正版图书200余册以供借阅，并向参与此次活动的学生赠送圆珠笔、铅笔、橡皮擦等文具。活动旨在倡导全社会共同抵制非法出版物，激发少年儿童阅读健康好书的热情，调动广大师生支持和参与“扫黄打非”的积极性，为少年儿童的健康成长营造良好的校园文化环境。同时，引导学生树立尊重创意、保护知识产权和共同抵制非法出版物的意识。

【开展文化市场法律法规宣传教育活动】 2016年12月16日，市文化市场综合执法支队在南昌三中高新校区开展文化市场法律法规宣传教育活动。活动以“远离不良行为，鼓励健康成长”为主题，鼓励未成年人自觉从我做起，自觉遵守“未成年人不能进入网吧及娱乐场所”的规定，共同抵制未成年人不文明上网的现象。活动中，教师及学生代表做表态发言，并在“关注未成年人身心健康·自觉不进入网吧、娱乐场所”承诺标语上签名。活动共展出流动宣传展板19块，现场发放印有宣传标语的小黄帽和宣传画册。

【江西首家知识产权仲裁机构批准成立】 2016年2月26日，江西省首家知识产权仲裁中心——南昌仲裁委员会知识产权仲裁中心授牌成立仪式在南昌市举行。南昌仲裁委员会知识产权仲裁中心由江西省出版工作者协会、江西省律师协会知识产权专业委员会联合发起设立，是南昌仲裁委员会根据知识产权纠纷专业性、时间性和保密性的特点而专门设置的专业纠纷解决平台。南昌仲裁委员会知识产权仲裁中心是中部地区首家、也是全国第五家知识产权仲裁机构，标志着江西知识产权保护体系进一步向国际化、多元化、专业化方向迈进。南昌仲裁委员会知识产权仲裁中心的成立,为当事人解决知识产权纠纷提供了一条司法、行政之外新的有效途径,进一步推动了江西知识产权保护体系的健全和完善,体现了江西知识产权工作的前瞻性和务实性。

【省市联合集中销毁侵权盗版及非法出版物】 2016年4月21日,为迎接第16个世界知识产权日的到来,根据全国“扫黄打非”工作小组的统一部署,江西省“扫黄打非”工作领导小组和南昌市“扫黄打非”工作领导小组在南昌市联合举行2016年侵权盗版及非法出版物集中销毁活动江西分会场启动仪式。副省长殷美根出席并宣布销毁令,副市长姚燕平及相关部门负责人出席。集中销毁活动仪式上,二十一世纪出版社代表就版权培育、推广、保护,打击侵权盗版方面作了发言。销毁现场集中销毁的侵权盗版及非法出版物29.56万件,其中盗版及非法音像制品9.1万件,盗版软件及非法电子出版物3.75万件,盗版及非法书报刊16.71万件。

(殷　悦)

文化遗产保护

【概况】 2016年,南昌市文化部门认真贯彻落实文物工作方针,以文物保护为重点,努力传承优秀传统文化,重大文物保护项目稳步推进,文博工作基础进一步夯实,非遗保护与传承得到加强。各级文物保护部门持续加大文化遗产保护力度,提高文化遗产综合利用水平。全市拥有各类博物馆(纪念馆)18个,全国重点文物保护单位9个,市级以上非遗保护示范基地11个、传承基地(传习所)6个、传播基地9个。

【第一次全国可移动文物普查工作基本完成】 2016年,南昌市基本完成第一次全国可移动文物普查工作任务。此次普查工作主要分为工作启动、普查实施和验收汇总三个阶段。第一阶段在2013年完成,主要内容是成立普查机构、编制普查实施方案、编制并落实专项经费、制定宣传方案等;第二阶段截止时间为2015年12月,主要是各收藏单位开展文物认定、信息数据登录;第三阶段截止时间为2016年12月,主要内容是对普查资料进行整理、汇总和发布普查成果。经第一次全国可移动文物普查,本行政区域国有可移动文物收藏量为16063件套。通过文物普查工作,进一步摸清了全市馆藏文物的现状,并建立了科学的、现代化的藏品信息管理体系,为今后馆藏文物的管理和保护打下了坚实的基础。

【入选“我最向往的党史纪念地”】 2016年,南昌八一起义纪念馆入选“我最向往的党史纪念地”。除南昌八一起义纪念馆外,江西省另有瑞金中央革命根据地历史博物馆、井冈山红色旅游景区入选。“我最向往的党史纪念地”评选活动由人民日报社、中央党史研究室、全国红色旅游工作协调小组办公室共同主办,在全国31个省区市、60个候选项中综合评选出20个。活动目的是为庆祝建党95周年,做好党史宣传、典型宣传工作。

【5家单位入选第二批省级国防教育基地】 2016年,江西省委宣传部、省国防教育办公室、省文化厅联合开展第二批省级国防教育基地评选工作。全省共评选出18个单位,其中南昌市有5个,分别为南昌市小平小道陈云旧居陈列馆、方志敏烈士陵园、南昌陆军学院、南昌工程学院、南昌大学人民武装学院。至年底,南昌市已有省级国防教育基地11个。其中,南昌八一起义纪念馆、江西省革命烈士纪念堂、南昌新四军军部旧址陈列馆、华东交通大学、南昌理工学院、南昌市0112工程(南昌市人防指挥所)为2007年首批省级国防教育基地。

【举办“不可忘却的纪念——江西民间抗战专题收藏展”】 2016年1月9日—2月28日,为回顾抗战历史,南昌新四军军部旧址陈列馆联合江西省民间红色收藏组织举办“不可忘却的纪念——江西民间抗战专题收藏展”。此次展览以江西省内部分民间收藏家收藏的抗战专题收藏品和江西省新四军研究会举办的活动为主要内容,展品既有抗战遗物,又有挂图报刊。这些民间史料真实动人,承载着中国人民不屈抗战的历史,让观展人员勿忘国耻、牢记民族复兴使命。

【“四有”新一代革命军人教育基地挂牌】 2016年6月30日,东部战区空军“四有”新一代革命军人教育基地在南昌新四军军部旧址陈列馆挂牌。这是部队做好铸魂育人工作、培育新一代革命军人的重要举措,也是军民融合开展爱国主义教育的重要内容。

【举办江西—甘肃两省摄影文化艺术交流展】 2016年7月1日,为庆祝中国共产党成立95周年和中国工农红军长征胜利80周年,南昌新四军军部旧址陈列馆举行“追忆革命历史弘扬老区精神”江西—甘肃两省摄影文化艺术交流展。展览内容有书画、红色革命旧址、摄影艺术交流。两省通过笔会、座谈会等多种形式活动,交流红色文化艺术创作体会。展出作品100余幅。此次交流展邀请了江西省的一些党史专家及书画、摄影工作者共同赴甘肃进行文化艺术创作交流活动,并在6月25日—7月1日邀请甘肃艺术代表团到江西进行文化交流。此次活动旨在追寻红色故事,探访红色足迹,共同缅怀缔造新中国的历史记忆,追忆江西、甘肃革命老区战争年代艰苦的岁月,展现两省人民生产、建设、生活新风采新面貌。

【举行共建革命传统教育基地签约仪式】 2016年8月13日,为加强馆际交流,南昌新四军军部旧址陈列馆和上海淞沪抗战纪念馆举行共建革命传统教育基地签约仪式。抗战老兵、淞沪抗战史研究专家、黄埔同学会、部队指战员、社区居民、学校师生代表等近500人出席活动。

【《南昌,新四军从这里走来》展览开展】 2016年8月13日,《南昌,新四军从这里走来》展览在上海淞沪抗战纪念馆开展。该专题展览以大量文物始料为基础,辅以图片和多媒体场景等手段,从“浴血坚持、谈判改编、铁军出山、南方延安”四大部分展示了新四军的铁血征程。

【举行入伍新兵传统教育启动仪式】 2016年9月7日,南昌市入伍新兵“牢记初心启程,投身强军实践”传统教育启动仪式在南昌八一起义纪念馆举行。活动由市政府招兵办公室、南昌警备区政治部、南昌八一起义纪念馆组织筹办。此次传统教育旨在依托“八一”特色资源,激发广大应征入伍青年参军报国热情,牢记“不忘初心、继续前进”的政治要求,让红色革命精神植根于新兵思想血脉。活动现场热情洋溢,入伍新兵向军旗承诺宣誓、向“石破天惊”的巨幅雕塑行注目礼,表达入伍从军、为国效力的赤子之心,展现出不一样的新兵风采。

【举办《纪念红军长征胜利80周年图片展》】 2016年9月14日,由市委宣传部、市文广新局主办,南昌新四军军部旧址陈列馆、会宁红军长征胜利纪念馆、江西省新四军研究会承办的《三军胜利大会师——纪念红军长征胜利80周年图片展》在南昌新四军军部旧址陈列馆二楼临展厅展出。举办该展览旨在提醒人们时时不忘民族精神、奉献精神,不忘记红军不怕远征难那样的无畏精神和抗日将士誓死疆场的牺牲精神,激励人们为中华伟大复兴的中国梦而努力奋斗。

【举办纪念八大山人诞辰390周年馆藏真迹特展】 2016年9月30日—10月7日,为纪念八大山人诞辰390周年,八大山人纪念馆举办《纪念八大山人诞辰390周年馆藏真迹特展》,展出20余件八大山人真迹及60件八大山人书画高仿品。八大山人作为中国明末清初杰出的国画大师,“三百年来领袖群伦”,其后历代大师如吴昌硕、齐白石、张大千等莫不对其推崇备致而心追手摹。

【举办全省爱国主义教育基地讲解员培训班】 2016年10月25日,全省爱国主义教育基地(革命场馆)讲解员培训班在南昌新四军军部旧址陈列馆举办。本次培训班共有52名讲解员参加。培训班采取集中授课的形式,省委宣传部、省政府文史研究馆、江西省师范大学、南昌八一起义纪念馆的专家学者参与授课。革命场馆讲解员进行示范讲解,进行心得体会交流。

【共建党性教育实践基地】 2016年,为加强对外合作交流,南昌新四军军部旧址陈列馆与洪都中医院共建党性教育实践基地。通过以结对共建为载体,不断巩固和发展各自的一些特色做法,发挥各自的优势,实现资源共享、优势互补、互相促进、共同提高。

【“国际博物馆日”活动精彩纷呈】 2016年5月18日是第40个国际博物馆日,主题为“博物馆与文化景观”。全市各博物馆、纪念馆均推出相应活动。市博物馆在灌婴广场举办免费鉴宝活动,邀请文物鉴定专家为文物收藏爱好者点评、鉴定藏品,交流藏品的鉴定、保管等知识。活动中共为近百名文物收藏爱好者鉴定陶瓷、青铜、玉器杂件、钱币等200余件。南昌八一起义纪念馆开展“红星璨,薪火传”主题演讲比赛、《红色基因、传承薪火》主题教育活动及《彭素民先生生平史料展》。八大山人纪念馆举办《八大山人纪念馆藏当代书画精品展》,南昌新四军军部旧址陈列馆组织大中专院校和中小学生参观旧址和展览。安义县博物馆举办宣纸刻画、葫芦雕艺术展。新建区博物馆走进中小学,举办西汉海昏侯墓考古成果图片展。南昌县博物馆将流动文化服务送进莲塘镇南农社区,通过举办馆藏文物精品图片展的形式开展文物保护宣传活动。

【六朝家族墓葬群发掘取得新进展】 2016年2—7月,在省文物考古研究所的指导下,市博物馆先后进行两次考古(二期、三期)发掘工作,共发掘六朝时期墓葬7座,发掘面积约500平方米,清理出青瓷器、铜器、石器、铁器、金器等各类文物100余件。特别是三期发掘的5座墓葬形制保存相对完整,年代相近,排列整齐,明显经过严格的规划。根据出土东晋“升平(357—361年)”和“隆和”(362—363年)纪年铭文砖,发现铭文砖有“熊氏”字样,说明这是一处距今久远的东晋时期的熊氏家族墓地。为探讨六朝时期南昌地区世家大族的墓葬形制和家族墓的设计规划提供了重要的实物资料。该墓葬群于2015年10月12日在对市梅湖景区花博园及景区进行提升改造时发现的。11月26日,市博物馆考古人员正式开始抢救性考古发掘。

2016年2月2日,南昌市图书馆开展“小小剪纸花 浓浓中国情”为主题的亲子剪纸活动

【开展“我是小小传承人”非遗体验馆活动】 2016年,为传承发展本土非遗文化,扩大非遗文化在青少年中的影响力,南昌市群众艺术馆(南昌市非物质文化遗产研究保护中心)开展“我是小小传承人”非遗体验馆活动。全年共举办10期体验课程,参与人数100余人。免费体验项目为省级非遗产项目赣发绣、市级非遗项目流湖粽编等。

【南昌瓦罐煨汤制作等7项技艺入选省级“非遗”】 2016年12月,省文化厅公示第五批省级非物质文化遗产代表性项目名录推荐名单,全市7个非遗项目榜上有名。民间文学类:南昌市申报的滕王阁传说和西湖区申报的绳金塔传说;传统音乐类:青山湖区申报的江西古琴艺术;传统体育、游艺与杂技类:安义县申报的安义硬门拳;传统美术类:东湖区申报的豫章绣;传统技艺类:东湖区申报的南昌瓦罐煨汤制作技艺和东湖胎发毛笔制作技艺。

【非遗保护与传承得到加强】 2016年,新增省级非遗项目代表性传承人3人(南昌箫峰箫史吹箫引凤故事项目传承人箫德齐、安义匾额书法雕刻技艺项目邹双印、南昌宣纸刺绣项目传承人顾玉纯)、市级12个。至年底,全市非遗项目总数170个,其中国家级非遗项目3个、省级非遗项目41个、市级非遗项目101个。同时,推进非遗保护、传承与传播基地的建设。至年底,全市共有市级以上非遗保护示范基地11个、传承基地(传习所)6个、传播基地9个。

【“豫章绣”等南昌非遗项目亮相澳门】 2016年4月22—25日,由中国文物保护基金会、中友国际艺术交流院主办的首届澳门非物质文化遗产暨古代艺术国际博览会在澳门举行。“豫章绣”等南昌非遗项目亮相博览会。本届博览会分为非物质文化遗产展区和古代艺术品展区，参展商来自世界各地。非物质文化遗产展览占40%。“豫章绣”距今有近三百年的历史，创始人为熊月瑛。“豫章绣”绣线与针法均巧妙隐藏在图案中，远观给人以书画的视觉冲击，逼真传神，近赏则绣线细织、绣画互融，独树一帜。此次代表江西参展的非遗项目还有南昌瓷板画、吉州窑瓷器等。

（殷　悦）

南昌汉代海昏侯国遗址管理

【概况】 2015年，南昌汉代海昏侯墓的考古重大发现惊艳问世，它独一无二的价值及丰富的历史信息和文化内涵，引起海内外社会各界的高度关注。省委、省政府，市委、市政府高度重视南昌汉代海昏侯国遗址的保护利用工作，2016年6月7日正式成立省属市管副厅级参公事业单位——南昌汉代海昏侯国遗址管理局（以下简称遗址管理局），机构编制40人。下属南昌汉代海昏侯国遗址博物馆（南昌市文物考古研究院），正县级全额拨款事业单位，编制为50人。南昌汉代海昏侯国遗址管理局挂牌成立后，围绕“三四三”目标（三个一流：一流的考古水平、一流的文物保护水平、一流的展示水平；四个结合：坚持遗址公园建设与当地经济社会发展相结合、与当地群众生活水平相结合、与当地城乡基本建设相结合、与当地环境改善相结合；三个目标：将遗址公园建设成为全国旅游AAAAA级景区、国家考古遗址公园、世界文化遗产），本着对历史高度负责的态度，不等不靠，全力推进海昏侯国遗址公园建设各项工作。

【海昏侯国遗址基本情况】 南昌汉代海昏侯国遗址位于新建区铁河乡、大塘坪乡交界处，是第七批全国重点文物保护单位，距离南昌市市区约45千米，北临鄱阳湖，主要包括海昏侯墓群、紫金城城址及贵族、平民墓葬区。以紫金城城址为代表的海昏侯国都和以南昌汉代海昏侯墓为代表的墓葬区，是中国目前发现的面积最大、保存最好、内涵最丰富的汉代侯国聚落遗址。海昏侯墓园占地面积约4.6万平方米，错落有致地分布着以海昏侯和侯夫人墓为核心的一大八小9座墓葬和一座车马坑，是中国迄今发现的保存最好、结构最完整、功能布局最清晰、拥有最完备祭祀体系的西汉列侯墓园遗址。紫金城平面总体呈方形，分内城和外城，外城长约2千米、宽约1.7千米，有4座城门（含水门）。内城平面呈长方形，位于城区东部，为宫殿区，面积约13万平方米，紫金城为海昏侯国都，约3.6平方千米。考古发掘历经6年，2016年1月13日，获得中国社会科学院“中国考古六大新发现”；5月14日获得中国考古学会（2011—2015年度）田野考古奖；5月16日获得国家文物局2015年度“全国十大考古新发现”；5月22日，获得首届中国考古大会“考古资产保护金尊奖”，囊括了所有考古方面的奖项，实现“大满贯”。已出土1万余件（套）文物，具有极高的历史价值、艺术价值和科学价值，对研究中国汉代政治、经济、文化具有重要意义，是江西文化的“新名片”。南昌汉代海昏侯国遗址公园项目是南昌市打造大遗址保护建设“江西样本”、展现省会南昌文化“软实力”、建设国际大都市的“引爆点”。

【海昏侯国遗址所在区域特点】 南昌汉代海昏侯国遗址所在区域有以下3个特点：一、区域位置优越。遗址区域地处新建区东北部，紧依鄱湖之滨，赣江新区东部，在南昌大都市区规划范围之内。距昌北机场20千米，距南昌市区约45千米。在新建设的主干道路网建好后，至昌北机场、西客站、南昌市区车程在20—40分钟，交通便利。二、自然生态环境良好。区域内水资源丰富，生态环境优越，靠近鄱阳湖、赣江，水网密布，内部水系河湖纵横交叉，有成片的农田，没有工业的污染，植被、生态保护较好。三、文化资源价值突出。遗址有突出普遍的历史价值、艺术价值和科学价值，列入了国家“十三五”大遗址规划，附近还有汪山土库历史建筑，具备建设集科技保护、探秘仿古、文化旅游、休闲体验服务为一体的具有国际水准的城市文化公园条件。

【海昏侯国遗址建设安排】 根据目标任务要求和区域内的地理环境特点，南昌汉代海昏侯国遗址公园建设项目可大致分为交通路网基础设施项目、博物馆、展示中心及配套项目、汉风特色文化小镇、生态景观水系项目等几大部分，预估总投资为123亿元。2017—2019年将建设海昏大道、紫金路、紫金南路等外围路网和遗址博物馆、考古研究展示服务中心及配套设施、墎墩墓墓园保护展示工程、紫金城城门城墙保护展示工程、遗址环境整治、内部旅游路网、安置房等项目，总预算约50亿元。

【保护和研究海昏侯国遗址文物】 2016年，严格按照文物保护要求，正式成立海昏侯国遗址派出所，并在此基础上，整合协调各方资源，完善人防、技防、物防三位一体的综合防范体系，加强遗址现场保护，严管严控违章建设和抢栽抢种等违法行为。11月，加强制度建设，提交《南昌汉代海昏侯国遗址保护条例》初稿。通过寻求国家、省、市工商部门帮助，完成25大类“海昏”商标和45大类“海昏侯”商标的申报注册，并驳回50余家“海昏”类商标的抢注。借力外脑，充分发挥信立祥、沈望舒等南昌汉代海昏侯国遗址公园建设专家委员会专家的作用。与国家博物馆、中国社会科学院考古所、北京大学等部门合作进行文物发掘保护修复，与中建院、江西师大等省内外一流高等院校对接进行汉文化研究和海昏侯遗产价值研究。青铜器、漆木器、竹简等文物的保护、修复、释读等工作进展顺利，《遗址公园汉文化内容基本策划》已完成初稿。

【编制海昏侯国遗址各类规划】 2016年，坚持规划先行，着手高水平、高标准编制各类规划，将人文历史与自然山水相融合、遗址保护与经济发展相融合，多规有机统一。《紫金城城址及铁河古墓群保护总体规划》已由省文化厅、省住建厅组织专家评审，报国家文物局审批。《南昌汉代海昏侯墓保护与展示工程》已获得国家文物局立项，已完成方案初稿。《南昌汉代海昏侯国遗址周边区域发展规划》《南昌汉代海昏侯国遗址公园规划》《南昌汉代海昏侯国遗址公园旅游发展规划及项目策划》经国内外公开招标，已形成初步成果。博物馆项目布展内容策划和项目建议书编制已完成，《南昌汉代海昏侯国遗址博物馆和考古研究中心、展示服务中心及配套设施》建筑设计招标工作正在进行。《遗址公园交通路网规划》已编制完成，遗址公园对外交通“一纵二横”中的海昏大道、紫金路已完成规划设计方案评审，紫金南路正在开展前期工作。

【开展全方位宣传】 2016年，积极宣传造势，通过中央电视台、新华网、光明网、人民网、《光明日报》《江西日报》《南昌日报》等主流媒体，全面报道南昌汉代海昏侯国遗址发掘情况和成果等；在绿地双子塔、八一广场、秋水广场等地的电子广告显示屏，充分展示南昌汉代海昏侯国遗址广告语言和画面，提高社会公众的知晓度；发行海昏侯故事畅销书籍，设置海昏侯微信、新浪微博、遗址管理局和遗址博物馆网站（两微两网），广泛宣传南昌汉代海昏侯国遗址情况；开展海昏侯系列电视宣传报道、文物展陈和VR游戏及拍摄影视作品等，开展多方位宣传和展示，不断扩大南昌汉代海昏侯国遗址的影响。

【入选“2015年度全国十大考古新发现”】 2016年5月16日，“2015年度全国十大考古新发现”终评会在北京召开新闻发布会。经过层层角逐，南昌西汉海昏侯刘贺墓以最高票成功入选“2015年度全国十大考古新发现”。评审专家一致认为，江西南昌汉代海昏侯刘贺墓是目前中国发现的面积最大、保存最好、内涵最丰富的汉代列侯等级墓葬，主墓、墓园及周边侯国都城遗址的完整性在国内独一无二。这个发掘项目呈现出“整个考古调查、钻探及发掘过程的系统性；墓主人刘贺身份的独特性；发掘之后社会宣传的广泛性”三大特点。海昏侯墓的考古，集中了目前国内最前沿的考古技术，三维复原、X光等已是常备技术，地球物理探测、GPS定位、电子全站仪布网测控、全球地理信息系统（GIS）记录等高新科技也频频亮相，过去仅在航空领域使用的低氧舱技术也在此次考古中率先运用。考古过程中充分运用高科技手段，提升了海昏侯墓考古发掘和遗产保护展示的含金量。

【网上博物馆正式上线】 2016年5月30日，南昌汉代海昏侯国遗址博物馆网上博物馆正式上线。为让广大市民和海内外游客在遗址博物馆规划建设期间能观赏到精美的文物，及时了解南昌汉代海昏侯国遗址公园规划和发展情况，让社会各界有识之士能有一个平台对遗址公园的规划建设建言献策，以首都博物馆展陈为载体，通过VR技术，建立南昌汉代海昏侯国遗址博物馆网上博物馆（网址：www.hhhmuseum.com）。网站以简洁大方、图文并茂、雅俗共赏的设计理念，巧妙利用汉文化元素，突出历史文物、考古研究，采用音乐、配音、文字、图片、虚拟现实技术等多种手段，生动再现南昌汉代海昏侯墓的发掘过程，立体展示出土的精美文物，有效发布最新的研究成果，并采用虚拟现实技术原真地呈现首都博物馆《五色炫曜——南昌汉代海昏侯国考古成果展》虚拟场景，为广大文物爱好者、广大市民和海内外游客在遗址博物馆规划建设期间提供一个身临其境的鉴赏、研究平台，一个了解遗址考古发掘研究成果和遗址公园及博物馆规划建设进程的窗口。该博物馆具有高技术性、真实性、便利性、惠民性的特点，是一个系统工程，将分阶段进行建设。

【“两微两网”全面正式运行】 2016年5月，南昌汉代海昏侯国遗址博物馆网站上线运行。9月23日，遗址管理局的官方微信、官方微博和遗址管理局政务网同步上线。遗址管理局的“两微两网”架构已经全部组建完成。“两微两网”中的官方微信、微博、政务网主要以介绍南昌汉代海昏侯国遗址管理局工作动态信息及需要向社会公开的政务信息为主，并兼顾网民及部门意见互动。遗址博物馆网站主要采用音乐、文字、图片、虚拟现实技术等多种手段，向观众生动再现南昌汉代海昏侯墓的发掘过程，使观众身临其境感受遗址场景，更直观地了解文物、了解汉文化。“两微两网”全面上线以来关注度不减，“海粉”的数量持续攀升，总关注量和点击量已突破30万次。

【推出“八个一”活动参展省旅博会】 2016年9月23—25日，江西省旅游发展产业博览会在南昌国际展览中心开展。为展示好南昌汉代海昏侯国遗址人文特色及考古成果，打响“北有兵马俑、南有海昏侯”品牌，南昌汉代海昏侯遗址管理局在博览会上精心推出“八个一”活动。即演出一场梦回海昏侯国舞；播放一部中央电视台拍摄的纪录片；制作一块海昏侯国介绍展板；策划一系列海昏侯国纪念品；推出一网两微举办有奖竞猜活动；演绎一道靓丽汉风；展出一批讲海昏侯故事的书籍；创作一部海昏侯VR主题游戏，充分突出视觉冲击、VR高科技游戏体验等创新宣传样式。该展出活动受到各界媒体关注，新华网、《光明日报》《江西日报》《南昌日报》、凤凰网等媒体纷纷报道或转载“八个一”活动。特别是《梦回海昏侯国》舞蹈，受到评委和广大观众的喜爱，被评为省旅博会“十佳”节目之首，为宣传好海昏侯营造出了亮点。

【举行考古成果展】 2016年10月11日，“惊世大发现——南昌汉代海昏侯国考古成果展”在省博物馆开展。该展是南昌汉代海昏侯刘贺墓园出土文物以固定专题陈列的形式第三次面向社会公众长期开放。本次展览以“发现发掘—文化阐释—人物解读—面向未来”为主线，分“惊现侯国、王侯威仪、墓主刘贺、保护共享”四个部分展开。展览无论在展览规模、展示内容、展品选择、形式设计上，还是对观众的服务品质上都体现出全新的理念与特点。展览共展出922件珍贵文物，类型涵盖青铜器、陶瓷器、金器、玉石角器、漆器等多个品类。其中的478件金饼、马蹄金、麟趾金、金板和上万枚五铢钱给人以视觉上的冲击和震撼；琥珀、猎杀玉饰、四神玉带钩等“高颜值”文物精品均为前两次展览所未见。自展出以来，已接待观众30余万人次。

（王　俊）

广播电影电视

【概况】 2016年，市文广新局把握正确舆论导向，坚持团结、稳定、鼓劲和正面宣传为主的方针，弘扬经济发展和社会进步主旋律，突出重大题材的宣传报道，

2016年9月23日，《梦回海昏侯国》节目在省旅博会上被评为十佳节目

当好党和政府的喉舌。强化安全播出及广电信息网络安全监管,全年安全播出及广电信息网络安全零事故。加大公益电影放映力度,积极扩大服务范围。在新闻宣传、事业建设、行业管理、党的建设等方面都取得较好成绩。南昌广电呈现出新闻宣传上水平、媒体活动出影响、事业发展见成果、产业经营有突破等特点。全市有营业影城 47 家,银幕总数 307 块,总座位数 4.29 万座,全年影院票房收入为 3.78 亿元。南昌广电网络基本完成全网 84 万户的双向网络改造,有线电视在网用户 57 万户。全年广播共开设栏目 60 个,播出节目 1.87 万期;电视共开设栏目 24 个,共播出 6935 期,播出电视剧 560 部计 16790 集;广播电视播出广告 30.66 万分钟,广告合作领域涉及房地产、金融、医疗、汽车、教育、通信信息等 20 多个类别。

【加强安全播出监管】 2016 年,市文广新局加强安全播出监督管理,对南昌广播电视台、各县区广电部门进行安全播出检查,特别是在元旦、春节、清明、五一等重大节假日及“两会”、十八届六中全会、全国公安厅长会议等重要会议期间,督促各单位安全播出领导小组靠前指挥,重点检查发射机房和配电间设备、有线网络、播出制度、值班制度、应急预案、安全保卫、安全用电、消防安全等方面。通过检查,强化各单位的安全播出责任意识,排除隐患,确保全年广播电视安全播出零事故,使市民能够“听好广播、看好电视”。

【开展各大影院巡检工作】 2016 年,根据国家新闻出版广电总局和江西省新闻出版广电局《关于开展电影市场秩序专项治理活动实施方案的通知》精神,市文广新局开展对全市各大影院巡检工作。在各影院自查和自改报告递交后,采取明察与暗访相结合的工作方式,对全市各大影城进行全面巡查工作。特别对收到举报件的影城,进行重点认真核查,对南昌星美梦时代等 4 家有违规行为的影院下达整改通知单,对 2 家违规严重的影院,依照国家电影管理条例上报省局,给予停发国产影片补贴的处罚,为全市电影产业大发展营造公平有序的市场环境。

【影院建设稳步发展】 2016 年,南昌市票房收入为 3.78 亿元,同比增长 3.3%,占全省票房收入的 37.1%。全年新增影院 13 家,新增银幕 66 块,千万元票房收入的影城为 12 家,其中万达影城红谷滩店全国影城排名 40 位(4626 万元)、江西华影国际影城全国排名 49 位(4415 万元)、万达八一广场店排名 183 位(3055 万元)。至年底,全市营业影城 47 家,银幕总数 307 块,总座位数 4.29 万个。

【开展电视节目监听监看】 2016 年,市文广新局共收到省新闻出版广电局《收听收看简报》60 期,对每期简报都能按要求及时报送领导阅批,针对存在问题立即督促相关部门按照《收听收看简报》要求整改落实,并认真做好书面反馈工作,确保节目播出的质量和舆论导向不出偏差,积极发挥广播电视传播快速的优势,向受众传递正能量,不断提高节目品质。

【开展“治理过度炒作、抵制低俗之风”专项行动】 2016 年,根据省新闻出版广电局下发的《关于开展“治理过度炒作、抵制低俗之风”专项行动的通知》精神,市文广新局制定专项行动方案,组织全市各级广播电视台积极开展“治理过度炒作、抵制低俗之风”专项行动,集中清除广播电视宣传中的不良现象,强化导向管理、机构管理、队伍管理、市场管理,确保专项行动取得实效。

【开展广播电视节目评奖活动】 2016 年 1 月 20—22 日,南昌市广播电视学会组织南昌广播电视台及南昌县广播电视台、进贤县广播电视台、安义县广播电视台、湾里区广播电视台、青山湖区广播电视台、新建区广播电视台 6 个县区广播电视台在进贤县举办 2015 年度南昌市广播电视奖评选活动。活动共收到参评作品 61 件。其中,市广电台作品 28 件;县区广电台作品 33 件。经过评委认真评选,有 43 件作品获奖。广播奖 17 件,其中南昌广电台 8 件、县区广电台 9 件。南昌广电台的长消息《从 42 天到 40 分钟的距离到底有多远?》和现场直播《南昌西汉海昏侯墓主椁室考古发掘启动仪式》两个作品获得市级广播一等奖。新建区广电台报送的短消息《新建发现中国保存最完整西汉列侯墓园》和南昌县广电台报送的长消息《鸟来了,渔禁了》两个作品获得县区广播一等奖。电视奖 26 件,其中南昌市广电台 11 件、县区广电台 15 件。市广播电视学会还分别报送 19 件优秀广播电视作品、5 件优秀电视文艺作品、4 件优秀广播文艺和广播剧作品、8 件优秀播音主持作品、5 件优秀广播电视报刊作品、13 件优秀论文论著作品参加江西省组织的各类优秀作品评选。经省广电协会评选,市广播电视学会选送作品共获得一等奖 7 项、二等奖 14 项、三等奖 16 项,获奖数量和质量均稳居全省各设区市第一名。

【组建南昌市文化广电新闻出版监测中心】 2016 年,南昌市文化广电新闻出版监测中心组建完成。该中心集广播电视节目内容安全播出、广播电视媒体分析、广播电视及互联网广告监测、互联网

2016 年,南昌市文化广电新闻出版监测中心组建完成

视听节目监测、新闻出版监测以及文化市场安全管理于一体，可对全市广播电视节目进行全方位的质量可控管理，自动检测采集前端播出中出现的重大停播事故和播出质量事故，及时发现节目播出中的重大异态，实现监测数据汇总、处理、分析，自动形成监测报告。同时，该平台实现对采集的广播电视节目、数字出版内容、节目广告业务和文化市场监管案件进行智能分析，可及时发现其中的违法内容，并根据监测主题的性质、扩散面等因素，对相应疑似触犯国家相关法律法规的内容进行分类分级预警。

【专项整治非法卫星地面接收设施】 2016年，市文广新局集中开展非法卫星地面接收设施专项整治工作，先后多次召开专门会议研究卫星地面接收设施整治工作，建立部门联席会议制度进行定期沟通情况，与市文化综合执法支队、公安、工商等部门开展联合执法。对全市经销广电器材的商店，安装有地面卫星的各小区进行清查。通过宣传教育，安装户进行自行拆除。全年共出动执法人员420余人次，现场查处非法销售点11个，依法收缴非法卫星地面接收设施20余套，各县区设立“无小耳朵”社区27个。在执法过程中，采取下发整改通知书，宣传相关法律法规的形式，使商户能认识到自己的违法行为，并立即整改，既严格了执法，又做好了宣传教育，确保专项整治行动取得成效。

【放映公益电影】 2016年，南昌市电影发行放映公司和南昌市广电校园院线公司组织多支数字流动电影队前往南昌县、安义县、湾里区、青云谱区、东湖区、西湖区、高新区、经开区、红谷滩新区等行政区的社区文化休闲广场、敬老院、社会福利院、监狱、市政建设工地及市郊小学，免费为群众、学生、特殊群体等放映国产优秀爱国教育电影。全年放映2360场。

【对内宣传亮点频闪】 2016年，南昌广播电视台紧紧围绕学习贯彻习近平总书记视察江西时的重要讲话精神以及省市党委、政府中心工作，强力聚焦南昌西汉海昏侯墓考古发掘、南昌舰“回家”、市党代会、市“两会”、南昌国际马拉松赛、“美丽南昌·幸福家园”、三个文明融合发展等多个重点事件，精心组织策划报道，推出专栏，形成持续关注热点。特别是在西汉海昏侯墓考古发掘、海军南昌舰光荣退役、南昌国际马拉松赛等大事件主题报道中，举全台之力，充分发挥传统媒体内容生产力强大和新媒体传播迅速等优势，广播、电视、网络分头出击、资源共享，进行多角度，多层次，多方位的报道，实现电视信号与流媒体平台同步直播，保证了完美的播出效果，为南昌发展营造了积极、昂扬、向上的舆论环境，多次赢得市领导点赞，社会反响良好。

【对外宣传影响扩大】 2016年，南昌广播电视台电视新闻在《江西新闻联播》上稿1259条，超过上年上稿量169条；在中央电视台《新闻联播》发稿62条，超过上年上稿总数的10%；广播在中央人民广播电台上稿94条，其中头条7条；省电台用稿2066条，其中头条77条，同比增长翻番，继续名列全省各设区市上稿量之首。

【掌握新媒体话语权】 2016年，南昌广播电视台遵循新媒体传播规律，同时充分发挥传统媒体内容生产优势，通过新闻采编流程再造，打造全媒体的“中央厨房”。“掌上南昌”APP、CUTV南昌台、两微一端运势势头良好，在多次重大重点报道中发挥了不可替代的作用。

【南昌地铁电视开播】 2016年，随着南昌地铁一号线的开通，由南昌广播电视台和南昌轨道交通集团共同组建的南昌地铁电视，率先在全国实现首家高清播出。作为依托都市高新科技出行工具的新媒体，地铁电视具有高效传播、强制到位、定位准确的收视效果，是传统电视媒体丰富经营方式、介入新媒体运营的又一重大举措。南昌地铁电视充分发挥广电内容制作专业上的优势，建成南昌地铁系统内融合公共信息平台、城市应急服务平台、百姓生活资讯平台为一体的综合资讯高清电视媒体。全年地铁电视播出政府各类公益广告5000余分钟，每天为20万人次的地铁乘客提供快捷的“新闻速食”。

【四大项目献礼建军90周年】 2016年，为向建军90周年献礼，南昌广播电视台调派精锐团队，借助外力，拍摄电影《建军大业》、纪录片《军魂》，并积极筹备2017中国（南昌）军事影视节及《强军梦——瓷画英烈谱》瓷画创作展四大项目，将在2017年“八一”期间精彩呈现。

【创新思路求发展】 2016年，南昌广播电视台各频道、频率积极转变思路谋求发展，通过活动带动品牌，以品牌促进效益。都市频道《天天美味》获得“2016传媒中国品牌影响力广播电视栏目十佳”和“金长城传媒奖2016中国年度影响力地面电视栏目”称号，跻身全国美食节目品牌行列；全省首档跨区域人物访谈节目——《你在他乡还好吗》，获得“TV”地标全国城市优秀栏目称号。

【组织优秀作品参评】 2016年，南昌广播电视台积极组织优秀作品参加各类评优评奖10余次，共120余件作品参评，其中50余篇作品获奖。《从市长到农夫》获得第十一届中国纪录片国际选片会社会类一等奖；《关注南昌西汉海昏侯遗址考古》获得第26届中国新闻奖电视系列报道二等奖；《南昌西汉海昏侯墓主椁室首次被正式打开》获2015年度中广联城市电视新闻节目创优参评作品一等奖；微电影《爱在深秋》获得第二届“中国梦江西风景独好”微电影大赛一等奖。立足国际环保视野的纪录片《金兰》，入选国家新闻出版广电总局“百人百部中国梦短纪录片扶持计划”项目。

【产业经营有突破】 2016年，面对经济持续低位运行、广告市场疲软等不利经营环境，南昌广播电视台立足电视主业，创新经营模式，积极拓宽经营渠道，着力开展广告创收、活动创收、节目创收、产业创收等多种业务，实现了经营创收的逆势上扬。

（殷悦 舒丹）

报　业

【概况】 2016年是南昌日报社融合发展的关键之年。南昌日报社围绕南昌市发展大局，以加速转型融合发展为主线，以全面深化报社改革为动力，按照主阵地要稳、主流地位要显、主力资源要多的思路，团结带领报社干部职工真抓实干、开拓进取，做好主业、做强产业，新闻宣传、媒体融合、经营管理、项目发展、党的建设、反腐倡廉等各项工作取得新成绩。

【舆论引导作用加强】 2016年，南昌日报社积极做好习近平总书记、李克强总理视察南昌期间的新闻报道。围绕省市党代会、市“两会”、全国综治工作“南昌会议”等重大主题宣传，精心策划推出“迎接省第十四次党代会”“辉煌看南昌，喜迎党代会”、解读打造“六个南昌”等专题专栏，通过主流声音、权威报道，凝聚正能量；围绕招商引资“小三看”、长江中游城市群省会城市会商会、洪城双创热潮等重大经济宣传活动，推出

"降成本、优环境、促发展""中国梦、南昌芯""聚焦南昌、大众创业、万众创新"等系列报道,全方面解读政策,积极宣传先进典型,为创优南昌发展环境发出"好声音"。《南昌日报》共推出专题专栏49个,《南昌晚报》共推出专栏36个,南昌新闻网推出网页专题88个,为南昌崛起大造舆论声势。

【南昌故事传播好声音】 2016年,南昌日报社牢固树立"站首位、树标杆、作表率"意识,凝心聚力讲好南昌故事,弘扬主旋律,传播好声音,为南昌经济社会发展营造良好舆论环境。南昌日报社对外报道组创新方式方法,主动出击定期与中央驻赣及省级机关部门沟通、交流,及时掌握中央及省级党报各个阶段的宣传重点,争取报道的主动权。初步统计,全年在中央媒体上稿69.5篇(其中重稿31.5篇),报道了南昌光明社区《一个小社区千名志愿者》等,在省级媒体上稿402篇,积极向外讲好南昌故事。

【传播影响不断扩大】 2016年,《南昌日报》牢固树立"首位意识",主动与"江西地市第一报"的首位坐次对标,积极抢占江西传媒行业"制高点"。《南昌日报》"啄木鸟在行动"喜获中国新闻奖一等奖、"中国新闻名专栏奖"、中华全国总工会"工人先锋号"荣誉称号,实现南昌市属媒体中国新闻最高奖"零"的突破。11月23日,省委常委、副省长、市委书记殷美根视察南昌日报社,看望"啄木鸟在行动"栏目组。《南昌晚报》荣获"中国十大城市晚报",《家庭医生报》荣获"中国专业报品牌十强"、中国十大专业报"金长城传媒奖",南昌新闻网荣获中国城市网盟优秀网站奖、中国最具品牌影响力网站、金长城传媒奖等荣誉。南昌日报社采编口全年获国家级新闻奖90余项,省级新闻奖150余项。南昌日报社成为中国记协理事单位、中国报协党报分会副会长单位,南昌晚报再任中国晚报协会副会长单位,南昌新闻网成为江西省地市网盟会长单位。

【新媒体矩阵具雏形】 2016年,《南昌日报》积极"走出去"学习先进经验,将新思路、新观念"引进来",整合创新新媒体渠道,发展新媒体矩阵,加速报网融合步伐,实现报社融合发展在提速中提升,南昌日报社以"两微一端"为代表的新媒体矩阵初具雏形。11月初,"全见南昌"移动客户端正式上线试运行。南昌日报社通过对旗下的多个微信公众号进行规划和完善,利用强大的采访资源,把南昌时政、经济、民生等方面的重要资讯,权威、迅速、精准地推向市民,真正起到了主流作用。至年底,南昌日报社旗下各媒体拥有APP数2个,官方微博10余个,总粉丝110余万;微信公众号近20个,总粉丝数超过60万。南昌新闻网打通微信、微博、APP等新媒体访问网站的通道,实现"新闻网、服务网、互动网、移动网"的全媒体布局。

【传播方式创新出彩】 2016年,《南昌日报》积极应用360度全景、VR等新技术、新手段,突破传统报道模式,在多项重大宣传报道活动中出新出彩。在中国南昌新媒体发展报告会、南昌市党代会、市"两会"、南昌首届国际马拉松赛等重大活动报道中,《南昌日报》《南昌晚报》、南昌新闻网在PC端、微博、微信、移动客户端进行全媒体推送。南昌新闻网使用H5推送、VR直播、移动客户端融媒体直播等新手段,新闻时效和用户体验全面提升,取得较好反响。《南昌晚报》在南昌舰"回家"报道中,在微博上发起话题,利用VR先进技术进行全程直播,短期内吸引10万粉丝。在南昌首届国际马拉松赛活动报道中,南昌新闻网微博话题阅读人数超过500万人次,在11月20日的新浪体育话题榜中排第一位。

【全媒体融合探索】 2016年,南昌日报社学习外报先进经验,在媒体融合体制机制方面进行积极探索。在深化报网互动的同时,重点打造南昌新闻网。南昌新闻网牵头成立江西地市新闻网联盟,加强与全省设区市网络媒体的互动和合作;与南昌社科联合作联手打造江西首个理论网站——南昌理论网;成功举办的"中国南昌新媒体发展报告会",提升南昌新闻网的知名度。南昌新闻网跻身全国300余家城市网站综合传播力前20强,微信传播力前10强。同时,南昌日报社从内容生产、供稿机制、人员管理等方面,对全媒体融合进行探索和经验积累,整合报纸和网站的所有摄影摄像资源,成立摄影中心,进行试点,取得很好效果。

【项目建设取得进展】 2016年,南昌日报社文化产业园项目顺利推进。望城新区6.67公顷工业用地项目完成奠基,1.27公顷工业用地成功摘牌。印刷厂搬迁项目有序推进;文化产业线上线下融合,以邮币卡项目为抓手,陆续打造各类文化艺术品线上交易平台,包括中艺文创艺术品第三方交易平台,茶叶、老酒的第三方全国性的线上交易平台等;闯市场、谋出路,市场化项目起步运营;以"线上直销、线下直送"为运营思路,《南昌晚报》倾力推出乐指购微商城,维护《南昌晚报》在南昌市民群众中的品牌和口碑。为鼓励创新创业,南昌日报社对一些项目实行市场化运作,南昌晚报"小者"中心、南昌日报社影视中心、南昌晚报娱乐工作室分别走向市场独立运营。

【业务范围不断拓宽】 2016年,南昌日报社广告总量逆势上扬,同比有较大幅度提升。《南昌晚报》通过开辟乡镇经营板块,拓展创收渠道,实现县区、乡镇广告200%增长。《家庭医生报》主动开发部分日用品广告,拓宽自身广告业务,通过开辟栏目协办、品牌冠名、合作分成、项目洽谈等多种合作模式,获得新客户,发展新业务。南昌新闻网不断增强视频拍摄实力、制作实力,接拍南昌经开区、星子温泉形象宣传片,开启网站创收的新模式。

【报纸发行态势良好】 2016年,在传统媒体整体式微的情况下,《南昌日报》的发行稳中有升,但《南昌晚报》发行仍然面临困难。在这种形势下,南昌日报社沉着应对,仔细分析读者群,努力确保南昌中心城区的发行量,实现报纸的有效发行。同时,南昌日报社对所有窗口行业的报架和户外阅报栏进行全面整治,增加新报栏365个。至年底,全市共有报栏769个、报架178个,确保报纸多渠道、多方式宣传传播。同时,在采编、印刷、发行、办公等方面实行开源节流,降本增效。

(熊婷婷)

体　　育

概　述

【概况】　2016 年，南昌市以《体育发展“十三五”规划》为纲领，扎实推进体育创新发展，加快公共体育设施建设，不断完善公共体育服务体系；大力开展全民健身运动，着力提升竞技体育水平；深化体育领域改革，促进群众体育、竞技体育和体育产业协调发展，全市体育事业取得新进步。城市 15 分钟体育健身圈更加完善，首届南昌国际马拉松赛、南昌市第十六届运动会成功举办。全年全市运动员参加比赛人数 0.6 万人次，共获得金牌 186 枚、银牌 135 枚、铜牌 91 枚。举办单项比赛 20 次，举办全民健身活动 340 次，其中千人以上的活动 45 次，参加活动的人数总计 83 余万人。全年完成全民健身路径工程 159 个，总投资 354.06 万元。发行体育彩票 7.2 亿元，比上年增加 0.67 亿元。

群众体育

【概况】　2016 年，南昌市群众体育工作以《全民健身计划（2016—2020 年）》为蓝本，以研制市、县两级全民健身实施计划（2016—2020 年）和实施便民、惠民、利民工程为主要任务，推动各级政府履行体育公共服务职能。广泛开展全民健身活动，城乡居民体育健身意识进一步增强，体育健身场地设施数量和面积不断增加，群众健身的环境和条件明显改善，各级全民健身组织机构日益健全，全民健身公共服务体系初步建成。

【加强全民健身活动站点建设工作】　2016 年，县区体育行政部门正式备案登记的全民健身站点 545 个。市体育局对健身活动开展出色的 140 个全民健身活动优秀站点进行表彰和实物奖励，鼓励先进，宣传典型，推动全民健身活动广泛、深入、持久的开展。

【开办各类培训班】　2016 年，市体育局和市社会体育指导员协会共同举办五期二级社会体育指导员暨健身技能培训班，新增心肺复苏和心肌梗阻急救、健身秧歌、柔力球、太极扇、节奏体语操、广场健身操舞六大技能培训板块，培训学员 250 余名，不断满足人民群众日益增长的多元化体育健身需求。2 月 24 日，市门球协会在市老年体协会议室举办裁判员、教练员和各会员单位管理人员培训班，70 余人参训。6 月 11—12 日，市风筝协会在红谷滩新区举办 2016 年江西省第二届等级裁判员培训班。12 月 26—30 日，市风筝协会承办 2016 年全国运动风筝运动员培训班。

【监测 20—69 岁年龄段人群体质】　2016 年 11 月 23—12 月 8 日，市体育局组织国民体质监测进机关、企业、农村、学校、社区，对 20—69 岁年龄段人群共 1600 人进行体质监测，全面了解全市群众体育发展和城乡居民健身活动开展状况，为科学研制新周期《南昌市全民健身实施计划》提供数据支持。

【举行惠民 100 活动】　2016 年 12 月 8 日，市体育局、市体育总会主办，市风筝协会承办的“惠民 100 风筝运动进社区活动”在湾里区举行。市风筝协会 100 名会员将 100 只小串风筝赠与市民，并在岭秀湖广场进行风筝展示与放飞表演。12 月 23 日，市体育总会、市象棋协会、南昌白鹿洞国学文化交流中心、南昌弈智象棋俱乐部联合举办的“我把温暖送给你——惠民 100 走进江西省未成年犯管教所”爱心公益活动在省未成年犯管教所举行，向未成年犯捐赠中国象棋、围棋、国际象棋和棋类书籍等文体用品，并与未成年犯进行棋艺切磋。

【完善基层公共体育设施条件】　2016 年，南昌市坚持以体育民生为重点，推动“2016 年南昌市小型综合运动场工程”建设，投资 200 万元建成 40 个小型综合运动场，提高体育健身设施供给和服务能力。实施南昌体育中心改造，完成灯光照明、塑胶跑道改造、体育场内圈墙面翻新、场地仓库维修等配套工程。灯光照明改造工程按照 IV 级 TV 转播国家、国际比赛标准进行设计，成为国内足球场首个采用全新 LED 光源灯具的照明灯光工程。塑胶跑道改造工程通过国家体育总局 GB/T22517.6—2011《体育场地使用要求及检测方法第 6 部分：田径场地》、GB/T14883—2011《合成材料跑道层面》的相关要求，经检验未发现有可溶性重金属、苯、游离甲苯二异氰酸酯等，验收合格。

【培训审批社会体育指导员】　2016 年，南昌市加大社会体育指导员培训力度，制定社会体育指导员发展规划，加强技能培训，调整布局，社会体育指导员队伍城乡分布更加合理。至年底，南昌市新增各级社会体育指导员 1092 人（国家级 6 人，一级 47 人，二级 94 人，三级 945 人），各级社会体育指导员总数达 7834 人，占全市总人口比例 1.46‰。创新培训模式，在历年理论培训基础上，组织开展广场舞、健身秧歌、柔力球、跳绳、轮滑 5 种健身项目技能培训，逐步形成全民科学健身的大格局。

【举办南昌市第四届外来务工人员趣味运动会】　2016 年 11 月 22 日，市人力资源和社会保障局、市体育局共同主办，市劳动就业服务管理处、市国际体育中心有限公司在南昌国体中心承办南昌市第四届外来务工人员运动会。本届运动会设羽毛球、乒乓球、拔河、趣味四大比赛项目，共吸引全市 600 余名外来务工人员参加。团体比赛取前六名、单打比赛取前三名进行奖励。

【组队参加江西省第五届全民健身运动会】　2016 年，组队参加江西省第五届全民健身运动会广场舞、瑜伽、羽毛球、登山、太极拳剑、乒乓球、健美操、自行车、足球、网球、气排球、健身气功、航空模型、攀岩等16个项目竞赛活动。南昌市政府获最佳组织奖;南昌县政府、进贤县政府、安义县政府、东湖区政府、西湖区政府、青云谱区政府、湾里区政府、青山湖区政府获江西省第五届全民健身运动会全民健身贡献奖;南昌市体育局、红谷滩新区文化事业发展局获江西省第五届全民健身运动会优秀赛区奖。结合南昌市风筝和轮滑项目的优势发展条件,承办江西省第五届全民健身运动会风筝比赛和轮滑比赛,圆满完成赛事组织工作。

2016年12月31日,"美丽南昌·幸福家园"南昌市第六届迎新万人健步行活动举行

【举办第五届全民健身运动会】 2016年,南昌市举办第五届全民健身运动会。运动会在项目设置、参赛形式、办赛模式等方面,进行改革创新。本届运动会共设置广场舞、风筝、羽毛球、登山、武术(太极拳剑、木兰拳剑)、乒乓球、足球、网球、气排球、健身气功、钓鱼、篮球(三人制)、棋类(中国象棋、围棋、国际象棋)、信鸽、体育舞蹈、空竹16个比赛项目。首次打破身份、地域限制,允许外来人口参赛,扩大参赛层面。创新办赛模式,采取政府购买赛事服务的方式组织比赛。通过《南昌日报》《南昌晚报》《江南都市报》、南昌电视台一套、大江网、中新网、南昌市体育局官网、南昌体育发布公众平台等媒体进行赛事报道,播放比赛实况,扩大全民健身的社会影响,营造全民健身活动氛围,激发广大人民群众参与活动的热情。

【评选表彰群众体育先进单位和先进个人】 2016年,南昌市在全市范围内开展2012—2015年度南昌市群众体育先进单位和先进个人评选表彰,授予南昌县教育体育局等151个单位"2012—2015年度南昌市群众体育先进单位"称号,授予胡金金等207人"2012—2015年度南昌市群众体育先进个人"称号,并对在南昌市第十六届运动会期间获奖的团体和个人予以表彰。

【协办第七届环鄱阳湖国际自行车大赛】 2016年9月14日,第七届环鄱阳湖国际自行车大赛(南昌·高新站)在艾溪湖湿地公园举行。此届分站赛由省政府主办,省体育局、市政府承办,高新区管委会、市体育局协办。环鄱阳湖国际自行车大赛在唱响"骑遍神州大地、江西风景独好"主题的同时,积极策应习近平总书记在视察江西时提出的建设"美丽中国江西样板"光荣使命,不断推动全民健身、促进体育休闲旅游,传播健康、低碳、环保的运动理念。

【举办市委机关大楼体育比赛】 2016年,市委大楼机关体育比赛由市委办公厅、市直机关工委、市总工会、市体育局主办,市体育运动学校、市乒乓球协会、市羽毛球协会、市篮球协会、市网球协会承办,市市政公用集团协办,旨在通过开展丰富多彩的文体活动,进一步活跃机关氛围,不断增强干部职工身体素质,充分展示市委部门机关干部的精神风貌。参赛单位包括市纪委、市委办公厅、市委宣传部等20余家单位。比赛时间为5—12月,贯穿全年,设置乒乓球、羽毛球、篮球、网球以及拔河、同步行等趣味比赛项目。

【开展全民健身日健身项目大展示系列活动】 2016年8月8日,南昌市全民健身日健身项目大展示活动启动仪式在南昌县新体育馆举行。副市长姚燕平,市体育局局长杨春、副局长熊庆峰,南昌县县委副书记谭伯乐等出席。跆拳道、健身气功、体育舞蹈、太极扇等项目精彩亮相,集中展示南昌市全民健身丰硕成果。同时,东湖区、青山湖区、青云谱区、湾里区分别举行"全民健身日"活动暨第五届全民健身运动会分赛区启动仪式,进贤县举办健步走慢跑活动。全市联动,4000余人参与到全民健身日活动中。

【举行南昌市第二届足球、羽毛球锦标赛颁奖仪式暨第五届全民健身运动会启动仪式】 2016年"五一杯"南昌市第二届足球、羽毛球锦标赛颁奖仪式暨南昌市第五届全民健身运动会启动仪式于4月28日在青云谱区实验学校举行。红谷滩新区、青云谱区、青山湖区代表队分获足球比赛前三名;东湖区、青云谱区、青山湖区代表队分获羽毛球团体比赛前三名。副市长姚燕平,市政府副秘书长、办公厅主任黄小华,市体育局党组书记、局长杨春出席并为锦标赛获奖代表队颁发奖牌和证书。

【南昌市第六届迎新健步行活动举行】 2016年12月31日,由市政府主办,市委宣传部、红谷滩新区管委会、市公安局、市体育局、市卫计委、市公安局交管局、市政公用集团共同承办的"美丽南昌·幸福家园"南昌市第六届迎新健步行活动在南昌国际展览中心举行。市委副书记、市长郭安为活动鸣枪下达出发令。市领导谢一平、刘家富、谭绍木、涂建生、龙国英、周智安、李广振、黄耀华、黄清玉、熊志刚、万敏等参加健步行活动。来自各县区、新区和市直单位的近万名干部群众从南昌国际展览中心出发,沿着赣江南大道,经城远大道,进入活动的终点南昌国际体育中心。活动现场进行广场舞、空竹、舞狮项目展示,积极宣传"美丽南昌·幸福家园",推动南昌市全民健身运动广泛深入开展。

【举行"中国体育彩票"新年登高健身大会南昌市分会场活动】 2016年1月1日,由市体育局和市体育总会主办,市登山协会承办,南昌梅岭登山运动俱乐部协办的"中国体育彩票"新年登高健身大会南昌市分会场活动在湾里区梅岭举行。此次活动共有来自全市100余人到分会场参加开幕式,3000余人参加登山活动。这对进一步落实全民健身国家战略,引领健康生活方式,宣传和展示中国体育彩票"来之于民,用之于民"的公益形象,营造全民健身活动良好的社会氛围起到积极作用。

【举办"迎新春·友鑫杯"第二届南昌围棋公开赛】 2016年1月1—3日,由市体育总会主办,市围棋协会和南昌棋院承办,南昌县莲塘镇政府、南昌县围棋协会协办的2016年"迎新春·友鑫杯"第二届南昌围棋公开赛在南昌市举行。本次赛事是南昌市举办的第二届围棋公开赛,共吸引全国各地100余名围棋爱好者前来参赛。

【举行"我们的节日·春节"风筝进社区大型放飞活动】 由市体育局、市体育总会主办的"2016我们的节日·春节"——风筝进社区大型放飞活动在秋水广场举行。市属协会风筝队、社区居民及游客近100人参加活动。在活动现场,红色领航风筝牵引风筝挂件徐徐升空,大型章鱼风筝、地滚龙风筝轮番上阵,盘鹰、滑翔机、运动风筝、微型风筝像花朵一样在空中绽放。无人机穿梭其间,拍摄视频,记录这美好的瞬间。

【组队参加中国香港武术大赛】 2016年3月2—6日,"传承杯"第十四届香港国际武术节在中国香港举办,市武术协会组织56名武术太极运动员参加。来自世界各地名家名流明星及武术团体助阵演出的世界武术精英大汇演,内容丰富,形式多样,有飞龙拳、螳螂拳、游龙追魂剑、八卦掌、八卦子午鸳鸯钺、象形拳、陈式太极拳、49式太极剑、和式太极拳、杨式太极拳、集体器械等功夫。南昌市获得金牌28块,银牌22块,铜牌10块。

【举办女子门球赛】 2016年3月10—12日,市门球协会举办庆祝国际三八妇女节"女子门球赛",33支女子代表队共270人参赛。经过近60场的比赛,三八联队获第一名,南昌航大队获第二名,省邮储银行队获第三名。

【举办南昌市门球公开赛】 2016年4月13—16日,南昌市门球协会在南昌市门球协会球场举办门球公开赛,26支球队共160人参赛。经过4天争夺,南大二队获得第一名,南铁二队获得第二名,南铁一队获得第三名。

【举办第六届城际间垂钓友好邀请赛】 2016年4月14日,南昌市钓鱼协会在南昌县蒋巷镇应氏养殖场举办第六届城际间垂钓友好邀请赛。南昌市陈正根、赵润如、李爱荪分别获第一、五、六名。

【举办2016年"红谷滩杯"南昌市棋类锦标赛暨全国象棋业余棋王赛】 2016年4月31—5月1日,由市体育局、红谷滩新区管委会主办,市象棋协会承办的2016年"红谷滩杯"南昌市棋类锦标赛暨全国象棋业余棋王赛南昌站竞赛在红谷滩会议中心举行。此次棋王争霸赛吸引了670余名棋类爱好者参加,选手跨越老中青三代,年龄最小的选手仅4岁,最大的超过70岁。此次竞赛分设象棋、围棋、国际象棋、国际跳棋、五子棋等5个项目。经过两天七至九轮对决,近300百名棋手获得优胜奖,40余人获得"棋王"称号,同时获得由中国象棋协会和南昌市体育局共同颁发的"南昌棋王"证书和奖杯。

【举办首届"万寿宫杯"柳大华1对10蒙目棋挑战赛】 2016年5月2日,由市体育局主办的首届"万寿宫杯"象棋特级大师柳大华1对10蒙目棋挑战赛在万寿宫举行,现场为南昌棋迷演绎了一场精彩对决,并最终取得6胜2和2负的成绩。蒙目棋又称盲棋,是指眼睛不看棋盘下棋,口述每一步棋的下法,由另外的人代替自己下棋。一般人勉强能下一盘盲棋,业余高手有能同时下两盘的,而柳大华于1995年2月25日,在北京中国棋院举行了1对19的"盲目棋"比赛,获得9胜8和2负的佳绩,也作为"中国之最"载入史册。

【举行"南昌绿谷"十公里江西跑友邀请赛暨南昌国际马拉松选拔赛】 2016年5月22日上午8时,由市体育局、安义县政府主办,市体育中心、信息日报动吧联盟、市长跑协会承办的"南昌绿谷"十公里江西跑友邀请赛暨南昌国际马拉松选拔赛在安义县斐然生态园鸣枪起跑。来自全省11个地市近千名跑友及部分外籍跑步爱好者参加比赛。作为南昌国际马拉松赛事的首场热身赛,本次赛事的男子前30名、女子前20名获得了南昌首届国际马拉松比赛的参赛资格。

【举行第十七届体育舞蹈锦标赛暨南昌周边省市体育舞蹈邀请赛】 2016年5月28—29日,由市体育总会主办,市体育舞蹈协会承办,南昌县体育舞蹈协会协办的南昌市第十七届体育舞蹈锦标赛暨2016南昌周边省市体育舞蹈邀请赛在南昌县体育馆举行。宜春、新余、萍乡、吉安、赣州、抚州、景德镇、上饶、鹰潭、南昌等地市46支代表队,近2000名选手参赛。

【举行庆"八一"江西跑友喜迎南昌首届国际马拉松暨万人签名活动】 2016年7月31日,由信息日报动吧联盟、汗青体育联合发起,青山湖长跑协会、江西喜田文化传媒有限公司执行的"庆'八一'江西跑友喜迎南昌首届国际马拉松暨万人签名活动"举行。此次活动得到来自全省各地跑友的倾力支持,老兵马拉松俱乐部、南昌市长跑协会、江西跑吧、艾跑团、南昌微马等30余个跑团共600余名跑友参加。在终点南昌国际体育中心,所有参加活动的跑友在横幅上签名,表达各自对南昌首届国际马拉松赛活动的欢迎及期待。

【举办"全国第八届全民健身日,冬泳健儿畅游赣江"活动】 2016年8月13日,由市体育局主办,市冬泳协会承办的"全国第八届全民健身日,冬泳健儿畅游赣江"大型活动在红谷滩新区摩天轮下赣江段举行。市冬泳协会17个冬泳队、市国际体育俱乐部、南昌县游泳协会、广州市蓝天成人游泳俱乐部、抚州市冬泳协会等500余名冬泳队员、游泳健将参加活动。

【举办2016年全国东西南北中羽毛球大赛南昌大区赛】 2016年9月3—4日,南昌市羽毛球协会承办2016年全国东西南北中羽毛球大赛南昌大区赛。比赛设男子单打、女子单打、男子双打、女子双打、混合双打5个项目。北京、上海、江苏、广东、浙江、福建、四川、重庆、广西、湖南、湖北、江西等13个省市近300名业余选手报名参赛。

【举办"我们的节日·中秋节"百里健步行徒步活动】 2016年9月15日,由市体育局、市体育总会主办,市长跑协会承办的"我们的节日·中秋节"百里健行徒步活动在艾溪湖湖畔举办。来自南昌市长跑协会、青山湖区长跑协会、高新区长跑协会、新建区长跑协会、艾溪湖长跑队、红谷滩长跑队、滕王阁长跑队、象湖长跑队、南昌市微马总队、青山湖区徒步大队、红谷滩徒步大队和西湖区徒步大队的800余名跑友、徒友参加。

【举行"我们的节日·中秋节"畅游南昌六桥活动】 2016年9月17日,由市体育局、市体育总会主办,市冬泳协会承办的“我们的节日中秋节”畅游南昌六桥活动在朝阳大桥东侧举行。18个冬泳队200多名游泳健将参加。46人精英团队,游过六桥,顺利抵达电力冬泳队基地,150余人在南昌大桥岸边顺利上岸。

【举行“我们的节日·中秋节”空竹运动会员大赛】 2016年9月17日,由市体育局、市体育总会主办,市空竹协会承办的“我们的节日·中秋节”南昌市空竹运动会员大赛在人民公园举行。此次活动由来自南昌市10个空竹运动活动片区队的各队代表200余人参加。

【举行“我们的节日·重阳节”气排球联谊赛】 2016年10月7日,由市体育局、市体育总会主办,市气排球协会承办的“我们的节日·重阳节”气排球联谊赛在安义县万埠垦殖场球馆举行。来自南昌地区的9支代表队参加此次联谊赛。

【组织参加横店、舟山举办的木兰拳赛】 2016年10月15—18日,市木兰拳协会参加在横店举办的“2016第九届上海国际木兰拳邀请赛”。协会组织3个参赛队共33人参赛,夺得2个“全能金奖”1个“单项金奖”,33块金牌。10月19—20日,市木兰拳协会参加在舟山举办的“浙江舟山全国木兰拳赛”。协会组3个参赛队,夺得1个单项金奖、2个单项银奖的优秀成绩。

【举办“太平·心街杯”象棋团体赛】 2016年10月22—23日,市体育局、市体育总会主办,市象棋协会、湾里区太平镇政府承办的南昌市第二届“太平·心街杯”象棋团体赛在湾里区太平镇举行,来自南昌市各县区共10支代表队参加比赛。

【举行南昌市“红谷滩杯”中日韩三国围棋精英赛】 2016年10月24—25日,由中国棋院、市政府主办,市体育局、省围棋协会承办的2016江西南昌“红谷滩杯”中日韩三国围棋精英赛在红谷滩香格里拉大酒店举行。中国棋手李钦诚、韩国棋手申真谞、日本棋手一力辽参加比赛。经过两天的对战,韩国选手申真谞2胜夺冠,日本选手一力辽1胜2负获亚军,中国选手李钦诚排名第三。

【举行南昌市登山赛暨迎“赣马”山地公益跑活动】 2016年11月13日,由市体育局、市体育总会主办,市路跑协会、市登山协会承办的2016南昌市登山赛暨迎“赣马”山地公益跑活动在湾里风景区举行,来自全国各地600名跑友参加此次活动。

【举办“翔伟杯”业余乒乓球天王金刚赛】 2016年11月13日,由市乒乓球协会与博乒网联合举办的南昌市第九届“翔伟杯”业余乒乓球天王金刚赛在南昌市铁路体育馆举行。前4名为“四大天王”,5至12名为“八大金刚”,13至32名为“二十罗汉”。

【承办第二届中国业余网球公开赛南昌白金赛】 2016年9月,市网球协会承办第二届中国业余网球公开赛南昌白金赛。本次比赛是至今南昌承办规模最大的业余网球公开赛,有来自国内外300余人参赛,运动员水平之高、参赛人数之多创全国之最。

【举办南昌市棋类升级升段赛】 2016年8月27—28日,由市体育总会主办,市围棋协会、市天元围棋中心承办的南昌市棋类升级升段赛在南昌市少年宫举行。此次参赛选手700余人。他们来自南昌市各个中小学的棋类小爱好者,其中最小的6岁,最大的11岁。竞赛包括围棋、象棋、国际象棋三个项目。围棋按段位、级位分组进行比赛(二段组、初段组、1级组至5级组)。象棋、国际象棋按组位分组进行比赛(三级棋士组至六级棋士组、级位组7—15级)。比赛成绩按积分、对手分、直胜,以及比较前一轮积分等规则排出所有名次。比赛结束后,根据比赛结果,凡符合升级升段条件的参赛选手,均可按照相关规定办理相应段位证书和级位证书。

(刘 俊 李 婷)

竞技体育

【概况】 2016年,南昌市训竞工作以组织开展南昌首届国际马拉松赛、南昌市第十六届运动会为工作重点,以后备人才培养为基础,不断加大训练投入,扩大训练人口,夯实训练基础。在各部门的大力协助下,全市训练竞赛工作得到扎实推进,较好完成各项目标任务。

【举办首届南昌国际马拉松赛】 2016年11月20日,由中国田径协会、江西省体育局、南昌市政府共同主办,市体育局承办的江铃驭胜·首届南昌国际马拉松赛在南昌市举行。中国田径协会主席段世杰,省委常委、副省长、市委书记殷美根,副省长谢茹,国家体育总局田管中心副主任王大卫,省体育局局长晏驹腾,市委副书记、市长郭长,市委副书记谢一平以及组委会其他负责人,武汉、温州、惠州和省内设区市等12个友好城市嘉宾出席开赛仪式。比赛于11月20日上午8时正式鸣枪开赛,下午14时15分正式结束,历时6小时15分钟,中央电视台体育频道、南昌电视台直播时长分别达160分钟和420分钟。来自41个国家和地区的1.5万名选手参赛。此次比赛设有全程马拉松(42.195千米),半程马拉松(21.0975千米),迷你马拉松(5千米)三个比赛项目,其中参加全程马拉松赛3000人、半程马拉松赛5000人、迷你马拉松赛7000人。比赛由秋水广场出发,途径八一大桥、滕王阁、“八一南昌起义”纪念碑、“南昌之星”摩天轮等标志性人文自然景观,整条路线充分展现南昌红色、古色和绿色等特点。来自肯尼亚的托马斯埃斯托埃克鲁以2小时16分15秒的成绩夺得首届南昌国际马拉松的男子组冠军,来自埃塞俄比亚的阿彦图阿比拉德密斯以2小时37分53秒成绩夺得女子组冠军。

【承办2016年全省青少年拳击锦标赛】 2016年7月5—10日,2016年全省青少年拳击锦标赛在市第二体校举行。本次比赛由省体育局、省教育厅主办,省重竞技运动管理中心、市体育局承办,市二体校协办。全省10个代表队,362名运动员、教练员参加。南昌代表队派出108名运动员参赛。

【组织参加2016年全国航海模型锦标赛】 2016年7月16—20日,全国航海模型锦标赛在宁夏银川举行。来自全国21个代表团共236名运动员参加个人和集体项目角逐。南昌市组织4名运动员参加C4、C5两个项目比赛,包揽C5项目前三名,蝉联C5项目24连冠。

【组织参加全国、全省青少年比赛】 2016年,全市共组织1073名运动员参加全省17个项目的青少年锦标赛。游泳、乒乓球、武术、跳水、拳击、皮划艇、射击、篮球等8个项目获全省团体总分第一名,274名运动员在比赛中达优秀标准,328名运动员达良好标准,优秀、良好人数分别占全省总达优良标准人数的23.7%、20.5%。组队或派员参加射击、拳击、田径、游泳、武术、乒乓球、举重、足球等项目的全国青少年锦标赛及华东友好城市乒乓球、武术比赛，各项比赛取得较好成绩。

【举办2016年李宁全国青年女子篮球联赛(南昌赛区)】 2016年3月8日，“中国体育彩票红谷滩杯”2016年李宁全国青年女子篮球联赛(南昌赛区)A组第一阶段在南昌国体中心开赛。此次比赛由市篮球协会举办，赛期7天，共计36场比赛。

【举办南昌市业余足球乙级联赛】 2016年4月16日—6月19日，市足球协会在青云谱实验学校、江铃学校举办南昌市业余足球乙级联赛(南区)，在江西财大麦庐校区举办南昌市业余足球乙级联赛(北区)。

【举行第二届南昌网协“体彩杯”单项网球赛】 2016年第二届南昌网协“体彩杯”单项网球赛于4月17日在南昌国体中心网球馆举行。为期两天的比赛，来自全市各俱乐部近70名业余网球选手参赛。此次比赛设有男子单打、男子双打、女子单打、混合双打4个项目。赛事决出4个项目前五名。

【举办羽毛球超级、甲级和乙级联赛】 2016年5月21—22日，2016年南昌市业余羽毛球超级联赛举行。赛事采用单循环赛制。12月24—25日，2016南昌市业余羽毛球甲级、乙级联赛圆满结束。

【举办南昌市第八届CBO篮球俱乐部锦标赛】 2016年9月23日，市篮球协会承办“红谷滩·联发杯”南昌市第八届CBO篮球俱乐部锦标赛在红谷滩新区全民健身户外灯光球场开幕，共有45支球队参赛。此届赛事分为甲、乙、丙三个组别进行比赛，采用升降级制度，甲级队后两名球队退到乙级队进行比赛，乙级队前四名升入甲级队进行比赛，最终决出12强。这12支球队在2017年赛程保留甲级队资格，与乙级队前12强进行24强的较量。

【举办南昌市业余足球超级联赛】 2016年9月24日—11月13日，市足球协会在南昌市八一体育场、江西师范大学举办南昌市业余足球超级联赛。本次比赛共有7支队伍参赛，经过21场比赛激烈角逐，“生命阳光城”代表队获得冠军，“尚发凯泉”代表队和“星际广告”代表队分别获得亚军和季军。

【举办中国女子篮球联赛(WCBA)预选赛(南昌赛区)】 2016年8月27—31日，市篮球协会承办的中国女子篮球联赛(WCBA)预选赛(南昌赛区)在南昌县体育馆举行。山西、福建、新疆、浙江和江苏5支代表队为新赛季常规赛参赛名额展开争夺。山西队、新疆队分别以第一名、第二名的成绩直接获得参加下赛季WCBA的资格。

【举办南昌市第十六届运动会】 2016年10月16日，南昌市第十六届运动会在南昌县举行。比赛分为系统组、青少年组和社会组。共设置青少组18大项、系统组9大项、社会组16个大项，金牌621枚。全市共有12个县区(开发区)、54个市直单位、14个单项体育协会共80个部门约1.2万人报名参赛。项目设置、参赛单位及人数均超历届市运会。经过14天角逐，市第十六届运动会于10月29日闭幕。运动会上，来自全市各县区、各部门及体育社团组织的66个代表队的1.2万名运动员参加19大项目的角逐，共产生584枚金牌。

2016年10月16日，南昌市第十六届运动会开幕式在南昌县昌南体育中心举行

【承办2016年全国射击冠军赛(步枪项目)】 2016年5月4—11日，由国家体育总局射击射箭运动管理中心主办，市体育局承办，省射击运动管理中心、南昌湾里射击中心协办的2016年全国射击冠军赛(步枪项目)在南昌湾里射击中心举行。共有来自全国各地32支代表队，509名运动员、教练员参加。江西代表队派出10名男女运动员参赛。此次比赛设男子组、女子组50米步枪卧射、50米步枪3种姿势、10米气步枪等6个项目。

【承办2016年“体彩杯”江西省青少年射击锦标赛(步手枪项目)】 2016年7月4—8日，2016年“体彩杯”江西省射击锦标赛(步手枪项目)在南昌湾里射击中心举行。此次比赛由省体育局、省教育厅主办，市体育局承办。共有来自全省各地8支代表队，282名运动员、教练员参加。南昌代表队派出73名运动员参加。此次比赛设男、女青少年4个组别，设50米步枪卧射、50米步枪3种姿势、10米气步枪、50米手枪、25米手枪速射、25米标准手枪速射、10米气手枪等7个项目。

【承办2016年全国射击团体、个人锦标赛(步枪项目)】 2016年9月20—27日，2016年全国射击团体、个人锦标赛在南昌湾里射击中心举行。此次比赛由国家体育总局射击射箭运动管理中心主办，市体育局承办，省射击运动管理中心、南昌湾里射击中心协办。共有来自全国各地32支代表队，525名运动员、教练员参加。江西省代表队派出14名运动员参加。本次比赛设男子、女子组50米步枪卧射、50米步枪三种姿势、10米气步枪等6个项目。

【承办2016年射击项目全国训练营】 2016年11月1—25日，射击项目全国训练营在南昌湾里射击中心举行。此次训练营由国家体育总局射击射箭运动管理中心主办，市体育局承办，省射击运动管理中心、南昌湾里射击中心协办。共有来自全国各地163名运动员、教练员参加。

【组队参加全省县(市、区)运动会】 2016年,组织各县区参加在九江市举行的江西省第二届县(市、区)足球、篮球运动和在玉山县举行的第10届县(市、区)田径运动会上,南昌市首次夺取男子篮球、女子篮球、足球、田径等全部设项冠军,创南昌市参加全省百县运动会的历史最好成绩。其中东湖区夺取男子篮球、女子篮球及足球三项第一,西湖区夺得田径第一名。在2016年江西省各县区综合排名中,南昌市有6个县区进入全省前十名。

【举办全市体传校田径比赛】 2016年7月4—5日,南昌市体传校田径比赛在青云谱实验学校举行,15个学校210名运动员参加。青云谱区京山小学、东湖区邮政路小学、青云谱区洪都小学获团体总分前三名。

【举办第三届全市青少年篮球精英训练营】 2016年8月5—8日,南昌市第三届青少年篮球精英训练营在南昌市皇菠罗篮球馆举行。夏令营邀请美籍篮球训练师普瑞鲁·基顿·戴维斯授课。全市20余所中小学校的120余名老师及学生参加。

【举办第一届全市青少年足球夏令营】 2016年8月6—9日,南昌市第一届青少年足球夏令营在青山湖区南钢学校举行。夏令营邀请恒大足球学校技术总监、皇家马德里青训专家费尔南多及恒大足球学校中方专家周穗安担任授课老师。来自各县区、市属学校热爱足球运动的200名中小学生参加。

【举办南昌市青少年羽毛球锦标赛】 2016年12月31日,南昌市青少年羽毛球锦标赛在699康之易健身中心羽毛球馆举行。本次比赛由市体育局主办,市羽毛球协会承办,共有14个代表200余名运动员参加。比赛共分9个年龄组进行竞逐,按报名人数分设男女单打和男女双打项目。经过2天的激烈争夺,林嘉睿、万知宜、陈迈迪、郭友诚、吴思瑶等获得男女单打冠军,邱奕云/林子明、郭友诚/徐震翰、闫诗乐/朱昱晗等摘得男女双打桂冠。

【创新训练体制机制】 2016年,为增强全市竞技体育发展后劲,拓宽体育后备人才培养渠道,调动全社会开展青少年体育训练的热情和积极性,制定《关于印发〈南昌市社会力量办体育训练工作方案〉(试行)的通知》,为符合条件的18家体育协会、俱乐部、培训机构进行命名并授牌。

(刘　俊　李　婷)

体育产业

【概况】 2016年,南昌市体育局努力适应体育产业发展的新形势、新要求,结合体育场馆发展实际,在满足比赛和训练前提下,各级体育部门充分利用现有体育场馆,积极探索有市场需求、群众需要的经营项目,免费低收费向社会开放,通过举办体育比赛、表演活动等,最大限度发挥经济效益,为体育事业发展提供有力保障。全年发行体育彩票7.1亿元。

【出台体育产业指导文件】 2016年,认真贯彻落实《国务院关于加快发展体育产业促进体育消费的若干意见》《江西省人民政府关于加快发展体育产业促进体育消费的实施意见》等文件精神,结合实际,市政府出台《南昌市人民政府关于加快发展体育产业促进体育消费的实施意见》,加快发展全市体育产业,促进体育消费。

【大型体育场馆免费低收费开放】 2016年,进一步落实国家体育总局大型公共体育场馆免费低费向市民对外开放政策。八一体育场夜间向市民低费开放足球场增加到2场,白天主要为各中小学校、社会单位、未成年人、残疾人、老年人等免费低费开放田径场;创造条件为市民开放场馆,接待足球比赛及各种田径、足球训练活动315场;塑胶跑道翻新工程完成后接待21场各中小学校及社会单位的运动会。南昌国际体育中心坚持每年360天,每天8时至22时开放营业;除节假日外的每天8时至11时室外网球场地、室内乒乓球、羽毛球免费向社会开放;常年免费或低收费向社会开放,年接待健身人数超过35万人次,现挂牌成为南昌市职工健身基地。南昌县体育馆长年免费向社会开放,组织20余名全民健身志愿者开展志愿服务;采取免费或低收费向社会开放,全年开放时间为360天,开放时间为6时至18时,以羽毛球运动为主,每片场地每小时收费20元。全年免费向公众提供基本公共体育服务,举办公益性群众体育竞赛与活动34项次、举办体育讲座4项次、开展体育健身技能培训7700人次、设立国民体质测试站点测试3516人次、设置户外血糖、血压测试点每周不少于4天。承办2016—2017年WCBA全国女子篮球赛(南昌赛区)、2016全国羽毛球业余俱乐部赛分站赛(南昌站)和南昌市第十六届运动会羽毛球、乒乓球比赛,免费向各体育社团开展体育竞赛与活动34项次。全民健身日免费向社会开放,每天16时至18时免费对中小学生羽毛球运动进行培训,全年接待健身人数7.16万人次。

【举行全国百城健身气功交流展示活动】 2016年10月15日,市体育局和市610办在市体育中心共同举行“2016年全国百城健身气功交流展示系列活动江西南昌大会”。全市三县六区及红谷滩新区各健身气功活动站点1400名健身气功爱好者参加交流展示活动。

【举办“千名学生免费游泳培训”公益活动】 2016年7月19日—8月29日,市体育局举办2016年“千名学生免费游泳培训”公益活动。培训活动共分四期进行,每期10天,共培训年龄满10周岁的本市户口的学生1750人,外地到南昌市务工人员子女200人,SOS儿童村、太阳村的儿童40人,共计1990人。

【体育彩票销售超额完成】 2016年,省体育彩票管理中心南昌分中心累计销售体育彩票7.1亿元,同比增长10%。南昌分中心有效运营终端767台,宣传渠道在户外媒体方面加大投放。其中,在公交、楼宇、银行、行政大楼等新增2000余屏视频广告;在乡镇制作4000余平方米墙体广告;在地铁投放灯箱广告,总计10块12封灯箱投放9个月广告。

(刘　俊　李　婷)

县 区 概 况

概 述

【概况】 2016年,各县区紧紧围绕着力提升县域经济实力和经济竞争力这一发展目标,坚持稳中求进、稳中提质、改革创新,充分发挥各自区位优越和特色,扎实推进供给侧结构性改革,加快调结构转方式促升级,积极应对外部环境严峻复杂和经济下行压力加大等挑战,全面落实国家稳增长、促改革、调结构、惠民生、防风险各项政策措施,经济社会保持平稳健康发展,实现了"十三五"良好开局。全年全市实现地区生产总值(GDP)4354.99亿元。其中南昌县超600亿元,完成666.71亿元;青山湖区超500亿元,完成539.03亿元;超400亿元有西湖区、东湖区,分别完成465.06亿元、417.69亿元。县域财力显著增强,全年财政总收入超20亿元的县区(不含开发区、新区)8个。其中,南昌县超100亿元,西湖区超80亿元,东湖区、青山湖区超50亿元。

南昌县

【概况】 南昌县位于江西省中部,赣江、抚河之间。东邻进贤县,南接丰城市,东北濒邻鄱阳湖,西和北与新建区隔赣江相望,中西部与南昌市区呈合抱之势。属赣抚平原,地形南高北低。土地面积1683平方千米,其中平原占58.3%,岗地低丘占1.1%,水域占40.6%。2016年,南昌县户籍总人口为104.91万人,其中城镇人口32.12万人、乡村人口72.79万人。辖9个镇(莲塘、向塘、蒋巷、幽兰、塘南、武阳、冈上、广福、三江),7个乡(泾口、南新、八一、黄马、塔城、富山、东新),1个国家级开发区(南昌小蓝经济技术开发区)、1个省级开发区(向塘开发区)和银三角管委会。全县有263个村委会和77个居委会及社区。

【经济运行指标完成情况】 2016年,南昌县财政总收入、地方公共财政预算收入、地区生产总值、固定资产投资分别完成105亿元、59.2亿元、667亿元和790亿元,总量稳居全省县市第一。实际利用外资等5项指标接近或超过省内部分设区市规模。三次产业比优化为8:64.4:27.6,第三产业占比提高了1.2个百分点。社会消费品零售总额155.8亿元,同比增长15%,高于全市3.2个百分点。煌上煌、绿滋肴等被列为第一批市级电子商务示范企业,全县电商交易额119亿元,增长50%。在最新发布的县域经济、中小城市、新型城镇化质量、工业百强等4个全国百强县排名中,全部实现进位赶超,分别前移3位、2位、4位和12位,位居第38位、46位、41位和80位,特别是县域经济基本竞争力百强县排名实现"八连升"。

【社会发展指标完成概况】 2016年,南昌县顺利通过国家卫生县城考核验收,再添一块国家级"金字招牌"。获批全省首批相对集中行政许可权改革试点县,组建行政审批局进入实质操作阶段。在全市"三看"活动评比中蝉联冠军,近四年三夺第一。江铃集团研发的前置前驱8挡自动变速器项目荣获2016年度国家科技进步一等奖,填补了中国汽车自动变速器技术领域的空白,并跻身世界一流水平行列。与省建行签订千亿战略合作协议,合作设立全省首家科技银行,共同实施"科技+金融"的"瞪羚三年计划",发展优势进一步放大。积极与南昌铁路局、国家物资储备局开展战略合作,在全省率先开通中欧货物班列,向塘铁路口岸作业区获省商务厅批复,并纳入《国家口岸发展"十三五"规划》。完成全县永久性基本农田划定和土地利用总体规划调整工作,新增建设用地1200公顷,发展空间进一步拓展。全国休闲农业与乡村旅游四星级以上示范企业发展到6家,国家AAA、AAAA级风景区发展到6个。强力推进7条城区主干道提升改造、44条城区路网和27项公建配套项目建设,新增市政路网65千米,完成"白改黑"道路22.8千米。320国道、抚生路、金沙三路等提升改造工程竣工通车,昌南体育中心、新体育馆等投入使用,昌吉赣客专、地铁3号线、南外环、沿江快速路、昌东大道南延、花博园等省市重点项目加快建设,富山大道、105国道、芳湖路等改造工程顺利推进。造林绿化800公顷,市级森林乡镇发展到12个、森林村庄383个。全面推广校长、教师交流轮岗,积极探索教师县管校聘、局管校用试点。

【社会稳定指标完成概况】 2016年,南昌县"四网"("流转网""办理网""治理网""责任网")协同打造阳光信访的做法得到国家信访局充分肯定,并作为江西省唯一县区代表在全国座谈会上作典型发言。在全省率先建成县级禁毒教育基地,社区戒毒工作站实现乡镇全覆盖,禁毒工作迈入全省先进行列,成为"追兵变标兵、短板成样板"的典范。南昌县探索推进的道路综合治理"路长制"、通道整治"4+X"模式获得市委、市政府主要领导批示首肯,城乡环境大为改善,得到群众的广泛点赞。经受住了持续强降雨和长江洪水倒灌鄱阳湖的双重考验,夺取了防汛抗洪全面胜利。切实加强新体制下的市场监管工作,全面启动治超治限联合执法行动,食品安全、道路交通安全保障能力不断增强,安全生产形势总体平稳。切实加强治安防控能力建设,"天网"工程实现"六区"全覆盖,县、乡、村三级综治中心和10个智慧平安小区建设全面完成,大案要案全部告破,成品油市场强力整治,"E租宝"等各类群体性事件依法处置,公众安全感测评总体向好。全省首套雷电监测预警系统、县应急指挥中心、广福等8个乡镇消防站全部建成投入使用。全面启动"七五"普法,村级法律顾问制度实现全覆盖。信访总量同比下降14.6%,全县社会大局和谐稳定。

【民生工程完成概况】 2016年,南昌县城镇居民和农村居民人均可支配收入分别达3.11万元、1.64万元,同比增长8.6%、9.4%。社区干部养老保险纳入统筹,“五险”参保人数和缴费金额均超额完成。发放城乡居民最低生活保障资金1.1亿元、高龄老人慰问金1683.5万元,县社会福利院一期投入使用。完成城市棚户区(城中村)改造6000户、面积63.4万平方米,摇号分配公租房572套。“靶向型”脱贫攻坚卓有成效,精准扶贫首批6445名贫困人口、6个贫困村按计划脱贫。教育布局日趋均衡,洪州汇仁学校、诚义学校、芳草学校投入使用,16个乡镇中心幼儿园竣工开园,29个农村中小学校“薄改”(义务教育薄弱学校改造)工程全面完成。承办全国女子篮球赛等大型赛事,全民健身工程深入推进。建成青少年关爱之家120个。大型医疗综合体项目南大一附院象湖院区建设顺利推进,大楼主体工程全部封顶。县医院与南大二附院签订合作协议,全省首家医联体医院开始运营。东新卫生院新院启动建设,幽兰等6所卫生院业务用房和黄马罗渡等33所村卫生计生室标准化建设基本完成。举办南昌县影视文化产业发展论坛,南昌县美术馆(燕鸣美术馆)正式挂牌。85.1千米乡镇主干公路建设有序推进,15座危桥改造和133.5千米通自然村公路竣工投入使用。实施塔城、银三角等4个乡镇安全饮水工程,110千伏莲西、东岳变电站开工建设,供电保障能力建设进一步加强,全县用电投诉率同比下降46.8%。改造手拖、莲垦、农贸街、南井路、莲西等老旧社区5个,县城公厕和垃圾中转站17座,城南幸福庄园、澄湖东路2个集贸市场投入运营,启动建设万寿湖、张坊二期电排站2座,在全省率先出台创新物业管理实施办法,创建“文明城、卫生城”取得阶段性成效。投入1.7亿元完成“四线”(高铁、铁路、国道及高速公路)环境整治工程,美化房屋8540栋。投入5000万元实施农村清洁工程,实现农村生活垃圾无害化处理全覆盖。

【政治建设指标完成概况】 2016年,深入开展“降成本、优环境”专项行动,累计为企业减负近10亿元,审批时限压缩率达78%。政府投资项目基本建设程序进一步规范。顺利通过“六五”普法考核验收。完善行政决策程序,健全政府议事规则,强化县政府常务会议学法、重大行政决策合法性审查和风险评估制度。自觉接受人大法律监督、政协民主监督,办理人大代表建议67件、政协提案126件,办复率100%。深入开展民生工程专项督查,切实加强财政资金监管和乡村财务审计,“三公”经费支出下降27.3%。扎实开展“两学一做”学习教育,严格行政效能督查问责,有力保障了政令畅通。

2016年10月21日,南昌县迎接国家卫生县城考核验收工作安排布置会召开

【创新“路长制”管理模式】 2016年,为创建全国县级文明城市,南昌县突破传统思维,创新“一路一长”的“路长制”管理模式,将城区主要交通干道划定为责任路段,由全县副县级以上干部认领,对指定路段负总责。道路“路长”按照道路设施、市政设施、市容市貌、交通秩序、绿化管理和环境卫生等15个突出问题和6个道路设施部件问题对责任道路实施全面综合管理。每个路段责任单位由县交警大队、县城管委、县林业局、县市监局、县交通局和县卫计委组成,明确责任到人。同时,每个路段确定县直部门作为配合单位,协助路长工作,确保责任路段达到文明城市测评标准。至年底,明确43条道路的“路长”责任分工。

【通过“国家卫生县城”考核验收】 2016年,南昌县始终坚持改善民生为导向,不断加大投入,积极改造提升开放式老旧社区、村中村、集贸市场,完善城市路网、学校、医院、运动场等公建配套设施,强化公共经营场所监督管理,城乡环境更加宜居宜业。自1994年获得“江西省卫生县城”荣誉称号以来,经过20多年的努力,于10月正式通过“国家卫生县城”考核验收,迈入“国家卫生县城”行列。

【党员筑起“红色防洪堤”】 2016年6月,南昌县受到持续强降雨和长江洪水倒灌鄱阳湖的双重影响,多个乡镇的河段水位超过警戒线,防汛抗洪形势十分严峻。面对防汛形势,南昌县委号召各级党组织和党员干部不忘初心,主动担当,充分发挥基层党组织和广大党员的示范引领、战斗堡垒和先锋模范作用,以抗洪抢险实绩检验“两学一做”功效。在防汛抗洪工作中,共成立102个临时党支部(党小组)、划分350余个“党员责任区”、设立610余个“党员示范岗”、组织150余支“党员突击队”,以6900余名党员日夜奋战的示范作用带动广大群众积极参与、支持防汛工作,筑起一道“红色防洪堤”,最终夺取防汛抗洪工作全面胜利。

【加大水利建设投入】 2016年,南昌县坚持“治水兴水、润泽民生”的理念,主动联系群众,凝集力量,攻坚克难,兴水利、除水害。全力推进总投资3.3亿元,包括小型农田水利、水利冬修、排灌站建设、排水系统、鄱阳湖非主体工程、电排站建设六个方面的水利建设。全县构建集防洪、排涝、灌溉和城市供水为一体的水利工程网络,实现至6月防汛“圩堤无决口、山塘水库无垮坝、无发生人员伤亡”的“三无”目标。至年底,全县建有大型泵站7座,中型泵站15座,30千瓦以上小型机电排灌站408座,总装机容量8.06万千瓦;渠道333千米,小型水库15座,总集雨面积13.75平方千米,总库容771.9万立方米。

【科学规划县域内教育网点布局】2016年,继续把教育摆在优先发展战略地位,深入实施教育优先发展、优质发展、优化发展三大战略,推进教育均衡优质发展。科学规划县域内教育网点布局,逐步加大教育投入,均衡配置教育资源,使教育的发展与经济社会发展同步,构建与"首府首县"相适应的现代教育新格局。2011—2016年,南昌县财政性教育经费支出累计达69亿元。全面完善城区布点,2016年3所新校投入使用,新增学位近6000余个。提升农村学校办学条件,2015年第一批标准化工程全面开工建设,8所农村中心校有6所主体工程已经完成,启动12所学校运动场项目建设。建成农村教师周转房670套,大力改善了农村教师生活条件。

【落实村级法律顾问制度】2016年,为重点推进落实村级法律顾问制度,建立一村一法律顾问的专业服务网络,南昌县创新工作方式方法,通过政府列出专项资金,向社会购买服务的方式,与6家社会律师事务所签订合同,为345个村(社区)配备127名专业律师。这一工作模式,开创了全省村级法律顾问工作的先例。南昌县每年拿出70余万元专项资金用于每个村(社区)法律顾问工作补助。至年底,全县18个乡镇、管理处(管委会)、53个党政部门和9家国有企业、11个人民团体、345个村(社区)均配备了专业性法律顾问,实现了法律顾问制度的100%全覆盖,法治昌南建设全面推进。

【推进保障性住户实物配租管理工作】2016年,为切实有效地解决城镇低收入家庭住房困难,积极稳妥推进南昌县保障性住户实物配租管理工作。由申请家庭自愿提出申请,按照规定的审核程序受理申请报名,经住房保障管理信息系统审核审批,最终通过公开摇号方式确定申请人中签房源。至年底,经逐级审批,通过公开摇号的方式分配房源572套。2013—2016年共分配保障性住房2469套;公共租赁住房建设任务为1120套。其中,综合性住房小区(小蓝工业园)项目位于小蓝经开区富山三路以北、景观明渠以西,占地面积3.33公顷,总建筑面积6.73万平方米,总套数1042套(含拆迁安置房22套),总投资1.49亿元,另外100套由小蓝城投建设。

【开展"双休日大讲堂"活动】2016年3月,为加强全县各级领导干部思想政治建设,增强领导干部党性修养和政策水平,开阔视野、拓宽思路,培养战略思维能力,南昌县启动全县领导干部"双休日大讲堂"活动,每月一讲,聘请省内外高校、上级领导机关的著名专家、政策业务骨干,以形势任务教育、政策理论培训、时事热点问题和"十三五"规划分析为重点进行专题授课。至年底,"双休日大讲堂"共举办7期,全县700余名副科级干部参加学习培训活动。

【推行重点工作定期考核交账机制】2016年10月,南昌县制定出台《重点工作定期考核交账机制》,梳理明确基层党建、招商引资、项目推进、房屋征收等14大类重点工作,明确牵头领导、责任单位。同时,要求各责任单位逐一细化、量化考核方案,建立相应的工作考核台账。对不能量化考核的工作,则制定"路线图",下达"任务书",明确"时间表",倒排工期、序时推进。为调度好工作进展,实行"分级管理、分口调度",县级分管领导每月交账调度一次;县委常委会每季度听取一次专题汇报或召开一次交账会,排名后三位需作表态发言。形成责任层层落实、压力层层传导局面,促进全县各项工作在省市"领先领跑、走在前列"。

【建立党员干部信息化监督管理平台】2016年,探索建立南昌县党员干部信息化监督管理平台,将大数据、云计算等信息化科技手段与纪检监督工作有机结合。聚焦六大纪律、设置监督指标、量化问责标准,将管党治党主体责任实行指标化引导、项目化管理、信息化预警,构建起纵向到底、横向到边的网格化责任落实体系。同时,为使执纪监督更加高效,信息平台将原来静态的纸质"廉政档案"升级为动态的电子廉政信息系统,强化"大数据"大监督执纪中的运用,有效提升执纪监督效率。全县共建立廉政信息档案3.2万份,录入重点人员履职信息6800余条。针对廉政档案和履职信息,平台运用云计算技术,对党员干部守纪、履职人、履行主体责任等风险指标进行"画图描像",形成其朋友圈、工作圈、生活圈等个人社会关系图,推动纪律审查从粗放型向精细化转变,进一步提升"四种形态"运用的精准度。自平台运行以来,全县共收集监督信息304条,实施预警处置33次。

【建行信贷助力中小企业发展】2016年,南昌县率先与建设银行江西省分行签订的千亿信贷协议,改变原有的财政性存款需招投标模式,归口管理财政资金,以财政资金撬动信贷投放。县建行已归拢各项财政资金8.3亿元,累计为县域99家企业授信150亿元,投放信贷70.48亿元,其中包括对江铃汽车、汇仁药业、煌上煌、可口可乐、洪宇等重点产业龙头企业的支持。此外,南昌县建行利用南昌县构建建筑千亿产业园的契机,抓住核心建筑企业,以满足其产业园大楼建设资金、投标现金保证金、保函等需求为重点,设计综合授信方案,密切银企关系。已有28家建筑企业在建行有授信业务,授信额度53.57亿元,投放信贷余额33.43亿元。

【房屋征收拓宽发展空间】2016年,南昌县共征收房屋面积107万平方米。为解决土地空间对发展的制约,始终把房屋征收作为最大的发展工程、最大的民生工程,自2012年在全市率先启动房屋大征收工作以来,已连续四年每年均实现征收超百万平方米的工作目标。在房屋征收中突出民生为本,建立以基本养老、还建安置、就业创业、产业用地为主体的"四重保障",累计投入60余亿元推进安置房建设。安置房建设做到规划选址在核心区,品质不低于商品房,社区物业用房、幼儿园、医务室、地下停车场、园林景观、安防监控、农贸市场、运动场所、老年活动中心、垃圾收集站、商业等配套齐全。183万平方米的21个安置点建设与分配正有序推进。

【培育壮大电子商务经营主体】2016年,为紧抓"互联网+"电子商务,南昌县以"扩消费、惠民生、促发展"为目标,依靠政策拉动、服务推动、平台带动,积极培育壮大电子商务经营主体,大力发展O2O,拓展新型消费模式,实现采购、营销、物流配送、服务管理的数字化、网络化和自动化,重点打造电子商务产业园、电子商务孵化基地和绿滋肴、煌上煌、江铃、瓷肌、纳百川等"五大线上交易平台"。加速电子商务企业抱团发展,助推电子商务产业裂变发展,实现了"线上市场"与"线下市场"互动发展。同时,农村电商逐渐活跃,南昌县三江镇、蒋巷镇等乡镇已建立3个邮政电商站。至年底,全县电商商务企业60家,电商交易额实现119亿元,同比增长50%。

(熊　勤)

进贤县

【概况】 进贤县县名，是中国先贤澹台灭明南游讲学到这里，取进能纳贤之意。进贤县位于鄱阳湖南岸，抚河、信河下游，南昌市东南部60千米。土地面积1971平方千米，其中城区面积37.3平方千米，耕地面积7.59万公顷。2016年，全县户籍总人口85.18万人，其中城镇人口28.21万人，乡村人口56.97万人。辖9个镇、12个乡、1个垦殖场、1个省级开发区，263个村民委员会，39个居民委员会，1429个自然村，2732个村民小组。县第十四次党代会制定"把握'四新要求'，打造'四大板块'，加快'四县建设'，勇当昌抚合作示范排头兵、拼争全省县域经济前十强"的发展思路。全县上下保持定力、凝聚合力、精准发力，较好地完成了各项目标任务。

【经济运行指标完成概况】 2016年，全县完成地区生产总值300亿元，同比增长9%；规模以上工业增加值87.7亿元，增长9%；财政总收入22.53亿元，增长3.12%；500万元以上社会固定资产投资149.3亿元，增长17%；社会消费品零售总额76.7亿元，增长14%；城镇居民人均可支配收入29351元，增长9%；农村居民人均可支配收入15558元，增长10%。工业实力不断增强，全年新增规模以上工业企业15家、投产企业7家、在建企业37家，完成工业投资84.3亿元，规模以上工业主营业务收入362亿元。特色产业逐步壮大，医疗器械、钢构网架、文化用品三大主导产业占全县工业半壁江山，江西洪达、江西宏顺建筑等4家企业荣获"2016江西民营企业100强"称号，进贤钢结构行业协会、文化用品行业协会正式挂牌成立。园区平台得到夯实，全年共清理盘活闲置低效用地68.66公顷，清理标准厂房4.22万平方米，高新园污水处理厂开工建设，新开辟了架桥生物新能源、装配式建筑新材料两大产业基地。农业生产提档升级，新增省级农业产业化龙头企业2家、农民专业合作社52个、家庭农场32个、专业种养大户156户，全县共流转土地2.51万公顷。粮油、畜禽、水产等主导产业的产业化经营对农户的带动达65%以上，完成农业总产值89.88亿元。农业生产条件持续提升，全面完成永久基本农田划定，完成17个土地开发整理项目验收，新增千亿斤粮食田间工程2333.33公顷，改造农田灌溉面积1813.33公顷，建成高标准农田1960公顷。生态富硒魅力板块完成了规划编制，富硒现代农业产业园建设正在启动。商贸繁荣，总部经济商务区、生产生活性综合物流园、新区商业综合体、青岚湖森林公园文化娱乐中心、农资交易批发市场等12个重点项目进展顺利。全年新增限额以上批发零售企业及住宿餐饮企业9家、限额以上服务业企业2家，编制县城商业网点（2016—2030年）建设发展规划。全县旅游接待人数175.76万人次，增长35.2%；旅游综合收入6.17亿元，增长40.15%。招商引资工作，换届以来共参加省市招商推介活动9场，自主举办招商活动11场；全年引进项目35个，签约资金123亿元，其中工业项目24个、亿元以上项目25个。4个项目被列为省大中型建设项目，2个被列为省重点项目，12个被列为市百大重大重点项目，173个项目进入三年滚动投资计划，《昌抚合作示范区总体规划》编制完成。昌进公路（进贤段）全线通车，新"三长线"等重大交通工程稳步推进。

【社会发展指标完成概况】 2016年，县城功能形象大幅提升。规划体系更加健全，编制揽湖入城规划、老城区控规、高铁片区控规、青岚新区重点区域城市设计等系列规划。青岚湖森林公园全面竣工，湖东片区三条规划路、府前路基本建成，老干楼、九年一贯制学校及幼儿园加快推进，傅家巷棚户区改造项目正式启动。完成中山大道沿线街景改造，投资838万元完成16个市政设施、园林绿化、道路亮化等环境提升项目，实施49项惠民利民便民工程。"魅力进贤幸福家园"行动拉开序幕。顺利迎接全省城市工作会检阅。镇村环境面貌改观。集镇集群特色板块亮点纷呈，9个乡镇的28个项目加速推进，李渡镇双创服务中心建成运行，文港镇中国文房四宝交易市场开放营业，温圳岗前村成为"三集中、两同步"中心村建设样板。特色小镇建设成效明显，白圩、温圳、文港、李渡4个乡镇被评为市级试点镇，文港镇成功入选全市唯一的首批国家特色小镇。全县116个基础村、12个中心村、7个"五位一体"综合示范村及7个中国传统村落建设快速推进。城乡一体垃圾处理模式持续深化，18个乡镇垃圾压缩站建成运行，13个乡镇环卫作业实现市场化管理。农民建房得到有效管控，大力推广新户型，督办整改违建52处、拆除12处。荣获全省农业农村工作先进县、全省新农村建设先进县。生态文明建设启动"河湖长制"工作，主要江河湖泊水质达到Ⅲ类水以上，集中饮用水源地水质达标率100%；县城空气质量优良天数317天，优良率居全市第一；完成环保违法违规建设项目清理工作，规范完善56个、整改备案311个、淘汰关闭16个；迎接中央环保例行督查，关闭企业12家、停产1家、整改3家。造林绿化，共完成营造林工程建设任务3086.67公顷、防护林工程300公顷；开展"千万树木进千村"活动，打造村庄绿化56个，乡村道路绿化里程15千米。生态创建取得新成果，前坊镇获省级生态乡镇，池溪乡桥南村等3个村获省级生态村，西湖李家生态文化教育示范基地、红壤生态科普馆成功入选省级生态文明示范基地。优先发展教育，"校安工程"和改善贫困地区办学条件等工程全面竣工，县二中二期建设加快推进，公开招聘教师137名，"温暖工程"调入教师39人，师资力量、教育水平进一步提升。体育事业取得新成效，在第十六届南昌市运动会上获得二等奖。卫生计生工作扎实推进，实施全面两孩政策，公共卫生服务均等化经费提高人均45元，9家乡镇卫生院综合楼、24个村级卫生计生服务室加快建设，城乡医院对口支援网络逐步健全。文化事业广泛开展，举办大型群众性社区文化活动12次，送戏下乡216场，送电影下乡5056场，县图书馆、文化馆被评为"一级馆"，建成全市唯一的乡镇数字影院。深入创新创业，小微企业创业基地城市示范效应初步显现，县双创服务中心正式运营并已签约企业11家，文港小微企业创业基地、电商基地、众贤空间、香江商贸集聚区建成运营。科技成果加快转化，全县小微企业技术合同成效额1.56亿元，拥有授权专利数172项，洪达集团、申安集团等4家企业被评为全省"两化"融合示范企，威敌公司科研项目荣获国家科技进步二等奖。农村改革有序推进，完成全县农村土地承包经营权确权登记颁证，启动农村集体产权制度改革试点。推进审批制度和商事制度改革，加快落实行政审批"三集中、三到位"，共进驻单位37个、进驻事项250项；全面启动企业"五证合一"，新增企业1216户、个体工商户3272户、省著名商标10个。完成行政单位和参公单位公车改革，县城公交体制改革成功完成。

【社会稳定指标完成概况】 2016年，社会治理全面加强，大力推进"平安进贤"、"六五"普法、"天网工程"建设和社会网格化管理等工作。开展安全生产隐患大排查、大整治行动，安全生产形势稳定好转。狠抓食品药品安全，餐饮业全面整顿规范。加强信访接待和维稳工作，开展“信访积案攻坚年”活动，妥善处置中山华府等历史遗留问题，积极应对各类突发事件和网络舆情，社会大局保持和谐稳定。

【民生工程指标完成概况】 2016年，脱贫攻坚全面推进。坚持把精准扶贫作为头等大事和第一民生工程，打好精准识别、结对帮扶、基础建设等组合拳，扎实推进产业扶贫、电商扶贫、光伏扶贫等“十大精准扶贫工程”，共实施帮扶项目160个，办理民生实事220件，帮助群众解决困难问题314个，建成淘宝合伙人和村级网店6个，安装光伏发电村点4个、户点63个，贫困人口减少至7723人，贫困发生率降至1.08%。社会保障全面完善。支持就业创业，发放创业贴息贷款1.65亿元，新增城镇就业5559人，新增转移农村劳动力1.3万人。扩大社保覆盖面，正式启动失地农民进社保，五项社会保险基金征收10.03亿元、发放11.19亿元。建成并分配保障性住房642套，改造农村危房340户，房地产市场得到有效稳控。全年共发放低保资金8038万元、医疗救助资金1766万元、特困供养人员资金763万元、残疾人两项补贴资金516.33万元。建成民办老年公寓7家、城乡居家养老站点32家。全面落实优抚对象生活补助工作，退役士兵安置遗留问题得到有效解决。

【政治建设指标完成概况】 2016年，修订完善《县政府工作规则》，严格按照法定权限和程序履行职能。认真办理人大代表议案和政协委员提案、议案，办结率100%。积极推行政府法律顾问制度，规范行政许可、行政处罚、行政征收等执法行为和行政复议工作。政务服务明显优化。全县21个乡镇便民服务中心全部投入使用，七里、下埠集、白圩等乡镇打造“五星级”便民服务中心，民和镇岚湖社区和栖贤社区、文港镇大街居委会被评为市级示范便民服务站。积极推行招商引资项目审批代办服务，认真落实企业服务联络制度，开展百家企业民主评议科股长活动，“12345”政府服务热线平台正式开通运行。廉政意识明显增强。深入开展“学党章党规、学系列讲话，做合格党员”学习教育。认真落实中央“八项规定”、省市相关规定，“三公”经费支出持续下降。严格落实政府系统党风廉政建设主体责任，实行“一岗双责”。强化招投标等重点领域监管，扎实开展政府投资项目审计。

【李渡镇在全省首先开办“淘宝村”】 2016年1月，阿里研究院发布《2015年中国淘宝村研究报告》，揭晓2015年度“淘宝村”“淘宝镇”的最新名单，江西省首次发现3个“淘宝村”，进贤县李渡镇大道社区为其中之一。医疗器械是李渡镇的重要产业，在该镇大道社区，网店卖家销售最多的除了医疗用品，还有鞋帽及日用百货。

【西湖李家登上中央电视台大型纪录片《记住乡愁》】 2016年2月24日晚8时，百集大型纪录片《记住乡愁》第二季五十一集《西湖李家——不忘本原》在央视中文国际频道播出。中央新闻媒体再次聚焦进贤县前坊镇西湖李家新农村建设。纪录片围绕西湖李家，讲述4位李姓后人“不忘本原”的故事。

【上海威敌生化（南昌）有限公司荣获国家科学技术进步二等奖】 2016年12月21日，上海威敌生化（南昌）有限公司荣获国家科学技术进步二等奖。公司地处进贤县工业开发区，创建于1993年7月，是一家集生产、研发、销售、农技服务为一体的公司。威敌公司开发的28—高芸苔素内酯原药和制剂产品，技术和品质领先同行，对于解决全国主要果菜的连作障碍特别是土传病害具有很好的效果，并在山东省、河南省、浙江省等地果菜生产得到大面积应用，为解决全国连作障碍问题，特别是重灾区的连作障碍问题作出了贡献。

【白圩乡一年巨变】 2016年，进贤县白圩乡在县委、县政府的领导下，按照“建设生态白圩，融入美丽进贤”思路，大力实施“生态立乡、产业富乡、民生惠乡、特色兴乡”的战略，全乡经济社会发展取得良好成效，镇村建设及生态建设取得佳绩。昔日荒山已成九龙湾公园，集市已成进贤后花园，农屋已成花园村庄。

【进贤县获批成立省级产业园】 2016年3月，省政府批准同意在进贤县设立省级产业园，实行现行省级开发区政策，进贤工业发展“新战场”雏形初现。获批的进贤产业园总体规划面积1027公顷，重点发展医疗器械、电子信息、低压电器、装备制造四大产业集群。近年来，进贤县通过对传统产业的转型升级，及开放招商、专业招商、产业招商，已形成比较完备的四大产业集群。在医疗器械产业上，继续加大韩国医疗器械企业招商力度，承接更多韩国企业落户；在电子信息产业上，服务好深圳宝安电子产业园现有项目，确保2—4家大体量的企业竣工投产；在低压电器产业上，加强与正泰集团的沟通、对接，吸引更多正泰集团配套和外协；在装备制造产业上，发挥江联重工等企业的龙头带动作用，依托钢构网架产业基础，引进更多重轻型装备制造企业落户。

【成立季艺力庆玲公益基金】 2016年4月，进贤县季艺力志愿者协会副会长张庆玲于16日因病离世。丈夫按照她的遗愿将38万元捐赠给季艺力志愿者协会，成立季艺力庆玲公益基金，传递更多的爱和正能量。张庆玲生前累积志愿服务时间1.2万余个小时，帮助600余人次，累积捐款10余万元。

【进贤文港镇荣获“中国毛笔文化之乡”称号】 2016年5月6日，中国文联、中国民间文艺家协会授予进贤县文港镇“中国毛笔文化之乡”荣誉称号。这是文港镇继“华夏笔都”“中国毛笔之乡”“中国楹联之乡”之后，获得的又一“国字号”荣誉称号。近年来，文港毛笔在坚持传统的基础上，适应市场需求，对工艺进行改进、创新，不断增添现代元素，把毛笔生产从实用型转向工艺型、礼品型，不断满足消费者需求。全镇大小毛笔生产作坊和经营企业共有2200余家，从业人员1.5万人，年产销毛笔7.2亿支，年产值15.8亿元，出口创汇3000万美元。

【送手磨豆腐慰问抗洪官兵】 洪水无情人有情，磨好豆腐送官兵。2016年7月21日，在进贤县三阳集乡支援抗洪救灾的部队官兵，收到一份特殊的礼物——24千克手磨豆腐。这是三阳集乡赵埠村委会一对50多岁的夫妻连夜磨成的豆腐慰问抗洪部队子弟兵，见证了军民鱼水情。

【李渡烟花绽放里约奥运会】 2016年8月6日，在里约奥运会的开幕式上，3000枚李渡烟花漫天绽放，惊艳了全球亿万观众。本次高空礼花弹大部分都是由进贤县李渡烟花集团有限公司制作的，这也是继北京奥运会、伦敦奥运会之后，李渡烟花第三次登上奥运会这一国际大舞台。从2006年起，李渡烟花就开始进行新型环保烟花的研发和生产，并对传统工艺进行改进升级，一批独具魅力的无硫、微烟、环保污染低的新品种迅速抢占了市场的制高点，生产的烟花扩大到8个系列3000余个品种,其中低碳环保烟花占一半以上,拥有128项专利。

【建设农光互补光伏发电项目】 2016年9月,进贤县下埠集乡30MWp(兆瓦)光伏发电项目开工建设,这是进贤县建设的第二个大型农光互补光伏发电项目。项目建成后预计年发电量约3000万千瓦小时,年纳税额600余万元。同时,还可通过返租倒包的形式提高土地利用率,保护生态环境,增加农民收入。

【成立文化产业协会】 2016年11月9日,进贤县成立文化产业协会。会员包括220家文化产业企业、相关单位及个人。协会的成立,进一步推动全县大文化产业的发展,实现到"十三五"期末,文化用品及相关产业产值突破100亿元目标。近年来,进贤县深入实施"文化大县"战略,加速推进笔文化产业、文化创意产业、乡村旅游产业、广播电视网络产业、娱乐休闲业、印刷复制业、广告会展业、艺术品与工业美术业等八大文化产业建设,文化产业总体呈现良好发展态势。

【军山湖大闸蟹再摘全国桂冠】 2016年11月15日,上海海洋大学第十届蟹文化节暨2016年"王宝和杯"全国河蟹大赛在上海举行。来自上海市、江苏省、安徽省、浙江省、江西省、山东省、河南省等地70余家企业选送的1900余只河蟹参加角逐。进贤县军山湖开发公司选送的一只重366克母蟹摘得"蟹后"桂冠,这是军山湖大闸蟹第6次获此殊荣。另外,产自军山湖的清水大闸蟹还获得3个金蟹奖、1个最佳种质奖、1个最佳口感奖和1个优质奖。

(武中立　王　方)

安义县

【概况】 安义县位于南昌市西北部,总面积665.49平方千米。其中城区面积22.68平方千米(含开发区面积),耕地面积2.53万公顷,森林面积2.5万公顷,新增造林绿化面积597.6公顷,森林覆盖率41.2%,县城新增绿化面积2.07公顷,绿化率28.85%。2016年,全县户籍总人口30.48万人,其中城镇人口9.62万人、乡村人口20.86万人。常住人口19.09万人,比年初增加0.21万人,其中城镇人口9.44万人、乡村人口9.65万人,城镇化率为49.48%。辖7个镇、3个乡、1个场,104个村民委员会、19个居民委员会。2016年全县广大干部群众坚持实干为本、发展为先,启动五大发展引擎、实施"323"工作方略,以新发展理念为引领,以供给侧结构性改革为主线,主动适应和把握经济发展新常态,强抓产业转型,聚焦农旅融合,着力改善民生,打造务实政府新形象,迈出富裕美丽幸福安义新步伐,实现"十三五"良好开局。安义县荣获"江西省科学发展综合考核评价先进县(市、区)"称号。安义县法院刑事庭荣获"全国老年法律维权工作先进集体"称号。安义县种粮大户凌继河作为江西省唯一代表获得"全国十佳农民"2016年度资助项目提名资格。4月30日的央视《新闻联播》播出"劳动创造美好生活",报道安义县种粮能手刘高美。

【经济运行指标完成概况】 2016年,完成地区生产总值98.6亿元,同比增长9%;财政总收入12.2亿元,增长8.5%;一般公共预算收入9.4亿元,同口径增长11.8%。实际利用内资全年完成48.83亿元,增长13.8%;利用外资实际到位资金完成5000万美元,增长10.9%;外贸出口完成1.38亿美元,增长1.9%;社会消费品零售总额完成19.12亿元,同比增长14.8%。社会消费品零售总额、实际利用内资等经济指标增速排在全市"第一方阵"。规模以上工业增加值增长8.9%,服务业增加值占GDP比重突破38%,同比提高1.5个百分点;战略新兴产业增加值占规模以上工业增加值的比重上升到10%,电子商务交易额增长1.3倍,新经济呈现逐步加速态势。全年共启动72个重大重点项目建设,总投资额190.2亿元,完成固定资产投资增长15.3%,其中工业投资占比达到85%以上;城镇居民人均可支配收入27350元,增长9%;农村居民人均可支配收入13500元,增长10%;年末城乡住户储蓄存款余额90.18亿元,增长13.3%。建立"五大兵团+十一纵队+三十外埠商会"的网格化招商体系。全年共出外招商145次,成功举办江西安义(杭州)招商推介会,引进重大项目21个,新签约落户中部建材城、东方雨虹、同玄新材料、盈创小微创业园等重大项目,签约总投资额100余亿元。东方雨虹项目的落户,实现安义县直接引进上市工业企业"零"的突破。台湾华泰实业集团的海峡两岸房车加工及青少年交流营地项目,总投资3000万美元,是近年来安义县台资项目的重大突破。实现规模以上工业主营业务收入164亿元,增长8.4%;工业用电总量首次突破5亿度大关,达到5.6亿度,增长9.2%;工业投资79.2亿元,增长8.9%;新增规模以上工业企业19户,达113户;建材产业产值实现131.8亿元、产能达110万吨,创历年新高。雄鹰铝业自主研发"7A09"铝材,成为全国第一家拥有军工产品生产许可证的民营企业。全年共接待游客320万人次,增长16%;实现旅游综合收入9.16亿元,增长16%。

【社会发展指标完成概况】 2016年,加速推进总投资约1000万元、全长4.9千米的黄洲至石鼻高速连接线建设,东接昌铜高速石鼻出口站,西接安黄洲公路(圳溪村前垅组处)。教育工作:入选国家义务教育质量监测样本县。全年投入校建资金6000余万元、安排落实校建项目75个。教育园区二期4.2万平方米校舍竣工投入使用,新增优质学位4000余个;县二小新综合楼顺利建成。出台《安义县聘用高层次教师人才优惠政策实施办法(试行)》,计划用时3年(2017年到2019年),聘用60名高层次教师人才到安义县工作。争取科技项目31个、资金500余万元;申报认定国家高新技术企业9家、省级工程技术研究中心2家、科技优势创新团队1个;组织申报专利332件、授权专利275件,第三次蝉联"全省专利十强县"。体育工作:引进项目29个、资金460余万元;成功承办全省青少年赛艇皮划艇锦标赛、"南昌绿谷"马拉松邀请赛等重大赛事,广场舞、健步走、健身气功等群众体育活动广泛活跃,安义县被授予"全省全民健身贡献奖"和"全国百城千村健身气功交流展示优秀奖"。卫生计生工作:县人民医院、龙津卫生院分别获市、县"平安医院"称号。第二批4所乡镇卫生院公共卫生科达标建设经验收,3所优秀、1所合格,优秀率达75%。2016年始,用三年时间,投资2500余万元,完成"一村一所"公有产权村卫生计生服务室标准化建设。投资600余万元的县妇幼保健院大楼建设项目,主体工程已完工并封顶。文化旅游工作:全年共完成农村电影放映1670场,送戏下乡160余场,协助乡镇自办文化活动58次。《安义硬门拳》成功列入市级非物质文化遗产名录。争取中央财政专项经费254万元,县财政配套100万元,对凤凰山发射台进行重新建设。精心举办第五届金花节及"相约安义·小镇之旅"系列活动。城市建设和管理工作:启动潦河南岸(鼎湖)旧城改造工作,完成拆迁面积13万平方米。及时推进潦河南岸滨河景观一期工程、拆迁还建安置房和老码头浮桥项目建设,开启安义城市建设"一河两岸"的新时代。仕桥彭家安置房项目主体工程建设基本完成。采取PPP模式,稳步推进总投资26.7亿元的城市路网、城市功能配套等10余个重大重点项目。启动"美丽安义·幸福家园"环境综合整治、农村环境卫生整治大会战。投资1000余万元开展城市综合管理百日攻坚专项行动,新增交通护栏2300米,新建临时免费停车场6个,新建京庄社区办公楼和公共厕所,栽种鲜花和绿化整治1.55万平方米;投资1000余万元开展潦河大市场环境综合整治行动;开展治脏治超行动,处罚车辆500余车次;加快推进6个"五位一体"综合示范村和6个中心村建设,共投入4000余万元完成53个一般新农村点建设。投入3000余万元完成水南原乡小镇一期项目建设。东阳镇成功创建省级生态乡镇,实现省级生态乡镇全覆盖,万埠镇前岸村、长均乡六溪村等成功创建省级生态村。连续十一年荣获全省新农村建设先进县称号。

【社会稳定指标完成概况】 2016年,以全国综治南昌会议为契机,投入1000余万元新建天网探头701个,在全市率先推进视联网、综治专网、高清天网"三网合一",实现县、乡、村三级全覆盖和可联可通可视,打造东阳镇综治银行等13个综治特色亮点。以中央环保督察为契机,开展工业园区环境保护大整治,实现所有涉水企业24小时在线监测全覆盖,企业偷(漏)排现象得到有效遏制。"六五"普法通过省市验收,荣获全省"六五"普法教育先进县(区)称号。全县所在村(居)委会,都成立和谐平安理事会,选派机关单位领导干部回原籍担任综治特派员,将100余个县综治责任单位全部安排到村开展平安帮创工作,实现平安帮创全覆盖。重点推进16个平安村(社区)建设、50个平安智慧自然村建设和潦河大市场宿舍小区、县政府宿舍小区、教师村宿舍小区三个平安智慧小区建设。积累化解涉法涉诉信访案件9件;办结执行案件561件,79人被列入失信执行人名单;化解信访维稳领域积案12件;组织打黑除恶、打击"黄赌毒""食药环"、打击传销等系列专项斗争。全年破获案件694起,其中破获"两抢一盗"、诈骗等侵财案件513起,刑事拘留犯罪嫌疑人226人,破案数同比增长64.1%。对龙津镇和10个村居(社区)、县人民医院、校园和网吧周边等区域,实行挂牌整治。积极推进县城义务巡逻、乡镇场联动巡逻、村组邻里守望互助巡逻和网格员上门走访巡防。通过巡逻定位手表、微信群和天网视频,对全县1544支队伍巡逻的巡逻情况进行监管,制止各类冲突70余起,全县发案数同比下降30.5%。破获国保专案6起,抓获并行政拘留邪教人员4名。"南昌会议"、G20峰会、各级"两会"等重要时段,全县未发生赴京非访、越级集访。在全县11个乡镇场打造东阳镇枫树综治合作社(综治银行)等13个特色亮点,其中有4个点位,列入"南昌会议"17条备选参观线路。设立安义县涉法涉诉信访接待中心,畅通涉法涉诉信访渠道。累计受理涉法涉诉信访案件8起,有效化解7起,化解成功率87.5%。在全省公众安全感指数测评中安义县排名全省第六,全市第一。

【民生工程指标完成概况】 2016年,下发《安义县精准扶贫工作实施意见》,建档立卡贫困户2712户共6529人,并实现春节走访慰问全覆盖。建立"县领导包乡镇、部门和单位包村、县乡村三级干部包户"及"保不愁吃、保不愁穿、保有书读、保有房住、保有病可看、保有就业技能、保有创业机会、保有稳定生活来源"的"三包八保"工作机制。投入专项扶贫资金1000万元,7个贫困村,1266户、3186名贫困人口实现年度脱贫,脱贫率48.8%。全县用于民生方面的支出13.4亿元,占公共财政预算支出的66.8%以上。新增城镇就业2851人,发放创业担保贷款9147万元。向阳菜市场已全面开工建设。商城重建方案基本成型。城乡居民医保补助标准、低保标准、企业退休人员养老金连续增加。全面推进"救急难"工作,连续三年荣获"全省社会救助工作先进县"。城市低保标准由450元提高到480元,补助水平由290元提高到320元,月发放低保金84.35万元;农村低保标准由280元提高到310元,补助水平由165元提高到195元,月发放低保金151.1万元。实现城乡医疗救助对象医疗救助费用网上直补,共救助8383人次,发放救助金418.06万元。临时救助困难户411户,发放救助金62.96万元,特别救助8户,救助资金41.72万元。加快推进乔乐、新民、长均乡敬老院扩建工程建设。开展农村留守儿童摸底排查工作,共有农村留守儿童8523人,其中0—5周岁2404人、6—13周岁5483人、14—16周岁636人。落实重点优抚对象抚恤补助政策,共发放抚恤资金650余万元。接收退役士兵82人。按时发放孤儿基本生活费133.4万元。春节走访孤寡老人、特困户、残疾人家庭等弱势群体经费共6.1万元;争取上级慈善会拨入儿童大病、城乡困难户临时救助及对患重病致贫的29户家庭救助费共19.5万元,县慈善会救助11.8万元,全部发放至困难户手中。开展高龄老人生活补贴发放工作,发放5.55万人次、500余万元。推进辖区居家养老服务机构规范化建设。申报居家养老服务站13个,已完成10个居家养老服务站建设,其中2个为新建,申报运营补贴点2个。全县共临时救助流浪人员400余人次,发放救助金及救助物资3万余元。投资约6000万元,由社会资本投资建设经营,占地2公顷,总建筑面积3.4万余平方米的安义客运站全面竣工,是南昌市县区第一个县级标准化二级公路客运站。总投资3005万元,对潦河大桥进行加幅拓宽。总投资3800万元,对已建成的戴坊大桥上、下游分别增加一幅宽10.2米的新桥,与原桥拼接成为一个整体。同时,投资8500万元,对戴坊大桥南、北引道按市政道路标准进行拓宽。

【政治建设指标完成情况】 2016年,出台《关于切实加强换届风气监督工作的实施方案》。举办2016年科级干部培训班,112名科级干部参训。高标准完成全县858份档案审核,保证干部信息的准确性。加大任中经济责任审计力度,对22名领导干部开展任中经济责任审计。严格执行《全县领导干部外出管理规定》,共审批外出干部267人次。严格执行《关于防止和纠正全县领导干部"走读"的暂行规定》,定期和不定期开展暗访10次,通报干部5人次。在全省率先探索县委常委会组成人员联系点打造成党建示范点机制,高标准打造14个党建示范点,使农村党建"学有榜样,做有标杆"。集中力量建设2个300平方米的社区办公用房,结束安义县社区办公用房零达标的历史。围绕非公经济组织和社会组织"两个覆盖"目标,新组建党组织266个。把支部建在商会上,破解驻外党组织运转等问题,使安义县在京驻外党组织从党小组发展为1个党总支,7个党支部,联系党员180余人,影响流动群体2万余人,搭建沟通两地、推动发展、服务务工农民的重要平台,得到上级部门的肯定和关注。同时,加强对"两新"(新经济组织和新社会)组织的指导力度,选派党建指导员142名,使安义县在全市第一个完成"两个覆盖"任务,并得到省市的奖励补助。牢固树立"党建+"理念,将党的建设和经济建设紧紧扭成“一股绳”,结合实施“三回”(创业回乡、人才回归、资金回流)工程,服务“三农”工作,形成党建+“三回”工程模式。江西绿能合作社党支部书记凌继河先进事迹得到习近平总书记点赞,其具体做法被《南昌日报》头版刊载,并进行专题评论。选派21名“第一书记”,先后解决实际问题720余件,引进项目帮扶资金近5000万元,涌现长埠镇车田村、万埠镇洲上村、石鼻镇果田村等一批后进变先进典型,得到市委的高度肯定。推行党建+特色产业,由党员带动建立合作社,引导群众以土地、资金、资产等方式入股,带动村民增收致富。新民乡乌溪村党支部带动合作社流转土地66.67公顷,建立葡萄基地,带动100余户党员群众户均增收5000余元,成为远近闻名的葡萄小镇。打造绿能农民专业合作社、万埠洲上村、新民乌溪村3个全省党建+典型,并接受全省党建+流动现场观摩。严格落实《关于建立健全村干部激励保障和约束管理机制的实施意见(试行)》,统筹投入1000余万元,为全县480名在职村干部办理养老保险。各级领导带头上党课80余场;开设各级专题培训班50余场,对500余名基层党组织书记、2300余名党组织班子成员、5000余名农村党员进行培训,实现教育培训全覆盖。组织1760余名党员干部组成580余支志愿服务队,维护交通秩序,开展治安巡逻。全面排查党组织关系,排查失联党员20名,经查找后已全部取得联系。全面排查党员违纪情况,通过排查后给予刑事责任追究、行政处罚处理17人。严格落实机关党组织书记“一岗双责”制度,共梳理和整改党建工作中存在的问题56个,各地各单位梳理和整改问题共186个。把好入口关,全年共淘汰不合格发展对象20余名,发展党员138名。创新工作方式,加强流动党员管理,至年底已建立驻外党支部45个,基本覆盖全国省会城市。组织开展在职党员进社区“一到两访三服务”活动,共结对帮扶1340余户,帮助解决问题860余个,实现微心愿2150余个。进一步完善群众来信来访处理、“12345”热线“三位一体”的综合服务平台。严格执行《落实党风廉政建设党委主体责任和纪委监督责任的意见》,约谈单位主要领导8人,对落实主体责任不力的4名领导干部严肃问责。出台《纪检监察信访举报信息分析制度》《安义县县管干部问题线索通报移送办法》《安义县反映扶贫领域涉嫌违纪问题线索通报移送办法》3个制度。全年共受理信访件165件,处置问题线索83件。针对信访维稳、控违拆违等六大领域顽疾,出台《安义县强化“六大问责”实施办法》,对违纪苗头性、倾向性问题进行谈话函询71人次,通报6批次22人。坚持挺纪在前,着力强化“不敢腐”的氛围,真正让纪律高压“通上电”。全县共立案44件,给予党纪政纪处分46人,其中科级干部3人,给予撤销党内职务处分4人,给予开除党籍处分10人,移送司法机关2人。聚焦“四风”问题,以安义县“六个严查”“五个一律”为准行,开展明察暗访50余次。共查处违反“八项规定”“四风”问题12起,党政纪处分9人,通报各类违纪典型案例13批次36人。扎实开展“红包”“违插”“微腐败”专项治理,严查违纪违规问题。查处“红包”问题1起,党政纪处分3人,收到党员干部上交“红包”19余万元。针对市纪委反馈抽查中发现的33个违插问题线索,分类核实,纪律处分5人,诫勉谈话13人。全县共召开集中整治“微腐败”组织生活会500余场次,6000余人次自动查摆问题。收集“处事不公、以权谋私、作风不实”类问题线索31条,查处“微腐败”问题21起,通报“微腐败”典型案例9起,处理14人,查实涉及违规违纪资金65万元。特别是针对侵害民生领域的典型案例,“一锅端”掉东阳镇徐埠村原村书记徐某某、村主任陈某某共同贪污土地增减挂钩拆迁补偿款严重违纪违法问题,在全县引起强有力的震慑。精心打造纪律示范讲堂,石鼻镇纪律讲堂率先在全市县区中开讲。全县共通报各类违纪典型案例13批次,其中2次被中纪委采用、5次被省纪委采用、7次被市纪委采用。

【“绿能模式”入选国家“农业规模经营与转型发展案例研讨会”】 2016年12月2—4日,在华南农业大学经济管理学院,由教育部“长江学者”特聘教授、华南农业大学国家农业制度与发展研究院院长罗必良教授主持的国家自然科学基金重点项目课题组召开的“农业规模经营与转型发展案例研讨会”上,江西绿能摸索创新的“合作共赢、多元发展”生产经营模式,作为此次研讨从全国遴选出来的五个典型案例之一,进行专题研讨。江西省绿能农业发展有限公司经过六年的艰辛探索,形成“合作共赢、多元发展”的绿能模式。在研讨会上,学者专家对"绿能模式"给予充分肯定。罗必良教授认为,绿能实际上是两条腿走路,是两手抓,一方面抓租赁形式的土地规模经营,通过内部分包,即一对夫妻管三四百亩田,来降低监督成本,有效解决土地规模所形成的监督困境;另一方面利用多余的生产能力,来进行社会化服务拓展,用社会化服务来跟已经购置的资产这种生产能力、服务能力相匹配,来解决服务规模经济,以外包的方式来化解土地规模经济可能构成的风险及其成本。所以这是绿能成功的两个非常重要的基础,也就是把土地规模经营和分工形成的社会化和服务经营结合在一起。

【安义铝材销售大军遍布全国】 安义县,是中国铝型材之乡。经过几十年的发展,至2016年,安义铝型材占据中国铝型材70%以上的市场份额,年销售额达

20163月26日,安义金花节系列活动之跑游江西10公里达人赛举行

800亿元。在20平方千米的安义工业园区里，228条铝型材生产线和236条不锈钢生产线日夜开动，每年超过70万吨的“安义造”铝型材送往全国各地。遍布全国的16万安义人通过庞大的销售网络，直接带动当地铝型材产业的发展。

【安义县东阳镇枫树村创新综治方法】 2016年，毗邻安义工业园区的安义县东阳镇枫树自然村，随着周边入驻企业逐渐增多，流动人口大量增加，治安防控形势日渐复杂。为继续确保枫树村和谐稳定，广大村民共同倡议，在整合原有的义务巡逻队、矛盾调解组等综治资源的基础上，借鉴村民广为熟知的农村合作社抱团发展、互帮互助、互利共赢的理念，成立枫树“综治合作社”，创办枫树“综治银行”，通过给参加义务巡逻、调解纠纷、志愿服务等活动的村民加分，对参与非访、打架斗殴、“黄赌毒”等村民扣分的形式，记录村民在综治方面的表现情况，从而推动群防群治、社会共治的综治事务自治。作为奖励，超过100分的村民还可以到村里的商店兑换等价物品。自从成立“综治银行”，村民参加村里综治事务的积极性更高。

【农民凌继河当选县委委员】 在2016年8月29日安义县召开的第十三次党代会上，42名党代表从49位候选党员中被选举成为该县十三届委员会委员，安义县鼎湖镇西路凌家村村民凌继河是唯一一个没有公职、不拿工资的农民委员。凌继河是一个闻名全国的种粮大户，凌继河创新推出的“田保姆”农田托管模式，带动更多农民共同致富。

【江西省(市)青少年赛艇皮划艇锦标赛举行】 2016年8月8日，江西省青少年赛艇、皮划艇锦标赛暨南昌市第十六届运动会赛艇、皮划艇比赛在安义县北潦河举行。来自全省11个设区市和南昌市各县区代表队300余名青少年运动员参赛。此次赛事由省体育局、省教育厅主办，安义县人民政府、省水上运动管理中心承办。赛事为期13天，8—11日进行全省青少年赛艇比赛，12—15日进行全省青少年皮划艇锦标赛，16—20日开展南昌市运动会赛艇、皮划艇比赛。

【推出“旅游大餐”】 2016年十一黄金周期间，安义县分别举办南昌首届七彩蝴蝶旅游文化节——斐然百亩醉蝶花盛大开园、“2016江西安义古村首届民俗文化节”、2016江西首届汽车文化旅游节等。丰富多彩的旅游文化活动吸引八方来客，受到游客们的热捧，各景点游人如织，旅游市场持续火爆，旅游接待安全有序，全县旅游接待人数和旅游收入获得双丰收。十一长假期间，全县共接待游客25万人次，同比增长25%；旅游综合收入1.4亿元，增长28%。

【相约安义2016黄洲千年古墟盛会开幕】 2016年6月17日，相约安义2016黄洲千年古墟盛会在安义县黄洲镇开幕。古墟盛会为期三天。黄洲古墟盛会经历千百年的风雨沧桑，至今已形成一道独特的民俗文化。本次盛会的举办立足于黄洲镇历史悠久的集市文化以及对传统文化的大力发展、弘扬和保护，利用旅游与集市相结合的方式，围绕“牛市”“集市”“演艺”三大特色展开，打造出一场集吃、喝、玩、乐、购为一体的活动。

【全面启动“一河两岸”城市建设】 2016年3月15日，安义县召开潦河南岸旧城改造动员大会，正式启动“一河两岸”建设。安义县潦河南岸旧城改造项目分三期。一期红线内土地总面积15.22公顷，其中建设用地13.33公顷，人口近2600人，涉及征迁户596户，房屋562栋，面积13.16万平方米；二期红线内土地总面积67.27公顷，涉及7个自然村，人口1784人，房屋372栋，面积12.28万平方米；三期红线内土地总面积183.67公顷，涉及13个自然村，人口2461人，房屋581栋，面积19.16万平方米。按照“总体规划、分步实施”的目标，6月基本完成一期范围内的房屋拆迁工作。

【省首届房车露营高峰论坛举行】 2016年3月19日，由安义县政府和江西省旅游规划研究院主办，安义县文化广电旅游新闻出版局、江西季候风房车露营集团承办的江西省首届房车露营高峰论坛在安义县东方港湾度假村举办。来自海内外房车露营产业相关领域专家、业界资深人士、江西省各设区市旅发委和重点旅游景区负责人出席，聚焦当下全域旅游最热门的话题——自驾车房车营地旅游。此次论坛以“构筑产业发展交流为平台，推动江西旅游发展创新”为主旨，研析全国自驾游及房车露营行业发展动态，探讨行业发展模式与相关行业的发展规划，促成自驾游及房车露营产业链上下游企业之间的合作。

【全村献血大救援】 2016年2月15日，安义县徐埠村村民58岁的刘正琴被确诊为患有一种极其罕见的病——“血栓性血小板减少性紫癜”。国外数据显示它的发病率只有百万分之一，短期内得不到治疗就可能死亡。唯一现实的治疗途径是大幅置换血浆。仅有100余户的徐埠村，献血的献血，捐钱的捐钱。至2月27日，徐埠村有166人参与献血，累计献血总量达5.66万毫升血液。刘正琴转危为安，病情逐渐好转。

（王　计）

东湖区

【概况】 东湖区位于南昌市东北部，辖区面积56.95平方千米，园林绿地面积471.43公顷，绿化覆盖面积471.56公顷，绿化覆盖率29.64%，人均公共绿地面积7.17平方米。2016年，全区总户数近14.7万户，户籍总人口47.37万人，其中男性23.66万人、女性23.71万人。人口出生率10.27‰，人口自然增长率5.75‰。管辖1个镇、9个街道办事处和2个管理处，设93个社区居民委员会、12个家属委员会、21个村民委员会。

【经济运行指标完成概况】 2016年，东湖区聚焦经济发展不动摇，综合实力持续壮大。全年实现地区生产总值417.69亿元，同比增长8.1%；500万元以上固定资产投资181.92亿元，增长13.5%；社会消费品零售总额259.92亿元，增长3.2%；完成财政总收入62.9亿元，增长9.8%；地方一般公共预算收入12.33亿元，同口径增长10.18%；实际利用内资40.78亿元、外资1.85亿美元，分别增长15.07%、22.12%，出口创汇3.4亿美元。税收收入占地方一般公共预算收入比重为82.2%，排名全省、全市前列，分别高于全省、全市13.8和3个百分点。第三产业实现增加值380.57亿元，占比91.11%，对全区经济增长的贡献率达96%，同比提高4个百分点。引进新兴金融机构23家，总投资额35.21亿元。规模以上电子商务企业50家，年交易额突破90亿元，增长320%。全年新增注册企业2150户、注册(认缴)资本117.67亿元，分别增长124%和117%；新增注册资金1000万元以上企业217家，增长158%。新增“六大产业”企业1355家，增长67.08%。新增5A级楼宇商务面积4.8万平方米，新增税收千万元商务楼宇3栋。全年落户项目222个，进资42.87亿元，其中5000万元以上项目76个、亿元以上项目18个。与上年相比，千万元以上项目增加38个，增长22.35%；5000万元以上项目增加22个，增长44%；亿元以上项目增加7个，增长63.63%，创历史最好成绩。

【社会发展指标完成概况】 2016年，东湖区各项社会事业发展取得显著成效。全年投入城市建设资金10.04亿元，同比增长15.8%。实施东湖路、扬农路等25条道路升级改造，打造新湖滨西路、三经路等精品道路，打通讲武堂路等断头路，对省委北院等3个社区进行综合整治，建设洪城、阳明等精品社区，启动贤士湖街区、光明社区的街景改造和滕王阁、紫金城等12处停车场规划建设，新增泊位1883个，打造全省首个智能化立体停车场——铁街停车场。顺利实施王家庄周边、渊明北路周边等22个地块征迁工作，占地面积28公顷、征迁面积51.41万平方米、涉及户数3948户，完成轨道交通3号线、沿江快速路网东湖段总征迁面积2.99万平方米。优化城市管理，智慧城管平台受理各类案件16万余件，处置率达98%；在全省率先采用小型高压冲洗车精细作业，开创立体化清扫保洁的新模式，引领全市“马路本色”行动，荣获全市打造核心增长极、实现“四个强起来”城区组建管强起来突出贡献奖第一名。文体事业进一步繁荣，区文化馆建设成为全省首个智能文化馆；全市首个外来务工人员文化活动中心挂牌成立；依托老文化馆成功打造文化传承中心；启动大院、八一桥等4个街道文化活动中心建设。开展庆祝建党95周年大型歌咏比赛等各类文化活动180余场次；“军歌嘹亮边疆行”文化志愿活动成功入选文化部“春雨工程”；原创舞蹈《斑鸠情》获“赣鄱群星奖”；在全省第六届艺术节荣获一等奖8个。南昌瓦罐煨汤、胎毛笔、豫章绣制作技艺入选省级非物质文化遗产名录。继续加大教育投入，体育事业捷报频传。投资2700万元完成东湖小学、扬子洲学校等13所学校的基础设施改造和信息化建设；投入180余万元，为全区中小学生免费发放教科书；面向社会选调、招考教师54名。新增全民健身站点10处，安装、维修各类健身器材180余件，启动扬子洲镇农民体育健身工程；包揽全省第二届百县青少年“五人制”足球和“三人制”男篮、女篮三项总冠军；在南昌市第十六届运动会上，以117枚金牌的好成绩位列第一名。卫生和计划生育工作协调发展，投入578万元，实施扬子洲社区卫生服务中心危房改造等项目建设；居民健康档案电子建档率93.4%，基本公共卫生服务人均补助标准提高到47元；全国慢病综合防控示范区建设扎实推进，荣膺全国计划生育优质服务示范县区。

【社会稳定指标完成概况】 2016年，继续深化平安东湖建设，确保“三个不发生”，荣获全国“六五”普法先进区，公众安全感和公安满意度排位双双位居全市主城区第一名，创历史最好成绩。完成综治中心、信息化、网格化管理“三项”建设，建成区、镇（街道、管理处）、村（社区）三级综治中心133个。较好完成中央领导视察、全国综治“南昌会议”、2016南昌国际马拉松赛等大型活动东湖段的安保任务。打击“盗抢骗”行动战绩排名全市第一，刑事警情同比下降36.6%，“黄赌毒”警情同比下降67%。制定全市首个简易程序公诉案件快速办理实施办法，提高轻微案件办结率和满意率。建成全省首个社区禁毒图书角和全市首个社区戒毒康复集中管理工作站；打造全省首家青少年法治科普安全宣教中心；推出“法治大篷车”“东湖区法制科普教育中心”“东湖微普法”等平台，多形式开展普法宣传；成立全市农民工法律援助工作站，为群众提供公益性法律服务。完成食品、药品抽检1655批次，查处“毒油条”“毒粽子”等食品案件64起。东湖消防连续三届荣获“全国消防监督执法示范单位”；实现全年重特大安全生产事故“零”发生。坚持“以群众工作统揽信访工作”，区党政主要领导坚持亲自调度信访工作制度，集中调度10余次，对一些重点信访事项进行调处化解。

【民生工程指标完成概况】 2016年，全区用于保障和改善民生支出12.47亿元，同比增长10%，占地方一般公共预算支出的62.3%，共安排、落实民生实事191件。新装路灯1123盏，在全市率先实现背街小巷路灯亮化全覆盖；改造提升刘将军庙等5个小游园；对榕门路、瓷器街口、火神庙等6处严重积水点进行彻底整治；完成59处沟管化粪池（清掏）改造；扎实推进扬子洲地区19个新农村建设点；启动叠山路农贸市场升级改造工程。城镇新增就业人数1.02万人，“4050”人员再就业人数2188人，零就业家庭安置率100%。农村、城镇居民最低生活保障标准提高到月均510元；发放城市低保、农村低保等资金2618万元；为80岁以上高龄老人发放生活补贴1451万元；为优抚对象发放补助资金1500万元；实施各类救助4677人次；城镇基本医疗保险参保人数18.46万人，征缴基金总额1.18亿元；工伤保险参保人数1.15万人；为6898户享受公租房家庭发放公租补贴1193万元。

【政治建设指标完成概况】 2016年，东湖区全面贯彻落实中央、省委、市委决策部署，以中共十八届五中、六中全会精神及习近平总书记系列讲话为统领，围绕“打造实力东湖、创造活力东湖、塑造魅力东湖”战略目标，大力弘扬“崇尚荣誉·创先争优”东湖精神，紧扣“两学一做”学习教育活动，加强领导班子和干部队伍建设。选优配强领导干部队伍，调整干部140人次，其中提拔重用干部31人次，平职交流及其他109人次；选派6名县级干部参加市委党校县干班培训，5名科级干部参加市委党校青干班培训；圆满完成区、镇两级换届工作；制定《关于推进村（社区）党组织标准化建设的实施方案》，认真落实基层党建工作责任制，加大“三经费一场所”保障力度，大力推进基层党建标准化建设，光明社区作为“全国先进基层党组织”受到表彰。认真落实党委主体责任和纪委监督责任，积极推进党风廉政文化建设，试点推行纪律讲堂。持之以恒纠正“四风”，严肃查处典型案例3起，退出全省发现、查处、通报违反中央八项规定精神问题“三零”行列。深入开展第二轮区委巡察，强化党内监督。全年函询谈话34人次，立案15件，党政纪处分16人，通报6次，函询谈话数、立案数、通报数同比分别增长47.8%、114.3%、50%；查处侵害群众利益案件3起；全区大案要案、涉及领导干部的信访举报件数量，在全市各县区处于较低水平。积极开展文明创建各项活动，荣获全省第五届文明城区称号；扬子洲镇被评为全省第五届文明村镇。健全区政府法律顾问制度，确保旧改征迁等重大事项依法决策、科学决策；办理行政复议案件3件，人大代表建议42件、政协委员提案75件，办结率、满意率100%；积极推进经济责任审计全覆盖，完成各类审计项目39个，节约财政资金614.92万元。落实商事制度改革，精简工商登记前置许可110项，精简率达76%；推进行政审批制度改革，精简行政审批事项11项，精简率7%；深化“三单一网”建设，权力清单、责任清单、市场准入负面清单不断完善，政务服务网加速升级。

【习近平视察东湖区光明社区】 2016年2月3日，中共中央总书记、国家主席、中央军委主席习近平在中央有关部门领导和省委书记强卫、省长鹿心社等陪同下，到东湖区彭家桥街道光明社区视察社区党建、便民服务、创建和谐等工作情况。习近平听取社区开设道德讲堂开展社会主义核心价值观培育的情况介绍，参观社区书画室，观看社区合唱团排练，并在社区广场向闻讯而来向习近平拜年问好的社区干部群众发表简短讲话。习近平首先给大家拜早年，肯定光明社区的工作，指出抓社区工作一要抓社区党组织建设，使党组织成为社区的一个领导核心，把各方面工作都能够带动起来，二要抓好各种服务，人民群众的事情就应该是社区的牵挂，要把各种服务全覆盖。习近平的讲话博得居民群众的热烈掌声。

【举办深圳文化产业招商推介会】 2016年5月11日，江西日报传媒集团与东湖区联合在深圳市福田区香格里拉大酒店举行"2016(深圳)文化产业招商推介会"。东湖区、福田区相关部门领导，苏宁集团、中海地产、昆吾九鼎投资等98家企业约150余名代表出席。在江西省，由省级文化集团联手地方政府在深圳举办文化产业招商推介会尚属首次。此次推介会涵盖地产、金融、科技、传媒、文化设计、非物质文化遗产、园区运营等众多领域。推介会上，东湖区区委书记杨文斌致辞，北京大学哲学系教授、北京大学文化产业研究院副院长陈少峰进行演讲，江西日报社副总编王少君、东湖区区长李云峰先后进行重点项目推介，与各企业进行面对面交流。本次推介会有18个项目达成合作约定，签约总金额115.7亿元。

【打造新湖滨西路】 南昌市青山湖西岸新湖滨西路工程项目于2015年6月30日开工建设，2016年10月31日竣工，总投资金额1.45亿元，属于南昌市重点工程，取得南昌市文明工地和南昌市优良结构工程等奖项。该项目由东湖城市建设投资发展有限公司建设，包括渠道覆盖工程、道路工程、排水工程、绿化工程、照明工程、交通标志和交通标线工程等。工程主要包括排渍沟箱涵覆盖及加盖后修建新湖滨西路两大块，排渍沟箱涵覆盖长2.95千米，新湖滨西路长约2.71千米、宽8.5米。项目突破高压旋喷桩施工临近树木保护、复杂情况下的雨污混流管道改造导流施工等技术难题，建成绿化带种植面积约4.2万平方米(其中草皮面积2.6万平方米，树木种植面积1.6万平方米)。新湖滨西路为城市游览性支路，沥青混凝土路面，与其东侧绿化带整合，形成一条独具南昌特色的湖滨休闲景观带。

【建成全省首个智能化立体停车场】 9月，东湖区投资约1000万元，在南昌市子固路与铁街交叉口新建一个面积约3400平方米的立体停车库——铁街停车场，提供115个停车泊位以缓解老城区日益突出的停车难问题。该停车场为七层机械平移式停车楼，下宽上窄，逐层退减，是全省首个智能化立体停车场。停车设施采用全封闭或半封闭式设计，车辆存放能避免风吹、雨淋、日晒、被盗、被撬及被剐蹭等问题，还可减少尾气排放及土地覆盖，实现人车分流；车主进入车库停车刷卡或交费后即可存取车，一般一次存取车时间不超过2分钟。具有"节省空间、存车安全便捷、综合投资少、配置灵活、改善环境"特点，空间利用率比建筑自走式停车场提高75%。

【建成紫金广场】 2016年底，紫金广场顺利完工。广场位于沿江北大道以南、旭照路以东、起凤路以南、证券街以北的区域，紧邻沿江景观走廊。该项目于2016年8月开工建设，投入资金8000万元，建设总面积约5.5万平方米，其中硬质铺装面积1.8万平方米、景观园林区面积2.6万平方米、生态停车场面积1.1万平方米，新增车位415个。广场商业城街区西立面长度约400米，建筑立面高度约35米，钟楼立面高度79米，整个外立面造型凸显欧式风格。紫金广场是南昌市"城市地标级商业配套广场"和滨江景观地标，形成"南有秋水广场、北有紫金广场"的城市格局。市"三看"活动代表团成员实地考察时点赞该项目建设体现了"东湖速度"。

【荣获"江西省第五届文明城市"称号】

2016年4月28日，在江西省精神文明建设工作表彰大会上，东湖区作为南昌市唯一城区获得"江西省第五届文明城市"称号。该区全方位强化城市文明建设工作，为创建文明城市奠定良好基础。在开展精神文明建设工作中，以举办各项活动来营造文明风尚氛围，以开展道德模范主题宣传活动、鼓励群众参与各种道德楷模评选活动来弘扬道德模范正能量；在构建城市管理示范区进程中，推动城市建管"强起来"，巩固提升宜居宜业宜游城市品牌，着力构建"天网""地网""人网"三网合一的"智慧城管"东湖模式；在开展利民惠民工作中，不断加大民生工程实施力度，逐步建立完善各项利民惠民的社会体系，让更多普通百姓得到更多的实惠。

【荣获"全国计划生育优质服务先进单位"称号】 2016年12月29日，国家卫计委下发《关于命名2014—2016年全国计划生育优质服务先进单位的通知》，东湖区被命名为"2014—2016年全国计划生育优质服务先进单位"。东湖区人口计生工作坚持以科学发展观为指导，以实施好全面两孩政策为重点，以增进家庭幸福和谐、促进人口长期均衡发展为主线，不断创新工作机制，深化服务转型。创新特扶家庭"暖心"工程，精准服务特殊困难群体；加大对贫困家庭帮扶力度，精准服务贫困家庭育龄孩童；创新流动人口均衡服务，精准服务流动人口；因地制宜创建品牌，精准服务辖区特殊人群。通过推进"四个精准"服务，计生工作服务水平不断提升，人民群众的获得感和满意度不断增强。

【打造全省首个智能文化馆】 2016年，东湖区全面推进江西省首个智能文化馆建设，所有硬件设施均参照智能化标准建设，设有统一的集中控制中心和服务中心；探索"3+1"管理模式，实现各功能房电子监控、语音呼叫、智能门禁等智能化管理，开发全国首个文化馆微信预约平台，实现功能房使用、参观体验、活动报名全面网络预约。所有的功能房均安装智能门禁系统、电子监控和语音呼叫系统；公共照明系统采用的是集定时控制、红外线感应控制、声音控制于一体的智能化系统；所有展览厅的音乐播放系统都可通过Wi-Fi控制，各功能房电视全部连上了互联网。为进一步提高文化馆的档案管理水平，依托局域网络和数据交换技术，研发了东湖区文化馆图文视频档案管理系统，以网络的便捷，提高文化工作效率。东湖区文化馆位于龙沙路55号(东湖区文化活动中心文化楼4至5楼内)，1月开始免费对外开放，馆舍面积4000余平方米，现为国家一级文化馆。馆内设有舞蹈、声乐、器乐、戏曲、曲艺、美术等排练厅10个，非遗、美术、文博等展览厅3个，培训报告厅、琴房、影音体验室、录音室等功能房5个，420座专业剧场1个。至年底，区文化馆依托微信预约平台，累计举办免费培训45期，学员人数近4000人次，其中2016年暑期培训班，开设京剧、书法、舞蹈等10个课程，在短短5天的时间内全部报满；举办公益展览8期、公益讲座12期，参观、参与人数约5000人次；举办各类文艺演出100余场，惠及人口20万人次。

【原创舞蹈《斑鸠情》获"赣鄱群星奖"】 2016年7月,舞蹈《斑鸠情》获得全国第十七届"群星奖"暨江西省"赣鄱群星奖"舞蹈类群星奖。《斑鸠情》由东湖区文化馆毓秀艺术团于2015年10月创排完成,从音乐到编排均为原创,主创编导夏毓曼、徐晓以江西本土绿色文化为主题,运用地方采茶戏为舞蹈元素,运用江西民歌《斑鸠调》为音乐主旋律加以改编,通过人与自然的和谐表现,突出写实性进行编排,表演呈现出一派山明水秀的画卷,宣传了江西绿色文化。该舞蹈先后进行公益性展演28场,观众3万余人。

【包揽全省第二届百县青少年体育比赛三项冠军】 2016年8月18—28日,东湖区派出10名运动员(5名男篮,5名女篮)参加在江西省婺源县婺源中学举行的"中国体育彩票"杯江西省第二届百县青少年"三人制"篮球运动会,获得男篮、女篮双冠军;9月7—13日,"中国体育彩票"杯2016年江西省第二届百县青少年"五人制"足球运动会在九江市体育中心举行,东湖区派出的8名运动员(6男2女)代表队在比赛中获得冠军。在这两次运动会上,东湖区包揽三项比赛冠军,并获"体育道德风尚奖",取得南昌市县区代表队参加全省百县比赛的最好成绩,实现历史性突破,也是该区球类运动发展历程上一座新的里程碑。

(陈耀武)

西湖区

【概况】 西湖区是南昌市中心城区之一。东起京九铁路线与青山湖区毗邻,南以洪城路东段、抚河路南段、象湖以及南隔堤为界与青云谱区、南昌县接壤,西滨赣江中心线与红谷滩新区交界,北沿中山路、北京西路与东湖区相连。区域面积34.8平方千米,管辖1个镇、1个管理处、10个街道,设13个行政村、121个社区居委会、18个家委会。2016年,全区常住人口52.3万人,户籍总人口45.26万人。

【经济运行指标完成概况】 2016年,面对宏观经济形势下行压力,西湖区各主要经济指标保持稳健上升势头,全面完成区人大十五届六次会议确定的目标任务。全年完成财政总收入89.4亿元,同比增长11%;地方财政收入14.7亿元,同口径增长0.2%。完成地区生产总值465亿元,同比增长8%;500万元以上固定资产投资359.6亿元,增长14.1%;社会消费品零售总额348.6亿元,增长10.8%;实际利用外资2.17亿美元,增长13.1%;实际利用内资46.21亿元,增长13.2%。电子商务发展迅速,全年完成电子商务交易额突破170亿元,增长31%。"梦想小街"电商产业基地二期建设进展顺利,引进甲骨文创新创业孵化平台、土巴兔装修平台、物流团购等知名企业7家,实现年交易额2亿元。南昌韦斯顿进出口有限公司等7家企业分别被评为省级、市级电子商务示范企业,数量居全市之首。楼宇经济不断壮大,新增楼宇企业621家,其中注册资金超千万元企业31家、超亿元企业3家,商务楼宇利用率达96%。"81楼宇群"服务外包产业园连续5年被评为江西省优秀服务外包示范区。产业项目快速增加,实现服务业增加值372亿元,增长9.5%,占GDP比重80%。新增规模以上服务业企业20家,省级服务业龙头企业1家,省级服务业集聚区1个。强力推进总投资594亿元的50个区级重大项目,其中产业项目31个,投资额550亿元,占比92.7%。重点推进万达朝阳广场等"十大工程"重大重点项目,已全部开(竣)工。在中国台湾台北市成功举办"2016南昌西湖海峡两岸健康养老产业合作论坛",推动南昌台湾健康产业园项目顺利落户。在2016年度全市重大项目"三看"活动中,西湖区荣获城区第一。招商引资成果丰硕,全年共签约重大招商引资项目55个,投资总额650.92亿元,签约金额增长13.5%,实现开工率100%。在第15届赣港会上签约的西湖区华侨城文化旅游综合项目,签约金额6亿美元,总投资200亿元,于12月28日成功摘牌,是西湖区有史以来签约金额最大的项目。平台建设名列前茅,新增市级中小微企业公共服务平台4家,总量占全市的28%,列全市第一。绳金塔食全食美美食街被评为国家级特色商业街,南古艺术商贸街被评为市级特色商业街,桃花镇在全国科学发展千强镇评选中居全省首位。创业创新成效显著,深入开展"降成本、优环境"专项行动,全年发放"财园信贷通"贷款5.11亿元,实现企业政策性减负1.1亿元。新增登记在册企业2470家,增长25.22%;新增个体工商户3774家,增长9%。企服通、大美科技2家众创空间分别被评为第二批国家级和第一批省级众创空间。

【社会发展指标完成概况】 2016年,西湖区各项社会发展指标取得长足发展,顺利完成省市交办的任务,全面达成群众的愿望。教育工作:深入推进"国家特殊教育改革实验区"建设,顺利迎接全国政协副主席王家瑞视察。桃花学校、站前路学校、珠市小学云飞路校区分别与南昌一中、南昌外国语学校签订合作办学协议。认定普惠性民办幼儿园25所,普惠率达87%。7名教师工作室被评为"南昌市优秀名师工作室",居全市首位。被评为全国义务教育基本均衡县区、全省责任督学挂牌督导创新县区。卫计工作:顺利承办全省流动人口均等化服务工作现场会,在铁路四村打造全省首家流动人口一站式服务中心。在全省率先开展"健康细胞"(即"健康社区")创建试点工作,首批打造3处精品"健康小屋"。加强公共卫生服务能力建设,完成社区卫生服务中心业务用房固定化,全面开展全科医生签约服务工作。被评为"2014—2016年全国计划生育优质服务县区"。城市管理工作:西湖区不断加强城市管理机制建设,坚持每周一调度、每日一督查,健全考核通报、工作简报、督查通报制度,确保城市管理问题即时发现、即时整改。完善城市管理网格化机制,对各保洁路段实行片长、路长、路段长"三长"包干,对各责任网格实现道路清扫、箱体擦洗、广告清理三类保洁人员全覆盖。深入推进老旧社区环境整治等城市管理"十大创新"(即老旧社区环境整治、三个"全覆盖"整治、店面装修围挡不占道、数字城管向智慧城管推进、推广无烟烧烤、社区环境卫生自治管理、环卫工人爱心驿站全覆盖、建设环卫设施冲洗平台、打造小餐饮示范街区、建筑垃圾和渣余土密闭运输管理)工作。积极开展"马路本色"行动、城市精致管理奋战120天大行动。大力实施铁路、九州高架、昌南大道及沿江快速路沿线环境综合整治。在全市率先开展社区环卫市场化作业和"出租车爱心驿站"建设试点。在全市率先对辖区主次干道的274个变电箱进行艺术创作,改造提升拆迁收储工地围墙10千米。加强环卫基础设施建设,改造垃圾站4座,建成"环卫工人爱心驿站"12处。完成"智慧西湖"智能化平台7大功能建设,月均处理城市管理案件近万件,实现城管微信群、啄木鸟、"瞭望镜"问题整改三个100%,完成康王庙路等27条小街巷综合整治。顺利打通桃苑中路"断头路",在全市率先利用拆迁闲置空地建设11个临时免费停车场,建成泊位1500个。新建、改造社区连锁便利店30家,顺利完成全区剩余的团结路、前进路2处农贸市场改造升级。与瑞士LEP规划公司和瑞士水务公司签订合作协议，全面启动孺子亭公园水体治理及周边环境综合提升工程。对中央环境保护第四督查组转办的11个环保督办案件实现100%处置。清理赣江水源地违法违规码头2处。完成7处小游园街景建设，抚河中路沿线摆花13.6万盆，全年空气质量优良率达80.8%，被评为全市创建国家森林城市先进集体。圆满完成南昌国际马拉松赛事等重大活动环境保障任务。在2016年全市城市综合管理工作"三令制"考核扣分排名中，列城区第一。文体工作："绳金塔传说"新入选省级非物质文化遗产。西湖区成为"南昌文化符号"十强入选数量最多的县区。在江西省第十届百县田径运动会中，以227分的团体总分在全省102个参赛县(市、区)代表队中排名第一，获一等奖，完美地展现了西湖区体育健儿的风采和全区的体育综合实力。在南昌市第十六届运动会中，西湖区以金牌105枚、银牌123枚、铜牌103枚，勇夺团体总分第一名和竞技体育特殊贡献奖。

【社会稳定指标完成概况】 2016年，加强矛盾纠纷排查化解工作，把排查化解矛盾纠纷工作摆上重要议事日程，多措并举，扎实推进排查化解工作深入开展。综治工作：投入6900万元，对兴柴北苑社区实行整体改造，打造全市首个开放式"智慧平安小区"，获得全市综治示范点称号，成为全国综治"南昌会议"参观点。里洲"慢生活"街区成功打造全省健康社区，顺利迎接中共中央政治局委员、国务院副总理刘延东视察，成为第三届中美友城大会暨中美健康城市论坛全市唯一社区参观点。西湖消防大队八一中队被表彰为全国先进基层党组织，是全国公安现役部队唯一获此殊荣的单位。绳金塔街道老福山社区被评为全省安全社区达标单位。全区刑事警情、火灾起数、直接财产损失"三个下降"，全年未发生暴力恐怖事件、重大群体性事件、较大以上火灾事件、在省市有影响的恶性刑事案件及重大公共安全事故。信访工作：坚持区党政领导接访和包案制度，全力巩固信访积案"百日大化解"活动成果，省市交办的22件信访件全部办结，化解率100%。深入推进综治中心、综治信息化、网格化建设，矛盾纠纷化解云平台、"天网"视频探头与区综治中心平台实现无缝对接，累计录入各类信息74万条，排查社会矛盾纠纷2896起，调处成功率99%。办理"区长手机信箱"信访件287件、网上信访件175件，办结率100%。安全生产工作：深入开展安全生产"监管执法年"活动，建立健全安全生产"五级五覆盖"｛即在省、市、县(区)、乡(镇、街道)、村五级实现安全生产"党政同责"全覆盖，"一岗双责"全覆盖，"三个必须"(管行业必须管安全、管业务必须管安全、管生产经营必须管安全)全覆盖，政府(行政)主要负责人担任安委会主任全覆盖，各级安委办定期向本级纪检、组织部门报送安全生产情况全覆盖｝责任体系，棚户区消防安全"八个一"(即在棚户区每家每户配备一个有用的灭火器、每家每户配备一个烟感报警器、每个单独的院落要有一个警铃、每家每户的灶台配备一块防火板、每栋要有一个消防安全责任牌、每个棚户区要有一支巡逻打更队、每个棚户区要配备一个小喇叭、每月定期开展一次消防培训演练)实现全覆盖。西湖区被评为2016年度全国防震减灾工作先进单位。

【民生工程指标完成概况】 2016年，投入5.85亿元，集中实施131项"惠民便民利民"工程及民生工程。建成区就业创业孵化基地，完成新增就业人员1.1万人次，发放小额担保贷款5655万元，小额担保贷款贴息额度由200万元提高到400万元。发放困难群体、优抚对象、重度残疾人、老年人等各类保障金6000余万元，向276人次发放临时救助金23.62万元，向482名贫困学生发放助学金25.37万元。全区城镇基本养老保险参保4.6万人，征缴总额3.67亿元；城镇基本医疗保险参保19.1万人，征缴总额1.53亿元。资助8936名城乡困难群众参保，将低收入重病患者和重残特殊群体全面纳入资助对象范围。保障性住房(廉租房)建设全面完工，大朝阳A5地块安置房工程、西湖区康复颐养中心项目顺利开工。

【政治建设指标完成概况】 2016年，认真落实行政应诉工作规则，按照"谁主管谁应诉""谁主办谁出庭"的原则，强化各级行政机关及其工作人员行政应诉的法定职责。认真办理人大代表建议58件、政协提案74件，实现办结率、满意率或基本满意率100%。坚持区政府常务会议学法制度，全面建立法律顾问制度，推动依法科学民主决策。部门预算单位预决算信息及"三公"经费预算、基层专项支出、预算编制说明实现全公开。顺利完成西湖区政务服务网省、市验收。打造"全天候政府"，推出节假日办证"预约服务"。积极推动营业执照、组织机构代码、税务登记、社会保险登记和统计登记"五证合一"改革，办理时限由20个工作日缩减为3个工作日。全区共受理行政审批事项2.3万件，办结率100%。受理"12315"热线消费者申诉举报3689件，办结率98%，挽回经济损失306万元。全区9个街道便民服务中心被评为市级"五星级"服务中心，完成数量和比例均列全市第一。开展区政府专项重点督查15次，推动各项工作落地生根。深入开展"两学一做"学习教育，坚持把纪律挺在前面，开展节假日明察暗访25次，累计查处群众身边的"微腐败"问题18个，依纪处理23人，廉政谈话71人次，追究主体责任2人。任中审计、离任审计相结合的经济责任审计制度得到有效落实。顺利完成区行政单位及参公单位公务用车改革工作，区行政机关"一室一表"(用电)节能改造全面完成。全区精简事业编制200个，机关效能及作风建设不断加强。

【推进房屋征迁工作】 2016年，面对房屋征迁工作"战线更漫长，纵贯西湖东西；区域更中心，毗邻八一广场；情况更复杂，省市单位集中；时间更紧迫，收官任务繁重"等特点，全区上下团结拼搏、迎难而上，全面启动万寿宫商城一期、南浦路三期等14处地块房屋征迁项目，累计完成3357户、28.52万平方米房屋征迁任务。其中，万寿宫商城一期改造项目，从4月27日召开征迁动员大会，到5月30日全面完成房屋征迁任务，616户、3.32万平方米征迁任务仅用33天时间完成，刷新了西湖征迁新速度。省委常委、副省长、市委书记殷美根评价西湖征迁工作"在全市挑起了大梁、在全省立起了标杆、在全国都具有一定影响"。

【荣获全国县级防震减灾业务工作考核先进单位】 2016年，认真贯彻国家、省、市地震局防震减灾工作会议、防震减灾视频会议精神，积极探索，主动作为，深刻认识和把握全区防震减灾形势，全力推动辖区内各项防震减灾工作又好又快发展，测预报能力、震害防御能力、应急救援能力、基础保障和特色工作等方面全面提升。西湖区被中国地震局评为全国县级防震减灾业务工作考核先进单位。

【打造全省首家流动人口一站式服务中心】 2016年，依托火车站地区作为大型人口集散地的区位优势，致力于将社区功能、流动人口服务、志愿者活动和其他社会公益事业有机结合起来，在二七南路389号(面积约420平方米)全力打造流动人口卫生计生一站式服务中心，为辖区流动人口提供优质便捷的卫生和计划生育基本公共服务。该中心整合民政、公安、劳动、教育、房管、卫生计生等部门的部分职能，一站式提供劳务信息、困难扶助、子女入学、卫生计生服务、《居住证》办理、房屋租赁等各项服务；重点打造“健康小屋”自助检测中心，借助区域卫生信息化健康小屋管理系统，实现“我的健康我管理”的健康理念，使居民及时了解和掌握自己的健康指标动态变化，获得个人健康数据分析评价及建议；通过“互联网+远程控制新模式”，做到父母家中量血压，子女和医生通过微信互联，及时守护，真正为外出的流动人口解决后顾之忧。

【兴柴北苑社区改造】 2016年，加大老旧社区的的改造，对兴柴北苑社区进行全面综合改造，共改造路面1.2万平方米，粉刷墙面4万平方米，整改管线1万余米，打造休闲广场1500平方米，种植绿化300平方米，新增健身及休闲场所9处，新建功能性服务用房12个，安装雨棚1096个，晾衣架913个，花架64个；居民自拆防盗窗达98%，拆除防盗窗1500余个，安装人脸识别卡口14个、高清摄像头286个。兴柴北苑社区改造的经验材料得到时任省委常委、市委书记龚建华的亲笔批示，社区先后接受了殷美根、龚建华、周萌、郭安、谢一平、周关等省市领导的视察。接待来自全国各地参观团体40余批次、参观人员近500人。

【开展双拥优抚工作】 2016年，加强双拥优抚工作整体部署，全面落实双拥优抚各项政策，扎实推进双拥共建活动，深入开展双拥国防教育。全区接收2016年秋冬季退伍士兵100人、转业士官14人；为191名2015冬季退役士兵办理自(谋)主就业手续，并发放退役士兵一次性经济补助金和生活补助金；组织22名退役士兵参加职业技能培训，有13名退役士兵技能培训取得结业相关证书。西湖区被评为全省双拥模范区，成功实现“八连冠”。

（肖惠康）

青云谱区

【概况】 青云谱区位于南昌市区南部，东与青山湖区罗家镇接壤，南与南昌县为邻，北毗西湖区，西临象湖与西湖区桃花镇隔湖相望，因境内“青云谱道院”(今八大山人纪念馆)得名，有“英雄城南大门”之称。区域面积43.2平方千米，全区常住人口约33万人，户籍总人口约26.92万人。辖5个街道办事处(三家店、洪都、徐家坊、京山、岱山)、1个镇(青云谱镇)和1个省级工业园区(昌南工业园)，共69个社区居民委员会、12个村民委员会。

【经济运行指标完成概况】 2016年，地区生产总值316.07亿元，按可比价计算，比上年增长8.4%。其中，第二产业增加值190.35亿元，增长7.3%；第三产业增加值125.72元，增长10.3%。三次产业构成比重为0:60.2:39.8。人均生产总值为9.44万元。财政总收入40.92亿元，增长0.4%。地方公共财政预算收入完成9.46亿元，下降7.9%。地方公共财政预算支出14.05亿元(含上级转移支付和各项补助)，增长3.6%。规模以上工业增加值85.34亿元，同比增长8%。500万元以上固定资产投资214.73亿元，增长13.5%。社会消费品零售总额218.97亿元，增长13.9%。实际利用外资1.71亿美元，增长15.29%；实际利用内资38.13亿元，增长17.21%。出口总额4.29亿美元，下降35.72%。限额以上批发零售业和住宿餐饮业零售额149.82亿元，增长11.9%。城镇居民人均可支配收入3.52万元，同比增长8.5%。招商引资“双向发力”，举办青云谱区(深圳)现代服务业招商推介会，签约项目12个，签约金额68亿元。举办中国南昌老工业城市转型发展论坛，现场签约重点项目5个，总投资金额110亿元。全年引进五度智慧广场、南昌中航城等重大项目36个。项目推进“多管齐下”，正在推进的重点项目117个，总投资金额372亿元，其中十字街王府井城市商业综合体、洪坊1951、八大山人文化产业园、昌南电子商务创意产业园、市第五医院异地重建5个项目列入2016年度南昌市重大重点项目，总投资89.4亿元，开工率达100%。创新创业“多措并举”，全面落实“降成本、优环境”各项优惠政策，为企业兑现各种补贴4200万元，减免各种税款1.42亿元。至年底，已设立27家小微企业创业创新基地，总面积179.45万平方米，入驻创业主体7395家。11月28日，由省工商联、《江西日报》社主办的第二届江西省“最佳优化民营经济发展环境县(市、区)”揭晓，青云谱区自2014年首届评选后再次荣获江西省“最佳优化民营经济发展环境县(市、区)”称号。

【社会发展指标完成概况】 2016年，全区社会各项事业持续进步。教育工作：以“办有温度的青云谱教育”为宗旨，始终坚持教育优先发展战略。至年底，区属各级各类学校共有25所，其中九年一贯制学校7所、完全小学16所、初级中学2所；教职工1675人，中小学生2.69万人，幼儿448人；另有驻区民办义务教育学校4所，中小学生1327人；民办及企事业办幼儿园77所，其中企事业办12所、民办65所，在园幼儿1.1万人。全区适龄儿童入学率100%，小学升初中阶段比例100%，小学、初中辍学率为0，三类残疾儿童少年入学率为96%；投入资金8000余万元改善区属学校办学条件，青少年校外活动中心建设基本完成，洪都小学1、2号楼重建和十字街还建安置房、象湖东岸安置小区、朱桥东路安置小区3个配套幼儿园完成主体工程建设。在第二轮省政府教育工作督导评估中获得全省第3名。青少年校园足球工作顺利接受教育部青少年校园足球督察组督查，得到高度评价。跳水体操基地办学优势进一步凸显，在“2016年江西省青少年跳水锦标赛”中蝉联团体总分第一名。卫生计生工作：卫计水平提升，人口出生率9.21‰，自然增长率5.78‰，出生政策符合率94.52%，出生人口性别比为107.41。第五医院异地新建完成主体工程，青云谱区疾控中心、青云谱区卫监所改造提升工程顺利推进。率先在南昌市完成街道社区卫生服务中心业务用房“国有化、固定化”建设。全面落实医改政策和惠民措施，荣获“江西省基层中医药工作先进单位”，区计生服务中心荣获江西省唯一的全国“优秀计生机构”。城市建设和管理工作：城市建设加速提升，投入13.5亿元实施井冈山大道两侧、九州高架二期(洪都大道)青云谱段周边等12个棚户区改造，完成征迁面积28.18万平方米，征收户数2326户。城区面貌加快换新，积极配合南昌市重大工程建设，地铁3号线、快速公交(BRT)1号线等项目顺利推进。“大象湖”综合改造基本完成，“江西省第四届花博会”主会场梅湖景区花博园、玉带河水系截污提升等工程有序推进。开展警民路道路街区综合整治，对辖区内的25条道路进行改造提升。城市管理力度加大，创新采用“物联网井盖”管理平台，对排水井盖进行全方位智能化管理。积极探索“垃圾减量分类”管理模式，实现垃圾减量化和资源化利用。积极开展“美丽青云谱·幸福新家园”环境综合整治工作和“百日环境大整治行动”，共出动10万余人次，取得良好的整治效果。科技工作：科技创新环境不断优化，区财政安排科技三项经费 1353.95 万元，用于 67 个项目。出台《关于加快推进青云谱区科技创新工作的实施意见》《青云谱区“青云众创”认定管理暂行办法》等政策，全区创业创新政策环境优化。至年底，全区专利申请 1473 件，技术合同成交易计金额 2267 万元，18 家科技型企业申报高新技术企业。荣获江西省科技进步奖二等奖 2 个、三等奖 1 个，江西省技术发明三等奖 1 个，南昌市科技进步奖一等奖 1 个、二等奖 2 个、三等奖 3 个。文化工作：公共文化服务设施日趋完善，完成辖区全部 5 个街道综合文化活动中心标准化建设。开展 2016“梅湖之韵”迎新游园活动、第十届“青云直上”群众文艺汇演、第六届“象湖之春”社区文化艺术节等各类文化活动共 12 次，其中承办文艺演出 26 场；获得市级以上奖项 5 个，组织奖 2 个；开展免费培训及辅导 32 次。积极申报第五批省级非遗名录，包括南昌国画写意绣、青云谱“面人刘”——刘纪甫老人、南昌剪纸等。全年区影剧院共放映电影 242 场（其中民生工程 144 场、“两学一做”主题教育及电影宣传周放映电影 98 场），进一步丰富群众文化生活。

【社会稳定指标完成概况】 2016 年，扎实推进平安建设和综合治理工作，社会大局持续安定。综治工作：深入推进“两提升”（提升公众安全感、提升群众满意度）工作，公众安全感指数为 94.67%，同比上升 1.19%，位列江西省第 94 名。严厉打击各类违法犯罪。至年底，全区共立刑事案件 2454 起，同比下降 11.56%；共破获各类刑事案件 1059 起，其中破获“两抢一盗”等侵财案件 927 起，查处“黄赌毒”案件 461 起，抓获涉案人员 851 人。扎实推进三级综治中心、社区网格化管理、“天网工程”、智慧平安小区四项工程建设。投入 1254 万元打造 11 个“智慧平安小区”。布建“天网”高清探头 699 个，新购公安电动巡逻车 19 台。高标准建设三级综治中心和视联网，全区 105 名网格管理员和 651 名网格员人手配备 1 部社区 E 通手机。按照“属地管理、街巷定界、无缝对接”的原则，进行网格微调，划分网格 651 个，其中社区网格 573 个、村网格 76 个、工业园网格 2 个，网格 GIS 画图完成 651 个，完成率 100%。拓展“大调解”机制功能，把调解组织向非公有制企业、行业协会延伸。全年全区共排查各类矛盾纠纷 312 件，同比增加 75.3%，化解成功 305 件，成功率为 97.8%。信访工作：坚持“阳光信访”“责任信访”“法治信访”，大力推行“依法逐级走访”。至年底，全区网、信、电信访件共 317 件，同比增长 14.9%；接待群众信访 615 批 2672 人次，下降 21.7%。其中，到区访 524 批 2106 人次，下降 18.7%；到市访 46 批 372 人次，下降 35.4%；到省访 39 批 188 人次，下降 15.3%；赴京非访登记 6 批 6 人次，下降 71.4%。开展“信访怪圈破解年”“网上信访推进年”“基础工作建设年”三年活动，化解涉法涉诉信访案件 14 件，成功率为 82%；化解重复访案件 5 件，化解率为 50%。坚持驻京劝返长效工作组赴京值守，保障重要时期的信访稳定。安全生产工作：安全生产形势总体平稳，全年全区发生安全生产事故 3 起，死亡 3 人，同比上升 33%，直接经济损失 220 万元，上升 16%；发生道路交通事故 7 起，下降 22%，死亡 4 人，下降 43%，直接经济损失 4100 万元，下降 34%；发生消防火灾事故 156 起，下降 28%，死亡 1 人，上升 100%，直接经济损失约 278 万元，上升 6%。未发生较大安全事故，获评江西省安全生产工作“优秀县区”。

【民生工程指标完成概况】 2016 年，坚持以保障民生为宗旨，强保障，惠民生，百姓福祉大增进。就业创业：以推进“大众创业、万众创新”为重点，至年底，城镇新增就业人数累计 1.06 万人，新增家庭服务业从业人员 1045 人，累计“4050”人员再就业 1287 人，零就业家庭安置率保持 100%。发放创业担保贷款 5433 万元，其中个贷 3533 万元、企贷 1900 万元，贷款回收率 100%。举办创业、家庭服务人员、工业园区企业定向培训班 97 期，培训人数 4096 人。社会保险：至年底，全区企业养老保险参保人数（含离退休人数）2.83 万人，征缴基金 8223 万元；全区机关事业单位养老保险参保人数（含离退休人数）4261 人，征缴基金 1339 万元；城镇基本医疗保险参保人数 11.17 万人，征缴基金 9012 万元；失业保险参保人数 4790 人，征缴基金 102.4 万元；工伤保险参保人数 6960 人，征缴基金 83 万元；生育保险参保人数 4039 人，征缴基金 69 万元。便民利民：完成背街小巷路灯亮化、小游园建设等 18 大类 77 项惠民便民利民工程。其中，投资 2000 万元新建南昌市最大的体育休闲公园——包家花园体育休闲公园；投资 3000 万元新建 6 个停车场 740 个停车位。改善困难群体居住条件，完成 1588 户公租房家庭入住及 590 套公租房摇号分配工作。总投资约 44.1 亿元、总建筑面积约 141.55 万平方米，建成后可安置居民 8289 户的十字街、象湖东岸、朱桥花园、万象华庭 4 大旧城改造综合性安置小区建设进展顺利。规范婚姻登记行为，全年办理结婚登记 1794 对，离婚登记 835 对，收养登记 4 例，登记合格率 100%。社会救助：“救急难”全国综合试点工作顺利推进。城市最低生活保障标准由 480 元提至 510 元。至年底，全区有城市低保对象 2087 户 3914 人，发放城市低保金 1898.97 万元。发放高龄老人生活补贴 691 万余元，惠及全区 7660 名高龄老人，为 5084 位老人办理老年优待证。开展“慈善六助”（助学、助医、助残、助老、救孤、助困）活动，救助困难群众 120 户，发放救助金 22.9 万元；免费火化尸体 18 具，减免费用 6790 元；开展“慈善公益小蓬车”送货上门“零距离”服务困难群众，销售货物 3 万余元，惠及困难群众 2000 余人；发放特困群众供养资金 3.58 万元，孤儿基本生活保障金 6.26 万元，为 8 名“三无”人员提供无偿供养、护理服务，为 1366 名困难残疾人和 1930 名重度残疾人发放生活补贴资金 216.44 万元。

【政治建设指标完成概况】 2016 年，落实中央、省、市行政审批制度改革，大力简政放权，行政审批事项由 211 项减少到 191 项。推进法治青云谱建设，获评“第三批全国法治县（市、区）创建活动先进单位”。实施“三单一网”动态管理，受理各类审批服务事项 3.31 万件，新增私营企业 2425 户，实现办件差错率、有效投诉率“双零”目标，满意率 100%。自觉接受人大法律监督和政协民主监督，全年共承办建议、提案 153 件，办复率和满意、基本满意率均达 100%。落实《政府信息公开条例》，主动公开政府信息 4 万余条。完善“阳光驿道”服务企业平台，挂点服务从限上、规上企业扩大到中小微企业，帮助企业解决（解释）问题 231 个，回复率 100%，获得第二届“江西省最佳优化民营经济发展环境县区”称号。全面落实党风廉政建设和反腐败工作，开展党风廉政责任制暨落实全面从严治党两个责任检查考核，层层落实“两个责任”。成立 4 个区委巡察组，进驻区直单位开展集中巡察，加大监督执纪力度，驰而不息纠正“四风”，集中整治和查处基层侵害群众利益不正之风和腐败问题，党风廉政建设社会评价满意度进一步提升。坚持“党建 +”系统思维，推进区域化党建工作，升级“民情家访”“阳光驿道”“书香青云”三个党建服务品牌,形成“联群、联企、联心”三位一体区域化联动机制,构建以党建为引领、统筹推进各项工作的新机制。探索“七步工作法”,在江西省首批完成“两新”组织、“两个覆盖”工作,相关经验被省委组织部全文刊发。成立江西省第一家汽车行业非公党委——华宏汽车集团有限公司党委。特色理论宣讲品牌“书香青云”社区百科讲坛获“全国基层理论宣讲先进集体”称号。小桔灯服务社党支部被评为“全国社会工作服务示范单位”和“江西省先进基层党组织”。“两学一做”学习教育持续深入开展,在南昌市率先出台全面推行“党员活动日”制度,探索推行“三考三看三评”的方式落实基层党组织书记抓党建考核,加强基层服务型党组织建设。

2016年12月8日,中国南昌老工业城市转型发展论坛暨全国城区老工业搬迁改造工作培训会在青云谱区召开

【李克强考察中航长江设计创意产业园】 2016年8月23日,国务院总理李克强考察南昌中航长江设计师创意产业园,与创意产业园员工进行交谈并合影留念。察看过程中李克强指出:“你们为创业者提供平台和合作伙伴,也创造了传统产业的新模式,可谓创意无限、市场无限!”该产业园位于青云谱区洪都南大道,由中航长江建设工程有限公司在“大众创业、万众创新”的政策引领下,投资5000余万元将原南昌市乔家栅食品厂老厂房装修改造而成,占地面积约0.6公顷,总建筑面积约1万平方米。产业园立足高端建筑设计,整合传统建筑装饰产业链,引进室内设计、园林设计等30余个设计中心,聚集众多建筑装饰领域的顶尖设计师,打造上下游相互协作的“流水线”,形成集群效应,颠覆施工企业简单管理业态,为建筑装饰行业开创全新产业模式。

【梅汝璈故居成为全国法院法治文化教育基地】 2016年11月15日,最高人民法院下发《关于命名梅汝璈故居为全国法院法治文化教育基地的决定》,将梅汝璈故居命名为“全国法院法治文化教育基地”。梅汝璈故居位于青云谱区朱姑桥梅村内,1856年建造。2011年,青云谱区按照“原址修复、修旧如旧”的原则对梅汝璈故居进行修缮。利用故居现有部分房间进行陈列布展,展出的物品包括梅汝璈学习过的法律书籍、书写的学习笔记和使用过的笔、书签、沙发等,通过实物重点介绍“东京审判”“二战历史”“南京大屠杀”“中国人民抗日战争”和“梅汝璈家族发展史”等史实。梅汝璈故居对开展爱国主义教育和法治文化教育,引导法院干警和社会公众坚定法治信仰、增强法治观念、培育法治精神有着重要的作用。同时,梅汝璈故居也是江西省法官教育基地、南昌市青少年法治教育基地、南昌市档案教育示范基地及南昌市文物保护单位。

【“书香青云”社区百科讲坛获中宣部表彰】 2016年10月,中央宣传部办公厅对全国32个基层理论宣讲先进集体、32名基层理论宣讲先进个人以及13篇优秀理论宣讲报告进行表彰,青云谱区“书香青云”社区百科讲坛获得“全国基层理论宣讲先进集体”称号,是江西省选送参评单位中唯一获奖的先进集体。至年底,青云谱区“书香青云”社区百科讲坛在该区举行1000场活动,参与群众5万余人次,覆盖全区大部分社区,受到基层群众的喜爱和欢迎。该讲坛是青云谱区面向社区群众于2010年6月推出的基层宣讲平台。讲坛以“传递党的声音、服务百姓生活、构建和谐社区”为宗旨,主要围绕“重大理论宣传、民生政策解读、科普文化宣传、典型事迹宣讲”等四个方面展开。

【举办老工业城市转型发展论坛】 2016年12月7—9日,由国家发改委主办,江西省发改委、南昌市政府承办,南昌市发改委和青云谱区委、区政府协办的2016年中国南昌(青云谱)老工业城市转型升级发展论坛暨全国城区老工业区搬迁改造工作培训会在青云谱区举行。来自国家相关部委、部分省市、省内各地市相关部门共300余人参加。论坛得到中央和省、市主流媒体聚焦,中国江西网六大平台直播,累计点击量达150万人次。论坛举办期间,国家发改委宏观经济研究院国土开发与地区经济研究所副所长张庆杰,浙江大学教授、博导应放天,清华大学新经济与新产业研究中心主任李季将作主旨演讲,南昌市青云谱区、哈尔滨市香坊区和洛阳市涧西区作为全国120个老工业城区代表分别作典型经验交流发言。

【举行2016全球跨境电商光谷论坛(南昌)峰会】 2016年12月3日,由青云谱区政府、江西省县域经济研究会、江西省县域经济竞争力软科学研究基地等单位联合主办的2016全球跨境电商光谷论坛(南昌)峰会在青云谱区举行。此次峰会邀请网来云商董事长何恩培、俄罗斯知名B2B电商平台Fis总裁穆济琴科·亚历山大、德国著名消费品平台sundheit.de总裁兰勒·马茨特及北美地区最大的批发平台toptenwholesale国际营销总监蔡斯·万斯等200余位国内外电商从业者齐聚一堂,围绕跨境电商机遇及趋势进行畅谈和分享,并对发展江西跨境电商提出意见和建议。会议还举行青云谱区、网来云商和三家跨境电商平台项目签约仪式。

【举办首届“青云杯”江西高校大学生创业创新大赛】 2016年11月20日—12月27日,由市商务局、青云谱区政府联合主办的2016年南昌服务外包技能大赛暨首届“青云杯”江西高校大学生创业创新大赛在青云谱区举行。该赛事共有来自江西省内20余所院校324支参赛队伍加入,1万余名师生通过初赛、复赛、决赛以及总决赛等多个环节,层层比拼,强强碰撞,最终产生优秀导师以及优胜奖若干项、三等奖6项、二等奖4项、一等奖2项、特等奖1项。该赛事的成功举办,为优秀的获奖项目提供创业、创新的平台和机会,帮助大学生实现创业、创新梦想,在各大高校掀起了新一轮的大学生创业创新浪潮,得到社会各界高度关注和热烈反响。

【建立全国首个物联网井盖管理平台】 2016年6月,青云谱区首开全国智能井盖管理平台建设"先河",规划3条主干道为示范试点,建设智能井盖管理平台,委托社会力量对辖区井盖进行智能化改建。智能井盖具备动态报警、液位感应、防坠、高度调节等功能,一旦出现15度的水平高差,就会自动向智能管理平台报警,并同步发送到工作人员手机上。该项目是全国第一个获得工信部专项资金支持的项目。

【开展"救急难"综合试点】 2016年,作为全国"救急难"综合试点单位,青云谱区按照"保底线,可持续"的方针,始终坚持高位推动、高频宣传、高效联动、高压问责,逐步形成民政部门主动救助、有关部门各司其责、社会力量齐抓共管的"救急难"工作新局面。至年底,全区主动发现实施救助224人次,办理转介救助197人次,部门会商急难个案17次,发放各类急难救助资金180余万元。社工开展探访400余次,重点跟进个案服务39个,小组工作85次,社区活动230余次,工作成效明显。

【党的组织和工作全覆盖】 2016年10月,在江西省非公有制经济组织和社会组织"两个覆盖"攻坚工作推进会召开后,青云谱区紧扣会议精神,积极转变工作思路,坚持以创新工作举措为抓手,以理顺组织构架为主线,以健全管理制度为保障,探索通过定基数、扫盲点、建体系、搭框架、配队伍、抓配套、强制度"七步工作法",强力推进非公有制经济组织和社会组织"两个覆盖"。至年底,全区共有列入党建工作基数的非公企业7022家(含6014家个体工商户),建立非公经济党组织272个(单建39个,联建233个),其中新组建228个;共有列入党建工作基数的社会组织224家,建立社会组织党组织86个(单建56个,联建30个),其中新组建31个,实现非公有制经济组织和社会组织党的组织和党的工作全覆盖。

【南苑社区、小桔灯服务社分别入围第二批全国社工服务示范社区、示范单位】 2016年11月,民政部公示第二批全国社会工作服务示范地区、社区和单位名单,其中117个社区为全国社会工作服务示范社区,136个单位为全国社会工作服务示范单位。青云谱区三家店街道南苑社区入围全国社会工作服务示范社区,青云谱区小桔灯服务社入围全国社会工作服务示范单位,分别为全省唯一一家入围的社区和单位。近年来,南苑社区和小桔灯服务社党支部紧紧围绕"党建+社会组织"主题,以"党建+公益服务"为载体,形成"党员+社工+志愿者"的创新模式和志愿服务队伍,推动社区志愿服务常态化和长效化。

(王　锋)

湾里区

【概况】 湾里区位于南昌市西北部,东、南邻新建区,西毗安义县,北接永修县,距市中心18千米。全区辖4镇2街道办事处,1个管理处,12个社区居委会,35个村委会,总面积238平方千米。其中,城区面积23.47平方千米,林地面积17648.6公顷,森林覆盖率73.9%。户籍总人口7.91万人。其中,城镇人口3.93万人,乡村人口3.98万人。人口自然增长率7.62‰。

【经济运行指标完成概况】 2016年,实现地区生产总值54.91亿元,比上年增长9.2%。其中,第一产业增加值2.71亿元,增长2.5%;第二产业增加值22.96亿元,增长7.4%;第三产业增加值29.25亿元,增长11.4%。一、二、三产业比为4.9:41.8:53.3。实现农业总产值4.75亿元,增长2.6%。财政总收入11.35亿元,增长0.9%;地方公共财政预算收入6.21亿元,下降0.8%。固定资产投资50.77亿元,增长15.3%。规模以上工业增加值4.58亿元,增长9%。社会消费品零售总额7.51亿元,增长14.9%。外贸出口创汇1731万美元,增长18.9%;农村居民可支配收入11399元,增长9.3%。

【社会发展指标完成概况】 2016年,聚焦基础设施、产业发展、社会民生等领域重大重点项目81个,已开工项目54个,竣工项目15个,累计完成投资70.2亿元,超额完成年度投资计划任务。坚持"走出去"与"请进来"相结合,全年新引进项目83个,区政府签约项目7个,总投资76.9亿元。其中,超亿元项目6个,在谈重大产业项目8个。全年累计完成进资24.23亿元,同比增长9%。加大政府投融资力度,通过PSL贷款、政府置换债券等模式,实现融资规模25.95亿元,实际到位26.38亿元(含2015年部分资金)。

【社会稳定指标完成概况】 2016年,湾里区推进安全生产责任体系全面覆盖,安全生产形势持续稳定。积极推进社会事务网格化管理,进一步加大市场监管及食品药品安全监管。严格落实区领导信访包案、坐班接访制度,层层压实信访责任,连续5年荣获全省信访"三无"县区。全面推进综治工作信息化和网格化,积极打造全市最安全城区,新增"天网"探头213个,万人发案率居全市最低水平,公众安全感指数位列全省第7、全市第2,公检法司等政法单位群众满意度均位列全省前12名、全市前2名。

【民生工程指标完成概况】 2016年,惠民工程深入实施。精心组织实施15类30项惠民便民利民工程,太平农贸市场改造、城镇停车场建设等如期完工,新增景区室外停车泊位460个。幸福街办居家养老服务中心主体工程基本完成。城区内涝及污水管网治理改造、社区"三个中心"建设等工程扎实推进。城乡教育均衡发展。投入2300余万元,顺利通过了国家义务教育发展基本均衡县区评估认定,并取得良好成绩。投入2600余万元完成19所农村学校标准化建设和5所薄弱学校改造,新聘教师85名,新增幼儿学位400余个,全面实施校长教师交流轮岗,农村小学面貌焕然一新,办学条件、管理水平得到极大提升。积极推进与省市优质资源合作办学,成功引进江西师大附小及幼儿园落户湾里区,南昌二十八中教育集团到湾里合作办学达成协议。卫计服务水平提升。推进6所村级卫生计生服务室标准化建设。启动罗亭、太平卫生院改扩建项目,南昌市医科所附属生殖医院主体工程完工。落实重大卫生民生工程,开展各类医疗免费救治282例。国家级慢性病综合防控示范区创建取得新进展。文体事业不断繁荣。完成区文化馆、图书馆改造提升。建成农家书屋35家,"一村一书屋"实现全覆盖。实施1500户(套)广播电视"户户通"工程。完成8个镇、村、社区全民健身工程。积极开展文物普查及非物质文化遗产申报，经确认的市级以上非物质文化遗产6件。

【政治建设指标完成概况】 2016年，深入开展“两学一做”学习教育。健全落实政府常务会议学法制度，深入推进“七五”普法活动。继续深化行政审批制度改革，制定并公开公共服务事项清单。深入推进政务公开，主动公开政府信息4926条。推进区应急联动指挥平台建设。完成行政机关公务用车改革。自觉接受人大及其常委会的法律监督、工作监督和政协民主监督，自觉接受司法监督、审计监督和社会公众监督。认真办理人大代表建议105件，办复率100%，满意率达94.3%，政协委员提案105件，办复率100%，满意率达95%。

【推进旅游发展】 2016年，继续实施景区旅游公厕提升项目，新建、改建狮子峰、竹海明珠景区9座旅游公厕，及配套给排水管网、强电工程。项目总投资约800万元，于10月竣工。该批次旅游公厕造型独特、美观，为景区新增了一道靓丽的风景线，完善了景区配套设施。6月，启动竹海明珠梅福池生态浮床工程建设，当月竣工，总投资约9万元。重建狮子峰景区望狮涧门楼，总投资约45万元。启动“月亮湾”山体公园基础设施建设项目和神龙潭、长春湖景区提升改造项目。出台“一岗双责”责任制，与各景区签订《安全生产目标管理责任书》，落实安全生产责任，形成“一级抓一级、层层抓落实”的工作格局；加强交通疏导及对景区周边道路的指挥、疏导，确保为游客提供一个安全有序的旅游环境。8月，开始新建狮子峰景区飞云渡铁索桥，9月底竣工。引进狮子峰景区游船项目，总投资20万元，游船码头建设工程于7月开始实施，7月底竣工，9月底正式对外营业。同时，积极参加国家、省、市旅发委组织的国内旅游促销活动。组织参加全国、省、市各种推广活动，如昌九抚浙江推广会、昌九抚上海站推广会、诗画江西北京站、2016年长江中游城市群四省会城市旅游合作湖北推广会等，发放景区宣传资料12万余份，景区门票3万余张，梅岭福利彩票70万张，引起各地旅游市场的广泛关注。借助“节庆”进行品牌促销，成功举办2016年梅岭旅游推介会，“十一”黄金周—7天户外演出等。在全市率先启动区域旅游合作机制，与北京、广州、河北、安徽、武汉、山西、西安、长沙、福建、九江、丰城、抚州、高安、赣州、吉安15个省市共57家旅行社签订区域旅游合作长期协议，共同推出梅岭二日游、三日游。全年共接待外地游客2.46万人次，同比增长75%。

【完成造林绿化】 2016年，抢抓市委、市政府“揽山入城”战略机遇，积极探索生态优先、产业支撑、文化引领的林业发展模式，力争走出一条生态与产业共进，保护与建设并举，山上与山下并重，城区与农村互动的林业可持续发展道路。完成低产低效林改造40公顷，油茶低改42.33公顷，市级人工造林46.67公顷，防护林工程人工造林53.33公顷，封山育林80公顷，森林抚育260公顷；完成“千万树木进千村”活动单位12个，乡村风景林建设2个，创建森林社区3个、森林小区2个、森林校园1个；完成乡村道路绿化5千米及城区、景区道路沿线园林绿化提升改造工程，店罗公路绿化工程，南安公路绿化工程，景区北线、中线绿化升级改造工程、林相改造工程等管护工作。

【通过省义务教育均衡发展督导评估】 2016年6月，省政府教育督导委员会第一督导组对湾里区进行义务教育均衡发展进行督导评估。督导组听取区政府工作情况汇报，重点查看9所义务教育学校，其中小学4所、初中1所、九年一贯制学校3所、完中1所。审核、查阅相关文件资料，召开人大代表、政协委员、校长及家长等4个座谈会，到区财政、人社、编办、团委、妇联、残联、关工委等有关部门查阅和询问有关情况。通过问卷调查等形式了解社会公众对本地义务教育均衡发展的满意程度。督导组认为：湾里区义务教育学校办学达到省定标准，县域内义务教育校际均衡状况、区政府推进义务教育均衡发展工作均达到国家规定标准，义务教育均衡发展社会公众满意度较高。作为2016年全省义务教育均衡发展迎检县区之一，做了大量工作，特别是近几年，在区委、区政府的重视下，教育工作取得长足提升和发展。教育均衡发展涉及到教育公平和全面小康，是对湾里区教育工作的一次检验，更是一次机遇。

【承办省首届“云舒花城杯”大型风筝节】 2016年11月，由江西省体育总会主办，南昌市体育局、湾里区人民政府承办的2016年江西省首届“云舒花城杯”大型风筝节开幕式在湾里区岭秀湖广场举行。开幕晚会在民歌《欢天喜地》中正式开始，小提琴独奏《梁祝》、花式篮球表演、摇滚歌手献唱、三人小提琴表演、大型舞蹈《大唐盛世》等精彩的表演与唯美的灯光浑然一体，展现一幅幅美丽画卷，渲染了整个现场。本届风筝节共有风筝表演展示、百对情侣放飞、亲子风筝比赛、手工风筝DIY、风筝文化展示等项目。

【开展医疗卫生精准扶贫】 2016年，把医疗救助作为推进精准扶贫的重要内容来抓，进一步加大对贫困人群重大卫生民生工程、疾病应急救助等实施力度，着力推动医疗卫生精准扶贫实现更大突破。全面启动6个贫困村卫生计生服务室建设，加快实施4所乡镇卫生院公共卫生科达标设置，确保到2017年底前全面达标。从市卫计委争取4名优秀医务人员，赴湾里区各镇卫生院挂职1年，为当地群众提供优质的医疗服务，并在两年内免费为湾里区培养卫生计生管理和业务人才。对符合疾病应急救助条件的贫困患者到市、区公立医院住院的，其住院费用除各类医保和民政医疗救助以外自费部分，将可享受到最高10万元的应急救助资金；对贫困居民进行免费体检，建立健康档案，实施健康评估，并有针对性地进行健康宣传与教育。同时，积极对贫困村开展疾病筛查，对符合救治对象的全部纳入免费救治范围。实施“光明微笑”、儿童两病、尿毒症血透、贫困家庭重性精神病患者免费救治等重大卫生民生工程。在市、区公立医院对城乡低保对象、农村五保户实施“七免三先一后”等惠民政策，着力减轻贫困患者就医看病负担。

【发展旅游休闲产业】 2016年，始终坚持把旅游业作为战略性支柱产业来抓，在保护生态的前提下，把旅游休闲度假、健康养生、旅游地产等作为招商的主攻方向，努力引进一批优质项目，并加大对梅岭风景区北线、中线、南线旅游的综合开发力度，全面完善路网建设，推进湾里轻轨项目建设，完善景区配套设施。着力构建以旅游为核心的绿色产业体系，实现旅游富民强区的愿景。至年底，全区已建成茶园面积533.33公顷，葡萄、蓝莓、杨梅、猕猴桃等特色果业种植面积162.67公顷，花卉苗木种植面积1233.33公顷，预计年产值可达3700万元，全区休闲旅游产业发展档次和水平进一步提升。

【打造都市中心花园】 2016年，随着“揽山入城”战略的实施启动，湾里区加速融入大南昌，梅岭将成为南昌的“中心花园”。主动对接策应，坚持高起点、大手笔、系统性地对全区各类规划进行科学编制及管理，严格按照核心主城区的高标准来规划城区和景区。通过严格禁止山体开挖，着力改善对外对内交通路网、完善水电等基础设施、控制农房建设等举措，不仅提升了城区品质，塑造了城市风貌特色，同时也细化、丰富、完善了全市发展布局。

（蒋文波）

青山湖区

【概况】　青山湖区位于南昌城东，是南昌城的发源地，原为南昌市郊区，2002年6月更名为青山湖区，因辖区风景秀美的“青山湖”而得名。青山湖区管辖湖坊、塘山、京东、罗家4个镇，上海路、青山路、南钢3个街道办事处，昌东1个省级工业园区。青山湖区现有60个行政村、105个居委会、20个家委会。区域面积127.6平方千米。户籍总人口41.03万人，其中，镇人口35.32万人，乡村人口5.71万人。

【经济运行指标完成概况】　2016年，青山湖区地区生产总值完成539.03亿元，比上年增长8.3%；财政总收入完成53.65亿元，增长0.5%；500万元以上固定资产投资完成594.51亿元，增长2.3%；规模以上工业增加值完成146.42亿元，增长8.2%；社会消费品零售总额完成209.62亿元，增长13.7%；实际利用外资完成3.66亿美元，增长10.3%；实际利用内资完成134.77亿元，增长13.7%；地方一般公共预算收入完成16.12亿元，外贸出口总额完成6.72亿美元。6项指标在全市12个县区中总量位居前列，6项指标总量占全市比重超10%，继续稳固省市“第一方阵”地位。

【社会发展指标完成概况】　2016年，青山湖区各项事业取得显著进展。教育工作：持续加大教育投入力度，投入资金3.9亿元，用于新改扩建学校13所、提高教师师资待遇、增强学校经费保障，5所小区配套幼儿园转为普惠性幼儿园。全区小学招收新生6369人，其中随迁子女2405人；初中招收新生3145人，其中随迁子女841人。新增湖坊学校、豫东学校等3所学校为小升初直升学校，简化小升初工作程序。劳动就业工作：通过加大人才教育培养、高校毕业生就业创业扶持、职业技能培训、小额贷款发放等措施，城镇新增就业6505人，安置“4050”困难群体再就业500人，新增农村劳动力转移1063人，均超额完成全年任务。卫计工作：全区共出生5339人，人口出生率11.24‰，自然增长率7.85‰；统筹抓好卫生计生服务工作，圆满完成区卫生监督所大楼建设、南昌市第十医院搬迁改造、区妇幼保健中心改造和南钢社区卫生中心标准化建设，区妇幼保健工作全市综合考评排名第一，社区卫生服务网络建设实现全覆盖并形成15分钟医疗服务圈，全面完成全市比例最大的流动人口动态监测工作。环境保护工作：空气优良天数244天，优良率67%。比上年下降19.3个百分点，空气质量指数为5.23。严格落实“河湖长制”，积极开展瑶湖、艾溪湖上游水环境综合整治，重拳整治中央环保督查组交办的31件案件，停产整改违法排污企业21家，关停取缔7家。完成华源江纺、鲜徕客2家企业6台锅炉改造，全面取缔建成区内高污染燃煤锅炉。继续维持“天蓝、地绿、水净”的良好环境。城市管理工作：坚持不断加大基础设施投入，解放东路、南京东路综合改造顺利完成，加快地铁2、3号线和幸福渠流域起步区11条路网建设，新建新盛港、五华家具等7个停车场，停车泊位1660个。旧改征迁强势推进，在短期内强力攻克洪都大道沿线铁路八村、进外村等房屋征迁，梁万村、殷王村等16个征迁项目进展迅速。解放东路安置小区、南镇村安置房、桃湖村安置房等10个安置房项目全面封顶，建筑面积132.7万平方米。城市管理提质升级，全方位启动“美丽南昌·幸福家园”环境综合整治，扎实推进“马路本色”等7个专项整治行动和农村清洁工程，完成北京东路街景改造，拆除各类违章建筑13.4万平方米，数字城管问题整改率始终保持99.8%以上。科技工作：科技投入4641万元，同比增长2.9%；全区申报各类专利1656件，增长38%，万人发明专利拥有量4.81件。文化工作：加快文化和旅游事业的大繁荣、大发展，在全省率先完成区级文化馆、图书馆总分馆建制的基础构架，全年送戏下乡、送电影、送图书进村（社区）、学校900余场、500余册；深入发掘青山湖区独有的历史生态文化资源，积极筹备罗家文化旅游项目，帮助699文化创意园、棠溪农庄、天香园、海洋公园成功申请市级旅游产业奖励扶持资金121.03万元；参与主办第四届“红五月”文化旅游活动月暨第七届天香园国际都市候鸟节，吸引近30万游客前来参观。

【社会稳定指标完成概况】　2016年，以法治平安建设作为全区经济社会发展的稳定器，统筹推进平安青山湖、法治青山湖建设，继续保持和谐平安稳定大局。综治工作：抢抓参与全国综治工作南昌会议的契机，全方位推进人防、技防、物防建设，综治中心实现三级全覆盖，精心打造塘山镇综治中心等一批“南昌会议”全国展示点，立体化的社会治安防控体系基本成型，公众安全感前三季度全省排名同比提升11位。全区刑事类警情5721起，同比下降33.47%；刑事立案3519件，下降17.5%，实现了“发案数下降、立案数下降、破案率提升”的良好效果。全区共排查各类矛盾纠纷269件，调处成功268件，成功率99.6%。安全生产工作：深刻吸取丰城“11·24”事故警示教训，重拳强化安全生产监管，全面开展为期3个月的安全生产大检查大整治活动，检查生产经营单位1087家次，有力震慑安全生产违法行为，为全区经济社会发展提供平稳的外部环境。信访工作：加大网上信访工作推进力度，全年网上信访占信访总量的64.5%，按时办结率、及时受理率、群众满意率等指标均居全市前列；突出以群众工作统揽信访工作，积极开展“信访积案化解攻坚年”活动，全区赴各级访批次、人数同比分别下降38.9%和49.7%，特别是赴京非访数极大改观，各个特殊敏感时期信访形势平稳可控。

【民生工程指标完成概况】　2016年，青山湖区坚持民生优先，筹集资金15.5亿元，全力推进64项惠民便民利民工程和16件103个子项的惠民实事，一批事关群众切身利益的问题得到有效解决。新增城镇就业6505人，城镇职工、城乡居民参保人数25.7万人，保障性住房实物分配767户、货币补贴9722户，发放救助补贴4463万元，城乡低保标准分别提高到510元、290元。全省最大的医养结合“公建民营”绿康国际老年城成功运营，打造10个社区居家养老服务中心。扎实推进25个新农村点建设和11家省属国有企业社区移交工作，解决6个社区办公用房。建成8个综治中心、10个智慧平安小区、28个技防小区和10个爱心车棚。

【政治建设指标完成概况】　2016年，青山湖区继续推进政治建设发展，风清气正的政治生态更加巩固。领导班子建设和干部队伍建设：举办县科级干部和青年干部培训班10余期，安排省市专家、县级领导、高校讲师为党员干部授课12

2016 年 10 月 23 日,江西太酷云介时尚产业园签约仪式在青山湖区举行

场,培训人次 1000 余人。继续选派年轻干部到“六个一线”和村社挂职实践锻炼,选派 200 余名干部赴瑞金开展红色革命教育,干部基层工作经验不断增强。注重在基层一线、急难险重任务中考察使用干部,公开选拔 7 名“三类人员”进入镇、街道党政领导班子,圆满完成区镇换届。完成全区 63 个区管领导班子和 387 名科级领导干部年度考核工作,对少数凝聚力不强、履职状况不佳的班子进行调整配备,进一步选优配强班子队伍。基层党建工作:以实施“三大工程”为抓手,以“党建+”为引领,不断加强基层组织建设,着力创造更多党建亮点和品牌。建立落实“1+3+N”党建责任清单,创新探索“一核引领、三轮驱动、九轴联动”“党建+”典型做法,开展“五连心、十上门”等党建帮扶,提出基层协商民主“青山湖模式”。高标准打造在职党员“五在”服务基地、慈母夜话等 20 余个党建新载体,打响“五红”“五雷”非公党建品牌,推出非公党建“7S 标准”法,拍摄的 2 部党建微电影获省市一等奖,其中《特别的爱给特别的你》获得中国西部国际电影节一等奖。特别是打造的全省首个乡镇党建服务中心、首个非公党建服务中心和“五巡”“党员夜校”“智慧六学”等“两学一做”学习教育经验做法,得到中组部的高度肯定,先后在中央电视台新闻联播和江西电视台党建好声音专题播出。党风廉政建设和反腐败工作:在全市率先出台“两个责任”追究办法,严格实行“一案双查”。对下级党组织落实“两个责任”、开展党风廉政建设社会评价、集中整治“微腐败”等重点工作情况跟踪督查,建立“一次警告、两次通报、三次问责”机制,将各月督查情况计入年度责任制考核成绩。作为全省唯一县区参与中纪委大型反腐专题片《永远在路上》的录制。聘请 33 名党风政风特邀监督员,在节假日期间对违规出入私人会所、公款吃喝、公款送礼、公款旅游,违规发放奖金津补贴等问题开展“拉网式”检查。全年共查处公款旅游、收受“红包”、违规发放津补贴等违反中央八项规定精神问题 8 起,给予党纪政纪处分 7 人,在中央、省、市媒体通报 5 起。共受理信访举报 170 件,立案 42 件,涉及党员干部 44 人,其中科级干部 11 人;结案 43 件,处分 46 人,将 2 人移送司法机关。宣传思想工作:坚持以深入学习贯彻习近平总书记系列重要讲话精神为主线,加强中心组学习,举办专题学习会 12 次,参学率 99% 以上。加强新闻报道和网站建设,在中央、省市各级传统媒体上稿共 1045 篇,重稿 175 篇(条)。其中,中央媒体上稿 27 篇(条),省级媒体上稿 275 篇(条),市级媒体上稿 743 篇(条)。在区“两微一端”平台推送政务信息 1426 条,在新华网、人民网、中新社等网络媒体上上原创稿 242 篇,其中网页头条 31 篇。继续获评“江西省文明城区”称号,选送的夏志英等 4 人获得省级道德模范称号;网上注册志愿服务 4.43 万人,开展近千场志愿服务活动。离退休干部工作:推进镇(街道)村(社区)老年学校建设,初步形成以区校为指导示范中心的三级办学体系;积极承办全市老年大学第一次联席会议暨基层老年教育发展推进会,推动老年教育向基层延伸;全年组织走访老干部 620 人次,发放慰问金 40 万余元,发放特殊困难扶助金 3.46 万元。

【LED 产业成为第四个百亿产业集群】 2016 年 6 月、9 月,青山湖区分别举办青山湖区重大项目集中签约活动和“南昌光谷”青山湖区 LED 产业招商项目集中签约活动,共签约项目 22 个,签约金额 66.95 亿元,其中包含总投资 22.45 亿元的艾立特、盛烨支架、中韩合资 CSP 等十大 LED 产业项目。至年底,青山湖区共有光电产业规模以上企业 10 家,全年实现主营业务收入 20.6 亿元,到 2020 年产值将突破 100 亿元。光电产业 LED 封装线约 420 条,照明线 20 条。LED 产业成为青山湖区继针织服装、冶金建材、食品医药百亿产业后的第四个百亿产业集群。

【各项改革提速奋进】 2016 年,青山湖区坚持改革不停步,在重点领域和关键环节上取得新进展。合并教体、科技职能,组建区教科体局;新成立区城市管理执法局,完成机关公务用车制度改革。推进简政放权,承接市级下放行政审批事项 10 项,精简区级行政审批事项 25 项;推进“三单一网”与网上办事平台、网上审批平台、便民服务事项平台全面对接。推进商事制度改革,实施企业注册资本登记制度改革,实现营业执照、组织机构代码证、税务登记证、社会保险登记证和统计登记证“五证合一”。加快“一址多照”“集群注册”等住所登记改革,放宽企业场所登记条件限制。推进村集体资产股权量化、昌东工业园区人事制度和镇街园区财税体制等重大改革,着力破解发展难题。

【构建创新创业服务体系】 2016 年,青山湖区利用区内省属高校资源多、旧企业旧厂房载体多等优势,积极构建创新创业服务体系,在引导企业、投资机构等社会力量建设多元化众创空间方面走在全市乃至全省前列,正在成为青山湖区创新创业的引领者。至年底,全区已拥有国家级众创空间 1 家,省级众创空间 2 家,市级众创空间 6 家。做实做细“双创”台前幕后服务,为高校应届毕业生提供免费创业培训,严格落实政府创业贴息贷款扶持政策,放宽区创业担保贷款的申请条件。全年发放创业担保贷款 5831 万元,为一批创业者的创业梦想增添了动力。

【创新开展“党员夜校”】 2016 年,青山湖区依托已有的党建服务中心、村社党组织活动场所以及党员干部现代远程教育终端站点,建立起 23 个党工委党员夜校、150 个村(社区)党员夜校授课站、2 个流动党员夜校授课站,每周至少利用 1 个晚上开展学习,形成一个多层次、广覆盖的党员夜校学习体系,实现对全区 1.5 万余名党员全方位、多平台的教育覆盖，切实深化“两学一做”专题学习教育。

【幸福蒲公英流动党员之家建成启用】 2016年2月，全省首个园区党建服务中心——昌东工业园区幸福蒲公英流动党员之家建成，并迎来首批“回家”党员。该中心面积450余平方米，设有“一个红色大厅、三个服务窗口、五间功能活动室、七彩助力众创梦”，可为辖区695家非公企业流动党员提供政策咨询、教育培训、调解纠纷等10大主题的便捷服务，是传递党的温暖、指导非公企业党建、展示流动党员风采的综合服务平台。至年底，该中心集中开展“回娘家”活动共精准帮扶困难党员100余起，发放入党政治生日贺卡100余张，补上党课5次。

【搭建“互联网+婚登服务”平台】 2016年11月，青山湖区率先在全省推出婚姻登记服务微信公众号“南昌市青山湖区家和社工服务社”，搭建“互联网+婚登服务”平台。该公众号开通业务介绍、登记预约以及信息审核等服务，居民可提前登录公众号了解结婚登记、离婚登记、补领登记及无婚姻登记记录证明所需材料，上传个人相关信息至区婚姻登记中心进行初审，待审核通过后预约时间办理业务，真正做到一次性办结。至年底，已有502人关注此公众号，预约人数48人。

【率先推出“1+X”联动联治模式】 2016年，青山湖区在全市率先推出“1+X”联动联治模式，将“五车”“黑车”并轨合二为一长效管理。“五车”“黑车”整治时间推行“5+2+2”机制，即每周5个工作日加上双休日的整治，以及每月至少2次的夜间整治。全区共有96人从事该项工作，共查扣拐的、非法改拼装三轮车260多辆，检查疑似非法营运车126辆、非法改装车35辆，查扣并处罚非法营运“黑车”46辆，查扣违规电动车6776辆。

【打造699青少年综合服务平台】 2016年1月，青山湖区着力打造699青少年综合服务平台——青年空间，致力于营造一个开放、多元的青年人“专属领地”，为青年创业提供力量和平台。青年空间以“团委引导+园区配合+商户联动+社会公益组织入驻+青少年参与”的运行模式，积极构建两大服务体系（线上网络服务体系和线下基地服务体系），并依靠三个组织（699团总支、青山湖区青年创业者协会、社会公益组织）支撑空间常态化运转。青年空间共分为艺术博览区、创业孵化区、艺术体验区、读书分享区、亲子教育区、餐饮娱乐区、公益服务区7个功能区域。

【参与主办第四届“红五月”文化旅游活动月暨第七届天香园国际都市候鸟节】 2016年4月9日至5月中旬，中国·南昌（青山湖）第四届“红五月”文化旅游活动月暨第七届天香园国际都市候鸟节（首届牡丹节）在青山湖区天香园举行。此次活动以“观候鸟、赏牡丹”为主题，在天香园展出九大系列、八大色系、100余个品种、6万余株牡丹及100余个国际名贵花种，同时吸引32个品种、约30万羽野生候鸟。其间还举办以花鸟为主题的瓷版画展、人与鸟摄影创作展及“畅游候鸟王国”亲子一日游等活动。

【长春村完成产权改革试点任务】 2016年5月，青山湖区湖坊镇长春村完成全省首个农村集体经济组织产权制度改革试点任务。长春村选举产生南昌市兴隆物业管理有限公司董事会和监事会机构，作为股份经济组织。此次股改长春村共核实经营性净资产3.4亿元，量化资产1.7亿元，量化配置股份5600余万股，全村累计股东人数1084人，参股人数385人。至年底，每个参股人分红6000元。

【开展环境“百日整治行动”】 2016年10月，青山湖区开展环境“百日整治行动”，重点对全区59个开放式社区进行分类指导、分类考核。至年底，共清理卫生死角垃圾453吨，清运生活垃圾8500余吨，治理杂物堆放1140余处，治理垃圾广告11.8万条，粉刷墙面10.4万平方米。

【打造“一镇一品”特色文化队伍】 2016年11月，青山湖区重点打造“一镇一品”特色文化队伍，进一步提升公共文化服务水平。全区共有艺术团队17支、特色队伍15支，成员2127人，优秀民间艺术领头人50余人，同时各镇街综合文化站专职人员1000余名，每个村社配有1名专职或兼职文化管理人员。

（王　琳）

新建区

【概况】 新建区位于江西省中部偏北，东与红谷滩新区接壤、隔赣江与南昌县相望；南与丰城市毗邻；西与高安市、安义县、湾里区交界；北、西北与永修县相连；东北濒鄱阳湖与都昌县、波阳县、余干县为邻。2015年9月28日，新建正式撤县设区，由新建县更名为南昌市新建区，是省会南昌城区的主要拓展区。2016年，全区区域面积2193.32平方千米，辖12个镇、6个乡，1个省级开发区，62个社区居委会，276个行政村，户籍总人口69.24万人。其中，城镇人口19.2万人，乡村人口50.04万人。新建区再获“实施中国妇女儿童发展纲要国家级示范县（市、区）（2016—2020年）”殊荣；获评第三届国土资源节约集约模范县（市），为南昌市唯一获此殊荣的区（县）。区卫计委荣获“医改功勋·荣耀中国·2015中国基层医改十佳示范单位”称号。

【经济运行指标完成概况】 2016年，新建区实现地区生产总值387.73亿元，同比增长9.1%；财政总收入44.51亿元，增长11.1%；地方一般公共预算收入28.62亿元，同口径增长11.6%；500万元以上固定资产投资374.73亿元，增长16.6%；规模以上工业增加值144.32亿元，增长8.8%；净增规模以上工业企业18家，累计达到185家；长堎工业园区主营业务收入630.5亿元，增长9.5%，实现税收12亿元，增长20%；社会消费品零售总额75亿元，增长15.5%；全年旅游接待965.8万人次，增长12.2%；旅游综合收入达50.8亿元，增长20%；利用外资实际到位资金2.2亿美元，增长22.1%；实际利用内资73.99亿元，增长14.3%；外贸出口1.5亿美元，增长2.1%；城镇居民人均可支配收入30933元，增长8.6%；农村居民人均可支配收入14635元，增长9.3%。

【社会发展指标完成概况】 2016年，教育支出11.8亿元，同比增长19.6%。高考本科上线人数2934人，6人录取北大、清华、香港城市大学等名校。全面普及教育“信息化”。至年底，新建区共配备“班班通”2000余套，村完全小学以上学校实现全覆盖；配备教师办公计算机4940台，全区中心小学以上学校教师全部实现办公自动化。成功承办第三届环鄱阳湖国际骑游大会、“庆祝祖国华诞·相约南昌绿谷”万人健步行、端午节锦江龙舟赛等大型体育活动。体育竞技再创佳绩，积极组织参加全国青少年举重锦标赛、市第十六届运动会等一系列体育赛事，共有56人次荣获第一名的好成绩。改进新工艺9项，开发新产品7项，转化科研成果5项，2项科技成果通过省科技成果鉴定。全面实施二孩政策，完成国家免费孕前优生健康检查4645对，全区人口出生率14.13‰，政策生育符合率89%。送戏下乡386场，送电影下乡4528场，成功举办南昌市民间剧团小戏折子戏暨新建区首届农民剧团汇演、汪山土库大塘清明酒开（封）坛文化旅游节等活动，小品《换招牌》荣获赣鄱群星奖、华东六省一市小戏小品大赛银奖。

【社会稳定指标完成概况】 2016年7月，赣西、廿四联圩水位全线超警戒线，新建区上下众志成城、齐心抗洪，累计投入人员1.3万人次，处置险情13起，取得防汛抗洪工作全面胜利。加大河道采砂整治力度，严厉打击违法围堰行为，全力确保圩堤安全。推进“天网四期”建设，深化“平安新建”创建，先后开展“平安春节”“春雷行动”“夏季风暴”“秋风行动”及查禁赌博等专项行动，成功侦破恒湖“2·08”聚众斗殴致人死亡案、兴华路“9·11”特大抢劫金店案等700余起刑事案件，治安形势趋于好转，有效维护了社会和谐稳定。持续深入开展大检查、大整治，排查出安全隐患1260余处，消除各类安全隐患1250余处，有效杜绝了各类安全生产事故的发生。严格落实区“四套班子”成员包案和轮流接访制度，加强矛盾纠纷排查化解和风险隐患源头治理，有效化解各种社会纠纷和不稳定因素。

【民生工程指标完成概况】 2016年，民生资金总投入30.4亿元，占一般公共预算支出的57.2%，资金覆盖社会保障、保障性住房、国民教育、生态环境保护等9个方面，确保财力向基层、农村、社会事业和困难群众倾斜，有效保障了群众共享改革发展成果。强农惠农政策全面落实，发放财政惠农补贴资金2.3亿元，惠及群众24.7万户。拨付保障性住房建设资金1.73亿元，发放廉租住房补贴资金75.6万元，补助住房困难户652户。顺利开展新建区第二批公租房摇号，1347户困难户圆了多年的安居梦。发放80岁以上高龄老人生活津贴1199万元，受惠老人1.1万名。实施“十到户七进村”精准扶贫工作，1.7万贫困人口实现结对联系全覆盖。红湾公路、礼步湖、小平小道和新建区立体停车场等7座停车场投入使用，新增停车泊位1310个。全区城镇新增就业人数、新增转移农村劳动力、新增小额担保贷款等指标数据全面或超额完成全年任务。对城乡1.18万人次实施一站式医疗救助，发放资金2344万元。城乡医保整合工作走在全市前列，共发放城乡居民医疗保险财政补助资金3亿元。新增被征地农民养老保险政府一次性缴费补贴1.8亿元，享受人数5923人，切实解决了失地农民的后顾之忧。城市低保标准由480元提高到510元，农村低保标准由280元提高到310元，累计发放保障金1.1亿元。

【政治建设指标完成概况】 2016年，严格控制行政运行成本和一般性支出，“三公”经费较上年压缩5.85%。强化行政监察和审计监督，全年共查处违反中央八项规定等问题6起，处理党员干部12人，给予党纪政纪处分6人。同时，深入开展“为官不为、为政不廉”、侵害群众利益不正之风等专项整治行动，查处问题58件，立案43起，给予党纪政纪处分60人。通过一系列专项整治，有效解决了一批影响改革发展和群众反映强烈的突出问题。认真执行区人大及其常委会决议和决定，认真听取区政协、民主党派和人民团体意见，办理人大代表建议114条，政协委员提案216条，办理满意度100%。共办理行政复议案件15件，开展区政府常务会议学法活动4次，全面落实政府重大决策事项合法性审查规定，进一步提高了政府依法行政水平。

【中共新建区第一次代表大会召开】 2016年7月26日，中国共产党南昌市新建区第一次代表大会在区文化会堂开幕。这是新建区撤县设区后召开的首届中国共产党代表大会，开启了新建区各项事业发展的新篇章。市委常委、组织部部长陈德寿代表市委致辞。新建区区委书记李伟代表中共新建区（县）第十二届委员会向大会作题为《决战千亿工业、崛起百亿强区、决胜十强晋位、立足“撤县设区”新起点全力打造新区建设典范》的工作报告。大会由新建区区委副书记、代区长陈吉炜主持。会议选举产生新一届区委委员、常委、副书记、书记。

【新建区第一届“两会”召开】 2016年10月13日，新建区第一届人民代表大会第一次会议在区文化会堂开幕。这是新建区撤县设区后召开的首届人民代表大会。市委常委、副市长肖玉文，市人大常委会副主任魏国华到会指导。区委书记李伟出席会议，并在会议结束时讲话。区委副书记、代区长陈吉炜作区人民政府工作报告。会议选举产生新一届区人大常委会班子和区政府班子，以及区法院院长、区检察院检察长。10月12日，政协南昌市新建区第一届委员会第一次会议在区委党校开幕。区委书记李伟出席会议并讲话。会议选举产生新一届区政协领导班子。

【首个光伏停车场并网发电】 2016年6月，南昌首个6.3MWp（兆瓦）停车场遮阳棚光伏发电一体化项目通过南昌市供电部门的验收，正式并网发电。该项目总投资约5300万元，由方大集团全资子公司深圳市方大新能源有限公司出资建设，位于新建区长堎工业区江西五十铃汽车有限公司厂区内。该光伏停车场项目预计首年可实现年发电量约665万千瓦小时，25年期年均发电量约为605万千瓦小时；年可节约标准煤约1993吨，减少粉尘、二氧化碳、二氧化硫、氮氧

2016年5月25日，新建区首个光伏停车场并网发电

化物等排放量约6567吨。

【新建区乌沙河整治工程初见成效】
2016年底，乌沙河整治(新建段)整体竣工。乌沙河是穿越昌北城区的重要泄洪河道，流经湾里区、新建区、红谷滩新区、经开区，37.8千米的河道被划分为13个治理段。新建区境内3个治理段总长6.15千米，总投资2.95亿元。乌沙河、礼步湖、欣悦湖等组成的公共绿地系统已初步形成。8月23日，国务院总理李克强视察乌沙河综合整治项目，并给予充分肯定和高度评价。

【南昌智慧交通产业园项目落户新建】
2016年，新建区成功引进由协鑫(集团)控股有限公司投资建设战地约1万亩的智慧制造产业园。该项目选址在新建区长堎工业园区，总投资超200亿元，主要包括新能源汽车制造、动力电池PACK工厂、聚酰亚胺锂电池隔膜项目、尼桑动力电池、储能项目和中国邮政绿色物流项目、分布式能源及微电网、绿色小镇及文化旅游、智慧城市及绿色云仓、碳交易、电力交易和金融资产交易等项目。该项目的落户填补了南昌市新能源汽车整车及配套产业项目的空白。

【绿地国际双创中心项目动工兴建】
2016年8月10日，绿地国际双创中心项目全面动工兴建。该项目位于新建区红湾公路以南，总投资200亿元，总建筑面积120万平方米，包含超高层办公、国际双创中心、五星级酒店及购物中心、高端配套住宅等。在项目启动之际，与国内外一批顶级创客资源实现合作签约，合作方包括国家科技部火炬中心、中国中小商住企业协会、南昌大学、江西师范大学、江西财经大学等，形成一个创新创业要素集中、产业集群、人才集聚，具有国际影响力的双创产业集聚区。

【江西内河规模最大码头一期建成】
2016年11月，南昌龙头岗综合码头一期工程建设完成。该项目总投资约8.28亿元，占地面积38.73公顷，泊位岸线长408米，陆域纵深800余米，4个2000吨级泊位，涉及年吞吐量集装箱20万标箱，是江西省内河建设规模最大、靠泊能力最强的现代化综合码头。

【举办首届“南昌之光”超级艺术灯会】
2016年2月4日晚，2016首届“南昌之光”超级艺术灯会在望城新区滨水公园开幕。灯会由江西省文化产业促进会、江西日报社、江西广播电视台、市委宣传部、新建区委宣传部联合主办，旨在传承和弘扬优秀民俗文化，打造文化品牌，提升南昌市的文化知名度、美誉度和影响力，增强百姓对城市发展的认同感和自豪感。灯会以“震撼体量、科技灯秀、工艺独特、集锦组合”为核心，在策划设计中突出“形色声光动、高大新奇特”的理念，为观众呈现一场前所未有的文化展示。灯会总投资1000余万元，总占地面积超过13.33公顷，灯组近百组，活动时间之长、投资规模之大、占地面积之广、制作灯组之多、彩灯设计之美、灯光效果之精彩在南昌市乃至江西省的灯展历史上绝无仅有。灯会至3月20日结束。

【“庆祝祖国华诞·相约南昌绿谷”万人健步行活动举行】 2016年10月14日，“庆祝祖国华诞·相约南昌绿谷”万人健步行活动在新建区溪霞国家农业综合开发现代农业园举行。来自市直各部门单位，全市百镇(街道)、千村(社区)干部群众，及新建区各部门单位、各乡镇、村干部群众近万人从园区致富广场出发，沿着茶花路、樱花路、农科路、五彩路到达大型花果篮，再经由茶花路回到致富广场，全程约3000米。他们用行动唱响“南昌绿谷”品牌，用脚步迈出绿色、生态、健康的生活方式。

【2016第三届环鄱阳湖国际骑游大会开幕】 2016年3月27日，2016第三届环鄱阳湖国际骑游大会在新建区汪山土库开幕。骑游大会由南昌市政府、省体育局、省旅发委主办。活动以“春赏浪漫金花、骑游汪山土库、踏青海昏侯墓”为主题，不限骑行车型、不竞速，民众均可参与；通过互联网+体育休闲旅游方式，增加互动趣味性；通过手机自拍、微信上传活动照片等，突出环鄱阳湖旅游品牌，推广环鄱阳湖旅游资源。

【新建区人民医院重症监护科(ICU)开科运行】 2016年4月，新建区人民医院重症监护科(ICU)开科运行。重症医学科能熟练运用呼吸支持、循环支持、营养支持等多种先进技术，对各类危急重症病人进行统一管理、监护、治疗。该科的建立，填补了新建区重症医学领域的空白，标志着新建区人民医院在完善危急重症救治体系的建设上迈出了重要的一步。

【新建区综治中心正式投入运行】
2016年4月22日，南昌市首个区级社会治安综合治理服务中心——新建区综治中心正式投入运行。该中心是以网格化管理为基础、信息化建设为支撑、组团式服务为载体的社会治安综合治理工作平台，按照“综治办+综合信息化”模式，由综治、法院、检察、公安、司法、信访、民政、住建、城管9个相关职能部门组成，受理事项范围包括：群众反映的热点治安问题；乡镇提交需要解决的社会治安综合治理问题；跨乡镇(园区)、部门的社会治安矛盾纠纷问题；法院、检察、公安、司法、信访、民政、住建、城管8个部门的业务咨询解答问题。

【首届大塘清明酒封坛旅游文化节开幕】 2016年5月14日，2016首届大塘清明酒封坛旅游文化节在大塘坪乡汪山土库举行。600余名市民参加封坛文化节现场活动。本次封坛活动分为“为国祈安，为民祈福，我的祝福”三大主题。活动中，来自全国各地的嘉宾代表依次在清明酒坛身、封口上签字，表达对国家和亲朋好友的祝福。大塘清明酒因在清明节期间酿造而得名。清明酒秋收春酿，封坛最重要。这次活动是为了让大家体验大塘清明酒的古老酿造工艺，将历史传承下去。

【“爱在重阳节”大型义诊活动开展】
2016年10月9日上午，新建区民政局、新建区老龄办联合南昌市第二医院在心怡广场开展“爱在重阳节”大型义诊活动。南昌第二医院组织数10位内科、外科、眼科、糖尿病等科室的医疗专家现场为老人量血压、测血糖，重点针对心脑血管等老年人常见疾病的早期症状、日常生活中如何防治等问题进行指导和详细讲解。

【首届农民剧团汇演举办】 2016年10月25—27日，新建区在文化会堂举办首届农民剧团汇演。在为期3天的汇演时间里，来自全区18支农民剧团编排的节目轮番登台，参演节目以“创新创业，共建和谐”和社会主义新农村建设为主题，演出形式有传统戏、现代戏和小品戏曲等，深受观众喜爱。

(杜建平　邹　斌)

人　　　　物

中国共产党南昌市第十一届委员会常委

（截至2016年12月31日，下同）

2016年9月30日，中共南昌市第十一届委员会第一次全体会议举行。会议选举龚建华、郭安、谢一平、吴伟柱、江晓斌、龙和南、刘瑄、刘家富、乐文红、肖玉文、邱向军、郭毅为中共南昌市第十一届委员会常务委员会委员，龚建华为市委书记，郭安、谢一平为市委副书记。11月7日，中共江西省委决定：殷美根任中共南昌市委委员、常委、书记；免去龚建华的中共南昌市委书记、常委、委员职务。

殷美根　男，汉族，江西南昌人，1963年8月生，1985年7月参加工作，1985年5月加入中国共产党，省委党校研究生学历，高级管理人员工商管理硕士。历任江西省经贸委科员、主任科员，能源处副处长、处长，技术进步与装备处处长，党组成员、副主任；九江市委常委，常务副市长、党组副书记；九江市委副书记，市政府党组书记、代市长、市长，市委书记；江西省副省长、党组成员；2016年11月任江西省委常委，副省长、党组成员，南昌市委书记、赣江新区党工委书记。

龚建华　男，汉族，江西南昌人，1962年6月生，1983年7月参加工作，1984年10月加入中国共产党，省委党校研究生学历。历任江西省委农村政策研究室干部；江西省委农工部干部、副主任科员、主任科员；江西省农办主任科员、秘书处副处长、综合处处长，副主任；南昌市政

府副市长；南昌市委常委、政法委书记，常务副市长兼江铃汽车集团公司党委书记、董事；宜春市委副书记、代市长、市长；抚州市委书记；江西省委常委、省委秘书长、省直属机关工作委员会第一书记；江西省委常委、南昌市委书记，赣江新区党工委书记。2016年11月调离南昌市。

郭　安　男，汉族，江西信丰人，1962年10月生，1981年9月参加工作，1985年3月加入中国共产党，中央党校研究生学历。历任宜春地区行署计委干部、秘书科副科长、物资计划科副科长、物资计划科科长；樟树市副市长，市委常委、常务副市长，市委副书记、市长；宜春市委常委，万载县委书记，高安市委书记；景德镇市委常委、常务副市长；南昌市委副书记、政法委书记，代市长，市委党校第一校长（兼）。现任南昌市委副书记，市政府党组书记、市长。

谢一平　男，汉族，江西奉新人，1962年9月生，1985年8月参加工作，1985年4月加入中国共产党，大学学历，工学硕士。历任宜春无线电元件厂助工、科长、厂长助理；宜春行署经济协作办干部；九江市广播电视局干部；九江市政府办公室干部、副科级秘书、正科级秘书，市委办公室副处级秘书、副主任；共青团九江市委书记；星子县委副书记、县长；九江开放开发区党委书记、管委会主任；九江市委常委（援疆，任新疆克州党委常委、副州长，党委副书记）、秘书长；鹰潭市委常委、市纪委书记；江西省委第四巡视组组长。现任南昌市委副书记（正厅长级）。

吴伟柱　男，汉族，江西星子人，1962年10月生，1981年9月参加工作，1984年4月加入中国共产党，中央党校研究生学历。历任星子县第二小学教师、副校长；星子县团县委干部、副书记；九江市纪委副科级纪检员、正科级纪检员，办公室副主任、主任；修水县委常委、县纪委书记；九江市纪委副书记；抚州市委常委、市纪委书记。现任南昌市委常委、市纪委书记。

江晓斌　男，汉族，江西抚州人，1966年10月生，1986年8月参加工作，1987年6月加入中国共产党，省委党校研究生学历。历任抚州师专组织部、人事处干部；抚州地委宣传部干部、副科级宣传员、干部科副科长（主持工作）；抚州地委组织部副科级组织员、调研科副科长、正科级组织员、调研科科长；抚州地委办公室副主任；抚州市团委书记、党组书记；崇仁县委副书记、县长；广昌县委书记；江西省民政厅党组成员、副厅长；南昌市委常委、秘书长、市直机关工委第一书记。现任南昌市委常委、组织部部长。

龙和南　男，汉族，江西遂川人，1966年3月出生，1990年7月参加工作，1997年7月加入中国共产党，大学学历，文学学士。历任江西日报社文艺处见习记者、助理记者、文艺处记者、广告策划部

经理；《江南都市报》编委、副总编辑；江西日报社广告中心主任；大江网主任；江西省广播电影电视局党委委员、江西人民广播电台台长；江西广播电视台党委副书记、副台长；中央外宣办（国务院新闻办）新闻局副局长（挂职）；江西省委宣传部副部长。现任南昌市委常委、宣传部部长。

刘　瑄　男，汉族，江西余干人，1962年12月生，1979年11月入伍，1985年3月加入中国共产党，在职大学学历。历任战士、侦听台台长、副连长、连长、参谋、副处长、大队长、处长、师参谋长、后勤部副部长；赣州军分区司令员，赣州市委常委、赣州市委第十一督导组第一组长。现任南昌市委常委，南昌警备区司令员。

刘家富　男，汉族，江西上栗人，1963年8月生，1982年9月参加工作，1988年3月加入中国共产党，省委党校研究生学历。历任萍乡市芦溪区茅店公社团委副书记、书记，区计委科员；萍乡市计委科员；萍乡市政府办公室综合科科员、副科级秘书、正科级秘书、工交科科长，办公室副主任；萍乡市轻化局党委副书记、副局长，党委书记、局长；芦溪县委副书记、代县长、县长；莲花县委书记；南昌市副市长。现任南昌市委常委、政法委书记。

乐文红　女，汉族，江西贵溪人，1970年2月生，1989年8月参加工作，1996年9月加入中国共产党，中央党校研究生学历。历任贵溪县童家场中学、贵溪县职业中学教师；贵溪县妇联科员；贵溪县金屯镇副镇长、党委副书记、纪委书记（正科级）；贵溪市双圳乡党委书记、人大主席；鹰潭市妇联副主席；贵溪市副市长，市委常委、常务副市长；鹰潭市外经贸局党组书记、局长；鹰潭市政府副秘书长、市政府办公室党组成员；鹰潭市月湖区委副书记、代区长、区长、区委书记；江西省委信访局（省政府信访局）副局长。现任南昌市委常委、统战部部长。

肖玉文　男，汉族，江西南昌人，1967年3月生，1989年8月参加工作，1987年12月加入中国共产党，在职研究生学历，工商管理硕士。历任南昌市计划委员会干部；南昌市招商局干部；南昌市外资办公室干部；南昌市开放办公室干部；南昌市外经贸委干部、项目网络科科长（副科级）、投资促进中心副主任（正科级）、投资促进处处长，党组成员、副主任；南昌县委常委、常务副县长、县委副书记、代县长、县长、县委书记，南昌小蓝经济开发区工作委员第一书记；南昌市委副秘书长（正县级）；南昌市政府党组成员、副市长，南昌临空经济区工委书记、管委会主任，南昌经济技术开发区工委第一书记。现任南昌市委常委，市政府党组副书记、常务副市长，市行政学院院长（兼）。

邱向军　男，汉族，江西资溪人，1968年2月生，1990年7月参加工作，1988年1月加入中国共产党，在职研究生学历，法学博士。历任江西省委办公厅干部、副主任科员、主任科员；南昌市委办公厅正科级秘书；南昌市委组织部副县级组织员；安义县委副书记、代县长、县长、县委书记，县人大常委会主任；南昌高新技术产业开发区管委会主任、工委书记。现任南昌市委常委。

郭　毅　男，汉族，江西樟树人，1964年8月生，1986年9月参加工作，1986年1月加入中国共产党，在职大学学历。历任宜春地区中级人民法院书记员、干部；东湖区委政法委干部；东湖区彭家桥街道办事处副主任；南昌市市容管理执法督查处处长、督察大队大队长（正科级），市容环境管理局督查室主任；红谷滩新区党工委委员、管委会副主任，党工委副书记、管委会副主任（正县级）；南昌市房产管理局局长、党委书记；东湖区委副书记、代区长、区长；南昌县委书记，南昌小蓝经开区党工委书记。现任南昌市委常委、秘书长。

华　清　男，汉族，江苏宝应人，1966年4月生，1991年9月参加工作，1985年11月加入中国共产党，研究生学历，法学博士。历任中央外宣办一局干部、主任科员、助理调研员、新闻处副处长、调研处副处长、调研处处长、新闻处处长、副局长；中央外宣办互联网新闻研究中心副主任（副局级）；中央网信办互联网新闻研究中心副主任（副局级）、主任（正局级）；中央网信办政策法规局巡视员兼副局长（正局长级）、法制办公室主任。现任南昌市委常委，副市长（正厅级）。

（市委组织部　市史志办）

南昌市第十五届人民代表大会常务委员会主任、副主任

2016年11月5日，南昌市第十五届人民代表大会第一次会议举行。会议选举陈德寿为南昌市第十五届人民代表大会常务委员会主任，申少平、李福如、魏国华、王敏（女）、朱敏华、张力、陈以荻、谭绍木为副主任。

陈德寿　男，汉族，江西上饶人，1959年11月生，1976年3月参加工作，1978年6月加入中国共产党，省委党校研究生学历，法学学士。历任上饶地委讲师团干部；上饶

地委宣传部干部、副科长、科长;上饶地委党校副校长;波阳县委副书记;上饶市委副秘书长、办公室主任;婺源县委书记;新余市委常委、组织部部长;南昌市委常委、组织部部长。现任南昌市人大常委会党组书记、主任。

申少平 男,汉族,江西新建人,1963年12月生,1986年7月参加工作,1984年11月加入中国共产党,大学学历,经济学硕士,高级工程师。历任江西省煤炭科研所干部;江西省煤炭质量监督检验站副站长、工程师、站长(正科级、副处级)、高级工程师,省煤炭工业检测中心主任;南昌市科学技术委员会副主任、党组成员;南昌市环境保护局党组书记、局长;南昌市人事局党组书记、局长,市编办主任,市委组织部副部长(兼),市人力资源和社会保障局党委副书记、局长;南昌市人大常委会党组成员、副主任。现任南昌市人大常委会党组副书记、副主任。

李福如 男,汉族,江西南昌县人,1962年12月生,1985年7月参加工作,1987年3月加入中国共产党,大学学历,经济学学士。历任青云谱区经济计划委员会办公室负责人、信息协作科科长;共青团青云谱区委副书记(主持工作)、书记;南昌市委政研室社会发展研究科科长、综合研究科科长(兼办公室负责人);南昌市民政工业公司党委书记、经理(副县级);南昌市政府发展研究中心副主任;南昌市委政研室副主任;南昌市委副秘书长、办公厅主任。现任南昌市人大常委会党组成员、副主任。

魏国华 男,汉族,江西南昌人,1960年4月生,1985年7月参加工作,1984年5月加入中国共产党,大学学历,医学学士。历任南昌市第八医院医师;东湖区委组织部干部;共青团东湖区委副书记、书记;东湖区彭家桥街办主任、副书记;东湖区商业局局长、党委书记;南昌县副县长;南昌县委常委、副县长;南昌市外事侨务办公室党组成员、副主任;南昌市委台湾工作办公室主任;南昌市卫生局党委书记、局长;南昌市教育局党委书记、局长。现任南昌市人大常委会党组成员、副主任。

王　敏 女,汉族,江西萍乡人,1963年11月生,1983年8月参加工作,1987年12月加入中国共产党,研究生学历,工程硕士。历任南昌无线电工业学校干部;西湖区委组织部干部、副科级组织员、副部长,兼区直机关工委书记;西湖区副区长、党组成员;西湖区委常委、政法委书记;南昌市妇联主席;进贤县委副书记,县政府代县长、党组书记,县长,县委书记;小蓝经济技术开发区管委会主任、工委副书记、管委会主任。现任南昌市人大常委会党组成员、副主任。

朱敏华 男,汉族,江西樟树人,1961年5月生,1983年8月参加工作,1988年2月加入中国共产党,大学学历,公共管理硕士。历任江西氨厂技术员、厂团委兼职副书记;南昌市体改委干部、试点科副科长;南昌市委办公厅综合科副科长、正科级秘书、综合科科长、副县级秘书;南昌市政府办公厅副主任(副县级、正县级)、党组成员,市政府经济发展研究中心主任(兼);南昌市人力资源和社会保障局局长,党委副书记、书记,市委组织部副部长(兼);南昌市政府党组成员、副秘书长、秘书长、办公厅党组书记。现任南昌市人大常委会党组成员、副主任。

张　力 男,汉族,黑龙江青冈人,1962年4月生,1985年8月参加工作,1984年5月加入中国共产党,大学学历,医生学士,主治医师。历任湾里区卫生局干部、中医院副院长、卫生局副局长;南昌市卫生局医政科副科长、科长;南昌市第三医院院长;南昌市卫生局党委委员、副局长、调研员;南昌市药品监督管理局党组书记、局长;南昌市食品药品监督管理局党组书记、局长;南昌市卫生局党委副书记、局长;南昌市卫生和计划生育委员会党委书记、主任。现任南昌市人大常委会党组成员、副主任。

陈以荻 男,汉族,江西新建人,1962年2月生,1983年8月参加工作,1995年7月加入中国共产党,大学学历。历任湾里区财政局干部;南昌市财政局预算科科员、副科长;南昌市财政局高新开发区分局局长(正科级);南昌市财政局预算科科长,党组成员、副局长,党组书记、局长。现任南昌市人大常委会党组成员、副主任。

谭绍木 男,汉族,湖南隆回人,1973年10月生,1996年4月参加工作,2005年8月加入中国民主促进会,在职研究生学历,法学博士,讲师。历任湖南省隆回县金石桥粮管站工人;南昌航空工业学院社科系教师,政法系思想政治教研室主任,政法系法律教研室副主任(兼)、主任;南昌市中级人民法院副院长(副县级、正县级),民进市委会副主委、主委(兼)。现任南昌市人大常委会副主任,民进市委会主委(兼)。

(何　旭)

南昌市第十五届人民政府市长、副市长

2016年11月5日,南昌市第十五届人民代表大会第一次会议选举郭安为南昌市政府市长,肖玉文、涂建生、龙国英、凌卫、宋铀、樊三宝、杨文斌为副市长。

郭　安 男,汉族,江西信丰人,1962年10月生,1981年9月参加工作,1985年3月加入中国共产党,中央党校研究生

学历。历任宜春地区行署计委干部、秘书科副科长、物资计划科副科长、物资计划科科长；樟树市副市长，市委常委、常务副市长，市委副书记、市长；宜春市委常委，万载县委书记，高安市委书记；景德镇市委常委、常务副市长；南昌市委副书记、政法委书记，代市长，市委党校第一校长（兼）。现任南昌市委副书记，市政府党组书记、市长。

肖玉文　男，汉族，江西南昌人，1967年3月生，1989年8月参加工作，1987年12月加入中国共产党，在职研究生学历，工商管理硕士。历任南昌市计划委员会干部；南昌市招商局干部；南昌市外资办公室干部；南昌市开放办公室干部；南昌市外经贸委干部、项目网络科科长（副科级）、投资促进中心副主任（正科级）、投资促进处处长，党组成员、副主任；南昌县委常委、常务副县长、县委副书记、代县长、县长、县委书记，南昌小蓝经济开发区工作委员第一书记；南昌市委副秘书长（正县级）；南昌市政府党组成员、副市长，南昌临空经济区工委书记、管委会主任，南昌经济技术开发区工委第一书记。现任南昌市委常委，市政府党组副书记、常务副市长，市行政学院院长（兼）。

华　清　男，汉族，江苏宝应人，1966年4月生，1991年9月参加工作，1985年11月加入中国共产党，研究生学历，法学博士。历任中央外宣办一局干部、主任科员、助理调研员、新闻处副处长、调研处副处长、调研处处长、新闻处处长、副局长；中央外宣办互联网新闻研究中心副主任（副局级）；中央网信办互联网新闻研究中心副主任（副局级）、主任（正局级）；中央网信办政策法规局巡视员兼副局长（正局长级）、法制办公室主任。现任南昌市委常委，副市长（正厅级）。

涂建生　男，汉族，1963年6月生，江西峡江人，1984年8月参加工作，1984年7月加入中国共产党，中央党校研究生学历。历任江西省劳改局生产科科员，科技处科员、副主任科员、副处长（正科级）；江西省监狱局农业处副处长（正科级）、处长（副处级、正处级）；江西省监狱管理局党委委员、副局长（正处级、副厅级）；吉安市副市长、公安局局长，市委政法委副书记。现任江西省公安厅党委委员，南昌市政府党组成员、副市长，南昌市公安局党委书记、局长、督察长。

龙国英　女，汉族，1967年2月生，江西上高人，1992年7月参加工作，2003年6月加入中国农工民主党，研究生学历，工学博士，副教授。历任南京大学城市与资源系教师；南昌市城乡规划局副局长（副县级、正县级），农工党南昌市委会副主委、主委，南昌市政协副主席。现任南昌市政府副市长，农工党南昌市委会主委。

凌　卫　男，汉族，1969年1月生，江西萍乡人，1991年10月参加工作，1989年1月加入中国共产党，大学学历，文学学士，主任记者。历任江西省社联《争鸣》杂志社、《内部论坛》编辑部编辑；江西日报社理论处编辑、总编室编辑、社会新闻部副主任、机动采访部副主任；共青团江西省委统战联络部负责人、联络部部长；江西省建设厅直属机关党委专职副书记；江西省住房和城乡建设厅直属机关党委专职副书记；江西省鄱阳湖水利枢纽建设办公室（江西省鄱阳湖水利枢纽投资集团公司）副主任（副总经理）、党委委员；宜春市副市长。现任南昌市政府党组成员、副市长。

宋　铀　男，汉族，1965年7月生，江西金溪人，1987年7月参加工作，1995年1月加入中国共产党，大学本科学历，工学

学士。历任南昌市城市规划设计院规划室技术员、工程师、副主任、主任；南昌市城乡规划局技术室负责人、副主任、主任，党组成员、副局长，党组书记、局长，南昌城市投资发展有限公司董事；南昌市政府副秘书长，红谷滩新区工委副书记、管委会主任、工委书记。现任南昌市政府党组成员、副市长。

樊三宝　男，汉族，1965年1月生，江西进贤人，1986年9月参加工作，1986年5月加入中国共产党，在职研究生学历。历任南昌市农垦科技推广站技术员、农艺师；南昌市木材检查站副站长；南昌市林业局营林科科长、局长助理、助理调研员，党委委员、副局长，党委书记、局长；南昌市政府副秘书长、办公厅党组成员，市委农工部部长、市政府农村工作办公室主任；新建县委书记；新建区委书记。现任南昌市政府党组成员、副市长。

杨文斌　男，汉族，1967年10月生，江西南昌县人，1990年9月参加工作，1986年9月加入中国共产党，大学学历，理学学士。历任南昌县广福乡干部、团委书记；南昌县富山乡党委委员；共青团南昌县委书记；南昌县塔城乡党委副书记、乡长；南昌县政府办公室主任；南昌县昌东镇党委书记；进贤县委常委、宣传部部长；南昌县委常委、宣传部部长；南昌市文化局党委书记、局长；南昌市文化新闻出版（版权）局党委副书记、局长；南昌市政府办公厅党组书记，市政府党组成员、秘书长；东湖区委书记。现任南昌市政府党组成员、副市长。

（谭梦阳）

政协南昌市第十四届委员会主席、副主席

2016年11月4日,政协南昌市第十四届委员会第一次会议举行。会议选举周关为政协南昌市第十四届委员会主席,周智安、李广振、陈匡辉、朱东、黄耀华、黄清玉、熊志刚、万敏为副主席。

周　关　男,汉族,江西修水人,1959年7月生,1976年9月参加工作,1987年10月加入中国共产党,大专学历。历任江西省修水县溪口公社大联小学民办教师;江西变压器厂子弟学校教师、厂宣传科干部;南昌市经济体制改革委员会一科副科长、科长;南昌市委办公厅秘书科秘书(正科级);江西省政府驻深圳办事处办公室主任(副处级);南昌市轻工业局副局长、党委委员;南昌市政府副秘书长、秘书长、党组成员、市长助理,办公厅党组成员、党组副书记、党组书记,办公厅主任;南昌市政协党组成员、副主席;南昌市政府党组成员、副市长;南昌市委常委、宣传部部长。现任南昌市政协党组书记、主席。

周智安　男,汉族,江西丰城人,1962年10月生,1984年8月参加工作,1991年10月加入中国共产党,在职研究生学历,工商管理硕士。历任南昌市第七中学教师;南昌市少年宫办公室副主任、研究室主任(副科级);南昌市直属机关工委组织部科员、副部长、主任科员;南昌市委统战部办公室副主任、主任,副部长,南昌市社会主义学院副院长(兼);西湖区委副书记、书记,代区长、区长、党组书记;南昌师范高等专科学校党委书记(副厅级)。现任南昌市政协党组副书记、副主席。

李广振　男,汉族,河北高邑人,1962年4月生,1981年9月参加工作,2000年7月加入九三学社,研究生学历,工程硕士,教授。历任江西师范学院南昌分院数学系微机教研室主任;南昌职业技术师范学院经管系计算机实验室主任、计算机教研室副主任,计算机中心主任;江西科技师范学院现代教育技术中心副主任(副处级、主持工作)、主任。现任南昌市政协副主席,江西省人大环境与资源保护委员会委员,九三学社南昌市委会主委,兼九三学社江西省委会副主委。

陈匡辉　男,汉族,江西南康人,1963年9月生,1984年7月参加工作,1989年12月加入中国共产党,中共党校大学学历,农学学士,副研究员。历任江西省农业大学饲料科学研究所干部、分析检测室副主任,办公室副主任、主任,副所长、所长;青云谱区委副书记(正县级);南昌市委政策研究室主任;南昌市劳动和社会保障局局长、党组副书记;南昌市机构编制委员会办公室主任;南昌县委副书记、代县长、县长;青山湖区委书记;南昌市政府党组成员。现任南昌市政协党组成员、副主席。

朱　东　男,汉族,江西弋阳人,1961年6月生,1981年3月参加工作,1988年12月加入中国共产党,中央党校大学学历。历任郊区区委农工部干部、科员,办公室秘书;南昌市委办公厅秘书科科员、秘书一科副科长、秘书二科副科长、秘书(正科级);安义县委常委、组织部部长;安义县委副书记、纪委书记;南昌市委组织部副部长、正县级组织员、常务副部长;安义县委常委、书记;南昌市人力资源和社会保障局党委书记、局长,市委组织部副部长(兼)。现任南昌市政协党组成员、副主席。

黄耀华　男,汉族,江西南昌人,1961年11月生,1981年9月参加工作,1985年5月加入中国共产党,大学学历。历任南昌县富山公社干部;南昌县公安局政工科干部;南昌县委办公室干部、秘书;南昌县委组织部办公室副主任、副部长;南昌县滁槎镇党委副书记、镇长;南昌县尤口乡党委副书记、乡长、党委书记;南昌县人民法院代院长、院长、党组书记;青云谱区人民法院代院长、院长、党组书记;青云谱区委常委、副区长,政法委副书记,青云谱镇党委书记;南昌市政府副秘书长,市信访局党组书记、局长;新建县委副书记、代县长、县长;南昌市发展和改革委员会党组书记、主任。现任南昌市政协党组成员、副主席。

黄清玉　女,土家族,湖南阮陵人,1967年7月生,1987年9月参加工作,2002年8月加入中国民主建国会,在职大学学历,农业推广硕士。历任江西制药厂工人、技工学校教师;南昌市商业贸易委员会办公室科员、副主任科员,市场发展处副处长、处长;南昌市监察局副局长,民建南昌市委会副主委(兼),南昌市社会主义学院院长。现任南昌市政协副主席、民建南昌市委会主委。

熊志刚　男,汉族,江西南昌县人,1970年8月生,1992年9月参加工作,无党派,在职研究生学历,公共管理硕士,工程师。历任南昌市政工程开发公司二分公司技术员;南昌昌北机场建设指挥部工程处合同计划部负责人、部长(副科级);民航江西省管理局机场建设部物业公司干部、正科级助理;南昌市建设工程造价管理站副站长(正科级);红谷滩新区市政组负责人、城市建设局负责人、城市管理与环境保护局局长、管委会副主任;鄱阳湖生态经济先导区建设推进领导小组办公室规划建设和资源环境协调部部长;临空经济区管委会副主任。现任南昌市政协副主席、南昌市工商联主席。

万　敏　女，汉族，江西临川人，1967年7月生，1989年7月参加工作，无党派，大学学历，经济学硕士。历任江西省纺织工业科研设计院助理工程师、工程师；南昌大学建筑工程学院讲师、副教授，建筑系副主任；江西省住房和城乡建设厅城乡规划设计研究院副院长兼总工程师、院长（正处级）；江西省住房和城乡建设厅城乡规划设计研究总院（江西省市政工程设计院）院长（正处级）。现任南昌市政协副主席。

（余为强）

中国共产党南昌市第十一届纪律检查委员会书记、副书记

2016年9月30日，中国共产党南昌市第十一届纪律检查委员会第一次全体会议举行。会议选举吴伟柱为中国共产党南昌市第十一届纪律检查委员会书记，朱斌、寇立群、徐强为副书记。

吴伟柱　男，汉族，江西星子人，1962年10月生，1981年9月参加工作，1984年4月加入中国共产党，中央党校研究生学历。历任星子县第二小学教师、副校长；星子县团县委干部、副书记；九江市纪委副科级纪检员、正科级纪检员，办公室副主任、主任；修水县委常委、县纪委书记；九江市纪委副书记；抚州市委常委、市纪委书记。现任南昌市委常委、市纪委书记。

朱　斌　男，汉族，江西鄱阳人，1965年2月生，1986年7月参加工作，1994年1月加入中国共产党，大学学历。历任江西省第一体工大队干部；南昌市监察局干部、副科级监察员；南昌市纪委第二纪检监察室副主任、纪检监察一室主任，常委，正县级纪检员。现任南昌市政府党组成员、市纪委副书记、市监察局局长。

寇立群　女，汉族，吉林省吉林市人，1968年2月生，1989年11月参加工作，1989年6月加入中国共产党，省委党校研究生学历。历任南昌市接待工作处干部、接待科副科长、科长；南昌市机关事务管理局党组成员、纪检组长；南昌市卫生局纪委书记、党委委员，南昌市卫生学校党委书记（兼）；南昌市纪委常委（保留正县级）。现任南昌市纪委副书记。

徐　强　男，汉族，江西进贤人，1973年10月生，1993年10月参加工作，1998年8月加入中国共产党，大学学历。历任南昌市东湖区城建环保局干部、档案局副局长；南昌市纪委副科级纪检员、办公厅副主任，监察综合室副主任（主持工作）、主任，常委、秘书长，南昌市红谷滩新区工委委员、纪工委书记。现任南昌市纪委副书记、南昌市红谷滩新区工委委员、纪工委书记。

（涂凯华）

市级领导机构干部名录

中共南昌市委

龚建华　省委常委、市委书记（任至11月）
殷美根　省委常委、市委书记（11月任）
郭　安　副书记、市长
欧阳海泉　副书记（任至9月）、政法委书记（正厅长级）（任至3月）
谢一平　副书记（正厅长级）（9月任）
陈德寿　常委、组织部部长（任至9月）
刘建洋　常委、常务副市长（任至9月）
卢作全　常委、纪委书记（任至9月）
吴伟柱　常委、纪委书记（9月任）
江晓斌　常委、秘书长（任至10月）
　　　　常委、组织部部长（9月任）
龙和南　常委、宣传部部长
刘　瑄　常委、南昌警备区司令员
刘家富　常委、政法委书记（3月任）
高鹰群　（女）常委、统战部部长（任至1月）
乐文红　（女）常委、统战部部长（1月任）
肖玉文　常委（4月任）、常务副市长（10月任）
邱向军　常委（9月任）
郭　毅　常委（9月任）、市委秘书长（10月任）
田大忠　常委、副市长（挂职，任至1月）
华　清　常委（3月任）、副市长（正厅长级）（挂职，4月任）
胡小洪　副秘书长
于立山　副秘书长（任至7月）
熊绍群　副秘书长
聂嘉平　副秘书长
张湘赣　副秘书长、办公厅主任（3月任）

南昌市人大常委会

蔡社宝　党组书记（任至10月）、主任（任至11月）
陈德寿　党组书记（10月任）、主任（11月任）
申少平　党组副书记、副主任
李福如　党组成员、副主任
魏国华　党组成员、副主任
王　敏　党组成员（10月任）、副主任（11月任）
朱敏华　党组成员、副主任（11月任）
张　力　党组成员、副主任（11月任）
陈以茯　党组成员、副主任（11月任）
谭绍木　副主任（11月任）、民进南昌市委会主委
李国根　党组成员、副主任（任至11月）、市总工会主席
崇江林　党组成员、副主任（任至11月）
邹书玲　（女）党组成员（任至11月）、副主任（任至6月）
戴晓明　党组成员、副主任（任至11月）
徐永立　党组成员、秘书长
王应才　副秘书长、办公厅主任（任至6月）

南昌市人民政府

郭　安　党组书记、市长
刘建洋　市委常委、常务副市长（任至9月）
刘家富　市委常委、副市长（任至1月）
肖玉文　党组副书记、常务副市长（10

月任)
田大忠　党组成员、副市长(挂职,任至1月)
华　清　党组成员、副市长(正厅级)(挂职,4月任)
涂建生　党组成员、副市长
龙国英　(女)副市长(11月任)
凌　卫　党组成员、副市长(10月任)
宋　铀　党组成员(5月任)、副市长(6月任)
樊三宝　党组成员(7月任)、副市长(11月任)
杨文斌　党组成员(7月任)、副市长(11月任)
姚燕平　(女)副市长(任至11月)
张根水　党组成员、副市长(任至11月)
朱志群　副市长(任至11月)
朱敏华　党组成员、秘书长(任至12月)
吴长金　党组成员、秘书长(12月任)
叶明和　党组成员、副秘书长(任至12月)
刘荣根　党组成员、副秘书长,市委农工部部长、市农村工作办公室主任
黄小华　副秘书长(任至12月)
魏小俊　党组成员、副秘书长,市城市综合管理办常务副主任
万里菲　(女)党组成员、副秘书长

政协南昌市委员会

周　关　党组书记、主席
周智安　党组副书记、副主席(11月任)
李广振　副主席
陈匡辉　党组成员(10月任)、副主席(11月任)
朱　东　党组成员、副主席(11月任)
黄耀华　党组成员、副主席(11月任)
黄清玉　(女)副主席(11月任),民建南昌市委会主委
熊志刚　副主席(11月任),市工商联主席
万　敏　副主席(11月任)
龙国英　(女)副主席(任至11月)
郭　曙　党组成员(任至2月),副主席(任至1月)
辛利杰　副主席(10月改任调研员,12月提前退休)
熊晓武　副主席(任至11月)
陈　斌　副主席(任至11月)
罗蜀强　副主席(任至11月)
王　耀　党组成员、秘书长
饶小敏　党组成员、副秘书长、办公厅主任
王河湧　副秘书长

南昌警备区

殷美根　第一书记(12月任)
刘　瑄　司令员
王宗军　政治委员
刘静波　参谋长

市纪委(监察局)

卢作全　市委常委、市纪委书记(任至9月)
吴伟柱　市委常委、市纪委书记(9月任)
李文龙　副书记(任至9月),市政府党组成员、监察局局长(任至10月)
李紫敬　副书记(任至6月,8月退)
朱　斌　副书记,市政府党组成员、监察局局长(12月任)
寇立群　(女)常委(正县级,9月任副书记)
徐　强　副书记(9月任)
李联明　市监察局副局长、正县级纪检员
戴　闽　常委
夏清平　常委、秘书长
晏　青　(女)组织部部长(任至3月)、常委(3月任)
熊秋林　市监察局副局长(3月任)
刘　峥　常委(9月任)、党风政风监督室主任
汪军伟　常委(9月任)、第三纪检监察室主任
刘志勇　常委(任至3月)
帅　志　办公厅主任(7月任)
刘军平　组织部部长(3月任)
吴　华　宣传部部长(任至7月)
王雁鸣　宣传部部长(9月任)
齐林松　研究室主任
何剑芳　(女)信访室主任
梁卫东　案件监督管理室主任
李永春　第一纪检监察室主任(任至9月)
姚　平　第五纪检监察室主任
刘晓辉　案件审理室主任
黄细华　纪检监察干部监督室主任
潘　华　保留副县级
冯　敏　(女)副县级纪检员(任至3月)
王中伟　副县级纪检员
赵伟方　副县级纪检员
聂志强　副县级纪检员
衷　斌　廉政教育中心主任

市直单位县级以上干部名录

市委办公厅

胡小洪　副秘书长
张湘赣　副秘书长、办公厅主任(3月任)
宋亮生　副秘书长(12月任)
徐永强　副主任
赖继红　副主任
钟国栋　副主任
赵海金　市纪委驻市委办公厅纪检组组长(8月任)
邹敏琴　(女)副主任
高道理　正县级督查专员
黄华辉　市委改革办专职副主任(任至7月)
曾国华　市委督查室主任
袁斯明　副调研员
崔瑞娟　(女)市委“民声通道”工作室主任(副县级)
章余铁　市委总值班室主任(副县级)
何　勐　副县级督查专员
罗建国　市委改革办(市法治南昌建设办)专职副主任
吴　群　(女)副调研员
梅清贵　副县级督查专员
李　通　市委改革办(市法治南昌建设办)专职副主任(7月任)

市人大常委会机关

王应才　副秘书长、办公厅主任(9月退)
吴新财　办公厅副主任
刘玉国　办公厅副主任
胡灵驱　办公厅副调研员
谢文斌　法制委主任委员
廖南萍　(女)法制委正县级干部
沈　跃　(女)法制委副主任委员(任至8月,到龄改非任副县级干部)
张春辉　财经委主任委员
周茂林　外侨民宗工委副主任(4月改任财经委副主任委员)
段伟群　预算工委副主任
韩雪英　(女)财经委副主任委员(任至4月,到龄改非任副县级干部)
周国繁　教科文卫委主任委员
付园萍　(女)教科文卫委副主任委员
刘　敏　(女)外侨民宗工委副主任(4月任)
耿承军　(女)内务司法委主任委员
邓　亮　内务司法委副主任委员

胡友胜　农业和农村委主任委员
江新忠　农业和农村委副主任委员
夏小华　农业和农村委副调研员（7月退）
熊贤莉　城建环保委主任委员
李　军　城建环保委副主任委员（任至8月，到龄改非任副县级干部）
陶　成　法工委主任
王志民　法工委调研员
熊　成　法工委副主任
吴倨峰　备案审查工委副主任（8月任）
余志坚　选任联工委主任（兼）
刘荣林　选任联工委副主任

市政府办公厅（市政府应急管理办公室）

朱敏华　党组书记、秘书长（任至12月）
吴长金　党组成员、副秘书长（任至12月）
　　　　党组书记、秘书长（12月任）
叶明和　党组成员、副秘书长（任至12月）
刘荣根　党组成员、副秘书长
黄小华　副秘书长、主任（任至12月）
魏小俊　党组成员、副秘书长
万里菲　党组成员、副秘书长
何　琦　副主任（任至9月）
　　　　党组成员、副秘书长（9月任）
汪　成　党组成员、副主任
李旭晟　党组成员、副主任
杨志龙　党组成员、正县级督查专员（9月任）
张永华　党组成员、市纪委驻市政府办公厅纪检组组长（8月任）
叶　涛　党组成员、副主任
林厚道　调研员
李剑玲　（女）副调研员
宋　斌　市政府督查室主任
黄解军　副调研员
李德平　副调研员
胡　星　副调研员
农小兵　市政府参事室主任
徐国水　市爱卫办主任
杨　涛　市政府经济社会发展研究室主任
赖洪标　市政府应急办专职副主任
林　峰　副县级督查专员
吴建清　副调研员
彭严明　副县级督查专员（7月任）

市政协机关

饶小敏　副秘书长、办公厅主任
王河湧　副秘书长
袁海秋　提案委主任
余　刚　经科委主任
丁慧兴　人资环城建委主任
张恒立　教卫文体文史委主任
罗　坤　社法民宗委主任
熊墨明　港澳台侨和外事委主任（8月任）
张　菁　办公厅副主任
刘芳芳　（女）提案委副主任（任至4月）
钟春发　经科委副主任
何　民　人资环城建委副主任
刘绍友　教卫文体文史委副主任
况胜秀　（女）社法民宗委副主任
贺　晶　（女）港澳台侨和外事委副主任
辛利杰　调研员（10月任，12月提前退休）
王志勤　办公厅调研员（8月任）
王永南　港澳台侨和外事委保留正县级
江文升　办公厅副调研员
罗　平　办公厅副调研员
聂　勇　提案委副调研员（2月退）
曹克强　经科委副调研员
刁　旭　人资环城建委副调研员
潘建华　社法民宗委副调研员

市委组织部

陈德寿　市委常委、组织部部长（任至9月）
江晓斌　市委常委、组织部部长（9月任）
郑志军　常务副部长，高新区工委副书记、管委会副主任（挂职，任至6月）
朱　东　副部长（兼），市人社局党委书记、局长（任至11月）
余志坚　副部长，市人大选任联工委主任（兼）
凌　菲　（女）副部长（兼），市委老干局局长
黄小华　副部长（兼），市人社局党委书记、局长（12月任）
黄国平　副部长
杨晓波　副部长
汪礼良　市纪委派驻市委组织部纪检组组长（8月任）
卢亮昊　部务委员
万晓娟　（女）部务委员
李电花　（女）调研员
吴小琼　（女）副调研员（9月退）
曾光华　副调研员
张六顺　市委基层办主任（副县级）

市委宣传部

龙和南　市委常委、宣传部部长
魏运花　（女）常务副部长（2月退）
李家旺　副部长（任至3月，改任常务副部长）
罗水长　副部长（任至6月，改任调研员）
刘　力　外宣办主任（任至3月，改任副部长）
涂宗勤　（女）正县级领导
万晓东　副县级宣传员
雷丽红　（女）副县级宣传员
刘　煜　市互联网信息办公室专职副主任（6月任）

市委统战部

高鹰群　（女）市委常委、统战部部长（任至1月）
乐文红　（女）市委常委、统战部部长（1月任）
姚向红　（女）常务副部长（任至6月，到龄改非任正县级干部）
黄　文　副部长（6月任）
徐　峰　副部长（任至6月）
梁超伟　副部长（兼）
刘小坚　副部长（兼）
麦建宁　副部长
熊冬燕　（女）副部长（兼）
杨　燕　（女）市纪委派驻市委统战部纪检组组长（8月任）
陈　昕　社会主义学院副院长
杨　杰　副调研员（1月任）

市委政法委

欧阳海泉　市委副书记，政法委书记（任至3月）
刘家富　市委常委、政法委书记（3月任）
熊绍群　市委副秘书长、政法委常务副书记
蔡卫卫　副书记、市610办主任
赵泽华　副书记、市综治办主任
丁志华　市委维稳办主任、市公安局党委委员、副局长（3月任）
李　莉　（女）市纪委派驻市委政法委纪检组组长（8月任）
关　强　副书记
辜　锋　市委维稳办副主任（8月任）
李国水　市综治办副主任
罗永兴　市综治办副主任
刘志斌　市610办副主任
彭淑萍　（女）市法学会专职副会长
杨　成　政治部主任
梁安国　正县级干部
卢咸宁　副县级干部
何运游　副调研员
吴志强　市委维稳办副主任（任至8月）

市委农工部(市政府农村工作办公室)

刘荣根　部长、主任
张晓方　副部长(正县级)
郭子东　副部长、副主任
何国山　副部长、副主任
祝国强　副部长、副主任
陶海龙　正县级干部(11 月退)
符开辉　市扶贫办主任
徐小萍　(女)副调研员
万云标　副调研员(6 月任)

市委台办

管琳丽　(女)主任
胡　裔　(女)副主任(任至 3 月)
邹冬梅　(女)副主任
李凌鹏　副主任(任至 9 月)
余建明　副主任(3 月任)
蔡安枪　副主任(3 月任)
戴继斌　副调研员

市委政研室

张湘赣　主任(任至 3 月)
熊中高　主任(7 月任)
廖云生　副主任
杨平水　副主任
车红云　副主任
樊学良　调研员
陈电子　副调研员
叶想英　(女)副调研员

市委老干部局

凌　菲　(女)局长
袁井红　(女)正县级干部
廖吉芬　(女)正县级干部
黄素萍　(女)副局长
朱经伟　副局长
张　芳　(女)副局长
涂　兵　副调研员
王爱华　市关心下一代工作委员会办公室主任

市直属机关工作委员会

郭　毅　市委常委、秘书长,书记(兼,10 月任)
莫继明　正县级干部
杨启棠　副书记(10 月改任常务副书记)
梁厚生　副书记
盛建昌　副书记
熊　敏　(女)副书记
殷红锋　(女)工委委员
李渡平　工委委员
罗伙庚　工委委员
刘建忠　调研员(2 月退)
李鸿胜　副县级干部(9 月退)
龚小荣　副调研员(3 月退)

贾华生　副调研员

市委、市政府合作交流办

于立山　市委副秘书长,党委书记、主任(任至 7 月)
饶良富　党委委员、副主任
许永晟　党委委员、副主任
李　莉　(女)党委委员、副主任(3 月任)
徐勇华　调研员(3 月任)
万志勇　副调研员
章　勇　副调研员

市机关事务管理局

李　林　党组书记、局长
卢学文　党组成员、副局长
欧阳锋　党组成员、纪检组长(任至 11 月)
何小波　党组成员、副局长
李晓东　副调研员
熊建军　副调研员(6 月任)

市史志办

谢晓亮　党组书记、主任
辜　锋　党组成员、纪检组长(任至 8 月)
张永华　党组成员、副主任
徐明生　党组成员、副主任
邓水龙　副调研员(任至 3 月),党组成员、副主任(3 月任)
谭小荣　调研员
张润生　副县级干部
涂俊彦　副调研员(3 月任)

市档案局

徐迎晨　党组书记、局长
余小勇　党组成员、副局长
叶寿祥　党组成员、副局长
占明义　党组成员、副局长
黄　霞　(女)副调研员
李小云　(女)副调研员(3 月任)
赵乐临　副县级干部
彭　青　调研员(4 月退)

市委党校(市行政学院)

欧阳海泉　党校第一校长(任至 10 月)
谢一平　党校校长(10 月任)
刘建洋　行政学院第一院长(任至 10 月)
肖玉文　行政学院院长(10 月任)
姚晓明　校长(院长)(任至 10 月),常务副校长(常务副院长)(10 月任)
蔡水珍　(女)副校长(副院长)
杨云峰　副校长(副院长)
程　敏　副校长(副院长)

俞晓敏　副校长(副院长)
王传林　副调研员
万　强　副县级班主任(3 月任)

市文明办

李新建　主任
郭国亮　副主任
程　超　副主任
李学聪　副主任
温华贵　副调研员(6 月任)

市编办

陶寒光　主任
孔令源　副主任
周　丽　(女)副主任
彭苏琨　副调研员(1 月退)
郑钦新　副调研员

市委信访局(市政府信访局)

聂嘉平　市委副秘书长,党组书记、局长
万明凤　(女)党组成员、正县级督查专员
万小敏　党组成员、副局长(任至 6 月)
仇海泉　党组成员、副局长
赵海金　党组成员、纪检组长(任至 8 月)
邓玉国　党组成员、副局长
廖明哲　党组成员、副局长
张智华　(女)党组成员、副县级督查专员
刘多祯　党组成员、市信访接待中心主任
顾国强　副调研员(3 月任)

市法院

刘邦琰　党组书记(任至 9 月)、院长(任至 10 月)
居国屏　党组书记(9 月任)、院长(10 月任代院长,11 月任院长)
张　萍　(女)党组副书记、副院长
谭绍木　副院长(任至 12 月)
罗　辉　党组成员、副院长
黄淑彬　(女)党组成员、副院长
焦　健　(女)党组成员、政治部主任
刘木林　党组成员、市纪委派驻市法院纪检组组长(9 月任)
刘　东　党组成员、执行局局长
陈　芳　(女)党组成员、审判委员会专职委员
李红刚　审判委员会专职委员(7 月任)
廖治中　审判委员会专职委员
帅国庆　调研员(9 月退)
潘荣健　副调研员(5 月退)

市检察院

徐胜平　党组书记、检察长(任至 1 月)

刘　炽　党组书记（1月任）、检察长（4月任）
刘莉芬　（女）党组副书记、副检察长（任至7月）
邓修作　党组成员、副检察长
刘　敏　党组成员、政治部主任（7月任）
王林才　党组成员，经开区检察院党组书记、检察长（正县级）
曹运革　党组成员、副检察长（正县级）
陈伟明　党组成员、纪检组长
薛有旺　副检察长
涂平贵　党组成员、副检察长（8月任）
詹太健　党组成员、反贪局局长
熊红文　党组成员、检委会专职委员
余声汉　检委会专职委员（8月任）
张振川　检委会专职委员
姚　纯　反贪局政委
刘立娜　（女）副县级检察员（8月任）
龚生香　（女）检委会专职委员（任至6月）、副县级检察员（6月任）
刘用林　副县级检察员
邓国庆　副县级检察员
孙文新　副县级检察员
魏琗金　副县级检察员
邱慈梧　副县级检察员（7月退）
赖蓉蓉　（女）副县级检察员
陈　勇　副县级检察员
熊　歌　副县级检察员（10月退）
郭云水　江西长埃地区检察院党组书记、检察长
易志华　南昌高新技术产业开发区检察院党组书记、检察长

市总工会

李国根　市人大常委会副主任（任至11月），党组书记、主席
宋亮生　党组副书记、常务副主席（任至12月）
陈小勤　党组成员、副主席
张理国　党组成员、副主席
吴荣富　党组成员、副主席
杨　艳　（女）党组成员、纪检组长
陈水平　党组成员
周宇凤　党组成员
熊　艳　（女）党组成员
钟　东　副调研员

团市委

盛　炜　党组书记、书记
邓　培　（女）党组成员、副书记
陈　俊　党组成员、副书记（任至8月）
胡剑峰　党组成员、副书记（任至2月）
曾　晋　党组成员、副书记（6月任）

市妇联

黄　琰　（女）党组书记、主席
梅　丽　（女）党组成员、副主席
陶丽珍　（女）党组成员、副主席（任至7月）
黄朝华　（女）党组成员、副主席（7月任）
陈　姝　（女）副调研员（任至6月），党组成员、副主席（7月任）
盛爱凤　（女）党组成员、副主席（任至3月）、调研员（4月任）

市文联

赵　军　党组书记、主席
贺思敏　（女）副主席
邹时光　党组成员、副主席
付长根　党组成员、副主席
雷　雨　（女）副调研员（3月任）

市社科联（南昌社科院）

喻凤林　党组书记、主席（院长）
杜　敏　党组成员、副主席（副院长）
皮　洁　（女）党组成员、副主席（副院长）
彭路萍　（女）党组成员、副主席（副院长）
张　凡　（女）副调研员

市侨联

刘小坚　党组书记、主席
陈　铭　（女）党组成员、副主席
许日强　党组成员、副主席
高新民　党组成员、副主席

市残联

余　颖　党组书记、理事长
章建辉　党组成员、纪检组长（任至9月，改非任调研员）
丁绍平　党组成员、副理事长
吴卫平　党组成员、副理事长
林善岳　党组成员、副理事长
邓林和　党组成员、副理事长
蒋跃东　党组成员（任至3月）、副调研员
孙秀全　副调研员（1月退）
涂　毅　副调研员

市科协

刘志勇　党组书记（3月任）
邹玉萍　（女）主席
熊卫平　党组成员、副主席
衣　萍　（女）副主席
李培赣　党组成员、副主席
尹　炜　（女）副调研员

市红十字会

曹小明　专职副会长（副县级）
王宽道　专职副会长（副县级）

市发改委

黄耀华　党组书记、主任（任至12月）
张小飞　党组成员、副主任
赖育雷　党组成员、副主任（7月任）
钟　坚　党组成员、副主任
柳　华　党组成员、总经济师（2017年3月，因涉嫌严重违纪，接受组织审查；4月，经南昌市委批准，予以开除党籍、开除公职处分）
陈江宁　党组成员、副主任
杨　燕　（女）党组成员、纪检组长（任至8月）
雷进先　党组成员、纪检组长（9月任）
赵丁生　副调研员
李少卿　副调研员
王　林　副调研员
熊家芳　市重大项目稽察特派员办公室主任
陈　瑛　（女）市第三产业发展办公室主任

市工信委

詹水发　党委书记、主任（任至12月）
何　琦　党委书记、主任（12月任）
邱　胜　党委委员、副主任
周保明　党委委员、副主任
黎建武　党委委员、副主任
李　碧　党委委员、副主任
余友明　党委委员、市纪委派驻市工信委纪检组组长（8月任）
陈　净　（女）党委委员、副主任
何彦军　党委委员、副主任
李　智　党委委员、纪委书记（任至12月）
张　庆　党委委员、总经济师（6月任）
万　丽　（女）调研员
姜方保　调研员
陈其恺　副调研员
伍秋平　行业管理处处长（副县级）
尹振庆　副调研员

市国资委

黄中平　党委书记、主任
戴龙宪　党委委员、副主任
李来平　党委委员、副主任
吴坤荣　党委委员、副主任
杨晓蓓　党委委员、副主任
王劲松　党委委员、纪检组组长
程晓林　正县级干部
彭小英　（女）监事会主席（任至7月）、调研员（7月任）
唐三湘　监事会主席

傅荣志　监事会主席
舒　洪　监事会主席
万晓峰　(女)副调研员
胡国元　副调研员

市人社局

朱　东　党委书记、局长(任至11月)
陈茂林　(女)党委委员、副局长(7月任)
高革霞　(女)党委委员、副局长
涂小凤　党委委员、副局长
肖　欢　党委委员、副局长
黄书林　党委委员、市纪委派驻市人社局纪检组组长(8月任)
李更生　党委委员、副局长
吴跃华　调研员(9月由党委委员、纪委书记转任)
徐小鹏　副县级干部
任跃平　调研员(6月任)
吕中斌　副调研员
万新华　副调研员

市城管委(市行政管理行政执法局)

杨保根　党委书记、主任(局长)
胡军锋　党委委员、副主任(副局长)
詹成龙　党委委员、副主任(副局长)
胡文海　党委委员、副主任(副局长)
卢　琛　党委委员、市纪委派驻纪检组组长(10月任)
吴　军　党委委员、总工程师(3月任)
陈宗龙　副调研员{6月转任党委委员、副主任(副局长)}
户春才　党委委员、督查考核处处长
秦　芳　党委委员、市城管支队党委书记、支队长(6月任)
殷小林　调研员(2月退)
刘建潮　调研员(2月退)
曾享庭　副调研员
李跃华　党委委员、副主任(副局长)(任至6月)
汪礼良　党委委员、纪委书记(任至8月)
王立团　党委委员、副主任(副局长)(2月任,3月保留副县级,8月退)
刘琪珏　调研员(10月退)

市外侨办

黄小燕　(女)党组书记、主任(任至7月)
梅　梅　(女)党组书记、主任(7月任)
刘崇盛　党组成员、副主任(任至3月,到龄改非任调研员)
毛亦水　党组成员、副主任
张永华　党组成员、纪检组长(任至8月)
甘裕红　(女)党组成员、副主任
姚　气　副县级干部
章炜荣　副调研员
曾建民　副调研员

市安全生产监督管理局

孙群力　党组书记、局长
黄振民　党组成员、副局长
罗春来　党组成员、副局长
邓瑞禄　党组成员、市纪委派驻市安监局纪检组组长
吴　堃　党组成员、总工程师
黄爱华　党组成员、副局长
袁文龙　党组成员、副局长
熊保根　调研员(7月退)
黄玖金　调研员(8月退)
金　光　副调研员
林向东　副调研员

市民族宗教事务局

梁超伟　党组书记、局长
谭三国　党组成员、副局长
余建明　党组成员、副局长(任至10月)
欧阳晓文　党组成员、副局长
卢　琛　党组成员、纪检组长(任至10月)
徐云宝　助理调研员

市行政服务中心管委会

邓九藩　党组书记、主任
刘木生　调研员
席建平　党组成员、副主任(任至7月)、调研员(7月任)
黄招员　党组成员、副主任
徐正平　纪检组长(任至8月)、党组成员、副主任(8月任)
叶见瑜　党组成员、副主任
万晓鸿　副调研员(10月退)
黎　强　副调研员

市公共资源交易市场管理委员会办公室

刘卫东　党组书记、主任
刘　翔　党组成员、副主任
欧阳龙　党组成员、副主任
万　平　(女)党组成员、纪检组长(任至9月)
黄洪喜　调研员
刘小平　正县级干部(12月退)

市公共资源交易管理中心

董建军　主任(副县级)
熊宝龙　党支部书记(副县级)
罗鸣明　调研员(10月退)

市金融办

李水平　党组书记、主任
饶掀洪　党组成员、纪检组长(任至8月)
吴丹波　党组成员、副主任
邓　峰　党组成员、副主任
葛　苗　副调研员(6月任)

市城市综合管理协调领导小组办

魏小俊　市政府副秘书长,党组书记(3月任)、常务副主任
唐尚洪　党组成员(3月任)、副主任
孙新初　党组成员(3月任)、副主任
刘国华　党组成员、副主任(3月任)
张春禄　调研员

市法制办

涂仕华　党组书记、主任
韩德保　党组成员、副主任
邱　荣　党组成员、纪检组长(任至3月,到龄改非任调研员)
余毛毛　党组成员、副主任
王国辉　党组成员、副主任(任至6月)
冯庆文　副调研员
廖承文　副调研员
朱　雷　市政府行政复议委员会办公室专职副主任

市公安局

涂建生　党委书记、局长
吁小平　党委副书记、常务副局长
李国华　党委委员、副局长兼交通管理局政委
徐十斗　党委委员、副局长兼特警(防暴)支队政委
梁　捷　党委委员、副局长、警卫处处长
王　伟　党委委员、副局长(正县级)(3月任)
赵和平　党委委员、副局长、交管局长(3月任)
张增和　党委委员、政治部主任、市警校校长
丁志华　党委委员、副局长,市委维稳办主任(兼,3月任,正县级)
陈国宏　党委委员、指挥长(任至3月)、副局长(3月任)
杨玉章　党委委员、指挥长(6月任)
李永春　党委委员、市纪委驻局纪检组组长(9月任)
钟田力　党委委员、纪委书记(8月转任正县级干部)
李　勇　党委副书记、副局长(3月转任调研员)
李祖宏　调研员

市民政局

沈　杰　党委书记、局长(任至12月)
贺志平　(女,满族)副局长(4月到龄改

非任调研员）
黄宜顺　党委委员、副局长
王国辉　党委委员、副局长（6月任）
邓　宏　党委委员、副局长
陈军虎　党委委员、纪委书记（任至8月）
潘四清　党委委员、纪检组长（8月任）
黄朝华　（女）党委委员、老龄委专职副主任（任至6月）
曹志宏　党委委员、双拥办主任（任至6月）、副局长（6月任）
应学全　正县级干部
黄广新　调研员（10月退）
严　平　（女）调研员（10月退）
邱　锐　副调研员
杨　航　副调研员
万继海　市地名工作委员会办公室主任
张明春　市民间组织执法监察局局长

市司法局

涂慧玲　（女）党组书记、局长
王慧玲　（女）党组成员、副局长
邹智敏　党组成员、副局长
李　莉　（女）党组成员、纪检组长（任至8月）
郑家万　党组成员、市纪委派驻市司法局纪检组组长（8月任）
慈海波　党组成员、市强戒所所长
周晓雄　党组成员、副局长
邱焕权　党组成员、副局长
万文革　党组成员、政治部主任
凌小晋　（女）副调研员
舒奕斌　副调研员（6月任）

武警南昌市支队

黄耀金　支队长
秦　岭　政委

市公安消防支队

赖慰冰　支队长
黎学军　政委（7月退）

市建委

郑　炜　党委书记、主任（12月调整为正县级干部）
吴绍宸　党委书记、主任（12月任）
翟圣智　党委委员、市重点工程管理办公室主任、党组书记
应　皓　党委委员、副主任
熊焕标　副主任
周庆荣　党委委员、总工程师
池建林　党委委员、纪委书记（任至7月）、副主任（7月任））
黄跃生　党委委员、副主任
徐海仁　调研员
张焕胜　副调研员
龚著勤　副调研员
万　军　副调研员

市国土资源局

陶　志　党组书记、局长
徐荣丽　（女）调研员
陈献忠　党组成员、副局长
徐　侃　党组成员、副局长
黄国农　党组成员、土地储备中心主任
黄先兰　党组成员、地产经营发展中心党支部书记（2月退）
吉伟伟　党组成员、副局长
黄亲伟　党组成员、副调研员（10月任调研员）
裘小勇　党组成员、副局长
何华辉　党组成员、纪检组长
徐海平　副局长

市城乡规划局

罗剑云　党组书记、局长
陈明远　党组成员、副局长
徐　静　（女）副局长（任至4月）
袁义松　党组成员、纪检组长（任至8月）、副局长（8月任）
陈长春　副调研员（任至6月），党组成员、副局长（6月任）
陶筱玲　（女）副调研员
罗晓峰　副调研员

市住房保障和房产管理局

王　强　党委书记、局长
黄　萍　（女）党委委员、副局长（2015年12月提前退休）
肖　虹　党委委员、副局长
朱和平　党委委员、副局长
王帮平　党委委员、副局长
欧阳锋　党委委员、市纪委派驻市房管局纪检组组长（11月任）
李竞红　（女）副调研员
徐　胜　副调研员

市园林局

王向阳　党委书记、局长（任至3月）
宋　明　党委委员、副局长（4月转任党委书记）
徐　静　（女）局长（4月任）
余秀莲　（女）调研员（8月退）
詹够穆　党委委员、副局长
谢凤俊　党委委员、总园艺师
张裕生　党委委员、副局长
万　平　（女）党委委员、市纪委派驻市园林局纪检组组长（9月任）
黄泉勇　党委委员、纪委书记（9月转任副局长）
喻国平　副调研员

市环保局

邹国星　党组书记、局长
徐水喜　党组成员、副局长
曾晓翔　党组成员、副局长
章美良　党组成员、副局长
黄宝强　党组成员、总工程师
鄢云华　党组成员、纪检组长（任至8月，到龄改非为副县级干部）
姜清波　副调研员
陈财南　副调研员（2月退）

市交通运输局

陆　萍　（女）党委书记、局长
俞剑平　党委委员、副局长（3月任）
吴久铭　党委委员、副局长（任至3月）
张　伟　总工程师
黄振珠　党委委员（任至4月）
车小琴　（女）党委委员、副局长
余其江　党委委员、市纪委派驻市交通运输局纪检组组长（8月任）
严晓群　党委委员、副局长
黄书林　党委委员、纪委书记（任至8月）
闵小平　调研员
李东昇　副调研员

市人防办

吴韶宸　党组书记、主任
陈　武　党组成员、副主任
熊幸平　党组成员、副主任
周建东　党组成员、副主任
张鸿雁　调研员（7月退）
廖晓峰　调研员
李　俊　副调研员
黄文金　副调研员

市公路管理局

唐席平　党委书记
万文浩　党委副书记、局长
杨玉江　党委委员、纪委书记（任至3月）、调研员（3月任）
王建华　调研员
杨宗富　调研员
俞剑平　党委委员、副局长（任至3月）
陈元镖　党委委员、副局长
张水衡　党委委员、副局长
万治强　党委委员、副局长
王照辉　总工程师
戴志军　副调研员

市重点工程管理办公室

翟圣智　党组书记、主任
陈京广　党组成员、总工程师
黄文华　党组成员、副主任
万兆兰　（女）副主任
雷进先　党组成员、纪检组长（任至

9月)

市农业局

胡荣棣　党委书记、局长
吴学春　党委委员、副局长、市农科院书记
赵智平　党委委员、副局长
谢东辉　(女)党委委员、总经济师(任至6月),副局长(6月任)
朱旺生　党委委员、副局长
胡洪华　(女)党委委员、市纪委派驻市农业局纪检组组长(9月任)
凌永青　(女)党委委员、副局长
邓善华　党委委员、总经济师(6月任)
王　胜　党委委员、市畜牧兽医局局长
龚绍华　调研员(12月退)
郭晓流　调研员
刘　彪　调研员(9月任)
吴　斌　副调研员
黄文生　副调研员

市林业局

付新灿　党委书记、局长
万保平　党委委员、副局长(任至6月),调研员(6月任)
张　敏　党委委员、纪检书记(任至8月)
涂传建　党委委员、副局长
陈军虎　党委委员、市纪委派驻市林业局纪检组组长(8月任)
杨馥宁　党委委员、总工程师
罗美英　(女)党委委员、副局长
陶丽珍　党委委员、副局长(8月任)
胡　明　党委委员、副局长
胡岳峰　党委委员、市森林公安局局长
肖天佑　党委委员、市绿化委员会办公室主任
胡友军　副调研员(7月任)

市水务局

李克荣　党组书记、局长
周洪都　党组成员、副局长(任至5月,到龄改非任调研员)
崇林风　(女)副局长
杨剑波　党组成员、纪检组长(任至7月),副局长(7月任)
杨宏富　党组成员、副局长
李爱水　党组成员、市防汛办公室主任(副县级)
唐　明　党组成员、总工程师
胡秋华　党组成员、市纪委派驻市水务局纪检组组长(8月任)
罗建华　党组成员、副局长
罗柏林　副调研员
邹　幸　副调研员(6月任)

市农业综合开发办

王小文　党组书记、主任
丁　乐　党组成员、副主任
陈玉保　党组成员、副主任
罗小琴　(女)党组成员、副主任(7月任)
潘四清　党组成员、纪检组长
陶青山　调研员
王蕴文　副调研员

市气象局

吴延年　党组书记、局长(任至10月)
孙国栋　党组书记、局长(10月任)
罗　冰　党组成员、副局长
刘　燕　(女)党组成员、纪检组长
胡　磊　党组成员
郭　艳　(女)党组成员、副局长
吴泉保　调研员
万冬明　副调研员

市防震减灾局

易小毛　党组书记、局长
邓保良　党组成员、副局长
马小娟　(女)党组成员、副局长

市财政局

陈以荻　党组书记、局长
胡丽华　副局长
陈国广　党组成员、副局长
谢为民　党组成员、市纪委驻财政局纪检组长
胡　箭　党组成员、副局长
郭　宇　党组成员、副局长
秦鼎坤　党组成员、副局长
曾　辉　党组成员、总会计师
刘　鹏　调研员
黄利文　副调研员
毛志东　市政府财经监督检查办公室主任

市审计局

万仁如　党组书记、局长
詹善平　党组成员、副局长
张根全　党组成员、副局长
刘承万　党组成员、纪检组长(任至9月),调研员(9月任)
彭艳云　党组成员、副局长
赵　波　调研员
郑克里　调研员
廖金红　副调研员
肖　林　副调研员
徐宝华　市经济责任领导小组办公室主任

市统计局

万昱原　党组书记、局长(任至12月)
郭　宇　党组书记、局长(12月任)
陈正军　党组成员、纪检组长(任至8月)
饶掀洪　党组成员、市纪委派驻市统计局纪检组组长(8月任)
熊慧平　(女)党组成员、总统计师
肖玉芳　(女)党组成员、副局长
张　宁　党组成员、副局长(任至3月),调研员(3月任)
胡林发　副调研员
张志萍　(女)副调研员

市商务局

吕　娄　(女)党委书记、局长
黄信红　党委委员、副局长
张建平　党委委员、副局长
周　铭　党委委员、纪委书记(8月改任市纪委派驻市商务局纪检组组长)
石　浩　党委委员、副局长
高耀兵　党委委员、副局长
游志卫　调研员
易裕斌　副调研员(9月退)
陶东铭　副调研员
雷　艳　(女)副调研员
彭望元　副调研员(3月任)

市投资促进局

邹晓东　党组书记、局长
戴　琼　(女)党组成员、副局长(正县级)
李凌鹏　党组成员、副局长(9月任)
金　伟　副局长(3月任)
邓之武　党组成员、副局长(3月任)
高　健　调研员(10月退)
肖小美　调研员(3月任)
黎　刚　副调研员
赵国华　副调研员
徐国华　副调研员
严笑正　投资服务处处长(副县级)

市物价局

罗毛则　党组书记、局长
郑家万　党组成员、纪检组长(任至8月)
刘达辉　正县级干部
衷建红　党组成员、副局长
章建云　党组成员、副局长
熊季翔　党组成员、副局长
占肆土　党组成员、副局长
谢志春　党组成员(6月任)、市价格监督检查局局长
熊　飞　副调研员
龙任平　副调研员(任至4月)

市粮食局

刘斯彬　党委书记、局长
颜　华　党委委员、纪委书记（任至8月）
刘　健　（女）党委委员、副局长
郎西桂　党委委员、副局长
欧阳建人　党委委员、副局长
江润保　副调研员
陈卫东　副调研员
樊　滔　副调研员
陈钢文　副调研员（5月退）

市供销社

梅树华　党委书记、主任
樊林乔　党委委员、副主任
樊保仁　党委委员、副主任（6月转任调研员）
胡洪华　（女）党委委员、纪委书记（任至12月）
龙纪瑞　党委委员、副主任
李小保　调研员（4月退）
涂贵生　副调研员（1月退）
万英莲　（女）副调研员
肖　霞　（女）副调研员

市市场和质量监督管理局

徐云辉　党组书记（12月任）、局长
许卫华　党组书记（任至12月）
邹建华　党组成员、副局长
张　琳　党组成员、副局长
田久泰　党组成员、副局长（任至1月，提前退休）
付流云　党组成员、副局长
刘献球　党组成员、副局长（7月退）
田卫国　党组成员、副局长
余其江　党组成员、纪检组长（任至8月）
喻　兵　党组成员、经开区市场和质量监督管理局局长（7月任）
李晓东　党组成员、市纪委派驻纪检组组长（8月任）
张志刚　党组成员、总工程师（7月任）
李伟斌　调研员（9月退）
吉　丽　（女）党组成员、红谷滩新区市场和质量监督管理局局长（7月任）
胡荣发　调研员（2月退）
邓晓冰　副调研员
龚德明　调研员（7月退）
王传玉　副调研员
吴文春　副调研员
敖春海　副调研员
魏征军　副调研员
殷政权　副调研员
刘灿东　副调研员
谌燕军　（女）副调研员
熊国庆　副调研员
罗中凯　副调研员

市国家税务局

刘英怀　党组书记、局长
陈国富　党组成员、副局长
裘以华　党组成员、副局长
邱　明　党组成员、副局长
林延敏　（女）党组成员、副局长
张　俊　党组成员、纪检组长
何　剑　党组成员、总会计师（任至12月），副局长（12月任）
王宝军　调研员
朱迎秋　副调研员
戴福星　副调研员
张学明　副调研员

市地税局

邓　峻　党组书记（7月任）、局长
乐跃进　党组书记（7月到龄改非任调研员）
郭　峰　党组副书记、副局长（正处）（11月到龄改非任调研员）
郑晓辉　（女）调研员
姜雁平　党组成员、纪检组长
曾　辉　党组成员、副局长
刘炳生　党组成员、副局长
王振峰　党组成员、总经济师
钟绪林　党组成员
余国良　党组成员、副局长
邵夫翊　调研员（10月退）
李瑞平　调研员
洪　安　副调研员
郭南昌　副调研员
吴一亮　副调研员
李有望　副调研员
鄢剑萍　（女）副调研员
刘永明　副调研员

市教育局

谢为民　党委书记、局长
李春明　党委委员、副局长
刘国平　党委委员、副局长（7月任）
张　敏　党委委员、市纪委派驻市教育局纪检组组长（8月任）
陈　瑜　党委委员、副局长
蔡爱民　党委委员、南昌二中校长
邓云生　党委委员、副局长
程大新　副县级干部
万群英　副调研员（12月退）
李智良　副调研员
朱道清　副调研员
唐庆伟　副调研员（3月任）

市科技局

熊保良　党组书记（3月任）
李淑英　（女）局长
叶保平　党组成员、市工业技术研究院院长
党　钢　副局长（7月到龄改非任调研员）
陈　丹　党组成员、副局长
万小敏　党组成员、副局长（7月任）
龚建峰　党组成员、市纪委派驻市科技局纪检组组长
江　燕　党组成员、副局长
黄端伟　党组成员、副局长（7月任）
曾茂明　调研员
胡向萍　调研员
周　钢　副县级干部
李秋明　副调研员

市文化广电新闻出版局（市版权局）

赵刚平　（女）党委书记、局长
熊　伟　党委委员、副局长
万家帮　党委委员、副局长
郑　罡　党委委员、副局长
刘国产　党委委员、副局长
袁　峰　党委委员、副局长
郝思一　党委委员、纪委书记
宋国平　党委委员、市扫黄打非办主任
王国昌　调研员（12月退）
法剑明　（女）调研员（10月退）
李伟佳　副调研员（4月退）
肖小毛　副调研员
刘用长　副调研员

市卫生和计划生育委员会

张　力　党委书记、主任
易海英　（女）党委委员、副主任
王　群　党委委员、副主任
黄立发　副主任
万　鹏　党委委员、副主任
车达平　党委委员、副主任
雷　强　党委委员、副主任
张晓榕　党委委员、纪委书记
孙乐水　调研员（8月退）
陆春华　调研员
陈天鹏　调研员
万国金　（女）副调研员
符德厚　副调研员
姚　敏　（女）副调研员

南昌日报社

叶修堂　党委书记、社长（任至7月）
程一征　党委书记、社长（7月任）
万利平　党委副书记、总编辑
黄敬捷　党委委员、副总编辑
肖江华　党委委员、副总编辑
朱艳萍　（女）党委委员、副总编辑
张春勇　党委委员、副社长
王雁鸣　党委委员、纪委书记（任至

9月)
万荣海　调研员(副县级)

市体育局

杨　春　党组书记(3月任)、局长(4月任)
宗云彪　党组成员、市体校校长
罗晓云　党组成员、副局长
熊庆峰　党组成员、副局长
许　慧　(女)副局长(3月任)
戴国荣　调研员
黄成军　副调研员(3月退)

市旅发委

陈清华　党组书记、主任
佟焕哲　党组成员、副主任(任至6月),调研员(6月任)
张小芳　党组成员、副主任
李少峰　党组成员、纪检组长(任至12月)
万　代　党组成员、副主任
帅晓萍　(女)副调研员
罗东文　副调研员
甘春瑞　调研员(7月退)

市食品药品监督管理局

唐旭平　党组书记、局长
吴宜芳　党组成员、副局长(3月转任正县级干部)
陈卫东　党组成员、副局长
罗丽华　(女)党组成员、纪检组长(3月转任副局长)、调研员
曾性军　党组成员、副局长
熊中高　党组成员、副局长(任至7月)
赵红华　(女)副调研员
李年生　副调研员

南昌经济技术开发区

肖玉文　工委第一书记
熊一江　工委书记
赵海东　工委副书记、管委会主任
程建兵　工委副书记
胡觉荣　工委副书记(任至9月,保留正县级待遇)
吴艳玲　(女)工委副书记、管委会副主任(挂职,任至7月)
叶修堂　工委副书记、管委会副主任(挂职,任至7月)
陈吉炜　工委委员、管委会副主任(任至7月)
吴国荣　工委委员、纪工委书记
万贤赛　工委委员、管委会副主任
柯雪琴　(女)工委委员、管委会副主任(兼)
吴海保　工委委员、管委会副主任(7月转任调研员)
舒友芝　工委委员
陈国梁　工委委员、公安分局局长(任至7月)
周卫华　区工委委员、公安分局局长(7月任)
万红梅　(女)区工委委员、管委会副主任
郭宏伟　工委委员、管委会副主任(挂职,12月任)

南昌高新技术产业开发区

邱向军　工委书记(任至9月)
黄　俊　工委副书记、管委会主任(任至9月),工委书记(9月任)
刘德辉　工委副书记、管委会副主任(10月转任管委会主任)
郑志军　工委副书记、管委会副主任(挂职,任至6月)
邓永翔　工委副书记、管委会副主任(挂职,任至3月)
姜玉林　工委委员、管委会副主任
邬裕江　工委委员、管委会副主任
饶绍清　工委委员、管委会副主任(任至3月)
高辉红　工委委员、管委会副主任(挂职,任至7月)
杨晓辉　工委委员、管委会副主任(3月任)
付碧波　工委委员、纪工委书记
赵峰林　工委委员、管委会副主任(挂职,任至6月)
李　勇　工委委员、管委会副主任
陈　艳　(女)工委委员、管委会副主任
万　洪　工委委员、公安分局局长
郑　超　工委委员、管委会副主任(挂职,任至12月)

红谷滩新区

宋　铀　工委书记(任至4月)
周　亮　工委副书记、管委会主任(任至5月),工委书记(4月任)
毛顺茂　工委副书记、管委会主任(5月任)
黄小燕　工委副书记、管委会副主任(挂职,任至7月)
黄学观　工委副书记
邹传坚　工委委员、管委会副主任
谌　伟　工委委员、管委会副主任
吴国清　工委委员、管委会副主任
徐　强　工委委员、纪工委书记
罗小平　工委委员、管委会副主任
屈燕疆　工委委员(任至6月)
符师勇　工委委员、管委会副主任
熊　伟　工委委员、区住建局局长
廖国民　工委委员、管委会副主任(挂职)
徐　强　工委委员、区城环局局长
汪　勇　工委委员、区公安局局长(6月任)

南昌小蓝经济技术开发区

郭　毅　工委书记(任至7月)
胡晓海　工委书记(7月任)
王　敏　(女)工委副书记、管委会主任(任至11月)
王建平　工委副书记、管委会主任(11月任)
杨　斯　工委副书记
肖红松　工委委员、管委会副主任
徐　峰　工委副书记、管委会副主任(挂职,任至9月),工委委员、管委会副主任(9月任)
黄　文　工委委员、纪工委书记(任至6月)
赵　俊　工委委员、管委会副主任

南昌汉代海昏侯国遗址管理局

叶明和　党工委书记(5月任)
彭印硍　党工委副书记、局长(6月任),遗址博物馆(南昌市文物考古研究院)馆长(院长)(11月兼任)
李跃华　党工委委员、副局长(6月任)
万　欣　(女)党工委委员、副局长(6月任)
邹慧丰　(女)党工委委员、纪工委书记(6月任)
刘斯武　党工委委员、副局长(6月任)

市政府驻外办事处

柯雪琴　(女)驻厦门办事处主任
徐洪伟　驻厦门办事处副主任
张东理　驻深圳办事处主任
陶光利　(女)驻深圳办事处副主任
周国群　驻北京联络处主任
胡国弟　驻北京联络处副主任
高辉红　驻上海联络处副主任(任至7月)
程文剑　驻上海联络处副主任(5月任)

市民革南昌市委会

薛有旺　主委(兼)
熊秋林　副主委(兼)
余　斌　(女)副主委(兼)
徐余波　副主委(兼)
夏国生　副主委(任至7月)

民盟南昌市委会

胡　彬　(女)主委(专职)
毛盛杰　副主委(兼)
郭　翀　(女)副主委(兼)

民建南昌市委会

黄清玉 （女）主委
邱钧生 副主委（兼）
康 健 副主委（兼）
徐海平 副主委（兼）
田 艳 （女）副主委

民进南昌市委会

谭绍木 主委
邹玉萍 （女）副主委
郑洪健 副主委
王 光 副主委
钱瑜琼 （女）副主委

农工党南昌市委会

龙国英 （女）主委
徐 静 （女）副主委（兼）
喻 洪 副主委
温志立 副主委（兼）
李美君 （女）副主委

九三学社南昌市委会

李广振 主委
李万汲 副主委
刘强华 副主委
白 雪 副主委（专职）

市工商联

熊志刚 主席（任至11月）
熊冬燕 （女）党组副书记、副主席（市委统战部副部长）
潘 凌 （女）党组成员、副主席
付苏臣 副主席
吴卫华 党组成员、副主席
杨国骏 调研员（3任）
余登伟 调研员（9月任）
周 芸 （女）副调研员
王 平 副调研员
李传秀 副县级待遇

南昌师范高等专科学校

周智安 党委书记（任至11月）
贺瑞虎 党委副书记、校长（任至10月），党委书记（10月任）
李文龙 党委副书记、校长（10月任）

南昌教育学院

吴 龙 党委副书记、院长
刘芳芳 党委书记（4月任）

县（区）委常委及人大、政协主要负责人名录

南昌县委

郭 毅 书记、小蓝经开区党工委书记（任至7月）
胡晓海 书记、小蓝经开区党工委书记（7月任）
刘 闯 副书记、县长（任至7月）
陈 翔 副书记、县长（7月任）
谭伯乐 常委、纪委书记（7月转任县委副书记）
周仁斌 常委、宣传部部长（任至7月）
杨 春 常委、政法委书记（任至4月）
陈 翔 常委、副县长（任至7月）
胡文俊 常委、县人武部部长（任至3月）
刘光荣 常委（任至7月）
涂莉华 （女）常委、统战部部长
陈建华 常委、政法委书记（9月任）
吴 华 常委、纪委书记（7月任）
汪众华 常委、宣传部部长（9月任）
陈奇勇 常委、组织部部长
张东林 常委、副县长（7月任）
陶亿国 常委、蒋巷镇党委书记（7月任）
陈伟峰 常委、向塘镇党委书记（7月任）
胡洪武 常委、县人武部政委

南昌县人大常委会

胡小明 主任（任至7月）
黄芝亮 主任（7月任）

南昌县政协

陈圣栋 主席（任至7月）
郑响龙 主席（7月任）

进贤县委

万 凯 书记（任至7月）
钟益民 副书记、县长（任至7月），书记（7月任）
熊保良 副书记（任至3月）
赖育雷 常委、组织部部长（任至7月）
袁一旦 常委、常务副县长（任至7月）
胡鹏飞 常委、副县长（任至7月）
刘国平 常委、宣传部部长（任至7月）
郑响龙 常委（任至7月）
陈建华 常委、政法委书记（任至7月）
胡俊峰 常委、副县长（挂职，任至7月），常委（7月任）、常务副县长（10月任）
龚林涛 常委、纪委书记（任至7月）
叶修堂 副书记（7月任）、县长（10月任）
丁俊昌 副书记（7月任）
胡 裔 常委、纪委书记（7月任）
张周平 常委、县人武部政委
黄华辉 常委、政法委书记（7月任）
陈 韬 常委、宣传部部长（7月任）
王成久 常委（7月任）
胡国星 常委、统战部部长（7月任）
魏维新 常委、组织部部长（7月任）

进贤县人大常委会

万晓鸣 主任（任至7月，退居二线）
胡鹏飞 主任（7月任）

进贤县政协

钱和平 主席

安义县委

李松殿 书记
梅 梅 （女）副书记、县长（任至6月）
彭开先 副书记、县长（6月任）
刘祈虎 常委、常务副县长（任至6月），副书记（7月任）
王海水 常委、县人武部部长
李 鑫 常委、常务副县长（7月任）
胡建平 常委、纪委书记（任至7月）
陈佳羚 常委、副县长（7月转任纪委书记）
陈 兰 （女）常委、组织部部长（任至7月）
周荣卿 常委、组织部部长（7月任）
李世玉 常委、政法委书记（任至7月）
吴志强 常委、政法委书记（7月任）
熊国爱 常委、统战部部长（任至7月，调离）
黄剑魁 常委、统战部部长（7月任）
胡洪水 常委、宣传部部长（任至7月）
夏淼珍 （女）常委、宣传部部长（7月任）
熊振强 常委（7月任）
李 燕 （女）常委、副县长（挂职，任至6月）

安义县人大常委会

刘万勇 主任

安义县政协

黄小平 主席

东湖区委

杨文斌 书记（任至7月）
刘 闯 书记（7月任）

李云峰　副书记(任至7月)、区长(任至10月)
高辉红　副书记(7月任)、区长(10月任)
陈建军　副书记(任至7月)
陈　曙　常委、常务副区长(任至7月),副书记(7月任)
喻国泰　常委、纪委书记(任至7月)
王志勤　常委、政法委书记(任至7月)
焦玉庄　常委、统战部部长
胡洪水　常委、宣传部部长(7月任)
唐铭市　常委、组织部部长
刘光荣　常委、纪委书记(7月任)
夏小兰　(女)常委、宣传部部长(任至7月),常委、常务副区长(7月任)
张东林　常委、副区长(任至7月)
陈　俊　常委(7月任)
胡志强　常委、政法委书记(7月任)
张　恩　常委、武装部部长(7月任)

东湖区人大常委会

闵建波　主任(任至10月,退居二线)
喻国泰　主任(10月任)

东湖区政协

王　玮　(女)主席

西湖区委

梅茂发　副书记(任至2月)、区长(任至7月)、区委书记(2月任)
黄小燕　(女)副书记(7月任)、区长(10月任)
程一征　副书记(任至7月)
袁一旦　副书记(7月任)、常务副区长(兼)(8月任)
陈奕蒙　常委、统战部部长(任至8月)
　　　　常委、政府党组成员(7月任)
熊　斌　常委、政法委书记(任至8月)
　　　　常委、宣传部部长(8月任)
陈建军　常委、纪委书记(任至7月)
胡建平　常委、纪委书记(7月任)
尤丁发　常委、区人武部政委
陈茂林　(女)常委、组织部部长(任至7月)
陶东阳　(女)常委、宣传部部长(任至8月)、常委、组织部部长(8月任)
王反金　常委、统战部部长(8月任)
王建国　常委、政法委书记(8月任)
刘海祥　常委、政府党组成员(7月任)

西湖区人大常委会

马　力　主任

西湖区政协

唐仁让　主席(任至7月)
唐于禄　主席(10月任)

青云谱区委

胡晓海　书记(任至7月)
孙　毅　副书记、区长(任至7月),书记(7月任)
吴江辉　副书记、区长(7月任)
唐于禄　副书记(任至7月)
巫　滨　(女)常委、统战部部长(任至7月),副书记(7月任)
熊冬燕　(女)副书记(任至6月)
魏根金　常委、纪委书记(任至7月)
胥　萍　(女)常委、宣传部部长(任至7月)
王　强　常委、常务副区长(任至7月)
杨育星　常委、组织部部长(任至7月),常委、常务副区长(7月任)
陶国强　常委、政法委书记
毛永钢　常委、纪委书记(7月任)
熊国爱　常委、统战部部长(7月任)
黄云松　常委(7月任)
杨先国　常委、宣传部部长(7月任)
熊　辉　常委、组织部部长(7月任)
邓朝阳　常委、人武部部长(任至4月)
石义剑　常委、人武部部长(7月任)

青云谱区人大常委会

李小逢　主任(任至10月)
魏根金　(10月任)

青云谱区政协

曾建华　主席(任至10月,退休)
胥　萍　主席(10月任)

湾里区委

王建平　书记(任至7月)
于立山　书记(7月任)
杨晓辉　(女)副书记、区长(任至5月)
饶绍清　副书记(5月任)、区长(10月任)
黄芝亮　常委(任至7月)、副区长(任至9月)
邹慧丰　(女)常委、纪委书记(任至6月)
赵晓毛　常委、组织部部长(任至7月),副书记(7月任)
王反金　常委(任至7月)、副区长(任至9月)
周荣卿　常委、宣传部部长(任至7月)
李世玉　常委、政法委书记(7月任)
陈子柠　常委、纪委书记(7月任)
刘昌华　常委、组织部部长(7月任)
虞　啸　常委、人武部部长

熊和清　常委(7月任)、常务副区长
刘众星　常委、宣传部长(7月任)
皮　钧　(女)常委、统战部部长(7月任)
颜建海　常委、副区长(挂职)

湾里区人大常委会

李传强　主任

湾里区政协

喻　玫　(女)主席

青山湖区委

陈匡辉　书记(任至7月)
熊运浪　区长(任至7月)、书记(7月任)
王　强　副书记、区长(7月任)
胡崇敬　副书记(任至12月)
黄志平　常委、常务副区长(任至7月)
邹艾民　常委、组织部部长(任至7月)
陈　兰　常委、组织部部长(7月任)
周仁斌　常委、宣传部部长(7月任)
詹洪武　常委、统战部部长(7月任)
陶江华　常委、常务副区长
喻慧平　常委、纪委书记
秦三友　常委、政法委书记
毛永钢　常委、宣传部部长(任至7月)
李细平　常委、人武部部长
刘昌华　常委、副区长(挂职,任至7月)
段宏勋　常委、区综管办第一主任(7月任)

青山湖区人大常委会

熊庆华　主任(1月退)
黄志平　主任(10月任)

青山湖区政协

王继军　主席(任至10月)
邹艾民　主席(10月任)

新建区委

樊三宝　书记(任至7月)
李　伟　副书记、区长(任至7月),书记(7月任)
陈吉炜　副书记(7月任)、区长(10月任)
万　欣　(女)副书记(任至6月)
陈建军　副书记(7月任)
陈　宇　常委、宣传部部长
刘　珠　常委、政法委书记(任至7月),人大主任(10月任)
詹洪武　常委(任至7月)
聂玉华　(女)常委、常务副区长(任至7月),常委、统战部部长(7月任)

丁俊昌　常委、纪委书记（任至7月）
刘斌祥　常委、人武部政委
陈子柠　常委、副区长（任至7月）
何彦军　常委、常务副区长（挂职，任至7月），常委、常务副区长（7月任）
龚林涛　常委、纪委书记（7月任）
唐艳华　常委、组织部部长
夏云峰　常委、政法委书记（7月任）
夏云标　常委（7月任）
赵永忠　常委、副区长（挂职，任至12月）

新建区人大常委会
徐才保　主任（任至10月）
刘　珠　主任（10月任）

新建区政协
曾志毅　主席（任至10月）
陈圣栋　主席（10月任）

中央、省属企事业及金融单位主要负责人名录

方大特钢科技股份有限公司
钟崇武　党委书记、董事长

江西中烟南昌卷烟厂
罗　飏　党委副书记、厂长

江西洪都航空工业集团有限责任公司
宋承志　党委书记、董事长
张　弘　总经理

南昌海关驻高新区办事处
余银喜　主任

江西南华医药有限公司
王克勤　党委书记、董事长
陶跃萍　总经理

南昌市邮政管理局
万卫国　党组书记、局长（任至6月）
刘　勇　党组书记、局长（7月任）

南昌市无线电管理局
李　峰　局长

南昌移动公司
张和海　党委书记、总经理

中国电信南昌分公司
谢焕亮　党委书记、总经理

中国联通南昌分公司
左　清　党委书记、总经理

南昌供电公司
王志伟　总经理
郝　睿　党委书记

中国石化南昌石油分公司
郝　健　经理（任至6月）
王继程　经理（6月任）

南昌市烟草专卖局（公司）
旷　麟　局长（经理）

中国银行业监督管理委员会江西监管局
李　虎　党委书记、局长

江西证监局
滕必焱　党委书记、局长（任至10月）
何庆文　党委书记、局长（10月任）

中国人民银行南昌中心支行
王　信　党委书记、行长（任至12月）
张智富　党委书记、行长（12月任）

中国农业发展银行江西省分行营业部
朱　晔　总经理

中国工商银行江西省分行营业部
肖　东　党委书记、总经理

中国农业银行江西省分行营业部
徐建平　党委书记、总经理

中国银行股份有限公司江西省分行营业部
张东向　党委书记、行长

建行江西省分行营业部（南昌洪都支行）
刘　忠　党委书记、行长

招商银行南昌分行
陈　磊　党委书记、行长

中国民生银行南昌分行
朱东勇　党委书记、行长（任至12月）
石鹏飞　党委书记、行长（12月任）

江西银行股份有限公司
陈晓明　党委书记、董事长

九江银行南昌分行
龚　隽　行长

华夏银行股份有限公司南昌分行
黄　挺　党委书记、行长

南昌农商银行
应　勇　董事长

中江国际信托股份有限公司
裘　强　党委书记、董事长

中国人民财产保险股份有限公司南昌市分公司
闵思成　党委书记、总经理

中国人寿保险股份有限公司南昌分公司
田三林　总经理

中国平安财产保险股份有限公司江西分公司
杨晓迪　总经理

中国平安人寿保险股份有限公司江西分公司
吴　纲　总经理

中国太平洋人寿保险股份有限公司南昌中心支公司
张　庆　总经理

市属企事业单位主要负责人名录

南昌工业控股集团有限公司
葛彬林　党委书记、董事长
陈和茂　党委副书记、总经理

南昌旅游集团有限公司
熊　伟　党委书记、董事长

南昌城市建设投资发展有限公司
林　军　党委书记
涂建平　党委副书记、董事长
万先逵　党委委员、总经理、董事

南昌市政公用投资控股有限责任公司
邓建新　党委书记、董事长
万义辉　党委副书记、总经理、董事

江铃汽车集团公司
邱天高　党委副书记、董事长、总经理
蒋林生　党委书记、董事

2016 年全国五一劳动奖章获得者

罗　升　男，1971 年出生，江西汇仁药业有限公司车间主任。1999 年进入江西汇仁药业有限公司，16 年来，工作兢兢业业、尽心尽力，把勤奋工作当作自己最大的乐趣。身为一名车间主任，始终用特有的严谨和坚韧的精神感染着身边的每一位职工，带领他们一步一个脚印的向前迈进。在不断完善车间内部管理的同时，挖掘内部潜力，使产品质量、产量稳步上升，职工收入随着效率的提升得到提高，车间各项工作进入了健康发展的轨道。

1999 年，汇仁肾宝响遍中国各个角落。那个时期制药机械行业不如现今先进，设备的生产能力不高，只能依靠增加数量来解决产量，由此带来用工人数剧增，导致管理难度倍增。当时负责生产现场调度指挥，每日都是从生产开始忙碌至生产结束，不知疲倦。当年协同口服液体制剂车间主任完成肾宝合剂单一品种销售收入过 10 亿元的生产任务。

2000 年，为适应公司发展，公司决定单独成立前处理车间，经部门决定被选派为副主任，协同前处理车间主任，组建向塘生产基地前处理车间，经过三个月努力，车间顺利建成并投入生产。

2002 年，随着公司的整体搬迁，小兰生产基地前处理车间同样在建设中。因向塘生产基地依旧在生产，经决定受委派承担小兰生产基地前处理车间的设备安装及工艺指导。在此期间，首先对生产场所的布局进行规划，使人流、物流走向合理；对每台设备的定位安装进行综合评估，操作便利，互不妨碍，维修方便等等，并跟随厂家调试人员熟悉每台设备的性能、操作，从而传授给后续进场员工。药品生产企业认证除了对硬件建设有要求以外，对软件编写的要求同样很高，在当时人员不足的情况下，同样承担编写各类认证材料的工作。经过半年多的准备，车间通过了国家 GMP 认证，获得生产许可，投入生产运营。

效益决定企业存活，效益决定一个企业是否能长远发展。提取车间是公司能源耗用大户，2006 年在提取车间任职后，就琢磨如何开源节流，为企业节约可省下的每分钱用于公司发展上。组织设备人员、工艺人员、生产一线人员一起多次深入探讨每一能耗点，从跑冒滴漏，到操作习惯、设备改造、工艺流程，经过数年的改造、创新积累，实现年 50 万元降本增效，并形成持续效益，获得同行及各界好评。

产品质量是企业发展的根基，2011 年任职于口服液体制剂车间，随着经济的发展，中药口服液体制剂的原状已不符合市场要求，如药液存放过程中出现絮凝等问题。为此组织工艺人员查阅大量文献资料，请教多位资深专家，针对各个品种不同症状，制定不同的试验方案，进行大量的工艺试验，通过长期不懈的改进、创新，大幅提升了口服液体制剂产品质量，实现了产品质量投诉零缺陷。

产品生产是企业效益的根本。2014 年任职固体车间。该车间品种多，剂型多，规格多，生产的复杂性较强。要避免生产过程中的差错，必须保证有序。这就要求各级管理层各司其职，为此首先与车间各级管理人员进行良好沟通，达成共识："我们是在为自己工作；我们要把自己的工作做得更好"。2014 年下半年公司肾宝片产品销售放量增长，原有两条生产线已不能满足生产需求，经过半个多月的规划，对生产区域布局进行调整，完成了新增两条生产线的工作，实现产能翻番。2015 年年初销售形势继续上涨，生产能力再次不能满足销售需求，经过一周的改造、安装，又新增两条生产线，保障了供货需求。2015 年上半年带领车间全体人员，在严格保证产品质量的同时，完成了肾宝片单一品种销售收入过 9 亿元的生产任务，为公司的一线生产做出了突出的贡献。

万　强　男，1975 年出生，江铃股份有限公司模具厂袁政海班组组长。19 年来，他以袁政海为榜样，刻苦学习，努力钻研，先后承担各类大、中、小型模具 230 余套。工作中，他勤于思考，敢于创新，大胆使用新技术、新工艺、新材料，不断攻克技术难关，个人为江铃节约资金 500 余万元。特别是 2012 年，作为班组长，他带领班组完成产值 1450 万元；合理化和 6 西格玛等收益达 20 万余元。

2009 年以来，在江铃 30 万辆整车小蓝生产基地，他带领班组参与了代表当今世界冲压先进水平的 A4 线全部手动操作模具的改造。由于原有的模具是手动操作，无法与高度自动化的生产线相匹配，所以要把手动模具改造成为国际先进水平的高速自动化模具。从技术角度看，班组没有这方面的改造经验，难度之大可想而知；从理论角度看，如果攻克几个技术难点，班组自己有希望能够完成这项任务，而且能为公司节约近百万元的改造费用。所以，在时间紧、任务重、无改造经验的情况下，该同志带领班组骨干成员从 2009 年下半年开始，查阅了大量的国内外技术资料，请教了许多的工程技术人员，逐步攻克了各项技术难题，终于在 2011 年年底共完成二批总计 79 套模具的改造调试任务。这种改造速度得到公司领导的高度肯定，为小蓝生产基地的早日投产作出了突出贡献。

多年来，袁政海班组积极支持股份各专业厂的生产保障任务，不管是严寒酷暑、节假休息，还是傍晚深夜，只要一有紧急抢修任务，他都会带领班组成员第一时间出现在前方专业厂的抢修现场。近两年他们共全程参加并出色完成紧急抢修任务 20 次，得到公司领导和各专业厂的一致好评。2013 年国庆期间的一天下午五点多，袁政海班组接到股份车身厂 N 系列左右门包边模需抢修的紧急任务。当时正值员工快下班时，万强二话没说，带领两位骨干成员，直奔故障地点。由于该模具弹簧一失效，会导致立柱变形损坏，该模具经常因此故障而停产，影响了车身厂的正常生产。为了彻底解决因弹簧失效引发的故障，万强在现场了解实情后，大胆决定在下模板处制作避让槽，就可永久性地解决故障隐患。于是，和同事共同在车身上进行短暂临时性维修，完成适量库存后，他和组员将模具快速进行改造。待晚上车身厂设备稍有空闲时，他们又快速进行模具调试，直到午时，他们才顺利完成了调试任务。使用半年来，据车身厂反映，设备未出现此类故障，运用一切良好。这样既保障了车身厂的正常生产，又使模具故障问题得到了彻底解决，得到了用户的肯定。

多年来，袁政海班组在第一任班长袁政海的带领下，成长为"学习型、创新型、管理型、效益型、文化型、和谐型"的新时期优秀产业工人群体，成为中宣部、中华全国总工会重大宣传典型。为了让袁政海班组旗帜永不褪色。近两年来，他带领袁政海班组，知难而上，创新思维，较好地传承和发展了袁政海班组，使优秀成为习惯，让优秀走向卓越。

2012 年，为满足股份公司冲压产能提升的需要，股份公司冲压厂小蓝园区分厂新增一条全自动化的 A6 冲压生产线，需对现有模具自动化进行改造。虽然已具备改造 A4 线模具的成功经验，但这次改造的难点是时间紧。以前改造 A4 线模具一套用时 8 天，现在改造模具一套用时 5 天，时间压缩了 37.5%。于是，万强和技能大师工作室其他主要成员带领袁政海班组，积极和技术人员协商，制定周密的改造方案，科学地组织生产，在规定的时间内准时完成了 83 套模具的自动化改造任务，为江铃持续高产做出了积极的贡献。

近两年来，袁政海技能大师工作室先后被批准成为江西省首批技能大师工作室之首和首批国家级技能大师工作室（江西省仅 2 个）。万强作为工作室的主要名师，积极参与技能技艺传承、公司技术攻关等高技能人才建设和实践，对推动“江铃智造”水平具有十分深远的现实意义。在大师工作室，他积极做好“名师带徒”工作，毫无保留地将自己“竞技术”的绝技绝活传授给徒弟，使徒弟能在各级技能比武中崭露头角。其中，他的一位徒弟姜建国在 2013 年南昌市“洪城杯”职工技能大赛工具钳工竞赛中取得第一名的好成绩。

在这个以万强为核心的第二代袁政海班组集体中，学习成为乐事，竞争成为常态，优秀成为习惯。最值得班组引以为荣的是，由万强参与总结提练的袁政海班组“六型”班组建设标准，已经成为全国机械工业企业先进班组评定的参照标准，为新时期班组建设和班组管理提供了具有时代气息的典型经验。

（黄若颖）

2016 年江西省五一劳动奖章获得者

姓　名　工作单位

黄鸟英　（女）南昌市环境卫生工程服务公司环卫工

张江霖　江铃专用车辆厂有限公司钳工组组长

彭焱峰　中铁隧道集团南昌市红谷隧道工程施工项目经理部施工技术员

李建敏　江西恒大高新技术股份有限公司技术专工

熊雪萍　（女）百事饮料（南昌）有限公司质量保证员兼女工委员

李洪元　江西人民输变电有限公司装配班长

龚　炜　南昌立健药业有限公司技术员

熊　绮　（女）南昌市第一中学教师

宋亚菊　（女）南昌市体育运动学校武术高级教练

钟　珲　南昌市城乡规划局处长

陈胜洪　南昌县机关事务管理局局长

杜　琴　（女）南昌市发改委行政审批服务处处长

2016 年 4 月 6 日，全省道德模范与身边好人南昌现场交流活动暨江西好人现场发布仪式举行

陈国梁　南昌经济技术开发区工委委员、市公安局经开分局局长

张　俊　南昌国家税务局纪检组长

朱林生　江西博微新技术有限公司执行董事

（黄若颖）

2016 年入选“中国好人榜”人员

孝老爱亲好人　黄文贵

黄文贵　1940 年出生，江西南昌人。青云谱区的南昌印钞厂退休职工，30 年如一日照顾瘫痪妻子，哺育 3 个孩子长大成人。1 月入选“中国好人榜”孝老爱亲类好人。自 1986 年至今，黄问贵 30 年如一日悉心照料瘫痪妻子，教导哺育 3 个孩子长大成人，使这个看似残缺的家庭充满阳光和温馨。幸福，对于这个家庭有着太不普通的含义。这不是一个故事，而是一个真实的人生写照。这是一个平凡人为生命谱写的豪情壮歌，为爱情谱写的忠贞坚守，为企业和社会谱写的人生风采与精神楷模。

敬业奉献好人　况九龙

况九龙　1957 年出生，江西高安人，南昌大学第二附属医院呼吸内科主任。从医 30 年数度病危，却依然坚守岗位，边服药边救死扶伤。2 月入选“中国好人榜”敬业奉献类好人。十几年前，他经历了肝硬化、脾脏切除、肝坏死、换肝……经历 4 次大手术，才换来了今天的生命，他却创造了生命的奇迹，不仅活到现在，还坚守在诊疗一线。经历过生死的他，更加明白患者的需要，而了解他的人都说，他是在用生命去帮患者治病。

见义勇为好人　熊端强、杨金钱、王斌、洪振耀

熊端强　1999 年出生，江西省南昌市湾里一中高二学生，4 月入选“中国好人榜”见义勇为类好人。2016 年 2 月 19 日中午，在湾里区罗亭镇上坂村山下自然村，两个年幼的孩子小涵和小玉玩耍时不慎跌落池塘。17 岁的熊端强正好看到这一幕，危急时刻，他挺身而出，不畏严寒跳入水中，先后将两女童救起。爱心少年，英姿勃发。熊端强在危急时刻奋不顾身，其暖心义举展现出了普通人的勇者气概，也生动地诠释了好人的内涵。他用实际行动践行着社会主义核心价值观，传递着青春正能量。

杨金钱、王斌、洪振耀　江西省应用科技学院青年教师，8 月入选“中国好人榜”见义勇为类好人。3 名青年教师于 2016 年 5 月 2 日晚上 8 时 30 分左右从杭州驱车返校途中，行驶至沪昆高速浙赣交界的上饶路段时，遭遇了雷暴天气，突遇前方一辆小轿车发生交通事故，车上两名乘客被困车内且受伤。3 位青年教师立即下车查看，并进行妥当的抢救安置，随后拨打了急救电话呼叫救援。其实当时看到或者说能够发现事故车辆的车主有好几个，只不过他们大多没做停留就继续行驶走了，如果他们不去救人，也不知道那几个人的结果会怎样，他们是不忍心看到悲剧在自己眼前发生。他们希望，这个社会应该多一些信任，多一些互相帮助，哪怕是绵薄之力，都有其价值和意义。

（徐小燕）

重 要 文 献

南昌市人民代表大会常务委员会工作报告

——2017年2月8日在南昌市第十五届人民代表大会第二次会议上

南昌市人大常委会主任　陈德寿

各位代表：

我受市人大常委会委托，向大会报告工作，请予审议。

2016年工作回顾

2016年，市人大常委会在中共南昌市委的正确领导下，紧紧围绕全市工作大局，认真履行法定职责，各项工作取得新进展。制定和修订地方性法规4件、废止2件，备案审查规范性文件115件，听取和审议"一府两院"专项工作报告14项，开展专题询问1项，听取法规实施情况报告7件，作出决议决定27项，任免国家机关工作人员116人次。

一、扎实推进法治南昌建设

常委会紧紧围绕法治南昌建设的关键领域，推动立法执法司法水平提升和社会法治意识增强，持续发挥了法治的引领和规范作用。

强化重点领域立法。制定电动自行车管理条例，进一步保障百姓出行、巩固文明城市建设成果；制定低碳发展促进条例，为鼓励和支持产业发展、城乡建设、能源利用方式转变提供了法制支撑；制定禁止燃放烟花爆竹规定，将为保障公共安全、防止环境污染发挥重要作用。修订燃气管理条例，进一步理顺了燃气管理体制，强化了燃气的规划建设和经营服务。废止了与上位法不一致、与发展不适应的劳动力市场管理条例和城市房屋拆迁管理办法。开展了南昌汉代海昏侯国遗址保护、城市水土保持、见义勇为人员奖励和保护等5项立法调研。

保障法律法规实施。开展江西省实施《工会法》办法执法检查，为我市工会组织更好地维护职工合法权益、加强法律保障发挥了积极作用。审查我市消防条例、职业教育条例、蔬菜质量安全管理办法等7件法规的实施情况报告，既督促严格执行法规，又为今后修订完善法规提供参考依据。

促进司法公开公正。听取和审议全市法院、检察院推进司法公开工作情况报告，以公开促公正，以公正树公信，推动打造人民群众满意的阳光司法机制。对全市法院、检察院开展"积案清理"专题调研，推动落实市人大常委会《关于加强全市法院执行工作的决议》，切实维护法律权威和当事人的合法权益。

推进法治宣传教育。作出"七五"普法决议，明确"谁执法谁普法"责任，建立健全法治宣传教育联动机制，进一步构建"党委领导、人大监督、政府实施、部门各负其责、全社会共同参与"的法治宣传大格局。开展"纪念我市拥有地方立法权30周年理论研讨征文活动"，努力推动立法工作理论和实践创新。

二、积极助推经济社会发展

常委会紧紧围绕全市工作大局，抓住经济运行、产业发展、城乡统筹等重大问题开展监督，积极助推了全市经济社会发展。

聚焦财政经济运行。听取和审议计划、决算、审计、预算执行等情况报告，依法作出关于市级预算调整方案、地方政府债务限额、市本级财政决算等3项决议。听取和审议国有资产监管工作情况报告，针对监管工作中的问题，提出完善资产监管体系、加强监事会体系建设等建议，促进国有经济发展质量持续提升。重点审查了市文广新局部门预算草案，着力增强预算刚性约束；审查了市民政局部门决算，首次针对部门决算中的专项资金引入第三方评价报告，提高审查质效。

聚焦产业项目建设。连续第五年组织在昌国、省、市百名人大代表，利用百天时间，对全市七大类共158个重大重点项目开展了集中调研视察，提出的15个方面建议，得到了市委的充分肯定、市政府的高度重视，推动了项目加快建设、早日见效。听取和审议对外交往和国际友城工作情况报告，深入开展旅游强市建设活动，促进我市对外开放和旅游产业发展。

聚焦城乡统筹发展。配合省人大开展城市管理情况专题询问，重点询问我市道路交通、环境卫生、规划建设等民生热点问题，督促市政府对21个问题进行及时研究处理。开展"道路交通安全南昌行"活动，持续跟踪问效，推动城区32处道路交通改善项目整改到位。关注城乡一体化，就蒋巷镇新型城镇化和农业现代化融合发展课题，撰写的调研报告，得到了市委的高度重视，提出的相关建议正在付诸实施。听取和审议农村水环境治理试点工作情况报告，督促政府相关部门总结试点经验，扩大治理范围，新增南昌市备用饮用水源（幸福水库）和城区重点水域（艾溪湖）等多个治理项目。

三、有力督促民生事业改善

常委会始终关注民生福祉，推动解决食品安全、教体事业、生态环境等涉及群众切身利益的具体问题，让发展成果更多更公平惠及人民群众。

推动食品安全改善。持续开展“赣鄱农产品质量安全(南昌)行”活动,督促强化属地管理、监督检测和品牌打造,全市农产品质量安全监管、检测和执法体系进一步完善。深入“四小”(小餐饮、小作坊、小食杂店和小摊贩)进行专题调研,为省人大常委会开展特定问题调查提供有力支持,推动我市食品安全监管工作上水平。

推动教体事业改善。跟踪督办校园周边环境整治专题询问意见的落实,使我市学校及周边治安、交通、文化、卫生环境有了明显改善。深入推进“扶贫济困、共享发展,助力打造核心增长极代表行”年度主题活动,以“青年学子圆梦·人大代表助学”为抓手,开展了向贫困大学生助学活动。听取体育服务工作情况报告,推动加强公共体育场馆设施建设。

推动生态环境改善。听取和审议生态环境状况和生态环境保护目标完成情况报告,提出调整产业结构、巩固治理成果、拓展保护领域等建议,推动政府相关部门抓紧落实。配合省人大开展“环保赣江(南昌)行”活动,加快对畜禽污染治理、农村垃圾处理、化肥农药科学施用等工作的统筹推进。以“水景观建设”为主题,开展“鄱湖明珠·中国水都”巡活动,跟踪督促赣江风光带、乌沙河综合治理等重点水景观工程建设,并切实落实河湖长制,大力推进艾溪湖、瑶湖、青山湖水环境治理。

同时,常委会加强代表工作,开展人大代表进社区活动,发挥代表桥梁纽带作用;启用代表建议网络办理平台,实现了代表建议办理全过程网络化,代表建议办理效率大幅提升,247件建议全部办结。加强换届指导,认真落实市委关于县乡换届选举工作总体部署,始终将坚持党的领导、充分发扬民主、严格依法办事贯穿换届选举全过程,保障了县乡人大换届有序进行,确保了换届选举工作风清气正。加强自身建设,牢固树立“四种意识”,扎实开展“两学一做”学习教育,严格落实全面从严治党要求,深入推进党风廉政建设。

各位代表:过去一年,常委会工作所取得的成绩,是得益于市委的正确领导、“一府两院”的积极配合和全体代表的共同努力。在此,表示衷心的感谢!

在总结成绩的同时,我们也清醒地认识到,人大工作与宪法法律所赋职责和人民群众期待还有差距,主要是:立法的科学性有待进一步提升,监督的实效性还须进一步增强,代表意见建议的落实还须进一步强化。对此,我们将认真思考、积极探索、持续改进。

2017年主要任务

2017年市人大常委会工作的总体要求是:全面贯彻党的十八大和十八届三中、四中、五中、六中全会精神,深入贯彻习近平总书记系列重要讲话精神和治国理政新理念新思想新战略,按照市第十一次党代会和市委十一届二次全会的总体部署,始终遵循党的领导、人民当家作主和依法治国的有机统一,深入推进法治南昌建设,紧扣发展和民生两大主题,突出立法、监督和代表工作三项重点,依法履职,务实作为,全力助推打造富裕美丽幸福江西“南昌样板”,以优异成绩迎接党的十九大胜利召开。

一、着力提升立法工作的科学性

立法要坚持立以致用原则,把立法决策与改革决策更好结合起来,使地方性法规更好体现国家的价值目标、社会的价值取向、公民的价值准则,使立法工作不断适应新形势、解决新问题、引领新发展。

稳步推进立法工作。紧扣经济社会发展和民生改善两大主题,科学编制五年立法规划。注重将社会主义核心价值观融入法治建设,让立法更好适应改革和经济社会发展需要,推动社会文明进步。今年要制定出台《南昌市历史文化名城保护条例》,明确保护内容及标准,完善保护措施,以延续历史文脉,丰富城市内涵,擦亮南昌名片。开展文明行为促进、法治宣传教育、安全生产、爱国卫生、城市建设档案管理、汉代海昏侯国遗址保护、城市水土保持、公益林保护、地方性法规制定和规范性文件备案审查等10件立法项目调研,并有序推动调研成果转化落实。

努力夯实立法基础。坚持问题导向,切实将项目选准,将问题摸清,将制度设计好,充分运用实地考察、座谈论证、网络调研、问卷调查等方式,将调查研究贯穿立法活动的全过程;坚持立足实际,充分发挥基层立法联系点直接接触基层群众的优势,拓展立法调研的纵深度;坚持信息公开,畅通公众意愿的表达渠道,充分倾听民意、沟通民心、汲取民智,让立法的源头深深扎根于民意的土壤。

不断完善立法机制。强化专家咨询机制,将资深法官、检察官、律师等充实到本届常委会立法咨询专家库中来。完善代表参与机制,根据法规涉及的不同领域,邀请代表中的专业人士就法规的可操作性、出台时机、预期效果等问诊把脉。改进立法评估机制,探索设计主客观和定性、定量的评估指标体系,加强对各方面意见的综合分析,提高立法决策水平和法规质量。今年将对《南昌市社会医疗机构管理条例》开展立法质量评估,综合评价该法规实施效果。

二、着力提高监督工作的实效性

监督“一府两院”工作是宪法和法律赋予人大的重要职权,也是人大履职的核心内容。常委会要服务发展大局,回应百姓期盼,把助力“强攻产业、决战工业”部署和“美丽南昌·幸福家园”环境综合整治作为监督工作的着力点,加大监督力度,务求监督实效。

助推产业发展。聚焦市委“一核两重”发展战略(以新型工业化为核心,重点发展现代服务业和现代农业的产业发展战略),继续组织人大代表对全市重大重点产业项目进行专题视察,重点关注工业发展中的问题和困难,集聚智慧,推动实体经济发展的瓶颈问题破解。关注现代服务业发展,开展助推旅游强市建设活动(以旅游扶贫为重点,围绕国家旅游局挂号的我市11个建档立卡旅游扶贫重点村,深入调查研究乡村旅游资源现状、乡村旅游和休闲农业发展状况),推动资源整合,推进现代农村旅游业转型升级。关注现代农业发展,视察“南昌绿谷”建设,着力推动现代农业与秀美乡村示范工程建设。

推动生态提升。紧盯生态文明建设,把听取和审议生态文明建设情况的报告作为常态化工作持续开展,进一步加强全市生态文明先行示范区建设和生态环境保护执法监督力度。听取和审议市人民检察院关于生态检察工作情况报告,督促检察机关主动介入生态文明保护工作,加大打击力度和精准度,为生态环境提供专业司法保护。紧盯水环境综合治理,继续开展“环保赣江(南昌)行”主题活动,关注赣江水环境情况,保障城市饮用水安全。紧盯城市环境美化,审查《南昌市城市市容和环境卫生管理条例》实施情况报告,督促执法主体切实遵循和执行法规内容,助推市容环境整治工程目标如期达成;审查《南昌市工业节约能源监察条例》的实施情况报告,推动合理用能和节约用能。

力促民生改善。围绕在全省率先全面完成脱贫任务,听取和审议农村扶贫工作报告,推动精准扶贫的政策、措施、资金全面及时落实。开展食用农产品安全专题询问,切实回应社会对食品安全关切,确保人民群众“舌尖上的安全”。听取住房保障工作报告,促进城市中低收入家庭住房条件改善。开展平安畅通出行活动,全力配合省人大“畅通省城”建议意见整改落实"回头看",助力城市交通畅通工程的实施。听取和审议公路建设管理工作报告,重点关注乡村公路建设,切实改善农村出行条件。听取关于残疾人权益保障情况的报告,督促残疾人权益保障政策法规的贯彻实施。听取和审议关于加强全市法院执行工作的决议贯彻执行情况的报告,保障生效法律文书的执行和当事人的合法权益。

同时,按照《监督法》和省实施《监督法》办法的要求,常委会将审查和批准决算,听取和审议计划、预算执行和审计工作情况报告。深入推进法治南昌建设,开展涉法涉诉信访案件依法导入司法程序专题调研,推动相关制度的完善,支持法律顾问和公职律师参与涉法涉诉信访的处理。开展南昌铁柱万寿宫遗址保护与利用专题调研,推动历史文化街区保护和打造,提升城市文化品位,带动城市文化复兴,让广大市民记得住乡愁。

三、着力发挥代表的主体作用

人大代表是国家权力机关的组成人员,是人民代表大会的主体。只有充分发挥代表的主体作用,人大及其常委会才能更好地履行法定职权,人大工作才会充满生机和活力。常委会要不断完善服务保障机制,拓宽代表履职渠道,支持和保障代表依法履职尽责。

强化代表履职服务。加强代表培训工作,围绕宪法、代表法、监督法等法律法规,人民代表大会制度以及代表履职知识等内容,分期分批组织新一届市人大代表开展任职培训,不断增强代表的政治观念、法治观念和群众观念。探索建立代表执行职务情况痕迹管理制度,以代表小组为单位,完善健全代表履职档案。支持和指导县区多渠道多途径开展代表向选区述职,增强代表职务意识。坚持定期向代表通报"一府两院"和人大工作情况,保障代表知情知政,增强代表代言能力,努力使我们每位代表不负"代表"的职务,不负人民的重托。

丰富代表活动载体。健全代表履职平台,认真落实常委会组成人员联系人大代表和人大代表联系人民群众制度,指导各县区切实发挥代表联系群众工作站(室)作用,畅通社情民意表达和反映渠道。拓展代表参与人大工作的广度和深度,完善代表列席常委会会议、参与执法检查、集中视察调研制度。强化代表小组职能,积极组织、指导和协调代表小组开展活动。

强化代表建议督办。创新督办机制,完善代表建议办理工作"回头看"和满意度测评机制,改进常委会领导领衔督办、专委会对口督办代表建议工作机制,加强对建议办理工作的跟踪督促和协调。探索建立代表建议办理第三方评估机制,注重办理实效,提高问题解决率,提升代表对建议办理的满意度,激发代表的履职积极性。

常委会要不断加强自身建设。坚持讲政治,牢固树立政治意识、大局意识、核心意识、看齐意识,坚决维护以习近平同志为核心的党中央权威。坚持守规矩,以党内政治生活若干准则和党内监督条例为遵循,落实全面从严治党责任,严守党的政治纪律和政治规矩,推进人大工作依法高效有序规范运行。坚持强学习,落实党组中心组理论学习和"三会一课"制度以及常委会"一会一课"制度,系统学习好党章党规、习总书记系列讲话,学习好宪法法律和人大业务等知识,以法治方式推进工作,以改革思维创新工作。坚持优作风,切实加强党性修养,自觉遵守廉洁从政各项规定,坚决贯彻中央八项规定精神,坚持不懈加强作风建设,持之以恒推进党风廉政建设和反腐败斗争。继续落实好省委、市委关于加强人大工作的意见,全面推进各级人大干部队伍建设;恪守一切权力属于人民的宗旨,始终把"为人民服务"作为常委会及机关工作的出发点和归属,努力建设风清气正、为民务实的权力机关。

各位代表,蓝图已展,风帆正扬。强化首位担当、展现省会作为,是时代赋予的使命,也是人大工作的靶向。在新的历史起点上,让我们更加紧密团结在以习近平同志为核心的党中央周围,在中共南昌市委的正确领导下,围绕中心、积极履职,紧贴民生、不负重托,为打造富裕美丽幸福江西"南昌样板"而不懈奋斗!

中国人民政治协商会议南昌市第十四届委员会常务委员会工作报告

——2017年2月6日在政协南昌市第十四届委员会第二次会议上

南昌市政协主席 周 关

各位委员:

我受政协南昌市第十四届委员会常务委员会的委托,向大会报告工作,请予审议。

2016年工作回顾

2016年,是实施"十三五"规划的开局之年,也是我市政协事业发展承上启下的重要一年。一年来,在中共南昌市委的坚强领导下,市政协常委会认真学习贯彻习近平总书记系列重要讲话精神,牢牢把握团结民主两大主题,紧紧围绕中心,倾力服务大局,积极履行政治协商、民主监督、参政议政职能,广泛深入开展"兴家风、淳民风、正社风"主题活动,为推进南昌经济社会发展、在全省率先全面建成小康社会作出了积极贡献。

一、聚焦经济发展协商建言,服务打造核心增长极

常委会坚持以服务打造核心增长极基本成型为主线,紧紧围绕全市经济发展中的综合性、全局性、前瞻性的重大问题,认真开展调研,积极协商议政。为推进打造"南昌绿谷",专门成立课题组,赴安义、湾里、新建等县区以及相关企业实地调研,深入了解"南昌绿谷"发展现状及建设中存在的问题,召开专题协商会,形成了《科学定位,把"南昌绿谷"打造成现代都市农业"南昌样板"》的调研报告,省委常委、副省长、市委书记殷美根同志作出重要批示:"报告所提五点建议很好!请向军同志在打造'南昌绿谷'的过程中研究借鉴吸纳",为市委、市政府科学决策提供了有益参考。召开推进供给侧结构性改革、促进科技创新与产业升级高度融合、打造开放型经济升级版、推进产业扶贫、海昏侯墓遗址保护开发利用等专题协商会,形成的《以海昏侯墓遗址保护开发利用为契机,把南昌打造成国际旅游目的地对策研究》等协商报告,殷美根书记等市领导先后作出批示,为我市加快产业发展发挥了积极作用。各专委会、

界别就如何使南昌产业定位更加精准、发展势头更加强劲，补足产业链招商短板，提高企业自主创新能力，助推小微企业做精做强，加快机器人及智能制造装备产业发展，创新金融工具激发产业动力，推进“高新尖”企业健康发展，培育发展新动力，发展生物医药产业等问题，深入开展调研，为我市适应经济新常态积极建言献策。发挥南昌之友联谊会平台作用，密切加强在外客商联系，开展产业和项目推介，先后提供项目信息24个，达成投资意向21.3亿元，为推进招商引资作出了积极努力。

二、聚焦城市建管献计出力，助推建设美丽南昌

常委会坚持以推动城市建设管理为重点，深入开展调研视察，积极为建设“美丽南昌·幸福家园”履职建言。围绕“如何使城市品位更加提升、城市管理更加精细、城市功能更加完善”课题，由专委会牵头，组织委员集中两个月时间，就缓解城市交通拥堵、加强精细化管理、提高停车场使用效率、建设智慧城市、促进城乡一体化发展、妥善处理占道施工等问题进行调研。组织开展“着眼未来，做好轨道交通网长远规划”调研协商，形成的调研报告得到市委、市政府领导同志的高度重视，认为报告对已建、在建、筹建的线路具有较强的借鉴意义，要求相关部门和县区对已做的轨道交通规划作进一步完善。紧扣市民反映强烈的旧城改造、新城建设问题，综合运用协商、调研、视察等形式，开展立体式、多层次的建言活动，围绕树立城市形象与完善城市功能协调、老城区改造与新城区开发同步、地上建设与地下建设并重以及历史传统与现代气息、文化内涵与建筑风格、宜居与宜业宜游等重大问题建言献策，为推进城市建设作出了积极贡献。引导委员深入了解群众呼声，针对城市建管中的热点、难点问题提出对策，形成的“关于促进建设工地文明施工，减少城市污染的建议”“关于公共自行车租赁服务城区全覆盖的建议”“关于加强出租汽车运营和行业管理的建议”等提案和社情民意信息，在政府有关部门的认真办理下，均得到较好落实。

三、聚焦干部作风议政献策，助力优化发展环境

常委会围绕优化发展环境、改进干部作风，认真履行民主监督职能，促进政府部门强化服务意识，改进工作、提高效率。围绕“如何使干部作风更加务实”组成两个调研组，深入了解当前干部作风存在的不足，认真听取服务对象意见，从增强干部法纪意识、加强制度设计与落实、推动以上率下层级带动、强化干部接地气用真情、提高能力与素质、完善激励与惩处机制等方面，针对性提出改进建议。坚持“在服务中监督、在监督中服务”的理念，把参与、支持、服务与民主监督有机结合起来，组织委员参加对无环保标志和持有黄色环保标志机动车扩大交通管制范围、红谷滩新区部分支路实施机动车单向通行、城市生活垃圾处理收费改革等听证会，陪同市领导信访接待，参加市检察院“检察开放周”活动，就《南昌汉代海昏侯国遗址保护管理办法》《南昌市城市桥梁隧道安全管理办法》等条例进行立法协商等，推进各项决策更加符合民意，体现群众意愿。发挥20个特邀监督员小组作用，通过经常性参加联系部门会议、听取情况通报、开展明察暗访、督办政协提案等形式，对部门办事效率、行政效能、工作作风实施民主监督，用大局的视角观察分析问题，从支持的角度提出意见建议，有效推动《关于降低企业成本、优化发展环境的若干意见》等改革发展惠民举措落地生效，为优化投资环境发挥了应有作用。

四、聚焦民生福祉凝心聚力，维护社会和谐稳定

常委会坚持以团结民主为主题，广泛凝聚社会各界智慧，齐心协力共促民生改善，努力提升群众获得感、幸福感。围绕“如何使民生福祉更加提升”组成8个课题组开展调研，分别就百姓住房、养老服务、基层医疗、体育产业、文化消费、教育事业、乡村旅游等事关群众切身利益问题进行建言。针对群众密切关注的社区“三个中心”建设、城区积水点疏通、“断头路”改造、地铁建设及背街小巷路灯亮化、公办幼儿园建设等百项惠民便民利民工程建设进行专题视察，及时形成建议案，为政府部门推进工作提供了参考。坚持把社情民意信息工作贯穿于各项活动中，引导委员多层次、广角度反映群众的愿望呼声和利益诉求，反映影响社会稳定的苗头性问题，为市委、市政府了解民意、化解矛盾提供决策依据。编发的38期《社情民意》，引起政府有关部门的高度重视，如《关于在南昌西客站高铁沿线安装护栏和隔音板的建议》《小区防雷装置经年不检隐患大》等9份信息在市长郭安等市领导的批示下，一批民生问题得到及时解决。重视发挥政协协商议政平台作用，推进民主协商、平等议事，先后邀请和组织市各民主党派、工商联、无党派人士参与政协调研、视察、座谈等活动280人次，鼓励和支持他们在政协全体会议、常委会议、专题协商会上以本党派名义发言31人次，为加快经济发展、保障改善民生、维护社会和谐稳定汇集了力量。

五、聚焦“三风”主题履职活动，提升城市文明水平

常委会坚持以“兴家风、淳民风、正社风”活动为抓手，广泛深入推进人文环境建设，培育践行社会主义核心价值观，传承中华民族优秀道德文化，为率先全面建成小康社会提供强大的精神力量。不断深化“三风”活动内容，认真学习贯彻习近平总书记在会见第一届全国文明家庭代表时的重要讲话精神，注重从家庭、家教、家风入手，把活动立足点放在千千万万个平凡家庭，通过举办理论研讨暨专家讲座、挖掘评选“三风”榜样人物、“我的母亲”征文、宣传凡人善举等举措，充分发挥家庭文明在整个社会文明建设中的基础性作用，引导群众弘扬传统美德，形成爱国爱家、相亲相爱、向上向善、共建共享的家庭文明新风尚，带动民风社风日益好转。不断创新“三风”活动形式，切实按照市委“更加生动地接地气、更加丰富地创品牌、更加广泛地造氛围”要求，高起点谋划，高标准推进，持之以恒推动全市各级组织、各个层面先后开展2万多场形式多样、内容丰富的“三风”活动，遍布各行业、各部门、各单位，基本实现社区、乡村、市直机关“三个”100%全覆盖。不断提高“三风”活动实效，随着“三风”活动的广泛深入开展，全市机关广大党员干部带头践行社会主义核心价值观，以良好形象投入工作，纪律意识、规矩意识、作风建设明显增强；“注重家庭、注重家教、注重家风”的理念深入人心，树立好家规、传承好家训、培育好家风成为家庭生活新风尚；志愿团队越来越多，凡人善举随处可见，文明意识不断增强，健康的生活方式得到重视和传播；践行良好家风、民风、社风，逐渐成为广大市民提升道德素养、加强精神文明建设的具体行动，充分彰显了“三风”活动的时代意义。

六、聚焦自身建设改革创新，加强委员履职服务

常委会坚持以加强自身建设为保障，强化学习筑牢思想根基，创新思路，完善举措，推进履职能力建设，提升履职服务水平。注重筑牢思想基础，认真贯彻落实中共十八大和十八届三中、四中、五中、六中全会精神，深入学习贯彻习近平总书记系列重要讲话精神，积极开展“两学一做”学习教育，先后举办各类学习研讨班、座谈会9期，进一步坚定理想信念，强化服务观念，增强政治意识、大局意识、核心意识、看齐意识，自觉讲政治、守规矩、做表率。推进全面从严治党，严格落实中央八项规定精神，持续改进工作作风。加强委员队伍建设，制定完善《政协委员履职情况登记反馈办法》等一系列制度，强化委员履职考核，增强委员责任意识、主体意识。成立委员联络处，加

强委员履职服务,有效激发委员履职热情。改进政协新闻宣传,密切与新闻媒体联系,加强南昌发展及政协履职成果宣传,先后在人民日报等中央媒体发稿28篇次,在省、市新闻媒体推介政协工作1100余篇次。新华社、人民日报、光明日报、经济日报、人民政协报、中央人民广播电台等中央主流媒体对我市“三风”活动进行了大篇幅报道,在全国引起广泛关注,大大提高了南昌精神文明建设的影响力。做好史料编辑工作,注重发挥文史资料“存史、资政、团结、育人”功能,出版发行《浴血抗战——江西抗战将士采访录与日军罪行调查史料》《红流激荡——江西红色历史资源荟萃》等文史书籍。组织召开“纪念中国共产党建党95周年”座谈会、纪念红军长征胜利80周年研讨会。成功承办纪念孙中山先生诞辰150周年图片展,得到前来参观的省、市四套班子领导和广大干部群众的一致好评。创造性推进协商民主实践,市委、市政府、市政协联合制定下发和实施年度协商工作计划,既围绕综合性、全局性的重大问题开展常委会协商,又灵活运用专题协商、对口协商、界别协商、提案办理协商等形式,对具体问题进行具体协商,先后开展15次协商活动,多项建议进入决策程序,成为推进工作的重要参考,充分体现了政协作为协商民主的重要渠道和专门机构作用。

各位委员,过去一年市政协工作取得的成绩,是中共南昌市委正确领导的结果,是市政府和社会各方面大力支持的结果,是市政协各参加单位和广大委员认真履职、团结奋斗的结果。在此,我代表市政协常委会,向大家表示崇高的敬意和衷心的感谢!

在肯定成绩的同时,我们也清醒地看到,政协工作中还存在一些不足,比如:协商议政还不够深入,需要进一步提高科学化水平;民主监督针对性和实效性还不够强,需要进一步探索新机制新途径;界别优势发挥还不够充分,需要进一步改进方式方法。这些都需要我们在今后工作中不断探索和改进。

2017年主要任务

2017年是中共十九大召开之年,也是全面落实市十一次党代会精神的第一年,做好今年的工作至关重要。常委会工作的总体要求是:高举中国特色社会主义伟大旗帜,认真学习贯彻中共十八大和十八届三中、四中、五中、六中全会精神,深入学习贯彻习近平总书记系列重要讲话精神,牢固树立和贯彻落实新发展理念,主动适应经济发展新常态,在中共南昌市委的坚强领导下,牢牢把握团结民主两大主题,紧紧围绕市委十一届二次全会确定的“八大”主要工作,突出问题导向,强化短板意识,着力增强协商议政实效,着力强化民主监督职能,着力做好团结联谊工作,着力推进“三风”主题活动,高唱主旋律,共画同心圆,积极为建设工业文明、城市文明、生态文明融合发展的现代化城市作出新贡献。

一、紧扣“强产业”这个根本出路深入调研协商

产业是发展的核心要素。没有强大的产业尤其是现代制造业,经济稳增长就失去根基,提高首位度就失去支撑。我们要紧紧围绕强攻产业、决战工业这个加速追赶、全面进位的根本出路,积极为实施“一核两重”(以新型工业化为核心,重点发展现代服务业和现代农业)产业发展战略献计出力。牢牢把握稳中求进的总基调,顺应稳中求快的现实要求,以提高发展质量和效益为中心,以推进供给侧结构性改革为主线,紧扣做强做大做优产业,就工业转型升级提质增效、现代服务业提质提速、现代农业做优做特、加速动能转换、强化区域合作、激发创新活力等方面的重大问题,选准切入点,深入开展调查研究,认真搞好协商议政,切实用科学发展的眼光和思路提出对策建议,为发展大局服务。主动投身产业大发展主战场,自觉围着项目转,一切盯着项目干,努力在产业培育、项目推动的生动实践中大显身手,在帮助协调解决困难和问题中建功立业,在促进机制体制优化转换中发挥作用。加强联络联谊,发挥委员联系广泛优势,积极牵线搭桥,努力推动引进项目、资金、技术和人才,为招商引资多作贡献。

二、紧扣“兴城市”这个紧迫任务积极履职建言

城市是发展的最核心平台,是一个地方经济承载力、要素聚集力、对外吸引力的最直接反映。我们要紧紧围绕繁荣新城、复兴老城这个当前最紧迫的任务,积极为建设体格健康、形貌整洁、功能完备的高品质城市履职建言。坚持以优化城市空间框架、完善城市功能内涵、做亮城市市容面貌为目标,就“四大新城”规划建设、交通基础设施建设、城建机制体制建设、老城区“拆、补、改、留”、城市管理市场化运作、完善城市管理架构等方面的具体问题,认真组织调研协商,力求形成有深度、有价值的履职成果,为市委、市政府科学决策提供参考。积极参与“美丽南昌·幸福家园”综合整治工作,就市容环境整治、城市交通畅通、城市文明提升三大工程推进情况,广泛开展专项视察活动,善于发现问题和不足,及时提出意见建议,推动各项举措落到实处、各项目标如期实现。充分运用渠道畅通的有利条件,密切加强与各界群众联系,积极宣传我市棚改旧改、城中村改造、被征迁地块建设、拆迁户安置等重大政策和工作安排,准确了解群众意愿,及时反映群众诉求,自觉协助做好协调关系、释疑解惑、化解矛盾、理顺情绪工作,为推进城市大建管减少阻力、增加助力、凝聚合力。

三、紧扣“抓落实”这个基本要求强化民主监督

为政之要,贵在落实。抓落实,发展就会充满生机,不抓落实,蓝图只能是空中楼阁。我们要紧紧围绕抓落实这个加快发展的基本要求,不断强化民主监督工作,积极为推进实施“八大”主要工作发挥作用。按照带着强烈的使命感责任感抓落实的要求,紧紧抓住市委的重大决策部署、重要改革举措、重点工作安排和约束性指标执行情况,寓监督于调研视察、协商议政、社情民意等经常性履职中,及时发现存在的问题和遇到的困难,认真提出改进意见建议,努力推动各项政策举措落地见效。按照增强危机感紧迫感抓落实的要求,始终坚持监督就是支持、监督就是服务,把促进落实作为履行民主监督的一种政治自觉,以咬定青山不放松的决心和“钉钉子”的精神,在抓重点中敢于监督、在攻难点中善于监督,持之以恒、真抓实干,努力促进工作一件一件落实、难题一个一个攻克,积极为解决经济社会发展中的突出问题、实现市委提出的各项目标任务履职出力。按照创新方法改进作风抓落实的要求,突出改善干部作风、提高服务效率,积极组织特邀监督员开展民主监督活动,深入服务对象听取意见,发现问题,研究对策,提出建议,支持行政部门完善体制机制,提高行政效能,强化干部主动作为意识,同心协力落实市委的决策和工作要求,为加快发展奉献力量。

四、紧扣“优环境”这个关键环节深化“三风”活动

人文环境是最核心的竞争力,是建设文明城市的核心内容。我们要紧紧围绕打造优良的人文环境这个发展的关键环节,广泛深入持久开展“三风”活动,引导人们积极培育和践行社会主义核心价值观,弘扬中华民族优秀道德文化,传承“八一”精神,为经济社会发展提供强有力的道德支撑。把促进家庭家风建设作为着力点,认真贯彻习近平总书记接见全国文明家庭代表时的重要讲话精神,注重家庭、注重家教、注重家风,创新活动方式,着力开展形式多样、丰富多彩的家庭文明创评活动,深入挖掘和提炼传统家规家训、家庭道德文化的时代内涵和当代价值。积极构建学校、社会、家庭三位一体的教育平

台，进一步营造以家风带民风促社风的浓厚氛围。把大众参与群众受益作为出发点，持续开展"三风"榜样人物、榜样家庭评选等活动，让一批又一批可见、可信、可敬、可学的凡人善举走进群众视野，教育和感染全市人民见贤思齐、崇德向善。以市民最期待的公共文明行为为导向，开展文明交通、文明旅游、文明餐桌、文明祭扫、文明经营等系列宣传教育和工作督查。广泛开展送科技、送法律、送知识、送健康等志愿服务，推动形成"我为人人、人人为我"的生动局面。把提升活动成效作为落脚点，认真念好"广、小、久、实"四字诀，浓氛围，更加有效地整合党政部门和人民团体力量，推动各级各界人人知晓、个个参与；树典型，进一步加强对"三风"榜样、"三风"故事的挖掘、推选、宣传，以点带面形成良好风尚；广覆盖，逐步形成覆盖各个层面的宣传网络和活动平台，更加广泛地延伸至社区、农村、机关、企业、学校、景区、医院和广大家庭；成特色，进一步丰富"三风"活动内涵，创新活动形式，增强活动效果，努力把"三风"活动打造成我市精神文明建设的响亮"品牌"，为建设"美丽南昌·幸福家园"注入强大的精神力量。

五、紧扣"惠民生"这个发展目的发挥应有作用

让改革发展成果惠及全体人民，是全面建成小康社会的根本要求。我们要紧紧围绕实现人民群众对美好生活的向往这个发展的根本目的，牢固树立履职为民理念，把关注民生、为民服务贯穿于履职全过程，倾力推动事业大统筹、民生大改善。发挥专委会基础作用，集中力量就精准扶贫脱贫、教育领域改革、文化管理体制改革、健康南昌建设、健全社会保障体系、完善社会防控体系等问题进行深入调研，为推进财力优先向民生集中、政策优先向民生倾斜、服务优先向民生覆盖建睿智之言。由界别牵头，引导委员选择就业、教育、医疗、文化、住房、社会保障、食品安全、环境保护等人民群众关注的热点问题，通过调研报告、政协提案、社情民意等形式，积极反映群众意愿和呼声，推动惠民举措落地生根，为解决群众切身利益问题献务实之策。积极开展专题视察，聚焦重大民生工程，就"背街小巷光明"全覆盖、菜篮子进社区、"厕所革命"等实施情况，提出意见建议，促进工程有序进行，为维护民生福祉、提高群众获得感幸福感积极作为。

六、紧扣"强队伍"这个有力保障推进自身建设

委员是政协履职的主体。政协围绕中心、服务大局，关键在委员。我们要紧紧围绕加强队伍建设这个政协发挥作用的有力保障，努力在提高履职水平、强化履职实效上下功夫。提高政治把握能力，认真学习贯彻以习近平同志为核心的中共中央治国理政新理念新思想新战略，积极开展喜迎中共十九大系列活动并做好学习贯彻工作，增强道路自信、理论自信、制度自信、文化自信，切实把思想和行动统一到中共中央的决策部署上来，与市委、市政府同频共振，不忘初心，始终沿着正确的政治方向继续前进。提高履职建言能力，建立常态化学习机制，灵活开展专家辅导、座谈交流、委员培训等活动，丰富学习形式，提高学习效果，准确把握政协的性质、定位、作用，增强在政协这个"政治大舞台、干事大平台"上建功立业的使命意识，不断提升服务发展的履职水平。提高履职协作能力，加强与各党派团体合作共事，密切同各方人士包括新社会阶层人士的沟通联系，积极配合全国政协、省政协来昌开展调研视察，加强与其他城市政协联谊交流，建立与县区政协联合调研机制，实现多方联动，增强履职合力。提高履职服务能力，深入开展"讲规矩、守纪律，重细节、强服务"主题活动，强化机关干部思想、组织、作风、制度建设，认真贯彻中共中央八项规定精神，切实增强全局观念、责任意识，努力建设一支廉洁、务实、高效的政协干部队伍，为委员履职提供有力保障。

各位委员，新年伊始，万象更新。站在南昌发展的新起点，强化首位担当，展现省会作为，需要全市上下齐心协力、共识共为。让我们紧密团结在以习近平同志为核心的中共中央周围，在中共南昌市委的坚强领导下，始终恪守围绕中心、服务大局的履职宗旨，始终发扬人民政协的优良传统，始终保持锐意进取的奋斗精神，同心同德、拼搏奋进，撸起袖子加油干，为打造富裕美丽幸福江西"南昌样板"作出新贡献，以优异成绩迎接中共十九大胜利召开。

南昌市中级人民法院工作报告

——2017年2月8日在南昌市第十五届人民代表大会第二次会议上

南昌市中级人民法院院长　居国屏

各位代表：

现在，我代表市中级人民法院向大会报告工作，请予审议，并请列席会议的同志提出意见。

2016年工作回顾

过去一年，在市委的坚强领导、市人大及其常委会的有力监督下，在市政府、市政协和社会各界的大力支持下，全市法院紧紧围绕"努力让人民群众在每一个司法案件中感受到公平正义"的工作目标，勇于担当首位使命，全面履行审判职责，各方面工作取得新的进展。全市法院共受理各类案件58251件，审结55744件，同比分别上升6.45%、19.44%。其中，市中院受理各类案件13109件，审结12622件，同比分别上升3.85%、5.71%。

一、坚持以服务大局为己任，不断强化司法保障和服务

全方位落实司法指导。主动研判"十三五"规划对司法工作提出的新要求，及时出台实施意见，增强司法保障和服务的针对性。按照市委促进"三个文明"融合发展、打造"南昌光谷"和"旅游强市建设"等重大部署，研究制定系列司法指导意见，全力护航经济社会发展大局。

多举措助推发展升级。服务供给侧结构性改革，成立清算破产审判合议庭，稳妥审理破产案件，促进经济转型升级。加大生态环境司法保护力度，成立环境资源审判合议庭，推广"三审合一"审判模式。积极开展为企业"降成本、优环境"活动，防范企业经营风险。

深层次参与社会治理。积极保障全国综治创新工作"南昌会议"，有效化解一系列矛盾纠纷。加强社会关注重点案件

的调度推进，综合把握法律关系和各方诉求，研究制定有效化解方案。加强对审判工作中新问题、新情况的分析研判，提出司法建议67条。

二、坚持以执法办案为核心，努力维护社会公平和正义

依法打击刑事犯罪。积极推进反腐败斗争，审结中石化原总经理王天普受贿、贪污案等职务犯罪案件177件，判处县处级以上18人，大要案审理效果获得最高法院、省委政法委主要领导充分肯定。审结杀人、抢劫、贩卖毒品等严重危害社会治安犯罪案件458件，胡如松等罪犯被依法严惩。审结社会关注的非法集资、电信诈骗、生产销售有毒有害食品等涉众型犯罪案件34件，苏德来、陈晓虎等罪犯受到惩处。

妥善化解民商纠纷。倡导社会诚信，审结合同案件16878件。保障民生权益，审结婚姻家庭、人身损害赔偿案件7475件。兼顾保障劳动者合法权益和企业生存发展，审结东航飞行员离职案等劳动争议案件1032件。加强产权保护，审结权属、财产侵权案件790件。防范金融风险，审结金融债权、民间借贷案件6587件。促进创新发展，审结知识产权案件452件。加强涉外、涉港澳台审判工作，涉台审判工作被中央电视台报道。

助推建设法治政府。推进依法治市，坚持合法性审查标准，判决撤销、变更、确认行政行为违法66件。助力城市科学建管，审结涉房屋拆迁和土地征收案件143件。监督支持依法行政，推动行政机关负责人出庭应诉99次。

全力攻坚执行难题。聚焦用两年时间在全省率先基本解决“执行难”目标，在全省率先开通与国土、房管部门的“点对点”网络查询平台，对南昌欧亚汽车销售有限公司等失信被执行人进行强制审计13次，罚款525.03万元，拘留273人次，移送刑事立案22人次。优化执行机制和方式，在市人大常委会就执行工作作出专门决议的基础上，市委、市政府在全省率先下发《关于进一步支持人民法院基本解决“执行难”问题的通知》，东湖区法院发出全省首个执行悬赏公告。

三、坚持以司法为民为宗旨，积极回应群众需求和期待

多元化解矛盾纠纷。开展律师参与化解和代理涉诉信访，7个法院在诉讼服务中心设立律师代理申诉接待室，引导申诉人合法理性表达诉求。整合调解资源，7个法院建立医患纠纷等诉调对接平台，实现行政调解、行业调解、人民调解与法院调解的无缝对接。

全面升级诉讼服务。出台全市法院诉讼服务中心标准化建设方案，加快诉讼服务中心升级提档。打造“智能诉讼服务大厅、网上诉讼服务中心、12368诉讼服务热线”三位一体的诉讼服务平台，提升诉讼服务水平。坚持“文明、规范、优质”的诉讼服务工作标准，接待群众14万余人次。

积极推出为民举措。深入社区乡村、田间地头开展巡回审判481次，方便群众参加诉讼。积极推广旅游、交通事故纠纷速裁，探索物业纠纷小额速裁，及时化解矛盾纠纷。加大司法救助力度，缓减免交诉讼费635.25万元，发放司法救助款610.22万元。

四、坚持以改革创新为动力，切实完善审判体制和机制

精心打造审判品牌。厚植少年审判优势，坚持开展“未成年人保护宣传周”活动，创新开展“我的成年日”活动。市中院、西湖区法院再次被命名为全国“青少年维权岗”，市中院还被评为省“三八红旗集体”。在全市法院大力推动“一院一品”工程，每个法院均培育、提炼出1个以上独具本地特色的司法品牌。

加快建设智慧法院。开展电子司法送达，高新区法院在全国首创司法送达服务平台，有效缓解送达难问题，被《中国法院信息化蓝皮书》列为16个地方创新之一。青云谱区法院探索运用互联网进行公告送达，发出全省首个互联网公告。推进全程网上办案，聘请内外部专家成立技术问题专家小组，提升法官网上办案能力。

稳步推进司法改革。设立司法改革专门机构，按要求完成法官职务套改工作，分析梳理法官人额意愿和办案质效情况，同步推进相关配套改革，做好司法改革全面铺开前的各项准备，凝聚“早改早发展、早改早受益”的共识。

五、坚持以自身建设为重点，持续锤炼队伍能力和作风

突出思想政治建设。扎实推进“两学一做”学习教育，引导广大干警树立“四个意识”，坚定“四个自信”。坚持以上率下，着力打造一流的班子，带出一流的队伍，争创一流的业绩。加强法院文化建设，梅汝璈故居被最高法院命名为“全国法院法治文化教育基地”。

强化司法能力建设。积极开展审判业务培训和司法警务培训，邀请最高法院审判专家为全市法官授课，选派217名干警参加上级法院组织的培训，市中院各有1名干警获全国法院先进个人、全国法院精品文书评比三等奖、全国法院司法警察技能大比武单项全国第一。

狠抓纪律作风建设。在全市法院开展纪律作风集中教育整顿活动，在全省法院率先出台《关于全市法院准确把握运用监督执纪“四种形态”的指导意见》，让纪律成为“带电的高压线”。举办全市法院深化落实全面从严治党“两个责任”专修班，推动全面从严治党不断纵深发展。严肃监督执纪，开展审务督察475次，对2个基层法院进行司法巡查，对有苗头性、倾向性问题的干警函询、谈话111人次，初核信访举报案件56件。

六、坚持以接受监督为保证，有力彰显司法公正和公信

依法接受人大监督。认真落实市十五届人大一次会议的决议，办理代表建议17件。积极向市人大常委会汇报司法公开、积案清理工作，按照审议意见抓好整改。完善日常联络机制，邀请代表视察座谈、见证执行、旁听庭审517人次。

主动接受各方监督。主动接受政协民主监督，定期向政协通报法院工作情况。依法接受检察机关诉讼监督，邀请检察长列席审委会68次。积极扩大司法民主，完成人民陪审员“倍增计划”。

深入推进阳光司法。着力打造司法公开四大平台尤其是庭审直播公开平台，不断拓宽庭审直播覆盖面。利用微博、微信等新媒体发布法院信息3322条，传播司法正能量。通过公布电话和信箱，回访当事人等方式，进一步接受人民群众监督。

各位代表，过去的一年，全市法院各项工作取得了新进步，先后有9个集体和个人获得国家级表彰，35个集体和个人获得省级表彰。最高法院周强院长在视察市中院时，对南昌法院服务大局、大要案审判、少年审判、执行等工作取得的成效予以充分肯定。这是市委正确领导，市人大及其常委会有效监督，市政府、市政协和社会各界关心支持的结果。在此，我代表全市法院和全体法院干警表示衷心的感谢！

我们也清醒地认识到，全市法院工作还存在一些问题和困难：一是案多人少矛盾日益突出，受案数持续攀升，法官工作任务繁重；二是信息化建设水平不能满足审判执行工作需要，基层基础建设存在薄弱环节，司法效能有待进一步提升；三是全市法院整体工作首位度还不高，部分工作与先进兄弟法院和周边省会法院相比还有一定差距；四是少数案件办理效果不佳，个别干警存在违纪违法问题，队伍建设需要进一步加强。对此，我们将予以高度重视，切实加以解决。

2017 年工作安排

新的一年，全市法院将全面贯彻党的十八大、十八届三中、四中、五中、六中全会精神和习近平总书记系列重要讲话精神，按照市第十一次党代会、市委十一届二次全会部署和上级法院要求，坚持弘扬井冈山精神、八一精神，主动服务全市大局，忠实履行法定职责，加快推进改革创新，着力加强自身建设，努力为“争全省首位、创南昌经验”打下坚实基础，为打造富裕美丽幸福江西“南昌样板”而不懈奋斗。

一是更加强化司法保障。着眼于“十三五”规划实施，牢固树立五大发展理念，坚持稳中求进工作总基调，服务供给侧结构性改革，保障重点行业、重点工程、重点企业、重点项目建设，加强环境资源司法保护，为南昌在全省率先全面小康，建设“三个文明”融合发展的现代化城市营造安全稳定的社会环境、公正规范的法治环境。

二是更加严格公正司法。严厉打击严重刑事犯罪，维护社会安全稳定。妥善审理经济新常态下的各类民商事案件，促进经济平稳健康发展。依法公正审理行政案件，促进依法行政。全力破解执行难题，坚决兑现在全省率先基本解决“执行难”的庄严承诺。

三是更加牢记为民宗旨。加快诉讼服务中心标准化、规范化、信息化建设，充分发挥互联网、诉讼服务热线、微信功能，致力于提供智能诉讼服务。加大人民法庭建设力度，提升基层服务群众的能力和水平。依法审判执行好各类涉民生案件，拓宽司法救助范围，保障人民群众合法权益。

四是更加注重改革创新。按照中央、省委和上级法院部署，认真落实好以司法责任制为核心的司法改革。有序推进案件繁简分流、多元化纠纷解决机制等改革，进一步优化司法资源配置。继续抓好品牌创建，努力让南昌法院更多的工作在全省有地位、在全国有影响。

五是更加从严管理队伍。坚持问题导向，深入落实全面从严治党“两个责任”。把纪律和规矩挺在前面，用好监督执纪“四种形态”，注重抓早抓小，提高司法廉洁风险防控水平。加强对审判权运行的常态化监督，坚持反腐败无禁区、全覆盖、零容忍。

六是更加自觉接受监督。坚持重大事项、重要工作部署向人大报告制度，积极配合市人大常委会做好相关工作专项审议。自觉接受政协民主监督、检察机关诉讼监督和社会各界监督，有针对性地改进法院工作。加强人民陪审员、陪执员的选任和履职保障，充分发扬司法民主。进一步深化司法公开，展示良好司法形象。

各位代表，在今后的工作中，我们决心紧紧依靠市委的正确领导，坚决贯彻落实好本次大会决议，凝心聚力、开拓奋进，强化首位担当，争创一流业绩，全面发挥审判职能作用，努力为打造富裕美丽幸福江西“南昌样板”作出新的更大贡献，以优异的成绩迎接党的十九大胜利召开。

南昌市人民检察院工作报告

——2017 年 2 月 8 日在南昌市第十五届人民代表大会第二次会议上

南昌市人民检察院检察长　刘　炽

各位代表：

现在，我代表市人民检察院向大会报告工作，请予审议，并请列席会议的同志提出意见。

2016 年主要工作

过去的一年，全市检察机关在市委和省检察院的坚强领导下，在市人大及其常委会的有力监督下，在市政府、市政协以及社会各界的大力支持下，坚持强化法律监督、强化自身监督、强化队伍建设，为全市实现“十三五”规划良好开局提供有力司法保障。

一、围绕“三个建设”，充分履行法律监督职能

着力发挥捕诉职能，推进平安南昌建设。严厉打击各类违法犯罪，批准（决定）逮捕刑事犯罪嫌疑人 5253 人，提起公诉 6662 人。严格贯彻宽严相济刑事司法政策，依法不批准逮捕 853 人，决定不起诉 662 人。大力推进立体化社会治安防控体系建设，就近年频发的电信网络诈骗、侵犯公民个人信息等犯罪中暴露出的管理问题，积极向职能部门发送检察建议，努力织密公共安全网。探索矛盾多元化解途径，引入律师等第三方参与化解涉检信访，帮助引导当事人理性表达诉求，推动 25 件疑难信访案件妥善化解。

着力惩防职务犯罪，推进反腐倡廉建设。坚持反腐肃贪不动摇，立案查办各类职务犯罪 178 人，其中查办窝串案人数占 54.5%。严肃查办了省国防科工办原副主任廖晓凌、南昌市市政府原副秘书长陈强等县处级以上领导干部 8 人，依法起诉中石化原总经理王天普受贿、贪污案。部署开展查办和预防基层侵害群众利益职务犯罪专项工作，侦办民生领域职务犯罪 108 人。坚持强化职务犯罪预防，试行预防诫告制度，对有违法行为但不构成职务犯罪的涉案人员开展预防诫告 73 件，积极提升预防效果。

着力强化诉讼监督，推进法治南昌建设。加强刑事诉讼监督，监督侦查机关立案 67 件，监督撤案 32 件，纠正漏捕 168 人，纠正漏诉 443 人，提出刑事抗诉 37 件，开展羁押必要性审查，依法变更强制措施 206 人次。加强刑事执行监督，部署开展集中清理判处实刑罪犯未执行刑罚和财产刑执行专项活动，依法收监执行 8 人，监督纠正减刑、假释、暂予监外执行不当 324 人次。深入开展“基层民行检察工作推进年”活动，提请（提出）民事抗诉 19 件，发出再审检察建议 11 件，督促行政机关依法履职 116 件；启动行政非诉执行专项监督活动，发出执行监督检察建议 63 件；联合法院组织开展执行案款集中清理，支持、督促法院清理滞留执行案款 6483 万余元。

二、聚焦“三个重点”，服务保障南昌率先发展

助力“稳增长”。从维护市场秩序入手，依法批准逮捕各类破坏市场经济秩序犯罪 344 人，起诉 409 人，妥善办理了“e 租宝”等 44 件涉众型经济犯罪案件，努力防控区域性金融风

险。从保障项目建设入手,对全市26个重大项目持续开展专项预防,发出预防检察建议75份,为各类项目招投标提供行贿犯罪档案查询53021件次,把牢项目建设廉洁关口。从平等保护企业发展入手,制定服务非公企业发展"10条意见",起诉侵犯知识产权、制售假冒伪劣商品等侵害企业合法权益犯罪案件63件,组建硕士检察官服务团为企业提供精准法律服务,保障企业健康发展。

倾力"护生态"。严厉打击破坏环境资源犯罪,批准逮捕22人,起诉38人,依法查办退耕还林、污染治理、矿产资源管理等生态领域职务犯罪32人。推进共防共治,设立了30个生态检察室、工作站,与55家单位建立保护环境共建计划和联协制度,南昌县检察院成立了全省首个生态检察科,促进形成"检察+行政"的生态环境保护格局。强化检察监督,围绕保护水、土、林、气、候鸟等自然资源和海昏侯遗址等人文景观开展19个"小专项"行动,依法监督行政机关执法69件,督促整治排污、非法采挖等危害环境的突出问题。

竭力"惠民生"。积极服务精准扶贫,会同市扶贫办开展集中惩治和加强预防扶贫开发领域职务犯罪专项活动,立案查办惠农扶贫领域职务犯罪53人,主动参与全市"十大扶贫到户工程"和"百千万"行动,帮助挂点扶贫村引进光伏发电、生态养殖等产业项目,促进农民增收。积极保障食药安全,持续开展食品药品专项监督行动,批准逮捕"问题疫苗"事件涉案犯罪嫌疑人4人,监督立案危害食品安全案件40件,起诉61人。积极解决民生难题,依法监督公安机关立案侦查拒不支付劳动报酬犯罪,帮助83位务工人员追回工资112万余元;为特别困难的23个刑事被害人家庭发放司法救助金58.6万元,努力让困难群众感受司法温暖。

三、坚持"三个并重",夯实检察事业发展根基

坚持政治立检与人才兴检并重,努力打造过硬队伍。加强思想政治建设。认真开展"两学一做"学习教育,大力弘扬井冈山精神、长征精神和八一精神,引导全体检察人员牢固树立"四个意识",坚定"四个自信";认真学习贯彻《关于新形势下党内政治生活的若干准则》和《中国共产党党内监督条例》,积极开展"星级支部"创建活动,进一步加强和规范党内政治生活,不断强化党内监督。加强能力素质建设。以正规化、专业化、职业化为导向,制定"十三五"时期南昌检察教育培训工作规划,出台检察职业导师制实施办法,开展公诉人和律师诉辩对抗等业务竞赛9次,组织检察人员参训3916人次,努力为检察事业发展提供人才保障。

坚持改革创新与规范司法并重,努力提升工作水平。加快推进以审判为中心的刑事诉讼制度改革。制定介入侦查工作实施细则、规范补充侦查、刑事案件庭前会议等8项制度,探索实施"以客观证据为核心"的案件亲历性审查模式,进一步强化检察机关在规范刑事侦查活动上的诉前主导作用,推动审判标准前置化。大力创新办案机制。整合全市职务犯罪侦查力量,组建了"侦查人才库"和"预防专家库",充分共享应用电子数据分析、心理测谎等技术手段,推动形成规范化取证、精细化初查、专业化审讯、信息化引导的集约化办案模式;整合全市未成年人刑事检察力量,搭建了"五方"互通、集远程心理咨询等五类功能于一体的帮教系统,提升涉罪未成年人帮教水平。坚持不懈规范司法。部署"规范司法行为专项整治深化年"活动,对近三年来保障律师执业权利、讯问犯罪嫌疑人同步录音录像、指定居所监视居住、涉案财物处理等情况开展专项检查,组织对372件案件开展质量评查,对发现的司法不规范问题建立清单、限时整改;积极顺应司法责任制改革,建立办案人员司法档案、办案质量问题约谈等制度,进一步推动办案规范化。

坚持外部监督与内部监督并重,努力增强司法公信。牢固树立"监督者更要接受监督"理念,自觉接受人大监督。全市两级检察院一年来向同级人大及其常委会汇报工作26次,邀请人大代表参加检察开放活动200余人次,定期向代表寄递《联络专刊》通报工作;认真研究市人大及其常委会的有关决议、意见以及人大代表意见建议,全面落实,及时反馈。坚持把内部监督摆在与外部监督同等重要位置。建立"一委三室"内部监督体系和"一考核三清单"制度,进一步加强责任落实、完善考核评价;认真学习贯彻十八届六中全会精神,结合上级检察机关巡视整改意见,制定《关于全市检察机关从严治党治检、加强作风建设的实施意见》;严肃处理高新区检察院工勤人员徐林保违纪问题,深刻汲取事件教训,在全省率先实行全体检察人员个人事项报告制度,全面加强检察人员的监督管理;严格监督执纪,一年来共下发督查通报9份,诫勉谈话3次,对2名县区院检察长进行提醒、告诫。坚持以公开促公正,主动接受社会各界监督。在网上公开案件程序性信息7787条、重要案件信息481条,法律文书公开比例达到94%;进一步完善"南昌检察"微信检务大厅功能,努力为群众提供更开放便捷的检察服务。

各位代表!一年来,全市检察机关在服务和保障发展大局、促进检察事业健康发展上取得了一些成绩,共荣获省级以上集体荣誉38项,个人荣誉57项,其中新建区检察院获评第六届"全国先进基层检察院",青山湖区检察院获评"全国青少年维权岗"。这些成绩的取得,是党委领导、人大监督和政府、政协以及社会各界关心、支持的结果。在此,我代表全市检察机关和全体检察人员表示衷心的感谢,并致以崇高的敬意!

同时,我们清醒地认识到,检察工作还存在一些不容忽视的问题,主要表现为:一是法律监督职能作用发挥得还不够充分,服务大局成果不够显著;二是司法办案不规范、不文明现象时有发生;三是自身监督管理还有不足,检察人员违纪情形仍然存在。对这些问题,我们将通过完善制度建设、加强管理考核等进行针对性地研究部署,以实实在在地行动努力加以解决。

2017年工作安排

新的一年,全市检察机关将深入学习贯彻党的十八大、十八届三中、四中、五中、六中全会精神和习近平总书记系列重要讲话精神,以省、市党代会精神为指引,围绕市委十一届二次全体会议确定的工作重点,按照市检察院党组"一二三四五"的工作思路和目标,始终坚持以司法办案为中心,以检察改革为动力,以队伍建设为根本,主动强化责任担当,积极展现检察作为,为打造富裕美丽幸福江西的"南昌样板"不懈奋斗。

第一,以更实的举措服务发展。牢牢把握稳中求进工作总基调,积极保障重大项目建设、重点产业发展,努力服务供给侧结构性改革。注重平等保护非公有制经济发展,着力构建"亲、清"检企关系,为促进大众创业、万众创新提供司法服务。深入开展生态检察专项活动,强化对环境资源的司法保护,推动建设美丽南昌、幸福家园。坚持为民司法,加强对扶贫开发、安全生产、食药安全、权益保障等民生领域的法律监督,努力保障和改善民生。

第二,以更强的力度充分履职。加强审查逮捕和审查起诉工作,突出惩治侵害人民生命财产安全、群众反映强烈的各类犯罪,全力维护社会稳定。继续保持惩治腐败高压态势,积极查办和预防职务犯罪,服务好反腐败工作大局。持续强化诉讼监督,坚持敢于监督、善于监督、依法监督,努力维护法治权威,促进社会公平正义。

第三，以更稳的步伐推动改革。把握改革节奏，按照上级统一部署，落实各项检察改革任务。大力实施“一院一品”检察工作创新计划，积极运用新知识、新技术破解检察工作难题，在检察业务、检察队伍、检察管理等方面大胆探索符合司法规律、顺应改革、可复制推广的特色做法，推动检察工作创新发展。

第四，以更大的决心锤炼队伍。认真学习贯彻中央《关于新形势下加强政法队伍建设的意见》，深化理想信念教育，严肃党内政治生活，坚守忠诚、为民、担当、公正、廉洁的检察职业道德操守。深入推进检察队伍专业化建设，积极构建教、学、练、战一体化教育培训机制，努力提升检察队伍履职能力。落实全面从严治党主体责任，加强对检察人员的监督管理，使每一名检察人员在纪律规矩面前知敬畏、存戒惧、守底线。

各位代表！新的一年里，全市检察机关将牢记人民期望和重托，依法充分履行法律监督职责，求真务实、开拓进取，全力服务打造富裕美丽幸福江西的“南昌样板”，以优异成绩迎接党的十九大胜利召开！

关于南昌市2016年国民经济和社会发展计划执行情况及2017年国民经济和社会发展计划草案的报告(书面)

——2017年2月7日在南昌市第十五届人民代表大会第二次会议上

南昌市发展和改革委员会主任　张小飞

各位代表：

受市人民政府委托，我向大会报告南昌市2016年国民经济和社会发展计划执行情况及2017年国民经济和社会发展计划草案，请予审议，并请各位政协委员和列席人员提出意见。

一、2016年国民经济和社会发展计划执行情况

2016年，面对错综复杂的国内外经济形势，在市委的坚强领导下，在市人大、市政协的有力监督指导下，全市各级各部门紧紧围绕市十四届人大六次会议确定的各项目标，认真贯彻习近平总书记系列重要讲话精神和治国理政新理念新思想新战略，坚持稳中求进、绿色崛起，通过改革创新，积极培育发展新动能，全市经济发展稳中有进、进中向好，实现了“十三五”良好开局。

(一)综合施策精准发力，促进经济平稳较快发展。2016年，面对不断加大的经济下行压力，始终把稳增长放在首要位置，综合有效运用各类政策工具，深挖投资、消费潜力，促进经济平稳健康较快发展。为了稳住经济发展趋于良好的态势，2016年，我市开展了降低企业成本优化发展环境专项行动，出台了《关于大力促进实体经济发展的若干措施》及实施细则，真金白银为企业减负，扎扎实实促进实体经济发展，贯彻落实国家、省一系列稳增长的政策措施卓有成效。2016年，全市实现地区生产总值4354.99亿元，增长9%。

一是发挥投资的关键性作用。坚定不移地把重大重点项目建设作为扩大有效投资、促进经济增长的重要抓手，加大项目调度督查力度，加快推进项目建设。全市158个重大重点项目全年完成投资800.88亿元，带动全社会固定资产投资实现4576.73亿元，增长13.5%。重点推进了江铃新能源汽车、业际光电触摸屏显示屏、中科医药中药饮片加工、千亿建筑产业园、丰树南昌现代服务综合产业园、“南昌绿谷”现代农业与秀美乡村示范工程等产业项目，城市轨道交通二号线及三号线工程、南昌市绕城高速公路南外环建设工程、昌九大道改造提升二期工程等基础设施项目，以及棚户区改造、南昌县昌南体育中心、南昌市第五医院异地重建等社会民生项目。

二是发挥消费的基础性作用。积极拓宽消费渠道，大力发展电子商务与网络购物等新型消费业态。出台了《南昌市电子商务产业发展规划(2016—2020)》，评选出第一批电子商务示范基地13家，示范企业31个，电子商务相关交易额突破1500亿元，增长44%。商业综合体快速发展，万达文化旅游城、新城吾悦广场、铜锣湾广场、绿地国际博览城等大型商业综合体陆续竣工开业，有力推动全市消费市场繁荣。大力打造特色商业街，将城市历史记忆与文化底蕴融入绳金塔、胜利路、699等街区建设，绳金塔商业街成功获评为中国特色商业街。全市社会消费品零售总额实现1868亿元，增长11.8%。

三是进一步调整优化经济结构。服务业持续加快发展，三次产业结构由2015年的4.3:54.5:41.2调整为2016年的4.2:53:42.8，服务业增加值占地区生产总值比重提高1.6个百分点。着力发展光电、航空制造、生物医药等产业集群，高新技术产业增加值占规模以上工业增加值比重达到25.8%，比2015年提高2个百分点。注重城乡区域协同发展，新型城镇化建设积极推进，城镇化率超过72%。

(二)实施创新驱动战略，有效推动产业转型升级。把创新创业作为调结构的主驱动力，加快推动产业转型升级，催生经济发展新动能。加快创新型城市建设，先后获批“国家第二批促进科技和金融结合试点城市”以及“首批国家重点产业知识产权运营服务试点城市”。出台《关于深入推进创新驱动发展战略加快创新型城市建设的实施意见》及一系列配套管理办法，基本形成“1+N”的科技创新政策体系。

一是创新创业蓬勃发展。2016年，全市新增小微企业1.97万户，新增小微企业就业人数6.28万人，新增高新技术企业91户。技术市场贸易成交金额39.1亿元，增长45%；专利申请量16184件，增长68.5%，专利授权量8592件，增长36.9%。着力打造创新创业平台，全市共有众创空间96家、科技企业孵化器29个、小企业创业基地48个、创业孵化基地18个。举办各类创新创业论坛、草根创业者大会、创新创业大赛等活动180余场(次)。在第五届中国创新创业大赛中，我市北极鸥航空科技创新团队和江西科泰华软件有限公司分别获得全国团队组二等奖和全国企业组第七名。

二是工业经济稳中提质。全市规模以上工业增加值实现1611.5亿元，增长9.2%，达到9.5%左右的预期目标。在实体经济生产经营困难加大的形势下，我市规模以上工业增加值仍然保持了平稳增长，增速高于全省0.2个百分点，在中部省会

城市中排第二。加快产业转型升级，出台了《关于打造“南昌光谷”的决定》《关于促进LED产业发展的若干政策措施》《关于加快生物医药产业发展的决定》《关于支持生物医药产业发展的若干政策措施》《关于促进VR/AR产业发展的若干政策措施》等一系列促进新兴产业加快发展的政策扶持文件，全力推进虚拟现实产业国家制造业创新中心、硅衬底LED省级制造业创新中心建设。

三是现代服务业加速发展。服务业实现增加值1865.98亿元，增长10.3%，增速高于地区生产总值增速1.3个百分点。全省金融商务区已入驻金融机构（企业）215家，企业直接融资规模达1200亿元。旅游产业蓬勃发展，全年旅游接待总人数8301.1万人次，旅游综合收入816.8亿元，分别增长50%和51.8%。文化产业加快发展，我市被文化部确定为国家首批“全国引导城乡居民扩大文化消费试点城市”。出台了《关于促进文化产业大发展的实施意见》，南昌市万达文化旅游管理公司、江西迪创科技有限公司、江西中文传媒艺术品有限公司（集雅斋）等被确定为江西省第七批文化产业示范基地。全市共批准11个服务业集聚区、36家服务业龙头企业、21个服务业公共服务平台。

四是现代农业、绿色农业加速发展。农业和农村经济平稳发展，粮食总产量为242.74万吨，实现“十三连丰”。大力发展蔬菜等高效经济作物，全年蔬菜总产量达137万吨。加快转变农业发展方式，促进农业产前、产中、产后以及休闲服务各环节的有机结合，重点打造了粮食加工、畜禽加工、水产养殖与加工、饲料加工、特色经济作物与花卉苗木、中药材加工、农产品物流等七大特色百亿产业集群。积极引导农村土地经营权向新型农业经营主体规范有序流转，发展各类农业专业大户7846家，家庭农场8349家，农民合作社4330户。全市市级以上龙头企业424家，有一定规模的休闲农业园区企业219家，小型农家乐、渔家乐1226家，全国休闲农业与乡村旅游示范点5个。“绿谷”建设如火如荼，以“两区一廊”建设为核心，重点打造溪霞、罗亭、石鼻等24个都市现代农业示范园区。

（三）坚定不移深化改革，持续增强发展动力活力。以供给侧结构性改革为主线，深入推进“放管服”改革，重点领域改革取得积极进展。

一是扎实推进供给侧结构性改革。以降低企业成本优化发展环境专项行动为主抓手，扎实推进“三去一降一补”供给侧结构性改革各项措施。切实落实《关于大力促进实体经济发展的若干措施》，全年为企业减负超过200亿元。根据我市房地产市场实际，一方面加大非住宅去库存力度，采取了“控、转、降”等16条措施，2016年末，我市非住宅去化周期由2015年年末的43.9个月缩短至35.3个月，减少了8.6个月；另一方面，着力遏制商品住宅过热势头，按照国家要求，采取限购限贷等一系列政策措施，分区域、分类型、分项目对房价进行精准调控，确保房价不高于当年10月份的房价水平。

二是深入推进“放管服”改革。不断巩固和深化第九轮行政审批制度改革成果，简化审批流程，加强事中事后监管。依托全省网上审批系统，建设完成了投资项目在线审批监管平台，非涉密投资项目实现在线审批、核准、备案，建立透明、规范、高效的投资项目监管机制。全面精简建设项目审批申报材料，共保留建设项目审批申报材料294项，精简申报材料127项，精简率超过30%。建立项目涉审中介机构诚信管控平台，对涉审服务中介机构诚信和不良行为进行管控；制定《关于清理规范我市建设项目涉审中介服务若干问题的实施意见》，对建设项目涉审中介服务事项进行全面清理，清理后共保留建设项目涉审中介服务事项24项，取消中介服务事项3项，调整中介服务事项22项。推行行政审批与技术审查相分离制度，大大缩短项目前期时间；开展工商营业执照、组织机构代码、税务登记证等“五证合一”登记制度改革试点工作，简化企业注册手续。

三是不断深化其他重点领域改革。财税体制改革方面：全面落实“营改增”政策，启动了市对区级的财政体制调整，统一区、开发区增值税分享比例，调动区级发展积极性。投融资体制改革方面：为加强PPP模式的推广运用，推出2批共9个PPP项目，其中2个项目获得200万元省级PPP专项资金支持。2016年全市重大重点项目投资计划中安排10亿元的PPP专项资金，对我市范围内的PPP项目进行补助。农村改革方面：全面推进农村土地承包经营权确权登记颁证，积极引导农村土地经营权向新型农业经营主体规范有序流转；创新农村基层管理体制，在8个省级中心镇开展市级扩权强镇试点，明确了120项扩权强镇事项，农村发展活力进一步增强。社会领域改革方面：全面完成不动产统一登记制度改革，走在全国省会城市前列，得到了国家部委的肯定；启动中小学教师职称制度改革，发布了《南昌市深化中小学教师职称制度改革实施方案》；全面建立事业单位岗位设置动态管理机制，稳步推进县以下机关建立公务员职务与职级并行制度；深入推进县级公立医院综合改革，新建区改革经验获得国务院高度肯定；人口健康信息化平台建设取得阶段性进展，市直8家医院门诊“先诊疗后付费”流程改造全面完成，居民健康卡陆续发放，取消持居民健康卡患者在检查、取药、化验等环节反复排队缴费，改为离院一次付费结算；稳步推进机关事业单位养老保险制度改革，养老保险“双轨制”逐步实现并轨；行业协会商会与行政机关脱钩取得新进展，针对第一批20家行业协会商会逐一制定了脱钩实施方案；深化出租车行业改革，初步制定《南昌市关于深化改革推进出租汽车行业健康发展的实施意见》《南昌市网络预约出租汽车经营服务管理实施细则》以及《南昌市关于规范私人小客车合乘出行的实施意见》，并向社会公开征求意见。公车改革方面：基本完成全市行政及参公事业单位公务用车制度改革，改革前公务交通总支出为5.1亿元，改革后公务交通总支出4.7亿元，节约近4000万元。先行先试方面：国家级赣江新区喜获批复，成功申报南昌综合保税区、构建开放型经济新体制综合试点、国家服务业综合改革试点城市、全球环境基金（GEF）可持续城市综合方式项目试点、南昌经开区国家园区循环化改造示范试点，积极创建国家军民融合创新示范区及国家社会信用体系建设示范城市。

（四）开放合作城乡统筹，不断拓展新的发展空间。实施大开放主战略，加强内联外合，加快推进城镇化和新农村建设，推动城乡区域协调发展。

一是继续扩大对外开放。全年实际利用外资实现30.65亿美元，增长13.3%；实际利用内资1158.35亿元，增长13.8%；增速分别高于预期目标3.3和5.8个百分点。成功签约落户中国南昌虚拟现实VR技术研究平台、绿地双创中心、与德通讯、诺思芯片、协鑫新能源整车生产、观致新能源整车生产等一批体量大、带动强的高新产业项目。我市世界500强企业增至60家，国内500强企业增至78家。先后加入中英地方联合工作组、中德工业城市联盟，南昌至洛杉矶全省首条洲际航线实现首飞。

二是深入实施区域合作。积极融入长江经济带发展，精心筹办第四届长江中游城市群省会城市会商会，共同签署了《南昌行动》，标志着四省会城市间的合作进入务实操作阶段。成功举办第十二届泛珠三角区域省会城市市长联席会议。大力推进昌九、昌抚一体化发展。编制发布了昌九产业、城镇化等一系列规划；昌九大道全线通车，昌九高速公路四车道改八车道进展顺利，昌九高速城区段高架路改造一期工程有序推进；建立昌九地区大型科学仪器设备共享数据库，目前已入库设备263台套；加速推进昌九城乡供水一体化，昌九地区7个县市区的城乡居民能够使用同网、同质、同价的放心水。大力推进昌抚合作示范区建设，初步拟定了《昌抚合作示范区（南昌）总体规划（2016—2025）（征求意见稿）》；昌抚大道（316国道）温家圳至抚州段一级公路和南昌至抚州城际铁路建设项目列入江西省"十三五规划"项目库；成立南昌市昌抚城际公交工作领导小组，加快推进南昌城区至抚州城区的公交客运一体化发展。召开南昌、九江、景德镇、抚州联盟研讨会，就成立四地旅游联盟，联合开展旅游宣传推广进行研讨；加强南昌、九江和抚州的文化旅游联动，举办"昌九抚一体，文明游江西"趣味自行车低碳骑行活动。

三是积极推进新农村建设。根据《江西省城镇体系规划（2015—2030年）》，对《南昌市新型城镇化规划》进行了修改完善，确保南昌市新型城镇化建设的布局、重点与江西省城镇体系规划保持一致。新农村建设取得新进展。结合乡镇的文化内涵和产业优势，大力推进23个特色小镇、46个中心村、26个"五位一体"综合示范村、568个普通新农村点"七改三网"建设。进贤县文港镇入选全国特色小镇；将新农村建设与农村新户型推广结合起来，大力推进17个新户型示范村点建设；打造了四方村等一批"淳民风、兴家风、正社风"三风进农村示范村。

（五）优化生态绿色发展，巩固提升后发生态优势。认真贯彻落实习近平总书记提出的打造美丽中国"江西样板"的重要指示，坚持工业文明、城市文明、生态文明融合发展，着力提升绿色发展水平。

一是开展低碳节能行动。完成对低碳发展的立法，出台了《南昌市低碳发展促进条例》，为加强对我市温室气体排放的控制和管理，促进经济社会向低碳发展模式转变，保护生态环境提供了法律法规保障。继续实施和完善节能评估审查制度，严把新建项目准入关。

二是开展生态环境治理。深入开展"大气、水、土"三大整治行动，全年空气质量优良天数318天，优良率86.9%，位居中部省会城市第一位；集中式饮用水源地水质达标率为100%。以工业减排、机动车尾气整治和扬尘整治为重点，加强大气环境监管和治理。大力实施农村水环境治理，招贤、梅岭、太平三个污水处理厂已建设完成并投入使用。加快污水处理设施建设，加强城市污水处理厂监管，城区5座污水处理厂全年共处理污水2.88亿吨，集中处置污泥3.5万吨，达标排放率100%。

三是开展生态文明创建。全年新增市级生态村126个、省级生态乡镇3个、省级生态村8个，国家级生态区1个。湾里区获国家级生态区荣誉称号，各层次创建成功比例和覆盖面均居全省前列。

（六）改善民生促进和谐，打造美丽南昌幸福家园。坚持把保障改善民生作为发展的出发点和根本目的，城乡居民收入稳步提升。城镇、农村居民人均可支配收入分别实现34619元和14952元，分别增长8.4%和9.2%。

一是精准扶贫攻坚步伐加快。重点实施"十到户、七进村"和"百千万工程"等精准扶贫举措，打响了"产业、保障、安居"三大精准扶贫攻坚战，贫困人口由4.65万人减少到2.4万人，贫困村由80个减少到49个，贫困发生率下降至1%以下。

二是社会保障水平稳步提高。全年新增城镇就业8.6万人，新增转移农村劳动力4.69万人。在全省率先实现了城区低保统筹，所有居民符合城市低保条件的都可以申请享受城市低保。城区原有农村低保人员转为城市低保户后，人均补助增长80%。全市城镇职工基本养老保险参保171.7万人，城乡居民养老保险参保140.8万人，城镇基本医疗保险参保528.5万人。

三是公共服务供给水平提升。大力推进城乡社区居家养老中心（站点）建设，新建124个城乡社区居家养老服务站（点）。公共服务信息化水平显著提升，企业社保业务网上经办覆盖率达90%。加大学前教育资源投入，投入3.5亿元，新增公办幼儿园34所，69所转办为普惠性民办幼儿园，新增学位1万余个，"入园难、入园贵"问题得到有效缓解。实施农村中小学基础建设、校舍维修和"全面改薄"三大工程，缩小城乡公共服务供给差距。实现全市所有非政府办社区卫生服务中心基本药物制度全覆盖，全面开展城乡居民基本公共卫生服务均等化。完成13个街道综合文化活动中心建设任务，实现全市街道综合文化活动中心全覆盖。

四是保障性安居工程顺利推进。完成省政府下达的2269套公租房基本建成任务，公租房租赁补贴28439户，超额完成计划目标。2016年分配政府统建公租房7495套，我市2015年前开工建设的公租房分配率达到81%，超过了70%的分配率标准。

在经济下行压力不断加大的背景下，我市经济社会发展取得的成绩来之不易。受国内外宏观经济大环境，以及部分历史遗留的客观因素影响，我市三个主要经济指标增速未达到预期目标，但在全国和中部省会城市中的排位均较为靠前。一是地区生产总值，9%的增速比预期目标差0.5个百分点，但在全国省会城市中处于第一方阵，排第6位。二是固定资产投资，13.5%的增速虽未达到16%的预期目标，但高于全国平均水平5.4个百分点，在全国省会城市中排第8位，在中部六省会城市中排第2位。三是出口总额，全年出口总额379.75亿元，增长-27.9%，低于预期目标29.9个百分点，主要是长期以来扭曲的外贸结构形成的矛盾集中爆发的结果。我市生产型外贸出口数额占比不到50%，超过一半外贸出口数据来源于流通企业。

过去一年的发展成效，是省委、省政府、市委坚强领导的结果，是市人大、市政协正确指导、大力支持的结果，是全市上下和社会各界密切配合、共同努力的结果。新的一年，面对奋起赶超的时代使命，我们要更加注重促改革、求创新来激活发展潜力，更加注重调结构、增效益来提高经济实力，更加注重抓投资、上项目来增强发展后劲，更加注重抓民生、促和谐来提升群众幸福感，为实现全面建成小康社会、打造核心增长极基本成型的战略目标不懈努力。

二、2017年经济社会发展的形势及主要目标

2017年是党的十九大召开之年，是我们全面落实省第十四次党代会及市第十一次党代会决策部署的第一年，是深化改革攻坚、强化创新驱动的关键之年，做好2017年的工作，对南昌实现打造核心增长极基本成型的目标，具有十分重要的意义。

（一）发展环境

从国际看，全球经济将延续缓慢复苏趋势。国际货币基金组织预测2017年全球经济将持续扩张，增速预计与2016年大体相当。美国经济复苏速度有望加快，但欧元区和日本经济增长继续疲软，发达经济体总体继续"慢"步增长路。随着国际油价上调，主要新兴市场国家经济整体情况将有所改善，是拉动全球经济增长的主要推动力。但由于短期的货币宽松和经济刺激政策边际效应逐步递减、新一轮科技革命尚未启动、人

口老龄化趋势进一步加剧等因素影响,全球总需求增速将放缓。同时,2017年多国政府换届也为全球经济发展带来诸多不确定性。

从国内看,经济增长总体平稳但下行压力仍然较大。一是全国经济稳定发展的基本面没有改变,物价、就业基本稳定,居民收入持续增长。随着新型工业化、城镇化、信息化和农业现代化深入推进,国内市场需求强劲,经济发展具有巨大潜力、韧性、回旋余地。二是2017年是进入"十三五"规划的第二年,也是召开十九大的换届年,各项改革进入施工期,重大工程和基建投资将会加速推进,有望稳定市场预期,产生新的制度红利。三是实体经济增长乏力。在经济下行态势仍未扭转的背景下,实体经济投资回报衰减,央行投入市场的资金有很大可能在资本市场进行自我循环,资金"脱实入虚"风险加剧。同时,城镇居民人均可支配收入增速放缓,低于GDP增速,不利于消费需求的扩张。

从我市看,经济发展中机遇与挑战并存。有利方面:一是近两年我市为促进实体经济发展出台了一系列政策措施,对于降低企业成本、优化发展环境发挥重要作用。二是南昌市作为"一带一路"重要支点城市,是长江流域承东启西的重要战略节点,随着长江中游城市群这个国家级区域发展战略的深入实施,南昌市在区域发展格局中地位将显著提升。三是国家级赣江新区获批,为南昌市新一轮发展提供承载空间。存在的挑战:一是缺乏大项目、新项目,企业投资意愿不足,投资增长面临较大压力。二是居民消费能力下降与消费热点缺失并存,消费平稳增长难以弥补投资缺口。三是创新创业能力较弱,全要素生产率提升缓慢,新动能成型仍需时日。

(二)主要目标

根据国内外环境和我市发展趋势,2017年全市经济社会发展主要预期目标的设置既要坚持积极进取,需要经过努力才能实现,又要坚持稳妥可行,充分考虑支撑条件和实现可能。同时做好以下三个方面的衔接:一是落实国家、省2017年预期目标;二是与我市"十三五"规划目标相衔接;三是与中部省会城市发展同步。2017年预期目标的安排,有稳、有保、有进。以稳为基础,坚守市委确定的"占比提升,高于平均数"底线目标;以进为导向,在与省内设区市比较中能体现省会地位,特别是在与中部省会城市比较中增速靠前。

经过测算,对2017年预期目标,初步考虑如下:

地区生产总值增长9%左右;

财政总收入增长6%左右;

地方一般公共预算收入同口径增长6%左右;

全社会固定资产投资增长13.5%左右;

规模以上工业增加值增长9%左右;

社会消费品零售总额增长12%左右;

实际利用外资增长10%左右;

实际利用内资增长10%左右;

出口总额与2016年持平;

城镇居民人均可支配收入增长9%左右;

农村居民人均可支配收入增长9.5%左右;

居民消费价格总水平涨幅控制在3%左右。

三、2017年经济社会发展的重点任务

为了实现上述目标,今年我们必须深入贯彻落实中央经济工作会、省第十四次党代会和全省经济工作会精神,坚持稳中求进的工作总基调,以供给侧结构性改革为主线,主动适应和把握经济新常态,以问题为导向,持续深入打造带动全省发展的核心增长极,切实担当首位使命,打造富裕美丽幸福江西"南昌样板",重点抓好以下几个方面的工作。

(一)产业转型结构优化,引领经济大发展。以新型工业化为核心,重点发展现代服务业和现代农业。强化工业发展顶层设计,突出新型工业化核心地位,着力推动工业经济提速。大力实施"工业四年倍增计划",围绕加强组织领导、产业发展、调度协调、园区建设、项目推进、产业招商等制定若干个配套文件,形成1+1+X工业政策扶持体系。按照产业发展"六个一"机制,重点推进医药、汽车、电子信息等产业快速发展,力争汽车产业2017年主营业务收入突破1000亿元。完善产业公共服务平台,加快建设高水平的管理、研发、金融、检测、设计、展销、物流等公共服务平台,不断扩大专业化服务覆盖面,全年力争新增各类公共服务平台50个。发展一批特色产业集群,以高新区的电子信息、经开区和新建区的新能源汽车、小蓝开发区的汽车及零部件、昌东工业园的针织服装、安义工业园区的新型建材、进贤开发区的医疗器械产业为重点,在全市工业园区打造一批规模大、实力强、后劲足的重点产业集群,提升产业发展。重点实施南昌与德通讯"智造+综保项目"、联思触控触摸屏显示模组及全贴合生产项目、欧菲生物识别模组项目、康莱特药业生产基地、江铃控股8AT整车扩能项目等一批新兴产业转型升级项目。以推动国家服务业综合改革试点为抓手,推动服务业迈向中高端。全力打造高新区国家大学科技城和"南昌慧谷"建设,重点扶持文化创意、游戏动漫、电子商务、服务外包、软件信息技术、健康养老、旅游等新兴服务业态集聚发展。以全省金融商务区和金融产业服务园区建设为重点,推进全省基金产业园、全省互联网金融产业园建设。提升红谷滩中央商务区、八一广场中山路市级商业中心"双核"引擎作用,加快推进华润万象城、苏宁睿城、华侨水上乐园等综合体建设,全面促进商贸业快速发展。大力推动向塘铁路物流枢纽建设,加快建设向塘铁路一级物流基地、一类口岸,积极推进全国物流标准化试点项目建设,稳步推进八大省级物流产业集群发展。重点实施南昌绿地双创中心、南昌国家医药国际创新园联合研究院、南昌市"互联网+"型创新创业综合示范区、青山湖·8090创客产业园等一批增强创新能力的重大项目。加快农业生产方式转变,推进一二三产业融合发展,促进农业增效、农民增收和农村繁荣,形成城乡一体化的农村发展新格局。重点实施南昌绿谷"两区一廊"示范工程、万亩蔬菜基地等一批提升农业现代化水平的重大项目。推动军民融合深度发展。以争创国家军民融合创新示范区为主抓手,加紧编制南昌市"十三五"经济建设和国防建设专项规划,出台我市关于经济建设和国防建设融合发展的实施意见。重点围绕航空、汽车、光电、红色文化旅游等产业以及基础设施建设、信息化建设、平战转换能力建设等方面,推进一批军民融合重大项目建设。积极培育一批军民融合企业,力争到2017年末,全市军民融合企业达到50家。

(二)打破常规释放活力,推动改革大突破。坚持以问题为导向,进一步深化简政放权、放管结合、优化服务改革。深入推进"三单一网"建设,探索实施相对集中行政许可权改革,简化事前审批手续和流程,加强事中事后监管能力建设。着力推动"三去一降一补",大力推进消费升级和消费模式转变,努力形成供给与需求高效对接、消费与投资良性互动的增长动力新机制。推进农业供给侧结构改革,着力优化农业产业体系、生产体系和经营体系,通过培育新型经营主体,发展农业规模经营,加速推进农业现代化发展。深化国有企业改革,按照《关于进一步深化国资国企改革的意见》要求,修改完善企业领导人员薪酬考核办法,调动不同类型企业管理人员积极性;稳妥有序推进全市国有企业社区移交;适时开展混合所有制改革、员工持股等改革试点。全面推进市级公立医院改革,建立现代

医院管理制度;积极鼓励社会办医,提高我市医疗卫生服务保障能力。加快推进公共资源交易系统整合改革,形成规则统一、服务高效、规范透明、管理顺畅的交易平台体系,实现公共资源交易全程电子化。完善政府投资项目评审制度,对政府投资项目,根据国家规定,统一由政府出资,通过政府购买服务的形式委托第三方进行评审。加快推进我市投资项目在线审批监管平台建设及顺利运行,实现省、市、县三级平台联网。加快推进社会信用建设,推进南昌市市级公共信用信息平台建设,建立南昌市信用中心。全面完成全市性行业协会商会与行政机构脱钩。继续深入推进公车改革,对行政单位及参公事业单位的车改进行扫尾,同时加快开展事业单位、国有企业及金融机构的公车改革。积极创建国家食品安全示范城市。进一步大力推进构建开放型经济新体制综合试点、国家服务业综合改革试点、扩大文化消费试点、全球环境基金(GEF)可持续城市综合方式项目试点、国家园区循环化改造示范试点等试点建设,形成一批可复制、可推广、可引领的"南昌经验"。

(三)创新创业开放合作,加速动能大转换。实施创新驱动发展战略,推动以科技创新为核心的全面创新,深入开展"大众创业、万众创新"。加强科技合作,进一步协商细化与省内外著名高校、科研院所的战略合作协议,鼓励支持国家级科研院所在南昌设立分支机构,促进各类国家级重点实验室、工程技术研究中心和博士后工作站等科研平台落户南昌,着力推动科技成果转化。加快创新平台搭建,鼓励支持社会力量在高新区、经开区、红谷滩新区建设创新创业中心、大学科技园等各类科技企业孵化器,持续发展"洪城众创",打造"洪城众创"升级版。推动企业自主创新,大力实施科技型企业专利"消零计划""发明专利倍增计划",提升知识产权创造能力。扶持和培育一批科技小巨人企业,力争新增国家级高新技术企业80家。营造"双创"良好氛围,通过降低创新创业门槛、积极搭建平台、全面优化服务等系列举措,不断做优创新创业环境,营造勇于探索、敢为人先、鼓励创新、宽松容错的浓厚氛围,进一步释放创业创新的活力。深入实施全方位开放战略,不断加快对内对外双向开放合作步伐,提高开放型经济水平。狠抓招商引资生命线工程,创新招商方式,拓展招商资源,提升服务水平,吸引世界500强、央企、知名民企及国内外行业领军企业布局南昌。主动融入国家"一带一路"开放战略,充分发挥节点城市功能,着力推动本地优势企业采用多种方式"走出去"。以推进国际产能合作为重点,大力拓展国际市场,鼓励对外承包工程企业抱团参与国际竞争,着力打响"南昌建设"品牌。积极融入长江经济带,深度融入长江中游城市群,推进落实好《贯彻实施〈长江经济带发展规划纲要〉工作细则及责任分工》,以及长江中游城市群四省会城市合作协议《南昌行动》中的合作任务。努力构建南昌大都市区,深入推进昌九一体化,扎实推进我市昌九沿线示范点建设,继续实施昌九地区对接融入国家战略三年行动年度计划。加紧编制《昌抚合作示范区规划(南昌部分)》,加快推进昌抚轻轨、昌抚大道等重大基础设施建设。积极探索鄱阳、余干、万年三县和丰城、樟树、高安三市融入南昌核心增长极的合作机制与路径。

(四)生态文明绿色发展,城市品牌大塑造。按照市第十一次党代会提出的"工业文明、城市文明、生态文明"融合发展的战略部署,牢固树立"保护生态就是保护生产力、改善生态就是发展生产力"的理念,不断推进生态文明建设,进一步塑造"鄱湖明珠·中国水都"的城市品牌。积极开展森林抚育和人工造林两大工程,进一步推进"森林城乡花园南昌"建设。制定并实施《南昌市基本生态控制线规划》,加强环境保护和生态建设。以主体功能规划为基础,将饮用水源保护区和湿地等生态敏感区划入保护控制范围,全力推进"河湖长制"试点工作。建立"源头严控、过程严管、后果严惩"的生态文明制度体系,加强环境监管执法,完善环境监管执法体制。深入实施低碳城市建设,推进《南昌市低碳发展促进条例》实施和执法监督。提高能源资源利用效率,实施能源消费总量和强度双控,全面推进节能、节水、节地、节材,推动能源转型发展。

(五)统筹协调城乡一体,美丽新农村大建设。贯彻落实中央和省城市工作会议精神,积极践行"五化同步",统筹生产、生活、生态三大布局,加快城乡统筹发展步伐。加速老城复兴及新城建设,按照"新城反哺老城"的理念,构建"新老协同、携手共进"的城市发展格局。加快推进旧城改造,全年棚户区征迁面积不少于700万平方米。大力推进九龙湖、瑶湖、儒乐湖、望城"四大新城"建设,将其打造成为南昌城市建设的重大"引爆点"和南昌经济社会发展的重要"支撑点"。提高城镇综合承载能力。加快发展城镇公共交通,加强市政公用设施和公共服务设施建设,增强基本公共服务供给和服务水平,完善城镇公共服务体系,提升对人口集聚和服务的支撑能力和城镇综合承载能力。重点实施轨道交通2号和3号线工程、九洲高架二期延伸工程、九龙湖新城综合管廊一期工程、八一广场提升改造、万寿宫历史文化街区改造、建军雕塑广场等一批提升城市品味的重大项目。加快推进新农村建设。按照"整洁、美丽、和谐、宜居"和"三年扫一遍"的要求,实施连片新农村建设。重点打造23个特色小镇、20个"五位一体"综合示范村、30个中心村、15个农村民居新户型示范,切实推进2000个左右普通村点的"七改三网"建设。加快完善农村幼托、医务、超市、文体、科普、电商等公共配套设施,优化农村公共服务,让农民群众有更多的获得感。

(六)政策托底改善民生,公共服务水平大提升。积极落实共享发展理念,持续加大民生投入,着力解决人民群众反映强烈的民生热点问题,不断提高广大群众幸福感。深入实施"产业、保障、安居"三大扶贫攻坚战,确保现行标准下贫困人口全部脱贫,贫困村全部退出,在全省率先全面完成脱贫任务。实施更加积极的就业创业政策,尤其抓好就业困难群体的就业创业。进一步提高公共服务供给水平。加强社会救助,建立健全敬老院失能老人集中护理服务长效运行机制,以及城乡统筹的特困人员救助供养制度,建档立卡贫困人口中特困人员医疗费用实行全额救助。实施第三期学前教育行动计划,以扩大资源总量为首要任务,以满足二胎政策入园需求为重点,着力构建广覆盖、保基本、有质量的学前教育服务体系。认真落实《公共文化服务保障法》和《关于加快构建现代公共文化服务体系实施意见》,大力推进基本公共文化服务标准化均等化。以纪念八一南昌起义暨建军90周年为主题,全面唱响以"八一"为核心的红色文化品牌。重点抓好棚户区改造、南昌市第一医院九龙湖医院建设、南昌市第一医院老年病医院扩建、南昌市第三社会福利院异地重建、南昌汉代海昏侯国考古遗址公园、万寿宫博物院、南昌卫生职业学院新校、南昌汽车机电学校昌北校区二期扩建、南昌市十二中扩建工程等一批重大民生实事和社会事业项目建设。

各位代表,完成2017年全市经济社会发展的各项目标,责任重大,任务艰巨。我们要在市委、市政府的正确领导下,在市人大、市政协的监督、指导、支持和帮助下,坚定信心、保持定力,开拓创新、真抓实干,以优异的成绩迎接党的十九大胜利召开。

以上报告,请予审议。

关于南昌市2016年市级总预算执行情况和2017年市级总预算草案的报告

——2017年2月7日在南昌市第十五届人民代表大会第二次会议上

南昌市财政局局长　万昱原

各位代表:

我受市人民政府委托,向大会报告2016年市级总预算执行情况和2017年市级总预算草案,请予审议,并请市政协各位委员和其他列席同志提出意见。

一、2016年市级总预算执行情况

1. 市级总预算执行情况

据2016年12月31日快报反映,2016年全市财政总收入完成790.8亿元,增长8.7%,考虑到全面推开“营改增”试点带来的结构性减税,我市全年为企业减轻税负约30亿元的因素,财政总收入同口径增长12.9%,超出年初确定的增长目标。全市地方一般公共预算收入完成402.2亿元,增长3.3%,考虑“营改增”税收分享比例调整因素,同口径增长11.6%,超出年初确定的增长目标。主要项目完成情况是:增值税76.7亿元,增长118.7%;营业税73.6亿元,下降39.1%;企业所得税42.3亿元,增长5.8%;个人所得税18.7亿元,增长14.5%;契税33.1亿元,增长16.1%;非税收入83.5亿元,增长13.6%。

全市地方一般公共预算支出(包括上级财政专项补助、上年结转等支出)587.7亿元,增长8.2%,主要支出项目预算执行情况是:一般公共服务53.9亿元,增长21.3%;公共安全34亿元,增长21.1%;教育90亿元,增长5.3%;科学技术10.2亿元,增长24%;农林水事务35亿元,下降7.9%,主要是部分项目推进较慢,影响财政支出;社会保障和就业67亿元,增长8.5%;医疗卫生与计划生育58.9亿元,增长4.4%;城乡社区事务105.3亿元,增长17.9%;资源勘探电力信息等事务51.2亿元,增长38.9%;住房保障支出17.4亿元,下降32.4%,主要是上级下达的棚改资金大幅减少。

全市政府性基金预算收入完成285.3亿元,增长47.1%,其中:国有土地使用权出让金收入及计提的专项资金完成277.9亿元,增长50%;政府性基金预算支出完成261.9亿元,增长15.7%,其中:国有土地使用权出让收入及对应专项债务收入安排的支出242.2亿元,增长15.1%。

全市国有资本经营预算收入完成2.6亿元,国有资本经营预算支出完成2.2亿元(加上国有资本经营预算调出资金0.4亿元,合计2.6亿元)。

全市社会保险基金预算收入完成227.2亿元,增长5%,全市社会保险基金预算支出完成203.2亿元,增长21.8%。

2. 市本级预算执行情况

2016年市本级地方一般公共预算收入完成157.7亿元,增长5.3%,剔除“营改增”因素,同口径增长18.7%,完成了年度收入预算目标,主要收入项目完成情况是:增值税25.2亿元,增长172.5%;营业税34.4亿元,下降37.6%;企业所得税14.3亿元,下降3%;个人所得税7.8亿元,增长1.7%;契税10.1亿元,增长10.2%;非税收入36亿元,增长31.7%。

2016年市本级地方一般公共预算支出完成198.4亿元,增长9.3%,主要支出项目预算执行情况是:一般公共服务10.4亿元,增长19.4%;公共安全12.6亿元,增长29.2%;教育23.1亿元,增长5.1%;科学技术2.2亿元,下降4.8%,主要是项目推进慢,影响财政支出;农林水事务4.1亿元,下降24.3%,主要是项目推进慢,影响财政支出;文化体育和传媒3.5亿元,增长37.8%;社会保障和就业23.9亿元,下降3.3%,主要是市直行政事业单位养老保险改革后,退休人员经费由养老保险基金负担,不再由财政负担;医疗卫生与计划生育15.9亿元,增长4%;节能环保1.6亿元,下降10.2%,主要是项目推进慢,影响财政支出;城乡社区事务49.3亿元,增长21.5%;交通运输7.6亿元,下降43.9%,主要是债券资金管理办法调整,改变了列支科目;资源勘探电力信息等事务29.5亿元,增长83.4%;商业服务业等事务支出1亿元,增长22.4%;住房保障支出8.5亿元,下降43.6%,主要是上级下达的棚改资金大幅减少。

2016年市本级政府性基金预算收入完成206.3亿元,增长56.9%,其中:国有土地使用权出让金收入及计提的专项资金完成200.1亿元,增长62.3%。市本级政府性基金预算支出完成191.5亿元,增长28.5%,其中:国有土地使用权出让收入及对应专项债务收入安排的支出175.5亿元,增长25.8%。

2016年市本级国有资本经营预算收入完成2.5亿元,国有资本经营预算支出完成2.2亿元(加上国有资本经营预算调出资金0.3亿元,合计2.5亿元)。

2016年市本级社会保险基金预算收入完成118.6亿元,增长8.2%,其中:保险费收入79.3亿元,增长3.7%;财政补贴收入24.8亿元,增长6.5%;利息收入2.3亿元,下降24.2%。市本级社会保险基金预算支出完成113.7亿元,增长20.8%。当年收支结余4.9亿元,年末滚存结余102.2亿元。

省财政厅核定我市2016年债务限额642.93亿元,省财政转贷我市地方政府债券额度186.9亿元,其中:置换债券额度139.2亿元,新增债券额度47.7亿元。置换债券额度主要用于置换政府负有偿还责任的存量债务,其中:市本级84.2亿元,县区级55.0亿元。新增债券额度主要用于支持我市公益性项目建设,其中:市本级27.5亿元,县区20.2亿元,市本级转贷资金主要用于南昌快速轨道交通项目22.5亿元、昌九大道工程3亿元、沿江中南大道南延工程2亿元。

截至2016年年末,市本级预算稳定调节基金余额为10.5亿元,此次拟将2016年清理出的市直预算单位部门预算和政府性基金结转资金3.2亿元调入市本级预算稳定调节基金,同时,为保障2017年预算收支平衡,计划动用预算稳定调节基金10亿元,收支相抵,余额为3.7亿元。

2016年市本级预备费年初预算安排9000万元。主要是按照预算法的要求用于突发事件处置及其他难以预见的开支。实际支出7017万元(剩余部分收回市级预算),已列入相关支出科目决算数。其中主要用于:一般公共服务支出4029万元,

社会保障和就业支出 1205 万元，债务发行费用支出 782 万元。

3. 经开区、高新区和红谷滩新区预算执行情况

2016 年经开区地方一般公共预算收入完成 16.8 亿元，增长 25.1%；地方一般公共预算支出完成 25.9 亿元，下降 15.1%。高新区地方一般公共预算收入完成 21.2 亿元，增长 12.3%；地方一般公共预算支出完成 27.4 亿元，增长 8.6%。红谷滩新区地方一般公共预算收入完成 35.6 亿元，增长 4.9%，同口径增长 17%；地方一般公共预算支出完成 42.2 亿元，增长 16.6%。

2016 年经开区、高新区和红谷滩新区政府性基金预算收入完成 5.8 亿元，下降 39.8%；政府性基金预算支出完成 6.7 亿元，下降 44.6%。

2016 年经开区、高新区和红谷滩新区社会保险基金预算收入完成 18.2 亿元，增长 15.6%，其中：保险费收入 14.7 亿元，增长 6.9%；财政补贴收入 1.8 亿元，增长 34.4%；利息收入 0.4 亿元，下降 22.3%。社会保险基金预算支出完成 10.5 亿元，增长 37.6%。当年收支结余 7.6 亿元，年末滚存结余 41.1 亿元。

上述数据均是 2016 年 12 月 31 日的收支快报数，年度决算编制完成后还会有些变动，具体平衡情况待省财政厅审核我市 2016 年财政收支决算后，再专题向市人大常委会详细汇报。

2016 年，全市各级财政部门在市委、市政府的正确领导下，在市人大的监督指导下，充分发挥财政职能，支持全市经济社会发展，全市财政运行情况总体良好，具体体现在以下五个方面：

一是组织收入征管有力。2016 年，受中央全面推开营改增的结构性减税和调整增值税中央地方分成比例等政策影响，财政增收形势严峻。全市财税部门及时采取措施，积极应对，保障财政收入平稳增长。密切配合，加强协作，积极有序推进“营改增”改革，确保税户顺利移交、税收及时入库；及时研究“营改增”政策，加快资金拨付和调度，防范税收流失；认真研究“营改增”后收入划分和税收征管体制变化，测算分成比例调整对我市收入的影响，开展金融业、建筑业税收征管体制调研，及时提出意见建议，应对改革变化，保障我市利益；加强税源分析，积极开展部门、县区层面的收入协调调度，保持收入均衡入库；及时监控分析地区、行业、部门、重点税源间的收入变化，查找薄弱环节，促进应收尽收。

二是扶持产业持续加力。及时兑现各项扶持政策，累计拨付扶持产业发展专项资金 30.9 亿元，其中：拨付江铃汽车股份有限公司企业发展补助资金 1 亿元，晶瑞光电有限公司补助资金 0.6 亿元，拨付市级产业投资引导基金 17 亿元，将产业投资引导基金扩大至 38.2 亿元，以基金方式撬动社会资本对产业发展的投入；贯彻落实降成本优环境促增长的若干措施，实施免征防洪保安资金、物价调节基金等税费减免政策，仅暂停征收防洪保安资金就减轻企业负担 3 亿元，有效降低企业成本，支持企业发展；积极推进“财园信贷通”和“惠农信贷通”，累计拨付 10.33 亿元财政资金，撬动放贷总额 82.62 亿元，缓解融资难问题；累计投入财政资金 44.91 亿元支持“两创示范”建设，积极支持创新创业；对城区、开发区工业用地按 2 万元/亩给予补助，兑现 2015 年度补助资金 1.2 亿元，调动城区、开发区发展工业的积极性；对我市范围内购买非住宅实施财政补贴政策，努力激活房地产市场交易，加快非住宅去库存。

三是促进建设保障给力。全面统筹盘活各类财政资金，累计拨付平台项目资本金及建设资金 58.2 亿元，进一步加大我市建设投入，支持我市重点城市建设项目，优化城市功能，提升城市环境；累计拨付 47.7 亿元，用于国开行贷款还本付息、历年重点工程款清欠及新增重大重点项目建设；积极推动 PPP、城市建设和运营政府购买服务试点，创新政府筹资方式，撬动社会资本投入，目前，总投资额 52.9 亿元的 4 个 PPP 项目（红谷隧道、江西省现代农业博览园、青山湖污水处理厂提标改造、市行政中心屋顶分布式光伏发电）以及总投资额 240 亿元的政府购买服务的南昌市棚户区改造第三期已开工建设，有效缓解建设筹资压力；争取省级置换债券 139.2 亿元、新增债券 47.7 亿元，减轻利息负担，支持城市建设；给予轨道集团轨道建设专项基金 7.6 亿元，政策性补贴 2.8 亿元，建设资本金 5 亿元，地方政府债券资金 22.5 亿元，大力支持轨道交通建设和运营，改善公共出行环境。

四是改善民生精准发力。按照保民生和重点支出，压缩一般支出的原则，不断优化支出结构，集中财力提升民生保障水平。2016 年，共筹集资金约 385 亿元，其中财政性资金约 165 亿元，大力实施民生工程；筹集资金约 220 亿元，大力推进了 28 类 510 项惠民便民利民工程实施，重点推进了城区停车场建设、城区小街巷整治工程等项目建设，切实解决人民群众关心、关注的重点问题。1—12 月，全市教育、医疗、社保、保障性住房、城乡社区事务、农林水等民生及社会公益事业支出累计完成 424.3 亿元，占全市支出比重达 72.2%。

五是深化改革有效助力。抓住营改增中央调整与地方收入划分的契机，适时启动了市对区级财政体制调整工作，统一各区、开发区、新区增值税分享比例，并对开发区、新区、青山湖区增值税实施增量返还，简化、明晰市区分配关系，规范财税政策环境，调动区级发展积极性；推进财政资金统筹使用，对市本级政府性基金、预算单位部门预算、国库集中支付非改革账户等的结转结余资金进行清理，共盘活财政存量资金 28.9 亿元，集中用于民生、建设和产业等领域，促进我市经济社会发展；启动中期财政规划管理，编制 2017—2019 年中期财政规划，提高项目预算安排的前瞻性、科学性和准确性，增强资金约束，提升资金效益；不断扩大预算绩效评价范围，对市级 200 万以上的财政专项资金全面开展绩效评价，有效提升资金效益；以市级公务交通补贴发放和三大服务平台运转为依托，推动公车改革顺利实施，同时建立健全公务经费管理制度体系，严格控制一般性运转支出；全面公开政府和部门预决算信息，细化公开内容，提升政府财政运行的透明度。

2016 年，我市财政预算执行情况总体良好，但我们也清醒的看到财政运行中还存在一些困难：一是营改增改革全面推开，中央、省调整财政收入划分，对地方财政收入和财力造成重大影响，地方财政增收压力大，财力紧张；二是我市经济社会发展的资金需求日益增长，特别是产业发展、城市建设、民生改善、环境整治方面尤其需要资金支持，财政资金保障的压力日益加大；三是中央地方事权与支出责任划分改革，消费税、个人所得税、环境保护税等税制改革加快推进，如何保障我市利益，急需我们认真研究，积极争取；四是创新产业发展和城市建设的政府筹资方式，如何运用基金的手段，发挥财政资金对社会资本的引导撬动作用，急需我们破题。

二、2017 年市级总预算和市本级预算草案

根据对 2017 年经济财政形势的分析，按照中央、省、市对经济工作的总体部署，2017 年财政工作的指导思想是：深入贯彻落实党的十八大、十八届三中、四中、五中、六中全会，省委十四次党代会和市委十一届二次全体（扩大）会议精神，围绕打造富裕和谐美丽幸福江西“南昌样板”的目标，充分发挥财政职能，适应把握引领经济发展新常态，完善政策，创新管理，全力推动产业大发展；强化资金筹集和保障，积极推动创新筹资，强力推动城市大建管；优化支出结构，集中财力落实民生政策，

倾力推动民生大改善;深化财税改革,细化财政管理,优化体制机制,竭力推动改革大突破。

根据上述指导思想,依据我市2017年国民经济和社会发展计划,我们编制了2017年市级总预算草案。2017年全市财政总收入比上年增长6%左右,全市地方一般公共预算收入预期目标为403.3亿元,同口径增长6%左右,全市地方一般公共预算支出完成385.6亿元,增长1%,全市政府性基金收入预期目标198.8亿元,全市政府性基金预算支出安排198.8亿元。全市国有资本经营预算收入预期目标1.7亿元,国有资本经营预算支出安排1.7亿元。全市社会保险基金预算收入预期目标214.4亿元,下降5.6%,全市社会保险基金预算支出安排223.9亿元,增长0.7%。需要说明的是,以上是市代编预算,待县区人代会审批同级预算上报后,再汇编2017年市级总预算,报市人大常委会备案。

(一)市本级地方一般公共预算收支安排情况

2017年,市本级地方一般公共预算收入预期目标162.2亿元,同口径增长7.5%。主要收入项目是:税收收入120.5亿元,同口径增长5.3%,其中:增值税53.4亿元,企业所得税16.9亿元,个人所得税6.7亿元,城建税9.8亿元,土地增值税12.5亿元,契税11.1亿元;非税收入41.7亿元,增长15.8%。

按我市现行财政体制计算,2017年市本级地方一般公共预算收入可用财力为162亿元,加上省财政提前下达项目补助资金14.7亿元,从市级预算稳定基金调入10亿元,合计可安排支出的财力为186.7亿元,增长5.1%。

2017年市级地方一般公共预算支出预算安排180.7亿元,增长5.2%,其中:基本支出预算安排54.7亿元、专项支出预算安排111.3亿元(含从预算稳定基金中调入10亿元),照列省财政下达项目安排14.7亿元。另安排结算补助县区支出5.5亿元,预留财力0.5亿元,合计186.7亿元,剔除保障市直单位正常运转和履行职能的基本支出外,主要支出项目安排情况是:

公共安全方面:天网工程专项经费安排14000万元,公安辅警专项经费安排10100万元,交通设施建设专项经费安排6000万元,社区网格化管理专项资金安排2700万元。

教育方面:教育费附加安排2.3亿元,地方土地出让收益计提的教育资金安排2亿元,其他教育专项经费0.9亿元。

科学技术方面:科技发展专项资金安排1.8亿元,节能汽车补助安排1亿元,知识产权专项资金安排1700万元。

文化体育方面:宣传文化产业发展专项资金安排6000万元,体育专项经费安排3200万元,扶持公益文化事业发展专项资金安排3040万元。

社会保障和就业方面:企业职工养老保险省专项补助资金7.7亿元,残疾人就业保障金安排8000万元,落实关破改老工伤伤残待遇安排3760万元,牺牲病故抚恤金安排2600万元,解困资金安排2100万元,救灾支出安排3000万元,企业离休及建老人员津补贴补助2400万元,小额担保贷款补助900万元。

医疗卫生与计划生育方面:国有困难企业职工医保安排1.9亿元,离休干部医药费统筹安排10800万元,城乡居民基本医疗保险补助资金安排5800万元,市级医疗机构公共卫生服务能力建设安排5000万元,市级医院运行经费补助安排5000万元,基层卫生机构服务能力建设资金安排2000万元。

节能环保方面:排污费支出安排3500万元,环保专项资金安排2500万元,节能专项资金安排1500万元。

城市维护管理方面:城市维护管理专项安排4.2亿元,特色小城镇建设专项资金安排1亿元。

农业农村方面:支农专项资金安排2.84亿元,水利建设基金安排2.6亿元,土地出让收益计提的农田水利建设资金安排1.2亿元,农村水环境治理专项资金安排5000万元。

交通运输方面:公共交通发展专项资金安排2.7亿元,新增安排轨道交通运营补贴专项资金0.2亿元,另加上2016年从盘活财政存量资金中预安排2亿元运营补贴,总量达到3.2亿元,出租车管理改革专项安排260万元,农村公路和危桥改造安排2845万元。

扶持企业发展方面:制造业专项资金安排6.7亿元,融资平台等政策性返还资金安排4.5亿元,重点产业投资引导资金安排3亿元,服务业发展专项资金安排1.83亿元,“两创”示范专项资金安排2亿元,航空发展专项资金安排5000万元,支持金融业发展专项资金安排7000万元,县域经济发展专项资金安排3900万元,打造核心增长极奖励资金安排3000万元,低碳产业发展引导扶持资金安排500万元。

城市建设方面:公共财政预算安排33亿元(含从市级预算稳定调节基金中调入安排10亿元),另从市政公用设施配套费中安排3亿元,重大重点项目建设专项资金总量达36亿元。

住房保障支出方面:城市棚户区改造省级专项资金2.05亿元,政府住房基金安排2.1亿元。

地方政府债券还本付息资金安排4.5亿元。人才专项资金安排1亿元,预备费安排0.9亿元。

(二)市本级政府性基金预算收支安排情况

2017年市本级政府性基金预算收入预期目标138.8亿元,下降31.7%,其中:国有土地使用权出让金及计提的专项资金收入预期目标128亿元,下降32%。按照基金专款专用的原则,政府性基金预算支出安排138.8亿元,增长7.3%,其中:国有土地使用权出让金及计提的专项资金支出安排128亿元,增长6.7%。

(三)市本级国有资本经营预算收支安排情况

2017年市本级国有资本经营预算收入预期目标1.56亿元,国有资本经营预算支出安排1.56亿元,其中:国有企业资本金注入9157万元,调入一般公共预算4676万元,解决历史遗留问题及改革成本支出975万元,其他国有资本经营支出779万元。

(四)市本级社会保险基金预算收支安排情况

2017年市本级社会保险基金预算收入预期目标115.8亿元,下降2.3%,其中:保险费收入85.8亿元,增长8.1%;财政补贴收入26.3亿元,增长6.3%;利息收入1.6亿元,下降32.9%。市本级社会保险基金预算支出安排122.8亿元,增长2.7%。当年收支结余-7.0亿元,年末滚存结余95.2亿元。

(五)经开区、高新区和红谷滩新区预算收支安排情况

2017年经开区、高新区、红谷滩新区地方一般公共预算收入预期目标70.9亿元,同口径增长8.8%,其中:经开区14.9亿元,同口径增长11.5%;高新区21.5亿元,同口径增长10%;红谷滩新区34.5亿元,同口径增长7%。经开区、高新区、红谷滩新区地方一般公共预算支出安排是:经开区安排19.7亿元;高新区支出安排25亿元;红谷滩新区安排39.2亿元。经开区、高新区、红谷滩新区当年预算收支平衡。

2017年经开区、高新区、红谷滩新区政府性基金预算收入预期目标16.8亿元,预算支出安排17.2亿元。

2017年经开区、高新区、红谷滩新区社会保险基金预算收入预期目标为11.4亿元,下降37.3%,其中:保险费收入8.7亿元,下降40.8%;财政补贴收入2亿元,增长12%;利息收入0.6亿元,增长46%。社会保险基金预算支出安排11.4亿元,增长22.8%。当年收支结余0.03亿元,年末滚存结余41.1

亿元。

（六）2017 年市规划局、林业局部门预算

1. 市规划局

2017 年市规划局收入预算总额为 1315.25 万元，其中：财政拨款收入 1076.32 万元，占收入预算总额的 81.8%；上年结转收入 223.93 万元，占收入预算总额的 17%。

2017 年市规划局支出预算总额为 1315.25 万元。其中：基本支出 878.26 万元，占支出预算总额的 66.8%，包括工资福利支出 594.25 万元、商品和服务支出 211.86 万元、对个人和家庭的补助 72.15 万元；项目支出 436.99 万元，占支出预算总额的 33.2%，包括商品和服务支出 121.33 万元、其他支出 315.66 万元。

2017 年市规划局财政拨款支出预算 1076.32 万元，其中城乡社区支出 888.6 万元，社会保障和就业支出 117.62 万元，住房保障支出 70.1 万元。

2. 市林业局

2017 年市林业局部门收入预算总额为 3856.81 万元。包括年初预算收入总额 2368.45 万元，占收入预算总额的 61.41%；上年结转收入 1488.36 万元，占收入预算总额的 38.59%。

2017 年市林业局支出预算总额为 3856.81 万元。其中：基本支出 1984.24 万元，占支出预算总额的 51.45%，包括工资福利支出 1485.35 万元、商品和服务支出 357.12 万元、对个人和家庭的补助 141.77 万元；项目支出 1872.57 万元为行政事业性项目支出，占支出预算总额的 48.55%，包括商品和服务支出 1672.31 万元、对个人和家庭补助支出 9.98 万元、基本建设支出 35 万元、其他资本性支出 23.28 万元、其他支出 132 万元。

2017 年市林业局财政拨款支出预算 2368.45 万元，其中农林水支出 2036.99 万元，社会保障和就业支出 211.07 万元，住房保障支出 120.39 万元。

三、奋发有为，开拓进取，全力做好 2017 年各项财政工作

2017 年，全市财政部门将围绕市委、市政府的中心工作，强化首位担当，展现省会作为，开拓创新，扎实工作，努力完成各项工作任务。

（一）做大蛋糕，提升发展支撑力。强化收入征管，加强财税协调，着力收入调度，确保收入及时足额入库；贯彻落实省税收保障条例要求，完善综合治税体系，支持税收征管改革，提升协税护税水平，充分挖掘增收潜力；积极对接省以下收入划分调整，争取政策支持，做实做强我市财力；密切关注消费税、环境保护税等税制改革，加强对接，争取支持，保障我市利益；结合中央、省收入划分改革精神，适时启动市以下收入划分调整，保障各级既得利益，调动县区增收积极性。

（二）加大扶持，提升产业竞争力。加强市级产业扶持资金整合，调整优化存量资金安排，集中财力保障产业扶持资金需要，促进我市重点产业发展；重点加大对产业投资引导基金投入，通过运用财政资金，加强和银行合作，放大基金规模，支持产业发展；落实奖补激励政策，积极推进"财园信贷通"、"惠农信贷通"、农业产业化"转贷资金"等实施，用财政资金撬动金融杠杆，支持我市产业发展；进一步清理规范基金和收费，加强非税收入执收的监督检查，规范收费行为，同时严格落实中央、省减税降费政策，减轻企业负担；统筹运用财税政策，积极支持大众创业万众创新，深入开展小微企业双创基地城市示范，积极培育新增长点。

（三）全力保障，提升城市承载力。将新增财力、存量资金、土地收益重点向基础设施建设倾斜，不断扩大建设投入，支持重点基础设施项目建设；积极争取上级地方政府债券额度支持，减轻利息负担，扩大资金来源，保障城市建设资金需要；积极推动 PPP、政府购买服务等政府筹资方式创新，探索建立城市建设基金，撬动社会资本对城市建设投入；完善平台财税扶持政策，积极支持平台发行企业债和引进社会资本，支持平台项目建设。

（四）突出重点，提升环境吸引力。足额安排城市维护管理预算经费，加大对城市维护管理专项资金投入，确保市容环境整治工程各项工作资金需要；按照"花钱买服务，不花钱养人"的原则，加大力度筹集资金，全力推动城市管理市场化运转改革，提高财政资金使用效益，促进城市管护水平提升；筹集资金全力保障立体路网、停车场、公共交通等基础设施建设，加快推进城市交通畅通工程实施，改善出行条件，提升出行感受；加大对公交、轨道运营的补贴力度，优化提升公共交通运行水平；全力保障城市文明提升工程的支出，为文明提升提供坚实财力保障。

（五）着力民生，提升社会凝聚力。按照"财力优先向民生集中"的要求，严格压缩一般性支出，优化支出结构，全面落实各项民生扩面增资政策，努力保障我市各项民生待遇不低于全省水平；按照"七个全覆盖"的要求，加大资金投入，强化资金保障，为在全省率先全面完成脱贫任务提供坚实的财力保障；统筹各类资金，及时拨付资金，切实办好民生实事，同时加强市、县区间的资金筹集、整合和调度，推动"背街小巷光明"全覆盖、菜篮子进社区、"厕所革命"等工程实施，解决民生热点问题；按照"推动事业大统筹"的要求，统筹平衡财力状况和支出需求，进一步加大投入，确保教育、医疗、社保、农林水、科技、住房保障等社会事业支出需要，促进城乡一体化发展，提升公共服务水平。

（六）积极作为，提升财政执行力。加强财政专项资金管理，重点推进中期财政规划和项目库建设，进一步细化预算编制，提高年初预算到位率；综合运用财政中期规划、预算绩效评价、预算执行监控等政策手段，激活和统筹财政存量资金，将沉淀资金集中用于市委、市政府的重点工作，提高资金效益；深化国库集中支付制度改革，合理拨付和调度资金，提高财政资金运行效率；切实加强一般公共预算、政府性基金预算、国有资本经营预算之间的有机衔接，加大政府性基金预算转列一般公共预算力度，提高国有资本经营预算调入一般公共预算的比例，对相关领域支出统筹安排，全力推进财政资金统筹使用；建立预决算信息公开统一平台，完善公开方式，扩大公开范围，建立健全公开考核机制，以公开推动预算执行效率提升；根据中央和省事权和支出责任划分改革部署，在全力保障和争取我市财政利益基础上，适时研究启动我市改革，理顺市和县区的权责利关系。

各位代表，2017 年，我们将在市委、市政府的坚强领导下，自觉接受市人大监督和指导，认真贯彻落实大会各项决议，改革创新，锐意进取，为打造富裕和谐美丽幸福江西"南昌样板"做出更大的贡献！

南昌市2016年国民经济和社会发展统计公报

南昌市统计局

2017年3月22日

2016年,在市委、市政府的正确领导下,全市上下坚持稳中求进、稳中提质、改革创新,扎实推进供给侧结构性改革,加快调结构转方式促升级,积极应对外部环境严峻复杂和经济下行压力加大等挑战,全面落实国家稳增长、促改革、调结构、惠民生、防风险各项政策措施,全市经济社会保持了平稳健康发展,实现了“十三五”良好开局。

一、综合

初步核算,全年实现地区生产总值(GDP)4354.99亿元,按可比价格计算,比上年增长9.0%。其中,南昌县超600亿元,完成666.71亿元;青山湖区超500亿元,完成539.03亿元;超400亿元县区3个,为高新区、西湖区、东湖区,分别完成496.66亿元、465.06亿元、417.69亿元。全市三次产业结构调整为4.2:53.0:42.8。人均生产总值81598元,按年均汇率折算为12285美元,按可比价格计算,增长7.6%。在全市地区生产总值中,非公有制经济实现增加值2397.66亿元,按可比价格计算,增长10.2%。

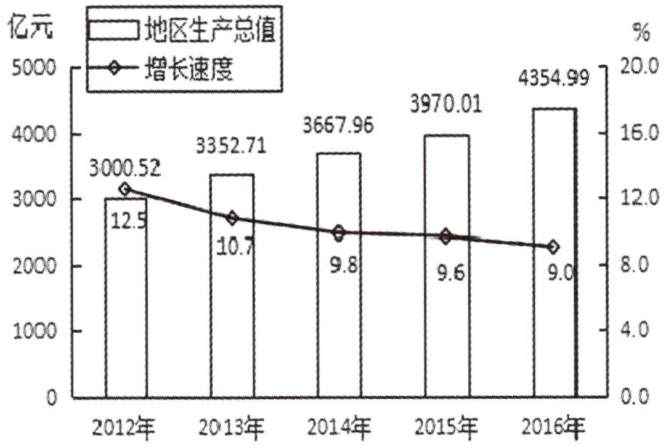

图1 2012—2016年地区生产总值及其增长速度

全年财政总收入790.80亿元,比上年增长8.7%。其中,地方一般公共预算收入402.18亿元,增长3.3%。从收入完成情况看,地方一般公共预算收入中,完成增值税76.67亿元,增长118.7%;营业税73.60亿元,下降39.1%;企业所得税42.27亿元,增长5.8%;个人所得税18.69亿元,增长14.5%。县域财力显著增强,全年财政总收入超20亿元的县区10个,其中南昌县超100亿元,红谷滩新区、西湖区超80亿元,高新区、东湖区、青山湖区、经开区超50亿元。全年地方一般公共预算支出587.69亿元,比上年增长8.2%。其中,公共安全支出33.99亿元,增长21.1%;科学技术支出10.17亿元,增长24.0%;文化体育与传媒支出6.80亿元,增长24.7%;教育支出90.03亿元,增长5.3%;社会保障和就业支出67.00亿元,增长8.5%;医疗卫生与计划生育支出58.92亿元,增长4.4%。

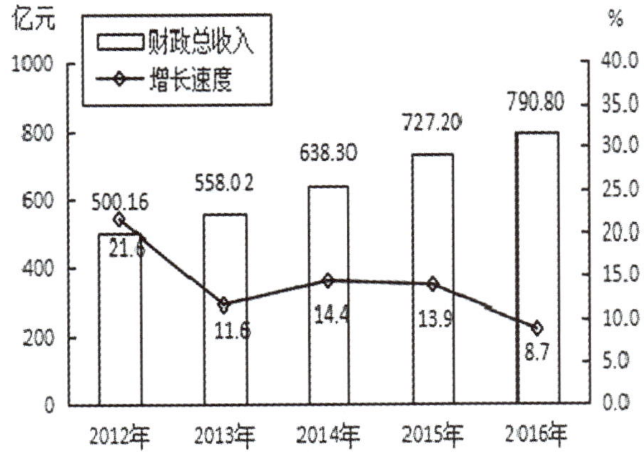

图2 2012—2016年财政总收入及其增长速度

全年居民消费价格总指数(CPI)比上年上涨2.1%。其中,消费品价格上涨1.4%,服务价格上涨3.4%,商品零售价格上涨0.4%。工业生产者出厂价格指数99.1,工业生产者购进价格指数98.3。

2016年居民消费价格情况

指　标	与上年相比 同比涨跌幅度(%)
居民消费价格总指数	2.1
#食品烟酒	5.3
衣着	-0.2
居住	1.2
生活用品及服务	持平
交通和通信	-1.0
教育文化和娱乐	3.4
医疗保健	1.2
其他用品和服务	-0.3

全年城镇新增就业8.6万人,城镇登记失业率3.51%;安置“4050”等困难群体0.99万人;新增转移农村劳动力4.7万人。

二、农业

农业生产:全年完成农林牧渔及服务业现价总产值319.06亿元,比上年增长4.0%。其中,农业产值126.22亿元,增长5.0%;林业产值4.05亿元,增长7.7%;牧业产值108.27亿元,增长2.7%;渔业产值73.62亿元,增长3.4%;农林牧渔服务业产值6.9亿元,增长8.6%。

农牧产品产量:全年谷物种植面积34.30万公顷,比上年下降1.2%;油料种植面积7.97万公顷,下降0.6%。全年谷物总产量238.49万吨，下降1.2%；油料总产量12.06万吨，下降5.9%；肉类总产量37.95万吨，增长1%；生猪出栏数332.66万头，下降3.7%；肉牛出栏6.41万头，增长1.8%；羊出栏2.33万头，增长1.8%；家禽出笼5523.76万羽，增长2.2%；禽蛋总产量17.20万吨，增长1.1%。

渔业：全年水产品总产量42.51万吨，比上年增长3.3%。其中特种水产品产量12.93万吨，增长6.6%。

林业：全年造林2468公顷，全市森林覆盖率达到22.9%。

2016年主要农产品产量及其增长速度

产品名称	单位	产量	比上年增长（%）
谷物	万吨	238.49	-1.2
棉花	万吨	0.18	-17.8
油料	万吨	12.06	-5.9
生猪出栏	万头	332.66	-3.7
禽蛋	万吨	17.20	1.1
水产品	万吨	42.51	3.3
蔬菜及食用菌	万吨	127.77	-0.9
水果总产量	万吨	13.65	2.4
茶叶	万吨	0.19	-2.7

生产条件：全市已建成中小型水库493座，年末农田有效灌溉面积19万公顷；年末农业机械总动力233.28万千瓦。年内完成机耕面积395450公顷、水稻机插面积126020公顷；机械收获面积352924公顷。

三、工业和建筑业

工业生产：全年完成规模以上工业增加值1611.5亿元，同比增长9.2%。分经济类型看，国有企业增加值141.37亿元，增长17.6%；集体企业增加值0.71亿元，增长9.9%；股份制企业增加值789.12亿元，增长9.2%；股份合作企业增加值3.92亿元，增长1.7%；私营企业增加值289.93亿元，增长6.7%；外商投资企业增加值295.70亿元，增长8%。全市规模以上工业34个工业大类中计算机、通信和其他电子设备制造业，汽车制造业，通用设备制造业，农副食品加工业等16个行业增速高于全市平均水平。

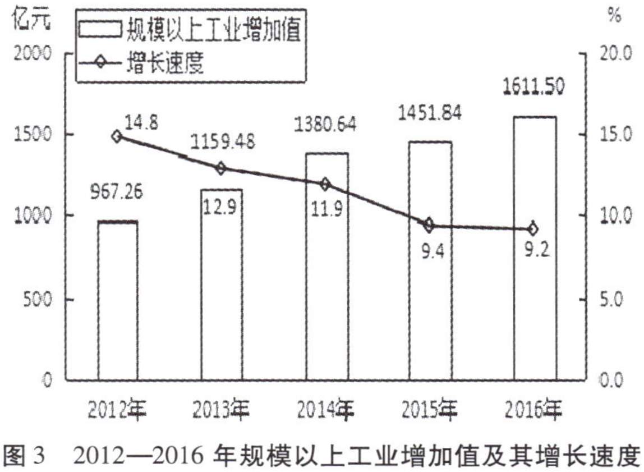

图3　2012—2016年规模以上工业增加值及其增长速度

工业经济效益：全年规模以上工业产品销售率为99%，比上年提高0.3个百分点；实现利润总额359.2亿元，增长15.7%。

全年规模以上工业实现主营业务收入6110.85亿元，比上年增长8.8%，其中主营业务收入过百亿元的行业达到17个，分别是：汽车制造业（873.94亿元）；农副食品加工业（836.82亿元）；计算机、通信和其他电子设备制造业（648.27亿元）；电力、热力生产和供应业（596.16亿元）；电气机械和器材制造业（336.14亿元）；纺织服装、服饰业（330.42亿元）；医药制造业（320.04亿元）；非金属矿物制品业（230.37亿元）；金属制品业（219.19亿元）；专用设备制造业（177.51亿元）；烟草制品业（162.66亿元）；有色金属冶炼和压延加工业（157.55亿元）；化学原料和化学制品制造业（156.35亿元）；食品制造业（141.40亿元）；通用设备制造业（139.15亿元）；橡胶和塑料制品业（132.02亿元）；黑色金属冶炼和压延加工业（101.99亿元）。

工业园区：全市七个省及省以上工业园区累计完成工业增加值1351.65亿元，同比增长9.3%；主营业务收入5185.05亿元，增长8.3%；实现利润总额318.27亿元，增长18.1%。高新技术开发区、经济技术开发区和小蓝经济技术开发区主营业务收入均过千亿元，排名分别在全省工业园区第一、二、四位。

建筑业：全年建筑业总产值2832.28亿元，同比增长9%。全市共有资质以上建筑业企业527家，全年完成施工产值2586.88亿元，同比增长8.3%；施工面积1525.93万平方米，同比增长2.6%；竣工面积6003.29万平方米，同比增长5.4%。

四、固定资产投资

投资总量：全市500万元及以上固定资产投资完成4540.26亿元，比上年增长13.5%，其中，工业投资1625.86亿元，增长4.7%；房地产开发投资674.6亿元，增长39%。全年全市投资施工项目8165个，其中新开工项目6923个。

投资结构：全市500万元以上固定资产投资中第一产业投资38.8亿元，增长8.9%；第二产业投资1658.47亿元，增长3.9%；第三产业投资2843亿元，增长20.1%。三次产业在固定资产投资中所占比重由2015年的0.9∶39.9∶59.2调整为2016年的0.9∶36.5∶62.6。

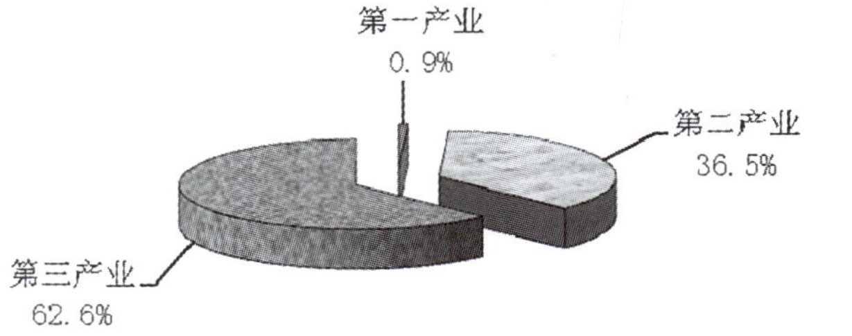

图4　2016年三次产业投资比例

2016年分行业固定资产投资（不含农户）

行　业	投资额（亿元）	比上年增长（%）
合　计	4540.26	13.5
第一产业	38.80	8.9
第二产业	1658.47	3.9
采矿业	2.85	0.4
制造业	1550.13	4.1
#化学原料及化学制品制造业	38.15	-21.1

续表

行　　业	投资额(亿元)	比上年增长(%)
非金属矿物制品业	96.63	-0.1
黑色金属冶炼及压延加工业	13.81	-12.5
有色金属冶炼及压延加工业	45.84	254.1
电气机械及器材制造业	93.04	12.5
计算机、通信和其他电子设备制造业	113.86	26.5
电力、燃气及水的生产和供应业	73.17	19.3
建筑业	38.81	-17.7
第三产业	2843.00	20.1
批发和零售业	496.57	1.4
交通运输、仓储和邮政业	140.69	-2.8
住宿和餐饮业	104.48	24.5
信息传输、软件和信息技术服务业	114.12	48.2
金融业	28.44	36.3
房地产业	897.93	51.3
租赁和商务服务业	276.00	51.1
科学研究和技术服务业	84.60	23.5
水利、环境和公共设施管理业	411.42	5.4
居民服务和其他服务业	78.58	-1.6
教育	73.47	2.0
卫生和社会工作	33.26	-6.5
文化、体育和娱乐业	48.99	-45.7
公共管理和社会组织	42.98	38.5

从投资主体看，全市500万元以上固定资产投资中国有经济完成投资799.03亿元，比上年增长1.4%。非国有经济完成投资3741.23亿元，同比增长16.5%，其中，民间投资完成3364.87亿元，增长11.9%。

全年房地产开发投资674.60亿元，比上年增长39.%。其中，住宅投资471.84亿元，增长30.9%；办公楼投资49.93亿元，增长55.8%；商业营业用房投资102.39亿元，增长76.2%。商品房销售面积1244.65万平方米，增长38.1%。

城市建设：2016年，城市建设力度不断加大。昌九高架一期工程、昌九大道、七里岗互通立交和九洲高架全线通车。轨道交通2号线、3号线加快建设。全市棚户区改造投入110亿元，完成省里下达城市棚户区改造开工任务2.6万户。配套功能更加完善。南昌外国语学校新高中部已完成建设，九龙湖小学(南师附小)、朝阳中学建设加快推进。省儿童医院红谷滩新院、省人民医院红谷新院主体施工已完成，南昌一附院象湖分院主体工程竣工封顶。全年全市完成基础设施投资达到620.95亿元，增长4.4%；新开通公交线路31条，公交线路已达到258条；城市道路总长度2148.01公里，增长2.2%；城市道路总面积达到4163.55万平方米，增长5.1%；自来水供水管道长度4901.95公里，增长7.5%。

五、国内贸易

消费品市场：全市实现社会消费品零售总额(法人口径)1868亿元，比上年增长11.8%。按城乡分，城镇实现零售额1745.9亿元，增长11.6%；农村实现零售额122.11亿元，增长13.8%，城乡消费市场同步发展。分行业看，批发和零售业实现零售额1737.66亿元，增长11.8%；住宿和餐饮业实现零售额130.35亿元，增长11.8%。

2016年，在限额以上批发零售业零售额中，食品、饮料、烟酒类零售额增长8.6%；家用电器及音像器材类增长25.3%；中西药品类增长23.5%；家具类增长5.5%；汽车类增长14.6%；建筑及装潢材料类增长10.1%。其中，汽车类消费成为最大的消费亮点，实现零售额382.92亿元，占限额以上批零住餐零售额比重为34.7%。

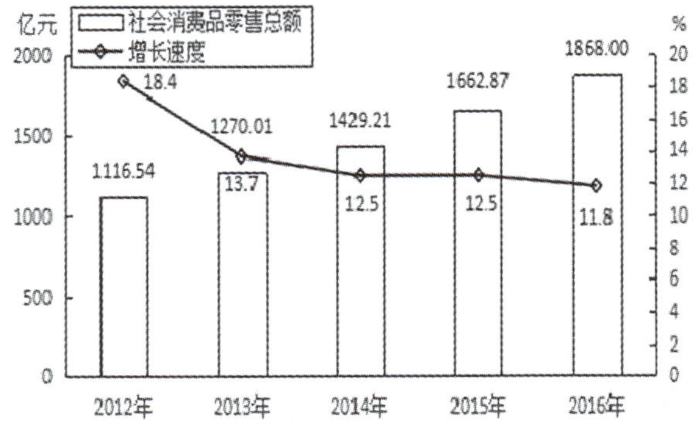

图5　2012—2016年社会消费品零售总额及其增长速度

商品交易市场：全市年成交额亿元以上的商品交易市场有32个，成交总额988.54亿元，比上年增长2.7%。其中，洪城大市场年交易额308.55亿元，增长0.8%；南昌(深圳)农产品批发市场年交易额169.09亿元，增长0.4%。

六、对外经济

对外贸易：据海关统计，2016年，南昌地区内企业(含中央、省属公司)实现进出口总值94.07亿美元，比上年下降17.28%。其中，出口值57.84亿美元，下降31.97%；进口值36.24亿美元，增长26.23%。分贸易方式看，一般贸易出口43.47亿美元，同比下降32.93%；加工贸易出口13.75亿美元，同比下降8.58%。分重点商品看，高新技术产品出口13.9亿美元，下降15.28%，占全市比重24.03%；机电产品出口28.78亿美元，下降29.11%。

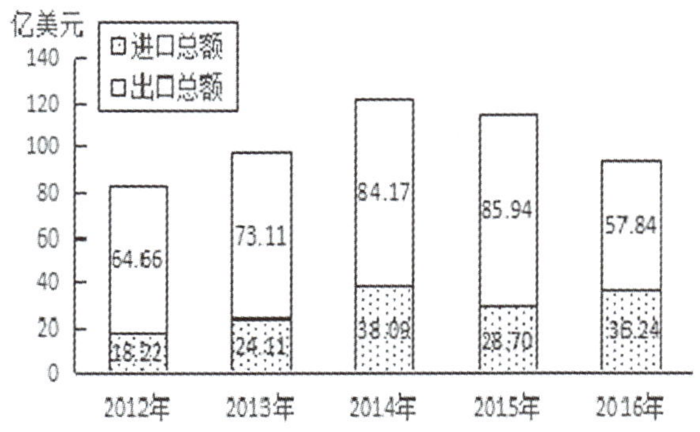

图6　2012—2016年进出口情况

利用外资：全市实际利用外资30.65亿美元，比上年增长13.25%。其中，第二产业14.73亿美元，第三产业15.91亿美元，所占全市份额分别为48.07%和51.92%。2016年，全市批准外商投资企业72家。其中，中外合资企业占26.39%，外商独资企业占73.61%。全年实际利用内资1158.35亿元,增长13.84%。其中,利用省外资金项目进资765.03亿元,增长13.64%。

七、交通、邮电和旅游

交通运输:全年铁路、公路完成旅客运输量6127万人,比上年增长2.8%;完成货物运输量12372万吨,增长6.3%。昌北机场旅客吞吐量786.4万人次,比上年增长5.0%;货邮吞吐量5.1万吨,与上年持平。

2016年铁路、公路、水路完成客货运输量

指标	单位	绝对数	比上年增长(%)
旅客运输量	万人	6127	2.8
铁路	万人	3126	6.3
公路	万人	3001	-0.6
货物运输量	万吨	12372	6.3
铁路	万吨	247	28.0
公路	万吨	11067	6.4
水运	万吨	1058	0.8

汽车保有量:年末民用汽车保有量86万辆,增长16.6%。年末民用轿车保有量53万辆,增长17.1%,其中私人轿车保有量48万辆,增长20.6%。

邮电通信:全市完成邮电业务总量99.33亿元,比上年增长10%。其中,邮政业务总量31.4亿元,增长50.5%;电信业务总量67.93亿元,下降2.2%。快递业务收入19.44亿元,发送快递17150万件,其中国内同城快递2926件、国内异地快递14059万件、国际及港澳台快递164万件。订销报刊累计数9203万份。年末全市固定电话用户102万户,下降4.7%;移动电话用户625万户,增长2.6%;互联网宽带接入用户数143万户,增长11.7%。年末移动电话交换机容量达1191万户,减少246万户。

旅游:全年旅游总人次8310.1万人,同比增长50%。旅游综合收入816.8亿元,同比增长51.8%。截至2016年末,全市拥有星级宾馆(饭店)51家;拥有旅行社218家,其中出境组团社41家。

八、金融、证券和保险业

金融业:全市金融机构本外币各项存款余额为9627.56亿元,比年初增长12.8%。其中,非金融企业存款3810.11亿元,增长8.9%;住户存款2770.05亿元,增长10%。金融机构本外币各项贷款余额为8707.23亿元,比年初增长15.2%。其中,短期贷款2515.7亿元,下降3.5%;中长期贷款5823.03亿元,增长25.2%。全市金融机构人民币各项存款余额为9503亿元,比年初增长13.9%;金融机构人民币各项贷款余额为8604.57亿元,比年初增长16.7%。

证券业:全市拥有证券分支机构118家,全年证券机构股民资金账户数192.03万户,比上年增长33.2%。全年客户交易结算资金101.55亿元,下降29%;A股交易额20443.77亿元,下降48%;B股交易额12.1亿元,下降60%。

保险业:全市共有保险公司43家。全年实现保费收入152.71亿元,比上年增长22.3%。其中,财产保险45.73亿元,增长9.1%;人寿保险90.6亿元,增长26.7%。全年赔款及给付49.47亿元,增长13%。其中,财产保险23.53亿元,增长21.2%;人寿保险19.35亿元,下降3.1%。

九、教育和科学技术

教育:全市拥有各级各类学校1077所(不含技工学校),教职工8.88万人,其中专任教师8.85万人。全年招收研究生8766人,在校研究生2.47万人,毕业研究生7441人。全市共有普通高校53所,招生18.32万人,在校生61.18万人,毕业生15.23万人。中等专业学校33所,招生2.58万人,在校生8.54万人,毕业生2.93万人。普通高中77所,招生3.55万人,在校生10.3万人,毕业生3.47万人。普通初中215所,招生6.31万人,在校生18.79万人,毕业生6.41万人,初中阶段适龄少年入学率100%。职业高中19所,招生3861人,在校生9132人,毕业生2604人。小学672所,招生6.91万人,在校生41.24万人,毕业生6.2万人,小学适龄儿童入学率100%。特殊学校8所,特殊教育招生211人,在校生949人,毕业生197人。幼儿园859所,在园幼儿14.03万人。

2016年各类全日制学校基本情况

项　目	学校数(个)	招生数(人)	在校生(人)	毕业生(人)	专职教师(人)
高等学校	53	183192	611819	152287	43653
中等学校	33	25835	85377	29310	2026
普通中学	292	98604	290939	98796	24623
职业高中	19	3861	9132	2604	404
小　　学	672	69116	412426	61963	17794
特教学校	8	211	949	197	220

科技:全市新认定高新技术企业184家,累计拥有高新技术企业436家。累计拥有国家级工程技术研究中心5家、重点实验室4家;累计拥有省级工程技术研究中心93家、重点实验室87家;获得国家技术发明奖1项,国家科技进步奖5项;省级技术成果90项。2016年,全市专利申请量16184件,专利授权量8592件,分别比上年增长68.55%和36.88%。全年登记技术合同1079项,技术合同成交金额39.13亿元,比上年增长29%。全市新增省级产业技术创新联盟1家,省级产业技术创新联盟18家。

十、文化、卫生和体育

文化:全市文艺创作获省级以上奖项23个,其中国家级奖项6个。年末全市拥有各类专业艺术表演团体4个,公共图书馆10个,文化馆10个,博物馆、纪念馆18个,全国重点文物保护单位9处。年末全市有线电视用户125.28万户。

卫生:全市拥有各类医疗卫生机构2099个,其中医院102个;拥有床位30739张,其中医院床位25803张。拥有各类专业卫生技术人员36550人,其中执业(助理)医师13139人。全市婴儿死亡率为3.72‰,5岁以下儿童死亡率为5.3‰,每十万孕产妇死亡人数为10.33人。

体育:2016年,全市运动员参加比赛人数0.6万人次,共获得金牌186枚,银牌135枚,铜牌91枚。全年举办单项比赛20次,举办全民健身活动340次,其中千人以上的活动45次,参加活动的人数总计83余万人。全年完成全民健身路径工程159个,总投资354.06万元。全年发行体育彩票7.2亿元,比上年增加0.67亿元。

十一、人口、人民生活和社会保障

人口:据公安户籍统计,截至11月末全市户籍总人口522.79万人。其中,城镇人口289.5万人,乡村人口233.29万人。根据人口变动情况抽样调查统计,年末常住人口537.14万人,比上年末增加6.85万人。全年出生人口7万人,出生率13.12‰;死亡人口3.3万人,死亡率6.19‰;自然增长率6.93‰,比上年上升0.18个千分点。

人民生活:据抽样调查,城镇居民人均可支配收入34619元,同比增长8.4%,城镇居民人均消费性支出22532元,同比增长5.3%。城镇居民家庭恩格尔系数为32.4%。年末城镇居民人均住房建筑面积35.42平方米,比上年末增加0.34平方米。农村居民人均可支配收入14952元,同比增长9.2%。农村居民人均生活消费支出9460元,同比增长7.6%。农村居民家庭恩格尔系数为36.5%。全市常住人口城镇化率达到72.29%,较上年提高0.73个百分点。

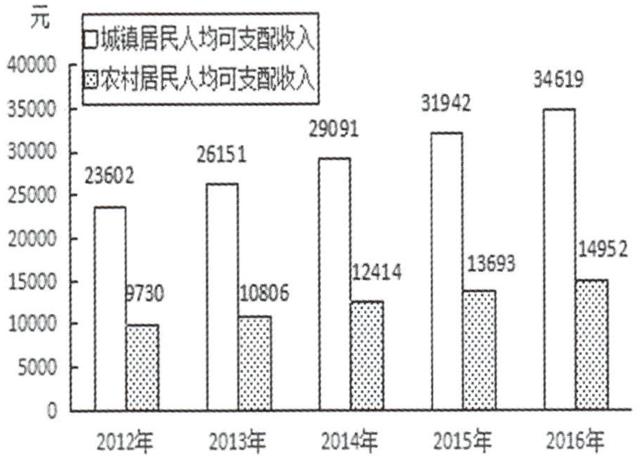

图7　2012—2016年城乡居民收入水平

社会治安:全年共立案各类刑事案件33885起,破获经济案件291起,挽回经济损失2958万元。

住房公积金:全市(市本级)归集公积金(未含本年利息)56.54亿元,比上年增长17%;发放住房公积金贷款68.68亿元,比上年增长16%;发放户数15947户,比上年增长14%;提取住房公积金36.83亿元,比上年增长6%。

社会保障:全市城镇职工参加基本医疗保险人数99.44万人,比上年增加1.25万余人。参加失业保险人数62.38万人,比上年增加1.48万人。城镇参加基本养老保险人数为185.04万人,其中参保职工131.16万人,参保离退休人员53.88万人;企业养老金社会化发放率达100%。2016年建设公租房2269套,国有林区、垦区452套,完成农村危房改造1222套,完成廉租住房租赁补贴28439套。

社会福利:全市拥有各类社会福利单位136个,床位1724张;收养各类人员6924人。城镇社区服务站(中心)698个;城市居民最低生活保障家庭29821户,保障人数56766人;农村居民最低生活保障家庭55507户,保障人数88697人;城市医疗救助人数83977人,农村医疗救助人数36513人。

十二、资源、环境与安全生产

环境质量:全市拥有国家级生态示范县2个、国家级生态区1个、国家级生态乡(镇)18个,省级生态县(区)4个、省级生态乡镇51个、省级生态村69个,市级生态村712个。自然保护区11个,总面积16.08万公顷(含两个野生动物类自然保护区总面积)。全年空气质量优良天数达318天,优良率为86.9%,列中部六个省会城市第一。赣江、抚河南昌段共14个监测断面水质达标率为100%,集中式饮用水质达标率为100%。区域环境噪声昼间等效声级为53.6分贝,道路交通噪声等效声级路段长度加权均值67.6分贝。城市生活污水集中处理率达到93.5%。

城市园林绿化:初步核算,全市拥有园林绿地面积12279.5公顷,绿化覆盖面积12958.5公顷,公园绿地3235公顷,城市绿化覆盖率达到40.84%,人均公共绿地面积达到11.81平方米。

节能减排:初步核算,全年万元生产总值综合能耗下降3.17%。化学需氧量、氨氮、二氧化硫和氮氧化物排放总量四项指标均完成年度减排目标,全市环境质量持续改善。

安全生产:全市共发生各类生产安全事故134起,死亡118人(不含火灾),与上年相比,事故多11起,上升8.9%,死亡人数多6人,上升5.4%。道路交通事故97起,死亡81人,与上年相比,事故起数少8起,死亡人数少11人。

说明:

1. 本公报中统计数据均为初步统计数,部分数据因四舍五入的原因,存在着分项与合计不等的情况。正式数据以《南昌统计年鉴—017》为准。

2. 规模以上工业统计范围为年主营业务收入2000万元及以上的法人工业企业;固定资产投资(不含农户)统计范围为计划总投资500万元及以上项目和房地产;限额以上企业是指年主营业务收入2000万元及以上的批发业企业、500万元及以上的零售业企业、200万元及以上的住宿和餐饮业企业。

3. 地区生产总值、各产业增加值和人均生产总值绝对数按现价计算,增长速度按不变价格计算。

4. 根据《国民经济行业分类》(GB/T4754-2011),第一产业指农林牧渔业(不含农林牧渔服务业),第二产业指工业(不含开采辅助活动,金属制品、机械和设备修理业)和建筑业,第三产业指除第一产业、第二产业以外的其他行业。

5. 社会消费品零售总额2010年为在地口径,2011年起改为法人口径。

6. 邮政业务总量从2013年开始包含快递业务量。

7. 旅客运输量从2015年开始铁路由客发口径转变为乘车口径。

8. 2015年交通运输部进行了第二次全国公路运输量专项调查,根据2015年月度抽样调查数据为基数,交通运输部对2015年和2016年的道路运输量数据进行调整。

9. 常住人口是指实际经常居住在某地区一定时间的人口。按人口普查和抽样调查规定,主要包括:居住在本乡镇街道、户口在本乡镇街道或户口待定的人,居住在本乡镇街道、离开户口所在的乡镇街道半年以上的人,户口在本乡镇街道、外出不满半年或在境外工作学习的人。

经济社会统计资料

行政区划

（2016 年末）

单位：个

地　区	街办	居委会	镇	乡	村委会
全　市	30	771	52	28	1160
区					
东湖区	10	164	1		25
西湖区	10	143	1		13
青云谱区	5	73	1		12
湾里区	2	14	4		35
青山湖区	3	155	5		86
新建区		64	13	6	316
县					
南昌县		88	11	7	304
安义县		27	7	3	105
进贤县		43	9	12	264

南昌在全省的位置

（2016 年）

指标名称	单位	总量	总量排名	占全省比重（%）	增速（%）	增速排名
人口（常住）	万人	537.14	4	11.7	1.3	
土地面积	平方公里	7402		4.4		
地区生产总值	亿元	4354.99	1	23.71	9.0	5
规模以上工业增加值	亿元	1611.50	1	20.65	9.2	5
500 万元以上固定资产投资	亿元	4540.26	1	23.43	13.5	8
规模以上服务业营业收入	亿元	559.63	1	27.55	8.2	
社会消费品零售总额（法人口径）	亿元	1868.00	1	28.16	11.8	5
地方一般公共预算收入	亿元	402.18	1	18.69	3.3	2
实际利用外资	亿美元	28.90	1	27.68	10.4	3
海关出口总值	亿元	379.75	1	19.31	-27.9	11
城镇居民人均可支配收入	元	34619	1	-	8.4	3
农村居民人均可支配收入	元	14952	3	-	9.2	5

说明：规模以上服务业营业收入数据为年报上报数，省统计局尚未反馈；实际利用外资、海关出口总值为省口径

主要年份国民经济主要指标

指标	单位	2013	2014	2015	2016	2016 年比上年增长(%)
年末总人口(户籍)	万人	510.08	517.73	520.38	522.79	0.5
社会从业人员数	万人	326.14	330.12	331.69	333.35	0.5
地区生产总值	亿元	3352.71	3667.96	3970.01	4354.99	9.0
#第一产业	亿元	154.14	162.72	171.26	181.77	3.9
第二产业	亿元	1839.40	2017.01	2149.96	2307.24	8.3
第三产业	亿元	1359.18	1488.23	1648.79	1865.98	10.3
农林牧渔业总产值	亿元	266.12	283.63	296.92	319.06	4.0
规模以上工业增加值	亿元	1159.48	1380.64	1451.84	1611.50	9.2
500 万元及以上固定资产投资	亿元	2896.86	3434.25	4000.07	4540.26	13.5
规模以上服务业营业收入	亿元	355.00	447.10	489.98	559.63	8.2
社会消费品零售总额	亿元	1270.01	1429.21	1662.87	1868.00	11.8
财政总收入	亿元	558.02	638.30	727.20	790.80	8.7
地方一般公共预算收入	亿元	291.91	342.21	389.34	402.18	3.3
地方一般公共预算支出	亿元	419.37	473.16	543.18	587.69	8.2
海关出口总值	亿美元	73.11	84.17	85.94	57.84	-32.0
实际利用外资	亿美元	21.17	23.21	26.17	28.90	10.4
城镇居民人均可支配收入	元	26446	29091	31942	34619	8.4
农村居民人均可支配收入	元	11184	12414	13693	14952	9.2

说明:2016 年户籍人口为 2016 年 11 月末数据;2016 年规模以上服务业营业收入数据为年报上报数,省局尚未反馈;实际利用外资为省口径数

地区生产总值

指　标	2016		
	总量(亿元)	构成(%)	比上年增长(%)
地区生产总值(GDP)	4354.99	100.0	9.0
第一产业	181.77	4.2	3.9
第二产业	2307.24	53.0	8.3
第三产业	1865.98	42.8	10.3

南昌的人均水平

指　标	单位	2015	2016
地区生产总值	元	75879	81598
财政总收入	元	13795	14817
农业总产值	元	5633	5978
规模以上工业增加值	元	27541	30194
城镇居民可支配收入	元	31942	34619
农村居民可支配收入	元	13693	14952
公共绿地面积	平方米	11.8	11.81
居民生活用电量	千瓦时	632.46	714.42

全市常住人口基本情况

指　标	单位	2015	2016
年末总人口(常住)	万人	530.29	537.14
男	万人	274.63	277.27
女	万人	255.66	259.87
年平均人口	万人	527.15	533.72
出生人口	万人	6.85	7.00
出生率	‰	12.99	13.12
死亡人口	万人	3.29	3.30
死亡率	‰	6.24	6.19
自然增长人口	万人	3.56	3.70
自然增长率	‰	6.75	6.93

城镇住户基本情况

指　标	单位	2015	2016
平均每户家庭常住人口	人	2.95	2.89
平均每户人口就业人员	人	1.58	1.51
平均每户就业面	%	53.56	52.25
每一就业者负担人口	人	1.87	1.91
人均总收入	元	34127	36835
#可支配收入	元	31942	34619
人均家庭总支出	元	26174	27587
#消费性支出	元	21396	22532
人均现住房建筑面积	平方米	35.08	35.42

城镇住户人均消费支出

指　标	金额（元）		构成（%）	
	2015	2016	2015	2016
消费性支出	21396	22532	100	100
一、食品烟酒	6832	7290	31．9	32．4
#粮食	516	542	7．5	7．4
油脂类	267	276	3．9	3．8
肉禽及制品	1521	1581	22．3	21．7
二、衣着	1979	1811	9．2	8．0
三、生活用品及服务	1336	1243	6．2	5．5
#耐用消费品	242	251	18．1	20．2
四、医疗保健	1009	1083	4．7	4．8
五、交通和通讯	2023	2559	9．5	11．4
六、娱乐、教育、文化服务	2643	2391	12．4	10．6
七、居住	4975	5623	23．3	25．0
八、其他用品和服务	600	531	2．8	2．4

农村住户人均消费支出

指　标	金额（元）		构成（%）	
	2015	2016	2015	2016
消费支出	8788	9460	100	100
一、食品烟酒	3530	3455	40．2	36．5
#食品消费	3348	3189	94．8	92．3
食品消费服务	182	266	5．2	7．7
二、衣着	537	517	6．1	5．5
三、居住	2243	2389	25．5	25．3
四、生活用品及服务	437	470	5．0	5．0
五、医疗保健	475	599	5．4	6．3
六、交通通信	841	1107	9．6	11．7
七、教育文化娱乐	610	779	6．9	8．2
八、其他用品和服务	115	143	1．3	1．5

农村住户基本情况

指　标	单位	2015	2016
平均每户家庭常住人口	人	3.54	3.52
人均耕地面积	亩	1.95	1.96
人均山地面积	亩	0.29	0.28
人均总收入	元	19748	22225
人均可支配收入	元	13693	14952
户均现住房建筑面积	平方米	208.38	204.80

城市居民消费价格指数

（以上年为 100）

指　标	2014 年	2015 年
居民消费价格总指数	101.6	102.1
一、食品烟酒		105.3
#粮食	101.8	103.2
菜	115.4	116.7
水产品	100.0	110.6
蛋	97.6	97.0
二、衣着	104.2	99.8
三、居住	98.9	101.2
#租赁房房租	102.2	104.8
水电燃料	96.9	98.0
四、生活用品及服务		100.0
五、交通和通信	98.8	99.0
#交通	98.5	100.1
通信	99.0	97.0
六、教育文化和娱乐		103.4
#教育	101.2	105.7
文化娱乐	100.5	101.1
七、医疗保健	99.1	101.2
八、其他用品和服务		99.7

说明：2016 年城市居民消费价格指数调查方案改变，部分调查大类 2015 年数据空缺

商品零售价格指数

(以上年为100)

指　标	2015	2016
商品零售价格总指数	100.5	100.4
一、食品	104.1	106.3
#粮食	102.2	103.2
菜	115.3	115.9
水产品	100.0	110.6
蛋类	97.6	97.0
二、饮料、烟酒	102.5	100.2
三、服装、鞋帽	103.5	99.1
四、纺织品	104.0	99.0
五、家用电器及音像器材	97.6	97.2
六、文化办公用品	99.8	102.2
七、日用品	99.6	99.6
八、体育娱乐用品	99.9	100.7
九、交通、通信用品	98.3	95.3
#交通运输机械	100.0	98.8
通信器材	95.1	82.4
十、家具	100.0	100.6
十一、化妆品	100.2	99.6
十二、金银珠宝	93.6	95.9
十三、中西药品及医疗保健用品	99.3	103.2
#中药	97.9	107.2
西药	100.0	102.8
十四、书报杂志及电子出版物	101.1	100.3
十五、燃料	85.6	99.3
十六、建筑材料及五金电料	97.9	100.5

对外签订利用外资协议(合同)

指　标	2015年		2016年	
	项目(个)	金额(万美元)	项目(个)	金额(万美元)
外商直接投资	82	98858	72	128446
合资企业	26	43740	19	17025
合作企业		3402		
独资企业	56	53361	53	103013
外商投资股份制企业		-1644		8408

说明:本表数据取自市投资促进局

工业生产者出厂价格指数

（以上年为100）

指　标	2015	2016
工业生产者出厂价格	97.29	99.07
按轻重工业分		
轻工业	100.69	99.28
重工业	95.43	98.95
按生产、生活资料分		
生产资料	95.28	98.45
生活资料	101.74	100.46
按工业行业分		
农副食品加工业	98.79	97.54
酒、饮料和精制茶制造业	101.48	100.05
烟草制品业	100.00	100.04
纺织业	102.00	98.55
纺织服装、服饰业	102.78	97.97
造纸和纸制品业	99.36	98.05
文教、工美、体育和娱乐用品制造业	99.95	100.01
化学原料和化学制品制造业	99.42	100.00
医药制造业	102.08	101.21
橡胶和塑料制品业	96.16	98.94
非金属矿物制品业	95.27	99.26
黑色金属冶炼和压延加工业	78.86	102.00
有色金属冶炼和压延加工业	87.92	93.86
通用设备制造业	98.93	99.13
铁路、船舶、航空航天和其他运输设备制造业	99.73	101.36
电气机械和器材制造业	96.85	97.71
计算机、通信和其他电子设备制造业	99.84	99.75
电力、热力生产和供应业	95.47	97.55
水的生产和供应业	111.15	100.04

工业生产者购进价格指数

(以上年为100)

续表

指　标	2015	2016
工业生产者购进价格指数	94.96	98.29
按九大类分		
燃料、动力类	96.71	98.32
黑色金属材料类	81.18	95.33
有色金属材料和电线类	89.92	98.54
化工原料类	95.64	97.61
木材及纸浆类	98.11	99.65
建筑材料及非金属矿类	97.92	99.47
其他工业原材料及半成品类	99.32	99.63
农副产品类	94.62	97.22
纺织原料类	98.76	100.11
按工业行业分		
农副食品加工业	96.17	99.66
酒、饮料和精制茶制造业	100.15	100.33
烟草制品业	106.88	100.50
纺织业	98.76	100.11
造纸和纸制品业	97.96	99.80
化学原料和化学制品制造业	94.14	97.10
医药制造业	100.71	100.45
橡胶和塑料制品业	100.42	99.24
非金属矿物制品业	96.90	96.39
黑色金属冶炼和压延加工业	91.99	94.89
有色金属冶炼和压延加工业	90.92	99.07
通用设备制造业	97.58	99.83
铁路、船舶、航空航天和其他运输设备制造业	78.59	99.91
电气机械和器材制造业	89.90	96.71
计算机、通信和其他电子设备制造业	96.50	100.79
电力、热力生产和供应业	99.99	100.13
水的生产和供应业	104.98	100.07

固定资产投资

指　标	2015	2016	2016 年比上年增长(%)
全社会固定资产投资	4032.73	4576.73	13.5
#500 万元及以上固定资产投资	4000.07	4540.26	13.5
#基础设施投资	594.54	620.95	4.4
5 千万元以上项目投资	1106.00	1078.47	-2.5
按经济类型分			
#国有	787.86	799.03	1.4
非国有	3212.21	3741.23	16.5
按建设性质分			
#新建及扩建	1509.75	1908.05	26.4
改建和技术改建	2169.72	2136.93	-1.5
按产业分			
#工业投资	1552.73	1625.86	4.7
房地产开发投资	485.37	674.60	39.0

实际利用外资

单位:万美元

指　标	2015	2016
实际利用外资	270607	306452
一、分三次产业		
一产	13419	25
二产	109628	147313
三产	147560	159114
二、分区域		
台港澳	206396	270376
日韩东南亚	28588	8214
美加	10988	1787
欧洲大洋洲	18049	26075
投资性公司投资	6586	

说明：本表数据取自市投资促进局

城市建设

指　标	2015	2016
城市绿化(城区)		
园林绿地面积(公顷)	11954.0	12279.5
#公园绿地	3191	3235
人均公共绿地面积(平方米)	11.8	11.8
城区绿化覆盖率(%)	41.11	40.84
年末公园(含动物园,个)	32	34
公园面积(公顷)	762	764
城市道路		
城市道路总长度(公里)	2182.43	2148.01
城市道路总面积(万平方米)	4253.94	4163.55
公共交通		
营运车辆(辆)	3305	3423
#公共汽车	3305	3423
营运线路长度(公里)	2270.75	2138
客运量(万人次)	58783.3	42579.95
年末出租汽车(辆)	5453	5453
全社会用电量(亿千瓦时)	164.34	185.18
#工业用电	85.21	92.62
居民生活用电	33.34	38.13
城市供水		
自来水厂(个)	15	15
供水能力(万吨/日)	171.15	171.34
供水总量(万立方米)	45911.22	48596.24
#生活用水	15159.17	16283.74
供水管道长度(公里)	4561.05	4901.95
城市供气		
液化气供应总量(万吨)	5.84	6.15
#家庭用量	5.15	5.25
液化气家庭用气数(万户)	27.28	27.46
液化气用气人口(万人)	92.07	93.05
天然气供应总量(万立方米)	29580.19	36511.07
#家庭用量	10867.99	12544.57
天然气家庭用气数(万户)	82.69	86.16
天然气用气人口(万人)	206.35	211.38

说明:1. 2015 年新建撤县设区,本表中城区绿化覆盖率含新建区的数据

2. 公共交通客运量不含地铁数据

财政收入和支出

单位:亿元

指　标	2015	2016	2016 年比上年增长(%)
财政总收入(市口径)	727.20	790.80	8.7
地方一般公共预算收入	389.34	402.18	3.3
#税收收入	315.79	318.67	0.9
#增值税	35.06	76.67	118.7
营业税	120.79	73.60	-39.1
地方一般公共预算支出	543.18	587.69	8.2
#一般公共服务	44.48	53.95	21.3
教育	85.46	90.03	5.3
科学技术	8.20	10.17	24.0
文化体育与传媒	5.45	6.80	24.7
社会保障和就业	61.76	67.00	8.5
医疗卫生与计划生育	56.42	58.92	4.4
城乡社区事务	89.32	105.29	17.9
农林水事务	37.98	34.98	-7.9

说明:2016 年财政总收入省口径同比增速为 8.9%

金融机构本外币存贷款余额

单位:亿元

指　标	2015	2016
存款余额	8534.34	9627.56
#住户存款	2517.78	2770.05
非金融企业存款	3499.20	3810.11
广义政府存款	1717.16	2132.06
贷款余额	7556.91	8707.23
#住户贷款	1803.92	2282.14
短期贷款	628.18	603.63
中长期贷款	1175.74	1678.50
非金融企业级机关团体贷款	5734.11	6383.01
#短期贷款	1982.00	1912.07
S 中长期贷款	3475.60	4144.52

农村基本情况

指　标	2015	2016
乡镇政府(个)	80	80
#镇政府	52	52
乡村总户数(万户)	77.96	75.28
乡村从业人员(万人)	152.41	148.72
自来水受益村(个)	511	566
通有线电视村(个)	1116	1150
通宽带村(个)	1085	1120

农林牧渔业总产值

(当年价)

指　标	绝对数(亿元)		构成(%)	
	2015	2016	2015	2016
农林牧渔业总产值	296. 92	319. 06	100. 0	100. 0
一、农业产值	115. 57	126. 22	38. 9	39. 5
#粮食作物	67. 51	70. 29	22. 7	22. 0
经济作物	43. 37	50. 70	14. 6	15. 9
其他作物	4. 69	5. 23	1. 6	1. 6
二、林业产值	3. 71	4. 05	1. 3	1. 3
三、牧业产值	102. 16	108. 27	34. 4	33. 9
四、渔业产值	69. 21	73. 62	23. 3	23. 1
五、农林牧渔服务业产值	6. 27	6. 9	2. 1	2. 2

农林牧渔业增加值

(2016 年)

单位:亿元

指　标	总产值	中间消耗	增加值	增加值率(%)
合　计	319.06	133.29	185.77	58.2
农　业	126.22	51.08	75.14	59.5
林　业	4.05	1.18	2.87	70.8
牧　业	108.27	50.90	57.37	53.0
渔　业	73.62	27.23	46.39	63.0
农林牧渔服务业	6.90	2.90	4.00	58.0

主要农产品产量

指　标	2015	2016	2016年比上年增长(%)
谷物(万吨)	241.44	238.49	-1.2
#早　稻	101.84	99.10	-2.7
晚　稻	137.48	137.28	-0.1
棉花(吨)	2224	1829	-17.8
油料(万吨)	12.81	12.06	-5.9
蔬菜及食用菌(万吨)	128.98	127.77	-0.9
肉类总产量(万吨)	37.57	37.95	1.0
#猪　肉	28.90	28.97	0.3
禽　肉	7.60	7.81	2.8
禽蛋(万吨)	17.02	17.20	1.1
牛奶(万吨)	4.64	3.59	-22.7
水产品(万吨)	41.15	42.51	3.3
水果总产量(万吨)	13.33	13.65	2.4
#园林水果	3.54	3.74	5.9
#柑　桔	2.61	2.61	-0.1
梨	0.28	0.28	持平
瓜果类	9.79	9.91	1.2
茶叶(吨)	1969	1916	-2.7

规模以上工业增加值

单位:亿元

指　标	2015	2016	2016年比上年增长(%)
总计	1451.84	1611.50	9.2
#国有	115.30	141.37	17.6
集体	0.68	0.71	9.9
股份合作	3.94	3.92	1.7
股份制	707.50	789.12	9.2
外商及港澳台	285.19	295.70	8.0
私营企业	282.41	289.93	6.7
#轻工业	718.76	749.70	3.0
重工业	676.29	771.36	15.9
#大中型	980.29	1101.80	9.9

说明:全市规模以上工业增加值含省电力公司数据,但分细项指标不含

农作物播种面积

指　标	播种面积（万公顷）		比重（%）	
	2015	2016	2015	2016
农作物总计	52.82	51.87	100	100
一、粮食作物	36.16	35.72	68.5	68.9
#稻谷	34.33	33.94	65.0	65.4
早稻	15.62	15.27	29.6	29.4
晚稻	18.71	18.67	35.4	36.0
一晚	2.16	2.57	4.1	5.0
二晚	16.55	16.10	31.3	31.0
小麦	0.01	0.01	0.0	0.0
杂谷				
薯类	0.53	0.53	1.0	1.0
豆类	0.92	0.90	1.7	1.7
二、经济作物	8.29	8.22	15.7	15.8
#棉花	0.16	0.13	0.3	0.3
油料	8.01	7.97	15.2	15.3
花生	1.68	1.63	3.2	3.1
油菜籽	5.73	5.70	10.8	11.0
芝麻	0.61	0.63	1.2	1.2
甘蔗	0.11	0.10	0.2	0.2
三、瓜果类	0.41	0.39	0.8	0.7
四、蔬菜（含菜用瓜）	4.18	4.02	7.9	7.8
五、其他作物	3.78	3.52	7.2	6.8

社会消费品零售总额

单位:亿元

指　标	2015	2016	2016年比上年增长(%)
社会消费品零售总额	1662.87	1868.00	11.8
一、按消费地区分			
城镇	1550.06	1745.90	11.6
#城区	1151.91	1338.88	10.4
乡村	112.81	122.11	13.8
二、按行业分			
批发和零售业	1537.80	1737.66	11.8
住宿和餐饮业	125.07	130.35	11.8

说明:1. 本表数据为法人全口径

2. 本表2015年数为省统计局2015年核定反馈数

林、牧、渔业生产情况

指　标	2015	2016	2016 年比上年增长（%）
一、当年造林面积（公顷）	4723	2468	-47.7
二、茶园面积（公顷）	1418	1383	-2.5
三、果园面积（公顷）	6799	6745	-0.8
#柑桔园	4518	4431	-1.9
梨园	777	767	-1.3
四、牧业生产			
羊年末数（只）	22488	22512	0.1
兔年末数（只）	9480	6593	-30.5
家禽年末数（万羽）	3442.39	3439.43	-0.1
家禽出笼数（万羽）	5404.13	5523.76	2.2
养蜂箱数（箱）	5333	5143	-3.6
生猪年末存栏（万头）	202.06	194.14	-3.9
生猪出栏数（万头）	345.28	332.66	-3.65
大牧畜（牛）年末存栏（万头）	19.57	18.15	-7.3
五、水产养殖面积（万公顷）	5.68	5.69	0.1

主要工业产品产量及其增长速度

（2016 年）

产品名称	单位	绝对量	比上年增长(%)
饲料	万吨	1138.5	5.4
精制食用植物油	吨	353748.7	12.3
软饮料	万吨	199.9	-24.8
卷烟	亿支	646.1	-4.7
布	万米	6032.6	-17.6
光电子器件	亿只(片)	11.5	23.8
化学药品原药	吨	11813.0	-17.6
彩色电视机	万台	20.1	-14.9
水泥	万吨	747.5	-3.3
商品混凝土	万立方米	1331.7	-22.6
生铁	万吨	314.9	0.6
粗钢	万吨	359.6	1.5
钢材	万吨	371.3	-1.2
交流电动机	万千瓦	46.8	-20.6
汽车	万辆	41.1	26.6
房间空调器	万台	349.5	-6.3

交通运输

指　标	2015	2016	2016 年比上年增长(%)
货物运输量(万吨)	11640	12372	6.3
铁　路	193	247	28.0
公　路	10397	11067	6.4
水　运	1050	1058	0.8
旅客运输量(万人)	5960	6127	2.8
铁　路	2941	3126	6.3
公　路	3019	3001	-0.6

说明:1.2015 年交通运输部进行了第二次全国公路运输量专项调查,根据 2015 年月度抽样调查数据为基数,交通运输部对2015 年和 2016 年的道路运输量数据进行调整

2.从 2015 年起铁路旅客运输量由客发口径转变为乘车口径

邮电事业

指　标	2015	2016	2016 年比上年增长(%)
邮电业务总量(亿元)	90.33	99.33	10.0
函件(万件)	1065	1097	3.0
包裹(万件)	29	21	-27.6
快递(万件)	10646	17150	61.1
#国内同城快递(万件)	1922	2926	52.2
国内异地快递(万件)	8612	14059	63.2
国际及港澳台快递(万件)	112	164	46.4
快递业务收入(亿元)	13.51	19.44	43.9
订销报刊累计数(万份)	9102	9203	1.1
固定电话年末用户数(万户)	107	102	-4.7
移动电话(万户)	609	625	2.6
互联网宽带接入用户(万户)	128	143	11.7
移动电话交换机容量(万户)	1437	1191	-17.1

说明:2015 年函件、订销报刊累计数做了调整

房地产开发企业概况

指　标	单位	2015	2016	2016 年比上年增长(%)
房地产开发投资额	亿元	485.37	674.60	39.0
#住宅投资	亿元	360.56	471.84	30.9
本年新增固定资产	亿元	138.21	194.10	40.4
房屋施工面积	万平方米	4458.93	4982.72	11.7
#新开工	万平方米	854.55	1280.32	49.8
住宅	万平方米	3084.00	3575.61	15.9
房屋竣工面积	万平方米	433.82	417.14	-3.8
#住宅	万平方米	346.31	338.63	-2.2
房屋竣工价值	亿元	112.82	120.20	6.5
#住宅	亿元	91.31	97.58	6.9
商品销售面积	万平方米	901.02	1244.65	38.1
#住宅	万平方米	815.99	1077.82	32.1
商品房销售额	亿元	642.03	1022.91	59.3
#住宅	亿元	567.55	830.65	46.4
土地购置面积	万平方米	89.70	134.26	49.7

个体贸易、住餐业机构、人员

指　标	户数(万户)		从业人员(万人)	
	2015	2016	2015	2016
合　计	17.72	18.66	40.23	42.34
一、个体批发零售业	15.58	15.85	33.23	33.47
城镇	12.47	12.81	26.90	27.33
农村	3.11	3.04	6.33	6.14
二、个体住宿和餐饮业	2.14	2.81	7.01	8.87
城镇	1.88	2.54	6.24	8.09
农村	0.26	0.27	0.77	0.78

说明:本表数据由市市场和质量监督管理局提供

卫生机构基本情况

指　标	2015	2016
一、卫生机构(个)	2118	2099
#医院(不含卫生院)	99	102
二、卫生床位数(万张)	3.02	3.07
#医院	2.53	2.58
三、卫生机构人员(万人)	4.64	4.70
#卫生技术人员	3.58	3.66
执业医师(助理)	1.29	1.31

各级各类学校数

单位:所

指　标	2015	2016
普通高等学校	53	53
普通中等专业学校	33	33
普通中学	285	292
职业中学	18	19
小学	904	672
特殊学校	8	8

学校教师数和在校学生数

指　标	专任教师(人)		在校学生(万人)	
	2015	2016	2015	2016
普通高等学校	44876	43653	58.74	61.18
普通中等专业学校	1874	2026	9.96	8.54
普通中学	24218	24623	29.35	29.09
职业中学	315	404	0.85	0.91
小学	17547	17794	40.67	41.24

学校招生数和毕业生数

单位:人

指　标	招生数		毕业生数	
	2015	2016	2015	2016
高等学校	176841	183192	138786	152287
中等学校	33535	25835	30827	29310
普通中学	95977	98604	97585	98796
职业高中	3186	3861	2319	2604
特教学校	165	211	140	197
小学	70540	69116	60769	61963

广播、电视、出版基本情况

指　标	单　位	2015	2016
广播电台	座	2	2
广播覆盖率	%	97.65	97.66
电视台	座	2	2
电视覆盖率	%	98.93	98.94
有线电视用户	万户	147.07	125.28

说明:2015 年有线电视用户包含南昌县、进贤县、安义县、新建区用户数

体育事业基本情况

指　标	单　位	2015	2016
获得奖牌数	枚	544	412
#金牌	枚	174	186
银牌	枚	166	135

社会保险、保障基本情况

指　标	单　位	2016
失业保险参保人数	万人	62.38
领取失业保险金人数	万人	0.32
养老保险参保人数	万人	185.04
享受养老保险的离退休人数	万人	53.88
城市居民最低生活保障家庭	万户	2.98
城市居民最低生活保障人数	万人	5.68
农村居民最低生活保障家庭	万户	5.55
城市居民最低生活保障人数	万人	8.87
城市医疗救助人数	万人	8.40
农村医疗救助人数	万人	3.65
社区服务站(中心)	个	698

主 题 索 引

说 明

本索引为综合性主题索引，索引标目按汉语拼音字母顺序排列，同音字按声调顺序排列，同音同声调则按笔画顺序排列。标目后数字为页码，字母 a 为左栏，b 为中栏，c 为右栏。该年鉴的彩页、特载、大事记、重要文献、人物、社情民意、报刊摘登、经济社会统计资料、表格等未标索引。

1－9

A

B

C

D

H

J

K

L

P

R

S

Y

Z